U0872469

全国双拥工作年鉴

QUANGUO SHUANGYONG GONGZUO NIANJIAN

2000

全国双拥工作领导小组办公室编

中国社会出版社

军民团
试看天

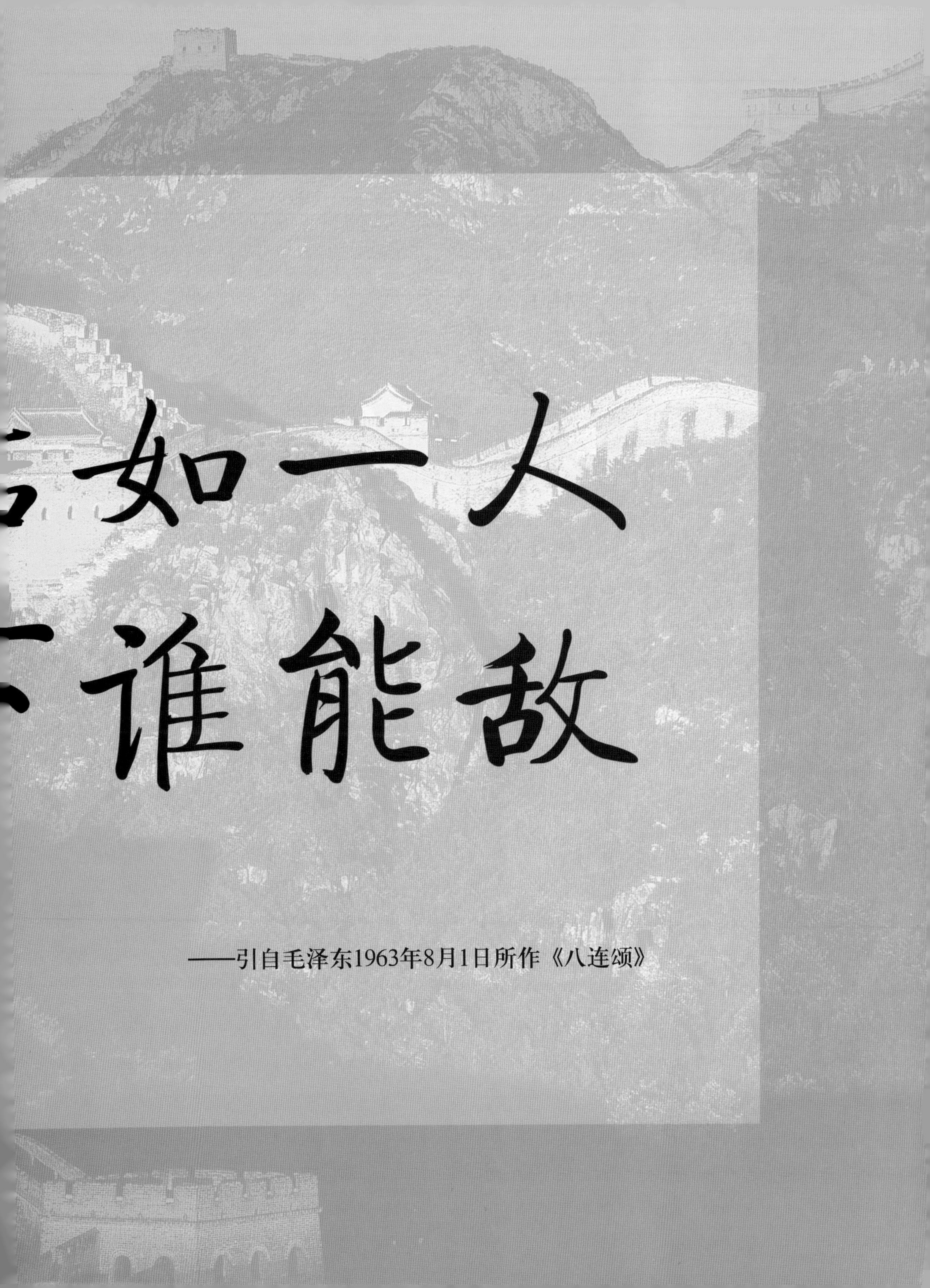

如一人

谁能敌

——引自毛泽东1963年8月1日所作《八连颂》

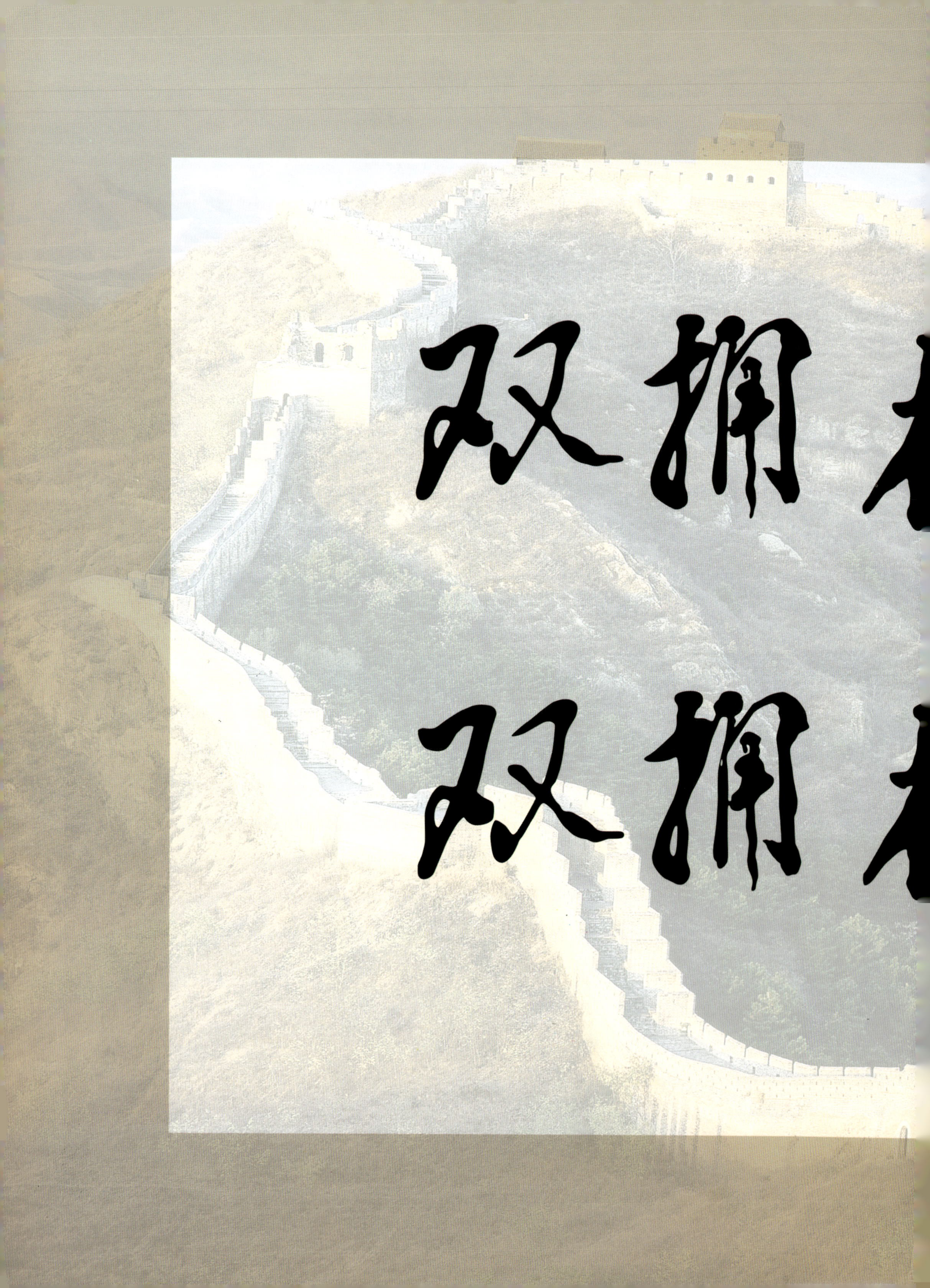
双拥
双拥

991年1月，邓小平同志为“双拥模范城”、“双拥模范县”亲笔题词。

在党中央的领导

共命运、心连心，我

现代化建设就一定能

胜利。

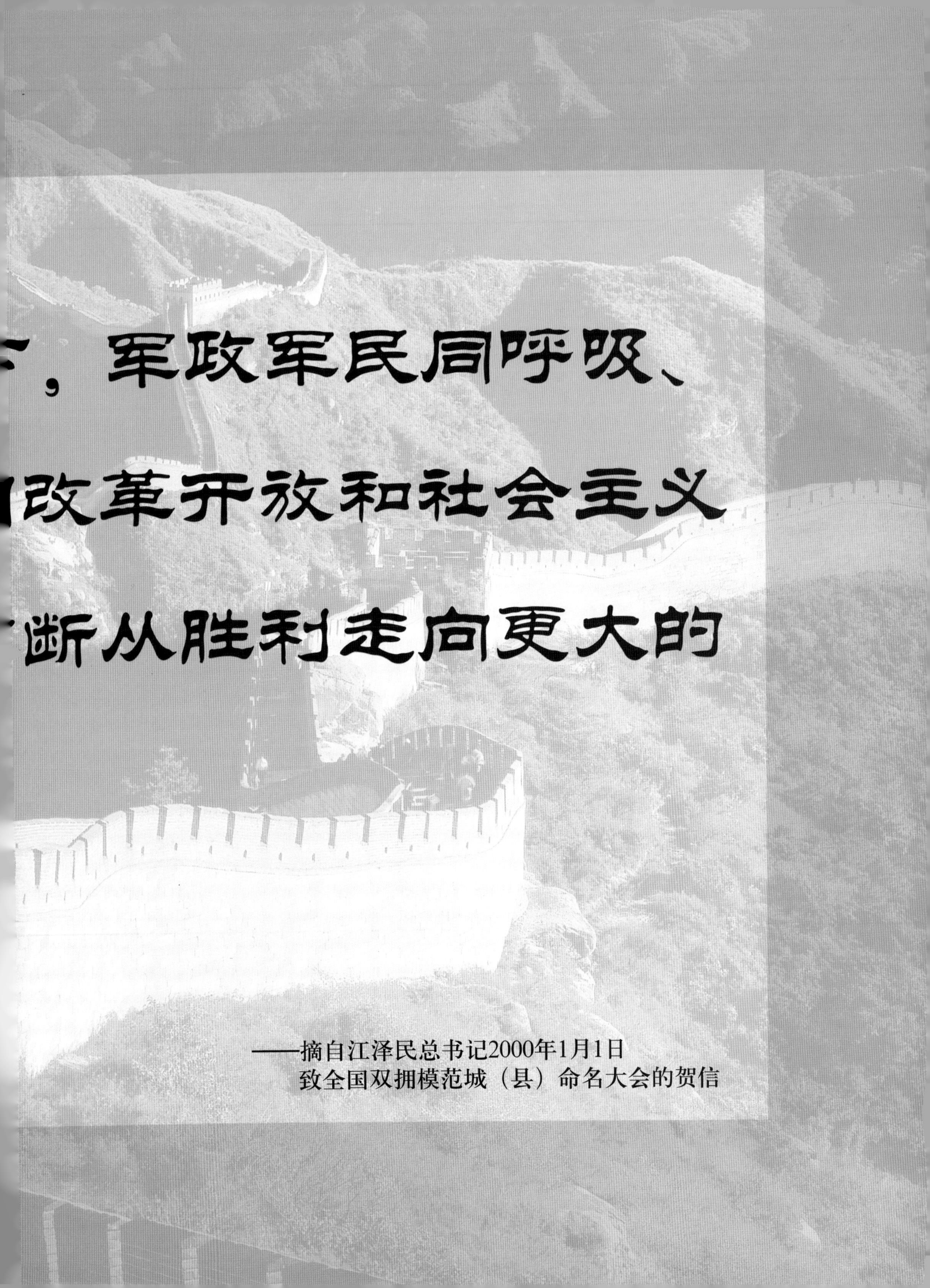

，军政军民同呼吸、

改革开放和社会主义

断从胜利走向更大的

——摘自江泽民总书记2000年1月1日
致全国双拥模范城（县）命名大会的贺信

2000年2月1日，军民迎新春文艺晚会《世纪的春天》在中国剧院举行，图为江泽民、李鹏、朱镕基、李瑞环、胡锦涛、尉健行、李岚清等党和国家领导人与首都军民一起观看演出。

2000年1月12日，全国双拥模范城（县）命名大会在北京人民大会堂举行。图为胡锦涛同志代表党中央、国务院、中央军委向大会作重要讲话。

党和国家领导人接见全国双拥模范

图为全国双拥模范城（县）命名大会会场。

命名大会代表合影 2000.1于北京人民大会堂

图为胡锦涛、丁关根、曾庆红、何鲁丽、司马义·艾买提、杨汝岱等同志与大会代表合影。

科技双拥

吉林省长春市召开科技双拥总结表彰大会。

上海市虹口区开办双拥学校，为驻军官兵补习文化知识。

河北省石家庄市驻军某部为市委、市政府送来锦旗，感谢当地政府对部队科技练兵的支持。

辽宁省葫芦岛市举行“百台电脑进军营”赠送仪式。

福建省晋江市举行送科技进军营捐赠仪式。

科技双拥

科技双拥

浙江大学与驻浙83013部队联合开办研究生班，为部队培养科技人才。

驻陕西咸阳空军导弹学院抽调师资力量为地方培养技术人才。

★落实优抚安置政策

浙江省宁波市组织重点优抚对象畅游新宁波。

宁夏银川市举办随军家属下岗军嫂微机培训班。

落实优抚安置政策

落实优抚安置政策

湖南省长沙市召开2000年随军家属安置工作大会。

山东省淄博市对上岗军嫂进行岗前培训。

天津市东丽区政府与2001年度入藏新兵签订预先安置协议书。

河南省召开维护军人军属合法权益工作经验交流暨表彰大会。

上海市长宁区现场为军嫂发放安置通知书。

安徽省合肥市为驻军家属举办技能培训班。

落实优抚安置政策

北京市石景山区召开军政座谈会，共谋双拥大计。

广东省深圳市召开“八一”军政座谈会，畅谈军民情谊。

海南省海口市举行常委议军会，研究解决国防建设问题。

黑龙江省鸡西市委召开常委议军会议，讨论科技拥军。

关心部队建设

★爱心献功臣

江西省南昌县举行“为在乡老复员军人现场发放款证仪式”。

黑龙江省大庆市举行老军人喜迁“功臣别墅”入住仪式。

广西扶绥县党政军领导参观老复员军人甘学良的新居。

广东省湛江市市委和驻军领导慰问老功臣陈田生，并参观帮扶单位为他建的新居。

青海省民政厅领导看望西路军老战士。

海南国泰投资集团有限公司向共和国功臣献爱心，为琼海市40名重点优抚对象给予每人每月发放100元的终身补助。

四川省西昌市党政军领导庆贺老功臣乔迁新居。

★军民鱼水情

甘肃省平凉市回族群众为武警某师送匾，共叙警民团结鱼水情谊。

内蒙古锡林浩特市军民联防守边疆。

重庆市驻军某部医院为群众义诊。

北京市朝阳区成立支持部队菜篮子工程培训中心。

西藏堆龙德庆县藏族妇女为战士洗军衣。

新疆库尔勒市维吾尔族群众自发组织慰问参加演习的部队。

★军民鱼水情

福建省泉州市市委、市政府领导深入驻高山连队现场办公，帮助解决困难。

“八一”期间，江苏省无锡市组织慰问团，慰问驻军部队。

云南楚雄军民合力抗震救灾。

河南省信阳市驻军154医院常年坚持下乡为优抚对象义诊。

天津市河北区领导赴塞外慰问辖区驻训部队。

河北省秦皇岛市党政领导慰问演习部队。

军民鱼水情

国防教育双拥宣传

山东省烟台市举办双拥国防知识竞赛。

广西玉林市领导和机关干部参加军事日活动。

山西省太原市举办国防知识竞赛。

贵州省福泉市举办国防双拥知识竞赛。

贵州省遵义市邀请老红军在遵义会议会址前给学生讲革命传统。

国防教育双拥宣传

清明时节，驻赣部队到井冈山接受革命传统教育。

武警湖北省总队孝感市支队请革命功臣到部队进行革命传统教育。

编委会名单

主　　编　杨衍银　罗平飞

副主编　张铁健　孙绍骋　董华中　杨　森

编辑人员　刘更光　杨庆堂　于文俊　解亚兰
任礼才　牛淑荣　邹庆华　何　力
周　源　雷洪文　潘永意

编 辑 说 明

一、本年鉴是全国双拥工作第一部年鉴，起讫时间为2000年1月至2000年12月。在此之前双拥工作的有关文件也一并收录。

二、本年鉴主要记载2000年度全国双拥工作的重要实践、主要成果和经验，以及双拥组织机构建设情况，力求做到权威性、实用性、历史性相统一。

三、本年鉴收录的文稿、资料主要由全国及各省级双拥工作领导小组办公室组织提供，部分稿件由年鉴编辑人员编写、整理。其中理论研究和调研报告、工作概述、全国双拥模范城（县）动态等部分为各地上报材料，为便于交流，一并收入，所涉及的观点、事例、数字未加核实，供参考。

四、本年鉴采取分类编排法，共分十个部分。每部分分设条目，部分和条目在字体、字号和编排上均有明显区分，以便检索。

五、为便于各地开展工作，本年鉴收录了一些内部资料，请妥善保管。

六、本年鉴在编辑过程中得到各级双拥组织的大力支持和帮助，谨表示诚挚的谢意。

七、由于编辑时间短，经验不足，缺点和错讹在所难免，恳请读者教正。

《全国双拥工作年鉴》编辑部

2001年12月

目　录

特　载

领导同志重要讲话

全国双拥工作领导小组文件

政策法规选编

理论研究和调研报告

重要会议

工作概述

组织机构

全国双拥模范城（县）动态

北京市

天津市

河北省

山西省

内蒙古自治区

辽宁省

吉 林 省

黑龙江省

上 海 市

江 苏 省

浙 江 省

安 徽 省

福 建 省

江西省

山东省

河南省

湖 北 省

湖 南 省

广 东 省

广西壮族自治区

海 南 省

重 庆 市

四 川 省

贵 州 省

云 南 省

西藏自治区

陕 西 省

甘 肃 省

青 海 省

宁夏回族自治区

新疆维吾尔自治区

大 事 记

特　　载

国务院、中央军委关于加强军民团结正确处理军民关系问题的通知

（1990年8月24日）

坚强的军政军民团结，是实现我国社会的进一步稳定，顺利进行社会主义现代化建设的重要保证，在以经济建设为中心的新的历史时期，地方各级人民政府和全国各族人民群众关心、支持军队的各项建设和改革，广泛开展拥军优属活动，尽力为军队的现代化建设创造良好条件；人民解放军坚决捍卫国家的安全，保卫人民的和平劳动，维护社会的稳定，积极参加社会主义物质文明和精神文明建设，大力开展拥政爱民活动，从而使军政军民关系更加密切。但在新形势下，军政军民关系也出现了一些新的情况，正确认识和处理军民关系中出现的新情况，新问题，对于加强军政军民团结、维护国家的长治久安，具有十分重要的意义。为此，现就有关问题通知如下：

一、要从国家的根本利益出发，进一步加强国防建设

中国人民解放军，是国家政权的重要组成部分，是我国人民民主专政的坚强柱石。建设好这支军队是全国各族人民的根本利益所在，也是全国军民的共同任务。人民解放军要明确自己的责任，进一步加强政治建设和军事训练，全面提高部队战斗力，担负起巩固国防，抵御侵略，维护社会稳定的重任。地方各级人民政府要在人民群众中深入进行国防教育，树立无军不安的思想，增强国防观念。要广泛开展拥军优属活动，把关心、支持军队的建设和改革作为自己份内的事，满腔热忱地帮助他们解决各种实际问题。国家对军队建设十分关心，有关军队干部转业、战士退伍、家属随军，子女入学和烈军属优抚等，均作出了具体规定和要求，各地要认真执行。随军子女在营区驻地就近入学，学校不得向本人或部队收取国家规定以外的费用。要积极做好转业军人的安置工作，帮助他们解决住房、家属就业等实际困难。人民解放军要发扬拥政爱民的光荣传统，自觉尊重地方政府，体谅地方的困难，支持地方工作，深入开展军民共建社会主义精神文明活动，增强军政军民团结。

二、要顾全大局、兼顾经济建设和国防建设

和平建设时期，国家以经济建设为中心。经济建设是国防建设的基础，国防建设是经济建设的重要保障。要教育广大干部、人民群众和指战员，正确认识和处理经济建设和国防建设的关系，牢固树立经济建设和国防建设两头都要兼顾的思想，使经济建设和国防建设互相促进，协调发展。

军队要服从经济建设大局，积极支持国家的治理整顿和改革开放，参加国家的经济建设。部队要在完成战备训练任务的前提下，根据部队的实际情况和技术装备等条件，支援和参加国家基本建设工程、农田水利基本建设和社会公益事业。对于地方要求部队支援的急、难、险、重的任务，要在力所能及的范围内尽力完成。各部队要奋勇参加抢险救灾，保护国家财产和人民群众的生命安全。

各级地方政府和人民群众要支持和配合部队完成军事训练、战备执勤、国防施工、营建、生产等各项任务。部队建设需要征用的土地、水面，地方政府应尽量给予解决。要确保军队车辆正常通行，不论国家投资还是地方集资修建的桥梁、隧道、公路，军用车辆均免费通行。车站、港口和民航的机场，凡有条件的都要设立军人售票窗口和军人候车（船、机）室。对外出执行公务和急需返回部队执行作战、抢险及其他重要军事任务的军人，可凭证件优先售给车（船、机）票。要认真做好军队的物资保障工作。地方各级政府和有关部门要按照有关

规定，做好军队的粮食、副食品、燃料和日用生活必需品的供应工作。对飞行、舰艇部队、军队医院等单位和作战、调防、执行特殊任务的部队要优先保证供应。为保证军队建设的需要，地方有关部门要做好军品生产材料的筹措与供应工作，对国家指令下达给军队的计划物资应按计划切实落实；有关部门应组织各有关企业（工厂、公司）按照国家计划、军品价格的规定，积极安排完成军品生产、订货任务。各地铁路、交通等运输部门要保证军运物资的及时运输和安全。

三、要互助互利，照顾军地双方的实际利益

在发展社会主义有计划商品经济的条件下，军地双方要根据在经济领域协作越来越多的特点，既讲相互支援，多尽义务，又要照顾双方的实际利益。部队要按总部的有关规定，积极完成义务劳动任务。经批准参加国家和地方投资的经济建设工程和大型公益事业建设，地方应按规定给予报酬。地方要求驻军参加公益事业建设，要考虑部队的实际情况，不能硬性摊派出动人员、车辆和缴纳经费等。军队在抢险救灾中的重大物资、器材损耗，地方政府应从救灾经费中给予适当补偿。军队在进行军事活动中，要关心群众利益，加强组织领导，尽量减少人民群众的损失。因训练和演习在非军事用地上构筑的各种临时工事，用后要及时拆除，损坏庄稼、树木、草场等，要按有关规定给予一次性赔偿。地方政府要做好工作，任何单位和个人都不得借机向军队提出不合理的补偿要求。

四、要平等协商，妥善处理军民矛盾和纠纷

无论对历史遗留的问题或遇到新的矛盾，地方政府和军队都应从大局出发，统筹兼顾，实事求是，平等协商，妥善解决。军民之间发生纠纷，军地双方应互通情况，互相协商，指定领导干部和有关部门负责处理，并采取得力措施平息事态。对于重大的军民纠纷，军地双方应共同组织调查，及时查明原因，分清是非，明确责任，妥善解决。要警惕坏人趁机挑拨，激化矛盾。对那些纵容和扩大事态者，要严肃处理。军队和地方都要主动做好工作，预防军民纠纷的发生和激化。处理军民纠纷，军地双方都要严于律己，积极做好工作，实事求是地承担责任，认真进行自我批评，主动搞好团结。

军队的警卫、执勤人员在执行公务时，要提高警惕，忠于职守，态度和蔼，文明礼貌。军事管理区和军事禁区应设有明显的标志和通告。军事管理区和军事禁区以外的人员，未经允许不准进入上述区域；对未经允许强行进入的人员要进行教育劝阻；对无理纠缠、殴打执勤人员、抢夺武器的，要送交当地公安机关处理。军队进行实弹训练和军事演习时，要做好安全宣传和警戒工作，并与地方有关部门取得联系，采取严密的安全措施，防止误伤群众；对不顾警戒，不听劝阻进入射击场、演习区、训练场、机场跑道等危险区的人员，当地公安机关和军队可对其采取强制撤离措施。

五、要依法办事，维护军民双方的合法权益

军民关系方面凡有法律规定的，双方都要严格遵守。涉及法律问题的军民关系问题，应依照法律程序进行处理。这样，不仅有利于分清是非，维护各自的合法权益，而且有利于促进军民团结。军队与地方发生经济、民事纠纷，通过协商仍得不到圆满解决时，可由仲裁机关调解、裁定，或由司法机关依法处理。军地双方都要认真执行已经发生法律效力的调解协议、决定、裁定和判决，并做好群众和军人的工作，防止扩大事态。

人民群众要尊重军人。不得向军人寻衅闹事，不得谩骂、侮辱、殴打军人。如有违犯者，情节轻微的，所在单位应对其进行批评教育或给予纪律处分；触犯法律的应由司法机关依法惩处。军人为了使公共利益、本人或者他人的人身权利免受正在进行的不法侵害，特别是在武器遭到抢夺、生命安全受到威胁、警卫目标被破坏时，有权依法实施正当防卫。各地供水和供电部门要按照国家的规定，保证军队各级指挥机关、机场、军港、试验基地以及其他军事要地的水电供应，不得无端或借故停水、停电，严禁利用职权索要钱物。对违反国家规定，给国防建设造成损失的，应追究有关人员的行政责任或法律责任。军队依法取得使用权的土地、矿山、林地、滩涂、水面受法律保护。任何单位和个人都不得蚕食、抢占和偷拿、哄抢部队的生产成果，如有违犯者，由当地司法部门依照有关法规惩处。

军队要教育干部战士严格遵守国家的法律、法规和军队的纪律、规定，尊重和爱护群众，不得侵害群众的利益，违者要严肃处理，军人在营区外违反纪律时，地方单位和群众有责任予以劝阻、制止，或送交军人所在单位、当地警备（卫戍）区司令部及时处理，不得拘留、关押军人。军人违法犯罪，由军队政法部门依法处理，被害人及其亲属应按照法律程序追究违法军人个人的责任，不得到部队闹事，或以其他方式扰乱部队的正常工作和生活秩序。

正确地解决军政军民关系中出现的各种问题，关键在于各级领导的高度重视。要建立健全军地联席会议制度，定期研究，解决军政军民关系中的问题。对于重大的军政军民关系问题，军地领导同志要亲自过问，调查研究，协商解决。地方政府和驻军部队，都应按本通知的精神定期检查军民关系的情况，好的单位和个人要及时表彰，差的要批评教育。

“军民团结如一人，试看天下谁能敌”各级地方政府、人民群众和部队广大指战员要在党中央的统一领导下，紧密团结，同心同德，为进一步巩固和发展全国安定团结的政治局面，推动社会主义现代化建设事业而努力奋斗。

国务院、中央军委关于批转《全国拥军优属拥政爱民工作会议纪要》的通知

（1991年2月22日）

国务院、中央军委同意《全国拥军优属拥政爱民工作会议纪要》，现转发给你们，请结合实际情况，认真贯彻执行。

拥军优属拥政爱民，是我党、政府、人民解放军和我国各族人民的优良传统，是我们特有的政治优势。在新形势下，深入开展双拥活动，进一步密切军政、军民关系，加强军政、军民团结，对于保证国家的长治久安和社会主义制度的巩固，对于实现我国经济和社会发展的第二步战略目标，对于推进人民解放军的革命化、现碟化、正规化建设，都具有十分重要的政治意义。各级人民政府和全军各部队，要把双拥工作作为一件大事来抓，使之更加深入、更加扎实地开展。《全国拥军优属拥政爱民工作会议纪要》总结了近几年双拥工作的新经验，提出了在新形势下加强双拥工作的基本方针、原则和任务，是当前和今后一个时期开展双拥工作的指导性文件。国务院、中央军委相信，通过深入贯彻落实全国双拥工作会议精神，军政军民之间“同呼吸、共命运、心连心”的大好局面必将不断发展。

全国拥军优属拥政爱民工作会议纪要

（1991年1月16日）

经国务院、中央军委批准，民政部和总政治部于1991年1月，在福州市召开了全国拥军优属、

拥政爱民工作会议。各省、自治区、直辖市的领导同志，解放军三总部的领导同志，各大单位、省军区、集团军政治部的负责同志，武警部队的领导同志以及地方和军队有关业务部门的同志共260人参加了会议。中央和国家机关有关部委的领导同志应邀出席了会议。这次会议，紧紧围绕加强军政军民团结，促进国家和军队的稳定与发展这个主题，着重分析了全国双拥工作的形势，总结交流了经验，参观了福州市的双拥先进单位，提出了今后一个时期的基本任务。民政部和总政治部领导同志分别作了拥军优属、拥政爱民的工作报告，命名表彰了10个双拥模范城、县。党中央、国务院、中央军委对这次会议非常重视，邓小平同志为“双拥模范城”、“双拥模范县”题了词，使到会同志深受鼓舞。

会议认为，近几年来，全国的拥军优属、拥政爱民工作有了新的进步，取得了很大成绩。特别是制止动乱和平息北京发生的反革命暴乱以后，双拥活动出现了蓬勃发展的好势头。主要表现在：全民国防观念明显增强，广大军民对密切军政军民关系，加强军政军民团结重要性的认识不断提高，创建双拥模范城、双拥模范县活动蓬勃开展，军民共建社会主义精神文明取得了成果；各项政策、法规逐步完善，一些影响军民团结的历史遗留问题得到了较好的解决；双拥工作的组织领导进一步加强，出现了以军政团结带动军民团结的生动局面。

会议指出，江泽民总书记多次强调全国各族人民要“同呼吸、共命运、心连心”，这深刻地反映了全国各族人民大团结的本质特征，生动地体现了军队与人民血肉相连、生死与共的关系，为我们加强军政军民团结提出了更高的标准。双拥工作要认真贯彻这个要求，进一步抓好各项制度、规定的落实，不断巩固和发展已有的成果，努力把拥军优属和拥政爱民工作提高到一个新水平。

一、做好新形势下的双拥工作，是促进国家和军队稳定与发展的战略任务

本世纪最后十年，是建设有中国特色的社会主义的关键十年。党的十三届七中全会提出了我国经济和社会发展的“八五”计划和十年规划，进一步明确了到2000年实现国民生产总值翻两番的一系列重大方针和措施。能否顺利地实现这个宏伟目标，关系到中华民族的前途与命运，关系到我国社会主义事业的兴衰成败。完成这项前所未有的伟大事业，战胜前进道路上的各种困难，离不开军地双方的互相支持，离不开军政军民之间的坚强团结。做好双拥工作，进一步发挥军政、军民团结的政治优势，就能形成推进国家和军队现代化建设的巨大力量。

保持国家的稳定，是实现社会主义现代化的首要条件，是压倒一切的大局。当前，我国的政治、经济、社会稳定，但也面临着严峻的考验。国际形势在总的趋向缓和的同时，变得更加复杂和动荡。国际敌对势力加紧推行“和平演变”战略，通过各种渠道对我国进行渗透和颠覆活动。在国内，阶级斗争还在一定范围内存在，四项基本原则与资产阶级自由化的对立和斗争将是长期的，极少数反社会主义分子和民族分裂主义分子不甘心失败，还会进行各种破坏活动。这些都说明，维护国家稳定，巩固社会主义制度的任务是十分艰巨的。军政军民团结是社会稳定的重要因素，是国家长治久安的可靠保证。几十年的斗争实践证明，“军民团结如一人，试看天下谁能敌”，是一条颠扑不破的真理。过去，在党的领导下，我们依靠军政军民坚如磐石的团结，战胜了国内外强大敌人；今天，同样要靠军政军民同心同德，团结一致，才能顶住各种国际压力和应付可能发生的突发事件，为顺利进行社会主义现代化建设创造一个安定团结的政治环境。

做好双拥工作，也是推进社会主义精神文明建设的重要措施。改革开放和发展社会主义有计划的商品经济，为社会主义精神文明建设注入了强大活力，为加强军政军民团结创造了有利条件。但同时资本主义、封建主义腐朽思想文化的影响和侵蚀也增多了，对军政军民关系也会产生某些消极影响。广泛开展双拥活动，巩固和发展新型的军政军民关系，对于弘扬社会主义正气，抵制腐朽思想文化的影响和侵蚀，推进全民族的思想道德建设，都将起到重要的作用。

以上说明，在新的形势下，做好双拥工作，加强军政军民团结，是国家和军队稳定的政治保证、建设的政治保证、胜利的政治保证，是事关全局的重大问题。各级党政军领导必须充分认识拥军优属、拥政爱民的战略意义，切实把这项工作摆到重要位置，真正做到：始终坚持以党的基本路线为指导，使双拥工作更好地为党的中心任务服务；始终坚持军民一致的原则，不断巩固和发展军队与人民群众血肉相连的亲密关系；始终坚持服从大局的原则，在以经济建设为中心的同时兼顾国防建设的需要与发展；始终坚持"团结—协商—团结"的方针，妥善解决军民关系上出现的问题，形成军民之间相互理解、相互尊重、相互支持的良好风尚。

二、深入进行全民国防教育，建立牢固的军政军民团结的思想基础

建设具有中国特色的社会主义，必须有强大的国防。深入进行国防教育，增强全民国防观念，是维护国家根本利益的需要，也是不断巩固军政军民团结的需要。

国防教育要以马列主义、毛泽东思想为指导，以爱国主义为核心，根据国际国内形势的变化，结合党和国家的中心任务，常抓不懈。地方主要是做好爱国拥军教育，宣传军队是国家政权的主要成分，强大的国防是国家和民族尊严、安全和利益的保障；宣传人民军队在党的领导下英勇奋斗的历史和光荣传统，在维护国家稳定与发展中的重要地位和作用。部队主要是结合拥政爱民的实践，宣传保卫祖国、保卫人民和平劳动的职责，宣传全心全意为人民服务的宗旨，宣传国富才能兵强、人民群众是国防现代化建设的力量源泉。通过宣传教育，使全国军民真正懂得"没有一个人民的军队，便没有人民的一切"，"军队打胜仗，人民是靠山"；牢固树立军队与人民相互依存、不可分离，经济建设与国防建设相互促进、不可偏废的思想，形成人人关心国家安全、勇于献身国防事业的社会风尚。

国防教育是国家整个宣传教育的重要组成部分，要纳入全民教育体系。各级党政军领导干部在实施国防教育中，负有重要的责任，不仅要认真组织好群众性国防教育，而且要身体力行，带头学习国防建设和军队建设的理论，增强国防观念。青少年是我国未来的建设者和保卫者，他们国防观念的强弱，直接关系到国家的长期稳定和发展。国防教育应从青少年抓起，采取在院校开设国防教育课、组织学生军训等多种生动活泼的形式，进行国防知识的灌输和国防实践的熏陶。各地要健全国防教育机构，加强对这项工作的领导，每年有部署，经常有检查。按照中央的要求，宣传、教育、文化、新闻、出版等部门，应根据自己的职责和工作特点，在全民国防教育中发挥重要作用。

三、服从大局，在经济建设和军队建设中互相支持

经济建设是国防建设的基础，国防建设是经济建设的保障。实现农业，工业、国防和科学技术现代化，是全党、全国的大局。双拥工作必须在这个大局下行动，既要坚持把经济建设摆在中心位置，又要统筹兼顾，加强国防建设。

人民解放军要在搞好自身建设的同时，努力为发展国民经济、实现十年规划和"八五"计划多做贡献：组织部队积极参加国家和地方的重点工程建设，在经济开发和经济振兴中发挥重要的作用；奋勇参加抢险救灾，全力保护国家、集体财产和人民群众的生命安全；认真落实军委关于每年人均不得少于十个义务劳动日的规定，为社会、为人民多办实事。驻农村的部队，主要参加农业基础建设，做好扶贫帮困工作，扶持优抚对象发展生产；驻城镇的部队，主要参加社会公益事业建设；军事院校、国防科研和技术单位要发挥自己的优势，搞好科技助民。省军区、军分区、人武部要教育和组织民兵预备役人员，在国家和地方的经济建设中发挥突击作用。军队要坚持勤俭建军的方针，发扬艰苦奋斗的优良传统，体谅国家和地方的困难，努力减轻人民的负担。

地方各级政府要把关心、支持军队建设和改革作为义不容辞的责任。国家对军队建设历来十分关心，先后制定和颁发了《中华人民共和国兵役法》、《中华人民共和国军事设施保护法》和有关正确处理军民关系问题的法规和文件。各地要结合实际，进一步抓好落实，努力为军队建设多办好事，多办实事。要积极帮助部队解决训练需要的场地、水面和国防施工用地等实际问题，支持和配合部队完成训练、战备、演习、试验等各项任务，在军队兴办企业，进行副食品基地建设等项工作中，地方政府要在财力、物资、技术等方面给予大力支援，并且制定一些必要的优惠政策，要做好军队的粮食、副食品、燃料等生活必需品和国家指令下达给军队计划物资的供应工作，保证军事行动和军运物资的运输和安全。各级领导要组织和发动群众，协助部队做好干部战士及其亲属的思想工作，帮助解决各种实际困难，努力形成人人关心和支持军队建设的良好风气。

在发展社会主义有计划商品经济的条件下，军地双方要根据在经济领域交往增多的特点，既要彼此兼顾，互惠互利，更要相互支持，多尽义务。无论何种形式的协作与互助，都要坚决防止和克服不良风气的影响，始终保持军民关系的纯洁性。

四、持久开展军民共建活动，巩固发展社会主义思想文化阵地

亿万军民参与的军民共建活动，是新时期双拥工作的一个新发展，已经成为社会主义精神文明建设不可缺少的重要组成部分。军民共建活动要结合经济建设和改革开放的实践，以马列主义、毛泽东思想为指导，重点抓好思想道德建设，用爱国主义、集体主义和社会思想把全国军民凝聚起来、振奋起来，使精神力量转化为社会主义现代化建设的巨大物质力量。

坚持四项基本原则、反对资产阶级自由化，是社会主义精神文明建设的重要内容。实现四个现代化和改革开放的全过程，都贯穿着四项基本原则与资产阶级自由化的对立和斗争。在军民共建活动中，要针对资产阶级自由化否定党的领导，否定社会主义制度这个实质，深入进行党的基本路线教育，使广大军民更加坚信党的领导，坚定社会主义信念，提高贯彻执行党的基本路线的自觉性，把军政军民团结建立在牢固的政治基础之上。

巩固和扩大社会主义思想文化阵地，树立和发扬社会主义道德风尚，是军民共建精神文明活动经常性的任务。各地要继续开展军民共学雷锋、同树新风的活动，帮助广大军民树立正确的人生观、价值观；开展读好书、唱好歌、演好戏等健康有益的军民联谊活动，丰富精神生活，陶冶思想情操；加强法制宣传教育，搞好军警民治安联防，优化社会环境；坚持把共建与共育军地两用人才结合起来，普及科学文化知识；搞好移风易俗，贯彻落实计划生育的基本国策。通过开展军民共建，互相学习，互相促进，使爱祖国、爱人民、爱劳动、爱科学、爱社会主义成为亿万军民共同的行为准则，培养出一代有理想、有道德、有文化、有纪律的社会主义新人。

军民共建要继续坚持以地方领导为主，以做思想政治工作为主，以发动群众自建为主，并纳入当地精神文明建设的总体规划。军地双方要集中力量抓好共建示范点，以推动面上的精神文明建设。近年来兴起的以部队驻地为中心联片共建等形式，是军民共建活动的深入和发展。要继续坚持和完善，使之更有成效，真正做到抓一点、带一片，抓一片、带一方。

五、军地通力合作，切实做好优抚和安置工作

优抚安置工作是双拥工作的重要内容。做好优抚安置工作，对于稳定部队、鼓舞士气、“固我长城”，对于培养人民群众的爱国拥军观念、维护社会安定团结，都具有重要意义。军地要密切配合，把这项工作做得更好。

要坚持国家、社会、群众相结合的优抚体制，调动棍方面的积极性。目前，国家还不富裕，财力有限，不可能把优抚对象需要解决的问题全包下来，重要的是依靠社会和群众的力量。城乡基层组织和机关、团体以及企事业单位，应当依法履行各自应尽的优抚职责和义务，多层次、多渠道、多种形式地为优抚对象办实事，推进优抚工作社会化。

优抚安置对象有功于国家和人民，理应得到国家和社会的关怀与照顾。除中央财政每年安排的优抚事业费外，地方财政也应有计划地增拨一定经费，解决优抚对象的实际问题。各地要按照国家的有关规定，在经营、税收、信贷、供应等方面给予优惠。帮助优抚对象发展生产。要重点帮助烈属、革命伤残军人和实行义务兵役制以前入伍的复员军人解决生活、治病、住房等困难，保证他们的生活水平随着国民经济的发展不断有所提高。要按照政策规定，搞好转业干部的培训和安排使用，尽力解决他们的实际问题；妥善安置退伍义务兵，重视发挥军地两用人才的作用；按照安置军队离退休干部，加强管理，搞好服务。军队要积极宣传国家优抚安置政策，配合地方做好优抚安置对象的工作，教育他们珍惜荣誉，发扬光荣传统，为当地的经济和社会发展多做贡献。

做好优抚安置工作，要重视抓好法规、制度建设。一方面对《军人抚恤优待条例》，《退伍义务兵安置条例》、《革命烈士褒扬条例》和其他有关法规、制度，要认真抓好落实；一方面要根据新的情况，不断加以完善，争取在三五年内建立起中央和地方完整配套的优抚安置法规。

六、坚持互相尊重，主动协商，不断改善和密切军政军民关系

军政、军民之间根本利益是一致的，但有时也会产生一些矛盾。遵循“团结—协商—团结”的方针，妥善解决这些矛盾，是新形势下改善和密切军政军民关系的重要课题。

国务院、中央军委关于加强军民团结正确处理军民关系问题的通知（国发〔1990〕52号）和一系列关于正确处理军政军民关系的政策规定，体现了国家的整体利益，也照顾到了军地双方的具体利益。要维护这些政策规定的严肃性，并以此为准绳，正确处理军地之间出现的矛盾和纠纷。在处理过程中，双方都要以大局为重，以团结为重，严于律己，多为对方着想，力求在互谅互让的气氛中使问题得到解决。遇有重大军民纠纷，军地双方主要领导应亲自出面，采取果断措施，迅速加以处理，并及时做好善后工作，警惕坏人乘机挑拨，激化矛盾。对于违法违纪、严重损害军民团结的行为，要严肃处理。

军地双方要经常互通情况，遇事主动协商，以增进了解，密切感情，融洽关系。军队要树立“爱人民、学人民、为人民”的良好形象，尊重地方各级党委和政府，遇有重大活动和执行重要任务，要及时向当地政府通报，取得支持和配合：领导机关要经常派人到地方征求意见，检查部队执行群众纪律的情况，及时发现和解决问题。地方工作涉及到驻军的事项，应事先征求军队意见；对驻军的意见和批评，应通过组织提出，求得内部解决。近年来，一些地方建立党政军联席会议制度，重要情况互相通报，重要问题协商处理，是密切军政军民关系的一种好形式，应继续坚持，逐步完善。

七、把工作重点放在基层，扎扎实实地开展群众性双拥活动

拥军优属、拥政爱民是一项群众性的社会活动，不仅有赖于各级领导的重视和支持，更重要的是动员和组织亿万军民积极参与。这样，双拥工作才有坚实的群众基础，才能真正落实到基层。

基层单位的双拥工作，要以“组织健全、政策落实、活动经常、关系融洽”为基本要求。组织健全，就是地方基层单位要建立健全拥军优属协调组织和群众性服务网络，部队团以下单位要建立健全群众工作领导小组和连队群众工作组。政策落实，就是把上级的政策规定同本单位实际结合起来，经常督促检查，使之真正落到实处。活动经常，就是集中做好重大任务中和重要节日时的双拥工作，又重视开展经常性的活动，做到每年有计划安排，节日有联谊走访，平时有互帮互学。关系融洽，就是团结友爱，亲如一家，部队“视人民如父母”，地方“把军人当亲人”。今后，基层单位开展双拥活动，评选双拥先进单位，都要以此为主要依据。

基层单位的双拥工作要着眼于建设，不断丰富内容，积极探索富有号召力的活动形式。近年来，各地开展的军民共学雷锋、共同育兵教子、智力双拥、国防知识竞赛、军事夏令营、建立军人家庭服务中心等活动，实践证明效果很好。要在坚持这些做法的同时，不断创造适合本地特点和人民群众喜闻乐见的形式，拓宽双拥工作的领域。

基层单位的双拥工作要因地制宜，注重实效。领导机关要从实际出发，加强分类指导和检查督促、帮助基层解决双拥工作中的实际问题，基层单位要扎扎实实做工作，使双拥工作的政策规定一项一项地得到落实。少数民族地区、经济贫困地区、边海防地区和经济特区，要从各自的特点出发，在双拥工作中发挥好自己的优势。特别是少数民族地区，做好双拥工作，对于促进边疆的稳定和发展意义重大，一定要重视抓好党的民族政策和宗教政策的教育，使广大军民牢固树立“军队离不开各族人民，各族人民离不开军队”的思想，把祖国边疆建设成为军民团结、民族团结的铜墙铁壁。

八、在继承的基础上创新发展，把双拥工作提高到新的水平

实行军民一致，军政一致的原则，开展拥军优属、拥政爱民工作，是我党我军在长期革命和建设实践中形成的优良传统，反映了在党的领导下新型军政军民关系的本质，是我们战胜敌人，克服困难的传家宝，任何时候都不能丢。各单位要加强这方面的宣传，使这些优良传统在广大军民特别是青少年中深深扎根，代代相传。

在继承优良传统的基础上，不断创新，是双拥活动几十年经久不衰的生命力所在。各级领导应根据形势和任务的变化，着眼于双拥工作的发展，不断总结和推广新的经验。当前，要重点做好两个方面的工作：一是探索总结创建双拥模范城、双拥模范县活动的经验。这一活动的开展，为双拥工作注入了新的活力，起到了示范和辐射作用，是双拥工作社会化、经常化的有效形式和重要途径。要认真总结经验，逐步推广开来。双拥模范城、双拥模范县应做到：国防教育坚持经常，双拥观念深入人心，组织机构健全，形成齐抓共管的局面；规章制度完善，双拥活动经常化、社会化，军民共建富有成效，具有良好的社会风尚，优抚政策落实，安置工作成绩明显，军政军民互相尊重，关系融洽。二是探索总结以军政团结带动和促进军民团结的经验。做好双拥工作，关键在领导。军政领导以身作则，就能在促进军民团结中发挥榜样作用；军政领导经常协调，就能使广大军民在社会生活的各个方面步调一致；军政领导重视研究解决全局性的政策问题，就能正确规范和调节军民关系，使双拥工作逐步走上制度化的轨道。各级军政领导要充分认识自己肩负的责任，以更大的热情继续抓好这方面的工作，推动双拥工作向深度和广度发展。各级都要重视树立典型，表彰先进。民政部将设立“爱国拥军”荣誉奖，表彰在拥军优属工作中做出突出成绩的单位和个人。

双拥工作涉及方方面面，是党政军民的一项共同任务，必须切实加强领导。各级政府、军事机关要明确领导责任，做出部署，搞好协调，形成合力。近年来，许多地方和驻军相继成立了双拥工作领导小组，并建立了常设机构，统一协调拥军优属、拥政爱民的各项工作，效果很好。地方民政部门和军队群众工作部门，在双拥工作中担负着组织、协调的重要责任，要当好党政军领导的参谋和助手。各级领导要关心支持这些部门的工作，努力为他们创造良好的工作条件。省军区系统要充分利用与地方联系较多的条件，积极协助地方搞好国防教育，协调驻军开展拥政爱民活动，参与调解军民之间的矛盾，在沟通军队与地方的联系，增强军政军民团结中充分发挥桥梁和纽带作用。

会议强调指出，以经济建设为中心、坚持四项基本原则、坚持改革开放，是建设有中国特色的社会主义的基本路线，也是拥军优属、拥政爱民工作的行动指南。会议号召，全国军民要在以江泽民同志为核心的党中央领导下，坚决贯彻执行党的基本路线和党的十三届七中全会精神，更加广泛深入地开展拥军优属、拥政爱民活动，不断加强军政军民团结，为国家的稳定和发展，为军队的建设和改革而努力奋斗！

国务院、中央军委关于成立全国拥军优属拥政爱民工作领导小组的通知

（1991年6月24日）

做好拥军优属、拥政爱民工作，加强军政军民团结，不断巩固和发展全国军民同呼吸、共命运、心连心的新型关系，对于实现我国经济和社会发展的第二步战略目标，建设现代化、正规化的革命军队，具有十分重要的战略意义。为了加强全国拥军优属、拥政爱民工作的领导，国务院、中央军委决定成立“全国拥军优属拥政爱民工作领导小组”（简称全国双拥工作领导小组）。现将有关事项通知如下：

一、全国双拥工作领导小组在国务院、中央军委领导下工作。其主要职责是：统一指导和协调全国的拥军优属、拥政爱民工作，研究解决双拥工作中涉及全国性的问题，制定有关政策法规；协调处理军地关系中一些重大问题；组织交流情况，推广先进经验，表彰先进典型；承办国务院、中央军委交办的有关事项。

二、全国双拥工作领导小组下设办公室，作为全国双拥工作领导小组的办事机构，负责承办日常工作。

三、全国双拥工作领导小组由下列人员组成：

组　长：陈俊生　（国务委员）

副组长：崔乃夫　（民政部部长）
周文元　（总政治部副主任）
曾庆红　（中央办公厅副主任）
李昌安　（国务院副秘书长）
范宝俊　（民政部副部长）

成　员：刘忠德　（中宣部副部长）
盛树仁　（国家计委副主任）
邹时炎　（国家教委副主任）
李德洙　（国家民委副主任）
胡之光　（公安部副部长）
刘积斌　（财政部副部长）
张汉夫　（人事部副部长）
李沛瑶　（劳动部副部长）
叶如棠　（建设部副部长）
陆佑楣　（能源部副部长）
韩杼滨　（铁道部党组副书记）
王展意　（交通部副部长）
马忠臣　（农业部副部长）
白美清　（商业部副部长）
桓玉珊　（物资部副部长）
孙隆椿　（卫生部副部长）
田树千　（国家工商局副局长）
卢仁法　（国家税务局副局长）
徐惠滋　（副总参谋长）
许　胜　（总后勤部副政治委员）
徐寿增　（武警部队政治委员）
章瑞英　（全国总工会副主席）
刘奇葆　（共青团中央书记处书记）
黄启璪　（全国妇联副主席）
陈玉亭　（民政部优抚司司长）
张树田　（总政治部群工部部长）

四、领导小组办公室

主　任：范宝俊　（兼）

副主任：邓先群　沈　平

领导小组各组成单位如调整成员，由所在单位先与全国双拥工作领导小组办公室商量后报领导小组组长批准。

全国双拥工作领导小组各成员单位职责

（1991年7月6日）

中宣部：组织、协调各级宣传、文化、广播影视、新闻、出版部门有计划地开展国防宣传教育和拥军优属、拥政爱民宣传教育；加强优抚安置法规和军事法规宣传教育、宣传双拥工作的先进典型和经验；指导军民共建社会主义精神文明活动；倡导军民“同呼吸、共命运、心连心”和“拥军优属，人人有责”的社会风尚。

国家计委：将拥军优属工作列入国民经济和社会发展规划；参与协调军队建设需要国家解决的重大问题，协调军队支援国家重点工程建设；把优抚安置事业的发展，纳入国家计划。

国家教委：将国防教育纳入大专院校、职业技术学校和中小学的教育计划；加强教职员工、学生的爱国拥军教育；开展军民共建社会主义精神文明活动，帮助军队培养军地两用人才；组织学校学生开展拥军优属活动，为优抚对象做好事；各级教育部门要积极解决部队子女入学入托问题。

国家民委：开展军民团结、民族团结的宣传教育活动，配合有关部门做好民族地区的双拥工作；开展拥军优属活动，表彰军民团结、民族团结的先进典型。

公安部：开展双拥宣传教育活动；配合有关部门做好军事设施保护法及其他有关法规的宣传教育，依法协助部队保护好军事设施；依法惩治侵害军人及其家属合法权益的违法犯罪活动；开展军警民治安联防，优化社会环境；组织干警开展拥军优属活动，为优抚对象做好事；按照有关政策规定，积极解决随军家属的落户问题。

民政部：拥军优属工作的主管部门。充分发挥组织协调作用，广泛开展拥军优属活动，督促拥军优属各项政策、措施的落实。积极配合宣传教育部门，加强对拥军优属工作的宣传；对优抚对象进行政治思想教育；研究制定军人抚恤优待的有关法规和政策；做好烈士褒扬工作，指导优抚事业单位和烈士纪念建筑物的管理；负责退伍义务兵和军队离退休干部接收安置；指导各地军供站和军队离退休干部休养所的管理工作。

财政部：根据国家财力的可能，为国防和军队建设提供必要的财力保障；逐步解决优抚对象的实际困难。

人事部：开展双拥宣传教育活动；做好军队转业干部安置工作；做好随军家属子女的安置工作；配合有关部门开展拥军优属活动。

劳动部：开展双拥宣传教育和拥军优属活动；做好退伍义务兵的安置就业工作；配合有关部门开展军地两用人才培训和退伍义务兵两用人才的开发使用工作；做好随军家属子女的安置工作；在与群众同等条件下，优先安置优抚对象就业。

建设部：开展双拥宣传教育和拥军优属活动；支持和帮助部队搞好军事设施建设；协调解决城镇未随军家属和优抚对象的住房困难；参与协调解决军地之间的房地产矛盾和纠纷。

能源部：开展双拥宣传教育和拥军优属活动；做好部队煤炭、油料、电力等能源供应工作。

铁道部：开展双拥宣传教育和拥军优属活动；做好军运工作，保障部队军事运输；对革命伤残军人乘车给予优待，有条件的车站开设军人售票窗口，对执行紧急任务的军人，凭团以上单位介绍信优先售票；开展军民共建文明车站和列车活动。

交通部：开展双拥宣传教育和拥军优属活动；保障部队军事运输；做好国防、边防公路的修建和养护工作，保证军事运输畅通；对革命伤残军人乘坐车船给予优待，对执行紧急任务的军人优先售票，有条件的车站、码头应开设军人售票窗口；开展军民共建社会主义精神文明活动。

农业部：开展双拥宣传教育和拥军优属活动；对部队的农副业生产给予指导和帮助；扶持农村优抚对象发展生产。

商业部：开展双拥宣传教育和拥军优属活动；做好部队粮食、副食等供应工作；支持部队发展农副业生产，帮助部队改善官兵生活；配合有关部门帮助部队培养军地两用人才；开展军民共建社会主义文明商业企业活动，努力为优抚对象办实事。

物资部：开展双拥宣传教育和拥军优属活动；做好军队物资计划供应工作，努力做好军队重点工程的物资保障，支持部队建设；做好优抚安置事业单位及优抚对象的建材供应工作；开展军民共建社会主义精神文明活动。

卫生部：开展双拥宣传教育和拥军优属活动支持军队卫生事业的建设；组织卫生行政部门和医疗卫生机构做好优抚对象的医疗保障，并对优抚医院进行业务指导。

国家工商局：开展双拥宣传教育和拥军优属活动；支持部队发展生产经营，对优抚对象的生产经营和民兵以劳养武企业提供帮助。

国家税务局：开展双拥宣传教育和拥军优属活动；支持部队发展生产经营，并对优抚对象的生产经营和民兵以劳养武企业，技政策给予优惠。

全国总工会：将拥军优属工作列入各级工会工作计划；利用本系统报刊进行双拥宣传；发动、组织职工开展拥军优属活动，积极配合有关部门为军人和优抚对象排忧解难。

全国妇联：拥军优属工作列入各级妇联工作计划；利用本系统报刊进行双拥宣传；积极配合部队宣传表彰女军人和军人家属的先进典型，协同有关部门维护军人家庭、婚姻等合法权益；发动广大妇女开展拥军优属活动，为优抚对象做好事；开展军民共建社会主义精神文明活动。

共青团中央：拥军优属工作列入各级团组织的工作计划；利用本系统报刊搞好双拥的宣传报道；加强对青少年的爱国主义和国防观念教育；开展军民共建社会主义精神文明活动，为优抚对象送温暖，办好事。

总参谋部：调动部队、组织民兵参加抢险救灾和支援国家重点工程建设；指导部队和民兵参加军警民联防，保卫人民的和平劳动和生命财产安全，维护社会稳定；参与处理军地之间的重大矛盾和纠纷，维护国家和人民的根本利益；协同国家有关部门搞好学生军训和学军活动；教育部队加强行政管理，遵守群众纪律，树立人民军队威武之师、文明之师的良好形象。

总政治部：全军拥政爱民工作的领导机关。指导全军进行人民军队性质、宗旨教育，开展拥政爱民活动和军民共建社会主义精神文明活动；检查军队执行国家法律、法规、民族政策、宗教政策和遵守群众纪律的情况；指导部队参加社会义务劳动，支援社会公益事业，进行抢险救灾；指导省军区系统协调当地驻军的拥政爱民工作；会同地方有关部门进行民兵预备役和全民国防教育；会同有关部门制定拥军优属的政策和办法；协调参与处理重大军地矛盾和纠纷。

总后勤部：指导部队在生产经营中自觉执行国家法律、政策和有关规定；协调参与处理军地之间在房地产、生产经营、交通事故等方面的矛盾和纠纷；帮助贫困地区医疗卫生事业的发展，支持地方优抚医院的建设。

武警部队：开展拥政爱民活动和警民共建社会主义精神文明活动；检查部队执行国家法律、法规、民族政策、宗教政策和遵守群众纪律的情况；指导部队参加义务劳动，支援社会公益事业，进行抢险救灾；组织部队参加军警民联防．搞好社会治安；指导部队加强行政管理，严格警容风纪，树立良好军人形象。

全国拥军优属拥政爱民工作领导小组关于深入开展创建双拥模范城（县）活动的意见

（1991年8月9日）

遵照国务院、中央军委的指示精神，根据《全国拥军优属拥政爱民工作会议纪要》的要求，为使创建双拥模范城（县）活动健康深入地开展，现提出如下意见：

一、充分认识创建双拥模范城（县）活动在加强军政军民团结、维护社会稳定发展中的重要作用

创建双拥模范城（县）活动，是在地方党委、政府的统一领导下，以拥军优属、拥政爱民为基本内容，以加强军政军民团结为出发点和落脚点，通过广大军民共同参与，在较大的范围内创建具有示范作用的典型，提高双拥工作整体水平的重要途径和有效形式。

创建双拥模范城（县）活动，把领导的积极性和群众的积极性结合起来，把物质文明建设和精神文明建设结合起来，把双拥工作同当地的经济和社会发展结合起来，有利于发挥军政军民团结的政治优势，为社会主义现代化建设创造稳定的社会环境；有利于巩固和发展以“同呼吸、共命运、心连心”为标志的新型军民关系，促进社会主义精神文明建设；有利于调动各行各业和广大军民的积极性，推动双拥工作经常化、社会化、制度化；有利于军地双方在各个领域的互助合作，促进社会生产力的发展和部队战斗力的提高。各级党政军领导要充分认识这项活动的现实作用和重要意义，并把它作为双拥工作的一件大事，切实抓出成效。

二、创建双拥模范城（县）活动的指导原则

创建双拥模范城（县）活动，必须遵照党中央、国务院、中央军委关于新的历史时期加强军政军民团结的一系列指示精神，紧紧围绕实现国民经济和社会发展的十年规划和第八个五年计划，为社会主义现代化建设提供重要的政治保证。在实际工作中，应遵循以下原则：

（一）必须坚持以党的基本路线为指导。创建双拥模范城（县）活动，要坚持四项基本原则，适应改革开放和发展社会主义有计划商品经济的新形势，使双拥工作为党和国家的中心任务服务，为发展社会生产力和提高部队战斗力服务。

（二）必须坚持军民一致的原则。军民一致，是我们党、政府和军队在长期革命战争和社会主义建设中正确处理军民关系的基本原则。坚持军民一致的原则，就是要用共同的政治信念、理想追求、奋斗目标，增强军民之间的凝聚力，不断巩固和发展军队与人民群众血肉相连的亲密关系。

（三）必须坚持“团结—协商—团结”的方针。军民之间在根本利益一致的基础上，有时也会产生一些矛盾。在处理军民矛盾和纠纷的过程中，军地双方都要以大局为重，从团结的愿望出发，经过主动协商妥善解决，在新的基础上达到新的团结。

（四）必须把工作重点放在基层。创建双拥模范城（县）活动，是一项群众性的社会实践活动，需要动员和组织广大军民积极参与。要从各单位、各行业的具体情况出发，从创建拥军优属模范街道、乡镇、企业、学校抓起，从创建拥政爱民模范连队、舰艇、飞行中队及其他相当于连队的基层单位抓起，使基层的双拥工作真正做到“组织健全、政策落实、活动经常、关系融洽”，把创建双拥模范城（县）活动的各项要求落到实处。

三、创建双拥模范城（县）活动的主要内容

江泽民总书记多次强调全国各族人民要“同呼吸、共命运、心连心”，这深刻地反映了全国各族人民大团结的本质特征，生动体现了军队与人民群众血肉相连、生死与共的关系，为我们加强军政军民团结提出了更高的标准。创建双拥模范城（县）活动要认真贯彻这个总的要求，全面落实全国双拥工作会议精神，不断提高双拥工作的整体水平。

（一）深入进行国防教育，增强全民国防观念。国防教育坚持以马列主义、毛泽东思想为指导，以爱国主义为核心，根据国际国内形势变化，结合党和国家的中心任务，常抓不懈。地方主要是搞好爱国拥军教育，宣传强大的国防是国家和民族尊严、安全和利益的保障；宣传人民军队在党的领导下英勇奋斗的历史和光荣传统，在维护国家稳定与发展中的重要地位和作用。部队主要是结合拥政爱民的实践，宣传保卫祖国、保卫人民和平劳动的职责；宣传全心全意为人民服务的宗旨，人民群众是建设现代化、正规化革命军队的力量源泉。通过宣传教育。使广大军民牢固树立军队与人民相互依存、不可分离，经济建设与国防建设相互促进，不可偏废的思想。

（二）军地相互支援，促进社会生产力的发展和部队战斗力的提高。地方各级党委和政府要把关心、支持部队建设作为义不容辞的责任，积极帮助部队解决各种实际问题，支持配合部队完成战备训练、施工、农副业生产等各项任务。协助部队做好干部、战士及其亲属的思想工作，帮助解决各种实际困难。驻军部队要按照"爱人民、学人民、为人民"的要求，在搞好自身建设的同时，努力为国家和当地的经济建设多做贡献。积极参加重点工程和社会公益事业建设，奋勇参加抢险救灾，做好扶贫帮困工作，为社会、为人民多办实事。

（三）进一步开展军民共建活动，巩固发展社会主义思想文化阵地。军民共建社会主义精神文明活动，是新时期双拥工作的一个新发展，已经成为社会主义精神文明建设活动不可缺少的重要组成部分。在军民共建中，要针对资产阶级自由化否定党的领导、否定社会主义制度这个实质，深入进行党的基本路线教育。使广大军民更加坚信党的领导，坚定社会主义信念。开展军民共学雷锋、同树新风活动，帮助广大军民树立正确的人生观，开展读好书、唱好歌、演好戏等健康有益的军民联谊活动，丰富精神生活，陶冶思想情操；加强法制宣传教育，搞好军警民治安联防，优化社会环境。

（四）做好优抚安置工作，固长城，稳军心。城乡基层组织和机关、团体以及企事业单位，要认真落实《军人抚恤优待条例》、《退伍义务兵安置条例》、《革命烈士褒扬条例》和其他有关政策法规，履行各自应尽的职责和义务，帮助优抚对象排忧解难。关心、支持优抚事业单位的建设和发展。搞好转业干部的培训和安排使用，尽力解决他们的实际问题；妥善安置退伍义务兵，重视开发和使用军地两用人才；按期安置军队离退休干部，加强管理，搞好服务。

（五）互相尊重，主动协商，及时解决军政军民关系出现的问题。部队要尊重地方党委和政府，自觉执行地方有关法规；遇有重大活动和执行重要任务，要及时向当地政府通报；领导机关要经常派人到地方征求意见，及时发现和解决问题。地方工作涉及到驻军的事项，应事先征求意见，对驻军的意见和批评，应通过组织提出，求得内部解决。在处理军民矛盾中，双方都要严于律己，多为对方着想。遇有重大军民纠纷，军地双方主要领导要亲自出面，采取果断措施，迅速加以处理，并及时做好善后工作。

四、双拥模范城（县）的评定方法和审批权限

（一）双拥模范城（县）分国家命名和省、自治区、直辖市命名。

（二）省一级双拥模范城（县）由各地区、地级市党委、政府和驻军领导机关推荐，经省、自治区和直辖市双拥工作领导小组考查审定，报所在省、自治区、直辖市党委、政府和省军区批准。

（三）各省、自治区、直辖市推荐报请国家命名的双拥模范城（县），必须是获得省级双拥模范称号，双拥工作在本省范围内具有重要示范作用并在全国有一定影响的单位。经全国双拥工作领导小组审定，对达到全国双拥模范城（县）标准的单位，以民政部、总政治部名义授予荣誉称号。被推荐单位的事迹要认真核实，准确无误。

（四）省级双拥模范城（县）的命名，须举行命名大会。国家命名双拥模范城（县），由全国双拥工作领导小组视情确定形式。

（五）凡授予荣誉称号的单位，要巩固发展已有的成果，不断创造新的成绩。对命名后出现问题、失去模范作用的单位，要撤销荣誉称号。其程序按命名权限进行。

五、切实加强对创建双拥模范城（县）活动的组织领导

创建双拥模范城（县）活动，是一项涉及地方和部队各个部门、各个行业的社会系统工程，一定要坚持地方党委、政府的统一领导，形成整体合力。要服从和服务于党和国家的中心工作，有鲜明的主题和实在的内容。各地驻军要始终不渝地实践全心全意为人民服务的宗旨，时时处处爱人民、学人民、为人民。在创建双拥模范城（县）活动中，同地方党委、政府密切配合，多做工作。

创建双拥模范城（县）活动中，要充分发挥各级民政部门的组织协调作用和省军区系统的桥梁纽带作用。民政部门和军队群众工作部门在创建双拥模范城（县）活动中，要主动当好参谋和助手，尽职尽责地做好工作。省军区系统要积极协调驻军的拥政爱民活动，在沟通军地联系、推动创建双拥模范城（县）活动中，发挥应有的作用。

各省、自治区、直辖市和驻军领导机关在指导创建双拥模范城（县）活动中，要从实际出发，因地制宜，使这项活动同当地的中心工作相一致，纳入当地经济和社会发展的总体规划。要实行分类指导，根据不同地区、不同行业，提出不同的具体要求和措施，加强调查研究，定期检查督促。

创建双拥模范城（县）活动，要坚持高标准，严要求，讲求质量，注重实效，从基础抓起，从基层抓起，一个方面一个方面地抓好落实。要注意总结经验，及时推广先进典型，使创建双拥模范城（县）活动扎扎实实，富有成效。

以上意见的基本精神，适用于创建拥军优属模范城（县）活动。

中共中央、国务院、中央军委批转《关于当前全国双拥工作的情况和进一步加强军政军民团结的意见》的通知

（1992年4月3日）

党中央、国务院、中央军委同意全国双拥工作领导小组、民政部、总政治部《关于当前全国双拥工作的情况和进一步加强军政军民团结的意见》，现转发你们，请结合实际情况认真贯彻执行。

拥军优属、拥政爱民，是我们党、政府、军队和我国各族人民的优良传统，是中国革命和建设事业取得胜利的重要保证。在新的形势下，进一步做好双拥工作，加强军政军民团结，对于维护国家长治久安，保证改革开放的顺利进行，实现社会主义现代化建设的宏伟目标，对于建设现代化、正规化的革命军队，都具有十分重要的意义。各级党政军领导要把双拥工作作为一项长期的战略任务，按照党的“一个中心，两个基本点”的基本路线和“同呼吸、共命运、心连心”的要求，继续扎扎实实地抓好，不断巩固和发展军政军民团结的大好局面。

关于当前全国双拥工作的情况和进一步加强军政军民团结的意见

开展拥军优属、拥政爱民活动，加强军政军民团结，是我党我军的优良传统，也是我们重要的政治优势。在新的形势下，这一优良传统得到了很好的继承和发扬。特别是民政部、总政治部去年1月联合召开全国双拥工作会议之后，双拥工作又有新的发展，出现了十分喜人的局面。军政军民团结所形成的巨大力量，在经受风云变幻的国际形势的严峻考验和战胜国内部分地区特大洪涝灾害的斗争中得到了充分显示。全国双拥工作出现的大好形势，标志着军政军民团结在过去的基础上进入了一个新的阶段。

一、“同呼吸、共命运、心连心”的要求深入人心，在全社会形成了做好双拥工作的强大舆论。全国双拥工作会议以后，各地、各部队采取多种形式，围绕江泽民同志提出的“同呼吸、共命运、心连心”的要求，广泛进行宣传，认真贯彻落实。许多党政军领导同志深入工厂、街道、农村、连队宣讲双拥工作会议精神，报刊、电台、电视台等舆论工具发表了大量的消息、评论，对双拥工作进行了广泛的宣传。地方各级党委、政府和各部队都把国防教育作为整个宣传教育的重要组成部分，纳入全民和部队教育规划，并同国际国内形势教育、社会主义信念教育紧密结合，使广大干都和群众维护军政军民团结的自觉性明显增强。通过这些工作，“同呼吸、共命运、心连心”的要求和“军队离不开各族人民，各族人民离不开军队”、“无兵不安，无军不稳”的思想日益深入人心，逐步形成了拥军优属、拥政爱民人人有责，维护军政军民团结光荣的良好社会风尚。

二、各级领导亲自抓，军政团结带动和促进了军民团结。领导重视，带头参加，是当前双拥工作的一个突出特点。党中央、国务院、中央军委领导对双拥工作十分关心，各级党政军主要领导都亲自抓这项工作。去年6月，全国双拥工作领导小组成立后，各省、自治区、直辖市和许多地（市）县与驻军也根据本地情况成立了双拥工作领导小组。中央和国家机关的有关部、委、办以及工、青、妇等群众团体，均根据各自的业务特点，明确了双拥工作的任务和职责。在双拥工作中，很多军地领导经常在一起分析形势，研究政策，解决双拥工作中带全局性的问题。许多地方领导同志还经常到部队了解情况，征求意见，帮助解决战备训练、营区建设、粮菜供应、用水用电等实际问题。有些领导同志不辞辛劳，深入到边防海岛、高山哨所等条件艰苦的基层单位，慰问部队，看望干部战士。所有这些，产生了很大的号召力，影响和带动了基层双拥工作的开展。现在，地方群众性的“优抚小组”、“军人家庭服务中心”等拥军优属组织遍布全国城乡；军队基层连队成立的各种“利民服务小组”，在各地广泛开展为人民群众做好事活动。

三、紧紧围绕中心任务开展双拥活动，促进了地方的经济建设与军队现代化建设。各部队自觉服从国家经济建设大局，根据当地经济和社会发展规划的需要，调整了义务参加国家和地方经济建设的规划。去年，全军参加省级以上重点工程建设140多项，支援地方建设共完成2500多万个劳动日。去冬今春，又投入大量人力物力，参加300多条江河的治理工程。驻少数民族聚居地区和贫困地区的部队，积极向群众宣传党的政策，传授科技知识，协助兴办经济实体，帮助一批贫困户走上致富之路。在抗御部分地区发生的罕见洪涝灾害中，全军出动大量兵力和大批机械、车辆、飞机、舰船，抢救被洪水围困的群众100多万人，抢运各种物资177万多吨，充分体现了军民之间风雨同舟、生死与共的亲密关系。

各级党委、政府和人民群众为保持部队稳定和提高部队战斗力，主动帮助部队解难题、办实事。在认真贯彻国家优抚政策的基础上，不少省、自治区、直辖市制定了与之相配套的军人抚恤、义务兵退伍安置、军人家属优待办法等地方性法规，为干部战士解除后顾之忧；积极开展智力拥军，为部队培养大批军地两用人才；采取优惠让利等措施，扶持部队发展生产经营，动员社会各方面力量，帮助部队解决战备、执勤、教育训练中的各种实际问题。去年，部队进行的一些比较大的军事演习，所在地区的地方党委、政府都很重视，抽调有关部门的同志组成专门班子，在吃、住、行等方面给予全力保障。广大群众象战争年代支前那样，为部队腾房让铺，送菜送水，热情迎送，军民之间充满了鱼水之情。

四、广泛开展创建双拥模范城（县）活动，双拥工作整体水平明显提高。创建双拥模范城（县）活动，是双拥工作的一个创举，是推动双拥工作向广度、深度发展的一种好形式。去年春，经邓小平同志亲笔题词，民政都、总政治部命名了10个双拥模范城（县），在全国产生了强烈的反响，创建双拥模范城（县）活动蓬勃兴起。在这一活动中，各地紧密结合城乡发展和部队建设，军地优势互补，互相支援；紧密结合军民共建社会主义精神文明，军地互相学习，双向交流；紧密结合社会治安的综合治理，军地紧密配合，及时消除不安定因素，为社会和部队的稳定创造了良好的环境。现在，全国命名的双拥模范城（县）已有49个（其中5个省会城市）；各省、自治区、直辖市命名的有203个。创建双拥模范城（县）活动的开展和大批模范单位的涌现，使双拥工作由一厂一校、一村一街，发展到一区一县、一市一地，标志着双拥工作整体水平有了新的提高。

五、贯彻“团结—协商—团结”的方针，军地之间历史遗留问题的解决有了突破性进展。历史上特别是“文化大革命”中，军地之间遗留的一些矛盾和纠纷影响着军政军民的团结。去年，各地、各部队把解决这方面问题作为双拥工作的突破口来抓，组织专门班子，党政军领导亲自出面，本着顾全大局、尊重历史、正视现实、互谅互让的精神，在过去工作的基础上，一个一个地进行研究和处理。在解决过程中，既照顾地方和人民群众的实际利益，又照顾军事需要；既注重密切感情、通过协商解决，又适当运用行政、法律手段，使一些拖了几年、几十年的问题得到圆满解决。目前，全国比较大的历史遗留问题已解决了92%。各地对处理现实问题也十分重视，基本上做到了纠纷发生在哪里就解决在哪里，什么时候发生就什么时候解决。贯彻军事设施保护法，划定军事禁区、军事管理区，是去年直接涉及到军地利益的一件大事。由于军地双方姿态高，工作细，使这项工作得以顺利完成。

我国的社会主义现代化建设已经进入了一个新的历史时期，形势和任务对双拥工作提出了更高的要求。当前和今后一个时期，双拥工作要以贯彻执行党的基本路线为共同的政治基础，以“同呼吸、共命运、心连心”为基本要求，以促进改革开放、发展社会生产力和提高部队战斗力为主要目标，讲求实效，狠抓落实，不断巩固和发展军政军民团结的大好局面。

一、把双拥工作作为维护国家稳定与发展的战略任务来抓。坚强的军政军民团结，是维护国家长治久安，巩固和发展社会主义制度，进一步搞好改革开放，促进经济建设和国防建设的重要政治保证。各级党政军领导一定要充分认识双拥工作的战略意义，把这项活动深入持久、扎扎实实地开展下去。要联系国际国内形势的变化，结合军地正在进行的坚定社会主义信念教育，认真学习毛泽东、邓小平等老一辈无产阶级革命家关于军政一致、军民一致和军民团结的论述，广泛宣传党中央、国务院、中央军委关于做好双拥工作的指示，进一步提高广大军民对加强军政军民团结重大意义的认识。要针对各地不同情况，实施分类指导，切实解决双拥工作发展不平衡的问题，特别是对工作比较薄弱的地区和单位，要加强督促检查，具体指导帮助，使之尽快改变面貌。要根据党的民族政策和各民族地区的不同特点，做好少数民族聚居地区的双拥工作，使军政军民团结成为维护祖国统一、保证边疆安宁的强大力量。军地各级党委要切实把双拥工作摆在重要议事日程，常议常抓。各级双拥工作领导小组要充分发挥组织、协调、指导作用。各级民政和军队群众工作部门，要切实负起责任，发挥好政府和军队主管部门的职能作用。省军区系统是部队与地方联系的桥梁和纽带，要统一协调好驻军各部队的拥政爱民工作。各级领导和有关部门要注意深入实际，及时发现和解决工作中出现的新情况、新问题，把双拥工作不断引向深入。

二、把促进改革和建设作为双拥工作的根本任务。紧紧围绕贯彻执行党的“一个中心、两个基本点”的基本路线，双拥工作才能有正确的方向和持久的生命力。军地各级党委要用党的基本路线统一思想，统一行动，在改革和建设中军政、军民互相支持，通力合作。地方党委和政府要深刻认识和平时期军队的地位和作用，牢固树立“没有一个人民的军队，便没有人民的一切”的思想，关心子弟兵、热爱子弟兵，把支持军队的改革和建设作为义不容辞的责任。要以积极热忱的态度，在帮助部队解决战备、执勤、教育训练中的困难，为部队输送优质兵员，安置退伍军人和军队转业、离退休干部，解决家属随迁、工作安置和子女上学等方面多办实事，为军队的建设和改革创造良好条件。军队要经常进行“爱人民、学人民、为人民”的教育，始终不渝地履行全心全意为人民服务的宗旨，谦虚谨慎，自尊自爱，从大局出发，体谅国家和人民的困难。当前，要注重教育干部战士热情参与和支持地方的改革和建设，做改革开放的忠实支持者和捍卫者。要服从国家经济建设大局，在完成战备训练任务的前提下，积极参加和支援国家经济建设、农田水利基本建设和公益事业建设，奋勇参加抢险救灾，努力为社会主义现代化建设作出新的贡献。

三、扎扎实实做好经常性的双拥工作。双拥工作，贵在经常。在新年、春节和重大节日集中开展一些活动是必要的，但更多的是要把功夫下在经常性工作上。制度化是经常化的保证，要进一步建立和完善各项法规制度。不管领导怎么换，任务怎么变，始终保持工作长流水、不断线。创建双拥模范城（县）活动是把双拥工作经常化的好形式，军地双方要共同总结经验，加强领导，推动这项活动不断发展。已经被命名的双拥模范城（县），要谦虚谨慎，继续努力，不断创造新的经验。评选双拥模范城（县）要坚持高标准，讲求质量，做到成熟一个命名一个。做好经常性双拥工作，必须坚持从实际出发，注重实效，力戒形式主义。军地交往要树立好的风气，减少迎来送往等礼节性活动。

四、把双拥工作的各项任务和要求真正落实到基层。拥军优属、拥政爱民是群众性的社会实践活动，工作的重点在基层。要注意从工厂、街道、学校、商店、乡村和连队抓起，从平时抓起，从解决实际问题抓起，使基层单位的双拥工作达到“组织健全、政策落实、活动经常、关系融洽”的要求。要深入进行国防教育，使广大人民群众和部队干部战士树立牢固的国防观念，形成人人关心国家安全，勇于献身国防事业的社会风尚。要坚持国家、社会、群众相结合的优抚体制，发挥群众性的优抚组织的作用，认真落实各项优抚安置政策，帮助优抚对象解决生产生活中的实际困难，保证他们的生活不低于当地群众的平均水平。对军地之间发生的矛盾和纠纷，要顾全大局，本着互助互利、互谅互让、严于律己的精神，主动协商，妥善解决。要在基层单位普遍开展军民同学雷锋、共同育兵教子、智力双拥等活动，进一步增进军地了解，促进军民团结。

明年是延安开展双拥运动50周年。全国双拥工作领导小组、民政部、总政治部拟在延安召开纪念大会。军地各级党委要充分利用这一有利时机，采取多种形式搞好纪念活动，大力弘扬军政一致、军民一致的优良传统，推动双拥工作更加广泛深入地开展，把军政军民团结提高到一个新的水平。

中共中央办公厅、国务院办公厅、中央军委办公厅 转发全国双拥工作领导小组、民政部、总政治部《关于纪念延安双拥运动五十周年大会的情况报告》的通知

（1993年5月18日）

1993年1月10日至12日，全国双拥工作领导小组、民政部、总政治部在延安召开了纪念延安双拥运动五十周年大会。这次会议以党的十四大精神为指导，回顾和总结了五十年来我国双拥工作的光辉历程和基本经验，提出了当前和今后一个时期双拥工作的基本任务。现将全国双拥工作领导小组、民政部、总政治部《关于纪念延安双拥运动五十周年大会的情况报告》转发给你们，望结合实际认真贯彻执行。

当前，全国军民正在深入贯彻落实党的十四大精神，加快改革开放和现代化建设的步伐。在这样重要的历史时期，广泛深入持久地开展双拥工作，发展军政军民相互团结、相互支持的大好局面，对于贯彻执行党的“一个中心、两个基本点”的基本路线，为改革开放和现代化建设创造更好的社会政治环境，对于加强人民军队的全面建设，维护祖国安全和民族尊严，具有十分重要的意义。各级党政军领导要坚持不懈地把双拥工作作为维护国家长治久安的战略任务来抓，并将其纳入经济、社会发展和部队建设的总体规划，围绕促进社会生产力和提高部队战斗力开展活动，使之逐步走上社会化、经常化、制度化的轨道。全国军民要更加紧密地团结在以江泽民同志为核心的党中央周围，同呼吸、共命运、心连心，为夺取有中国特色社会主义事业的更大胜利而努力奋斗。

关于纪念延安双拥运动五十周年大会的情况报告

经党中央、国务院、中央军委批准，1993年1月10日至12日，全国双拥工作领导小组、民政部、总政治部在陕西省延安市联合召开了纪念延安双拥运动五十周年大会。现将会议情况报告如下：

（一）

纪念延安双拥运动五十周年大会，是我国双拥工作史上的一件盛事。党中央、国务院、中央军委对这次会议非常重视。江泽民、李鹏等中央领导同志亲自审阅和修改了会议的主要文件，并强调指出，双拥工作很重要，一定要抓好。刘华清、邹家华、孙起孟、陈俊生、马文瑞等领导同志出席了会议。军地各有关部门的334名代表参加了会议。大会由邹家华同志主持，刘华清同志代表党中央、国务院、中央军委作了重要讲话，陈俊生同志作了工作报告。会上命名了56个全国双拥模范城（县）。

这次会议回顾了双拥运动五十年来的历史，总结了双拥工作的基本经验，对当前和今后一个时期

的双拥工作进行了部署。与会代表普遍反映，在党的十四大结束不久，在双拥运动五十周年的时候，在双拥运动的发祥地延安召开这样一次会议，具有深远的意义。这次会议展示了我国双拥工作在党的领导下五十年的光辉历程和丰硕成果，展示了在以江泽民同志为核心的党中央领导下我国军民万众一心，推进改革开放和现代化建设的精神风貌，是一次我党我军优良传统的再学习，是广泛深入持久地做好双拥工作的再动员。通过参观和学习，代表们深深感到，革命成果来之不易，延安精神永放光芒，双拥工作任重道远。大会期间，全国各地、全军各部队开展了规模宏大、丰富多采的纪念活动，军民共叙鱼水情谊，军地共商团结大计，形成了新的双拥热潮。各方面普遍反映，纪念双拥运动五十周年的活动在我国军政军民团结史上写下了新的一页。

（二）

会议认为，拥军优属、拥政爱民是在长期的革命和建设实践中逐步形成和发展起来的，是我党我军的优良传统，是人民军队的本色和人民共和国性质的生动体现，在我国革命和建设的伟大事业中显示了极为重要的作用。

拥军优属、拥政爱民伴随我们党独立领导武装斗争、创建人民军队而产生。早在红军初创时期，它就成为当时党领导武装斗争的重要组成部分，为工农红军的发展壮大，为农村革命根据地的建立和党领导的土地革命战争的胜利开展，发挥了重要作用。抗日战争时期，这项工作正式成为大规模的群众性运动。在壮大正规军、地方军和民兵相结合的武装力量，扩大革命根据地，巩固和发展抗日民族统一战线中，起了重要作用。解放战争时期，积极开展双拥活动，形成了波澜壮阔的人民战争场面，迅速摧毁了国民党的反动统治，建立了人民当家作主的新生政权。新中国成立以后，在保卫新生的人民政权、医治战争创伤、恢复国民经济中，双拥活动再次显示了伟大力量。在社会主义全面建设时期，从交通、能源等基础建设，到江河湖海的治理，从关系国家经济命脉的重要工业基地的建成，到原子弹爆炸成功，无不凝聚着军民团结的力量，无不是广大军民共同奋斗的结晶。

党的十一届三中全会以来，在邓小平同志建设有中国特色社会主义理论的指导下，双拥工作在继承优良传统的基础上进入了一个新的发展阶段。广大军民在改革开放的伟大实践中紧密配合，在经济建设的主战场上通力协作，在战胜各种严重自然灾害的斗争中风雨同舟，在维护国家稳定和民族团结中同心同德。人民解放军自觉服从大局，裁军百万，承担重点工程，转让科技成果，开展扶贫帮困，积极参加国家经济建设。地方各级党委、政府和各族人民群众，大力支持军队建设，满腔热情地为部队选送合格兵员，妥善接收和安置转业干部、离退休干部和退伍军人，热心照顾和关怀军烈属，落实各项优抚政策。在同各种严重自然灾害的斗争中，我国军民携手并肩，团结互助。在思想、教育、文化等领域，军民共建点遍布祖国城乡，军地两用人才活跃在祖国建设的各条战线上，为促进国家的两个文明建设作出了重要贡献。近年来兴起的创建双拥模范城（县）活动，在党中央、国务院和中央军委的关怀下蓬勃发展，显示了强大的生命力。

会议认为，双拥工作形成的坚强的军政军民团结，既是凝聚中华民族的一种巨大精神力量，也是推动社会进步的一种巨大物质力量；既是解放和发展生产力的重要条件，也是维护社会稳定、国家长治久安的可靠保证。双拥工作的实质，就是在中国共产党的领导下，以党的政治路线为基础，把广大军民团结起来，凝聚起来，为实现党的任务和全国各族人民的共同利益而奋斗。尽管在各个历史时期，双拥工作的具体内容和形式不同，但它始终是同解放和发展社会生产力紧密相连的，始终是同提高部队战斗力紧密相连的。

（三）

与会代表一致认为，拥军优属、拥政爱民是我们党的一贯思想，是毛泽东、邓小平等老一辈无产阶级革命家，运用马克思主义的唯物史观解决中国革命和建设问题的生动体现，是中国共产党领导下亿万军民的伟大创造。

以毛泽东同志为代表的中国共产党人，依据马克思主义的基本原理，科学地提出了人民战争的理论、人民军队建设的思想和军民一致的原则，规定了人民军队的宗旨，提出了“军民团结如一人，试看天下谁能敌”的著名论断，正确地解决了人民军队同人民群众始终保持血肉联系的重大问题。正是在这些理论指导下，在中国革命的斗争中，才产生了双拥这一新生事物；也正是遵循了这些思想，双拥工作才不断发展，成为我党我军的一个重要政治优势。

在改革开放和现代化建设的新形势下，邓小平同志继承和发展毛泽东思想，对军政军民团结作了一系列重要论述。邓小平同志明确指出，军民一致的原则不能变，我们就是要根据新的情况，从各个方面搞好军民关系，加强军政军民团结。他反复强调，要恢复和发扬军民之间亲密团结的优良传统。他倡导军民共建社会主义精神文明、培养军地两用人才，热情支持创建双拥模范城（县）活动。邓小平同志关于加强军政军民团结的思想，丰富了毛泽东思想的理论宝库，是建设有中国特色社会主义理论的重要内容。

江泽民同志高度重视双拥工作，对加强军政军民团结作了很多重要论述。江泽民同志深刻指出，军政军民团结是我军战无不胜的力量源泉，是保持社会稳定的重要因素。只要在党的领导下，亿万军民团结一心，国家的稳定就有了坚实的根基，无论遇到什么风浪，出现什么复杂情况，我们都能镇定自若，从容应付。他要求全国军民像爱护眼睛一样爱护军政军民团结，做到同呼吸、共命运、心连心。江泽民同志的这些论述，对进一步做好新时期的双拥工作、加强军政军民团结，具有重要的指导意义。

正是在这些理论的指导下，伴随着中国革命和建设的进程，双拥工作不断深入，不断发展，结出了丰硕的成果。五十年的双拥工作内容极其丰富，五十年的双拥实践积累了许多带有规律性的东西，其中贯穿始终的是：坚持用党的政治路线把广大军民凝聚起来，在共同理想、信念、目标的基础上，形成牢不可破的坚强团结；紧紧围绕党和国家在不同时期的中心任务，把解放、发展社会生产力和提高部队战斗力作为根本目的，保持双拥工作的正确方向；坚持把工作的重点放在基层，因地制宜，注重实效，扎扎实实地开展群众性的双拥活动。

在五十年双拥工作的历史中，党的十一届三中全会以来的十四年，是一个非常重要的阶段。改革开放的伟大事业，为双拥工作的发展提供了广阔的前景，广大军民生动丰富的双拥实践，积累了新形势下做好双拥工作的新鲜经验，把这些经验概括起来，主要是：坚持把双拥工作摆到战略位置，以坚强的军政军民团结为社会稳定提供重要保证；围绕党和国家的中心任务开展双拥活动，把促进社会生产力的发展和部队战斗力的提高作为根本目标；创造富有时代特色的活动形式，不断提高双拥工作整体水平；以大局为重，坚持主动协商，积极地解决军民关系中的矛盾和问题；坚持地方党委、政府的统一领导，从组织上保证双拥工作持续健康的发展。这些经验，是在邓小平建设有中国特色社会主义理论的指引下，我国军民共同实践的结晶，是延安精神的继承和发展，是双拥传统的弘扬和光大，对推动双拥工作不断深入发展具有重要意义。

（四）

会议认为，当前和今后一个时期的双拥工作，要认真贯彻落实党的十四大精神，认真贯彻党中央、国务院、中央军委关于军政军民团结的一系列指示，以党的基本路线为指导，以促进改革开放和现代化建设为根本任务，以“广泛、深入、持久”为基本要求，注重实效，保持经常，不断巩固和发展军政军民相互团结、相互支持的大好局面。

一、坚持不懈地把双拥工作作为维护国家稳定与发展的战略任务来抓。江泽民同志指出，近几年来，我们国家所以能在国际风云急剧变幻的形势下，顶住压力，克服困难，稳步发展，一个重要原因，就是我们有坚如磐石的军政军民团结。在加快改革开放步伐、建立社会主义市场经济体制的新形势下，做好双拥工作，具有特别重要的意义。不断巩固和发展以“同呼吸、共命运、心连心”为标志的新型军政军民关系，是维护国家长治久安的根本大计，是实现“三步走”的发展战略目标的重要政治保证。各级党政军领导同志一定要充分认识双拥工作的战略意义，把它纳入经济、社会发展和部队建设的总体规划，摆到重要议事日程，常抓不懈。

二、紧密围绕加快改革开放和现代化建设的任务深入开展双拥工作。改革的不断深化，经济建设的持续发展，对开展双拥工作提出了新的更高的要求。各级党政军领导要用党的基本路线指导双拥工作，在改革和建设中军政军民互相支持，通力合作。要在继承过去成功经验的基础上，解放思想，大胆创新，积极探索适应社会主义市场经济的双拥工作组织领导、工作方法、活动形式。适应多层次的改革，开展多种形式的双拥;适应全方位的开放，开展全社会的双拥。军队要在宣传党的改革开放政策、支持地方经济建设等方面，大胆实践，有所作为，开创拥政爱民工作新的局面。地方要在征兵、优抚、安置转业退伍军人、解决军官家属随迁、支持部队战备训练等方面，适应新的情况，拿出新的办法和措施。经过军地的共同努力，使双拥工作在发展社会生产力、提高部队战斗力中更好地发挥作用，共同为社会主义建设事业作出新的贡献。

三、深入开展军民共建和创建双拥模范城（县）活动，把双拥工作的各项任务落到实处。军民共建精神文明活动要纳入社会主义精神文明建设的总体部署，拓宽领域，丰富内容，长期坚持。创建双拥模范城（县）活动，要按照巩固、发展、提高的方针，坚持标准，注重实效，讲求质量，真正发挥典型的示范和榜样作用。要切实采取措施，进一步加强全民国防教育，增强全民族的国防意识，形成爱国拥军光荣、献身国防事业光荣的良好社会风尚。要针对各地不同情况，实施分类指导，注重基层，抓好落实。根据党的民族政策和各民族地区的不同特点，做好少数民族聚居地区的双拥工作。减少迎来送往等礼节性活动，力戒形式主义。

四、从大局出发，妥善解决军地之间的矛盾和问题。国民经济的发展，综合国力的提高，必将为国防建设提供雄厚的物质基础。国防力量的增强，又将为国家的安全和经济的发展提供坚强有力的保障。军地双方都要以党和国家利益为重，按照军民一致的原则，主动协商，互谅互让，严于律己，及时妥善地解决军民之间出现的各种矛盾和纠纷，决不允许任何影响、破坏军政军民团结的现象滋长。全国军民都要象保持自己的眼睛一样，精心维护军政军民团结。

五、加强领导，推动双拥工作向社会化、经常化、制度化发展。这些年来，各级党委、政府和各部队在加强对双拥工作的领导方面做了大量工作，探索、总结了许多好的经验，如党政军领导同志兼任各地双拥工作领导小组组长，军政领导亲自出面解决重大问题，建立党政军联席会议制度，发挥各级双拥机构、民政部门、军队群工部门和省军区系统的作用等，都是行之有效的，要继续坚持下去。要进一步加强各级双拥工作机构和军地职能部门的组织、思想、业务建设，充分发挥他们的作用。注重总结经验，把实践中行之有效的做法逐步规范、完善，形成政策法规，不断推进双拥工作的社会化、经常化、制度化。

国务院、中央军委关于调整全国拥军优属拥政爱民工作领导小组成员的通知

（1993年7月13日）

根据工作需要和机构人事变动情况，国务院、中央军委决定调整全国拥军优属拥政爱民工作领导小组的组成人员。现将调整后的领导小组成员名单通知如下；

组　长：罗　干（国务委员兼国务院秘书长）

副组长：多吉才让（民政部部长）

周子玉（总政治部副主任）

胡光宝（中央办公厅副主任）

李树文（国务院副秘书长）

龚心瀚（中央宣传部副部长）

杨衍银（民政部副部长）

成　员：佘健明（国家计委副主任）

林炎志（国家教委专职委员、党组成员）

图道多吉（国家民委副主任）

蒋先进（公安部副部长）

刘积斌（财政部副部长）

张汉夫（人事部副部长）

朱家甄（劳动部副部长）

叶如棠（建设部副部长）

汪恕诚（电力部副部长）

范维唐（煤炭部副部长）

蔡庆华（铁道部党组成员、政治部主任）

李居昌（交通部副部长）

吴亦侠（农业部副部长）

白美清（内贸部副部长）

刘习良（广播影视部副部长）

孙隆椿（卫生部副部长）

卢仁法（国家税务总局副局长）

杨培青（国家工商局副局长）

刘文甲（国家土地局副局长）

熊光楷（总参谋长助理）

邓先群（总政治部群工部部长）

许　胜（总后勤部副政治委员）

张树田（武警部队政治委员）

章瑞英（全国总工会副主席）

吉炳轩（共青团中央书记处书记）

黄启璪（全国妇联副主席）

办公室主任：杨衍银（兼）

副　主　任：邓先群（兼）、王景春

今后领导小组成员单位如调整成员，由所在单位与领导小组办公室商量后，报领导小组组长批准。

全国双拥工作领导小组关于印发《全国双拥工作领导小组成员单位职责》的通知

（1993年9月15日）

拥军优属、拥政爱民，是我们党、政府、军队和我国各族人民的优良传统和政治优势，是中国革命和

建设事业取得胜利的重要保证。广泛深入持久地开展双拥工作，发展军政军民相互团结、相互支持的大好局面，是全国双拥工作领导小组各成员单位共同的职责和任务。鉴于全国双拥工作领导小组成员单位的调整和各成员单位工作任务情况的变化，对原来的成员单位职责作了补充和修改。现将重新制定的《全国双拥工作领导小组成员单位职责》印发你们，望切实履行职责，积极主动地做好双拥工作，巩固和发展“同呼吸、共命运、心连心”为标志的新型军政军民关系。

全国双拥工作领导小组成员单位职责

中央宣传部：把全民国防教育和双拥宣传教育作为精神文明建设的重要内容，列入宣传工作规划。组织协调宣传、文化、新闻、出版部门有计划地开展国防教育和双拥宣传教育；宣传拥军优属、拥政爱民工作中涌现的先进典型和经验；指导军民共建社会主义精神文明活动；倡导军民适应改革开放的深入，开展全社会的双拥，巩固发展“同呼吸、共命运、心连心”和关心、支持、爱护人民军队的社会风尚。

国家计委：将国防建设和拥军优属工作列入经济和社会发展规划，积极支持军队的建设和改革。参与协调军队建设需要国家解决的重大问题；协调军队支援国家重点工程建设；把优抚安置事业的发展，纳入国家计划。

国家教委：将国防教育纳入大专院校、职业技术学校和中小学的教学计划。对教职员工和学生进行爱国主义教育和拥军优属宣传教育；开展军民共建社会主义精神文明活动；帮助部队培养军地两用人才；指导学生军训，积极组织学军和拥军优属活动；妥善安排部队子女就近入学入托。

国家民委：把加强国防教育和拥军优属宣传教育列入各级民委的工作议程。发动各族人民深入持久地开展拥军优属活动；配合有关部门做好民族地区的双拥工作；表彰军民团结、民族团结的先进典型。

公安部：加强国防教育和拥军优属宣传教育，开展拥军优属活动。配合有关部门做好军事设施保护法及其他有关法规的宣传教育；依法协助部队维护军事设施；依法惩治侵害军人及其家属合法权益的犯罪活动；开展军警民共建和治安联防，优化社会环境；组织公安干警开展拥军优属活动，为优抚对象做好事；按照有关政策规定，认真做好随军家属和转业、复员、退伍军人及随迁家属落户。

民政部：拥军优属工作的主管部门。制定拥军优属工作的方针、政策；充分发挥组织协调作用，广泛开展拥军优属活动；加强拥军优属工作的宣传，督促拥军优属各项政策措施的落实；研究制定优抚安置的有关法规；做好优抚对象的思想教育工作和烈士褒扬工作；做好退伍义务兵、转业志愿兵、复员干部和军队离休退休干部的接收安置工作；指导优抚安置事业单位和军供保障单位的管理工作。

财政部：根据国防建设的需要和国家财力的可能，为国防和军队建设及做好优抚安置工作提供必要的财力保障。

人事部：加强国防教育和拥军优属宣传教育，开展拥军优属活动，积极支持军队建设和改革，做好军队转业干部安置工作，妥善安置随军家属。

劳动部：加强国防教育和拥军优属宣传教育，开展拥军优属活动，积极支持军队建设和改革。适应改革的形势，搞好对安置政策的研究和落实；配合有关部门做好退伍义务兵、转业志愿兵、随军家属的安置和军地两用人才培训及开发使用工作。

建设部：加强国防建设和拥军优属宣传教育，开展拥军优属活动。开展军民共建社会主义精神文明活动；协助部队搞好军事设施建设；协调解决城镇未随军家属和优抚对象的住房困难；参与处理军地之间的房地产矛盾和纠纷。

电力部：加强国防教育和拥军优属宣传教育，开展拥军优属活动。优先保障部队战备、训练及各项工作的电力供应；协助部队培养军地两用人才。

煤炭部：加强国防教育和拥军优属宣传教育，开展拥军优属活动。优先保障部队煤炭供应；协助部队培养军地两用人才。

铁道部：加强国防教育和拥军优属宣传教育，开展拥军优属活动。做好军运工作，保障军事运输；开展军民共建文明车站和列车活动；有条件的车站开设军人候车室和军人售票窗口，对执行紧急任务的军人，凭部队团以上单位介绍信优先售票；对革命伤残军人乘车给予优待。

交通部：加强国防教育和拥军优属宣传教育，开展拥军优属活动。做好军运工作，保障军事运输；做好国防、边防公路的修建和养护工作，保证军事运输畅通；开展军民共建文明车站、文明运输线活动；有条件的车站、码头应开设军人售票窗口；对执行紧急任务的军人，凭部队团以上单位介绍信，提供交通便利；对革命伤残军人乘座车、船给予优待。

农业部：加强国防教育和拥军优属宣传教育，开展拥军优属活动。对部队的农副业生产给予指导和帮助；扶持优抚对象发展生产。

内贸部：加强国防教育和拥军优属宣传教育，开展拥军优属活动。做好部队物资计划供应工作，努力保障国防重点建设、装备维修等物资供应；做好部队粮食、副食供应工作，支持部队发展农副业生产；协助培养军地两用人才；开展军民共建社会主义文明商业企业活动。

广播影视部：将双拥宣传教育列入广播影视部门的工作计划。运用广播、电影、电视系统进行爱国主义教育、国防教育和双拥宣传教育，广泛宣传党中央、国务院、中央军委关于双拥工作的指示精神，宣传全国双拥工作领导小组的决议、指示、工作部署和重大活动，宣传各地双拥工作的典型经验和先进事迹。

卫生部：加强国防教育和拥军优属宣传教育，开展拥军优属活动。开展军民共建社会主义精神文明活动；支持部队卫生事业建设；组织卫生行政部门和医疗卫生机构，做好优抚对象的医疗保障工作。

国家税务总局：加强国防教育和拥军优属宣传教育，开展拥军优属活动，支持部队的改革和建设；支持部队发展生产经营；对军供保障、优抚安置事业单位及优抚对象的生产经营和民兵以劳养武企业，按政策给予优惠。

国家工商局：加强国防教育和拥军优属宣传教育，开展拥军优属活动，支持部队的改革和建设。支持部队发展生产经营；对军供保障、优抚安置事业单位及优抚对象的生产经营和民兵以劳养武企业提供帮助。

国家土地局：加强国防教育和拥军优属宣传教育，开展拥军优属活动。做好军队建设征地审批和土地登记发证工作；指导帮助搞好军用土地管理，保证军事活动需要；协调处理军地之间的土地纠纷。

总参谋部：调动部队、组织民兵参加抢险救灾和支援国家重点工程建设；指导部队和民兵参加军民联防，维护社会稳定；参与处理军地之间的重大矛盾和纠纷；协同国家有关部门搞好学生军训和学军活动；教育部队加强行政管理，遵守群众纪律，树立人民军队威武之师、文明之师的良好形象。

总政治部：全军拥政爱民工作的领导机关。指导全军进行人民军队性质、宗旨教育，开展拥政爱民活动和军民共建社会主义精神文明活动；检查军队执行国家法律、法规、民族政策、宗教政策和遵守群众纪律情况，指导部队参加社会义务劳动，支援社会公益事业，进行抢险救灾；指导省军区系统协调当地驻军的拥政爱民工作；会同地方有关部门进行民兵预备役和全民国防教育；会同有关部门制定拥军优属的政策法规；参与协调处理军地之间的重大矛盾和纠纷。

总后勤部：指导部队在生产经营中自觉遵守国家法律、政策和有关规定；协调处理军地之间在房地产、生产经营、交通事故等方面的矛盾和纠纷；指导军供站工作，支持地方优抚医院建设；帮助贫困地区医疗卫生事业的发展；加强对部队支持地方经济建设的研究和指导。

武警部队：开展拥政爱民活动和警民共建社会主义精神文明活动；检查部队执行国家法律、法规，遵守民族政策、宗教政策和群众纪律情况；指导部队参加义务劳动，支援社会公益事业，进行抢险救灾；组织部队参加军警民联防，维护社会治安；教育部队加强行政管理，严格警容风纪，树立良好形象。

全国总工会：将拥军优属工作列入各级工会工作计划。运用本系统报刊进行国防教育和双拥宣传教育；发动和组织职工开展各种形式的拥军优属活动和军民共建社会主义精神文明活动；积极配合有关部门为军人和优抚对象排忧解难。

共青团中央：将拥军优属工作列入各级共青团工作计划。运用本系统报刊进行爱国主义教育、国防教育和双拥宣传教育，广泛宣传党中央、国务院、中央军委关于双拥工作的指示精神，宣传全国双拥工作领导小组的决议、指示、工作部署和重大活动，宣传各地双拥工作的典型经验和先进事迹；指导少年军校建设，表彰先进典型；组织团员、青年广泛开展学军活动、拥军优属活动、军民共建社会主义精神文明活动。

全国妇联：将拥军优属工作列入各级妇联工作计划；运用本系统报刊进行国防教育和双拥宣传教育；积极配合军队宣传表彰女军人；协同有关部门维护军人家庭、婚姻等合法权益；发动妇女广泛开展群众性的拥军优属活动，表彰军人家属和妇女拥军的先进典型；开展军民共建社会主义精神文明活动。

全国双拥工作领导小组关于颁发《双拥模范城（县）命名管理办法》的通知

（1993 年 11 月 18 日）

为进一步贯彻落实党中央、国务院、中央军委关于做好双拥工作，加强军政军民团结的指示，广泛、深入、持久地开展创建双拥模范城（县）活动，全国双拥工作领导小组在 1991 年 8 月下发《关于深入开展创建双拥模范城（县）活动的意见》的基础上，总结这几年的实践经验，制定了《双拥模范城（县）命名管理办法》，现予颁发。望各地、各部队认真贯彻执行，进一步做好工作，推动创建双拥模范城（县）活动广泛、深入、持久地开展。

双拥模范城（县）命名管理办法

第一章　总　则

第一条　为贯彻落实党中央、国务院、中央军委关于进一步做好双拥工作、加强军政军民团结的指示，推动创建双拥模范城（县）活动广泛、深入、持久地开展，特制订本办法。

第二条　创建双拥模范城（县）活动，紧紧围绕经济建设和国防建设的实际，以党的“一个中心、两个基本点”的基本路线为指导，以促进社会生产力的发展和部队战斗力的提高为根本任务，把军民共同创建的积极性结合起来，把加强军政军民团结同维护社会稳定结合起来，把物质文明建设与精神文明建设结合起来，是新时期双拥工作的创举。

第三条 双拥模范城（县）是拥军优属拥政爱民工作成绩突出，并经过一定程序命名的具有榜样和示范作用的先进典型，是当地党委、政府、驻军领导机关和全体军民共同的政治荣誉，是体现同呼吸、共命运、心连心的新型军政军民关系的重要标志。

第四条 双拥模范城（县）分全国和省（自治区、直辖市）两级。全国双拥模范城（县）由全国双拥工作领导小组批准，以民政部、总政治部名义命名。省级双拥模范城（县）由省、自治区、直辖市党委、政府和省军区（卫戍区、警备区）命名。

第五条 全国双拥模范城（县）的命名范围为；地级市（不含辖县）、县级市、直辖市辖区，县（旗）。省一级双拥模范城（县）的命名范围，由各省、自治区、直辖市自行确定。

第六条 命名双拥模范城（县）要坚持标准，注重实效，保证质量。

第七条 双拥模范城（县）实行动态管理，不搞终身制。

第二章 双拥模范城（县）的基本标准

第八条 命名双拥模范城（县），以全国双拥工作领导小组《关于深入开展创建双拥模范城（县）活动的意见》（国拥〔1991〕2号）为基本依据，坚持以下标准：

（一）组织领导坚强有力。当地党委、政府和驻军领导机关把双拥工作纳入经济、社会发展和部队建设的总体规划，当作涉及长远、事关全局的大事来抓，健全以军地主要领导牵头、各有关职能部门参加的双拥工作领导机构，并充分发挥组织、协调和指导作用。党政军领导机关形成合力，军地各有关部门切实履行职责。

（二）国防教育广泛深入。以爱国主义为核心、以拥军优属拥政爱民优良传统为重要内容的国防教育，纳入全民教育体系，列入宣传、教育、文化、新闻、广播影视、出版等部门的工作计划，每年有部署，经常有检查。有适应本地区、本单位实际情况的教育制度、教育设施和教育方法。通过宣传教育，形成关心支持国防建设、维护军政军民团结的良好社会风尚。

（三）双拥活动坚持经常。双拥工作每年有总体计划，半年有具体安排，节日联谊走访，平时活动经常；各项活动主题鲜明，内容实在，形式活泼，广大军民积极参与；健全规章制度，定期检查总结，把实践中行之有效的做法逐步规范、完善，不断推进双拥工作社会化、经常化、制度化。

（四）军民共建富有成效。军民共建精神文明坚持重在建设，把为改革开放和现代化建设提供精神动力和智力支持，培养有理想、有道德、有文化、有纪律的社会主义新人作为根本任务，并取得明显成效。军民共学雷锋、同树新风活动持之以恒，为增强各民族大团结、弘扬社会主义道德风尚起到带头作用；军（警）民联防坚持经常，在社会治安综合治理中起到了重要作用。70%以上的军民共建点被评为县（团）级以上先进单位。

（五）政策法规落到实处。认真贯彻执行党和国家有关国防建设和加强军政军民团结的政策、法律和规定，适应形势的发展，不断完善与之相配套的地方性政策、法规。军人军属的合法权益得到保障，军事设施得到有效保护，部队执行军事训练、战备执勤、国防施工等各项任务得到地方支持和配合，军队离退休干部、转业和复员退伍军人得到妥善安置，军官家属的工作、生活得到妥善安排，优抚政策得到落实。部队模范执行党和国家的政策法规，尊重地方政府，支持地方工作，维护社会秩序，遵守群众纪律，严格执行民族、宗教政策，尊重少数民族风俗习惯，奋勇抢险救灾，积极扶贫，支持改革开放和经济建设取得明显成效。

（六）军政军民关系融洽。军政军民之间互相关心，互相爱护，互相支持，亲如一家。无历史遗留问题，无大的军民纠纷。出现矛盾，军地领导主动出面，及时协商，妥善解决。

第九条　全国双拥工作领导小组依据第八条的规定，提出每届全国双拥模范城（县）评选命名的具体要求。

第十条　省、自治区、直辖市可依据第八条的规定，从当地实际出发，制定本地区双拥模范城（县）的具体标准。

第三章　命名程序与权限

第十一条　省级双拥模范城（县）由地级市（地区、自治州、盟）党委、政府和驻军推荐，经省、自治区、直辖市双拥工作领导小组考核评选，报省、自治区、直辖市党委、政府、省军区（卫戍区、警备区）批准并命名，同时报全国双拥工作领导小组备案。

第十二条　省级双拥模范城（县）每二年命名一次，除特殊情况外，应举行命名大会，命名的时间自行确定。

第十三条　全国双拥模范城（县）一般二至三年命名一次。每次命名，由省、自治区、直辖市双拥工作领导小组按照规定名额择优推荐。不论曾否被命名为全国双拥模范城（县），凡符合本办法第八条基本标准并获得省级双拥模范城（县）一年以上的单位，均有被推荐资格。

第十四条　省、自治区、直辖市双拥工作领导小组向全国双拥工作领导小组推荐双拥模范城（县），应征求所在大军区意见，报请省委、省政府、省军区（卫戍区、警备区）批准，尔后写出书面申请报告，并附被推荐单位的事迹材料。

第十五条　全国双拥工作领导小组办公室负责会同有关方面，组织对报请命名的单位进行审核。在此基础上，提出初选意见，经全国双拥工作领导小组组长办公会审议后，提交领导小组全体会议批准。

第十六条　全国双拥模范城（县）由全国双拥工作领导小组发布命名决定，除特殊情况外，应举行命名大会。

第十七条　命名全国双拥模范城（县）授予奖匾，并颁发荣誉证书。

第四章　命名后的管理

第十八条　双拥模范城（县）要以命名为新的起点，坚持巩固、发展、提高的方针，不断研究新情况，解决新问题，总结新经验，取得新成绩。

第十九条　全国双拥模范城（县）在获得荣誉称号期间，每年年底要作出年度工作报告和下年度双拥工作计划。

第二十条　全国双拥工作领导小组每年组织力量对全国双拥模范城（县）进行抽查，并通报抽查情况。

第二十一条　被命名为全国双拥模范城（县）后，工作无新的进展或出现问题的，省、自治区、直辖市双拥工作领导小组应及时给予帮助，找出薄弱环节，采取有效措施改进。

第二十二条　双拥模范城（县）如发生重大军民纠纷，军地主要领导应及时出面协调解决，并将情况报全国双拥工作领导小组办公室。知情不报或不及时采取措施解决的，一经发现，给予通报批评；严重影响军政军民团结，失去模范作用的，按命名权限撤销其“双拥模范城（县）”荣誉称号，收回奖匾和荣誉证书。

第五章　附　则

第二十三条　驻军少或没有驻军的市（县），拥军优属工作成绩突出的，授予拥军优属模范城（县）荣誉称号。其命名程序、权限及管理，按照此办法执行。

第二十四条　本办法自全国双拥工作领导小组颁发之日起施行。

第二十五条　本办法由全国双拥工作领导小组办公室负责解释。

关于《双拥模范城（县）命名管理办法》的说明

（1993年11月14日）

拥军优属、拥政爱民，是我党我军我国人民的优良传统，是在长期的革命和建设实践中逐步形成和发展起来的。近几年蓬勃兴起的创建双拥模范城（县）活动，是双拥工作的一个创举，在我国的政治生活和经济建设中产生了重大影响。这一活动在各级党委、政府的统一领导下，以党的“一个中心、两个基本点”的基本路线为指导，以拥军优属、拥政爱民为基本内容，以加强军政军民团结、加快改革开放和现代化建设为基本目标，以促进社会生产力的发展和部队战斗力的提高为根本任务。创建双拥模范城（县）活动，把领导的积极性和群众的积极性结合起来，把物质文明建设和精神文明建设结合起来，把发展社会生产力和提高部队战斗力结合起来，形成了“同呼吸、共命运、心连心”的新型军政军民关系。1990年12月，邓小平同志为双拥模范城、双拥模范县亲笔题词，极大地鼓舞了全国军民创建双拥模范城（县）的积极性，进一步推动了这项活动的蓬勃开展。为了使双拥模范城（县）的命名管理更加规范、科学，推动这一活动更卓有成效地开展，我们到部分省市作了一些调查研究，征求了有关方面的意见，大家一致认为，全国在连续三次命名之后，认真总结经验，在继续贯彻执行全国双拥工作领导小组《关于深入开展创建双拥模范城（县）活动的意见》（国拥〔1991〕2号，以下简称《意见》）的基础上，制定颁发一个《双拥模范城（县）命名管理办法》，对于推动创建双拥模范城（县）活动的规范化、制度化，使这一活动健康持久地开展下去，很有必要。这个办法在起草制定过程中，上下几次征求意见，在全国双拥工作领导小组第五次全会讨论原则通过后，又发给各省、自治区、直辖市和军队各大单位讨论修改。比较充分地吸收了各方面的意见。本办法共分五章二十五条，对全国双拥模范城（县）的基本标准、命名的程序与权限以及命名后的管理等都作了比较明确的规定。现就几个具体问题说明如下：

（一）关于起草命名管理办法的指导思想

总的指导思想是：适应加快改革开放步伐和建立社会主义市场经济体制的要求，充分调动广大军民创建双拥模范城（县）的积极性，切实按照巩固、发展、提高的方针，使双拥模范城（县）真正发挥典型示范和榜样作用，推动和促进创建双拥模范城（县）活动不断向广度和深度发展。在起草命名管理办法时，既总结了近年来各省、自治区、直辖市创建双拥模范城（县）的经验，又借鉴了全国开展其他命名活动的有益做法，力求建立起符合创建双拥模范城（县）活动发展规律、切实可行的命名管理制度。

贯穿命名管理办法中的一个基本思想，就是打破“双拥模范城（县）”事实上存在的终身制，建立动态管理机制。其基本涵义是：全国双拥模范城（县），每二至三年命名一次，每次命名只代表一届。下一次命名时，在规定的命名范围内，不论曾被全国命名与否，只要符合全国双拥模范城（县）的基本标准，并获得省级双拥模范城（县）命名一年以上，都可以作为国家级双拥模范城（县）的评选对象。

实行动态管理，打破终身制，符合深化改革、扩大开放和建立社会主义市场经济体制新形势的要求，体现了双拥模范城（县）发展的规律，反映了广大军民对开展这一活动的愿望和要求，从1991年到今年1月，全国先后命名了三批共105个双拥模范城（县），省级双拥模范城（县）已达400多个。从各地的情况看，绝大多数双拥模范城（县）都能把命名作为新的起点，坚持巩固、发展、提高的方针，较好地发挥了典型示范作用，有力地促进了改革开放和经济发展，促进了部队的教育训练和全面建设。但不容忽视的是，也有少数双拥模范城（县）不同程度地存在着松劲情绪，缺少巩固发展、争创一流的有力措施；有的工作停滞不前，个别地方还发生了较大的军民纠纷等问题。其原因尽管是多方面的，但与双拥模范城（县）命名管理缺乏激励机制不无关系。因此，打破终身制，实行动态管理，建立激励机制势在必行。它既可以促使双拥模范城（县）继续发展提高，同时又能够调动和保护未被命名单位创建的积极性。

（二）关于创建双拥模范城（县）的基本标准

《意见》中规定的创建双拥模范城（县）的六条基本标准，通过这几年的实践情况看，基本上符合实际，对搞好评比命名起到了重要作用。随着双拥工作内容形式的不断丰富和发展，有些条目的内容需要进一步补充和完善。军地的一些同志反映，原来的标准有些过于原则，缺少必要的指标。因此，这次在起草命名管理办法时，对基本标准的具体内容作了一些修改，增加了一些新的规定，有的还明确了必要的指标。考虑到全国各地情况不同，差别较大，因此在修改中虽然规定了一些应达到的指标，但不可能过于具体，面面俱到。各地可依据这个基本标准，坚持实事求是，从实际情况出发，制定适合当地实际的具体标准条件。

（三）关于命名的周期、时间和形式

命名管理办法中规定全国双拥模范城（县）每二至三年命名一次，主要是基于这样一些考虑：一是双拥模范城（县）是一项很高的政治荣誉，从其涉及的范围、内容和所要达到的标准，都决定了命名不能过于频繁。但间隔时间也不宜过长，否则不利于调动和保护广大军民创建双拥模范城（县）的积极性，容易淡化创建观念。二是双拥模范城（县）有其自身的发展规律。创建双拥模范城（县）活动是一项系统工程，同某些单项争先创优活动相比，标准更高，要求更严，既需要造成强烈的社会氛围，掀起创建热潮，又需要通过一定的时间，做扎扎实实的工作。两次命名间隔两年左右，基本上符合创建双拥模范城（县）活动从制定创建规划、抓好工作落实到检查验收、推荐申报、命名表彰这样一个周期过程。这样做，既可以防止因周期时间过短造成短期效应，影响命名质量，又能避免因间隔时间过长使人感到可望不可及。

关于具体命名时间。在征求意见时，有的建议在“八一”建军节前夕，有的建议在元旦、春节期间。考虑到这两个时间都可以，故管理办法中对具体命名时间未作明确规定。

关于命名的形式。命名管理办法中规定一般应举行命名大会，做这样的规定，主要是考虑到通过命名大会这种形式，在社会上造成一种军政军民团结的良好氛围，同时，使被命名的双拥模范城（县）获得应有的政治荣誉，产生更广泛的社会影响，使创建双拥模范城（县）活动形成一个比、学、赶、帮、超的局面，提高双拥工作的整体水平。

关于省一级推荐报请命名的双拥模范城（县），在原来规定的必须是获得省级命名的基础上，增加了被命名一年以上的时间限制。作这样的规定，符合双拥模范城（县）循序渐进的实际，有利于激励和促进双拥模范城（县）不断巩固发展提高。

（四）关于命名后的管理

这个办法中，对双拥模范城（县）命名后的管理作了专门规定。加强对双拥模范城（县）的管理，有利于被命名单位在巩固已有成绩的基础上继续发展提高。命名管理办法中注意了平时的管理，在两次命名间隔的这段时间里，管理的主要手段是通过检查、抽查，通报工作好或差的单位，督促工作一般的单位，避免工作出现滑坡现象。对命名后工作没有新的进步、表现平庸的，要求省级双拥工作领导小组给以帮助，采取有效措施改进工作；如出现重大军民纠纷，要求军地主要领导同志及时出面协调解决。如确有解决不力，在军地造成严重影响，要视情予以撤销荣誉称号。

总之，通过加强命名后的管理，使双拥模范城（县）确实能够不断发展提高，真正做到名符其实。

《双拥模范城（县）命名管理办法》补充意见（摘要）

（1996年1月11日）

一、（略）

二、关于命名评选的标准和原则

全国双拥模范城（县）是拥军优属拥政爱民工作成绩突出，经过全国双拥工作领导小组批准决定，以民政部、总政治部名义命名的具有榜样和示范作用的典型，是当地党委、政府、驻军领导机关和广大军民共同的政治荣誉，是体现"同呼吸、共命运、心连心"的新型军政军民关系的重要标志，必须严格要求，坚持《双拥模范城（县）命名管理办法》提出的六条标准，即：组织领导坚强有力，国防教育广泛深入，双拥活动坚持经常，军民共建富有成效，政策法规落到实处，军政军民关系融洽。

根据这两年创建双拥模范城（县）活动实际状况和一些地方、部队反映的问题，为保证质量，讲求实效，注重落实，参考各省区市的做法，也便于评选时操作，建议命名评选时，对六条标准的一些内容，按照国务院、中央军委近几年有关文件、政策规定，提出下列八个方面的具体要求，供命名评选时掌握。

（1）转业、退伍、复员军人、离退休干部和随军家属按政策妥善安置；

（2）部队粮油等生活必需品按时按质供应；

（3）军事设施得到有效保护；

（4）兵员质量得到保证，义务兵家属优待达到国家规定标准；

（5）在乡老红军、老复员军人、革命伤残军人和烈属抚恤定补达到国家规定标准及其他优抚政策落实；

（6）积极支援国家和地方经济建设与公益事业建设，完成中央军委和三总部规定的义务劳动时间；

（7）严格遵守军队群众纪律与党和国家民族宗教政策；

（8）无军地历史遗留问题和大的军民纠纷。

命名评选工作建议在坚持标准、保证质量的前提下，按以下原则进行：（一）优中选优，不搞照顾；（二）以中小城市和县为主，既评选部分省会城市和较大城市，使之更好地发挥龙头和辐射作用，又要把主要数量放在中小城市和县，引导广大军民把双拥工作的重点放在基层。（三）新老结合，有上有下。既要有曾经命名、双拥工作继续发展的单位，又要有近两年来双拥工作成绩显著、确实达到了标准的单位，原则上每个省区市应推荐一至两个没有被全国命名的单位。（四）综合考虑，全面衡量。

三、（略）

关于创建双拥模范城（县）活动情况的通报

（1995年12月25日）

今年以来，各省区市双拥工作领导小组根据《1995年全国双拥工作要点》的要求，对创建双拥模范城（县）活动普遍进行了一次检查，并对检查情况认真分析，总结了经验，查找了薄弱环节，提出了改进措施。全国双拥工作领导小组办公室会同部分成员单位，重点对七个省区市的部分全国双拥模范城（县）进行了抽查。现将情况通报如下：

（一）

1994年7月召开全国双拥模范城（县）命名大会以来，各地各部队认真贯彻会议精神，认真贯彻《双拥模范城（县）命名管理办法》，群众性创建活动持续、深入、健康发展。被命名的双拥模范城（县）以荣誉为动力，坚持“巩固、发展、提高”的方针，不断研究新情况，解决新问题，总结新经验，取得了新的成绩。没有被命名的市县学先进，赶先进，下断改进措施，加大工作力度，力争跨入双拥模范城（县）行列，呈现出你追我赶的态势。一是党政军领导十分重视。普遍把双拥工作纳入当地经济社会发展和部队建设的总体规划，纳入单位目标管理责任制，纳入干部政绩考核内容。河北省保定市、江苏省徐州市、山东省青岛市等大多数模范城（县），切实把双拥工作摆到了重要位置，有关双拥的大事，党政军领导一起商议和解决；遇到大的军民关系问题，军地领导亲自出面协调和处理。二是宣传教育深入扎实。把以爱国主义为核心的国防教育和以人民军队宗旨为主要内容的拥政爱民教育作为双拥工作的基础工程，充分发挥报刊、广播、电视等新闻媒介的作用，利用国防教育中心、革命纪念馆、战争遗址、烈士陵园等教育阵地，开展经常性的宣传教育。浙江省宁波市、陕西省延安市等市县结合纪念抗日战争胜利50周年，开展多种形式的活动，突出了“勿忘国耻”、“居安思危”'的教育。许多模范城（县）还注重培养和宣传爱国拥军、无私奉献的先进典型，涌现了一大批“军爱民、民拥军，军民团结一家亲”的先进群体和模范个人。通过典型引导，弘扬了爱国主义精神和军政军民团结的社会风尚。三是军地相互支持更加自觉。北京市西城区、吉林省四平市、广东省佛山市、广西壮族自治区贵港市、湖南省怀化市等许多市（区）、县党委、政府和人民群众积极支持部队完成战备训练等各项任务，帮助部队解决了许多困难；妥善安置转业退伍军人和随军家属，为部队和官兵排忧解难；想方设法采取各种措施，确保部队的粮油、水电、燃料等供应。驻军部队牢记全心全意为人民服务的宗旨，在完成战备训练任务的前提下，积极支援和参加驻地的经济建设和社会公益事业建设，主动开展扶贫帮困活动。尤其是在发生各种自然灾害，国家财产和人民生命安全受到威胁时，部队官兵不怕艰难困苦，不佰流血牺牲，完成了急难险重任务。四是抓基层抓落实取得明显成效。各级党政军领导按照“组织健全、政策落实、活动经常、关系融洽”的要求，从平时抓起，从解决实际问题入手，经常深入工厂、街道、乡村、学校、商店和连队等基层单位，督促检查，采取政策倾斜、跟踪指导、现场办公等措施，帮助基层解决热点、难点问题。福建省莆田县、四川省什邡市、云南省勐腊县、新疆维吾尔自治区昭苏县等许多市县，一项工作一项工作抓落实，一个问题一个问题的解决，军民关系十分密切。五是政策法规建设进一步加强。绝大多数双拥模范城（县）从实际出发，根据新形势下军政军民关系遇到的新情况新问题，在调查研究的基础上，以党委、政府和驻军的名义下发文件或制定规章，从支持部队教育训练、保障军人合法权益到保证军队粮油、水电、燃料供应，从安置转业干部、退伍军人，提高抚恤优待标准到为军人家属排忧解难，从解决军地历史遗留问题到预防和处理军民纠纷，都做了具体规定，促进了双拥工作各项任务的落实。实践证明，创建双拥模范城（县）活动作为新时期双拥工作的创举，有效地增强了军政军民团结，推动了社会主义精神文明建设，在维护社会稳定、促进经济发展和部队建设中起到了十分重要的作用。

（二）

创建双拥模范城（县）活动总的形势很好。但也要看到，这项活动的发展还不平衡，还存在一些问题和不足。个别单位存在重“命名”、轻“创建”的倾向，有的感到荣誉到手，工作到头，产生“松口气”的思想；有的把功夫下在“评时”，搞突击性宣传和汇报，平时工作满足于过得去，没有切实可行的措施和办法。个别单位仅靠少数部门做工作，没有形成军地各部门齐抓共管、全社会广泛参与的局面，没有形成双拥工作的整体合力。个别单位有关政策还不很落实，虽然重视了加强地方性政策法规建设，但抓落实的力度不够；有的对退伍军人和随军家属没有按规定及时妥善安置，部队粮油不能按时按要求供应，优待抚恤政策没有按国家规定落实。个别单位在军民共建活动中存在舍近求远、缺乏统一管理的现象。少数单位军地历史遗留问题没有完全解决，个别单位出现军民纠纷没有得到妥善处理。上述问题和不足，虽然发生在少数单位，但有损双拥模范城（县）的声誉，不利于军政军民团结和改革、发展、稳定的大局，必须认真严肃对待，采取切实可行措施，加以克服和改进。

（三）

双拥模范城（县）是拥军优属拥政爱民工作成绩突出，并经过一定程序命名的具有榜样和示范作用的先进典型，是当地党委、政府、驻军领导机关和全体军民共同的政治荣誉，是体现同呼吸、共命运、心连心的新型军政军民关系的重要标志。为推动创建双拥模范城（县）活动更加广泛、深入、健康发展，首先，要进一步端正指导思想。紧紧围绕经济建设和国防建设的实际，以邓小平同志建设有中国特色社会主义理论和党的基本路线为指导，认真贯彻党的十四届五中全会精神，以促进社会生产力发展和部队战斗力提高为根本任务，把军民共同创建的积极性结合起来，把加强军政军民团结同维护社会稳定结合起来，把物质文明建设与精神文明建设结合起来，坚持经常，注重实效，克服不良倾向，防止形式主义。其次，要进一步加强领导。在当前广大军民创建双拥模范城（县）积极性很高的情况下，要十分注意加强领导，认真执行《双拥模范城（县）命名管理办法》，坚持标准，提高质量。要正确认识创建与命名的关系，把精力用在扎扎实实抓工作上，用在打牢创建的基础上，力求收到实实在在的效果。要对双拥模范城（县）严格管理，经常进行检查督促。对不骄不躁、工作扎实并有创新的，要予以表扬；对工作没有进步或进步不大的，要及时帮助；对少数工作滑坡甚至出现问题的，要进行批评；对个别已经不符合标准，经督促帮助仍没有改进的，要按照命名程序撤销荣誉称号。提倡双拥模范城（县）对照标准经常进行自查，不断发展，不断前进，创造第一流的工作。第三，要进一步在抓基层抓落实上下功夫。坚持把创建活动的重点放在基层，评比双拥模范城（县），把基层先进单位的比例作为一个重要因素来考虑。基层的工作千头万绪，无论是机关抓基层，还是基层做工作，都要从实际出发，在重点、难点问题上突破，加强双拥工作的针对性、创造性和有效性。当前特别要抓好各项政策法规在基层的落实，抓好基层军民矛盾、纠纷的预防和处理。要通过扎扎实实的工作，推动创建双拥模范城（县）活动更加广泛深入地开展，不断巩固和发展军政军民相互团结、相互支持的大好局面，为国家的改革、发展、稳定和军队建设做出贡献。

国务院办公厅、中央军委办公厅转发南京军区《关于福建省积极适应新形势大力开展拥军支前工作情况报告》的通知

（1996年9月11日）

民政部、总政治部《建议批转南京军区〈关于福建省积极适应新形势，大力开展拥军支前工作情况的报告〉的请示》已经国务院、中央军委同意。现将南京军区的报告转发给你们，请结合本地区、本部门的

实际，认真做好双拥工作。在改革开放和发展社会主义市场经济的新形势下，福建省各级党委、政府继承和发扬拥军优属优良传统，正确处理经济建设与国防建设的关系，在拥军支前方面做了大量卓有成效工作。尤其是近几年来，他们认真贯彻党中央关于对台工作的方针、政策，在反分裂，反台独斗争中，配合部队搞好军事演习，做出了积极贡献。

拥军优属、拥政爱民是我党我军的优良传统和政治优势。在新形势下，认真贯彻落实江泽民同志关于讲政治的要求，加强拥军优属、拥政爱民工作，巩固军政军民团结，对于保证国家长治久安、加强人民军队的全面建设、维护国家安全和祖国统一，具有十分重要的意义。各级政府和全军各部队要从讲政治的高度，把双拥工作作为关系全局的大事，纳入经济与社会发展和部队建设的总体规划，进一步抓紧抓好。

关于福建省积极适应新形势大力开展拥军支前工作情况的报告

福建省具有拥军支前的优良传统，双拥工作一直做得很好。1991年，民政部和总政治部在福州召开全国双拥工作大会，对推动新形势下的双拥工作产生了积极作用。近年来，福建省积极适应改革开放和发展社会主义市场经济新形势，适应军队贯彻新时期军事战略方针和国家对台斗争需要，双拥工作在探索中创新，在落实中加强，有了新的发展。尤其是在福建方向举行的几次大规模军事演习中，全省上下密切协作，全力支持，有力地保证了演习任务的圆满完成，受到军委领导的充分肯定和参演部队的高度赞扬。

一、各级党委、政府从大局上思考问题，把拥军支前作为重大政治任务来抓

福建省地处对外开放和海防建设第一线。各级党委、政府从维护改革、发展、稳定的大局出发，把拥军支前作为事关国家长治久安的政治任务来抓。省委、省政府明确提出，热爱不热爱人民军队是一个重大的原则问题，支持不支持部队建设是衡量领导工作政绩的重要标准，抓不好拥军支前工作的班子不是合格的班子，不重视国防建设的领导不是称职的领导。基于这样的认识，各级党委、政府把支持部队和国防建设摆上了重要位置，在决策中认真谋划，在行动中直觉体现。省委、省政府每年都召开专题会议研究部署拥军支前工作，在重大问题上统一认识。福建省建国以来一直保留着支前委员会及办事机构。去年机构改革中，省里决定支前办不撤，还增加了一个编制员额，从组织上保证了拥军工作落实。

为了切实做好新形势下的拥军工作，福建省在实践中不断探索，认真总结，形成了“六纳入、六统一”的工作思路，即把拥军支前工作纳入经济、社会发展的总体规划，统一部署；把拥军支前工作的成效纳入领导干部政绩的重要方面，统一考核；把支持部队和国防后备力量建设经费纳入财政预算，统一计划；把帮助改善驻军生活条件纳入政府办事范围，统一考虑；把协助部队办好家属工厂、建好农副业生产基地纳入地方经济发展任务，统一组织；把双拥教育纳入全民国防教育内容，统一实施。省委、省政府每年为群众办的15件实事中，必有一件是为部队办的。

福建省拥军支前工作的一个显著特点，就是加强政策法规建设，从政策、制度上保证工作的持续和发展。近年来，省人大颁发了国防教育条例、征兵工作奖励规定等法规。省委、省政府下发150多个有关拥军支前、国防建设的文件，各市、县（区）也作出了相应的规定。针对这几年军警、军民关系出现的新情况、新问题，省委、省政府、省军区先后下发了妥善处理军民矛盾和纠纷，进一步加强军警、军民团结的意见，制订了19条具体措施。各级政府对军队干部子女入学问题极为重视，普遍制定了优惠政策，如漳州市规定，军人子女考重点中学可降低分数录取；莆田市规定，军官子女一般进重点中学就读。

福建省拥军工作做得好，关键是有一批热情关心和支持部队建设的领导干部。在拥军支前工作方面，凡遇到重大问题，书记、省长亲自拍板决策；工作中遇到棘手问题，他们深入实际，现场解决。1992年12月，海军某部搬迁到福州，420名随军的干部配偶和子女需要入户和解决就业、入学等问题，入迁地24个厂家、108户住房需要腾让，还有水电增容、城建、征地、通信等问题需要解决。当时的省长贾庆林亲自召开协调会，带领有关部门领导现场办公，在部队进驻前一一妥善解决。1994年底，省长陈明义等领导看望海岛一线连队，发现官兵常年累月洗不上热水澡，当场拍板给海岛每个连队配上小锅炉。在省领导的带动下，全省涌现出一大批拥军书记、市长、县长。厦门市委书记、市长得知某集团军军部供电线路老化，影响部队正常工作，当即指示有关部门重新拉一条供电专线，去年又为驻军两个团解决了部队营区道路问题。漳州市委书记在住院期间还给17个大中型企业领导打电话部署拥军工作，出院后又亲自检查落实。

二、动真情办实事，努力为部队建设排忧解难

“发展不忘部队，致富更要拥军”，这是全省上下形成的共识。近几年，各级党委、政府把驻军的困难当作自己的困难，在部队建设需要解决而地方政府又能办到的事情上下功夫，想方设法为部队办了许多实事。

为驻军提供一流的军供保障。各地对部队粮、油、煤全部实行优先、优质、优惠保障，粮、油、面粉的供应比国家规定的标准高一个等级，全部按放开前的价格供应。全国煤价放开后，福建省不少地方仍按放开前的价格供应部队。各地粮食部门坚持把军粮送到海岛、高山连队和前沿阵地并严格把好质量关。宁德市去年从外省调入的黄豆杂质多，粮店职工自己动手过筛，除去杂质后供应部队。

扶持部队发展“菜篮子”工程。1991年以来，全省先后拨款1800万元，帮助驻军部队建设副食品基地，团以上单位基本实现了“四个一”，即一个养猪场、一个养禽场、一个养鱼塘、一个饲料加工厂。从1994年开始，又帮助驻守高山、海岛的建制连队建一个好食堂、一块好菜地、一所好猪圈，并且派出大批艺师、等级厨师到部队现场指导，目前已有500个连队达到了“三个好”的标准。某部队进驻福州时，基础差、家底薄，生活上有许多困难。省政府和福州市政府协调有关部门帮他们办起了年产1．3万头猪、1．2万只鸡的综合性副食品基地，丰富了部队的“菜篮子”，丰盛了官兵的“菜盘子”。

抓好优抚安置工作落实。福建省把做好优抚安置工作作为稳定军心的一件大事来抓。退伍城镇义务兵100%得到妥善安置，农村义务兵中两用人才开发使用率达95 %以上。省政府对军队转业干部的安置明确规定：凡接收转业干部的单位，可在编制、职数、人员分流比例上予以照顾；拒收转业干部的单位，其调干、户口指标和工资基金等方面予以冻结；师职干部和任满4年的正团职干部全部安排实职。1991年以来，全省接收的18名正师职转业干部全部安排副厅级职务，374名正团职干部有325名担任了县处级领导。福州市给每个转业的正团职干部提供2－3个位置任其挑选。莆田市坚持“留位子、让位子、争取位子”，5年来接收师团职转业干部63名，都按政策规定安排了相应职务。

支持部队加强思想文化建设。在部队进行理论学习和“四个教育”期间，省和福州、厦门、泉州、南平、龙岩等地市都派出讲师团到部队授课辅导，派出优秀企业家作报告，增强了学习教育效果。厦门市总工会牵头，发动85家大中型企业支持部队军营文化建设，帮助厦门警备区4个团级单位、两个营级单位建立了大型文化活动中心，协助85个连队建立了设施齐全的俱乐部。他们还积极发挥地方教育、科技等方面的优势，通过多种形式为部队建设培养人才。5年来，共为驻军培养专业人才3000多人，军地两用人才27494人次。

三、积极配合部队做好军事斗争准备，全力支持战备演习

1991年以来，我军先后在福建省境内举行了一些军事演习。省委、省政府领导明确提出，部队练打仗、地方练支前，要高标准搞好拥军支前工作。省及各地成立了由主要领导挂帅的支前班子，各有关部门在支前办、双拥办协调下组成支前（训）委员会，下设物资保障、安全保卫、医疗救护等10多个小组。各专门机构坚持昼夜值班，随叫随到。在今年的军事演习期间，各级各部门迅速行动，积极配合，形成了上下贯通、高效精干、全方位的支前保障网络。公安、交警、交通等部门深人实地巡查线路、清除路障，为部队提供顺畅的交通保障。粮食、工商、财贸等部门调运物资，组织货源，开设军供点。各地还发出通知，在部队演习期间，所有副食品一律不准涨价，采取财政补贴的办法优先优惠供应部队。省粮食厅考虑到平潭岛库存粮食较少，提前调拨200多万公斤粮食进岛。电力部门提出，宁停地方用电也要保证部队用电。邮电通信部门投资34万元，专门为两个演习区域提供了电缆和专用线路，全力保障演习需要。

在演习中，福建人民识大体、顾大局，表现出很高的爱国拥军热情。部队每到一地，群众腾出最好的房子给部队住，拿出最好的东西慰问子弟兵。寒冷季节官兵渡海训练，从老人到小孩子，提着热乎乎的姜汤等在滩头。官兵回来一身泥一身水，群众连夜把战士的衣服洗净烤干。演习部队驻训点连江县丹阳镇上周村、东坪村半年多没下雨，小河干涸，吃水紧张，群众把仅有的几口水井让给部队用，自己到几里外的山沟去挑水。为保证参演的飞行员每天喝上新鲜牛奶，漳州市厢城区特地挑选两头良种奶牛送到机场并派高级兽医指导挤奶、消毒。演习部队回撤时，人民群众自发地扎凯旋门，手持鲜花彩旗为官兵送行，处处充满军民鱼水深情。这两年，全省还拿出800多万元和6万多斤禽鱼蛋肉慰问演习部队。

为了保证演习任务的完成、人民群众在经济上承受了巨大损失，但个人不给组织提、市县不给省里提，表现了很高的觉悟。平潭县清除水产养殖场652亩，停驶渔船141条，直接和间接经济损失达8700多万元，广大群众毫无怨言。漳州东山港内设有价值几百万元的500亩渔排，过去12级台风来时，县、乡政府动员，群众都不愿搬，为了保证演习舰艇畅通无阻，渔民们深明大义，不到3天时间就全部清理完毕。最令人感动的是今年演习中的群众大转移，平潭、连江两县93个自然村的4万多群众冒着寒风和大雨，从凌晨3点钟开始转移，在风雨交加的野外整整呆了12个小时。

福建省各级党委、政府还非常重视国防工程建设。在筹划和实施各项大的建设项目中，注意平战结合、军民结合，兴建公路、港口、机场、水利、电力、通信等设施时，充分考虑到国防需要。5年来，各级政府共投资4000多万元帮助部队改善军事交通。目前，驻闽部队营区通往主干道的路不少已建成高质量的水泥路。泉州市出海口的主干道根据平战结合的要求，都修成了高等级公路，保证部队一有情况能够快速机动。各级政府十分重视做好军事设施保护工作，制定了有关的地方性法规，关闭了一些危害军事设施的采石场。对空军机场、海军码头等重要军事设施实行军警民联防联治。对移交到地方管护的坑道和火力点等设施认真管护，在历次军事演习中经受了检验。

我们感到，福建省拥军支前的事迹，充分体现了各级党委、政府和广大人民群众爱国拥军、无私奉献的精神风貌，生动展示了我国军民在中国共产党领导下同呼吸、共命运、心连心的鱼水之情，为部队加强革命化、现代化、正规化建设提供了巨大的精神动力。军区决定，要在全区部队中大力宣传学习福建省拥军支前的事迹和经验，教育引导官兵把党、政府和人民的关怀化为动力，全面加强部队建设。要组织部门官兵广泛开展拥政爱民活动，积极参加和支援地方的两个文明建设，更好地履行我军职能，为维护祖国统一和领土完整、促进我国现代化建设作出新的贡献。

全国双拥工作领导小组、民政部、总政治部转发《关于上海市适应改革开放和发展社会主义市场经济新形势　做好拥军优属工作的调查报告》的通知

（1997年7月17日）

现将全国双拥工作领导小组办公室、南京军区政治部《关于上海市适应改革开放和发展社会主义市场经济新形势做好拥军优属工作的调查报告》转发给你们。

上海市各级党委、政府把支持国防和军队建设作为一项战略任务，纳入经济和社会发展计划通盘考虑，为做好新形势下的拥军优属工作探索了新的经验。上海的实践说明，只有树立强烈的国防意识和全局观念，从国家兴旺发达、长治久安的高度来认识问题，才能正确处理经济建设与国防建设的关系，把关心支持国防和军队建设作为各级党委、政府和人民群众的共同责任，贯穿到各地区、各部门、各行业的工作中，切实抓好落实；只有将拥军优属和拥政爱民融为一体，才能形成军政军民相互支持和相互团结的大好局面。

在改革开放和发展社会主义市场经济的新形势下，党中央、国务院、中央军委一再强调，全国党政军民要像爱护眼睛一样爱护军政军民团结，真正做到在任何时候、任何情况下，都能同呼吸、共命运、心连心，同心同德建设有中国特色社会主义的伟大事业。各地区、各部队要充分认识进一步做好双拥工作、加强军政军民团结的现实意义和战略意义，把双拥工作摆在事关全局的位置，纳入党委、政府的重要议程，作为部队思想政治建设的重要内容，扎扎实实抓出成效。当前，要切实加强双拥政策法规建设，认真解决影响军政军民关系的问题，把双拥工作的各项任务真正落实到基层，进一步巩固和发展军政军民团结的大好局面，以新的成绩迎接党的十五大胜利召开。

关于上海市适应改革开放和发展社会主义市场经济新形势做好拥军优属工作的调查报告

在改革开放、发展社会主义市场经济的新形势下，上海市各级党委、政府和人民群众继承发扬拥军优属的优良传统，把支持国防和军队建设作为一项战略任务，高起点、全方位、多层次开展拥军优属工作，军政军民团结的大好局面得到不断巩固和发展。

可喜的局面

上海市各级党委、政府和人民群众把支持国防和军队建设作为应尽的职责和义务，满腔热情地做好拥军优属工作，使驻地部队满意，在外服役的官兵安心，过往军人温暖，优抚对象受益。

一、拥军社会氛围浓厚，军人和军属普遍受到

尊重。近年来，宣传人民军队、塑造军人形象成为上海市爱国拥军的一项基础工作。电台、电视台、报纸普遍开辟了“国防天地”、“当代军人”、“军徽闪闪”等反映国防和军队建设的栏目，800多个国防教育场所遍布全市各地。以老红军、老八路、专家教授、英雄模范为主体的讲师团，深入街道、乡镇、企事业单位讲国防、话双拥，受教育群众达800多万人次。500多万干部群众参加了国防知识竞赛，60多万企业班组长开展了学习“南京路上好八连”优秀士兵班长公举东的活动，在市中心50多个黄金地段设置了永久性的电子屏幕和灯箱式拥军标志牌，使国防意识、军人形象在上海人民心目中深深扎下了根。在机场、车站、码头，分别设立了军人之家、军人候车（船）室、军人专座；从繁华闹市到郊县城镇，凡是有商业的地方，普遍对军人实行“优先、优质、优惠”服务；在“大世界”、人民广场、老城隍庙等旅游景点，设有拥军茶摊、拥军大篷车、免费电话，大小公园对军人实行门票免费。粮食系统在全市开设了数百个军供点，按时、优质保障部队粮油供应；在公交系统，对军人和优抚对象乘车实行优惠，开设了三条拥军专线；在街道、里弄、乡村、企业，活跃着上万个“故乡指导员”、“老妈妈服务队”、“拥军志愿者”队伍，使军人和优抚对象处处感受到上海人民的关怀。

二、涉及部队建设的事情，坚持尽心尽力去办。上海市在支持部队完成战备、训练、执勤任务，改善官兵物质文化生活，兴建现代化国防工程设施等方面投入了大量的人力物力。在市场粮油价格放开、水电价格多次调整的情况下，市政府按照国家规定，每年由市财政补贴近千万元，保证低价供应部队，地方有关部门还努力为部队提供优质粮和超额度的低价水电。煤气、自来水等公用事业单位在涉及驻军建设需要而铺设管线时，想方设法提供帮助，保证及时施工。1994年，为了开发浦东，经上海市请求，中央军委批准空军江湾机场迁往崇明岛，空军航空兵某部暂时移防江苏硕放地区。上海市委、市政府决定，移防部队的营房和生活设施建设费用由地方财政拨出，原机场的开发权归部队所有；在崇明岛划出几千亩土地用于新机场建设，市财政出资予以支持；部队现有的军官配偶、子女户口一律留在市区，今后飞行员家属随军也按市区户口对待。上海市还把驻城市部队农副业生产纳入全市“菜篮子工程”总体规划。1994年以来，区、县、乡为部队划拨近千亩土地，提供11000多吨低于成本价的原料，建立副食品生产基地29个，建塑料大棚800多个，还派出1200多名农技人员指导部队养猪种菜，以丰富部队的“菜篮子”。今年四月，总后勤部在上海召开驻城市部队“菜篮子工程”现场会，推广了上海的经验。1996年初，上海20个区、县人民武装部收归军队建设。市委、市政府高度重视，专门制定了《关于人民武装部收归军队建制的实施意见》。市委主要领导亲自过问，先后三次到警备区听取汇报，对做好此项工作提出要求。对人民武装部留下的债务予以一次性销帐，并给每个人民武装部增配11名职工，民兵事业费在原有基础上提高37%。

三、优待抚恤水平高，优抚对象比较满意。让优抚对象共享改革开放和经济发展成果，是上海市领导的一贯思想。他们在全面落实国家政策法规的同时，结合上海经济发展较快的实际，陆续制定了一系列优待抚恤政策。在全国率先实行城镇义务兵家属优待金市级统筹，按照年度增长机制，义务兵家属可以享受上一年度劳动力平均收入的100%。农村义务兵家属优待金也实行了由乡镇统筹向区县统筹过渡。在全国率先建立义务兵一次性风险保障基金，规定烈士的风险保障基金为5万元，因公牺牲的3万元，病故的2万元，特等伤残的3万元，一等伤残的2万元，二等伤残的1．5万元，三等伤残的1万元，完善了特殊优抚对象社会保障机制。他们还发动社会和企事业单位，对军烈属和伤残军人实行结对包户活动。目前全市有服务网络组织5414个，联络员五万余人，为优抚对象解决住房270户，为1649名优抚对象子女解决入学入托困难，9184名军人和其他优抚对象子女或被安排到较好的学校就读，或受到义务辅导。还有2000

多家企事业单位将烈士家属、伤残军人聘为荣誉职工，直接受益的达4694人。这些实实在在的工作，使优抚对象充分感受到“一人当兵，全家光荣”。

四、转业退伍军人得到妥善安置，政策落实到位。上海市把安置转业退伍军人作为一项政治任务，按照党中央、国务院、中央军委要求抓好落实。规定全市所有单位必须无条件执行军转干部安置计划；对接收师团职军转干部担任领导职务的单位，当年不受编制和职位数限制；通过考试录用干部的单位，必须保留一定比例用于接收军转干部；通过双向选择接收军转干部的单位，必须留出30%的额度，接受指令性安置任务；对拒不接收安置任务的单位，既要追究有关领导责任，还要停办、缓办该单位调动、录用干部的手续。两年来，上海市接收的军队转业干部全部按时妥善安置，其中507名师团职干部都按规定安排了相应实职。城镇义务兵实行入伍和安置两张通知书一起发，入伍即就业，退伍就上岗。农村二等以下伤残军人办理农转非，实行指令性安置。这几年，城市和农村退伍兵安置率均达100%。对军官随军随调家属的工作安排，积极采取措施，拓宽就业渠道。他们在扩大街道基层干部招聘时，预留一定比例名额给录用条件合适的随军家属；在劳动力市场中开设随军家属招聘专场，发动效益较好的单位与随军家属进行双向选择；驻边海防部队随军家属安置确有困难的，市领导和职能部门出面协调，帮助解决。近两年，全市共为1093名随军家属安排了合适工作。海军驻横沙岛某部有27名随军家属无法就业，市政府领导知道后带领组织、人事、劳动、民政部门和宝山区的同志专程到部队现场办公，听取意见，全部将这些家属安排在市区单位。

五、着眼部队长远建设，科技文化拥军力度加大。八十年代初，上海市的智力拥军侧重于普及电工、修理、餐饮等技能性知识。进入九十年代，上海市把提高官兵基础文化知识作为拥军的新内容。市教委支持一批大中院校与部队建立联系，为官兵开办了上千个文化知识培训班。去年以来，上海人又把科技文化拥军推进到新的领域，许多街道、厂矿、乡镇纷纷送科技、文化图书到军营。虹口区图书馆一次性赠送给部队6万册科技文化图书，创办了军营图书馆。地方科研单位与部队院校、医院、研究所建立科教研协作关系，按照部队需求，每年定向输送科研骨干，共同开发科研项目。沪东造船厂和求新造船厂担负军用舰艇的维修任务，采取船进厂人进校的办法，安排官兵学习现代化舰艇的维修、操作技能，至今培训了千余人。为了帮助官兵改变知识结构，大面积提高科学文化素质，近两年，上海市拥军优属基金会出资300万元，开办了上海电视中专军人分校，逐步实行战士“入伍即入学，退伍即毕业”的中等学历教育。目前，在校战士有6000多人。各级政府和企事业单位还设立各类奖励基金，鼓励和支持部队官兵学习科技文化知识，智力拥军正在成为新形势下上海支持部队建设的重要形式。

成功的探索

上海市拥军优属工作之所以出现可喜的局面，在于他们勇于开拓，不断实践，摸索出了适应改革开放和社会主义市场经济发展的拥军优属新路子。

一、把拥军优属工作纳入经济社会发展通盘考虑，作为事关全局的大事来抓。上海在发展市场经济，建立金融、商业、信息三大中心，向国际化大都市迈进的过程中，市委、市政府始终把国防和军队建设放在十分重要的位置。他们提出上海地处东南沿海，战略地位十分重要，要把经济建设和国防建设作为一盘棋，统筹兼顾，相互促进，协调发展。为此，市委、市政府把拥军优属工作纳入经济与社会发展总体规划，作为自己的重要职责，作出了国防建设与经济建设“规划同步、设施同步、机制转换同步、教育同步和生活同步”的总体布局。近几年来，市里召开有关支持国防和军队建设的各类会议20多次，市领导和有关职能部门到部队现场办公120多人次。各区、县党委和政府也都把拥军优属工作摆上重要日程，组织有保证，议事有位置，工作有安排，经费有保障。上海市在规划城市建设时，充分考虑国防和军队建设的需要，坚持平战结合、军民结合。在改造金山卫码头时，市里追加投资，建成了一个军地合一、平战结合的现代化码头。地铁一号线建设中，多投资数千万元，使地铁工程达到国家五级人防标准。上海在开发浦东的过程中，把国防建设纳入浦东建设统一布局，几百个军事设施得以妥善保护。在市领导的带动下，全市局级以上干部过“军营一日”活动已坚持10年，到部队体验生活的处级以上干部达10万人次。去年，市委又决定将一批跨世纪领导干部送到军营过半年的军事生活。这些，对于培养各级领导和广大群众的国防观念、拥军意识起到了重要的作用。

二、在继承传统的基础上改革创新，不断探索拥军优属新的途径和方法。在深化改革、发展社会主义市场经济的条件下，政府职能的转变，企业经营机制的转换，利益关系的调整，给传统的拥军优属带来了许多新的问题。上海市在继承优良传统的基础上。积极探索，开拓拥军优属新路子。他们提出，凡是中央有明确规定和要求的，要不讲价钱，坚决贯彻执行；由于形势发展，有关规定在执行中遇有矛盾的，结合实际进行合理调整；对一些全新的问题，加强调查研究，鼓励大胆创新，拿出解决的新办法。市和区县先后组织力量对城乡义务兵家属的优待金、在乡老复员军人“三难”、优抚对象下岗、革命烈士家属生活等情况进行调查，召开了国有大中型企业保护优抚对象上岗、三资企业落实拥军优属政策、社区拥军优属服务保障等方面的座谈会、研讨会、经验交流会，针对新的情况，采取了许多新的对策。在企业机制转轨过程中，上海几十万职工下岗，优抚对象就业安置也出现了新的矛盾。市里明确要求，“优抚对象一般不下岗，确实需要下岗的，优先转岗优先培训”。1995年市委专题研究，建立了拥军优属基金会，同时在基层建立了拥军优属社会保障金，用于解决转轨时期优抚对象的实际困难。

三、以政府为主导，形成多层次的社会化拥军优属服务体系。上海市领导认为，拥军优属是党和政府领导下的政治性、政策性都很强的工作。无论市场经济如何发展，党委、政府在拥军优属工作中要始终处于主导地位，这一条任何时候都不能动摇。近几年来，上海市各级党委、政府不断加强对拥军优属的组织领导。涉及拥军优属的每一件大事，都是党委、政府拍板决策；部队的基础设施建设、粮油水电等生活补贴、“菜篮子”工程等，都是政府出面支持，在政策、科技、税收、资金等方面给予倾斜。在强调各级党委、政府唱主角的同时，上海市紧紧依托社会，把拥军优属工作当作一项系统工程来抓，做到区有拥军优属服务中心，街道乡镇有拥军优属服务站，厂矿企业有拥军优属服务组，居民委员会、村民委员会有拥军优属联络员。各类群众性服务组织遍布全市城乡，促进了拥军优属任务在基层的落实。

四、加强政策法规建设，推动拥军优属工作逐步走上法制化轨道。上海市在出台一系列促进经济发展的法规时。把拥军优属法规建设作为其中一个组成部分，将实践中形成的一些带有鲜明时代特征、行之有效的经验和做法，用法规形式固定下来，使拥军优属工作逐步走上规范化、法制化轨道。为了增强市场经济条件下全民拥军优属意识，上海市制定了《进一步支持部队建设做好拥军优属工作的若干规定》，对保护国防设施、维护军人合法权益、解决优抚对象安置就业等问题，都作了具体明确的规定。市人大常委会制定了《国防教育条例》，以规范全民国防教育；颁发了《征兵工作条例》，使征兵工作走上良性循环的轨道。为了落实国家优抚政策，陆续出台了《优抚对象优待办法》等11个政策法规。与此同时，他们坚持抓好各项拥军优属政策法规的落实，对执行情况进行定期检查，定期报告，做到有法必依，违法必究。市人大、市政协坚持在“八一”、春节和征兵期间，对国防教育、军事设施保护、兵员质量、优待抚恤等，组织人大代表和政协委员进行检查，有效地保证了拥军优属工作健康深入发展。

有益的启示

上海市近年来拥军优属工作的实践，具有鲜明的时代特色，为改革开放和发展社会主义市场经济新形势下进一步做好双拥工作，加强军政军民团结提供了许多有益的启示。

一、只有把国防和军队建设作为全党和全体人民的共同事业，才能从讲政治的高度看待和重视拥军优属工作。上海市各级党委、政府从党和国家根本利益、人民长远利益出发，把支持国防和军队建设作为社会主义现代化建设的重要组成部分，作为上海改革、发展、稳定的重要保证，把做好拥军优属工作作为讲政治、讲大局的具体体现。市委、市政府提出了国防建设与经济建设同步发展的总体思路，在制定经济社会发展规划时，自觉把支持国防和军队建设纳入其中，在城市建设、修筑机场、车站、道路、码头时，充分考虑国防和军队建设需要，使拥军优属工作与建设国际化大都市形象相适应。上海的实践说明，只有树立强烈的国防意识和全局观念，从国家兴旺发达、长治久安的高度来思考问题，拥军优属工作才能成为全党和全体人民的共同事业，不断拓宽领域，丰富内容，渗透到各地区、各部门、各行业的日常工作之中，坚持不懈地抓下去。

二、只有注重研究新情况解决新问题，拥军优属工作才能保持旺盛的生命力。改革开放和发展社会主义市场经济，给军队建设的社会环境带来了全新的变化。上海市根据国防和军队建设的需要，创造性地做好拥军优属工作，在实施经济和社会发展规划时，出台与之相配套的拥军政策法规；在深化经济体制改革时，提出“企业要转轨，拥军要接轨”；在建立社会保障制度时，率先推出义务兵保险制度；在积极引进外资发展“三资”企业时，明确规定了企业应履行的国防义务；在军队提出用“高科技武装”时，主动送科技文化到军营等，把拥军优属工作推向了一个新的发展阶段。上海的实践表明，在新的历史条件下，拥军优属工作只有在继承传统的基础上不断改革创新，勇于探索，才能更好地为国防和军队建设服务，为社会主义现代化建设服务，才能有旺盛的生命力。

三、只有坚持一手抓教育一手抓法制，才能使拥军优属工作真正落到实处。一手抓全民国防教育，一手抓政策法规建设，是上海拥军优属工作的一个显著特点。他们根据形势发展的需要不断深化全民国防教育，激发了全社会拥军优属的热情，创造出许多具有时代特色、形式多样的拥军优属形式和方法。同时又及时把人民群众的这些创造，用政策法规的形式固定下来，使拥军优属工作有法可依，有章可循。从上海的实践看，做好拥军优属工作，必须一手抓教育，一手抓法制，两者不可偏废。教育是基础，法制是根本，两者是一个辩证统一的整体。在新形势下，随着对外开放的扩大，各方面利益关系的调整以及人们思想观念的变化，坚持教育与法制并举，公民和组织的国防义务、权利才能真正落到实处。

四、只有将拥军优属与拥政爱民融为一体，才能形成军政军民相互团结相互支持的良好局面。多年来，驻沪部队官兵始终注意尊重政府，热爱人民，为上海的改革开放和两个文明建设作出了重要贡献。他们在完成战备、训练等各项任务的同时，积极参与和支持上海的改革开放和经济建设。新建的东方明珠、南浦大桥、浦东开发、引水工程、内环线、地铁等几十项重点工程，项项都有驻沪部队官兵的汗水；在太浦河炸坝泄洪、南汇龙卷风袭击等危急关头，驻沪官兵舍生忘死，奋力抢险，最大限度地保护了国家财产和人民生命安全。在社会主义精神文明建设中，以“南京路上好八连”为代表的一批先进单位和个人走在社会前列，使上海人民感到有这样好的部队和军人而自豪。上海的实践证明，拥军优属、拥政爱民是一个有机的整体，军队要想赢得地方党委、政府和人民群众的尊重和爱戴，必须时刻牢记人民军队的根本宗旨，视驻地为故乡，待人民如亲人，真心实意地为人民群众多办好事，处处展示“威武之师”、“文明之师”的良好形象。

全国双拥工作领导小组印发《关于全国双拥政策法规建设座谈会的情况报告》的通知

（1997年12月13日）

根据党的十五大关于做好双拥工作和加强法制建设的指示精神，全国双拥办于最近召开全国双拥政策法规建设座谈会，认真总结交流了党的十四大以来双拥政策法规建设的经验，分析了在逐步建立社会主义市场经济体制的新形势下双拥工作面临的新情况、新变化，研究提出了进一步加强双拥政策法规建设的指导原则、规划目标和措施要求。这次会议开得很好，必将对推动双拥工作社会化、经常化、法制化产生重要作用。现将全国双拥办《关于全国双拥政策法规建设座谈会的情况报告》印发你们，望认真抓好落实。

全国双拥工作领导小组认为，随着社会主义市场经济体制的逐步建立，国家的法律法规和军队的条令条例已逐渐步入运行有序的轨道，双拥工作必须紧紧抓住这个机遇，切实加强政策法规建设，力争经过二至三年的努力，在我国初步建立双拥工作的法制环境，为进一步巩固军政军民团结，为国家的改革、发展、稳定和军队现代化建设做出新的贡献。

关于全国双拥政策法规建设座谈会的情况报告

经全国双拥工作领导小组批准，全国双拥办最近在江苏省苏州市召开了全国双拥政策法规建设座谈会。这次会议以邓小平理论和党中央、国务院、中央军委关于做好双拥工作、加强军政军民团结的指示精神为指导，认真贯彻党的十五大和全国双拥模范城（县）命名大会精神，回顾总结党的十四大以来各地加强双拥政策法规建设的经验，研究探讨了在改革开放、建立社会主义市场经济体制新形势下，进一步加强双拥政策法规建设的有关问题。各省、自治区、直辖市双拥办和全军各大单位群工部门的负责同志，以及部分市（县）双拥工作领导小组的代表参加了会议；全国人大内务司法委员会和法制工作委员会、国务院法制局、中央军委法制局等有关部门的同志应邀出席了会议。全国双拥工作领导小组副组长兼办公室主任杨衍银同志在会议开始时作了讲话，全国双拥工作领导小组成员兼办公室副主任马述宽同志在会议结束时作了总结。与会同志认为，专门召开研究加强双拥政策法规建设的会议，还是第一次，会议时机很好，主题突出，内容充实，必将对推动双拥工作社会化、经常化、法制化产生重要作用。

一

会议认为，党的十四大以来，在党中央、国务院、中央军委的亲切关怀下，经过广大军民的共同努力，全国双拥工作有了很大的发展，同呼吸、共命运、心连心的新型军政年民关系不断巩固。与此同时，双拥政策法规建设也取得了显著成绩。

一是全国性双拥政策法规建设不断加强。党中央、国务院、中央军委对双拥工作十分重视，制定了一系列政策法规。党的十四大要求“各级党组织、政府和全国人民要一如既往地关心国防建设，支持军队完成各项任务。抓好全民国防教育，广泛深入持久地开展拥政爱民、拥军优属活动，发展军政军民相互团结、相互支持的大好局面。”同时，还要求进一步开展军民共建文明单位等群众性活动，把精神文明建设落实到城乡基层。中共中央办公厅、国务院办公厅和中央军委办公厅以中办发〔1993〕7号文件转发了《关于纪念延安双拥运动五十周年大会的情况报告》，要求各级党政军领导要坚持不懈地把双拥工作作为维护国家长治久安的战略任务来抓，并将其纳入经济、社会发展和部队建设的总体规划。要注意总结经验，把实践中行之有效的做法逐步规范、完善，形成政策法规，不断推进双拥工作的社会化、经常化、制度化。1994年7月，中央军委专门下发文件，要求全军部队把密切新形势下的军政军民关系作为一项重要政治任务来抓，进一步加强军政军民团结。1996年5月，国务院专门召开总理办公会议，研究了进一步加强优抚工作的问题。这几年，国务院、中央军委每年都下发文件，要求把转业干部和退伍士兵的安置工作当做一项政治任务来完成。国务院办公厅、中央军委办公厅下发了关于免收军车通行费的通知，相继转发了福建省大力开展拥军支前工作的经验和上海市支持驻军搞好“菜篮子”工程的经验。1997年3月，八届全国人大五次会议通过的《中华人民共和国国防法》，第一次将拥军优属、拥政爱民的内容写入国防建设的基本法律，并对公民、组织的国防权利、义务和责任作出了明确的规定，为依法开展双拥工作提供了法律依据。

二是地方性双拥政策法规建设有了新的突破。山东、河北、福建、陕西、安徽、北京、天津、上海、江苏、四川、湖北、广西等省（市、区）的军地双方在认真进行调查研究的基础上，出台了拥军优属、拥政爱民若干规定；河南、广东、青海、山西等省出台了拥军优属若干规定。山东省还制定了基层双拥工作纲要。有25个省会城市和计划单列市以及300个市县，制定了综合性的双拥政策性规定；全国县级以上都分别制定了军人抚恤优待条例实施细则，退伍义务兵安置条例实施细则。还有许多地方和驻军部队结合实际，针对当前双拥工作的热点难点问题，制定了相应的规定和措施，对做好新形势下的双拥工作，加强军政军民团结起到了重要作用。

三是双拥工作的制度建设在实践中不断完善。全国双拥工作领导小组印发了《关于开展创建双拥模范城（县）活动的意见》，制定了全国双拥模范城（县）的基本标准、评比依据和原则。随着创建活动的深入发展，在调查研究和广泛征求意见的基础上，颁发了《双拥模范城（县）命名管理办法》，对双拥模范城（县）实行动态管理，并在实践中不断完善，推动了创建活动持续健康深入发展。双拥工作一些行之有效的规章制度，在新的形势下得到进一步完善和延续。比如，党委议军制度、军地联席会议制度、双拥活动月制度、走访慰问制度、现场办公制度、命名表彰制度等。全国双拥工作领导小组成立以来，把制度建设摆在重要位置。1991年制定了领导小组及办公室工作制度。经过四年的实践，又作了修改、补充和完善。各省、自治区、直辖市和许多市县，也及时制定了自己的工作制度。这些行之有效的规章制度的建立和完善，对于新形势下继承和发扬双拥工作的优良传统，起到了重要作用。

与会同志一致感到，双拥政策法规建设虽然取得了明显的成绩，但也还存在着一些亟待解决的问题。在新的形势下，进一步加强双拥政策法规建设，是做好社会主义市场经济条件下双拥工作的迫切需要，也是双拥工作深入健康发展的基本保证。适应实施依法治军这一基本方略的需要，国家的法律法规和军队的条令条例已逐渐步入运行有序的轨道。双拥工作必须抓住这个机遇，建立健全与之相配套的政策法规。随着社会主义市场经济的发展，所有制结构的调整和完善，利益关系的调整，价值取向的变化，双拥工作无论在对象、形式、内容上还是社会环境上，都遇到了未曾有过的复杂情况和问题，做好双拥工作，仅仅依赖“感情手段”可能就不那么灵验，单纯采取行政干预也难以行得通，过去的一些做法已经不适应了，必须针对双拥工作出现的新情况新变化，进一步加强双拥政策法规建设，用科学、严格、稳定的规章制度，覆盖双拥工作的各个方面，保证每一项双拥活动都有章可循，有明确的行为规范，实现双拥工作社会化、经常化、法制化。

二

会议认为，党的十五大高举邓小平理论伟大旗帜，对我国改革开放和社会主义现代化建设跨世纪的发展作出了全面部署。江泽民总书记在报告中明确指出："要深入持久地开展拥政爱民、拥军优属工作，进一步巩固军政、军民团结。"这为加强双拥政策法规建设指明了方向。与会同志就加强双拥政策法规建设的指导原则、规划目标和主要任务进行了认真讨论，形成了共识。

（一）双拥政策法规建设的指导原则、规划目标。双拥政策法规建设要高举邓小平理论的伟大旗帜，以党的十五大关于双拥工作和法制建设的精神为指导，以《中华人民共和国宪法》和《中华人民共和国国防法》为依据，坚持全民办国防的方针；坚持军民一致的原则；坚持以经济建设为中心，双拥工作为党的基本路线服务；坚持发展社会生产力，提高部队战斗力；坚持维护军队、军人和优抚对象合法权益；坚持加强军政军民团结，促进社会政治稳定。1998 年底，各省、自治区、直辖市、计划单列市、省会城市以及省级以上双拥模范城（县）都要出台拥军优属、拥政爱民的综合性政策法规。已经出台的，要进一步修改完善。县级以上人民政府要在 1999 年 10 月 1 日前制定拥军优属规定，驻军部队相应制定拥政爱民若干规定或公约；提倡省、自治区、直辖市和有立法权的城市努力创造条件，通过人大立法制定拥军优属的综合性法规。在各地制定双拥综合性法规的基础上，全国双拥工作领导小组对全国双拥工作的形式、内容以及组织领导进一步规范。通过二至三年的努力，在全国建立起上下结合、成龙配套的双拥政策法规体系，初步形成双拥工作的法治环境。

（二）双拥政策法规建设的主要任务。根据党中央、国务院、中央军委关于做好双拥工作，加强军政军民团结的一系列指示和《中华人民共和国国防法》的规定，根据全国双拥工作领导小组关于双拥工作要做到"组织领导坚强有力，国防教育广泛深入，双拥活动坚持经常，军民共建富有成效，政策法规落到实处，军政军民关系融洽"的基本要求，今后一个时期，双拥政策法规建设的主要任务是：

1、坚持全民办国防的方针，支持部队现代化建设。为部队输送合格兵员，圆满完成征兵任务；保障国防设施建设，保护国防设施安全；为部队军事训练、战备勤务、防卫作战等活动提供便利条件或者其他协助；车站、港口、机场、道路等交通设施的管理单位，为军人和军用交通工具的通行提供优先服务；部队粮油、副食品、水电、燃料和日常生活必需品，按时按质保障供应；依法优先审批军队建设征地，妥善解决军地之间房地产权属历史遗留问题，支持和配合部队开展争创先进连队和争当优秀士兵活动，对立功受奖人员实行政治奖励和物质优待。

2、坚持国家抚恤、社会优待的优抚制度，维护军人和优抚对象的合法权益。国家和社会依法优待现役军人，实行军人保险制度；优待现役军人家属，抚恤优待烈士、因公牺牲、病故军人家属，在就业、住房、义务教育等方面给予照顾；推行优待金社会统筹，义务兵家属优待标准达到当地上年人均收入水平。随军随调家属在半年内妥善安置工作，未随军家属享受国家规定的探亲假待遇。国家和社会抚恤优待伤残军人，对伤残军人的生活和医疗给予特别保障，二等乙级以上革命伤残军人、在乡退伍红军老战士享受公费医疗权益，对烈属、带病回乡的退伍军人实行医疗费减免。在乡老复员军人的定期定量补助达到或者高于国家标准，生活、住房、治病有保障。建立最低生活保障制度的地方，抚恤补助对象享受最低生活保障，其抚恤补助金不计入家庭收入。国家和社会保障烈属、伤残军人、老红军、老复员军人的生活达到或者略高于当地群众的生活水平。把纪念烈士建筑物建设成国防教育和爱国主义教育的基地。优抚安置事业单位制度健全，管理科学，服务优质，成为当地精神文明建设的窗口。

3、做好军队转业干部、退伍士兵和军队离退休干部安置工作。要按照国家有关规定安置好军队转业干部并在生活福利待遇、教育、住房等方面给予优待；对获二等功以上奖励、因战因公致残长期在边远艰苦地区及从事飞行和舰艇等工作的转业退伍军人，在接收安置及工作分配中给予优待；城镇退伍义务兵安置在当年9月底完成；转业志愿兵安置要在7月底前落实单位；农村退伍军人两用人才开发使用率应达到85%以上；要做好军队老干部建房及交接安置工作，健全服务管理机构，认真落实军休干部的政治、生活、医疗等各项待遇。此外，要切实加强军供站建设，圆满完成部队作战、演习、训练、调防施工、兵员复补和抢险救灾等军用饮食供应任务。

4、适应加强双拥工作的需要，及时制定拥政爱民规定或者公约。制定拥政爱民规定或者公约，是加强双拥政策法规建设的重要内容。只有军地共同加强政策法规建设，才能使双拥工作协调发展。各部队要按照中央军委和总部的指示，积极支持和参加国家经济建设。充分发挥部队设施及人才优势，积极支援地方重点工程和社会公益事业建设，协助地方政府开展扶贫帮困活动。奋勇抢险救灾，保护国家财产和人民群众生命安全。在地方党委、政府的支持下，继续做好培养和开发使用军地两用人才工作。各部队特别是省军区系统应积极协助地方政府做好转业干部、退伍士兵安置工作和军队离退休干部的交接管理工作。积极参加创建文明城市、文明村镇、文明行业活动，在精神文明建设方面走在全社会前列。积极参加创建双拥模范城（县）活动，为巩固和发展新型的军政军民关系，保持稳定的政治环境和社会秩序作出新贡献。严格遵守党和国家的政策法规和军队的群众纪律，展示威武之师、文明之师的良好形象。

5、按照团结—协商—团结的要求，妥善处理军民矛盾和纠纷。军地之间发生一些矛盾和纠纷，要通过团结—协商—团结的方式来妥善解决。要从全局上、政治上看待军民关系问题。军地之间发生了矛盾和纠纷，双方都要严于律己、宽以待人，主动承担责任，各自多做自我批评。出现大的军民矛盾和纠纷，军地主要领导要迅速到位，采取果断措施，及时平息事态。涉及到法律的，要依法处理。军政军民之间要讲感情、讲风格、讲团结，防止军政军民关系庸俗化。衡量军政军民关系，主要是看政治思想上的一致、感情上的融洽和工作上的紧密配合。各地各部队都要以党的基本理论、基本路线、基本纲领为团结基础，通过妥善处理军民矛盾和纠纷，进一步巩固和发展军政军民之间同呼吸、共命运、心连心的大好局面。

三

会议认为加强双拥政策法规建设，是关系到双拥工作深入健康发展的大事，需要各级党政军领导高度重视，需要军地各职能部门紧密配合。为此，会议要求各级双拥工作机构加强协调，努力做好以下工作：

（一）主动争取领导，把双拥工作纳入经济和社会发展的规划统筹考虑，把双拥政策法规建设纳入当地法制建设的轨道一并实施。没有出台综合性双拥法规的地方，要尽快出台。能出台政策的就出台政策，能制定法规的就制定法规。已经出台的地方，要根据这次会议精神，在认真总结实践经验的基础上，着手修订完善，逐步形成完整统一的双拥工作机制。各级双拥工作领导小组要加强调查研究，加强工作指导，部署、检查、总结双拥工作都应有政策法规建设的内容。不重视双拥政策法规和制度建设的，不能评为双拥模范城（县）。各级双拥办要充分发挥协调作用，为党政军领导当好参谋，为领导小组出好主意，为军地职能部门当好桥梁和纽带。

在指导制定双拥政策法规中，要注意把握好三个问题。一是要把党中央、国务院、中央军委的指示与当地的实际情况相结合。我国幅员辽阔，各地人文地理、经济条件、驻军和优抚对象数量、战略地位和主要战略重点方向等情况差异较大，在制定双拥政策法规时，要实事求是，因地制宜，不搞“一刀切”。二是要把继承优良传统和改革创新相结合。双拥工作是我党我军我国各族人民在长期的革命与建设实践中形成和发展起来的优良传统，是我们特有的政治优势。但是在新形势下，双拥工作的任务有所不同，解决问题的方法有所不同，开展活动的形式有所不同，需要用改革的精神，在继承的基础上勇于思考，勇于探索，勇于创新。三是要把制定拥军优属规定与制定拥政爱民措施或者公约相结合，使之相互促进，相得益彰。总之，制定双拥政策法规，要有利于调动广大军民参与双拥活动的积极性，有利于双拥工作各项任务的落实，有利于维护军人和优抚对象的合法权益，有利于促进社会生产力的发展和部队战斗力的提高。通过加强双拥政策法规建设，做到工作有目标，活动有要求，职责有区分，行动有规范，落实有措施，检查有标准。

（二）实行教育与检查相结合，真正把双拥政策法规落到实处。要强化双拥政策法规的宣传教育，使各级干部充分认识到双拥政策法规建设的重要性和紧迫性，加大政策法规建设的力度；使广大军民增强法律法规意识，了解双拥的法律责任和义务；使双拥政策法规的各项具体内容家喻户晓。要随着改革的深入和政府职能的转变，把各行业、各部门、各社会团体参与双拥活动的程度，作为衡量一个地区、一个市、一个县双拥工作社会化的重要标志。政策法规一旦建立，就要照章办事。要切实加强双拥政策法规的督促检查工作。既要有重点地检查双拥政策法规重要条款的执行情况，又要组织力量跟踪检查各级贯彻落实情况。对执行得好的要表扬，对执行不力的要批评帮助，对顶着不办的，要追究其责任。

（三）要适应新形势，研究新情况，探索新路子，总结新经验。一个好的政策法规，需要接受实践的考验。实践证明是可行的，就应在总结中提高，在巩固中发展；实践证明不那么完善或者难以执行的，就应紧密结合当地实际，尽快研究制定出新的办法和措施。制定双拥政策法规，要站在国家和军队建设全局的高度，着眼于研究新情况，解决问题；要深入实际，深入基层，加强调查研究；要及时总结推广各地加强双拥政策法规建设的经验，不断加大双拥政策法规建设的力度，为巩固和发展军政军民团结的大好局面做出新的贡献。

全国双拥工作领导小组、民政部、总政治部转发《关于山东省支持部队开展争创先进连队和争当优秀士兵活动情况的调查报告》的通知

（1998年5月21日）

山东省具有拥军优属、拥政爱民的光荣传统，在改革开放和发展社会主义市场经济的新形势下，双拥工作又有新的发展和创造。各级党委、政府把支持部队基层建设作为双拥工作的重要内容，在全省范围内开展了支持部队争创先进连队和争当优秀士兵的活动，丰富了双拥工作的内容和形式，积累了成功的经验。山东的实践说明，把继承双拥优良传统与适应新的形势开拓创新结合起来，把激励广大官兵献身国防与鼓励人民群众爱国拥军结合起来，把加强部队思想政治建设与推动地方精神文明建设结合起来，双拥工作就能够在促进社会生产力的发展和部队战斗力的提高中有所作为，保持旺盛的生机和活力。

当前，我们国家的改革正处在攻坚阶段，发展处于关键时期，需要一个安全稳定的环境。各地各部队要深入贯彻落实党的十五大精神，深刻认识进一步做好双拥工作、加强军政军民团结的重要现实意义，摆

在重要位置，切实抓紧抓好。要积极探索新形势下双拥工作的特点和规律，研究新情况，解决新问题，创造新经验；坚持把双拥工作的重点放在基层，抓好拥军优属、拥政爱民各项任务的落实；注重加强政策法规建设，推动双拥工作向规范化、制度化、经常化方向发展，把军政军民团结提高到一个新的水平，为国家的改革、发展、稳定和军队建设作出新的贡献。

关于山东省支持部队开展争创先进连队和争当优秀士兵活动情况的调查报告

山东省有着拥军优属、拥政爱民的光荣传统。在新的历史时期，双拥工作又有新的发展和创造。中央军委颁发《军队基层建设纲要》后，山东省委、省政府把支持部队基层建设作为双拥工作的重要内容，在全省范围内开展了支持部队争创先进连队和争当优秀士兵的活动。这项活动开展三年来，有效地鼓舞了官兵斗志，促进了部队基层建设，激励了人民群众爱国拥军的热情，带动了社会两个文明建设，成为进一步做好双拥工作、加强军政军民团结的新载体。

一、支持部队开展“双争”活动的主要做法

山东省从新时期军队建设的需要出发，着眼基层稳定发展，把为先进连队庆功，为优秀士兵报喜，为部队基层解难，为军人及其家属排忧作为主要内容，在建立激励机制，加强政策指导，发动群众广泛参与，形成争先创优合力等方面，不断实践和探索，做了许多创造性的工作。

(一) 广泛宣传，营造支持部队开展“双争”活动的社会氛围。为了让社会和群众了解部队“双争”活动，支持部队的建设，山东省各地通过召开会议、下发文件、发挥新闻媒体作用等多种形式，广泛开展了支持部队“双争”活动的宣传教育。一是宣传部队按照《军队基层建设纲要》开展“双争”活动的重要意义，使干部群众认识到，这是新时期加强军队建设、巩固国防的重大举措，支持部队建设，就要支持部队开展“双争”活动。二是宣传先进连队和优秀士兵的先进事迹，让人民群众感受到人民军队的社会价值，增进爱军拥军的真情实感。三是宣传支持部队开展“双争”活动的政策规定，使人民群众明确应尽的责任和义务。省委、省政府、省军区的分管领导分别到蒙阴县、蓬莱市等地抓支持部队开展“双争”活动的试点，总结经验，探索路子，指导支持部队“双争”活动的开展。不少领导撰写文章、发表电视讲话，扩大支持部队“双争”活动的影响。各地把省里支持部队开展“双争”活动的政策印成小册子，送给军属和寄给山东籍战士；各级领导到部队为先进连队庆功、赠送锦旗和慰问品；各地市的街道办事处和乡镇组织群众敲锣打鼓给优秀士兵家庭送喜报，挂“优秀士兵之家”光荣牌，送奖金。济南、烟台、莱芜等地还把驻地先进连队和本地籍优秀士兵名单及先进事迹，在广播、电视中播放；青岛、泰安、临沂等地请先进连队和优秀士兵代表座谈、作报告，派出领导到本地籍官兵比较集中的部队看望优秀士兵。通过广泛深入的宣传，使“军队搞建设，人民是靠山”和“连队先进，驻地光荣；战士优秀，故乡光彩”成为广大军民的共识，出现了“连队创先我鼓劲，战士争优我加油”，军地合力筑长城的可喜局面。

(二) 制定政策，形成军地联动、奖励先进的激励机制。部队开展“双争”活动，既需要自身的竞争机制，也需要地方的激励机制相配合，才能最大限度地调动官兵争先创优的积极性。山东省在全国落实国家和省里拥军优属政策的同时，专门制定了支持部队开展“双争”活动的六项政策，明确规定：对山东籍优秀士兵登门报喜，增发当年优待金，退伍时优先安置，招工、招干、入学优先录取；连续两年被评为优秀士兵，由县（市、区）授予“新长征突击手”或“三八红旗手”荣誉称号；对先进连队庆贺慰问。省民政、宣传、团委、妇联、农委、人事、劳动、省军区政治部等八个部门联合下发通知，对支持部队开展“双争”活动提出具体要求，明确了各部门的责任。各地认真贯彻省里的六条政策，结合当地实际，也制定了相应的配套政策。威海、淄博、济宁等地的一些县（区）和企业、乡镇规定训练尖子给予适当补助，模范军嫂享受劳模待遇，特别优秀的士兵授予“荣誉市民”、“荣誉职工”称号。全省137个县、市建立了法律咨询站，大部分县、市、区设立了巡回法庭，积极为军人和军属提供法律服务，维护军人及其家属的合法权益。济南市人民商场、泰安市电业局、青岛市双星集团、烟台市港务局、胜利油田等大中型企业，积极安置退伍优秀士兵到本单位工作。这些政策规定，既有精神上的褒扬又有物质上的奖励，既有服现役时的优待又有退伍后的照顾，既有对连队的鼓舞又有对士兵的鞭策。三年来，全省各地为优秀士兵增发优待金800多万元。为2162名连续两年评为优秀士兵的战士授予了“新长征突击手”或“三八红旗手”称号，优先在机关、企事业、乡镇、村委会等单位推荐安置优秀士兵2.3万人。正如济南军区一位领导赞扬的那样：“条条好政策，温暖官兵心。”

（三）构筑载体，创造动员群众广泛参与的有效形式。山东省以创建双拥模范城（县）为龙头，开展了多层次、全方位的拥军优属活动。为给部队输送优质兵员，枣庄、德州、菏泽、潍坊等地开展了“固长城、送好兵”活动；为鼓励战士献身国防，聊城、滨州、日照、东营等地开展了“写鼓励信、寄好书、送慰问品”的育兵教子活动；为了帮助军属排忧解难，文登市、曲阜市、蓬莱市、蒙阴县采取定服务对象、定服务内容、定服务时间、定服务人员的办法，开展为优抚对象送温暖、献爱心活动；为发挥领导支持部队开展“双争”活动的表率作用，全省各地开展了评选“关心国防建设十佳人物”、“双拥十佳人物”活动；为调动军人亲属和家庭支持部队官兵安心服役的积极性，开展了评选“十佳好军嫂”、“百佳优秀士兵家庭’等活动。特别是在全省开展的“百佳优秀士兵家庭”活动，把争当优秀士兵与争创文明家庭结合起来，调动了军地两个方面的积极性，推进“双争”活动进村入户、到连到人，涌现出了一批感人肺腑、催人奋进的典型，在军地引起了强烈反响。有的士兵家庭亲人病重，他们明大义、顾大局，劝阻孩子回家探亲；有的家庭有困难，他们宁肯自己吃苦受累，不分军营儿女报国心；有的教育子女听从组织安排，在艰苦岗位锻炼成才，不在入党、学技术、转志愿兵等方面给领导出难题。莘县军属薛月先，儿子当兵三年，家中三位亲人相继去世，自己吃尽千般苦，对儿子仍然封封家信报“平安”，教育孩子在部队安心服役，建功立业。儿子用三张优秀士兵的喜报，回报母亲的厚爱。

（四）多办实事，为部队提供争先创优、全面发展的良好条件。立足连队多办实事，帮助基层官兵排忧解难，是山东省支持部队开展“双争”活动的显著特点。一是以育人为本，配合部队加强思想政治建设。全省各地有8000多名党政领导和厂长、经理，担任连队的名誉指导员，他们坚持在新年春节、老兵退伍、新兵下连、地方重大改革政策出台等时机，到连队走访慰问，上时事政治课，邀请战士到地方参观改革成果，配合部队进行爱国奉献教育。各地同驻军联合开办200多所文化夜校，组织军民学理论、学文化、学法律、学技术，共育“四有”新人。90多个县、市开展跟踪教育活动，配合部队教好本地籍士兵的思想工作。二是全力支持部队完成军事训练等任务。各地把支持部队完成战备、训练、执勤等任务。作为支持部队开展“双争”活动的重要工作来抓，从通信、道路、场地等方面给予大力保障。这几年，驻山东部队举行了几次大的军事演习，省和地、市的领导到第一线组织机关、群众送粮送菜、腾房让铺、实行交通管制，给予多方面的服务保障。青岛、烟台、威海等地的一些乡镇，为调动官兵爱军习武的积极性，专门设立了训练奖励基金，有的还组织训练标兵参观游览。三是支持部队搞好“菜篮子”、“米袋子”、“书橱子”工程，改善物质文化生活条件。三年来，全省各地为驻鲁部队划拨菜地3000多亩，使建制连队的菜地问题基本解决，并协助三分之二的连队建起了蔬菜大棚，省里在部队比较集中的地方设立了114个军粮专供站，确保了部队粮油及时和优质供应。许多地、市为驻军阅览室充实了图书，帮助连队建立了俱乐部，购买了电视机、卡拉OK机等文体用品。济南、青岛、淄博、泰安等市还为驻军大多数连队安装了电风扇，配上了洗衣机、和面机。省及各地还投入5000多万元，协助解决基层部队的行路难、用电难、吃水难等问题，支持部队的基础设施建设。今年，省领导到淄博走访时，了解到驻守僻远山区的10个连队用电有困难，当即拨款50万元帮助解决用电问题。

二、支持部队开展“双争”活动的重要作用

山东省开展支持部队“双争”活动，把加强部队基层建设与做好地方基层工作结合起来，把激发官兵爱军习武的斗志与激发群众爱国拥军热情结合起来，把加强部队思想政治建设与推动地方精神文明建设结合起来，相互促进，共同发展，产生了良好的综合效益。

（一）激发了广大官兵爱军习武的热情。群众性支持部队“双争”活动的拥军热潮，成为广大官兵无私奉献、赤心报国的强大推动力。驻鲁部队官兵普遍感到，军队的地位得到了社会的重视，军人的价值得到了社会的承认，在山东当兵感到光荣，在外地服役的山东籍官兵感到自豪。“不负父老心、军营献青春”，已成为广大山东籍官兵回报亲人厚爱的自觉行动。有的官兵不讲条件讲奉献，长年驻守山沟、海岛艰苦奋斗；有的为了执行演习、抢险、施工等重大任务，主动推迟假期、婚期，置个人利益于不顾；有的官兵在工作中不怕困难，勇挑重担，争创一流。在山东驻军和山东籍官兵中涌现出了许多优秀干部、“四会教员”、战士标兵、训练尖子、技术能手。据统计，1997年山东籍30万在部队服役的义务兵就有7万多人被评为优秀士兵，约占总数的24%。据抽样调查，武警青岛支队、陆军海防某团、空军威海场站1997年评出的422名山东籍优秀士兵，分别占所在部队山东兵员的31%、33%、67%，明显高于全军评比优秀士兵的比例。

（二）促进了部队基层的全面建设。驻鲁部队把地方党委、政府和人民群众支持“双争”活动，做好拥军优属工作的生动实践，作为全面加强部队建设的精神力量。有的部队改进政治教育的方法，实行封闭式管理、开放式教育，努力提高政治教育的质量；有的部队叫响了“锤炼精兵劲旅，回报人民厚爱”的口号，冬练三九，夏练三伏，从难从严训练部队；有的部队提出要做威武之师、文明之师、爱民之师，用条令条例严格管理部队，模范遵守群众纪律，保持人民军队的良好形象。所有这些，有力地促进了部队的全面建设。被中央军委命名为“水下先锋艇”的海军驻青岛某潜艇，在教育、训练以及军官家属就业等方面都得到地方的大力帮助，为官兵解除了后顾之忧。潜艇官兵全身心地投入部队建设，多次出色地完成了长航、深潜、演习等任务。潜艇领导说，这些成绩的取得，既是全体官兵努力的结果，也是人民群众大力支持的结果。

（三）增强了军人家属的光荣感、责任感。山东省各地敲锣打鼓给优秀士兵家庭送喜报、在门上挂“优秀士兵之家”的光荣牌等做法，不仅使军属感到光荣，而且使他们感到优秀士兵之家更光荣，教子报国的责任重大。他们充分发挥家庭对亲人的影响力、亲情的感化力，引导子女明大义、报党恩、守国防，激励子女争先进、建军功、当好兵，有的经常给子女写信，叮嘱他们安心服役；有的给子女订了“不喝酒、不抽烟、不要钱、不请假”的家规；有的与子女制定了“在部队争当优秀士兵，在地方争创文明家庭”的目标，这些对战士的成长进步产生了很大的影响。兖州市军属王本清，致富不忘国防，连送三个儿子当兵，并主动配合部队做好思想工作，三个孩子相继在部队被评为优秀士兵，多次受到嘉奖。他自己每年都拿出几万元帮助村里修路，帮助学校建房，帮助军烈属解难，被评为文明家庭。全省军属中涌现出了许许多多“滚烫爱心献国防”的新红嫂、“致富不忘固长城”的好军属、爱国拥军的好家庭。去年全省有2000多户优秀士兵家庭受到地方党委、政府的表彰。

（四）推动了地方的精神文明建设。支持部队开展“双争”活动，教育了官兵和群众，影响和带动了全社会。山东省把支持部队开展“双争”活动当作对全社会进行爱国奉献教育的过程。他们把先进连队和优秀士兵的先进事迹作为精神文明建设的生动教材，采取多种形式，对群众进行教育。大力宣传了投笔从戎的优秀士兵标兵公举东、“无私奉献的优秀士兵”段志军、自强自立做奉献的好军嫂于肖兰的先进事迹，在全省产生了强烈反响。干部群众以他们为榜样，艰苦奋斗、无私奉献，为地方的两个文明建设争作贡献。他们积极培养、大胆使用退伍优秀士兵。全省有6000多名城镇退伍优秀士兵担任了企事业单位的骨干，有2400多名农村退伍优秀士兵被选进村级以上领导班子，成为群众致富奔小康的带头人。他们把评选优秀士兵家庭与评选“五好家庭”、“双文明户”、“科技致富户”等融为一体，广泛开展了学雷锋、讲文明、树新风的活动，40多万个“三八服务队、民兵服务队、医疗服务队等群众性组织活跃在城镇乡村，有力地推动了当地的两个文明建设。

三、支持部队开展“双争”活动的几点启示

山东省开展支持部队“双争”活动，是新形势下双拥工作的成功探索，在促进部队全面建设和地方两个文明建设中产生了积极的影响，为推动新时期双拥工作的深入发展，进一步巩固军政军民团结的大好局面，提供了有益的启示。

（一）要做好支持部队“双争”活动的工作，需要地方党委、政府高度重视，人民群众广泛参与。加强军队和国防建设是国家安全和现代化建设的基本保证，是全党全军全国人民的共同事业。支持部队开展“双争”活动，既是新形势下加强军队建设的客观需要，也是双拥工作深入发展的必然要求。士兵来源于地方，需要地方输送优质兵员；将来还要回到地方，需要地方给予妥善安置，只有军地相互配合，共育共管，才能打牢军队的基础，提高部队战斗力。军民是社会的主体，基层是社会的基础，双拥工作只有动员广大军民参与，才能把双拥工作的任务落实到基层。山东省各级党委、政府从加强国防建设，维护社会稳定的大局出发，把支持部队开展“双争”活动作为新形势下推进双拥工作深入发展的重大举措，摆在重要位置，纳入议事日程，抓好工作落实，取得了明显成效。这是做好支持部队开展“双争”活动的关键所在。

（二）要提高支持部队“双争”活动的水平，必须把部队的难点作为工作的重点。在发展社会主义市场经济的条件下，部队遇到了许多自身难以解决的问题，比如军人国防价值的认同、军人及其家属的权益维护、部队实际困难的解决等问题，都直接关系到部队“双争”活动的开展和战斗力的提高。因此，地方支持部队开展“双争”活动，就要把着力点放在解决这些问题上。山东省通过多种形式，在全社会倡导尊重军人、支持部队的良好风气；在社会利益格局调整中，充分考虑和维护军人及其家属的合法权益；在经济发展中，采取多种措施，协助部队搞好“菜篮子”、“米袋子”、“书橱子”，改善官兵的物质文化生活；在劳动人事制度改革的过程中，把安置转业退伍军人作为政治任务来完成，努力解除部队官兵的后顾之忧。由于在解决部队难以解决的问题上下了功夫，支持部队开展“双争”活动的质量就高，对促进部队全面建设的作用就大。

（三）要使支持部队“双争”活动坚持经常，必须有成龙配套的政策法规作保障。党的十五大确定了依法治国的方略，必将使我国的法制进程不断加快。全国双拥工作领导小组明确提出，新时期的双拥工作必须步入政策法规的轨道。开展“双争”活动是部队基层建设的一项长期性工作，支持部队开展“双争”活动也是拥军优属的一项重要任务，要使这项活动广泛深入持久地开展下去，必须根据发展变化的形势，不断完善相关的政策。山东省围绕支持部队建设，在国防教育、征兵、优抚、安置等方面制定激励官兵的政策法规；围绕支持部队“双争”活动的开展，健全登记、庆功、报喜、反馈等促进工作落实的规定；围绕动员组织群众，完善宣传、活动、评比、表彰的制度，用政策法规引导、激励、规范支持部队“双争”活动的开展，从而推动了这项工作规范有序地进行。

（四）要保持支持部队“双争”活动的生机和活力，必须与加强两个文明建设紧密结合。支持部队开展“双争”活动，为新形势下双拥工作与两个文明建设相结合创造了新的形式和载体，其实质是在全社会倡导爱国拥军、无私奉献、艰苦奋斗的精神，用这种精神来凝聚军心民心。山东省开展支持部队“双争”活动，着力培养“四有”新人，有利于提高全民族的科学文化素质，有利于加强军地基层建设，促进部队战斗力的提高和社会生产力的发展。正因为这样，这项活动一开展，便受到了各级领导的高度重视，人民群众的普遍欢迎，在全社会产生了广泛影响。实践证明，只有把开展支持部队“双争”活动与全民国防教育结合起来，与加强地方精神文明建设结合起来，与维护社会稳定、促进经济发展结合起来，才能保持旺盛的生命力，把新形势下的军政军民团结提高到新的水平。

关于印发《在全国开展“爱心献功臣行动”实施意见》的通知

（1998年11月12日）

明年是中华人民共和国成立50周年。为了进一步在全社会弘扬革命传统和爱国主义精神，推动拥军优属工作的深入发展，全国双拥工作领导小组和民政部决定在全国开展“爱心献功臣行动”。现将开展这一行动的实施意见印发。各级双拥工作领导小组和民政部门要认真贯彻《爱心献功臣行动实施意见》，结合实际制定具体方案，切实加强领导，认真组织实施，并将活动开展的情况及时报全国双拥办。

关于在全国开展“爱心献功臣行动”的实施意见

我国现有军烈属、老红军、革命伤残军人、复员退伍军人等各类优抚对象3900余万人。党和政府对优抚对象历来十分关心，建立和制定了各种抚恤保障制度和优待政策，随着我国国民经济的不断发展，国家逐步提高各类优抚标准，使他们的基本生活得到了保障。但是，由于种种原因，一些重点优抚对象，尤其是近450万革命烈士家属、革命伤残军人、在乡退伍红军老战士和在乡老复员军人还比较普遍地存在生活、住房、医疗难的问题。这些各个革命时期入伍的革命功臣，曾经为祖国独立和民族解放，为中国革命的胜利，为创立、保卫和建设共和国立下了不朽的功勋。他们当中，有经历过抗日战争、解放战争、抗美援朝等出生入死几十年的老同志，有转战南北、身经百战的老战士，有屡立战功、彪炳史册而广为传颂的战斗英雄。现在，这些革命功臣大多已经年迈，基本丧失了劳动能力甚至生活能力，各方面困难较多，需要得到国家和社会的特殊关怀和照顾。明年是新中国成立50周年，是本世纪的最后一年，是共和国即将迈向新世纪具有重要意义的一年，为了弘扬革命传统和爱国主义精神，增强全民国防意识，调动和激发广大人民群众关心革命功臣的热情，更好地帮助他们解决各种困难，改善生活条件，提高生活质量，全国双拥工作领导小组和民政部决定在全国开展“爱心献功臣行动”。

一、指导思想和目的

“爱心献功臣行动”，是在各级党委、政府的领导下，全面落实各项优抚政策，动员和组织社会各方面力量开展的社会帮扶行动。这是社会主义市场经济的新形势下贯彻“思想教育、扶持生产、群众优待、国家抚恤”优抚方针，完善国家优抚制度的一个新途径。通过实施“爱心献功臣行动”，进一步在全社会弘扬革命传统和爱国主义精神，对广大人民群众进行生动的国防教育，推动拥军优属工作深入持久地开展；进一步发扬我党一贯倡导的密切联系群众、关心群众疾苦的优良传统，充分体现党和政府以及全社会对革命功臣的关心和爱护，提高他们的政治地位和社会地位。“爱心献功臣行动”要与日常拥军、与创建双拥模范城（县）密切结合起来，在庆祝建国50周年之际，各地要在解决重点优抚对象的生活、住房、医疗困难方面取得根本性的突破，并力争在今后两、三年内基本解决“三难”问题，使这些革命功臣的生活达到或高于当地群众的平均生活水平；住房条件得到较大改善，达到无危房漏房；医疗政策得到落实，患重病得到及时治疗。通过深入持久地开展“爱心献功臣行动”，提高重点优抚对象的生活水平和生活质量。使他们与全国人民共享改革开放和经济发展的成果，幸福地安度晚年。

二、组织领导

全国双拥工作领导小组和民政部负责“爱心献功臣行动”的组织领导。由全国双拥工作领导小组办公室负责“爱心献功臣行动”的协调、落实，承办具体事务。各级双拥工作领导小组和民政部门在当地党委、政府的统一领导下，负责本地区“爱心献功臣行动”的组织、领导和实施工作。

“爱心献功臣行动”是一项涉及全社会的系统工程，需要各部门的密切配合和共同参与。双拥工作领导小组成员单位应承担各自的职责，结合本部门的各自特点，制定具体的行动方案。宣传、文化、教育部门要把“爱心献功臣行动”纳入1999年度宣传教育计划，运用多种手段，加大宣传教育力度；财政部门要按照国家优抚政策法规规定，及时调整优抚标准，增加经费投入，并对财政困难、优抚对象较多的革命老区在安排转移支付资金时给予照顾；卫生部门要落实优抚对象的医疗政策，实行优先优惠，重点保障；工商、税务等部门要制定优惠政策，积极扶持重点优抚对象发展生产；商贸、科技等部门要发挥行业优势，积极为优抚对象提供优质服务；共青团、妇联、工会等群众组织要积极发动广大青年、妇女和职工开展多种形式的献爱心活动，帮助重点优抚对象解决生产和生活中的各种困难。

三、内容和形式

实施“爱心献功臣行动”，应坚持以政府为主导，以社会各界为依托，以人民群众的广泛参与为基础。在政府各部门认真落实优抚政策，履行优抚职责的同时，要特别重视动员和组织社会各界和人民群众从人力、财力、物力等方面向革命功臣献爱心，开展各种帮扶活动，多层次、多渠道、多形式地帮助他们解决生活、住房、医疗难问题。“爱心献功臣行动”要坚持从各地的实际出发，充分发挥人民群众的积极性和创造性，使这次活动既轰轰烈烈，又扎扎实实。要防止短期行为和形式主义。在组织实施中，主要采取结对帮扶的形式。可以采取个人与个人、单位与个人、地区之间结对或结对帮扶。经济发达地区结对帮扶重点优抚对象较为集中的革命老区；机关企事业单位、团体或个人可与重点优抚对象结对包户、包人；在城镇，可组织拥军优属服务组织、“志愿者队伍”为重点优抚对象定人、定户开展“送温暖”活动；在农村，可组织对重点优抚对象进行帮耕、帮种、帮收、帮工、帮料等等；还可以采取“一帮一”、包村包户的帮扶办法；医疗单位可以建立定人定点定期巡诊制度，上门为重点优抚对象治病。

在结对帮扶的基础上，各地可以通过多种形式，发动社会开展资助活动，解决重点优抚对象的“三难”问题。通过开展多种形式的社会帮扶活动，形成“助功臣办实事”、“献爱心动真情”的良好社会风尚，进一步推进社会主义物质文明和精神文明建设。

四、实施步骤

“爱心献功臣行动”是1999年优抚工作的重点。具体实施步骤如下：

（一）调查摸底。各级双拥办和民政部门要认真做好调查摸底工作，要逐人逐户了解重点优抚对象的生活、住房、医疗情况，切实摸清存在“三难”的人数、困难程度和分布情况；要掌握当地志愿资助者和单位的情况，根据重点优抚对象解困的需要和资助单位及个人的承受能力进行排队组合。

（二）宣传发动。各地党委和政府要高度重视“爱心献功臣行动”的宣传教育工作。宣传部门、新闻单位要把实施“爱心献功臣行动”作为一项重要的政治任务纳入年度宣传工作的重点，结合元旦、春节、清明、八一、国庆等主要节日广泛开展各种形式的宣传活动，有计划地掀起若干次宣传高潮。要充分运用报刊、电视、广播等新闻媒体开展宣传教育活动，采取播放专题节目、征集公益广告、报告会、征文、演讲等形式，大张旗鼓地宣传革命功臣的英雄业绩和无私奉献精神，宣传社会各界为革命功臣奉献爱心的先进典型，形成尊重、关心、爱护、帮助革命功臣的良好舆论环境，营造为革命功臣奉献爱心的浓厚社会氛围。同时，要教育和激励广大优抚对象，发扬光荣传统，顾全大局，为国分忧，自力更生，艰苦奋斗，在社会主义两个文明建设中再立新功。

（三）制定方案。各地要结合本地实际，在总的原则指导下，制定开展“爱心献功臣行动”的具体方案。实施方案要体现本地区特点，发挥本地区优势，有针对性地组织实施。行动计划要因地制宜，区分层次；行动目标要具体明确，突出重点；行动措施要切实可行，注重实效，确保“爱心献功臣行动”的效果。各省、自治区、直辖市的行动方案于1999于1月报全国双拥办。

（四）检查督促。各地在组织实施“爱心献功臣行动”中，要坚持高标准，实行分类指导，逐级负责，责任到人。各级双拥工作领导小组和民政部门要全面掌握“爱心献功臣行动”的进展和落实情况，及时总结和推广好的经验，妥善处理活动中可能出现的各种矛盾，协调帮扶的有关问题，对社会各界的资助要加强审计，增强透明度，接受监督。加强对整个活动的检查督促，确保重点优抚对象不留空白点，确保“爱心献功臣行动”的顺利实施。

（五）总结表彰。各级双拥工作领导小组和民政部门要把“爱心献功臣行动”开展情况作为评比双拥模范城（县）活动的重要内容，大力宣扬和表彰本地区在这一行动中涌现出来的先进典型。各省、自治区、直辖市要在1999年10月将实施“爱心献功臣行动”的情况报告全国双拥办。全国双拥工作领导小组和民政部将适时对这次行动中的先进单位和个人进行表彰。

国务院办公厅、中央军委办公厅
关于调整全国双拥工作领导小组成员的通知

（1999年1月14日）

由于机构、人员变动和工作需要，国务院、中央军委决定对全国拥军优属拥政爱民工作领导小组组成人员进行相应的调整。现将调整后的人员名单通知如下：

组　　长　司马义·艾买提　（国务委员）

副 组 长　多吉才让　（民政部部长）

周子玉　（总政治部副主任）

胡光宝　（中央办公厅副主任）

徐荣凯　（国务院副秘书长）

龚心瀚　（中央宣传部副部长）

杨衍银　（民政部副部长）

成　　员　郝建秀　（国家发展计划委员会副主任）

于　珍　（国家经济贸易委员会副主任）

张保庆　（教育部副部长）

图道多吉　（国家民委副主任）

祝春林　（公安部政治部主任）

高　强　（财政部副部长）

孙树义　（人事部副部长）

刘雅芝　（劳动和社会保障部副部长）

杨朝仕　（国土资源部党组成员）

叶如棠　（建设部副部长）

盛光祖　（铁道部政治部主任）

张春贤　（交通部副部长）

杨贤足　（信息产业部副部长）

朱登铨　（水利部副部长）

万宝瑞　（农业部副部长）

曹荣桂　（卫生部副部长）

贺邦靖　（国家税务总局党组成员）

赵　实　（国家广播电影电视总局副局长）

韩新民　（国家工商行政管理局副局长）

王伯廷　（总政治部群众工作局局长）

贾润兴　（总后勤部政治部主任）

迟万春　（总装备部政治部主任）

刘　源　（武警部队副政委）

李永安　（全国总工会书记处书记）

胡春华　（共青团中央书记处书记）

田淑兰　（全国妇联书记处书记）

姜　力　（民政部优抚安置局局长）

办公室主任　杨衍银(兼)

副　主　任　王伯廷(兼)

朱存芳　（民政部优抚安置局副局长）

杨　森　（总政治部群众工作局副局长）

总参谋部参加领导小组的成员，待确定后按程序报批。

今后，如全国拥军优属拥政爱民工作领导小组成员因工作变动需要调整的，由所在单位提出安排意见，经领导小组办公室审核后报请领导小组组长批准。

全国双拥工作领导小组、民政部、总政治部转发《关于长春市开展科技拥军活动的情况调查》的通知

（1999 年 11 月 4 日）

长春市各级党委、政府牢固树立国防建设与经济建设协调发展的全局意识，着眼于支持部队打赢现代技术特别是高技术条件下的局部战争，继承和发扬拥军优属的优良传统，在全市有组织、有领导地开展科技拥军活动，有效地促进了驻军部队建设，推动了双拥工作的深入发展。他们的做法，适应了国家和军队实施科教兴国、科技强军战略的需要，丰富了双拥工作的内容和形式，具有鲜明的时代特色，受到中央军委领导同志和部队官兵的赞扬。各地区、各部队要借鉴长春市的成功经验，认真研究新情况，解决新问题，创造新经验，紧紧围绕国家和军队建设与改革的实际，扎扎实实、富有成效地做好双拥工作，进一步巩固和发展军政军民同呼吸、共命运、心连心的大好局面。

关于长春市开展科技拥军活动的情况调查

吉林省长春市有普通高等院校32所、科研院所180多家、国家重点试验室20个，是全国十大科技密集型城市之一。1993年，长春市适应部队落实新时期军事战略方针的需要，继承发扬拥军优属的优良传统，充分发挥知识密集、人才集中的优势，在全国率先开展了科技拥军活动。六年多来，这项活动在长春市持续深入发展，形成了市区街三级联动，大专院校和科研院所主动参与，专家学者争相为部队作贡献的可喜局面。地方雄厚的科技文化优势已经和正在转化为部队现代化建设的硕果，科技拥军成为北国春城双拥工作的鲜明特色。

一、长春市开展科技拥军活动采取的基本形式

长春市坚持以政府为主导，以大专院校和科研院所为依托，以帮助部队培养高素质人才为重点，多层次、多渠道地开展科技拥军活动，探索了一套行之有效的方法和形式。

开展万卷图书送军营活动。为了满足部队官兵渴求知识、渴求成才的需要，长春市连续多年开展万卷图书送军营活动，累计赠送科普书籍达百万册。全市40多家新闻出版单位每年都统一组织，挑选适合官兵需要的科学文化图书，送到基层连队。许多图书馆在部队设立了分馆，仅宽城区图书馆在驻军部队设立的图书分馆，藏书就达5万多册。各大专院校每年都在师生中开展“人捐一本书，拥军作贡献”活动，帮助共建部队建立“百科书屋”。在地方大力支持下，目前驻长部队团以上单位普遍建立了科技图书馆（室），大部分连队建立了科技图书阅览室，为广大官兵学习科技知识创造了良好条件。

组织专家学者深入营区传授新知识、新技能。长春市积极组织大专院校到部队传授高科技知识，帮助官兵掌握现代化建设需要的技能。从两院院士到中青年专家，从教授、讲师到研究生、大学生，纷纷走进军营，向官兵讲授信息论、控制论、军事运筹学等高科技知识800多次，直接听课官兵达数万人次；举办计算机应用、信息处理、电化教学等短期培训500多期，使5000多名官兵掌握了部队建设需要的一些知识技能。吉林工学院在某步兵团先后开办了涉及18项内容的专业知识讲座，有60多名教师到部队为官兵授课。该院老院长程士英教授亲自担任军事运筹学的授课任务，还动员自己的爱人和女儿为该团讲授计算机和英语，成为全市闻名的“科技拥军之家”。

开办部队研究生班和专修班。长春市十分重视帮助部队培养高素质、高层次的科技人才。吉林大学、吉林工业大学、东北师范大学等大专院校，相继为部队开办了计算机、机械制造、工业自动化、现代管理等专业的研究生班，已有97人毕业并获得硕士学位，还有120人正在研究生班学习。为了帮助某航空学院提高教学骨干队伍的素质，吉林工业大学在该院校开办了研究生班，设置了3个专业，31名同志经过三年半的学习，全部完成了学业，成为学院的教学骨干和学科带头人。还有一些大专院校为部队开办大专班和本科班，培养各种专业人才。长春科技大学自1993年以来，为武警黄金部队开设了黄金采矿专业专修班，培养具有大专以上学历的专业人才120多人。某集团军目前有3000多人获得地方大专或本科文凭。

招收“训练尖子”入校深造。为了帮助部队军事训练骨干提高科技素质，长春市一些院校根据部队的要求，主动招收优秀教练员、训练标兵入校插班学习进修。吉林工学院招收某集团军的26名训练尖子到学校进修，学习文化知识；随后又接收该集团军选送的4名优秀教练员，采取在职走读方式学习计算机和外语两门课程。长春邮电学院、建工学院、科技大学等十多所院校借鉴吉林工学院的做法，对部队数百名“武状元”进行再培训，使他们的素质有了明显提高，在部队科技练兵中发挥了重要作用。

建立科技拥军咨询服务网络。长春市和驻军较多的六个区、县相继建立了科技拥军咨询服务中心，70多所大专院校和科研院所建立了科技拥军咨询服务站，许多咨询中心和咨询站设立了数据库，随时为部队科技练兵提供信息、资料等服务，帮助解决疑难问题。某高炮旅完成上级赋予的一个新训练项目的研究和演练，急需有关资料数据。吉林工业大学科技拥军咨询站得知后，以最短的时间，帮助提供了有关数据、资料，并制作了有关软件，保证了部队研究和演练的顺利进行。吉林大学心理学教授黄冬梅在部队心理战训练中，主动配合部队培训了100多名心理咨询骨干，建立了心理咨询室和心理测试标准，帮助有严重心理障碍的战士进行治疗，初步探索了一套训练经验。今年初，驻长部队向长春市科技拥军咨询中心提出了科技练兵中遇到的17个技术难题，咨询中心及时把任务分配到有关大专院校咨询站研究解决，其中运用生理学实施体能练兵科学化等问题已得到较好解决。

配合部队进行现有武器装备器材的技术革新。长春市把帮助部队革新武器装备器材作为科技拥军的重要内容，在大专院校、科研院所建立了专家顾问团，定期到部队现场办公，帮助改进技术装备760多项，并研制了一批具有现代化水平的装备器材。长春市物理研究所和第一汽车制造厂帮助部队革新地面火炮炮架，增强了作战性能。长白机械厂研究所协助部队研制成功了聚能穿孔机，提高冬季构筑工事作业效率几十倍。近年来，驻长部队在装备器材革新上取得的近百项成果，许多是在地方的支持配合下完成的，有的受到了总部和军区的肯定，有的获得国家发明奖和军队科技进步奖。

支持部队开发微机局网和多媒体教学。近年来，全市共向部队赠送微机520多台，大屏幕彩电1000多台，电化教学设备数百套。东北师范大学专门拿出74万元，帮助某部建立了自动化工作站。各大专院校和科研单位还帮助部队开发微机局域联网，制作多媒体软件，培训操作人员。经过军地双方的共同努力，驻长团以上作战部队基本达到了网络化管理，军事训练、政治教育、后勤保障等内容均编成程序输入微机，初步实现了指挥自动化和教学一体化。

二、长春市开展科技拥军活动产生的重要影响

长春市的科技拥军活动对促进科技练兵，提高部队现代化建设水平，推动双拥工作深入发展，产生了积极影响。

进一步激发了干部战士科技练兵的热情，学科技、用科技蔚成风气。地方开展科技拥军活动，给部队官兵的思想观念带来了新的变化。他们通过军地在科技领域广泛合作的实践，亲眼看到了科学技术所发挥的巨大作用，亲自感受到现代知识日新月异的发展变化，进一步增强了学习科学技术的紧迫感，一个群众性讲科技、学科技、用科技的热潮在军营蓬勃兴起。驻长部队数以万计的官兵主动报名参加各种科学技术培训，不少官兵自费订阅了现代科技书刊。特别是在基层连队，业余时间学文化、学电脑、学外语的越来越多。驻长部队的许多营连单位，成立了高科技知识学习小组、高技术条件下训练战法研讨小组、武器装备革新小组等，形成了小革新、小发明、小创造的浓厚风气。某部战士张士杰在地方专家的指导下，先后研制出报警自动供电装置等多项科技成果，被部队树为学科技标兵和革新能手。

一批高素质人才脱颖而出，成为科技练兵的骨干力量。科技拥军活动的开展，使地方大专院校、科研院所成为部队培养高素质人才的重要基地。通过军地共同实施"素质塑造"工程，部队官兵的知识面宽了，科技知识含量大了，掌握现代技术手段多了。特别是经过地方院校培养的研究生、本科生，以其扎实的知识根底、合理的素质结构，成为部队建设的骨干。驻长空军院校从地方毕业的十多名研究生，先后研制成功了无线报警器等项目，均获得国家发明奖或军队科技进步奖。某炮兵团的7名干部在吉林工学院开办的计算机专业进修班毕业后，组成电脑管理研究小组，研制开发有关作战演习等软件，使该团实现了指挥自动化，被誉为"军营电脑专家"。

新技术、新器材进入军事领域，形成部队训练水平新的增长点。在科技拥军中，一批地方科研成果进入军事领域，有的改进了现有装备器材的不足，有的增强了军事训练的实效，有的缩短了新装备形成战斗力的周期。长春光机研究所协助驻长高炮部队建成计算机四维成像射击模拟系统，用计算机在天空屏幕上模拟出飞机飞行的各种图像，实现了高射炮兵训练自动化。炮兵夜间训练伪装，反红外侦察是个难点。长春物理研究所等单位帮助驻长炮兵部队成功地研制了新型夜视器材，为炮兵部队夜间反红外侦察提供了有效手段。

提高了双拥共建工作的层次和水平，巩固和发展了新型的军政军民关系。开展科技拥军活动，使地方的拥军工作由帮助部队解决生产生活中的实际问题发展到为科技强军、科技练兵服务，由传播一般的科学文化知识发展到培养高素质人才，由帮助官兵掌握生产生活中的基本技能发展到学习掌握现代科技手段，更加适应部队现代化建设的需要。这项活动的开展，也使大专院校教学内容丰富了，科研单位研究项目增多了，不仅为专家学者提供了施展才能的舞台，也为他们的发展提高创造了条件。据一些大专院校和科研单位反映，参加科技拥军的工程技术人员和大学生，科技素质和能力有了明显提高，许多人成为本单位、本专业的技术骨干。通过科技拥军，科技界、教育界接触部队多了，直接感受到部队官兵艰苦奋斗的革命精神和无私奉献的高尚品德，进一步密切了相互之间的感情。近几年，长春市的大专院校本着优中选优的原则，积极向部队输送高素质人才，全市大专院校为部队选送的4300多名各类人才逐步成为部队建设的骨干。去年嫩江抗洪抢险期间，该市许多大专院校的师生，自发地派出代表到抗洪一线慰问部队，送去了价值数十万元的物资，充分体现了对部队官兵的一片深情。

三、长春市开展科技拥军活动提供的有益启示

长春市科技拥军的成功实践，为各地逐步展开的这项活动提供了有益的启示和值得借鉴的经验。

既要继承拥军优属的优良传统，又要适应新的形势开拓创新，把科技拥军作为支持军队建设的一项重要任务。长春市科技拥军活动之所以深入扎实，卓有成效，关键在于市委、市政府对拥军优属工作高度重视，能够从全局和战略的高度思考问题。海湾战争爆发后，他们就敏锐地感到，现代条件下的战争就是高科技的较量，新形势下的拥军优属工作必须着眼于提高部队战斗力，为部队现代化建设提供智力支持和科技保障。因此，他们始终把科技拥军作为支持部队建设的重点来抓，每年都召开专门会议研究部署，相继下发了《关于做好高科技拥军工作的通知》、《关于大力支持部队开展科技大练兵活动的决定》，并建立了由市双拥工作领导小组牵头，军地有关部门和单位负责同志参加的科技拥军领导机构。全市各级普遍把科技拥军纳入科技兴市的发展战略，把科技拥军的成效纳入领导干部政绩考核的重要内容，把科技拥军所需经费纳入地方财政预算，把帮助部队解决科技练兵中的实际问题纳入政府办实事的范围，保证了这项活动有计划、有组织地展开并持续发展。长春市的实践说明，只有树立很强的国防观念和全局意识，从军队现代化建设的实际需要着眼，才能把科技拥军工作摆上重要位置，切实抓出成效。

既要发挥政府的主导作用，又要动员社会力量广泛参与，形成以大专院校、科研机构为依托的科技拥军服务体系。长春市十分注意依靠社会力量，特别是大专院校、科研院所开展科技拥军工作，让他们唱主角、挑大梁。一方面，深入进行国防教育，广泛宣传拥军优属的光荣传统和科技强军的重要意义，大力表彰科技拥军的先进典型，在全市特别是科技界、教育界营造爱国拥军的浓厚氛围；另一方面，组织协调上百家大专院校、科研院所等与驻长部队团以上单位结成科技共建对子，签订共建公约，明确目标，明确任务，用共建这一有效载体把军地联系起来，把任务落实下去。由于长春市把政府行为与行业参与统一起来，把领导积极性与群众创造性结合起来，有力地推动了科技拥军工作的落实。

既要着眼部队所需，又要发挥地方所能，紧紧围绕培养人才做好科技拥军工作。科技强军，人才为本。培养高素质的人才，既是部队现代化建设的迫切需要，也是一些大中城市的优势所在。几年来，长春市始终把科技拥军的重点放在帮助部队培养人才、提高官兵的素质上。对战士，主要是帮助普及高中文化知识，掌握一两门专业技能；对基层干部，主要是帮助完成大学专科或本科学业；对团以上领导和机关干部，主要是帮助培养研究生等高层次人才和多学历的复合型人才。经过几年的努力，在驻长部队中形成了以战士为基础，以干部为主体的多层次的军事人才群体，不仅适应了科技强军的需要，也有效地发挥了地方的优势，保证了科技拥军工作的质量。

既要提倡爱国拥军，又要坚持双向受益，保持科技拥军的生机和活力。科技拥军涉及到军地双方的利益，要使这项活动经常持久地开展下去，必须在提倡奉献精神的前提下，兼顾双方的实际利益。长春市在科技拥军中，始终坚持双向受益，共同发展。他们采取政府补一点、部队拿一点、大专院校和科研单位贴一点的办法，解决科技拥军中所需经费问题，尽量不给大专院校、科研院所增加过重的负担，保护他们的拥军积极性。同时注意发挥部队的优势，积极支持地方共建单位的建设和发展。近几来，在吉林省军区和长春军分区的组织协调下，驻长部队热情为大专院校和科研院所排忧解难，对大学生进行军训，传播我军优良传统，促进了文明校园和文明院所建设；广泛开展科技助民活动，使科技拥军和科技助民互相促进，相得益彰。

既要坚持为科技强军服务的方向，又要做好安全保密工作，保证科技拥军活动健康发展。长春市在科技拥军中，充分考虑部队建设和管理的特殊性，积极配合部队做好安全保密工作。他们注意教育参加科技拥军的人员严格遵守部队有关规定，增强保密观念；军地共同研究制定了科技拥军中有关保密工作的意见和措施，使大家有章可循、有规可依；对重要的科研攻关项目，坚持立项报批和参与人员审查把关制度。在军地双方的共同努力下，长春市开展科技拥军活动以来，没有发生失泄密问题。

领导同志重要讲话

中共中央总书记、国家主席、中央军委主席江泽民致全国双拥模范城（县）命名大会的贺信

（2000年1月1日）

新年伊始，全国双拥模范城（县）命名大会在北京举行。我代表党中央、国务院、中央军委，对会议的召开表示热烈祝贺！

拥军优属、拥政爱民，是我党我军和我国各族人民的优良传统，是我们特有的政治优势。军政军民的坚强团结极为重要。它对我们促进国家发展和军队建设，维护国家安全和社会稳定，以及战胜各种严重自然灾害，已经并将继续发挥重大的作用。

全面推进建设有中国特色社会主义事业，努力增强我国的经济实力、国防实力和民族凝聚力，实现中华民族的伟大复兴，始终需要广大军民同心同德，艰苦奋斗。我们要适应新形势和新任务的要求，继续深入扎实地做好双拥工作，不断巩固和发展军政军民团结的大好局面。

全军和武警部队要忠实履行全心全意为人民服务的宗旨，坚定不移地贯彻服从国家建设大局的方针，积极支持和参加国家改革与建设事业，为民造福，为国兴利。军队和国防建设关系国家的长治久安，是全党和全国各族人民的共同事业。各级党委、政府都要关心和支持军队建设，在干部群众中深入开展以爱国主义为核心的国防教育，认真抓好拥军优属各项政策法规的落实，积极配合部队完成教育训练、战备执勤等各项任务。要在全社会进一步发扬和保持军爱民、民拥军，军民团结一家亲的优良风尚。

军民团结如一人，试看天下谁能敌。在党中央的领导下，军政军民同呼吸、共命运、心连心，我国改革开放和社会主义现代化建设就一定能不断从胜利走向更大的胜利。

预祝大会圆满成功！

胡锦涛同志在全国双拥模范城（县）命名大会上的讲话

（2000年1月12日）

同志们：

今天，全国双拥工作领导小组、民政部、解放军总政治部在这里隆重召开全国双拥模范城（县）命名大会，总结经验，表彰先进，部署当前和今后一个时期的双拥工作。这对于进一步巩固军政军民团结，加强国防和军队建设，促进国家改革发展稳定，必将产生积极的推动作用。我代表党中央、国务院、中央军委，向被命名的全国双拥模范城（县）表示热烈的祝贺！向为保卫祖国、建设祖国作出巨大贡献的人民解放军和武警部队全体官兵，以及烈军属、革命伤残军人、转业复员退伍军人、军队离退休干部，表示亲切的慰问！向关心支持国防和军队建设的各级党委、政府和各族人民群众表示衷心的感谢！

坚持军民一致，加强军政军民团结，是我党我军我国人民的优良传统和特有的政治优势，是我们党三代领导核心的一贯思想。毛泽东同志在领导我国革命和建设的伟大实践中，总结提出了人民军队的思想和人民战争的理论，提出了军民一致的原则和“兵民是胜利之本”的论断，指引我国广大军民在党的领导下，众志成城，团结奋斗，形成了坚不可摧的伟大力量，赢得了民族解放和国家独立，取得了社会主义建设的伟大胜利。邓小平同志在开创建设有中国特色社会主义的伟大事业中，十分关注军政军民团结，明确提出军民一致的原则不能变，要从各个方面搞好军政军民关系，并亲自倡导军民共建社会主义精神文明和创建双拥模范城（县）活动，使拥军优属、拥政爱民工作从内容到形式都有了新的发展。在深化改革、扩大开放，发展社会主义市场经济的新形势下，江泽民同志对加强军政军民团结高度重视，作了一系列重要论述。他强调指出，一定要把加强军政军民团结作为重大的政治原则紧紧抓住不放；要深入持久地开展双拥工作，巩固和发展同呼吸、共命运、心连心的新型军民关系。在以江泽民同志为核心的党中央、中央军委领导下，广大军民在改革开放和现代化建设中相互支持，在维护国家安全、统一和社会稳定中密切配合，在抗御各种严重自然灾害中并肩战斗，军政军民团结显示了不可战胜的强大力量。党的三代领导核心关于加强军政军民团结的思想，是马克思主义基本原理同中国革命、建设的实践相结合的产物，是我党我军性质和宗旨的生动体现，是建立、巩固和发展新型军政军民关系的科学依据，无论过去、现在还是未来，都是我们从胜利走向胜利的重要法宝。

当前，我们正处在世纪之交的重要历史时期。国际局势正在发生重大而深刻的变化，世界格局多极化和经济全球化趋势都在发展，和平与发展仍是当今世界的两大主题。但天下并不太平，霸权主义和强权政治对人类和平与发展构成了严重威胁。我们既面临难得的发展机遇，也面临严峻的挑战。我国的改革已进入攻坚阶段，发展正处于关键时期，维护社会稳定的任务也很繁重。我们要战胜前进道路上的种种困难和风险，把建设有中国特色社会主义伟大事业全面推向二十一世纪，实现中华民族的伟大复兴，需要全党全军全国各族人民万众一心、艰苦奋斗。在党的领导下，把军政军民团结的伟大作用充分发挥出来，把广大军民同心同德干事业的积极性充分调动起来，这是我们的事业必定要胜利的基本保证。各级党政领导一定要从民族振兴、人民幸福和国家长治久安的战略高度，充分认识加强军政军民团结的重要性，把双拥工作摆在事关全局的重要位置，坚持不懈地抓紧、抓实、抓好。

江泽民同志最近反复强调，要使社会主义中国永远立于不败之地，必须不断增强我国的经济实力、国防实力和民族凝聚力。这是着眼于维护和实现我们国家和民族的根本利益，充分估量当今国际局势的发展变化，深刻总结历史和现实经验得出的科学结论。军政军民团结既是凝聚中华民族的强大精神力量，也是推动经济和社会发展的巨大物质力量。不断巩固和加强军政军民团结，对于增强我国的综合国力，捍卫国家的主权、安全和统一，具有重要的意义。我们要适应形势和任务的需要，紧紧围绕实现我国现代化建设的跨世纪发展目标，努力做好双拥工作，更好地发挥军政军民团结在改革发展稳定大局中的积极作用。

要始终坚持用共同理想把军心民心凝聚起来、振奋起来。这些年来，我们国家之所以能够顶住压力，抗御风险，战胜困难，不断前进，一个重要原因，就是我们有坚如磐石的军政军民团结。而这种团结，是建立在建设有中国特色社会主义共同理想基础上的。在新的形势下，要进一步引导广大军民深入学习邓小平理论，坚定社会主义信念，在共同的理想和政治基础上更加紧密地团结起来；要广泛开展全民国防教育，大力弘扬爱国主义精神，进一步增强民族自尊心、自信心；要深入扎实地开展双拥共建活动，促进军地思想道德和文化建设，形成爱国拥军、无私奉献的良好社会风尚，进一步激发广大军民建设和保卫社会主义祖国的政治热情。

要牢固树立经济建设与国防建设统筹兼顾、协调发展的思想。经济建设是国防建设的基础，国防建设是经济建设的保障。坚持经济建设和国防建设的协调发展，是关系社会主义现代化建设全局的重要问题，也是做好双拥工作必须牢牢把握的基本原则。人民解放军和武警部队要继续贯彻服从国家建设大局的方针，坚持拥护和支持改革开放，大力支援国家经济建设，协助做好扶贫开发工作，奋勇参加抢险救灾。西部大开发战略，是党中央总揽全局、面向新世纪作出的重大决策，人民解放军和武警部队要主动参与，发挥优势，为中西部地区的开发和建设多作贡献，为加快国民经济和社会发展建立新的功勋。军队和国防建设关系国家安危，关系社会主义现代化的成败，关系人民群众的根本利益，是建设有中国特色社会主义伟大事业的重要组成部分。地方各级党委、政府和人民群众，要一如既往地关心和支持军队的改革建设，积极配合部队完成教育训练、战备执勤、科研试验等各项任务；广泛开展科技拥军活动，协助部队培养现代化建设需要的人才；妥善安置军队转业复员退伍军人和随军家属，满腔热情地做好优抚工作，为加强军队质量建设、提高部队战斗力创造良好条件。

要把维护社会稳定摆在双拥工作的突出位置。保持社会稳定是改革开放和现代化建设必不可少的前提条件，军政军民团结是维护社会稳定的重要因素。我们一定要从讲政治的高度看待和处理军政军民关系，以坚强的军政军民团结促进社会稳定。全军和武警部队要自觉尊重各级政府，热爱人民群众，模范遵守党的政策和国家的法律法令，严格执行军队纪律，永远保持人民军队的性质、宗旨和本色。地方各级党委、政府和人民群众要视军队如长城，把军人当亲人，尊重和爱护军队，认真落实各项拥军优属政策，切实维护军人及其家属的合法权益。改革开放和发展社会主义市场经济作为一场深刻的社会变革，涉及到利益格局和利益关系调整，也给军民关系带来了一些新的情况。各地各部队要以高度的政治责任感，按照顾全大局、互谅互让、平等协商、增进团结的要求，及时妥善地解决军民关系中出现的新问题。军地双方都要像爱护眼睛一样精心维护军政军民团结，使之不断巩固和发展，经得起任何风浪的考验。

在跨世纪发展的征途中，双拥工作面临着光荣而又艰巨的任务。为了使双拥工作更好地适应新形势新任务的要求，保持和焕发生机与活力，必须坚持在继承中创新、在改革中前进。我们要认真贯彻落实党中央、国务院、中央军委关于做好新形势下双拥工作的一系列指示精神，勇于在新的实践中解决新问题，创造新经验，努力开创军政军民团结的新局面。要根据发展变化了的实际，不断丰富双拥工作的内容，更好地为党和国家大局服务，为军队和国防建设服务。要尊重群众的首创精神，积极探索富有时代特色的活动方式和工作路子。要适应发展社会主义市场经济的要求，建立和完善双拥工作的政策法规和制度。创建双拥模范城（县）活动，是新形势下加强军政军民团结的有效途径和成功实践，已在全社会产生了积极影响，要坚持标准，注重质量，讲求实效，充分发挥典型引路和榜样示范作用，使这项活动持久扎实地开展下去，取得更好的成效。双拥工作是一项涉及面广、影响深远的社会工程。各地各部队要切实加强领导，健全组织机构，发挥部门的作用和行业优势，形成党政军群齐抓共管、广大军民积极参与的生动局面。

“军民团结如一人，试看天下谁能敌”。让我们在以江泽民同志为核心的党中央领导下，高举邓小平理论伟大旗帜，进一步做好双拥工作，巩固和发展军政军民同呼吸、共命运、心连心的大好局面，为改革开放和社会主义现代化建设作出新的贡献！

司马义·艾买提同志在全国双拥模范城（县）命名大会上的讲话

（2000 年 1 月 12 日）

同志们：

在全国军民深入贯彻党的十五大精神，满怀豪情迈向新世纪的时候，全国双拥工作领导小组、民政部、总政治部隆重召开全国双拥模范城（县）命名大会。会议的主要任务是，回顾总结 1997 年全国双拥模范城（县）命名大会以来的双拥工作情况，研究部署当前和今后一个时期双拥工作任务，命名表彰一批全国双拥模范城（县），动员广大军民更加深入扎实地做好双拥工作，进一步巩固和发展军政军民团结的大好局面。借此机会，我们向人民解放军和武警部队全体官兵、烈军属、革命伤残军人、转业复员退伍军人、军队离退休干部表示亲切的慰问！向关心支持军队建设的各级党委、政府和人民群众表示衷心的感谢！向被命名的全国双拥模范城（县）表示热烈的祝贺！

现在，我代表全国双拥工作领导小组，向大会作报告。

一、三年来双拥工作的进步和发展

1997 年全国双拥模范城（县）命名大会以来的三年，是我们党和国家发展历史上不平凡的三年。在以江泽民同志为核心的党中央的坚强领导下，我们经受住了国内外各种复杂情况的考验，改革开放和各项建设事业取得了新的成绩。双拥工作在继承中创新，在探索中前进，也有了新的进步和发展。

（一）广泛进行以爱国主义为核心的国防教育和双拥宣传教育，军爱民、民拥军的氛围更加浓厚。各地各部队组织广大军民认真学习毛泽东、邓小平、江泽民同志关于加强军政军民团结的重要论述，结合纪念建军 70 周年、庆祝新中国成立 50 周年和迎接香港、澳门回归祖国等重大活动，广泛宣传我国军民在党的领导下，为实现民族独立和解放、国家统一和富强而团结奋斗的光荣历史，宣传坚强的军政军民团结在国家的改革发展稳定和军队建设中发挥的巨大作用，引导广大军民不断加深对做好双拥工作重要性的认识。特别是去年，针对以美国为首的北约轰炸我驻南使馆、李登辉抛出“两国论”的罪恶行径，加大宣传教育力度，增强广大军民维护民族尊严、维护祖国统一、维护社会稳定的责任感和使命感。为了进一步激发广大军民做好双拥工作的政治热情，在全国集中宣传了上海市、山东省和长春市做好新形势下双拥工作的事迹和经验，表彰了一批基层双拥工作先进单位和模范个人。通过宣传教育，广大军民的国防观念和双拥意识明显增强，讲政治、顾大局，自觉维护军政军民团结成为良好的社会风尚。

（二）紧紧围绕国家和军队的改革建设开展工作，军地之间相互支持更加有力。地方各级党委、政府和人民群众把支持军队建设作为义不容辞的责任，积极配合部队贯彻落实党中央、中央军委作出的裁减军队员额 50 万和实施科技强军战略等重大决策，千方百计地做好军队转业复员退伍军人和随军家属的安置工作，保证了军队编制体制调整改革的顺利进行；广泛开展科技拥军活动，帮助部队培养高素质人才；积极保护军事设施安全，维护军人及其家属的合法权益；大力支持部队完成训练演习、战备执勤等任务，为部队建设创造了良好条件。全军和武警部队积极支持国家的改革开放和现代化建设事业，先后投入劳动日 7000 多万个、机械车辆近百万台（次）援建三峡水利枢纽、杭福贵成光缆通信、南昆铁路等一大批重点工程；军队院校、科研单位和工程技术部队广泛开展科技助民活动，转让科研成果2000多项；驻贫困地区部队积极参加当地的开发建设，扶持近百万群众走上致富道路，进一步树立了人民军队爱人民的良好形象。

（三）着力解决广大军民普遍关心的实际问题，双拥工作的成效更加明显。各地各部队把研究新情况、解决新问题，作为推动双拥工作深入发展的突破口。许多党政军领导深入实际，对一些重点难点问题进行调查，提出解决的措施和办法。全国有20多个省（自治区、直辖市）出台了综合性双拥政策法规，600多个地（市）、县（市）制定了具体办法。这些政策法规和办法，从保障部队粮油水电供应到支持部队完成训练演习任务，从维护军人及其家属合法权益到落实优抚安置政策等，都作了具体规定，有力地促进了重点难点问题的解决。各地认真贯彻落实国务院召开的全国拥军优抚安置工作会议精神，广泛开展"爱心献功臣行动"，筹集资金30多亿元，使解决在乡老红军、老烈属、老复员军人长期存在的生活、住房、医疗"三难"问题，在新中国成立50周年前夕取得突破性进展。

（四）深入开展群众性双拥共建活动，基层双拥工作更加活跃。各地各部队按照巩固、发展、提高的方针，认真总结创建双拥模范城（县）活动的经验，不断丰富内容，强化竞争激励机制，进一步调动了广大军民参与双拥工作的积极性。全国有300多万个双拥服务组织常年活跃在城乡基层，为群众造福，为军人解难，为军属分忧。各地各部队围绕创建文明城市、文明村镇、文明行业的目标，深入开展军民共建精神文明活动，全国有60%以上的军民共建点被评为县级以上文明单位。军民共建千里河西双拥模范走廊、川藏文明运输线、京九文明铁路等，都产生了广泛的社会影响。许多地方还大力支持部队开展"争创先进连队、争当优秀士兵"活动，有力地促进了基层双拥工作的深入发展。

（五）广大军民在抗御严重自然灾害中并肩战斗，军政军民团结的作用更加突出。近三年来，我国相继发生了河北张家口地区强烈地震、西藏那曲地区暴雪和长江、嫩江、松花江流域特大洪水等严重自然灾害。人民解放军和武警部队官兵同广大人民群众团结奋斗，顽强拼搏，夺取了抢险救灾的伟大胜利。特别是在1998年的抗洪斗争中，全军和武警部队坚决执行党中央、国务院、中央军委的指示，出动兵力30多万人，全力以赴投入抗洪抢险。广大官兵发扬一不怕苦、二不怕死的大无畏革命精神，始终战斗在最艰难、最危险的地方，在关键时刻发挥了关键作用。地方党委、政府和人民群众与部队并肩战斗，全力做好保障工作，哪里有抗洪部队，哪里就兴起拥军热潮。广大军民团结一心，众志成城，创造了人类历史上征服自然灾害的奇迹，坚强的军政军民团结显示出了巨大威力。

二、创建双拥模范城（县）活动的基本经验

在新的形势下，双拥工作不断发展和进步，一个重要原因，就是广泛深入地开展了创建双拥模范城（县）活动。这项活动是我国军民的一个创造，是加强军政军民团结的有效途径和成功实践，在全社会产生了广泛深刻的影响。这项活动把我党我军的优良传统与改革开放的时代要求结合起来，把广大军民积极参与双拥工作的政治热情焕发出来，把军地双方的各自优势发挥出来，促进了物质文明建设和精神文明建设的协调发展，促进了社会生产力和部队战斗力的共同提高，巩固和发展了军政军民团结的大好局面。几年来，广大军民在创建活动中积极探索，不断创新，积累了许多成功的做法和丰富的经验：

（一）充分调动军地双方的积极性，形成党政军民共同参与的生动局面。各地各部队把创建双拥模范城（县）看成是一种政治责任，普遍建立健全组织机构，加强统一领导；把创建双拥模范城（县）活动纳入经济社会发展规划和部队政治工作计划，明确军地双方的责任和义务；运用多种形式，动员广大军民积极投身创建活动，共同为创建双拥模范城（县）作贡献。由于党政军领导高度重视，军地双方密切配合，广大军民积极参与，创建活动始终保持了持续发展的良好势头。

（二）从形势任务的需要出发确定工作重点，保持创建活动的生机和活力。各地各部队始终坚持为国家和军队改革建设服务的方向，根据不同时期形势任务的特点，确定工作重点，丰富活动内容。八十年代末九十年代初，适应广大军民思稳定、求团结的愿望，把保持社会稳定摆在突出位置；党中央提出加速改革开放和现代化建设要求后，围绕发展社会生产力和提高部队战斗力，进一步加强了军地之间的相互支持与合作。实践证明，只有适应形势任务的需要开展工作，创建活动才能常抓常新，充满生机和活力。

（三）注重把广大军民的创建热情引导到做好工作上来，在抓落实重实效上下功夫。各地各部队注意引导广大军民端正创建活动的指导思想，把功夫用在平时，下在做好经常性工作上；对双拥模范城（县）的标准条件不断进行修改完善，使其既有原则要求，又有具体规定，涵盖双拥工作的方方面面；检查评选时，把各项任务在基层的落实作为主要依据，严格评选标准，使创建过程成为推动双拥工作各项任务落实的过程。

（四）建立并完善竞争激励机制，增强创建活动的内在动力。这些年来，创建双拥模范城（县）活动高潮迭起，持久不衰，很重要的一点，就是实行了动态管理。每次命名，都坚持用双拥模范城（县）的标准统一衡量，有上有下，不搞终身制。实践证明，动态管理是激发广大军民参与创建活动内在动力的有效手段，不仅使老典型能够自加压力，不断巩固发展提高，而且也调动了未被命名单位的积极性，形成了比学赶帮的生动局面。

（五）坚持创建活动与其他群众性活动相结合，促进双拥工作整体水平的提高。各地各部队把创建双拥模范城（县）作为群众性双拥活动的龙头，在动员组织广大军民积极投身创建活动的同时，广泛开展军民共建精神文明、培养军地两用人才、爱心献功臣等群众性活动，有力地推动了双拥工作深入发展。实践证明，只有把创建活动与其他群众性活动有机结合起来，才能互相促进，相得益彰，提高双拥工作的整体效应。

三、当前和今后一个时期双拥工作的主要任务

当前和今后一个时期，是我国改革开放和社会主义现代化建设的关键时期。国际国内形势的发展变化，维护国家安全保持社会稳定所面临的严峻考验，国家和军队改革建设的繁重任务，等等，这些对做好双拥工作、加强军政军民团结提出了新的要求。江泽民总书记在致大会的贺信中对做好双拥工作又作出了重要指示，提出了更高的要求。胡锦涛同志在今天的大会上也要作重要指示。我们要坚持以邓小平理论为指导，认真贯彻党中央、国务院、中央军委关于加强军政军民团结的重要指示，着眼大局，立足基层，注重落实，更加深入扎实地做好双拥工作，为国家的改革发展稳定和军队建设创造良好的社会环境。

（一）要把双拥工作纳入经济社会发展的总体规划，进一步形成军地齐抓共管的整体合力。近年来，江泽民同志多次强调，一定要从政治上看待和处理军政军民关系问题，深入持久地开展双拥工作，巩固和加强军政军民团结。各地各部队要把双拥工作作为一项长期的战略任务，纳入经济社会发展的总体规划，作为部队政治建设的重要内容，坚持不懈地抓下去，真正达到有健全的组织机构、有明确的任务目标、有完善的工作制度、有系统的服务网络，保证各项任务落到实处。

（二）广泛进行军政军民团结宣传教育，不断激发广大军民做好双拥工作的政治热情。各地各部队要紧密联系国内外形势，大力宣传党的三代领导核心关于加强军政军民团结的重要思想，宣传拥军优属、拥政爱民的优良传统，深入进行以爱国主义为核心的国防教育；要充分利用报刊、广播、电视等新闻媒介，发挥爱国主义和国防教育基地的作用，把宣传教育搞得生动活泼；要大力宣传富有时代特色和地区特点的先进典型，在全社会进一步形成军爱民、民拥军的良好风尚。

（三）加强军地在改革建设中的支持与合作，促进社会生产力的发展和部队战斗力的提高。各地各部队要着眼于增强经济实力、国防实力和民族凝聚力，相互支持，通力合作。各级政府和人民群众要积极帮助部队解决训练、工作、生产和生活中的实际问题，配合部队完成好各项任务；广泛开展科技拥军活动，为部队实施科技强军战略创造良好条件；认真落实各项优抚安置政策，确保转业复员退伍军人和随军家属得到妥善安置；继续认真解决有的地方仍然存在的老红军、老烈属、老复员军人生活难、住房难、医疗难问题，已经解决的也要继续做好工作，防止反弹。各部队要按照中央军委和总部的要求，积极支援国家经济建设和社会公益事业建设，继续做好扶贫帮困工作，奋勇参加抢险救灾，为国家的改革建设作出新的贡献。

（四）更加深入扎实地开展创建双拥模范城（县）活动，努力提高双拥工作的整体水平。各地各部队要按照坚持方向、丰富内容、拓宽领域、注重实效的要求，把创建活动广泛深入地开展下去。被命名的双拥模范城（县），要认真总结经验，以更高的标准做好工作。没有被命名的单位，要对照先进找差距，针对存在问题做好工作。要完善命名管理办法，使创建活动更加适应形势任务的需要，进一步促进双拥工作整体水平的提高。

（五）加大政策法规建设力度，推动双拥工作持续深入发展。改革开放和发展社会主义市场经济，既给双拥工作提供了良好的发展机遇，也带来了一些新的情况和问题。各地各部队要从加强政策法规建设入手，认真解决双拥工作中的重点难点问题。特别是对转业复员退伍军人和随军家属安置、保护军人合法权益等问题，要制定切实可行的政策法规和措施办法，使双拥工作逐步走上规范化、制度化、法制化的轨道。

同志们，世纪之交的双拥工作任务光荣而艰巨。让我们更加紧密地团结在以江泽民同志为核心的党中央周围，高举邓小平理论的伟大旗帜，奋发进取，扎实工作，为进一步加强军政军民团结，促进国家改革发展稳定和军队建设作出新的贡献。

司马义·艾买提同志在全国双拥工作领导小组第十四次全体会议上的讲话

（2000年12月19日）

今天，我们召开全国双拥工作领导小组第十四次全体会议，主要是总结一年来的双拥工作情况，研究部署明年的双拥工作任务。刚才，多吉才让同志代表领导小组作了2000年全国双拥工作情况报告，唐天标同志代表领导小组提出了2001年全国双拥工作要点。大家对这两个文件进行了认真讨论，发表了很好的意见。

下面，我就双拥工作如何贯彻落实江泽民同志“三个代表”的重要思想，讲几点意见。

一、深刻领会“三个代表”的重要思想，进一步增强做好双拥工作的政治责任感

在世纪之交的重要时期，为全面加强党的建设，江泽民同志提出了“三个代表”的重要论述，强调只要我们党始终成为中国先进社会生产力的发展要求、中国先进文化的前进方向、中国最广大人民的根本利益的忠实代表，就能永远立于不败之地，永远得到全国各族人民的衷心拥护并带领人民不断前进。“三个代表”的重要思想，是我们党的立党之本、执政之基、力量之源，是新时期加强党的建设，全面推进建设有中国特色社会主义事业的伟大纲领，对党和国家的各项工作都具有重要的指导意义，也是我们做好新形势下的双拥工作，进一步加强军政军民团结的思想武器。

拥军优属、拥政爱民，是我党我军在长期革命和建设实践中形成的优良传统，是团结和动员广大军民为实现党在各个时期的历史任务而奋斗的一项重要工作。双拥工作历来是为党和国家大局服务的，与贯彻落实“三个代表”的重要思想有着密切的关系。大力发展生产力是社会主义的本质要求，是现阶段党和国家的中心任务。我们做好双拥工作的根本目的，就是要充分调动广大军民的积极性、主动性、创造性，推进改革开放和社会主义现代化建设事业，促进社会生产力的发展和部队战斗力的提高。双拥工作是社会主义精神文明建设的重要组成部分，军政军民团结是凝聚中华民族的巨大精神力量。做好双拥工作，有利于充分发挥军地双方的优势，把我党我军的优良传统与改革开放的时代精神结合起来，促进社会主义思想、道德和文化建设。国家的安全和社会的稳定，关系着各族人民的根本利益和长远利益。军政军民团结，历来是捍卫国家安全和保持社会稳定的重要因素。把双拥工作做好了，为改革开放和现代化建设创造安定的社会环境，是维护国家和人民群众根本利益的重要体现。当前，世界政治多极化、经济全球化趋势加速发展，以知识创新、技术创新和高新技术产业为核心的综合国力竞争日益激烈，各种思想文化相互激荡，我国的改革建设正处在重要的历史时期，既面临着难得的发展机遇，又面临着严峻的挑战。在这样的国际国内形势下，做好双拥工作，加强军政军民团结，对于增强我国的经济实力和国防实力，弘扬社会主义思想文化，实践我党我军全心全意为人民服务的根本宗旨，意义尤为重大。我们一定要从贯彻“三个代表”重要思想的高度，充分认识做好新形势下的双拥工作的重大意义，切实把这项工作作为一项长期的战略任务，摆在重要位置，抓紧抓好。

二、按照“三个代表”重要思想的要求，扎扎实实地做好新形势下的双拥工作

双拥工作要按照贯彻“三个代表”重要思想的要求，着眼大局，服务中心，丰富内容，拓宽领域，扎扎实实开展工作。当前，工作中要注意把握好以下几点：

（一）要把促进社会生产力发展和部队战斗力提高，作为双拥工作的根本出发点和落脚点。紧紧围绕党和国家的中心任务开展工作，为发展社会生产力和提高部队战斗力服务，是双拥工作的性质、任务和特点所决定的，也是双拥工作持续深入发展，始终保持旺盛生机和活力的一条基本经验。不久前，党的十五届五中全会通过了关于制定“十五”计划的建议，双拥工作要紧紧围绕实施“十五”计划，加强军地之间的相互支持与合作。各地要按照中央“十五”计划建议中提出的“加强国防建设，增强国防实力”的要求，牢固树立经济建设与国防建设协调发展的思想，热情关心、支持军队和国防建设，帮助部队解决战备、训练、演习中遇到的实际问题，为做好军事斗争准备提供有力的保障。各部队要根据中央军委和总部的指示精神，以参加西部大开发为重点，积极支援国家经济建设，继续做好扶贫帮困工作，参加抢险救灾，为实施“十五”计划作出应有的贡献。

（二）要把加强军地思想和文化建设，作为双拥工作的重要内容。双拥工作既是促进社会主义物质文明建设的重要因素，也是加强社会主义精神文明建设的有效途径。要适应我国政治、经济、文化协调发展和社会全面进步的要求，着眼于促进军地思想和文化建设，不断提高双拥工作的层次和水平。明年是中国共产党成立八十周年，要结合各种纪念活动，对广大军民深入进行党的基本理论和基本路线教育，用共同的理想和政治基础凝聚军心民心；要广泛宣传我国军民在中国共产党领导下，为民族解放和国家富强而团结奋斗的光辉历史，大力弘扬爱国主义精神，进一步激发广大军民建设有中国特色社会主义伟大事业的政治热情。在双拥共建活动中，要积极倡导社会主义思想、道德、风尚和文明健康的生活方式，抵制腐朽思想文化的影响和封建迷信活动；要在教育、科学、文化等领域密切配合，共同培育军地现代化建设需要的各种人才。近年来，天津、上海等地开展军民共建文明社区活动，四川、江苏等地开展军民共建文明行业活动，促进了精神文明建设在基层的落实。各地、各部队要学习借鉴这些经验，围绕建设文明社区、文明村镇、文明行业做好工作，把军民共建社会主义精神文明活动搞得深入扎实、富有成效。

（三）要从讲政治的高度看待和处理军政军民关系，并以此作为双拥工作的重要原则。军政军民关系实质上是一种政治关系。正确处理这种关系，巩固和加强军政军民团结，对于坚持我们党、国家和军队的性质，维护社会政治稳定，保持军队与人民群众的血肉联系，至关重要。我们应当从讲政治的高度看待和处理军政军民关系，像爱护眼睛一样爱护军政军民团结。要运用多种形式，广泛进行双拥光荣传统和国防教育，在全社会进一步形成“军爱民、民拥军，军民团结一家亲”的浓厚氛围，不断增强广大军民讲政治、顾大局，维护军政军民团结的自觉性。要发扬双拥工作的优良传统，坚持各种行之有效的制度，加强军地之间的联系，增进相互理解和信任。军地双方要顾全大局、互谅互让、平等协商，妥善解决军地之间的历史遗留问题和现实矛盾，及时消除影响军民关系的不利因素，使军政军民团结不断得到巩固和发展。

三、以“三个代表”重要思想为动力，开创双拥工作的新局面

在社会主义市场经济不断发展，国家和军队改革向纵深推进的新形势下，双拥工作面临的任务十分艰巨。江泽民同志关于“三个代表”的重要思想，既为进一步做好新形势下的双拥工作指明了方向，也提出了新的更高的要求。我们要适应形势发展的需要，以积极进取的精神做好工作，形成新认识，确定新思路，探索新途径，开创新局面，推动双拥工作的持续深入发展。要认真研究新形势下双拥工作遇到的新情况、新问题，积极探索其特点和规律，建立和完善与发展社会主义市场经济相适应的双拥工作运行机制。要针对当前影响双拥工作深入发展的一些重点难点问题，进一步加大政策法规建设的力度。对原有的双拥政策法规，要根据形势的发展充实完善；对遇到的新情况要认真研究，通过制定政策法规进行规范；对一些行之有效的做法和经验，要总结提炼，上升为政策法规，真正使双拥工作有章可循、有法可依。同时，要加强监督检查，促进转业退伍军人和随军家属安置、义务兵家属优待、重点优抚对象抚恤补助、滞留部队伤病残人员退役安置等各项政策的落实。要尊重广大军民的创造精神，不断丰富双拥工作的内容，积极探索富有时代特色的形式和载体，深入开展以创建双拥模范城（县）为龙头的群众性双拥活动，进一步提高双拥工作的整体水平。无论是制定双拥工作计划，还是开展群众性双拥活动，都要注意从实际出发，讲求实效，防止和克服形式主义。

加强各级双拥组织机构建设，是双拥工作持续深入发展的重要保证。各级双拥工作领导小组担负着组织、协调、指导双拥工作的重要任务，要认真履行职责，充分发挥应有的作用。领导小组各成员单位要从本部门、本行业、本系统的实际出发，以对国家和军队建设高度负责的精神，积极主动地做好双拥工作。各级双拥办是双拥工作领导小组的办事机构，负有落实领导小组的决策和部署，完成双拥工作各项任务的重要责任。这些年来，双拥工作取得的成绩，与各级双拥办的辛勤努力和扎实工作是分不开的，应给予充分肯定。各级领导要一如既往地关心双拥办建设，在人员配备、经费保障和办公条件等方面给予应有的支持。各级双拥办要根据新的情况，切实抓好自身的思想、作风和业务建设，以保证双拥工作的开展和各项任务的落实。

同志们，新的世纪即将到来。让我们在以江泽民同志为核心的党中央领导下，高举邓小平理论伟大旗帜，深入贯彻落实“三个代表”的重要思想，以崭新的精神面貌，把双拥工作做得更好，进一步巩固和发展军政军民团结的大好局面，为改革开放和社会主义现代化建设做出更大贡献！

全国双拥工作领导小组文件

全国双拥工作领导小组关于命名245个市（区）县为全国双拥模范城（县）的决定

（2000年1月12日）

创建双拥模范城、双拥模范县活动，是我国军民在新的历史时期的创造，是做好拥军优属、拥政爱民工作，加强军政军民团结的有效形式和重要载体。1997年1月全国双拥模范城（县）命名大会以来，各地、各部队以邓小平理论和党的十五大精神为指导，积极适应改革开放、发展社会主义市场经济和落实新时期军事战略方针的新形势，广泛开展创建双拥模范城（县）活动，进一步提高了双拥工作的整体水平。拥军优属、拥政爱民的优良传统深入人心，双拥政策法规不断完善，基层双拥活动富有成效，军地相互支持更加有力，坚强的军政军民团结在维护国家安全和保持社会稳定，促进国家和军队的改革建设中，发挥了十分重要的作用。为了表彰先进，树立典型，推动创建双拥模范城（县）活动持续深入发展，全国双拥工作领导小组决定，以民政部、总政治部名义，授予北京市西城区等245个市（区）县全国双拥模范城（县）荣誉称号。

做好双拥工作，加强军政军民团结，是事关国家稳定发展和军队建设全局的一件大事。希望被命名的全国双拥模范城（县），发扬成绩，再接再厉，在双拥工作中不断取得新的成绩。各地、各部队要以全国双拥模范城（县）为榜样，深入贯彻落实党中央、国务院、中央军委关于加强军政军民团结的指示精神，把双拥工作作为一项重要的政治任务常抓不懈；紧紧围绕国家和军队现代化建设开展各项活动，努力为增强经济实力、国防实力和民族凝聚力服务；继续加强双拥政策法规建设，认真研究解决军政军民关系出现的新情况、新问题；坚持在抓基层、抓落实上下功夫，切实打牢双拥工作的基础，把军政军民团结提高到新的水平。

全国双拥工作领导小组相信，在以江泽民同志为核心的党中央领导下，全国广大军民一定能够更加深入扎实地做好工作，不断巩固和发展“同呼吸、共命运、心连心”的新型军政军民关系，为国家的改革发展稳定和军队建设作出新的贡献！

全国双拥模范城（县）名单如下：

北京市　西城区、昌平区、东城区、朝阳区、石景山区、丰台区、崇文区、海淀区、大兴县

天津市　塘沽区、河西区、和平区、东丽区、武清县、河东区、河北区、蓟县

河北省　石家庄市、保定市、邯郸市、唐山市、廊坊市、秦皇岛市、承德市、张家口市、乐亭县、涉县、文安县

山西省　太原市、大同市、侯马市、榆次市、忻州市、左权县、长治市

内蒙古自治区　包头市、呼和浩特市、赤峰市、满洲里市、乌兰浩特市、额济纳旗、锡林浩特市、海拉尔市

辽宁省　沈阳市、大连市、鞍山市、本溪市、丹东市、葫芦岛市、辽阳市、盘锦市、抚顺市、长海县

吉林省　长春市、吉林市、通化市、洮南市、延吉市、四平市、梅河口市、敦化市

黑龙江省　哈尔滨市、鸡西市、大庆市、佳木斯市、伊春市、牡丹江市、齐齐哈尔市、抚远县

上海市　黄浦区、嘉定区、宝山区、杨浦区、闵行区、虹口区、长宁区、崇明县、徐汇区

江苏省　徐州市、南京市、无锡市、苏州市、镇江市、南通市、连云港市、扬州市、常州市、张家港市、盐城市

浙江省　舟山市、湖州市、宁波市、杭州市、

绍兴市、义乌市、象山县、江山市

安徽省 合肥市、蚌埠市、淮南市、滁州市、宿州市、当涂县、祁门县

福建省 泉州市、厦门市、福州市、漳州市、三明市、莆田市、晋江市、福鼎市、长乐市、石狮市、长汀县

江西省 南昌市、景德镇市、九江市、新余市、井冈山市、萍乡市

山东省 济南市、淄博市、烟台市、潍坊市、济宁市、泰安市、威海市、日照市、莱芜市、临沭县、平原县、青岛市

河南省 郑州市、洛阳市、新乡市、商丘市、驻马店市、三门峡市、平顶山市、焦作市、安阳市、信阳市

湖北省 襄阳县、黄石市、孝感市、武汉市、十堰市、宜昌市、红安县、钟祥市

湖南省 长沙市、株洲市、绥宁县、涟源市、衡山县、会同县、吉首市、洞口县

广东省 深圳市、佛山市、汕头市、东莞市、江门市、曲江县、惠州市、湛江市、珠海市、广州市

广西壮族自治区 南宁市、桂林市、柳州市、贵港市、桂平市、玉林市、扶绥县

海南省 海口市、通什市、琼山市、琼海市、澄迈县

重庆市 渝中区、沙坪坝区、江津市、铜梁县、开县

四川省 成都市、泸州市、广元市、西昌市、平昌县、峨眉山市、绵竹市、大竹县、马尔康县

贵州省 贵阳市、福泉市、从江县、思南县、遵义市

云南省 建水县、昆明市、开远市、楚雄市、大理市、勐腊县

西藏自治区 拉萨市、亚东县、米林县、堆龙德庆县、错那县、察隅县

陕西省 西安市、宝鸡市、渭南市、咸阳市、延安市、武功县、合阳县

甘肃省 兰州市、嘉峪关市、金昌市、酒泉市、平凉市、天水市、武威市

青海省 西宁市、格尔木市、湟源县、共和县、祁连县

宁夏回族自治区 银川市、青铜峡市、固原县、平罗县、中卫县

新疆维吾尔自治区 乌鲁木齐市、阿克苏市、库尔勒市、昌吉市、富蕴县、克拉玛依市、石河子市、喀什市、和硕县

全国双拥工作领导小组关于印发江泽民同志的贺信和胡锦涛同志的讲话的通知

(2000年2月21日)

经党中央、国务院、中央军委批准，全国双拥工作领导小组、民政部、总政治部于1月12日在北京隆重召开全国双拥模范城（县）命名大会。中共中央总书记、国家主席、中央军委主席江泽民同志为大会发来贺信，充分肯定了军政军民团结在我国革命和建设中发挥的巨大作用，强调了做好拥军优属拥政爱民工作、加强军政军民团结的极端重要性，要求继续深入扎实地做好双拥工作，不断巩固和发展军政军民同呼吸、共命运、心连心的大好局面。江泽民同志的贺信，是对全国军民的极大鼓舞和鞭策，为做好新形势下的双拥工作指明了方向。胡锦涛同志代表党中央、国务院、中央军委作的重要讲话，从战略全局的高度，深刻阐述了加强军政军民团结的重要意义，对双拥工作跨世纪发展提出

了新的更高的要求。现将江泽民同志的贺信和胡锦涛同志的讲话印发你们，望结合实际认真传达学习，抓好贯彻落实。

当前，我们正处在世纪之交的重要历史时期。进一步做好双拥工作，加强军政军民团结，对于维护国家安全、统一和社会稳定，推进改革开放和社会主义现代化建设，实现国家和军队跨世纪发展的宏伟目标，都具有特别重要的意义。各地各部队要按照全国双拥模范城（县）命名大会的要求，紧紧围绕增强经济实力、国防实力和民族凝聚力，更加深入扎实地做好双拥工作，以坚强的军政军民团结，为国家的改革发展稳定和军队建设创造良好的社会环境。

中共中央总书记、国家主席、中央军委主席江泽民致全国双拥模范城（县）命名大会的贺信（存目）

胡锦涛同志在全国双拥模范城（县）命名大会上的讲话（存目）

全国双拥工作领导小组关于印发司马义·艾买提同志在全国双拥模范城（县）命名大会上的报告的通知

（2000年2月22日）

现将国务委员、全国双拥工作领导小组组长司马义·艾买提同志在全国双拥模范城（县）命名大会上的报告印发你们，望结合实际认真贯彻落实。

适应国家和军队跨世纪发展的需要把拥军优属拥政爱民工作提高到一个新水平

——国务委员、全国双拥工作领导小组组长司马义·艾买提在全国双拥模范城（县）命名大会上的报告（存目）

全国双拥工作领导小组关于印发司马义·艾买提和多吉才让同志在全国“爱心献功臣行动”总结表彰电视电话会议上的讲话的通知

（2000年2月29日）

1999年12月28日，全国双拥工作领导小组和民政部在北京召开了全国“爱心献功臣行动”总结表彰电视电话会议。国务委员、全国双拥工作领导小组组长司马义·艾买提同志代表国务院作的重要讲话，阐明了开展“爱心献功臣行动”的重要意义，对今后一个时期巩固和发展“爱心献功臣行动”的成果提出了明确要求。多吉才让同志代表全国双拥工作领导小组和民政部，对一年来全国开展“爱心献功臣行动”的情况作了全面总结。现将司马义·艾买提和多吉才让同志的讲话印发你们，望结合实际认真贯彻落实。

司马义·艾买提同志在全国“爱心献功臣行动”总结表彰电视电话会议上的讲话

（1999年12月28日）

同志们：

今天，全国双拥工作领导小组和民政部在这里召开“爱心献功臣行动”总结表彰电视电话会，总结一年来“爱心献功臣行动”所取得的成就，表彰在开展“爱心献功臣行动”中涌现出来的先进地区、先进单位和先进个人。会议开得很好。借此机会，我代表国务院向受到表彰的先进地区、先进单位和先进个人表示热烈祝贺！向一年来为革命功臣付出辛勤劳动的各级党政军领导、社会各界、各有关部门以及广大军民表示衷心的感谢！向全国的优抚对象表示亲切的问候！

刚才，多吉才让部长对全国开展“爱心献功臣行动”的情况作了总结，讲得很全面，我都同意。会上受到表彰的先进地区、先进单位和先进个人的事迹生动感人。实践证明，由全国双拥工作领导小组和民政部倡导开展的“爱心献功臣行动”是一项造福革命功臣、符合群众意愿的十分有意义的活动。这项活动得到了各级党委和政府的高度重视，在广大军民中产生了强烈反响，形成了以政府为主导、社会各界和广大人民群众踊跃参与、人人“助功臣办实事”、“献爱心动真情”的良好社会氛围。在短短的一年时间里，全国成立结对帮扶组织45万个；结成帮扶对子74万对，参加帮扶活动的超过千万人，为优抚对象建房55万间，建立优抚门诊4万多个，社会各界及人民群众捐款超过10亿元，捐赠衣被等物品达1500万件；中央和地方各级政府累计投入专项经费达36亿多元；全国有17个省（自治区、直辖市）、5个计划单列市、1953个县（市、区）、150万优抚对象基本解决了生活难、住房难、医疗难问题，占全国“三难”总人数的70%。“爱心献功臣行动”不仅使优抚对象的“三难”问题得到了突破性解决，使这些革命功臣切身感受到党和政府以及社会对他们的关怀和厚爱，也使广大军民受到了一次生动的爱国主义和革命传统教育，国防观念和拥军优属观念显著增强。“爱心献功臣行动”，通过各级政府有效的组织工作，把社会各界和广大人民群众中蕴藏的拥军优属、扶优帮困的巨大热情转化为“千家万户献爱心，千方百计助功臣”的社会大行动。这项活动动员广泛，效果显著，影响深远，对于探索解决新形势下优抚工作面临突出困难的有效途径、丰富双拥工作内容、密切军政军民关系，发挥了积极的推动作用。

“爱心献功臣行动”即将告一段落，但为优抚对象服务、为军队和国防现代化建设服务、为国家的改革开放和经济发展服务，始终是优抚工作的中心任务，也是各级党委、政府的一项重要工作。下面，我就今后一个时期的工作谈几点意见：

一、提高认识，继续把优抚工作抓紧抓好

烈属、伤残军人和在乡老复员军人等优抚对象曾为国家的独立和民族的解放，为建立和保卫共和国付出了巨大牺牲，做出了特殊贡献，他们是革命的功臣。照顾好他们的生活，是国家和社会义不容辞的责任。江泽民总书记早在1990年就明确要求：

“继续做好优抚工作，切实帮助烈军属等优抚对象解决生产和生活中的实际困难”。朱镕基总理在去年召开的全国拥军优抚安置工作会议上也强调指出：“拥军优抚安置工作关系到党、国家和人民的根本利益，是党和政府的一项重要工作”。各级党委和政府一定要从讲政治、讲大局的高度认识优抚工作，从支持军队和国防现代化建设出发进一步做好优抚工作；各地一定要把优抚工作摆上重要议事日程，纳入当地国民经济和社会发展的总体规划；对于优抚工作中的重要问题，主要领导要亲自过问亲自抓；各级双拥工作领导小组要认真履行职责，及时研究解决有关问题，指导、协调和督促各项工作的落实，要把优抚工作作为评选双拥模范城（县）的重要条件；民政部门作为政府主管优抚工作的职能部门，要一如既往地发挥好参谋助手作用；各有关部门要各司其职，通力合作，把优抚工作中的重点、难点问题解决好。同时，各级党委和政府要继续组织和发动社会各界力量，在全社会进一步弘扬爱心献功臣的良好风尚。

二、加大工作力度，巩固和发展“爱心献功臣行动”的成果

“爱心献功臣行动”已经达到预期目的。但是，仍然有一些地方优抚对象的生活难、住房难、医疗难问题没有完全解决，有的省、市解决这些困难问题的任务还很繁重。同时还应看到，即便已经基本解决了“三难”的地方也不会一劳永逸，随着人民生活水平的不断提高，一部分家境还不富裕的优抚对象，可能会重新成为困难户；一部分生活得较好的优抚对象也可能由于家庭变故或生产环境的变化产生新的困难。因此，要巩固“爱心献功臣行动”的成果，就要在提高优抚对象的生活质量上下功夫。没有解决优抚对象“三难”的地方，要搞好规划，要以深厚的感情和负责的态度实实在在地为他们送温暖、办实事，把优抚对象的困难一个一个地解决好，力争早日全面实现解决优抚对象生活难、住房难、医疗难的目标。在此，我要特别强调两点：一是今后一段时间，要着力解决好优抚对象的医疗难问题。医疗难是优抚对象“三难”中最大的难点。解决这一难点的根本措施就是把国家对优抚对象的医疗政策落实到位，优抚对象按规定享受的公费医疗或医疗减免待遇，各级政府有关部门要保证资金和政策的落实；已经实行医疗保险制度改革的地区，在建立职工医疗保险制度和农村合作医疗制度中，要对优抚对象给予照顾，使他们有病能够得到及时治疗。今年，各地在开展“爱心献功臣行动”中，依托乡（镇）卫生院（所），开设优抚病房，建立优抚门诊，深受欢迎。有的地区通过农村合作医疗解决在乡伤残军人和复员军人的医疗费用，取得了良好效果。今后，各地要继续进行这方面的探索，力争在两、三年内把重点优抚对象的医疗难问题解决好。二是凡已解决了“三难”的地区，要逐步建立优抚标准与人民群众生活水平同步提高的自然增长机制，保障优抚对象的生活达到或略高于当地群众的平均生活水平。这一点，朱总理在去年的拥军优抚安置工作会议上已经提出明确要求，各地一定要抓好落实。特别是中、西部地区，要抓紧搞好试点，探索出一条适合本地实际的路子，并逐步加以推广。建立优抚标准自然增长机制，是保障优抚对象生活的重要手段，也是依法行政的具体体现，各地务必高度重视。

三、勇于创新，探索优抚工作的新途径

随着社会主义市场经济体制的逐步建立，优抚工作面临着许多新情况、新问题。要解决好这些新问题，重在转变观念，勇于创新。优抚工作必须以邓小平理论为指导，立足服从服务于党和国家中心工作、巩固国防和加强军队建设的大局，勇于实践，大胆探索，不断开拓优抚工作的新途径。“爱心献功臣行动”的开展给予我们一个重要启示就是，做好优抚工作，必须坚持“思想教育，扶持生产，社会优待，国家抚恤，依法保障”的方针，依靠国家和社会力量，逐步形成与社会主义市场经济体制相适应，符合军队建设需要的多层次、多形式的优抚保障体系。同时，各地要认真总结近几年优抚工作特别是开展“爱心献功臣行动”中积累的成功经验。对这些经验，一方面要大力宣传和推广，另一方面要精心提炼，将其中具有普遍指导意义的内容用政策、法规的形式固定下来，纳入依法行政的轨道。同时，我们要以这次受到表彰的先进地区、先进单位和先进个人为榜样，进一步弘扬爱心献功臣的良好社会风尚。只有这样，我们的优抚工作才能健康稳定地向前发展；只有这样，我们的优抚工作才能不断开创新的局面！

让我们紧密团结在以江泽民同志为核心的党中央周围，高举邓小平理论的伟大旗帜，勇于创新，开拓进取，把拥军优抚工作提高到一个新水平，为加强军队和国防建设，维护社会的稳定，促进社会主义现代化建设作出新贡献！

多吉才让同志在全国“爱心献功臣行动”总结表彰电视电话会议上的讲话

（1999年12月28日）

同志们：

在澳门刚刚回归祖国，新千年即将到来之际，我们在这里召开“爱心献功臣行动”总结表彰电视电话会议。我受全国双拥工作领导小组和民政部的委托，对“爱心献功臣行动”开展的情况作一介绍。

一年来，在各级党委政府的高度重视下，各有关部门密切配合，社会各界热烈响应，广大人民群众踊跃参与，为在乡老红军、老复员军人、烈属、革命伤残军人等重点优抚对象解决生活、住房、医疗难的“爱心献功臣行动”取得了丰硕成果。据统计，截至目前，全国已为150万优抚对象基本解决了“三难”问题，占“三难”总人数的70%。上海、江苏、青海、河北、浙江、北京、天津、山西、内蒙古、吉林、江西、山东、河南、海南、西藏、陕西、重庆等17个省、自治区、直辖市和大连、青岛、深圳、宁波、厦门等5个计划单列市，以及全国1953个县、市、区已基本解决了优抚对象的“三难”问题。

——生活难问题基本解决。通过各级政府加大优抚经费投入，大幅度提高优抚对象抚恤补助标准，开展社会捐助和群众帮扶等措施，使优抚对象的基本生活得到有效的保障，基本实现了达到和略高于当地群众目前平均生活水平的目标。

——住房难问题取得突破性进展。全国投入经费25亿元，其中，政府补贴5亿元，社会资助3亿元，个人自筹17亿元，投入建房义务工5000万人次。共建房55万间，为28万户解决了住房困难，各地通过采取扶贫先扶优，移民先移优，救灾先救优，军民共建先帮优，社会赞助先助优和各级财政分级负责建房的原则，把解决优抚对象住房难问题落到了实处，有住房困难的优抚对象中已有68%的人高高兴兴地迁入新居。

——医疗难问题明显缓解。各级财政部门落实伤残军人的公费医疗和医疗补助资金，卫生部门落实医疗减免政策，全国建立优抚门诊4万多个，建立优抚对象医疗保障基金1.6万个，使70万优抚对象解决了医疗难问题，占医疗难总人数的64%，减免医疗经费3.6亿元，优抚对象患病得到及时治疗，有力地缓解了医疗难的矛盾。

回顾一年来的“爱心献功臣行动”，主要有以下五个特点：

一、各级党委政府高度重视

各级党委和政府以高度的政治责任感把开展“爱心献功臣行动”作为一项民心工程，给予高度重视和有力支持。党政主要领导亲自过问，提出具体要求。各省、区、市政府普遍召开会议，对“爱心献功臣行动”进行部署和研究，都以党委、政府或办公厅名义下发了关于开展“爱心献功臣行动”的实施意见，根据各地实际提出了切实可行的具体措施，明确活动的目标和任务。许多省市明确要求，绝不能把优抚对象的“三难”问题带入下个世纪，制定了解决优抚对象“三难”的时间表，并与创建双拥模范城（县）活动紧密结合起来。各级领导干部带着对优抚对象的深厚感情，带头捐款捐物、结对帮扶。不少市、县、乡党委、政府、人大、政协所有领导班子成员人人包干，分工负责帮助优抚对象解决“三难”。许多经济欠发达地区和革命老区的领导同志亲自深入基层、了解情况、现场解决问题，为“爱心献功臣行动”创造了有利条件。

二、社会各界和人民群众广泛参与

“爱心献功臣行动”牵动了人民群众爱国拥军、情系功臣的深厚感情。中央和地方政府有关部门、社会各界群众、人民解放军和武警部队官兵以极大的热情踊跃参加。解放军总政治部向全军发出《关于部队参加“爱心献功臣行动”的通知》，要求全军各部队把参加“爱心献功臣行动”作为拥政爱民的一项重要内容，积极配合地方政府开展多种形式的献爱心送温暖活动。许多部队主动与当地民政部门联系，及时了解驻地在乡退伍红军老战士、老复员军人在生产、生活中的实际问题，开展对口帮扶；部队医疗单位派出医护人员，为驻地的优抚对象巡诊治病，满腔热忱地为革命功臣办好事、办实事。全国总工会，共青团中央、全国妇联，都发出通知，要求本系统积极参与“爱心献功臣行动”。各地教育、农业、科技、卫生、建设、计划、工商、税务等部门出台优惠政策或提供财力、物力，向优抚对象奉献爱心。公安、交通、文化、邮电、水利、林业等部门，为优抚对象义务提供各种服务，并发动职工捐款捐物，给优抚对象以有力的帮助。铁道部为全国伤残军人更换假肢轮椅减免运输费。社会各界和广大人民群众怀着对建国功臣的崇敬之情，有钱出钱、有物出物、有力出力。据统计，全国社会捐助资金6亿多元，捐助食品、家电等物品折合4亿多元，捐赠衣被1476万件。从社会捐助中直接受益人数达256万人。这次活动中从省部级领导到普通百姓，从古稀老人到少年儿童，人人争献爱心，出现许多慷慨解囊、热情帮扶的感人场面，充分体现了人民群众爱国拥军的政治热情，在全社会进一步弘扬了拥军优属的良好风尚。

三、结对帮扶成效显著

为了帮助重点革命老区的优抚对象，北京、天津、上海、江苏、浙江、山东、广东、大连、青岛、宁波、厦门、深圳等12个经济发展较快的省市，与河北阜平、江西兴国等12个革命老区县（市）结成帮扶对子。据初步统计，12个省市对口帮扶投入的经费达7000多万元。对口帮扶行动不仅直接造福于老区人民，也对全国的结对帮扶活动起到了示范作用。各地因地制宜，使结对帮扶活动形式多样，有乡帮乡、村帮村、单位帮个人，有帮钱帮物、帮工帮料，还有科研部门和技术人员帮助培训实用技术，扶持优抚对象走上富裕之路。在活动中，全国结成帮扶对子75万对，建立扶优助困组织45万个，有1000多万人帮扶153万多优抚对象，有近80%的受助者通过社会帮扶活动摆脱了困境。

从农村到城市，出现了“千万店献爱心，千村万户为功臣”的动人景象，活动既轰轰烈烈，又扎扎实实，使“爱心献功臣行动”成为影响广泛、措施实在的一次优抚大行动。

四、政府加大财政投入

各地在实施“爱心献功臣行动”中，普遍加大了财政投入力度，优抚经费大幅度增加。今年中央财政增加预算6亿元，提高伤残军人、烈属、在乡退伍红军老战士和在乡老复员军人的抚恤补助标准，增加幅度是历史最高水平。地方各级财政也投入11亿元，大幅度提高了在乡老复员军人的定补标准。河北、吉林、黑龙江、江苏、山东、广西、四川等省区投入均在5000万元以上。今年，中央和地方财政共投入抚恤补助专项经费达17亿元，是建国以来投入最高的年份。与此同时，各地建立抚恤补助标准自然增长机制，工作取得重大进展。上海、江苏、北京、天津、福建等省市在全省

(市)范围内建立抚恤补助标准自然增长机制。为了解决优抚对象的特殊困难，中央和地方财政还一次性投入近15亿元，用于改善优抚对象的住房、生活、医疗条件和光荣院、优抚医院等优抚事业单位建设。为进一步支持全国各地开展“爱心献功臣行动”，中央财政下拨3000万元专项资金，对全国246个革命老区进行补助。民政部从福利彩票募集的本级资金中拿出1亿元，用于更换伤残军人的假肢、轮椅，维修改造50所光荣院。所有这些投入有力地保障了优抚对象的生活，促进了“三难”问题的解决。

五、宣传发动广泛深入

为了使全社会了解、参与、支持“爱心献功臣行动”,各地采取多种形式,加大宣传力度,营造浓厚的舆论氛围。中央各大新闻单位对“爱心献功臣行动”均做了重点报道。各地方报纸、电台、电视台等新闻媒体普遍开辟了“爱心献功臣行动”专栏、专题,开展宣传月、奉献月等活动,宣传“爱心献功臣行动”的目的和意义。广泛深入的宣传发动,形成了强有力的声势和社会影响。“爱心献功臣行动”使优抚对象置于全社会的关心、帮助之下,使他们的“三难”问题得到了有效解决。一些革命烈士家属、伤残军人和老复员军人以各种方式表达他们对党和政府的感激之情,联名致信全国双拥工作领导小组和民政部,以质朴的语言表示,要继续发扬革命传统,回报党、国家和人民的关怀和厚爱。

“爱心献功臣行动”的成功实践，促进了社会主义精神文明建设，支持了军队和国防建设，维护了社会的稳定，为新形势下提高优抚工作水平积累了丰富的经验。这些经验充分表明，人民群众中蕴含着巨大的拥军优属热情，引导社会力量关心和帮助优抚事业，是新形势下解决优抚对象突出困难的有效途径。只要政府实施有效的组织，就可以将其转化为帮助优抚对象脱贫致富的巨大物质力量，优抚工作的路子就会越走越宽广。在这次开展的“爱心献功臣行动”中涌现出许多先进单位和个人，我代表民政部，向关心支持优抚工作和“爱心献功臣行动”的各级党政领导、各有关部门的同志们，表示衷心的感谢！向受到表彰的先进地区、先进单位和先进个人表示热烈的祝贺！向人民解放军和武装警察全体官兵、烈军属、革命伤残军人、复员转业退伍军人、军队离退休干部表示亲切的慰问！

“爱心献功臣行动”虽然取得了丰硕成果，但优抚对象“三难”问题还没有完全解决。各级民政部门要再接再厉，进一步巩固“爱心献功臣行动”的成果，健全保障机制，全面落实优抚政策，使“三难”问题彻底得到解决，确保优抚对象的生活水平达到和略高于当地群众的平均生活水平。

同志们，让我们在以江泽民同志为核心的党中央领导下，深入贯彻党的十五大精神，进一步做好优抚安置工作，为巩固国防、维护社会稳定、促进社会主义物质文明和精神文明建设做出新的贡献。

关于印发《全国双拥工作领导小组成员单位双拥工作职责的通知》

(2000年4月7日)

拥军优属、拥政爱民，是我们党、政府、军队和我国各族人民的优良传统和政治优势，是中国革命和建设事业取得胜利的重要保证。在社会主义市场经济条件下，做好双拥工作，加强军政军民团结，是全国双拥工作领导小组各成员单位共同的职责。鉴于全国双拥工作领导小组成员单位的调整和各成员单位职能的变化，在征求意见的基础上，对各成员单位的双拥工作职责进行了补充和修改。现将修改后的《全国双拥工作领导小组成员单位双拥工作职责》印发，望切实履行职责，积极主动地做好双拥工作，不断巩固和发展军政军民相互团结、相互支持的大好局面。

全国双拥工作领导小组成员单位双拥工作职责

中央宣传部：把全民国防教育和双拥宣传教育作为精神文明建设的重要内容，列入宣传工作计划。协调宣传、文化、新闻、出版和广播影视部门开展国防教育和双拥宣传教育；有计划地宣传双拥典型和先进经验，推动军民共建活动；倡导爱国拥军的奉献精神，培育关心、支持、爱护人民军队的社会风尚。

国家发展计划委员会：将国防、军队建设和优抚安置工作列入经济和社会发展规划，保持国家经济建设和国防建设协调发展。协调军队建设需要国家解决的重大问题；协调军队支援国家重点工程建设；做好部队粮食供应工作；组织本系统的拥军优属活动，保证优抚安置政策落实。

国家经济贸易委员会：做好军队物资计划供应工作，努力保障国防重点建设、装备维修等物资供应；优先保障部队战备、训练及各项工作用电和煤炭、石油、副食品等供应；协助培养军地两用人才；做好本系统的优抚安置工作。

教育部：将国防教育纳入各类学校的教育和教学工作中，对教职员工和学生进行拥军优属宣传教育；开展军民共建文明学校活动；与部队共同开展培养军地两用人才活动；组织指导学生军训；组织本系统的拥军优属活动，制定有关部队子女就近入学入托问题的措施。

国防科学技术工业委员会：积极做好国防科技工业的规划和管理；根据军队的武器装备发展规划，搞好国防科研、生产、建设的统筹和衔接；配合总装备部做好军品科研计划的制定与组织实施，严把军品生产的质量关，确保军事装备的生产供应。

国家民族事务委员会：发动各族人民深入持久地开展爱国拥军活动；开展军民共建精神文明活动；配合有关部门做好民族地区的双拥工作；表彰军民团结、民族团结的先进典型；做好本系统的优抚安置工作。

公安部：依法维护军事设施安全；依法惩治侵害军人及其家属合法权益的各种违法犯罪活动；开展军警民共建社会主义精神文明活动；按照国家有关政策规定，指导地方公安机关做好军队离退休干部、转业、复员、退伍军人及随军、随迁家属落户工作；组织公安民警开展拥军优属活动，做好本系统的优抚安置工作。

民政部：拥军优属的主管部门。制定并模范执行国家拥军优属和优抚安置工作的方针、政策；加强拥军优属工作的宣传，督促拥军优属各项政策、措施的落实；研究制定优抚安置的有关法规；做好优抚对象的思想教育工作和烈士褒扬工作；做好退伍义务兵、转业志愿兵、复员干部、军队离退休干部和无军籍职工的接收安置工作；指导优抚安置事业单位和军供保障单位的管理工作。

财政部：参与研究制定有关国防、军队建设和优抚安置工作的政策、法规，根据国防建设的需要和国家财力可能，为国防和军队建设及优抚安置工作提供必要的财力保障，加强对优抚安置各项经费使用的管理和监督；积极开展拥军优属活动。

人事部：做好军队转业干部培训和安置工作；妥善安置随军家属和转业干部随调随迁家属，努力做好本系统的优抚安置工作。

劳动和社会保障部：配合有关部门做好退伍义务兵、转业志愿兵、随军家属的安置和军地两用人才培训及开发使用工作；做好优抚对象的社会保险工作。

国土资源部：做好军队建设征地审批和土地登记发证过程中的有关工作；指导帮助部队搞好军用土地管理，保证军事活动需要；协调处理军地之间的土地纠纷；做好本系统的优抚安置工作。

建设部：协助部队依法搞好军事设施建设；协调解决城镇未随军家属和优抚对象的住房困难；协调处理军地之间的房地产矛盾和纠纷；积极开展拥军优属活动，努力做好本系统的优抚安置工作。

铁道部：做好军运工作，保障军事运输；开展军民共建文明车站和文明列车活动；有条件的车站开设军人候车室和军人售票窗口，对执行紧急任务的军人，凭部队团以上单位介绍信优先售票或提供交通便利；对革命伤残军人乘车给予优待；努力做好本系统的优抚安置工作。

交通部：做好军运工作，保障军事运输；做好国防、边防公路的修建和养护工作，保障军事运输畅通；开展军民共建文明车站、文明运输线活动；有条件的车站、码头应开设军人售票窗口；对执行紧急任务的部队和军人，凭部队团以上单位介绍信，提供交通便利；对革命伤残军人乘坐车、船给予优待；努力做好本系统的优抚安置工作。

信息产业部：优先满足部队对通信的需求和信息资源的利用；对义务兵平常信函实行免费；保障部队通信畅通；加强军工电子行业的发展和管理，帮助部队推进军用通讯和信息网络建设；做好本系统的优抚安置工作。

水利部：积极协助部队解决军用设备和生活用水；努力做好本系统的优抚安置工作。

农业部：支持部队发展农副业生产和“菜篮子”工程建设；扶持优抚对象发展生产，优先帮助优抚对象脱贫致富；做好本系统的优抚安置工作。

卫生部：开展军民共建社会主义精神文明活动；支持部队卫生事业的发展及荣军医院技术水平的提高；组织卫生行政部门和医疗卫生机构，做好优抚对象的医疗服务工作；做好本系统的优抚安置工作。

国家税务总局：支持部队的改革和建设；做好本系统的优抚安置工作。

国家广播电影电视总局：将双拥宣传教育列入广播影视部门的工作计划。运用广播、电影、电视系统进行爱国主义教育、国防教育和双拥宣传教育，广泛宣传党中央、国务院、中央军委关于双拥工作的指示精神，宣传全国双拥工作领导小组的决议、指示、工作部署和重大活动，宣传各地双拥工作的典型经验和先进事迹；开展拥军优属活动，做好本系统的优抚安置工作。

国家工商行政管理局：支持部队的改革和建设。对军供保障、优抚安置事业单位及优抚对象的生产经营等提供帮助；做好本系统的优抚安置工作。

总参谋部：组织部队、民兵、预备役部队参加抢险救灾、支援国家经济建设和社会公益事业；指导部队、民兵和预备役部队参加军民联防，维护社会稳定；参与处理军地之间的重大矛盾和纠纷；协调军地主管部门做好军事设施保护工作；会同国家有关部门搞好学生军训和地方学军活动；严格部队管理，模范遵守群众纪律，树立人民军队威武之师、文明之师的良好形象。

总政治部：全军拥政爱民工作和协调军政军民关系的领导机关。指导全军进行人民军队性质、宗旨教育，开展拥政爱民活动和军民共建社会主义精神文明活动；检查军队执行国家法律、法规、民族政策、宗教政策和遵守群众纪律情况；指导部队参加国家经济建设，支援社会公益事业，进行抢险救灾；指导省军区系统协调驻军的拥政爱民工作；会同地方有关部门进行全民国防教育；会同有关部门制定拥军优属的政策法规；协调处理军地之间的重大矛盾和纠纷。

总后勤部：指导部队搞好科技开发、科研成果转让，支援地方经济建设；协调处理军地之间在房地产、交通事故等方面的矛盾和纠纷；支援地方扶贫工程、绿化工程等公益事业建设；加强对战时和平时部队承担危急险重任务中军民兼容大后勤保障体系的研究。

总装备部：指导部队做好国防科研试验任务中的群众工作，搞好军地协调配合，保证武器装备建设和大型科研试验任务的顺利进行，做好群众损失的善后工作；发挥人才、技术优势，开展科技助民活动；组织部队支援地方经济建设和社会公益事业，参加抢险救灾；开展军民共建社会主义精神文明活动；检查部队执行国家方针政策、法律法规和群众纪律情况，协调处理军民纠纷。

武警部队：开展拥政爱民和军民共建社会主义精神文明活动；检查武警部队执行国家法律、法规，遵守民族政策、宗教政策和群众纪律情况；指导武警部队参加义务劳动，支援社会公益事业，进行抢险救灾；组织武警部队参加军警民联防，维护社会治安；教育武警部队加强行政管理，严格警容风纪，树立良好形象。

全国总工会：将拥军优属工作列入各级工会工作计划。运用本系统报刊进行国防教育和双拥宣传教育；发动和组织职工开展各种形式的拥军优属活动和军民共建社会主义精神文明活动；积极配合有关部门为军人和优抚对象排忧解难。

共青团中央：将拥军优属工作列入各级共青团工作计划。运用本系统报刊进行国防教育和双拥宣传教育；宣传各地团员青年爱国拥军的典型经验和先进事迹；指导少年军校建设，表彰先进典型；组织团员、青年广泛开展学军活动、拥军优属活动、军民共建社会主义精神文明活动。

全国妇联：将拥军优属工作列入各级妇联工作计划。运用本系统报刊进行国防教育和双拥宣传教育；积极配合军队宣传表彰女军人；协同有关部门维护军人家庭、婚姻等合法权益；发动妇女广泛开展群众性的拥军优属活动，表彰军人家属和妇女拥军的先进典型；开展军民共建社会主义精神文明活动。

全国双拥工作领导小组关于调整全国双拥工作领导小组副组长和部分成员的通知

（2000年11月23日）

由于人事变动和开展双拥工作需要，全国双拥工作领导小组组成人员作如下调整：

一、中共中央办公厅副主任姜异康同志任全国双拥工作领导小组副组长；胡光宝同志不再担任副组长。

二、下列同志为全国双拥工作领导小组成员：

徐颂陶　（人事部副部长）

翁孟勇　（交通部副部长）

吕新奎　（信息产业部副部长）

翟浩辉　（水利部副部长）

朱庆生　（卫生部副部长）

谢作炎　（中国人民解放军总参谋部政治部主任）

董万才　（中国人民解放军总装备部政治部主任）

董　力　（全国总工会书记处书记）

三、下列同志不再担任全国双拥工作领导小组成员：

孙树义　（原人事部副部长）

张春贤　（交通部副部长）

杨贤足　（原信息产业部副部长）

朱登铨　（原水利部副部长）

曹荣桂 （原卫生部副部长） 张国祥 （原全国总工会副主席）
迟万春 （原解放军总装备部政治部主任）

全国双拥工作领导小组成员名单

组　长　司马义·艾买提（国务委员）
副组长　多吉才让 （民政部部长）
周子玉 （总政治部副主任）
姜异康 （中央办公厅副主任）
徐荣凯 （国务院副秘书长）
龚心瀚 （中央宣传部副部长）
杨衍银 （民政部副部长）
成　员　郝建秀 （国家发展计划委员会副主任）
于　珍 （国家经济贸易委员会副主任）
张保庆 （教育部副部长）
江家福 （国家民委副主任）
祝春林 （公安部政治部主任）
高　强 （财政部副部长）
徐颂陶 （人事部副部长）
刘雅芝 （劳动和社会保障部副部长）
杨朝仕 （国土资源部党组成员）
叶如棠 （建设部副部长）
王宪魁 （铁道部政治部主任）
翁孟勇 （交通部副部长）
吕新奎 （信息产业部副部长）
翟浩辉 （水利部副部长）
万宝瑞 （农业部副部长）
朱庆生 （卫生部副部长）
贺邦靖 （国家税务总局党组成员）
赵　实 （国家广播电影电视总局副局长）
韩新民 （国家工商行政管理局副局长）
谢作炎 （总参谋部政治部主任）
王伯廷 （总政治部群众工作局局长）
贾润兴 （总后勤部政治部主任）
董万才 （总装备部政治部主任）
刘　源 （武警部队副政委）
董　力 （全国总工会书记处书记）
胡春华 （共青团中央书记处书记）
田淑兰 （全国妇联书记处书记）
姜　力 （民政部优抚安置局局长）
办公室主任　杨衍银 （兼）
副　主　任　王伯廷 （兼）
孙绍骋 （民政部优抚安置局副局长）
杨　森 （总政治部群众工作局副局长）

全国双拥工作领导小组关于唐天标同志任全国双拥工作领导小组副组长的通知

（2000年12月19日）

根据人事变动的情况和开展双拥工作的需要，总政治部副主任唐天标同志任全国双拥工作领导小组副组长，周子玉同志不再担任副组长。

关于印发《司马义·艾买提同志在全国双拥工作领导小组第十四次全体会议上的讲话》和《二〇〇〇年全国双拥工作情况报告》、《二〇〇一年全国双拥工作要点》的通知

(2000年12月26日)

12月19日,全国双拥工作领导小组在北京召开第十四次全体会议,回顾总结了2000年双拥工作基本情况,研究部署了2001年双拥工作任务。现将司马义·艾买提同志在这次会议上的讲话和多吉才让同志代表全国双拥工作领导小组作的2000年全国双拥工作报告,唐天标同志代表全国双拥工作领导小组提出的2001年全国双拥工作要点印发你们,望结合实际,认真贯彻执行。

司马义·艾买提同志在全国双拥工作领导小组第十四次全体会议上的讲话(存目)

二〇〇〇年全国双拥工作情况报告

今年,各地各部队坚持以邓小平理论为指导,认真贯彻落实江泽民同志提出的"三个代表"的重要思想,按照全国双拥模范城(县)命名大会的要求,紧紧围绕增强经济实力、国防实力和民族凝聚力开展双拥工作,为国家改革发展稳定和军队建设作出了新的贡献。

一、认真学习贯彻命名大会精神,群众性的双拥活动深入发展。今年初召开的全国双拥模范城(县)命名大会,是世纪之交双拥工作的一次盛会。党中央、国务院、中央军委对这次大会十分重视,江泽民同志发了贺信,胡锦涛同志作了得要讲话,司马义·艾买提同志作了工作报告。这次会议既是对开展创建双拥模范城(县)活动的全面检阅,也是对进一步做好双拥工作,加强军政军民团结的深入动员。命名大会后,各地各部队认真学习贯彻会议精神,研究深入开展双拥工作的办法和措施。北京、内蒙古、吉林、安徽、湖南、云南、青海、宁夏等20多个省区市,分别召开党委常委会、双拥工作领导小组会以及军地联席会,传达会议精神,学习中央领导同志讲话和有关文件;河北、山西、辽宁、上海、江西、湖北、新疆等10多个省区市及时将会议文件印发基层,组织广大军民认真学习,利用新闻媒体进行广泛宣传;山东、福建、重庆、贵州等省区市,在回顾总结近年来双拥工作经验的基础上,以省委、省政府、省军区名义,制定了进一步做好双拥工作、加强军政军民团结的决定,针对双拥工作的难点问题,出台了有关政策或地方性规定,促进了命名大会精神的落实。江苏、浙江、广东、广西、河南、四川、西藏、甘肃等省区市的军地领导深入基层,指导被命名的双拥模范城(县)成绩面前找不足,制定创建活动巩固、发展、提高的新措施;帮助未命名的单位对照先进找差距,确定目标和重点,增强创建双拥模范城(县)的信心,推动了群

众性创建活动的广泛开展。今年是志愿军抗美援朝出国作战50周年,各地各部队以弘扬爱国主义和革命英雄主义精神为主题,广泛开展了各种形式的宣传教育和纪念活动。北京、天津、辽宁、吉林等地的军民举行报告会、座谈会,组织参加抗美援朝纪念馆、瞻仰烈士陵园。黑龙江、山东、四川等地组成慰问团,对志愿军老战士和烈士家属进行慰问。这些活动在全社会产生了广泛影响,进一步激发了广大军民建设有中国特色社会主义伟大事业的政治热情。

二、适应军事斗争准备需要,地方支持军队建设力度不断加大。做好军事斗争准备,是党中央、中央军委根据国际形势的发展变化提出的战略任务。各级党委、政府从维护国家安全和祖国统一的高度,把关心支持军队建设,做好军事斗争准备作为一项重大的政治任务来抓。为提高现代技术条件下的防卫作战能力。陆海空三军部队相继在东南、东北、华北等地进行野外训练和军事演习,地方各级党政领导和人民群众像战争年代拥军支前那样,为部队提供各种服务保障。福建、河北、辽宁、广东、海南等地成立专门机构,主动做好部队训练演习的场地、道路、通信、安全等保障工作;有的地方还组建专业技术服务保障队伍,随演习部队全程行动,保证了训练演习的顺利进行。为支持部队开展科技练兵,浙江、陕西等省区市学习借鉴长春经验,专门下发文件进行部署,动员社会各界力量开展科技拥军活动,组织近千所大专院校和科研院所,与部队签订人才培养协议,提供器材、技术服务,帮助部队解决科技练兵中遇到的实际问题。据不完全统计,各地共向部队赠送科技图书300多万册,举办高技术知识讲座2万余次,开办军营大专班、研究生班1000多个,协助部队科技攻关上百项,促进了科技练兵的深入开展。国务院办公厅、中央军委办公厅转发河北省积极支持驻军搞好后勤保障社会化改革的经验后,许多省区市也把这项工作纳入当地经济和社会发展计划,制定了有关政策措施,推动了部队后勤保障社会化改革的稳步发展。

三、以参加西部大开发为重点,军队支援国家经济建设取得新的成绩。实施西部大开发,是党中央总揽全局,面向新世纪作出的重大决策。全军和武警部队积极响应党中央、江主席的号召,把参加和支援西部大开发作为义不容辞的责任,积极为西部地区的开发建设贡献力量。根据军委总部的统一部署,驻西部地区部队分别研究制定了具体措施和办法,并围绕国家和地方开发建设的总体规划,有计划、有步骤地参加基础设施和生态环境建设。兰州、成都军区所属部队先后投入劳动日100多万个,机械车辆上万台(次),承担了兰州—成都—重庆输油管道工程和西安—重庆—成都光缆通信工程的援建任务。武警部队集中使用兵力,先后完成了包头至东胜公路、内蒙古引黄供水等工程任务。驻甘肃、青海地区部队积极参加以长江、黄河上游为重点的生态环境治理,全年植树100多万株,造林800多亩。驻西北地区空军部队飞播造林10万多亩,人工降雨12次,使陕甘宁地区40多个县、市受益。为支援西部地区发展教育、文化、卫生事业,各部队捐资1000多万元,援建希望工程和实施蓝天春蕾计划,资助3万多名失学儿童重返校园,协助地方培训医疗技术骨干3000多人,派出医疗队为群众看病治病10万多人次。今年是国家实施"八七"扶贫攻坚计划的最后一年。全军和武警部队继续开展扶贫帮困活动,帮助数万名群众走上致富道路。陕西省军区开展"一部一村"扶贫,重庆警备区开展集团扶贫的事迹和经验,在军内外产生了广泛影响。各部队还积极参加北方地区抗旱,东南沿海和广东、海南地区抗台风,新疆、西藏地区抗雪等抢险救灾,为保护国家财产和人民群众生命安全做出了贡献。

四、注重抓基层打基础,双拥工作各项任务得到较好落实。各地各部队坚持把双拥工作的重点放在抓基层、抓落实上。针对发展社会主义市场经济条件下双拥工作出现的新情况、新问题,黑龙江、河南、江苏、广西、贵州、重庆、甘肃等省区市加大了调查研究的力度,形成了一批调研成果,为双拥工作确定新思路、采取新对策、开创新局面提供了参考。各地各部队适应形势任务的要求,积极探索把各项双拥工作任务落实到基层的形式和方法。上海、天津等地广泛开展军民共建文明社区活动，推动了精神文明建设在基层的落实；华北地区深入开展“双三好”活动，进一步密切了军民关系；山西省组织开展“送走一个优质兵，回来一个带头人”活动，对促进部队建设和地方经济发展起到了积极作用；许多地区采取有力措施，巩固“爱心献功臣行动”成果，在去年基本解决重点优抚对象生活、住房困难的基础上，解决医疗困难又有了新的进展。各地还十分重视加强双拥政策法规建设，围绕转业复员退伍军人和随军家属安置、维护军人及其家属合法权益等，有针对性地制定和出台了一批地方性政策规定。在政府机构改革、企业减员增效的情况下，全国今年共安置军队转业干部7.2万余人，其中70%以上被分配到党政机关和事业单位；安置城镇退役士兵36万多人，安置率达90%以上。

一年来，全国双拥工作虽然取得了很大成绩，但也存在一些薄弱环节：一是各地工作发展还不够平衡，个别单位重视程度不够，双拥政策法规没有得到很好的落实；二是少数先进单位有自满松劲情绪，工作缺乏创新和发展；三是一些地区的双拥组织机构和人员调整后，在组织、作风和业务建设方面，还不适应新形势、新任务的要求。这些问题都需要认真研究，切实加以解决。在新的一年里，我们要深入贯彻党中央、国务院、中央军委关于加强军政军民团结的指示精神，切实抓好各项双拥工作任务的落实，为实施国民经济和社会发展第十个五年计划作出新的贡献。

二〇〇一年全国双拥工作要点

2001年，全国双拥工作要以江泽民同志提出的“三个代表”重要思想为指导，认真贯彻落实党中央、国务院、中央军委关于加强军政军民团结的指示精神，服务大局，注重建设，立足基层，求实创新，巩固和发展军政军民“同呼吸、共命运、心连心”的大好局面，为国家和军队改革建设创造更好的社会环境。

一、结合纪念建党八十周年，广泛进行双拥光荣传统宣传教育。2001年是中国共产党成立八十周年，隆重热烈地举行纪念活动，对于在新世纪动员全国广大军民同心同德，艰苦奋斗，把建设有中国特色社会主义伟大事业不断推向前进，具有十分重要的意义。各地各部队要按照中央的统一部署，结合纪念活动，运用多种形式，广泛进行双拥光荣传统教育，大力宣传我国军民在中国共产党领导下，为民族解放和国家富强而团结奋斗的光辉历史；宣传军政军民在我国革命和建设各个历史时期相互支持的生动事迹；宣传做好双拥工作，加强军政军民团结对落实“三个代表”要求，促进国家改革发展稳定和军队建设的重要作用，进一步激发广大军民热爱党、热爱祖国、热爱人民军队的政治热情。要认真学习宣传即将颁布的《中华人民共和国国防教育法》，健全国防教育组织，落实国防教育制度，完善国防教育体系，有计划、有重点地抓好以爱国主义为核心的国防教育，不断增强广大军民热爱国防、献身国防的光荣感和自觉履行国防义务的责任感。要及时宣扬具有时代特色和广泛影响的拥军优属、拥政爱民先进典型，充分发挥其示范和引导作用，在全社会形成“军爱民、民拥军，军民团结一家亲”的浓厚氛围。

二、围绕实施“十五”计划，加强军地之间的支持与合作。我国国民经济和社会发展第十个五年计划即将实施，各地各部队要认真贯彻党的十五届五中全会精神，紧紧围绕国家和军队改革建设的目标任务做好双拥工作。各部队要继续贯彻服从国家建设大局的方针，在完成战备、训练等各项任务的前提下，积极支援国家经济建设，继续做好扶贫帮困工作，奋勇参加抢险救灾。认真贯彻中央军委关于军队参加和支援西部大开发的指示精神，从西部地区的需求和部队实际出发，积极参加交通、水利、通信、电网及城市基础设施等建设，参加防沙治沙、植树种草、封山育林，保护生态环境，协助地方发展教育、文化、科技、卫生事业，为西部地区的发展多做贡献。坚持以社区建设、行业建设、村镇建设为重点，深入开展军民共建社会主义精神文明活动，促进思想道德和文化建设，推动社会发展和进步。各地要正确处理经济建设和国防建设的关系，热情关心国防和军队建设，积极配合做好军事斗争准备，努力探索现代技术条件下拥军支前的内容和方法，支持部队完成战备、训练和科研试验等任务，依法保护军事设施，维护国防和军事安全；广泛开展科技拥军活动，协助部队培养现代化建设需要的人才。按照国务院、中央军委有关要求，协助部队搞好后勤保障社会化改革，为军队加强质量建设创造有利条件。

三、着眼于提高双拥工作整体水平，深入扎实地开展群众性创建活动。创建双拥模范城(县)是新时期广大军民的创举，是推进双拥工作各项任务落实，加强军政军民团结的有效途径和重要载体，要按照“巩固、发展、提高”的方针，把这项活动深入扎实地开展下去。要根据十年来的成功实践和形势的发展变化，在广泛征求意见的基础上，对双拥模范城(县)的标准条件、命名程序以及命名后的管理等进行认真研究，进一步完善命名管理办法。要适应创建活动深入发展的需要，进一步加强工作指导。各省、自治区、直辖市要对双拥模范城(县)进行一次全面检查，认真分析形势，查找薄弱环节。对工作有发展有创新的，及时给予表扬；对工作松劲、出现滑坡的，及时给予帮助，以推动创建活动的持续发展和各项任务的落实。要把创建双拥模范城(县)活动与其他群众性双拥活动结合起来，以基层为重点，从解决实际问题抓起，及时推广促进双拥工作在街道、乡镇、连队以及各行各业基层单位落实的群众性活动形式，形成以创建活动为龙头，广大军民积极参与、多种活动相互促进的生动局面。各项活动要坚持从实际出发，讲究实效，防止和克服形式主义。

四、适应改革向纵深推进的要求，切实抓好双拥政策法规建设。要深入研究发展社会主义市场经济条件下双拥工作遇到的新情况、新问题，进一步加强政策、法规和制度建设，推动双拥工作向规范化、法制化、制度化方向发展。要针对广大军民普遍关心和影响军政军民关系的问题，依据党中央、国务院、中央军委有关文件和国家有关法律，结合当地实际，及时制定出台地方性政策法规。要加大检查监督的力度，推进转业退伍军人、随军家属安置和义务兵家属优待等各项政策的落实，促进重点优抚对象生活、住房、医疗困难和滞留军队伤病残人员安置等问题的解决，切实维护军人及家属的合法权益。要教育部队官兵模范遵守党的政策和国家的法律法令，严格执行群众纪律，自觉维护军队良好形象和军政军民团结。

政策法规选编

国务院办公厅、中央军委办公厅转发总后勤部关于《河北省积极支持驻军搞好后勤保障社会化改革情况报告》的通知

（2000年2月15日）

总后勤部《关于河北省积极支持驻军搞好后勤保障社会化改革情况的报告》已经国务院、中央军委同意，现转发给你们，请结合本地区、本部门的实际，认真搞好军队后勤保障社会化改革。

实行军队后勤保障社会化，是江泽民主席从国家和军队建设战略全局出发作出的重大决策，是军队加强质量建设、走精兵之路的必然要求。搞好这项改革，有利于建设强大的国防，减轻国家负担，促进经济发展，是一项利国、利民、利军的好事。

实现军队后勤保障社会化是军地双方的共同责任，需要动员全军、全社会的力量积极支持和参与。河北省在支持和帮助驻军推进后勤保障社会化改革方面做了大量工作，取得了一些成功的经验。他们的经验和做法，对全国具有良好的示范作用。地方各级政府和有关部门要进一步增强国防意识，主动关心和热情支持军队建设与改革，把协助驻军推行后勤保障社会化纳入双拥活动及国民经济和社会发展计划通盘考虑，为军队改革创造良好的外部环境。各部队要加大工作力度，加快改革步伐，加强与地方政府和有关部门的联系，争取支持和帮助，推进军队后勤保障社会化改革的发展。

关于河北省积极支持驻军搞好后勤保障社会化改革情况的报告

1998年12月，江泽民主席作出“军队的后勤保障特别是生活保障必须社会化”的重要指示后，全军部队高度重视，坚决贯彻落实，迅速在不同类型的单位进行试点，摸索经验，探索路子。北京军区改革的步子大、效果好，326个试点单位共减少保障人员2900多名，节减经费4000多万元。我们先后5次向全军转发他们的经验，并在1999年12月7日至9日全军后勤保障社会化改革工作会议期间，组织与会代表参观了该军区后勤保障社会化成果展览和联勤部机关的改革现场。得到一致好评。他们的改革之所以能够取得这样的好成绩，是与地方党委、政府的大力支持分不开的。河北省在这方面做了大量卓有成效的工作，他们的经验和做法，对全国具有良好的示范作用，中央军委张万年副主席给予了充分肯定。

河北省是革命老区，历来有拥军的光荣传统。在改革开放和发展社会主义市场经济的新形势下，省委、省政府坚持从大局出发，正确处理经济建设与国防建设的关系，为支持部队建设和改革出台了一系列优惠政策。1999年11月，他们又与省军区联合下发了《关于支持驻冀部队推进后勤保障社会化改革的意见》，对这项改革的顺利发展起到了重

要的促进作用。他们的主要经验和做法是：

一、统一思想认识，把支持部队搞好后勤保障社会化改革作为地方各级政府义不容辞的责任

省委、省政府认为，军队实行后勤保障社会化，既是江泽民主席对军队发出的号令，也是对地方政府提出的要求。办好这件大事，只有军地携手，合力推进，才能奏效。河北是驻军大省，支持部队搞好后勤保障社会化改革，责任重大、义不容辞。为此，他们召开专门会议，认真学习江泽民主席的有关论述，联系国内外形势，围绕“如何适应新时期国防建设需要，积极支持部队推进后勤改革”展开讨论，使广大干部、群众充分认识到搞好这项改革，是军队加强质量建设、走精兵之路的重大举措，对建设强大国防，减轻国家负担，促进地方经济发展，都具有十分重要的意义。

省委、省政府成立了支持部队后勤保障社会化改革协调领导小组，把支持部队改革列入重要议事日程，纳入经济建设和社会发展总盘子，统筹规划。1999年，省政府与省军区联合派出调查组，用近两个月时间，深入石家庄、保定、唐山等5个地区，了解部队改革中遇到的困难、问题和需求，在此基础上，组成了由省政府和省军区有关人员参加的工作班子，着手制定政策文件。省委、省政府主要领导同志多次与省区会商，并召集20个厅(局)、公司负责同志反复研究修改，使支持部队后勤保障社会化改革的各项政策措施很快得以出台。

二、努力排忧解难，为搞好部队后勤保障社会化改革提供有力的政策保证

省委、省政府认为，支持部队搞好后勤保障社会化改革是多方面的，但最重要、最有效的是政策上的支持。他们针对驻军推进改革中遇到的突出矛盾和问题，把为部队改革提供优惠政策作为重点来抓。在制定政策时，注意把可行性、实效性、稳定性、前瞻性结合起来，既尽力满足部队的改革需求，又考虑地方的承受能力；既有宏观上的总体要求，又有可操作的具体规定；既简便实用，又具备法律效力；既考虑改革的当务之急，又着眼于改革的长远发展。在具体政策上给予了较大的倾斜，主要体现在以下4个方面：

一是适当减免有关税费。依托社会力量搞保障，是建立在互利互惠基础上的。由于部队目前的经费标准偏低，与市场价格存在较大差距，如果按统一标准征收各种税费，承包商基本无钱可赚，缺乏吸引力。为解决这个问题。省政府规定：对为部队提供服务保障的单位和经济实体，要给予大力扶持；对军队系统各单位（不包括军办企业）附设的服务性单位为军队内部服务所取得的收入，按照现行规定免征营业税。

二是优先安置军队分流富余职工再就业。军队实行社会化保障后。一些担负非军事职能的保障机构和人员将逐步从部队剥离出去，妥善分流、安置富余职工成为突出问题。河北省把安置部队富余职工纳入地方用工、培训总体规划，积极协调地方用工单位优先录用部队职工；地方企业承包部队服务保障项目，必须把接收安置部队部分职工作为前提条件；对自谋职业的部队职工，在工商登记、场地安排、资金信贷等方面给予扶持和照顾。

三是在水电气暖供应上给予照顾。随着社会经济发展和部队住用条件的不断改善，部队水、电、热力、煤气需求量和对地方的依赖性越来越大。省委、省政府本着既解决部队当前急需，又着眼长远发展的思路，要求政府有关部门积极为驻军增加用水、用电指标，对确需开通双电源、加入市政水网的部队用户优先安排。目前，全省驻中等城市以上的部队领导机关大都开通了双电源。地方各级政府还积极协调热力、煤气公司，对实行集中供热供气的部队，在费用收缴上给予减免优惠，一次缴清费用有困难的，允许分期缴付。

四是在交通、油料保障方面提供方便。对远离市区的驻军，需要开设公交专线或延伸公交线路的，尽量给予解决。秦皇岛市将公交线路延伸到驻军营区附近。为部队官兵提供方便。对驻地偏僻的部队干休所，开设了出租车固定站点。对交通不便、供给困难、远离后方油库的部队，各级石油公司指定当地加油站代供、代加油料，在部队执行紧急任务时优先保障。1999年以来，全省66个远离部队油库的人武部，全部实现了油料就地保障，不仅做到了供应及时，而且节省了开支。

三、建立有效机制，使支持部队后勤保障社会化改革工作制度化

军队后勤保障社会化，是一项长期的社会系统工程，必须坚持不懈地抓下去。为使地方各级政府支持部队搞好后勤保障社会化改革的工作尽快走上制度化、规范化轨道，省委、省政府建立了三项保障机制：

一是监督检查机制。各级成立了由司法、工商、质检、卫生等职能部门参加的监督检查小组，开展法律服务，定期或不定期地对地方单位进行质量监督和检查，奖优罚劣，确保合法经营，依法维护军队和军人的合法权益。

二是激励制约机制。各级把支持部队推行后勤保障社会化，纳入创建双拥模范城（县）和“双三好”（要求部队“遵守政策纪律好、参加地方经济建设好、为驻地群众服务好”；要求地方政府“转业干部安置好、优抚政策落实好、为部队排忧解难好”）评比活动之中。对积极支持部队改革、成绩突出的，给予表彰和奖励；支持部队改革工作力度不大、效果不明显的，不能评为双拥模范城（县）和党管武装先进单位。

三是协调联络机制。省委、省政府、省军区与驻军联合成立了支持部队后勤保障社会化改革协调领导小组，各市、县也建立了相应的组织机构。定期分析形势，研究解决部队改革中遇到的困难和问题，妥善解决军地之间的矛盾纠纷，在全省形成了上下结合、三级（省、市、县）联动的协调工作网络，有力地促进了支持部队改革工作的落实。

军队强大的战斗力，离不开强有力的后勤保障。实现保障有力，离不开地方政府和人民群众的大力支持。河北省在支持驻军搞好后勤保障社会化改革方面的做法，充分体现了地方党政机关和人民群众对子弟兵的深情厚谊，为动员全社会积极支持、参与军队后勤保障社会化改革提供了宝贵经验，起到了很好的示范作用。为此，建议国务院办公厅、中央军委办公厅转发河北省的经验、做法，促进军队后勤保障社会化改革目标如期实现。

中共中央办公厅、国务院办公厅、中央军委办公厅关于转发国务院军队转业干部安置工作小组等部门《关于认真做好2000年军队转业干部安置工作的意见》的通知

（2000年5月5日）

国务院军队转业干部安置工作小组、中共中央组织部、人事部、劳动和社会保障部、总政治部《关于认真做好2000年军队转业干部安置工作的意见》已经党中央、国务院、中央军委同意，现转发给你们，请遵照执行。

今年是完成党的十五大提出的裁减军队员额50万任务的最后一年，做好今年的军队转业干部安置工作，对于落实党中央战略决策，进一步加强国防和军队建设，促进国家经济发展和社会稳定，具有重要意义。

军队转业干部是党和国家的宝贵财富，是社会主义现代化建设的一支重要力量。接收安置好军队转业干部，是一项重要的政治任务，是全社会的共同责任。地方各级党委、政府一定要认真贯彻党的十五大精神和江泽民同志关于军队转业干部安置工作的重要指示，从党和国家的根本利益出发，站在

维护社会稳定和国家安全的高度，高度重视并切实做好军队转业干部安置工作。在军队裁减员额与地方精简机构和人员同时进行情况下，首先要把军队转业干部安置好。要把军队转业干部安置工作情况，作为检查“三讲”教育效果和衡量领导干部讲政治的重要方面，作为考核各级领导班子政绩的重要内容，作为评选双拥模范城（县）的重要标准。要建立健全军队转业干部安置工作领导责任制，主要领导要亲自抓，负总责。各级党政机关要带头接收安置军队转业干部，各单位都必须按时完成军队转业干部接收安置任务。各有关部门要相互支持、密切配合、通力协作，保证安置政策和安置任务真正落到实处。广大军队转业干部要保持和发扬人民军队的优良传统，服从组织安排，努力学习，积极进取，为改革开放和社会主义现代化建设作出新的贡献。

今年军队转业干部安置工作结束后，各省、自治区、直辖市和军队各大单位要认真进行总结，总结报告分别报送国务院军队转业干部安置工作小组、中共中央组织部和总政治部。

国务院军队转业干部安置工作小组、中央组织部、人事部、劳动和社会保障部、总政治部关于认真做好2000年军队转业干部安置工作的意见

在党中央、国务院、中央军委的领导和关怀下，经过军地双方的共同努力，1999年军队转业干部安置任务已顺利完成，8.1万余名军队转业干部和2.4万余名随调随迁家属基本得到妥善安置。工作中，地方各级党委、政府和军队各级组织认真贯彻落实江泽民同志关于做好军队转业干部安置工作的重要指示和中央确定的裁减军队员额50万期间安置军队转业干部的各项方针政策，切实把安置军队转业干部作为一项重要的政治任务摆到议事日程，精心部署安排，主要领导亲自督促检查。各级组织、人事、劳动和社会保障等部门充分发挥职能作用，军队和地方转业安置工作部门做了大量艰苦细致的工作，保证了安置政策的落实和安置任务的完成。

2000年是完成党的十五大提出的三年裁减军队员额50万任务，做好军队转业干部安置工作的最后一年。军队（含武警部队）有7.2万余名干部转业地方工作，数量虽然比去年略有减少，但由于各项改革进入攻坚和实施阶段，尤其是省级以下党政机关精简机构和人员，事业单位深化用人、分配制度改革和国有企业减员增效等，军队转业干部安置工作面临的矛盾和困难比较突出，任务十分艰巨。2000年的军队转业干部安置工作，要以党的十五大精神为指针，深入贯彻落实江泽民同志关于做好军队转业干部安置工作一系列重要指示，坚持为经济建设和国防建设服务的指导思想，继续把安置军队转业干部作为一项重要的政治任务，继续执行裁减军队员额期间的各项安置政策，继续把师、团职转业干部作为安置重点，同时针对新情况、新问题，采取切实可行的办法和措施，确保安置政策和安置任务的落实。为了切实做好2000年的军队转业干部安置工作，现提出如下意见：

一、2000年军队转业干部的安置去向、分配办法、工作和职务安排、工资待遇，配偶和子女的安置，以及安置军队转业干部所需增加的工资总额、非领导职数、增干计划、行政和事业编制等，均按《中共中央、国务院、中央军委关于做好1998年和军队裁减员额期间转业干部安置工作的通知》（中发〔1998〕7号，《中共中央办公厅、国务院办公厅、中央军委办公厅关于转发国务院军队

转业干部安置工作小组等部门〈关于认真做好1999年军队转业干部安置工作的意见的报告〉的通知》（中办发〔1999〕15号）规定执行。

二、这批军队转业干部仍采取指令性计划分配的办法进行安置。首先充实、加强政法和执法监管等部门，重点充实一线和基层。安置数量一般不少于1999年。党政机关可按军队转业干部分配计划数的15%增加编制，优先用于安排师、团职转业干部。正在或即将进行机构改革的党政机关，应先接收安置军队转业干部，以后逐步调整安排，非本人原因不得分流。

事业单位要积极承担军队转业干部安置任务，有增员计划或自然减员数的单位，要优先从军队转业干部中补充，接收数量不少于其增员计划和自然减员数的50%、科研机构、高等院校、医疗卫生等单位所需人员，应优先考虑安排军队转业干部。编制满员或超编的事业单位接收安置军队转业干部，按实际接收人数相应增加编制和工资总额，由各地根据实际情况核编。

各地应制定一些优惠政策，鼓励和引导军队转业干部到国有大中型企业、高科技产业和国家重点建设工程、新建扩建单位等领域工作。在军队转业干部本人自愿的基础上，还可采取一些特殊政策，鼓励他们到非公有制企业工作或自办企业。

接收军队转业干部的企事业单位，应当参照干部本人原军队职务聘任到领导和管理或专业技术人员岗位上，并给予二至三年的适应期。适应期内，非本人原因不得随意解聘、辞退或解除劳动合同。按自愿原则，转业干部可以与企业签订无固定期限或有固定期限劳动合同。

实行垂直管理的国务院有关部门设在地方的机构和中央管理的企业事业单位接收军队转业干部计划，由安置地政府根据军队转业干部安置任务以及接收单位的编制数额情况下达，各接收单位应按时完成安置任务。国务院有关部门和中央管理的有关企事业单位应分别在编制、人事管理等方面给予支持。

三、各级党委、政府要把师、团职军队转业干部作为安置重点，继续采取使用空出的部分领导职位、先进后出、带编分配、按规定增加非领导职数等办法，千方百计地安排好他们的工作和职务。师、团职军队转业干部的安排应与当地领导班子建设通盘考虑，有计划地选拔部分德才优秀的师、团职军队转业干部安排到市（地）、县（市）级和国有大中型企业领导班子任职。暂时未安排相应职务的师、团职军队转业干部，分别享受当地地（厅）、县（处）级干部的政治、生活待遇。

在安排兼任行政职务的转业技术转业干部时，应考虑其原在军队兼任的行政职务。

对在参加抗洪抢险等急难险重任务中表现突出和获二等功以上奖励、因公因战致残、长期在边远艰苦地区服役及从事飞行和舰艇工作的军队干部，除按现行规定给予优待外，应在工作或职务安排上给予照顾。

随县级人民武装部收归军队建制的转业干部的职务安排，仍按《中共中央、国务院、中央军委关于县（市、区）人民武装部收归军队建制的通知》（中发〔1995〕12号）的有关规定执行。

四、西部地区要结合实施西部大开发战略，支持和鼓励军队转业干部投身西部的开发和建设。对自愿到西部艰苦地区市（地）或县（市）以下地区工作的军队转业干部，一般应安排与其军队职务等级相应的领导职务，德才优秀的可提职安排。安置去向不受限制，随调配偶和子女优先安排，住房予以重点保障。具体办法由有关省、自治区、直辖市制定。

五、要加强对军队转业干部培训工作的组织领导，贯彻“先培训后上岗”、“学用结合、按需施教、注重实效”和“培训、考核、使用相结合”的原则，把军队转业干部培训作为人才资源开发的重要内容，纳入本地区、本部门、本系统干部培训教育规划。军队转业干部的专业培训，一般由省、自治区、直辖市按系统、专业编班集中组织实施，有的可采取条块结合和专业培训与适应性培训相结合的形式进行，增强培训工作的针对性和实用性。培训时间不少于3个月。军队转业干部培训中心应坚持为培训转业干部服务的方向，军转部门要加强对军队转业干部培训中心的领导和管理。

2000年中央财政和军队（含武警部队）分别按每名军队转业干部700元和400元的标准拨发培训经费，不足部分由地方财政补助。军队转业干部培训经费必须专款专用，不得挪作他用。军队转业干部在培训期间，享受本单位在职人员的同等福利待遇。

六、这批军队转业干部的住房主要纳入安置地经济适用住房和周转住房供应保障体系，其服现役期间的住房补贴由中央财政专项安排，列入年度军费预算。军队转业干部住房保障方式及有关政策另行制定。

各地为军队转业干部统建的住房，应纳入当地经济适用住房建设规划，所建住房以微利或成本价格出售给军队转业干部，重点解决全迁户的住房。

1999年批准转业的军队干部的住房问题，仍按中办发〔1999〕15号文件的有关规定，按照1998年底以前军队转业干部住房的解决办法，由安置地政府和接收单位负责解决。军队转业干部享受所在单位相应职务等级干部购买、租住、自建住房和住房货币分配等各项住房待遇，军龄计为所在单位的连续工作时间。

七、军队转业干部享受接收安置单位与其军队职务等级相对应或同等条件人员的医疗、养老、失业等社会保险待遇。军龄视同社会保险缴费年限，享受相应社会保险待遇。军队转业干部服现役期间的医疗保险金，转入安置地的医疗保险经办机构。军队转业干部到地方后，接收安置单位要及时为军队转业干部办理社会保险手续，并按规定缴纳社会保险费。

八、要认真做好军队转业干部随调配偶的接收安置工作。各地要制定一些优惠政策，鼓励和促进各类用人单位接收转业干部随调配偶，并与军队转业干部同时发出报到通知。军队转业干部随调配偶的医疗、养老、失业等社会保险，按中办发〔1999〕15号文件规定办理。

九、各省、自治区、直辖市应于2000年7月底以前，做好军队转业干部的分配工作并发完报到通知，整个安置工作于8月底基本结束。

十、各地区、各部门要高度重视军队转业干部安置工作，切实加强组织领导。军队和地方要组织力量，对安置政策和安置任务的落实情况进行督促检查。充分发挥舆论宣传的作用，进一步营造有利于军队转业干部安置工作的社会氛围。要根据军队转业干部安置工作改革和发展的需要，充实和加强军队转业干部安置工作机构，保留工作骨干。军队各级党委和政治机关要加强对军队。转业干部的教育和管理，做好深入细致的思想政治工作，切实解决好他们的各种实际问题。要教育广大军队转业干部适应改革的形势和要求，自觉服从组织安排，勇于到经济建设最需要的地方干一番事业。

要抓紧研究制定军队转业干部安置暂行办法，逐步建立与社会主义市场经济体制和军队现代化建设相适应的军队转业干部安置制度。

中央军委关于转发总参谋部、总政治部、总后勤部、总装备部《关于军队参加和支援西部大开发的意见》的通知

（2000年6月26日）

现将总参谋部、总政治部、总后勤部、总装备部《关于军队参加和支援西部大开发的意见》转发你们，望结合实际，认真贯彻执行。

实施西部大开发，加快中西部地区发展，是以江泽民同志为核心的党中央总揽全局、面向新世纪作出

的重大战略决策，对于加快我国现代化建设的历史进程，维护国家安全和社会稳定，实现中华民族的伟大复兴，具有十分重大而深远的意义。我军是党领导下的人民军队，积极参加和支援西部地区的开发建设，是党和人民在新时期赋予我军的历史使命，也是军队服从服务于国家经济建设大局的实际行动。全军各级党委和机关要认真学习领会党中央、江主席关于实施西部大开发的一系列重要指示精神，教育部队和民兵、预备役人员坚决响应党中央、江主席的号召，以高度的政治责任感和使命感积极参加和支援西部地区的开发建设。要发扬我军屯垦戍边、艰苦创业的优良传统和作风，勇于承担急难险重任务，在西部大开发中建功立业。要从维护国家稳定发展的大局出发，贯彻平战结合的方针，积极探索在发展社会主义市场经济条件下参加和支援西部开发建设的样方式新方法。统筹安排，严密组织，确保军事斗争准备和支援西部开发建设工作两不误，为实现我国社会主义现代化宏伟目标作出新的贡献。

总参谋部、总政治部、总后勤部、总装备部关于军队参加和支援西部大开发的意见

为了贯彻落实党中央、江主席关于实施西部大开发的战略决策，切实做好军队参加和支援西部大开发的工作，现就有关问题提出如下意见。

一、加强宣传教育，用党中央、江主席的决策指示统一全军思想

在世纪之交的重要时期，以江泽民同志为核心的党中央，根据邓小平同志关于我国现代化建设“两个大局”的战略思想，高瞻远瞩，审时度势，作出了实施西部大开发的重大决策。实现这一战略决策，关系到我军改革开放和现代化建设的全局，关系到中华民族的繁荣和伟大复兴，关系到社会的稳定、边防的巩固和国家的长治久安。全军各部队要认真学习和领会党中央、江主席关于实施西部大开发的一系列指示精神。把思想认识真正统一到党中央的决策上来。要在部队和民兵、预备役人员中进行参加和支援西部大开发的教育，引导大家充分认清实施西部开发战略的重大政治意义、经济意义和国防意义，从思想上行动上与党中央保持高度一致；充分认清参加和支援西部大开发是履行我军宗旨、职能的实际行动，增强积极投身这一伟大事业的光荣感和使命感；充分认清西部大开发的光明前景，明确目标任务和方针政策，坚定搞好西部开发建设的决心和信心。学习教育以各级党委和领导为重点，以西部地区的部队为重点，使各级对这项工作真正引起高度重视，摆上议程，作为一件大事来抓。军队新闻出版单位和文艺团体，要运用多种形式和手段，大力宣传中央决策的重大意义和有关方针政策，宣传西部地区战略地位、经济社会发展进程和取得的成就，宣传部队参加和支援西部大开发的动态和典型事迹，鼓舞和激励官兵在这个世纪性工程中建功立业。

二、制定切实可行的政策，动员和组织官兵到西部地区艰苦创业

根据中央和军委统一部署及西部大开发的实际需要，党中央、国家有关部门采取有效措施，做好为西部开发建设输送人才的工作。一是进一步贯彻落实江主席关于要选派一些优秀的军队领导干部充实到地方领导班子的指示精神，选派一些优秀的军、师、团领导干部到西部地区的省、地、县级领导班子任职。二是适应西部开发对特殊人才的需求，有计划地从军队院校、科研院所选调部分专门人才，采取定点挂钩、短期支援等方式，缓解西部人才短缺的矛盾。三是采取指令性分配和个人自愿相结合的办法，有计划地安排一定数量的军队转业干部到西部地区工作；鼓励和动员人口稠密地区的退役专业技术义务兵和优秀士官到西部地区安家落

户。四是扩大西部地区兵员到经济发达地区服役数量，加速西部地区的人才培养和观念更新。对自愿到西部特别是艰苦地区工作的军队转业干部和士兵，在职务安排和住房、家属随迁、子女上学等方面，给予适当的优惠政策。

三、积极组织力量，参加西部地区基础设施和生态环境建设

按照国家关于西部大开发的总体规划和部署，充分发挥部队组织严密、突击力强的优势，积极承担和参加西部地区的大型建设项目。一是组织部队参加交通、水利、能源、通讯等基础设施建设，探索扩大军地合建共享的领域和路子。指导测绘、气象、工程、给水、运输和航空、陆航等技术部队，为大地勘测、气象测报、水源探测、航空物探、建筑施工等项目的开发建设提供技术服务。着手论证军地合建第二条进疆光缆及喀什至阿里的光缆工程。二是参加防沙治沙、植树种草、封山育林等生态环境保护工程。组织部队青年官兵参加“保护母亲河”行动，营造解放军“青年万亩林”。下大力抓好驻西部地区部队营区绿化美化，加快实现大型训练场院、靶场和宜林荒山、荒滩等军用土地的绿化。积极配合西部大中城市实施“蓝天计划”，抓紧完成西部驻军现有锅炉的消烟除尘治理。三是积极参加抢险救灾行动。针对西部地区自然灾害发生的特点和规律，修订、完善抢险救灾方案，随时准备承担抢险任务，保护国家财产和人民群众生命安全。四是以西部地区的屯垦部队为基础，组建少量工程建筑、环境保护等专业集团，采取亦军亦工、亦军亦农的方式，参加大型项目建设。五是组织和发动民兵、预备役部队参加基础设施建设和开发性扶贫工程，在西部大开发中发挥突击队作用。

四、发挥科技资源优势，大力提供智力和技术支援

西部大开发战略能否顺利实施，在很大程度上取决于劳动者素质的提高，取决于教育和科技的发展。军队要充分发挥这方面的优势，为西部大开发作出新的贡献。一是帮助西部地区发展教育事业。适时组织部队开展向西部“希望工程”捐款活动，提倡师以上干部每人帮助一名特困生。充分利用军队院校教育资源，采取联合办学、短期集训、函授教育等方式，为西部地区特别是少数民族地区培养所需人才。西部地区部队的汽车司训机构，要积极为地方培训驾驶人员。二是军队院校、科研单位和试验基地要发挥各自的优势，加强与西部地区的科技交流与合作。积极为西部开发转让急需的科技成果，提供技术咨询服务，帮助解决技术难题。对民用范围广、市场潜力大的项目，要舍得放弃部分经济利益，主动向西部地区转让，并协助其尽快形成效益。三是加强对西部地区医疗卫生事业的扶持。组织部队医院对西部贫困县医院进行对口支援；派出医疗队帮助对口医院培训技术骨干，开展技术革新，为群众防病治病。免费接收部分地方中级以上职称医务人员到军队医院进修。四是适应西部大开发的需要，调整培养军地两用人才的内容，为官兵转业退伍参加西部建设创造条件。

五、充分挖掘潜力，发挥军事设施和军产的民用效益

在确保国防和战备需要的前提下，充分发挥西部地区军事设施、军产的综合效能，提高军事建设和经济发展的整体效益。一是根据国家统一部署，与地方密切协作，在搞好有关军事设施封闭、伪装和改造的同时，积极支持地方开放部分县市、边境口岸，新建互市贸易区，开辟过货通道。二是贯彻平战结合、军民兼容的方针，通盘考虑军用机场、铁路专用线、后方仓库、输油管线等军事设施的军民合用事宜。在保证军事需要前提下，为地方开展代运、代储服务。抓紧进行哈密、酒泉等军用机场开通民航业务的研究论证，搞好拉萨、日喀则、和田、库尔勒等机场的综合配套和军地兼容设施建设。加强空中交通管制设施和国防、边防公路等交通战备设施建设，支持民用交通运输业的发展。对格尔木至拉萨输油管线进行技术改造，进一步提高输油能力，支援青藏地区开发建设。积极探索西部地区人防建设平战结合的路子，帮助和指导地方人防部门，有计划分步骤地改建、扩建一批能够直接为西部大开发服务的人防工程。三是对西部地区的部分空闲房地产、保障性企业、农场及军马场，可采取有偿或无偿的方式转让、移交地方，并按照有关规定办理好资产移交手续。新疆境内的核试验场区部队，要本着“保证军事设施安全，满足未来试验需要，支援西部经济建设”的原则，与地方有关部门研究论证，提出试验场区矿产资源开发利用方案，经批准后，抓紧实施，使其尽快形成经济效益。

六、维护社会安全稳定，确保西部大开发顺利进行

西部地区边境、民族、宗教等情况错综复杂，保持边疆安全和社会稳定，是搞好西部开发必不可少的前提条件，也是军队支援西部开发的重要内容。一是加强我军根本职能教育，高度警惕敌对势力的各种破坏活动，圆满完成守土保疆任务，为西部大开发提供坚强有力的安全保证。二是切实做好维护西部地区安全的军事斗争准备。三是切实加强敌情、社情监控，搞好军、警、兵（团）、民联防及边防管理，防止内潜外逃，协助地方搞好社会综合治理，做好反分裂、反渗透、反颠覆的工作，随时准备应付各种突发事件。四是充分发挥民兵、预备役部队在维护社会稳定中的作用。加强西部地区民兵、预备役部队建设，适当加大装备和经费投入，重点加强民兵应急分队、民兵治安分队、民兵信息网建设，努力提高整体素质和遂行任务的能力。五是广泛深入地开展双拥共建活动，加强对西部地区创建双拥模范城（县）活动的指导，对部队经常进行党的民族宗教政策和我军群众纪律教育，积极预防和妥善处理军民矛盾和纠纷，不断增强军政军民团结和民族团结。

七、加强组织领导，保证参加和支援西部大开发工作积极有序地开展

军队参加和支援西部地区的开发建设，是一项长期的战略任务，涉及军队建设的许多方面，全军部队特别是驻西部地区部队各级党委和机关，要把这项工作纳入议事日程，根据西部开发建设的总体部署，结合部队实际，进行调查论证，研究制定参加和支援的具体规划，确保这项工作有计划、有步骤地展开。要适应社会主义市场经济发展的要求，转变思想，更新观念，积极探索参加和支援西部开发的新方式、新办法。要加强统一协调，集中兵力参加一些有影响的工程项目，发挥规模效益。要教育官兵在参加和支援西部开发建设中，虚心向人民群众学习，培养吃苦耐劳、敢打硬仗的作风，促进部队的思想政治建设，全面提高部队的战斗力水平。要建立与国家有关部门和省、区的联系渠道，及时了解相关政策和建设需求，搞好军地协调，解决有关问题。成立军队参加和支援西部大开发领导小组及其办公室，负责组织与协调全军部队参加和支援西部大开发的有关工作。兰州、成都军区参加和支援西部大开发的任务较重，分别成立领导小组及其办公室；其他大单位可不另设领导机构，由党委和有关业务部门抓好这项工作。

民政部、总政治部关于做好“八一”期间拥军优属拥政爱民工作的通知

（2000年7月11日）

中国人民解放军建军73周年即将来临。节日期间的拥军优属、拥政爱民工作，要以党中央、国务院、中央军委关于加强军政军民团结的重要指示为指导，深入贯彻全国双拥模范城（县）命名大会精神，着眼于促进国家的改革发展稳定和军队建设，扎实有效地开展各项活动，进一步巩固和发展

军政军民团结的大好局面。

一、深入进行以爱国主义为核心的国防教育和双拥宣传教育。各地各部队要紧密联系当前国际国内形势，组织广大军民认真学习江泽民同志关于“三个代表”的重要思想和加强军政军民团结的一系列重要论述，激发做好新形势下双拥工作的政治热情，打牢军政军民团结的思想基础。要充分利用报刊、广播、电视等多种形式，广泛宣传我国军民在党的领导下团结奋斗的光辉历史和优良传统，宣传坚强的军政军民团结在促进国家和军队改革建设中的重要作用，宣传富有时代特色和地区特点的双拥典型和先进经验，在全社会大力弘扬军爱民、民拥军的良好风尚。

二、围绕促进国家和军队的改革建设开展双拥活动。各级政府和人民群众要根据国防和军队建设的需要，积极配合部队解决好在训练演习、战备施工及生活保障中的一些实际问题；深入开展科技拥军活动，为部队科技练兵提供必要的服务保障；采取有力措施解决重点优抚对象的实际困难，巩固和发展“爱心献功臣行动”的成果。全军特别是驻西部地区部队，要按照中央军委转发四总部《关于军队参加和支援西部大开发的意见》的通知精神，积极支援国家经济建设和社会公益事业建设，突出重点，发挥优势，为驻地办一两件有影响的实事。要切实做好防汛救灾工作，加强与地方政府的联系，及时掌握汛情，进一步落实各项措施，确保大江大河、大型水库和大中城市的安全，确保国家财产和人民群众的生命安全。各地各部队要认真贯彻中央思想政治工作会议精神，深入开展军民共建社会主义精神文明活动，着力提高广大军民的思想道德和科学文化素质，不断增强同腐朽思想和封建迷信作斗争的自觉性，促进两个文明建设协调发展。

三、切实抓好双拥政策法规在基层的落实。各地各部队要针对双拥工作出现的新情况新问题，采取有力措施，确保各项政策法规落到实处。地方各级政府和有关部门要对近年来出台的拥军优属政策法规的落实情况进行一次全面检查，发现问题，及时解决；要针对转业复员退伍军人和随军家属安置、军人军属合法权益保障、军事设施保护、重点优抚对象医疗等方面存在的问题，进一步完善政策法规。各部队要认真分析拥政爱民的工作形势，严格检查官兵遵守有关政策法规和执行群众纪律的情况，针对存在的薄弱环节和突出问题，提出解决的办法和措施。军地双方要从维护社会政治稳定的大局出发，本着团结协商、互谅互让的原则，积极解决好历史遗留问题，进一步密切军政军民关系。

节日期间的走访、座谈、慰问活动，要从实际出发，以基层为重点，俭朴节约，讲求实效，防止形式主义。

国务院、中央军委批转劳动和社会保障等部门关于进一步做好军队干部随军家属劳动就业和社会保障工作意见的通知

（2000年7月13日）

国务院、中央军委同意劳动和社会保障部、财政部、税务总局、总政治部《关于进一步做好军队干部随军家属劳动就业和社会保障工作的意见》，现转发给你们，请认真贯彻执行。

劳动和社会保障部、财政部、税务总局、总政治部关于进一步做好军队干部随军家属劳动就业和社会保障工作的意见

（2000年6月19月）

各地认真贯彻落实国家有关法律、法规和国务院、中央军委有关文件精神，在军队干部随军家属劳动就业和社会保障方面做了大量工作，经过军队和地方人民政府以及社会各方面的共同努力，大多数随军家属得到了妥善安置，对稳定部队的干部队伍，促进军队和国防建设发挥了重要作用。但是，随着国家经济体制和就业制度的改革，随军家属劳动就业和社会保障工作遇到了一些新情况、新问题。为进一步做好这项工作，在总结一些地方经验的基础上，现提出如下意见：

一、地方各级人民政府要进一步加强组织领导，结合本地区实际，制订做好随军家属劳动就业和社会保障工作的措施和办法，并监督检查有关法律和政策的落实情况。省军区系统要充分发挥桥梁和纽带作用，积极协调地方政府和驻军，把随军家属劳动就业和社会保障工作落到实处。各部队要主动配合地方政府和用人单位，做好随军家属的劳动就业和社会保障工作，要教育和引导随军家属转变择业观念，提高劳动技能，并为其就业创造条件。

二、随军家属劳动就业工作，要坚持行政调配和市场调节相结合的原则。主管劳动就业工作的各级劳动保障部门，要切实为随军家属做好就业服务工作，如提供职业介绍和培训，指导和推荐就业等；要积极协调用人单位，通过现场办公、举办专题招聘会等形式，促进随军家属就业。

三、国家机关、事业单位以及国有企业、合资企业、民营企业等，都有接收安置随军家属的义务。有用工需求的单位，在同等条件下应优先安置随军家属就业。有条件的地区，当地政府对招用随军家属的企业、事业单位，可给予一定的经费补助。

四、企业要严格执行劳动保障部《关于加强国有企业下岗职工管理和再就业服务中心建设有关问题的通知》（劳动部发［1998］8号）关于“有生产任务的企业，一般不安排现役军人配偶下岗”的规定。随军家属确因所在企业破产、停产等原因下岗的，企业或当地劳动保障部门应按照有关政策规定，在保障其基本生活的同时，在一年内至少提供一次免费职业指导、三次免费职业介绍；对参加技能培训的下岗随军家属，提供一次免费或部分免费的职业培训，并优先推荐其再就业。

五、各级劳动保障部门要把随军家属职业培训纳入社会职业培训规划。初次就业的随军家属，应参加当地培训机构举办的劳动预备制培训，所需经费原则上由个人和用人单位承担，政府给予必要的支持，对家庭经济状况确实困难的，可酌情减免培训费用；随军前有工作，随军后需要参加职业培训的，可适当减免培训费用。对部队组织的随军家属就业培训班，劳动保障部门应在师资、设备和经费等方面给予支持，对培训合格者，发给相应证书。

六、为安置随军家属就业新开办的企业，自领取税务登记证之日起，三年内免征营业税和企业所得税；从事个体经营的随军家属，自领取税务登记之日起，三年内免征营业税和个人所得税。

七、各级劳动保障部门要积极为在部队内部就业的随军家属参加社会保险创造条件，指导其所在单位做好社会保险关系的接续工作。对非个人原因不能就业的随军家属，劳动保障部门可允许其按照当地社会平均工资的一定比例，自愿缴纳基本养老保险费，其档案可由当地劳动就业服务机构等接收保管，并减免各项管理费用。

国务院、中央军委关于印发《国防工程维护管理规定》的通知

（2000年7月24日）

国防工程是国家武装力量完成作战、训练、执勤等军事任务必不可少的物质条件，是巩固国防、维护国家安全利益的重要依托和屏障。把已建国防工程维护好、管理好，使之处于良好状态，是加强国防建设、维护国家安全和利益的需要，是各级人民政府和军事机关的共同责任。为在新形势下进一步做好国防工程维护管理工作，现将《国防工程维护管理规定》印发你们，请认真贯彻执行。

国防工程维护管理规定

第一条 为了加强国防工程维护管理，巩固国防，抵抗侵略，根据《中华人民共和国国防法》，制定本规定。

第二条 本规定适用于军队与地方共同维护管理（以下称军民共管）的国家直接用于国防目的的永备工程及其附属设施的维护管理。

军队自行管理的国防工程的维护管理，按照中央军事委员会的有关规定执行。

第三条 国防工程军民共管工作的基本任务是：建立维护管理组织，落实维护管理制度，对国防工程实施经常性的维护和看管，保持国防工程的良好状态和使用效能。

第四条 各级人民政府和军事机关应当从国家安全利益出发，相互配合，共同做好国防工程维护管理工作。

第五条 中国人民解放军总参谋部（以下简称总参谋部），在国务院和中央军事委员会的领导下，主管全国的国防工程军民共管工作。

军区司令机关主管辖区内的国防工程军民共管工作。

第六条 总参谋部在国防工程军民共管工作中，履行下列职责：

（一）贯彻执行国家关于国防工程维护管理工作的方针、政策和规定；

（二）制定国防工程军民共管工作的规划、计划、规章制度和标准，并监督执行；

（三）组织指导全国的国防工程军民共管工作；

（四）负责全国国防工程军民共管业务培训和经验交流；

（五）监督、指导国防工程的档案管理工作；

（六）国务院、中央军事委员会赋予的其他职责。

第七条 军区、省军区和军分区的司令机关在国防工程军民共管工作中，履行下列职责：

（一）贯彻执行国防工程维护管理工作的方针、政策和有关规定；

（二）制定本辖区内的国防工程军民共管工作规划、计划和规章制度，并监督执行；

（三）组织指导本辖区内的国防工程军民共管工作；

（四）与当地人民政府协调处理国防工程军民共管工作中的有关问题；

（五）负责国防工程档案资料的建设与管理；

（六）上级赋予的其他职责。

第八条 县、自治县、不设区的市、市辖区人民武装部（以下称县人民武装部）在国防工程军民共管工作中，履行下列职责：

（一）贯彻执行国防工程维护管理工作的方针、政策和有关规定；

（二）组织完成国防工程维护管理任务；

（三）与同级人民政府协调处理国防工程军民共管工作中的有关问题；

（四）负责国防工程维护管理员的组织、培训和管理工作；

（五）检查、指导本辖区内的国防工程军民共管工作；

（六）上级赋予的其他职责。

第九条 地方各级人民政府在国防工程军民共管工作中，履行下列职责：

（一）贯彻执行国防工程维护管理工作的方针、政策和有关规定；

（二）制定和发布有关国防工程军民共管工作的决定；

（三）依法协调、处理地方经济建设和群众生产、生活与国防工程维护管理方面的矛盾和纠纷；

（四）检查、指导本行政区域内的国防工程军民共管工作；

（五）协助军事机关做好国防工程维护管理员的组织、培训和管理工作；

（六）上级赋予的其他职责。

第十条 地方人民政府和驻地军事机关根据国防工程军民共管工作的需要召开军地联席会议，协调解决本行政区域内国防工程军民共管工作的有关问题。

军地联席会议议定的事项，由地方人民政府和军事机关依照各自的职责权限办理；对超出本级权限的问题，应当及时向上级请示报告。

第十一条 地方人民政府和军事机关应当依照有关法律、法规、文件的规定，做好国防工程的安全保护工作，制止损害、侵占或者危害国防工程安全和使用效能的行为，打击破坏国防工程安全的违法犯罪活动。

第十二条 建有国防工程的地区，地方人民政府和军事机关应当采取多种形式，广泛开展保护国防工程的宣传教育活动，并把国防工程军民共管工作作为拥军优属、拥政爱民工作的重要内容。

第十三条 根据本辖区内国防工程维护管理工作的需要，县人民武装部可以从当地聘用思想进步、责任心强的乡村干部、民兵或者其他人员担任国防工程维护管理员。

聘用国防工程维护管理员，由乡、镇人民政府推荐，县人民武装部审查批准。经批准担任国防工程维护管理员的，由县人民武装部与其签定聘用合同，发给国防工程维护管理员证书，明确任务和要求。

县人民武装部对国防工程维护管理员应当进行安全保密和履行职责的教育，并保持人员的相对稳定。

县人民武装部可以结合民兵训练，集中实施国防工程的维护。

第十四条 国防工程维护管理员履行下列职责：

（一）掌握国防工程维护管理的有关规定和要求；

（二）熟悉管护区域、工程数量、位置、技术状况和有关标志；

（三）对国防工程进行检查、维护；

（四）制止各种侵占、危害和破坏国防工程的行为，对一般性毁损及时予以修复并上报；

（五）按照上级要求做好保护国防工程的宣传工作；

（六）上级赋予的其他职责。

国防工程维护管理员必须严格遵守国家保密规定，不得泄漏国防工程秘密，不得带无关人员进入国防工程内部，不得擅自使用、租借国防工程。

第十五条 军队国防工程维护管理部门应当会同地方人民政府有关部门，定期对国防工程维护管理的情况进行检查，及时解决国防工程维护管理工作中存在的问题。

第十六条 国防工程维护管理任务发生变化或者国防工程维护管理员进行调整时，主管国防工程维护管理的部门应当及时组织维护管理任务的移交。

第十七条 军队国防工程维护管理部门应当按照保密和档案管理规定，对国防工程的重要文件、资料、图纸、照片等涉密载体，分类建档，妥善保管。

第十八条 国防工程维护管理质量应当符合下

列基本要求：

（一）设备设施性能良好，零部件齐全，无损坏、变形和锈蚀现象；

（二）工程内部整齐、清洁，无堆积杂物、积水和坍塌；

（三）工程口部封闭完好、排水畅通，外部植被良好；

（四）土建工程和附属设施完好，定位标志齐全。

国防工程维护管理的具体质量标准由总参谋部会同有关部门制定。

第十九条 国家保障国防工程维护管理所需经费。国防工程的正常维护管理经费列军费开支；如遇整治改造特殊需求，申请中央或者地方财政专项解决。

第二十条 国防工程维护管理员按照下列规定享受与其履行职责相应的补贴：

（一）农村民兵担负国防工程维护管理任务的，根据其承担任务的工作量，按照当地同等劳动力的收入水平享受误工补贴；

（二）企业事业单位民兵担负国防工程维护管理任务的，原享受的工资、奖金和福利待遇不变；

（三）其他人员担负国防工程维护管理任务的，由军队国防工程维护管理部门给予补贴。

乡、镇人民政府可以对国防工程维护管理员减免一定数量的义务工。

第二十一条 国防工程维护管理员履行职责的伤亡抚恤，有工作单位的，按照所在单位的因公伤亡办法办理；无工作单位的，参照伤亡民兵的有关规定办理。

第二十二条 符合下列条件之一的单位和个人，地方人民政府、军事机关应当予以表彰和奖励：

（一）与危害国防工程的违法犯罪行为作坚决斗争的；

（二）在国防工程维护管理工作中提出合理化建议或者有发明创造、技术革新，成果显著的；

（三）国防工程维护管理质量评定全部达到优良以上的；

（四）在国防工程维护管理工作中做出其他显著成绩的。

第二十三条 对违反本规定，危害国防工程、妨碍国防工程维护管理的，对直接负责的主管人员和其他直接责任人员依照有关法律、法规的规定予以惩处。

第二十四条 本规定自发布之日起施行。以往有关规定与本规定不一致的，按照本规定执行。

民政部、总政治部
关于做好新年春节期间双拥工作的通知

（2000年12月13日）

新世纪第一个新年春节即将来临。节日期间，各地各部队要认真贯彻党的十五届五中全会精神和党中央、国务院、中央军委关于加强军政军民团结的指示，紧紧围绕促进国家的改革发展稳定和军队的全面建设，扎扎实实地开展拥军优属、拥政爱民活动，进一步巩固和发展军政军民团结的大好局面。

一、以学习贯彻五中全会精神为主要内容，深入进行国防和双拥宣传教育。党的十五届五中全会是世纪之交的一次非常重要的会议，各地各部队要组织军民把学习党的十五届五中全会精神同学习毛泽东、邓小平、江泽民同志关于加强军政军民团结的论述结合起来，充分认识坚强的军政军民团结对于实现“十五”计划的重大意义，进一步激发广大军民做好新形势下双拥工作的热情。要广泛运用报刊、广播、电视等多种手段，大力宣传广大军民在党的领导下团结一心，艰苦奋斗，不断从胜利走向胜利的辉煌历史和优良传统，宣传军政军民相互团结、相互支持，在改革开放和社会主义现代化建设事业中取得的光辉业绩，宣传加强国防和军队建设，不断增强国防实力，对于维护国家安全、推进现代化建设事业和完成祖国统一大业的深远意义，使广大军民牢固树立大局观念和国防意识，在全社会形成军爱民、民拥军的良好氛围。

二、围绕促进国家和军队的改革建设，深入开展双拥共建活动。各地各部队要围绕国家经济建设和国防建设的需要及广大军民普遍关心的现实问题，把节日期间的双拥共建工作做实。地方要帮助驻军解决好在训练演习、战备执勤、国防施工中急需解决的问题；进一步开展智力拥军、科技拥军活动，为部队科技兴训创造有利条件；采取有力措施帮助烈属、伤残军人、在乡老复员军人等重点优抚对象解决生产、生活、住房、医疗方面的实际困难。各部队要本着就地就近、量力而行、有所作为的原则，积极参加驻地的两个文明建设。今冬明春要相对集中使用义务劳动日，支援驻地农田水利基础设施建设和社会公益事业建设，积极参加驻地创建文明社区、文明行业、文明村镇活动。驻西部地区的部队，要按照军委和四总部的部署，充分发挥优势，进一步做好参加和支援西部大开发的工作，为西部地区的建设和发展贡献力量。

三、着眼基层，注重实效，认真检查双拥政策法规落实情况。各地要组织力量深入基层单位，对落实优抚政策，维护军人及其家属合法权益，保护军事设施安全，做好转业复员退伍军人和移交地方的军队离退休干部的安置情况等，普遍进行一次检查，切实解决存在的问题，促进拥军优属工作在基层落实。部队实行后勤保障社会化是军队建设的一项重大改革，各级政府要积极给予协助，推动改革顺利进行。各部队要认真分析基层拥政爱民工作形势，检查遵守国家政策法规和执行群众纪律的情况，针对存在的薄弱环节和突出问题，制订改进措施。军地双方要顾全大局，妥善解决好军地之间的历史遗留问题和纠纷，不断密切军政军民之间鱼水相依的亲密关系。

节日期间各地可组织小型慰问团（组），走访慰问边防、海岛等艰苦地区的基层官兵及优抚对象。各部队可就地就近开展多种形式的军民联谊活动。各项活动要注重实效，俭朴节约，防止形式主义。

最高人民法院、总政治部
关于认真处理涉军纠纷和案件
切实维护国防利益和军人军属合法权益的意见

（2000年12月25日）

依法审理涉军案件是人民法院的职责，也是审判工作为国防事业和军队建设服务的重要体现。妥善解决官兵的涉法问题是部队各级党委的任务，也是加强部队思想政治建设、提高战斗力的客观需要。各级人民法院和部队各级党委应当充分认识处理涉军纠纷和案件的重要性，依据《中华人民共和国宪法》和《中华人民共和国国防法》等法律规定的精神，采取有力措施，建立有效的工作机制，切实维护国防利益和军人军属的合法权益。

一、充分认识依法妥善处理涉军纠纷和案件，

维护国防利益和军人军属合法权益的重大意义。当前我国正处于深刻的社会变革时期，各种社会矛盾和法律纠纷增多，军人军属涉法问题逐年增加。依法妥善处理涉军纠纷和案件，显得十分重要和迫切。人民解放军是执行革命政治任务的武装集团，担负着保卫国家安全、抵御外来侵略、维护国家统一的神圣使命。妥善处理部队涉法问题和涉军案件，直接关系到国防巩固和军政军民团结，关系到军队建设的长远发展，关系到党赋予人民解放军历史使命的完成。各级人民法院和部队各级党委，要进一步增强大局意识和法制观念，把依法妥善处理涉军纠纷和案件的工作，作为贯彻落实江泽民总书记关于“三个代表”重要思想以及《关于改革开放和发展社会主义市场经济条件下军队思想政治建设若干问题的决定》的实际行动，为加强国防和军队建设创造良好的法制环境。

二、建立有效的工作机制，依法及时妥善地审理涉军案件。近年来，一些地方人民法院以改革创新的精神积极探索，在不增加编制、人员和不打乱内部业务分工的前提下，建立审理涉军案件的工作机制，有效地提高了涉军案件的审判质量和效率，收到了良好的法律效果和社会效果。各级人民法院尤其是中级人民法院和基层人民法院，要学习借鉴成功的经验，由院领导牵头，有关业务庭负责人具体负责，加强对审理涉军案件的指导和协调。有关审判庭可以从实际出发，组成涉军案件合议庭，并逐步建立相应的工作机制。

人民法院办理涉军案件，要坚持审判质量与审判效率相统一，法律效果与社会效果相统一，平等保护诉讼当事人的合法权益，切实维护司法公正。要充分考虑涉军案件的特点，在法定时限内，及时立案、及时审理、及时审结、及时执行，切实维护国防利益和军人军属的合法权益。

三、充分发挥省军区系统的职能作用，做好解决涉军纠纷和案件的协调工作。省军区系统特别是人民武装部作为联系部队和地方的桥梁纽带，在协调妥善处理涉军纠纷和案件方面，应当发挥重要的作用。各省军区（卫戍区、警备区)、军分区（警备区）和县（市、区）人民武装部，要把这项工作作为一项基本职能和重要任务，纳入“双拥”活动，支持、协助各地建立维护军人军属合法权益的工作机制，从组织领导上保证这项工作的健康开展。要建立健全法律服务组织，特别是人民武装部建立的军人军属法律服务站，要有专人负责，认真接待军人军属的来信来访，搞好法律咨询服务，配合、协助有关部门做好涉军纠纷的调解工作。

四、加强部队法律服务工作，建立健全法律服务信息网络。各部队要加强与有关方面和部门的联系，为官兵涉法问题的解决创造条件。部队各级法律服务组织，要明确职责，完善制度，保证法律服务活动的经常开展。要充分利用现代科技手段，建立网上信息传输反馈系统，及时了解掌握官兵及其家庭涉法问题的情况，开展网上法律咨询服务活动，及时向官兵提供有关保护军人军属合法权益的政策、法规和解决涉法问题的对策和建议。各部队要充分利用省军区系统的法律咨询服务机构，及时与地方有关部门取得联系，反映军人军属的意见和要求。各级军事法院要充分发挥职能作用，进一步拓宽法律服务工作领域，加强与地方人民法院的联系和配合，共同维护司法公正，使涉军案件的审判收到最佳效果。

五、深入开展法制宣传教育，提高官兵依法办事的意识和能力。开展法制宣传教育，是加强部队思想政治建设的一项重要内容，也是解决部队涉法问题的基础性工作。部队的法制宣传教育要在组织官兵系统学习法律知识，提高法律素质上下功夫，把学法、守法有机结合起来。既要组织官兵学习国家的基本法律，强化遵纪守法的自觉性，又要注意提高官兵运用法律知识解决实际问题的能力。要教育引导官兵进一步明确，军人应带头按章办事，依法行使权利，不能因为自己是军人而谋求法外特权，要求法外照顾。要执行地方人民法院的裁判和有关部门的处理决定，认真履行应尽的义务。对可能处理不公的问题，要依法解决。同时要切实做好当事人的思想工作，坚决防止矛盾激化，引发事故和案件。

贵州省人民政府关于贯彻执行《中华人民共和国兵役法》做好优抚安置工作的通知

（2000年1月11日）

按照《中华人民共和国兵役法》（以下简称《兵役法》）的有关规定，为搞好全省现役军人家属的优待和退伍军人的安置，支持军队建设，促进经济发展和社会稳定，特作如下通知：

一、优抚安置工作是关系国家经济建设、国防建设和社会稳定的大事。各级人民政府、各部门、各单位要从讲政治的高度充分认识做好优抚安置工作的重要性，切实把落实优抚安置政策作为贯彻落实《兵役法》的重要组成部分，广泛动员全社会力量，建立和完善督办机制，确保圆满完成优抚安置任务。

二、认真履行政府职责，切实落实对义务兵家属的优待。《兵役法》规定：“义务兵服现役期间，其家属由当地人民政府给予优待，优待的标准不低于当地平均生活水平”。各级人民政府应根据当地具体优待标准，多形式、多渠道地筹集经费，保证按时足额将优待金兑现给义务兵家属。在当地政府优待金尚未正式建立之前，可按《国务院办公厅转发农业部等部门关于做好当前减轻农民负担工作意见的通知》（国办发〔1999〕65号）精神，坚持以县社会统筹的办法筹集这项优待资金。统筹经费不足部分，由各级财政补足。兑现后的结余部分和社会捐赠、赞助等方式筹集的优待金，可按《省人民政府办公厅关于加强全省优抚工作的通知》（黔府办发〔1998〕90号）规定，建立拥军优属保障资金。

三、城镇退伍义务兵和转业志愿兵待分配期间，当地人民政府按照不低于当地居民最低生活水平的原则，由安置部门编造预算，经政府审批后，按月发给生活补助费。发给生活补助费的时间，退伍义务兵从到安置部门报到后的第二个月起，转业志愿兵自部队停止供应起，到安置就业为止。用人单位拒绝接收的，从当地人民政府退伍军人安置办公室开具行政介绍信的当月起，由接收单位按本单位同期参加工作职工月平均工资的标准，按月发给生活补助费。对已正式安排工作不服从分配的，不再发给生活补助费。逾期半年无正当理由，并经多次教育仍不报到的，退伍军人安置机构不再负责安排工作，由当地人民政府按社会待业人员对待。

四、鼓励城镇退伍义务兵和转业志愿兵自谋职业。城镇退伍义务兵和转业志愿兵自谋职业的，由本人提出书面申请，经当地人民政府退伍军人安置办公室批准。退伍义务兵由安置地人民政府按本地区职工年平均工资的2–4倍、退伍志愿兵按本地区职工年平均工资的3–5倍发给一次性经济补助。

五、鼓励退伍军人到非国有经济单位就业。对到非国有经济单位的，接收单位除确保其享受本单位“同工种、同岗位、同工龄”职工的工资福利待遇外，还应享受国家规定的有关待遇，保证他们在医疗、失业、养老等社会保险及住房方面与单位职工享有同等待遇，其军龄连同待分配时间一并计算为所在单位的连续工龄和投保年限。

六、实行安置任务有偿转移。难以落实当地人民政府指令性分配计划的单位，经安置地人民政府批准，在交纳有偿转移金后，可免除相应的安置任务。转移安置1名城镇退伍义务兵或志愿兵，应交纳2–4万元有偿转移金。有偿转移金作为预算外资金纳入同级财政专户，实行收支两条线管理。有偿转移金只能用于自谋职业的城镇退伍义务兵和转业志愿兵一次性经济补助或转移给有能力接收安置的单位。

七、各自治州、市人民政府，各地区行署，各县（市、区）人民政府应结合本地实际，根据《中华人民共和国兵役法》和本通知规定，制定具体的实施细则。

河北省民政厅、省减负办、省双拥办关于认真贯彻落实《兵役法》进一步做好政府优待工作的通知

（2000年2月2日）

为贯彻落实第九届全国人民代表大会常务委员会1998年12月29日通过修改的《兵役法》，切实做好我省义务兵家属的优待工作，特通知如下：

一、要认真学习《兵役法》，充分认识做好新形势下优待工作的重要意义。《兵役法》是我国重要的法律，它对于完善我国兵役制度，提高全民国防观念，保障军人及其家属的合法权益，增强军人保卫祖国的光荣感和责任感，进一步做好优待工作，调动青年服兵役的积极性，稳定部队，巩固国防，提高部队战斗力，具有十分重要的意义。因此，各地要认真学习，广泛宣传，自觉贯彻执行，不断提高全民的拥军优属意识，从维护法律严肃性的高度，提高对落实优待政策重要性的认识，认真做好新形势下的优待工作。

二、要强调政府行为，坚持优待标准，做到依法行政。修改后《兵役法》第十章第五十四条规定："义务兵在服役期间，其家属由当地人民政府给予优待，优待的标准不低于当地平均生活水平"。《河北省征兵工作条例》和《河北省军人抚恤优待实施办法》规定：农村义务兵家属的优待标准要达到当地农民上年人均收入水平。各地要从维护法律严肃性和保证国家政策贯彻执行的高度，不折不扣地抓好落实，确保义务兵家属的合法权益。对于城镇义务兵，各地要在落实原有补助政策的基础上，认真抓好调研工作，探索解决优待城镇义务兵家属的办法，落实《兵役法》的规定。对生活有困难的烈属、伤残军人等其他优抚对象要给予适当优待，保证优抚对象的生活达到当地群众生活水平。

三、要采取多种形式，保证优待资金的落实。优待金的来源，既包括从农民交纳的提留统筹费中提取，也包括地方财政、社会统筹、乡镇企业收入等。为了落实优待标准，对于从农民交纳的提留统筹费中提取的优待金，10%比例达不到优待标准的，可以在3%机动中调剂。对于由财政负担的优待金，要纳入每年的财政预算，保证及时足额兑现。要继续做好优待金社会统筹工作，不断扩大拥军优属保障资金规模，提高优抚保障能力。

福建省人事厅、省劳动厅、省财政厅、省民政厅、省工商管理局、省国家税务局、省地方税务局、省军区政治部关于驻闽部队随军家属就业保障的规定

（2000年3月1日）

一、本暂行规定适用于福建省范围内的驻军和武警部队随军家属的就业保障。有关机关团体、企

事业单位均应认真贯彻落实，履行拥军优属的职责和义务。

二、各级人事、劳动、财政等部门负责本暂行规定的组织实施。人事部门负责干部身份随军家属的就业安置，劳动部门负责工人身份随军家属的就业安置，并组织推荐无正式工作的随军家属就业。财政部门负责无工作随军家属就业培训费和基本生活保障经费的核拨。其他有关部门按照职能分工，各司其职，予以积极配合。

1、对随军前有正式工作的军队干部家属，各级人事、劳动部门应根据部队随军政策，按照专业对口的原则，积极协调尽可能安置在驻地同行业单位工作，并及时办理调动手续。

2、对随军前无正式工作的军队干部家属，劳动部门应积极组织就业培训，并优先推荐就业，及时办理招聘手续。

3、对随军后未安置就业和就业后下岗的随军家属，纳入当地政府的再就业计划，并优先介绍就业。

三、无工作随军家属可凭旅以上政治机关的证明，到劳动部门开办的或经劳动部门认定的培训机构培训，培训单位必须开具财政部门统一的收费票据并按规定的标准收费，由培训对象回部队报销，当地财政部门审核后予以拨付。随军家属经培训考试，发给《福建省就业训练和转业训练结业证》。随军家属参加职业技能鉴定，凭部队旅以上政治机关证明，职业技能鉴定机构应及时受理并免收鉴定费。

四、各级劳动部门举办的职业介绍服务机构应专门设立随军家属服务窗口，对随军家属实行免费服务。主动为随军家属提供就业指导和信息，进行技职登记，并根据随军家属的就业意见，积极与用人单位协调，优先重点帮助推荐就业。

五、各企、事业用人单位应认真执行中发〔1998〕10号，闽委发〔1998〕9号文件规定，原则上不安排随军家属下岗。

六、新办企业或经营单位提供的就业机会，要划出一定名额用于安置随军家属；企、事业单位招工时，在同等条件下优先录用随军家属。新办企业安置随军家属以及为安置随军家属新办的经济实体，享受闽委发〔1998〕9号文件安置国有企业下岗职工各项减免优惠政策。

七、随军家属自谋职业的。由部队介绍，到当地劳动部门领取《失业证》，加盖驻军旅以上政治机关印章后，享受下岗职工自谋职业的优惠政策。

八、随军家属要自觉服从地方人事、劳动部门的安置。

九、各级政府在进一步做好军队干部随军家属就业工作的同时，对领取无工作军队随军配偶生活困难补助费的对象，增发基本生活保障金。

1、凡符合随军条件，经部队旅以上政治部门批准随军的符合国家法定工作年龄的未就业随军家属，已办理当地常住户口半年以上并已随队无工作且无其他固定收入的随军家属，可享受基本生活保障金。

2、随军家属基本生活保障金的具体标准各地市可根据实际情况在100－150元之间制定，厦门、泉州两市可依照原发放标准执行。驻榕部队军级单位、武警边防总队、武警消防总队、福建预备役高炮师机关、直属队的随军家属每人每月150元。

3、随军家属基本生活保障金的经费由当地财政安排解决。其中驻榕部队军级单位、武警边防总队、武警消防总队、福建预备役高炮师机关、直属队由省财政安排。

4、基本生活保障金的办理程序。符合享受基本生活保障金的对象应向所在部队政治机关提出申请，经部队旅以上政治机关审核后报当地劳动（人事）部门核实；财政部门根据劳动（人事）部门的核实意见，将基本生活保障金核拨至各有关部队，由部队负责全额发放给享受对象。随军家属基本生活保障金的申请、审批和发放时间由各地自行规定。

5、基本生活保障金的管理。为驻闽部队无工作随军家属增发基本生活保障金，充分体现了福建省委、省政府和全省人民对驻闽部队的关怀，为此，应加强资金的管理与使用。

①无工作随军家属一旦就业或有固定经济收入，其所享受的基本生活保障金即告终止。

②享受基本生活保障金的随军家属无正当理由两次不参加人事、劳动部门安排的就业培训或就业面试，则不再享受基本生活保障金。

③随军家属基本生活保障金的发放年限最长累计一般不超过五年。

④军地有关部门应加强对基本生活保障金的管理，严格审批手续，按规定及时足额将基本生活保障金发放至随军家属本人，防止克扣、拖延或挪用，并接受财政、审计部门的监督检查。

十、随军家属属于国有、集体企业下岗职工的，按照我省现行政策领取基本生活保障金。

十一、各地市可根据本规定，结合当地实际，制定相应的政策和措施，狠抓随军家属就业工作的落实。

十二、本暂行规定自2000年1月1日起施行。

四川省二〇〇〇年创建省级双拥模范城（县、区）考核验收实施细则

（2000年3月10日）

考核标准	验收内容	单项评分	减分因素	得分
组织领导坚强有力（18分）	1、党委、政府、驻军把双拥工作列入议事日程，纳入目标管理，常抓不懈；党政军领导认识明确，主官率先垂范，积极参与活动。	6	1、未纳入目标管理减1分； 2、主官垂范作用差减1分。	
	2、市、县、区双拥工作领导小组办公室健全，双拥办编制、人员、经费和办公地点落实，坚持军地合署办公；各乡、镇街道办事处、县（市、区）机关、团体、学校、企事业单位和驻军有双拥机构或服务组织，有专（兼）职工作人员。	6	双拥办编制人员、经费、办公地点不落实，基层双拥组织不健全的，取消评选资格。	
	3、年度有规划，年终有总结，活动安排有章可循；有命名、表彰配套管理办法；有规范的双拥表报资料；成员单位职责明确，制度健全，工作落实。	6	每一项达不到要求各减1分。	

考核标准	验收内容	单项评分	减分因素	得分
双拥国防教育广泛深入（14分）	1、双拥、国防教育纳入全民教育体系；教育内容、时间、人员落实，受教育面达到85%以上。	4	未纳入全民教育体系和教育内容、时间、人员不落实不得分。	
	2、有国防教育基地；主要口岸有固定规范醒目标志牌；大、中、小学开设国防教育课。	3	每一项达不到要求各减1分。	
	3、双拥、国防教育领导带头宣讲；“双拥周”、“双拥月”活动有安排，主要领导带头参与。	3	每一项达不到要求各减1分。	
	4、宣传教育电台有声音、电视有图像、报刊有文章，双拥简报每年不少于6期。	4	每一项达不到要求各减2分。	
双拥活动坚持经常（20分）	1、各级双拥机构和各级双拥服务组织活动有制度有安排，任务明确，内容实在，效果明显；有三分之一的乡（镇）、街道办事处和机关、企事业单位成为县（市、区）以上先进单位。	3	1、有制度不坚持活动或有活动无制度的减1分； 2、先进单位达不到三分之一减2分。	
	2、地方实施“爱心献功臣行动”成绩突出；支持部队建设，为驻军和优抚对象排忧解难；制定有各种优惠政策，有优先服务窗口；每年为驻军和优抚对象办好事实事，成效显著。	5	1、无优惠政策和优先服务窗口减1分 2、未为驻军和优抚对象办好事实事不得分。	
	3、驻军积极参与地方经济建设和扶贫帮困，以及“爱心献功臣行动”，勇于完成急难险重任务；参加地方义务劳动时间每年人均不少军委和三总部的规定（8天）；建制团以上单位有一个扶贫扶优联系点。	4	1、建制团以上单位无扶贫扶优联系点，减1分； 2、未完成军委和三总部规定的义务劳动时间不得分。	
	4、军地共谋发展，有看得见，摸得着的形象化双拥成果；驻军菜篮子工程，训练场地，文体场地落实。	3	1、达不到要求减1分； 2、违反有关规定乱摊派不得分。	
	5、创建活动社会各界广泛支持和参与，目标明确，工作扎实，富有实绩；不断有创新发展，是市、地、州双拥先进城、县（区）和省级双拥先进市、县（区），并受省表彰一年以上。	5	无创新发展减2分。	
军警民共建富有成效（13分）	1、以社会主义精神文明建设为重要内容的军警民共建活动持之以恒，有组织，有计划，有典型。	3	达不到要求不得分。	
	2、有条件的驻军单位要与驻地单位结成共建对子；有50%以上的共建单位被评为县（团）级以上的先进单位。	3	共建先进单位低于50%减2分。	
	3、军地密切配合，开展智力拥军、科技助民活动，积极培养各类技术人才；军队积极参与社会治安治理，完成军训任务好。	3	每项达不到要求各减1分。	
	4、军警民共建内容丰富，形式多样，社会效果明显。积极参与“爱心献功臣行动”；为重点优抚对象办好事实事成效显著。	4	效果、成绩不明显减1分。	

考核标准	验收内容	单项评分	减分因素	得分
政策法规落到实处（22分）	1、军地双方认真执行党和国家的政策法规，地方政府和驻军制定出台配套的双拥政策法规；机关社会团体、企事业单位和公民，依法履行各自应尽的拥军优属职责和义务；帮助优抚对象“解三难”职责任务落实。市、县、区制定有配套的优抚安置办法。	4	未出台配套的综合双拥政策法规取消评选资格。	
	2、优待金实行以县（市、区）为单位社会统筹并建立拥军优属资金（双拥保障资金）；义务兵家属优待金达到当地平均生活水平；烈属优待面达到二分之一以上；享受抚恤金的对象达到国家规定标准；享受定补的老复员军人，月定补标准达到70元以上；驻军粮油等生活必须品按时按质供应。	5	1、其中一项达不到规定标准，取消评选资格。 2、兑现不及时减1分。	
	3、按上级规定要求完成征兵任务，无责任退兵；按规定接收且妥善安置转业军人、军队离退休干部和复员退伍军人及无军籍退休职工；退伍军人两用人才开发使用率达75%以上；随军家属及军休干部随迁调家属就业、下岗军嫂再就业及子女入托入学等得到妥善解决。	5	转业、退伍、复员军人、离退休干部和随军家属及无军籍退休职工未按政策妥善安置的取消评选资格。	
	4、积极探索优抚安置工作的新路子，综合治理优抚对象“三难”有方案、规划和措施，重点优抚对象“三难”问题得到基本解决；优抚对象的医疗减免对象有规定且落实；二等以上伤残军人医疗费不包干给个人；企事业单位制定有优抚安置政策规定，优抚对象合法权益得到保障。	5	重点优抚对象“三难”问题未基本解决或医疗减免政策不落实取消评选资格。	
	5、优抚安置事业单位有编制、有经费、政策规定落实，建设、管理、服务好，社会、经济效益显著。	3	达不到要求不得分。	
军警民关系融洽（13分）	1、军地领导互相尊重，互相支持，每年互相走访不少于2次；互通情况，遇事主动协商，坚持军地联席会议制度和议军制度。	3	每一项达不到要求各减1分。	
	2、军政军民互拥互爱，亲如一家；地方保障部队训练、执勤、生产必需品的供应，积极维护军人合法权益；驻军遵守群众纪律及遵守党和国家民族宗教政策，维护群众利益，积极支援国家和地方经济建设与公益事业建设。	3	驻军有严重违犯群众纪律及违犯党和国家民族政策的取消评选资格。	
	3、军事设施得到有效保护；积极稳妥地处理军地历史遗留问题。	3	每一项达不到要求各减1分。	
	4、有预防和处理军民纠纷的措施与规定；出现军地矛盾和军民纠纷，军地领导能及时出面，主动协商，妥善解决，及时逐级上报，无遗留问题；无重大军民、军警纠纷。	4	1、无措施不得分。 2、知情不报，处理不及时减1分。 3、有遗留问题减1分。 4、有重大军民、军警纠纷取消评选资格。	
备注				

注：考核验收省级双拥先进市、地、州、县（市、区）参照本实施细则执行。

河北省双拥工作领导小组关于加强动态管理提高双拥工作整体水平的通知

（2000年3月20日）

今年初，全国双拥模范城（县）命名大会和全省双拥暨民政工作会议相继召开，党中央、国务院、中央军委和省委、省政府、省军区对做好世纪之交的双拥工作提出了明确要求。为了切实贯彻落实全国双拥模范城（县）命名大会和全省双拥暨民政工作会议精神，巩固和发展军政军民团结的大好局面，进一步提高全省双拥工作整体水平，现通知如下：

一、认真学习贯彻落实全国双拥模范城（县）命名大会和全省双拥暨民政工作会议精神，加强对创建双拥模范城（县）活动的指导。要认真学习和贯彻落实江泽民总书记致全国双拥模范城（县）命名大会的《贺信》和胡锦涛同志重要讲话精神，把思想统一到江总书记《贺信》和胡锦涛同志重要讲话精神上来，按照全国双拥模范城（县）命名大会和全省双拥暨民政工作会议的要求，加大对双拥模范城（县）动态管理的力度。要紧紧围绕增强经济实力、国防实力和民族凝聚力做好双拥工作，按照坚持方向、丰富内容、拓宽领域、注重实效的要求，继续广泛深入地开展创建双拥模范城（县）活动。被命名的全国双拥模范城（县），要珍惜荣誉，认真总结经验，在更高的起点上分析形势，找出差距，进一步加大工作力度；要切实发挥辐射、带动作用，加强对所属县（市）工作的指导、管理。省、市级双拥模范城（县）要以全国双拥模范城（县）为榜样，在做好基础工作上下功夫，在强化硬件上求突破，力争更上一层楼。其他市、县要对照先进找差距，针对存在问题做工作，增强创建双拥模范城（县）的信心和动力。为保证创建双拥模范城（县）活动的健康发展，确保双拥模范城（县）的先进性、示范性，省双拥办将按照全国双拥工作领导小组的要求，在今年适当时候抽查全国双拥模范城（县），对工作扎实并有所创新的，要及时给予通报表彰；对进步步伐不大的，要给予督促帮助；对工作滑坡，对所属县、市工作指导不利、管理不严的，要认真处理。各地要通过动态管理，强化竞争激励机制，鼓励先进，鞭策后进，使双拥模范城（县）真正成为双拥工作的旗帜，更好地发挥榜样和示范作用。

二、坚持抓重点、攻难点，促进各项双拥政策的全面落实。根据全国的工作部署，结合我省实际，今年双拥工作的重点是：大力开展科技拥军活动和支持、帮助驻军后勤社会化改革工作；解决军地历史遗留问题；落实义务兵家属政府优待政策；建立优抚对象抚恤补助标准与人民群众生活水平同步提高的自然增长机制；巩固“解三难”成果，落实好在乡老复员军人定补标准。对在乡老复员军人，要从政治上关心，生活上照顾，将这部分人纳入城乡居民最低生活保障制度。受灾地区，更要做好这项工作。各地在安排工作时，要把握重点，突破难点，围绕核心工作开展活动。各级党委、政府要牢固树立国防建设与经济建设协调发展的思想，把支持部队建设作为义不容辞的政治任务做好做实。一是要在继续配合驻军搞好编制体制调整改革，帮助部队解决好战备、执勤、训练、施工和后勤保障社会化改革遇到的实际困难，做好驻军日常生活必需物资供应的基础上，积极开展科技拥军活动，为部队实施科技强军战略创造良好条件。各地要学习借鉴吉林、福建等先进省份科技拥军的经验，组织各大专院校、科研机构、文化出版部门主动深入部队，送科技、图书、出版物进军营，有条件的可以定期培训或招收部队指战员入学就读，为部队培养高素质人才。驻军多的地方更要结合实际，多想办法，在这方面实现新突破、创造新经验；二是要妥善解决军地纠纷，对军地历史遗留问题，要本着尊重历史、正视现实、支持部队建设、照顾群众实际困难的原则，积极依照政策妥善解决，地方党委、政府要充分发挥作用，力争今年全部解决历史遗留问题。军地双方要加强沟通，及时消除影响军政军民团结的因素，化解矛盾，防止发生新的问题；三是确保优待政策落到实处。要认真贯彻《兵役法》的规定，积极落实义务兵家属优待政策，确保农村义务兵家属优待标准达到当地上年人均收入水平。同时，要逐步研究探索政府优待的办法，每个市要选择1-2个县、市进行政府优待的试点。对重点优抚对象在住房、就业、义务教育、减免提留和社会集资等方面实行的优待政策也要保证很好地落实。要逐步扩大拥军优属保障资金规模，提高优抚保障能力；四是适应经济体制的转变，在建立国家、社会、群众三结合优抚体制的基础上，积极建立优抚对象抚恤补助标准与人民群众生活水平同步提高的自然增长机制。各地要在深入调查、学习交流、科学测算的基础上，尽快拿出可行性方案，全国双拥模范城（县）要在“八一”前出台文件。

三、深入研究新情况，积极解决新问题，全面提高双拥工作整体水平。要加大调查研究力度，进一步提高双拥工作的质量和效能。要深入基层，加强对热点、难点问题的调查研究，提出切实可行的措施和办法。在新的形势下，要就如何适应新形势，进一步制定和落实好双拥优抚政策，如何实现军队的后勤保障社会化，促进部队战斗力提高，我国加入世贸组织后，如何加快军队干部战士转业退伍安置工作改革，实施西部大开发战略后，如何保证国防建设和经济建设两不误等问题进行积极地探索。要加强理论研究，以毛泽东、邓小平、江泽民同志关于加强军政军民团结的重要论述为指导，对改革开放和发展社会主义市场经济下双拥工作的生动实践进行新的概括，丰富双拥工作的理论，提高双拥工作的层次。要加强政策法规制度研究，适应形势发展和军队建设的需要，充实完善双拥政策法规，使双拥工作有章可循，有法可依，更好地落到实处。要鼓励各种有益的探索和尝试，创造富有时代特色的新鲜经验。要对一切有利于工作的实践给予支持和帮助，尊重群众的创造精神，及时发现、总结富有时代特色和地区特点的双拥活动形式、活动载体，努力把双拥活动搞得更加生动活泼，更加富有成效。

西藏自治区双拥工作“十五”规划

（2001-2005年）

（西藏自治区双拥工作领导小组2000年3月22日通过）

二十一世纪前五年，是全面实现现代化第二步战略目标并向第三步战略目标迈进的关键性五年，是我国社会主义市场经济体制逐步建立的重要历史时期，也是西藏经济、社会全面发展与进步的关键时期。在全国各族人民迈向二十一世纪的时候，在我国现代化建设即将全面实现第二步战略目标之际，以江泽民同志为核心的党中央高瞻远瞩，统揽全局，审时度势做出实施西部地区大开发的战略决策。实施西部大开发，为新时期党和政府的各项工作开拓了新的思路。目前，全区各族人民正在紧紧抓住西部大开发这一历史机遇，将地方发展优势转化为国家发展优势，自觉融入西部大开发的事业之中，在服务西部大开发中创造新的工作业绩。同样，西藏双拥工作也迎来了难得的发展机遇。为深入贯彻党中央、国务院、中央军委关于加强军政军民团结的一系列指示精神，提高我区双拥工作的整体水平，推动双拥工作向制度化、经常化、规范化方向发展，更好地为西藏社会稳定、经济发展，提高部队战斗力服务，为西部大开发服务，特制定本规划。

一、“九五”期间双拥工作的简要回顾

1996年至1999年，在自治区党委、自治区人民政府和西藏军区的领导下，全区军民坚持邓小平建设有中国特色社会主义理论和党的基本路线，认真贯彻党中央、国务院、中央军委关于加强军政军民团结的一系列指示精神，紧紧围绕党的中心工作开展双拥活动。在改革开放的伟大实践中相互支持，在经济建设和国防建设中通力协作，在精神文明建设中相互促进，在战胜各种自然灾害和治穷致富奔小康中并肩战斗，军政军民团结的大好局面得到进一步巩固和发展，双拥工作取得了显著成绩。

1996年以来，全区军民按照坚持方向，丰富内容，拓宽领域，注重实效的要求，采取节日与平时相结合，机关与基层结合，领导与群众结合，走访与慰问结合等形式，生动活泼，隆重热烈，深入扎实地开展创建活动，全区争创双拥模范城（县）势头和热潮持续高涨，双拥工作不断向深度和广度发展。1999年在全区第七次双拥模范城（县）命名暨表彰大会上有30个双拥模范城（县、区），36个先进集体和40个先进个人受到表彰。2000年，全国双拥模范城（县）命名大会上察隅县被命名为全国双拥模范城（县），到现在被国家命名为全国双拥模范城（县）的已达6个。双拥工作的深入开展，开创了新时期军地共同发展的新局面，巩固和发展了军政军民和各民族的大团结，为西藏的社会稳定和经济发展做出了重大贡献。

广泛进行以爱国主义为核心的国防教育和双拥宣传教育，军爱民、民拥军的氛围更加浓厚。全区各地组织广大军民认真学习毛泽东、邓小平、江泽民同志关于加强军政军民团结的重要论述，结合纪念建军70周年、庆祝新中国成立50周年和迎接香港、澳门回归祖国等重大活动，广泛宣传我国军民在党的领导下，为实现民族独立和解放，国家统一和富强而团结奋斗的光荣历史，宣传坚强的军政军民团结在我区的改革发展稳定和部队建设中发挥的巨大作用，引导广大军民不断增强做好双拥工作重要性的认识。全区在校中小学生受国防教育面达100%，农牧民群众接受国防教育面达80%以上。全区广大干部群众提高了国防观念，增进了搞好拥军优属工作的自觉性。

紧紧围绕地方和部队的改革建设开展工作，军地之间相互支持更加有力。全区各级党委、政府、各部门和广大人民群众，把支持部队建设作为义不容辞的责任，在拥军优属、做好军队转业复员退伍军人和随军家属的安置工作、保护军事设施，维护军人及其家属的合法权益、支持部队完成训练演习、战备执勤等方面做了大量工作，为部队建设创造了良好条件。据不完全统计，自1996年以来，全区共为部队赠送各种慰问品达5.2万件，慰问演出180余场次，写慰问信0.5万封，放电影200余场次，安排慰问经费670万元。四年来，全区共接收安置退伍军人2527人。其中安置在城镇1606人，安置军队复员干部84人，接收安置军队退休干部、无军籍退休职工886人。1996年以来，国家共安排落实军队退休干部和无军籍退休职工工资近3000万元。为保障“三属”和革命伤残人员生活，1996年以来国家和自治区、地、县安排落实抚恤费850万元，落实了各项抚恤优待政策。全区普遍实行了对义务兵家属优待，共落实兑现优待金128万元。驻藏人民解放军和武警部队积极支持地方的改革开放和现代化建设事业，先后投入劳动日38.5万多个，机械车辆14.6万台（次），援建拉萨至日喀则、拉萨至山南、拉萨至八一、唐古拉山至拉萨光缆等26项重点工程；积极参加当地的扶贫工作，扶持3.95万户、16.7万人群众走上脱贫致富道路，进一步树立了人民军队爱人民的良好形象。

着力解决广大军民普遍关心的实际问题，双拥工作成效更加明显。各地各部队把研究新情况、解决新问题，作为推动双拥工作深入发展的突破口。

许多党政军领导深入实际，对一些重点难点问题进行调查，提出解决措施和办法。全区 80% 的县、市制定了具体办法，这些政策法规和办法，有力地促进了重点难点问题的解决。

深入开展群众性双拥共建活动，基层双拥工作更加活跃。各地各部队按照巩固、发展、提高的方针，认真总结创建双拥模范城（县）活动的经验，不断丰富内容，强化竞争激励机制，进一步调动了广大军民参与双拥工作的积极性。全区有 120 多个双拥服务组织常年活跃在城乡基层，为群众造福，为军人解难，为军属分忧。各地各部队围绕创建文明城市、文明村镇、文明行业的目标，深入开展军民共建社会主义精神文明活动。全区有军民共建点 470 个，有鱼水学校 60 所，共建林 4.5 万亩 306 万株。有力地促进了基层双拥工作的深入发展。

广大军民在抗御严重自然灾害中并肩作战，军政军民团结的作用更加突出。近几年，我区灾害不断，特别是 1997 年 9 月至 1998 年 3 月，全区发生了特大雪灾。1998 年入夏以来，雅鲁藏布江中游地区发生了几十年不遇的洪涝灾害。驻藏人民解放军和武警部队官兵同广大人民群众团结奋斗，顽强拼搏，夺取了抢险救灾的胜利。据统计，仅 1998 年驻藏人民解放军和武警官兵在抢险救灾中，出动兵力 171060 人次，动用车辆 14400 台次，捐款 262.46 万元，捐物 11790 件。广大官兵发扬“特别能吃苦，特别能战斗，特别能忍耐，特别能奉献”的老西藏精神，始终战斗在最艰苦、最危险的地方，在关键时刻发挥了关键作用。各级党委、政府和人民群众与部队并肩作战，全力做好保障工作，哪里有抢险救灾部队，哪里就兴起拥军热潮。广大军民团结一心，众志成城，取得抗雪抗洪救灾的胜利，坚强的军政军民团结显示出了巨大威力。

总之，近年来，全区广大军民艰苦奋斗，开拓进取，双拥工作有了很大发展。但是，全区双拥工作仍存在一些问题和不足。主要是：各地双拥工作发展不平衡；个别地方国防观念和双拥意识有待进一步增强；双拥工作政策法规和办法滞后，存在着随意性；个别地方优抚安置政策不够落实，要加强监督机制；老烈属、老复员退伍军人、老革命伤残军人“三难”问题依然存在，需要加以认真解决。

二、“十五”期间西藏双拥工作面临的形势和发展双拥工作的指导思想

在改革开放和发展社会主义市场经济的新形势下，以江泽民同志为核心的党中央对做好双拥工作，加强军政军民团结高度重视，作了一系列重要指示。江泽民同志深刻指出：“拥军优属、拥政爱民，是我党、我军和我国各族人民的优良传统，是我们特有的政治优势。军政军民的坚强团结极为重要。它对我们促进国家发展和军队建设，维护国家安全和社会稳定，以及战胜各种严重自然灾害，已经并将继续发挥重大的作用”。他明确指出，“全面推进建设有中国特色社会主义事业，努力增强我国的经济实力、国防实力和民族凝聚力，实现中华民族的伟大复兴，始终需要广大军民同心同德，艰苦奋斗。”他还多次要求，要进一步搞好双拥工作，增强军政军民团结，地方要爱护、理解军队，支持部队建设，部队要拥政爱民，模范遵守国家的政策、法令。江泽民同志的这些深刻而精辟的论述，是着眼于维护和实现我们国家和民族的根本利益，充分估量当今国际局势的发展变化，深刻总结历史和现实经验得出的料学结论。为我们做好双拥工作指明了方向，我们一定要认真学习，深刻领会，增强做好双拥工作的责任感和使命感。

当前和今后一个时期，是我国改革开放和社会主义现代化建设的关键时期。冷战结束后，世界呈现出政治多极化，经济全球化的发展趋势，但天下并不太平。以美国为首的北约对南斯拉夫联盟发动军事攻击，并悍然使用导弹袭击我驻南使馆，充分暴露了他们推行霸权主义，强权政治的丑恶嘴脸和亡我之心不死的真实面目。当前，我国政治经济形势很好，但随着改革开放的深入和利益关系的调整，也面临着许多复杂情况和新的问题，存在着一些不稳定因素。早些时候还发生了法轮功练习者在中南海周围聚集的严重事件。在我区、国际反华势力出于遏制我国的战略需要，千方百计地实施“西化”、“分化”我国的政治图谋。达赖集团打着民族、宗教的幌子，加强与国际反华势力相勾结，千方百计地制造民族隔阂、文化隔阂，妄图实现“西藏独立”。他们策划、挑起了多起骚乱闹事事件，蓄意恶化民族关系，严重干扰了西藏的经济建设和社会发展，阻碍了西藏前进的步伐。这些情况表明，在新的形势下，维护国家安全和保持社会稳定的任务十分艰巨，这对加强军政军民团结提出了新的更高的要求，只要我们把双拥工作做好了，广大军民团结一心，国家的安全和稳定就有了坚实的根基，无论遇到什么风浪，出现什么复杂情况，我们都能镇定自若，从容应付。

军政军民团结既是保持社会稳定的重要因素，也是推动经济和社会发展，促进部队建设的强大动力。在世纪之交的重要历史时期，党中央、国务院统揽全局。面向新世纪做出了实施西部大开发战略的重大决策，这对做好双拥工作，加强军政军民团结提出了新的要求。前不久召开的全区经济工作座谈会和全区经济工作会议上陈奎元书记和列确主席明确指出，参与西部大开发，是我区改变落后面貌，加快发展的重要历史机遇。要深刻领会中央关于大开发的方针政策，认真研究我区的实际，正确地判断我们的优势和潜力，差距与障碍。把中央的决策与我区实际结合起来，明确加快发展的方向任务，从而抓住西部大开发的机遇，这是自治区党委、人民政府和各级党政组织当前及今后一个时期的中心任务。进一步做好双拥工作，加强军政军民团结。对于巩固国防，发展安定团结的大好局面，消除不稳定因素，促进地方经济建设和国防现代化建设，都具有十分重要的现实意义和深远的战略意义。

鉴于上述情况，“十五”期间，西藏双拥工作的指导思想是：在自治区党委、人民政府和西藏军区的领导下，以邓小平理论、党的十五大和十五届四中全会精神为指导，深入贯彻党中央、国务院、中央军委关于做好双拥工作的一系列指示精神，以服务西部大开发为主线，以稳定社会、发展经济，提高部队战斗力，加强军政军民团结为根本任务，积极探索双拥工作的新路子，提高双拥质量，拓宽共建渠道，把我区双拥工作推向一个新台阶，为实现西藏的长治久安和繁荣进步贡献力量。

三、“十五”期间西藏双拥工作的主要目标和任务

“十五”期间双拥工作的主要目标：

广大军民拥军优属、拥政爱民观念更加牢固，军政军民团结进一步加强，拥军优属工作成绩斐然，拥政爱民工作成绩显著，创建双拥模范城（县）活动更加深入扎实，力争在“十五”期间，全区35个县进入自治区双拥模范县行列，其中10个县进入全国双拥模范县。总之，军民共建活动更富成效，贯彻落实党的各项方针、政策措施得力，进一步巩固同呼吸、共命运、心连心的大好局面。

“十五”期间拥军优属工作的主要任务：

1、深入开展国防教育和双拥宣传教育，不断增强广大军民做好双拥工作的责任感和使命感。

人民军队是我国社会主义革命的保卫者和建设的中坚力量。长期以来，驻藏人民解放军和武警部队在和平解放西藏、平叛改革，自卫反击作战等各个历史阶段和社会主义现代化建设的新时期，始终牢记全心全意为人民服务的宗旨。发扬特别能吃苦、特别能战斗、特别能忍耐、特别能创业、特别能奉献的老西藏精神，为捍卫祖国统一，反对分裂，维护西藏的稳定，支援西藏的革命和建设作出了不可磨灭的贡献。一是各地要利用广播、电视、报刊等宣传主渠道，大力宣传驻藏人民解放军和武警部队在支援西部大开发，维护社会稳定以及在筑路、架桥、抢险救灾等工作中的丰功伟绩。二是结合各自实际，集中时间，做好《中华人民共和国兵役法》，《西藏自治区实施＜军人抚恤优待条例＞办法》等法律、法规的专题宣传教育，把政策要求转化为人民群众的自觉行动。三是被命名的双拥模范县要在市中区建立1－2个醒目的永久性双拥宣传栏式标牌。要兴办1－2个双拥形象工程或基地。使国防教育逐步社会化、经常化、规范化，在全社会形成拥军优属的良好氛围。

各部队要根据成份不断更新的特点和西藏当前面临的形势和任务，深入持久地开展我军宗旨，拥政爱民光荣传统和“老西藏”精神教育，把人民军队的性质、宗旨教育、法纪教育、党的民族宗教政策教育，尊重地方党委、政府和人民群众的教育作为各部队政治教育的一项基本内容，贯彻始终，使广大官兵时刻牢记我军宗旨，充分尊重地方各级党委和政府，模范执行国家的法律、法令和地方的有关政策规定，像爱护自己的家乡一样，热爱西藏的山山水水，像建设自己的家园一样，建设好西藏。同时，要积极配合地方政府和有关部门做好政策法规教育和宣传工作，拥政爱民教育每年不得少于4次。

2、切实做好优抚安置工作，积极为国防和军队建设服务。

优抚安置工作是党和政府的一项十分重要的工作，它既是国家长治久安的需要，又是建设强大国防的需要。各地要继续坚持国家、社会、群众三结合的优抚体制和“思想教育，扶持生产，社会优待、国家抚恤，依法保障”的工作方针，认真贯彻《西藏自治区实施<军人抚恤优待条例>办法》。讲真情、办实事、解难题，让方便，满腔热情地支持军队建设，进一步激发广大官兵献身国防、建功立业热情。

（1）多渠道为优抚对象解决实际困难。老烈属、老革命伤残军人、老复员退伍军人的生活难、住房难、医疗难，一直是优抚工作的重点和难点。妥善解决他们的“三难”问题，是各级党委、政府义不容辞的责任，各地要采取有力措施，多形式、多渠道地开展帮扶活动，力争在“十五”期间使重点优抚对象的“三难”问题得以较好解决。力争在以下方面取得实质性突破：一是三级财政要加大投入力度，建立重点优抚对象生活困难补助制度，逐步建立优抚对象抚恤补助标准自然增长机制；二是双拥模范城（县）要建立拥军优属保障专项资金，解决优抚对象的特殊困难；三是各地要逐步建立健全基层优抚服务保障网络，提高优抚对象的生活水平和生活质量；四是以“爱心献功臣行动”为契机，动员全社会力量，多渠道解决优抚对象的实际困难。总之，要使优抚对象的生活达到或略高于当地群众生活水平。

（2）认真做好军队退休干部，无军籍退休职工和退伍义务兵的接收安置工作。随着社会主义市场经济体制的逐步建立和各项改革的深入发展，市场配置劳动力的作用不断增加，现行的退役士兵安置方式和办法受到越来越大的冲击，给安置工作带来很大困难。对此，各级安置部门要切实加强组织领导，加大宏观调控力度，落实安置政策，依法保障退伍军人的第一次就业。积极探索切合我区实际，适应社会主义市场经济体制的安置工作新路子，扩大“供需见面，双向选择”的范围，制定退伍军人自谋职业的优惠政策。“十五”期间，军队离退休干部，无军籍退休职工和退伍军人安置率要达到100%。大力培养和开发使用军地两用人才，积极探索适应社会主义市场经济发展和群众观点建设要求的两用人才工作运行机制，提高人才培训质量，拓宽人才使用渠道。“十五”期间，计划建立自治区退伍军人和军地两用人才培训中心。

（3）加强烈士褒扬工作，充分发挥烈士陵园在社会主义精神文明建设中的作用。目前，我区共有44处烈士陵园，其中山南、拉萨烈士陵园已被民政部命名为爱国主义教育基地。“十五”期间，争取将林芝、昌都、日喀则、那曲、阿里地区和樟木烈士陵园报为自治区的爱国主义教育基地。各烈士纪念建筑物的管理单位要逐步达到具有教育意义的展出内容，有详细生动的讲解资料，有素质较好的讲解员，有新式多样的教育活动，有基本的教育设施。要多渠道筹措资金，加大烈士陵园维修力度，美化陵园环境，逐步向以园养园方向发展。

（4）切实解决军人家属的实际困难。当前，军人家属就业难，子女入托入学难的矛盾很突出。“十五”期间，各地要优先安排军人家属和子女就业、入学、入托，优先办理军人家属随调随迁手续，切实解决他们的实际困难，解除他们的后顾之忧，从而激发广大官兵戍边卫国，乐于奉献的热情。

（5）支持部队现代化建设。地方各级党委、政府和人民群众一如既往地关心和支持国防建设，教育广大干部和群众尊重部队，维护军人的合法权益，保护军事设施。满腔热情地帮助部队解决战备、执勤、训练、国防施工和科研等方面的实际困难。社会各部门特别是各级服务行业，要加强国防观念，树立行业新风，满腔热情地为部队和广大优抚对象服务。地方各级人民政府，要关心、帮助、支持部队建设，根据形势和国防建设的需要，认真组织支前民兵民工积极投身到戍边卫国的建设中。逐步形成全社会关心部队、爱护部队、尊重部队、支持部队的良好社会风尚。

（6）培养使用军地两用人才，扶持和帮助回乡退伍军人发展生产，充分发挥他们在乡镇企业和农村基层组织中的作用。各地都要结合各自实际举办农牧区退役士兵两用人才培训班，动员和依靠社会力量，积极兴办优抚经济实体。“十五”期间，计划在全区兴办14个上规模、上档次，有效益的优抚实体，为大力发展优抚事业奠定坚实的物质基础。同时，各地、各双拥模范城（县）都要成立自己的“拥军优属协会”，筹措积累资金，增强优抚保障实力。

3、积极支援西藏的经济建设，为西部大开发作出新的贡献。

各部队要按照中央军委和总部的要求，紧紧围绕国家实施西部大开展战略，以“科技兴藏”为主要目标，大力开展科技扶贫活动，帮助群众脱贫致富；积极参与西部大开发，主动承担重点工程和重点项目的建设任务；奋勇参加抢险救灾；积极配合地方公安机关惩治分裂主义分子和不法分子，搞好社会治安工作，经过五年的努力，力争使西藏更加繁荣、稳定、富强。

（1）围绕创建文明村镇、文明街道、文明行业开展创建活动。各军分区、旅、团（支队）要指导部队围绕驻地创建文明村镇、文明街道、文明行业，深入开展军民共建社会主义精神文明活动。团（支队）以上单位要在巩固的基础上，发展新的文明村镇、文明街道、文明行业。驻拉萨部队要分别负责拉萨社会福利院的绿化，拉萨汽车站，宇拓路街道、娘热路街道、民航局（拉萨市人武部）、民航机场（贡嘎县人武部牵头贡嘎兵站、贡嘎机务站参加），电信局的共建，争创文明街道和文明行业。其他军分区、团以上单位要结合驻地实际，广泛开展军民共建“三个文明”（文明村镇、文明街道、文明行业）活动。

（2）组织官兵和民兵积极支援西部大开发。各军分区、旅、团（支队），要向当年“老西藏”那样，抓住西部大开发这一千载难逢的机遇，在西藏交通、水利、生态等工程建设上，打几次胜仗，造成类似于我军50年代修建“川藏”、“青藏”、“滇藏”等公路那样的影响。要在基础设施建设，保护生态环境，调整产业结构，发展科技教育，扩大改革开放等方面主动承担急难险重任务。要抓好长江上游流域的综合治理和环境保护、昌都“三江流域”天然保护工程、雅江流域的生态保护工程。修建一批写有“国防”、“八一”等字样的标志性工程。积极承担急难险重任务，承建地方难承建的开发项目；充分发挥部队人才优势，向西藏输送较高素质的人才；大力植树造林，为西藏生态建设发挥作用。民兵不仅是维护社会稳定和巩固边防的一支重要力量，而且是生产建设的突击队。各军分区、人武部要按照党中央、中央军委的统一部署和要求，发动广大人武干部和民兵参加生态工程、基础设施工程和扶贫攻坚工程，积极维护社会稳定，在西藏经济建设中建功立业。

（3）大力开展科技扶贫活动。各单位要按照国家《八七扶贫攻坚计划》和《西藏军区部队科技扶贫三年规划》，建立2-3个具有一定科技含量、投资少、见效快、管长远的扶贫点，继续推广“农场十农户=奔小康”的扶贫模式，每年为群众办4期技术培训班。向驻地群众普及科学养殖、种植技术，提供优良品种。人武部要大力开展科技扶贫活动。积极开展医疗扶贫。部队所有医院、卫生队（所）要在现已开展民族医疗门诊和培训医疗骨干工作的基础上，进一步拓宽思路，广开服务渠道，每年要专门组织3-5次医疗小组走上街道，深入农村、牧区送医送药，为人民群众防病治病。各医疗卫生单位要积极探索培训医疗骨干的路子和方法，有计划、分批次地为广大农牧区培养医疗人才，并指导他们在农牧区发挥作用。

全面实施智力扶贫。部队驻地有条件的要创办和完善“鱼水小学”、“希望小学”、“帐篷小学”或文化夜校，力争使每一个适龄儿童都能入学，努力扫除青壮年文盲。全区66个人武部必须建立和完善“民兵之家”，把“民兵之家”办成一个组织民兵和群众学习政治、文化、普及科学、传播信息、培训农牧民技术骨干的阵地。

(4) 奋勇参加抢险救灾工作。西藏是个自然灾害多发区，雪灾、洪灾、泥石流、地震等自然灾害频繁，突发性强，各部队要把参加抢险救灾作为一项长期性的重要工作来抓，与地方有关部门搞好协调，做好抢险救灾的各种应急预案和各项准备工作，确保灾情发生后部队能拉得出，用得上，坚决完成抢险救灾任务，最大限度地保护国家和人民群众生命财产的安全。

(5) 积极协助地方加强基层党组织和政权建设。要积极协助地方党委政府搞好党的基本知识、基本路线和国防教育，团以上单位每年到共建点讲授1－2次党课和国防教育课，结合实际，发展民兵信息员，学握驻地社情、敌情、积极维护边防和社会稳定。

4、扩大共建成果，促进军民团结。

军民共建社会主义精神文明活动，是双拥工作的重要内容，是新时期双拥工作的一大创举，是加强军政军民团结的落脚点。各地各部队要积极开展“共建政治建设，共建思想防线，共建文化阵地，共育四有新人”活动。军民共建活动要把帮助农牧民脱贫致富、解决部队战备执勤、生产训练困难，弘扬共产主义和爱国主义精神为主要内容，巩固现有成果，提高共建质量，拓宽共建渠道。“十五”期间，计划新建军民共建点50个，新办“鱼水小学”20所，开垦双拥共建林3000亩，植树24万株。

5、深入扎实地开展创建双拥模范城（县）活动，推动双拥工作的健康发展。

创建双拥模范城（县）活动是新形势下加强军政军民团结的重要形式和有效途径。各地各部队要按照坚持方向、丰富内容、拓宽领域、注重实效的要求，扎实深入地开展争创双拥模范城《县）活动。要把争创双拥模范城（县）活动纳入当地经济和社会发展的总体规划，列入党政军的重要议事日程。创建活动中要把领导的积极性与群众积极性有效地结合起来，把拥军优属与拥政爱民有效地结合起来，形成双拥工作合力。要引导广大军民进一步端正创建的指导思想，正确处理“平时创”与“评时争”的关系。双拥工作重在平时，贵在经常，要切实抓好经常性、基础性工作，努力达到“组织健全、政策落实、活动经常、关系融洽”的要求，进一步打牢军政军民团结的基础。

6、积极预防和妥善处理军民矛盾和纠纷。

在长期的革命和建设中，军队与人民建立了水乳交融的感情，其根本利益是一致的。军地之间发生的一些矛盾和纠纷，要通过团结—协商—团结的方式来妥善解决。要从全局上、政治上看待军民关系问题。军地之间发生了矛盾和纠纷，双方都要严于律己、宽以待人、主动承担责任，各自多做自我批评。军政军民交往，要讲感情，讲风格，讲团结，不要使军政军民关系商品化、庸俗化。衡量军政军民关系，主要是看政治思想上的一致，感情上的融洽和工作上的紧密配合。各地各部队都要以党的基本理论、基本路线、基本纲领为团结基础，通过妥善处理军民矛盾和纠纷，进一步巩固和发展军政军民“同呼吸、共命运、心连心”的大好局面。

7、要注重抓好双拥政策法规的完善和落实。

做好新形势下的双拥工作，既要靠各级党政军领导的重视和广大军民的参与，也要靠政策法规的规范、约束和保障，近几年来，各地普遍制定了双拥政策法规，对推动双拥工作的发展起到了重要作用。当前，双拥工作遇到了许多新的情况、出现了一些热点、难点问题。这些问题如不认真研究解决，就会影响军政军民关系和双拥工作的发展。因此，必须在加强双拥政策法规建设上下功夫。特别要针对转业退伍军人和离退休干部安置、随军家属就业、子女入学入托、维护军人和军属合法权益等工作中存在的问题，深入调查研究，完善政策法规，切实做到有章可循，有法可依。同时，要采取有力措施，认真抓好现有政策法规的落实，增强政策法规的严肃性和约束力，推动双拥工作向经常化、制度化、社会化方向发展。

四、“十五”双拥规划的主要措施

(1) 解放思想，更新观念，认清形势，服务大局。

各地各部队要认真学习中央、自治区领导有关西部大开发的重要论述和指示精神，克服封闭保守意识，破除一切不适应改革开放和新形势要求的思维定势、运行机制、管理模式和工作方式方法，进一步解放思想，更新观念，转变职能。大开发不能穿新鞋走老路，要积极探索适应西部大开发要求的双拥工作运行机制，努力研究新形势下发展双拥工作的不利条件和因素，敢想以前没有想过的事，敢提以前没有提过的课题，扬长避短，快速发展。通过不断创新，扎实有效的工作，为西部大开发创造一个良好的发展环境，以良好的发展环境促进经济发展、社会稳定和国防建设。

(2) 切实加强双拥工作的组织领导。

各地各部队要把双拥工作看成是一种政治责任，建立健全组织机构，加强统一领导。要把双拥工作作为一项长期的战略任务，纳入社会发展的总体规划，作为部队政治建设的重要内容，坚持不懈地抓下去，真正达到有健全的组织机构，有明确的任务目标，有完善的工作制度，有系统的服务网络，保证各项任务落到实处。

(3) 从形势任务的需要出发确定工作重点。

各地各部队要始终坚持为国家和军队改革建设服务的方向，根据不同时期形势任务的特点，确定双拥工作重点，丰富活动内容。实施西部大开发，为新时期双拥工作开拓新的思路。各地各部队要围绕大开发出思想、出政策、出措施、出成果，提高为西部大开发服务水平，确保双拥工作充满生机和活力。

(4) 要在抓落实重实效上下功夫。

双拥工作的重点在基层，基层双拥工作的好坏直接影响着全区的双拥工作。各地各部队要适应形势和任务的变化，从实际出发，从广大军民普遍关心的问题入手，加强调查研究，不断研究新情况，解决新问题，把各项任务落到实处。

(5) 树立典型，学习先进。

各地各部队要积极开展学先进，比贡献活动。大张旗鼓地宣传双拥工作中涌现出来的先进集体和先进个人，充分发挥先进模范的带头作用和示范作用，抓一点，带一片，抓一片，带一方，形成人人争当先进的良好风气。各级组织人事部门，在考核干部政绩时，要把双拥工作的好坏作为考核提拔干部的一条标准，纳入考核干部政绩的主要内容，要积极开展比学赶超活动，使双拥工作形成合力。

安徽省高级人民法院、安徽省军区政治部关于进一步加强维护军人军属合法权益的意见

(2000 年 3 月 27 日)

为贯彻党的十五大提出的建设社会主义法治国家的要求，推进依法治国、依法治省和依法治军的进程，维护军人军属的合法权益，解除部队官兵的后顾之忧，激发军人军属的爱国报国热情，维护社会和部队的安全稳定，安徽省高级人民法院与安徽省军区政治部经协商，对进一步加强维护军人军属合法权益工作提出如下意见：

一、切实维护军人军属合法权益，是加强军队

思想政治建设，实现依法治军，维护社会和部队稳定，保护国防和军队利益的迫切要求。各级人民法院和各军分区、人民武装部要以高度的政治责任感和良好的精神状态，认真抓好依法维护军人军属合法权益工作的落实，为加强军队和国防建设提供优质的服务和有力的保障。

二、各级人民法院要积极研究新形势下依法拥军的新举措，探索解决军人军属涉法问题的有效途径，依法及时妥善地处理涉及军人军属的案件；各军分区、人民武装部要充分发挥桥梁纽带作用，为军人军属排忧解难。

三、要建立维护军人军属合法权益法律服务机制。省高级人民法院和省军区政治部成立维护军人军属合法权益工作指导小组，负责协调、指导全省军人军属诉讼案件的处理；基层法院各业务庭和人民法庭确定相对稳定的合议庭审理本院依法管辖的驻军单位、军人军属涉讼纠纷案件，以及危害国防利益和侵犯军人军属合法权益的刑事案件。

四、各级人民法院对军人军属涉诉案件，应依法快立案、快审理、快执行；对军人军属投诉的民事、经济、行政案件，申请减、缓、免交诉讼费用的，经审查如确有经济困难，可以依法予以批准。

五、县（市、区）人民武装部应当成立维护军人军属合法权益法律咨询站，为军人军属提供法律服务；掌握军人军属涉法情况，及时主动与军人所在部队通报情况。法律咨询站要经常与基层人民法院有关合议庭保持联络，主动协助法院处理涉军案件。

六、基层人民法院要加强对驻军单位和军人军属的法制宣传工作，不定期开展法律咨询服务。人民武装部应予配合协助。

七、本意见中“军人”是指中国人民解放军、中国人民武装警察部队的现役军（警）官、文职干部、士兵以及具有军籍的学员和执行军事任务的预备役人员。军人投诉或应诉须持有部队团以上政治机关证明其身份的函件。“军属”是指军人父母、配偶、子女及依靠军人生活的未成年弟妹等。对是否军属有疑问的，由当地人民武装部确认证明。

八、各地可根据本意见制定实施细则。

安徽省拥军优属条例

（2000年3月27日安徽省第九届人民代表大会常务委员会第十五次会议通过）

第一章　总　则

第一条　为了加强拥军优属工作，提高全民的国防观念，促进国防建设，根据《中华人民共和国国防法》、《中华人民共和国兵役法》和国务院《军人抚恤优待条例》、《退伍义务兵安置条例》等法律、法规，结合本省实际，制定本条例。

第二条　本省行政区域内的国家机关、社会团体、企业事业单位以及其他组织和公民，依照本条例履行拥军优属的职责和义务。

第三条　尊重、优待军人，妥善安置退出现役的军人，开展多种形式的拥军优属活动，保护军人及其他优抚对象的合法权益。

第四条　各级人民政府应加强对拥军优属工作的领导，把拥军优属工作纳入国民经济和社会发展计划，保障拥军优属工作所需的经费。

第五条　县级以上人民政府民政部门是同级人民政府拥军优属工作的主管部门；其他有关部门按照各自的职责负责拥军优属的有关工作。乡、镇人民政府和街道办事处以及城乡基层群众性自治组织负责落实拥军优属的有关工作。

第二章　拥　军

第六条　中国人民解放军和武装警察部队从事

军事训练、战备执勤、国防施工、教学科研等活动，需要协助的，当地人民政府和有关单位应当予以支持、配合，提供必要的物质保障，并保守军事秘密。

第七条 各级人民政府和有关单位按照有关规定保障驻皖部队生产、生活必需品的供应，落实各项补贴，帮助部队改善物质、文化生活条件和发展农副业生产。

第八条 国防建设需要征用土地时，人民政府及其土地管理部门应当依法及时办理。

第九条 驻皖部队建造营房及其他军用设施，除法律、法规规定的税费外，不得收取其他费用。

第十条 通往部队驻地的道路，负责修建和养护的交通、城市建设部门，应保证道路完好。

第十一条 军用机动车通过本省行政区域内的公路、桥梁、隧道、城市道路、渡口，以及在各类停车场停放，免交通行费和停车费。

第十二条 各级人民政府应当采取有效措施，协助部队管理和保护国防设施，加强人民防空建设，维护部队营地、库区的安全。

第十三条 各级人民政府应当建立征兵工作责任制，发动和鼓励适龄青年履行兵役义务，保证兵员质量，完成征兵任务。

第十四条 任何单位和组织不得向部队集资、摊派。

第三章 优 抚

第十五条 现役军人、革命伤残军人、军队离休退休人员乘坐火车、轮船、飞机、长途汽车、缆车，优先购票；革命伤残军人按照规定减价优待，参观纪念馆、博物馆、公园，免购门票。

现役军人、革命伤残军人、军队离休人员乘坐城内公共汽车免费；在公共停车场所停放自行车等交通工具，免交停车费。

第十六条 民航、铁路、公路和轮船客运部门应当设立军人售票窗口；有条件的，开设军人候车（机、船）室。其他服务行业，应当提供优先、优质服务，并设立显著服务标志。

义务兵从部队发出的平信，免费邮递。

第十七条 优抚经费必须及时发放给优抚对象，任何单位和个人不得拖欠、截留、挪用。

第十八条 义务兵服现役期间，其家属由当地人民政府给予优待，优待的标准不低于当地平均生活水平，具体办法由省人民政府规定。

实行优待金县（市、区）社会统筹制度。鼓励通过社会捐赠、赞助等方式，筹集拥军优属保障资金，解决优抚对象的特殊困难。

第十九条 各级人民政府及其有关部门应当妥善解决优抚对象的生活、住房、医疗等困难，从资金、项目、技术、信息等方面，扶持优抚对象发展生产，改善生活；对年老体弱、没有工作、生活困难的在乡老复员军人，地方各级人民政府应给予定期定量补助，并根据当地经济发展状况，逐步提高其补助标准，保证他们的生活达到当地农村居民平均生活水平。在建立最低生活保障制度中，优抚对象的抚恤补助不计入其家庭收入。

第二十条 对农村缺乏劳动力的优抚对象，乡、镇人民政府和村民委员会应当安排劳力，帮助收、种农作物。

对收入水平在本村平均线以下的农村革命烈士家属、因公牺牲军人家属、病故军人家属、现役军人家属和革命伤残军人、在乡退伍红军老战士、复员军人、带病回乡退伍军人，应当减免乡、村规定的负担。

农村义务兵入伍前承包的土地、山林等，服役期间应予保留，并免除乡、村规定的负担。

第二十一条 随军随调的现役军人家属，需要调动、安置工作的，人事、劳动部门应当帮助调动、安置。

第二十二条 企业事业单位裁减人员时，应根据优抚对象的实际情况，予以适当照顾。

企业破产，其主管部门或劳动部门应优先安排优抚对象培训、就业。

第二十三条 分居两地的现役军人配偶，其所在单位在安排工种、班次等方面应予以照顾；对按规定探亲的，应安排假期，准予报销路费，其原有工资、福利等不得扣减。

未随军的现役军人配偶，有工作单位的，在子女医疗、入托、入学等方面享受本单位双职工待遇。

第二十四条 出售、出租公有住房，对优抚对象应按规定给予优待。

农村的优抚对象申请自建住房的，乡、镇人民政府按规定应优先安排宅基地。

第二十五条 革命伤残军人、在乡退伍红军老战士、军队离休退休人员享受国家规定的医疗待遇。

其他优抚对象因病医疗，有关部门在制定医疗收费项目和标准时，应当予以优待，或者根据实际予以减免。

第二十六条 现役军人子女、异地安置的转业军官子女和革命烈士子女入托上学，应予优先安排，不得收取国家和省规定外的费用。革命烈士子女、夫妻双方均为海、边防部队现役军人的子女，需到监护人所在地学校借读的，应就近安排，免收转学、借读费用。

革命烈士子女报考高等院校、中等学校，按规定加分；革命伤残军人子女和退出现役的军人报考高等院校、中等学校，按照有关规定予以优待。

第二十七条 各级人民政府应当增加优抚事业投入，改善荣军医院、荣康医院、光荣院、军队离休退休干部休养所、军供站、烈士陵园等优抚事业单位的设施。

第四章 安 置

第二十八条 对退出现役的军人，按照《中华人民共和国兵役法》等法律、法规的规定接收安置。

用人单位招聘、录用人员，在同等条件下应优先聘用或录用退出现役的军人。

第二十九条 义务兵退出现役后，由原征集的市、县、市辖区人民政府在规定的时限内完成接收安置任务。

机关、团体、企业事业单位对当地人民政府分配的安置任务，应当保证完成，不得拒绝。安置工作应当做到公开、公平、合理。

城镇退伍军人待安置期间，由县级人民政府按照不低于当地最低生活水平的原则发给生活补助；自谋职业的，由县级人民政府给予一次性经济补助。

第三十条 士官退出现役后，服现役不满十年的，按照《中华人民共和国兵役法》第五十六条的规定安置；满十年的，由原征集的市、县、市辖区人民政府安排工作，也可以由上一级或者省人民政府在本地区范围内统筹安排；自愿回乡参加农业生产或者自谋职业的，给予鼓励，由原征集的市、县、市辖区人民政府增发安家补助费；服现役满三十年或者年满五十五岁的作退休安置，根据地方需要和本人自愿也可以作转业安置。

第三十一条 对在部队获二等功以上奖励、因战因公致残、长期在边远艰苦地区工作以及从事飞行、舰艇工作的转业退伍军人，在接收安置及工作分配中应给予优待。

军官退出现役，根据其在部队的职务和专长，合理安置使用。

第三十二条 保障军队离休退休人员的政治、生活待遇。随迁配偶和子女就业、上学，应优先安排。

第五章 奖励与处罚

第三十三条 有下列情形之一的，由人民政府或有关部门予以表彰、奖励：

（一）开展拥军优属活动，成绩显著的；

（二）支持国防建设，事迹突出的；

（三）优待抚恤工作，成绩显著的；

（四）接收、安置退出现役的军人，成绩显著的；

（五）优抚对象在发展经济和社会事业方面，有突出贡献的；

（六）观役军人在部队立功或者获得荣誉称号的。

第三十四条 违反本条例第九条、第十四条规定的，由县级以上人民政府有关部门责令限期改正，并可对直接责任人员给予行政处分。

第三十五条 机关、团体、企业事业单位违反规定拒绝接收，安置退出现役军人的，由县级以上人民政府责令限期改正，并可以处以1万元至3万元罚款；拒不改正的，对单位直接负责的主管人员和其他责任人员依法予以处罚。

第三十六条 拖欠、截留、挪用、贪污优抚经费的，侵犯军队、军人和优抚对象合法权益的，由有关部门依法追究行政责任；造成损失的，依法责令赔偿；构成犯罪的，依法追究刑事责任。

第六章 附 则

第三十七条 本条例所称优抚对象，是指中国人民解放军和武装警察部队的现役军人、革命伤残军人、复员退伍军人、革命烈士家属、因公牺牲家属、病故军人家属、现役军人家属。

第三十八条 本条例自2000年8月1日起施行。

河北省双拥办、省民政厅、省教育厅、省新闻出版局、省军区政治部关于广泛开展科技拥军活动的通知

（2000年4月26日）

为认真贯彻落实全国双拥模范城（县）命名大会和全省双拥工作会议精神，切实支持部队实施科技强军战略，打赢高科技条件下的现代战争，推动我省双拥工作深入发展，现将开展科技拥军活动的有关事项通知如下：

一、提高认识，加强领导。科技拥军活动着眼于提高部队战斗力，为部队现代化建设提供智力支持和科技保障，是新形势下双拥工作的发展和重要内容，更加适应部队现代化建设的需要。各级、各部门要从全局和战略的高度重视科技拥军活动，要按照全省双拥工作要点，把开展科技拥军活动作为支持军队建设的重点，摆上议事日程。为切实做好这项工作，各市要建立由市双拥工作领导小组牵头，军地有关部门和单位负责同志参加的科技拥军领导机构。把科技拥军纳入科技兴市的发展战略，把科技拥军的成效纳入领导干部政绩考核的重要内容，把科技拥军所需经费纳入地方财政预算，把帮助部队解决科技练兵中的实际问题纳入政府办实事的范围，保证这项活动有计划、有组织地展开并持续发展。要深入进行国防教育，广泛宣传拥军优属的光荣传统和科技强军的重要意义，在全社会，特别是科技界、教育界营造爱国拥军的浓厚氛围。石家庄、保定两市要带头开展好科技拥军活动。

二、开展多种形式的科技拥军活动。科技拥军活动，既要坚持政府主导，在政府的组织下广泛开展，又要动员社会力量广泛参与，形成社会科技拥军的氛围。新闻出版单位要在新年、春节和“八一”建军节等节日，统一组织科技文化图书进军营活动。把适合广大官兵需要的科学文化图书送到基层连队。各新华书店对部队基层连队集体购买科技文化图书的，要实行优先优惠政策。有条件的图书馆要帮助部队团以上单位建立科技图书室，为广大官兵学习科技知识创造良好的条件。大专院校要组织专家、学者和教师深入营区传授新知识、新技能，帮助部队培养人才、提高官兵的素质。一方面可以开办各类文化、科技培训班，使广大官兵掌握部队建设需要的知识技能；另一方面也可以根据国家有关规定招收部队“训练尖子”入校深造。对战士，主要是帮助普及高中文化知识，掌握一两门专业技能；对基层干部，主要是帮助完成大学专科或

本科学业；对团以上领导和机关干部，主要是帮助培养研究生等高层次人才和多学历的复合型人才。科研院所要主动与部队联系沟通，结合自身特点，帮助部队解决一些指挥自动化、武器装备改造、农副业生产项目改良等战备训练难题和生产、生活保障难题。

三、坚持双向受益，保持科技拥军的生机和活力。科技拥军活动要兼顾双方的利益。各地可采取政府补一点、部队拿一点、大专院校和科研单位贴一点的办法，解决科技拥军中所需经费问题，尽量不要给大专院校和科研院所增加过重的负担，保护他们拥军的积极性。同时，要充分利用军民共建的有效载体，发挥共建的优势，地方大专院校、科研院所等要与驻军团以上单位结成科技共建对子，签订共建公约。驻军部队要热情为大专院校、科研院所排忧解难，对大学生进行军训，传播我军优良传统，促进文明校园和文明院校的建设；广泛开展科技助民活动，使科技拥军和科技助民活动互相促进，相得益彰。

四、做好安全保密工作，保证科技拥军活动健康发展。在科技拥军中，要充分考虑部队建设和管理的特殊性，积极配合部队做好安全保密工作。要注意教育参加科技拥军的人员严格遵守部队有关规定，增强保密观念，对重要的攻关项目，坚持立项报批和参与人员审查把关制度，防止发生失泄密问题。

山东省双拥工作领导小组

关于广泛开展“双四好”活动的实施意见

（2000年4月26日）

为贯彻落实全国双拥模范城（县）命名大会精神，深化创建双拥模范城（县）活动，推动双拥工作的全面落实，省双拥工作领导小组研究决定，在全省和驻鲁部队中广泛开展争创“双四好”活动。即：地方科技拥军好，转业退伍安置好，优抚政策落实好，维护军队合法权益好；部队遵纪爱民形象好，扶贫帮困效果好，维护社会治安好，完成急难险重任务好。现提出如下实施意见：

一、指导思想

争创“双四好”活动，坚持以邓小平理论为指导，深入贯彻党中央、国务院、中央军委关于加强军政军民团结的一系列指示，紧紧围绕增强我国的经济实力、国防实力和民族凝聚力，适应新形势，迎接新挑战，创造新优势，实现新突破，推动我省双拥工作再创新水平。

二、基本内容

开展“双四好”活动，地方应做到：科技拥军好。国防宣传教育深入扎实，群众科技拥军意识强；支持部队科技强军、科技练兵社会氛围浓。贯彻“平战结合”原则，把支持部队科技强军列入地方科教事业发展规划。军地通用社会科技资源优先为国防建设服务，开展科技送军营活动：送人才，输送优质兵员，圆满完成部队所需的各类专业人才征集任务；送文化，积极帮助部队培养人才，提高科技文化素质，成效显著；送技术，及时为部队科技练兵排忧解难，帮助部队装备革新，掌握新技能，在新装备转化战斗力上做出贡献；送信息，帮助部队开发建立信息网络，多方位提供信息服务；送政策，建立科技练兵、科技进步奖励机制，官兵学科技、用科技热情高。转业退伍安置好。国家和省各项安置政策全面落实，按时完成转业、退伍军人和军队离退休干部安置任务，无拒绝接收军转干部和退役士兵现象；随军随调家属安置及时，部队子女就近入托入学。优抚政策落实好。优抚对象的抚恤补助标准达到或超过国家和省规定标准，足额按时发放；“三老”优抚对象生活难、住房难、医疗难问题基本解决；农村义务兵家属优待金达到当地上年人均纯收入水平；二等以上伤残军人医疗费实报实销；三等伤残军人、带病回乡复员军人、烈军属医疗补助和减免政策落实到位；政治思想教育坚持经常，扶持生产措施有力，优抚对象受到社会尊重，生活不低于当地平均水平。维护军队合法权益好。国防军事法规宣传广泛，社会群众依法拥军优属意识强，保护军队军人军属合法权益措施有力；维护营区正常秩序，军产及军事设施得到有效保护，无破坏军事设施刑事案件；无侵犯军人军属合法权益的问题，军队军人军属涉法案件得到及时妥善公正处理。

开展“双四好”活动，部队应做到：遵纪爱民形象好。模范执行党的路线、方针、政策，遵守国家法律法规，积极宣传教育群众，带头同一切违法犯罪分子作斗争；尊重当地政府，热爱人民群众；严守群众纪律和遵守社会公德，扶危济困，见义勇为，传播科技文化知识，弘扬文明新风成绩突出；无严重违反群众纪律的问题，无重大军（警）民纠纷事件。扶贫帮困效果好。积极参加支援地方经济建设，落实总部规定的10个义务劳动日，成效突出；旅团以上单位有扶贫帮困联系点，有切实可行的帮扶规划，每年办一两件群众受益大、社会反映好的实事，帮扶对象变化大，面貌新；省军区系统创建民兵富民工程成效显著。维护社会治安好。善于开展群众政治思想工作，积极宣传党的路线方针政策，在支持地方改革，理顺群众情绪，化解矛盾，促进社会稳定中做出突出贡献；积极协助地方开展普法宣传和教育，打击各种犯罪活动有力；时刻保持高度警惕，妥善处理各种突发事件，有效维护社会秩序；坚持军警民联防联治，主动协助地方教育青少年，学习新科技，树立新风尚，勇于同赌博、盗窃、封建迷信等歪风邪气不良倾向作坚决斗争，在参与社会综合治理中成绩显著。完成急难险重任务好。积极参加抢险救灾，奋力保护国家、集体财产和人民生命财产的安全。平时各种应急预案健全，措施落实；受命后能迅速集结、快速开进，及时投入现场救护；在艰险困苦任务面前，吃大苦、耐大劳，敢打硬仗、恶仗，作风过硬；关键时刻为国家和人民利益，顽强奋斗，勇于牺牲，及时、圆满完成任务。

三、实施办法

开展“双四好”活动，由各级双拥工作领导小组负责，双拥办公室具体组织实施。“双四好”活动的评比表彰，纳入双拥模范城（县）评比表彰内容，一并检查考核。

四、几点要求

1. 深入发动，提高认识。组织开展“双四好”活动，是贯彻落实全国双拥模范城（县）命名大会精神，推进双拥工作各项任务落实的重要措施和有效载体。各级要充分认清开展这一活动的重要意义，采取多种形式，广泛宣传，使广大军民了解开展“双四好”活动的指导思想、活动内容，明确开展这项活动的要求，增强参加“双四好”活动的自觉性，积极投入到争创“双四好”活动中来，以优异的工作实绩争创“双四好”先进单位，争当先进个人。

2. 精心组织，周密部署。“双四好”活动涉及军地方方面面，各级双拥办要加强组织协调，要把“双四好”活动纳入双拥工作的总体规划，与创建双拥模范城（县）活动有机结合起来，统一部署。各行业部门要把争创“双四好”单位与本部门的业务工作融为一体，一同部署，一道检查，一并落实。

3. 加强领导，抓好落实。各级党委政府和部队领导机关，要把这项活动切实摆上议事日程，经常分析形势，及时解决工作中的矛盾和问题；军地领导要带头参加“双四好”活动，督导落实；各行业部门要发挥自身优势，积极参与；各地双拥办要加强指导，注意发现和培养典型，及时交流总结经验，指导“双四好”活动的落实。活动中要求真务实，注重实效，通过“双四好”活动，真正把我省双拥工作提高到一个新水平。

山东省委、省政府、省军区关于进一步加强双拥工作深入开展创建双拥模范城（县）活动的意见

（2000年5月9日）

拥军优属，拥政爱民，加强军政军民团结，是我党我军我国人民的优良传统和特有的政治优势，是党的三代领导核心的一贯思想。2000年伊始，江泽民总书记致信全国双拥模范城（县）命名大会，对做好双拥工作、加强军政军民团结提出了新的要求。在党中央、国务院、中央军委的领导下，我省积极开展双拥工作，军民在改革开放和现代化建设中相互支持，在维护国家安全和社会稳定中密切配合，在抗御各种严重自然灾害中并肩战斗，形成了同呼吸、共命运、心连心的大好局面，为军地现代化建设做出了巨大贡献，在创建双拥模范城（县）活动中走在了全国前列。为认真贯彻落实江泽民总书记重要指示和全国双拥模范城（县）命名大会精神，进一步推动全省双拥工作的开展，现提出以下意见。

一、坚持把双拥工作作为维护国家安全和社会稳定的战略任务来抓。做好双拥工作，加强军政军民团结，既是促进国家发展和军队建设，维护国家安全和社会稳定的重要政治保证，也是促进我省改革、发展和稳定，实现富民兴鲁大业的重要条件。各级党政军领导要结合“三讲”教育，认真学习党的三代领导人关于加强军政军民团结的重要论述，从民族振兴、人民幸福和国家长治久安的战略高度，充分认识做好双拥工作、加强军政军民团结的战略意义，把双拥工作摆在事关全局的重要位置，列入议事日程，常抓不懈。要以江泽民总书记贺信精神为指针，联系国际国内形势的变化，对广大军民进行以爱国主义为核心的全民国防教育和双拥教育，在全社会牢固树立“军政军民的坚强团结极为重要”的观念，牢固树立“全面推进建设有中国特色社会主义事业，始终需要广大军民同心同德，艰苦奋斗”的观念，牢固树立“军队和国防建设关系国家的长治久安，是全党和全国各族人民的共同事业”的观念，牢固树立军政军民“同呼吸、共命运、心连心”的观念。要充分利用报刊、广播、电视等新闻媒体和爱国主义、国防教育基地，大力宣传党中央、国务院、中央军委关于做好双拥工作的指示和全国双拥模范城（县）命名大会精神，宣传我省军爱民、民拥军的优良传统，宣传富有时代特色和地区特点的双拥先进典型，进一步营造军民携手共创辉煌的舆论氛围，把广大军民爱国拥军的政治热情充分激发出来，开创双拥工作的新局面。

二、坚持用共同理想凝聚军心民心。加强军地思想政治建设，用党在社会主义初级阶段的基本理论、基本路线、基本纲领统一军民的思想和行动，是加强军政军民团结的基础。要以理想信念教育为核心，在军民中大力开展党的基本理论、基本路线，基本纲领教育，大力开展爱国主义、集体主义、社会主义教育，大力开展世界观、人生观、价值观教育，大力开展讲学习、讲政治、讲正气教育，大力开展科学知识、科学思想、科学方法、科学精神教育。把军民共建精神文明活动与创建文明城市、文明行业和文明村镇结合起来。军队的精神文明建设要走在全社会的前列，地方干部群众要向解放军学习。军队在军民共建精神文明活动中开展“六带头”活动：即带头学习邓小平理论，带头树立坚定的社会主义理想信念，带头宣传落实党的改革开放富民政策，带头学习科学技术知识，带头讲文明树新风，带头做有理想、有道德、有文化、有纪律的“四有”新人。通过“六带头”活动，全面

提高军民素质，激发建设和保卫伟大祖国的政治热情，为全面推进有中国特色社会主义事业提供强大的精神动力和可靠的政治保证。

三、坚持经济建设与国防建设统筹兼顾协调发展。经济建设是国防建设的基础，国防建设是经济建设的保障。坚持经济建设和国防建设协调发展，既创财富于人民，又强武备于国家，是做好双拥工作必须牢牢把握的基本原则。地方各级党委、政府和人民群众，要一如既往地关心和支持军队的改革和建设，加大支持部队"双争"活动的力度，积极配合部队完成教育训练、战备执勤和科研试验等各项任务。协助部队做好军事斗争准备，提高部队"打赢"能力。广泛开展科技送军营活动，在送人才、送文化、送技术、送信息、送政策等方面不断开辟科技拥军的新路子。充分发挥大专院校和科研单位的技术优势、教育优势，协助部队培养现代化建设需要的人才，提高官兵的科学文化素质。有条件的地方要尽快帮助驻军建制连队完善微机、科技图书、电教设备等科技练兵条件，帮助部队开发建立信息网络，提供科技资源，为部队科技练兵服务。支持部队后勤保障社会化改革，把市场供给同战场保障结合起来，坚持军品优先的原则，保证供给，保证数量，保证质量，保证服务。巩固提高拥军"米袋子"、"菜篮子"、"书橱子"、水电路工程的质量，改善部队官兵的物质文化生活。建立激励机制，奖励科技拥军、科技练兵拔尖人才。

驻鲁部队要大力支援地方经济建设，积极参加地方重点工程和公益事业建设，开展扶贫帮困、科技助民活动，勇于承担抢险救灾等急难险重任务，在保卫国家利益和人民生命财产安全的斗争中，发挥生力军和突击队作用。围绕科教兴鲁和山东可持续发展战略，积极组织部队参加植树造林、治理污染和美化市容等"蓝天绿地工程"。要深入开展军民共建精神文明活动，为加强军地政治思想建设作贡献。

四、努力解决军民关注的热点难点问题。地方各级党委、政府要从官兵和优抚对象最关心的问题入手，办实事、解难题，把双拥工作做到官兵和群众的心坎上。对转业退伍军人安置，要强化政治任务观念，不折不扣地把党中央、国务院、中央军委关于转业退伍军人安置的政策落实到位。要把师团级干部作为安置重点，努力安排好他们的职务、工作和生活。在考试考核择优分配中，对功臣模范和军龄长、职务高、年龄大及在艰苦地区和岗位上长期工作的转业干部予以照顾。在坚持指令性计划分配为主的前提下，积极改进安置办法，采取优惠政策，鼓励和引导转业退伍军人到经济建设最需要的地方去建功立业。强化人才观念，把转业退伍军人作为重要的人才资源开发使用。加快立法步伐，尽快建立一套与社会主义市场经济体制相适应，与干部人事制度、劳动用工制度相配套，符合我国国情、军情的安置制度和办法，从根本上解决安置难的问题。要把随军家属就业安置纳入地方劳动人事管理工作的总体规划，作出统筹安排，努力抓好落实。要保障和方便部队子女上学、入托，解除官兵的后顾之忧。按照《宪法》和《军人抚恤优待条例》确定的原则，逐步建立健全与社会主义市场经济体制相适应的多层次、多形式的优抚保障制度，建立起抚恤补助标准与当地人民生活水平同步增长的机制。继续深入开展"爱心献功臣行动"，切实帮助优抚对象解决生活、住房、医疗等方面的困难，并积极扶持优抚对象奔小康。

五、坚持深入持久地开展创建双拥模范城（县）活动。邓小平同志亲自倡导并在全国广泛开展的创建双拥模范城（县）活动，是新形势下加强军政军民团结的有效途径和成功实践，是推动双拥工作发展的重要载体。各地各部队要按照"坚持方向，丰富内容，拓宽领域，注重实效"的要求，把创建活动深入扎实地开展下去，确保各项工作措施的落实。要在军地开展"双四好"活动，即地方做到科技拥军好，转业退伍安置好，优抚政策落实好，维护军人合法权益好；部队做到遵纪爱民形象好，扶贫帮困效果好，维护社会治安好，完成急难险重任务好。争创"双四好"活动要与其他群众性的争先创模活动结合起来。要在领导干部中开展争当十佳国防新闻人物、十佳双拥人物活动，在军人军属中开展争当优秀士兵和百佳优秀士兵家庭活动。要把做好转业退伍军人和随军家属安置、提高优抚对象的保障水平、科技拥军、科技助民作为当前创建工作的重点，创造性地开展工作。每年都要对创建活动进行一次检查，检查情况作为下届评选的重要依据．要及时总结和推广双拥模范城（县）的新经验，充分发挥示范导向作用。对获得荣誉后工作放松、发生重大问题的，要通报批评，限期改正，直至撤销荣誉称号。

六、坚持依法维护军队和优抚对象的合法权益。依法双拥是贯彻落实国家依法治国、依法治军方略，妥善处理人民内部矛盾，维护社会稳定的基本保证。要加强《国防法》宣传，强化社会群众维护国防安全的意识；加强对军事设施的保护，维护营区正常的生活秩序。要针对新情况、新问题，抓紧研究制定有关转业退伍军人和随军家属安置、优抚对象生活保障、军事设施保护等政策法规，力争通过2至3年的努力，在全省逐步健全适应市场经济发展的，以支持军队建设、维护军队和优抚对象合法权益为主体的拥军优属政策法规体系，以支持地方建设和改革为主体的拥政爱民政策法规体系。同时，加大执法力度，完善检查落实措施，妥善处理好涉及军人军属的纠纷案件，维护军人军属的合法权益。司法部门要积极开展法律拥军，为军人军属提供法律服务。

七、切实加强对双拥工作的组织领导。双拥工作是一项维护国家安全和社会稳定的战略任务，政治性强，涉及面广。地方要把双拥工作纳入经济社会发展的总体规划，部队要把双拥工作作为部队政治建设的重要内容，坚持不懈地抓下去。要坚持军地联席会议和议军会议制度，及时研究解决涉及军政军民关系的重大问题。领导干部要带头做好双拥工作，对涉及部队调防、军事演习、军地纠纷等重大问题，要亲自出面，及时协调。要把双拥工作的实绩，作为考核领导班子和领导干部的重要内容。各级双拥工作领导小组要及时分析双拥形势，总结经验，部署任务，给领导当好参谋，协调解决好双拥工作遇到的困难和问题。各级双拥工作领导小组成员单位要积极履行双拥职责，带头抓好本部门本系统双拥任务的落实。各行业各部门都要各尽其责，齐抓共管，形成双拥工作的整体合力，推进双拥工作的社会化、经常化，努力开创双拥工作新局面。

广东省双拥工作领导小组关于广东省双拥模范城（县）评比命名暂行办法

（2000年5月17日）

为保证我省创建双拥模范城（县）活动深入、扎实、持久、健康发展，根据全国《双拥模范城（县）命名管理办法》和《广东省创建双拥模范城、县（区）的标准》等规定，特制定本办法。

一、指导思想

坚持以邓小平理论为指导，高举爱国拥军的伟大旗帜，认真贯彻党中央、国务院、中央军委关于双拥工作的指示，坚持双拥工作与经济建设同步发展，国防观念与改革开放意识同步增强，优抚保障水平与人民群众生活水平同步提高的原则，广泛深入开展双拥活动，为党的中心工作服务，为社会稳定大局服务，创建高质量的双拥模范城（县）。

二、基本原则

1、严格执行标准。优抚安置政策落实，没有发生在社会产生较在影响的军民纠纷，没有军地历史遗留问题，是创建双拥模范城（县）的硬指标，凡存在这些问题的，不得评为双拥模范城（县）。符合双拥模范城（县）命名条件的市、县（市、区），在分数同等的情况下，优先考虑驻军多和工作进步幅度大的市、县。

2、公开、公平、公正评选。双拥模范城（县）命名，要严格按照标准进行检查和考评，不搞照顾；按照有关程序办事，做到公开、公平、公正。

3、名额总量控制。每次双拥模范城（县）命名的数量要严格控制，具体数量在命名前由省双拥工作领导小组确定。

4、实行动态管理。每届双拥模范城（县）的评比命名严格执行标准，做到优胜劣汰，能上能下，有进有出，不搞终身制。

三、组织领导

全省双拥模范城（县）评比、命名工作在省双拥工作领导小组的领导下进行，省双拥办负责双拥模范城（县）评比命名的具体工作。地级以上市双拥工作领导小组及其办公室在省双拥办的指导下，开展对辖区内县（市、区）双拥工作的评比和验收。

四、评比命名程序

1、县（市、区）要求命名为省双拥模范县（市、区）的，通过自查自评认为符合条件的，以县（市、区）党委、政府和武装部名义向所在地级以上市双拥工作领导小组提出申请，由地级以上市双拥工作领导小组负责检查和考评，并按照得分高低，以市委、市政府、军分区（警备区）名义向省双拥工作领导小组推荐；

2、地级以上市要求命名为省双拥模范城的，在自查自评的基础上，认为符合条件的，以市委、市政府、军分区（警备区）名义向省双拥工作领导小组提出申请；

3、省双拥工作领导小组根据各市的申请和推荐，授权省双拥办对申请单位进行检查和考评，提出拟命名的市、县（市、区）名单。

4、省双拥工作领导小组组织军地人员对拟命名的市、县（市、区）进行抽查、验收，并召开领导小组全体成员会议讨论确定拟命名的市、县（市、区）名单，报省委、省政府、省军区审批，召开命名大会进行命名。

五、命名时间

省双拥模范城（县）原则上每三年命名一次，每次命名时间在当年的“八一”前夕。

六、量化标准（见附件）

七、附则

1、本办法由省双拥工作领导小组办公室负责解释；

2、本办法从颁布之日起实施。

广东省双拥模范城（县）量化标准

项目	具体内容		满分
领导重视 组织健全 （12分）	1、党政军领导高度重视，把双拥工作纳入当地社会和经济总体规划，纳入驻军建设的重要内容，主要领导经常参加双拥活动。		3
	2、双拥领导小组健全，活动经常，有成员单位职责，每年召开一次以上全体成员会议。		2
	3、机构建设方面	①地方有专职人员，地级以上市和驻军较多的县部队有人员到双拥办办公或有相对固定的军地联络员，且有办公场地和必要的办公设备。	2
		②地级以上市每年有5万元以上、县级每年有3万元以上专项办公经费。	2
		③有健全的办公制度，平时有简报，每半年有工作总结。	2
		④按时高质量完成上级双拥办部署的工作任务。	1

项目	具体内容	满分
宣传教育广泛深入（4分）	1、国防教育和双拥教育纳入了全民教育的内容，报刊、电台、电视台等经常宣传双拥工作。	2
	2、有双拥宣传专栏和必要的宣传标语，经常开展双拥教育，宣传双拥典型。	2
军地互相支持双拥活动扎实有效（27分）	1、每年“八一”、元旦、春节等重要节日，组织开展慰问部队、优抚对象和爱民助民等多种形式的双拥活动。	2
	2、地方政府和人民群众积极主动支持驻军建设，帮助驻军解决军事训练、军事演习、国防施工、后勤供应等方面的困难。	4
	3、驻军随军家属在随军年度内安排第一次就业（含非公有制单位），逾期未安排就业的，由当地政府按不低于城乡居民最低生活保障线标准发给生活补助。因国家机关裁员、企业兼并等原因下岗的随军家在下岗后一年内安排再就业，逾期未能安排再就业的，由当地社会保障部门按下岗职工补贴标准发给补贴；随军子女入学入托等问题要给予一定的照顾。	4
	4、部队挖掘潜能，拓宽渠道，尽已所能解决好部队随军家属就业安置；做好干部和随军家属的教育工作，尊重和服从地方的安排，支持地方人事和用工制度改革。	3
	5、负责供应部队粮油和副食品的商店、粮店，车站、码头、医院和公园等服务单位，设有为军人和优抚对象优先优惠服务的标志，并按规定落实有关优惠政策。	2
	6、部队积极参加地方重点工程建设和社会公益事业，每年为地方办一、两件有影响的好事实事；奋勇参加地方抢险救灾，乐为群众做好事。	4
	7、驻军官兵自觉遵守群众纪律，维护群众利益，形象良好，群众评价高。	2
	8、圆满完成征兵任务，兵员质量好，没有出现责任退兵现象。	2
	9、按国家规定的城乡比例征兵，按省规定实行义务兵安置卡。	4
优抚安置政策落实（39分）	1、优抚政策落实，按规定全面兑现抚恤、补助和优待标准，确保优抚对象生活达到或略高于当地群众平均生活水平。	6
	2、市、县（区）全面建立抚恤补助标准自然增长机制，有效保障优抚对象的抚恤补助标准与当地财政收入同步增长，其生活与人民群众生活水平同步提高。	4
	3、重点优抚对象住房得到解决。孤老对象户住房面积不低于30平方米（不含入住光荣院对象），其他优抚对象人均住房面积不低于当地人均住房面积。	5
	4、重点优抚对象医疗政策落实。在乡二等乙级以上伤残军人、孤老烈属、孤老复员军人按政策享受公费医疗。其他重点优抚对象有一定的医疗保障制度，对患重病危病、医疗有困难的及时给予医疗费补助。	5
	5、建立拥军优属保障资金（资金总额县级要保持在30万元以上，地级以上市要保持在100万元以上）。严格有关管理制度管理，发挥资金的社会效益，资金得到不断补充。	3
	6、孤老优抚对象达80人以上的县（市、区）建有光荣院；不足80人的县（市、区）有条件的应建有光荣院，没有光荣院的应在社会福利院、敬老院设有光荣间。光荣院（间）要做到环境优美，设施完善，管理规范，服务周到，老人生活标准较高，精神面貌好。孤老优抚对象要尽量实行集中供养，生活不能自理的要100%入住光荣院（间），分散供养的孤老优抚对象要落实专人负责，并解决好他们的生活、住房、医疗等问题。	4
	7、军队转业干部按政策落实安置。	3
	8、军队离退休干部和无军籍退休职工按政策落实安置，其政治、生活待遇落实好。	3
	9、退役士兵按政策落实安置，城镇退役士兵当年一次性安置率达95%以上，农村军地两用人才开发使用率达90%以上。退役士兵思想稳定，无集体上访闹事现象。	6

项目	具体内容	满分
军民共建成果显著（12分）	1、军地基层双拥工作落实，普遍建立了共建关系，有双拥公约或拥军优属公约，制度健全，经常开展双拥活动，为部队和优抚对象提供各项服务。	2
	2、没有发生大的军民纠纷。发生军民纠纷时，军地双方能从大局出发，及时妥善处理，没有在社会上产生不良影响。	5
	3、没有军地历史遗留问题。	3
	4、军政军民关系融洽，军地之间经常沟通，互相通报情况，参加重大活动。	2
制度完善（6分）	1、创建双拥模范城（县）有目标，有规划。	1
	2、市、县制定了拥军优属综合性法规。	1
	3、军分区（警备区）和驻军团以上单位制定了拥政爱民规定或公约。	1
	4、定期组织检查双拥工作、优抚安置政策的落实情况。	1
	5、工作人员熟悉拥军优属安置政策和优抚安置对象的基本情况，档案资料齐全，管理规范。	2
加分条件	1、烈士纪念建筑物维护管理好，成为精神文明建设的阵地和窗口。	2
	2、特、一等伤残军人安置及时，住房及其家属工作得到较好解决。	2
	3、军供站、优抚医院硬件好，管理完善，为部队、为战备、为优抚对象服务的宗旨坚持得好，经济效益明显。	2
	4、建立军人立功奖励制度。对在部队立功受奖和被评为优秀士兵的，地方给予一定的奖励。	1
	以上3项，达到上述条件的加分，一般的不加不扣分，较差的扣分。	

黑龙江省委、省政府、省军区
关于支持驻黑龙江省部队推进后勤保障社会化改革的意见

（2000年5月29日）

遵照江泽民同志关于“军队的后勤保障特别是生活保障必须社会化”的重要指示，为支持驻黑龙江省部队搞好后勤保障社会化改革工作，巩固和发展军政军民团结，现提出以下意见。

一、充分认识部队后勤保障社会化改革的重要意义

部队实行后勤保障社会化，是适应社会主义市场经济和未来高技术局部战争的客观要求，是加强军队质量建设，走精兵之路的重大举措，对于建设强大的国防，减轻国家负担，促进地方经济发展，具有十分重要的意义。各级党委、政府一定要站在全局的高度，充分认识支持部队后勤保障社会化改革的重要性，把支持部队搞好后勤保障社会化改革当做自己义不容辞的责任，切实把这项工作列入议事日程。要加大宣传教育力度，不断增强全民国防意识，充分调动各方面的积极性，努力形成各级领导重视、职能部门支持、军地密切配合的良好氛围和局面，确保驻黑龙江省部队后勤保障社会化改革的顺利进行。

二、积极为部队后勤保障社会化改革提供良好条件

军队后勤保障社会化改革是一项系统工程，涉及范围广、影响面大，政策性很强。因此，各级党委、政府要积极为部队推行后勤保障社会化改革创造条件，提供良好服务。对为部队提供服务保障的单位和经济实体，要给予大力支持；对军队现有的服务保障机构要在办理各种证、照手续等方面提供方便；对军队系统允许保留的服务性单位要减少或免收行业管理费，其对内服务所获得的收入要免征营业税。

（一）饮食保障社会化

驻黑龙江省部队机关、医院在实行饮食保障社会化过程中，各相关部门要积极向部队推荐信誉好、服务质量高、保障能力强的饮食服务单位参与竞标；质量监督、防疫、卫生部门要对部队饮食的质量、检疫、防病提供经常性服务。

中标的单位要严格履行合同，按照部队要求和卫生标准，提供优质服务，部队集体采买主副食品的地方定点单位，要保质保量按时供应。遇有特殊情况，要优先供应，全力保障。

由部队内部承包的实体，在时机成熟需要登记注册、办理各种证照时，工商、税务、卫生、防疫等部门要优先办理。新组建的服务公司（集团）与部队脱钩后，如继续为部队饮食保障提供服务的，对其免收行业管理费。

（二）营房保障社会化

驻黑龙江省部队营房座落分散，营区营房保障任务繁重，各级城建和房管部门要与部队房地产管理部门积极协调，给予大力支持，共同做好各项服务保障工作。

1、营房物业管理。对具备办理营业执照条件、承担部队物业管理的机构，工商部门要优先办理社会化保障所需的营业执照。承担部队物业管理的机构，必须认真履行合同，遵守国家和军队的有关法规、政策，主动接受地方政府房地产、工商行政管理、税务、物价、司法及军队房地产等有关部门的监督管理。对违反国家、军队有关法律、法规和规章制度的，由军地监管单位和有关部门处理。

2、营区水、电、气、暖保障。随着部队生活条件的改善和装备的更新，水、电、气、暖的需求量不断增大。各供水、电、气等部门要优先保证部队需要，积极为驻军增加用水、用电指标。电业部门对部队营区供电单位需分离、增容的要优先解决；对各种办电费用，除国家规定必须收取的项目外，省内不加其他收费项目。城建部门要简化部队承建手续。对部队申请加入市区集中供热网的要优先优惠安排并网。对部队自成供热系统的，要在用煤、用气、降低污染等方面予以积极指导。

各热力、煤气公司对参加地方集中供热、供气的部队所涉及到的各项缴费，要给予减免优惠，一次缴清费用有困难的，可以办理分期缴付。部队采取集中定点供煤的，地方供煤单位要按时保质保量供应。

3、军队干部在地方购房。军队住房保障实行货币化后，军队干部可持有效证件到地方购买经济适用住房。

（三）商业服务社会化

在部队推行商业服务社会化过程中，工商部门要积极向部队推荐信誉好、服务质量高的商业机构参与竞标，积极从事部队营区商业服务，并给予一定的优惠。对为部队提供服务保障的单位和经济实体，要给予大力支持。为部队提供商业服务的单位，可有偿使用部队现有的设施，接收部队职工。新办的为部队服务的企业，可享受国家规定的企业所得税优惠政策。税务、工商部门在企业办理税务登记和营业执照时，应提供方便。

（四）部队人事劳动制度改革

对部队职工参加社会基本养老、失业、医疗保险统筹有关事宜，按黑劳发〔1999〕12号文件执行。

各级政府的劳动、人事部门要把安置部队富余职工纳入地方用工、培训总体规划和再就业工程，积极协调用工单位优先录用部队职工；凡地方企业承包部队服务保障项目的，必须把接收安置部队职工作为前提条件；要为驻地部队职工分流安置及再就业提供便利条件。及时提供地方市场用工信息，有计划地推荐和安排部队富余职工就业。积极协调用工单位接收部队职工，有接纳条件的单位不得拒收，地方各企事业单位录用工人时，在相同条件下，要优先接收部队职工。承揽部队服务项目的地方服务保障单位，要接收原从事该服务项目的部队职工。自谋职业的部队下岗职工，可享受国家、省和所在地政府、部门制定的下岗职工再就业的优惠政策。

（五）军队离退休干部的服务保障

军队离退休干部是党和国家的财富，人民的功臣，保障他们安度晚年是全社会的共同责任。要针对驻黑龙江省各大中城市驻军干休所多、老干部居住分散的实际，把社区服务与分片服务结合起来，将本区、本片内的军队离退休干部的生活、医疗、用车、住房维修、健康娱乐等统一纳入社区服务规划，统一安排，积极提供优质服务。

（六）交通和油料保障

远离市区的驻军，需要开设客运专线或延伸客运线路的，公用交通管理部门要积极协调有关单位给予解决。地方单位到军营开设维修点或军车到地方维修的要提供优质服务。

各级石油公司要积极与受供部队配合，承供单位要指定当地加油站为交通不便、远离军队油库的部队代供、代卸、代储、代加油料。各石油公司系统的加油站要允许部队加油（具体供应方式另行商定）。在部队执行紧急任务时，要简化手续，优先、及时保障部队应急用油。在收取代储、代供费和计划指标外的购油费等方面要给予优惠。

（七）医疗保障

各级卫生、医药管理部门要确定责任部门和责任人具体负责军队医疗保障社会化改革工作。

远离部队医院尤其是一些小、远、散部队的干部、战士、职工和离退休人员，经部队卫生部门批准，对平时确需在地方医院就诊的，当地医疗机构要积极配合，制定优惠政策和管理办法，指定医疗条件好、技术力量强的医院担负部队人员的医疗保障任务，并在医疗上给予照顾。各指定医院要本着军人优先的原则，及时解决小、远、散单位急、难、重病患者会诊和救治问题，并为师以上首长、离退休老干部的疑难病检查和诊治提供方便条件，做到热情接诊，积极治疗。对危急伤病员要先救治后收费；对住院军人给予优先照顾，积极创造条件，提供优质服务。

三、建立有效机制，保证部队后勤保障社会化改革工作顺利进行

一是建立监督检查机制。部队实行后勤保障社会化改革后，各级党委和政府要成立由司法、工商、质检、卫生等有关部门参加的监督检查小组，开展法律服务，定期或不定期地对地方单位进行质量监督和检查，奖优罚劣，确保合法经营，依法维护军队和军人的合法权益。

二是建立激励制约机制。要把支持部队推行后勤保障社会化，纳入创建双拥模范城（县）和“双三好”（部队做到遵守政策纪律好、参加地方经济建设好、为驻地群众服务好；地方做到转业干部安置好、优抚政策落实好、为部队排忧解难好）的评比活动之中。对积极支持部队改革、成绩突出的，给予表彰和奖励；凡支持部队改革工作效果不明显的，不能评为双拥模范城（县）和党管武装先进单位。

三是建立协调联络机制。省委、省政府、省军区与驻军联合成立支持部队后勤保障社会化改革协调领导小组，各市、地、县（市）也要建立相应的组织机构。各军分区（军事部、工作处）、人武部要在搞好自身后勤保障社会化改革的同时，充分发挥桥梁纽带作用，积极主动地做好协调联络工作。

要定期召开联络会议，通报情况，总结经验，为各级党委、政府当好参谋。各级党委、政府、驻黑龙江省部队和有关部门，对部队后勤保障社会化改革中出现的新情况、新问题，要认真研究，妥善解决。为部队提供服务保障的单位和个人，要遵守部队安全管理和保密规定，防止发生各种问题。

江西省民政厅、省军区政治部关于加强基层优抚服务组织建设的意见

（2000年6月6日）

江西省基层优抚服务组织在1989年1月新余现场经验交流会后，得到了很大的发展，为改善各类优抚对象的生活条件发挥了积极的作用。但是，随着经济体制改革的不断深入，基层优抚服务组织的活动制度和活动形式与改革发展的形势出现了不相适应的情况，部分优抚服务组织职责不明确、活动不经常、制度不落实，有的甚至名存实亡。1999年开展“爱心献功臣行动”以来，全省社会各界普遍掀起了“结对扶优”的热潮，为进一步完善基层优抚服务体系，创造了许多新的经验。为了科学地融合优抚服务组织建设的传统做法和近年来的有益经验，夯实优抚工作的基础。现就加强基层优抚服务组织建设提出如下意见：

一、深化认识，进一步增强做好基层优抚服务组织的责任感

基层优抚服务组织是为驻军和优抚对象提供服务的基层群众性组织，是新形势下进一步贯彻落实“国家、社会、群众”三结合的优抚制度的有效形式，也是实现优抚工作社会化、开创双拥工作新局面的重要途径。健全优抚服务组织，完善优抚服务网络，对于解决优抚对象在生产、生活等方面面临的实际困难，提高优抚对象的生活质量，具有不可替代的重要作用。特别是在各级政府精简机构、简化职能后，优抚工作中原来由政府包揽的许多具体工作，责无旁贷地要由优抚服务组织来承担。各级要统一思想，提高认识，把这项工作抓紧、抓好、抓出成效来。要积极引导优抚服务组织在基层党委、政府的领导和各级民政部门的指导下，通过社区服务、志愿者服务等形式，动员和组织社会各方面的力量，为优抚对象提供物质、技术、信息、劳务等方面的有效帮助，以提高优抚对象的生活质量和社会地位，努力使他们的生活达到或略高于当地群众的平均水平。通过优抚服务组织的活动，进一步在全省形成人人关心优抚对象的良好社会氛围，充分体现全社会对优抚对象的关心和爱护。

二、实行“纵向一条线，横向连成片”的组织网络，拓展优抚服务组织的社会覆盖面

基层优抚服务活动是一项涉及全社会的系统工程。必须充分动员、组织社会各方面的力量，调动各行各业的积极性，共同履行国防义务，服务于国防和军队现代化建设，服务于为共和国作出了贡献的功臣。各单位、部门、团体都应密切配合和积极参与这项工作，结合各自的职责特点，组织好本单位的优抚服务组织，并在自身的职责范围内，为优抚服务组织的建设和发展提供政策上的支持。力争通过三、五年的努力，形成政府引导、部门协作、社会广泛参与的优抚服务工作新局面。

各乡（镇）、街办都要设立优抚服务站，由主管民政工作的领导任站长，由民政所长（助理员）负责日常工作，武装部及工青妇等部门应根据服务站的工作计划和本部门的职能特点，积极支持、介入和参与服务站的工作。优抚服务站的主要任务是：制定年度服务工作计划，指导所属优抚服务组织开展服务活动；协调有关部门落实优抚对象在就

业、子女入学入托、义务工减免、助耕帮困，科技致富等方面的优先优惠照顾；及时掌握、反馈重要信息，设立为驻军和优抚对象服务的档案；适时组织对优抚服务活动的检查、总结、表彰；从实际出发把“爱心献功臣行动”引向深入，确保优抚对象的实际困难得到及时有效解决。

村民委员会、居民委员会均应成立优抚服务组，根据辖区的范围和优抚对象的数量成立若干个服务小组。服务组和服务小组成员原则上应由党团员、干部、民兵等基层骨干分子组成，还要积极吸收热心做拥军优属工作的群众参加。服务组织的活动采取“一帮一”的形式，即每个成员固定包一户优抚对象的帮扶。

各机关、团体、学校、企事业单位也要根据本单位实际，成立优抚服务站和下属服务组（小组）。

基层优抚服务组织成员如有变动，应及时进行调整、补充，并报服务站备案。

三、优抚服务组织实行“所需即所帮”的原则，围绕下列内容开展扶优服务活动

1、经常走访光荣院，帮助照顾孤老优抚对象。

2、经常走访优抚对象家庭，积极帮助优抚对象解决实际困难，帮助老弱病残优抚对象料理家务，重点帮助解决优抚对象在生活、住房和治病等方面存在的困难。引导优抚对象挖掘自身潜力和优势，依靠自己的努力脱贫致富。

3、经常与本地籍军人、驻地部队保持联系，配合部队做好军人及其家属的思想政治工作，鼓励他们为国防建功立业。了解驻军部队在革命化、现代化、正规化建设中需要地方帮助解决的困难和问题，并积极想办法解决或上报政府有关部门解决。

4、协调有关单位帮助解决现役军人配偶在“工种”、“班次”等方面的特殊困难。

5、帮助解决军人子女在入托、入园、入学等方面遇到的问题。

6、组织人员为缺乏劳力的农村优抚对象助耕帮种，协调解决其在农副业生产中存在的困难和问题。

7、协调有关部门为优抚对象提供资金、物资、技术、信息等方面的优惠服务，帮助优抚对象解决农副产品销售的困难，扶持优抚对象发展生产。

8、依据法规和政策，积极配合乡、村落实对有困难的优抚对象在勤杂工、统调工、各项提留等方面的减免和照顾。

9、因地制宜地开发使用军地两用人才，帮助退伍军人优先就业。

10、监督抚恤、补助及优待政策的落实，保障优抚对象的合法权益。

11、及时调解优抚对象家庭内部、邻里之间的矛盾和纠纷。

12、从事优抚对象需要的其他服务性工作。

四、优抚服务组织必须建立健全下列五项制度

1、例会制度。每月应召开一次工作会议，总结前段工作，明确下阶段工作任务，解决服务工作中存在的问题，提高服务质量。

2、汇报制度。服务组每月向服务站汇报一次工作；服务站每季度向所在乡镇、街办、企业领导汇报一次工作；每半年向县（市、区）双拥办汇报一次工作。

3、包户制度。服务组要对所有成员明确分工，实行“一帮一”包户负责制，即每位服务组成员固定为一户优抚对象进行扶优服务，制定扶助目标和扶助计划，定期上门服务，原则上每周至少上户一次。

4、登记制度。各服务站（组）都要积累工作资料、图片，完备工作档案，及时把优抚服务活动的人员、内容、时间、地点和效果等如实登记备案。服务组成员应将自己每次扶优服务活动的时间、地点、服务内容及效果，记入自己的扶优活动日记。

5、总结评比制度。县（市、区）对各服务站的工作每年进行一次全面检查，表彰奖励先进单位和个人，纠正存在的问题，不断改进工作。

五、科学分工、各负其责，加强对基层优抚服务组织的领导

省、地（市）双拥工作领导小组办公室和民政部门负责基层优抚服务组织活动的政策指导、检查督促和总结表彰工作。县（市、区）双拥工作领导小组和民政部门负责基层优抚服务组织的组织和协调工作。乡镇（街办）和厂矿企业等基层党委、政府（行政）对基层优抚服务组织实施具体领导，民政所和企业人武部负责基层优抚服务组织的制度落实、活动安排、效果检查等具体工作。

各级双拥工作领导小组和有关业务部门，在实施对基层优抚服务组织的领导和指导工作中，要积极创造适应市场经济新形势的工作方法和制约手段，采取行政性措施和激励机制相互结合、相互弥补的工作体制和运作机制，力戎简单化、一般化的工作方法。要善于发现和培养具有时代生命力和本地特色的典型、样板，特别要注意运用榜样的力量和典型的经验去指导和推动面上的工作。

2000年底，省厅将召开全省优抚服务组织经验交流会。各地要在全面检查的基础上，好中选优，于十月底前向省厅推荐先进典型，并将优抚服务组织开展活动的情况和经验书面报省双拥办。

附件：1、优抚服务站职责

2、优抚服务组（小组）职责

优抚服务站职责

一、制定服务站年度拥军优属服务工作计划。

二、指导各服务组（小组）开展对优抚对象的走访慰问及服务活动。

三、组织开展国防教育和双拥宣传活动。

四、协助、配合有关部门落实优抚对象在就业、子女入学、义务工减免、助耕帮困、科技致富等方面的优先优惠照顾。

五、组织党政领导参加军事日活动。

六、园地制宜开发军地两用人才，帮助退伍军人优先就业。

七、落实对优抚对象的抚恤补助、群众优待政策，保障优抚对象的合法权益。

八、了解驻军部队在施工、训练中遇到的困难和问题，及时予以帮助解决或向上级反映。

九、联系协调有关部门为有困难的现役军人配偶调换工种、班次。

十、及时掌握、反馈重要信息，建立完备的优抚服务档案。

十一、对本区域内的拥军优属工作进行检查评比、总结表彰。

优抚服务组（小组）职责

一、制定服务组（小组）季度、年度优抚服务工作计划。

二、开展年节走访慰问优抚对象活动。

三、组织人员帮助缺乏劳力的农村优抚对象耕种，协调解决耕种中的困难和问题。

四、经常与本辖区军人、驻地部队保持联系，配合部队做好军人政治思想工作。

五、调解优抚对象家庭内部、邻居之间的矛盾和纠纷。

六、帮助孤老、病残优抚对象料理家务。

七、扶持优抚对象发展生产，在生产资金、物资、技术、信息等方面提供有效帮助。

八、督促落实优抚政策，保障优抚对象的合法权益。

九、落实优抚对象在勤杂工、统调工、各项提留等方面的政策性减免与照顾。

十、登记开展服务活动的情况，建立完备的服务活动档案。

十一、组织实施其他方面的优抚服务活动。

广西壮族自治区双拥工作量化标准考评办法

（2000年6月8日）

项目	考核内容及标准	量化分数	考评办法	打分标准
拥军优属	党委政府把双拥工作纳入工作计划；纳入各级领导任期责任制；党政领导议军会议、党政领导“过军事日”、军地职能部门联席会议每年各一次以上。 建立健全双拥工作领导小组；成员单位职责明确；领导小组每年工作例会1次以上。	8分	查阅文件和有关活动、会议记录。	缺一项扣1分。
	落实双拥办编制、人员、经费、办公场所；地级市常年做到军地合署办公，县（市、区）做到定期军地合署办公。	10分	查阅编制局、财政局有关文件及民政局（双拥办）财务帐户。	前四项缺一项扣2分，后两项缺一项扣1分。
	双拥工作年有计划，半年小结，年终总结讲评，在规定时间内上报区双拥办所要双拥材料。	4分	查阅双拥办有关文件资料和区双拥办收文记录。	缺一项扣1分。
	国防、双拥教育纳入全民教育规划；建立国防或双拥教育基地2个以上（以县级区域为单位）；全民国防、双拥教育成效显著。 报刊、电台、电视台开辟国防、双拥专题栏目；大、中、小学校开设国防、双拥教育课，大（专科）、中学校组织军训。	5分	1、查阅有关文件、记录。 2、实地查看教育基地。 3、查看新闻媒体栏目表。 4、查阅学校课程表及军训记录。 5、抽查群众的国防、双拥知识。	缺一项扣1分。
	城镇重要公共场所、交通要道和机场、港口、车站等显要位置设有永久性的双拥标志、标语；国有、集体的粮店、商店有“军人优先”的牌子；有条件的车站、码头设有军人购票专窗及候车船室入口处；军人免费进入公园大门和收费公厕；收费停车场军车免费停放。	5分	实地查看。	缺一项扣1分。
	双拥办积极撰写上报双拥经验材料或调研文章，地级市每年2篇以上；县和县级市及市辖区每年1篇以上，有计划地编印上报双拥简报，地级市每年6期以上，县（市、区）每年4期以上。	6分	查阅文章存根和区双拥办收文记录。	缺一项扣3分或少一篇（期）扣1分。
	每年完成征兵任务、无责任退兵现象。	3分	向区征兵办查询。	有责任退兵的不得分。

项目	考核内容及标准	量化分数	考评办法	打分标准
拥军优属	军民共建活动正常、效果明显，坚持总结讲评，表彰先进，每年树立典型地级市2个以上，县（市、区）1个以上。 军民之间无纠纷，有70%以上的共建点被县以上有关部门评为先进单位。	5分	1、查阅共建活动记录。 2、查看先进证书、奖状。 3、查看表彰决定。 4、听取军地的反映，参考区双拥办平时掌握情况，向公安等有关部门查询。	1、共建活动效果差的扣1分。 2、树立典型少1个扣0.5分。 3、先进共建点数不达标的扣1分。 4、军民纠纷每件（次）扣2分。
	基层单位建立健全各类拥军优属服务组织，有职责、计划、活动，成效明显。	3分	查阅文件和记录。	1、没有组织或活动的扣3分。 2、没有职责或计划的扣1分。 3、成效不明显的扣1分。
	切实帮助部队解决战备训练和生产、生活中的实际问题。	4分	听取部队的意见和查记录。	缺一项扣2分。
	转业干部、军队离退休干部、军队复员退伍军人安置率均达到100%；农村退伍军人两用人才开发使用率达到80%以上；军队离退休干部地方性各种补贴和各种待遇得到落实。	6分	1、查阅资料。 2、检查军休所，询问军休干部。	一项不落实扣2发。
	优抚对象的抚恤补助政策落实，在乡老复员军人定补面达100%，标准达到国家和自治区“三老”优抚对象的“三难”问题得到妥善解决；在乡二等乙级（含二等乙级）以上伤残军人有病得到及时治疗，医疗费用实报实销。	10分	1、查阅各种抚恤补助金发放证。 2、查阅财政局、民政局拨款存根。 3、深入优抚对象家中查看、询问。	1、抚恤补助标准和定补面不达标的每项扣4分。 2、“三难”存在“一难”扣2分。 3、在乡二等乙级以上伤残军人医疗费用不解决扣2分。
	建立健全拥军优属保障资金，启动资金地级市20万元以上，县及县级市、市辖区10万元以上，且每年均有收支。 搞好光荣院、优抚医院和烈士陵园（碑园）建设，院容院貌较好。	7分	1、查阅资金章程、帐户及资金使用情况。 2、查看光荣院、优抚医院和烈士陵园（碑园）。	1、没有建立健全资金的扣4分。 2、启动资金不达标的扣2分，没有收支情况的扣1分。 3、优抚事业单位建设差的扣1分。
	城镇、农村义务兵家属年户均优待金标准达到当地上年农民人均纯收入（以统计部门数据为准）的70%以上，双拥先进、模范城（县、区）达到75%以上。	12分	1、查看优待金发放证和财政局拨款存根。 2、询问优抚对象。	义务兵家属优待金每低于标准一个百分点扣1分。
	军队随军家属就业率达70%以上；优先优惠部队子女入学入托；按政策规定解决部队未随军家属、志愿兵家属住房困难。	6分	听取驻军意见。	一项不落实扣2分。
	无军地历史遗留问题、无军地土地权属纠纷，无破坏爱国主义教育基地和军事设施现象。	6分	依据双拥办平时掌握情况和听取军地意见；实地查看。	存在一个问题扣2分。

项目	考核内容及标准	量化分数	考评办法	打分标准
加分内容	1、单位个人被评为国家级双拥先进单位每个加3分，先进个人每名加2分。 2、定补每超标10%加3分。 3、稿件、材料被国家级、大军区（军兵种）以上有关部门转发的每篇加1分。			
拥军优属	部队各级把拥政爱民工作纳入工作计划；有领导分管；团以上有拥政爱民工作领导小组；基层连队有群众工作小组；每年有工作计划、半年有小结、年终有总结，活动经常，成效显著。	10分	1、查阅有关文件和记录。 2、听取地方政府对部队拥政爱民工作的反映。	缺一项扣2分。
	支持当地双拥办建设，牵头部队协调组织派人到双拥办联合办公，并定期召开驻军协调会。	10分	了解当地双拥办、查阅牵头部队召开驻军协调会记录。	没有派人联合办公的扣7分，没有召开协调会的扣3分。
	团以上单位有拥政爱民规定；连队有拥政爱民公约；基层单位有一个以上军民共建点，活动经常，成效明显，70%以上共建点受到团以上单位表彰。	10分	到基层连队和共建点了解。	缺一项扣3分。
	军民关系融洽，无军地违纪问题和军民纠纷。	10分	听取地方政府和部队的反映；结合平时区双拥办掌握的情况。	无预防军民纠纷措施的扣2分；有军（警）民纠纷的扣8分。
	积极参加、支持地方建设和抢险救灾，人均助民劳动日每年8个以上。	20分	查阅部队记录，听取地方对部队的反映。	人均助民劳动日达不到8个的，少一个扣2分。
	驻军每年为驻地办1-2件看得见，影响大，效果好的实事，积极参加地方扶贫帮困和希望工程建设。	20分	1、听取当地政府意见。 2、查阅部队记录。 3、实地查看。	少办一件实事的扣10分；扶贫解困和捐资助学成效不明显的扣5分。
	坚持走访驻地检查群众纪律制度，每年不少于2次。	5分	查阅记录，听取驻地群众的反映。	没有检查群众纪律的扣5分，只检查1次的扣2分。
	坚持经常性的拥政爱民教育，每年不少于6次；重大节日与驻地举行军民联欢。	5分	查阅部队记录；了解军民联欢的活动情况。	少一次教育的扣0.5分；没有举行军民联欢的扣2分。
	不断总结经验宣传典型，积极上报拥政爱民典型材料、调研文章，每年每个师（团）级单位1篇以上，军级单位2篇以上。	10分	查阅文章存根和区双拥办收文记录。	每个单位少一篇的扣3分（驻军中只有一个团级单位的少1篇扣10分）。
加分内容	1、被国家、大军区（军兵种）评为双拥先进单位的每个加3分，先进个人每名加2分。 2、双拥调研文章、典型材料被国家部级、大军区、军兵种（含报刊、电视、电台）采用的每篇加1分。			

广西壮族自治区双拥“达标、先进、模范城（县、区）”评选命名工作暂行规定

（2000年6月12日）

第一条 为进一步推动全区双拥工作广泛、深入、持久、健康发展，增强军政军民团结，根据广西壮族自治区《双拥模范城（县、区）命名管理办法》实施细则（以下简称《实施细则》）和《广西壮族自治区双拥工作量化标准考评办法》（以下简称《量化标准考评办法》），特制订本暂行规定。

第二条 《实施细则》、《量化标准考评办法》和本规定一并施行。

第三条 自治区每届双拥命名时，分别命名广西壮族自治区级的“双拥达标城（县、区）、双拥先进城（县、区）、双拥模范城（县、区）”

第四条 发生重大军民纠纷的，不能参加双拥“达标、先进、模范城（县、区）”的评选活动。

第五条 双拥“先进、模范城”候选单位为地级市的、其所辖区必须都是双拥达标区。

第六条 双拥“达标、先进、模范城（县、区）”以《实施细则》有关规定为标准，以《量化标准考评办法》的双拥“量化分数”为依据，进行逐条逐项量化评分，以量化所得基本分为主，以加分分数为辅，从高分往低分划线来考核。双拥“量化基本分数”（拥军优属部分占60%，拥政爱民部分占40%）达到80分至90分的为双拥达标城（县、区）候选单位；达到91分至95分的为双拥先进城（县、工）候选单位；达到96分以上的为双拥模范城（县、区）候选单位。

第七条 双拥“达标、先进、模范城（县、区）”采取分级、分层次检查验收，统一审核、审批的办法：

（一）双拥达标城（县、区）候选单位由地、市双拥工作领导小组按照《实施细则》和《量化标准》进行检查验收和申报，由自治区双拥办进行抽查验收和推荐，经自治区双拥办公室主任办公会审核，报自治区双拥工作领导小组审批。

（二）双拥达标城候选单位为地级市的、由市双拥工作领导小组申报，并由自治区双拥办公室进行检查验收和推荐，经自治区双拥办公室主任办公会审核，报自治区双拥工作领导小组审批。

（三）双拥先进城（县、区）、双拥模范城（县、区）候选单位由地、市双拥工作领导小组申报，并由自治区双拥办公室进行检查验收和推荐，经自治区双拥工作领导小组审核，报自治区党委、自治区人民政府、广西军区审批。

（四）为保证检查验收和推荐工作公平、公正地顺利进行，检查验收组应将检查工作综合情况向受检市（县、区）进行讲评。

第八条 双拥达标城（县、区）以自治区双拥工作领导小组的名义发布表彰决定，颁发奖匾和荣誉证书；双拥先进城（县、区）、双拥模范城（县、区）以自治区党委、自治区人民政府、广西军区的名义发布命名决定，并召开命名大会，颁发奖匾和荣誉证书。

第九条 双拥“达标、先进、模范城（县、区）”不搞终身制，实行动态管理。

第十条 自治区双拥工作领导小组根据情况和需要确定每届双拥先进、模范城（县、区）命名名额，按照规定名额和候选单位所得的量化分数，从高分往低分依次排序的办法评选出候选单位。

双拥达标城（县、区）原则上不作名额限制。

第十一条 双拥“量化分数”是一个市（县、区）双拥工作整体水平的“量化”反映，自治区推

荐申报全国双拥模范城（县）候选单位时，“量化分数”将作为一个重要的参考条件，以保持自治区双拥命名活动与推荐申报全国双拥模范城（县）候选单位工作之间的连续性。

第十二条 本《暂行规定》自颁发之日起施行。

第十三条 本《暂行规定》由广西壮族自治区双拥工作领导小组办公室负责解释。

吉林省委、省政府关于支持驻吉林省部队后勤保障社会化改革的意见

（2000年6月15日）

遵照江泽民同志关于“军队的后勤保障特别是生活保障必须社会化。这方面的改革要加快进度、加大力度”的重要指示，为支持驻吉林省部队（含武警部队）后勤保障社会化改革，巩固和发展军政军民团结，结合我省实际，提出如下意见；

一、对为部队提供服务保障的单位和经济实体，要给予大力支持，创造有利条件。

二、从事部队后勤保障社会化的服务单位，为部队服务所取得的收入免征营业税。精简下来的部队正式职工，可视为下岗职工，凡接收安置部队职工达到规定比例的新办企业，可享受国家有关企业所得税的优惠政策。

三、部队新建用于社会化保障的后勤设施项目(部队利用军用土地搞房地产开发经营的建设项目除外)，经当地人民政府认定后，免交基建前期所有行政事业性收费。

四、部队战备、训练、生活用水用电，按实际消耗核定供应指标，按照用电性质及分类享受国家规定的目录电价。军事机关、通信枢纽、重要目标，确需开通双水源、双电源、增加用电容量的，优先安排计划，并按国家规定价格收费。

五、按政府统一规划，需要部队营区加入市区集中供热、供气管网的，有关部门要优先安排入网，并在收取入网费等方面给予优惠。一次缴清费用有困难的，允许分期缴付。

六、凡住用军产住房的地方人员，按国家和军队的有关规定交纳房租、取暖等费用。

七、对远离市区的驻军，需要开设公交专线、延伸公交或客运线路，公用、交通管理部门要积极支持，尽量予以解决。

八、部队需要由当地石油公司代储、代供油料的，各级石油公司要积极配合，承供单位要优先保障部队，确保质优量足。在部队遂行紧急任务时，保证及时供应。

九、距体系医院50公里以上的人武部、预备役团的干部、战士、职工和军队离退休人员，确需就近在地方医院就诊的，当地卫生部门要指定医疗条件好、技术力量强的医院进行接诊，住院病人各种检查费、床位费优惠10%，门诊免收挂号费。

十、部队职工组建与军队脱钩的后勤保障实体，可视为新办企业，有关部门要及时办理证照，并在手续费等方面给予照顾，享受财税字〔1994〕001号文件相关税收优惠政策待遇。

十一、部队富余职工，可纳入地方用工培训总体规划，有关部门应主动向驻军提供市场用工信息，积极协调用工单位优先录用部队职工。

十二、经劳动部门确认的部队下岗职工，从事社区居民服务业的，工商部门要简化登记注册手续，免征三年营业税、个人所得税以及行政性收费；从事个体经营的，免交一年工商行政管理费。

并在场地安排、资金信贷等方面给予优先照顾。

各级党委、政府要把支持部队后勤保障社会化改革作为新时期双拥工作的重要内容和双拥模范城（县）评比检查的重要条件，切实加强领导，纳入议程，务求实效。各级双拥工作领导小组要在省委、省政府和省军区的统一领导下，积极主动地做好组织协调工作。

四川省委办公厅、省政府办公厅、省军区政治部关于组织发动民兵预备役部队参加西部大开发的通知

（2000年6月22日）

根据党中央实施西部大开发的战略决策和军委、总部、成都军区和省委、省政府的部署，为充分发挥民兵、预备役部队在经济建设中的作用，促进我省实现追赶型、跨越式发展，经省委、省政府、省军区领导同意，现就组织民兵、预备役部队参加西部大开发作出如下通知，请认真贯彻执行。

一、指导思想

实施西部大开发战略，是以江泽民同志为核心的党中央高瞻远瞩、统揽全局、审时度势作出的重大决策。这对于扩大内需，推动国民经济持续增长，对于促进地区经济协调发展，最终实现共同富裕，对于加强民族团结、维护社会稳定和巩固边防，都具有十分重要的现实意义和深远的历史意义。我省民兵、预备役部队参加西部大开发，要坚持以邓小平理论和江泽民同志关于加强国防后备力量建设的一系列重要论述为指导。深入贯彻《中共中央国务院关于转发国家发展计划委员会〈关于实施西部大开发战略初步设想的汇报〉的通知》（中发〔2000〕2号）和《中共四川省委四川省人民政府关于抓住西部大开发机遇，加快发展的意见》（川委发〔2000〕27号）精神，认真履行我军全心全意为人民服务的宗旨，服从服务于国家经济建设大局，增强责任感和使命感。要把参加西部大开发的伟大实践，作为用兵的战场、练兵的阵地、强兵的课堂，为我省经济发展和国防后备力量建设作出新的更大的贡献

二、目标和任务

全省民兵、预备役部队参加西部大开发，要紧密结合实际，认真做好基础建设、生态工程、结构调整、科教兴川、改革开放“五篇文章”。当前和今后一个时期，重点围绕基础设施建设、生态环境建设、扶贫攻坚、创建富裕文明新村、维护社会稳定和参加精神文明建设等方面积极开展工作。

（一）积极参加基础设施建设。在今后几年，我省将有大批基础设施和重点工程项目投入建设。各级要充分发挥民兵组织的群体优势，对确需民兵、预备役部队支持的基础设施项目，各民兵、预备役部队要在当地政府的统一安排下，有计划地、成建制地组织参加。有部队的师级单位要按照总部规定的劳动日，组织部队积极参与地方公益事业建设。

（二）广泛参与退耕还林还草生态环境保护和建设。今后十年，我省拟实施退耕还林还草1000万亩。各级要充分发挥民兵、预备役部队在生态环境建设中的突击作用，结合本地生态环境保护和建设规划，组织民兵、预备役部队积极参与天然林资源保护、封山育林造林、退耕还林还草和长江防护林体系建设，广泛开展植一片林、绿化一座荒山、改造一片荒地等活动。

（三）抓好扶贫攻坚和富裕文明新村建设。各级要充分发挥民兵、预备役人员在扶贫攻坚中的先锋作用。继续抓好省军区系统“千点扶贫攻坚计

划”的落实，甘孜、阿坝、凉山州各级人武部门扶贫联系点尚未解决温饱的，要力争在今年底前全部越温脱贫。扶贫联系点已越温的，要做好巩固发展工作，防止返贫。要在全省人武系统全面开展富裕文明新村“双百工程”，各军分区、县（市、区）人武部、预备役师、旅、团，要在本地选择一个基层联系点，使其通过几年的努力，力争成为当地两个文明建设的样板。全省企业民兵要积极支持和参与企业改革，不断学习、运用高新技术和先进实用技术，在企业改革中当先锋、创模范，立足本职作贡献。

（四）为西部大开发的顺利实施努力营造安全稳定的社会环境。各级要充分发挥民兵、预备役人员在维护社会稳定中的卫士作用。积极配合公安部门参加社会治安综合治理，打击刑事犯罪，守护重要目标，开展军警民联防活动，维护当地正常的工作、生产和生活秩序。少数民族地区要教育和引导民兵认真贯彻党的民族宗教政策，带头维护民族团结，旗帜鲜明地反对民族分裂，坚决抵制达赖集团分裂势力和敌对势力的渗透、颠覆和破坏活动，确保民族地区的社会稳定。要重视抓好民兵应急分队建设，进一步完善应付突发事件和急难险重任务的预案，做到一有情况，能拉得出、用得上、起作用。要充分发挥民兵、预备役人员在精神之明建设中的生力军作用，广泛开展双拥共建和“学雷锋、送温暖”活动，积极参加社会公益事业，推动当地社会文明进步。

三、加强领导，认真组织，确保工作落到实处

各级党委、政府和军事机关要组织民兵、预备役人员认真学习川委〔2000〕27号文件精神，充分认识中央实施西部大开发战略决策的重大意义。一要抓好宣传教育。采取灵活多样的宣传教育形式，广泛深入地开展“西部大开发，民兵当先锋”的教育活动，切实用党中央的重大决策，把思想认识统一起来，把热情激发出来，把干劲鼓动起来，认清机遇，珍惜机遇，抓住机遇，增强民兵、预备役人员投身西部大开发的紧迫感和高度自觉性。二要落实责任制。各级要把组织民兵、预备役部队参加西部大开发作为重要工作来抓，坚持党委统一领导，纳入民兵、预备役部队工作目标，省军区各级要有一名负责同志负责此项工作。人武部门、预备役师、旅、团主官要亲自抓，负总责，分管领导要具体抓，各部门要通力合作，做到认识到位，决策到位，指导到位。各军分区、人武部要主动向地方党委、政府汇报民兵、预备役部队参加西部大开发的有关情况。各级党委、政府要积极支持民兵、预备役部队开展此项工作。要充分发挥省军区系统的桥梁纽带作用，组织动员驻川部队积极参加西部大开发。三要总结经验，宣扬典型。各级党委、政府和军事机关要认真总结宣扬在西部大开发中成绩突出的先进集体和个人，把参加西部大开发纳入年度工作目标，及时表彰先进，树立典型，充分调动广大民兵、预备役人员的积极性。

吉林省委办公厅、省政府办公厅、省军区政治部关于在全省开展科技双拥活动的通知

（2000年6月30日）

为推动双拥工作向高层次和高水平发展，进一步巩固我省“两个文明”建设成果，加强军政军民团结，省委、省政府、省军区决定，在全省范围内广泛开展以科技拥军和科技助民为主要内容的科技

双拥活动。特作如下通知：

一、充分认识开展以科技拥军和科技助民为主要内容的科技双拥活动的重要意义

科教兴国、科技强军，是新时期党中央提出的新的重要治国建军方略，充分体现了新形势下富国强军的客观要求。开展以科技拥军和科技助民为主要内容的科技双拥活动，既是贯彻落实党的治国强军方略的重要举措，也是拓宽双拥工作机新领域，推进科学技术向经济领域和军事领域的转化，提高社会生产力和部队战斗力，巩固和发展军政军民团结的有效形式，对经济建设和国防建设都具有十分重要的意义。各级党委、政府和驻军各部队要站在全局的高度，提高对科技双拥活动重要意义的认识，增强责任感和自觉性，把科技双拥活动作为一项重要的政治任务抓紧抓好。

二、科技双拥活动的主要内容

各级党委、政府和驻军各部队要充分发挥自身优势，结合本地、本部门和本部队实际，多形式、多渠道、多领域探索科学技术向社会生产力和部队战斗力转化的途径。

（一）开展万卷图书送军营活动。新闻出版单位、大专院校和科研院所，要为驻军部队官兵学习科技知识创造条件，每年组织开展一次图书送军营活动，以满足广大官兵求知成才的需要。

（二）组织专家学者进军营传授新知识新技能。有关部门、大专院校和科研单位，要根据驻军部队的需要，组织专家、学者到部队举办科技知识讲座，让官兵了解和掌握现代科学技术知识，增强打赢现代高科技战争本领。

（三）招收部队军事训练骨干到地方院校学习深造。大专院校和科研单位，要把帮助部队提高军事训练骨干的素质作为科技拥军的一项内客，充分发挥科研、教学优势，有计划地为部队开办研究生班、本科生班和各种专修班，帮助部队培养高素质、高层次的科技人才；大专院校每年要招收一定数量的具备基本条件的优秀教练员、训练标兵和“武状元”入校进修、补习科技知识。

（四）支持部队武器装备器材的技术革新。大专院校、科研单位和技术力量雄厚的工矿企业，要根据部队的实际需要，定期组织专家、教授和工程技术人员深入部队教学科研一线，参与部队有关科研课题的研究，帮助部队改进、革新现有武器装备器材，解决部队科技练兵中遇到的难题，促进部队战斗力的提高。

（五）支持部队开发微机局域网和多媒体教学软件。有关部门要不断开拓拥军新领域，在部队更新微机、电化教学设备中给予技术支持。大专院校和科研单位，要积极支持部队教育训练所需要的微机局域网、多媒体教学软件的开发，促进部队尽快实现指挥自动化、网络化和教学一体化。

（六）选送优秀毕业生入伍。大专院校要本着优中选优的原则，积极动员和选送高学历、高素质的优秀毕业生献身国防，改善部队干部队伍知识结构，使部队干部队伍特别是指挥机关更快更好地适应现代化建设的需要。

（七）开展百种科技献城乡活动。驻军各部队要组织官兵积极宣传、传播科学技术知识和致富信息。有条件的单位要积极组织科技人员深入广大农村举办农业适用技术培训班，为种植、养殖户提供技术指导与服务。国防科研单位、军事院校要积极参与和承担地方科研项目，帮助开发技术附加值高、市场竞争力强的产品，推动企业的发展。

（八）深入开展医疗扶贫。驻军各部队医疗机构，每年都要组织医护人员深入乡镇、村屯开展宣传卫生防病知识，常见病、多发病、疑难病巡诊活动，为生活困难的病患者特别是在乡重点优抚对象提供医疗保健服务。加强驻军医疗机构与乡村卫生医疗机构的联系，帮助技术力量薄弱的乡村医院（卫生所）培训医护人员，支援医疗设备。

（九）积极支持“希望工程”。加大援建希望小学力度，注意搞好配套设施建设，帮助添置必要的教学仪器和设备，不断改善教学条件。发动官兵每年开展一次“1＋1”捐资助学，支持“希望工程”活动，帮助失学、辍学儿童重返校园。

（十）抓好扶贫联系点。驻军团以上单位都要与贫困乡、村建立扶贫联系点，实行定点帮扶。要通过人力、物力、资金，特别是技术和信息等方面的扶持，帮助联系点早日脱贫致富。

（十一）主动承担急难险重任务。要充分发挥部队人员集中、突击力强的优势，整建制参加国家和省、市重点工程和公益事业建设，承担抢险救灾等急难险重任务，树立人民军队为人民、学人民、爱人民的良好形象，促进科技双拥活动的深入开展。

三、切实加强对开展科技双拥活动的组织领导

各级党委、政府和驻军各部队，要把科技拥军和科技助民工作作为新时期双拥工作的重要内容，纳入科教兴省和科技练兵活动的整体规划，纳入创建双拥模范城（县）活动的内容，纳入军地领导干部的年度工作目标，摆上重要议事日程，实施统一领导。要组织大专院校、科研院所和大中型企业与驻军团以上单位结成科技共建对子，用共建这一载体把科技界、教育界和驻军部队联系起来，把科技双拥任务落实下去。同时，要结合实际，积极探索具有地域特点、时代特色的科技双拥新形式，不断丰富科技双拥活动的内容和领域。

各级双拥工作领导小组要加大工作力度，建立健全科技双拥活动的指导协调机构，及时解决工作中遇到的矛盾和问题。人武系统要在带头参加科技双拥活动的同时，充分发挥桥梁纽带作用，积极做好协调和服务工作。各地双拥工作领导小组、精神文明建设指导委员会和部队师以上政治机关，每年要对本地科技双拥活动开展情况进行一至两次联合检查，推动全省科技双拥活动广泛深入开展。

要加强科技双拥活动的管理，教育军地人员严格遵守保密工作有关规定，重要科研攻关项目，坚持立项报批和参与人员审查把关制度，坚决防止失泄密问题发生。同时，要着眼军地所需，权衡双方所能，注重实际，讲究实效，防止和克服形式主义。

重庆市军人抚恤优待办法

（2000年6月30日）

第一章　总　则

第一条　为保障国家对军人的抚恤和优待，根据国务院《军人抚恤优待条例》（以下简称《条例》），结合本市实际，制定本办法。

第二条　中国人民解放军现役军人、革命伤残军人、复员退伍军人、革命烈士家属、因公牺牲军人家属、病故军人家属、现役军人家属（以上统称优抚对象），依照《条例》和本办法的规定享受抚恤和优待。

（一）中国人民解放军现役军人是指按照《中华人民共和国兵役法》的规定，正在服役的军官（含文职干部）和士兵、武装警察部队官兵。保留军籍的军队离休干部按现役军人对待。

（二）革命伤残军人是指按规定的审批机关批准。并取得中华人民共和国民政部制发的《革命伤残军人证》的人员。

（三）复员退伍军人包括复员军人和退伍军人两部分人员。复员军人是指1954年10月31日开始试行义务兵役制以前参加中国工农红军、东北抗日联军、中国共产党领导的脱产游击队、八路军、新四军、解放军、中国人民志愿军等，持有复员、退伍军人证件或经组织批准复员的人员。退伍军人是指1954年11月1日开始实行义务兵役制以后参加中国人民解放军、持有退伍军人或复员军人证件的人员。

（四）革命烈士、因公牺牲军人、病故军人、现役军人的家属是指军人的父母、配偶、子女以及依靠军人生活的十八周岁以下的弟妹、军人自幼曾依靠其抚养长大现在又必须依靠军人生活的其他亲属。

“其他亲属”，是指军人出生至18周岁期间，因丧失父母或父母无抚养能力，其他亲属自愿或受委托连续抚养军人逾7年以上，经乡（镇）人民政府证明或法律公证，由区县（自治县、市）人民政府批准者。其他亲属以外的人员符合规定的抚养人条件的，也按抚养人对待。本办法实施前已经承认和享受抚养人待遇的不再变动。

第三条 军人抚恤优待工作实行国家、社会、群众三结合的制度，保障军人的抚恤优待与国民经济发展相适应，使抚恤优待标准与人民生活水平同步提高。

第四条 本市行政区域内的一切国家机关、社会团体、企业事业单位和公民应当依照《条例》和本办法的规定履行各自尽的职责和义务。

第五条 市民政部门主管全市的军人抚恤优待工作，区县（自治县、市）人民政府民政部门主管本行政区域的军人抚恤优待工作。

在抚恤优待工作中成绩显著的单位和个人，由各级人民政府给予表彰和奖励。

第二章 死亡抚恤

第六条 现役军人死亡，根据死亡性质确定为革命烈士。因公牺牲军人、病故军人，并按其死亡性质发给其亲属《革命烈士证明书》、《因公牺牲军人证明书》、《病故军人证明书》。上述证书发给顺序是：

（一）有父母（或抚养人）无配偶的，发给父母（或抚养人）；

（二）有配偶无父母（或抚养人）的，发给配偶；

（三）既有父母（或抚养人）又有配偶的，由其自行商定，商定不下的，发给父母（或抚养人）；

（四）没有父母（或抚养人）、配偶的，发给子女。没有子女的，发给兄弟姐妹；

（五）无上述亲属的，不发。

第七条 现役军人死亡，由民政部门根据死亡性质和军人死亡时的工资收入发给其亲属一次性抚恤金。其标准是：革命烈士为40个月工资，因公牺牲军人为20个月工资，病故军人为10个月工资。

义务兵和月工资低于正排职军官工资标准的其他军人死亡时，按正排职军官的工资标准发给其亲属一次性抚恤金，即指按基准军衔为少尉的正排职军官的职务薪金（第一档次）和少尉军衔基本薪金、基础工资三项之和计发。

“其他军人”，是指志愿兵（包括专业军士、军士长）、取得军籍的军队院校学员）。

第八条 立功和获得荣誉称号的现役军人死亡，发给其亲属的一次性抚恤金分别按下列比例增发：

（一）被中华人民共和国主席或者中央军事委员会授予荣誉称号的，增发35%；

（二）被军区（方面军）授予荣誉称号的，增发30%；

（三）立一等功的，增发25%；

（四）立二等功的，增发15%；

（五）立三等功的，增发5%。

第九条 一次性抚恤金由持证的死亡军人亲属户口所在地的区县（自治县、市）民政部门发给。一次性抚恤金发给顺序是：

（一）有父母（或抚养人）无配偶的，发给父母（或抚养人）；

（二）有配偶无父母（或抚养人）的，发给配偶；

（三）既有父母（或抚养人）又有配偶的，各发半数；

（四）无父母（或抚养人）和配偶的，发给子女；

（五）无父母（或抚养人）、配偶、子女的，发给未满十八周岁以下的弟妹；

（六）无上述亲属的，不发。

第十条 革命烈士、因公牺牲军人、病故军人的亲属，符合下列条件之一的，由其户口所在地的区县（自治县、市）民政部门按照规定的标准，发给定期抚恤金：

（一）父、母、抚养人、配偶无劳动能力和生活收入的，或虽有一定生活收入、但不足以维持当地一般群众生活水平的；

（二）子女未满18周岁，或虽满18周岁因读书或病残而无生活来源的；

（三）弟妹未满18周岁且必须是依靠军人生前

供养的。

领取定期抚恤金的对象户口迁移时，应同时办理定期抚恤金转移手续。户口迁出地的民政部门负责发给当年的定期抚恤金。户口迁入地的民政部门应凭转移手续，按本地规定的定期抚恤金标准，从第二年1月起予以抚恤。

第十一条 享受定期抚恤金的人员死亡后，除发给当月应领的定期抚金外，另加发6个月的定期抚恤金作为丧葬补助费，同时注销定期抚恤金领取证。

第三章 伤残抚恤

第十二条 现役军人伤残，根据伤残性质确定为因战致残、因公致残和因病致残。

第十三条 根据丧失劳动能力及影响生活能力的程度，按照民政部颁发的《革命伤残军人评定伤残等级的条件》，确定革命伤残军人的伤残等级。因病评残仅限于在服役期间患病、且由部队评残发证的义务兵。

因战、因公致残的伤残等级，公为特等、一等、二等、甲级、二等乙级、三等甲级、三等乙级。

因病致残的伤残等级，分为一等，二等甲级、二等乙级。

第十四条 现役军人因战、因公、因病致残，由军队规定的审批机关在医疗终结后负责评定伤残等级，发给《革命伤残军人证》，退役后一般不再办理。但下列三种情况除外：

(一)《条例》施行以前退出现役的军人，因战、因公致残，有档案记载或确切证明，残情符合二等乙级以上者，可补办评残手续，由其户口所在地的区县(自治县、市)、民政部门按规定逐级上报市民政部门审批；

(二)《条例》施行以后退出现役的军人，因战、因公致残，有档案记载和确切证明，残情符合二等乙级以上者，可补办评残手续。士兵需经军级以上单位卫生部门审批；军官需经军区级以上单位卫生部门审批；

(三)现役军人因战、因公致残，医疗终结后未及时评残，三年后申请补办评残手续的，有档案记载和确切证明，残情符合二等乙级以上者，可补办评残手续，由军队规定的机关审批。

对不符合评残范围、条件及审批权限的，不办理抚恤登记手续。

第十五条 退出现役后的革命伤残军人，没有参加工作的，由民政部门发给伤残抚恤金；参加工作的或者享受离退休待遇的革命伤残军人，由民政部门发给伤残保健金。伤残抚恤金和伤残保健金，由其户口所在地的区县(自治县、市)民政部门按国家规定的标准发给。

继续在部队服役的革命伤残军人，由所在部队发给伤残保健金。

革命伤残军人户口迁移，应同时办理伤残抚恤转移手续。其户口迁出地的民政部门负责发给当年的伤残抚恤金或保健金。户口迁入地的民政部门应凭《革命伤残军人证》和转移手续，从第二年1月起按规定予以抚恤。

第十六条 领取伤残保健金的革命伤残军人是指：

(一)在国家机关、民主党派、人民团体有正式工作的；

(二)在国有企业事业单位为正式职工的；

(三)在县以上管理的集体所有制企业事业单位为正式职工的；

(四)在外商投资企业、私营企业为职工，生活有保障的。

上述领取伤残保健金的人员所在单位不应因其伤残而解除劳动关系或安排下岗。

第十七条 退出现役的特等、一等革命伤残军人，由国家供养终身。由原籍或配偶、父母所在地的区县(自治县、市)民政部门负责接收安置。需要到革命伤残军人康复医院治疗、休养的，由本人申请，经接收安置地的区县(自治县、市)民政和卫生部门同意，报市民政局批准的，到市革命伤残军人康复医院治疗、休养。其伤残抚恤金和公费医疗费，仍由原地民政、卫生部门分别负责列支。

第十八条 退出现役的特等、一等革命伤残军人,由原籍或配偶、父母所在地的区县(自治县、市)民政部门接收安置,由国家供养终身。

(一)安置地点可以在原征集地城镇或配偶居住地城镇选择。由我市安置的,免收城市人口增容费。

(二)需要建房的,所需经费由安置地的区县(自治县、市)人民政府负责解决,上级民政安置部门给予适应补助。

(三)特等、一等革命伤残军人安置落实后,应允许其农村户口的配偶和未满18周岁的子女(包括已满18岁的在校读书的子女),逐级申报批准转为非农业户口。

(四)符合招工条件的配偶和子女,报考招工考试,在同等条件下,应优先录用。

第十九条 按照国受规定享受护理费的在乡的特等、一等革命伤残军人,由其户口所在地的区县(自治县、市)民政部门按以下标准发给护理费:

(一)因战、因公特等伤残军人为上一年度重庆市社会平均工资的50%;

(二)因战、因公一等革命伤残军人为上一年重庆市社会平均工资的40%;

(三)因病一等革命伤残军人为上一年重庆市社会平均工资的30%。

领取伤残保健金的离退休的特等、一等革命伤残军人,由发给离退休费的单位按照本规定发给护理费。

特等、一等革命伤残军人在伤残军人康复医院治疗、休养期间,停发护理费。

第二十条 机关、事业单位被撤销或企业关闭、破产后,其革命伤残军人由原单位上级主管部门负责妥善安置;无上级主管部门的由原单位所在地的区县(自治县、市)劳动、人事部门负责妥善安置。

第二十一条 革命伤残军人因伤残需要配制假肢、代步三轮车、病理鞋等辅助用品,由所在区县(自治县、市)民政部门负责审批。所需费用由区县(自治县、市)民政部门按规定处理。

第二十二条 革命伤残军人死亡的,停发伤残抚恤保健金和护理费,同时注销证件。原领取伤残抚恤金的,由户口所在地的区县(自治县、市)民政部门按照当地国家机关工作人员的丧葬费标准发给丧葬补助费;原领取伤残保健金的,由其所在单位按规定发给丧葬补助费。

(一)因战致残,医疗终结评残发证一年内伤口复发死亡的由其户口所在地的区县(自治县、市)民政部门按照革命烈士的抚恤标准发给一次性抚恤金,其家属享受革命烈士家属待遇

(二)因战致残、医疗终结评残发证一年因伤口复发死亡和因公致残医疗终结评残发证后伤口复发死亡,原领取伤残抚恤金的,由其户口所在地的区县(自治县、市)民政部门按照因公牺牲军人的抚恤标准发给一次性抚恤金、其家属享受因公牺牲军人家属的待遇;原领取伤残保健金的,由其所在单位按因公(工)死亡人员的规定办理;

(三)革命伤残军人因病死亡,原领取伤残抚恤金的,由其户口所在地的区县(自治县、市)民政部门另增发半年伤残抚恤金作为一次性补助,其中因战因公致残的特等、一等革命伤残军人家属,享受病故军人家属的待遇;原领取伤残保健金的,其抚恤按本单位有关病故人员的规定办理。

第四章 优 待

第二十三条 对服现役的义务兵家属,社会应给予优待。优待金实行"乡(镇)收乡(镇)管、乡(镇)收县(自治县、市)管或城乡负担,区县(自治县、市)统筹"的原则。

(一)乡(镇)收乡(镇)管:是指在乡镇提留中划出一定比例作为优待金,由乡镇人民政府按规定标准发放;

(二)乡(镇)收县(自治县、市)管:是指乡镇收取的优待金上交区县(自治县、市)财政专户储存,统一管理,区县(自治县、市)民政局根据本行政区域内的实际情况统筹安排,商同级财政部门同意,下拨乡镇人民政府规定标准发放;

(三)城乡负担,区县(市)统筹:指在区县(市)行政区域内,优待金由职工、农民和域镇户口的其他有收入者共同负担,负担标准由各区县(市)人民政府根据具体情况确定。优待金由乡镇人民政府、街道

办事处或单位按本规定标准发放。

按前款第(一)、(二)项统筹的,户籍在城镇服现役的义务兵家属的优待金统统筹发放,按第二十四条第(二)、(三)规定执行。

第二十四条 优待金按以下标准发放:

(一)户籍在农村的服现役的义务兵家属,优待标准,不得低于当地上年农民人均纯收入的70%;

(二)在职入伍服役的义务兵家属,由原工作单位每年按本人入伍时年工资标准的1/2发给优待金,工资标准低于原工作单位所在地最低工资标准的,按原工作单位所在地最低工资标准的1/2发给。

(三)城镇在校学生、社会待业青年入伍服现役的义务兵家属,每年发给优待金200元,由其父母工作单位各负担一半,父母只一方有工作单位的,由其工作单位全部负担。如父母均系纯居民、县以下集体企业(含个体户)、(现役军人或父母工作单位在市外的,由入伍户口所在地区县(自治县、市)街道(乡、镇)人民政府发给,所须经费按现行财政体制由区县(自治县、市)财政负担。

第二十五条 优待金按照《兵役法》规定的义务兵服现役的期限发给。义务兵现役期满,即停止发给优待金。

优待金由义务兵入伍时的户口所在地政府发给。

从地方直接招收的军队院校的学员及文艺体育专业人员的家属,不享受义务兵的优待金待遇。

第二十六条 义务兵在部队服役期间获得荣誉称号或立功者,凭部队团以上单位政治机关的通知书,按下列比例增发当年的优待金:

(一)获得大军区以上机关授予荣誉称号的增发100%;

(二)立一等功的,增发50%;

(三)立二等功的,增发40%;

(四)立三等功的,增发20%;

一年数次立功受奖,以该义务兵获奖等级最高一项增发标准计算。

第二十七条 义务兵入伍前是农业户口的,他们在农村承包的责任田和分得自留地(山、林)等继续保留;入伍前是企业事业单位职工的,其家属继续享受原有的福利待遇。

第二十八条 现役军人和优抚对象中的孤老、孤儿免交农村的各种提留、免服义务工,在乡二等乙级以上革命伤残军人免服义务工。

第二十九条 革命伤残军人的医疗待遇按下列规定的办理:

(一)领取伤残保健金的革命伤残军人,享受其所在单位工(公)伤职工同等的的医疗待遇和退休待遇。

(二)领取伤残抚恤金的二等乙经级以(含二等乙级)的革命伤残军人,享受卫生部门的公费医疗待遇,并不得对其实行医疗包干。凡需要到外地治疗的,须持有其户口所在地的区县(自治县、市)级医院证明,经同级公费医疗管理部门批准方可报销医疗费。

(三)领取伤残抚恤金的三等革命伤残军人因伤口复发治疗所需医疗费由其户口所在地的区县(自治县、市)民政部门解决,因病所需医疗费本人支付有困难的,由当地民政部门酌情给予补助。

(四)因战因公致残领取伤残抚恤金的革命伤残军人伤口复发,经批准到外地治疗或安装假肢的,其交通、食宿费用和住院期间伙食费由户口所在地的区县(自治县、市)民政部门酌情给予补助;领取伤残保健金的革命伤残军人伤口复发治疗和经批准需到外地安装假肢的,其交通、食宿费用,由其所在单位按公(工)伤待遇办理。

第三十条 革命伤残军人乘火车、轮船、长途客车及市内非月票线路公共汽车(不含小公共汽车和出租汽车),凭本人《革命伤残军人证》,减收票价50%;乘坐国内民航客机,减收票价20%;在本市游览公园、风景名胜区和乘坐使用公交月票线路的公共电(汽)车,以及市内过江轮渡,凭本人《革命伤残军人证》免收门票和车船票。

革命伤残军人自用代步三轮车等辅助器械可以免费托运。

第三十一条 革命烈士、因公牺牲军人、病故军人和现役军人的家属以及带病回乡的复员退伍军人

(包括精神病退伍回乡者),不享受公费医疗待遇并无力支付医疗费的,由所在的区县(自治县、市)卫生部门根据其家庭经济状况酌情给予减免。

凡需减免医疗费的,由本人申请,村(居)民委员会提出意见,乡、镇人民政府或街道办事处审核,区县(自治县、市)卫生部门审批并负责办理减免手续。

第三十二条 户籍在农村的革命烈士家属符合招工条件的,由所在区县(自治县、市)劳动行政部门负责安排其中一人在城镇就业,公安、粮食部门负责办理户口农转非和粮油供应手续。

第三十三条 革命烈士子女、革命伤残军人报考中等以上学校或参加招工招干时,文化、年龄和身体条件可适当放宽。具体办法由教育、劳动、人事行政部门另行规定。

革命烈士子女考入公立学校,免交学杂费并优先享受助学金和学生贷款。入公办幼儿园、托儿所的,优先接收。

第三十四条 革命烈士、因公牺牲军人、病故军人的子女、弟妹,自愿参军又符合征兵条件的,在征兵期间可优先批准一人入伍。

第三十五条 优抚对象在与其他人员同等条件下,享受下列优先权:

(一)国家机关、企业事业单位录用职工;

(二)学校减免学杂费,评定助学金;

(三)发放贷款、社会救济款物;

(四)供应各种农用生产资料;

(五)购买公有房屋或单位集资建房;

(六)农村建房用地及建筑材料的供应。

第三十六条 未随军的现役军官、文职干部、志愿兵的家属住房难,家属有工作单位的,由所在单位按本单位双职工待遇对待;家属无工作单位的,由当地房管部门统筹解决。

义务兵计算为家庭分房人口。

第三十七条 经军队师(旅)级以上政治机关批准随军的现役军官、志愿兵的家属,驻军所在地的公安部门应准予落户;随军前家属有正式工作的,驻军所在地的劳动、人事部门应安排适当的工作。

第三十八条 没有参加工作的城乡复员军人,符合下列条件之一者,经户口所在地的区县(自治县、市)民政部门批准,给予定期定量补助。

(一)孤老的;

(二)年老体弱、丧失劳动能力、生活困难的;

(三)带病回乡不能参加生产劳动的,生活困难的。

定期定量补助标准,不得低于上级民政、财政部门规定的标准。其中孤老或贡献较大的,就适当偏高。

享受定期定量补助的优抚对象死亡后,其户口所在地的区县(自治县、市)民政部门除发给当月的定期定量补助费外,另加发半年的定期定量补助费作为丧葬补助,同时注销定期定量补助费领取证。

第五章 附 则

第三十九条 各级人民政府除安排使用好上级财政下拨的各项抚恤和补助费外,就根据本地的实际情况从当地财政安排一定数量的经费,负责解决本地区优抚对象的生活困难问题,以保证本办法的贯彻执行。

第四十条 对截留、挪用、贪污优抚经费或克扣抚恤金、优待金的责任人,由所在单位或有关部门视情节给予行政处分;构成犯罪的,司法机关依法追究刑事责任。

第四十一条 不按本规定发给抚恤金的,抚恤对象可依法申请行政复议或向人民法院提起行政诉讼。

第四十二条 优抚对象被判处徒型,剥夺政治权利或者被通辑期间,停止抚恤和优待。对犯罪情节特别严重,经市人民政府批准取消抚恤和优待。

第四十三条 因战伤记亡的民兵民工和参加区县(自治县、市)以上人武部门组织的军事训练伤亡的民兵和预备役人员的伤亡抚恤,有工作单位的,按所在单位因公(工)伤亡办法办理;无工作单位的按因战伤亡民兵的有关规定办理。

第四十四条 本办法由市民政部门负责解释。

第四十五条 本办法自2000年7月1日起施行。

四川省委、省政府、省军区、成都军区联勤部关于支持驻川部队推进后勤保障社会化改革的意见

（2000年7月5日）

遵照江泽民总书记关于“军队的后勤保障特别是生活保障必须社会化”的重要指示精神，为支持驻川部队搞好后勤保障社会化改革，进一步巩固和发展我省军政军民团结的大好局面，促进全省经济建设，现提出如下意见。

一、充分认识军队后勤保障社会化改革的重要意义

军队实行后勤保障社会化改革，是适应社会主义市场经济和未来战争发展的客观要求，是加强军队质量建设、走精兵之路的重大举措，对于加强国防现代化建设步伐，更好地履行军队的根本职能，促进地方经济发展，具有十分重要的意义。我省驻军较多，支持部队改革任务重、责任大。各级党委、政府一定要站在全局的高度，充分认识支持军队后勤保障社会化改革的重要性，继续发扬热爱和支持人民军队的光荣传统，正确处理经济建设与国防建设的关系，增强责任感，切实把这项工作列入重要议事日程，纳入社会发展和经济建设的总体规划。要利用多种形式对广大人民群众深入进行宣传教育，进一步增强全民国防观念，充分调动各方面的积极性，努力形成各级领导高度重视、有关部门大力支持、人民群众积极参与的良好局面，确保驻川部队后勤保障社会化改革顺利进行。

二、积极为军队后勤保障社会化改革提供条件

军队后勤保障社会化改革是一项社会系统工程，政策性强。各级党委、政府和职能部门要积极主动地做好工作，以实际行动支持部队改革。对为部队提供服务保障的单位或经济实体，要给予大力扶持和提供优惠政策。对由军队内部职工组建的各种服务保障机构，涉及办理营业执照、卫生许可证、收费许可证、资质证书等手续，有关部门要简化程序，提供优质服务，从速办理，坚决杜绝一切乱收费。对军队内部服务性单位取得的收入，要按规定免征营业税。

（一）职工养老保险统筹及再就业安置。对驻川部队机关事业单位职工的养老保险，在经费统筹上要适当予以照顾，具体按四川省劳动和社会保障厅、四川省人事厅、成都军区联勤部《关于驻川部队机关事业单位职工养老保险问题的通知》（川劳社办〔2000〕54号）执行。

各级劳动、人事部门要为驻地部队富余职工分流安置及再就业提供便利条件，把部队富余职工纳入地方再就业培训和安置的规划，及时向驻军提供市场用工信息。有计划地推荐富余职工就业，并协助用工单位积极接纳富余职工。地方各企事业单位录用工人时，在同等条件下要优先接纳部队机关事业单位富余职工。承担为部队服务的地方单位，要尽可能多接纳富余职工。从部队剥离出的服务保障单位，接纳富余职工要占单位人数的50%以上。对自谋职业的富余职工，有关部门要在工商登记、场地安排、资金、信贷等方面给予扶持和照顾。

（二）饮食生活保障。驻川部队机关、院校、医院在实行饮食保障社会化过程中，有关部门要积极向驻军推荐信誉好、服务质量高、保障能力强的饮食服务单位，积极参与竞示。中标的单位要严格履行协议，切实搞好保障服务。部队集体采买主副食品的地方定点单位，要保质保量按时供应，遇有特殊情况，要优先保证供应。

（三）营区营房综合服务保障。驻川部队营房座落分散，营区保障任务繁重，各级城建和房管部

门要与部队房地产管理部门积极配合，齐心协力地做好工作。承担部队营房建设和物业管理的机构，必须认真履行合同，遵守国家和军队的有关法规、政策，接受军队和地方有关部门的监督管理。如有违反，由军地监管部门进行处理。发生纠纷时，地方有关部门要积极会同军队房地产管理部门共同调解，调解无效时，按《中华人民共和国合同法》办理。随着部队住房条件的改善和装备更新。部队水电气需求量不断增大，各地供水、供气和电力管理部门要及时增供，对需开通双电源、接市政用水、增加用电用气量的部队用户，要优先予以安排。驻城区各部队集中使用天然气涉及到的各项费用，凡一次缴清有困难的，有关企业应允许实行分期付款。对部队集中定点供煤的单位要按时保质保量供应。

（四）交通油料保障。远离市区的驻军，需要开设公交专线或延伸公交路线的，城管和交通运输管理部门要积极协调有关单位予以开办。对驻军机关、院校、医院实行生活勤务用车社会化的。可采取多种形式积极给予保障。对地方单位到军营开设维修点或军车到地方维修的，要积极予以支持。对无油库部队需要由当地石油公司代储、代加油料的，要做好工作衔接。各级石油销售公司要积极为部队代储代加，并确保质好量足。在部队遂行紧急任务时，要保证及时供应。

（五）医疗保障。远离部队体系医院的驻军、干休所、人武部，在驻地就诊的，当地医院要热情接诊，积极治疗，不得以任何理由拒诊。特别是对危重伤病员要先救治后收费，对住院军人要提供优先优质服务。

（六）干休所社区服务保障。基层政府、街道办事处对军队干休所要积极实行社区服务生活保障，各项措施（包括服务网点的设立）要纳入当地社区服务规划，为干休所提供便利条件。

三、认真抓好支持部队后勤保障社会化改革工作的落实

各级党委、政府和驻川部队要切实加强对部队后勤保障社会化改革工作的组织领导。一是要把支持部队后勤保障社会化改革作为创建“双拥模范城（县）”活动评比的重要条件。对为部队服务保障搞得好的先进单位和个人，要通过各种形式进行表彰。二是有关部门要发挥职能作用，及时解决存在的问题，确保各项服务保障达到部队的标准化要求。要搞好法律服务，妥善处置各种纠纷，依法维护军队和军人的合法权益。为部队提供服务保障的单位，要遵守部队安全管理和保密规定。三是各军分区、人武部要在搞好自身后勤保障社会化改革的同时，充分发挥桥梁纽带作用，积极主动地做好协调联络工作。要定期召开驻军联络会议，通报情况，总结经验，为各级党委、政府当好参谋。

青海省城镇退役士兵安置暂行办法

（2000 年 7 月 12 日）

第一条 为促进我省城镇退役士兵安置工作进一步适应社会主义市场经济发展的要求，妥善安置城镇退役士兵，根据《中华人民共和国兵役法》、国务院《退伍义务兵安置条例》和国家有关规定，制定本暂行办法。

第二条 本暂行办法适用于本省行政区域内的城镇退役士兵安置工作。

本暂行办法所称城镇退役士兵（以下简称退役士兵）是指：退出现役士官和非农业户口的退伍义务兵。

退役士官的具体安置按照国务院、中央军委《中国人民解放军士官退出现役安置暂行办法》执行；但涉及转移安置费、就业补偿、生活补助费等标准的，依本暂行办法规定办理。

第三条 凡本省行政区域内的机关、团体、企业、事业单位必须依法履行接收安置退役士兵的义务。

退役士兵应服从国家安置。

第四条 县（市）、区人民政府退伍军人安置机构（以下简称安置机构）具体负责退役士兵的安置工作。

第五条 各级人民政府兵役机关应按照国务院、中央军委规定的当年农业和非农业户口应征公民的征集比例，严格控制非农业户口应征公民的征集人数。

各县（市）、区人民政府兵役机关应于每年征兵工作结束后，将当年征集入伍的非农业户口应征公民名单报当地安置机构。安置机构据此安置退役士兵。

第六条 各级人民政府应当根据本辖区当年退役士兵人数，结合当地实际情况制定、下达安置计划。

在西宁地区（不含所属各县）的中央驻青各单位、省属各部门退役士兵安置任务，由省安置机构统一下达；在州（地、市）、县（市）的，由当地人民政府根据当年安置人数和用人单位实际情况下达。

第七条 退役士兵安置应均衡负担、合理分配，对职工工资收入达到当地平均水平的企业，可按职工比例承担城镇退役士兵安置任务；对濒临破产、停产或半停产企业，不分配退役士兵。

第八条 鼓励退役士兵自谋职业。对自谋职业的退役士兵，由当地人民政府给予一次性就业补偿。其计算方式为：就业补偿标准＝安置退役士兵所在地区上一年度年人均可支配收入×退役士兵服役年限。

第九条 退役士兵入伍前是机关、团体、企业、事业单位正式职工的，退伍后原则上安置在原单位；原单位已撤销或合并的，由其上一级机关或合并后的单位负责安置。

第十条 国家机关、事业单位，对工勤人员缺额增补时，应优先安排退役士兵。

第十一条 单位或企业招工时，应当预留不低于招工人数10%的名额，用于安置退役士兵，并及时通知所在地的安置机构。

各用人单位及其上级主管部门，不得制定与退役士兵安置政策相抵触的规定，不得限制下属单位接收、安置退役士兵。

第十二条 安置退役士兵的单位或企业应与退役士兵签订劳动合同；退役士兵本人要求签订有期限劳动合同的，应当予以签订。

第十三条 有安置任务的单位，确难完成安置任务时，可提出申请，按规定缴纳转移安置费。

转移安置费按下列缴纳：

（一）转移安置退伍义务兵1名，交纳转移安置费20000元

（二）转移安置退役士官1名，交纳转移安置费40000元。

第十四条 转移安置费必须纳入财政专户储存，专款专用。转移安置费用于自谋职业退役士兵的就业补偿。

征收转移安置费必须使用省财政部门统一印制的票据，并接受同级财政和审计部门的监督。

第十五条 退役士兵待安置期间，由当地人民政府按照不低于当地最低生活保障标准，发给生活补助费。发放期间自报到后第二个月开始，至安置介绍信开出的下一月止；但因退役士兵本人拖延分配期限所延误的时间不计算在内。具体标准由县级以上人民政府确定。

第十六条 对在部队取得大军区（含大军区）以上单位授予荣誉称号和荣立二等功以上（含二等功）的退役士兵，在安置时应优先照顾本人志愿。

第十七条 因战或因公负伤致残的伤残退役士兵安置，按下列规定办理：

（一）特、一等伤残退役士兵，省安置机构应按规定及时落实建房补助资金，并通知伤残退役士兵入伍所在地或其配偶所在地县（市、区）人民政府接收。

接收地的安置机构，应根据方便伤残退役士兵的生活和本人自愿的原则予以建房安置，建房面积

必须达到当地城镇居民的平均居住面积，其经费由安置地的人民政府负责解决。

（二）二、三等伤残退役士兵，由其入伍所在地的人民政府安置，接收单位应根据伤残士兵的身体情况，安排适当的工作。

第十八条 对有下列情形之一的退役士兵不予安置：

（一）经审核确定入伍、退伍手续弄虚作假的；

（二）属非农业户口占农业户口征集指标入伍的；

（三）从非户口所在地入伍的；

（四）从农村、牧区入伍，在服役期间或退役以后以不正当手段办理城镇户口的；

（五）无《应征公民入伍批准书》和《士兵登记表》的。

第十九条 接受单位接到退役士兵安置介绍信后，应当安排适当工作岗位；暂不能安排的，该单位应参照当地城镇居民最低生活保障标准给予生活补助。

第二十条 对拒绝接收退役士兵或无正当理由不完成安置任务的单位及其主要负责人，依照《中华人民共和国兵役法》和有关法律、法规规定，给予行政处罚或行政处分。

第二十一条 退役士兵无正当理由逾期半年不报到或不服从安置机构分配的，取消其安置资格，不再发放生活补助费。

第二十二条 安置机构及接收单位的工作人员玩忽职守、徇私舞弊、弄虚作假、收受贿赂的，由其所在单位或上级主管部门视其情节轻重给予批评教育、行政处分；构成犯罪的，依法追究刑事责任。

第二十三条 本暂行办法运用中的具体问题由青海省民政厅负责解释。

第二十四条 本暂行办法自发布之日起施行。此前有关退役士兵安置办法或规定与本暂行办法不一致的，适用本办法。

安徽省委、省政府、省军区
关于支持驻皖部队后勤保障社会化改革的意见

（2000年9月18日）

为进一步加强国防建设，巩固和发展我省军政军民团结的大好局面，促进经济和社会发展，现就支持驻皖部队后勤保障社会化改革提出如下意见。

一、统一思想，提高认识，把支持驻皖部队后勤保障社会化改革作为各级党委、政府应尽的责任

实行军队后勤保障社会化，是党中央、中央军委从国家和军队建设的战略全局出发作出的重大决策，是军队质量建设的迫切需要，是适应社会主义市场经济发展的客观要求。搞好这项改革，有利于建设强大的国防，减轻国家和军队的负担，促进地方经济发展，是一项利国、利民、利军的好事。

实行军队后勤保障社会化，是军地双方的共同责任。江泽民同志关于军队后勤保障社会化改革的一系列指示，既是对军队发出的号令，也是对地方各级党委和政府提出的要求。我省驻军范围广、兵种多，支持部队后勤保障社会化改革任务繁重。各级党委、政府一定要从大局出发，深刻认识支持部队后勤保障社会化改革的重要性，继续发扬热爱、关心和支持人民军队的光荣传统，把协助驻皖部队实行后勤保障社会化作为义不容辞的责任，并纳入国民经济和社会发展计划通盘考虑。要利用多种形式，对广大干部群众深入进行国防教育，进一步增

强全民国防观念，主动支持部队后勤保障社会化改革，努力形成各级领导高度重视、有关部门通力协助、人民群众积极参与的良好局面，促进驻皖部队后勤保障社会化改革顺利进行。

二、主动配合，优化环境，为驻皖部队后勤保障社会化改革创造条件

部队后勤保障社会化改革是一项长期的系统工程，涉及社会的许多方面。各级党委、政府和有关职能部门要充分发挥主观能动性，针对部队实行后勤保障社会化改革遇到的困难和问题，积极主动地开展工作，努力为改革创造良好的外部环境。

(一) 饮食保障。驻县城团以上部队机关、院校、医院等在实行饮食保障社会化改革过程中，各级政府劳动、工商、税务、卫生、粮食等部门要积极协助部队采用招标方式，运用竞争机制，引进社会力量，承包部队的饮食保障任务。为部队提供饮食保障的单位，要按照有关规定、部队要求和卫生标准，提供优质服务。

(二) 营房保障。驻县城团以上部队新建的经济适用住房小区、售房区将推行物业化管理。公寓住房、公共用房、水电气暖等设施设备的维修管理，营院绿化保洁等，将采取承包等方式，实行社会化保障。各级政府城建、规划、市政、电力、供水、园林、房地产等部门要积极向驻军推荐信誉好、服务优、质量高的具有相应资质的地方专业公司，参与投标竞争。部队的供电、供水、供气和供暖等市政公用设施要尽力纳入地方统一规划、统一施工、统一供应和统一管理。

承担营房保障任务的单位，必须认真履行合同，遵守国家和军队的有关法规、政策，接受地方政府房地产管理、工商、税务、物价、司法以及军队房地产管理等有关部门的监督。违反有关法律法规的，由地方监督管理机关依法处理；违反军队有关规定的，由军队有关部门处理。发生纠纷时，地方政府有关职能部门要积极协助部队进行调解。调解不成的，当事人可向仲裁机构申请仲裁，或向人民法院起诉。

(三) 商业服务。驻县城团以上单位的军人服务社将逐步撤销，剥离军队保障体系。各级政府有关部门要积极组织企业按照驻军要求提供商业服务。

(四) 交通油料保障。远离市区的驻军，需要开设公交专线或延伸公交线路的，由城建部门协调落实，交通、物价、财政等部门要积极予以配合。驻军机关、院校、医院推行生活用车社会化，各级政府有关部门可采取有偿服务方式给予保障。驻军单位的车辆维修，可在招标竞争的基础上，选择信誉好、技术力量强的地方车辆维修单位定点维修。定点单位要热情服务，优先、优质、优价保障。

驻边远地区的部队，或未设加油站的部队，需要由地方石油公司代供、代加油料的，各级石油公司要积极支持，全力保障。在部队执行紧急任务时，要优先保障。平时可代部队储备一定数量的油料。

(五) 医疗保障。各级政府卫生、医疗保险主管部门要积极协调驻地部队医疗保障社会化改革，将部队干部和职工尤其是军分区、人武部的干部、职工医疗保障纳入当地公费医疗体系，实施定点医疗保障。要尽力为远离部队医疗体系的驻军单位解决干部、职工看病难等问题。医疗保障定点医院要本着军人优先的原则，做好医疗服务。

(六) 职工养老、失业保险、再就业安置及无军籍退休退职职工移交。各级政府劳动保障、财政、地税等部门，要积极协调解决驻皖部队事业单位的职工参加养老和失业保险。从 2001 年 1 月 1 日起，将驻皖部队事业单位及其职工纳入社会养老和失业保障体系，按当地事业单位职工的缴费比例缴纳养老和失业保险金，并确保部队事业单位失业职工失业期间的基本生活。部队事业单位职工退休、失业后，享受当地事业单位职工同等待遇（如国家对部队职工养老保险有新的规定，按国家有关规定执行）。各级劳动、人事、民政等部门要加大随军家属和无军籍退休退职职工移交安置工作的力度，积极协调，妥善做好安置工作。各级劳动、人事部门要把驻皖部队事业单位的失业职工再就业纳入当地再就业工程优先安排，及时向驻军提供用人、用工信息，积极协调用人单位吸纳部队职工。各地企事业单位以及承揽部队服务项目的地方服务保障单位，在录用职工时，同等条件下应优先接收部队随军家属和职工。对部队内部职工组建的各种服务保障机构，各级政府有关职能部门在办理营业执照、卫生许可证、收费许可证、资质证书等手续方面，应积极提供方便。对军队系统（不含军办企业）附设的各种服务性单位，为军队内部服务所取得的收入，免征营业税。对自谋职业的部队随军家属、职工，有关职能部门应在工商登记、场地安排、资金信贷等方面给予优惠和照顾。

三、加强领导，狠抓落实，推动驻皖部队后勤保障社会化改革顺利进行

军队后勤保障社会化改革，涉及面广，政策性强，各级党委、政府要把支持部队后勤保障社会化改革作为双拥工作和创建双拥模范城（县）活动的重要内容，切实加强领导，狠抓工作落实，促进部队后勤保障社会化改革的顺利进行。各级政府后勤主管部门要积极支持部队后勤保障社会化改革，大力引导各类机关后勤服务实体参与部队后勤保障社会化的招标和承包，为部队提供优质、高效服务。

各级双拥办要加强对部队后勤保障社会化改革的协调工作，对改革中遇到的困难和问题，要及时协调有关部门积极主动地加以解决。

各级政府职能部门要充分发挥作用，支持部队后勤保障社会化改革。要加强对为部队提供服务保障单位履行合同及服务质量情况的监督检查，及时发现和解决问题，维护部队和军人的合法权益。为部队提供服务保障的单位，要遵守部队安全管理和保密规定，严防安全和泄密等问题的发生。对积极支持部队改革，为部队提供优质服务的单位和个人，军地双方应给予表彰和奖励。有关新闻媒体要积极宣传部队后勤保障社会化改革的目的和意义，宣传支持部队改革的先进典型，为部队后勤保障社会化改革营造良好的舆论氛围。

四、省军区系统要充分发挥桥梁纽带作用

省军区、军分区、人武部要充分发挥桥梁纽带作用，在搞好自身后勤保障社会化改革的同时，积极主动地做好军地联络协调工作。要及时了解、反映驻皖部队后勤保障社会化改革工作的情况，为地方政府出谋划策，当好参谋。要定期召开驻皖部队联络会，通报部队后勤保障社会化改革的有关信息，协调军地双方妥善解决部队后勤保障社会化改革工作中遇到的突出矛盾和问题，进一步密切军政军民关系，推动驻皖部队后勤保障社会化改革积极稳妥地进行。

浙江省委办公厅、省政府办公厅
关于广泛开展科技拥军活动的通知

（2000年9月25日）

为贯彻落实江泽民总书记科技强军战略思想和军委新时期军事战略方针，大力支持驻浙部队科技练兵活动，不断提高我省双拥工作的整体水平，省委、省政府决定在全省开展科技拥军活动。现将有关问题通知如下：

一、切实加强对科技拥军活动的组织领导。实施科技兴训，开展科技大练兵，是我军打赢现代战争特别是高技术条件下局部战争的迫切需要。为部队现代化建设提供智力支持和科技保障，是地方党委、政府和全省人民义不容辞的责任。各级党委、政府要积极适应新的形势，高度重视科技拥军工作，切实加强领导。要把科技拥军作为当前支持部队建设的重要内容，作为创建双拥模范城（县）活动的具体目标，帮助部队解决科技练兵中的实际问题，保证这项工作有计划、有组织地开展下去。

二、密切配合，齐抓共管，形成科技拥军的合力。各级宣传舆论部门要把科技拥军活动纳入宣传教育计划，采取多种形式，宣传科教兴国、科技强军战略，宣传在部队中大力开展科技练兵活动的重大意义，宣传部队在科技练兵活动中涌现出来的先进典型，宣传社会各界科技拥军的先进事迹，使广大人民群众牢固树立“科技拥军、人人有责”的观念，不断增强科技拥军的自觉性，努力在全省营造科技拥军的浓厚氛围。科技、教育部门要积极组织科研单位、大中专院校、科技密集型企业，发挥科技优势，为部队开展科技练兵活动提供强有力的支持。各级双拥部门要在当地党委、政府的领导下，做好本地区科技拥军活动的组织和协调工作。

三、要把帮助部队官兵提高科学文化素质作为科技拥军的基础工作来抓。各地要充分发挥军地两用人才基地、国防教育基地、军民共建业余技校等场所的作用，积极开展向部队送“新技术、新知识、新智能”活动；协助部队搞好士兵文化补习、科技人才培训和复合型人才的培养工作。大中专院校要帮助部队开办各类专修班，帮助部队培养适应现代化战争需要的科技人才。

四、做好兵役工作，积极支持部队引进和培养科技人才。各级党委、政府要高度重视征兵工作，多为部队输送思想品德好、文化程度高、热爱国防事业的优质兵员。要采取措施，积极鼓励具有大中专学历和专业技术职称的人员参军，鼓励浙江籍官兵在部队学科技、用科技，鼓励广大人民群众特别是科技工作者为科技拥军多做贡献。

五、坚持双向受益原则，保持科技拥军的生机和活力。各地要通过双拥、共建等有效载体，组织地方大专院校、科研院所、科技密集型企业等单位与驻地团以上单位结成科技互拥共建对子，签订互拥共建公约，发挥各自优势，广泛开展地方科技拥军、部队科技助民活动，促进地方两个文明建设和科技拥军活动的落实。同时，要注意教育参加科技拥军的人员严格遵守部队有关规定，增强保密观念，对重要的科研项目要建立人员审查把关制度，保证科技拥军工作的健康发展。

江西省双拥工作领导小组
关于广泛开展科技拥军活动的意见

（2000年10月30日）

为认真贯彻落实江泽民总书记关于科技强军的战略思想，大力支持部队科技练兵，进一步做好新形势下的拥军工作，推动全省双拥工作再上新的台阶，现对在全省广泛开展科技拥军活动提出如下实施意见：

一、指导思想

坚持以邓小平理论和党的十五大精神为指导，认真贯彻江泽民总书记“三个代表”的重要思想，着眼于巩固和发展“同呼吸、共命运、心连心”新型的军政军民关系，充分发挥地方人才、技术、设备等优势，广泛开展科技拥军活动，帮助部队提高官兵科技文化素质，支持和协助部队进行科技兴训、科技攻关，进一步加强军政军民团结，为提高部队战斗力作出新的贡献。

二、组织领导

省双拥工作领导小组负责全省科技拥军活动的组织领导。省科学技术厅和省双拥办公室负责科技拥军活动的协调、指导、督促，承办具体事务。各级双拥工作领导小组在当地党委、政府的统一领导下，负责本地区科技拥军活动的组织、领导和实施工作。

科技拥军是一项涉及全社会的系统工程，需要各部门的密切配合和共同参与。双拥工作领导小组成员单位应承担各自的职责，结合本部门的职能特点，制定具体的实施方案。

宣传部门要把科技拥军纳入宣传教育计划，运用各种手段，加大宣传教育力度。报社、电台、电视台要开辟科技拥军专题和专栏。努力在全社会营造“科技拥军人人有责”的氛围。

教育部门要组织有各类中学、中专参加的科技培训体系，配合部队的科技练兵，开展计算机应用、外语、文化补习等内容的知识、技能和专业学习，提高官兵的科学文化素质；建立以大专院校为主体的智力拥军体系，组织专家、教授向部队传授管理科学、信息社会、高精尖技术等现代科技，协助部队开发微机局域网和多媒体教学，制作多媒体软件，实现网络化管理，帮助部队提高科技水平。

科技部门要建立有各科研院所参加的科技助军体系，组织科普志愿者队伍，建立科技拥军咨询服务网络，为部队科技练兵提供资料、信息等项服务，在高科技领域，帮助部队解决科技练兵中的难题，推动科技练兵的深入。

经贸委系统要组织有各类高新技术企业参加的高科技拥军体系，协助部队改造军事训练场所和设施，对现有武器装备器材进行性能挖掘和技术革新，增加装备的高科技含量，配合科技练兵。

劳动、人事部门要为驻军引进高层次人才创造良好环境，优先、及时安置好部队高层次人才的随军随调家属，为他们解除后顾之忧。

文化、出版部门要组织新华书店、图书馆，开展送书到军营活动，为部队科技练兵创造条件。

电信部门要充分发挥职能作用，积极支持部队建设，帮助部队开发微机局域联网，在线路出租等方面尽可能地为部队提供方便，提供优惠政策。

农业部门要帮助部队提高“菜篮子”的科技含量，提供优良品种，帮助部队解决种植、养殖、栽培等方面的难题。

人防、交通、卫生部门要充分发挥职能作用，积极利用自身的优势，为部队办实事、解难题，支持和帮助部队搞好科技练兵。

三、内容和形式

开展科技拥军活动，应以科技密集型单位为依托，以广大人民群众特别是科教工作者的广泛参与为基础。要坚持从实际出发，采取军地对口结对、专题协作、双向服务，组织科教工作者到部队传知识、教技术、解难题等多种形式和办法，围绕部队科技练兵、科技强军的需要，有组织、有计划地进行。使科技拥军活动既轰轰烈烈又扎扎实实。

1. 要不断完善有关政策规定。各地要不断充实、完善有利于军队引进和培养科技人才的政策规定，鼓励大中专学生和专业技术人员参军，鼓励官兵在部队立足本职学科技、用科技，鼓励广大人民群众特别是科教工作者为科技拥军多做贡献。

2. 要为部队选送优质兵员。要通过开展兵役工作“创三优”活动，多选送思想品德好、文化程度高、热爱部队的优质兵员，并保证高中以上文化程度的兵员比例逐年提高。

3. 要支持部队提高官兵科技文化素质。要采取送书到军营、开办培训班等办法，积极开展送“新技术、新知识、新智能”为主要内容的科技拥军活动，协助部队搞好士兵文化补习、科技人才培训和复合型人才的培养工作。

4. 要向部队提供科技、信息支持。各地要积极为部队科技练兵提供必备的高技术书籍，进行科技信息和技术知识咨询服务，要结合实际为部队开展科技练兵提供智力、技术、器材等方面的有力支持，优化科技练兵的社会环境。

5. 要支持部队搞好技术革新。要根据部队需要，努力把地方有关的最新技术“嫁接”、“移植”到科技练兵领域，并协助部队搞好军事训练场地、设施的改造，进行现有武器装备器材的性能挖掘和技术革新，研究开发指挥、训练等方面的应用软件，不断增加军事训练的难度和增强军事训练的效果，促进部队提高遂行作战能力。

四、实施步骤

1. 调查摸底。各级双拥、科技部门要会同军分区、人武部系统认真做好调查摸底工作。要了解部队科技练兵情况，掌握部队科技练兵需地方支援的项目；要掌握地方单位可以用以科技拥军的人才优势和物资器材优势。在摸准情况的基础上进行汇总分析，对口组合，科学安排，合理组织，确保科技拥军取得实效，力戒形式主义、做表面文章。

2. 宣传发动。各地要高度重视科技拥军的宣传教育工作，努力营造浓厚的科技拥军氛围，要采取多种形式，对广大人民群众特别是科技工作者进行深入细致的思想发动，以提高科技拥军的自觉性和主动性；宣传、新闻单位要把实施科技拥军活动纳入年度宣传工作的内容，结合国庆、元旦、春节等重大节日广泛开展各种形式的宣传活动，有计划地掀起宣传高潮。要充分运用报刊、电视、广播等新闻媒体，开辟科技拥军的专栏专题，宣传科技拥军、科技强军的重要意义，刊登驻赣部队科技兴训、科技强军动态，宣传部队科技练兵的先进典型，宣传社会各界科技拥军的先进事迹，宣传人民军队对江西两个文明建设所做的贡献，使广大人民群众牢固树立“科技拥军、人人有责”的观念，积极为科技强军做贡献。

3. 制定规划。各地要结合本地实际，按照省统一部署，制定3－5年科技拥军的具体规划。在内容上，要紧紧围绕为部队培养和输送人才，特别是培养高素质的指挥和技术人才这个重点，从部队文化教育、科普教育、科学技能训练、现代军事科技攻关、教育训练改革等各方面为驻赣部队提供人才、技术、器材和物资支援。在对象上，要以军官和士兵技术骨干为主。在主体上，要动员科技密集型单位的高级知识分子和专业技术人才，组成科技拥军骨干队伍。在方式上，要根据部队所需和地方所能，不拘一格、因地制宜、形式多样、务求实效。各设区市的科技拥军规划于2000年底前报省双拥办。

4. 检查督促。各地在开展科技拥军活动中，要坚持高标准，实行分类指导，按级负责，责任到单位、到个人。各级双拥工作领导小组要掌握科技拥军的动态，积极协调和妥善解决科技拥军中的有关问题，及时总结推广好的做法和经验，推动科技拥军活动顺利开展。省科学技术厅、省双拥办将于年底前对各地科技拥军的情况进行检查。

5. 总结表彰。各级双拥工作领导小组要把科技拥军的情况，列为评比先进、创建双拥模范单位的重要条件，大力宣扬和表彰本地区在科技拥军活动中涌现出来的先进典型。各设区市要在每年元月底前将上年度开展科技拥军的情况报省双拥办。省双拥工作领导小组将在适当时候对科技拥军中的先进单位和先进个人进行表彰。

贵州省委、省政府、省军区
关于支持驻黔部队推进后勤保障社会化改革的意见

（2000年11月24日）

遵照江泽民同志关于“军队的后勤保障特别是生活保障必须社会化。这方面的改革要加快进度、加大力度”的重要指示，为支持驻黔部队搞好后勤保障社会化改革，进一步促进我省经济建设和巩固

发展军政军民团结的大好局面，现提出如下意见：

一、提高认识，支持部队搞好后勤保障社会化改革

部队实行后勤保障社会化，是江泽民同志从国家和军队建设战略全局出发作出的重大决策，是加强军队质量建设、走精兵之路的必然要求。搞好这项改革，有利于建设强大的国防，减轻国家负担，促进地方经济建设，巩固发展军政、军民团结。实现军队后勤保障社会化是军地双方的共同责任，需要动员全军、全社会的力量积极支持和参与。各级党委、政府和有关部门一定要从战略全局的高度，充分认识这项改革的重要性，把支持部队搞好改革作为义不容辞的责任，切实把协助驻军推行后勤保障社会化工作列入重要议事日程，纳入“双拥”、“共建”活动及国民经济和社会发展计划通盘考虑。要加强宣传，教育广大党员、干部和人民群众继续发扬热爱和支持人民军队的光荣传统，进一步增强国防意识和责任感，充分调动全社会的积极性，支持和参与部队后勤保障社会化改革，努力形成各级领导高度重视、有关部门大力支持、人民群众积极参与的良好局面，为部队改革创造良好的外部环境，确保驻黔部队后勤保障社会化改革顺利进行。

二、努力排忧解难，积极为部队后勤保障社会化改革提供良好条件

支持部队搞好后勤保障社会化改革，最重要、最有效的是提供政策上的支持。各级党委、政府和职能部门要充分发挥主观能动性，及时研究解决部队改革中遇到的突出矛盾和困难。把为部队改革提供优惠政策作为重点来抓，以实际行动支持部队改革。

（一）饮食保障。驻贵阳及各州、市、地（政府、行署）所在地的部队机关、院校、医院等非作战部队在实行饮食保障社会化过程中，有关部门要积极向驻军推荐信誉好、服务质量高、保障能力强的饮食服务单位，积极参与竞争投标。为部队提供饮食保障的单位，要严格按照部队要求和卫生标准，保质保量提供优质服务。

（二）营房建设和营区物业管理。要积极支持驻黔部队做好工程招投标工作，切实保证资信程度高、保障实力强、建设和服务质量好的机构参与驻军营房的设计、施工和物业管理。承担上述任务的单位，必须认真履行合同、契约，遵守国家和军队的有关法规、政策，自觉接受地方和部队有关部门的监督管理。随着部队住用条件改善和装备更新，水电气需求量不断增大，各地各有关部门要适当调整增加驻军定额用水指标和满足用电用气需求。对确需开通双电源、接通市政供水的，要给予安排，并在有关费用上给予适当优惠，一次缴清费用有困难的允许分期缴付。对并入市政管网的军官家属住房的水电气供应，有关部门要做好并网、报装及管理，并做好向用户收缴费用的工作。

（三）商业服务。驻贵阳及各州、市、地（政府、行署）所在地的部队不办军人服务社后，各地各有关部门要尽力搞好部队商业服务保障。到部队营区开设商业网点，要尽量接纳部队原军人服务社职工，搞好优质服务。部队原军人服务社职工优化组合后开展对外服务，政府相关部门要积极提供方便，简化程序，从快办理证照等手续。

（四）交通、油料保障。远离城区的驻军，需要开设公交专线车或延伸公交线路的，城建和交通运输管理部门要积极协调有关单位予以解决。对驻军机关、院校、医院等单位实行生活勤务用车社会化的，要采取多种形式积极给予保障。地方单位到军营开设车辆维修点或驻军单位车辆到地方维修的，有关单位要予以提供优先优质技术服务保障。

远离后方基地油库的部队单位和县人武部，需要由当地石油公司代供、代加油料的，各级石油公司要积极与受供部队配合，及时将油料指标划拨到承供单位。承供单位要优先保障，确保质好量足。在部队遂行紧急任务时，要保证及时供应。

（五）医疗保障。远离部队体系医院的部队和干休所。县人武部，确需在驻地医院就诊的，当地医院要本着军人优先的原则，热情接诊，积极治疗；对危急病员要先救治后收费；并积极创造条件，开设军人病房，为部队提供优质服务。

（六）干休所社区服务保障。对部队干休所实行社区服务的，其生活保障要纳入当地社区服务规划，服务网点的设立要尽可能靠近干休所，在住房维修、用车、餐饮等方面优先安排，积极提供全方位服务。

（七）物资采购。部队集体采购主副食品、通用建材、机电产品、办公用品等物资的地方定点单位，要保质保量按时供应。部队遇有应急情况，各有关单位要优先供应，全力保障。采购物资价格尽量给予优惠。

（八）有关税费减免。对为部队提供服务保障的地方单位和经济实体，地方政府要在政策上给予大力扶持和照顾。对部队系统（不包括军办企业）附设的服务性单位为部队内部服务所取得的收入，按照《国务院办公厅、中央军委办公厅转发总后勤部关于河北省积极支持驻军搞好后勤保障社会化改革情况报告的通知》（国办发〔2000〕14号）的有关精神免征营业税。

（九）职工保险及富余职工分流安置。《国务院关于发布改革劳动制度四个规定的通知》（国发〔1986〕77号）颁发前，经批准招收的部队机关事业单位职工（含在编职工）的养老保险，按照贵州省劳动厅和成都军区联勤部《关于驻黔部队机关事业单位职工养老保险问题的通知》（黔劳厅发〔2000〕18号）规定执行。

各级劳动、人事和民政等部门要积极为驻地部队富余职工的分流安置及再就业创造条件，把部队富余职工纳入地方用工、培训、安置的整体规划，通盘考虑，并按计划搞好部队退休职工的接收安置。地方各企事业单位录用职工时，在同等条件下，要优先吸纳部队职工。承揽部队服务项目的地方服务保障单位，必须吸纳一定比例的部队职工。对部队自谋职业的职工比照国有企业下岗职工的政策，地方有关部门在工商登记、场地安排、资金信贷、信息指导、税费收缴等方面，要给予扶持和照顾。继续搞好部队随军家属的工作安排，进一步落实好国家有关政策和规定，优先安排就业。

三、加强领导，切实抓好支持部队后勤保障社会化改革工作的落实

部队实行后勤保障社会化是一个新生事物，支持部队搞好这项改革也是地方各级党委、政府面临的新课题。各级党委、政府要认真研究新情况，解决新问题，加大组织领导力度，建立有效机制，狠抓工作落实，保证部队改革顺利进行。

建立组织，加强协调联络。在省委、省政府和省军区统一领导下，成立支持部队后勤保障社会化改革协调领导小组，各地、州、市、县也要成立相应组织，定期分析形势，研究解决改革中遇到的困难和问题。

各级党委、政府要把支持部队后勤保障社会化改革作为评选双拥模范城（县）和党管武装先进单位的重要条件。对为部队服务保障工作成绩突出的先进单位和个人，要及时给予表彰和奖励；对工作力度不大，成效不明显的，不能评为双拥模范城（县）和党管武装先进单位。

各级司法、工商、质监、卫生等部门要充分发挥职能作用，对承担部队保障任务的单位，要加强监督检查，搞好法律服务，奖优罚劣，确保各项服务达到部队标准要求，确保依法经营，维护部队和军人的合法权益。

省军区系统要充分发挥桥梁纽带作用，在搞好自身后勤保障社会化改革的同时，要定期协调召开驻军联络会议和支持部队后勤保障社会化改革协调领导小组全体会议，及时通报军地有关信息，了解驻军后勤保障社会化改革情况。要积极主动向地方党委、政府报告部队后勤保障社会化改革中遇到的矛盾和问题，为地方党委、政府当好参谋，提出建议，使之妥善解决。

各级党委、政府和军事机关要结合当地实际，认真研究制定具体实施办法，狠抓落实。

四川省委办公厅、省政府办公厅、省军区政治部关于进一步做好维护军政军民团结工作的通知

（2000年11月26日）

根据今年四川省“八一”拥军座谈会议精神，省委、省政府、省军区重申，各级党委、政府和驻川各部队，务必认真贯彻落实省双拥工作领导小组《关于妥善处理军地矛盾和纠纷的意见》（川双拥〔1992〕5号）精神。经省委、省政府、省军区领导同意，现就进一步做好维护军政军民团结工作通知如下：

一、充分认识加强军政军民团结的重要性

做好新形势下双拥工作，妥善处理军地矛盾和纠纷，加强军政军民关系，是维护国家和军队稳定的重要因素，是改革开放和现代化建设顺利进行的重要保证，是实施西部大开发战略的必然要求。四川是西部大省，加强军政军民团结和民族团结，对于维护社会稳定，加快四川经济发展，促进驻川部队全面建设，具有重要的现实意义和深远的历史意义。各地、各部队党委要站在讲政治、促稳定的高度，充分认识加强军政军民团结的重要性，切实把这项工作当作讲政治的大事紧紧抓住不放。军地主要领导对当地的军政军民团结负主要责任，出现至严重问题要追究责任。

二、坚持妥善处理军地矛盾和纠纷的基本原则

处理军地矛盾和纠纷，必须坚持顾全大局、主动协商、互谅互让、严于律己的原则。军地双方要从讲政治的高度看待和处理问题，切实端正处理军地矛盾和纠纷的态度。从团结的愿望出发，多算军政军民团结的大帐，少算自我得失的小帐，主动检查自身的问题，积极做好协商工作，及时化解矛盾，解决问题，达到新的团结。

三、注重妥善处理军地矛盾和纠纷的程序和方法

（一）控制事态。发生军地矛盾和纠纷，特别是部队人员在地方发生纠纷时，军地分管领导要迅速赶赴现场，采取果断措施控制事态，稳定双方人员情绪，防止矛盾激化。涉及部队人员在地方违法、违纪以及发生事故和纠纷等，应尽快移交部队处理。

（二）迅速报告。对发生的各类军民纠纷，要迅速将情况报当地警备司令部和当事人所在部队，并及时向当地政府和有关部门反映情况。

（三）组织调查。对性质比较严重、情况比较复杂的军民纠纷，军地要共同组成联合调查组，查清事实，区分责任，准确定性。

（四）解决问题。根据调查的结果，采取多种形式，妥善解决问题。对纠纷的有关人员进行批评教育，情节严重的应严肃查处，触犯刑律的要追究刑事责任。积极主动做好善后工作，消除隔阂，增进团结。

（五）总结教训。针对发生的问题，及时进行教育整顿，举一反三，剖析原因，制定改进措施。

四、坚持立足自身处理军民矛盾和纠纷

发生军民矛盾和纠纷，当地政府与当事人所在单位和部队共同协商处理。力求把问题解决在本级，不得推诿。本级解决不了的，必须通过正常渠道逐级上报。在情况尚未核实准确、未经军地领导审查批准前，任何单位、部门和个人不得越级上报。广播电台、电视台、报刊等新闻媒体，不得报道涉及部队的事故、案件、军警民纠纷及其他影响军队形象的事件和问题。

五、深入开展经常性双拥共建活动

各级要把拥军优属、拥政爱民活动作为经常性工作来抓，把双拥教育纳入全民国防教育和军队政治教育计划，不断提高军民维护军政军民团结的自

党性。切实做好创建“双拥模范城（县）”工作，巩固和发展新型军政军民关系。在全省广泛开展“三尊重”、“三关心”活动，部队做到尊重地方党委政府、尊重人民群众、尊重公安干警；地方做到关心部队建设、关心子弟兵成长、关心军人家庭，促进军地两个文明建设深入发展。

六、大力宣传先进典型

军地要积极培养和宣传拥军优属、拥政爱民先进典型。对部队支援西部大开发、参加抢险救灾、开展军民共建和见义勇为，对地方政府和人民群众关心支持军队建设、开展科技拥军活动、解决官兵实际问题、维护军人合法权益等方面的先进单位和个人，要搞好经常性宣传。各广播电台、电视台、报刊要利用重大节日开辟专栏、对双拥先进典型进行重点宣传，用典型引导和激励广大军民为加快我省现代化建设，加强军政军民团结作出贡献。

河南省委、省政府、省军区
批转省民政厅、省军区政治部《关于支持
驻豫部队推进后勤保障社会化改革的意见》的通知

（2000 年 11 月 27 日）

河南省民政厅、省军区政治部《关于支持驻豫部队推进后勤保障社会化改革的意见》已经省委、省政府、省军区同意，现批转给你们，请结合本地区、本部门的实际，认真贯彻落实。

河南省民政厅、省军区政治部
关于支持驻豫部队推进后勤保障社会化改革的意见

（2000 年 10 月 26 日）

为认真落实江泽民同志关于军队后勤保障社会化的重要指示精神，更好地支持驻豫部队进行后勤保障社会化改革，现提出如下意见：

一、统一思想认识，积极支持驻豫部队进行后勤保障社会化改革

军队实行后勤保障社会化，是中央从国家和军队建设战略全局出发作出的重大决策，是加强军队质量建设、走精兵之路的必然要求。搞好这项改革，有利于建设强大的国防，减轻国家负担，促进经济社会发展，是一项利国、利民、利军的好事。实现军队后勤保障社会化是军地双方的共同责任，需要动员全社会的力量积极支持和参与。各级党委、政府一定要站在全局的高度，充分认识支持驻豫部队后勤保障社会化改革的重要性，主动关心和热情支持军队建设与改革，把协助驻军推行后勤保障社会化改革纳入“双拥”活动及经济和社会发展的总体规划，为驻豫部队推行后勤保障社会化改革创造良好的社会环境。

二、努力排忧解难，为驻豫部队后勤保障社会化改革提供有力的政策支持

军队后勤保障社会化改革是一项涉及面广、政策性强的工作，各级党委、政府和职能部门要在政策上给予有力的支持。对为部队提供服务保障的单位或经济实体，要给予大力扶持和帮助。对军队内部职工组建的各种服务保障机构，涉及办理营业执照、卫生许可证、收费许可证、资质证书等手续，有关部门要积极提供方便，简化程序，从快办理。对军队系统（不含军办企业）附设的各种服务性单位，要减少或免收行业管理费，为军队内部服务所取得的收入，自领取税务登记证之日起，三年内免征营业税。

（一）营房物业管理。承担部队营房物业管理的机构，必须认真履行合同、契约，遵守国家和军队的有关法规、政策，接受政府房地产、工商行政管理、税务、物价、司法以及军队房地产等有关部门的监督管理。违反国家有关法律法规的，由监督管理机构依法处理；违反军队有关规定的，由军队有关部门处理。发生纠纷时，政府房管部门要积极会同军队房地产管理部门共同调解；调解无效时，提请仲裁机构予以仲裁，或按照《中华人民共和国合同法》的有关条款处理。

（二）营区水、电、热力、煤、气保障。随着部队工作、生活条件的不断改善和装备更新，水电需求量不断增大，供水和电力管理部门要确保部队的水电供应；对需开通双电源，接通市政水、气、暖管网，增加用电容量的部队用户，要优先安排计划，涉及到的各项缴费能免缴的尽量免缴，不能免缴的给予政策性优惠，必须缴纳但一次缴清确有困难的，可分期进行缴纳。部队采取集中定点供煤的，供煤单位要按时保质保量进行供应。

（三）基本建设。各地要将驻城区部队基本建设纳入城市规划和管理，城建部门对部队的基本建设，要简化办事程序，积极提供方便，从快办理审批手续，并免收或减收城市基础设施配套费。部队因换防、调整、合并等原因需征用土地时，土地管理部门要按有关政策规定，及时办理有关手续，并在法律法规规定的范围内，对收费给予适当照顾。

（四）职工养老、失业保险统筹及再就业安置。为保障驻豫部队机关事业单位职工退休、失业后的基本生活，确保职工合法权益，社会保险经办机构要及时帮助他们参加当地养老、失业保险统筹，对符合条件的职工按时计发养老、失业保险待遇，积极提供相关服务。对部分已缴纳养老金的军队机关事业单位，将原缴纳费用从剥离托管之日起顺延计算，其他有关问题处理，按《关于军队后勤保障社会化改革中人事和劳动保障工作的有关问题的通知》（国家人事部、劳动和社会保障部、总后勤部〔2000〕后司字332号）要求执行。

劳动、人事部门要为驻地部队富余职工分流安置及再就业提供便利条件，把部队富余职工纳入地方用工培训安置整体规划，及时向驻军提供地方用工市场信息，积极协调用工单位吸纳部队职工，有条件接纳的单位要优先接纳部队富余职工。地方各企事业单位录用工人时，在相同条件下，优先吸纳部队职工。承揽部队服务项目的的地方服务保障单位，要优先聘用部分部队在岗职工，部队内部职工组建与部队彻底剥离或挂靠地方的服务保障实体，要全部接纳部队职工。对承揽部队服务保障项目的地方机构和内部职工承包的服务实体，以及自谋职业的下岗职工，地方有关部门在工商、税务注册登记、手续办理、费用收取、场地安排、资金信贷等方面给予扶持和照顾。对未安排工作的随军家属，要及时优先介绍就业；对原在部队企业因移交、撤销而下岗的随军家属，要优先介绍再就业。对已列入移交安置计划的军队无军籍退休职工，民政部门要切实采取措施，尽快安置到位，以减轻部队的负担。

（五）饮食生活保障。驻大、中城市的部队机关、院校、医院在实行饮食生活社会化保障过程中，有关部门要积极向驻军推荐信誉好、服务质量高、保障能力强的饮食服务单位，积极参与竞标。为部队提供饮食生活保障的单位，要严格履行协议，自觉接受部队监督，定质定量提供优质服务；部队集体采买副食品的地方定点单位，要保质保量按时供应，遇有应急情况，要优先供应，全力保障。

（六）交通油料保障。远离市区的驻军，需要开设公交专线或延伸公交线路的，城建和交通运输管理部门要积极协调有关单位予以开办。汽车站、火车站、机场要设立军人候车（机）室，并开设军人通道。部队驻地进出口道路需要新建或维修时，各级政府和有关部门，要积极给予支持和帮助。远离后方基地油库的部队，需要由当地石油公司代供、代加油料的，石油公司要积极与受供部队配合，及时将油料指标划拨到承供单位，并在有关代储、代供费用的收取上，给予适当优惠。承供单位要优先保障，确保质好量足。在部队执行紧急任务时，要保证及时供应。

（七）医疗保障。远离部队体系医院的驻军、干休所、人武部，确需在驻地就诊的，当地医院要本着军人优先的原则，热情接诊，积极治疗；对危急伤病员要先救治后收费；积极创造条件，开设军人病房，为部队提供优质服务。

（八）干休所社区服务保障。对军队干休所实行社区服务的，其生活保障要纳入当地社区服务规划，服务网点的设立，尽可能靠近干休所，在住房维修、用车、餐饮供应、危重病人抢救和家政服务等方面优先安排，积极提供全方位服务。

三、加强组织领导，切实抓好驻豫部队后勤保障社会化改革工作的落实

军队实行后勤保障社会化是一项新生事物，如何支持驻豫部队搞好后勤保障社会化改革是一个新课题。各级党委、政府要加大领导工作力度，认真研究新情况，解决新问题，建立有效机制，狠抓工作落实，保证部队后勤保障社会化改革的顺利进行。

各有关部门要发挥职能作用，加强对为部队提供服务保障单位的质量监督检查，及时发现和解决问题，确保各项服务保障达到部队标准要求。要搞好法律服务，妥善解决各种纠纷，依法维护军队和军人的合法权益。为部队提供服务保障的单位，要自觉遵守部队安全管理和保密规定，防止发生各种问题。

各级党委、政府要把支持部队后勤保障社会化改革作为创建“双拥模范城（县）活动评比的重要条件。对为部队服务保障搞得好的先进单位和个人，要进行表彰和奖励。新闻媒体要积极宣传支持部队后勤保障社会化改革的先进典型，动员全社会的力量，满腔热情地支持部队实行后勤保障社会化，为军队现代化建设做出贡献。

各军分区、人武部要在搞好自身后勤保障社会化改革的同时，充分发挥桥梁纽带作用，积极主动地做好协调联络工作。要定期召开驻军联络会议，及时通报地方有关信息，了解掌握驻军后勤保障社会化改革的情况，为地方政府当好参谋。要注意研究新情况，主动协调、妥善解决部队后勤保障社会化改革中遇到的突出矛盾和问题，进一步密切军政军民关系。

各级党委、政府、省直有关部门和军分区、人武部要结合各自实际，认真研究制定本地本部门支持驻军推进后勤保障社会化改革的具体措施，切实把我省支持部队改革的各项工作落到实处。

贵州省委办公厅、省政府办公厅关于进一步做好全省优抚工作的通知

（2000年11月27日）

近年来，全省各级党委、政府和人民群众坚持以邓小平理论为指导，继承和发扬拥军优属光荣革命传统，始终围绕国家和军队建设的需要，多形式、多渠道地积极开展帮扶优抚对象活动，有力地

促进了全省改革、发展、稳定和部队全面建设。为认真贯彻落实全国双拥模范城（县）命名大会精神，进一步做好全省优抚工作，巩固和发展全省军政军民团结的大好局面，特作如下通知：

一、提高认识，加强领导，进一步做好全省优抚工作

全面推进建设有中国特色社会主义事业，努力增强我国的经济实力、国防实力和民族凝聚力，实现中华民族的伟大复兴，始终需要广大军民同心同德，艰苦奋斗。加强军政军民团结，是我党我军我国人民的优良传统和特有的政治优势，是我们党三代领导核心的一贯思想，优抚工作肩负着为部队广大官兵解除后顾之忧、促进军政军民团结的重大历史使命。因此，党和国家历来十分重视优抚工作。

认真做好优抚工作，是实践江泽民同志关于“三个代表”重要思想的具体体现。各级党委、政府一定要从民族振兴、人民幸福和国家长治久安的战略高度，充分认识优抚工作的重要性，进一步加强对优抚工作的领导，把优抚工作摆在事关全局的重要位置，坚持不懈地抓紧、抓实、抓好，要把优抚工作纳入本地国民经济和社会发展的总体规划，纳入目标管理考核内容，作为评选双拥模范城（县）的重要条件。要切实帮助优抚对象解决生产、生活中的实际困难，及时研究并采取有力措施解决优抚工作中的重点、难点问题，重要问题主要领导要亲自过问。要加大政策法规建设力度，狠抓落实，提高依法维护优抚对象合法权益的水平。要大力宣传拥军优属光荣革命传统，广泛开展军政军民团结教育，使广大人民群众牢固树立“拥军优属，人人有责”的观念，激发广大人民群众做好优抚工作的政治热情，在全社会进一步发扬和保持军爱民、民拥军，军民团结一家亲的优良风尚。各有关部门要认真履行拥军优属职责，积极主动开展工作，把优抚工作的各项政策法规落到实处。

二、深入开展“爱心献功臣行动”，继续解决好重点优抚对象的“生活难、住房难、就医难”问题

革命伤残军人、在乡老红军战士、复员退伍军人、烈军属等优抚对象在革命战争时期和社会主义建设时期为建立革命政权、保卫祖国、建设祖国做出过特殊贡献。各级党委、政府要进一步发动社会各界和人民群众深入开展“爱心献功臣行动”，多形式、多渠道地解决重点优抚对象在生活、住房、就医等方面存在的实际困难，使革命功臣与人民群众共同享受改革开放和经济发展的成果。

要切实加大优抚事业经费的投入，不断提高抚恤补助标准。各级政府要发挥优抚工作的主体作用，本着分级负担，量力而行的原则，适当增加对优抚事业经费的投入。在进一步争取中央财政投入的同时，省财政今年对在乡老复员军人的定期定量补助，在原来基础上增加 32 万元。地、县两级也要匹配一定资金，使之纳入基数，使在乡老复员军人的补助标准达到人月均 60 元。要逐步建立优抚对象抚恤补助标准与当地群众生活水平同步提高的自然增长机制，确保他们的生活水平达到或略高于当地群众生活水平。

要全面落实现行优抚政策。对烈属（含因公牺牲和病故军人的家属）、革命伤残军人的定期抚恤及在乡退伍红军老战士、红军失散人员、老复员军人的定期定量补助，要按中央和省规定的标准，按时足额发放，不能借故拖欠。对在乡二等乙级以上革命伤残军人、退伍红军老战士，要按国家和省的规定享受公费医疗待遇，看病就医给予实报实销，不得定额包干给个人，各地医院要设立优抚门诊，对烈属和带病回乡复退军人等优抚对象无力支付医疗费的，各县市区人民政府和有关部门要按政策规定酌情给予医疗减免，减免标准由各县级人民政府自行确定。对烈属、二等以上革命伤残军人、在乡退伍红军老战士、老复员军人以及优抚对象中的孤老和特困户，要减免各种提留、社会集资和义务负担。对享受抚恤、补助和减免各项提留后，生活仍然困难的以上重点优抚对象，还可给予群众优待，使他们的生活达到或高于当地人民群众的生活水平。在实行最低生活保障制度中，优抚对象的抚恤补助不计入家庭收入。要保障优抚对象享受在救灾救济、生产、生活、教育等方面的优先、优惠权益。

三、切实做好义务兵家属的优待工作

缴纳优待金是每个公民应尽的义务，在全省尚未普遍实行税费改革之前，要坚持以县社会统筹、群众优待义务兵家属制度，确保每年按时将优待金足额兑现给义务兵家属。

各县市区在城镇筹集优待金，城镇居民由各镇人民政府和市辖区街道办事处每年按人口数和一定比例收取，比例由县级人民政府确定。机关、企业、事业单位则按在职干部职工人数，直接从干部、职工工资中按月工资的0.3%扣取（只发基本生活费的困难企业可免收）。具体缴纳办法由省民政厅与省财政厅制定。在农村筹集优待金，按一定比例在乡统筹费中一并收取。所筹集的优待金由各县市区民政局纳入同级拥军优属保障资金统一管理。

已实行税费改革的县市区，要按照《中共中央、国务院关于进行农村税费改革试点工作的通知》（中发〔2000〕7号）精神，在取消乡统筹费后，对义务兵家属的优待，由同级政府通过财政预算安排。

对农村义务兵家属的优待金标准，要达到当地上年农民人均纯收入的70%，双拥模范城(县)不得低于当地上年农民人均纯收入；对城镇义务兵家属优待金标准，由各县市区人民政府自行确定。兑现所需统筹资金的不足部分，由县级人民政府补足。

河南省政府、省军区批转省劳动和社会保障厅等部门《关于进一步做好军队干部随军家属劳动就业和社会保障工作的实施意见》的通知

（2000年12月18日）

省劳动和社会保障厅、财政厅、民政厅、地方税务局、省军区政治部《关于进一步做好军队干部随军家属劳动就业和社会保障工作的实施意见》已经省政府、省军区同意，现转发给你们，请结合本地实际，认真贯彻执行。

军队干部随军家属劳动就业和社会保障工作，是促进军队和国防建设、维护社会稳定的一件大事。地方和军队的各级、各有关部门对这项工作一定要高度重视，加强组组领导，制订具体措施和办法，并认真抓好落实。

关于进一步做好军队干部随军家属劳动就业和社会保障工作的实施意见

近年来，各地在军队干部随军家属劳动就业和社会保障方面做了大量工作，经过军队和各级人民政府以及社会各方面的共同努力，大多数随军家属得到了妥善安置，对稳定军队干部队伍，促进军队和国防建设发挥了重要作用。但是，随着国家经济体制和就业制度的改革，随军家属劳动就业和社会保障工作遇到了一些新情况、新问题。为进一步做好这项工作，根据《国务院、中央军委批转劳动保

障部等部门关于进一步做好军队干部随军家属劳动就业和社会保障工作意见的通知》（国发〔2000〕19号）精神，结合我省实际，提出以下实施意见：

一、军队干部随军家属劳动就业和社会保障工作是双拥工作的重要内容。各级、各部门必须高度重视，认真对待。各级政府要把这项工作作为促进国防建设、维护社会稳定的大事来抓，切实加强组织领导；要结合本地实际，制订做好随军家属劳动就业和社会保障工作的具体措施和办法，并认真抓好落实。

各级劳动保障、财政、民政、税务、军队等部门和驻军要加强协商，密切配合，齐抓共管。劳动保障部门要把此项工作纳入当地社会保障和再就业工作计划，抓好落实，切实做好随军家属就业及社会保障工作。财政部门要安排资金，对随军家属就业和社会保障工作给予大力支持。民政部门要将随军家属安置工作作为评选“双拥模范城（县）”的一项指标，凡当年随军家属安置率达不到90%的，不得评为“双拥模范城（县）”。税务部门要按规定积极做好为安置随军家属就业新开办企业和从事个体经营者的税收减免工作。各军分区系统和驻军要充分发挥桥梁和纽带作用，积极同地方政府和用人单位协商，做好随军家属的劳动就业和社会保障工作；教育和引导随军家属转变择业观念，提高劳动技能，为其就业创造良好的条件。

二、随军家属劳动就业工作。要坚持行政调配和市场调节相结合，照顾专业对口、发挥个人特长的原则，安置去向应为效益较好、能正常发放工资的单位。主管劳动就业工作的各级劳动保障部门，要切实为随军家属做好就业服务工作，如提供职业介绍和培训、指导和推荐就业等；要积极协调用人单位，通过现场办公、举办专题招聘会等形式，促进随军家属就业。

三、凡驻我省境内的机关、团体及各类企业（含私营、个体、三资企业）、事业单位，都有接收安置随军家属的责任和义务。各级党政机关、团体和事业单位要带头接收安置，生产经营正常和有生产任务的企业要积极主动接收。对劳动保障部门下达的调配安置任务要不折不扣地完成，不得拒绝接收，也不得以接收为由收取任何名目的费用。有用工需求的单位在同等条件下应优先安置随军家属就业。用人单位每接收一名随军家属，有条件的地区，当地政府给予一次性经费补助。

四、用人单位与随军家属签订劳动合同的期限一般不少于三年，若本人要求签订三年以下期限的应予允许，在合同期内用人单位不得随意解除劳动合同。

企业要严格执行劳动保障部《关于加强国有企业下岗职工管理和再就业服务中心建设有关问题的通知》(劳社部发〔1998〕8号)及《河南省委、省政府关于做好国有企业下岗职工基本生活保障和再就业工作的若干意见》（豫发〔1998〕12号）中关于“有生产经营任务的企业，一般不安排现役军人配偶下岗”的规定。随军家属确因所在企业破产、停产等原因下岗的，企业或当地劳动保障部门应按照有关政策规定，在保障其基本生活的同时，在一年内至少提供一次免费职业指导，三次免费职业介绍；对参加技能培训的下岗随军家属，提供一次免费或部分免费的职业培训，并优先推荐其再就业。

五、各级劳动保障部门要把随军家属职业培训纳入社会职业培训规划。初次就业的随军家属，应参加当地培训机构举办的劳动预备制培训，所需经费原则上由个人和用人单位承担，政府给予必要的支持，对个人收取费用的标准可按不高于我省各地技工学校收费标准执行。对家庭经济状况确实困难的，可酌情减免培训费用；随军前有工作，随军后需要参加职业培训的，可适当减免培训费用。对部队组织的随军家属就业培训班，劳动保障部门应在师资、设备和经费等方面给予支持，对培训合格者，及时发给相应证书。

六、为安置随军家属就业新开办的企业，安置随军家属人数超过60%（含60%）的，凭军（含军级）以上政治和后勤机关出具的证明，自领取税务登记证之日起，三年内免征营业税和企业所得税。对从事个体经营的随军家属，凭师（含师级）以上政治机关出具的可以表明其身份的证明，自领取税务登记证之日起，三年内免征营业税和个人所得税。具体减免手续，按照省地方税务局的有关规定办理。

七、随军家属一年以上无工作且无其他固定收入，享受部队发放的无工作生活困难补助费后，其收入仍低于当地最低生活保障标准的，要纳入当地城市居民最低生活保障供给范围，及时给予救助。

八、各级劳动保障部门要积极为在部队内部就业的随军家属参加社会保险创造条件。指导其所在单位做好社会保险关系的接续工作。非个人原因不能就业的，劳动保障部门可允许其按当地社会平均工资的60%为缴费基数，按18%的费率自愿缴纳基本养老保险费。其档案可由当地劳动就业服务机构等接收保管，并减免各项管理费用。

九、各地对随军家属安置及有关政策的贯彻落实情况要进行督促检查，及时解决工作中遇到的问题。

贵州省政府、省军区关于支持军队住房制度改革清理有关人员军地两处住房的通知

（2000年12月18日）

进一步深化军队住房制度改革事关军队建设全局，党中央、国务院、中央军委高度重视，各地、各部门和有关单位，一定要以高度的政治责任感，密切配合，积极帮助解决军队住房制度改革工作中遇到的各种困难，协助部队把这件利军利民的大事办好。根据军委、总部和成部军区有关文件好神，现就当前军队住房制度改革涉及军地双方的一些政策性问题和开展清理有关人员军地两处住房工作通知如下。

一、关于军队住房制度改革涉及军地双方的几个政策问题

（一）住房分配货币化问题。

根据《国务院关于进一步深化城镇住房制度改革，加快住房建设的通知》（国发〔1998〕23号）和《中央军委进一步深化军队住房制度改革方案》（〔1999〕19号）精神，未按房改成本价、标准价、安居工程房价购买住房或未参加集资建房的军队人员（含军官、文职干部、士官、正式职工、离退休人员）现租住军队公寓住房的按无房户对待，夫妻双方均可享受住房分配货币化政策以及房改有关优惠政策。按经济适用住房价格或市场价格购买住房时，可按规定申请住房补贴。配偶在地方单位工作的，由其向所在工作单位申请领取，住房补贴标准按当地政府有关规定执行。已在地方购买房改房的，按地方规定给予货币补差。

（二）地方人员购买军队住房有关问题。

现住部队营区的复员转业人员、已故军队人员子女、从军队调出的正式职工等地方人员，在地方确无其他住房的，在部队房源充足、条件许可的情况下，可以按规定购买军队住房。现住房位于售房区的，经批准可以购买现住房，售房按《军队现有住房出售管理办法》（总后勤部〔1999〕后营字第530号）和《成都军区军队现有住房出售管理实施细则》（联勤部〔2000〕联营字第284号）执行。现住房不在售房区的，经批准可以按规定购买军队或地方新建的经济适用住房（但必须退出现住房）。购买军队经济适用住房的，按《军队经济适用住房建设管理办法》（总后勤部〔1999〕后营字第516号）和《成都军区经济适用住房建设管理实施细则》（联勤部〔2000〕联营字第283号）执行；购买地方经济适用住房的，按地方有关规定执行。

（三）支持军队经济适用住房建设有关问题。

军队经济适用住房建设是国家经济适用住房建设的组成部分，享受国家和当地经济适用住房建设有关优惠政策。军队经济适用住房建设用地，由建设单位按照国家和军队的有关规定，采取向当地人民政府申请划拨和军队内部合理挖潜解决。各地、各部门要切实按照国家有关规定，支持军队经济适用住房建设，对申请行政划拨土地的，要给予支持并免收土地出让金，对按规定应减免的有关各种费、税要予以减免。

对军队分散单位、异地安置转业及离退休的军队人员需要购当地政府组织建设的经济适用住房的，各地、各部门要积极支持并给予优先安排。

（四）地方人员租住军产住房租金标准问题。

租住军产住房租金标准按总后勤部《关于调整住房租金标准的通知》（〔1995〕后营字第316号）执行。即：无其他住房的军队复转干部及其他地方人员租住军产住房的，按所在城镇人民政府统一规定的租金标准收缴房租；地方租金标准低于军队租金标准的，按军队租金标准收缴；地方已安置住房的或已有自有住房的复转干部和其他地方人员应搬出军产住房，未搬出的，按使用面积每月每平方米3.5元或按当地住房的成本租金收取租金。地方各有关单位要积极支持和协助军队收取住户房租，必要时采取财务扣收。随着军队住房制度的不断深化改革，房租收取随总后勤部租金标准的调整而调整。

（五）住房情况核查问题。

军队住房制度改革，不仅涉及夫妻双方军（工）龄、职务（职称），而且涉及夫妻双方在军地单位是否购买房改房及其住房相关情况，有关单位一定要真实准确地提供证明材料，并由单位及房改部门、纪委和主管领导签章。对于弄虚作假、隐瞒真实情况的，不仅追究当事人责任，而且要追究单位领导人责任。

（六）军队房改售房评估及产权转移登记问题。

军队现住房、集资建房、安居房、经济适用住房的出售价格评估按总后勤部〔1999〕后营字第516号、530号文规定执行，由成都军区房地产价格评估事务所组织实施，地方房改部门负责提供当地房改成本价、经济适用住房价格及地理（段）环境调节系数等情况。

军队房改住房产权登记按国家建设部、总后勤部《关于军队房改售房权属登记发证有关问题的通知》（建房〔1997〕18号）规定执行。办理军队房改售房房屋所有权登记，按规定收取登记费，需要重新勘测的可收取相应的测量费，不再收取其他税费；军产住房向个人出售，需要对相关的房屋所有权证进行变更的，登记时只收取房屋所有权证的工本费，不再收取登记费。

（七）转业、复员人员住房补贴支取问题。

根据《军队人员住房资金管理暂行办法》（总后勤部〔2000〕后财字第5号）和《军队人员住房资金管理暂行办法》和《军官文职干部士官住房补贴暂行办法》（三总部〔2000〕后财字第18号）规定，对符合享受住房补贴的军队复转干部、士官服役期间的住房补贴由中央财政专项安排按军队在职干部、士官的补贴标准和办法发放。转业干部，士官到地方工作后的住房补贴，由接收单位按相应职级的补贴标准和办法执行。在军队服役期间的住房补贴，从军队停发工资的当月起停止计发。

对于转业后没有退出军队公寓住房的军官和士官，服役期间的住房补贴仍由军队财务部门管理；对转业的军官、士官退出租住军队公寓住房前的租金，按本文第一条第四款标准计算，所欠租金从其住房补贴中扣除；已退出军队公寓住房的，按照国务院办公厅、中央军委办公厅关于印发军队转业干部住房保障办法的通知》（国办发〔2000〕62号）规定，经批准，其住房补贴直接兑现给本人。军队士官退出现役后，其住房补贴兑现方式参照执行。

二、关于开展清理有关人员军地两处住房工作

清理多处占房，是进一步深化军队住房制度改革的重要内容之一。长期以来，由于各种原因，军队转业干部和复员退伍军人到地方工作后，其中有一部分同志在地方工作并分配了住房或购买了自有住房，现仍然继续占用部队住房，既违反了军队和地方有关规定，又给部队建设带来了影响。为纠正住房上的不正之风，支持部队建设，根据军委有关指示精神，决定军、地联合开展清理有关人员军地两处住房的工作，清退多占住房。

(一) 清理对象及有关规定。

1. 凡地方已分配住房或已购买住房现仍住用军队住房的，必须退还军队住房

2. 已购买军队现有住房、安居房或参加集资建房的人员，在地方又分配住房的，一处已达标准的，原则上退出其中一处住房。如果退出在军队购买的房屋，由住房管理单位收回并按部队有关规定退还个人购房款。

3. 地方未分配住房，住用部队两处以上住房的，如果其中一处已达到本人转业、复员时军队职级相应住房标准的，其余住房必须退还部队；如果两处以上面积之和超过本人军队职级标准的，要进行调整。

4. 擅自将部队住房转交他人或用于出租的，一律由部队收回，并按有关规定处罚。

(二) 组织实施。

为保证清理有关人员军地两处以上住房工作的顺利实施，军地两处住房清理工作在军队后勤工作社会化保障军地联合领导小组领导下进行。贵州省军区为驻黔部队清房牵头单位。整个清理工作分政策宣传、调查摸底、组织清退和总结四个阶段进行，2001 年 10 月底以前完成。

(三) 措施及要求。

1. 要充分认识做好有关人员军地两处住房清理工作的重要意义。清理有关人员军地两处住房，是落实“三个代表”要求、加强党风廉政建设、巩固“三讲”教育成果的具体内容，有利于促进领导干部廉洁自律；同时，也是支持部队建设、为部队排忧解难、办实事的具体行动。各地、各部门一定要从讲政治的高度充分认识清理有关人员军地两处住房工作的重要性和必要性，统一思想，加强领导，认真做好宣传、摸底、登记、清理等各个环节的工作，保证清理任务的圆满完成。

2. 要加强组织领导，确保清理工作顺利进行。由于清理工作面广、量大，涉及人员较多，时间要求较紧，清理工作归口军队后勤工作社会化保障军地联合领导小组领导，军地各单位党委（党组）要加强对清理工作的指导。党员干部特别是领导干部要作出表率，带头执行有关规定，主动退还多占的军队住房。军、地要加强联系，协调一致，做好有关人员违规占房清退工作。

3. 要严肃纪律，不折不扣地执行有关政策。各级纪检监察机关要积极配合，加强对清理工作的监督检查，确保清理工作的各项规定得到落实。对拒不执行有关规定、继续违规占用部队住房，或弄虚作假、多占住房隐情不报的，除收回住房外，还要视情节轻重给予党纪、政纪处分。

北京市委、市政府关于支持驻京部队后勤保障社会化改革的意见

(2000 年 12 月 21 日)

为了认真贯彻江泽民总书记关于“军队的后勤保障特别是生活保障必须社会化”的重要指示和《国务院办公厅、中央军委办公厅转发总后勤部关于河北省积极支持驻军搞好后勤保障社会化改革情况报告的通知》精神，进一步推动驻京部队搞好后勤保障社会化改革，现提出如下意见：

一、充分认识部队后勤保障社会化改革的重要意义

实行军队后勤保障社会化，是江泽民总书记从国家和军队建设发展战略全局出发作出的重大决

策，是加强军队质量建设、走精兵之路的必然要求。本市驻军领导机关集中，各种军事院校、医院、科研单位等非作战部队较多，支持驻京部队搞好后勤保障社会化改革，对于加强国防建设，减轻国家负担，促进地方经济发展具有重大的现实意义。各级党委、政府对支持驻京部队搞好后勤保障社会化改革具有义不容辞的责任，要从大局出发，充分认识改革工作的重要性，正确处理经济建设和国防建设的关系，有计划、有步骤地帮助驻京部队搞好后勤保障社会化改革。各级领导、有关部门对这项工作要高度重视、大力支持，组织动员各方面力量积极参与，确保驻京部队后勤保障社会化改革顺利进行。

二、积极为部队后勤保障社会化改革创造有利条件

（一）在驻京部队实行饮食生活保障社会化过程中，有关部门要积极向驻京部队推荐信誉好、服务质量高、保障能力强的饮食服务单位参与竞标。中标的单位要严格履行协议，按照部队要求提供优质商品和优良服务。对需要集体采买主、副食品的部队，本市有关保障单位要确保供应，遇有特殊情况，要优先供应，全力保障。

（二）有关部门要主动了解部队的需求，推荐信誉好的物业管理公司和绿化保洁队伍，保障部队营区有良好的物业管理和绿化、保洁服务以及充足的水、电、气、暖供应。对有条件加入城市水、电、气、暖网的部队用户，有关地区、部门要优先予以安排，适当给予优惠。

（三）对远离市区的部队，需要开设公交专线或延伸公交线路的，有关部门要尽力予以解决。对交通不便、远离部队油库的部队，各地石油公司要积极与受供部队配合，确定油料代供点，在部队执行紧急任务时要保证优先供应。

（四）各级卫生行政部门应把远离部队医院的干部、战士、职工和退休人员纳入当地医疗服务体系，积极创造条件，提供优质服务。医院对军人应给予优先接诊，对危重伤病员要先救治后收费。

（五）各地区要把部队干休所的服务保障纳入当地社区服务规划，在住房维修、餐饮供应、危重病人抢救和家政服务等方面优先安排。

三、制定优惠政策，努力为部队后勤保障社会化改革服务

军队后勤保障社会化改革，是一项系统工程，涉及范围广、影响面大。有关地区、部门要把已经制定的各项支持部队后勤保障社会化改革的优惠政策落到实处，并按照国家有关政策，结合本市实际，积极制定支持部队后勤保障社会化改革的具体措施。

（一）军队系统的各单位（不包括军办企业）附设的服务性单位，为军队内部服务所得的收入，按有关规定免征营业税。对从部队脱钩后组建的服务保障实体，在登记注册、工商管理等方面要给予优惠。要大力扶持军队内部职工组建的各种服务实体以及地方生活服务企业进入部队保障机构，在办理营业执照、卫生许可证、收费许可证、资历证书等方面要尽量简化手续，从快办理。

（二）担负非军事职能的保障机构与部队脱钩后，其工作人员在原单位按国家和部队有关规定确定的干部身份可予保留，取得的专业技术职务任职资格和职业资格，符合本市有关规定的予以承认，工龄连续计算。各级人事、劳动保障部门，要为驻地部队职工分流安置和再就业提供便利条件，积极开展职业指导、转业转岗培训、职业介绍等各项工作，妥善安置部队分流职工。各企事业单位招工时，同等条件下要优先招收部队分流职工。承担服务保障项目的地方企业，必须把安置部队分流职工作为前提条件，招收部队分流职工数占职工总数百分比不低于25%。部队分流职工本人要求自谋职业的，有关部门在工商登记、场地安排、资金信贷等方面应给予扶持和照顾。

（三）妥善处理好部队后勤保障社会化改革中职工社会保险的转移接续工作。脱钩后的企业及其职工依法参加地方养老、失业、大病医疗、工伤等社会保险，职工在原单位的工作年限视同缴费年限，具体办法按照人事部、劳动保障部、总后勤部联合下发的《关于军队后勤保障社会化改革中人事和劳动保障工作有关问题的通知》(〔2000〕后司字332号）精神执行。

四、切实抓好支持部队后勤保障社会化改革的领导和落实工作

（一）市有关部门和驻京部队各大单位成立支持驻京部队后勤保障社会化改革领导小组。各区县和驻地部队也要成立相应组织。领导小组要加强领导，定期召开会议，制定措施，研究解决部队后勤保障社会化改革中的矛盾和问题。

（二）司法、工商、物价、技术监督、卫生防疫等部门，要加强为部队提供服务保障的单位和从部队剥离的服务实体的管理和监督工作，定期对为军队提供服务保障的单位进行质量、物价检查。

（三）各级党委、政府要把支持驻京部队搞好后勤保障社会化改革作为创建双拥模范城（县）和“双三好）活动评比的重要内容。对成绩突出的单位和个人，要通过各种形式进行表彰和奖励。

（四）新闻媒体要积极宣传部队后勤保障社会化改革的重大意义和先进典型，动员各方面力量，满腔热情地支持部队后勤保障社会化改革，为军队现代化建设做出贡献。

理论研究和调研报告

围绕首都稳定发展深入开展创建双拥模范城（县）活动的思考

北京市双拥办

北京是祖国的首都，是全国政治、文化中心。北京市的双拥工作一直受到中央领导同志的亲切关怀，得到在京中央国家机关和驻京解放军、武警部队的大力支持。江泽民总书记在视察北京市工作时，对首都的党政军民寄予了殷切期望，要求广大军民自觉地增强首都意识，以一流的工作水平、工作成绩、工作经验，开创首都工作的新局面。认真贯彻江总书记的重要指示精神，紧紧围绕首都改革、发展和稳定大局，深入开展创建双拥模范城（县）活动，是新形势下对双拥工作提出的新要求。我们在工作实践中感到，要推进首都双拥工作的发展，必须着重抓好以下几个方面。

一、增强首都意识，充分体现创建活动的政治性和使命感

从首都的政治地位出发，不断增强广大军民的首都意识，深刻领会首都工作大局对双拥工作的要求，采取措施，统一认识，加强领导，是保持创建活动良好的发展势头的重要前提。

一是要坚持领导抓、抓领导，形成统一的思想认识。首都的党政军领导对做好双拥工作一直高度重视。市委建立并坚持了“常委议军会”制度，及时研究解决双拥工作中的新情况、新问题。每年初，在人民大会堂召开首都军政座谈会，军地领导共商双拥工作大计。着眼于跨世纪的发展，市委、市政府把开展与首都地位相适应的双拥工作，纳入“九五”计划和2010年远景目标规划。为调动各方面的积极性，市委、市政府及各区县建立了党政一把手负责的双拥工作目标管理责任制，并坚持把双拥工作纳入领导干部政绩考核的重要内容。市委、市人大、市政府、市政协领导还通过带头参加“军事日”活动，动员、影响社会各单位、各部门关心和支持国防建设。在地方党委、政府抓双拥工作的同时，驻京部队各大单位把搞好双拥工作列为部队政治工作的重要任务，实施了坚强有力的领导。由于军地领导层、决策层认识统一、目标一致、工作措施到位，增强和深化了广大军民开展双拥工作的政治责任感，有力地推动了创建活动的进行。

二是要坚持在制度上完善、组织上落实，形成健全的领导体系。推进双拥工作的发展，需要有坚强有力的组织保证。市委、市政府提出要把双拥工作纳入到上下贯通的领导体系中。市、区（县）、乡（街）三级都进一步调整充实了双拥工作组织。市委书记贾庆林任组长的市双拥工作领导小组，根据形势发展和工作需要，不断把相关的职能部门充实进来，构建了依据职能分头负责、军地齐抓共管的双拥工作组织领导格局。一些区县为加大领导力度，实行了“双组长制”，由书记和区（县）长共同担任双拥工作领导小组组长。市、区（县）、街（乡、镇）双拥办还进一步完善了军地合署办公制度。在卫戍区牵头协调驻京部队的基础上，区（县）和街（乡、镇）驻军每年都推选一个驻地部队作为牵头单位，参加地方双拥工作决策和组织协调。同时，国防教育、军民共建、拥军优属等单项工作的组织机构，已经延伸到党政群机关、企事业单位、居（村）委会和基层连队。在健全组织领导的基础上，各级党委、政府坚持了“党委议军”、“军地互访”等工作制度。各级人大、政协加强调研和检查监督，把双拥工作列入建议和提案项目。

三是要坚持从政策上支持、法规上约束，形成有力的保障系统。加强双拥政策法规体系建设，是保障双拥工作规范进行、稳定发展的有效手段，也是依法治国、依法治军、依法治市的必然要求。在多年创建的实践中，我市着眼全局，不断完善政策法规体系。针对一些热点、难点问题，出台了一些有效的规定，如高速公路、停车场对军车免费，现役军人免费游览公园，以及有效缓解优抚对象医疗、生活、住房困难等，均受到了部队官兵和优抚对象的欢迎。全市还设立了“首都拥军优属模范奖”、“优秀士兵奖”，以政府令的形式颁发了《北京市拥军优属工作若干规定》。驻京部队出台了《驻京部队拥政爱民工作若干规定》。同时，18个区县的综合性双拥政策法规也全部制定出台。全市初步形成了涉及国防教育、军民共建、拥军优属、拥政爱民、优抚安置等诸多方面，结构合理、层次有别的双拥政策法规体系。

二、着眼首都功能，不断强化创建活动的牵动效应

作为首都，中央将建成一个“政治中心、文化中心和国际国内交往中心”的重任赋予北京，这是对北京工作的明确要求。我们认为，实现这一目标，应当充分发挥首都党政军民创建双拥模范城（县）活动的凝聚作用和牵动效应，为首都建设创造良好的社会环境。

一是要军民联手，全力维护首都稳定。维护首都稳定是压倒一切的政治任务。北京作为全国的政治文化中心，每年都要举行一些重要会议，举办一些重大活动；作为国际交往中心，经常接待外宾，举行外事活动。各项安全保障工作任务十分艰巨繁重。几年来，为保障世界妇女大会、香港回归、党的十五大等政治活动的顺利进行，军地军民统一指挥、密切配合，出色完成了警卫值勤、交通疏导、后勤保障、群众组织等任务，为维护首都的政治稳定，作出了积极的贡献。在北京，中央国家机关，各国驻华使馆、办事机构及国家标志性建筑和设施高度集中。为保障这些首脑机关、敏感部位的安全，承担警卫任务的部队官兵坚守岗位、尽职尽责。各级党委、政府和人民群众给予有力支持，涌现出许多军民团结的动人故事。北京同时又是一个拥有1200多万常住人口、300多万流动人口的特大型城市。几年来，为维护社会秩序、保持首都社会稳定，军民积极行动起来，开展了分片共建社区活动。驻地部队与基层组织，组成治安联防队，积极配合公安部门，经常巡逻在大街小巷，及时应付突发事件，遇到重大治安案件联合作战，有力地遏制了违法犯罪，保证了一方平安。实践证明，坚持军地联手，共同维护社会稳定，是创建活动服从服务于首都工作大局的重要内容。

二是要军民共建，精心塑造首都形象。几年来，以建设“首善之区”为目标，首都军民共同奋斗，努力把北京建设成精神文明的窗口和示范城市。广大军民积极倡导学习理论、弘扬正气、崇尚科学、反对迷信的社会风气，模范遵守《首都市民文明公约》，争做文明市民，共同推动精神文明建设。全市2068个军民共建点遍布城乡、深入基层连队、联结企事业单位，以点带面，发挥着牵动效应。特别是军民共建工作与创建文明行业、文明社区、文明村镇、文明家庭活动的紧密结合，使精神文明建设在社区单位、社会组织和市民群众中不断深化，有力地促进了“建文明城市、做文明市民”的主题活动，进一步提高了首都的文明程度。

三是要军地配合，共同治理首都环境。在迈向现代化国际性城市进程中，北京的环境建设不仅成为实施可持续发展战略的关键内容，也是体现首都功能的重要条件，中央对此高度重视。朱镕基总理、李岚清副总理多次批示，朱镕基总理还在《政府工作报告》中专门作了阐述，提出了明确要求。为贯彻落实中央精神，首都军民以整治城市环境为己任，掀起了抓环保、拆违章、搞清理的热潮。军地领导率先垂范，每逢植树节，驻京部队几百位将军与市领导一起，共同植树绿化首都。驻京部队在官兵中发起“绿化美化工程”，以驻首都、爱首都、建首都的精神，先后出动兵力62万人次，植树82万余棵，为美化首都环境作出了积极的贡献。

三、结合首都特点，适时丰富创建活动的内容

北京的驻军单位多、规格高，优抚对象多。从这样的市情出发，在双拥工作中，就要力求在继承双拥工作的传统内容和形式的基础上，适应形势的发展变化，不断赋予双拥工作以新任务和新内容，使双拥工作常抓不懈、常抓常新，保持创建活动的生机与活力。

一是紧扣时代脉博，深化全民国防教育。为了增强教育的感召力，近年来全市的双拥宣传教育紧紧围绕重大的历史事件和活动开展，大力弘扬了主旋律。比如，天安门广场上百万军民喜迎香港回归；建军70周年纪念日凌晨，军民冒雨参加升旗仪式；抗洪决战之际，军政军民团结一心，共战危难；面对北约的暴行，广大军民同仇敌忾，奋发图强。徐向前元帅培育起来的共建先进典型西城区柳荫街，邀请一些具有时代特色的英雄模范人物作事迹报告，还特邀徐洪刚、韩素云、李国安、邹延龄、彭楚政等为“柳荫居民”。这些富有特色的教育活动，使国防意识深入人心，自尊、自强、自立的民族自豪感和凝聚力得到升华。为在市民群众中普及国防教育，1995年以来，全市积极开展了“国防教育进万家活动”。通过组织家庭国防知识竞赛、军事技能竞赛、做一日军人等活动，把国防教育引入千家万户，近500万市民群众深受教育。面向未来，全市从娃娃抓起，加大了青少年国防教育力度，全市少年军校发展到910所，近50万大中小学生受到了良好的军事训练。国防教育和双拥宣传的深入进行，进一步激发了首都军民的爱国之心，坚定了强国之志，为双拥工作的开展营造了良好的社会氛围。

二是高举爱国拥军旗帜，大力支持部队建设。适应新时期部队建设的需要，市委、市政府本着“先前方、后后方，先部队、后地方”的原则，建立了面向部队的重点保障机制。为支持部队发展农副业生产，市委、市政府把驻京部队的“菜篮子”建设纳入全市“菜篮子”总体规划，统盘予以考虑，并采取区县政府与驻地部队挂钩、职能部门对口支援、政策上优先保障、技术上大力支持等措施，与部队共建“菜篮子”工程。不到两年的时间，市政府投入2000多万元的专项资金援助部队，提供土地2000多亩，建立副食品生产基地40多个，使驻京部队“菜篮子”工程建设迈上了一个新的台阶。为解除干部战士的后顾之忧，市委、市政府建立并实施了面向干部、战士、军属、部队子女的“四个百分之百工程”。三年来。全市共安置军转干部4638人，复退军人10493人，随军家属4029人，军队离退休干部7833人，解决部队子女入学入托达到100%。随军家属就业在面临诸多困难的情况下，也有了新的进展。为支持部队开展“双争”活动，激发战士献身国防、建功立业的积极性，全市普遍建立了面向士兵的军功奖励金制度。三年时间，共为4511名战士发放奖励金1490万元。全市还根据形势发展，分级成立了“军人军属维权领导小组”。这些工作适应了新时期部队建设的需要，使爱国拥军传统进一步发扬光大。

三是情系优抚对象，深入开展“爱心献功臣行动”。1996年以来，市政府每年坚持把解决优抚对象的“三难”、落实优抚政策纳入目标管理，明确年度任务指标，规定责任人、责任单位和完成期限，并通过开展“爱心献功臣行动”等措施，着力予以攻关。为不断提高优抚对象的生活水平，各级财政加大投入，优待抚恤补助标准连续提高。去年，市和区县两级财政投入950万元，为全市2.1万名优抚对象普遍提高了优待抚恤补助标准，最高标准达到了每人每年1万元。为改善优抚对象的住房条件，从1995年开始，全市连续实施了两个优抚对象危房翻建三年规划，市、区县、乡镇三级共投入1139万元，为1166户优抚对象建房4045间。在优抚对象的医疗保障方面，建立了医疗减免保障金，对重点优抚对象医疗实行实报实销，特别是对生活困难、不享受补助的老复员军人给予一定的医疗补助，扩大了优抚对象医疗保障范围。优抚工作的加强，较好地保障了革命功臣的合法权益，使创建活动更加求真务实，富有成效。

四是要发扬人民军队爱人民的光荣传统，实施系列爱民工程。驻守在首都的解放军和武警部队，认真贯彻江总书记的指示精神，自觉增进首都意识，发扬人民军队爱人民的光荣传统，积极开展拥政爱民活动，先后实施了“固本工程”、“温暖工程”、“助学工程”等系列爱民工程，为首都两个文明建设作出了积极贡献。三年来，各部队出动大量人力、物力，参与了首都100多项重点工程建设。为支援地方发展教育，干部战士踊跃捐款集资，先后在京郊边远山区援建了7所爱民小学。配合“爱心献功臣行动”，部队10所医院与10所光荣院结对共建，为集中休养的革命老人提供医疗服务。同时，700多名部队医疗专家教授，经常深入到首都的农村、厂矿、学校，坚持为居民群众巡回义诊。广大官兵还在首都完成急难险重任务中勇挑重担，充分展示了人民子弟兵威武之师、文明之师的良好形象。

四、发挥首都优势，努力提高创建活动的整体水平

实践使我们认识到，提高创建活动的整体水平是促进双拥工作广泛深入的必然要求，而发挥地区优势又是实现这一要求的重要因素。在这方面，首都军民进行了积极的探索和实践。

一是充分发挥科技教育优势，积极促进科技强军、科教兴国。首都的科技和教育事业发达，高等院校和科研机构集中，拥有丰富的科技和人才资源。充分利用这些优势和资源，为部队建设服务，是实现科技强军、质量建军的需要。近年来，市委、市政府把科技拥军、智力拥军作为新时期双拥工作的重要任务，不断创造良好条件，制定优惠政策，鼓励和吸引各方面的科教力量支援部队建设。全市广泛开展了“文化进军营、教育进军营、科技进军营”活动。几年来，各高校和科研机构为部队培养和输送了大量高科技人才，转让了多项高新技术。全市举办各类军人育才学校近百所，仅1998年就为部队培养军地两用人才2万多名。与此同时，驻京部队各科研院所与地方科研单位相配合，携手进入发展首都经济主战场，为实现科教兴国的战略目标共同奋斗，为科技强军作出了积极的贡献。

二是充分发挥历史文化优势，大力培育跨世纪的“四有”新人。北京是世界闻名的古都和历史文化名城，积淀着极为丰厚的历史文化遗产，是中华民族传统文化的浓缩典范。作为新中国的首都，北京又是中国革命的象征，伫立在市内众多的革命纪念建筑物，深刻地反映了中华儿女不屈不挠的百年斗争史和创业史。利用好这些得天独厚的条件，在军民中特别是青少年中，深入开展爱国主义、集体主义、社会主义和传统教育，积极培育跨世纪的“四有”新人一直是军地双方努力的方向。几年来，通过军地共建天安门、人民英雄纪念碑、军事博物馆、中国抗日战争纪念馆、李大钊烈士陵园等爱国主义教育基地，通过在历史文化场所和革命纪念地举行入队、入伍、入团、入党仪式，通过光荣院里的革命功臣担任部队革命传统教员、部队战士作校外辅导员等，进一步增进了广大青少年热爱祖国，振兴中华的坚强信念。

三是充分发挥社区资源优势，加快双拥工作社会化进程。北京的人口众多，企事业单位和社会组织众多，形成了众多的社区单元，具有推进双拥工作社会化的许多有利条件。1995年以来，市委、市政府在全市积极推动了义务兵家属优待金区县统筹工作，目前有16个区县已经或着手实施社会统筹，出现了人人为拥军优属尽义务的好势头。同时，各级政府面向社会建立的拥军优属保障金，已吸收和积累了3700多万元，有力地增强了拥军优属的保障实力。为调动和整合社区资源，全市广泛开展了岗位拥军和行业拥军活动，积极培育社区双拥服务组织，壮大服务队伍。西城区厂桥街道在社区开展评选“好战士、好连队、好军嫂、好家长、好领导”的五好活动，营造了双拥工作人人有责的社会氛围；针对辖区内外来人口增多的实际情况，有的区颁布了《外来务工经商人员拥军优属守则》，规定了外来人员的拥军优属义务；一些地区还积极探索了双拥工作大联组、一带一工程、双拥小区等活动形式，都取得了明显的成效。目前，全市各类拥军优属服务组织3万多个，38万名群众常年活跃在基层，志愿从事拥军优属活动。实践证明，广泛动员社区力量参与双拥活动，体现了创建活动抓基层、抓落实的主旨，促进了双拥工作在基层的落实。

适应部队现代化建设需要 积极做好科技拥军工作

北京市双拥办

全军正在开展的科技强军和科技大练兵活动，是贯彻落实中央军委新时期军事战略方针的重要举措，是迎接世界军事革命挑战、实现国防和军队现代化建设的发展目标，加强军队质量建设、提高战斗力、实现“打得赢”的重要途径，具有重大的战略意义。北京市在深入开展创建双拥模范城（县）活动中，认真学习贯彻落实江泽民总书记提出的科技强军的伟大战略思想，从部队现代化建设需要出发，着眼于提高战斗力，充分发挥首都人才集中、设备先进、技术力量雄厚的优势，在全市广泛开展了全方位、多层次、多形式系列科技拥军活动，形成了以政府为主导，以大专院校、科研单位和高新技术企业为依托，以科技文化服务为载体，以培育人才为重点，以促进部队现代化建设、提高战斗力为目标的科技拥军新格局，并逐步走上规范化、制度化的轨道。通过实践，我们认为，科技拥军是一个复杂的系统工程，必须寻找着力点，找准突破口，实现整体推进，才能抓出成效，使这项工作获得深入发展。

一、培育输送人才，帮助部队提高官兵综合素质

竞争的胜负取决于人才，战争的胜负同样取决于人才。科技强军，人才为本。为部队培养输送现代化建设所需要的高素质军事人才是科技拥军最关键的一环。我市适应部队建设需要，积极做好科技和智力拥军工作，充分发挥首都科技、文化、教育优势，形成科技拥军的新特色。

一是为部队培养输送高素质军事人才。在科学技术迅猛发展的新形势下，拥军工作必须增加科技含量。清华大学、北京大学、中国人民大学、北京理工大学、北京航空航天大学、中央民族大学等高等院校把科技拥军作为一项重要的政治任务，纳入办学规划，为部队培养输送了一大批高素质专业人才。特别是清华大学，充分发挥学科齐全、师资雄厚、科研力量强、学生生源好等综合优势，努力为部队培养输送高素质人才。该校采取定向招生、开办研究生进修班和建立工程硕士工作站等形式，通过奖励投身国防事业毕业生的办法，为国防事业培养出了工程硕士生1000多名、博士生15名、硕士生16名、本科生32名，为国防现代化建设和科技强军做出了重要贡献，被评为北京市科技拥军先进单位。

二是为部队培养两用人才。为帮助部队改善知识结构，提高官兵素质，创造科技练兵的良好条件，我市建立军地两用人才培训基地140多个，每年投资400多万元，举办电脑、英语、财会、法律、文化、、文艺、驾驶、烹饪、种植养殖等培训班200多期，为部队培训各种专业技术人才6万多名。中央民族大学在与武警北京二支队开展警民共建中，积极帮助部队培养两用人才，为1200名战士补习了高中文化。东城区通过两用人才培训基地和网络，积极为驻区部队举办多种专业技术培训班和文化补习班，使400名战士分别取得了不同专业技术等级证书，3000名战士达到了高中文化水平。

二、传技术、送设备，积极支持部队搞好科技大练兵

科学技术是第一生产力，同时也是战斗力。我市各级党委、政府把支持驻京部队科技练兵作为一项重要的政治任务，积极动员和组织科研部门、高新技术企业、大专院校及社会各界，发挥各自优势，采取各种形式，积极配合部队深入开展科技练兵、科技兴训活动，努力为提高部队战斗力服务。有些单位派出专家、教授和科技人员深入军营，帮助部队攻克技术难关，改革训练器材，解决训练中遇到的难题，提高训练质量；有些单位向部队赠送先进设备和器材，帮助部队改善硬件设施，为科技练兵创造有利条件；还有的单位把科技图书送进军营，帮助部队建立科技图书室，方便部队官兵学科学用科学。清华大学以军民共建为载体，实施科技拥军活动，主动帮助共建部队解放军防化学院改造闭路电视教学系统和办公自动化管理系统，对提高防化学院总体办学实力及培养高素质军事人才起到了极大的推动作用。西城区充分挖掘和利用科教资源的优势，广泛开展科学技术传军营、先进设备送军营、流动书车进军营、法律知识进军营等活动，还投资30万元，为总参某团建立了两个微机室，有力地推动了部队科技练兵活动的深入开展。门头沟区广播电视局把驻军学习科学文化知识纳入全区广播电视发展规划，筹措资金50多万元，架设有线电视线路55公里，为所有驻区部队安装了有线电视，让官兵们看上了43个频道的电视节目，不仅为部队学习科技知识创造了良好条件，而且还丰富了官兵文化生活。

三、严把征兵质量关，为部队质量建军输送优质兵源

兵源质量的高低，直接关系到部队的质量建设。我市各级党委、政府和征兵机关，以高度的政治责任感，严把征兵质量关，积极向部队输送优质兵源。全市经过多年的国防教育，进一步增强了广大人民群众的国防观念，激发了爱国拥军的热情，连续多年出现了参军热潮。各级征兵机关，本着确保质量、优中选优的原则，把那些政治思想好、文化程度高、有技术专长的优秀青年选送到部队，以实际行动支持部队的现代化建设。在2000年全市向部队输送的4000名新兵中，有高中和中等技术专业毕业生3013人，占新兵总数的75%，大专以上毕业生113人，为部队质量建军做出了应有的贡献，普遍受到征兵部队的欢迎和好评。

四、建立有效机制，确保科技拥军活动步入规范化、经常化轨道

建立健全与发展社会主义市场经济相适应的行之有效的科技拥军运行机制，是确保这项工作正常运转，实现规范化、经常化的重要保证。全市在开展群众性科技拥军活动中，逐步建立起一整套激励机制，从而有效地保证了科技拥军活动的顺利进行。

一是建立政策机制。我市在开展科技拥军活动中，十分重视加强政策、法规和制度建设。全市各级党委、政府把搞好科技拥军工作作为一项重要的政治任务，纳入重要的议事日程，纳入全市经济社会发展总体规划，纳入科教兴市、兴区（县）发展战略，纳入市、区（县）拥军优属规定之中，作为创建和评选双拥模范区（县）的重要标准和条件，作为支持部队现代化建设的重要内容，从而有力地保证了科技拥军活动更加深入扎实地开展。

二是建立领导机制。科技拥军工作搞得好不好，关键在领导。面对部队实施科技强军战略，开展科技大练兵，加速现代化建设的新形势、新要求，我市党政领导十分重视抓好科技拥军工作。中共中央政治局委员、北京市委书记贾庆林多次强调和要求，要从战略和全局的高度抓好科技拥军工作，充分发挥首都的优势，为科技强军服务，大力支持部队的现代化建设。全市各级领导带头研究和探讨新形势下科技拥军的特点和规律，及时为本地区、本单位确立正确的指导思想和工作思路，及时研究解决遇到的实际问题，及时总结和宣扬典型，全市树立和表彰了以清华大学为代表的一批科技拥军先进典型，以点带面，有力地推动了全市科技拥军活动的深入开展。

三是建立舆论宣传机制。我市充分利用报纸、电台、电视台等舆论宣传阵地，开辟科技拥军的专栏专题，刊登播发科技拥军的先进典型和事迹，宣传驻军在科技练兵中涌现出来的先进人物和事迹。为调动全社会各行各业科技拥军的积极性，市双拥办专门拍摄了一部科技拥军专题片，在电视台播放，在全市营造了科技拥军的浓厚氛围。

四是建立奖励机制。为配合部队深入开展科技大练兵活动，许多区县作出明确规定，凡本籍入伍和本地驻军在科技练兵中立功和被评为训练标兵的优秀单位和个人给予物资奖励。仅2000年全市就支出100万元，对51个连队和1721名官兵给予奖励，有力地调动了官兵科技练兵的积极性。清华大学等高等院校对自愿投身于军营的博士、硕士、本科毕业生，分别颁发奖金3万元、2万元、1万元。

2000年清华大学为23名志愿到部队工作的毕业生颁发了奖金，进一步激发了大学毕业生献身国防事业的热情。

对双拥模范城（县）实行动态管理的思考

河北省双拥办

为了确保创建双拥模范城（县）活动更加深入、持久、健康地发展，1993年全国双拥工作领导小组在总结实践经验，广泛征求意见的基础上，颁发了《双拥模范城（县）命名管理办法》，明确指出："双拥模范城（县）实行动态管理，不搞终身制。"实践证明，对双拥模范城（县）实行动态管理，既十分必要，又行之有效。它有利于双拥工作各项任务在基层的落实，有利于加强军政军民团结，有利于促进国家稳定和军队建设。

但是，在对双拥模范城（县）实行动态管理的具体操作中，一些地方感到这项工作不好掌握，认为是说起来容易做起来难。根据我省几年来实行动态管理的实践，我们认为：实行动态管理，建立竞争激励机制，打破终身制，确保双拥模范城（县）的质量，要把科学的标准与具体实践的创造性相结合，既要用标准来指导工作，又要以工作来补充、完善标准。关键要把握好以下几个方面。

一、必须结合实际，量化考核标准

全国双拥工作领导小组对双拥模范城（县）规定了六条标准和八个方面的具体要求，这些标准和要求，对创建双拥模范城（县）活动起了巨大的促进作用，对规范双拥模范城（县）的评选发挥了重要作用。但由于这些标准是针对全国而言的，原则性强，具体操作性弱。我们在对双拥模范城（县）检查验收工作中，就发现这种情况：有时市、县之间竞争很激烈，互相攀比，由于数量的限制，又不可能都被命名。这样就容易产生矛盾，使没有被评上的市、县工作积极性受到打击。同时由于实际工作发展不平衡，在某一个方面这个市、县工作好，但在另一方面又不如兄弟市、县，即各有千秋，使得在评选中用统一的标准很难裁决。经过反复、深入的思考，我们认为就一个省来说，有必要在全国双拥工作领导小组规定的评选标准基础上，根据当地双拥工作发展的实际水平，充分考虑多方面的因素，建立起一套比较科学的评选双拥模范城（县）的具体指标体系，尽量把一些考评指标进行量化，使其在不同单位之间有可比性，在实际运用中有可操作性，在大的范围内有广泛的适用性。指标体系可根据某一阶段双拥工作的重点内容，不断进行修改、补充和完善，使其适应新时期双拥工作的发展需要。我省在近几年的检查验收中，无论是推荐全国命名还是省内命名，除基础工作外，每次都根据当时的工作重点，增加一些内容，如1998年评选、命名省级双拥模范城（县）时，增加了安置随军家属就业等内容，1999年推荐全国命名时，增加了开展"爱心献功臣行动"等内容。同时，逐项细化了检查验收的内容，明确了可操作性的标准。在1999年向全国推荐命名前的检查验收中，我们把有关的内容细化为11大项40项小项，取得了较好的效果。

二、必须严格标准，真正实行动态管理

新形势下，军政军民团结极为重要。因此，各地以创建双拥模范（县）为载体的双拥热潮久盛不衰。但是在命名管理上也出现了一些问题。一是有的地级市被命名的市、县数量越来越多，使所属市、县全部或绝大部分成为双拥模范城（县）；二是有的市不是把功夫用在平时的"创"上，不注重平时抓落实，而是用在评选命名时的"争"上，跑上级机关，争取上级领导；三是有的地级市，双拥工作做在中心城区，成绩也很突出，但下面的市、县没有什么变化，存在很多工作上的弱项。我们认为，要改变这种局面，就要严格评选命名标准，把动态管理真正落到实处，做到有上有下，使所有的市、县都树立起争创意识，调动各个市、县的积极性。同时把动态管理作为开展创建活动的指导原则，经常抓，经常做，使大家普遍认识到创建活动的重要性，使获得荣誉者感到光彩，没有得到荣誉者找出不足，奋起赶超。在1999年推荐上报全国双拥模范城（县）时，我们按照全国双拥工作领导小组通知精神，在检查验收的基础上，结合我省实际，确定了评选新一届全国双拥模范城（县）的四条原则。一是坚持高标准和先进性，好中选优。双拥模范城（县）荣誉称号的属性，不是达标性的，越多越好，而是先进性的荣誉。应该永远是少数，要严格控制数量。二是打破终身制，有上有下。坚持上县下市，向县倾斜。一个城（县）在获得双拥模范城（县）的荣誉称号后，没有出问题，工作也没有滑坡，并在原基础上有了进一步发展，也不一定就必然是新一届的双拥模范城（县）。如果后起之秀工作力度更大，进步更快，成绩更为突出，确实超过了原来的双拥模范城（县），就要按照新的工作水平重新排列先后顺序，新秀就要取代失去了先进性的老模范。三是突出成绩，注重指标。在严格按照标准检查的基础上，经综合考虑，全面衡量，排列出各市、县的先后顺序。四是坚持公开、公平、公正，不搞照顾和迁就。坚持以双拥工作的整体水平为根本标准，使评上的，大家都公认，都服气；落选的也没有意见，没有怨气。按照以上原则，我们对上届的9个全国双拥模范（县）和这次申报的5个县进行了综合排队，确定上届9个市中排名末位的市落选，并新推出了3个双拥工作突出的县，真正把动态管理落到了实处。

三、必须解决好命名的数量和质量的关系，确保双拥模范城（县）的先进性、典型性和示范性

就创建双拥模范城（县）来说，数量是质量的基础，质量是数量的升华。没有一大批市级双拥模范城（县）作基础产生省级双拥模范城，就不可能有高质量的全国双拥模范城，而双拥模范城（县）作为双拥工作中的先进代表，客观上决定了它只能是少数，是大家学习的模范，应确保其先进性、典型性和示范性。所以，在评选命名时，要严格控制数量，保证质量，对于不同级别的双拥模范城（县），在数量上又要有一定的区别，以保护和调动积极性。对于省级双拥模范城，在确保质量的前提下，应以“宽进”为原则，以保护各地的创建积极性。在具体掌握上，一般年度和特殊情况应有所区别。如在一般情况下，命名的数量不宜太多，而在遇到重大纪念活动或特殊时代背景，则可考虑多命名一些市、县。总之，要使这些被命名的先进单位，真正能够起到示范、辐射和带动作用。如1990－1997年，我省共命名了6批83个省级双拥模范城（县），使双拥模范城（县）的比例高达55%以上。这时我们发现，被命名的双拥模范城（县）存在以下两种弊端：一种是双拥模范城（县）荣誉称号的性质成了“达标性”，而不能完全体现为“先进性”；另一种是随着被命名市、县数量的增多，创建活动不再充满生机和活力。针对这种情况，我们决定，严格实行动态管理，明确提出，省级双拥模范城（县）的命名比例控制在30%左右。按照这个比例，1998年，省双拥工作领导小组组织了严格的检查验收，重新命名了31个省级模范城（县），其中有3个市、县首次跨入模范城（县）行列，原来的83个中有38个保留了荣誉称号，有45个不再命名。通过动态管理，各地创建双拥模范城（县）的热情空前高涨，纷纷推出双拥工作的新举措和新典型，有力地促进了双拥工作整体水平的提高，为我们推荐国家级双拥模范城（县）打下了坚实的基础。

四、必须充分调动方方面面创建双拥模范城（县）的积极性，确保双拥工作整体水平的提高

对双拥模范城（县）实行动态管理，最根本的目的是提高双拥工作的整体水平。我们认为，要达到这样的目的，就要确实做到以下几点：一是建立公平的竞争激励机制，制定必要的奖惩制度、措施。当前双拥工作的好坏在很大程度上取决于各地党政军领导的重视程度，特别是一把手的态度。从大的原则上讲，都重视双拥工作，但实际情况却差别很大，有的只是口头上重视。因此，有必要从讲政治的高度，从大局上对双拥模范城（县）的政治荣誉感进行强化，特别是要把它作为领导干部政绩考核的一项重要内容。对获得双拥模范城（县）殊荣的市、县，通过召开命名表彰大会，颁发奖牌予以表彰，除确认是该市、县全体党政军民的政治荣誉外，还要对在创建双拥模范城（县）活动中做出突出贡献的人员给予褒奖，如在晋级和干部提拔时优先考虑。同时，对重视程度不够，工作不积极，或有明显问题的领导，要给予一定的处罚。从而形成双拥工作不抓不行、不干不行，抓不好、干不好也不行的局面。二是评选双拥模范城（县）要有不同侧面，树立不同样板。要综合考虑各方面情况，全面衡量。既要有一些老典型，也要有不断涌现出的新典型，做到新老结合；既要有大城市，又要有小城市和县，做到大小结合；既要看双拥工作的整体水平，又要考虑双拥模范城（县）的布局是否合理。三是加强管理，实现动态管理的规范化、法制化，使这项工作保持连贯性、一致性，不因领导的更换而使工作受到影响。随着经济体制的建立和我国社会主义法制的逐步完善，法制化的管理是必然选择。新时期双拥工作出现的热点、难点问题及军地之间的一些矛盾，都需要通过法律、法规的途径加以解决。我省把双拥政策法规建设作为一项重点任务来抓，全省所有市、县都制定出台了拥军优属有关规定和拥政爱民公约，在双拥工作经常化、制度化、规范化方面取得了重大突破，提高了双拥工作的整体水平。

做好双拥工作应当遵循的四个原则

内蒙古自治区满洲里市双拥办

满洲里是一个边境城市，具有50多年的双拥传统，在我市，进一步做好双拥工作，不仅对于强边固防，提高部队战斗力，具有重大意义，而且对于促进我市经济发展和社会进步，加强社会主义精神文明建设，最终实现国际贸易城建设的宏伟目标，更具有深远的现实意义。结合我市多年来的双拥工作实践，我们认为，在发展社会主义市场经济的新形势下，做好双拥工作应当遵循以下四个原则。

一、必须遵循从“法”的原则。法即政策、法律。从一定意义上说，市场经济就是法制经济。在社会主义市场经济条件下，一切社会活动都要在遵循市场经济规律的同时，遵循社会主义法制原则。否则任何工作和活动都不会有持久的生命力。双拥工作也如此。双拥工作从法原则，是贯彻社会主义法制原则的题中应有之义。遵循双拥工作从法原则的内涵之一，就是应当进一步完善双拥工作的政策法规体系。首先，双拥工作是一项综合性很强的社会系统工程，它涉及驻军部队、地方政府、企事业单位、人民团体以及其他方方面面的社会组织和个人，关系到国家的安宁，社会的稳定，政权的巩固和人民的幸福。如果没有一套完善的政策法规体系来规范、引导和调节军政军民关系，双拥工作的大目标就难以实现，已经取得的成果也难以巩固。其次，传统意义上的双拥工作突出强调了军政军民之间的感情和亲情，弹性很大，它往往随领导关注的程度而变化。因此，只有加强双拥工作的政策法规建设，建立健全双拥工作的政策法规体系，才能确立双拥工作的重要性，才不致使双拥工作因领导的更换或领导注意力的改变而受到影响，在市场经济条件下尤其如此。目前，我市军地双方已逐渐制订了一系列保证双拥工作正常开展的法规、制度、公约。如《满洲里市拥军优属工作若干规定》、《驻满部队拥政爱民工作若干规定》、《满洲里市军人抚恤优待条例实施细则》、《双拥领导小组例会制度》、《双拥共建公约》、《拥政爱民公约》、《军警民联防公约》等。近几年的实践表明，这些制度、公约的制定和实施，对推动我市的双拥工作发展发挥了重大作用。但是我们应该看到，要构筑完善的双拥政策法规体系还有很多工作要做。这是因为，一是上述的某些制度、公约缺乏约束力和强制性，不能完全起到“法律”或“法规”的作用；二是有些制度、公约弹性大，操作性差；三是有些制度、公约是计划经济体制的产物，与市场经济体制不相适应，缺乏时代特色，在市场经济条件下，其操作难度越来越大，有些已不适用。例如对退伍军人及随军家属的安置，现行的安置方式依然是沿袭传统的硬性安置模式，已经不能适应形势发展的需要。因此适应时代要求，结合实际，对已制定的双拥政策法规进行必要的修改、补充和完善，逐步建立起一套适应市场经济体制的政策法规体系，已成为做好新时期双拥工作的当务之急。双拥工作从法原则的内涵之二，是狠抓双拥政策法规的落实工作，做到有法必依、依法双拥。政策法规体系再完善，不抓落实如同没有，落实不好犹如没抓。不折不扣地落实双拥政策法规，是做好新时期双拥工作的基本保证。因此，完善双拥政策法规体系和抓好双拥政策法规落实，是从法原则相辅相成的两个方面。

二、必须遵循从“众”原则。在国防现代化建设中，一个重要方面，就是加强军政军民的团结。这也正是做好双拥工作的本质要求，从这个意义上说，双拥工作也是国防现代化的重要组成部分。众即群众，指广大军民。我国是社会主义国家，社会主义国防的本质是人民国防。因此，只有依靠人民才能建设有中国特色的现代化国防。双拥工作的从众原则，即让广大人民群众、广大官兵通过各种渠道和方式参与双拥工作，并从中接受教育，提高觉悟，促进军民团结，增强军地的凝聚力。如果把双拥工作仅仅理解为军地领导人之间的友好往来，或在重大节日期间相互慰问，或彼此做几件好事，而不动员和组织广大军民参与实实在在的工作，至少是对双拥工作的狭隘认识或片面理解，不利于贯彻全民办国防的方针。实际上，军政、军民关系是两个不同的概念，在实际工作中既不能简单地以军政关系代替军民关系，也不能简单以军地领导层之间的友好往来代替军民之间的鱼水之情。只有动员和组织广大军民广泛参与双拥活动，才能增强全民的国防意识，双拥工作才能深深植根于人民群众的沃土之中，才会具有持久的生命力。在双拥工作中，让军队广大官兵普遍参与拥政爱民活动，积极支持地方经济建设比较容易做到，而让人民群众普遍参与拥军优属活动，参与支持国防和军队建设工作却有一定难度。这也正是双拥工作贯彻从众原则需要大力加强的薄弱环节。我市欲第三次争创全国双拥模范城，在这方面还有许多工作要做。

三、必须遵循从“少”的原则。“少”即少年儿童。儿童是祖国的未来，今天的少年儿童就是祖国明天的建设者和保卫者。儿童时期是进行国防教育的最佳时期。尤其在市场经济条件下，抓国防教育和双拥工作就更应具有战略眼光，要从娃娃抓起，从少年儿童抓起。这对于培养少年儿童的无私奉献精神，从小树立国防观念、增强国防意识，将来积极投身国防建设，主动献身国防事业，尤其是对于培养双拥后备大军，持久地做好双拥工作，具有重要意义。多年来，我市许多学校都与部队建立了紧密联系，开展了丰富多彩的军民共建活动，如少年军校、少年军事夏令营等，这些活动收到了良好的教育效果。但由于种种原因，目前尚不能在全体少年儿童中普遍开展。为推动我市双拥工作再上新水平，很有必要加强这方面工作。一是组织学生分批走出学校，走进军营参观访问，接受军事训练和国防教育。二是部队官兵走出军营，走进学校，开展军民共建活动，给学生担任校外辅导员，帮助学校制定具体可行的活动计划，采取多种形式进行国防教育，普及国防知识，增强国防观念。三是把上述两种教育方式有机结合起来，穿插运用。

四、必须遵循从“实”原则。双拥工作是抓实事的，不管大事小情，需要以实事求是的态度，实实在在抓落实。双拥工作遵循从实原则，一是使实劲。无论地方还是部队开展双拥工作，都必须依据市情市力、军情军力，坚持一切从实际出发。既不能好大喜功，凭主观愿望，搞脱离实际超出承受能力的“形象工程”，或者机械地照搬外地模式和做法，也不能浅尝辄止，或短促突击，流于形式，做表面文章。二是办实事。双拥工作无小事，更无虚事，办实事是双拥工作的最大特点。军地互相支援，互办实事，实现优势互补，就能促进社会生产力的发展和部队战斗力的提高，进一步密切军政军民关系。三是求实效。双拥工作千头万绪，任务繁重艰巨，一个时期有一个时期的重点工作，但无论是重点工作还是非重点工作，都应以求实效为目标。检验双拥工作是否具有成效，主要看双拥工作是否增强了军政军民团结，是否促进了经济社会的全面发展和部队建设。只有实现了上述目标，双拥工作才能真正收到实效。

创建双拥模范城（县）活动应注意的几个问题

辽宁省双拥办

创建双拥模范城（县）活动（以下简称创建活动）已历时九年。在新的形势下，如何提高创建活动的质量，更好地发挥创建活动的社会效益，为国家和军队的改革与建设服务，是一个重要的现实课题。从创建活动的实践和我们调查的情况看，有这样几个问题应当引起关注。

一、双拥法规制度建设带有根本性、稳定性和长期性，地位作用更加突出，创建活动必须强化这个重点。创建双拥模范城（县）活动推动了双拥政策法规和制度建设。为保证创建活动的质量，各地普遍建立了自上而下的双拥组织机构，制定了一系列工作制度。双拥工作纳入了党委、政府的议事日程和目标管理，与创建文明行业、文明街道、文明小区结合起来，建立了军地联席会议制度、军地互访制度、评比表彰制度等。各地根据实际，把党和政府的双拥政策法规与本地具体情况相结合，制定出地方性双拥政策法规，形成比较完备的双拥政策法规体系，推动了双拥工作的法制化、制度化建设。但随着创建活动的深入发展，特别是我国的改革开放正在向纵深发展，政治体制和经济体制的一系列深层次矛盾，给双拥法规制度建设提出了新的难题。一些制度在实行过程中流于形式，有制度而无约束力，一些单位只图把制度挂上墙，评比检查时给领导看一看。有些双拥政策法规滞后于形势发展，存在着可操作性不强，甚至与其他一些政策法规相抵触的问题，使双拥政策法规在工作中很难落实贯彻。因此，在创建双拥模范城（县）活动中，双拥法规制度建设还需要进一步加强。要注意解决三个问题：一是要抓好现有双拥法规制度的落实。近几年来，各地出台了一些专门性法规政策，而且还将陆续出台综合性政策法规。现在关键在于怎样抓好落实。抓落实要多种渠道并举，地方党委、政府和驻军机关要对双拥法规的运行实施有效监督检查。要研究制定对不落实的单位、行业和部门的惩处办法，把经常性的检查和考评作为军地领导机关的重要职责，通过不断努力，创造一个开展拥军优属、拥政爱民工作的良好法制环境。二是要着力解决一些双拥政策法规操作性差的问题。随军家属就业、子女入托入学、农村义务兵家属优待金落实等问题，许多地方的法规政策都有具体的落实办法和优惠、照顾的条款，然而政策的落实及优惠在实际行动中难于执行，对不执行的也缺少法律的约束。因此，要在创建活动中加强协调，使之逐步细化和完善，增强操作性。三是双拥政策法规要法制化。双拥法规蕴含了法律、法规和政策制度三个层次，总的情况是政策制度多，法律法规少。法律法规更带有根本性和稳定性。在目前军政军民关系中的一些问题尚不具备国家立法条件的情况下，争取多出台一些地方性双拥法律法规，积极为将来的国家立法积累实践经验，是今后一个时期创建活动的重要内容。

二、创建活动内涵丰富，评价和考核标准逐步细化，必须在扎实发展上求突破。1993年，全国双拥工作领导小组颁发的《双拥模范城（县）命名管理办法》，规定了双拥模范城（县）的六条标准。1995年初，全国双拥工作领导小组通过总结实施《双拥模范城（县）命名管理办法》的经验，在六条标准的基础上提出了八个方面的要求。可见，创建活动的综合性、政策性很强，要求越来越高，标准逐步细化，搞“一招鲜”已经行不通，必须在全面过硬上下细功。但在具体工作中，有的认为基础比较好，军政军民之间只要不发生重大矛盾和纠纷就可以评上，对量化标准执行不严；有的只抓一点，不及其余，对双拥模范城的各项要求不能系统执行；有的已被命名双拥模范城的认为评比时使把劲就能上去，平时松一点，有点小毛病，上级会给以照顾，创的标准不高；有的工作基础薄弱，对照八项要求，感到创也无用，创建信心不足。针对这些问题的存在，要下大力气完善创建活动的评比考核制度，既要充分调动各地创建的积极性，又要引导各地认真做好各项工作，保证创建活动的质量。具体说，一是要精心制定和完善创建活动规划。各级要对照基本标准，联系本地实际，努力把差距找准，把措施议细，把目标定实，使广大军民既明确创建活动的总目标和努力方向，又清楚每一个阶段的工作重点和具体要求。二是对照评价和考核标准，力争创出双拥工作的“精品工程”。全国双拥工作领导小组颁发的六条标准和八个方面的要求，只是从大的原则上规定了创建双拥城的要求，但由于各地经济发展水平差别很大，社会和政治环境不一样，双拥工作的侧重点也不一样。各地要在全面发展的基础上，结合自身的实际，创出富有地方特色的“名牌”，以“名牌”来带动双拥工作整体水平的提高，用“名牌”来为双拥工作增光添彩。三是适应发展市场经济和部队实行两个根本性转变的新形势，拓展双拥的领域，实现双拥工作的创新发展，使创建活动富有鲜活的时代感。双拥工作的开展必须紧扣社会发展的脉博。在当前社会主义市场经济的新形势下，要积极探索适应新情况、解决新问题的双拥工作新路子，要在政策拥军、法律拥军、科技拥军等方面实现突破；要进一步加大解决军地热点和难点问题的力度，以此实现双拥工作的新突破。四是进一步加强双拥组织机构建设。各级双拥组织机构是创建活动的协调和指导部门，双拥组织机构的强弱直接关系到创建活动的质量，必须采取措施，强化职能，在经费保障、人员配备等方面加大投入，以适应双拥工作的发展需要。

三、创建活动具有广泛的群众性，在继续发挥军政领导带头作用的同时，必须进一步调动广大军民的争创热情。从调查的情况看，各级领导和机关比基层群众、基层官兵的创建积极性高，思想认识深刻。群众对争创双拥模范城的了解还不够，热情不高。有的地方形成了领导和基层工作的“两张皮”，上级在大张旗鼓地搞创建，基层却冷冷清清。甚至群众对创建双拥模范城还产生了误解，认为那是图虚名的形式主义，是劳民伤财的走过场。群众和基层官兵没有全身心的投入，即使参与了活动，也收不到应有的效果。如何进一步调动基层和群众的积极性，防止“上热下冷”倾向，需要引起重视。创建活动的主体是广大官兵和群众，双拥工作的重点在基层。进一步贯彻这个指导原则，当前应着力解决三个问题：一是要大力宣传创建双拥模范城活动的意义。创建双拥模范城是在社会主义市场经济的形势下，加强军政军民团结，与促进经济发展和社会进步有机结合的双拥工作新的表现形式和有效载体，对提高部队战斗力和发展地方生产力，促进社会主义物质文明和精神文明建设，具有十分重要的意义。各级要利用新闻媒体和街道、营房的板报，大力宣传创建双拥模范城的意义，提高群众和基层官兵对创建双拥模范城的认识。要让广大群众和基层官兵在创建双拥模范城活动实践中亲身体会双拥模范城的成就，感受创建双拥模范城对经济社会发展和部队建设的影响。二是创建活动的检查和考核不能只在省、市、县和部队团以上机关进行，更不能只用听典型介绍、看现场、查统计替代深入基层。要到连队、哨所、村镇、街道、车间等一线单位检查考核，了解真实情况；实地检查义务兵家属优待金是否兑现、兵员征集中是否有不正之风、基层军民矛盾和纠纷是否得到妥善处理等实际问题，把这些工作的实际成绩作为工作评价的重要依据，提高创建活动检查考核的实效。三是评选和推荐全国双拥模范城（县）要扩大基层官兵和群众的参与面。现行的市（县）自行申报、省双拥工作领导小组综合评议等评选、推荐程序是比较科学的，但在一些地区，基层官兵和群众参与的力度还不够。这是造成一些官兵和群众对创建活动不关心、不热心的重要原因。改变这种状况，需要有具体的工作设计，需要有基层意见的反映渠道、方式和方法。

大连市实施“军嫂无待业工程”情况的调查报告

辽宁省大连市双拥办

为贯彻国务院、中央军委《关于进一步做好军队干部随军家属劳动就业和社会保障工作的意见》精神，落实大连市委八届十二次全会提出的“千方百计地安排好军转干部、复员军人和随军家属就业，使大连市的双拥工作继续保持全国领先水平”的要求，进一步做好大连驻军随军家属的就业安置工作，最大限度地保证随军家属就业率和就业质量，为加强国防建设，维护部队和社会稳定做贡献，大连市从2000年下半年开始，在全市启动了“军嫂无待业工程”，同时，市委、市政府提出“集中时间、集中力量打一场军嫂就业安置工作的战役”。经过全市上下各级的共同努力，“军嫂无待业工程”已取得了阶段性成果。

一、基本情况

2000年，大连市共有随军家属11769人，已就业安置9366名，待安置就业2213人，经过反复核实，实际待安置就业的随军干部家属2030人。近半年来，大连市发动社会力量，多渠道实施“军嫂无待业工程”，已安置就业859人，自谋职业310人，为88人办理了养老保险，暂无就业愿望的有378人，提供三次以上岗位但尚未达成就业意向的有281人，另有14人无法联系，以上合计数为1930人，占实际需要安置人数的95.1%，实现了市委、市政府提出的工作目标。“军嫂无待业工程”的实施不仅促进了全市社会稳定和驻军部队建设，同时也提高了全市军民的国防观念和双拥意识，进一步密切了军政军民关系。

（一）领导重视，组织有力。“军嫂无待业工程”是市委、市政府为贯彻落实国务院、中央军委批转《关于进一步做好军队干部随军家属劳动就业和社会保障工作的意见》精神，结合我市驻军部队随军家属就业形势和我市目前劳动就业条件提出的。市委召开常委议军会，市政府召开全市军官家属就业安置工作座谈会，专题研究军官家属就业安置工作。会议提出要集中时间、集中力量打一场安置军官家属就业的战役，实现随军家属就业安置率95%的工作目标。根据这一决议，为了掌握第一手工作资料，有的放矢地开展工作，大连市双拥办、大连军分区组织力量对全市随军家属就业情况进行了地毯式的普查，制定出《大连市实施“军嫂无待业”方案》。随后，市委、市政府召开了全市实施“军嫂无待业工程”动员大会，对这项工作进行了全面动员和布置。会后，各地区成立了领导小组，按照全市实施方案，制定落实措施和办法，在全市普查的基础上对本地区军嫂的就业安置情况进行调查，做到任务到单位，指标到部门，责任到领导，一级抓一级，层层抓落实的工作格局，为工作开展打下了坚实的基础。

（二）制定政策，引导就业。各职能部门本着把好事办好，把实事做实的原则，发挥各自优势，制定出台了相关优惠政策，为随军家属就业安置工作提供了良好的政策环境，在《大连市事业单位人员分流安置暂行规定》和《大连市进一步促进再就业工作和保障国企下岗职工基本生活的有关规定的通知》文件中，明确规定了“有计划减员的事业单位和有正常生产任务的企业，不得安排现役军人配偶下岗”，及时有效地避免了新的待业军属产生。为了使有就业需求的军属尽快走上工作岗位，市劳动局向全市随军家属作出四个“即时”承诺（即时免费培训、即时考核发证、即时援助、即时就业），随军家属可以在劳动部门所属的各类培训学校自主选择专业，即时办理入学，并享受两次免费培训，接受过各种职业培训但无资格证书的军嫂可以随时申请考核，考核合格后，三个工作日内发给证书；凡在劳动部门推荐介绍的岗位就业的军属，月工资低于450元的，由劳动部门补足到450元，按月兑现。对一些因技能、年龄等原因就业困难的随家军属，劳动局提出只要不挑不拣，48小时内安排上岗。市工商局为申请从事个体私营经济的随军家属制定了六条优惠政策，凡是法律允许经营的行业全部向她们开放，特别是对从事科技开发的随军家属，可以边开发生产边办照，在程序上简化手续，自办理营业执照起免收半年的工商管理费，一年内减半，进市场经营的摊位费减半收取，并设立专门“窗口”，对申请办理营业执照的军属，做到当日申请，当日发照，简化手续，一路“绿灯”。已有270多名军属进入各类市场自谋职业，为军属减免工商管理费8.1万余元，摊位租赁费81万余元。市卫生局对从事饮食业或食品生产经营的随军家属，免收卫生费及卫生合格证、健康证办证费。为市内四区随军家属减免从业人员体检费、餐具消毒监测费等37户次，减免费用3.5万元。

（三）拓宽渠道，广开门路。各地普遍采取市场调节、双向选择和运用行政手段等办法，开辟军属就业新途径和新领域。一是做到集中安置和经常性安置相结合。从去年下半年以来，全市举办军属就业洽谈和送岗位到军营活动10余次，提供各类岗位上万个，有2800余人参加了洽谈会，仅去年12月和今年3月，市劳动局、人事局，市总工会、市妇联和市民政局联合举办的“向军嫂献爱心”就业培训洽谈大会，就提供3900多个岗位，近千名军属参加洽谈，467名军属与用工单位达成就业意向，有100多人次报名参加培训。市劳动局还在市劳动就业中心设立专门窗口，全天候为军属就业服务。市人事局在市人才市场每周日、周二为军属提供就业岗位，军属持有关证件可免费入场、免费登记入库、免费推荐工作、免费培训。二是给位置与技能培训相结合。沙河口区从社区服务中心和120多个居委会中挤出岗位，优先安置军属就业；甘井子区教委打破常规，特事特办，降低学历和年龄要求，优先安置12名军属走上教师岗位。三是普遍安置与重点安置相结合。旅顺口区为海军旅顺基地重点作战部队的随军家属办理挂靠关系，缴纳养老保险；甘井子区对辖区内的重点、特殊对象，如飞行员家属等，实行“一把手工程”进行安置，共安置48人就业。

（四）建立网络，全程服务。沙河口、旅顺口、甘井子区和长海县都将驻地需要就业安置的随军家属登记造册，建立档案，发挥区街委三位一体的就业网络作用，进门到户进行“三谈”，即面对面谈，一岗一谈，一事一谈，逐一落实。如沙河口区中山公园和长兴街道为了能与军属取得联系，冒着严寒多次到旅顺部队及民政局查找，最后终于使军属上岗就业。市经委规定对所属单位待岗军属、破产企业的军属，逐一落实安排上岗，对一次性清算解除合同自谋职业的军属，根据本人意愿，配合有关部门积极做好再就业工作。目前，随军家属的安置工作在我市已形成了横向到边、纵向到底的全程服务网络。

（五）军地互动，形成合力。大连军分区和驻军各部队，积极配合地方党委、政府做好军属就业安置工作，组织军属参加多种就业、培训洽谈活动，同时注意加强对下岗、失业军属进行择业教育，安排勤劳致富的下岗军属现身说法，增强下岗军属再就业的信心。甘井子区发挥军民共建对子作用，将65033部队9名军属安置到社区居委会工作。大连湾镇利达包装有限公司与65033部队联办的“军嫂车间”为该部随军家属提供了20个岗位，

（六）措施到位，效果明显。在安置随军家属就业工作中，各地都采取有效措施，加大工作力度。长海县驻军较多，但安置渠道较少，在这种情况下，对随军家属做到“三给”，即有能力的给位置，安排到机关、事业单位；干个体的给政策、条件，开辟了二条“军嫂就业一条街”，提供优惠政策；就业有困难的给补贴，解除其后顾之忧，并为88名随军家属办理挂靠关系，缴纳养老保险16万元。

二、面临的困难和问题

1、指令性安置与市场调节的矛盾突出。随着市场经济的发展，机关、事业单位要进行机构改革，国有企业减员增效力度加大，可提供军属就业的岗位有限。

2、可提供就业岗位与军属的就业愿望差距较大。有的军属认为，不接转关系、不缴纳保险就等于没就业，有的想找的职业是固定长期的，能照顾家庭的。但目前提供给军属就业的岗位大多都是临时的。有的军属觉得部队每月给200－300元补贴，如果就业每月只有400－500元，又不交保险，不如在家照顾家庭。

3、一些优惠政策在落实中有打折现象。部分企业开办的各类市场“对军属进入市场经营实行了摊位减半”等优惠政策落实不好，影响军属自谋职业的积极性。

三、几点建议

“军嫂无待业工程”作为一场战役，已取得了阶段性的战果，但随军家属就业安置工作是一项社会系统工程，是长期的、动态性工作，不能一劳永逸，要常抓不懈，建立起军属就业安置工作机制，从根本上保障军属就业安置。

1、尽快完善和出台军属就业安置优惠政策，并加大落实力度。市劳动局等有关部门已按照国务院、中央军委批转《关于进一步做好军队干部随军家属劳动就业和社会保障工作的意见》精神，提出了我市贯彻落实办法，要尽快论证，并以市政府名义出台，市直有关部门要从自身出发，制定完善涉及随军家属就业安置方面的政策，为随军家属就业安置工作创造宽松的政策环境。

2、建立随军家属就业安置信息库。在市劳动就业中心的军属就业窗口，建立软件系统和信息档案，以畅通信息渠道，使军属就业安置工作走上规范化、经常化的轨道。

3、探索建立社会保障体系，解除军属后顾之忧。在市场经济条件下，解决军属就业安置问题，要坚持“两手抓”，即一手抓就业安置，一手抓社会保障，在当前提供的岗位和军属就业愿望差距较大的情况下，帮助军属办理养老保险，是一个两全其美的办法。这一办法既解决了军属就业问题，又解除了军官家庭的后顾之忧。建议尽快研究出台为随军家属办理养老保险的具体措施。

做好新形势下基层双拥工作的几点思考

吉林省双拥办

基层是双拥工作的土壤，基层是双拥工作的源头。要使双拥工作保持旺盛的生命力，最重要一条就是要做好基层的双拥工作。在新的形势下，再创双拥工作佳绩，需要我们心往基层想，劲往基层使，把工作的着力点和落脚点放在基层，在抓基层中进一步提高国防力量和部队战斗力，在抓基层中不断促进“两个文明”建设，逐步形成“活动在基层开展，法规在基层贯彻，工作在基层落实，成果

在基层体现”的良好局面。

一、把抓基层摆上重要位置，是做好双拥工作的客观要求

军政军民团结的基础在基层，广大军民工作和生活在基层，因而双拥工作的主体在基层。可以说，双拥工作的立足点和着眼点都在基层。特别是在改革开放和发展社会主义市场经济的新形势下，双拥工作出现了许多新情况和新问题。这些问题都涉及基层广大军民的切身利益，影响双拥工作的深入发展。因此，把基层双拥工作摆上重要位置，组织广大军民积极适应形势和任务的要求开展双拥工作，对于巩固发展军政军民团结的大好局面，推进社会主义现代化建设，有着十分重要的现实意义。

近几年来，吉林省党政军领导对基层双拥工作十分重视，省委、省政府几次召开常委会或常务会议统一思想，形成共识，决定把抓基层作为做好双拥工作的重点。并针对吉林省驻军多、优抚对象多、经济欠发达的实际，确定了立足基层、抓住重点、分类指导、全员参与的工作思路，使基层双拥工作呈现出良好的发展势头。省委书记王云坤带头撰写双拥文章、讲国防教育课，带头深入基层，参加“军营一日”活动。各地对基层双拥工作也给予高度重视，主要领导反复动员亲自抓，各市县普遍建立了基层双拥组织，采取行政手段、现场办公、限期解决等办法，解决基层存在的实际问题，取得显著成效。全省在抓基层工作中做到“五纳入、五统一”，即把双拥工作纳入经济、社会发展的总体规划，统一部署；把双拥工作纳入军地双方领导政绩的重要内容，统一考核；把双拥工作经费纳入财政预算，统一计划；把改善驻军生活条件纳入为民办实事范围，统一考虑；把国防教育纳入全民教育内容，统一实施。做到了“求实”与“求强”并重，把基层双拥工作建立在坚实的基础上。全省上下大力宣扬双拥工作的先进典型，先后树立了吉林工学院、一汽集团、四平市铁西区拥军委和宋顺女、程士瑛、金在万等一批基层双拥先进单位和先进个人典型。

二、做好基层双拥工作，必须把握的几个重点环节

基层双拥工作的开展，不仅需要各级领导的重视和支持，更需要广大军民的积极参与。扎实做好基层的双拥工作，必须把握好以下几个重点环节。

（一）抓教育，打牢爱国拥军的思想基础。江泽民同志曾指出“只要国家存在，就有国防，国防教育要长期进行下去，作为公民的终身教育来抓。”国防教育是一项涉及全社会的长期工程。抓好全民国防教育，增强全民国防观念，不仅关系到国家的安全、社会的稳定、民族的尊严，也关系到我国改革开放和社会主义现代化建设能否顺利进行。近年来，我省国防教育在各级党委、政府的领导下，在广大军民的支持和参与下，取得了长足的进步，先后颁布了《吉林省国防教育条例》、《吉林省国防教育实施细则》等法规，白山市在国防教育中，针对不同层次的人员，编写了六套国防教育系列教材，军地领导带头上国防教育课，并组织讲师团在全市作巡回报告，收到了较好的教育效果。全省先后建立国防教育基地420个，开展国防知识竞赛、国防理论教育、双拥成果和文艺演出1万多场次；设立双拥标语牌和永久性标志600块；全省2100多所大中专院校和中学把国防教育列入教学计划，280多所少年军校积极开展活动，每年受训人员达50万人。

（二）抓经常，在继承传统基础上求创新。基层双拥工作的传统做法和成功经验，是长期实践和积极探索的结果，是广大军民集体智慧的结晶。在新时期双拥工作中，我们既提倡继承基层双拥工作的好传统、好做法，又要求双拥工作适应新的形势，不断探索新途径，总结新经验。着眼基层，注重实效，把抓基层作为工作的常态，切实把重点放在工厂、街道、乡村、学校、连队等基层单位。把平时的工作进行分类指导，解决实际问题，促进工作落实，打牢军政军民团结的基础。延吉市在传统的拥军工作中，充分发挥街道办事处、居委会等基层组织的作用。每逢传统节日，“阿妈妮”为官兵送打糕，每年秋天帮助连队腌制朝鲜族风味咸菜，每逢部队新兵入伍、老兵复员、抗洪抢险和军事演习等重大活动，人民群众都穿上民族服装载歌载舞组织迎送。沈阳军区某训练基地坐落在洮南市，洮南的广大干部群众几十年来共接待训练部队150多万人次。我们既抓了延吉市、洮南市传统拥军做法，又先后推广了四平市为军官家属排忧解难、长春市科技双拥、吉林市军民共建文明小区和辽源市维护军人及军属合法权益等具有时代特色的经验。长春市科技双拥的典型经验，被全国双拥办、中宣部、民政部、总政治部和沈阳军区推广。军委副主席迟浩田对此给予充分肯定并作了重要批示。

（三）抓法规，在依法双拥上求深化。随着国家各项改革政策的陆续出台，军队、军人及其家属需要社会协调解决的问题明显增多，现有的政策法规已不能适应双拥工作发展的需要。目前，征兵工作，军队离退休干部和军转干部、退伍军人安置，落实优待抚恤政策等，都遇到了新的情况和困难，需要通过政策法规加以调节和解决。因此，要做好基层的双拥工作，就必须制定有效的规章制度，并将其纳入法制轨道。这样既能有法可依，又能起到行政手段所不能替代的作用。同时，法规建设具有相对的滞后性，需要不断充实和完善。从吉林省的实践看，哪些地方出台了地方法规，哪些地方工作就做得好，解决问题就顺；哪些地区法规不完善，哪里存在的问题就多，工作就难做。这充分说明，双拥法规建设起到了十分重要的作用。近年来，省里先后制定了《驻吉部队拥政爱民工作的若干规定》、《关于在全省开展科技双拥活动的通知》等一系列政策法规。辽源市在开展“维军权、解军难、稳军心”活动中，成立了巡回法庭，优先处理涉军案件，维护了军人军属的合法权益。全省各地都在军属就业、子女入学、军转干部和城镇复员军人安置等方面制定了许多优惠政策。长春市在1997年公务员录用中专门拿出35个名额招考军官家属就业；辽源市军官子女上重点中小学就读免收择校费；通化市在“爱心献功臣行动”中，制定优惠政策，投入大量财力和物力，办了大量的好事、实事，受到了群众的赞誉。

（四）抓落实，在监督中求实效。双拥工作是一种社会行为，各级党委、政府、部门、团体和个人都要积极参与，而只有通过工作落实才能呈现出整体效果。基层双拥的每一项工作都需要“实打实”、“凿死铆”，来不得半点虚假。多年来，吉林省各级领导、驻军首长换了一批又一批，但主要领导重视基层双拥工作、亲自参与双拥工作的传统一直坚持下来，做到了参与制订规划，参加双拥活动、检查督促落实、验收双拥成果，现场办公为部队排忧解难。在开展为军官家属排忧解难和“爱心献功臣行动”中，全省69个市、州、县（市、区）都建立了包保责任制，主要领导带头包片包户，全省共结成帮扶对子3.6万多个，为老兵建房2.4万间，解决医疗难1.8万人次。基层双拥工作是一项基础性和长期性的工作，没有强有力的监督措施，就不能使其保持长久。为此，我们充分发挥各级人大、政协的监督作用。通化市、吉林市、长春市、四平市、白城市等市定期组织人大、政协代表视察双拥工作，通过检查、提案等方式，督促基层抓好落实；发挥政府职能部门的监督作用。劳动、人事、民政、宣传、教育等部门在平时工作中，对基层双拥工作情况经常进行检查监督，对涌现出的双拥典型及时宣传，对存在的问题进行“曝光”和跟踪报道，督促其尽快改正。

三、探索新形式，不断赋予基层双拥工作新的内涵

基层双拥工作中要按照“组织健全、政策落实、活动经常、关系融洽”的要求，经常开展活动，互办实事，勇于探索，不断创新，才能使基层双拥工作充满生机和活力。近几年来，我们在抓基层的实践中，对基层双拥工作进行了积极的探索，取得了丰硕成果。一是广泛开展了科技双拥活动。为了适应党中央科教兴国和科技强军的战略要求，我省充分利用军地知识密集、人才集中和科技力量雄厚的优势，积极开展科技拥军和科技助民工作，军地共同传播新知识和新技能，互相培养高素质人才，共同破解科技难题，互相赠送器材和图书资料，军地相互转让科研成果，通过多形式、多渠道和多领域的合作，最大限度地推动科学技术转化为现实生产力和战斗力。据不完全统计，地方为部队举办科技知识讲座1500多场，全省42所高校先后为部队开办各种专业班1100期，培养各种专业人才16000多人，为部队解决技术难题2300多个。1995年以来，全省共向部队赠送计算机630台，彩色电视机1400多台，各类图书6万余册。二是积极为军官家属排忧解难。随着经济体制的转换，军官家属作为社会特殊群体，在工作和生活方面遇到了许多新困难，成为基层双拥工作的“热点”、“难点”问题。我们将此作为双拥工作的一项重要内容抓住不放。通过深入调查、制定规划、强化措施、建立法规等一系列强有有力的措施，使为军官家属排忧解难工作取得了突破性进展。通化市在繁华商业区建起了“军嫂一条街”，为随军家属减免税费30余万元。自1992年以来，全省共接收安置军官家属7957人；为8156户未随军家属解决了困难；为1576户无住房军官家属解决了住房；有11500余名军官子女入学入托得到照顾；有2642名军官家属的工作或班次得到了调整。为军官家属排忧解难，在部队内引起了强烈的反响，收到了管好后方、稳定前方的良好效果。三是做好新形势下的拥军支前工作。对部队举行的大规模军事演习、抗洪抢险、军转安置、军队企业移交、部队后勤保障社会化改革等重大问题，都及时召开联席会议，共同协调解决。1997年，沈阳军区有三个集团军在白城、吉林地区相继组织大规模军事演习。地方提出“部队练打仗、地方练支前”的口号。期间，地方让出通讯线路20多条，动用警力和民兵6000余人次，车辆1000余台次。演习所经地域的人民群众提前收割庄稼，保证部队按时演习。省、市、县（区）各级组织慰问团，到部队驻地慰问。1998年抗洪期间，全省各级组织慰问团到抗洪一线慰问，为抗洪部队送去的慰问品折合人民币共计1393万元。驻辽源某部新建车炮场，市领导五次组织土地、规划、城建、电力、公用等部门召开协调会，尽全力帮助部队解决用地、用工、用料等问题，为部队节省资金200多万元，该工程被沈阳军区评为优质工程。据不完全统计，近两年全省帮助部队营建、提供训练场地、解决米袋子、菜篮子等项工程共投资970万元，土地、规划等部门减免林地、林木、土地补偿占用费行300多万元，有力地支持了部队建设。四是驻吉部队拥政爱民做出突出贡献。驻吉部队牢记我军宗旨，以人民的关心支持为动力，积极支援地方“两个文明”建设。1998年吉林西部发生特大洪涝灾害，驻吉解放军和武警部队，出动3万多名官兵，决战月亮泡、固守白沙滩、驰援嘎什根，死保胜利水库，转移受灾群众30万人。抗洪胜利后，许多官兵征尘未洗，又赴灾区帮助恢复生产，重建家园。驻军、武警把180万慰问金全部用于灾区希望小学建设上。65301部队、省武警总队出动官兵近万人，为灾民建房2000多户。三年多来，驻吉部队共投入120多万个劳动日，动用机械车辆2万多台次，义务植树150余万株。先后参加了长春市环城绿化带植树、吉林市松花江外环江堤建设、四平市南北河治理、白城市水毁堤坝加固工程建设200多个。驻军39001部队、89870部队、军需大学等部队和军事院校，发挥自身优势，积极开展科技助民活动，为地方培训各类人员近万人，转让技术成果20多项。一些驻军和武警部队还承担了“冬运会”、“长春电影节”、“建国50周年焰火晚会”等大型活动的场地设置、文体表演、治安警卫、施放焰火任务，为扩大吉林省在国内外的影响做出了贡献。近年来，驻吉部队和军事院校通过参加地方重点工程建设、扶贫、援建希望小学等形式，为地方直接创造经济价值5000多万元，产生了良好的社会影响。

论科技拥军的时代价值及其实现方式

吉林省长春市双拥办

从90年代初期开始，随着现代科学技术的发展和国家科教兴国战略的实施，双拥工作的科技趋势越来越明显，而科技强军战略的提出，更使科技拥军活动在各级党委政府的推动和全社会的广泛参与下蓬勃开展起来，在促进人民军队的现代化建设等方面发挥了积极作用，适时地进行实践总结和理论探讨，是深化科技拥军的客观要求。本文仅对其中的一个方面即科技拥军的时代价值及其实现方式做些探讨。

一、科技拥军的时代价值

科技拥军是一个新生事物，是双拥工作顺应时代发展与进步的必然产物，它所体现的时代内涵及重要价值是这一活动继续深化的客观基础。

（一）科技拥军体现了新时期双拥工作的时代特征。拥军优属、拥政爱民是中国共产党领导下的人民军队同人民群众血脉联系的纽带，也是从战争年代开始至社会主义建设的和平时期，在共同的互助与奋斗中形成的优良传统，充分体现出人民军队性质，也蕴含了人民群众对子弟兵的深厚情意。进入建立和完善社会主义市场经济体制的历史阶段，在国防和军队建设向现代化迈进的历史时期，传统的双拥工作也跨入了一个新的时代。军地双方的往来日益频繁，感情日益深厚，双拥活动的内容不断丰富，层次不断提高。在保持优良传统的基础上，科技拥军的开展，为双拥工作注入了新的血液，形成了以科学技术为基本内容的双向、互动式关系的良性格局，军地双方发挥自身的科技长处，互相支持，共同进步。科技拥军是在邓小平“科学技术是第一生产力”思想的指导下，人民群众创造的具有鲜明时代特征的拥军方式，是广大人民群众主动投身实施科技强军战略的一个基本途径，既促进了人民军队的现代化建设，也带动了地方科技进步与经济发展，是一个对全社会都有重大贡献的创举。因此，它充分体现了新时期双拥工作的时代特征，赋予了双拥活动更深远的时代价值，标志着双拥工作跨入了一个新的历史阶段。

（二）科技拥军是新时期国防建设的客观要求。和平与发展是当代世界的主题，但是在这一主题之下，全球范围内的政治、军事斗争并没有结束，军事力量的对比在国际政治风云中影响越来越大，而在军事领域本身也正如江泽民同志曾经指出的那样，在“发生着深刻的变化”，科学技术成为这一领域最具主动性的因素，世界各国在军事领域内不断进行着高技术探索，战争形态已从人与人的较量转变为在人的素质基础上直接的高科技较量，正是在这样的国际背景下，党中央、中央军委作出了科技强军的重大决策。我国的国防科学技术水平虽然同建国初期相比已取得显著进步，但是同发达国家相比还存在不少差距，而国家又面临着经济领域深化改革的艰巨任务。国防的现代化建设也必须充分依靠人民群众，坚持走群众路线。科技拥军是我党我军独创的“人民战争”思想在和平时期的重要体现，只有依靠广大人民群众的支持和参与，才能加快国防现代化的进程，使人民军队在新的历史时期更好地肩负起安邦固国的重任。大力开展科技拥军是新时期国防建设的客观要求。

（三）科技拥军对跨世纪的国防和经济建设具有深远战略意义。从当前国际形势看，军事实力是某些发达国家推行霸权主义和强权政治的一张王牌，因民族、宗教、领土等因素而引发的局部冲突中，军事斗争是其中的显著特征。因此，在这样的国际形势中，一个国家的军事力量就成为维护国家主权和民族利益的必要条件。党的十五大报告指出：“当前国际形势总体上继续趋向缓和”，“在相当长的时期内，避免新的世界大战是可能的，争取一个良好的国际和平环境和周边环境是可以实现的。”但是，在全球范围内，“冷战思维依然存在，霸权主义和强权政治仍然是威胁世界和平与稳定的主要根源”。我国是维护世界和平的重要力量，其综合国力对整个世界形势有着巨大影响，而军事实力是综合国力的基本标志之一。和平与发展的主题中，科学技术的进步是一条主线，发挥着主导作用，在21世纪的经济发展、社会进步和世界军事领域变化中，科学技术扮演着极其重要的角色。对于全社会来说，科技拥军是教育和引导全体公民增强国防观念，为国防建设做贡献最有效的手段和途径，也是使全体人民增强公民意识，增强对国家、社会以至世界和平责任感的一种重要方式。对于国防建设来说，科技拥军一方面加快了人民军队军事科学技术的进步，另一方面也提高了人民军队指战员的科学技术素质和打赢现代化战争的能力，是培养现代化军事人才的重要途径。因此，把科技拥军作为一项长期的任务坚持不懈地开展下去并不断使之向更高层次深入发展，对于新世纪我国国防建设和经济建设都有不可低估的战略意义。

二、科技拥军时代价值的实现方式

科技拥军作为新时期双拥工作的一个基本内容，只有通过具体的实践活动，才能使其时代价值得以实现，对其实现方式的探索更具有现实意义。从当前开展科技拥军的情况和未来发展趋势看，科技拥军应当逐步实现法制化、全民化、科学化建设，切实发挥出积极的作用。

（一）法制化。党的十五大提出了依法治国，建设社会主义法治国家的目标，并且明确了依法治国是党领导人民治理国家的基本方略，是国家长治久安的重要保障。贯彻落实依法治国的战略决策，要求我们在法制化的轨道上开展新时期的双拥工作。因此，法制化应当是实现科技拥军时代价值的一个基本方式。第一，法制化是科技拥军深入开展的有力保障。法的强制性与明确性，使科技拥军具备应有的法律地位，同时也使科技拥军的责任和义务通过法律手段明确下来，军地双方的有关实践活动都受到法律的保护。第二，法制化是科技拥军成为长期战略任务的必要手段。法的稳定性使科技拥军具备了有长远意义的国家意志性，体现在实践活动中就带有了维护国家安全的战略意义。第三，法制化是科技拥军走上规范化轨道的巨大动力。法的规范性使科技拥军从普通的军地双方共同开展活动上升为法律规范，使军地双方的实践行为都体现国家意志，这样就能促进科技拥军在军地两个系统中走上规范化轨道。我国的宪法和有关法律都已把支持人民军队的建设和对全国人民进行国防教育纳入其中，使科技拥军具备了充分的法律依据。《宪法》第54条规定了“中华人民共和国公民有维护祖国的安全、荣誉和利益的义务”；第55条规定了“保卫祖国、抵抗侵略是中华人民共和国每一个公民的神圣职责”。履行这些责任和义务的途径和方式是多种多样的，积极参与科技拥军活动，是公民国家责任感的体现。《国防法》第7条规定了国家和社会开展多种多样的拥军活动，第53条更明确规定了“公民和组织应当支持国防建设，为武装力量的军事训练、战备勤务、防卫作战等活动提供便利条件或者其他协助。”国家的这些法律规定，从法律规范上明确了开展多种形式的拥军活动是全体公民和各种社会组织的责任和义务，充分表明国家对于拥军活动的重视，这也是开展科技拥军活动的法律依据。尽管科技拥军已经具备了充分的法律依据，但是实现科技拥军的法制化仍然任重道远。首先，需要国家和地方立法机关加强有关立法工作，进一步规范各种社会组织和公民的拥军责任和义务，对军地双方的权利义务关系也应作出必要的规范，以保证科技拥军活动的健康开展，保障军地双方的合法权益，维护国家的安全利益。其次，需要地方各级党委和政府进一步加强对科技拥军工作的组织领导，根据法律精神，结合地方实际，抓紧制订和完善开展科技拥军的各项规章制度，保证科技拥军工作运行过程的规范性，同时运用制度手段保障开展科技拥军所必需的基本条件。第三，需要在全社会广泛深入开展科技拥军和法制宣传教育。第四，需要各种社会组织紧密结合自身特点，从发挥自身优势出发，制订和完善具体制度，充分调动群众参与科技拥军的积极性。

（二）全民化。法律规定拥护人民军队是每一个公民和组织的神圣职责和义务，科技拥军作为新时期拥军工作的重要内容，客观上要求这一活动要调动全民的积极性和创造性，在全社会广泛进行。第一，全民化有利于调动和发挥人民群众的集体智慧和力量，使科技拥军不断提高层次和水平。第二，全民化有利于使科技拥军深深地扎根于群众，使这一具有特殊意义的拥军活动代代相传。第三，全民化有利于使不同的组织和个人发挥自身优势，形成自身特色，使科技拥军在内容和水平上不断丰富和提高。要实现科技拥军的全民化，首先必须建立一个有利于全体公民参与科技拥军活动的运行机制，形成齐抓共管的良性格局；其次，要通过广泛的宣传教育提高全体公民对科技拥军的认识，增强国防观念，增强保家卫国的责任感和使命感；再次，要把科技拥军工作纳入各种社会组织的工作和业务之中，把科技拥军作为经常性工作坚持不懈地开展下去。具有科技和教育优势的高等院校和科研机构应当发挥科技拥军基本主体作用。在科技拥军的全民化过程中不可避免地会出现一些问题和矛盾，这就需要我们在不断提高认识的基础上，切实重视这项工作。对高等院校来说，目前不同程度地存在着科技拥军与学校教学和科研工作的矛盾。解决的办法是将科技拥军纳入学校的办学体系，不是把科技拥军作为一个附属性活动，而是把它作为一项基本的办学活动来组织和开展，体现在学校的教学工作、科研工作和党建思想政治工作体系之中。按照常规的教学科研工作要求列入计划，既解决了与教学科研工作的协调问题，又可提高科技拥军的质量和水平，并且也可使这一活动得以长期开展下去。

（三）科学化。科技拥军活动是围绕科学技术这条主线展开的，尽管科技拥军具备充分的法律依据和客观上有全民化要求，但是军队和地方毕竟是两个不同的系统。而且国防建设的国家安全性质又决定这一活动不是一般的群众性活动，而是有着特殊意义和特殊要求的活动，其本身的组织和实施也需要认真地进行研究和规范。这就要求我们必须科学地对待这一工作。首先，要有系统性，加强对科技拥军活动的统筹指导，明确不同社会组织和各方群众的任务，既有所侧重，又整体推进。其次，要有计划性，分阶段实施，既有长远规划，又有近期目标。第三，要有针对性，要紧密结合人民军队现代化建设的实际，合理地配置科技和教育资源，既重形式和途径，又重内容和质量。第四，要有可持续性，要加强对科技拥军活动的研究和总结，组织起一支具有合理梯队结构的工作队伍，探索科技拥军的客观规律，使科技拥军坚持不懈地开展下去。第五，要注意做好安全保密工作。采取有效的安全措施，保证科技拥军的健康发展。

本文对科技拥军的时代价值及其实现方式作了一些探讨，其不完全和不当之处，尚需进一步的研究和探索，尤其需要更多的同志共同努力，使科技拥军真正成为新时期双拥工作的基本促进点，为国防建设和经济建设做出更大贡献。

（胡敬军、郑二为）

对完善《双拥模范城（县）命名管理办法》的几点思考

江苏省双拥办

创建双拥模范城（县）活动，是实现双拥工作社会化、规范化、经常化和提高双拥工作整体水平的有效途径。尤其是 1993 年全国双拥工作领导小组实施动态管理以来，进一步调动了各地开展创建活动的积极性。但是，随着形势的发展，出现了新情况、新问题，亟待进一步研究和解决，以推动双拥工作不断深入发展。

一、在基本标准的把握上，妥善处理突出重点

与全面建设的关系，注重建立量化评价体系

《双拥模范城（县）命名管理办法》规定了六条基本标准，涵盖了双拥工作的主要方面和基本内容。实践证明，围绕六条标准开展创建活动是切实可行的。但是，这六条标准总的来说原则较强，缺乏可操作性。一是由于各地实际情况不同，创建的基础不一，在创建标准的具体把握上就可能出现以单项冒尖来掩盖薄弱环节，不利于抓好全面落实。二是由于基本标准缺乏量化，在实际工作中因要求不具体，往往成为软指标而难以落实。例如对加强各级双拥办组织机构建设，就一直没有提出具体明确的要求，全国各地双拥办的组织机构设置五花八门，在一定程度上影响了双拥办职能的发挥。三是由于标准不具体和缺乏可操作性，在评选先进过程中，很容易淡化对标准的真正把握。因此，必须从实际出发，尽可能地把基本标准量化，以增强考评时的可比性和可操作性。全国双拥工作领导小组1996年依据六条标准又提出了八个方面的具体要求，其针对性和可操作性就相对强了许多，各地反映较好。建议以后每届命名时，全国双拥工作领导小组都要从当前实际出发，按照突出重点的要求提出一些具体标准，从而更有力地指导推动各地的创建活动。

二、在评选原则的制定上，妥善处理平时与评时的关系，侧重考评基础工作

开展创建双拥模范城（县）活动的根本目的是促进双拥工作各项任务的落实，增强军政军民团结。我们要通过评选来引导广大军民进一步端正创建活动的指导思想，正确处理“平时创”和“评时争”的关系，注意防止和纠正那种平时不努力，到了评比时忙于搞突击宣传和汇报的现象，切实把功夫下在平时，下在做好经常性的工作上，下在扎扎实实地解决实际问题上。因此，我们在制定评选原则的时候，要侧重考评平时的基础性工作，坚持四个“注重”：一是好中选优，注重基础。全国的创建活动发展到现在，各地达到创建标准的单位不少。但不等于说，达到标准和要求的都能被命名。坚持好中选优，主要看谁的基础工作更过硬、更全面。二是纵横比较，注重发展。纵向比，就是看一个单位的创建工作比过去的是不是进步了，进步大不大；横向比，就是比较地区之间、单位之间的创建力度、工作实效，看谁是优中之优，堪称模范。注重发展，主要看创建工作是否有创造性、有特色，在本地区、本省乃至全国有影响，真正起到示范辐射作用。三是全面衡量，注重平时。全面衡量，就是要注重整体，全面考虑驻军和优抚对象数量、上届被命名的情况和双拥工作的基础等综合情况，关键要看双拥工作的整体水平。因为整体水平不是靠一朝一夕搞突击就可能提高的，而必须靠平时扎扎实实地打基础、抓落实才能创出成效来。评比坚持以衡量整体水平为尺度，就可以引导人们把创建的工作重点放到平时扎扎实实地打基础抓落实上去。双拥模范城（县）的推荐申报亦应以平时的工作业绩为主，这样有利于增强考评工作的准确性和公正性。有利于倡导求真务实的工作作风。建议全国双拥办在三年命名周期内，有计划、分期分批地对全国所有省区市都进行一次至两次调研和检查。这样既便于对双拥模范城（县）进行面对面的指导，又可以切实掌握真实情况。

三、在命名对象的确定上，妥善处理新与老的关系，实行新老分流

三年一次的全国双拥模范城（县）的命名实现动态管理，好处是把新老放在同一个水平线上，用统一的尺度去衡量。对模范城（县）不搞终身制，有利于激励先进，鞭策后进，不断提高创建工作的整体水平。但从实践上看，也存在着一些弊端。主要是一些新争创的单位由于名额的限制，尽管实际工作并不比老模范差，但却很难进入模范城（县）行列。长此以往，必然会挫伤新争创单位的积极性，使他们容易产生“反正不能被命名，再搞争创也无用”的消极情绪。怎样既有利于鼓励竞争，又有利于调动新老单位的创建积极性问题，值得研究。我们认为，“实行新老分流，拓宽激励渠道”，不失为一种办法。一是“架梯子”，提高命名的荣誉等级，就是对已经获得三连冠的单位可以国务院、中央军委的名义授牌，享受更高一级的荣誉。

二是“砌台阶”，即增加“全国双拥先进城（县）”这一表彰档次，并规定只有获得“全国双拥先进城（县）”表彰的单位才能具备参加下一届“全国双拥模范城（县）”荣誉称号的评选资格。

四、在命名名额分配上，妥善处理大与小的关系，鼓励平等竞争

“大”即指省会城市和省辖地级市，“小”即指县和县级市。对县（市）命名，可起到树立典型，以点带面的作用；对省辖市命名，可发挥中心城市的辐射作用，影响和带动其所辖县（市）、区共同搞好双拥工作。但由于在命名申报工作的程序上，是自下而上逐级申报，省辖市既负责自身的申报，同时又负责对县（市）的申报，由于名额的限制，往往在申报时会出现保“大”放“小”的现象，这样就容易挫伤县（市）的创建积极性。为了妥善解决这一矛盾，建议全国双拥办在组织各地推荐申报时提出明确要求，各地在推荐申报时必须要有相当比例的县（市），可适当增加命名数量。同时规定，命名为“全国双拥模范城”的地级市，所属县（市、区）必须有三分之一以上被命名为“全国（省）双拥先进县（市、区）”，以更好地体现双拥创建工作的重点在基层。建议今后将副省级以上的省会城市比照直辖市的做法不列入全国双拥模范城（县）的命名表彰范围。因为现在全国大多数省区市都已将区一级纳入省级命名表彰范围，而且其他类型的全国性命名表彰工作也大都包含区，唯独缺省全国性的双拥命名表彰这一块。从实践上看，区一级是双拥工作抓基层、抓落实的重要环节，全国性的双拥命名工作不包含区，不利于创建工作的深入开展。

五、在命名对象的称号上，妥善处理单与双的关系，统一命名称谓

现在全国的命名有两种称谓，一为“双拥模范城（县）”，二为“拥军优属模范城（县）”。我们认为，应统称为“双拥模范城（县）”。因为双拥工作首先是从政治上、大局上针对全国所有地区而言的，抓好这项工作，是各级党委、政府和广大军民义不容辞的责任。拥军优属和拥政爱民是有机的统一，相辅相成，不可分割，而且现在全国县（市、区）人武部已收归部队，也是团一级的单位。即使没有建制团以上的驻军，但各地县以上都普遍驻有武警部队，既有拥军优属的任务，也有拥政爱民的要求，而不能狭义地认为只有建制团以上驻军的地方才能称为双拥模范城（县）。从工作上看，统一命名对象的称号，也有利于统一确定命名标准，统一进行评比考核，统一实行监督管理。

六、在命名办法的实施上，妥善处理“上”与“下”的关系，实行动定结合

实行动态性命名办法，打破了双拥模范城（县）的终身制，有利于增强创建工作的竞争性，调动积极性，这无疑是应该肯定的。由于每届命名的数量不可能很多，在整体水平比较高，符合命名标准的先进典型比较多的地区，“上”与“下”的矛盾十分突出。“上”的单位固然有其过硬的条件和充足的理由，而那些“下”的单位却未必真有足以令人信服的让其“下”的依据。以我省为例，实行动态性命名办法以来，先后有江阴市、海门市、武进市三个曾被命名的县级市落榜。但这三个市却是在我省乃至全国都很有影响的老典型，他们“下”的原因并不是因为工作不过硬，而仅仅是因为名额的限制，这样的“下”就容易挫伤基层的积极性。我们在调研时，这几个市有的同志反映，他们被国家命名后，当地的领导和广大干部群众创建的干劲更足了，标准更高了，工作又上了一个新台阶，而全国再次命名却下来了，犹如当头泼了一盆冷水。由此可见，如何妥善处理“上”与“下”的矛盾，以充分保护和调动基层的创建积极性，进一步完善双拥工作的竞争激励机制，显得尤为必要和紧迫。为此，我们在完善现行动态性命名管理办法时，可吸取以前命名办法的可取之处，实行动定结合的办法。每一次命名时，对上一届已命名过的单位，在按照标准对其进行严格检查的基础上，如仍然合格，则重新予以认可，对不合格的予以除名；对新申报的单位，则按照一定的比例和成熟一个命名一个的原则予以命名。

开展科技拥军活动应把握的几个问题

江苏省无锡市双拥办

在新的历史时期，为了贯彻落实党中央提出的科教兴国的伟大战略，适应新形势下军队建设的需要，按照全国双拥工作领导小组的部署，无锡市迅速掀起了科技拥军的热潮。全市各科研院所、大专院校和高新技术企业的广大科教工作者积极参与，充当了科技拥军的主力。各级双拥工作领导小组以及科、教等职能部门做了大量的组织协调工作，发挥了积极的作用。一年来，共为部队举办科技讲座90多次，听众超过6000多人；为部队举办各种培训班近50期，培训各类专业人才5000人；军地合作研究开发或革新的项目120多项，其中已完成的指挥自动化、训练器材和训练手段革新60项，有力地支持了驻军科技练兵工作的开展。目前，科技拥军活动在无锡市不仅已初见成效，而且操作运行比较规范，呈较好的发展势头。在组织协调的过程中，我们深深感到，科技拥军适应了形势发展，拓宽了双拥工作的领域，为新时期的双拥工作注入了新的活力。通过探索，我们认为，科技拥军要着重注意解决好以下几个问题。

一、要充分调动地方和驻军双方的积极性，做到军地“两头”热

无锡市地处经济比较发达的长江三角洲，全市共有市属以上科研院所48家，还有8所大专院校，近百家高新技术企业，数以万计的科技人才，在支持实施科技强军的战略上，具有独特的优势。但由于在以往的双拥工作中，地方科、教界的专家学者和军队的作训部门参与不多，双方都缺乏了解。为此，我们决定从加强双方特定对象的相互交往入手，使他们从理性与感性的结合上加深对实施科技强军的战略意义的理解，以增进科技拥军的使命感和责任感。自去年以来，我们在科技人员中开展“走进军营”活动，先后组织科委、教委及部分业务处室的同志到部队走访座谈，组织了一百余名专家学者、科技骨干参加“军营一日”活动，参观部队科技练兵现场。通过这些活动，他们不仅亲身感受到部队科技练兵的热情，深入了解了部队科技练兵中的一些技术难题，从而使他们认识到，在双拥工作上，科技人员大有用武之地。

与此同时，我们还组织部队军事指挥员和司令部机关的同志多次走访地方科技部门、科研单位、图书馆以及高新企业等，也使部队的同志感到，地方确实藏龙卧虎，老师就在身边。驻锡武警某部队一位领导同志反映，过去他们为研制车队夜间行进声光指挥棒，打算南下北上找专家，后经市科协牵线，得知公安部交通科学研究所就在无锡，他们与市汽车工程学会一道，很快就完成了设计和样品试制任务。驻锡某炮兵部队在了解地方科技实力后，提出了9项技术革新项目请求，项项都由地方有关部门承接，承接的部门主动提出，要与部队签订协议，把完成的质量、时限都在协议上标明，以表明他们对部队建设的支持。

二、要紧紧围绕“打得赢”确定活动内容，力求重点突出

广大科技人员发动起来后，表现出了极高的拥军积极性。为发挥地方科技人员在拥军工作上的最大作用，我们建议，对科技拥军项目的确定，必须着眼于部队在未来战争中所担负的任务，围绕“打得赢”这个目标，帮在部队科技需求的急需处。在近两年的实践中，我们逐步形成了两个方面的重点。

一是高素质人才的培训。调查中我们发现，尽管各部队担负的任务不同，科技需求不完全一样，但对人才的需求都十分急迫。部队的同志一致感到，人才建设，是一项根本性、长效性的建设，是做好军事斗争准备的奠基工程。根据部队的需求，我们把协助部队培养高素质人才作为科技拥军的重中之重。在科技拥军的实践中，充分发挥地方教学条件完善、师资力量充足的优势，主要采取了三种形式：1、辅导官兵学习科学文化知识。全市各自学考试辅导中心、大专院校及55所中学承担了驻锡部队军官自学考试和战士军事院校迎考前的文化补习任务，每年接受辅导的官兵达800多人。市广电大学、江阴职工大学等单位还为部队办了三期中专班，参加学习的官兵达200多人。2、进行科普教育和科技讲座。市科普馆和16个科普教育基地全部免费向军人开放，有50多名专家学者为部队作各类学术报告和科技讲座。目前，市科技讲师团150多名专家都把自己讲授的课题和联系电话发给部队，部队一旦需要，都能满足。3、专业培训。1999年主要是电脑操作培训，无锡轻工大学、江南学院以及市电子计算机学会等已为驻锡部队举办了40多期，目前驻锡部队团以下干部已有95%以上取得了初级证书。今年我们又把重点转移到中级以上培训和网络骨干培训，保证经常有200人在各种专业培训班中学习。

二是技术课题的服务。部队掀起科技大练兵的热潮后，广大官兵积极开展科技革新，他们提出了许多好的设想，但由于受专业水平和条件的限制，完成这些设想有一定困难，希望得到地方的支持。为此，我们充分发挥地方人才技术和设备的优势，积极为部队提供各种类型的技术咨询技术服务，而且逐步成为无锡市科技拥军工作的又一个重点。实践证明，这方面的支持往往能及时解决部队在战备、训练中最急需解决的一些难题，起到立竿见影的效果，很受官兵们的欢迎。我们主要做了两方面的工作：1、帮助部队完善自动化指挥和现代化训练手段。如市人防办公室为某部队开发的东南沿海某地地形分析软件系统，华晶电子集团公司为军分区开发的国防潜力快速动员软件系统，都比较成功。江阴职工大学等单位去年为某部队开发了战场观察系统、炮兵送弹用力测量器等15个项目，参加了东南7号演习科技练兵成果展示，受到总参首长的好评。2、为部队革新挖潜提供支持。湖光光电仪器厂派出专家深入某部队，不仅为他们详细讲解进口的新型夜视器材的使用知识，而且为他们开发了夜视系统与GPS以及炮兵自动化指挥系统的接口技术，为部队的战备、训练解决了关键性技术难题。今年以来，驻锡各部队提出的47项技术援助项目，已集中组织16个单位、40多名专家进行攻关。为随时提供不同类型的技术支持，我市还根据部队的需求，长年为他们聘请了44位专家担任科技顾问，这些同志在部队的科技兴训中，正在发挥独特的作用。

三、要做到军队“需求”和地方“可能”两兼顾，坚持从实际出发

随着科技拥军活动的不断深入，工作中碰到了一些实际困难和问题，集中反映在经费和物资器材“需求”和“可能”的矛盾上。我们认为，这个问题不能回避，应当予以高度重视，妥善解决。必须兼顾军队“需求”和地方“可能”两个方面的情况，实事求是地处理好两个关系。

一是处理好有偿和无偿的关系，坚持以无偿为主。在科技拥军工作上，我们要求地方有关部门和单位从讲政治的高度，尽可能做到无偿支持，对必须收取的费用也要尽量减免，以减轻部队的负担。如我们规定，凡是属于对部队提供的智力技术、技术支持和信息支持，不得收取任何费用。使用地方的场地、设备，尽量与本单位教学、科研、生产任务穿插开来，做到无偿使用。驻锡部队自觉体谅地方的实际困难，主动承担一些可以承担的费用，如教材和一些消耗器材的费用，常常出现军地双方争着解决的情况。对部队提出的一些小型革新项目，我们要求在图纸或方案形成阶段，不收取费用。进入试制和批量生产后，多渠道筹集资金，采取政府拿出一点、承担任务的单位和部门支持一点、部队承担一点的做法。对军地合作研究开发的一些较大型的项目，我们在充分进行可行性论证的基础上，由军地双方积极争取立项，以保证研制所需费用。如驻锡武警某部队申请地方支持的“报话报务综合训练仪”，由于武警总部已立项，地方科技力量很快投入技术攻关。再如去年军地合作研制的网络安全器和718型数字气象雷达，市政府给予立项，共拨出250万元的专项经费，从而使研制工作很快展开，研制任务得以顺利完成。

二是处理好智力支持与经费物资器材支持的关系，坚持以智力支持为主。由于我们坚持以人才培训与技术服务为重点，它们基本上属于智力支持的范畴，部队感到很急需，地方觉得又完全有可能，因此进展得非常顺利。在开展智力支持的过程中，部队在教材、学习机、电脑等方面的资料和器材缺乏，许多单位主动捐赠。如有好几所大学发动教师每人给部队捐几册科技图书，这不仅满足了部队的需要，对教师们也是一个生动的拥军教育。再如，郊区发动基层单位为驻地每个部队都建了一个百科书库、一个电脑学习室、一个电化教育中心。对这方面的支持在无锡有好的传统，基层既有热情，又有条件，我们予以充分肯定。在实践中，我们还发现，部队提出的一些革新要求，有不少相关项目早已研制成功，只要稍加改进，拿来就可使用，对这一类科研项目的支持，带有明显的“嫁接”、“移植”性质，是过去智力成果的再应用，对费用有限这一问题，也比较容易解决。但对涉及部队指挥、装备等方面的重大问题，我们坚持在地方财力许可范围内，力所能及地予以必要的支持。

四、加强组织领导，保证科技拥军活动健康有序地进行

科技拥军和双拥工作的其他各项任务一样，都要求实施强有力的组织领导。科技拥军工作在内容、参与对象、工作要求上有特殊性，因此，对这项活动的组织领导相应地也有特殊的要求。我们认为要在两个方面予以加强。

1、要纳入科教兴市的总体规划，摆在经济和社会发展的突出位置。无锡的驻军既有野战部队，又有高科技研究、试验部队，他们不仅对地方有科技需求，而且也有科技支持。我市将科技双拥纳入科技兴市总体规划，已坚持数年，也尝到了甜头。每年制定经济和社会发展计划，都有科技双拥的内容。在科教兴市专项规划中，我们不仅强调要发挥部队的科技力量，而且也把支持驻锡部队科技兴训列入其中，把驻锡部队的现代化建设作为无锡市发展的一个重要组成部分。今年，我们提出，要支持部队完成5－7项较大科技成果，分别表彰20个地方科技拥军、军队科技练兵的先进典型，这一内容已被市委、市政府列为两个文明建设目标的任务之一。

2、要建立与科技拥军工作相适应的协调组织。在科技拥军的实践中，我们发现军地有些部门和组织与这项工作联系非常密切，但他们并不是双拥工作领导小组的成员单位，有的虽是成员单位之一，作用并没有得到充分发挥。为此，我们决定成立市科技拥军工作协调小组，这个组织在领导人的安排和成员的组成上不同于一般双拥工作组织机构，一是我们请市科委、教委的领导担任小组的副组长，主要考虑他们是科技、教育工作的职能部门，在科技拥军中责任重大，他们也感到这是组织上对他们的信任。现在，这两个部门都自觉地建立了科技拥军领导小组，工作有目标，有规划，有措施，一步一个脚印。二是将市科协吸收过来，并将其领导也安排为副组长。实践证明，科协作为科技人员之家，不仅与广大科技人员联系广泛、友谊深厚，而且对科技工作比较懂行，对其规律和特点也比较熟悉，他们在发挥专业学会、企业科协和科技讲师团作用方面，做了许多卓有成效的工作。三是把驻锡部队分管军事工作的领导、司令部首长吸收进来，并由各部队作训部门负责人担任科技拥军联络员。这样，就改变了部队双拥工作全部由政治部门、群工部门负责牵头的做法，减少了司政之间再去协调的环节，大大提高了科技拥军工作的效率。

实现双拥工作社会化的有效途径

浙江省双拥办

双拥工作是一项政治性群众性很强的重要工作，同时也是一项复杂的社会系统工程，它连接军地、根植基层、涉及长远、关系全局。建立社会主义市场经济体制，既为双拥工作注入了新的生机和活力，也为双拥工作带来了一些新的情况和问题。一是政府职能的转变，使解决双拥工作实际问题难度越来越大。政府从管理微观经济活动转为宏观调控经济活动，从统包统揽转为“规划、协调、监督、服务”，政府高度集中配置一切政治经济资源的强有力的行政手段在逐步减弱。同时，在市场经济条件下，双拥工作凸现了安置转业退伍军人、随军家属与机构改革、企业职工下岗的矛盾；经济效益与社会效益的矛盾；贯彻《军事设施保护法》与土地开发利用的矛盾；减轻农民负担与落实优抚政策的矛盾等等。二是利益格局的调整，使人们的价值取向发生了重大变化。经济体制的转变，不仅涉及经济利益的重大调整，而且涉及人们的思维方式、价值观念、行为规范、工作方式、生活方式等一系列重大转变。这些变化，对促进经济发展有着积极的作用，但也不可避免会带来一些消极的东西。一些企业实行自主经营以后，更多地考虑经济利益、自身发展，忽视了关系国家安全、社会稳定的公共利益；一些人为自已或小团体的利益想得多了，为国家尽义务想得少了；一些地方把等价交换原则套用到军民关系上，把鱼水关系变为利益关系或者“油水关系”；过去一个部门可以解决的问题，现在需要几个部门的协调才能解决；军地交往讲利益讲效益的多了，讲奉献的少了等等，所有这些，都给传统的双拥工作带来了新的挑战。尽快适应社会主义市场经济体制的要求，努力实现双拥工作社会化，是新的形势和任务提出的客观要求。

一、建立健全“政府主导、社会联动、群众参与”的双拥工作运行机制

双拥工作涉及到政治、经济、文化等各个领域和各个方面，是一项跨行业、跨领域、涉及社会各个层面的工作。随着社会主义市场经济体制的不断深化和政府职能的转变，单纯强调双拥工作的政治性，强调政府的行政管理作用是不够的，必须充分发挥各行业、各部门、各单位的职能作用，调动广大军民的积极性与创造性，形成上下齐抓、军民共管、社会协同、人人参与的双拥工作新格局，这样才能使双拥工作的开展有坚实的基础和有旺盛的生命力。

第一、要加大政府宏观调控力度。随着社会主义市场经济体制的建立和完善，双拥工作的政府职能要从传统的统包统揽，转变到加强组织领导、提供政策法规保障上来。一是各级党政军领导必须从全局的高度，认识、重视双拥工作，对涉及双拥工作中的重大事情，亲自出面协调处理。二是建立健全各级双拥工作组织机构，做到县、市有双拥领导小组，街道乡镇有双拥服务小组，居委会、村委会有双拥帮扶小组。形成“上下一条线、左右联成片、层层有人抓、事事有人办”的双拥工作服务网络体系。三是针对军政军民关系中出现的新情况，及时制定相应的政策法规，使社会和群众有法可依，以进一步密切军民关系，解决双拥工作中的各种矛盾和问题，推动双拥工作规范化、制度化、法制化。

第二，要充分发挥职能部门、社会团体、企事业单位的作用。改革开放以来，军地之间交往越来越广，军民之间的纠纷和双拥工作中需要解决的问题也相对增多。要处理好军地交往中出现的矛盾、解决好双拥工作中存在的问题，除党政军领导高度重视、积极协调外，还必须动员全社会力量，特别是要发挥职能部门、社会团体、企事业单位的积极作用。职能部门要明确目标、加强协调、履行职责；社会团体、企事业单位要主动配合、密切协同、积极参与，确保双拥工作的发展提高。近几年，我省温州市鹿城区发动社会力量，动员房管、商业、邮电、港务、卫生、教育、粮油等八个行业数十家单位常年为烈军属实行优先承诺服务，基本解决了烈军属、伤残军人购物、治病、修房和优抚对象上岗、调资、分房及烈军属子女入学、入托、升学等问题，推进了双拥工作的社会化。

第三，要最大限度地调动广大军民的积极性。马克思曾经指出："历史活动是群众的事业，随着历史活动的深入，必将是群众队伍的扩大"。双拥工作是一项社会性很强的实践活动，主体是广大人民群众和部队官兵。没有广泛的群众性，双拥工作就没有基础。各级党政军组织都要动员广大军民积极参与双拥活动，满腔热情地投身到双拥实践中去，要创造一些适应时代发展要求，满足广大军民需要的活动内容和活动形式，提高双拥活动的感召力，形成人人参与双拥工作的良好社会风尚。

二、着力营造"军民团结、军地协同、共促两力"的双拥工作社会环境

实现双拥工作社会化，营造浓厚的双拥氛围，宣传是基础，教育是根本，活动是途径。

一是要切实加强双拥宣传。首先要抓好重大节日和部队重大行动的重点宣传，激发群众的参与热情。1998年长江抗洪抢险中，金华市农民吴进义，在电视里看到抗洪部队官兵睡在大堤上，蔬菜供应跟不上，心情难以平静，将本来建房的3万元钱，全部买成了蔬菜、水果，并自己租车两次送到江西九江慰问抗洪部队，使部队官兵深受感动。其次要注重平时和基层的宣传，把宣传教育搞得生动活泼。发挥报刊、电台、电视等新闻媒介的作用，利用街道、乡镇、居委会、村委会和基层连队的板报、广播进行双拥宣传，做到报纸常有文、广播常有声，电视常有影、基层常有形，形成浓厚的双拥氛围，激发基层群众和广大官兵的双拥热情。第三要大力宣传富有时代特色和地区特点的先进典型。用典型引路，以点带面，不断扩大宣传教育的覆盖面，使双拥工作从个体和少数示范点扩展到群体和整个社会领域，在全社会形成军民团结共促社会生产力发展和部队战斗力提高的良好风尚。

二是要深入进行国防教育。首先要发挥爱国主义和国防教育基地的作用。近几年，宁波市国防教育形式多样，除在宁波日报、宁波电视台、宁波电台等新闻媒体上开设"东海民兵"、"国防知识讲座"、"我是一个兵"等专栏外，还建立和完善了一批以镇海海防遗址纪念馆、鄞县国防园为代表的重点国防教育基地。有各类军校150多所，每年参加军训的学生达4万余人。其次要注重提高人民群众对人民军队地位和作用的认识，加深对子弟兵在和平时期奉献精神的理解。要通过多种形式，大力宣传人民军队在新时期的地位和作用，特别是宣传军队在稳定大局和两个文明建设中的巨大作用，使人民军队的光辉形象植根于群众心中。再次是要把国防教育渗透到社会的各个领域。要把过去单纯从抓民兵、预备役人员的教育，扩展到抓广大青少年和群众的教育。根据不同层次进行不同的教育，使全民树立"无兵不安"、"居安思危"、"拥军优属人人有责"的思想，让爱国拥军成为人们的自觉行动。

三是要广泛开展双拥共建活动。双拥共建活动要在经常性上下功夫，求实效。要继续广泛深入地开展创建双拥模范城（县）活动，把双拥工作列入创建文明城市、文明城镇、文明行业规划，把活动的重点放在基层。军地双方要从有利于沟通感情、协调工作出发，建立健全军地联席会议、联谊活动、互相走访等制度，通过经常性的双拥共建活动融洽军政军民关系。双拥共建活动范围广、内容多，仅停留在传统的走访慰问上是不够的，军地双方要发挥各自优势，积极开展以相互奉献、互相提高为目标，以促进精神文明建设为主要内容的有益活动。如90年代兴起的科技拥军、科技强军，智力优属、智力助民以及共建共育、扶贫帮困等。这些很有时代特点、富有成效的活动，使双拥工作获得了新的生机，要继续开展下去，进一步巩固军政军民团结的大好局面。

三、制定完善"科学系统、上下衔接、适应形势"的双拥工作法规体系

建立和完善双拥政策法规，是推动双拥工作社会化，促进双拥工作各项任务落到实处的重要保证。

一是要适应社会主义市场经济新形势，抓好双拥政策法规的制定。建立健全社会主义市场经济体制，对于促进社会生产力的提高起了重大作用。但必然涉及到利益格局、利益关系的调整和思想观念的转变，军地交往和双拥活动中将不可避免地出现一些新情况、新问题。要妥善解决军地之间的矛盾和双拥活动中的问题，就必须制定适应社会主义市场经济需要的双拥政策法规，用法律、政策、制度的形式规范军地交往、双拥活动，使双拥工作真正落到实处。在制定双拥政策法规中，要注重政策法规的时效性、系统性和科学性。对过去政府、部门和单位在军地交往、双拥活动中的好做法、好经验要用法规的形式固定下来；对那些过时的和已不适应新形势要求的政策法规，及时修订、补充完善；对行业、部门、单位制定的零散性政策规定，要分门别类地予以综合、归纳，形成较完善的、系统的双拥政策法规体系。近年来，浙江省人大、政府先后制定和下发了《浙江省兵役义务费社会统筹办法》、《浙江省拥军优属若干规定》、《关于解决部队随军家属就业问题若干意见的通知》和《关于支持驻浙部队搞好“菜篮子”工程建设的通知》等10多份综合性双拥政策法规文件。各市、县也相继制定、出台了一些具体的实施办法和地方性法规文件。全省各级共制定、下发各类双拥方面的规范性文件1128件，有力地促进了全省双拥工作制度化、法制化和社会化建设。

二是要采取积极有效的措施，抓好双拥政策法规的贯彻落实。制定政策和落实政策，是两项同等重要而十分繁重的任务。双拥政策法规建立健全了，双拥工作就有了法律保证。如果只强调双拥政策法规的出台，而忽视抓贯彻落实，这些法规就成为纸上谈兵，双拥工作难以落到实处。所以，在加强双拥政策法规建设中，既要注重抓双拥政策法规的制定和出台，又要注重抓双拥政策法规的贯彻落实。不能重此轻彼，流于形式。在落实双拥政策法规上，首先要加大双拥政策法规的宣传。把双拥宣传、国防教育和法制教育有机地结合起来，充分利用广播、电视、报刊，对于贯彻落实双拥政策法规的目的、意义和现有双拥政策法规的内容进行大力宣传，使其家喻户晓，人人皆知，在全社会形成一种爱国拥军、遵纪守法和熟知政策、执行政策的氛围。其次应加强对贯彻落实双拥政策法规工作的领导。各级党委政府应有专人负责此项工作，做到层层有人抓，级级有人管。再次应加大督促检查奖励惩罚的力度。不定期组织人大、政协和有关部门，对各地贯彻执行双拥政策法规的情况进行检查。对执行政策好的部门和单位，予以表扬奖励，对执行政策差的部门和单位，予以批评教育，对那些拒不执行政策的部门和单位，应予以行政处罚，造成影响的要追究领导责任。

三是要着眼社会发展需要，抓好双拥政策法规的完善配套。社会在不断发展，人们的需求也在不断发生变化，双拥政策法规也需要不断充实、完善、配套。首先要不断完善各项双拥政策法规，积极梳理现有政策、规定、制度，着眼全局、着眼落实，采取消除重叠、拾遗补缺、拾零归总的办法进行归纳和完善，实现由单项向综合的转变，分散向集中的转变，低档次向高档次转变，粗线条向具体化转变，确保双拥政策法规的科学性、完整性、现实性。其次要抓好各项双拥政策法规的系统配套。从稳定部队、稳定社会的全局着眼，帮助部队解决一些热点、难点问题；建立约束机制，采取必要的行政手段和经济手段，予以调控督促；狠抓基层双拥政策法规建设，做到省市有政策，县市有规定，街道乡镇有公约，居委会、村委会和基层单位有制度。近年来，浙江省立足基层，狠抓基层双拥规章制度的建设，基本实现双拥政策法规的网络化。目前全省95%以上的街道乡镇都制定了《拥军优属规定》和《军民共建公约》，90%以上的居委会、村委会和基层单位都成立了拥军优属帮扶小组、建立了拥军优属工作制度，全省上下基本构成了纵向到底、横向到边的双拥政策法规体系。

抓住重点　突破难点　推进双拥工作向更高层次发展

福建省双拥办

改革开放以来，福建省的双拥工作在继承中发展，在巩固中提高，在创新中不断前进。但随着改革开放的深入和社会主义市场经济的发展，也出现了一些新情况和新问题。比如在市场经济条件下，人们的思想观念和价值取向发生了很大的变化，国防观念和双拥意识容易淡化；政府转变职能、企业转换机制，加大了落实优抚安置政策的难度；加快开发开放和利益关系的调整、军地之间在经济利益方面的矛盾有增多趋势；随着法律法规的日臻完善和人们法制观念的不断增强，军民之间的涉法问题越来越多。这些情况和问题是深化改革过程中不可避免的，我们认为，对这些重点难点问题，既要正确看待，增强工作的信心，也要高度重视，积极探索，在研究解决新问题中把双拥工作提高到一个新的水平。

一、要从实际出发，把解决重点和难点问题作为深化双拥工作的突破点

福建地处东南沿海，面对台、澎、金、马，是扼制“台独”势力，反对外来干涉，实现祖国统一大业的前沿阵地，是台湾海峡军事斗争的“重中之重”地区。全省各级党委、政府始终把双拥工作列入重要议事日程，当作事关国家安危与社会稳定的大事来抓，尤其是近年来，全省各级各部门认真贯彻党中央关于对台工作的方针政策，全力支持和主动配合部队做好大规模军事演习。省委、省政府强调指出，面对复杂多变的国际局势和繁重艰巨的国内改革建设任务，双拥工作只能加强，不能削弱。我们根据形势发展的需要，适时调整工作思路，着力解决主要矛盾，把关系部队发展与稳定的重要问题和广大官兵最关注的热点问题，作为双拥工作的重点来抓，取得了明显成效。

针对双拥工作中的重点、难点问题，省委、省政府组织有关部门深入调查研究，广泛听取各方面意见，确定把支持部队基础设施建设、安排随军家属就业、解决重点优抚对象“三难”等10个问题列为现阶段拥军优属工作的重点，有计划分步骤地加以解决。将每年拟侧重解决的问题，统一纳入省委、省政府年度工作要点，纳入全省经济和社会发展计划，纳入地方财政预算，纳入为民办实事项目，纳入各级领导干部工作责任制，统筹进行安排部署，并指定民政厅、双拥办、支前办等有关部门具体筹划，跟踪督查，保证省委、省政府决策的实现。同时，省委、省政府还明确提出，重点、难点问题解决得好不好，是衡量一个市（县）双拥工作好与差的主要标准，是评选双拥模范城（县）的重要条件之一，也是地方领导班子国防观念强不强的具体表现。为了从政策和制度上保障重点、难点问题的解决，把双拥工作纳入法制轨道，省人大先后出台了《福建省拥军优属若干规定》、《国防教育条例》、《征兵工作奖惩条例》等法规。省政府先后制发了军人抚恤优待条例实施办法、扶持部队发展农副业生产、进一步做好优抚工作等行政法规，并加强宣传教育和执法检查，从而更好地保障各项双拥政策法规的贯彻落实，为解决重点、难点问题创造了良好的法制环境。

二、要着眼于做好未来军事斗争的准备，积极为部队的战备训练工作创造良好条件

积极帮助部队搞好基础设施（水、电、路）建设、训练设施建设、文化设施建设、菜篮子工程建设，既是加强战场建设的重要组成部分，又能为部队平时战备、训练、工作、生活提供良好条件。各级党委、政府把支持部队“四项”建设作为现阶段拥军工作的重点，从财力、物力、人力、技术、土地等方面给予大力支持。近几年，地方共投资1.5亿元，集中解决海岛、高山和沿海突出部驻军的吃水、用电和交通不便等困难，为新调入部队解决通电、通水、通路等问题，使官兵们能尽快地安顿下来，正常进行生活、训练和战备值班。经过几年的不懈努力，现在基本上做到每年驻军单位都有良好的进出道路，并与国道、省道相通，与铁路、水路、空港相接，有效地提高了部队的机动能力和保障能力。驻海岛、高山、沿海突出部的部（分）队，过去普遍存在的吃水、用电、交通难等问题，现在已得到较好解决。

搞好训练设施建设，开展科技大练兵，是提高部队现代条件下作战能力的关键环节。近几年来，我省在大力支持部队基础设施建设的同时，积极帮助各部队新建或完善各种永久性训练设施 25 处。其中，某渡海登陆训练基地，直接用地 3500 多亩，间接用地 30000 多亩；某坦克训练场，直接用地 1000 多亩，间接用地 4000 多亩。当地政府从接受任务、现地勘察到动员群众、征用土地，仅用 1 个多月时间就交付部队使用。驻闽部队担负着繁重的战备任务，经常举行军事演习和野营拉练，地方政府倾其全力做好支前保障工作，及时为部队提供演习与训练场地，优质优价供应主副食品和其他物资，动员和组织实弹演习地区的群众按时转移疏散，并负责赔偿因演习给群众造成的直接经济损失，有力地保障了部队圆满完成各项演习和训练任务。

在支持部队文化设施建设方面，各地同样舍得下功夫。省委、省政府专门拨款 500 万元，为 1000 个基层连队建立“拥军书库”，赠送每个连队 5000 元图书和制式书厨。福州、泉州、厦门等市也拿出 280 多万元，为驻军增配各种图书和文体器材，深受基层官兵的欢迎。晋江市投资 50 多万元，特地为某海防师新建标准化网球场，开创了军营有高级体育设施的先例。据不完全统计，近几年来全省各地为连队的军人俱乐部（活动室）赠送彩电、卡拉 OK 机、放像机、空调机和各种健身器材总价值达 7000 多万元。此外，各地还帮助部队装修俱乐部、图书室，修建篮球场、操场、宣传橱窗近百处，为部队培训文体骨干上千名。在地方各级各部门的帮助下，驻闽部队各基层连队的文化体育设施已基本配套，丰富了官兵的业余文化生活。

支持部队菜篮子工程建设，改善官兵的物质生活，是福建省委、省政府着力解决的另一个重点问题。1994 年以来，每年由省财政单独安排专项资金 700 万元，有关市（县）安排配套资金 1500 万元，分期分批扶持基层连队实施“四个好”工程（一块好菜地、一座好猪圈、一个好食堂、一间好作坊）。经军地双方的共同努力，目前，已有 1200 个连队基本达到“四个好”的要求。另外，还从省长机动资金中单独拨款 1000 多万元，划拨土地 200 多亩，帮助军、师、团机关进一步搞好副食品生产基地建设，提高副食品自给能力。为指导部队的农副业生产，各地农业、农机、畜牧等部门积极为部队培训生产技术骨干，开展巡回咨询活动，提供优良种苗，使部队农副业生产稳步增长，产量、产值翻了一番。现在驻闽部队建制连队中，已有 90% 的连队基本实现了肉菜自给，一部分连队达到自给有余。

实践证明，积极而有效地支持帮助部队建设，是现阶段双拥工作的主要任务。支持帮助部队建设，一定要从实际出发，着眼长远，立足现实，选准那些对部队建设作用大的重点项目，有计划地做好拥军支前工作。经过不懈努力，就能产生良好效果，真正促进部队战斗力的提高。

三、要采取优惠政策与灵活措施，想方设法解决部队最关注的热点难点问题

据调查了解，当前部队官兵最关注的热点和难点问题有：军队转业干部和退役士兵安置、随军家属就业、部队子女入学等。这些问题如果解决不好，会直接影响官兵的切身利益与部队的稳定。因此，各级党委、政府要把解决热点和难点问题当作双拥工作的一件要事特事来抓，千方百计地为部队排忧解难。

在安置军转干部方面。各级各部门认真贯彻执行中央有关安置政策，采取统一分配、双向选择、预留位置等办法，认真把军转干部安置好。近两年来，全省共接收军队转业干部 2478 人，其中师、团干部 666 人，都在规定时间内完成安置任务。师团职干部都得到了相应安排，他们享受的原职级待遇也比较落实，没有发生拒绝接收军队转业干部的现象。

在安置城镇退役士兵方面。根据多数企事业单位不太景气，人员超编的实际情况，要求各地大胆进行改革，拓宽安置渠道。我们先后总结推广了石狮、晋江等市（县）发给一次性安置补助金、自谋职业和安置任务有偿转移的经验，莆田市通过退伍军人人才交流市场招聘与组织劳务出口的经验。现在，要求自谋职业的人越来越多。泉州市今年接收城镇退役士兵653人，要求自谋职业的有217人，占应安置总数的的三分之一。对自谋职业的，当地政府积极牵线搭桥，介绍他们到民营企业工作，使他们除了对政府领取2－3万元安置补助金外，还有一份相对固定的收入。对政府指令性分配的安置任务，任何单位都不得拒绝接收。否则，一经发现，除按照《福建省拥军优属若干规定》予以处罚外，还要征收安置补偿金。由于采取多渠道安置，年年都按时完成了任务。

在解决随军家属就业方面。各地实行优先、优惠政策，区别情况给予特殊照顾：对在岗的随军家属，原则上不安排下岗分流，个别确需下岗分流的，由原单位或当地劳动部门负责培训，优先安排再就业；对原来有工作的随军家属，由驻地的市（县）、乡（镇）进行对口安置，人事、财政、劳动部门给予增加职数和工资；对原来无工作的随军家属，根据个人特长和驻地就业情况，优先安排招工，或鼓励她们自谋职业，或到民营企业工作；对从事个体经营的随军家属，三年免交工商所得税，并优惠提供摊位（店面），优先办理营业执照；对一时找不到合适工作的随军家属，当地政府每月发给一定生活补助费。全省各就业培训中心优先向随军家属开放，欢迎她们参加培训，掌握一门实用技术，增加就业机会。各级政府还认真做好随军家属的思想工作，教育她们更新择业观念，淡化“铁饭碗”意识，加强学习，提高自身素质，积极参与劳务市场优胜劣汰的竞争。近两年来全省先后解决了4700多名随军家属就业安置问题，解决了部队干部的后顾之忧。

在解决部队子女上学方面。由于部队大部分驻在比较偏僻的乡村，加之干部调动较为频繁，因而影响到子女的学习成绩，各地专门出台了照顾部队子女上重点学校的优惠政策。如泉州、宁德、三明、龙岩、莆田、南平等地规定，部队子女上重点学校，原则上不受分数线的限制，只要学生本人自愿，都可以到驻地的县（市、区）重点中小学就读，学校不得以任何理由拒绝接收。福州、厦门、漳州等市规定，部队子女上重点学校，可降低录取分数线10－20分，英模的子女则不受分数线限制，学费全部或部分减免。近两年共解决部队干部子女入托入学2000多名。

四、要发动和组织社会力量，努力解决重点优抚对象的“三难”问题

解决重点优抚对象不同程度存在的生活、住房、医疗等实际困难，对于稳定军心、稳定社会，都具有重要的现实意义。近几年来，我们在解决“三难”方面做了一些工作，多次提高抚恤补助标准，扶贫先扶“优”，救灾先救“优”等等。但由于种种原因，解“三难”的力度还不够大，还没有从根本上解决问题。全国拥军优抚安置工作会议召开后，尤其是全国双拥工作领导小组、民政部关于《在全国开展“爱心献功臣行动”实施意见》下发后，引起省委、省政府的高度重视。省委常委专门听取了汇报，认真研究解“三难”的办法与措施。省领导强调指出，解决重点优抚对象的“三难”问题，是地方各级党委、政府义不容辞的政治责任，各级各部门要认真做好这项工作，通过广泛开展“爱心献功臣行动”，采取政府加大投入，政策给予保障和社会自愿赞助相结合的办法，务必于年内基本解决问题，尽快让革命功臣过上当地人均或略高的生活水平。经过不懈努力，我省解“三难”工作已经达到预定目标。其主要表现在：一是建立健全优抚保障机制，解决重点优抚对象的生活困难。省、所有的地、市和绝大部分县、区都建立了抚恤补助自然增长机制，从而确保了抚恤补助随着当地经济发展和人民生活水平的提高而同步提高；全省三分之二以上的县（市、区）实行义务兵家属优待金社会统筹，拓宽了统筹渠道，增加了优待金总量，扩大了优待面，把重点优抚对象中的困难户列入最低生活保障线，使他们在享受国家抚恤补助的基础上，通过最低生活保障制度的帮助，进一步提高其生活水平。二是采取“租、借、腾、靠、建”等多种办法，解决重点优抚对象的住房困难。据调查摸底，全省重点优抚对象中，住房困难的有6731户。其中，借房的938户，租房的588户，建房的1650户，挂钩帮扶的3399户，孤老进“三院”的156户，年内全部得到解决，使之各得其所。除采取上述办法外，有的县（市、区）还把重点优抚对象的住房困难列入安居工程、造福工程、小康工程，优先给予解决；三是积极采取有效措施，解决重点优抚对象的医疗困难问题。由县、乡、村各出部分经费，为重点优抚对象办理医疗保险；有的为重点优抚对象发放“就诊医疗卡”，凭卡优先就诊、住院享受减免；有的定期组织医疗小分队下乡，免费为重点优抚对象看病治病；有的专门设立医疗保障资金，救助身患重病的“三老”人员，省里出台了《重点优抚对象医疗优待若干规定》，从政策上解决这一老大难问题。四是以县为单位，发动和组织各机关、团体、驻军和企业单位，与近3万名重点优抚对象挂钩帮扶，帮助他们解决实际困难，扶持发展生产，做到“三难”不解决不脱钩。五是大力宣传发动社会各界捐款，建立省、市、县三级拥军优属保障资金，用于支持经济欠发达的闽西、闽东革命老区解决“三难”工作，解决重点优抚对象对象的特殊困难，共筹集资金6000多万元。

对深入开展双拥工作的调查与思考

江西省双拥办

处在世纪之交的重要历史时期，双拥工作如何适应新形势、新任务的要求，常抓常新，充满生机和活力？最近，我们到一些地区调查，认为当前应着重解决好四个问题。

一、进一步提高对新形势下双拥工作重要性的认识，不断树立新的观念。近年来，双拥工作呈现出蓬勃发展的良好势头。各级领导高度重视，双拥工作制度完善，组织健全。军地互办实事力度加大，军民共建向纵深发展。特别是随着改革开放和社会主义市场经济体制的建立，军地各级对新形势下双拥工作的地位、作用认识比较清楚，进一步认清了加强军政军民团结是关系国家改革、发展、稳定和军队建设的一件大事；开展双拥工作对于促进经济发展和社会进步、增强民族凝聚力、推进社会主义精神文明建设，意义十分深远。但也有少数同志还存在一些模糊认识，一些地区和部门只看到自身利益，对关系国家安全的国防建设却很不重视，在经济建设和国防建设关系的处理上，常常把国防建设置于次要的地位。对双拥工作，认为只是职能部门的业务工作，缺少责任感和使命感。对双拥工作出现的新情况、新问题，被动应付，不去深入地研究解决。对双拥工作面临的困难，不积极探索思考，而是消极犹豫。这些问题如不及时加以解决，势必影响双拥工作的深入发展。根据调查，我们认为，要使双拥工作常抓常新，必须确立与时代发展相适应的思想观念和工作思路。一是要树立大局观念，解决视野狭窄的问题。要站在国家和军队战略全局的高度，正确处理经济建设和国防建设的关系，把发展生产力和提高战斗力统筹考虑，克服单打一的思想；要站在维护党和人民根本利益的高度，正确处理捍卫国家安全和促进社会发展的关系，把坚持军民一致，加强军政军民团结，作为共同的历史责任，克服与己无关的思想；要站在实现党的新世纪发展目标和贯彻江泽民同志关于解决台湾问题一系列重要指示的高度，正确处理一般性办实事与合力谋打赢的关系，把做好军事斗争准备作为双拥工作的重中之重，克服简单化的现象。二是要树立开拓进取的观念，解决“信心不足”的问题。要教育大家充分认识到，越是深化改革和发展社会主义市场经济，越能给双拥工作的发展提供可靠的物质基础和良好的社会环境，实际工作中一些暂时遇到的困难和矛盾是可以通过自身努力加以解决的。市场经济体制的建立，给双拥工作带来了一定的困难和挑战，但同时也带来了机遇和发展前景。事实上，在新的历史条件下，双拥工作的领域在拓展，思路在变化，手段在更新。只有适应形势任务的要求，双拥工作才有鲜明的时代性，才能赋予更多的时代内容，因此，要树立强烈的进取意识，不断开拓创新。三是要树立长远发展的观念，解决“临时突击”问题。现在有的地区开展双拥工作，只满足于一般化，过得去，一阵紧，一阵松。认为只要军地不产生重大矛盾，没有重大军民纠纷就可以了；遇到上级检查临时突击也来得及，工作处于被动应付状态。事实证明，这样的想法是十分有害的。双拥工作是实现国家和军队现代化建设跨世纪战略目标的现实需要，不是权宜之计，而是一项长期的战略任务，不是一般的业务工作，而是关系全局的重要工作。各级要着眼建设发展，始终坚持高标准，在不断抓好巩固和提高中确保双拥活动的质量，使双拥工作与社会发展和改革开放进程同步。要积极适应形势，紧紧围绕中心，不断增强双拥工作的活力。要科学部署工作，增强双拥工作的主动性、预见性和针对性，创造性地开展双拥活动，高标准地落实各项目标任务。

二、着力提高双拥共建活动的层次和质量，不断赋予新内容。随着改革的不断深入，一些传统的双拥共建形式已经难以适应形势任务的需要，不能满足广大军民的需求，这就要求我们在不断丰富内容、拓宽领域上求发展、求突破，在改革创新上有所作为。一是既要坚持以往行之有效的做法，又必须积极探索新形式，研究新办法。对走访慰问、召开军政座谈会、互办实事、争创双拥模范城（县）等成功做法，要保持发扬下去，但又不能仅仅拘泥于一些老做法、老套路。如井冈山市根据自身特点，把革命传统教育与发挥旅游景点的势结合起来，把爱国主义教育基地、精神文明建设窗口、扶贫开发工作作为创建“双拥模范城”的三个载体，使双拥工作既具有时代和地区特色，又富有实效。二是既要做好基础性工作，又要在增创特色上下功夫。当前，地方拥军工作要紧紧围绕做好军事斗争的准备，实现“打赢”目标，开展为部队送“新知识、新技能”为主要内容的科技拥军活动，帮助部队更好地开展科技练兵和培养高素质人才。部队开展科技扶贫活动，要围绕驻地农业产业化调整，发挥自身优势，不断提供信息、知识服务。江西省军区从江西老区实际出发，制定了跨世纪三年科技扶贫规划，在民兵预备役部队中广泛开展以“扶一批科技能手、促一方特色产业、富一片老区群众”为主要内容的科技扶贫活动，为振兴当地经济、改善群众生活闯出了一条新路子。三是既要寻求新的形式，更要注重实效。双拥活动只有采取富于吸引力、感染力、影响力的形式，不断拿出新招，才能活跃工作，浓厚氛围。但只注重形式，不讲究质量和实效，就会影响双拥创建工作的健康发展。因此，要把生动活泼的形式和具体实在的内容有机统一起来，把“重实际、求实效”贯穿到双拥共建活动的全过程，使之既轰轰烈烈，又扎扎实实。九江市开展军民“六共建”活动，把双拥工作渗透到思想建设、法制建设、创“三优”、扶贫帮困等领域，提高了双拥工作的整体水平。

三、加快双拥政策法规建设，不断推出新的举措。要实现双拥工作的持续发展，就必须加强政策法规建设，走规范化、法制化轨道。近年来，江西省各地（市）、县先后出台了一系列规范性文件和政策，建立了较完备的政策法规体系，有效地促进了双拥工作的落实。但随着形势的发展，一些政策法规的效力受到影响。一些双拥政策法规滞后于社会发展，很多条款明显与社会主义市场经济体制要求不相吻合，特别是随军家属就业难、退伍士兵安置难、部分优抚对象因灾因病致富难的问题，还没有很好的解决办法，需要认真加以研究。法规建设是一项带根本性、管长远的工作，在依法治国的形势下，双拥政策法规必须正视面临的问题，采取有力措施，切实加以解决。一是要研究制定具有指导性、操作性和规范性的“红头”文件，及时出台一些新的政策法规。当前，亟需以《国防法》、《兵役法》为基本依据，着力研究制定军队转业退伍军人安置、随军家属就业、军人及其家属权益保障等方面的法规。江西省政府今年下发了《关于做好驻赣部队随军家属就业安置工作的通知》，使随军家属就业安置以法规的形式固定下来，推动了这一问题的较好解决。二是要完善运行机制，确保双拥政策法规的落实。一方面，要建立保障机制，进一步完善落实双拥政策法规的各项措施；另一方面，要建立激励机制，对执行政策法规好的单位和个人及时表扬和奖励，对执行政策法规不力的人和事，通报批评，追究责任。三是要加大检查督促的力度，切实把双拥政策法规落实纳入执法检查机关的职责，纳入对单位领导岗位目标责任制的考核内容，并通过人大代表和政协委员视察、社会舆论、新闻监督等措施促进落实。

四、建设一支精干高效的双拥工作队伍，不断提出新的要求。加强双拥工作队伍建设，既是高标准抓好双拥工作落实的关键，也是适应形势和任务发展的必然要求。双拥组织不健全、双拥干部队伍素质不高，是制约双拥工作发展的一个重要因素。各地要面向新世纪加强双拥组织建设，建立一支求真务实、开拓进取的双拥干部队伍。一是加强双拥办建设。各级党委、政府要重视双拥办建设，配齐配强人员，并保证他们在职在位。各级双拥办要在同级党委、政府和双拥工作领导小组领导下开展工作，积极发展参谋、组织、指导、协调和检查督促作用；要进一步完善制度，理顺关系，坚持军地双拥办主任例会、军地人员合署办公制度等，共同研究、协调解决双拥工作中的问题。二是加强思想作风建设。要定期组织政治理论学习，特别是对新出台的政策法规的学习理解，提高政治敏锐性和分析处理问题的能力，以正确的理论指导双拥工作实践；自觉落实“讲学习、讲政治、讲正气”的要求，牢固树立正确的世界观、人生观和价值观，以高昂的政治热情做好双拥工作。三是加强自身业务建设。双拥办工作人员，无论专职还是兼职，都要按照业务精、作风实、效率高的要求，不断提高自身素质，以适应高质量、高效率地做好双拥工作的需要。

努力提高双拥工作整体水平

山东省双拥办

世纪之交，面对复杂多变的世界局势，面对推进社会主义现代化建设、完成祖国统一的艰巨历史任务，双拥工作如何立足现实、前瞻未来，在继承传统的基础上实现创新发展，是一个亟待探索的问题。我们对历年来山东双拥工作实践进行了认真、深入的思考，总结出双拥工作一些内在的基本规律。

一、建立与改革开放相适应的国防观念和双拥意识，用政治责任感提高做好双拥工作的自觉性

双拥工作既是巩固国防的工作，也是凝聚军心民心、促进经济发展和社会稳定的工作。随着改革开放的不断深入和社会主义市场经济体制的建立，人们的思想观念发生了深刻变化，给军政军民关系带了很多消极影响，如有人把等价交换原则引入军民关系中，在军地协调处理有关问题时经济利益考虑得多些，讲政治、讲大局少了些。因此，我们必须继续发扬双拥光荣传统，积极引导和教育广大军民牢固树立与改革开放相应的国防观念和双拥意识，提高人民群众的爱国主义、集体主义觉悟，以政治责任感激发广大军民投身国防和经济建设的积极性。

一要坚持不懈地进行国防教育。在长期的和平环境下，人们的国防观念常易淡化。加强国防教育，增强全民国防观念，对于维护国家统一，保持社会稳定，具有十分重要的意义。山东省地处渤海前哨、黄海之滨，是京津门户、中原屏障，战略位置十分重要。近几年来，针对国际军事战略格局调整和国内改革开放的新形势，利用香港回归、98抗洪和以美国为首的北约袭击我驻南使馆等重大事件，进行“安不忘危、治不忘乱”的国防教育。各级党政军领导亲自参加国防教育动员会，上国防教育课，撰写国防教育文章，并组织开展多种形式的国防教育活动，在全社会大力宣传抓市场不忘战场、搞经济建设不忘国防建设的新观念，使全省军民深刻地认识到“战乱民不安，国弱受人欺；仗可百年不打，国不可一日无防”，增强了广大人民群众做好双拥工作，加强国防建设的责任感和紧迫感。

二要坚持不解地进行双拥传统教育。作为我党我军在长期革命和建设中形成的宝贵财富，双拥传统的弘扬有利于振奋民族精神、激发爱国热情、强化奉献意识。山东素有拥政爱民、拥军优属的光荣传统。在革命战争年代，军民并肩战斗，生死相依，曾出现过百万民工车轮滚滚支前忙的感人场景和沂蒙红嫂用乳汁救治伤员的动人事迹。为使双拥传统代代相传，发扬光大，先后树立了好军嫂韩素云、“当代保尔”朱彦夫、爱国模范段志军等一批英模人物，用先进典型激发全省军民爱国拥军的政治热情。同时，投资上亿元，大力加强爱国主义教育基地建设。在甲午海战、莱芜战役、孟良崮战役和铁道游击队、地雷战等上百处著名革命历史旧址兴建了纪念馆（碑、地）。全国著名将军县荣城市，建成了拥有134名将军的碑廊。军地每年都有近千万人次在基地接受革命传统教育。还利用各种新闻媒体，大力宣传双拥传统。近两年，省里制作了双拥电视专题片《山东军民团结好》、系列录音报道《齐鲁盛开双拥花》，编辑出版了《黄河泰山的厚爱》文集，在广大军民中产生了很好反响。广泛深入的传统教育，进一步加深了新时期军民鱼水情，强化了军民团结是胜利、发展、稳定之本的新观念。“致富先报国，报国先拥军”，“视人民如父母，把驻地当故乡”，已成为全省广大军民的共识。

三要坚持不懈地进行双拥法制教育。实际工作中，双拥政策法规的落实遇到了一定的难度，如烈军属抚恤补助、随军家属和退伍军人安置等。造成这种情况，有许多原因，其中重要的一条是部分单位和个人对双拥政策法规不了解、不接收，因此要按照依法治国的要求，加大双拥法制教育的力度。近年来，山东省狠抓了《国防法》、《兵役法》、《抚恤优待条例》等一系列双拥法规的宣传教育，依法规范军民的双拥行为。全省先后举办“学法律、尽义务、兴我国防”的军民座谈会、报告会2000多场次，有806万人参加了国防法知识竞赛。双拥法制教育的开展，使广大军民牢固树立了加强国防建设、做好拥军优属工作人人有责的法律意识，进一步增强了富国强兵、振兴中华的政治责任感，为双拥工作的开展奠定了坚实的社会基础。

二、着眼于发展社会生产力和提高部队战斗力，用共同目标激发深入开展双拥工作的内在动力

在新的历史条件下，部队和地方只有以提高“两力”为共同目标，双向服务、双向奉献，双拥工作才会找到支点，焕发活力。山东省紧紧围绕提高“两力”的目标，激发军民相互支持、共谋发展的内在动力，不断开创了双拥工作的新局面。

一是在军地改革调整中相互支持。改革的逐步深入给军地发展带来了很多难点问题。双拥工作要把遇到的军地难点作为工作的重点，团结协作，密切配合，通过解决难点问题，体现出双拥工作的优势。去年以来，驻鲁部队贯彻落实中央关于裁军50万和军队、武警部队不再经商的重大战略部署，进行了较大的调整改革，撤、并、降、改、调防部队和军办企业移交涉及十几个市地。全省各级党委、政府对此非常重视，主动加强与精简、调防部队和移交企业的联系，帮助部队解决营房、通信、水电暖及人员安置等问题。

二是在科技强军和科教兴农中相互援助。高科技的迅猛发展给世界的经济和军事产生了深刻的影响。军地适应高科技的发展需要，必须大力开展科技拥军和科教兴农活动。近年来，为配合部队科技大练兵，山东省广泛开展了科技拥军活动。今年以来，全省用于改善部队科技设施的资金达1300多万元，兴办军地两用人才培训基地280多处，为部队培训各类技术人员2.7万多名；向基层连队赠送科技图书45万多册，无偿为部队提供微机400多台，设立了科技练兵拔尖人才奖励基金。科技拥军的实施，激发了官兵们的习武热情，提高了部队在高科技条件下的战斗力。为配合山东“科教兴鲁”战略，驻鲁部队发挥技术优势，先后向地方转让150多项科技成果，帮助地方厂矿进行技术改造，使100多家企业提高了效益，50多家企业扭亏为盈。驻军院校和科研单位每年为地方培训医务、驾驶、维修等各类技术人员1万多人，为振兴地方经济提供了智力和技术支持。

三是在重点工程和公益事业建设、抢险救灾、维护社会稳定中双向奉献。历史告诉我们，中国人民解放军始终是广大人民群众的坚强支柱。在危急关头和艰苦时刻，子弟兵能够冲上去，顶得住，总会成为排忧解难的生力军。这是双拥工作的巨大生命力。今后，我们仍要发挥中国人民解放军的优势，动员军民在应付突发事件、完成重点工程等活动中并肩作战。近年来，驻鲁部队在援建黄河三角洲开发、小清河治理、青岛海泊河清淤等150多项重点工程中，投入劳动日500多万个，出动机械10万多台次，为建设山东、美化山东立下了汗马功劳。在沿海抗击台风、海上救援和内陆抢险救灾等急难险重任务中，驻鲁部队广大指战员把危险留给自己，把安全奉献人民群众，甘洒一腔热血，换来万民平安。去年，胶南海域发生特大风浪，为营救遇难群众，北海舰队有5名官兵献出了宝贵的生命。武警部队密切配合地方开展“严打”、反走私偷渡、处理突出事件等斗争，为山东的改革开放和社会稳定做出了积极贡献。

三、探索富有时代特色的群众性双拥活动形式，用有效载体激活基层的双拥工作

双拥工作是亿万军民的共同事业。只有不断探索军民喜闻乐见的活动形式，创造出双拥工作的有效载体，才能激发广大军民参与的积极性和热情，使双拥工作充满勃勃生机。几年来，山东省根据不断变化的形势和日新月异的实践，成功地走出了一条用有效载体推动双拥工作在基层落实的路子：

一是开展支持部队“双争”活动，激发基层官兵爱军习武的热情。为配合全军开展“双争”活动，及时制定了支持部队开展“双争”活动的《意见》。按照《意见》的要求，各级领导到部队为先进连队庆功，赠送锦旗和慰问品；各地组织群众为优秀士兵送喜报，挂“优秀士兵之家”光荣牌和送奖金，大力宣传优秀士兵的先进事迹，使军人在新时期的奉献价值得到社会认同，激发了广大官兵献身国防爱军习武的积极性。目前，已有7万多名山东籍战士被评为优秀士兵，涌现出了全军优秀士兵公举东、“科技练兵好战士”李洪涛等先进典型。

二是开展结对帮扶活动，把“爱心献功臣行动”引向深入。“爱心献功臣行动”既是新时期党和政府的形象工程，也是涉及千万优抚对象切身利益的民心工程。为把这一活动引向深入，山东省开展了多种形式的结对帮扶活动。各级领导与革命功臣家庭建立联系户，签订帮扶合同和责任状；部队有自己的承包户；下派干部有帮扶指标；群众以强带弱，以富帮贫，有钱的出钱，有力的出力。驻鲁部队也开展了“为千户功臣献爱心”活动。省军区系统实行责任制，帮扶“三老”优抚对象近3000户。全省共筹集帮扶资金2200万元，为1.2万户优抚对象修缮或新建了住房，大部分孤老优抚对象住进了“荣军楼”和敬老院。结对帮扶把责任落实到人，把效果体现到户，使85%的优抚对象“三难”问题得到基本解决。

三是开展“爱心奉献”活动，促进群众性学雷锋活动的开展。济南军区空军率先开展了星期六“爱民奉献日”活动，义务服务达2万多人次，被群众亲切地称为“播洒爱和阳光的人”。我们抓住这个典型，在全省加以倡导，开展了军民“爱心奉献”活动。济南军区、北海舰队等驻鲁部队积极开展“为老区人民送医送药”活动，使数十万群众得到义诊治疗。广大官兵捐款建设的希望小学达数十处，使几千名失学儿童重返校园。地方组织了科技、医疗、文化三下乡活动，为群众办好事、办实事，有的还送文化科技进军营，为官兵奉献爱心。军民爱心双奉献，使学雷锋活动不断深入发展。

四是开展“军民共建”活动，弘扬社会主义精神文明主旋律。目前，全省军民共建点已发展到900多个，军地之间互聘政治工作人员2.3万人，联合开办业余党校200多所，共建文化活动站1200多个，实现了军民共建共荣与共治共育的有机结合。

四、适应时代变革和未来发展的需要，用新的机制保证双拥工作深入持久发展

双拥工作只有适应深化改革的新形势，顺应未来发展的大趋势，努力探索和构建新的运行机制，逐步走向规范化、法制化轨道，才能保证各项任务的落实和整体水平的提高。

一要构建双拥组织领导机制。搞好双拥工作的关键，在于加强组织领导。山东省各级以加强双拥工作领导小组建设为重点，形成了领导挂帅、各职能部门参加的组织领导体系；以加强双拥责任制为中心，形成了一级抓一级，层层抓落实的工作格局。吴官正书记、李春亭省长多次深入部队排忧解难；济南军区徐才厚政委、钱国梁司令员深入基层，指导军民共建活动；吴爱英副书记、省军区何法祥政委、林廷生副省长亲自协调军地之间的有关问题。在省领导和两级军区首长的带动影响下，各级党政军领导对双拥工作都亲自提要求、作部署，督导落实。强有力的组织领导，使双拥热潮常年不衰。

二要构建双拥政策法规保障机制。在双拥工作中，要根据实际，坚持把党和政府的双拥政策法规与本地具体情况结合起来，制定出符合自身特点、可操作性强的地方性双拥政策法规。近年来，山东省为适应市场配置劳动力资源的要求，制定了《关于做好军队转业干部安置工作的意见》、《关于做好退伍军人和军休干部安置工作的意见》、《关于进一步做好军队干部随军家属安置工作的意见》，使指令性安置与市场调节相结合，培训安置与有偿转移相结合，考试就业与军功优先相结合，并逐步完善与之相配套的政务公开、承诺服务、督查督办、新闻监督等实施办法，确保了全省每年6万多军转干部、退伍士兵、随军家属等安置任务的完成。在优抚方面，适应社会保障体制变革的要求，狠抓了优抚配套法规建设。先后制定了《优待烈属、军属和伤残军人规定》、《拥军优属若干规定》等政策法规。各市地根据当地实际情况也制定了相应的配套法规政策。同时，积极推行优待金社会统筹和建立抚恤补助标准自然增长机制。全省年落实抚恤事业费4.78亿元、统筹优待金5.5亿元。在维护部队和优抚对象权益方面，各地司法部门和人武部门在基层普遍建立了维护军人军属合法权益领导小组、巡回法庭和法律咨询服务站等。帮助军人、军属解决了大量的涉法纠纷和案件，使他们的合法权益得到保障。

三要构建双拥社会化运行机制。双拥工作不仅是政府行为，也是社会行为。要在坚持政府主导的同时，积极拓宽社会化的路子。为此，山东省着重抓了以工会、共青团、妇联、民兵为主体的四支拥军优属队伍建设，在城乡基层建立了40多万个送温暖小组。驻鲁部队也组织了3000多个基层爱民便民小组。他们常年活跃在军营和乡村优抚对象家中，为军民排忧解难。为促进双拥工作在基层的落实，制定了《山东省基层双拥工作纲要》，在全省乡镇建立了优抚储金会、优抚医疗中心、退伍军人劳务介绍和拥军优属指导站“四个一”保障服务实体，推动了基层双拥工作在组织领导、宣传教育、规章制度、政策法规、服务载体、共建活动等方面的“六落实”。

四要构建多层次的双拥激励机制。只有通过激励机制的建立，最大限度地调动广大军民双拥工作的积极性，才能使双拥工作获得蓬勃发展。山东省先后开展了创建双拥模范城（县）、争当双拥十佳人物、百佳优秀士兵家庭、先进双拥办公室等活动。在活动中，始终把领导和群众的积极性结合起来，把部队和地方的积极性结合起来，为双拥工作注入了强大的推动力。广大双拥工作者积极为领导决策当参谋，协调军地架桥梁，服务军民做公仆，使各级双拥办成为推进双拥工作深入发展的“一线指挥部”。同时，还注意对优抚对象的表彰，让最可爱的人更可爱，使光荣人家添光荣。双拥激励机制激发了工作活力，推动了各项双拥任务的落实。

加强军地思想政治建设 推动新世纪双拥工作发展

山东省双拥办

江泽民总书记在2000年思想工作会议上指出，党的思想政治工作是我们党和社会主义国家的重要政治优势。双拥工作要在新世纪有大发展，必须充分发挥这个政治优势，大力加强军地思想政治建设，通过卓有成效的思想政治工作来推动双拥事业不断迈向新的台阶。近几年来，山东省双拥工作之所以获得长足的发展，根本原因就是紧紧抓住了思想政治工作，通过军民共学邓小平理论、基层党支部共建、同育新风等形式，不断提高军地双方的思想觉悟、理论水平和道德素质，为双拥工作的创新发展奠定了坚实的基础。

一、坚持用共同理想信念凝聚军心民心

当前，在改革开放和发展市场经济条件下，我国传统社会结构发生了复杂而深刻的变化。经济成分和经济利益、社会生活样式、社会组织形式、就业岗位和就业方式等多样化发展趋势日益明显，给传统的军政军民关系带来了一系列的影响和冲击。从一切服从战争到以经济建设为中心；从军民相互无私奉献到军地利益相对独立维护；从注重政治交往，到经济、文化、法律等多领域合作共建，双拥工作范畴在扩展，内容在丰富，手段在更新。适应这种新形势、新情况，双拥工作必须从思想政治工作入手，加强军地之间的沟通和交流，用革命理想、科学理论和先进道德凝聚、武装军民。

首先，军民要共同认真学习邓小平理论和江泽民总书记关于双拥工作的一系列论述，用先进的理论指导军地建设。邓小平理论是当代中国的马克思主义，是马克思主义在中国发展的新阶段，是我国改革开放和现代化建设的指导思想，也是做好双拥工作的理论基础。邓小平理论中关于军政军民团结是取得革命和建设胜利重要保障的观点、军政军民团结的政治基础是党的基本路线的观点、军政军民团结的根本目的是保障党的中心任务完成的观点等，对做好新时期的双拥工作都有着极为重要的指导意义。江泽民总书记对加强军政军民团结高度重视，作了一系列重要论述。他强调指出，一定要把加强军政军民团结作为重大的政治原则紧紧抓住不放，要深入持久地开展双拥工作，巩固和发展同呼吸、共命运、心连心的新型军民关系。江总书记的这些论述，是我们开展双拥工作的主要依据，为新世纪双拥工作的发展指明了方向。军民要全面、系统、深入地学习邓小平理论，学习江泽民的论述，用马克思主义的立场、观点和方法，研究双拥工作新情况，解决双拥工作新问题。在过去，山东广大军民组成共同学习邓小平理论小组3000多个，交流体会，探讨心得，使思想认识水平不断提高。在各级双拥工作领导小组会议上，军地领导反复学习江总书记关于双拥工作的论述。2000年1月1日，江总书记致全国双拥模范城（县）命名大会的贺信发表以后，山东军地各级掀起了学习热潮。通过学习，进一步明确了双拥工作的任务和目标，增强了做好双拥工作的信心。

其次，要不断加强党的基本路线的教育。在新世纪的征途上，加强党的基本路线教育是具有重大现实意义的课题。为了应对当今世界形势的深刻变化和发展趋势给我们带来的挑战，在新的世界潮流

中立于不败之地，我们必须自觉坚持党的基本路线、基本纲领，以经济建设为中心，牢牢把握发展这个主题，军地共同为增强国家的经济实力、国防实力和民族凝聚力而同心同德，团结奋斗。在双拥工作中坚持党的基本路线；就是要以发展地方生产力和提高部队战斗力为目标，通过共同学习党的基本路线，达成共识，激发出军民相互支持、共谋发展的内在动力。近年来，山东地方各级党委、政府全力支持部队现代化建设，仅科技拥军一项，每年投入的资金就近2000万元，培训人才50多名。部队驻守一方，积极支援地方经济发展，在抗洪抢险、维护社会稳定和重点工程建设中，不怕流血牺牲，勇于奉献，为建设山东、美化山东作出了巨大贡献。在发展经济的大旗下，军民紧密团结，共同促进了山东的繁荣和发展。

再次，要坚持进行爱国主义、集体主义、社会主义教育，引导干部和官兵站在国家利益的高度，树立大局意识，自觉为党为国分忧，让局部利益服从全局利益，个人利益服从集体利益。军地广大党员、干部要按照“三个代表”的要求，加强党性修养和锻炼，增强党的观念，牢记党的宗旨，坚持群众路线，保持与人民群众的血肉联系。山东人民历来有爱国奉献的传统，从战争年代的“红嫂”明德英，到改革开放时期的韩素云，一代又一代人用他们的行动诠释了齐鲁儿女对祖国和社会主义的热爱。在向市场经济转轨过程中，山东人民一切服从国家利益。在国家利益与个人利益发生冲突时，往往总是无条件地牺牲个人利益。青岛海军09基地舰艇出海演习，广大渔民主动出让航道，经济损失近2000万元，但没有一人向党和政府要价钱。在“爱心献功臣行动”中，各级领导主动包扶优抚对象，为他们的脱贫致富奔小康倾注了大量的心血。官兵们利用节假日走上街头，为民服务，捐款捐物，扶助贫困户、失学儿童，在齐鲁大地谱出了一曲曲爱民赞歌。

二、充分发挥军地优势培育社会新风

二十一世纪，要实现现代化建设第三步战略目标，坚定人民群众的社会主义现代化信念，思想政治工作担子更重。为切实加强思想政治工作，部队与地方应该相互合作，做到思想政治工作的资源共享、优势互补。

人民解放军是一支忠于党、忠于人民的英雄军队，在各个时期涌现出千千万万的英雄群众和模范人物，他们的崇高品德和献身精神激励培育了一代又一代人。许多先进的思想、优良的道德风尚就是先从部队形成而后逐步普及于社会的。在新世纪，人民解放军依然是社会主义精神文明的传播者。人民军队在长期发展中形成的一整套优良传统和作风，是我们的宝贵精神财富；学习、借鉴人民军队的优良传统和作风，对于培育社会文明意义十分重大。近年来，山东充分发挥部队丰富、深厚的思想政治资源，用人民解放军立场坚定、作风顽强、不怕牺牲的精神影响社会、改造社会。组织了徐洪刚、朱彦夫、姜升立等英模人物的报告会，用他们的英勇顽强，不怕牺牲的精神教育广大人民群众去为建设有中国特色社会主义而不懈奋斗。大中小学聘请部队政工干部任政治工作顾问、兼职辅导员，机关工矿企业、科研机关邀请老红军、老八路、解放战争和抗美援朝老战士作报告，激励着齐鲁儿女发扬过去光荣的革命传统，为社会主义现代化建设作贡献。驻鲁部队围绕军民共建社会主义精神文明主旋律，与驻地群众一起开展以爱党、爱军、爱社会主义为主题的宣传、联谊活动，协助驻地办好国防教育基地、建好少年军校等，广泛开国防教育。部队还积极组织力量，以多种形式向人民群众宣传党的路线、方针、政策，寓教于乐，帮助群众解决好在深化改革的形势下的现实思想问题。济南市驻军走入社区，与社区党支部共建，与社区基层组织共同研究做好群众工作。一些下岗职工对改革开放的政策不理解，他们就坐到群众的床头，耐心讲解形势，分析社会发展趋势，坚定他们对未来的生活信心。

地方各条战线在改革开放和发展社会主义市场经济中培育、形成的开拓进取精神、创新意识、竞争意识、信息观念、求实作风，也是部队加强思想政治工作的丰富营养。部队的思想政治建设要走进社会大课堂，融入社会之中，走开放式、内涵化的路子，用地方改革开放的成就和经验，调动官兵投身改革、献身改革、搞好部队建设的积极性。要借助地方力量大力开发军地两用人才，提高官兵的文化素质，促进部队战斗力的提高，为社会主义现代化建设增添新的生力军。近年来，山东各地组织成功的企业家进军营，用企业家们自身的奋斗历程启发和鼓舞退伍士兵、转业干部走下战场进市场，在发展社会主义市场经济中再立新功。还通过对一部分先富起来的个体户、私营企业家的宣传，以及他们对贫困优抚对象的帮扶，激发优抚对象艰苦创业、勤劳致富的干劲。地方党校、理论讲师积极为部队基层营连培养政治理论教育骨干，发动大专院校的教师与连队指导员结成互助对子，在部队政治思想教育中帮助官兵解决理论上的热点和难点问题。

军地携手、共育共建不仅能拓宽思想政治工作的领域，丰富思想政治工作的内容，还可以提高思想政治工作的感召力和渗透力，使思想政治工作有声有色，在建立新型社会关系和培育良好的道德风尚中发挥出更大的作用。

三、切实把思想政治建设落实在双拥任务中

双拥工作的政治性很强，做好双拥工作，有利于加强思想道德建设，巩固社会主义思想阵地；有利于维护社会稳定，巩固发展安定团结的政治局面；有利于促进科学文化建设。因此，双拥工作是思想政治工作的一部分，也是思想政治工作的一个强有力的载体。在发展社会主义市场经济的今天，大力开展双拥工作，对改善社会环境，净化社会风气，提高群众的集体主义、爱国主义觉悟，培养广大党员干部的艰苦奋斗、无私奉献精神，有着巨大的作用和深刻的意义。

思想政治建设必须同各项具体业务相结合，必须把它落实在各项双拥任务之中。一是要落实在双拥教育之中。近年来，山东紧密结合新形势新情况，有的放矢地开展以爱国主义为核心的国防和双拥教育。并联系国际国内的形势，充分利用报刊、广播、电视等新闻媒体和爱国主义、国防教育基地，加大了对富有时代特色和地区特点的双拥先进典型人物的宣传，使广大军民特别是各级党政领导进一步牢固树立居安思危、富国强兵、振兴中华的政治意识、战略意识、大局意识，增强了做好双拥工作的责任感、使命感和紧迫感，解决了和平时期军民的国防观念和双拥观念容易淡化的问题。通过教育，营造出山东军民携手共创双拥工作新辉煌的舆论氛围。二是要落实在军地协调发展之中。山东各级党委、政府加大拥军力度，支持部队质量建军，为部队送人才，送技术，送知识，送政策，促进科技向部队战斗力的转化，提高了部队的打赢能力；部队在担负保家卫国，为经济发展提供和平环境的任务的同时，积极支持地方重点工程、公益事业建设，随时应付各种突发事件，承担抢险救灾等各种任务，为富国强兵做出新贡献。三是落实在军民共建精神文明活动之中。针对社会上出现的陈规陋习、封建迷信；针对一部分人受西方自由化思想影响，方向不明、立场不稳等社会问题，山东军地联手，大力开展倡文明、树新风活动，宣传科学的世界观、人生观，宣传新道德、新文化，普及科学法律知识，提高了军民科学文化素质。各地充分发挥军地优势，开展了双拥共建进学校，促进“四有”新人的培养；双拥共建进街道，促进精神文明和公益事业的发展；双拥共建进家庭，促进团结和睦社会新风尚的形成等活动，推动了社会主义精神文明的深入发展。四要落实在解决军民关注的热点难点问题之中。思想政治建设要软件当作硬件抓，在办实事、解难题上下功夫，把工作做到官兵和群众的心坎上。山东各地努力解决好官兵执勤训练中的困难，落实好拥军“菜篮子”、“米袋子”、水电路工程，大力支持部队开展的“双争”活动。认真落实好优抚政策，帮助优抚对象解三难、奔小康。加大对转业退伍军人和随军家属的安置工作力度，保障和方便部队子女上学、入托，解除了官兵的后顾之忧。总之，通过扎扎实实的工作，促进了军地的发展，谱写出社会主义市场条件下的军爱民、民拥军的鱼水新篇章。

思想政治工作和双拥工作都是一项长期艰巨的

战略任务。自始至终地抓住思想政治工作，把思想政治工作做到双拥工作的每一个环节上，努力做好二者相结合的文章，双拥工作就能有强大、稳定的思想基础和精神动力支持，就能永葆生机和活力，创造出新世纪的新辉煌。

试论创建双拥模范城（县）活动的历史作用

河南省双拥办

近年来，全国党政军民努力实践江泽民总书记提出的“同呼吸、共命运、心连心”的总要求，认真贯彻落实党中央、国务院、中央军委关于加强军政军民团结的一系列指示精神，扎扎实实、卓有成效地开展创建双拥模范城（县）活动，取得了重大成效，增强了新时期军政军民的团结与协作，有力地促进了双拥工作在基层的落实，保证了改革、发展、稳定和部队建设的顺利进行。

一、调动了党政军领导积极性，双拥工作逐步走上规范化、制度化轨道

创建双拥模范城（县）活动，是在社会主义市场经济条件下，把提高部队战斗力和发展社会生产力，促进社会主义物质文明建设和精神文明建设，加强军政军民团结同促进经济社会发展进步有机结合在一起的双拥工作新的表现形式。通过“双拥模范城（县）”这个崇高政治荣誉，把领导干部的政治觉悟、思想水平和实际工作能力集中地反映出来，找到了领导工作与双拥工作的有效结合点，调动了军地各级领导的积极性和主动性，形成了军政一体、齐抓共管、突出重点、狠抓落实的工作运行机制，开创了双拥工作新局面。

（一）形成了健全的组织机构。创建双拥模范城（县）活动是亿万军民的共同事业，必须党政军民齐抓共管，形成合力。而关键是靠各级领导的重视和组织机构的健全。近年来，河南省为加强对工作的领导，组成了由地方和部队主要领导参加的双拥工作领导机构，对双拥工作统一研究、统一部署、统一规划、统一实施。形成了领导小组（指挥部）协调指挥、军地双方合署办公、各职能部门热情参与、基层单位积极参加的“上下一条线，层层有人抓，军民齐努力，共创模范城”的双拥工作体系。目前，除省设有领导小组及办公室外，各地市、县，甚至有的乡、村也设有相应的组织领导机构和办事机构，为双拥工作在基层的健康发展提供了组织保证。

（二）形成了较完善的工作制度。为使创建活动富有成效，地方党委、政府把拥军优属作为讲政治、讲大局的一件大事，纳入精神文明建设和社会发展的总体规划，纳入党委、政府的重要议事日程和目标管理，与创建文明行业、文明单位相结合，实行一票否决；驻豫各部队也把拥政爱民工作纳入部队建设的重要内容，纳入政治工作规划，纳入党委的重要议事日程，纳入基层“双争”活动。军地之间建立健全了军地互访、走访慰问、评比奖励、军民共建、联谊活动以及联席会议、议军会议、群众工作会议等制度，双拥工作的规章制度日臻完善。

（三）形成了双拥政策法规体系。政策法规建设是各项工作顺利开展的前提和保证。随着创建活动的不断深入开展，河南省各项双拥政策法规建设也相应纳入了各级、各部门的工作日程。为指导各地的创建活动，省委宣传部、省民政厅、省军区政治部印发了《河南省创建双拥模范城（县）的实施意见》，对创建活动的方针原则、标准、组织领导、军地工作责任等九个方面的问题进行了明确规定。之后，省双拥办又印发了各成员单位双拥工作职责。为了规范创建工作，更好地调动各地、各部门的创建积极性，提高创建活动的整体水平，1994

年，省双拥工作领导小组颁布了《河南省双拥模范城（县）命名管理办法实施细则》，1995年省政府率先颁布了《河南省人民政府关于进一步支持部队建设做好拥军优属工作的若干规定》，1996年和1998年，又下发了《关于支持部队开展“双争”活动和体制编制调整改革的通知》。省军区协调省有关部门和驻豫部队相继出台了《关于加强军警民团结的意见》、《驻豫部队拥政爱民若干规定》。1999年4月，省政府重新颁布了《关于进一步加强拥军优属工作的通知》，为解决新形势下拥军优属的新情况、新问题提出了具体要求。各地市、县和驻军为搞好创建活动，对创建目标、工作职责、工作制度和拥军优属、拥政爱民的具体工作以及优抚、安置工作方面遇到的问题，进行了明确规定，建立了科学的、相互配套的政策体系，为各地创建活动的顺利开展提供了可靠依据和有利条件，推动了双拥工作法制化、社会化和经常化。

（四）促进了各项优抚安置政策的落实。落实好优抚安置政策，是创建活动的重要内容。河南省是兵员大省，优抚对象多，拥军优属任务重，经济实力又不强，落实好优抚安置政策难度很大。实践中，由于各级双拥组织始终坚持把优抚安置政策的落实作为创建双拥模范城（县）的重要条件，凡是政策不落实的，其他方面的工作再好，也坚持不搞照顾，从而使这个难题得到了较好解决。多年来，全省义务兵家属优待标准大部分达到或超过上年度当地农民人均纯收入的70%，1999年平均水平达到1200元左右。老复员军人定补标准达到上年度全省农民人均纯收入的50%，1999年达92元。各种抚恤补助款能够按时按标准发放。特别是去年开展的“爱心献功臣行动”，全省共筹集上亿元资金，较好地解决了重点优抚对象的“三难”问题。在安置工作上，运用行政、经济、法律等多种手段，积极拓宽安置渠道，建立监督制约机制，使军转干部安置率达100%，城镇退伍军人安置率达96.5%，农村退伍军人开发使用率达93%。

二、加强了军地之间的联系，巩固和发展了军政军民团结

做好拥军优属、拥政爱民工作，是全省广大军民的优良传统和自觉行动。创建活动的开展，双拥激励机制的建立，群众性双拥宣传教育的进一步强化，使广大军民对双拥工作的意义有了更深刻的理解。群众认识到：人民军队是与国家的尊严、荣誉、安全、利益紧紧联系在一起的。“没有一个人民的军队，便没有人民的一切”、“军民团结如一人，试看天下谁能敌”是一个颠扑不破的真理。广大官兵认识到：军队来自人民，永远与人民鱼水相依、血肉相连，全心全意为人民服务始终是人民军队的宗旨和行动指南。广大军民把拥军优属、拥政爱民视为崇高而神圣的历史使命，通过生动的双拥实践，军民鱼水情谊更加深厚，军政军民团结得到进一步升华，“视军队如长城，把军人当亲人；视人民如父母，把驻地当故乡”，正是全省军民亲如一家的真实写照。

（一）地方支持部队建设更加主动。创建双拥模范城（县）活动的开展，使全省人民群众以更高的政治热情，更深入细致的工作，积极做好各项拥军优属工作。在创建活动中，从城镇到农村，从机关到学校，普遍建立了“军人家庭服务中心”、“送温暖小组”、“学雷锋小组”，采取“定向服务、一包到底”的办法，常年坚持为广大优抚对象和驻军提供服务，排忧解难。一些部门、行业提出了“创建活动为国家，我为创建做贡献”的口号，充分发挥各自优势，积极为部队提供优良服务。如地方粮店在品种质量上千方百计保证军粮供应；电业部门投入大量资金，努力解决小、远、散部队用电，为团以上单位架设双回路供电线路；交通部门对驻军营区道路重点投资，进行铺设修整；工商、税务部门为优抚对象发展生产提高多种优先优惠政策等。济南军区在驻马店地区组织军事演习期间，人民群众以强烈的爱国情感和无私奉献的精神，为军事演习提供一切便利条件。家家腾房子，搞卫生，杀猪宰羊，像迎接亲人一样迎接子弟兵，再现了战争年代拥军支前的感人情景。1998年部队抗洪抢险期间，全省再次掀起拥军优属新高潮。各级党委、政府把支持部队抗洪抢险作为重点工作来抓，从疏通道路、调配车辆、后勤保障，到留守人员及家属子女生活安排，都作了周密细致的部署。各有关部门各司其职、各负其责，全力做好具体工作，广大人民群众纷纷捐款捐物，有的自发奔赴抗洪第一线慰问部队，为抗洪将士们做饭洗衣、护理伤病员。当部队返回经过信阳、南阳等地时，当地群众插彩旗，挂标语，扎彩门，组织锣鼓队、秧歌队，喜迎解放军凯旋。部队到达营地后，当地领导亲自带队到部队慰问，为立功官兵披红戴花，医疗部门为官兵们义务诊治疾病，文艺部门为部队组织慰问演出，全社会以各种方式表达对子弟兵的崇敬和关爱之情。部队官兵感慨地说："战争年代，河南就是一片拥军热土，新时期拥军优属的光荣传统在这片热土上更加发扬光大，人民群众的关心支持永远是我们军队战无不胜的力量源泉。"

（二）军队拥政爱民更加自觉。创建双拥模范城（县）活动的开展，使驻军官兵以更扎实的工作，认真履行全心全意为人民服务的宗旨。郑州机场、小浪底水利工程、洛阳大化纤工程等数十个重点工程，都洒下了子弟兵辛勤的汗水。部队还投入大量资金、技术、人力，积极参与文明城市、文明单位建设，广泛开展对口扶贫帮困，支持驻地的小康村建设，为广大群众办了大量的好事、实事。对急难险重任务，部队总是主动请缨，承担最艰巨、最困难的任务。特别是去年，河南多次发生洪涝灾害和山林大火，部队及时出动，全力援救，最大限度地保护了国家财产和人民群众的生命财产安全。闻名中外的"红旗渠"是林州人民的"生命渠"，驻豫部队曾两次参加对"红旗渠"技术改造和修护。在施工过程中，官兵们跳进齐腰深的泥里，工具用不上，就用手挖，用盆端，施工非常艰辛，危险性也非常大，有的战士由于劳累过度，晕倒在工地上。当地群众感动万分，纷纷搬到工地上居住，和子弟兵并肩作战，并自发为部队做饭送水。群众深情地说："当年，解放军为了咱老百姓摆脱苦日子，流血流汗，打进太行山；如今，解放军为了咱老百姓过上好日子，再上太行山，又流血流汗，解放军对咱老百姓的恩情真是说不完。"

三、增强了广大双拥工作者的使命感和责任感，促进了双拥工作在基层落实

双拥工作者是双拥活动的组织者和协调者。双拥工作者的工作责任心和能力如何，直接关系着双拥工作的实际效果。创建双拥模范城（县）活动的开展，极大增强了双拥工作者的使命感和责任感，充分调动了双拥工作者的积极性和创造性，推动了双拥工作在改革中不断创新和发展。

近年来的双拥实践中，出现了许多新情况、新问题。比如军人军属的合法权益容易受到侵害，部队的管理教育工作难度进一步加大，转业退伍军人和随军家属安置愈来愈困难，部分重点优抚对象的生活难、住房难、医疗难问题比较突出等。随着创建活动的深入开展，要求双拥工作者对这些新矛盾、新问题积极探索，寻求切实可行的解决办法。对此，各地解放思想，在解决新问题的方法手段上进行大胆探索。如汤阴县针对军人军属涉法案件和纠纷日益增多的问题，1996 年首创了"维护军人军属合法权益巡回法庭"，开辟了法律拥军的新路子，进一步丰富了双拥工作的内容。这一做法在全省和全国得到推广。平舆县针对新时期战士管理教育工作中的问题，探索出一条部队、地方、家庭相互配合的"三位一体"教育管理模式，实现了部队教育由"单一"到"综合"的转变，开辟了一条军地共管共育的新路子。这两个探索被称为"汤阴经验"和"平舆经验。"由于转业退伍军人、随军家属数量多，而经济体制的改革使安置工作困难越来越大，一些地方完不成安置任务；但在开展创建活动力度大的县市，这一工作做得却非常出色。如郑州、开封、焦作等地，党委、政府对安置工作相当重视，严格执行制度，采取当场分配人员档案等手段，保证转业、退伍军人和随军家属不待业，部队对地方的工作表示非常满意。针对优抚对象比较突出的"医疗难"问题，一些地方通过政府、群众、个人共同筹款，建立医疗保障资金等办法，有效缓解了优抚对象的医疗困难。通过双拥工作者的努力，解决了双拥工作中的热点和难点问题，密切了军政军民关系，推动了双拥工作的深入发展。

深化双拥模范城（县）创建活动应着力解决的几个问题

湖北省双拥办

湖北是近代中国革命发祥地之一，是著名的革命老区，有着拥军优属、拥政爱民的光荣传统。全省先后有9个市县被命名为“全国双拥模范城(县)”，有48个市县被命名为省级“双拥模范城(县)”。随着改革开放的深入和市场经济体制的建立，创建活动也出现了许多新情况和新问题，这些新情况和新问题，影响和制约了创建活动的深入、持续、健康发展。我们对全省双拥模范城（县）创建活动的情况进行了深入调查研究，就深化创建活动应着力解决的几个问题作了初步探析。

一、深化创建活动应进一步树立服务大局意识

双拥工作历来是为党和国家大局服务的。根据党在不同历史时期和不同发展阶段的中心任务，相应地要求双拥工作有不同的活动内容和活动方式。双拥模范城（县）创建活动是双拥工作围绕党的中心，在继承传统的基础上发展创新的好形式。它以邓小平理论和党的基本路线为指导，以发展社会生产力和提高部队战斗力为根本任务，以巩固和发展“同呼吸、共命运、心连心”的新型军政军民关系为根本出发点和落脚点，始终与国家和民族的脉博同跳动，与社会主义事业共发展，具有强大的感召力和吸引力。它一经产生，立即在全社会引起强烈反响，得到广大军民的积极支持和社会各界的广泛参与，显示出强大的政治生命力。但是，在双拥模范城（县）创建活动中，也存在一些亟待研究解决的问题。如在创建活动中，有些地方若即若离，把发展经济与开展创建活动对立起来。强调经济发展时，创建活动被搁置；开展创建活动时，又忽视了经济发展的内容。造成顾此失彼相互脱节的现象。有少数地方为创建而创建，创建的目的、内容、方法与时代的要求不合拍，与党的中心工作相脱离。究其原因，从根本上讲，主要是对双拥模范城（县）创建活动服从大局、服务大局的认识不够，没有很好地与党的中心任务结合起来。因此，必须要进一步强化树立服务大局意识，围绕党的中心任务，在经济建设这个大局下开展创建活动，这是深化双拥模范城（县）创建活动的关键。

改革开放和社会主义市场经济的深入发展，使双拥模范城（县）创建活动面临着全新的社会环境，对双拥模范城（县）创建活动提出了更高的要求，增加了新的压力和难度。面对新的形势、新的压力和挑战，深化双拥模范城（县）创建活动，应注意以下几点：首先，要总揽全局，围绕实现党的中心任务这个总目标，根据不同时期形势任务的特点，采取不同的活动形式，确定创建活动的内容。离开这一点，双拥模范城（县）创建活动就不可能深入、持续、健康发展。如黄石市把为驻军办实事列入每年必须完成的“拥军工程”；宜昌市把创建活动与“服务大三峡，建设新宜昌”的活动融为一体；孝感市积极妥善处理军地历史遗留问题等，这些都为创建双拥模范城（县）活动注入了新的生机和活力，取得了明显的成效。其次，要坚持用党的基本路线把广大军民凝聚起来，团结起来，从政治上保证创建活动的正确方向。要坚持地方党委、政府的统一领导，从组织上保证创建活动的持续健康发展。要紧扣时代脉博，不断发展创新，从活动内容上保持创建活动的生机和活力。要坚持把创建活动的重点放在基层，因地制宜，注重实效，扎扎实实地开展工作，从方式方法上保证创建活动经久不衰；第三，要将双拥模范城（县）创建活动纳入国民经济和社会发展的总体规划，切实加强领导，抓紧抓细抓好落实。

二、深化创建活动应进一步强化全民国防观念和双拥意识

强化全民的双拥意识和国防观念，是深化双拥模范城（县）活动的重要前提条件。调查中，我们

发现，人们的双拥意识和国防观念比较淡薄，许多人认为，“拥军爱国，解不了近渴”，“双拥创建，摸不着看不见”，“与己无关”，这些都严重影响着双拥模范城（县）创建活动深入发展。导致人们双拥意识和国防观念淡薄的原因主要有两个：一是国际局势进一步趋于缓和，和平与发展成为时代的主题。长期的和平环境，使人们远离炮火纷飞的战争年代，缺乏战争年代军民唇齿相依、水乳交融的切身感受，特别是社会主义市场经济体制的确立，使人们的价值取向发生了深刻变化，这是大的社会背景。二是双拥宣传和国防教育工作不到位，没有起到应有的作用。在大背景下看形势，不同地区和同一地区的不同部门，宣传教育力度的大小强弱，直接影响着广大军民的双拥意识和国防观念，它说明，宣传教育工作在增强人们双拥意识和国防观念的过程中发挥着积极的能动作用。因此，深化双拥模范城（县）创建活动，必须突出重点，加大力度，努力增强广大军民的双拥意识和国防观念。在宣传教育的内容上，要坚持做到“三个强化”：即强化国防意识，组织广大军民学习毛泽东、邓小平、江泽民同志关于加强军队和国防建设的重要论述，树立“越是改革开放越要加强国防建设，越是发展经济越要做好双拥工作”的观念；强化拥军意识，抓好以爱国拥军和军民一致为主要内容的双拥教育，大力宣传广大军民团结奋斗的光辉历程，宣传军爱民、民拥军的优良传统，树立“军队可亲，军人可爱，军属可敬”的观念；强化宗旨意识，抓好人民军队的性质和宗旨教育，大力宣传人民军队拥政爱民的光荣传统和新时期涌现出来的双拥先进群体的动人事迹，强化“军队打胜仗，人民是靠山”的观念。在宣传教育的对象上，要坚持做到“五个纳入”：即把双拥宣传和国防教育纳入地方各级领导干部正规化教育，在各级党校开设双拥和国防教育课；纳入青少年政治教育范围，使学生从小受到良好的双拥和国防教育；纳入大、中专院校毕业生考试内容之一，增强大、中专学生的国防观念；纳入部队基层军官培训和士兵政治教育的重要内容，渗透到爱国奉献、树立革命人生观的教育之中，激励广大指战员卫边戍边的信心和决心；纳入《爱国主义教育实施纲要》的重要内容和实施范围，适时组织丰富多彩的双拥活动，增强全民的爱国主义意识和国防观念。在宣传教育的方法上，要坚持做到“四个结合”：即把大规模阶段性的双拥宣传教育与经常性的双拥活动相结合，把广播影视报刊等新闻媒介的宣传教育与版画、墙报、形势报告会等广大军民喜闻乐见、通俗易懂、容易接受的宣传方式相结合，把双拥政策法规的宣传教育与解决热点、难点问题相结合，把建立永久性双拥宣传标牌与基层双拥宣传标语相结合，把双拥先进典型的宣传教育与经常性的政治思想工作相结合，进一步营造浓厚的双拥社会氛围，引导广大军民正确认识经济建设与国防建设、个人利益与国家利益、富国与强兵之间的关系，明白“强武备于国家，兴文明于民族”的道理，增强做好双拥工作的自觉性。

三、深化双拥模范城（县）创建活动应进一步加强双拥组织建设

健全完善的双拥组织网络是深化双拥模范城(县)创建活动的基础。因为创建双拥模范城(县)活动涉及到军地双方和社会的各个方面，是一项社会系统工程。在创建活动中，从调研活动的组织到政策法规的制定，从部门利益的协调到各项任务的落实，从工作的创新到典型经验的推广等等，都需要双拥组织充分发挥、履行其“参谋、组织、指导、协调”的作用和职责。从调研情况来看，凡是双拥组织网络健全、作用发挥好的地区和部门，创建活动就内容丰富，形式活跃，成效显著；反之，就缺乏生机与活力，工作平淡。这说明，健全完善的双拥组织网络，在创建双拥模范城(县)活动中发挥着重要作用。一是要建立健全双拥组织。各级党委政府、各个单位部门、各基层组织都要建立起“横向到边，纵向到底”的双拥组织体系，在创建活动中形成“上下一条线，左右联成片，层层有人抓，事事有人办”的工作格局。我省除了建立健全省市县乡双拥工作领导机构外，还注重基层双拥组织建设。建有65000多个基层双拥组织，在双拥活动中发挥着重要作用。二是要着力解决双拥组织“谋其政”的问题。加强组织建设，完善组织领导是上篇，发挥作用、履行职责是下篇，上下结合，才能相得益彰。调研情况表明，大部分地区和部门都成立有双拥组织，但是作用发挥得普遍不够好，没有很好地“谋其政”，以至上面的精神贯彻不到基层，基层的情况反映不到上面，形成“肠梗阻”，影响创建活动的深入开展。解决这一问题关键是各级双拥工作领导小组要率先垂范，对影响双拥模范城(县)创建活动深入发展的重大问题及时作出研究部署。双拥工作领导小组各成员单位要充分发挥优势，履行职责，引导本部门、本系统的干部群众自觉投身双拥实践。双拥办公室要对影响创建活动的问题进行调查研究，提出对策，给双拥工作领导小组当好参谋，这是从领导上保证双拥组织“谋其政”。通过建立完善党政军联系会议制度、经验交流制度、考核评比制度、成员单位述职制度等行之有效的制度，使各双拥组织学有榜样，赶有方向，内有动力，外有压力，以调动各方面的积极性，这是从制度上保证双拥组织“谋其政”。通过开展知识竞赛、慰问演出、军民共建共育共学等内容丰富、健康向上、寓教于乐的活动，使广大军民在思想上受到教育，在情操上得到陶冶，在精神上得到升华，从而促进双拥组织的建设，这是从活动上促使双拥组织“谋其政”。通过加强基层双拥服务组织建设，引导基层双拥服务组织开展帮耕帮种、互学互助、走访慰问等活动，把创建活动落实到基层，避免出现因基层双拥服务组织建设薄弱而导致创建活动开展不起来的被动局面，这是从加强基层基础工作上推动双拥组织“谋其政”。如十堰、荆州、钟祥等地通过建章立制、规范活动、表彰先进，有力地推进了基层双拥组织建设，真正达到了“组织健全、活动经常、政策落实、关系融洽”的要求。

四、深化创建活动应进一步完善工作运行机制

建立和完善新的工作运行机制，是深化双拥模范城（县）创建活动的客观需求和重要保证。部分地区的创建活动仍然停留在依靠领导号召和行政推动的基础上，领导重视，行政推力大，创建活动的声势就大。否则，就平平淡淡，甚至无声无息。这些都是双拥模范城（县）创建活动的工作运行机制不健全、不完善的外在表现。因此，深化双拥模范城（县）创建活动，必须健全完善工作运行机制。一是要建立一种以提高命名质量为核心的严格的考核验收机制。双拥模范城（县）命名是一项严肃的政治活动，不应该也不允许有丝毫虚假。但在实际工作中，却存在考核不严、平衡照顾、控制数量、忽视质量的问题。由于考核不严，平衡照顾等因素，使够条件的县（市）没有被命名，不够条件县（市）却被命名，人为地降低了双拥模范城（县）考核验收标准，放松了对双拥模范城（县）的创建质量要求，既有损于命名表彰活动的政治严肃性，又挫伤了先进县、市的创建积极性，必须予以纠正。要严格考核验收标准，对不符合条件的，坚决不予命名，绝不能放松标准，搞地区平衡。要建立跟踪考察制度，对弄虚作假获取荣誉称号和命名后工作下滑经督促仍不整改的，要按照一定程序，撤销其荣誉称号。要实行重点工作“一票否决”制度。事物是不断发展变化的，双拥模范城（县）考核验收的内容和重点也要随之调整，不能一成不变。譬如，我省在1999年省级双拥模范城（县）考核验收活动中，明确规定：对军（警）民关系、综合性双拥政策法规建设、优待金社会统筹、拥军优属保障金建立、中央下拨的抚恤补助经费及地方配套经费到位等五项内容，作为考核验收的重点，实行“一票否决”，一项上不去，就不予命名。使各地、市在创建活动中有重点，有压力。通过建立严格的考核验收机制，把创建活动纳入规范化管理轨道，减少人为因素，提高创建质量，保证了创建方向。二是要确立一种以调动部门和个人主观能动性为核心的有效激励机制。在改革进入攻坚阶段、发展处于关键时期的新形势下，双拥模范城（县）创建活动已成为建设有中国特色社会主义、加快改革开放和社会主义现代化建设的一项重要政治活动。要吸引越来越多的部门和个人投身于这个活动，推动双拥模范城（县）创建活动的深入发展，最重要的是要让每个参与者都能从中找到施展自己才华的最佳位置，通过创建活动，释放潜能，这样才能产生持久的热情和动力。在创建过程中，明确创建活动的预期目的，是目标激励；严格考核总结制度，是成就激励；评比表彰先进，是荣誉激励；给予政策优惠或一定奖励，是物质激励；实行动态管理，跟踪考察，鞭策后进，是竞争激励。通过建立争先创优的激励机制，激发广大军民的创建积极性，使每个部门和个人都以争创双拥模范城（县）为己任，克服困难，励精图治。通过有效的激励性机制，充分发挥双拥模范城（县）的带动、示范和辐射作用，营造一种争先创优的社会大环境，使已被命名的单位有危机感，未被命名的单位有压力感，切实改变命名与不命名一个样，创建与不创建一个样的不良状况。

凡事预则立，不预则废。双拥模范城（县）创建活动，是双拥工作的一项伟大创举，是双拥工作适应改革开放需要、推动其整体水平不断提高的有效载体。面对不断出现的新情况、新问题，我们要抓住机遇而不可丧失机遇，开拓进取而不能因循守旧，涉足禁区并勇于突破，研究新情况，总结新经验，提出新对策，努力建立适应改革开放和发展社会主义市场经济需要的工作运行机制，推动双拥模范城（县）创建活动深入、持续、健康发展。

关于做好新形势下双拥工作的探索与思考

广东省双拥办

在改革开放和发展社会主义市场经济的新形势下，如何推进双拥工作的深入发展，是一个值得认真思考的课题。广东作为市场经济起步早、力度大、发展快的地区，在适应新形势、解决新问题、实现新发展方面进行了积极探索。从近年来双拥工作的实践看，我们认为要做好市场经济条件下的双拥工作，必须始终坚持“四个同步”。

一、始终坚持国防观念与改革开放意识同步增强，把做好双拥工作建立在牢固的思想基础上

建立市场经济体制作为一场深刻的社会变革，不仅促进了经济的迅猛发展，也给人们的思想观念带来了很大变化。表现在双拥工作方面，主要是少数人拜金主义和个人利益至上的思想抬头，过份追求经济利益，国防观念有所淡化，缺乏政治荣誉感和大局观念；军地之间在物质利益上形成的某些反差，给军队干部战士的心理、思想造成了一定影响。我们针对出现的新情况、新问题，在全省广泛深入地开展了国防教育和双拥宣传教育。

一是突出领导干部重点。全社会双拥意识强不强，首先是领导的观念强不强。由于现任的领导层都是在和平时期成长起来的，对双拥工作尤其是对和平时期双拥工作难免存在一些认识不足的问题。为了提高领导干部的思想认识，我们在全省大张旗鼓地宣传了珠海市“部队驻在特区就是不放一枪一炮，也能做到稳定人心、安定社会、震慑敌人的作用”的和平时期国防观，宣传了台山市领导“既要重视打领带的（指华侨），要重视带领章的（指军人），更不能忘记打江山流血流汗的（指优抚对象）”的新时期的拥军优属意识，要求各级党政军领导把双拥工作提高到国泰民安的高度来认识，纳入重要议事日程，纳入当地社会发展和军队建设的总体规划，坚持国防与经济两手抓，从而在各级党政军领导中树立了“双拥就是政治，军政军民团结就是大局”的思想。

二是面向广大军民。在发展社会主义市场经济的新形势下，双拥宣传教育必须与改革开放的宣传教育紧密结合起来，才能收到应有的效果。我们在宣传教育上，突出宣传了“没有国防，就没有厂房”，不能“抓了钱袋子，就忘记了枪杆子”的道理，引导广大干部群众牢固树立关心国防建设人人有责的“大国防观”，做到“求富”与“求强”并重。在部队政治思想教育中，改变过去封闭式、填灌式的教育方法，采取开放、灵活、多变的教育形式，通过部队与地方单位挂钩，“请进来”与“走出去”相结合，开展“企业与部队手拉手、心连心”、“摊位连哨位，民心结军心”等活动，拥政爱民教育搞得生动活泼，使广大官兵进一步加深了对党的改革开放政策的理解，树立了爱国奉献的思想。

三是发挥先进典型的示范作用。一个典型就是一面旗帜。近年来，我们把树立先进典型作为双拥宣传教育的一个重要手段，以省委、省政府、省军区名义，先后命名表彰了250多个基层单位和个人典型。“深圳特区好六连”和全国爱国拥军模范方庭旺、姚慈贤，全国拥军优属模范个人林秋来、陈永钦，军人好妻子李玉枝，全军优秀干部妻子杨玉秀，烈士好妻子练锦群，模范班长贺胜良，见义勇为女战士邱玲等重大典型，在全省上下产生了广泛的影响。经过广泛深入的宣传教育，广大军民的双拥热情和自觉性不断增强，“改革开放越深入越要重视国防建设，市场经济越发展越要做好双拥工作”成为全省上下的共识和自觉行动。

二、始终坚持国防建设与经济建设同步发展，把双拥工作的着力点放在动真情办实事上

经济建设是国防建设的基础，国防建设是经济建设的保障。坚持国防建设与经济建设同步发展是关系社会主义现代化建设全局的重要问题，也是做好双拥工作必须把握的基本原则。在双拥工作中，广东军民本着“着眼发展，重在建设，坚持传统，双向促进”的精神，互相关心、互相支持，有力地促进了地方的两个文明建设和部队现代化建设的协调发展。

着眼发展就是适应科技强军的战略需要，把科技拥军作为新时期拥军工作的重点，支持部队科研建设和科技人才的培养，提高现代化水平。近两年来，全省用于科技拥军的资金达2亿多元。省政府拨款3000多万元，为广东预备役师建立了自动化演练指挥系统；佛山市投入1000多万元，为军分区建立了武器装备仓库自动化管理系统。各级政府十分关心部队的人才培养，近两年向部队赠送各种图书50多万册，帮助驻军培训本科以上学历人才近3万人。不少工厂、企业以科技拥军为己任，惠州市德赛集团、TCL集团、裕华集团等发挥行业的技术优势，经常派出人员到部队进行科技指导，向部队赠送了大批高科技含量的产品，为部队培养了一大批专业人才。

重在建设就是以提高部队现代化水平为目标，集中财力办大事，帮助部队搞好训练、工作、生活等基础建设。据不完全统计，十多年来，全省支持部队建设的资金达60多亿元。深圳市拨款2亿多元，支持驻港部队基地建设。汕头市政府投入人力物力，把驻港部队海军基地建设成为具有海滨城市特色的园林式营房。珠海市拨款5000多万元，帮助海岛部队维修营房，更新宿舍设施。各地把部队菜篮子建设纳入当地的菜篮子工程，统筹安排，目前不少部队实现了肉菜自给。

坚持传统就是开展走访慰问等行之有效的活动，密切军地之间的感情。富裕起来的广东人民对子弟兵依然一往情深，始终坚持“形势变了，拥军的传统不变，拥军的感情不变”。近年来，广州军区、南京军区部队多次在我省进行野营拉练和军事演习。部队所到之处，党政领导亲临现场看望慰问部队，协助部队解决各种问题，人民群众腾屋让舍、宰猪杀羊，再现了战争年代拥军支前的动人场面。1997年7月1日零时，在驻港部队开进香港的历史性时刻，深圳市20多万群众冒着大雨，夹道欢送，场面十分感人，充分体现了特区人民的国防观和爱国拥军热情。广州军区部队参加1998年长江流域的抗洪抢险，广东人民在关心灾区人民的同时，情系子弟兵，各界向部队赠送慰问品、慰问金达2300多万元，部队凯旋，驻地群众倾城而出，载歌载舞欢迎。所有这些，都使广大官兵亲身感受到了广东人民爱国拥军的崇高思想境界，进一步加深了对富裕起来的广东人民的思想感情。

双向促进就是军地双方互相支持，为发展社会生产力和提高部队战斗力多做贡献。特别是驻粤部队坚持以广东人民的关心支持为动力，服从大局、服务大局，全力支援地方两个文明建设。近两年来，共出动官兵近50万人次，车辆、机械4万多台次，支持地方工程建设和公益事业项目1500多个。我省台风、水灾等自然灾害比较多，驻粤部队近两年先后参加抢险救灾1200多次，为保护广东改革开放成果和人民群众生命安全做出了突出的贡献。驻粤部队还积极参加扶贫帮困工作，主动与特困县、乡村建立联系点，为贫困地区人民脱贫致富献计出力。在经费十分紧张的情况下，各部队共筹集资金900多万元，帮助贫困地区建设“希望小学”，资助9000多名失学儿童重返校园。

三、始终坚持优抚保障水平与人民群众生活水平同步提高，把双拥工作的突破口放在解决难点问题上

优抚保障是一项特殊的社会保障工作。优抚安置工作是双拥工作的重要内容，也是衡量做好双拥工作的重要标志。在当前形势下，我们认为，提高优抚保障水平，关健是要解决好“两个难点”，即优抚对象的“三难”和退役士兵安置难。在这方面，我们主要采取了以下几条措施：

一是加大工作力度。全省各级政府和业务部门把落实优抚安置政策作为一项事关军队建设、事关社会稳定的政治任务来抓。不少市、县领导亲自带队到基层单位检查优抚安置的落实情况，了解优抚对象生活，帮助解决实际问题。同时，我们把优抚安置政策落实作为评选双拥模范城（县）和双拥先进单位的一项主要内容。1997年，我省在评选基层双拥先进单位时，有一个市推荐了某镇政府，验收时我们发现该镇优待政策落实存在问题，就不评为先进单位，责成其改进工作。去年，我们在全省双拥模范城（县）评比命名的检查中，发现原省双拥模范县斗门县优抚对象的优待标准不落实，于是将该县淘汰下来。

二是坚持政府行为与社会行为相结合。在优抚安置工作中，全省各地一方面坚持以政府为主导，强调政府的主体责任，强化政府行为。在优抚工作方面，加大了政府投入。1998年，我省支出优抚事业费2.03亿元，比1979年增长了23倍，有效地保障了优持对象的基本生活。在安置工作方面，各级政府坚持落实政策、保证安置。我省每年接收安置转业干部近3000人，其中师职干部40多名，年年全部妥善安置。退伍士兵安置率达95%以上。为保证安置质量，我们实行了“安置卡”制度。另一方面，我们紧紧依靠社会力量，推动优抚安置政策的全面落实。目前，我省义务兵家属年优待金达2800元，对重点优抚对象实行抚恤、定补加优待的办法，政府与社会共同负担，使他们的生活达到或超过当地一般群众生活水平。我们还紧紧抓住全国开展“爱心献功臣行动”的契机，在全省掀起了一次解“三难”的高潮，打一场解“三难”的攻坚战。在这次行动中，全省增加优抚经费投入共1.1亿元，并采取“扶贫先扶优、军民共建先帮优、社会赞助先助优”的办法，通过结对帮扶等形式，半年时间解决优抚对象“三难”近2万户（人），约占“三难”总数的50%。各地还积极探索建立抚恤补助标准自然增长机制和拥军优属保障资金，完善优抚保障工作的长期发展机制。

三是拓宽工作渠道。改革开放和市场经济的发展，为优抚安置工作提供了广阔的空间，为落实优抚安置政策提供了更多的渠道。为此，我省各地进行了认真的探索，并形成了一些行之有效的办法。如在解决优抚对象“医疗难”方面，我们通过采取公费医疗、合作医疗保险和政府分级负责等形式，较好地解决这一问题。在多渠道安置方面，有的地方专门建立了退役士兵劳务市场，供需见面，双向选择；有的市、县按照自愿安置的原则，采取政府推荐就业与发给就业补助金、帮助自谋职业相结合的办法，鼓励和帮助退伍军人自谋职业；有的采取了劳务输出的办法，有组织地向富裕地区输送退伍军人。通过各种渠道，实现了退役士兵的“多元化安置”。在部队随军家属安置方面，采取指令性安置与指导就业相结合，集中安置与扶持生产相结合等办法，实行了军属优先上岗和无特殊情况不下岗、下岗军属培训再就业等一系列优惠政策。1998年，全省接收安置部队随军家属就业2700多人，较好地保障了随军家属就业和军人家庭的生活。

四、始终坚持双拥政策法规与改革开放措施同

步出台，把保证双拥工作持续深入发展的重点放在规范化制度化建设上

市场经济从一定意义上讲就是法制经济。双拥工作要深入发展，就必须适应市场经济的要求，重视加强政策法规建设。1997年，广东省政府、省军区分别颁布实施了《广东省拥军优属若干规定》和《驻粤部队拥政爱民若干规定》，对全省双拥工作作出全面的规范性规定。1999年，有19个地级以上市和80多个县（市、区）以政府名义制定颁发了拥军优属规定，部分军分区（警备区）和驻军单位也相应制定了拥政爱民规定或公约。在这方面，一是把双拥工作的落实作为政策法规建设的目标。近年来，我们通过制定政府法令，对支持部队建设、保障物资供应、保护军事设施、军人抚恤优待、拥军优属、优待金统筹、退伍义务兵安置等各个方面都作了明确规定，做到有法可依、有章可循。二是把适应改革开放的要求作为政策法规建设的基本原则。随着改革措施不断出台，双拥工作原来的一些政策规定已不适应形势的要求，要求我们必须从改革发展的需要出发，与改革措施互相配套，同步出台。如1995年，广州市制定了《随军家属就业安置规定》，把过去仅靠人事、劳动部门推荐的单一安置办法，改为在人事、劳动部门统一协调下多渠道、分层次包干安置，解决了安置工作中的矛盾。三是把解决新情况新问题作为政策法规建设的重要内容。市场经济条件下，双拥工作出现了一些新情况、新问题。在制定政策法规中，我们针对这些问题进行了规范和明确。如在住房分配制度改革的情况下，对部队未随军家属和优抚对象在住房和农村宅基地分配方面作了明确规定。四是把检查监督作为政策法规建设的重要环节。为了做到有法必依、执法必严、违法必究，维护政策法规的严肃性，我们加强了检查监督的力度。把双拥政策规定向全社会公开，广泛宣传；在每年“八一”、春节，组织人员或结合走访慰问部队和优抚对象，进行检查审核；针对双拥工作出现的具体情况和问题，组织有关单位和人员进行专题检查；通过人大、政协组织代表和委员考察，检查双拥政策的落实情况；把群众来信来访作为落实政策的一个途径，认真核实，督查督办。双拥法规制度的建立和完善，使我省双拥工作走上了规范化、法制化的轨道，为双拥工作持续深入发展提供了有力保障。

关于做好随军家属就业安置工作的几点思考

广东省惠州市双拥办

惠州市把随军家属安置工作作为一项巩固国防、稳定军心的政治任务来抓，在全市有2万多名职工下岗的情况下，较好地解决了驻军随军家属就业问题。全市共安排768名随军家属就业，计划安置落实率达97%以上，随军家属待业时间不超过一年。我们认为，在发展社会主义市场经济过程中，随军家属安置就业工作应该抓好以下五个方面工作：

一、提高思想认识，把随军家属就业安置工作作为一项重要政治任务来抓

近年来，随着国家经济体制转轨和劳动、人事制度改革，人们的思想观念发生了深刻变化，职工下岗已经成为一种突出的社会现象，过去计划经济体制下的随军家属安置工作制度受到严重冲击。有的认为，搞市场经济，讲究自由竞争，随军家属有没有工作，是随军家属自己的事，不再是哪个领导和部队要管的事，存在与己无关的思想；有的认为，地方企事业单位都是财政包干，接收安置随军家属首先考虑能否给单位带来利益，暴露了一些功利倾向；还有的认为，各级都在抓减员增效，本单位、本部门许多人员要下岗分流，连单位内部人员的家属子女都无法照顾，多安置一名随军家属就要多做一名下岗员工的工作，阻力很大，表现出一些畏难情绪。由于这些主观和客观原因，使随军家属就业安置难一度成为困扰驻军部队建设的突出问题，已成为双拥工作的热点、难点问题。针对这一突出问题，惠州市委、市政府专门召开会议，学习党的三代领导核心关于做好双拥工作的论述和国家有关政策法规，提高认识，统一思想。一致认为：拥军优属是我们党的三代领导核心的一贯思想。在市场经济条件下，拥军优属工作只能加强，不能放松；在新形势下，做好随军家属就业安置工作仍然是地方党委、政府的份内责任，各级必须从讲政治的高度，树立国防意识、大局意识，自觉完成好这项政治任务；安置好随军家属是一项暖军心、稳军心、得军心的工作，各级要摒弃本位主义、功利主义等私心杂念，自觉克服各种困难，积极创造条件让随军家属上岗。基于这一思想认识，市委、市政府主要领导在各种场合多次强调：“安置随军家属是政治任务，随军家属安置的好坏，反映出一个单位领导讲不讲政治，讲不讲大局”。同时，把做好随军家属就业安置工作教育作为全民国防教育的重要内容，向社会广泛宣传党和国家关于做好随军家属就业安置工作的政策以及市委、市政府的决心和措施，大力宣扬在随家家属就业安置工作中的好人好事，并组织有关部门领导和群众代表到部队参观走访，请部队拥政爱民典型做事迹报告，让各级干部和广大群众了解驻军官兵及家属对社会作出的牺牲和奉献，从而加深对军人的感情，增进对军人家属的了解，增强做好随军家属就业安置工作的自觉性和责任感，使全市上上下下形成了主动为驻军排忧解难、让随军家属优先上岗的良好氛围。

二、建立和完善制度、法规，推动随军家属就业安置工作规范化、法制化

过去，由于制度不健全、政策不到位，政府职能部门拿出的安置方案往往落实不了，部队干部、家属不得不到处找门路、拉关系，不仅增添了军人家庭经济困难，分散了部队干部工作精力，而且还影响了军政军民之间的关系。市委、政府领导通过走访和座谈得知情况后，进行探讨研究，出台了一系列政策法规。惠州市把随军家属就业安置工作纳入依法治市的总体规划。由市委政策研究室、市政府法制局、市双拥办等有关部门专门研究制订随军家属就业安置政策，以市政府名义下发了《惠州市随军家属就业安置暂行办法》等三个法规性文件，向全社会明确提出了做好随军家属就业安置工作的责任、义务，从而真正使随军家属安置工作走上了规范化、法制化的轨道。为促进随军家属就业安置工作落实，惠州市建立和完善了调查研究、形势分析、跟踪检查、奖励惩处等制度，并认真抓了落实。市随军家属就业安置领导小组每年“八一”、春节都到部队找干部、家属座谈，听取部队对随军家属就业安置工作的意见和建议；每年在集中安置随军家属前分析一次形势，研究落实年度安置工作的具体措施；每年年底对各单位、各部门安排随军家属工作情况进行一次检查，及时发现和纠正存在的问题；每年结合双拥工作总结表彰大会，对抓随军家属就业安置工作表现突出的先进单位和个人给予表彰，对工作不力、落实不好的单位给予通报批评。

三、加大工作力度，确保随军家属就业安置计划落实

近年来，惠州市各级领导和职能部门把随军家属就业安置工作作为一项政治任务，加大了计划安排、协调安置、检查督办、跟踪服务等各个环节的工作力度。一是各级主要领导亲自抓。成立了由市长任组长、市委一名副书记、军分区一名主官、市政府一名分管双拥的副市长为副组长，有关部门一把手和驻军有关领导参加的随军家属就业安置工作领导小组。市委、市政府明确规定，各单位、各部门“一把手”对随军家属就业安置工作负全责，并始终贯彻了“抓领导、领导抓”的工作思路。每年随军家属就业安置工作开始前，领导都要亲自召集有关单位“一把手”进行动员，亲自审定安置方案。对接收随家军家属滞后的单位，市领导亲自找用人单位“一把手”谈话，进行耐心的说服教育，5名随军家属的就业得到了妥善安置。二是强化行政手段。每年的随军家属就业安置计划都以政府名义在协调会上公开向各个单位下达，一般以三个月为完成时限。三个月完不成任务的，由政府督查部门介入进行督办。督办效果不佳的，市政府则对用人单位采取“三停”、“两不评”政策，即停止一切人事调动，停止工资审批，停止职称评定，单位在本年度不能评为“五好单位”，单位“一把手”在年度不能评先进。1998年以来，市政府共向安置随军家属工作滞后单位发出督查令48件。三是充分发挥职能部门的协调和服务保障作用。年初，由市双拥办和民政、劳动、人事等职能部门组织力量，深入部队和用人单位进行调查研究，听取军地双方的意见。安置时，既要考虑与随军家属原来的职业、专业相符，又要考虑地方各单位用人需求，每制定一个方案都要反复征求随军家属和用人单位的意见，尽量做到部队干部和用人单位双满意。职能部门要对安置后随军家属的工作情况进行跟踪了解，想方设法帮助随军家属解决上岗后遇到的各种困难，做到不解决问题不撒手。

四、积极探索和不断改进安置办法，拓宽随军家属就业渠道

惠州市在坚持以政府安置为主渠道的同时，在改革安置办法上作了积极的探索。一是鼓励随军家属自谋职业。市劳动、人事部门对自谋职业到股份制企业、外商投资企业、乡镇企业和私营企业等非公有制企业工作的随军家属，优先办理劳动、人事关系转递手续。对进入这些单位适应不了的随军家属，第二年优先指令性安置。市人才交流中心和职业介绍所派专人收集无工作随军家属的档案资料，常年免费为随军家属介绍工作，每年还定期召开随军家属招聘会，组织随军家属与用人单位面对面洽谈，实行双向选择。对被招聘为临时工的随军家属，由市随军家属服务处代管档案和代理社会保险，确保自谋职业的随军家属无后顾之忧。二是扶持随军家属从事个体经营。对从事个体经营的随军家属，优先办理各种证照，优先安排经营场所，免费提供商业信息，免收当年工商管理费、卫生费、增容费等等。仅此，每年对一名随军家属减免的费用达5000余元。同时，市里还在商业步行街，龙丰灯光夜市创办“随军家属就业商贸服务区”，在摊位租金、税收等方面都给予优惠，为随军家属自谋职业创造了良好条件。据统计，全市有近50名随军家属从事个体经营，有的已经初具规模。驻惠某集团军机关一名随军家属，自己开办了一间装修门市部，6年收入近20万元，不仅自己生活比较宽裕，还安排了3名随军家属就业。三是帮助驻军提高内部安置能力。近年来，惠州市每年投入大量资金，帮助驻军在营区开办和扩充军人服务网点。驻惠18个团以上单位在营区内普遍都办起了邮电代办所、储蓄所、小卖部、小吃店、干洗店、照相馆等等，既方便了军人生活，又扩大了部队内部安置随军家属的容量，仅此就解决了200余名随军家属就业。同时，在政策上对驻军开办的家属工厂给予扶持，提高随军家属所在工厂的安置能力，比较好地解决了部分随军家属的就业问题，有效地减轻了政府在安置随军家属方面的压力。

五、军地紧密配合，下大力提高随军家属素质和就业竞争能力

近年来，有些用人单位反映，部分随军家属因文化水平不高、素质偏低、年龄偏大、工作能力差等问题，影响了用人单位的整体效益，也给随军家属就业提出了新的挑战和考验。为此，市委、市政府领导在耐心说服用人单位的同时，主动与驻军协调，加大了对随军家属的教育和培训力度。一方面抓好教育引导。市里每年都要组织力量，协助驻军在干部和随军家属队伍中深入进行以“解放思想、转变观念、服从大局、支持开放、走向市场、迎接挑战”为主题的专题教育，指定素质较好的干部给随军家属授课，组织随军家属参观地方企事业单位，让部队干部家属了解国家政策，了解地方经济建设和体制改革情况，体谅地方在安置方面的困难，确立与市场经济相适应的择业观。另一方面，抓好就业技能培训。市里坚持把随军家属的业务技能培训纳入地方下岗职工再就业培训规划，根据人才市场需求，有计划地组织随军家属参加各种就业技能培训。1998年以来，先后开设各类培训班26个，培训随军家属580多人，基本做到了培训后上岗、不培训不上岗。驻惠各部队也充分发挥、利用军队人才优势和教学条件，把随军家属培训与“两用人才”培训结合起来，让每名随军家属在待业期间都学会一至两门专业技术。同时，还积极扶持随军家属自学成才，鼓励她们通过参加电大、函大、夜大等学习，提高自身的科学文化素质，增强参加市场竞争的能力。

珠海市退役士兵安置工作现状及对策

广东省珠海市双拥办

随着社会主义市场经济体制的逐步建立和完善，传统退役士兵安置方式受到了冲击，退役士兵安置难的问题普遍存在并愈显突出。如何拓宽安置工作新路子，推进退役士兵安置工作改革，是摆在各级党委、政府面前亟待解决的一项紧迫任务。本文结合珠海市退役士兵安置的具体实践，作一些初步探讨。

一、现状和困难

长期以来，各级政府对城镇退役士兵实行指令性计划安置。1997年以前，珠海作为一个新兴城市，建设特区需要大量人才，因此，每年安置率都保持100%，并且安排的单位、工种都比较好。但是，随着安置任务的逐年增加，过去单一的由政府包办分配的安置模式在市场经济条件下的运作空间越来越小，安置工作出现许多新情况、新问题，具体表现在以下四个方面：

一是安置渠道拓宽难。长期以来，机关、事业单位和国有企业是政府安置退役士兵的主渠道，在安置工作中发挥着主导作用。但随着市场经济体制的建立与完善，这一主渠道的承载量越来越大。为缓解主渠道面临的压力，近几年，珠海市在拓宽安置渠道、开辟就业新路子方面作了一些尝试和探索，如连续四年举办“退役士兵劳务市场”，实行供需见面、双向选择，探索把安置任务扩展为由各种所有制单位共同承担的路子。1999年开始尝试鼓励退役士兵自谋职业和安置任务有偿转移，收到了一定的效果。但这些尝试和探索效果并不明显。据统计，1997和1998年，珠海市国有企事业、行政单位安置退役士兵的人数占整个安置任务的83.65%，而股份制、合资、外资企业以及个体私营企业仅占16.35%。直到2000年，机关团体、事业单位、国有企业仍然是安置任务的主要承担者。主渠道的安置压力没有得到缓解，安置方式也没有实现根本性的突破。

二是安置计划落实难。目前我国已基本建立起以市场配置劳动力为主要特征的就业制度。但退役士兵的安置却沿袭着过去几十年一贯制的以政府指令性安置为主的模式，与劳动力市场化调节机制产生了严重矛盾。一方面，计划经济体制下形成的指令性安置与市场经济条件下人力资源的合理配置、自由流动形成尖锐矛盾；另一方面，一些有自主权的企业以各种借口拒绝或变相拒绝安置退役士兵，一些外资、合资企业甚至对安置计划置之不理，部分中央、省属单位由于实行“条条”管理，要求职工总数“零增长”、“负增长”，在用人制度改革、减员增效的形势下，也无法执行当地政府下达的安置计划。尽管《中华人民共和国兵役法》（以下简称《兵役法》）第五十六条规定“机关、团体、企业事业单位，不分所有制性质和组织形式，都有按照国家有关规定安置退伍军人的义务”，并规定对拒绝接收、安置退役军人的单位及其责任人进行处罚，安置部门也只能从珠海经济发展的大局考虑，不得不采取讲政策、摆道理的方式做工作，但效果却不理想，导致安置计划难以落实。

三是安置数量控制难。近年来，退役士兵安置数量呈上升趋势。一是由于珠海市非农人口占了全市人口的85.48%，且香洲、三灶、万山、淇澳等县（区）很多征地农民都转成城镇户口，从客观上造成了城镇兵征集比例的增高。二是政府给予进藏兵员特殊优待政策，即进藏农村兵退役后与非农人伍青年同等安置。三是随着新《兵役法》的实施和部队士官制度改革，士兵的股役期为两年，周期缩短，循环加快等等。基于上述原因，1996至1999年，珠海市退役士兵安置数量分别为134人、221人、239人、253人。安置量的递增，加剧了安置压力，也使政府作为完成安置任务的行为主体，越来越不堪重负。

四是安置质量不高。受各种因素影响，珠海市退役士兵安置后生活水平不能与经济发展同步提高。他们的合法权益在用人单位不同程度地受到侵害。据了解，最近两年在珠海市国有企业安置的退役士兵的工资大多在600至800元左右，除去食宿及交通费所剩无几。一些单位还从自身利益出发，不把军龄算工龄，在工资、福利、合同期限等方面不按国务院、中央军委的有关规定执行，有的退役士兵安置后上不了岗，到不了位，出现“隐性失业”现象，有的单位采取安排退役士兵做业务员，并规定业务量，以一个月完不成任务黄牌警告，三个月完不成任务电脑自动除名为理由，变相拒绝接收安置任务。由于安置质量难以保证，退役士兵切身利益得不到保障，在一定程度上成为影响社会稳定的消极因素。

二、思路与对策

适应改革开放和社会主义市场经济发展的需要，退役士兵安置工作的指导思想应确定为以《中华人民共和国兵役法》和《中国人民解放军士官退出现役安置暂行办法》、《退伍义务兵安置条例》为指导，深化安置工作改革，建立与社会主义市场经济相适应的退役士兵安置保障体系，推进安置工作社会化、市场化。改革的目标应当是，在加强政府指令性安置力度的基础上，全面推行以扶持就业为主，重点安置为辅的退役士兵安置保障体系，多渠道多形式灵活安置退役士兵。

改革后的退役士兵安置保障体系，应包括三层含义：一是区别对待，分类安置。即把安置对象分为重点对象和一般对象。重点对象包括转业士官、二等以上伤病残退役士兵、荣立二等以上军功者、长期在特别艰苦地区和岗位服役的士兵。对重点对象由政府指令性安排就业。其余城镇退役士兵为一般对象，政府给予一定数额的经济补偿并提供优惠政策，保障其退出现役后的生活和就业。自谋职业的退役士兵可以获得经济补偿、政策扶持、职业培训和职业服务。二是实行安置任务有偿转移。把承担安置任务的单位由国有企业、机关事业单位扩大到多种所有制性质的企业。安置任务的承担由单一的用人转变为用人和经济补偿相结合，以用人为主的方法。有能力安置的就安排工作，难以安置的可以通过交纳有偿转移金完成安置任务，以体现国防义务均衡负担。三是农村两用人才开发。从实际需要出发，因地制宜，免费为农村退役士兵举办养殖、种植、多种技能技术和职业培训，并提供职业介绍服务，为退役士兵自谋职业提供便利条件。

实行经济补偿、政策优待、就业培训和中介服务的退役士兵安置保障制度是我国退役士兵安置改革的方向，符合党和国家对退役士兵安置工作的要求。《兵役法》第五十六条明确规定“城镇退伍军人自谋职业的，由当地人民政府给予一次性经济补助，并给予政策上的优惠”。1994年，国务院、中央军委就作出“要鼓励城镇退役士兵自谋职业”的规定。近几年，全国一些省市也在探索自谋职业解决安置难的问题上积累了一些经验。1999年珠海市选择自谋职业的退役士兵有15人，政府提高补偿金标准后（即从1－3万元提高到3－5万元），2000年增加到86人，占安置总量的38%，士兵和家人都比较满意，这一举措也得到了社会的认同。实践证明，以自谋职业为主的安置方式，有利于促进社会公平与经济效率，适应国家改革、发展和稳定的总体要求，充分体现国防义务均衡负担的原则。国际上一些发达国家如美国、德国、意大利、新加坡等现行的退役安置管理体制都是政府一律不包分配，退役后领取退役金自谋职业。如美国政府把强化退伍军人的教育和培训作为优抚安置工作的重要政策和措施。美国士兵如依法完成兵役而退役的，都有资格享受国家提供的教育和培训待遇。退役义务兵服役达三年或三年以上者从退出现役之日起10年内都可以享受国家提供的免费教育培训，然后由国家指导自谋职业。伤残军人除享受国家发给的伤残补偿金外，还享受国家提供的与健康的退役军人同等的待遇，并提供就业机会的帮助。

以扶持就业为主，重点安置为辅的退役士兵安置方式同样符合珠海实际。珠海是我国最早建立的经济特区之一，领改革开放风气之先，具有改革创新的传统和活力，人们思想观念新，容易接受新鲜事物。很多退役士兵的就业观念发生了转变，自身素质也有较大提高，这就为推行退役士兵安置方式改革创造了条件。2000年，全市共有86名退役士兵自谋职业，共支出241万元。全市有13个单位交纳安置任务有偿转移金，共计78万元。据预测，今后几年珠海市退役回来需安置的士兵每年约200人左右，其中重点安置对象40人左右，每年所需安置补偿金在360万元左右。按照事权、财权统一的原则，由各级民政部门拟出资金计划，报各级政府审批并纳入年度财政预算计划。从政府来说，虽然每年各级政府要列支一笔资金，但从长远看，这是一劳永逸的事，这笔钱花得值得。从退役士兵来看，与其给政府添麻烦，给企业增负担，还不如到市场闯一闯，这既维护了他们的权益，又为国家和政府分了忧。另一方面，对需要安置的重点对象，按珠海市的实际，加强政府的指令性安置是完全有能力办到的。

三、政策建议

为切实保障安置工作的改革取得成效，使安置工作更好地适应社会主义市场经济发的要求，适应珠海经济特区经济发展的需要，提出如下政策建议。

（一）坚持国防义务均衡负责的原则，科学制定安置计划，对重点对象继续实行政府安置。

（二）市、县（区）两级设立退役士兵保障金并列入年度预算，统一存入财政专户，实行专项管理，专款用于自谋职业退役士兵的经济补偿、培训及特殊困难家庭的补助。自谋职业的退役士兵补偿金的计算，按照属地管理的原则，以上年度当地一般职工平均工资的两倍（两年兵役期）计算（按统计部门公布数字为准）。有偿转移金的缴纳标准，也要与职工工资水平挂钩。建议每一任务名额按当地上年度一般职工人均年工资的四倍缴纳。（例如：当地上年度一般职工人均年工资为15000元，则有偿转移金标准为15000元×4=60000元/人）

（三）制定鼓励退役士兵自谋职业的优惠政策。由相关职能部门共同印发《自谋职业退伍军人优待证》，为自谋职业士兵提供政策优惠。

（四）建立退役士兵就业培训和中介服务机构，建立退役士兵人才库，免费为自谋职业的退役士兵提供就业中介服务，根据市场需求因地制宜设置实用性培训课程。

（五）退役士兵档案由户籍所在地的人力资源服务中心免费保管，党团员的党团关系由街道办事处管理。

（六）实行安置工作领导责任制，严格奖惩制度。有安置任务的单位必须在规定时间内完成政府下达的安置任务，安置任务完成情况纳入该辖区党政一把手年终考核目标，对完成任务好的单位予以表彰奖励；对于接收二等伤残军人的单位，政府一次性发给3万元补偿金予以鼓励；对拒不完成政府安置任务，又不交纳有偿转移金的单位，按有关规定予以处罚。

做好新形势下的双拥工作要把好“四关”、增强“四性”

海南省双拥办

随着改革开放和社会主义市场经济的发展，我国的政治、经济、社会生活等方面都发生了重大变化，这既给双拥工作注入了生机和活力，同时也带来了许多新情况、新问题。最近，我们就如何适应新形势的变化，进一步推进双拥工作深入发展的问题，在全省范围内进行了一次专题调研。通过调研，我们认为，要做好新形势下的双拥工作，必须把好“四关”，增强“四性”。

一、提高思想认识，把好深化教育关，不断增强做好双拥工作的自觉性

调查中，我们感到，虽然广大军民对市场经济条件下双拥工作的重要性有所认识，但是，在抓具体工作中却缺乏应有的主动性和自觉性。其具体表现：在领导层，一些同志缺乏大局意识，把双拥工作当作软指标。有些地方领导干部片面强调以经济建设为中心，认为只要抓好经济就行，对双拥工作不重视，能减则减，被动应付；有些部队领导认为部队是武装集团，抓好军事工作就行，双拥工作搞不搞都不影响大局，缺乏对双拥工作的正确认识。在基层，一些单位和个人受庸俗关系学的影响，功利主义思想严重，搞“投桃报李”、“嫌贫爱富”，以经济利益多少决定双拥共建力度大小，把纯洁的“鱼水”关系搞成“油水”关系。这些片面思想和模糊认识，严重地挫伤了军民参与双拥工作的积极性，影响了做好双拥工作的信心。因此，只有把好深化教育关，解决好深层次思想认识问题，才能振奋军民的精神，增强做好双拥工作的自觉性，确保双拥工作有坚实的群众基础。

在教育对象上，要坚持做到“四个纳入”。即将国防双拥教育纳入各级领导干部教育规划，在各级干部培训中开设国防教育和双拥课程，强化他们国防双拥意识；纳入青少年政治教育范围，在中小学校普遍开设国防课，使学生从小接受良好的爱国拥军教育；纳入全民教育重要内容，同贯彻落实《国防法》、《国防教育实施条例》相结合，在全民集中教育中安排爱国拥军专题，在重大节假日，如“八一”、“十一”、元旦、春节、清明节及每年征兵期间，适时组织开展爱国拥军活动；纳入部队官兵思想政治教育整体规划，并渗透到爱国奉献、革命气节、艰苦奋斗教育之中。通过坚持不懈地抓双拥教育的落实，不断增强广大军民爱国拥军意识和拥政爱民意识，打牢自觉做好双拥工作的思想基础。

在教育方法上，要坚持把专题教育与经常性的思想政治工作结合起来，课堂“灌输”与典型引导结合起来，理论教育与开展活动结合起来，双拥教育与道德纪律、政策法规教育结合起来，常抓不懈。同时，要重视发挥大众传播媒介对双拥的宣传教育作用。报纸、电视、广播、书刊等大众传播媒介对人们进行思想政治教育的作用日趋明显，成为人们了解信息、接受教育的主渠道，发挥其对双拥工作的宣传教育作用尤为重要。

在教育深度上，要注重解决军民思想上的热点、焦点问题，引导军民正确认识和处理经济建设与国防建设、市场与战场、富民与强兵、等价交换与双向奉献等关系，以强化广大军民的国防意识、爱国拥军意识、拥政爱民意识和双向奉献意识；引导广大军民从军地根本利益一致的大局上、从有利于促进军政军民团结的高度上，正确认识做好双拥工作的重要性和紧迫性，不断深化教育效果。

二、注重开拓创新，把好活动质量关，不断增强双拥工作的持久性

总的看，双拥活动的开展，已形成了从点到线、从线到面的规模，并保持着不断发展的良好势头。但是随着市场经济体制的建立，有些单位的双拥活动在巩固、发展和提高方面没有随形势发展而发展。一些单位因循守旧，沿袭着传统的活动模式和方法，如上街打扫卫生、做点好事，搞搞联欢等，缺乏新意和吸引力，使活动在低层次、低水平中徘徊；有的单位重形式、轻实效，满足于上层的轰轰烈烈，而基层工作却冷冷清清；有些则对双拥共建活动的深入发展存在着忧虑和畏难情绪，感到做双拥工作“老法不灵，新招没有”，缺乏创新和进取意识。

要改变这种状况，确保双拥工作深入、持久、健康发展，必须在“求新、求实、求活”上动脑筋、做文章。“求新”，就是以开拓创新的精神，不断拓宽双拥工作领域。要树立创新发展的观念，不断拓宽工作思路，使双拥工作从传统的低层次活动中走出来，开辟更加广阔的天地。比如，在思想道德建设方面，要把组织军民参加创建文明城市、文明行业等活动作为主要内容，不断提高军民思想道德水平和科学文化水平，增强参与改革开放的自觉意识，共同为社会主义现代化建设作贡献。在文化建设方面，要发挥军地双方的优势，互助互补，积极开展智力拥军、智力助民活动，为军地建设培养高素质人才；在社会治安综合治理方面，要大力开展军民“共治”活动，为改革开放和现代化建设创造稳定的社会环境。“求实”，就是讲求工作实效，在提高双拥工作质量上下功夫。从领导和机关来说，就是要克服舍本逐末、脱离实际的做法，把功夫下在实处，对双拥工作经常抓、反复抓，不仅要有布置、有要求，而且要有检查、有督促，不出成效不撒手。实际工作中，要把双拥活动同军地各个时期的中心任务结合起来，同精神文明建设结合起来，使双拥工作同军地工作融为一体，同步发展；要把双拥工作同经常性工作结合起来，一件一件地抓好落实，抓出成效；要把阶段性双拥活动的各项具体工作，如国防教育、优抚政策落实、军队转业干部复员退伍义务兵的安置、随军家属的就业安排、智力拥军、智力助民等，同各个单位、部门、系统开展的双拥活动结合起来，动员社会力量，步调一致地开展工作，产生更大的社会效益。从基层来说，就是要不搞虚假、不图形式、不走过场、脚踏实地，一步一个脚印地去抓好各项工作的落实，保质保量完成上级部署的任务，经得起检查与验收。“求活”，就是要重视研究探索与新形势相适应的活动方式，使双拥活动更加丰富多彩。从调查情况看，一方面要解决好“走出去、请进来”的问题。双拥是军地双方的活动。因此，开展双拥活动不能关起门来搞，既要“请进来”，更要“走出去”，使双拥活动“活”起来。另一方面，要在增强活动的吸引力和感染力上下功夫。这几年，海南省从实际出发，在军民中开展的争当拥军优属、拥政爱民模范单位和双拥模范个人活动，在各级领导干部中开展的评选“党管武装好领导”活动，在现役军人家属中开展的争当“支持部队建设好家长”活动等，针对性强，形式活泼，有力地调动了军民参与的积极性，对双拥工作的深入健康发展起到了很好的促进作用。同时，要重视和发挥军地各种教育基地和现代宣传工具的作用，把双拥活动搞得更加直观，更具感召力，提高双拥工作的社会影响力。

三、完善政策法规，把好制度建设关，不断增强双拥工作的规范性

依法治国是国家长治久安的根本保证。双拥工作法制化是依法治国的重要内容之一，也是双拥工作深入、持久、健康发展的客观要求和基本方面。在调查中我们感到，双拥政策法规建设与现实需求仍存在着不少差距和问题，严重阻碍了双拥工作的深入发展。一是制度建设滞后。比如，在人事工作制度改革方面，国家机关精简机构，公务员实行公开招考，社会用工进入市场实行双向选择，而双拥工作的配套政策法规没有跟上，使传统的军转干部、复转军人的安置和随军家属的就业面临着新的挑战，远不能适应形势的需要。二是政策法规缺乏权威性。当前，从中央到地方的双拥政策法规存在着“形式象法律、内容象政策、实质象决议”的问题，过于原则，可操作性差，缺乏权威性。三是政策法规缺乏约束力。大多数双拥政策法规对执法过程中的不履行行为、“违法行为”、“不作为行为”如何处置，都没有明确规定；一些单位和个别领导人受“人治”惯性的影响，不是依法办事，而是“以令代制”，使政策法规如一纸空文，流于形式，没有约束力；个别地方甚至还出现了书记调动，带走双拥热的现象。

要解决这些问题，必须在加强和完善双拥政策法规建设上下功夫。（一）要把好“制定关”。凡事预则立、不预则废。对双拥政策法规的的制定要立足当前，着眼未来。要不断适应形势的发展，及时重新审视现有的双拥政策法规，并适时进行修订完善。对适合形势发展的，继续保留和坚持；对明显不适应的，要及时废止；对原则上可行，但具体条件不适应的，要加以补充和完善。要重视加强对新情况新问题的调查研究，根据形势的发展，预见未来的趋势，及时发现总结双拥工作实践中的新鲜经验和做法，在充分酝酿基础上，制定出台新的政策法规。要在宏观上注意把握政策法规的指导性和统一性。双拥政策法规之间，双拥政策法规与其他政策法规之间，要相互协调，保持一致，避免出现矛盾和漏洞，人为地降低政策法规的权威性。（二）把好宣传关。要把双拥政策法规的宣传学习作为国防教育的重要内容来抓。特别是当新的双拥政策出台后，要及时组织报刊、电台、电视台等各种宣传媒介，利用双拥宣传标牌、标语等形式向广大军民进行广泛宣传，使双拥法规深入人心，家喻户晓，强化广大军民认真贯彻执行的自觉性。（三）要把好"落实关"。建立健全双拥政策法规是推动双拥工作法制化的前提和必要条件，抓好各项政策法规的落实，是保证各项工作健康发展的关健，因此，要不断采取新措施，确保双拥政策法规的落实。每两年都要对双拥政策法规贯彻落实的情况进行一次全面的检查。同时，要重视发挥人民代表大会、人民政协、民主党派和新闻舆论的作用，实施多层次、全方位的监督。对执行过程中出现的问题，该批评就批评，该通报就通报，该追究法律责任的坚决追究法律责任，确保双拥政策法规的贯彻落实和权威性。

四、建立激励机制，把好命名表彰关，不断增强做好双拥工作的积极性

在调查中，我们感到，创建双拥模范城（县）活动作为双拥工作的有效载体，对实现双拥工作社会化、经常化，密切军政军民关系，提高双拥工作整体水平，发挥了极其重要的作用。但是，我们也感到，目前这项活动的开展也存在一些不容忽视的问题，而且有些已经成为制约双拥工作深入开展的主要因素。一是"争创"的动机不纯。只为争荣誉当先进，没有把工作出发点放在抓基层、打基础、促落实上。二是"争创"的劲头不足。有些单位和领导盲目自满，坐等先进，自认为只要军政军民之间不发生重大矛盾和纠纷，平时工作松一点，有点小毛病，评时能冲上去就行；有些单位和领导经不起挫折、经不起考验，一旦发生军地矛盾和纠纷、或征兵中出现了责任退兵事故、或优抚安置政策不落实，便偃旗息鼓、自暴自弃、甘居"下游"。三是考核命名欠公正。由于创建双拥模范城是每两年考核命名一次，时间跨度大，容易出现凭印象评、凭感情评、凭关系评的现象。

要使创建双拥模范城（县）活动具有生机和活力，推动双拥工作的深入发展，必须做到：（一）要建立创建双拥模范城（县）、模范单位平时考核档案。对平时开展国防教育、军民共建活动、落实优抚安置政策及双拥政策法规建设、军政军民关系情况进行登记，记好平时工作的"小帐"。对能定量打分的，直接用分值显示，排出名次；对定性评价的，用优、良、及格、不及格显示，存在问题填入登记表的备注栏中，作为考核命名时的评选依据，激发平时争创的劲头，促进工作的落实。检查登记可由双拥职能部门结合工作进展和阶段性任务完成情况进行。市县的考核登记情况由省双拥办保管，单位的考核登记情况由市县双拥办保管。（二）要努力创造平等竞争的环境。克服不公正的评比现象，调动"争创"的积极性，除建立必要的考评档案并搞好记载外，还应努力营造平等竞争的环境。一要搞好对考评人员的教育培训，统一考评的"尺子"。主要对考评的内容、方法、程序、标准等进行统一。同时，教育考评人员从对基层负责、对军地建设负责和为基层树立良好形象的高度，认清自身责任，自觉抵制考评中的不正之风。二要采取得力措施，约束和监督考评。主要是"五不准"。即考评人员不准吃请、不准接受馈赠物品、不准借考评之便办私事、不准以个人好恶亲疏评定好差、不准欺下瞒上。受检单位不准搞超标准招待、不准赠送礼品、不准弄虚作假、不准拉关系谋私利、不准隐情不报。三是考核命名时要先翻"小帐"再算"总帐"。考核命名是对各市县、各单位双拥工作的综合考评，是对双拥活动千锤打锣、一锤定音的时候。因此，不能单以命名考评作为评定先进的依据，必须查阅"平时考评档案"记载，以平时为主，进行综合评定后作出裁决。同时，要坚决破除好人主义、利益均沾的思想，对好的市县、好的单位，要在不突破总比例的情况下，适当增加命名数额，这样才能使那些工作真正拔尖的评为先进，保持军民参与双拥工作的积极性。（三）要做好命名后的管理工作，扩大先进典型的影响。首先，对双拥模范城（县）、双拥模范单位的事迹，要进行大力宣扬，引导军民学先进，赶先进，使之起到评出一个双拥模范城（县），带动一个地区；评出一个模范单位，带动一个市县的作用。其次，对评上双拥模范城（县）、模范单位的，既要给予精神奖励，也要给予一定的物质奖励。比如，在确定投资项目、减免税收、无息贷款方面，给予倾斜、给予照顾。同时，对评上双拥模范城（县）、模范单位的领导干部在提拔使用、立功受奖上要优先考虑、优先照顾。

实施随军家属就业和再就业的思考与对策

四川省双拥办

近年来，随着国有企业改革的不断深入，职工下岗和就业难已成为一个突出的社会问题。随军家属就业和再就业也遇到了前所未有的困难。如何解决好随军家属就业和再就业问题，不仅是双拥工作的热点和难点问题，同时也是各级党委、政府和部队面临的一个新课题。最近我们会同有关部门组成调研组，深入部队进行调查研究，广泛征求军地双方对随军家属就业工作的意见和建议，基本摸清了我省随军家属就业和再就业所面临的困难，理清了工作思路，找出一条切实可行的安置路子。

随军家属就业和再就业难度加大，原因是多方面的。既有客观因素，也有主观因素；既有政府工作中亟待加强的问题，也有个人择业观念落后、素质不高的原因。从客观上说，一是企业用工制度改革，随军家属安置渠道发生了变化。随着我国经济体制改革的深入，企业在生产、经营、管理、人事等方面都根据市场规则配置资源，实行自我发展，自主经营。计划经济时期企业用工由政府给予指令性安排，而在市场经济条件下，企业根据生产经营规模所确定需员工数量，在选择上有了很大的自主性。二是行政机构精简缩编，企业转轨和内部调整，实行减员增效，转岗、分流、下岗产生了大量的富余人员。各单位很难腾出岗位安置随军家属。三是个别单位国防观念淡薄，不愿吸收随军家属。认为接收安置随军家属，给单位增加了负担。从主观上说，一是随军家属择业观念滞后。据成都市大型招聘会对五城区求职的1161位下岗军嫂再就业登记情况表明，其中已有过就业机会的占85%以上，有过两次以上机会的占45%以上。调查表明，其中嫌再就业找到的工作不是“铁饭碗”的占25%；认为再就业提供的工作不理想的占20%；嫌收入低、工作“贱”的占19%；认为工作辛苦，无法照顾家庭的占14%。二是缺乏竞争意识。竞争意味着优胜劣汰，等待政府安置工作的随军家属，经受不了就业失败、再就业再失败的打击，逐渐地丧失了参与市场竞争的勇气，退出竞争行列。三是随军家属综合素质不高。调查表明，下岗随军家属中，大专以上仅占7%，高中占47%，其中不少是从农村随军而来，缺乏技术特长，这也成为随军家属再就业的一大障碍。

随军家属是一个特殊的群体。与同龄人相比，她们长期夫妻分居，拉家带口，养老哺幼，以无私奉献的精神支持丈夫献身国防，党和政府对她们应该给予关心，并做好她们的安置就业工作。通过调查，我们认为做好随军家属就业和再就业工作，必须坚持军地结合、协调安置的原则，坚持以地方安置为主，以部队内部安排为辅的方针。根本出路在于坚持“三个依靠”。

一、紧紧依靠地方党委、政府的关心重视

解决随军家属就业离不开党和政府的关心和重视。当前，重点要做好五个方面工作。一是加强领导，提高认识。地方各级党委、政府要从维护国家改革、发展、稳定大局的高度来认识和对待随军家属就业和再就业问题，做好“五个纳入”。即把随军家属就业和再就业工作纳入党委、政府的议事日程，作为党委议军的一项大事来抓；纳入全社会“再就业工程”，统一规划，协调运作；纳入年度目标管理，作为考核干部政绩和评选先进的重要条件；纳入制定法规政策的内容，给予特殊保护；纳入社会保障的范围，实行最低生活保障。二是军地要加强协调配合。各级、各部门必须从稳定部队、维护军政军民团结的大局出发，正确对待和处理眼前利益与长远利益、个人利益与国家利益、局部利益与全局利益的关系，积极创造条件，采取有效措施，做好随军家属的安置工作。军地之间、部门之间和用人单位要沟通协调，做到信息灵，情况明。部队要主动向地方领导和有关部门汇报随军家属安置情况；地方要深入部队，了解部队家属就业需求，掌握协调安置主动权。地方职能部门与用人单位之间，要相互配合，紧密协作，形成合力。三是加强检查和指导。各级要加强对随军家属安置工作的督促和检查，采取有效办法给予指导，保证安置工作的落实。同时，要利用各种新闻媒体，宣传安置随军家属的意义和作用，做好舆论导向工作。要深入部队了解和倾听部队对随军家属安置情况的反映，听取用人单位的意见。要总结正反两方面的经验，树立先进典型和推广先进经验。要制定相应的法规政策，依法保障安置工作落实到实处。四是发动社会力量，帮助和解决随军家属的安置工作。随军家属是一个特殊的群体，必须依靠全社会的力量来解决。职能部门要充分发挥牵线搭桥的作用，建立人才、劳务市场和信息网络，为企事业单位与随军家属搭起桥梁。同时，用人单位要树立双拥意识，转变用人观念，把安置随军家属纳入各单位的目标管理体系中，尽可能地接收安置随军家属。当前在双拥实践中，要充分发挥好“五个作用”。即：双拥办要发挥好参谋作用；人事劳动部门发挥好主动协调作用；双拥模范单位要做好带头作用；经济效益好的单位要发挥能动作用；全社会要发挥军属自立的典型作用。五是搞好职业培训，增强竞争能力。地方各级党委、政府在实施“再就业工程”时，要将随军家属与下岗职工的培训与就业统一规划，在收费等方面给予优惠，增加适合其特点的职业技能教育，以提高参与市场竞争的能力。

二、紧紧依靠部队内部挖掘潜力

部队内部安置随军家属，历来是军队安置随军家属的一条重要渠道。特别是在当前企业改组、改制，大批职工下岗、待业的情况下，随军家属就业除依靠地方政府安置外，很重要的就业渠道就是依靠部队内部挖潜，广开就业渠道。一是加强组织领导，使挖潜工作有组织、有领导、有计划、有步骤地实施。如驻我省绵阳市 89950 部队，建立了“部队随军家属安置就业工作领导小组”并设立办公室，部队党委分工由一名副政委负责此项工作。办公室对该部队随军家属和下岗军属、待业干部子女进行登记造册，分类别建档立卡，制定安置方案，按就业政策规定和招工程序会同地方职能部门协调安置家属 83 名。二是搞好教育，转变择业观念。江总书记在党的十五大报告中指出：“随着企业改革深化、技术进步和经济结构调整，人员流动和职工下岗是难以避免的。广大职工要转变就业观念，提高自身素质，努力适应改革和发展的要求”。因此，只有转变落后的就业观念，才能找到就业的出路。当前部队应从“四个转变”和“四个树立”着手，帮助随军家属更新观念。第一，树立“自主择业”的新观念。教育干部和家属学会抓住机遇，在困境中寻找出路，闯出一条能实现自身价值的人生之路。第二，树立动态的“择业观”。教育干部家属不要只盯着行政机关、国有企业和效益好的单位，只要有社会需求，得到市场认同，又能创造价值，这种劳动岗位不论姓“公”姓“私”，都是大有可为的岗位。第三，树立“流动合理，择业自强”的观念。随着经济体制改革不断深化和产业结构调整力度加大，一些经营管理不善，生产技术落

后，不能适应市场变化和需求的企业停产、破产是正常的，要克服“面子观”和失落感。第四，树立“靠技能择业”新观念。应教育干部和家属在当前市场竞争激烈的情况下，只有刻苦学习科学技术，积极参加职业培训，不断充实和完善自我，针对市场需求努力塑造自我，才能求职业谋发展。三是搞好军属技能培训，增强参与市场竞争能力。军队发挥人才、知识和科技优势，采取多种形式提高随军家属的职业技能和自身素质，是增强随军家属参与市场竞争，提高就业率的重要手段。因此，应把军属职业培训纳入军队政治教育的重要内容，纳入计划，狠抓以提高素质和技能为中心的就业培训，可采取请进来、走出去或军地联办技能培训班等办法，使更多的军属学习新知识，掌握新技能。据统计，驻成都部队随军家属中有35%的人参加成人中专和各类电大、函授学习，有60%的人参加电脑、营销、种植和养殖业等方面的培训。四是搞活军队内部以生活服务为中心的经济实体。当前军队不准对外经商，但军队内部依然需要消费。因此，军队应努力搞活军内服务性经济实体。如有条件的部队开办招待所、印刷厂、军人服务社、军人生活服务中心，开展食品加工，开发“菜篮子”场地，发展种植和养殖业，承包营区绿化和环卫管理等，不仅为解决军队实际需要提供服务，同时也为安排随军家属就业提供机会。如驻西昌89770部队，充分利用自身科研单位的优势，开办制药厂、印刷厂、建立军人服务中心，军地共建军嫂一条街，设立27个摊位，250名随军家属得到妥善安置，较好地减轻了地方政府的安置压力，受到解放军总政治部的表彰。

三、紧紧依靠政策法规加以扶持和保障

要使随军家属就业形成良好局面，必须依靠政策法规来保障。在计划经济时期，国务院、中央军委下发过一系列关于妥善解决随军军官配偶工作的文件，随着市场经济的发展，产业结构的调整，有些条款已落后于形势，现在执行起来有一定难度，对当前随军家属就业安置出现的新情况、新问题缺乏针对性和约束力。尤其在新旧体制交替时期，要做好这项工作单靠行政命令是不够的，必须制定适应社会主义市经济要求的切实可行的政策法规。只有通过政策法规的保护，随军家属就业才有保障。近两年来，我省积极探索随军家属就业的新路子，制订下发了《四川省拥军优属若干规定》，各地根据省里的要求，结合本地实际制定了相应的配套政策和规定，目前全省21个市、地、州都已出台了《拥军优属若干规定》，并将解决随军家属就业问题写进了规定。明确了把军属安置就业纳入“再就业工程”，并规定现役军官家属原则上不下岗。这些政策和规定加强了对随军家属依法安置的力度，强化了保护军人及其家属的合法权益的法律观念，明确了解决随军家属就业和再就业的社会责任，通过多方努力，全省2800名随军家属的工作得到妥善安置。我们认为要搞好政策法规建设，完善随军家属就业机制，应着力做好以下几方面的工作。第一，要把单纯部队、企业安置行为转变为政府和社会的共同责任。拥军优属人人有责，随军家属就业安置，更需要政府和社会各界的支持和配合，以形成整体合力。必须加大政府在实施再就业工程中的调控力度，除加强培育和发展人才市场、劳动力市场外，还应从发展经济、巩固国防的战略高度出发，在工商、税务、信贷等方面制定一些更加切实可行的措施、办法和配套政策，为企业和社会吸纳随军家属就业创造条件；要充分利用现有条件，发挥资金、场地和技术设备等作用，大力兴办劳务企业和第三产业，扩大随军家属就业的容量。第二，劳动、人事部门应加强对企业和行政用工的管理，为随军家属就业提供良好环境。劳动部门应加大管理力度，要根据《劳动法》或有关规定，对企业的劳动关系进行清理，腾出岗位，接纳随军家属上岗；人事部门对行政单位用工应采取必要的行政手段，对符合条件的随军家属应指令安置到机关单位就业。第三，要加大行业拥军力度，积极鼓励随军家属自谋职业。尤其是商贸系统，主管部门在审批招聘员工时，应把招聘一定比例的随军家属作为硬性指标，对多聘用军嫂的行业，有关部门给予政策保护，适当减免税费。对有自谋职业能力和条件的随军家属，要采取政策鼓励、社会扶持、企业帮助的办法，拓宽自我就业渠道，开辟再就业岗位。对已经实现自谋职业的的军属，要予以政策支持，解除他们的后顾之忧。对有一定专业技术的下岗军属，企业可将她们组织起来，实行离岗不离编的制度，让她们开展各项劳务和承接专业项目。第四，要充分发挥劳动力市场安置随军家属就业的主渠道作用。加强就业服务体系的建设，依法强化劳动力市场，规范服务行为，提高服务水平。第五，采取切实措施，扩大社会保障的覆盖面，对下岗随军家属统一纳入"城市居民最低生活保障线"，由各地统一标准，统一安排保障。

贫困山区深入开展双拥工作的探索与思考

四川省平昌县双拥办

平昌县是著名无产阶级革命家刘伯坚烈士的故乡，是第二次国内革命战争时期川陕苏区的腹地。在发展社会主义市场经济的新形势下，如何依据贫困山区实际，推动双拥工作深入发展，进一步加强军政军民团结，是摆在我们面前的重要课题。结合平昌县几年的探索和实践，我们有以下几点认识。

一、从深化全民国防教育入手，合力构建双拥"固本工程"

全民国防教育是双拥工作的"固本工程"。要发挥平昌双拥工作的政治优势，巩固和发展山区新型的军政军民关系，必须从深化全民国防教育入手，打牢双拥工作的根基。当前就平昌开展双拥工作的情况看，加强全民国防教育至少面临三个不容忽视的客观事实：第一，随着改革开放的深入和力度的加大，加速经济建设的步伐，缩小贫富差距已成为贫困山区上下关注的热点，地方毋庸置疑地成为经济建设的主体，扶贫开发带领广大人民群众脱贫致富成为地方党委和政府工作中的重中之重。部队建设必须服从经济建设的大局，人民群众对部队的直接依赖性相对减少，部队社会地位和作用容易被忽视，做好双拥工作的自觉意识和工作热情容易减弱。第二，随着历史的变迁和军地人员的变化，人们对战争年代那种军民鱼水深情缺乏亲身体验，军民"一家亲"的感情容易淡化。第三，在社会主义市场经济条件下，价值规律中等价交换的原则和经济效益观念，使一些同志在思想上出现重"利"轻"义"的倾向，行动上也容易做出不利于军政军民团结的事情来。为此，我们要做好三个方面的工作。

首先要提高各级领导的国防意识。近年来，全县各级党校开设了国防教育课，对全县93%的科级以上领导干部进行了系统国防教育。每年还通过"军事日"和召开"武委会"、"议军会"、"双拥工作联席会"等多种形式的活动，强化各级领导的国防观念，使大家在理论与实践的结合上，认清经济建设与国防建设是建设有中国特色社会主义现代化事业整体中的两个重要方面，经济建设关系国家的发展，国防建设维系国家的安危，两者互为依存，缺一不可，进而增强了做好双拥工作的责任感和使命感。

其次要抓好国防教育的阵地建设。县委、县政府先后划拨300多万元，筹建并完善了国防教育基地，同时确定"刘伯坚烈士纪念碑"、"雷锋塑像"、"川陕革命根据地博物馆"、"红云台"、"北山寺"等9个著名景点为爱国主义和国防教育课堂，使国防教育活动基地覆盖全县并初具规模。我们还以教育基地为依托，结合年度征兵工作开展"全民国防教育月"活动，充分利用舆论阵地，强化全民国防观念，营造全县双拥工作的氛围。

三要抓好"一纳入"、"三突出"、"五规范"。"一纳入"：就是把爱国拥军的宣传教育列为党的宣传工作的主要内容，纳入了全民教育体系。"三突出”：一是在宣传对象上突出层次性。机关、单位、工厂、党校采取设立宣传点、召开会议、办板报等形式加以宣传。农村以书写标语、张贴拥军优属公约、召开各种会议为主要形式，并针对农民不同的文化层次，采取喜闻乐见、通俗易懂的文艺节目和有线广播进行宣传。二是在宣传内容上突出针对性。针对少数领导认为拥军优属工作只是“发发钱，拜拜年”；针对个别部门国防拥军意识淡薄的实际，组织大家对国防教育和双拥工作进行理论研讨，深入剖析当前国防建设和拥军优属工作中的热点难点问题，深化人们对双拥工作的认识。三是在宣传方法上突出灵活性。确定每年八月为国防教育和拥军优属宣传月，元旦、春节为宣传周，其他节日为宣传日。组织科级以上干部参加“军事日”活动，采取幻灯、开辟广播专题、新闻录像、形势报告会等形式，强化全民双拥国防意识。“五规范”：一是规范国防宣传教材。结合县情实际，先后编写国防教材5套，下发到基层。二是规划“形象化”教育。我县宣传和广播电视部门合作录制了《巴山深处鱼水情》、《伯坚故里双拥潮》等专题片5部，以乡镇文化站、学校电教室为媒介，巡回播放。三是规范永久式标语。在县城街心花园建造了雷锋雕塑像，耗资6.1万元建成纪红坡、荣军路、拥军渠、光荣园等“形象工程”15处。区、乡统一新建了永久式石碑标语达227幅。四是规范双拥图片展览。将我县的拥军优属先进事迹、典型人物、双拥成果制成展板，重大节日或举行各类宣传活动时展出。五是规范教育阵地。利用川陕革命老区红军遗址、刘伯坚烈士纪念碑等爱国主义教育基地，对广大干部群众特别是青少年学生进行爱国主义、集体主义、社会主义教育。

二、注重发挥政治优势，保持军民共建活动的正确方向

随着贫困山区建设的步伐加快，我县军民共建活动不断稳步发展，领域更加拓宽，形式更加多样，内容更加丰富。但是，在深化改革、扩大开放的新形势下，贫困山区军民共建活动也面临着经济利益成分加重的趋势：一是在共建点的选择上，有的由过去重精神价值向重经济价值转换。过去共建点都是就地就近，很少考虑对方的物质条件，现在有的单位却舍近求远，找县内知名度高、经济效益好的企事业单位搞共建。二是在共建活动内容上，有的从精神领域开始向物质领域移位。过去军民共建活动，主要是宣传党的路线、方针、政策和国家的法律法规，学雷锋做好事，开展健康的联谊性文体娱乐活动；现在一些单位在共建活动中却出现了重“利”轻“义”的现象，一些地方消费性娱乐场所和私营企业老板，也积极做“共建”文章。三是在共建活动形式上，有的从义务助民开始转向有偿服务或低偿服务。为确保平昌军民共建活动健康深入地发展，保持共建的正确方向，我们从“三个坚持”入手，进行了探索和实践。

一是坚持突出军民共建的主旨，确保共建内容的思想性。双拥工作领导小组明确提出：军民共建社会主义精神文明作为新时期密切军政军民关系的举措，其根本目的是为了促进党风、民风和社会风气的根本好转，它不是一项经济活动，也不是一种有偿行为，不能把经济领域里的一些法则引入军民共建活动。为此，我们对全县的军民共建点进行了内容的规范，对一些不利于社会主义精神文明的内容进行了舍弃，从而进一步端正了共建思想，切实把精神文明建设作为社会主义文明工程来抓，有效地纠正了部分单位片面追求共建活动“物质成果”的现象。

二是坚持强化军民共建的领导，确保共建活动的有序性。为了切实加强领导，我们把双拥共建纳入了平昌精神文明的系统工程。全县军民共建在当地党委政府领导下开展活动，坚持统一安排，规定任何基层单位不得自行挂钩和自由组合，不得随意订共建合同，更不得搞“有偿共建”。

三是坚持提高军民共建质量，确保共建活动的有效性。不做应景文章，不搞短期行为，切实在共建质量上下功夫，是我县军民共建精神文明活动的立足点。为确保共建质量，我县各级都制定了共建规章，做到有规划、有公约、有部署、有安排、有检查，军地双方任务清楚，责任明确，工作到位。

通过扎实有效的共建活动，使我县军民形成了建设上密切合作、工作上互相支持、感情上水乳交融的生动局面。

三、加大双拥政策法规建设力度，逐步建立健全与市场经济体制相适应的双拥工作新机制

我国已先后颁布了《宪法》、《兵役法》、《军事设施保护法》、《退伍义务兵安置条例》、《军人抚恤优待条例》等一系列法律法规，明确了全社会参与双拥工作的责任和义务，初步形成了法规保障和行政管理相结合的双拥工作机制。但是，全国性的双拥工作法规还有待于进一步完善，还要建立地方性法规来丰富和充实；一些出台的法规在贯彻执行中，还需要结合本地实际制定切实可行的实施办法，确保贯彻执行到位。为此，我们注重发挥“试验场”的作用，对建立和完善平昌双拥法规制度进行了尝试。一是制定《平昌县拥军优属、拥政爱民实施办法》，从整体上构建双拥工作运行机制。我们在充分进行调查研究和可行性论证的基础上，经县委办公会议研究确定，以县政府文件的形式，明确了双拥工作的指导思想、领导体系、办事机构、工作职责、活动制度和奖惩规定等。二是先后制定了《平昌县军人抚恤优待实施细则》、《平昌县群众优待金统筹办法》、《平昌县国防教育暂行办法》和《关于切实解决老复员军人“三难”的通知》、《关于减免优抚对象医疗费的通知》等重要文件，切实开展“优惠、优质、优先”服务，为解决贫困山区优抚对象“三难”问题和驻平部队实际困难提供了政策依据。三是制定贯彻国家法律、法规的具体规章制度，确保各项双拥法规执行到位。近几年来，县委、县政府和县双拥工作领导小组结合实际，先后制定了贯彻落实《兵役法》、《军事设施保护法》、《退伍义务兵安置条例》的具体规定和实施细则，这些具体可行的规章措施出台后，进一步增强了国家法律法规的可操作性，收到了很好的效果。

四、着眼解决优抚对象实际困难，推动双拥工作深入发展

近年来，我们以三个同步为目标，以开展智力、科技优抚为突破口，以实施“小康工程”为重点，大力组织社会力量扶持优抚对象脱贫致富奔小康，取得了良好效果。目前，全县已有65%的优抚对象年人均纯收入超过1000元，有25%的优抚对象年人均纯收入突破2000元，开始走上致富之路。我们开展的工作主要有：一是包片联户，落实责任。实行县、区、乡、村四级包扶责任制，并逐一签订了“一包两好三帮四定五挂钩”的连环承包责任书。即包在两年内解决扶持户温饱问题，建好庭院、选好项目，帮制定规划、帮落实责任、帮解决困难，定对象、定任务、定时间、定成效，与干部职称升降、奖惩和工资挂钩。各级包扶干部认真履行职责，主动帮扶，从优良品种选播到春栽插技术的指导，从发展多种经营、种养加工业项目的选择到实际操作、现场指导，从提供信息、资料、技术到产品的销售和外出务工地点的联系都一一落实，成为优抚对象脱贫致富的引路人。二是抓好培训，科技引路。我们同科研单位、大专院校联姻，聘请专业人员科技送财，利用骨干支柱科技生财，充分发挥两用人才的“知识小教员，科技二传手”的作用，很快形成了以部门为主体，区、乡为中心，村、社为网点，院、户为依托的科技服务体系。各地以党校、农校、扶贫攻坚学校为依托，每年集中培训优抚对象1－3次。先后请145人（次）专业人才来县传技，受训人数达12.4万人（次），全县80%的优抚对象掌握了1－2门农业生产的新技能。三是依据实际，规划项目。着力扶持优抚对象实施“八个一”，即一户一个小果园、一户一亩吨粮田、一户一个小桑园、一户一个小猪场、一户一块找钱地、一户一个小鸡场、一户一个劳动力输出、一户一个小加工，优抚对象可根据各自情况，选择一项或几项，政府在政策上予以倾斜，实行政策、物资、场地三优先。目前，全县发展庭院经济293个、池园经济479个，5亩以上果场105处，4亩以上大棚蔬菜35个，年出栏30头以上的养猪场45个，输出优抚对象外出务工1300余人。全县涌现了一大批优抚对象致富示范大户。四是典型示范，幅射全县。我们着手抓了科技扶优“123”工程。全县每年重抓一个科技扶优示范乡镇，20个科技扶优形象工程（每区2个点），300户科技扶优示范户（每区30户），实行“五到村、五到户”分线分片指导，即计划分解到村、领导联系到村、帮扶措施到村、资金安排到村、工作深入到村，扶持对象到户、领导帮扶到户、措施落实到户、项目覆盖到户、资金兑现到户。县民政局以江口镇为轴心，带动城镇优抚对象发挥有利的区位优势，发展加工、贩运、销售、运输等个体私营经济，涌现出了以孙元良为代表的优抚对象个体私营经济致富大户58户；以驷马镇龙台村、天生村和白衣大梁村为龙头，集中人力、物力、财力扶持三条县道公路沿线优抚户脱贫致富，形成了以天生—龙台、大梁—三户、泥池—龙泉为典型的示范带，大多数优抚对象有文明路、机压井、卫生厕、白粉墙，家家安上了闭路电视、铺上了水泥地板和建起了井、池、园配套的庭院经济。全县形成了“以点连线，以线带片，以片覆县”的“一圈三带满天星”的扶优模式，走出了一条独具平昌特色的科技扶优新路。

双拥工作在西部大开发中的作用初探

甘肃省双拥办

实施西部大开发战略，加快中西部地区的发展，是党中央总揽全局、面向新世纪作出的重大决策。它不仅关系到西部地区的民族团结、社会稳定和边防巩固，而且关系到东西部地区协调发展和最终实现共同富裕，意义重大而深远。双拥工作历来是为党的中心任务服务的。从西部大开发的内涵和双拥工作的职能看，西部大开发既对双拥工作提出了新的要求，也为双拥工作深入发展提供了大好机遇。西部各地的双拥工作必须抓住机遇，理清思路，在西部大开发中发挥好三个作用。

一、双拥工作要在帮助群众转变观念方面发挥作用，调动各族人民参与西部大开发的热情

我国的西部通常是指陕西、甘肃、宁夏、青海、新疆、内蒙古、西藏、广西、云南、贵州、四川、重庆等省、市、自治区，土地面积540万平方公里。西部地广人稀，资源丰富，风光独特，但自然环境恶劣，灾害频繁，交通不便。改革开放以来，西部的经济快速发展，综合实力大大增强，人民生活水平日益提高。但是，由于种种原因，西部地区经济社会发展水平很不平衡，与东部相比差距越来越大，据资料记载，到1998年，仅农民人均纯收入一项指标，东部比西部高出3倍。根据邓小平同志“两个大局”的思想和我国80年代初提出的“三步走”的战略目标，党中央审时度势，在跨入21世纪的重要时刻，果断作出实施西部大开发的战略决策。这对于贫困欠发达的西部地区人民来讲，无疑象一声春雷，唤起了人们迎接大开发、大发展的激情。但冷静分析，当前影响和制约西部开发的主要因素在于观念普遍比较陈旧，很难适应西部开发开放的新形势。西部大开发，转变观念是关键。为了帮助西部各族人民提高认识，积极投身大开发，双拥工作应发挥自身优势，把帮助群众尽快转变观念作为重要内容。

一是广泛深入宣传党中央关于西部大开发的战略决策，打牢投身西部大开发的思想基础。党中央关于西部大开发的决策是造福西部人民的富民政策，要使这一决策变为西部人民的自觉行动，就要象当年宣传改革开放政策那样，大张旗鼓地展开舆论攻势，帮助群众掌握和领会党中央战略决策的重大意义、具体内容、实现目标和基本步骤，并做到家喻户晓、人人皆知。双拥工作要借助军地宣传舆论方面的优势，采取宣讲、座谈、演出等多种形式，广泛宣传党中央的战略决策，为西部大开发奠定坚实的思想基础。

二是帮助人民群众解放思想，转变观念，以适应大开发的时代潮流。西部地区属于典型的边（边境)、老(革命老区)、少(少数民族)、穷(贫困)地区，由于传统文化、地域环境和生活习惯的影响，人民群众的思想守旧、观念落后。在甘肃许多地区，“日出而作、日落而息”已成为千年不变的生活模式；“守土为家，不出远门”是人们普遍遵守的生活训律；“以农为本、满足现状”是人们的普遍心态；“循规蹈矩、不越雷池”被看作是传统美德。这些陈旧落后的观念不转变，思想就难以解放，就不能适应大开发的形势。因此，今后一个时期的双拥工作，要把帮助群众解放思想、转变观念作为新的内容。尤其要发挥部队人员来自全国各地、思想活跃、观念先进的优势，在开展双拥共建活动中组成若干个宣传小组，深入厂矿、入村串户，引导群众克服落后的思想观念，树立适应市场经济新形势的先进思想观念。

三是努力为西部群众投身大开发出谋划策，牵线搭桥。西部大开发内容丰富，涉及面广，无论是基础设施建设、生态环境建设还是产业结构调整和发展科技教育事业，都有许多新的课题和新的知识。这对于交通不便、信息不灵、思路不畅的西部人民来说，无疑存在不少困难。双拥工作要依靠联结军地的优势，发动军地各个方面，从提供信息、确立项目、引进资金、技术培训指导等方面，为群众出谋划策、牵线搭桥。特别是在企业技术改造、东西部联姻和农村产业结构调整、退耕还林还草、发展民营经济等方面，予以帮助和支持，使大开发真正启动起来。

二、双拥工作要在维护团结稳定方面发挥作用，为西部大开发创造良好的社会环境

西部大开发是一项宏大的社会工程，没有一个团结稳定的社会环境是难以顺利进行的。双拥工作本身就是做团结的工作，做稳定的工作，在一个时期内，应把维护团结稳定和加强精神文明建设放在首位，为西部大开发营造良好的氛围。

(一)要大力支持军队建设和国防建设，保证周边环境的稳固。西部地区地域广阔，边境线长，且与多国接壤，一些少数民族跨国居住，情况比较复杂。我国实施西部大开发，中外敌对势力亡我之心不死，内外勾结，从事分裂、破坏活动。我们必须密切注意动向，通过做好双拥工作促进军队建设和国防建设，建立稳固的边防。同时，以军政军民和各民族之间的坚强团结，形成巨大威慑力量，挫败敌对势力的图谋，保证西部大开发顺利进行。

(二)军警民联合治理社会环境，维护社会秩序。西部地区地大物博，人口稀少。改革开放以来，西部地区成为人们“淘金”的热点。在众多的外来人口中，也夹杂着不少犯罪分子。由于金钱的诱惑，一些利欲熏心的不轨人员不惜违法，非法开矿、砍伐、猎捕，破坏生态环境。加之近年来西部地区的吸毒贩毒、坑蒙拐骗、偷窃越货等社会丑恶现象时有发生，经济、社会秩序不尽人意。这种环境很不利于大开发、大发展。为此，西部地区要发挥双拥工作优势，广泛开展军警民联防联治，共同维护社会治安，严厉打击各种违法犯罪活动，为西部大开发创造良好的社会秩序。

(三)加强军民共建社会主义精神文明活动，创造文明和谐的开发氛围。西部大开发的目的是推动西部地区经济社会全面发展，党中央反复强调，物质文明和精神文明建设必须同步发展。加强精神文明建设既是西部大开发、大发展的重要组成部分，也是推动西部大开发的重要因素。改革开放20年的实践已经证明，没有一个文明、祥和、宽松的氛围，就难以吸引外来投资和建设人才，发展就会受到影响。因此，在大开发的整个过程中，都要注重加强精神文明建设。双拥工作要在这方面大显身手，通过扎扎实实的军民共建活动，扭转社会风气，培养“四有”新人，为西部大开发创造良好的社会氛围。

(四)积极预防和妥善处理军地矛盾，巩固军政军民团结。西部大开发难免引起一些军地利益方面的纠纷，比如在基础设施建设和重点工程建设中，因改造、扩建可能涉及军队的营房、道路、训练场地和军事设施等，如果处理不好就有可能发生经济利益矛盾；军队在支援参与大开发中，与群众往来接触增多，也难免发生一些纠纷。由于军地之间发生矛盾和纠纷负面影响较大，双拥工作在西部大开发中要注意预防这类问题的发生。如果发生问题，就应协调军地有关方面从讲政治、讲大局出发，本着“军地兼顾、服从大局、互让互谅”的原则妥善予以解决。这几年，我省开展的“无军地纠纷地区”活动，就是本着上述原则和方法进行的，取得了明显的效果。实践证明，军地双方只要积极预防、妥善处理，矛盾纠纷是可以避免的。西部大开发需要军地共同努力，做好这方面的工作尤为重要。

三、双拥工作要在凝聚各方力量上发挥作用，使西部大开发成为全社会共同奋斗的目标

西部大开发是一项造福西部人民的社会综合工程，需要西部以至全国各族人民的共同奋斗，把全社会的力量凝聚起来。双拥工作说到底就是做凝聚军心民心的工作，在西部大开发中大有作为。

（一）加大协调力度，把驻军的力量凝聚起来。我国西部地域辽阔，驻军比较多，又是技术兵种、军事科研单位比较集中的地方。西部地区驻军既是保卫国家安全的钢铁长城，又是社会主义现代化建设的一支有生力量。这些年来，在我省的重点工程和公益事业建设中，在义务绿化、扶贫帮困和抢险救灾中，在发展科技教育事业和支持“希望工程”中，无不渗透着人民子弟兵的心血与汗水，驻军部队已经成为驻地经济社会发展的一支强大力量，成为各族人民可以依赖的坚强后盾。西部大开发涉及基础设施建设、生态环境建设、产业结构调整、发展科教文化和加大改革开放力度等各个方面。仅今年，国家就在西部确定新开工铁路、公路、机场、天然气输送、水利设施、退耕还林还草和荒山荒滩绿化、化工、高校基础设施建设等“十大工程”。作为兵力精锐、装备先进、具有良好素质和严密组织的人民军队，在承担这些急难险重任务和扶贫攻坚、支持科教文化事业方面，有着巨大的优势和潜力。因此，在今后一个时期内，西部地区的双拥工作要加大协调驻军参与大开发的力度，把驻地军、警各方力量集中起来，为西部大开发贡献力量。

（二）做好民族团结工作，把西部各族人民的力量凝聚起来。西部地区是多民族聚集的地方，有5个民族自治区、27个民族自治州，64个民族自治县（旗）。这些年来，西部地区在党的民族政策的正确指导下，民族团结总的来说是好的，但是，这些少数民族地区地处偏僻、贫困多灾，加之一些境内外民族分裂势力的干扰，不稳定因素较突出，做好民族团结进步工作，始终是双拥工作的重要任务。多年来，双拥工作在这方面发挥了显著作用。“军民之间、各民族之间谁也离不开谁”已经成为西部军民的共识。西部大开发既是造福各族人民、促进民族团结进步的战略决策，同时又需要各族人民的团结奋斗，共同努力。双拥工作要继续发挥这方面的优势，更加重视做好民族团结进步工作，把各民族的力量凝聚在一起，为共同实施西部大开发、营造幸福家园作出贡献。

（三）认真落实优抚安置政策，把军人家属和复员、转业军人的积极性调动起来。西部地区幅员辽阔，广大青年参军热情高，出兵多，尤其是陕西、甘肃、四川、重庆、贵州等都是兵员大省，优抚安置人数多、任务重。由于西部地区经济欠发达，优抚安置工作难度一直比较大。从某种意义上讲，优抚安置政策落实是否到位，影响着军人家属和复退、转业军人积极因素的发挥，也影响到西部大开发的顺利进行。这部分人员特别是复员、退伍、转业军人，经过部队多年的教育培养，眼界开阔，思想活跃，且都有一技之长，把他们的积极性调动起来，就能成为西部大开发的一支重要有生力量。因此，我们在双拥工作中，要把抓好优抚安置政策的落实作为一项重要内容。当前，就是要针对市场经济形势下出现的新情况、新问题，认真搞好调查研究，制定出台适应市场经济需求和符合当地实际情况的有效办法和政策法规，努力提高优抚标准，多途径安置好复退、转业军人，使他们后顾无忧，各得其所，充分发挥其积极性和创造性，在西部大开发中各显其能。

（四）大力开展扶贫帮困活动，把城乡群众的力量凝聚起来。由于自然环境和历史的原因，西部各省大多生产力不发达，经济落后，人民群众生活相对困难。我国的贫困县西部地区就占一半以上。

加之国有大中型企业亏损面大，下岗人员逐年增加，居民收入普遍较低。这既是不稳定因素，也是制约经济社会发展的因素。大力开展扶贫攻坚、帮助企业解困，是提高城乡群众生活水平，稳定民心，调动广大群众参与大开发积极性的根本途径。双拥工作要结合西部大开发，大力开展扶贫攻坚和帮助企业开展扭亏解困活动，使贫困群众生活无忧、安居乐业，积极投身到西部大开发的伟大实践中来。

综上所述，双拥工作在西部大开发中大有可为。我们一定要紧紧围绕西部大开发这个中心，服从大局，解放思想，转变观念，积极探索，为西部大开发献策出力，增砖添瓦。

关于做好少数民族地区双拥共建工作的思考

青海省双拥办

我国是一个统一的多民族国家，全国12亿人口中有1亿少数民族，除汉族外，55个少数民族居住面积占全国总面积的62.8%，共有陆海边防线38000公里，与12个国家相邻，其中大部分是少数民族聚居地区。少数民族地区自然条件恶劣，经济发展滞后，社会发育程度低，民族宗教问题复杂，是国内外敌对势力渗透和分裂的重点地区，因此，少数民族地区双拥共建活动具有不同于其他地区的特殊性，加强对少数民族地区双拥共建工作的研究与思考，有助于我们认识其特点，把握其规律，不断提高民族地区双拥共建工作水平。

一、正确认识少数民族地区开展双拥共建活动的重大意义

做好拥军优属、拥政爱民工作，增强军政军民团结，是我党我军和全国各族人民在长期革命和建设的实践中形成的优良传统，是中国革命和建设取得的重要法宝，也是我们党三代领导核心一贯坚持和倡导的重要思想。坚强的军政军民团结，既是凝聚中华民族的一种精神力量，也是推动社会进步的一种巨大物质力量；既是解放和发展社会生产力的重要条件，也是维护社会稳定、国家长治久安的可靠保证。如江泽民同志所指出的，只要在党的领导下，亿万军民团结一心，国家的稳定就有了坚实的根基，无论遇到什么风浪，出现什么复杂情况，我们都能镇定自若，从容对付。因此，我们应当从讲政治的高度来看待军政军民关系，正确认识少数民族地区双拥共建的地位和作用。

（一）有利于巩固边防，维护祖国统一。当今世界，和平与发展是两大主题，但世界并不太平，霸权主义打着维护人权的幌子，到处干涉别国内政，国际争端激烈，西方敌对势力亡我之心不死，采取各种手段进行渗透和分裂活动。我国周边环境虽有改善，但领土、领海之争依然存在，边疆地区渗透与反渗透、分裂与反分裂的斗争仍很激烈。如西方敌对势力和达赖集团在藏区策划“藏独”活动，他们派遣骨干，组织网络，鼓吹“圣战”；有的打着资助办学兴教，赈济灾民，发展福利事业的幌子，收买人心，散布分裂舆论；新疆极少数民族分裂分子制造事端，挑拨民族关系。为了有效地遏制境内外敌对势力的分裂和破坏活动，创造和平安宁的周边环境，就必须广泛深入地开展双拥工作，进一步增强各族人民群众的国防观念和爱国拥军意识，增强军政军民团结，以此带动和促进各民族的大团结，达到维护祖国统一和强边固防的目的。

（二）有利于增强民族团结和维护稳定大局。民族地区的稳定和发展对全国的稳定和发展有着举足轻重的作用。党和国家高度重视民族问题，坚持各民族平等、团结、互助和共同繁荣进步的原则，实行民族区域自治等基本政策，扶持和发展民族经济，消除各民族存在的事实上的不平等，巩固和发展了社会主义的新型民族关系，民族地区总体上是团结进步和稳定发展的。但也存在一些不稳定因素，比如我省一些地方非法地下传经点屡禁不止，敌对势力将这些场所作为活动地点，与我争夺群众和青少年；有的非法宗教组织干预当地行政、司法、婚姻和农牧业生产；有的利用自然灾害造成的群众生活困难，蛊惑人心，挑起事端；有的利用边界、资源纠纷，扩大矛盾，挑起械斗流血事件。因此，维护民族地区的政治稳定，需要做多方面的努力，而双拥工作就是做军政军民团结的工作，做凝聚人心的工作，做维护稳定和巩固国防的工作。把这项工作做好了，军政军民团结和民族团结牢固了，就为我们创造安定团结的社会环境，实现跨世纪的发展目标提供了重要保证。

（三）有利于加快民族地区经济社会发展的进程。要实现国家的经济发展战略，离不开民族地区的繁荣振兴；没有民族地区的现代化，也就没有全国的现代化。近年来，民族地区的经济发展取得了明显的成就，显示出巨大的发展潜力。但由于历史的原因和自然条件的制约，民族地区发展与内地和沿海发达地区相比差距拉大。据统计，全国处于贫困线以下的人口中，少数民族地区的群众占了绝大多数，全国文盲和半文盲有60%以上在民族地区。与邻国接壤的少数民族地区发展速度缓慢，就容易使少数民族群众产生离心倾向。因此，帮助少数民族地区发展经济文化，不仅是经济问题，也是政治问题。中央实施西部大开发战略，使民族地区的经济发展面临千载难逢的良好机遇。通过双拥共建活动，组织驻地部队积极参加生态保护、重点工程和扶贫兴教、抢险救灾、防病治病等活动，造福于民，就能为民族地区的经济腾飞提供强大的精神动力的物质力量。

总之，搞好少数民族地区的双拥共建活动，决不是一时一事的权宜之计，而是一项长期的战略任务；不是一般性的业务工作，而是关系全局的一项政治任务；不是哪个系统、哪个部门能够抓好的事情，而是需要党政军齐抓共管，全社会广泛参与的一件大事。

二、正确把握民族地区双拥共建活动的主要任务

少数民族地区经济社会发展的特殊性，决定了双拥工作必须确立这样的指导思想，即维护社会稳定，维护民族团结，维护祖国统一，大力发展社会生产力和提高部队战斗力，以军政军民团结带动和促进民族团结，从而为民族地区改革、发展、稳定创造良好的社会环境。依据这个指导思想，少数民族地区双拥工作的主要任务是：

（一）围绕繁荣稳定，始终把“三个维护”放在双拥共建活动的首位。如前所述，针对国内外敌对势力对民族地区渗透和分裂日益频繁的问题，我们应当始终把维护社会稳定、维护民族团结、维持祖国统一，作为少数民族地区双拥工作的出发点和落脚点。在改革开放不断深入的新形势下，社会稳定和民族团结仍然是少数民族地区的大局，是各项事业得以发展的基础。长期以来，少数民族地区的广大军民在改革开放和现代化建设中密切配合，在经济建设的主战场通力合作，在战胜各种自然灾害的斗争中风雨同舟，在维护社会稳定和民族团结中同心同德，军民结下了牢不可破的深厚情谊。驻守在少数民族地区的部队官兵，模范遵守党的民族宗教政策，自觉爱护民族地区的一草一木，关心兄弟民族的一家一户，尊重少数民族的一俗一规，以坚强的军政军民团结，带动和促进了民族团结。特别是我省在处理乐家湾土地纠纷、塘河大地震、沟后水库垮坝、少数人制造的西宁局部地区动乱以及青南雪灾等关系青海稳定、民族团结、人民群众生死攸关等大事面前，人民军队发挥了关健作用。与人民群众共同抵御灾害、制止事端、发展经济、维护稳定，并捐资助学56万多元，救灾捐赠150多万元，为西部大开发、青海大发展做出了新贡献。人民群众从大量看得见、摸得着的实际利益中，感受到党的关怀、社会主义的优越性，从部队全心全意为人民服务的自觉行动中，感受到军队和各族群众的血肉联系，激发了爱国拥军热情，密切了军政军民关系。

（二）围绕提高部队战斗力，积极为驻军排忧解难办实事。驻民族地区的部队担负着特殊任务，生活条件十分艰苦，需要地方政府和各族群众的理解支持。社会主义市场经济条件下，人们对经济生活和物质利益的关注程度提高，国防观念和双拥意识容易淡化，拥军优属责任和义务的落实遇到新的困难。这就需要地方党委政府站在维护国家安全和社会稳定的高度来想问题，办事情，把关心和支持部队的改革和建设，帮助驻军解决战备、执勤、训练以及后勤保障方面的困难作为自己的责任。一是发挥科研技术优势，开展科技拥军活动。按照科技强军战略要求，组织有实力的科技、教育单位为部队提供教学场所及设备仪器，协助部队科技攻关，帮助部队培养各类科技人才。二是全面落实优抚安置政策，对农村义务兵家属进行优待，对城镇退役士兵和转业军官安置就业，对离退休军官保障养老，对烈属、伤残军人、复员军人进行抚恤补助等，并在部队军官家属落户、子女入托上学等方面给予优惠照顾。三是宣传贯彻《军事设施保护法》，引导和组织群众保护好各类军事设施。四是依法保护军人的合法权益，对侵害军人军属和军队合法权益的行为依法严肃处理，并及时宣扬拥军优属的先进典型，弘扬爱国拥军正气，尊重和理解军人，在广大人民群众中形成热爱子弟兵，支持军队建设、自觉拥军优属的良好社会氛围，巩固和发展军民“同呼吸、共命运、心连心”的大好局面。

（三）围绕共同目标，主动消除不利于军民团结和民族团结的因素。在民族地区，境内外敌对势力一直把挑拨军政军民关系作为其实现罪恶阴谋的重要手段，军地之间一旦发生矛盾和纠纷就会造成较大的负面影响。随着西部大开发战略的实施，民族地区的双拥工作出现了一些新情况：如军地利益关系呈现全方位、多角度发展趋势。随着各类开发项目的启动运作，要求部队牺牲一些局部利益，让出一部分土地、农场、房产的问题会日益突出，与驻地群众因道路、水源、草场等方面的矛盾也会增多；军地之间交往呈现复杂、多样化的趋势，经济成份明显增多，部队向地方政府要求钱物支持日渐突出，地方向部队摊派集资问题日趋增多，军民共建中“物化”现象容易产生新的矛盾；经济结构调整，国有企业减员增效，机关单位人员缩编，致使军转干部、随军家属、退役士兵安置难度增加，加之配套政策和保障措施不健全，势必滋长部队官兵的埋怨情绪。这就需要我们认真研究开发建设中军地利益矛盾发生的特点和规律，积极寻求解决问题的途径和方法，做好化解矛盾的工作。一是抓苗头，积极预防。针对易发纠纷的土地、草场、营产、军事禁区等敏感问题和农牧业生产旺季、牧民畜群迁徙、部队演习等时机，及时划清地域界线，有效预防矛盾。二是抓重点，主动协商。发动和依靠各方面力量，通过各种渠道（包括宗教上层人士）做好疏导工作。三是攻难点，领导带头。对于矛盾累积时间长、涉及面大的问题，当地党政军领导要亲自出面协调，本着军民两利原则妥善处理。坚持做到“一主动、四到位”。即军地主动协商，领导到位、认识到位、措施到位、善后工作到位，采取法律、经济和行政手段，就地解决矛盾和争议，共同维护安定团结的良好局面。

三、正确运用各种形式推动少数民族地区双拥共建活动深入持久发展

搞好少数民族地区的双拥共建活动，应根据社会主义市场经济的新形势，树立新观念，着眼新的实践和新的发展，不断丰富双拥共建的形式和内容。继续把创建双拥模范城（县）活动引向深入，调动和凝聚各族群众的力量，推动双拥共建活动深入地发展。在实际工作中应搞好“五个强化”。

（一）强化改革创新意识，探索和拓展双拥共建活动的新形式。少数民族地区特殊的民族构成、生产生活方式、生产力发展水平和驻军的特殊任务，客观上要求双拥工作必须从实际出发，创造适合民族地区、具有地方特色的双拥工作形式。青海省驻军组织部队参加“江河源头环保工程、援建开发重点工程、驻地脱贫育人工程”建设，有力地配合了西部大开发、青海大发展的新形势，是一条双拥共建活动的新路子；格尔木市“一城百姓半城兵"，十多个团级单位协调一致，与驻地群众广泛开展"城市共建、实事共办、治安共管、人才共育、新风共树"的全方位双拥共建活动，使戈壁新城连续四次获得"全国双拥模范城"殊荣；总后勤部青藏兵站部开展的"上线共建文明线，回营共创双拥城"活动，使青藏公路的点、线、面双拥工作同步发展；驻农牧区部队引导当地少数民族群众治穷治愚，过健康、文明的新生活；西宁市军民开展的"科技拥军"、"智力助民"等富有特色的双拥共建形式，为双拥工作注入了生机和活力。对这些双拥共建活动，应当在继续巩固和完善的基础上，赋予新的内容，开拓新领域，取得新成效。

（二）强化组织领导，保证双拥共建活动深入发展。双拥工作是各级党委政府一项长期的政治任务，加强领导是做好双拥工作的组织保证。国家在机构改革中，撤并了许多非常设性机构，仍然保留了全国双拥工作领导小组及办公室。这说明党和国家对双拥工作是高度重视的。民族地区应当从实际出发，调整充实双拥领导机构，完善各成员单位的双拥工作职责，使之各负其责地做好双拥工作。双拥办公室要发挥好参谋作用，搞好调查研究，反映和沟通情况，拟定政策法规，同时动员组织社会力量积极参与双拥工作，认真履行国防义务，热忱服务于国防和军队现代化建设，形成党政军主导、部门协作、社会广泛参与的双拥工作新格局，推动民族地区双拥共建活动迈上新台阶。

（三）强化宣传教育，增强广大军民的国防观念和爱国拥军意识。民族地区应当把国防教育和爱国拥军教育作为基础性工程来抓，纳入经常性思想政治工作的内容之中。组织广大军民学习毛泽东、邓小平、江泽民同志关于加强军政军民团结的一系列论述和做好新形势下双拥工作的重要指示，广泛宣传我国军民在党的领导下，为实现民族独立和解放、国家统一和富强而团结奋斗的光荣传统，宣传加强军政军民团结在维护稳定、发展经济、促进民族团结的重要作用，使广大军民牢固树立"无军不安、无防不稳"和"国防义务，人人有责"的观念，形成军爱民、民拥军的良好舆论氛围。

（四）强化法规制度建设，使双拥工作规范化、制度化。在深化改革，加快发展社会主义市场经济新形势下，政策法规建设是带根本性、管长远的建设。解决社会主义市场经济条件下双拥工作遇到的新问题，需要运用法律武器作保障，才能保证双拥工作的连续性、持久性和有效性。民族地区应当把双拥法规制度建设提到重要议事日程，依据《宪法》、《国防法》、《兵役法》，制定和出台拥军优属、退伍安置、群众优待等法规制度，形成自上而下的拥军优属法规体系，同时要把拥军优属的法制建设同现行的各项社会保障政策结合起来，最大限度地保障优抚对象的合法权益。驻军部队要按照自身特点，分别制定拥政爱民公约、文明执勤公约、执行民族政策和尊重民族风俗习惯的规定，做到拥政爱民有章可循。同时，要加大法律监督和依法行政的力度，确保双拥工作各项法律法规的落实，促进双拥工作规范化、制度化、社会化。

（五）强化服务网络建设，把双拥共建活动落到实处。军政军民团结的基础在基层，双拥工作的立足点和着眼点在基层，所以，双拥工作的重点也在基层。民族地区的双拥工作应当从工厂、街道、学校、商店、乡村和连队等基层单位抓起，并把政府职能、社会责任、群众力量融为一体，推进双拥工作的社会化。我省在双拥共建活动中，部队从团到连队建立的群众工作网络，地方从县、乡（镇）、街道厂矿、学校、商店建立拥军优属服务网络，军（警）民双拥共建网络达到4300多个，这些双拥服务组织常年活跃在城乡基层，积极开展拥军优属、拥政爱民服务活动，使双拥工作宣传在基层、制度建立在基层、政策落实在基层、问题解决在基层、实事办在基层，对于增强军政军民团结起到了积极的推动作用。实践证明，只要依靠基层广大军民，就能够把双拥工作各项任务落到实处，见到实效。

试论“三个代表”重要思想对新时期双拥工作的指导作用

宁夏回族自治区双拥办

江泽民同志“三个代表”的重要思想，不仅对党的建设有重要的指导意义，对我们做好新时期的双拥工作，也有着非常重要的指导作用。双拥工作是一项带有全局性、战略性的工作，历来是服从和服务于党的中心工作的。只有坚持“三个代表”的重要思想，始终把发展社会生产力和提高部队战斗力作为根本目标，把提高广大军民的思想、道德素质作为重要任务，切实维护和保障广大官兵和优抚对象的合法权益，双拥工作才能保持正确的发展方向并始终充满生机与活力。

一、双拥工作只有贯彻代表先进生产力发展要求的思想，发扬军地相互支持与协作的优良传统，才能促进地方生产力的发展和部队战斗力的提高

宁夏是我国回族相对集中的少数民族地区之一，也是陕甘宁革命老区的一部分。由于历史、地理等诸多因素的影响，社会经济发展缓慢，生产力水平低，目前还处于社会主义初级阶段的较低层次。因此，缩小与东部地区的差距，尽快把宁夏建设成中西部地区的经济强省，是宁夏回汉各族群众的迫切愿望，也是历史赋予我们的光荣使命。当前，正在实施的西部大开发战略，不仅为宁夏的发展提供了千载难逢的历史机遇，也为双拥工作提供了一个广阔的舞台。双拥工作要紧紧围绕党中央西部大开发战略的总体布局，在促进社会生产力发展和加强国防建设方面有所作为。

驻宁部队有着悠久的拥政爱民光荣传统。多年来，广大官兵牢记全心全意为人民服务的宗旨，支援地方经济建设，支持社会公益事业，协助维护社会治安，促进了全区的社会稳定和经济发展。西部大开发为新形势下拥政爱民工作拓宽了新的领域。驻军部队在投身西部大开发的主战场上，要发挥好“三个作用”。一是要在支援地方基础设施建设中发挥突击队作用。每年有计划、成建制地出动部队，参加1－2项影响较大的基础工程建设，承担工程建设中的急、难、险、重任务。尤其是对那些工期紧、难度大的重点建设项目，充分发挥部队官兵组织严密、突击力强的优势，加快基础设施建设的步伐，为西部大开发创造先决条件；二是要在生态环境保护和建设中发挥骨干作用。积极组织官兵和民兵预备役人员参加宁南山区生态环境保护和建设工程。积极参加宁夏扶贫扬黄工程、红寺堡灌区“军民共建百里绿色长廊”、“贺兰山东麓生态林”、“西夏王陵”、“沙坡头”、“银川市城市建设”等绿化工程建设，为“再造一个山川秀美的大西北”做出贡献；三是要在扶贫攻坚中发挥示范作用。充分发挥人武部门的组织协调作用，在驻地部队中开展“一部一村”，即一个部队帮扶一个贫困村、“一连带一村”、“一兵帮一户”活动，通过定点扶贫、包户扶贫、结对帮扶等形式，在助学、助教、育人上使实劲，办实事，提高贫困家庭的文化素质，增强造血功能，为彻底脱贫致富夯实基础。

建设强大的人民军队和巩固国防，是我们顺利进行改革开放和现代化建设的坚强后盾，是国家政权巩固和经济发展的可靠保证。因此，地方各级党委政府应坚持不懈地对人民群众进行国防教育，不断增强国防观念，在社会上形成关心爱护部队，支持军队建设的良好风尚，促进部队战斗力提高。一是要一如既往地支持部队完成战备、执勤和训练，保护好各项军事设施，最大限度地为部队提供交通、通讯、道路、营房、训练场地所需要的财力、物力等方面的支持；二是要满腔热情地帮助部队解决实际困难，除重大节日走访慰问外，仍应继续抓好“米袋子”、“菜篮子”工程，千方百计地为他们的生活提供方便；三是要加大科技拥军力度。目前，部队正在贯彻江泽民同志关于科技强军、质量建军的要求。双拥工作要适应部队科技练兵的需要，充分发挥地方的优势，积极主动地开展多种形式的科技拥军活动。各大专院校、科研院所和技术雄厚的企业，应充分发挥人才、技术、设备和资金等方面的优势，主动为部队传送科技知识、培训技术骨干，解决部队科技练兵中的难题，为国防现代化建设和提高部队战斗力提供智力支持及科技保证。

双拥工作的核心是不断加强军政军民团结，提高部队战斗力，发展社会生产力，增强广大军民的凝聚力。各级地方党委、政府和驻军部队，只有在国家经济建设大局的前提下，在增进军政军民团结的共同目标下相互支持与协作，才能把代表先进生产力的要求真正落到实处。

二、双拥工作只有贯彻代表先进文化发展方向的思想，进一步加强社会主义精神文明建设，才能促进社会的全面进步

先进的文化是人类文明进步的结晶，是推动人类社会发展前进的精神动力。中国先进文化的精髓是社会主义精神文明。双拥工作是社会主义精神文明建设的重要组成部分。因此，无论是地方还是部队都应结合新时期军队和地方建设的需要，广泛深入地开展军民共建社会主义精神文明活动。地方应当积极配合部队进行科技练兵，大力开展智力拥军活动，送电脑、图书、科技、文化娱乐器材进军营。通过举办微机、法律、文化、科普知识等内容的培训班，提高广大官兵的素质，以适应现代化国防建设的需要。

驻地部队应紧密结合科教兴国和西部大开发战略的实施，全力支援地方的教育文化事业，把继续开展援助“希望工程”作为拥政爱民和参与西部大开发的一项重要内容，进一步拓宽援助渠道，增加援助项目，提高援助质量。在巩固和发展原有援建103所“希望小学”共建共育成果的基础上，组织协调部队重点与宁夏扶贫扬黄工程、红寺堡移民新区41所希望小学结为共建共育对子，为西部大开发提供强有力的智力支持。同时，要继续深入开展军（警）民共建等精神文明创建活动，并深化以围绕实现优美环境、优良秩序、优质服务为内容的提高市民素质和城市文明程度为目标的军民共建文明城市活动。以培养和造就新一代农民和建设社会主义新农村为目标的军民共建文明村（镇）活动；以服务人民、奉献社会为宗旨的军民共建文明行业活动；以安心军营、献身国防为内容的“争当优秀士兵”和“争创先进连队”活动。继续探索和发展军民共建文明社区活动，努力实现社区资源共享，促进社区的稳定、文明与繁荣。

军（警）民共建文明活动，是新形势下广大军民双拥实践的创举，在促进民族团结，维护社会稳定等方面发挥了积极的作用。实践证明，它既符合我区的区情，又顺应了广大军民的心愿。军地应在认真总结经验的基础上，结合新的形势和任务，进一步丰富内容。尤其是宁南山区回族聚居区的各级党政军组织，更要充分利用这一有效形式，组织和引导广大军民学理论、树信心、讲政策、学科技、倡新风、做新人。通过共建共育、共建共学、共建共乐、共建共治、共建共荣等活动，把宗教活动场所的清真寺真正建成社会主义精神文明建设的坚强阵地。

三、双拥工作只有贯彻代表最广大人民群众根本利益的思想，努力为军民办实事，才能促进人民生活水平的不断提高

我们党的宗旨是全心全意为人民服务。代表人民群众的利益，是代表先进生产力和先进文化的出发点和落脚点。双拥工作说到底，就是做人的工作，做凝聚党心、军心、民心的工作。要处处体现人民群众的利益高于一切的原则。近年来，我区的双拥工作之所以健康发展，军政军民团结之所以保持良好的发展局面，除了各级党政军组织的正确领导之外，最重要的还在于广大军民的积极参与和大力支持，在于坚持把军地关注的热点和难点问题作为双拥工作的重点，通过多办实事好事，不断奉献给广大军民看得见摸得着的实实在在的利益。在认真贯彻落实江泽民总书记“三个代表”重要思想的实践中，广大军民应继续发扬相互支持与奉献的传统，在全心全意为人民服务、为官兵谋利益上下功夫。驻宁部队广大官兵要在完成战备、执勤、训练任务的前提下，全力支援地方的经济建设，主动承担急、难、险、重任务，协助地方搞好军民联防、综合治理、维护社会治安。当前，要在地方党委、政府的统一部署下，带头学习宣传中央提出的退耕还林（草）、封山育林、以粮代赈的方针政策，帮助群众消除各种疑虑，坚定脱贫致富的信心。充分利用民兵训练基地、青年民兵之家、民兵营、连部等场所，通过举办“农民科技夜校”、“科普知识培训班”等形式，有组织、有计划地对群众进行科技教育和实用技术的培训，帮助他们依靠科技走上富裕之路。

地方各级党委、政府应进一步转变观念，不断探索社会主义市场经济条件下做好拥军优属的新路子，切实保护广大官兵和优抚对象的合法权益。要积极拓宽军队转业干部和退役士兵安置工作的新途径，以实际行动支持部队编制体制改革和完成裁减兵员50万的任务。随军家属就业一直是双拥工作的难点问题。近年来，随着各项改革的不断深化，这方面的工作任务越加繁重，我们要认真贯彻中央和自治区有关解决随军家属就业安置工作的方针政策，通过政府指令性计划安置和举办随军家属就业培训班、鼓励军属进入人才劳务市场等多种渠道，切实解决她们的就业问题，解除广大官兵的后顾之忧。各级政府要全力做好优抚工作，加大优待金社会统筹工作力度，拓宽优待金筹措渠道，逐步实现城镇义务兵家属优待社会化。同时制定对部队立功受奖人员的奖励政策，支持当前部队开展的科技练兵活动和激励现役军人安心服役，献身国防事业。满腔热情地关心和帮助烈军属、伤残军人等优抚对象，认真落实好各项优抚政策，巩固和发展“爱心献功臣行动”成果，加大解决“三难”的工作力度，把党和政府的温暖送到千家万户，使他们真正感受到社会主义制度的优越性，和全区人民一道共享改革开放的成果。

我们正处在世纪之交的重要历史时期，双拥工作任重而道远。我们要高举邓小平理论的伟大旗帜，努力实践“三个代表”的重要思想，只有这样，我们才能把宁夏的双拥工作提高到一个新水平，才能为发展社会生产力和提高部队战斗力做出新贡献。

试论双拥工作在增强民族凝聚力中的地位与作用

新疆维吾尔自治区乌鲁木齐市双拥办

拥军优属、拥政爱民，是我党我军和我国人民的优良传统和特有的政治优势，是凝聚中华民族团结奋斗的一面伟大旗帜，是推动我国经济发展和社会进步的一种巨大动力。认真做好双拥工作，不断增强新疆各族人民的凝聚力，对促进新疆经济发展、保持社会政治稳定具有特殊而重要的意义。

一、围绕增强民族凝聚力做好双拥工作，是新的形势和任务提出的客观要求

新疆地处亚欧大陆中部、祖国的西北边陲，与8个国家接壤，有47个民族。是我国与邻国交界最多的省区，也是一个多民族聚居区。近年来，在党中央、国务院的领导下，新疆发生了巨大变化。特别是改革开放以来，全区各族人民团结一心，并肩战斗，取得了经济和社会发展的长足进步。但是，由于历史、地理和自然条件等原因的影响，民族宗教问题比较复杂。加之世界政治风云的变幻，诱发的诸多国家政治动荡和民族风潮，对新疆地区的稳定和发展构成了重大威胁。一是民族分裂主义势力活动猖獗。一个时期来，境内民族分裂主义分子与国际敌对势力遥相呼应，与极端宗教势力骨干分子狼狈为奸。他们成立反动组织，散布分裂言论，挑拨民族关系，制造动乱、暴乱。二是非法宗教活动泛滥。极端宗教势力骨干分子把持着部分宗教寺院，打着宗教信仰自由的旗号，利用宗教进行非法活动。他们歪曲党的民族宗教政策，鼓吹”杀汉灭回”，“消灭异教徒，死后升天堂”，挑拨煽动民族仇杀。有的非法宗教组织横行乡里，公然向党的基层组织和人民政权挑衅，干涉基层干部选举，威胁司法人员，恫吓乡村干部及爱国宗教人士，强迫群众捐粮捐款，干扰婚姻和计划生育，严重影响了党的路线方针政策在基层的贯彻落实。三是利益关系调整带来的社会不稳定因素增多。由于种种原因，新疆经济和社会发展相对滞后，有国家级和自治区级贫困县 25 个，目前还有贫困人口 40 多万。近年来，随着各种利益关系的进一步调整，全区下岗职工数量较大、再就业难。这些问题如果不能妥善处理，就可能引起社会问题和民族矛盾，对社会政治稳定带来一定影响。

新疆要发展，稳定是前提。不断增强新疆各民族的凝聚力，保持新疆的社会政治稳定，是新的形势和任务对新疆双拥工作提出的客观要求。江泽民同志指出：“做好边疆地区的工作，保持边疆地区稳定，必须坚定不移地团结和依靠各族人民群众，军民团结，共建稳固文明的边防，形成真正的铜墙铁壁”。双拥工作从根本上说，是做凝聚军心民心的工作，对民族团结和社会稳定有着至关重要的影响。把双拥工作做好了，军政军民团结增强了，就能从容应对各种复杂形势的考验，就能在党的基本路线的旗帜下，把各族军民的力量凝聚起来，团结起来，为建设新疆、保卫新疆、维护新疆的社会稳定而共同奋斗。

二、突出民族团结的主题做好双拥工作，是增强民族凝聚力的有效途径

双拥工作形成的军政军民团结，是凝聚中华民族的巨大精神动力，是实现社会政治稳定、国家长治久安的重要保证。在新疆双拥工作中，突出民族团结的主题，对于增强各族军民的凝聚力有着十分重要的影响。

一是要在广大军民中大力弘扬热爱祖国、热爱边疆的思想。爱国主义是中华民族的传统美德，它对各族人民有着巨大的感召力和凝聚力，高举爱国主义旗帜，就能唤起边疆各族军民保卫祖国、保卫边疆的共同情感，就能在共同的思想基础上把广大军民团结起来，形成推动经济和社会发展的巨大力量。要深入进行党的民族政策和加强民族团结的宣传教育，大力宣扬民族团结的好人好事，培养和树立各民族团结和睦的良好社会风气，真正使“汉族离不开少数民族，少数民族离不开汉族；军队离不开各族人民，各族人民离不开解放军”的思想在边疆地区各族军民中牢牢生根。

二是要把维护和加强民族团结的要求渗透到双拥工作的各个方面，落实到双拥工作的具体实践中。凡是有利于民族团结的事，就积极去做，凡是不利于民族团结的事，就坚决防止。要加大解决双拥工作热点、难点问题的力度。在新的形势下，双拥工作出现了一些热点、难点问题，如军队转业干部、退伍战士和军官家属的安置，落实优抚政策，帮助当地群众脱贫致富等等。这些问题如果不很好地解决，不仅影响部队建设，也容易带来某些不稳定因素；要妥善处理军民纠纷和影响军民关系的重大事件。随着改革开放的深入和利益关系的调整，军地之间矛盾和纠纷有所增多。这些矛盾和纠纷，归纳起来，主要是：经济利益引起的纠纷，官兵违犯政策纪律引起的纠纷和历史遗留问题引起的现实纠纷。这些矛盾和纠纷，军地双方都应高度重视，采取有效措施加以解决，防止事态扩大和矛盾激化，影响民族团结和社会稳定；要依法保护军事设施和维护军人军属合法权益，广泛宣传《军事设施保护法》，使各级领导和群众认清军事设施保护的重要性，明确必须履行的法律义务，严厉打击各种破坏活动，确保军事设施的安全。近几年，军地关系中的涉法问题明显增多。各级要着眼于增强军政军民团结和维护社会稳定，把维护军人军属的合法权益作为双拥工作的一项重要任务，逐步建立“三位一体”的维权机制，分级成立维权领导小组、巡回法庭和法律咨询站，确保这项工作落到实处。总之，要以为少数民族群众谋利益办实事的实际行动，赢得各族人民的信赖和拥护，不断增强各民族的凝聚力。

四是要深入开展创建双拥模范城（县）和军民共建活动。创建双拥模范城（县）活动，既是新形势下加强军政军民团结的重要形式，也是促进民族团结和社会稳定的有效途径。近年来，我们始终加强对创建活动的指导，围绕地方和部队的中心任务开展创建工作，把主要精力放在抓基层抓落实上，提高了创建活动的质量和双拥工作的整体水平。同时，还开展了争当“拥军优属十佳好公民、拥政爱民十佳好军人、爱国奉献十佳好军属、心系国防十佳好领导”活动，树立了一批基层双拥工作的先进典型，产生了很大的反响。驻疆各部队普遍与村镇、社区、学校等基层单位建立共建点，开展以共育四有新人、共树文明新风、共促社会稳定为主要内容的军民共建活动，促进了两个文明建设的协调发展。事实证明，凡是双拥共建搞得好的地方，民族就团结，社会就稳定，经济就发展。

五是要发挥在少数民族群众中有特殊影响的宗教人士和民族上层人士的作用，动员他们参与双拥工作，把他们的影响力变为推动广大少数民族群众参加双拥活动，增进军政军民团结和民族团结的积极因素。

三、着眼提高“两力”做好双拥工作，是增强民族凝聚力的关键所在

民族问题说到底是经济问题。早在1963年，毛泽东同志在谈到新疆工作时就指出：“在新疆，第一要做好经济工作，农业、畜牧业、工业要一年比一年发展，经济要一年比一年繁荣，人民生活要一年比一年改善。”江泽民同志指出：“现阶段，我国的民族问题，比较集中地表现在少数民族和民族地区迫切要求加快经济文化的发展”。发展社会生产力和提高部队战斗力是双拥工作的根本出发点。因此，紧紧围绕这个中心开展双拥工作，通过卓有成效的双拥工作，把新疆各族军民的力量凝聚起来，实现新疆繁荣富强是增强民族凝聚力的关键所在。近几年，我们在双拥工作中，加大了军地之间相互支持与合作的力度，有力地推动了新疆经济社会的发展和部队的全面建设，促进了民族团结和社会稳定。

一是在完成急难险重任务中见真情。驻军部队牢固树立人民利益高于一切的思想，义无反顾地担负起保卫边疆的神圣义务，坚持把完成急难险重任务，做为保护边疆各族人民群众生命财产安全的特殊任务来完成。各部队普遍建立了救灾组织，制定了方案，落实了人员，并组织部队演练，做到平时有准备，遇灾用得上。当国家和人民生命财产安全受到威胁时，部队立即出动，投入抢险；当地方遇到艰巨任务和困难时，部队主动请缨，积极支援。在多次抢险救灾中，首先赶到现场的是部队，承担最艰巨任务的是部队，付出最大牺牲的也是部队，广大官兵在抗雪灾、灭山火等抢险救灾中，顶风雪、战严寒，一次又一次保护了国家和人民群众的生命财产安全，赢得了“人民军队亚克西（人民军队好）”崇高而真挚的赞誉。

二是在重点工程建设中使实劲。西部大开发的实施，为新疆基础设施建设创造了前所未有的机遇。驻疆部队充分发挥兵员多、机械多的优势，为新疆经济建设出力流汗。在支援重点工程建设方面，凡地方政府请求支援的，部队愉快接受，保质保量完成；地方政府没有求援的，部队也主动联系，请缨参战。近年来，先后投入劳动日600多万个，机械车辆16万多台（次），参加了160多项重点工程和680多项社会公益事业建设，有力地促进了新疆经济的发展。

三是在扶贫帮困中做贡献。驻疆部队充分发挥技术力量强的优势，把着眼点放在科技扶贫和智力助民上，主动为少数民族办实事，解难题。各部队都制定了科技扶贫方案，做到领导、人员、项目措施四落实。新疆军区实施了“扶贫奔小康工程”，组织106个团级单位与民族地区100个村挂钩扶贫点，帮助15300多个贫困户脱贫致富。同时，地方政府全力支持部队建设，为部队解决营建和训练用地1000多亩，安排随军家属就业800人次，解决住房1200多户，各部门、各行业为驻疆部队官兵提供了大量方便快捷的服务，为驻疆部队的革命化、现代化、正规化建设做出了贡献。双拥工作的开展，增强了凝聚力，促进了民族地区的经济发展，使各族人民亲身感受到了社会主义大家庭的温暖，坚定了与党同心同德的政治信念。

总之，做好新疆的双拥工作，增强民族凝聚力是一个永恒的课题，我们要着眼于历史和现实，发挥双拥工作特有的政治优势，凝聚军心、民心，共建稳固的边防，为边疆地区的政治稳定和经济发展创造良好的社会环境。

重 要 会 议

全国双拥模范城（县）命名大会

2000年1月12日，全国双拥工作领导小组、民政部、总政治部在北京召开全国双拥模范城（县）命名大会。中共中央总书记、国家主席、中央军委主席江泽民为大会发来贺信，对会议的召开表示热烈祝贺。中共中央政治局常委、国家副主席、中央军委副主席胡锦涛，以及丁关根、曾庆红、何鲁丽、司马义·艾买提、杨汝岱等同志出席了大会。大会由总政治部主任于永波主持，全国双拥工作领导小组成员，各省、自治区、直辖市双拥工作领导小组负责同志，全国双拥模范城（县）代表和首都军民3000多人参加了大会。会上，胡锦涛同志代表党中央、国务院、中央军委作了重要讲话，国务委员、全国双拥工作领导小组组长司马义·艾买提在会上作了题为《适应国家和军队跨世纪发展的需要，把拥军优属拥政爱民工作提高到一个新水平》的工作报告。民政部部长、全国双拥工作领导小组副组长多吉才让宣读了全国双拥工作领导小组关于命名245个市（区）、县为全国双拥模范城（县）的决定。会议开始前，党和国家领导人亲切接见了与会代表并合影留念。

江泽民在贺信中指出，全面推进建设有中国特色社会主义事业，努力增强我国的经济实力、国防实力和民族凝聚力，实现中华民族的伟大复兴，始终需要广大军民同心同德，艰苦奋斗。我们要适应新形势和新任务的要求，继续深入扎实地做好双拥工作，不断巩固和发展军政军民团结的大好局面。

江泽民要求，全军和武警部队忠实履行全心全意为人民服务的宗旨，坚定不移地贯彻服从国家建设大局的方针，积极支持和参加国家改革与建设事业，为民造福，为国兴利。军队和国防建设关系国家的长治久安，是全党和全国各族人民的共同事业。各级党委、政府都要关心和支持军队建设，在干部群众中深入开展以爱国主义为核心的国防教育，认真抓好拥军优属各项政策法规的落实，积极配合部队完成教育训练、战备执勤等各项任务。在全社会进一步发扬和保持军爱民、民拥军，军民团结一家亲的优良风尚。

胡锦涛在讲话中指出，坚持军民一致，加强军政军民团结，是我党我军我国人民的优良传统和特有的政治优势，是我们党三代领导核心的一贯思想。这些思想是马克思主义基本原理同中国革命、建设的实践相结合的产物，是我党我军性质和宗旨的生动体现，是建立、巩固和发展新型军政军民关系的科学依据，无论过去、现在还是将来，都是我们从胜利走向胜利的重要法宝。他强调，要始终坚持用共同理想把军心民心凝聚起来、振奋起来；要牢固树立经济建设与国防建设统筹兼顾、协调发展的思想；要把维护社会稳定摆在双拥工作的突出位置；要根据形势和任务的不断变化，不断丰富双拥工作的内容，更好地为党和国家的大局服务，为军队和国防建设服务。

司马义·艾买提在报告中总结了1997年以来全国双拥工作所取得的成绩。他指出，三年来，全国各地广泛进行了以爱国主义为核心的国防教育和双拥宣传教育，军爱民，民拥军的氛围更加浓厚；紧紧围绕国家和军队的改革建设开展工作，军民之间相互支持更加有力；着力解决广大军民普遍关心的实际问题，双拥工作的成效更加明显；深入开展群众性双拥共建活动，基层双拥工作更加活跃。司马义·艾买提指出，几年来，广大军民在创建双拥模范城（县）活动中积极探索，不断创新，积累了许多成功的做法和丰富的经验。主要是充分调动军地双方的积极性，形成党政军民共同参与的生动局面；从形势任务的需要出发确定工作重点，保持创建活动的生机和活力；注重把广大军民的创建热情引导到做好工作上来，在抓落实重实效上下功夫；建立并完善竞争激励机制，增强创建活动的内在动力；坚持创建活动与其他群众性活动相结合，促进双拥工作整体水平的提高。

司马义·艾买提对当前和今后一个时期双拥工作的主要任务作了部署。他要求全国各地、各部队把双拥工作纳入经济社会发展的总体规划，进一步形成军地齐抓共管的整体合力；广泛进行军政军民团结宣传教育，不断激发广大军民做好双拥工作的政治热情；加强军地在改革建设中的支持与合作，促进社会生产力的发展和部队战斗力的提高；更加深入扎实地开展创建双拥模范城（县）活动，努力提高双拥工作的整体水平；加大政策法规建设力度，推动双拥工作持续深入发展。

全国双拥工作领导小组第十四次全体会议

2000年12月19日，全国双拥工作领导小组在北京召开了第十四次全体会议。国务委员、全国双拥工作领导小组组长司马义·艾买提主持会议。民政部部长、全国双拥工作领导小组副组长多吉才让，总政治部副主任唐天标，中央办公厅副主任、全国双拥工作领导小组副组长姜异康，国务院副秘书长、全国双拥工作领导小组副组长徐荣凯，民政部副部长、全国双拥工作领导小组副组长兼办公室主任杨衍银及全国双拥工作领导小组成员单位的负责同志出席了会议。

会上，多吉才让同志代表领导小组作了2000年全国双拥工作情况报告，唐天标同志代表领导小组提出了2001年全国双拥工作要点，与会同志进行了认真讨论。司马义·艾买提同志在会议结束时作了重要讲话。

会议认为，2000年，全国双拥工作坚持以邓小平理论为指导，认真贯彻落实江泽民同志提出的“三个代表”的重要思想，按照全国双拥模范城（县）命名大会的要求，紧紧围绕增强经济实力、国防实力和民族凝聚力开展工作，取得了很大成绩，为国家改革发展稳定和军队建设作出了新的贡献。主要表现在：认真学习贯彻命名大会精神，群众性双拥活动深入发展；适应军事斗争准备需要，地方支持军队建设力度不断加大；以参加西部大开发为重点，军队支援国家经济建设取得新的成绩；注重抓基层打基础，双拥工作各项任务得到较好落实。

会议安排了2001年的双拥工作。提出要以“三个代表”重要思想为指导，认真贯彻落实党中央、国务院、中央军委关于加强军政军民团结的指示精神，服务大局，注重建设，立足基层，求实创新，不断巩固和发展军政军民“同呼吸、共命运、心连心”的大好局面，为国家和军队改革建设创造更好的社会环境。为此，要着重抓好以下几个方面的工作：一是要结合纪念建党八十周年，广泛开展双拥光荣传统宣传教育；二是要围绕实施“十五”计划，加强军地之间的支持与合作；三是要着眼于提高双拥工作的整体水平，深入扎实地开展群众性创建活动；四是要适应改革向纵深推进的要求，切实抓好双拥政策法规的建设。

会议强调，我国的改革建设正处在重要的历史时期，既面临着难得的发展机遇，又面临着严峻的挑战。做好双拥工作，加强军政军民团结，对于增强我国的经济实力和国防实力，弘扬社会主义思想文化，实践我党我军全心全意为人民服务的根本宗旨，意义重大。要从贯彻“三个代表”重要思想的高度，充分认识做好新形势下双拥工作的重大意义，切实把这项工作作为一项长期的战略任务，摆上重要位置，抓紧抓好。

会议指出，以“三个代表”重要思想指导双拥工作，在工作中就要把促进社会生产力发展和部队战斗力提高作为双拥工作的根本出发点和落脚点。要把加强军地思想和文化建设，作为双拥工作的重要内容。要从讲政治的高度看待和处理军政军民关系，并以此作为双拥工作的重要原则。

会议要求，以“三个代表”重要思想为动力，不断适应新形势新任务的发展需要，以积极进取的精神做好工作，形成新认识，确定新思路，探索新途径，开创新局面。要认真研究新形势下双拥工作的新情况、新问题，积极探索其特点和规律，建立和完善与社会主义市场经济体制相适应的双拥工作运行机制。要以解决重点、难点问题为突破口，进一步加大政策法规建设的力度。要积极探索富有时代特色的形式和载体，深入开展以创建双拥模范城（县）为龙头的群众性双拥活动，进一步提高双拥工作的整体水平。

会议强调，加强各级双拥组织机构建设，是双拥工作持续深入发展的重要保证。各地要以对国家和军队建设高度负责的精神重视和关心各级双拥组织建设，在人员配备、经费保障和办公条件等方面给予支持。各级双拥办要根据新的情况，切实抓好自身的思想、作风和业务建设，以保证双拥工作的开展和各项任务的落实。

首都军政座谈会

2000年1月29日，北京市在人民大会堂召开首都军政座谈会。中共中央政治局委员、北京市委书记贾庆林，中央军委委员、总政治部主任于永波，民政部副部长杨衍银，北京市委副书记、市长刘淇，北京市人大常委会主任张健民，北京市政协主席陈广文等出席了会议。总参谋部、总政治部、总后勤部、总装备部、海军、空军、第二炮兵、军事科学院、国防大学、北京军区、武警部队等单位的领导同志参加了会议。北京市副市长翟鸿祥汇报了北京市1999年双拥工作情况和2000年双拥工作计划，昌平区委书记白宗全汇报了昌平区的拥军优属工作情况，驻京某部队政委魏东普汇报了基层拥政爱民工作情况。贾庆林、于永波、杨衍银等发表了重要讲话。

贾庆林代表市委、市人大、市政府、市政协和全市人民向长期关心、支持首都改革和发展的驻京解放军和武警全体官兵致以节日的问候。他指出，这些年来，在党中央、国务院和中央军委的亲切关怀下，在军地双方的共同努力下，北京市的双拥工作有了长足的发展。2000年是世纪交替之年，也是完成“九五”计划和本世纪末重要奋斗目标的最后一年，全市的改革和发展的任务十分繁重。完成好各项任务，为首都新世纪的腾飞创造良好开局，离不开军政军民的坚强团结。他要求各级党委和政府从民族振兴、人民幸福和国家长治久安的战略高度，充分认识加强军政军民团结的重要性，把双拥工作摆在事关全局的重要位置，坚持不懈地抓紧、抓实、抓好，不断巩固和发展军政军民团结的大好局面。认真学习全国双拥模范城（县）命名大会精神，深刻领会江总书记的贺信和胡锦涛副主席的讲话；把双拥工作纳入经济社会发展的总体规划，加强军地之间的相互支持与合作；深入扎实地开展双拥创建活动，提高这项工作的整体水平，深入开展以爱国主义为核心的国防教育。做好双拥工作，领导是关键。各级党委和政府要把双拥工作作为一项重要的政治任务常抓不懈，把双拥工作列入重要议事日程。要继续加强双拥政策法规建设，定期研究工作中的突出问题，健全各级双拥组织机构，切实加强基层工作。

贾庆林强调，北京的双拥工作要突出首都特点。北京驻军多，机关多，服务保障任务重。各单位、各部门要尽全力做好拥军优属工作，努力为部队排忧解难，帮助部队加强全面建设。要充分发挥北京的科技优势，围绕军队现代化建设，积极开展科技拥军、文化拥军和智力拥军活动，帮助部队培养技术人才，支持部队开展科技练兵活动，为实现科技强军多作贡献。要坚持在继承中创新，在改革中前进。针对改革开放和发展社会主义市经济条件下出现的新情况、新问题，总结经验，加强调查研究，大胆实践，积极探索新的途径和办法，努力把首都的双拥工作提高到一个新水平。

于永波代表四总部和军队驻京各大单位、武警部队领导，向长期以来热情关心和支持部队建设的北京市各级党委、政府和广大人民群众表示感谢并致节日问候。

于永波指出，刚刚过去的1999年，是我们党和国家发展历史上很不平凡的一年。在以江泽民同志为核心的党中央的坚强领导下，我们同以美国为首的北约野蛮轰炸我驻南使馆、李登辉的“两国论”和“法轮功”邪教组织进行了坚决的斗争，捍卫了民族尊严和祖国统一，保持了社会政治稳定；隆重举行了新中国成立五十周年庆祝活动，顺利完成了澳门回归祖国的历史性任务，进一步振奋了广大军民的爱国主义精神，增强了全民族的凝聚力；在比较复杂的经济环境中，战胜了来自国内外的严峻挑战和困难，各项改革顺利推进，国民经济稳步增长，改革开放和各项建设事业取得了新的成就。首都北京同全国一样，改革开放和现代化建设形势喜人，广大军民在各项重大活动和政治斗争中做出了重要贡献，展示了良好的精神风貌。

于永波要求驻京部队各级党委、机关和广大指战员从讲政治的高度，充分认识肩负的重大责任，进一步增强“首都意识”和“窗口意识”，以更高的标准做好拥政爱民和巩固发展军政军民团结的工作，为全军做出好样子。各级领导和机关要充分尊重地方党委和政府，主动与有关部门联系，在部队建设和官兵实际问题的解决等方面，积极取得地方的支持，认真协商解决军民关系上遇到的问题。要在官兵中深入进行我军性质、宗旨和光荣传统教育，切实加强部队管理，严格执行党的政策和国家的法律法令，模范遵守北京市的各项法规制度，进一步树立文明之师的良好形象。要围绕北京市经济和社会发展的总体目标，积极支持和参加首都的改革开放和现代化建设，深入开展军民共建社会主义精神文明活动，为把首都建设成为现代化国际大都市做出新的贡献。

杨衍银在讲话中充分肯定了历年来北京市双拥工作取得的成绩。她希望北京市广大军民以全国双拥模范城（县）命名大会的召开为动力，认真贯彻落实党中央、国务院、中央军委关于做好双拥工作，加强军政军民团结的指示精神，不断适应新的形势和任务的要求，把双拥工作作为一项长期的战略任务常抓不懈；紧紧围绕国家和军队的改革建设开展双拥工作，努力为增强经济实力、国防实力和民族凝聚力服务；进一步加强双拥政策法规建设，认真研究解决军政军民关系出现的新情况、新问题；坚持不懈地在抓基层、抓落实上下功夫，切实打牢双拥工作的基础，为改革开放和社会主义现代化建设创造良好的社会政治环境。

北京市双拥工作会议

经北京市双拥工作领导小组批准，2000年3月17日，北京市召开了双拥工作会议，传达学习了全国双拥模范城（县）命名大会精神，总结了1999年北京市的双拥工作，部署了2000年北京市双拥工作任务，交流了先进双拥办经验。各区县双拥办主任、驻京部队各大单位有关部门负责同志参加了会议。市政府副秘书长、市双拥办主任任殿华到会作了讲话。市委办公厅副主任、市双拥办副主任安家盛传达了全国双拥模范城（县）命名大会精神，市民政局局长、市双拥办常务副主任刘宝成代表领导小组总结了1999年的双拥工作，部署了2000年的双拥工作任务。

会议认为，1999年首都军民认真贯彻党中央、国务院、中央军委关于加强军政军民团结的一系列指示精神，认真落实江总书记视察北京时所作的重要指示，紧紧围绕党的中心任务，服从服务于经济建设的大局，深入扎实地开展双拥工作，为首都的改革发展稳定和军队建设作出了贡献。一、紧密结合庆祝建国50周年、迎接澳门回归和千年庆典活动，联系揭批以美国为首的北约袭击我驻南使馆的暴行、李登辉破坏祖国统一的罪行、“法轮功”邪教组织的歪理邪说，对全民进行爱国主义教育、国防教育和双拥教育。二、全市各级支持部队改革和建设力度加大，科技拥军、行业拥军、岗位拥军等蓬勃发展。一年来，全市慰问部队款物计2263万元，修路投资578万元，菜篮子工程投入1050万元，生活费补贴1500万元。三、深入开展“爱心献功臣行动”。全市投入2000万元，为2.1万名优抚对象调高了定补标准。投入470万元为340户优抚对象翻建住房1100间。投入140万元为3000名革命伤残军人办理了乘坐公共汽车和地铁的免费证。全年共接收安置军转干部2440人、复退军人6390人、随军家属1400人、军队离退休干部7008人，解决部队子女入学入托5107人。四、积极保障和支持国庆受阅部队完成任务。全市慰问受阅部队款物共500万元，供应各种优质副食品和蔬菜32万公斤，减免水电费300多万元。五、驻京部队在维护首都社会治安、绿化美化、科技助民活动中作出了新贡献。

会议指出，2000年是完成“九五”计划和本世纪末重要奋斗目标的最后一年，首都的改革和发展任务十分繁重，广大军民要在党中央的领导下，把军政军民团结的巨大作用充分发挥出来，把广大军民同心同德，实现“四化”的积极性调动起来，维护首都社会稳定，促进首都经济发展。各级领导，特别是负责双拥工作的同志，一定要从民族振兴、人民幸福和国家长治久安的战略高度，深刻认识做好双拥工作，巩固加强军政军民团结的重大意义，把双拥工作摆在事关全局的重要位置，纳入经济社会发展规划，作为部队政治建设的重要内容，树立信心，开拓进取，开创新的局面。

会议强调指出，北京是我们伟大祖国的首都，是全国政治、文化中心，党、政、军最高领导机关都在北京，做好首都的双拥工作，不仅对于维护首都的社会稳定，促进首都的建设发展，具有重要的意义和作用，而且对全国也会产生影响。因此，首都的双拥工作必须坚持更高的标准，更严的要求，牢固树立“建首善、创一流”的首都意识，创造出新的业绩，力争走在全国的前列。

会议对2000年北京市的双拥工作作了安排，要求各级党委、政府和驻军部队在新的一年要高举邓小平理论旗帜，按照全国双拥模范城（县）命名大会的部署和要求，全力做好各项双拥工作。一是认真贯彻落实全国和北京双拥模范城（县）命名大会精神，进一步激发广大军民做好双拥工作的政治热情。要认真组织学习江泽民总书记的贺信、胡锦涛副主席的重要讲话，用命名大会精神统一思想。要结合会议精神的传达深入开展双拥传统教育，大力宣传双拥工作的先进典型，营造浓厚的双拥工作氛围。二是要加大全民国防教育力度，进一步夯实双拥工作的基础。要坚持以干部特别是领导干部、民兵预备役人员和青少年为重点，区分层次，分类施教。要加强国防教育基地建设，充分发挥其功能和作用。三是继续深入开展创建双拥模范城（县）活动，不断提高双拥工作的整体水平。要求已被命名的区县认真总结经验，克服薄弱环节；未被命名的区县，要对照先进找差距，力争实现突破。各级要在支持部队科技练兵、提高军（警）民共建水平、优抚安置工作等方面，不断取得新的成绩。四是深化“爱民工程”，推动拥政爱民工作深入发展。驻京部队在精神文明建设中要起模范带头作用。要发挥优势，开展科技和智力助民活动，全力支援北京重点工程建设。五是加强双拥工作组织机构建设，充分发挥双拥办的职能作用。

天津市双拥工作领导小组全体会议

2000年11月20日，天津市双拥工作领导小组召开全体会议。市长、市双拥工作领导小组组长李盛霖，副市长、市双拥工作领导小组副组长夏宝龙和市双拥工作领导小组29个成员单位的负责同志参加了会议。会议由夏宝龙同志主持。

会议审议了2000年双拥工作报告，确定了2001年双拥工作要点。

会议认为，2000年全市双拥工作按照江总书记“三个代表”重要思想的要求，真抓实干，积极探索拓展新领域，取得了新成绩。主要表现在：全民国防观念明显增强，广大人民群众爱国拥军的热情不断高涨；军民共建内容丰富、形式多样，拥军优属扎实有效，优抚安置政策落实到位；关心支持部队建设的社会风气日益浓厚，行业拥军、科技拥军深入发展；双拥工作的制度化、法制化、社会化正在逐步形成，军政军民关系更加密切。

会议确定，2001年全市双拥工作要以邓小平理论为指导，认真贯彻落实党的十五届五中全会和市委七届七次会议精神，围绕双拥工作再上新水平的总体目标，着力抓好几项重点工作。一、加强组织建设，完善工作机制。2001年市和区县面临机构改革和人事调整，各级在机构改革调整中要始终把双拥工作组织机构建设放在重要位置，加强对双拥工作的组织领导，适时调整双拥领导小组成员，确保双拥工作组织机构在改革中得到加强和巩固。要保证双拥工作人员编制到位、岗位职责明确。完善各级双拥机构办事程序和工作制度，提高快速反应能力，使各级双拥办成为服务经济建设和国防建设、高效运行的军地联合办事机构。二、抓好双拥典型宣传，营造良好社会氛围。要在全社会树立宣传双拥模范、学习双拥模范，积极为加强和巩固军政军民团结、为国防建设作贡献的良好社会风气，要以重大节日和历史事件纪念日为契机，充分利用电视、报纸等媒体和爱国主义教育基地，抓好中小学国防教育课和少年军校建设，不断增强全民国防观念和双拥意识。三、加强双拥政策法规建设。要在搞好调查研究的基础上，制定出台《关于做好驻津部队随军家属就业安置和生活保障工作的意见》。做好宣传贯彻《国防教育法》的工作预案，制定天津市实施细则。针对当前存在的优抚对象医疗难的问题制定与国家医疗保障制度改革相衔接、与地方经济发展和人民生活水平相适应的优抚对象医疗保障政策。修订《天津市拥军优属工作规定》，力争由市人大立法。制定并实施《天津市创建双拥模范区县（单位）实施办法》。继续加大对贯彻落实双拥工作政策法规情况的检查和监督工作。在二季度以区县为单位，开展以落实《天津市拥军优属工作规定》、建立优抚对象抚恤补助标准自然增长机制、义务兵家属优待社会统筹、转业退伍军人和随军家属安置、部队子女入学入托、优抚对象医疗保障、军事设施保护和为部队办实事解难题等为主要内容的检查活动，切实做好维护和保障军人和优抚对象合法权益的工作。四、军地相互支持、深入开展互办实事活动。围绕军地双方关心的热点、难点问题广泛开展军地相互支持，互办实事活动。第三季度以纪念中国人民解放军建军74周年为重点，广泛开展双拥月活动。军地双方深入开展军民共建社会主义精神文明活动，重点抓好文明村镇、街道、学校、行业的窗口建设，促进天津各项事业的跨越式发展。五、搞好双拥模范区（县）创建活动年度考核。根据《全国双拥模范城（县）命名管理办法》和《天津市创建双拥模范区（县）实施办法》，双拥办对区（县）创建双拥模范区（县）工作进行全面检查。针对创建工作中存在的问题提出加强和改进的具体意见，推进双拥工作深入发展。

河北省双拥工作领导小组全体会议

2000年1月13日，河北省双拥工作领导小组全体会议在石家庄召开。省委副书记、省双拥工作领导小组副组长赵世居主持会议。省军区政委、省双拥工作领导小组副组长汪潮海，副省长、省双拥工作领导小组副组长郭庚茂及省双拥工作领导小组部分成员单位的负责同志参加了会议。会议传达了全国双拥模范城（县）命名大会精神，研究分析了全省双拥工作面临的新形势，确定了2000年全省双拥工作重点。赵世居、汪潮海同志分别作了重要讲话，郭庚茂同志主持了会议并讲了话。

会议决定于2000年1月15至16日，以省委、省政府、省军区的名义联合召开河北省双拥工作会议，认真学习传达全国双拥模范城（县）命名大会精神，安排部署2000年的双拥工作。

会议研究确定了2000年全省双拥工作的重点。

一、深入开展形势教育、国防教育，进一步加大双拥宣传力度。各地各部门要紧密联系国内外形势，大力宣传我党三代领导核心关于加强军政军民团结的重要思想；宣传拥军优属，拥政爱民的优良传统；宣传军政军民团结在促进国家改革发展稳定和军队建设中发挥的巨大作用；要充分利用报刊、广播、电视等新闻媒体，发挥爱国主义教育基地和国防教育基地的作用，把宣传教育搞得生活动活泼，喜闻乐见；要大力宣传新形势下涌现出的具有时代特色的双拥工作先进人物和典型事迹，在全社会营造浓厚的双拥氛围。

二、认真开展“双三好”活动，切实加强军地双方在改革建设中的团结与合作，促进社会生产力和部队战斗力的提高。各地各部队要从着眼于增强经济实力、国防实力和民族凝聚力的高度，相互支持，通力合作。各级党委、政府要把支持部队调整改革作为义不容辞的责任，积极帮助部队解决训练、工作、生产和生活中的实际问题，支持部队后勤保障社会化改革，特别是要解决好随军家属就业问题，解除部队干部的后顾之忧。要广泛开展科技拥军活动，制定科技拥军计划，为部队实施科技强军战略创造良好条件。要继续深入实施“光荣工程”，巩固和发展解“三难”成果，把仍有困难的老优抚对象纳入城乡居民最低生活保障制度。各部队要按照中央军委的要求，积极参加地方重点工程和社会公益事业建设，继续做好扶贫帮困工作，为驻地两个文明建设做出新的贡献。

三、要继续深入扎实地开展创建双拥模范城（县）活动，不断提高双拥工作水平。各地各部门要按照坚持方向、丰富内容、拓宽领域、注重实效的要求，把创建双拥模范城（县）活动广泛深入地开展下去。要认真贯彻落实全国双拥模范城（县）命名大会精神，把思想统一到江泽民总书记《贺信》和胡锦涛同志重要讲话精神上来。切实加强双拥模范城（县）动态管理，省、市级双拥模范城（县）要严格标准、控制比例，确保先进性和示范性。这次被命名的11个国家级双拥模范城（县）要根据本地实际情况，在“八一”前率先制定出台优抚对象抚恤补助标准自然增长机制文件，其他省、市级双拥模范城（县）也要抓紧操作，力争年底之前出台文件，以进一步提高全省双拥工作的整体水平。

四、要不断加大调查研究和政策法规建设力度，推动双拥工作持续深入发展。各地各部队要主动适应新的形势，对一些热点、难点问题进行调查研究，探索解决办法。要加强政策法规建设，使双拥工作逐步走向规范化、制度化、法制化的轨道。

河北省双拥工作会议

2000年1月15日，河北省双拥工作会议在石家庄召开。在北京学习的省委书记、省双拥工作领导小组组长叶连松，省委副书记、省长、省双拥工作领导小组副组长钮茂生专门致信表示祝贺。北京军区政治部向大会发来了贺电。省委副书记、省双拥工作领导小组副组长赵世居，省军区政委、省双拥工作领导小组副组长汪潮海，省人大常委会副主任张建新，副省长、省双拥工作领导小组副组长郭庚茂，省政协副主席杨国春，省军区副政委、省双拥工作领导小组成员陈敬托，驻冀部队的负责同志部万增、李德正、苏灿杰，省双拥工作领导小组成员单位的负责同志，各市政府、军分区的领导及省民政厅、省军区政治部、武警河北总队政治部的领导和各市民政局、军分区政治部、驻冀各部队的代表100多人出席了会议。省政府副秘书长、省双拥办主任孙凯主持了会议。

大会隆重表彰了被命名为全国双拥模范城(县)的石家庄市、保定市、乐亭县、涉县、文安县和全省实施“光荣工程”、开展“爱心献功臣行动”中涌现出来的先进集体共122个、先进个人244名。

会议指出，刚刚过去的1999年，是我省双拥工作取得新发展、迈出新步伐的一年。省委、省政府进一步加强了对双拥工作的领导，有力地促进了双拥工作的开展。在全国双拥模范城(县)命名大会上，我省有8市3县被命名为全国双拥模范城(县)，命名数量居全国第二位，实现了位次前移的目标。在看到成绩的同时，还必须清醒地看到，我们的工作还有差距和薄弱环节，一些地方在抓落实上力度不够，对社会主义市场经济体制下双拥工作出现的新情况、新问题缺乏深入的研究探索，一些重点、难点、热点问题还没有得到妥善解决。对此，必须引起高度重视并采取措施加以解决。

会议强调，拥军优属、拥政爱民是我党、我军和我国各族人民的优良传统，我们要战胜前进道路上的困难和风险，全面推进建设有中国特色社会主义事业，始终需要广大军民万众一心，同心同德，艰苦奋斗。河北省是驻军大省、兵源大省、优抚安置大省，是首都的“护城河”，搞好双拥工作对于加强国防和军队建设、维护改革发展稳定的大局具有重大意义。

会议要求各级党政军领导一定要充分认识加强军政军民团结的重要性，发扬成绩，再接再厉，改革创新，扎实工作，把全省双拥工作提高到一个新水平。各地要积极探索新形势下做好双拥工作的新路子，深入扎实地开展创建双拥模范城(县)活动，积极稳妥地处理好军地军民之间的矛盾和纠纷。要依法保障优抚对象的合法权益，继续深入实施“光荣工程”，厚待革命功臣，确保优抚对象的生活水平达到或高于当地群众平均生活水平。要深入开展以弘扬抗洪精神为主要内容的我军宗旨教育，引导广大官兵树立全心全意为人民服务的思想，增强大局意识，增强“驻在河北、热爱河北、建设河北”的第二故乡意识，使“爱人民、学人民、为人民”成为官兵的自觉行动，营造军爱民、民拥军的浓厚氛围，为河北的改革开放和经济建设提供保证，为河北的精神文明建设做出更大贡献。

上海市双拥工作领导小组第八次全体（扩大）会议

经上海市委、市政府批准，上海市双拥工作领导小组第八次全体（扩大）会议于2000年12月12日在市政府召开。这次会议主要任务是传达贯彻第86次市委常委会精神，研究落实进一步加强双拥工作的有关措施。市委副书记、市长、市双拥工作领导小组组长徐匡迪同志，市委副书记、市双拥工作领导小组副组长刘云耕同志，上海警备区政委、市双拥工作领导小组副组长张立志同志，副市长、市双拥工作领导小组副组长冯国勤同志，市民政局局长、市双拥领导小组副组长、市双拥办主任施德容同志，以及市双拥工作领导小组各成员单位负责人，市委组织部、市旅游委、交通局、绿化局、医保局、征兵办等有关部门和单位负责同志，各区县双拥工作领导小组组长参加了这次会议。会议认真分析了2000年双拥工作形势，提出了2001年双拥工作要点，对进一步加强双拥工作的若干措施进行了研究，传达了市委常委会议议军情况及政治局委员、市委书记黄菊同志在常委会上的讲话精神。

会议认为在市委、市政府和上海警备区的直接领导下，在全市各级党委政府、驻军各单位和全体军民的共同努力下，2000年上海双拥工作取得了新的成绩。全市军民高举邓小平理论伟大旗帜，按照江泽民总书记提出的“三个代表”重要思想和军政军民“同呼吸、共命运、心连心”的总要求，积极贯彻全国双拥模范城（县）命名大会精神，注重实事实办，求真务实，进一步提高了双拥工作的整体水平。一、双拥创建活动取得新的发展。全市有9个区县被命名为全国双拥模范城（县），较上届增加两名。有15个区县，153个街道、乡镇，390个地方单位和53个部队单位等模范集体，41个街道（乡镇），26个部队单位等先进集体，以及10名“拥军优属模范”个人、10名“拥政爱民模范”个人和10名“好军嫂”，100名优抚对象受到命名表彰，各级、各类双拥模范先进队伍更加壮大。二、驻军官兵主动为上海的经济建设和社会稳定作贡献。驻沪三军和武警部队官兵牢记我军全心全意为人民服务的宗旨，在完成战备、教育、训练任务的同时，积极支持和参与上海的建设事业，为上海的两个文明建设作出了巨大贡献。三、宣传力度不断加大，双拥工作的氛围日趋浓厚。各类传统教育和国防教育基地的作用显著，广大干部群众和青少年受到了以爱国主义为核心，以拥军优属、拥政爱民为主要内容的革命传统和国防教育。各种形式的双拥宣传活动营造了双拥工作的良好氛围，双拥环境进一步优化。四、拥军优属实事实办。一是继续关心驻军官兵生活，为部队解决粮油水电燃料补贴7000余万元；二是关心驻军随军随调家属安置，一年来，解决680名；三是积极开展科技拥军、智力拥军优属活动，累计资助15000余名驻军战士参加电视（函授）中专学历教育，帮助6000余名官兵接受各类培训，650余名优抚对象子女在入学入托方面的困难得到解决；四是双拥大厦功能日趋完善；五是拥军优属基金会进一步发展，筹集资金1.6亿元，为驻军和广大优抚对象办了大量实事。五、“爱心献功臣行动”继续深化。继续抓好与革命老区江西省兴国县结对帮扶工作的落实。按照中央有关要求广泛开展了缅怀志愿军先烈，慰问志愿军烈士家属等活动。六、双拥政策法规体系进一步完善。为贯彻落实历年来市委、市政府相继出台的有关双拥工作的政策法规，市政府有关委办局及各区县都结合本地本部门实际制定相应政策，落实各自职责，使全市双拥政策法规体系进一步完善。

会议提出，2001年，全市双拥工作要坚持以邓小平理论和江泽民总书记提出的“三个代表”重要思想为指导，认真落实党中央、国务院、中央军委关于加强军政军民团结的一系列重要指示精神，认真贯彻全国和全市双拥模范城（县）命名大会精神，坚持将双拥工作纳入经济社会发展总体规划和部队建设规划，牢固树立为军事斗争准备服务、为打赢未来战争服务的思想，努力为国家的发展稳定和军队建设创造良好的社会环境。主要做好：一、进一步培育全民国防观念和双拥意识；二、加大科技拥军力度，提高科技拥军层次和水平；三、依托社区，加强基层拥军优属工作；四、妥善做好部队随军随调家属安置工作；五、切实解决好优抚对象医疗保障问题；六、进一步优化上海拥军氛围；七、要在进一步调研的基础上制定切实可行的实施方案，改革征兵、安置等工作；八、继续推动拥军优属基金会的发展，进一步发挥其保障功能；九、进一步采取措施加强各级双拥办建设；十、驻军部队继续积极支持地方的经济社会发展；十一、深化军民共建活动。

会上，施德容同志对贯彻市委第86次常委会精神，进一步加强上海双拥工作的措施进行了说明，提出要加大科技拥军力度，提高科技拥军水平和层次；妥善做好部队随军随调家属安置工作；妥善解决本市优抚对象医疗保障；进一步优化上海双拥氛围；研究改善征兵入伍、安置就业两张通知一起发的新办法；进一步加强各级双拥办建设等方面研究切实可行的操作性措施。

市长、市双拥工作领导小组组长徐匡迪在会上作了重要讲话。他强调，2001是新世纪的第一年，也是实施第十个五年计划的第一年。全市上下一要认清形势，更加自觉地做好双拥工作。面对新形势，必须增强紧迫感和忧患意识，从战略角度，加深对做好新时期双拥工作重要意义的认识。地方各级党委、各级政府一定要更加坚定、更加自觉地把拥军优属工作摆在重要位置，高度重视，常抓不懈。要立足于为国防建设服务，为做好军事斗争准备服务，为广大指战员解除后顾之忧服务，把上海的双拥工作提高到一个新的水平。二要坚持发展，不断探索和拓宽新形势下做好双拥工作的新思路。要按照党中央的要求，坚持发展是硬道理，创新思路，提高水平。要认真研究在改革开放和社会主义市场经济条件下双拥工作所面临的新情况、新问题。要看到现在产生的一些问题，是随着经济的发展和改革的深入而出现的。解决这些问题，必须适应改革、发展、稳定的要求，研究出新的思路和办法。要把科技拥军作为新时期双拥工作的重要任务认真抓好。各部门、各单位都要利用各自的资源优势，积极开展科技拥军工作。要在提高官兵科技文化素质，支持驻军开展科技练兵活动，进行各种教学器械、器具、器材的研究等方面，加大工作力度，抓出成效。地方科研院所、大学的一些资源，只要需要都可以让驻军来用。要把本市的科技拥军提高到面向21世纪、适应高科技战争需要的水平。三要以扎实的作风落实双拥工作的各项任务。各级党委、政府，各部门、各单位都要把拥军优属当作份内事，为支持军队建设和关心优抚对象多办实事。对市双拥工作领导小组和上海警备区在向市委常委会汇报中提出的具体问题，要按市委常委会讨论的意见去认真加以执行。每年都要实实在在地办几件军队和优抚对象最关心、最需要，也是大家看得见的实事。各级领导干部都要树立起争做拥军优属模范的意识，对拥军的事，要继续坚持实事实办，特事特办，主动协调，通力协作。上海市双拥办作为市双拥工作领导小组的办事机构，仍设在市民政局。要进一步强化其组织、协调、指导的能力。各区县也要考虑双拥办的机构建设。现在，双拥办机构都有，也都挂在民政部门，但没有专职人员。对设12个专职人员问题，各个区县要合理考虑，使各级双拥办真正成为党委、政府和驻军领导机关的参谋助手。

江苏省双拥工作会议

2000年2月29日至3月1日，江苏省双拥工作会议在南京召开。省双拥工作领导小组成员单位负责同志、各市双拥工作领导小组组长、双拥办主任、驻苏部队有关部门负责同志参加了会议。会上，省委副书记、省双拥工作领导小组组长曹克明作了重要讲话；省委副秘书长、省双拥办主任蒋田杰对1999年全省双拥工作作了总结，对2000年的工作任务作了部署；省军区副政委、省双拥工作领导小组副组长陆殿义就军队进一步做好新形势下的拥政爱民工作作了重要讲话；省委副秘书长、省双拥办副主任陆军宣读了省委办公厅、省政府办公厅《关于广泛开展科技拥军活动，大力支持部队科技练兵的通知》。无锡市、南京市、盐城市、省科委、省教委在会上介绍了开展科技拥军的做法和经验。会议结束时，省双拥工作领导小组副组长、副省长张连珍作了讲话。

曹克明要求全省各级进一步统一思想，充分认识新形势下做好双拥工作的重大意义。围绕大局，突出重点，狠抓双拥工作各项任务的落实。一是充分发挥地方优势，大力做好科技拥军工作；二是继续深入扎实地开展创建双拥模范城（县）活动；三是继续为重点优抚对象排忧解难，巩固和发展“爱心献功臣行动”的成果；四是大力加强双拥政策法规建设。他强调，各级要切实加强双拥工作的组织领导，军地齐抓共管，不断提高双拥工作整体水平。

会议总结了1999年江苏省双拥工作情况。认为，1999年江苏省党政军民以邓小平理论为指导，奋力进取，扎实工作，双拥工作各项任务圆满完成：一、省委、省政府高度重视双拥创建工作，把开展创建全国双拥模范城（县）活动和“爱心献功臣行动”列为1999年度着重抓好的20件实事之一，进一步强化了目标管理。这已是省委、省政府连续七年将双拥创建活动列为年度的重点工作目标。二、全省各地结合实际开展了形式多样的爱国主义教育和双拥传统教育，进一步激发了广大军民爱国强军和做好双拥工作的政治热情。三、针对全省“三老”优抚对象中仍有2万多户住草房、6000多户住破漏危房的实际，筹集资金1亿元，投入义务帮工25万多个劳动日，减免各种费用1300多万元，为重点优抚对象新建住房20600多间，修房屋11000多间。有关部门和社会各界与23万“三老”优抚对象结成对子，并通过建立优抚对象抚恤补助标准自然增长机制，解决了他们的生活难。通过设立优抚门诊室和优抚病房1500多个，建立了优抚对象优惠就诊和医药减免等制度，缓解了他们的医疗难。四、各地努力适应部队科技强军的需要，大力开展科技拥军活动。全年共投入科技拥军费用过亿元。五、切实做好军队转业干部、退役士兵和随军家属的安置工作。接收安置军队转业干部5973名、退役士兵27176名，对随军家属做到一个不漏地及时安置。六、部队拥政爱民成绩突出。驻苏各部队派出5000多名官兵，协助地方开展军训和国防教育。驻苏部队在太湖防汛抗洪中全力以赴投入抢险救灾中，为保卫人民生命财产安全作出了新的贡献，春节期间，驻苏部队团以上单位，走访慰问了2000多户优抚对象，送去100多万元的慰问品和慰问金。出资10万元，为10户最困难的“三老”功臣每户新建40平方米的住房。建制团以上单位和县级人武部全部建立了“扶优帮困”挂钩点，每个单位帮助10户以上“三老”优抚对象脱贫致富。各部队先后帮助地方举办了200个科技培训班，使10多万群众提高了科技兴农、兴工的本领。

会议对江苏省2000年的双拥工作作了部署。要求各地以邓小平理论和党的十五大精神为指导，着眼大局，立足基层，注重落实，开拓创新，进一步巩固和发展全省军政军民紧密团结、共同发展的大好局面，为促进改革发展稳定和驻苏部队的全面建设作出新的贡献。一、深入开展国防教育和双拥宣传教育。结合传达学习全国双拥模范城命名大会精神，广泛进行以爱国主义为核心的国防教育和双拥教育，大力宣传党的三代领导集体关于加强军政军民团结的重要思想，宣传新形势下双拥工作的先进典型。二、广泛开展科技拥军活动。充分发挥全省科技、教育、人才等方面的优势，把科技拥军作为双拥工作的重要任务来抓。协助部队培养高素质的科技人才，支持部队挑选大学生入伍和接收地方专业人才，鼓励大中专学生和专业技术人员参军，激励江苏籍官兵立足本职学科技、用科技。科研院所、各类院校、大中型企业要积极协助部队抓好官兵现代高科技知识学习和专业技能培训。要继续配合部队搞好编制体制调整改革，帮助部队解决好训练、工作、生产和生活中遇到的问题。三、深入开展创建双拥模范城（县）活动，不断提高双拥工作的整体水平。被命名的双拥模范城（县），要认真总结经验，查找薄弱环节，制定改进措施，以更高的标准做好创建工作。没有被命名的城（县），要进一步增强创建双拥模范城（县）的信心，要不断完善动态管理，巩固激励机制，推动创建活动继续健康深入发展。要巩固和发展“爱心献功臣行动”的成果，使广大优抚对象的生活水平不断提高。四、加强对基层双拥工作的指导，狠抓双拥政策法规的全面落实。建立健全基层群众性双拥服务网络，坚持和完善各项制度。要认真研究和探索新形势下双拥工作的特点和规律，不断补充完善双拥政策法规，推进双拥工作的法制化进程。五、强化领导，齐抓共管，进一步形成双拥工作的整体合力。要发挥各级领导的带头作用，明确部门、行业双拥职责任务，形成优势互补、条块结合、协调一致的合力。要充分发挥双拥组织机构的作用。

陆殿义在讲话中要求驻苏部队从“打得赢”、“不变质”的高度出发，充分认识做好拥政爱民工作的重要性；认真贯彻科技强军的战略思想，积极配合地方开展好科技拥军活动；坚定不移地服从国家建设大局，努力为江苏改革开放和两个文明建设作贡献；突出重点，狠抓拥政爱民工作的落实。

江苏省双拥工作领导小组全体会议

2000年7月16日，江苏省双拥工作领导小组全体会议在南京召开。省委副秘书长、省双拥办副主任陆军主持了会议。省政府副秘书长、省双拥办公室主任刘国中汇报了上半年全省双拥工作情况和下半年工作意见。会上双拥工作领导小组各成员进行了充分讨论。省委副书记、省双拥工作领导小组组长曹克明同志出席会议并作重要讲话。

会议研究确定了当前以及下半年全省双拥工作的主要任务。

一、建议省双拥工作领导小组于7月25日前后召开全省双拥工作电视电话会议，总结上半年全省双拥工作情况，部署下半年的双拥工作，促进全省双拥工作各项任务的落实。会议拟请省军区陆殿义副政委主持；拟安排省科技厅、南通市、淮阴市的领导分别在南京主会场和两个分会场发言；请省政府张连珍副省长作工作报告，请省委曹克明副书记最后作重要讲话。

二、做好“八一”期间的双拥工作。抓好“八一”期间的双拥宣传，进一步营造军爱民、民拥军的浓厚社会氛围；抓好走访慰问活动。分别对驻宁部队、驻连云港海边防部队和省荣军医院、省复员退伍军人精神病医院进行走访慰问。各地慰问活动由当地党委、政府组织进行。

三、继续深入扎实地抓好科技拥军工作，表彰一批科技拥军先进典型。省双拥办拟于11月份邀请省教育厅、省科技厅、省科协等部门的有关人员组成联合调查组，对全省开展科技拥军的情况进行检查了解，进一步促进工作落实。省双拥办已经起草了关于评比表彰全省科技拥军先进县(市、区)、先进单位、先进个人标准的草稿,经修改审定后,建议以省双拥工作领导小组文件于近期下发各市。建议省委、省政府和省双拥工作领导小组今年底或明年初召开全省科技拥军总结表彰大会,表彰一批科技拥军的先进县(市、区)、先进单位和先进个人。

四、认真做好支持部队后勤保障社会化改革工作。把认真贯彻落实省委、省政府、省军区今年5月12日联合下发的关于支持驻苏部队推进后勤保障社会化改革的文件精神,作为下半年深化双拥工作的一件大事来抓。今年下半年会同军地有关部门,对全省驻军较多的南京、徐州、无锡等地进行一次部队后勤保障社会化改革的情况调查。在此基础上,形成驻苏部队后勤保障社会化改革工作的实施方案,以积极、稳妥、扎实地推动这项工作的开展。

五、继续抓好各项双拥政策的落实。要继续巩固和发展“爱心献功臣行动”的成果,认真抓好建立优抚对象抚恤补助标准自然增长机制工作的落实,优先保证其经费足额到位和按时发放;要继续下大力气解决重点优抚对象医疗难问题,积极探索并逐步建立以政府为主导、以全社会广泛参与为基础的多层次的优抚医疗保障体系,力争使重点优抚对象的医疗难问题在今年底基本得到解决;要采取有力措施,继续做好军队转业、退伍军人和随军家属的安置工作;继续认真落实移交地方安置的军队离退休师职干部医疗待遇工作和清理有关人员军地两处住房工作,把这两项工作作为今年双拥工作中的实事切实抓紧抓好。

浙江省双拥工作会议

2000年12月29日,浙江省双拥工作会议在杭州召开,各市双拥办主任,驻浙部队有关部门负责同志参加了会议。会议总结回顾了2000年全省双拥工作情况,研究探讨了2001年双拥工作思路。省双拥工作领导小组副组长兼省双拥办主任、省民政厅长李晓晋,省军区政治部副主任王寿言在会上讲了话。

会议总结了2000年浙江拥军优属拥政爱民工作情况。会议认为,2000年全省各级党委政府坚决贯彻党中央、国务院、中央军委一系列关于双拥工作的指示精神,广泛深入地开展拥军优属拥政爱民活动,军政军民团结得到进一步加强,全省双拥工作力度大、氛围浓、基础实、发展快,实现了新的突破。主要表现在:组织领导不断加强,营造了浓厚的双拥氛围;突出工作重点,双拥各项工作任务圆满完成;注重整体推进,热点、难点问题得到解决;驻浙部队积极支援驻地经济建设和奋勇抢险救灾,树立了良好形象;双拥共建工作取得积极成效,有力地促进了驻地两个文明建设。

会议对全省双拥工作提出了要求。一、要以“三个代表”的重要思想指导全省双拥工作。围绕发展社会生产力,双拥工作的着眼点要放在发展社会生产力和提高部队战斗力上。双拥工作是社会主义精神文明建设的一个重要组成部分,要为发展社会主义先进文化作出贡献。双拥工作是一项群众性的工作,做好这项工作就是对最广大人民群众的根本利益的维护。二、要围绕统一大业、对台军事斗争准备做好浙江双拥工作。各级双拥办要面对新形势、新环境和新任务,明确思路,扎扎实实开展工作。要大力开展科技拥军活动,为部队培养高科技人才。要全力做好来浙驻训部队的保障工作。要克服困难,安置好转业干部、退伍士兵、随军家属,为广大官兵解除后顾之忧。三、以新世纪开创新局面为要求,高质量地完成新春拥军慰问活动。各地要严密组织,精心实施。既要加大为优抚对象和部队办实事的力度,也要做好宣传工作,营造出浓厚的双拥工作氛围,为新世纪双拥工作的开展打牢基础。

福建省双拥工作领导小组第十七次全体会议

2000年7月11日，福建省双拥工作领导小组在福州召开第十七次会议。出席会议的有省委副书记、省双拥工作领导小组组长赵学敏，省政府副省长、省双拥工作领导小组副组长丘广钟，省军区副政委、省双拥工作领导小组副组长马以芝，以及省双拥工作领导小组33个成员单位的负责同志。省直有关部门的同志列席了会议。会议由丘广钟同志主持。

会议听取省双拥办副主任、省民政厅副厅长江华先同志关于上半年双拥工作的主要情况、下半年双拥工作安排和纪念“八一”建军节活动计划的汇报。与会同志进行了认真讨论，一致认为今年来全省双拥工作发展势头很好，成绩显著。全省各级党政军领导认识到位，各级双拥办发挥了“参谋”作用，广大军民积极参与双拥活动；各地以开展“创建双拥模范城（县）”活动为载体，以做好对台军事斗争准备和科技拥军为重点，以办实事和增强军地团结为落脚点，从而推进了双拥工作向更加务实、更高层次发展。会议认为，省双拥办提出的下半年工作安排意见和“八一”活动计划是可行的，希望各地继续保持上半年的良好发展态势，再接再厉，真抓实干，圆满完成全年双拥工作任务，为祖国统一大业、科技强军和社会稳定作出新的贡献。会议还审议了《福建省双拥工作领导小组成员单位双拥工作职责》，并责成省双拥办根据会议审议意见进行修改，定稿后印发各成员单位贯彻执行。

马以芝同志在会上发了言。他认为，福建双拥工作确实搞得好，不仅受到驻闽部队的高度赞扬，而且也受到入闽参加演习部队的很高评价。驻闽部队一定要牢记我军宗旨，进一步做好拥政爱民工作，遵守地方政策法规，热爱人民群众，为福建改革开放和两个文明建设多做实事，多办好事。中央军委首长对福建的有关工作非常重视，军地双方要一如既往地密切配合，认真做好对台军事斗争准备，随时准备应付突发情况，维护祖国统一大业。

赵学敏同志在会上作了重要讲话。他充分肯定了上半年双拥工作成绩和各有关部门所做的工作，高度赞扬驻闽三军和武警部队对地方两个文明建设所作的重要贡献。原则同意下半年双拥工作安排和“八一”活动计划。要求各地继续深入、持久、扎实地开展双拥活动，进一步巩固和发展军政军民团结的大好局面，为改革、发展、稳定和军队全面建设作出新的更大贡献；认真做好优抚安置工作，圆满完成解“三难”任务，想方设法安置好今年军转干部和城镇退役士兵；大力开展科技拥军活动，发挥地方科教优势，帮助部队搞好科技强军工作，使之成为全省双拥工作新的增长点；加强双拥宣传工作，及时发现和宣扬典型，弘扬爱国拥军精神，进一步培育军爱民、民拥军的良好社会风尚，为全省改革开放和现代化建设创造更加稳定的政治环境。

福建省双拥工作领导小组第十八次全体会议

2000年12月21日，福建省双拥工作领导小组在福州举行了第十八次全体会议。省委副书记、省双拥工作领导小组组长赵学敏同志出席会议并作了重要讲话。副省长、省双拥工作领导小组副组长丘广钟同志主持了会议。省军区副政委、省双拥工作领导小组副组长马以芝同志在会上作了发言。33个领导小组成员单位的负责同志出席了会议。省直有关部门的同志列席了会议。

会议首先听取了省民政厅副厅长、省双拥办副主任江华先同志关于今年双拥工作基本情况、明年双拥工作主要任务以及元旦、春节期间双拥活动安排建议的汇报，审议了2001年全省双拥工作要点。与会同志认为，对全省双拥工作的总结是实事求是的，既肯定了成绩，又找出了问题；下一步双拥工作思路清晰，任务明确，重点突出，符合实际。

会议认为，2000年是全省双拥工作搞得比较扎实、富有成效的一年。各地、各部门按照省委、省政府、驻闽部队和省双拥工作领导小组的部署，认真贯彻全国、全省双拥模范城（县）命名大会的精神，以创建高标准的双拥模范城（县）为载体，以做好对台军事斗争准备和科技拥军工作为重点，广泛深入地开展双拥活动，取得了新的成绩和进步，全省双拥工作继续保持健康发展势头，为改革发展稳定大局和部队现代化建设作出了积极贡献。一是全民国防教育深入开展。各地国防教育基地面向社会公众开放，使前来参观学习的一批批干部群众和青少年学生，受到生动形象的爱国主义和双拥传统教育。各类学校普遍把国防教育内容列入教学计划，对学生进行了比较系统的教育。许多地方举办了各种军事夏令营和少年军校，有效地提高了广大学生的国防观念。二是创建双拥模范城（县）活动取得新成果。年初，继泉州、厦门、福州等11个单位荣获全国双拥模范城（县）称号之后，龙岩等32个单位又荣获省级双拥模范城（县）称号。在省命名大会上，还结合表彰了57个“爱心献功臣行动”先进集体、80名先进个人。年底，又表彰了141个基层双拥工作先进单位，200名先进个人，32个先进双拥办，把创建双拥模范城（县）活动与表彰先进紧密结合起来，构筑了双拥工作的坚实基础。三是走访慰问活动广泛开展。据不完全统计，全年各地共派出60多个慰问团（组），走访慰问180多个部队单位。对部队提出的实际问题，进行了认真研究，一时解决不了的及时说明情况，积极创造条件争取早日解决。四是支持部队建设力度进一步加大。全省地方各级财政全年共安排1亿多元经费，继续帮助部队搞好基础设施、训练设施、文化设施和菜篮子工程建设。尤其是把做好对台军事斗争准备作为双拥工作的重点来抓，认真贯彻对台方针政策，进一步加强战场建设和国防动员工作，积极解决新入闽部队的“安居”问题，全力支持部队军事演习，认真保护军事设施，维护军人合法权益，加强军政军民团结。为反“台独”、反分裂作出了积极贡献。各地重视发挥科教优势，积极开展科技拥军活动，帮助部队培训高素质新型军事人才，组织专家和技术人员到军营帮助开展科技练兵活动，大大提高了拥军的科技含量。五是解“三难”工作取得新的进展。各地进一步落实有关政策法规，切实兑现抚恤补助标准自然增长机制。深入开展挂钩帮扶活动，帮助住房困难的优抚对象修建住房，并结合农村医疗改革，积极推行重点优抚对象“双投保、双报销”办法，减免医疗费用，使全省6万多名重点优抚对象基本做到生活有改善，住房有着落，看病有保障。同时，农村义务兵家属优待金、在乡老复员军人定补标准等都得到相应调整提高。六是部队为民办好事成效明显。驻闽部队在完成自身繁重任务的同时，积极支持重点工程建设、兴修水利、植树造林，捐资助学、扶贫帮困和其他社会公益事业，为地方两个文明建设作出了积极贡献。特别在发生自然灾害的紧急关头，驻闽部队官兵奋勇参加抢险救灾，大大减轻了自然灾害所造成的损失。武警部队积极参与社会治安综合治理，打击偷私渡和刑事犯罪，对社会稳定作出了突出贡献。

会议指出，在充分肯定我省双拥工作成绩的同时，也要看到不足和问题：有的地方在年初命名大会后，“创建双拥模范城（县）”热情有所下降，巩固提高工作抓得不紧；少数地方对城镇退役士兵安置力度不够，畏难情绪较大，完成任务滞后；解决重点优抚对象的“三难”问题进展不够平衡，少数地方尚未完全达到省定标准；个别基层单位个别人引发的军民纠纷还没有完全杜绝。对此必须引起高度重视，积极采取措施加以认真解决。

会议强调，新的世纪，新的形势，给双拥工作提出了更高的要求，同时也提供了更广阔的舞台和更强大的动力。新一年双拥工作的总体要求是：以邓小平理论和党的十五届五中全会精神为指导，按照“三个代表”的要求，认真贯彻党中央、国务院、中央军委关于做好双拥工作的一系列重要指示精神，从全省实际出发，着力解决双拥工作的重点、难点问题，推进双拥工作向更高层次发展，更好地为经济和国防建设服务，保障社会政治稳定。

一要抓好一个载体。通过创建双拥模范城（县）活动这一有效载体，最大限度地调动各级各部门和广大军民做好双拥工作的积极性，激发广大干部群众的爱国拥军热情，推进双拥工作向广度和深度发展。明年适当时候，将召开一次全省创建双拥模范城（县）汇报会，组织一次创建双拥模范城（县）活动检查讲评，出台评选新一轮双拥模范城（县）的具体条件与要求，掀起群众性的双拥热潮，巩固和发展全省双拥工作的大好局面。

二要做好两篇文章。做好对台军事斗争准备，开科技拥军活动，是明年双拥工作的两个重点。各级、各部门要积极配合部队做好战场建设和国防动员工作，保护好军事设施，做好部队重大军事行动的支前保障工作，及时解决新入闽部队的“安居”问题，一旦台海有战事，保证全省成为对台作战的进攻基地、动员基地、保障基地，为反分裂、反干涉，实现祖国统一大业作出历史性的贡献。要充分发挥地方科研、教育和人才优势，帮助部队培训“打得赢”的高素质军事人才，支持部队开展科技练兵、科研工作和技术革新等活动，促进部队的质量建设。各地要把科技拥军纳入科技兴市（县）的发展规划，经费纳入地方财政预算，把解决科技拥军的问题纳入政府办实事的项目，使之有计划、有组织地展开。要努力形成“政府主导，科技牵头，部门配合，多方参与”的科技拥军格局，帮助部队培养和造就一大批能够驾驭高科技战争的新型军事人才。各级科技、教育部门是开展科技拥军活动的职能部门和主办单位，要认真履行职责，切实负起组织、计划、检查指导、协调实施的责任。

三要突破三个难点。要采取优惠政策和灵活措施，安置好军转干部和城镇退役士兵，使其在改革开放和现代化建设中发挥积极作用；同时，部队也要教育军转干部和城镇退役士兵多体谅地方困难，愉快服从组织分配，到最需要的部门去工作。要多渠道解决随军家属就业问题，对下岗军人家属要优先安置并依法发给待业期间的生活补助费，以解决部队干部的后顾之忧。要采取多种办法，切实解决重点优抚对象的生活、住房、医疗困难，在制定与实施扶贫帮困、安居工程、养老保险、医疗改革和城市居民最低生活保障制度时，优先优惠照顾优抚对象，使其生活不低于当地群众平均生活水平。

四要搞好四项建设。要适当增加财政投入和多方筹措资金，继续帮助驻闽部队搞好基础设施、训练设施、文化设施和“菜篮子”工程建设，进一步改善部队的战备、执勤、训练、工作和生活条件。要编制计划，突出重点，相对集中财力办好重点项目。要认真贯彻省委、省政府、省军区《关于支持驻闽部队推进后勤保障社会化改革的意见》，积极为部队后勤保障社会化提供良好条件。

会议强调指出，双拥工作的立足点要放在基层，加大基层工作力度。通过基层单位、基层团队的共建活动，进一步抓好双拥各项任务在乡村、街道、工厂、学校、连队等基层单位的落实，夯实基础，拓宽渠道，把双拥工作搞得更扎实，更有成效。

多年来，全省双拥工作一直走在全国前列，受到党中央、国务院、中央军委的肯定，但我们宣传不够，典型事迹、典型人物不多。为此，会议要求在新的一年里，各地加大宣传力度，积极宣传各地、各部队涌现出的先进典型和先进经验，宣传广大军民围绕促进国家和军队的改革建设相互团结、相互支持的生动事迹和大好局面，宣传创建双拥模范城（县）活动取得的丰硕成果。要及时发现典型及时宣传推广，及时总结提高，发挥典型示范引路作用，扩大社会影响。双拥宣传要舍得投入，报纸要舍得给版面，电视要舍得给画面，要组织新闻记者和各地报道组经常下基层采访，切实把双拥宣传搞活搞好。

会议指出，双拥工作贵在经常。要把功夫下在经常性的工作上。制度化是经常化的保证，要进一步健全和完善双拥工作的各项政策法规。不管领导怎么换，任务怎么变，始终保持工作的连续性和稳定性。要进一步加强对双拥工作的领导，做到党政军领导齐抓共管，各有关部门密切配合。要广泛深入开展新一轮创建高标准双拥模范城（县）活动，以优异成绩迎接新世纪首次命名大会的召开。明年，市县一级将进行机构改革，双拥办要适当加强，不能削弱。要认真解决双拥办的人员编制、办公经费、工作用车等实际问题，充分发挥双拥办的职能作用，使之真正成为各级党委、政府、驻军和双拥工作领导小组的得力“参谋”。各级双拥办干部要忠于职守，加强学习，不断提高业务水平。

会议最后要求各级有关部门按照省里的安排部署，认真搞好“两节”期间的双拥各项活动。各种活动要与办实事、解忧难、送温暖结合起来；要把慰问部队官兵与看望优抚对象结合起来，为新世纪做好双拥工作开个好头。

江西省双拥办主任会议

2000年5月30日至31日，江西省双拥办主任会议在鹰潭市召开。会议主要内容是：组织学习省双拥工作领导小组办公室《关于印发＜全国双拥模范城（县）命名大会精神传达贯彻提纲＞的通知》；听取了南昌市八一桥街办大士院二区二居委会、宁都县田头乡民政所基层优抚服务组织建设和开展活动的经验介绍。省双拥办主任、民政厅副厅长汪国光同志作了工作报告，省双拥工作领导小组副组长、省军区副政委周日扬在会上作了讲话。讨论制定了《关于加强基层优抚组织建设的意见》。与会人员通过互相交流学习，进一步认清了形势，统一思想，明确了任务，开阔了视野。

会议回顾了1999年全省双拥工作。一是全民双拥宣传教育和国防教育不断深入。各地各部队把搞好宣传教育，营造浓厚的爱国拥军氛围当作一项重要工作来抓，坚持不懈地对广大干部群众进行以爱国主义为核心的国防教育和拥军优属为重点的双拥宣传。二是双拥创建活动扎实有效。各地各部队按照“巩固、发展、提高”的要求，把双拥创建活动纳入各级党委、政府的工作日程，纳入了经济社会发展和部队建设的总体规划，纳入了单位和部门目标管理责任制，纳入了各级领导的政绩考核内容。三是以“解三难”为重点的“爱心献功臣行动”成效显著。省委、省政府办公厅下发“爱心献功臣行动”实施方案后，各级领导高度重视，有关部门密切配合，社会各界广泛参与，兄弟省市积极支援，取得了可喜成绩。四是切实保障了广大优抚对象的合法权益。各地十分重视做好军烈属、革命伤残军人、在乡老红军和老复员军人等优抚对象的抚恤优待工作，认真落实各项优抚政策，检查督促各类优抚对象的优待抚恤补助的兑现。五是军地双方互办实事。各级党委政府和人民群众发扬爱国拥军优良传统，把拥军优属、支援部队建设作为义不容辞的责任，拨出专款4613万元帮助驻军解决住房、粮油、燃料、道路、通信、训练场地等方面的困难。部队出动官兵35万多人次，动用大批车辆投入地方公益事业，支援国家和地方重点工程建设，促进了当地经济的发展。

会议就2000年的双拥工作提出了具体安排，一是从讲政治的高度，充分认识做好新时期双拥工作的重大意义。二是坚持不懈地抓好双拥宣传和国防教育。三是扎扎实实地开展新一轮双拥创建工作。四是军地双方要在解难题、办实事上狠下功夫。五是大力加强基层双拥优抚服务组织的建设。六是全面落实优抚安置政策。

周日扬就2000年的双拥工作提出了以下要求：一是深化思想认识，进一步增强做好新形势下双拥工作的责任感和自觉性。要克服认为双拥工作做多做少、做好做差，关系不大等模糊认识，抓住各种时机，采取多种形式，大力宣传党的三代领导核心关于加强军政军民团结的重要思想，不断激发广大军民积极参与双拥活动的政治热情。二是加大政策法规建设力度，推动双拥工作持续深入发展。在抓好《江西省退伍义务兵安置（条例）细则》、《江西省拥军优属若干规定》和《江西省优待金社会统筹办法》等现行政策法规落实的同时，深入基层，深入实际，调查研究，在广泛听取各方面意见的基础上，以《国防法》、《兵役法》为依据，主动协调地方政府及有关部门研究制定具有指导性、规范性和操作性的双拥文件，及时出台一些与深化改革措施相互配套的双拥政策法规。三是勇于改革创新，在创特色、上台阶上有新的突破。要坚持双拥工作的高起点，从本地区、本单位的实际出发，以改革创新的精神，积极探索，大胆实践，不断确立新思路，推出新举措，拿出新办法，使双拥工作在创新中突破，在创新中改进，在创新中发展。四是加强自身建设，高标准做好双拥工作。加强双拥工作组织机构和人员队伍建设，是确保高标准抓好双拥工作落实的关键，也是适应形势和任务发展的必然要求。要加强对双拥工作人员队伍的教育和培养，提高他们的政治素质、思想水平和业务能力。要围绕新形势落实双拥工作的需要，制定双拥工作规划，既要有年度工作计划，又要有双拥工作三年规划。

山东省双拥工作领导小组第十六次全体会议

2000年1月24日，山东省双拥工作领导小组第十六次全体会议在济南召开。省双拥工作领导小组组长、省委副书记吴爱英，省双拥工作领导小组副组长、副省长林廷生，省军区政委何法祥，副政委李养珍，省政府副秘书长张华福，省民政厅副厅长戴成贵等出席会议。林廷生同志主持会议，李养珍同志传达了全国双拥模范城（县）命名大会精神，戴成贵同志作了《关于1999年双拥工作情况和2000年双拥工作意见》的汇报，吴爱英、何法祥作了重要讲话。

会议认为，经党中央、国务院、中央军委批准召开的全国双拥模范城（县）命名大会，是一次历史性重要会议，对新形势下双拥工作提出了新的更高的要求。贯彻落实好这次会议精神，是全省当前和今后一个时期双拥工作的重要任务。

会议认为，1999年全省双拥工作取得了显著成绩。主要体现在：支持部队调整改革，圆满完成了转业、退伍军人和随军家属安置任务；科技拥军迈出新的步伐；围绕发展"两力"，军地相互支持成绩显著；"爱心献功臣行动"深入扎实，"三老"优抚对象"三难"问题基本解决；军民国防双拥观念进一步增强，法规建设取得新的进展；创建双拥模范城（县）活动成绩突出，在全国双拥模范城（县）评比中12个市县受到表彰，实现了"五连冠"的奋斗目标。会议指出，全省双拥工作虽然成绩显著，但仍存在一些问题：对双拥工作的认识与新形势要求还不相适应；转业、复退军人和随军家属安置难的问题还没有根本解决；双拥工作的机制还不够健全，这些需要进一步研究解决。

会议向全省军民提出了争创全国双拥模范城（县）"六连冠"的奋斗目标。要求各地加大工作力度，以实绩争创下一届全国双拥模范城（县）。为深化双拥工作，会议确定，在全省开展"双四好"（即地方要做到科技拥军好，转业退伍安置好，优抚政策落实好，维护军人合法权益好；部队和预备役要做到科技兴农示范好，扶贫帮困效果好，维护社会治安好，完成急难险重任务好）活动，进一步促进双拥工作的落实。

会议指出，各级双拥办积极履行参谋、组织、协调、指导职责，为全省双拥工作发展做出了突出贡献。要求各地在新一轮机构改革中，进一步加强双拥办建设，切实保证双拥办编制、人员、经费的落实。

吴爱英就贯彻落实全国双拥模范城（县）命名大会精神，进一步开创双拥工作新局面讲了话。她要求，各级党政机关和部队深入学习贯彻江泽民总书记的重要指示和全国双拥模范城（县）命名大会精神，进一步统一思想，提高认识，增强做好双拥工作的政治责任感；紧紧围绕增强国家经济实力、国防实力和民族凝聚力开展双拥工作；广泛进行军政军民团结的宣传教育，不断激发军民做好双拥工作的政治热情；深入开展创建双拥模范城（县）活动，不断把双拥工作引向深入；切实加强双拥工作的领导，保证双拥各项任务的落实。

何法祥充分肯定全省双拥工作成绩，并就全省广泛开展“双四好”活动和加强军事设施保护讲了话。

山东省双拥办主任会议

2000年5月19至20日，经省委、省政府、省军区批准，山东省双拥办主任会议在潍坊市召开。全省17个市地双拥办主任共78人参加了会议。济南军区、北海舰队、济南军区空军、某集团军、省武警总队等有关部门的领导出席会议。会议学习传达了全国双拥模范城（县）命名大会精神和省委、省政府、省军区《关于进一步加强双拥工作，深入开展创建双拥模范城（县）活动的意见》，总结交流了经验，研究部署了今后一个时期的任务，参观了潍坊市的双拥工作现场。省双拥工作领导小组副组长、省政府副秘书长张华福，省双拥工作领导小组副组长、省民政厅长亓凤海和省双拥工作领导小组成员、济南军区政治部秘书长贾德全分别作了讲话，省双拥工作领导小组副组长、省民政厅副厅长戴成贵作了工作报告。

张华福指出，在省双拥工作领导小组第十六次全体会议上，省领导提出了争创全国双拥模范城(县)“六连冠”的奋斗目标。这个任务十分艰巨。从现在始，全省各级双拥办要从基础抓起，以只争朝夕的精神，以扎扎实实的作风，创造出新成绩，争取新的荣誉。他要求全省各级提高认识，牢固树立做好双拥工作的政治责任感、紧迫感；把握新的切入点，在服务“两力”上求发展；解决新问题，在军民关心的热点难点上求突破；加强领导，在狠抓落实中创造新业绩。

贾德全在讲话中充分肯定了近年来的山东省双拥工作的成绩。他说，新时期的山东双拥工作坚持领导带头，形成了齐抓共管的拥军机制；建立完善法规，形成了配套的拥军法规政策规体系；关注军队建设，形成了为部队和军人排忧解难的良好风尚。

会议总结了近十年来山东省创建双拥模范城（县）活动的主要成绩和经验。认为，十年来，山东广大军民在调整改革中相互支持，在科教兴鲁和科技强军中相互支援，在重点工程和公益事业中双向奉献，在抢险救灾和维护社会稳定中并肩战斗，创造出军民双向奉献、共谋发展的良好局面。全国双拥模范城（县）的数量连续五届居全国之首。十年历程，十年辉煌，积累了丰富的经验。主要有：坚持不懈地深化双拥教育，不断强化与改革开放和发展市场经济相适应的双拥观念；坚持不懈地为大局服务，努力促进社会生产力的发展和部队战斗力的提高；坚持不懈地探索富有时代特色的群众性双拥活动形式，形成全社会广泛参与的生动局面；坚持不懈地抓好双拥政策法规建设，努力推进双拥工作整体水平的提高。

会议明确了在新一轮创建双拥模范城（县）活动中，全省双拥工作的主要任务。要求各地，进一步高举爱国拥军旗帜，深化双拥教育；围绕增强国家经济实力、国防实力和民族凝聚力，军民双向奉献，共谋发展；改革创新，着力解决军民关注的热点难点问题；完善管理机制，不断提高创建双拥模范城（县）活动质量；切实加强组织领导，保证把各项双拥工作任务落在实处。

重庆市双拥工作领导小组第三次全体会议

2000年12月29日，重庆市双拥工作领导小组召开第三次全体成员会议。会议由市双拥工作领导小组副组长、市委副书记李学举主持，市双拥工作领导小组副组长、副市长陈光国，市双拥工作领导小组副组长、重庆警备区副政委张福立出席会议并作了重要讲话，市委、市政府分管副秘书长和市委宣传部、市计委、市民政局等33个成员单位主要负责人参加了会议。

会议审议并通过了张福立同志代表市双拥工作领导小组提出的《重庆市2001年双拥工作要点》和市双拥办主任、市民政局副局长冯秀文作的《重庆市2000年双拥工作情况报告》。

会议认为，2000年，全市的双拥工作在市委、市政府的高度重视下，认真贯彻落实"三个代表"的重要思想，按照全国和全市双拥模范城（县）命名大会的要求，紧紧围绕江总书记交办重庆的"四件大事"，以实施西部大开发为契机，以富民强市为目标，着眼于增强经济实力、国防实力和民族凝聚力开展工作，为全市的改革发展稳定和军队建设作出了新的贡献。

会议指出，2001年是进入新世纪、实施"十五"计划的开局之年，是深化改革、扩大开放和西部大开发的重要一年。全市2001年双拥工作要以加大双拥和国防教育力度，做好军事斗争准备，广泛开展科技拥军、科技助民活动，积极参加和支持西部大开发，落实优抚安置政策、建立和完善双拥政策法规，强化双拥工作机构自身建设为重点。服从大局，注重建设，立足基层，求实创新，全面推动双拥工作向高层次发展，巩固和发展军政军民团结的良好局面。

会议强调，江总书记"三个代表"重要思想是我们做好新形势下的双拥工作，进一步加强军政军民团结的思想武器。我们一定要深刻领会江总书记"三个代表"的重要思想，不断增强做好双拥工作的政治责任感。要从贯彻"三个代表"重要思想的高度，从事关国家长治久安、事关民族根本利益、事关改革开放和现代化建设全局的高度，充分认识做好新形势下双拥工作的重大意义，切实把这项工作作为一项长期的战略任务，摆在重要位置，抓紧抓好。要适应新形势的需要，扎扎实实、卓有成效地开展双拥活动，努力开创双拥工作的新局面。各成员单位要提高认识，统一思想，主动宣传双拥工作，形成良好的社会氛围。要积极、主动支持双拥工作，形成做好双拥工作的整体合力。双拥工作政策、法规涉及的单位，要认真履行职责，发挥作用，推动双拥工作深入开展，切实提高全市双拥工作整体水平。

陕西省双拥办主任会议

经陕西省双拥工作领导小组批准，2000年3月5日，陕西省双拥办在西安召开了各地市双拥办主任会议。会议传达了全国双拥模范城（县）命名大会精神，总结交流了1999年开展“爱心献功臣行动”工作情况，安排部署了2000年双拥工作。省委常委、省委秘书长、双拥办主任白云腾，双拥办副主任贾湘、陈再生、秦建唐、刘成栋，各地市双拥办主任、驻陕部队各军级单位政治部秘书（群联）处长参加了会议。省委副书记、常务副省长、省双拥工作领导小组副组长贾治邦，省军区政委、省双拥工作领导小组副组长雷星平到会并分别作了重要讲话。

会议传达了全国双拥模范城（县）命名大会精神，印发了江泽民同志的贺信、胡锦涛同志的重要讲话和司马义·艾买提同志的工作报告等文件，并认真进行了学习。会议对西安市、宝鸡市、渭南市、咸阳市、延安市、武功县、合阳县荣获全国双拥模范城（县）称号表示了祝贺。

贾治邦总结了去年的双拥工作。认为在过去的一年里，全省双拥工作在继承中创新，在探索中前进，为促进全省经济社会发展做出了新贡献。一是双拥宣传更加深入，加深了对做好新形势下双拥工作重要性的认识。二是共建水平在提高，领域不断拓展，内容不断丰富，有效地提高了双拥模范城（县）的质量。三是互办实事更自觉，为全省和驻陕部队的改革建设作出了新贡献。四是“爱心行动”有突破，使重点优抚对象的“三难”问题基本得到解决。

贾治邦指出，加强军政军民团结，既是我党我军我国各族人民的优良传统和特有的政治优势，也是在当前国际国内大局下，特别是实施西部大开发的新形势下，动员和凝聚一切力量，实现陕西大发展目标的迫切需要。各级党、政、军领导要充分认识新形势下加强军政军民团结的重要性，发扬成绩，乘势而上。他对全年的双拥工作进行了部署。

一、要紧紧围绕科技强军战略主线，扎实开展科技拥军活动。地方各级党委、政府要认真贯彻江总书记“科技强军”战略思想，把科技拥军作为新时期拥军工作的重要课题，纳入地方经济、社会发展和科教兴陕的总体规划，充分发挥陕西省科研院所、高等院校和科技密集型企业众多的优势，广泛开展科技人才进军营、科普知识传军营、科技书刊送军营活动。要主动为部队开展科技练兵和培养科技人才提供人力、物力、财力支持，为广大官兵学习科技知识创造良好的条件。

二、要紧紧围绕西部大开发战略，扎实开展具有鲜明特色的双拥活动。各地、各部门要进一步加大工作力度，把扩大扶贫工作成果作为实施西部大开发的一项重要任务抓紧抓好。各地要在继续坚持以往扶贫工作成功做法的基础上，大力推广省军区系统“一部一村”扶贫工作经验，进一步拓展领域，丰富内容，完善措施，积极开展形式多样、成效明显的扶贫帮困活动，力求建设一批具有较高水平的小康示范村和文明户。各级双拥办要为驻军部队扶贫帮困活动搭好桥、铺好路，搞好协调，共同为全省完成“八五”扶贫规划作出新的贡献。驻陕部队要把参与西部大开发作为服从服务于经济建设大局的实际行动，充分发挥“三大优势”，即野战部队突击力强、战斗力强、善打硬仗的优势和军事院校、科研院所设备先进、技术力量雄厚的优势以及省军区预备役部队人员众多、遍布城乡的优势，在重大基础设施建设和山川秀美工程建设中鼓实劲，在科技攻关、技术改造中创实绩，在“三荒”治理和农田水利基本建设中见实效，切实为西部大开发、陕西大发展做出实实在在的贡献。

三、要立足发展，着眼创新，努力提高双拥模范城（县）的建设水平。各地各部队要适应形势发展的要求，不断改革创新双拥工作。要在“新”字上下功夫，在坚持传统做法的基础上，立足发展，着眼创新，在共建内容上找新的切入点，在共建格局上创新的模式，在共建方法上出新的经验，在共建质量上求新的水平。在“大”字上做文章。要充分发挥军队和地方、领导和群众、城市和农村各个方面的积极性，要积极推广西北电力公司与驻军开展联片共建、渭南市“十共”活动的经验，立足在大范围开展活动，在多领域培养典型。在“实”字上见成效。要把落实各项双拥政策作为创建活动的硬任务来抓，对近几年中央和省里制定的一系列双拥政策，保证不折不扣地落实到位。

四、要继续开展“爱心献功臣行动”，进一步解决重点优抚对象的“三难”问题。军地各级要在巩固“爱心献功臣行动”的基础上，再接再厉，进一步加大工作力度，扩大“爱心献功臣行动”的成果，健全保障机制，全面落实优抚政策，使优抚对象的“三难”问题彻底得到解决。

五、要注重研究解决双拥工作中出现的新情况、新问题。各级党委、政府要从巩固国防、维护稳定的高度出发，妥善安置好转业干部、退伍士兵和随军家属，让复转军人不忧心；积极稳妥地解决好未随军家属的下岗就业、住房困难和子女上学问题，让现役官兵不分心；切实落实各项优抚政策，保障优抚对象的合法权益，让复退老兵不伤心。军地双方都应认真分析当前军民关系的形势，预测可能发生的问题，制定积极有效的预防措施，力求把矛盾消灭在萌芽状态，促进双拥工作的不断深入发展。

省军区政委、省双拥工作领导小组副组长雷星平在讲话中强调，驻陕部队各级领导要进一步增强做好双拥工作的政治责任感，努力做好拥政爱民工作。要紧紧围绕实施西部大开发，大力支援地方基础设施建设，积极参加山川秀美工程建设和帮助地方发展科技教育事业，进一步加大扶贫帮困力度，奋勇参加抢险救灾，努力为陕西经济腾飞做出新贡献。要把维护社会稳定摆在双拥工作的突出位置，要加强对部队进行教育，严守纪律，树好形象，积极组织官兵为当地群众办好事、实事。要深入开展军民共建活动，积极协助地方搞好综合治理，妥善处理历史遗留问题和现实纠纷。

甘肃省双拥工作领导小组全体会议

2000年2月18日，甘肃省召开了双拥工作领导小组全体成员会议。副省长、省双拥工作领导小组副组长洛桑灵智多杰主持会议，省委副书记、省双拥工作领导小组组长仲兆隆同志讲了话。省双拥工作领导小组成员单位的负责同志参加了会议。会议听取了省双拥办主任、民政厅厅长黄续祖同志关于近几年全省双拥工作情况汇报和2000年双拥工作的安排，省军区政治部副主任、省双拥办副主任张建国同志就驻甘部队积极参与西部大开发战略行动的设想发了言，与会同志结合全省实际进行了认真的讨论。

会议认为，近年来，全省各级党委、政府和各族人民群众以及驻甘部队和武警官兵，在省委、省政府、省军区的正确领导下，坚持把党中央、国务院、中央军委有关双拥工作的指示精神同当地实际相结合，不断研究新情况、探索新途径、解决新问题，双拥工作整体水平不断提高。主要表现在：国防教育和双拥宣传扎实有效，全民国防观念和双拥意识大大增强；创建双拥模范城（县）活动蓬勃开展，现已有7个全国双拥模范城（县）、55个省级双拥模范城（县）；创建河西千里双拥模范走廊活动成效显著，在全省、全国产生了强烈反响；优抚安置政策得到有效落实，军人和优抚对象的权益得到保障；军民共建、互办实事成绩突出，有力地促进了军地的改革与发展；双拥政策法规建设进一步加强，双拥工作逐步走向法制化、规范化、经常化轨道。

会议安排了2000年的双拥工作，提出2000年是全省实施西部大开发的第一年，双拥工作的指导思想是，以邓小平理论和党的十五大精神为指针，按照全国、全省双拥模范城（县）命名表彰大会要求，紧紧围绕西部大开发和驻甘部队质量建设这个主题开展工作，进一步巩固发展军政军民团结的大好局面，为全省的改革、发展、稳定和部队建设创造良好的社会环境。为此，要着重抓好以下几个方面工作：抓好全国、全省双拥模范城（县）命名表彰大会精神的贯彻落实，推动双拥创建工作持续深入发展；紧紧围绕西部大开发和部队质量建设开展双拥工作，促进军地的改革与发展；继续突出抓好落实优抚、安置政策和预防军地纠纷的工作，维护军地团结和稳定；加强调查研究，努力探讨新形势下做好双拥工作的有效措施和办法。驻甘部队要积极参与生态环境建设、基础设施建设和重点工程建设，继续开展好扶贫帮困活动，支持“希望工程”，承担急难险重任务，为西部大开发献策出力。地方党委、政府和各行各业、各族人民要一如既往地关心部队建设，解决各种困难，每年为驻军办几件看得见、摸得着的实事。要有组织、有计划地开展科技拥军、智力拥军活动；要想方设法安置好军转干部和退役士兵，支持部队编制调整改革。同时，要加大优抚工作力度，建立优待抚恤补助标准自然增长机制，继续深入开展“爱心献功臣行动”，积极做好预防和妥善处理军地纠纷的工作，巩固和发展全省双拥工作的大好局面。

会议指出，双拥工作是一项内容丰富、涉及面广、政治性很强的社会综合工程。各级党政军领导、各职能部门、各行各业都要高度重视，加强领导，承担责任，密切配合，形成整体合力。省双拥工作领导小组成员单位都是有关职能部门，在这些年的双拥工作中，认真履行职责，努力承担双拥任务，促进了双拥工作在基层的落实，较好地发挥了应有的作用。但是个别单位对双拥工作的重要性认识还不够，存在着配合不力的问题，落实双拥任务还不主动，有的甚至拒绝接收复转军人和随军家属。这些都应引起我们的高度重视，认真加以解决。各成员单位一定要从讲政治的高度对待双拥工作，支持双拥工作，充分发挥其职能作用。要结合本职业务，认真贯彻执行省委、省政府、省军区联合颁布的《甘肃省拥军优属工作若干规定》和《甘肃省驻军拥政爱民工作若干规定》，保证双拥各项任务落到实处。要在落实优抚安置政策、开展“爱心献功臣行动”和为部队办实事等工作中，拿出具体措施，发挥带头作用。

会议要求，政府机构改革即将开始。各级军地领导和编制部门一定要按照党中央、国务院、中央军委和全国双拥工作领导小组的要求，以对国家、军队建设高度负责的精神，重视和加强双拥工作机构建设，保证双拥工作有人抓、有人管、不断线。双拥办的同志要不断提高政治素质和业务水平，充分发挥组织协调作用，使全省的双拥工作再上新的水平。

会议听取了省军区政治部张建国副主任关于驻甘部队参与西部大开发的设想。为积极支持和参与西部大开发的战略行动，兰州军区、兰空、省军区和武警总队均已拿出支援西部大开发的预案。即抓住一个重点，是以兰州市为重点；参与三项行动，就是基础设施建设、生态环境建设、扶贫攻坚；支持三条干线建设，即兰新线、西兰线、兰郎线；协调三方力量，即驻甘部队、民兵预备役人员、省军区系统；采取三个步骤，即宣传动员、组织实施、总结表彰。会议确定，为充分发挥驻军这支巨大力量的作用，拟由省军区政治部、省计委、省双拥办牵头协调有关方面，为驻军参加西部大开发提供各种方便条件 。

会议经过认真讨论，研究确定了以下几个具体问题的解决方案和措施：

一、针对部分领导干部和群众双拥意识不强，双拥工作仍有死角的问题，宣传、教育部门要将国防教育和双拥宣传纳人工作总体规划，加大宣传教育力度；组织、人事部门将双拥工作纳入干部政绩考核的内容。

二、为支持驻甘部队参与西部大开发，由省军区政治部协调驻军召开一次通报会，请省计委介绍有关情况，有关部门给予优惠政策和工作条件方面的支持。

三、鉴于军队正在走质量建军、科技强军道路，驻甘部队急需人才培养、基础设施建设和生活环境方面的支持，确定由双拥办协调驻军和有关部门双见面，由部队提出要求，有关部门给予支持。如人才培养由教育部门承担，科技成果转化由科技部门牵头，基础设施建设和生活环境由有关部门支持解决。

四、为保证退伍军人安置任务的顺利完成，从今年起，按照国务院、中央军委（1999）19号文件关于由各级人民政府下达安置指标，各机关、团体、企业、事业单位，不分所有制性质和组织形式，都要接收当地人民政府分配的安置任务的要求，中央、省直企事业单位的计划由省政府下达，有关行业和部门要无条件接收安置退伍军人。同时，部队也要搞好教育，帮助退伍军人认清就业形势，转变就业观念，走多渠道安排的路子。

五、由于全省重点优抚对象住房、生活、医疗难的问题仍很突出，在今年深入开展的“爱心献功臣行动”中，省直单位尤其是双拥工作领导小组成员单位要带头拿出具体帮扶方案，在双拥办的协调下，积极开展“爱心献功臣行动”。

六、按照全国双拥工作领导小组的要求。在即将进行的政府机构改革中，继续保留省双拥工作领导小组及其办公室，具体人员编制及机构设置届时由省编委统一考虑。

七、为保证双拥办工作的顺利运转，由双拥办写出预算报告，由财政厅从今年起，将双拥办正常工作经费纳入年度财政预算。

青海省双拥工作领导小组第十次全体会议

2000年12月25日，青海省双拥工作领导小组在西宁市召开了第十次全体会议，省委副书记、省双拥工作领导小组组长冯敏刚同志主持会议，省委常委、政法委书记、省双拥工作领导小组副组长管雷，省民政厅厅长、省双拥工作领导小组副组长史国枢及领导小组成员单位的负责同志出席了会议。

会上，史国枢宣读了省委关于调整省双拥工作领导小组成员的决定，管雷作了题为《统一思想，扎实工作，开创我省双拥工作新局面》的工作报告。会议研究了省双拥办提交的几个议题。冯敏刚同志在会议结束时作了总结讲话。

会议认为，近年来，全省双拥工作在省委、省政府、省军区的正确领导下，坚持把党中央、国务院、中央军委有关双拥工作的指示精神与实际相结合，研究新情况，探索新途径，解决新问题，双拥工作整体水平不断提高。主要表现在：国防教育和双拥宣传深入人心，部队积极参加青海开发建设成效显著，拥军优属工作注重实效，优抚安置政策得到落实，军人和优抚对象的合法权益得到保障，创建双拥模范城（县）活动蓬勃发展，双拥政策法规建设取得新进展。但也存在一些薄弱环节，主要是：各地工作进展还不平衡，解决热点、难点问题的力度还需加大，个别单位落实双拥工作任务不够主动，有的单位接收安置军转干部和退役士兵不积极。这些问题亟需认真研究解决。

会议根据省委、省政府和全国双拥工作领导小组第十四次全体会议的要求，研究确定了2001年全省双拥工作的指导思想和主要任务。指导思想是：坚持以邓小平理论和江泽民同志“三个代表”重要思想为指导，深入贯彻党的十五届五中全会精神，紧紧围绕全省经济社会发展和部队质量建军开展双拥工作，进一步巩固和发展军政军民“同呼吸、共命运、心连心”的大好局面，为全面实现“十五”奋斗目标创造良好的社会环境。主要任务是：继续加大国防教育和双拥宣传力度，增强广大军民维护祖国统一，维护社会稳定的使命感和责任感；深入开展创建双拥模范城（县）和争当“双先”竞赛活动，不断提高双拥工作水平；积极支持部队改革和参加青海开发建设，全面落实优抚安置的各项政策措施；充分发挥双拥工作机构和成员单位的作用，同心同德，扎实工作，为进一步加强军政军民团结、促进全省改革开放、稳定发展和驻军部队的全面建设作出新的贡献。

会议研究确定了以下几个具体问题的解决方案和措施：

一、驻青部队和民兵预备役人员，要贯彻落实中央军委和四总部关于军队参加和支援西部大开发的指示精神。1. 继续发扬人民军队的优良传统，一如既往地完成抢险救灾、扶贫帮困等急难险重任务，继续搞好军（警）民共建社会主义精神文明活动。2. 各级地方党委、政府在安排建设项目中，对与国防建设有关、便于部队发挥优势的道路桥梁、通讯线路铺设维护、光缆施工扩容、土石开采、定向爆破等劳动力密集、突击性强的工程项目可优先安排给部队，并从资金上给予保障。3. 民兵预备役人员由军分区、人武部牵头组织，采取无偿和有偿相结合的办法，在参加退耕还林（草）、植树造林、草原灭鼠、野生动植物资源保护中发挥积极作用。4. 各级双拥办公室做好协调工作。

二、为切实保障义务兵家属的合法权益，保障兵员征集工作顺利进行，会议要求按照国家政策法规做好义务兵家属优待工作。1. 在全省农村牧区税费改革前，仍执行原优待办法，未交纳统筹优待金的单位应继续交纳；实行费改税后，优待金纳入县、乡（镇）财政预算管理，统一组织征收，优待标准不低于当地上年度人均纯收入；2. 按照新修订的《兵役法》和《青海省征兵工作条例》对城镇义务兵家属给予普遍优待的规定，由民政部门调查测算人数和优待标准，提出具体实施方案，报省政府审定。

三、为保证城镇退役士兵安置任务的顺利完成，会议要求认真实施《中华人民共和国兵役法》和《青海省退役士兵安置暂行办法》，贯彻落实国务院、中央军委《关于2000年冬季士兵退出现役工作的通知》精神，加大政府调控力度，采取安置就业、扶持就业、自谋职业等多渠道、多形式的安置办法，按时完成年度安置工作任务。1. 所有机关、团体、企业和事业单位，不分所有制性质和组织形式，都有依法接收退役士兵的责任和义务，任何单位都不得拒绝接收当地政府分配的安置任务，对不执行政府下达的安置计划和拒绝接收退役士兵的单位，要追究领导者的责任。2. 积极探索通过市场机制安置的途径和办法，扩大“供需见面、双向选择”的范围；对完成安置任务确有困难的用人单位，经批准按规定标准支付有偿转移金；鼓励退役士兵自谋职业，由当地政府发给一次性经济补助金，还可比照下岗职工享受有关优惠政策。3. 鉴于城镇退役士兵安置工作涉及民政、劳动、人事、财政等部门，由省政府办公厅组织召开专题会议研究布置。

四、西宁军供站是全国重点军事供应站，是省政府拥军支前的窗口单位，担负着部队执行军事任务的军供保障工作，西宁军供站进出道路被集贸市场占用，不仅影响过往部队通行，也不利于军事行动保密，必须加以解决。由民政厅和西宁市政府领导商定方案，与有关单位协商解决，确保军供接待工作顺利进行。

五、按照全国双拥工作领导小组的要求，重视和加强各级双拥组织机构建设，省双拥工作领导小组办公室牌子挂在民政厅优抚安置局，建议适当增加行政或事业编制，由省编委按程序研究解决；省军区政治部协调各驻军部队每年抽调两名干部到双拥办工作。

六、为保证省双拥办公室工作的正常运转，由双拥办提出预算报告，省财政厅将双拥办工作经费纳入年度预算，并适当增加专项慰问经费。

宁夏回族自治区双拥工作会议

为传达贯彻全国双拥模范城（县）命名大会精神，安排部署世纪之交的双拥工作，巩固和发展军政军民团结的大好局面，以实际行动迎接西部大开发。3月10日，宁夏自治区在银川召开了全区双拥工作会议。自治区政府秘书长、区双拥办主任陈守信，宁夏军区政治部副主任、区双拥办副主任赵俊新到会并讲了话。会议由自治区民政厅副厅长、区双拥办副主任陈玉宝主持。银川市、石嘴山市、吴忠市、固原行署和驻宁部队建制团以上单位分管双拥工作的领导以及各地、市、县（区）双拥办主任参加了会议。

会上，宁夏军区政治部副主任赵俊新传达了江泽民总书记致全国双拥模范城（县）命名大会的贺信和全国双拥模范城（县）命名大会精神；三市一地双拥办主任分别就2000年的双拥工作谈了各自的打算；自治区政府秘书长陈守信在总结去年工作的同时，结合自治区完成党中央实施西部大开发战略的形势和任务，安排部署了全区双拥工作任务。

会议认为，1999年自治区的双拥工作以邓小平理论为指导，认真贯彻落实党的十五大和自治区党委八届二次会议精神，紧紧围绕改革发展稳定大局，使双拥工作有了新的提高和创新。宣传教育更加广泛深入，全民的国防观念和双拥意识进一步增强；加强了管理指导，创建双拥模范城（县）活动整体水平明显提高；紧紧围绕发展地方生产力和提高部队战斗力开展工作，军地相互支持更加有力；广泛开展“爱心献功臣行动”，解“三难”工作有了突破性进展。会议强调指出，2000年是自治区全面完成“九五”计划和实现本世纪奋斗目标的最后一年，也是实施西部大开发战略的起步之年，自治区的双拥工作要坚持以邓小平理论和党的十五大精神为指导，认真贯彻落实全国双拥模范城（县）命名大会精神，紧紧围绕改革发展稳定大局，以宣传教育为主导，以群众性创建活动为基础，不断加大拥军优属、拥政爱民工作力度，进一步巩固和发展军政军民团结的大好局面，为实现跨世纪的发展目标和实施西部大开发战略，促进部队全面建设作出新的贡献。

会议对2000年全区双拥工作进行了统一部署。要求各地、各部队把宣传教育作为推动双拥工作深入发展的基础性工程，切实抓牢抓实，通过内容丰富、形式生动的国防教育和双拥宣传，进一步增强广大军民的国防观念和双拥意识，在全社会形成讲政治、顾大局、自觉维护军政军民团结的良好风尚。自觉服从、服务于西部大开发，切实加强军地之间的相互支持和合作。各地和驻宁部队要积极动员和组织广大军民为自治区实施西部大开发战略献计献策，多做贡献。地方各级政府要一如既往地关心支持国防和军队建设，为部队的战备、训练、执勤和生活提供保障和方便。全力支持部队开展科技练兵活动，为军队的现代化建设提供智力和科技保证。要想方设法安置好转业干部和退伍军人，满腔热情地做好优抚工作，为稳定军心，促进部队战斗力的提高创造良好的条件。驻宁部队和武警部队要在全面完成战备、训练、执勤等任务的同时，把援建基础设施和改善生态环境作为参加和支援西部大开发的主要方向，集中使用力量，配合地方打好攻坚战。要继续深入开展创建双拥模范城（县）活动，促进双拥工作各项任务在基层的落实。要继续深入开展军民共建文明小区、文明街道、文明窗口行业和小康文明村活动，推动自治区精神文明建设深入发展。要继续抓好“爱心献功臣行动”，采取切实措施，力争使重点优抚对象的生活难、住房难基本得到解决，医疗难得到明显缓解。会议最后强调，各地、各部队要从改革、发展、稳定和军队建设的大局出发，认真解决好军地双方出现的矛盾和问题，从加强法规建设入手，推动双拥工作各项任务的落实。

工 作 概 述

北京市二〇〇〇年双拥工作总结

2000年，北京市的双拥工作，坚持以邓小平理论为指导，认真贯彻落实江总书记提出的“三个代表”重要思想，按照全国和北京市双拥模范城（县）命名大会的要求，突出首都特点，积极开展形式多样的双拥活动，进一步巩固和发展了军政军民“同呼吸、共命运、心连心”的大好局面，为首都的改革发展稳定和军队建设做出了新的贡献。

一、认真学习贯彻全国和北京市双拥模范城（县）命名大会精神，深化以爱国主义为核心的国防教育

年初，全国双拥模范城（县）命名大会和北京市双拥模范区（县）命名大会召开后，各区县、各部队分别召开党委常委会、双拥工作领导小组会和军地联席会，传达贯彻两级会议精神，学习有关文件，研究深入开展创建活动的措施和办法。东城、西城、崇文、朝阳、海淀、丰台、石景山、大兴、昌平等9个全国双拥模范城（县），在成绩面前找不足，制定了巩固、发展、提高的新措施，争取更大荣誉；未被命名的单位，对照先进找差距，确定目标和重点，增强创建双拥模范城（县）的信心，推动了群众性创建活动的深入开展。全市军民在深入开展“做一日军人”、“国防教育进万家”、“国防教育进校园”活动的基础上，又开展了“为新世纪国防尽义务”活动。邀请国防大学、军事科学院30多名专家、教授组成“首都国防教育讲师团”，为全市干部群众举办国防知识讲座、作台海局势报告共300多场次，受教育人数达30多万人。全市各级领导干部踊跃参加“军营一日”活动，90%的处级以上领导干部以不同的方式接受了国防教育；以“少年军校”、青少年国防教育中心、教育基地为依托，组织全市中小学生军训，使广大青少年学生从小受到良好的国防教育和训练。全市有28个单位、近万名干部群众参与了首都防空联合战役北京市人民防空演习，市民的国防意识显著增强。

二、适应军事斗争准备需要，拥军优属力度不断加大

做好军事斗争准备，是党中央、中央军委根据国际形势的发展变化提出的战略任务。全市各级党委、政府从维护国家安全和祖国统一的高度，把关心支持军队建设，做好拥军优属工作作为一项重大的政治任务来抓。

一是积极开展科技拥军活动。为提高现代技术条件下的防卫作战能力，全军在北京举行了“砺剑2000”科技练兵训练成果交流观摩演示会。全市各级党政领导和人民群众像战争年代拥军支前那样，为部队提供各种服务保障。昌平区、海淀区、朝阳区成立了专门机构，主动做好部队训练演习的场地、道路、通信、安全、生活等保障工作，保证了训练演习的顺利进行。各级党委和政府为支持部队开展科技练兵，动员社会各界力量开展科技拥军活动，帮助部队解决科技练兵中遇到的实际问题。组织大专院校和科研院所，与部队签订人才培养协议。东城、西城、海淀、石景山等区，充分利用本区的教育资源，给部队干部战士办班补习文化，学习高新技术，提高掌握高新技术武器的能力。据不完全统计，全年给部队干部战士举办高新技术知识讲座80余次，依托140个军地两用人才培训基地开办了军营大专班、研究生班，促进了科技练兵的深入开展。

二是扎扎实实为部队办好事办实事。全市各级党委、政府，心系部队建设，真心实意为部队解决困难。为方便部队官兵出行，公交总公司开通了由德胜门至261医院的344路支线，将特4路、716路延长到国防大学，调整374路专线至武警总部太平桥东里宿舍区，调整了914、849、407路的站位。门头沟区投资70余万元，帮助驻区3个部队架设安装有线电视天线，电视频道由原来的1个增加到40多个，较好地解决了驻山区部队官兵看电视难的问题。为支持部队“菜篮子”建设，全市又给部队提供土地6876亩，仅大兴县就划拨土地2000多亩，扩大了部队“菜篮子”规模，还帮助部队培训技术人员1000多名，提高了“菜篮子”建设的质量。北京军供站接待军运列车200余列，官兵近7万人，是历年来接待任务最重的一年。在春节、八一等重大节日期间，市、区县和街乡镇分别组团慰问部队，送慰问款物1000多万元。为部队做好事办实事10万多件。

三是大力支持驻京部队后勤保障社会化改革。全市认真贯彻江总书记关于军队后勤保障社会化的指示，努力落实国务院、中央军委关于支持部队后勤保障社会化改革的通知精神，成立了支持驻京部队后勤保障社会化改革领导小组，常务副市长孟学农、总后王太岚副部长任组长，翟鸿祥副市长任副组长，16个军队单位和18个地方委办局的负责同志参加。支持驻京部队后勤保障社会化改革领导小组于12月15日召开了第一次全体会议，研究了领导小组工作职责、工作任务，部署了下一步的工作。市委、市政府专门下发了关于支持驻京部队后勤保障社会化改革的意见，就部队改革中涉及到的饮食保障、商业服务、物业管理、职工分流等问题，对相关部门提出了具体要求，推动了驻京部队后勤保障社会化改革的稳步发展。

四是继续开展“爱心献功臣行动”。2000年是实施“爱心献功臣行动”第二年，也是中国人民志愿军抗美援朝出国作战50周年。全市各级党委、政府非常重视优属工作。为纪念中国人民志愿军抗美援朝出国作战50周年，全市开展了一系列纪念活动。翟鸿祥副市长慰问看望了志愿军老战士代表。市委、市政府举行电影晚会慰问志愿军老战士、志愿军烈士家属代表，组织在京的志愿军老战士、志愿军烈士家属代表参加首都各界在人民大会堂举行的纪念中国人民志愿军抗美援朝出国作战50周年大会，并给在乡的志愿军老战士和志愿军烈属补助200元。继续深入开展“爱心献功臣行动”，按期完成被列为市政府2000年60件实事项目的300户农村优抚对象的危房翻建任务。全市4800多个志愿服务小组，义务为优抚对象送煤、运粮、修缮房屋等，做好事办实事共计12万多件。广大优抚对象十分感谢党和政府对他们的关怀和照顾。

三、围绕首都改革建设大局，拥政爱民工作取得新的成绩

驻京部队发扬我军光荣传统，广泛开展以“双三好”为主要内容的拥政爱民活动，为促进首都的两个文明建设做出了积极贡献。先后出动官兵16万多人次，在故宫周围、万柳地区、四环路、中华世纪坛等20余处重点地段支援首都绿化美化建设。军委、总部和驻京部队各大单位70多位将军亲自参加了义务劳动。在美化首都综合治理中，投入2.4亿元，实施1307个项目，进行了大气污染治理；投入5万多个劳动日，清理垃圾整治环境，为京城碧水蓝天、环境美化、申办奥运做出了贡献。勇于承担急难险重任务，主动配合地方公安部门，开展军民联防联治，维护首都社会稳定；主动支援地方抢险救灾、运送救灾物资等，挽回国家经济损失1600多万元。在“科技助民工程”中，总装、二炮等单位为地方转让科技成果50多项，创造经济效益1亿多元。总后、海军、北京军区、武警部队派出1000多名技术人员帮助驻地和远郊区县发展经济，带动群众脱贫致富。总参、总后、海军、空军、二炮、军事科学院、军委办公厅、北京军区、武警部队先后出资700多万元，用于改善9所“八一爱民小学”、驻地及山区贫困学校的教学设施；总政、总装、国防大学、北京军区、武警部队等单位官兵自发与京郊贫困学生结对帮困，使200多名学生得到救助，促进了首都教育事业的发展。

四、以抓基层为重点，双拥工作各项任务得到较好落实

全市和驻京部队，坚持把双拥工作的重点放在抓基层、打基础上。针对发展社会主义市场经济条件下双拥工作出现的新情况、新问题，全市加大了调研的力度。市双拥办会同市有关职能部门，对全市近年来部队随军家属接收安置情况进行了调研，撰写出了报告，为制定军队干部随军家属劳动就业和社会保障政策提供了依据。积极稳妥地做好转业复员退伍军人及随军家属的安置工作。2000年是党中央确定裁军50万的最后一年，在党政机关机构精简、事业单位人事制度综合改革全面展开、企业减员增效、就业压力十分突出的情况下，中央下达给北京市的军转干部接收安置任务2339名，已接收安置2317名，安置率99%。共接收复员退伍军人6833名，其中城镇4622名，安置率达100%。安置随军家属1184名。西城、海淀、昌平等区县，在随军家属安置任务较重的情况下，千方百计做好她们的就业安置工作，受到了部队好评。帮助解决3754名部队子女入学入托。接收军队离退休干部3050名，是近几年接收最多的一年。军民共建推出了95996部队与房山区七里店“帮钱帮物，不如帮建一个好支部”的典型，有力地推动了精神文明建设在基层的落实。

一年来，北京市双拥工作虽然取得了一些成绩，但也存在一些薄弱环节：一是各区县工作发展还不够平衡，个别单位落实双拥政策法规有时不到位；二是少数先进单位工作缺乏创新和发展；三是安置工作还不适应市场经济条件下的就业要求。这些问题都需要认真研究，切实加以解决。

天津市二〇〇〇年双拥工作总结

2000年，全市双拥工作以江总书记提出的“三个代表”重要思想为指导，按照市委提出的“乘势而上、开拓创新、全面上水平”的工作思路，深入贯彻落实党的十五大精神，坚持为国防和部队建设服务，为经济建设服务，为促进社会稳定服务，深入持久地开展双拥创建活动，使双拥工作逐步向规范化、法制化的方向发展，呈现出思路新、工作实、效果好、辐射广的工作新格局。

一、强化领导意识、创新意识，进一步加强双拥政策法规建设

一年来，各级党政军领导高度重视双拥工作，积极参加，率先垂范，把双拥工作纳入重要议事日程，常抓不懈。春节、“八一”期间，市委书记张立昌、市长李盛霖、市委常委夏宝龙分别带队到部队走访慰问，深入基层连队同战士座谈，察看基层连队的生活、学习、训练情况。“八一”前夕，市双拥办领导率团赴福建漳州慰问了实战轮训部队。各区县领导也分别带领各有关部门负责人前往驻区部队走访慰问，共商加强国防建设大计，为部队解决实际问题。各区县普遍加强了基层双拥组织建设，不断完善双拥领导机构和工作机构，形成了条块结合、覆盖全市的双拥工作网络。

为使双拥工作更具时代特色，更好地为党的中心工作服务，促进“两力”发展，市双拥办结合工作实际，广泛征求意见，草拟了《天津市创建双拥模范区县（单位）实施办法》。《实施办法》充实完善了双拥模范区县评比条件，规范了评比程序，体现了动态管理的特点。会同有关职能部门对《拥军优属工作规定》进行了修改和完善，有力地维护了优抚对象的合法权益，保障了部队现代化建设的顺利进行。针对优抚对象的实际困难，积极与有关部门协商，先后出台了对重点优抚对象的暖气配套费和取暖费实行减免的政策；调整了革命伤残人员的抚恤和护理费标准；制定了有关做好军队家属安置工作的规定；明确了退伍军人待分配期间发放生活补助费，缓解了安置工作的矛盾。各区县、各行各业围绕《拥军优属工作规定》制定了新的具体措施。政策法规的不断调整与完善，使双拥工作步入规范化、法制化的轨道。全市对“爱心献功臣行动”进行了深入调查，提出在解决“住房难”、“生活难”基础上，应把工作重点放在解决“医疗难”上，并督促各地出台优抚对象就医的减免规定，使拥军优属政策落到实处。

制定、调整政策法规是做好双拥工作的根本保障，抓好政策法规的落实是做好双拥工作的关键。为保障各项双拥政策法规的全面落实，全市加大了对各项政策法规落实的监督力度，对双拥政策法规的执行情况开展了全面检查。5月至7月间，就全市机动车停放处军车免费停放情况、军事设施保护情况进行了突击抽查，向各区县通报检查情况，对存在问题的单位提出批评，并责令尽快改进，确保了政策规定的落实。

二、广泛宣传，全民参与，为双拥工作创造良好的社会环境

全市军地各级组织把抓好双拥宣传教育作为一项重要工作来抓，在全社会形成了活动形式新，宣传教育面大，群众参与广泛的发展态势。为充分调动各地、各部队的积极性，广泛开展了推优评先、抓典型促发展等活动，激发了广大军民参加双拥工作的热情，促进了基层双拥工作的开展。年初，与天津电视台联合录制了宣传教育电视片《鱼水之间》。电视片以生动活泼的形式，把在老百姓生活中、大家身边的双拥模范搬上了银屏，使双拥工作更加深入人心。1月19日隆重召开了天津市双拥模范区（县）命名表彰大会，18个区县被命名为市级双拥模范区县，表彰了318个模范集体和个人。大会提出了双拥工作新的思路、新的目标，进一步推动了双拥工作的蓬勃发展。各区县以评比活动为契机，大力宣传双拥工作成果，部分区县拍摄了反映本区新时期双拥工作事迹的专题片，在区县有线电视台多次播放，使广大军民的双拥意识普遍增强。市双拥办利用《双拥信息》及时、准确地报道来自基层的情况和动态，成为各区县传递信息、交流经验的阵地。据统计，《天津日报》、《今晚报》、天津电视台、区报、区有线电视台等宣传媒体全年共刊播有关双拥的文章500余篇。在广泛开展双拥宣传教育的基础上，注重抓典型促发展，以点带面，促进双拥工作全面上水平。通过区县推荐、筛选出具有行业特点、时代特征、生动事迹的典型，10月26日召开天津市双拥模范典型事迹演讲会，地方和部队的16个典型，从不同侧面介绍了他们的事迹，收到了良好的教育效果。

2000年是中国人民解放军建军73周年，也是新千年的第一个“八一”建军节。全市普遍开展了丰富多彩的庆祝活动。7月29日，以市委、市政府、警备区的名义举办了“共筑新世纪国防长城”为主题的庆“八一”文艺晚会，党政军主要领导、驻津部队官兵代表、双拥模范代表及各界群众代表参加了庆祝活动。各区县、各行业、各部队纷纷举办了各种形式的联谊活动，积极组织编排节目，以文艺演出的形式共同庆祝中国人民解放军建军73周年，全市共举办各种形式的文艺演出20余场，丰富了基层文化生活，密切了军政军民关系。为纪念抗美援朝50周年，全市普遍开展了纪念活动和走访慰问。市领导带队入户慰问，为老功臣带去慰问金和慰问品。市委、市政府向在乡的志愿军老战士及烈属赠送了纪念品，全市军民普遍受到一次爱国主义、国际主义和革命英雄主义教育。

三、双向奉献，互办实事，把双拥工作的各项任务落到实处

为进一步加大支持国防建设的力度，“八一”前夕，市委召开议军会，研究解决国防后备力量建设和驻津部队建设中的实际问题，为国防建设拨款548万元。市委、市政府把做好双拥工作列入20件实事之一，积极为部队办实事、解难题，坚持每年为基层连队办一件实事。2000年为每个基层连队添置了一套排球架和成套VCD光盘。各区县、各职能部门把支援部队建设当作义不容辞的责任，共投入资金1983.6万元，为部队拓宽道路、修建营房，赠送计算机、饮水机、洗衣机等慰问品，较好地改善了部队的物质文化生活条件。各级党委、政府把军转干部、退役士兵、随军家属安置工作作为一项政治任务，积极克服困难，竭尽全力为部队分忧。全市军转干部接收、退伍军人安置已圆满完成。在随军家属安置上，和平、塘沽、河北、河西、河东、南开等区相继制定了安置办法，成立了随军家属就业基地和随军家属上岗培训中心，为拓宽随军家属就业渠道创造了条件。许多区县为安置随军家属专门召开协调会，邀请有关职能部门参加，研究制定措施。有的区县还提出了“不让一个军嫂下岗”、“安置军嫂没商量”等工作目标，确保随军家属安置工作渠道畅通。全年共安置随军家属354人。在解决子女入学、入托问题上，各区县制定相应的规定，把部队子女安排在条件好、教学质量高、设备先进的学校，先后解决部队子女入托入学1447人。一年来，以落实优抚政策、完善服务为工作目标，积极为优抚对象办实事。加大义务兵家属优待金社会统筹的收缴力度，召开了经验交流现场推广会，实行区县优待金收缴指标管理，截止到年底，共收缴义务兵家属优待金1659.3万元。为90名伤残人员配发了轮椅，为全市6900名伤残人员换发了伤残证书。

地方党委政府对部队的关怀和支持，极大地激发了部队官兵为天津经济建设做贡献的热情。围绕地方经济发展的总体目标，按照市委提出的工作思路，警备区党委专门作出决定，对部队参加和支援地方两个文明建设进行动员和部署。驻津各部队和民兵、预备役部队积极参加和支援地方重点工程建设，为天津经济发展做出了新的贡献。一是参加“北水南调”工程建设。组织驻津陆海空军、武警部队和民兵预备役人员，参加了“北水南调”一期、二期工程建设，共投入36000多个劳动日，车辆700多台次，清淤河道5000米，清运土方9000多立方米，受到市委、市政府的表彰。二是参加墙子河改造工程建设。为进一步改善市容环境，市委、市政府决定从3月开始对墙子河实施改造。警备区、武警天津总队、军事交通学院、某集团军舟桥团、空军某训练团等单位承担了近200米长的河道清淤任务，共出动3900余名官兵，700多台车辆，历时一个月，圆满完成任务。三是支援蓟县山区生态农业综合开发。为加快天津市农业发展的步伐，率先实现农业现代化，市委、市政府决定在蓟县实施山区生态农业综合开发。驻津各部队积极参加山区的开发建设，修建了1.6公里环山路，15座蓄水池及灌溉配套设施，新建一所“八一希望小学”。自开工以来，驻津部队共投入8000多个工作日，整修梯田2800多亩，年内完成了第一期山区开发任务。四是参加和平路商业街改造工程。为进一步发挥老商业区的经济中心作用，市委、市政府决定对具有百年历史的和平路商业街实施改造。自4月开始，驻津部队积极参加工程建设，在施工现场召开了军民共建、民兵参战和平路改造动员大会，驻津各部队和市政工程局民兵，共投入5000多个劳动日，为确保工程顺利进行做出了贡献。五是参加引黄济津工程义务劳动。根据市委、市政府的统一部署，驻津部队组织1万多名官兵参加引黄济津工程施工义务劳动，投入18000多个劳动日，清淤河道、筑坝固堤5000多米。六是按照全市的统一部署，各区县人武部组织协调辖区部队，积极参加天津市“畅通工程”行动和市容环境综合治理，共出动5000多人次，300多台车辆，拆除违章建筑，清运废土垃圾，美化了市容环境，为天津的经济发展做出了重大贡献。

河北省二〇〇〇年双拥工作总结

2000年，全省各地和驻军各部队坚持以邓小平理论为指导，认真贯彻落实江泽民总书记提出的“三个代表”重要思想，按照全国双拥模范城（县）命名大会和全省双拥工作会议的要求，紧紧围绕增强经济实力、国防实力和民族凝聚力开展双拥工作，切实把加强军政军民团结当作巩固国防、维护社会稳定、促进经济发展和社会进步的大事摆上战略位置，以继续实施“双六工程”、开展“双三好”

活动、搞好科技拥军和建立优抚对象抚恤补助标准与人民生活水平同步提高的自然增长机制为重点，不断探索双拥工作的新路子，着力解决重点、难点、热点问题，全省的双拥工作在原有的基础上又有新的发展和提高。

一、认真贯彻落实全国双拥模范城（县）命名大会和全省双拥工作会议精神，群众性双拥活动深入开展

年初召开的全国双拥模范城（县）命名大会，既是对开展创建双拥模范城（县）活动的全面检阅，也是对进一步做好双拥工作，加强军政军民团结的深入动员。会上，全省有11个市、县被命名为新一届全国双拥模范城（县），命名数量居全国第二，实现了位次前移的目标。为深入学习贯彻命名大会精神，我省随即召开了全省双拥工作会议，省委书记叶连松、省长钮茂生分别向会议发了贺信，赵世居副书记、汪潮海政委、郭庚茂副省长作了重要讲话。会议按照抓落实、重实效的原则部署了全省的双拥工作。会后，各地认真学习贯彻会议精神，研究深入开展双拥工作的办法和措施。被命名的石家庄、唐山、秦皇岛等市隆重举行了新一届“全国双拥模范城”接匾仪式，传达了全国双拥模范城（县）命名大会和全省双拥工作会议精神，进一步激发了广大军民深入开展双拥活动的政治热情；邯郸市表彰了双拥工作中成绩突出的87个先进单位和111名先进个人，制定了《邯郸市创建全国双拥模范城“五连冠”工程规划》，从宣传教育、拥军优属、拥政爱民、军民共建四个方面对全市的双拥工作进行了具体明确的部署，做到了任务、时间、人员三落实；保定、廊坊等市分别召开了双拥工作会、双拥工作领导小组会以及军地联席会，传达了会议精神和命名决定，学习了中央和省领导同志讲话及有关文件，表彰了基层双拥先进集体和先进个人；承德、张家口等市成绩面前找不足，制定了巩固、发展、提高的新措施，努力在抓重点、攻难点、动真情、办实事、强化政府责任上实现新突破；乐亭、涉县、文安三县结合当地实际，对为部队和优抚对象办实事进行了细化，促进了会议精神在基层的全面落实。未被命名的市、县对照先进找差距，确定新的工作目标和重点。衡水市把创建“双拥模范城”列入全市两个文明建设和经济社会发展规划，提出了“奋战两年，把衡水建成全国双拥模范城”的目标，进一步增强了全市军民创建双拥模范城的信心和决心；平山县广泛开展了评选“好军嫂、军人好母亲”活动，对5名好军嫂、19名军人好母亲进行了表彰。这些活动，有力地推动了群众性创建活动的广泛开展。全省20万个基层双拥服务组织，为驻军和优抚对象办好事、实事，不仅坚持了以往行之有效的做法，还创造了一些新的活动形式，如军（警）民共建文明城市、文明村镇、文明行业，开展帮扶优抚对象致富、个体拥军、科技拥军等活动，丰富了基层双拥工作的内容，进一步打牢了双拥工作的基础。

二、进一步加大双拥宣传力度，广大军民的双拥意识和国防观念不断增强

各地充分利用新闻媒体加大双拥宣传工作力度，各级电台、电视台、报纸都开辟了专栏、专题节目进行双拥宣传和国防教育。一是宣传重大典型，充分发挥双拥排头兵的作用。在宣传刘金鱼等老典型的基础上，发掘和培养了新的典型。省双拥办、省民政厅、省文明办、省军区政治部上报中央文明委，推出唐山市常玉珍作为2000年全国精神文明建设的重大典型，对其致富不忘报国、爱心奉献功臣的先进事迹进行了突出宣传，带动和鼓舞了广大军民更好地做好双拥工作。二是进行专题宣传，促进了工作的落实。衡水市军队转业干部安置工作领导小组、市委宣传部于5月8日至8月18日在全市开展了“军转安置百日宣传”活动，在全社会形成了关心支持军队转业干部安置工作的良好氛围；秦皇岛市大力宣传山海关区个体私营从业人员群体拥军先进事迹，全市个体私营人员国防意识不断增强，拥军优属的积极性不断高涨，纷纷要求将自己的店铺列为“军人军属优先优惠商店”，个体私营人员拥军群体已发展到5000多家；石家庄市于7月10日至8月10日开展了“双拥宣传月”活动，全市共张贴标语8900多条，制作宣传牌

1500多块，新闻媒体发稿件193篇，先后录制播放了《颂功臣》、《太行山下双拥情》等专题节目，组织了“大棚车”消夏军民晚会、“八一”军民联欢会，观看群众达2万人次，再现了军爱民、民拥军的动人情景，收到了很好的效果；承德市以驻军帮助丰宁县修筑扶贫路的事迹为教材，教育群众，广泛宣传，进一步推动了全市双拥工作的开展。三是双拥理论研讨进一步深化，为做好新世纪的双拥工作奠定了理论基础。为总结新形势下双拥工作成果，丰富双拥工作内容，更好地指导双拥工作实践，驻冀66169部队组织召开军地座谈会，在扶贫攻坚、科技练兵、军地携手谋“打赢”三方面进行了理论研讨。石家庄市针对驻军多、优抚对象多的实际，不断探索完善新时期双拥工作的内容、形式和方法，在“科技拥军”、“开展军（警）民共建”、“做好驻地群众工作”、“加强双拥办建设”等方面，提出了新思路。承德市召开了双拥工作研讨会，着重研究探讨经济欠发达地区开展“政策拥军”的做法。乐亭县为有效解决优抚对象的“生活难、住房难、医疗难”，对新形势下发展壮大“三个一”工程（即拥有一个拥军优属保障基金管理委员会、一个拥军优属服务站、一个拥军优属医疗站）进行了大胆的探索。全县各乡镇普遍建立了拥军优属保障基金，筹集资金总额128万元，各级医疗服务站发展到28个。四是结合纪念中国人民志愿军抗美援朝出国作战50周年，进行了弘扬爱国主义和革命英雄主义精神为主题的宣传教育活动。省委、省政府、省军区召开了河北省各界纪念中国人民志愿军抗美援朝出国作战50周年座谈会，在省博物馆举办了为期半月的纪念抗美援朝出国作战50周年图片展，组织慰问团深入县乡对志愿军老战士和烈属进行了走访慰问，帮助他们解决生产和生活中的困难。各地也都普遍召开座谈会，请志愿军战斗英雄作报告，组织单位职工、学校学生参观爱国主义教育基地，观看反映抗美援朝的电影、电视片。多种形式的宣传教育，极大地增强了广大军民的双拥意识和国防观念，真正形成了关心、支持、参与经济建设和国防建设，维护军政军民团结的良好社会氛围。

三、着力抓好优抚安置政策的完善落实，重点、难点问题的解决取得重大突破

建立优抚对象抚恤补助标准与人民生活水平同步提高的自然增长机制取得突破性进展。由于抚恤补助标准偏低，优抚对象的生活长期滞后于当地群众，特别是随着年龄的增大，他们发展生产的能力越来越低，不同程度地出现了生活、治病、住房等方面的困难。为了从根本上保障广大优抚对象的基本生活，建立科学完善的抚恤补助保障体系已成为当前和今后一个时期的优抚工作重点。按照年初全省双拥工作会议的部署，各地在认真学习廊坊市建立自然增长机制经验的同时，先后赴先进省市学习考察，并对本地的实际情况进行调查摸底。9月20日，省双拥工作领导小组给各市发出《关于尽快建立优抚对象抚恤补助标准自然增长机制的通知》，邯郸、秦皇岛、石家庄、承德市委、市政府主要领导亲自批示、督办，组织民政、财政、统计及法制局等部门进行了充分调研、论证，并多次召开有关会议进行协调；唐山、保定市民政、财政部门密切配合，克服困难，认真调研，保证了自然增长机制文件的顺利出台。到年底，除张家口市外，廊坊市、文安县、乐亭县、邯郸市、秦皇岛市、唐山市、石家庄市、保定市、承德市十个全国双拥模范城（县）均已出台正式文件，有的已经开始实施。抚恤补助标准自然增长机制的建立，从根本上保障了优抚对象的生活，促进了优抚政策在基层的全面落实。

退役士兵和军队离退休干部安置工作保持了全国先进水平。一是对安置工作进行了大胆改革和探索，结合年度任务边安置、边改革、边总结，出台了一些新的安置措施和规定。石家庄、保定、衡水市试行了“供需见面、双向选择”的安置办法；邢台市对退役士兵采取部队表现和文化素质“双考”的分配办法，探索总结了新的经验；承德市出台了《城镇退伍军人安置工作试行办法》、唐山市制定了《关于对自谋职业退役士兵一次性补偿的实施办法》、沧州市制定了《退伍安置任务有偿转移暂行办法》等。这些措施的制定出台，有力地促进了全省安置工作的顺利进行。10月底，城镇退役士兵安置任务全面完成。二是打破常规，早谋划，早动手，高标准完成了第四批军队离退休干部的年度安置和第三批无军籍退休职工审核任务，军休干部的两个待遇得到了较好的落实。全年接收第四批离退休干部870名，已完成应接收任务的92%，得到了民政部、总参谋部、北京军区、武警总部的好评。

四、继续深入实施“双六工程”，开展“双三好”活动，军地双向支持力度不断加大，巩固和发展了军政军民团结的大好局面

各级党委、政府以“双六工程”、“双三好”活动为载体，动真情、办实事，解难题、求实效，收到了明显的社会效果。一年来，各地围绕建立健全拥军优属“六大保障服务体系”，按照“特事特办、优先优厚”的原则，不断加大工作力度。(1) 把支持部队建设当作义不容辞的责任，千方百计为部队解决水、电、粮、油、燃料、日常供应及战备、训练等方面存在的问题。部队演习期间，专门组织了以省委赵世居副书记为团长、有关部门领导参加的慰问团，对部队进行专程慰问，赠送现金60万元。石家庄行唐县成立了由公安、民政、人武、交通、电力等部门参加的协调工作领导小组，出动警力40人次、动用车辆15台次，及时解决了演习部队交通、占地、供电等实际问题，保障了部队军事演习的圆满成功；唐山市赠送玉田、遵化演习部队慰问金20万元，解决了驻训部队远离营区的实际困难；秦皇岛市各级领导慰问演习部队达80多次，慰问品价值30多万元；保定、张家口、承德等市也周密安排，精心组织，提出了“为演习着想、为演习服务”、“部队练打仗、地方练支前、练人防”的口号，演习地域各乡村普遍开展了以“没有强大的军队，便没有人民的一切”为主题的系列教育活动，使演习部队广大官兵亲身感受到来自第二故乡的温暖。据不完全统计，全省共慰问演习部队款物150多万元。(2) 把科技拥军作为全年工作重点。省双拥工作领导小组制定了全省科技拥军计划，重点抓了石家庄、保定市的试点。石家庄市成立了科技拥军领导小组，制定了《石家庄市科技拥军活动实施方案》，为驻军办实事10余件；秦皇岛市把科技拥军纳入了科技兴市的发展战略，建立了拥军科技园；邯郸市全国拥军模范刘金鱼投资1100万元建立了光华中学第二校园，对现役军人实行免费培训，成为军地两用人才的培训基地；唐山市电信局抽调6名技术骨干，帮助驻军解决了光纤通信入军网的技术难题；乐亭县投资3万多元，举办了两期微机培训班，对驻军40多名干部战士进行了全程、封闭式训练；廊坊、保定市下发了《关于广泛开展科技拥军活动的通知》，把科技拥军、智力拥军作为新时期双拥工作的重要内容；邢台、承德、张家口等市也根据驻军提出的要求，组织力量相继开展了科技拥军活动，有的为驻军赠送了微机，有的举办了多期微机培训班，有的组织开展了科普图书进军营活动，在全省兴起了科技拥军热潮。(3) 做好随军家属就业、再就业工作，千方百计解决军人子女入学入托问题。秦皇岛市以市委、市政府名义下发《关于下达驻秦部队随军家属工作安置指标的通知》，向各县区和市有关单位下达了安置137名随军家属工作的指令性指标；承德市对解决随军家属就业问题进行了全面调查，并将152名待就业随军家属提交市委议军会研究后予以安置；保定市先后两次安置374名随军家属就业。据不完全统计，一年来，全省共安置随军家属就业近千人。各地还根据实际情况，对现役军人、烈属及伤残军人子女入学减免了学杂费。石家庄、张家口、秦皇岛、邢台等市还打破县、区和户口界限，实行跨学区接收，驻军子女可选择条件较好的学校就读，受到部队官兵的普遍欢迎。

驻冀部队广大官兵牢记人民军队宗旨，积极参加驻地的两个文明建设，努力实施拥政爱民“六项工程”，广泛开展“双三好”活动。66267部队在石家庄民心河“八一”林、邯郸市赵苑城市森林、邢台市森林公园绿化和邯郸市沁河清淤、邢台市小黄河治理等工程中，主动承担最艰巨的任务。66455部队先后支援京张高速公路、宣化城区改造、坝上防沙治沙等9项重点工程，展现了人民军队的良好形象；66169部队参加了虎丰铁路、武烈河治理等重大工程建设，帮助丰宁县修建扶贫路42公里，有力地促进了当地资源的开发利用，在人民群众中树立了人民军队爱人民的丰碑；66393部队先后参加了107国道拓宽、西大洋引水工程、太行山绿化等重点工程和社会公益事业建设50多项，帮助革命老区阜平县修建乡村公路近20公里，赢得了人民群众的爱戴；省军区系统充分发挥桥梁纽带作用，及时沟通和协调军地关系，积极协调驻军参加重点工程和社会公益事业建设、扶贫帮困、资助“希望工程”、维护社会治安，为全省的政治安定、经济发展和社会进步做出了很大贡献。各院校充分发挥教学科研优势，为各类学校军训学生23万人次，培训人才11000多名。据初步统计，全年驻军共参加和支持全省重点工程和社会公益事业300多项，投入兵力120多万人次，动用机械车辆60多万台次，资助贫困儿童3万余名，兴建希望小学30多所，为群众理发、看病、法律咨询86000多人次，修理车辆、家电等43000多台件。在抢险救灾中，驻冀官兵始终冲锋在前，发挥了生力军作用。7月，由于连降暴雨，邢台市朱庄、野沟门、临城水库水位暴涨，直接威胁着数百万人民群众的生命财产安全。驻军紧急出动，查险情、筑堤坝、堵决口，保障了人民群众生命财产安全。在配合地方追逃打黑、协助搞好社会治安综合治理、维护社会稳定特别是同“法轮功”邪教组织的斗争中发挥了重要作用，仅武警部队就派出城市武装巡逻550次，抓获各种不法分子182名。在扶贫帮困和军民共建中，驻冀部队分别与丰宁、魏县、阜平、万全、涿鹿、平山、行唐、武邑等国家级和省级贫困县结为帮扶对子，投入资金380万元、劳动日8万个，出动兵力31000人次，动用机械车辆2500台次，完成道路、桥梁、希望小学、抗旱灌溉工程等扶贫项目18个，有力地促进了当地经济发展和社会进步。驻石各部队集中帮助革命老区赞皇县，投资30多万元，为该县铺设水泥路、改造低压电网、改善学校办学条件、修建蓄水池等，受到了广大人民群众的高度赞誉。与此同时，各部队还积极响应省委、省政府“向灾区人民献爱心”救灾捐赠活动，半年内两次捐款捐物，共捐赠人民币138万元，衣被等2万余件，粮食30万公斤。军（警）民共建形式多样，内容丰富，全省共有6300多个军民共建点，其中80%被评为县以上文明单位。

五、各级双拥组织认真履行职责，对做好新形势下的双拥工作发挥了重要作用

一年来，各级双拥办充分发挥职能作用，积极提建议、当参谋，在组织、联络、协调等方面做了大量工作，为全省双拥工作的发展付出了巨大努力。大多数双拥工作领导小组成员单位认真履行职责，讲政治、顾大局，真心实意支持部队建设，努力为驻军和优抚对象提供服务保障。国土资源部门积极协调解决军地土地纠纷，解决了大量历史遗留问题；各级教育部门想方设法帮助驻军子女解决入学、入托问题，解除了广大官兵的后顾之忧；人事、劳动、民政部门，克服困难，妥善安置转业干部、退役士兵和随军家属；9月，省双拥办、省军转办组织了对军转干部安置工作的检查，从检查情况看，军转干部基本得到了妥善安置；各级财政部门按照国家优抚政策及时调整了抚恤补助标准，在建立优抚对象抚恤补助标准自然增长机制方面作了深入的调研论证工作，保证了自然增长机制文件的顺利出台；铁路、粮食、经贸、新闻宣传等部门也积极开展拥军优属活动，对驻冀部队给予了大力的支持。各部门及所属单位，在接收安置退役士兵方面，克服了机构改革、人员分流的重重困难，部分单位按规定完成了接收安置任务。

一年来，全省双拥工作虽然取得了很大成绩，但也存在一些薄弱环节：一是各地工作发展还很不平衡，个别单位重视程度不够，双拥政策法规没有得到很好落实；二是进一步研究新形势下出现的新情况、采取有效措施解决新问题的意识不强、力度不够；三是少数双拥模范城（县）有自满松劲情绪，工作缺乏创新和发展。这些问题都需在新的一年里认真研究，切实加以解决。

山西省二〇〇〇年双拥工作总结

山西是革命老区，有着拥军优属、拥政爱民的光荣传统。2000年，全省各级党委、政府和广大人民群众，继续发扬传统，不断加大拥军优属工作的力度，以强烈的政治责任感，积极为部队和优抚对象排忧解难，推动了拥军优属工作的深入发展。驻晋部队和武警官兵，牢记我军的根本宗旨，同全省人民一道，在经济建设、抗灾救灾、维护社会稳定等工作中通力协作，共同谱写了世纪交替之年全省双拥工作的新篇章。

一、围绕“一条主线”，突出“两个宣传”，群众性双拥工作迈出新步伐

2000年，全省各级党委、政府和驻晋部队紧紧围绕贯彻全国双拥模范城（县）命名大会精神这条主线，结合建军73周年和抗美援朝出国作战50周年两个重要纪念日，开展了卓有成效的宣传教育工作。

（一）及时传达贯彻命名大会精神，鼓舞士气，调动各方面做好双拥工作的积极性。太原、大同、忻州、晋中、临汾、长治等地相继召开了双拥工作领导小组会议和有关工作会议，及时传达全国和全省命名大会精神，并将有关文件印发基层。各地各部队组织广大群众和部队官兵认真学习江泽民同志的贺信和胡锦涛同志的讲话，深刻领会党的第三代领导集体关于加强军政军民团结的一系列重要指示精神。太原、临汾、晋城、朔州等地党委、政府，联系工作实际，查找薄弱环节，克服松劲思想和畏难情绪，制定了改进和加强双拥工作的措施。太原市委、市政府提出了加强科技拥军、智力拥军、技术共建，争创全国双拥模范城“五连冠”的目标任务和要求。

（二）创新宣传教育方式，形成合力，营造拥军优属拥政爱民的良好氛围。一年来，全省各地、各部队紧紧抓住纪念建军73周年和抗美援朝出国作战50周年的有利时机，充分利用多种方式，在广大军民中深入开展了以爱国主义为核心的国防教育和双拥宣传教育。省双拥办下发了开展宣传教育活动的通知，省军区、省委宣传部、省民政厅、省双拥办在《山西日报》、省电台、电视台开辟专栏、专题，加大宣传教育活动的力度。全省军地双方共同组织开展了“国防知识竞赛”活动，参加活动的军民达100多万人。长治市邀请国防大学教授，先后两次为全市1000多名处以上干部作了题为“国防战略形势”和“海峡两岸关系走向”的报告。临汾市17个县市开展了双拥宣传月活动，举办讲座100多次，印发材料2万多份，全市受教育军民达100万人次。太原市组织“好军嫂”赴海防前哨慰问子弟兵，受到了边防官兵的好评。左权县组织召开了“爱我中华，强我国防”报告会，邀请抗美援朝老战士在县电台、电视台和学校作报告，使全县80%以上的群众和84所学校的师生受到了教育。不断创新的宣传教育活动，进一步增强了广大军民的国防观念和双拥意识，激发了广大军民做好双拥工作的政治热情，形成了军政军民团结的良好社会氛围。

二、发挥地方优势，解决实际问题，全省各级支持部队建设有了新进展

各级党委、政府和广大人民群众适应维护国家安全和祖国统一的需要，把支持驻晋部队建设作为义不容辞的责任，在部队后勤保障、科技建军、优抚安置等方面做了大量工作。

——部队后勤保障得到落实。为了支持驻军搞好后勤保障社会化改革，各级党委、政府积极创造条件，制定相关政策，采取有效措施，为部队提供优质服务。大同市在研究城镇居民生活保障问题时，优先考虑，全力保证部队的粮油、肉蛋及水、电、气供应。对部队生活用煤减免专项基金收费。忻州市在财政十分困难的情况下，拨款200多万元，支持驻军建设办公用房。省交通厅、省公路局、省交警总队及大同、朔州、忻州、晋中、吕梁等地，在驻军机动演练途中，组织群众为部队抢修道路，提供补给，再现了当年支前的感人场面。

——科技拥军活动全面展开。太原理工大学开办了部队干部研究生班，积极为部队培养和输送高素质人才。大同市30多个单位的专家深入军营开展科技拥军活动，帮助部队维护设备110台，培训技术骨干100多人次。晋城、太原、忻州等地开展了“军营绿色图书工程”等活动，并分行业、分区域建立了“科技拥军基地”，为部队捐赠了30多万元的图书和电脑设备，培训军地两用人才1400多人。其中，仅忻州市就建立了军营图书馆30多个，为解决野战部队官兵“看书难”开辟了一条有效途径，他们的做法得到军委领导的肯定。

——优抚安置工作效果明显。全年共安置军队转业干部1212人，安置城镇退伍军人15000人，帮助近300名下岗随军家属实现了再就业，并集中办理了223名军队离退休干部的移交安置工作。与此同时，在财力十分紧张的情况下，筹集资金，保证了全省重点优抚对象提标经费按时足额到位。省民政厅、财政厅、卫生厅就建立“三结合”优抚医疗保障制度发出通知，使优抚对象“看病难”问题得到一定程度的缓解。阳泉市、县、乡三级均建立了优抚对象工作台帐，对其医疗、住房、生活情况进行详细登记，酌情救助，使优抚工作更加科学、规范；忻州各县均建立了优抚对象医疗保障制度，并设立了118个优抚医疗点，全年为优抚对象减免医疗费170多万元，解决医疗费拖欠32万元。运城市筹措资金120多万元，为优抚对象新建、修建住房300多间，使100多户住房困难的优抚对象喜迁新居。

——军人维权工作得到加强。全省共有维权协调中心14个，“两个维护”工作机构1830个，形成了横向覆盖党政军、司法机关和群众团体，纵向贯穿市（地）、县、乡的工作网络，解决军人、军属涉法问题1100多件。不少市（地）围绕转业复员退伍军人和随军家属安置、维护军人及其家属权益等工作，制定和出台了一批地方性政策规定，有效地提高了军人及其家属的社会地位，保障了军人的合法权益。

三、视驻地为故乡，主动承担急难险重任务，部队支援地方经济建设和社会发展取得新成绩

驻晋部队广大官兵牢固树立“驻山西、爱山西、建山西”的思想，在完成战备、训练等任务的同时，积极参与地方经济建设，做出了突出成绩。

——积极参加重点工程和公益事业建设。驻晋部队参加了京大高速公路、引黄入晋等41项重点工程建设。仅太原、吕梁、朔州等6个市（地）驻军就出动官兵8万多人次。省军区、北京军区某集团军、武警山西总队、北后5分部驻省城部队积极参加汾河蓄水美化工程建设，共投入兵力2万多人次，动用机械100多部，运送土石2万多立方米。空军某部出动官兵3.6万人次，动用车辆1479台次，为地方植树3.7万株。

——积极参加抢险救灾，保护国家群众财产。春季，晋中、吕梁、太原、忻州、临汾等地发生20多起规模较大的森林火灾，北京军区某集团军和武警部队出动官兵1.9万人次参加灭火战斗，灭火面积达1.8万亩，使国家财产免遭重大损失。大同武警七中队战士徐建港、董志宏等人奋不顾身抢救落水儿童的英雄事迹，受到全省人民的高度赞扬。

——积极做好扶贫帮困工作。据不完全统计，驻晋部队全年共为地方捐款60万元，捐物4000余件，帮助8万多名群众脱贫致富。北京军区某集团军和武警山西总队分别在团、营以上干部中开展了“1+1”捐资助学活动，共捐款34.5万元，帮助980多名失学儿童重返校园。

——积极参加地方治安和重大节日的安全保卫工作。省武警总队派出的太原市“三街两路”执勤部队，几年如一日，风雨无阻，巡逻执勤，维护社会稳定；武警长治支队积极配合政法部门开展“打团扫恶”，先后出动官兵1000多人次、车辆200多台次，打击犯罪团伙20多个，追捕逃犯30多人。

此外，各部队派出数千名官兵，军训职工、学生80多万人。北后5分部、空军某部还组织30多个医疗队，深入贫困县区为群众看病2.6万人次，培训地方医务人员2300多名。

四、坚持动态管理，确保工作质量，全省双拥创建活动整体水平有了新提高

创建双拥模范城（县）是新时期的创举，是加强军政军民团结的有效途径和重要载体。一年来，各地、各部队按照全国和省双拥模范城（县）命名大会精神，认真研究制定了深化创建活动的措施。省双拥办按照“巩固、发展、提高”的要求，加强了对基层双拥创建活动的指导，提高了全省双拥创建活动的整体水平。晋中、太原、忻州、临汾等地连续多年坚持对双拥模范城（县）进行年度检查验收制度，在严格实行动态管理、保证创建质量上做了大量卓有成效的工作。

2000年全省的双拥工作之所以取得巨大成绩，主要有以下三个重要因素。(一）领导重视是关键。省委、省政府、省军区适时召开议军会议，省委书记田成平、省长刘振华、省军区司令员刘荫超、省军区政委陈德毅及省直有关部门的主要负责同志参加会议，共同研究全省双拥工作面临的新形势和新任务，解决部队遇到的难点和热点问题。省委根据领导班子调整和机构改革人员变动的情况，及时调整充实省双拥工作领导小组成员，加强领导力量，保证了全省双拥工作的健康发展。（二）齐抓共管是保证。各级地双拥工作领导小组成员单位积极发挥自身优势，齐抓共管，形成合力，想方设法解决部队的实际问题。据统计，全年，省财政厅拿出460万元增加民兵事业经费，省粮食系统为部队提供军粮3500万公斤，保质保量及时供应，省编办和省教育厅针对省人武学校存在的问题，积极创造条件予以解决。（三）创新发展是动力。2000年，在不断深化“帮战友、帮助军属脱贫致富”和“两个维护”等活动的基础上，省委、省政府、省军区总结了榆社、蒲县“送走一个优质兵，回来一个带头人”的典型经验，及时召开现场会，在全省推广。

在充分肯定成绩的同时，也必须清醒地认识到，全省双拥工作与改革开放的形势要求相比，与全省两个文明建设的要求相比，与全国创建双拥模范城（县）的要求相比，还存在许多不足和差距：一是双拥工作的发展还不够平衡，基层基础工作仍需进一步加强；二是有的市（地）和单位有自满思想和松劲情绪；三是面临市、县党政机构改革，部分同志思想不够稳定；四是双拥政策法规还需要不断完善和落实等等。所有这些问题都需要进一步统一思想，提高认识，认真研究，切实解决。

内蒙古自治区二〇〇〇年双拥工作总结

2000年，内蒙古自治区双拥工作在邓小平理论和江总书记“三个代表”重要思想的指导下，适应新形势和新任务要求，服务全党和全国工作大局，在增强军政军民团结和民族团结方面，做了大量卓有成效的工作，发展了军民“同呼吸、共命运、心连心”的大好局面，为自治区的改革发展和军队建设做出了新的贡献。

一、认真贯彻全国和全区双拥模范城（县）命名表彰大会精神，掀起新的争创双拥模范城（县）热潮

2000年，国家和自治区先后召开了双拥模范城（县）命名表彰大会。呼和浩特市、包头市、赤峰市、乌兰浩特市、锡林浩特市、满洲里市、海拉尔市、额济纳旗被命名为全国双拥模范城（县）。在自治区召开的命名表彰大会上，全区共有44个市、旗（县、区）、122个军地双拥模范单位、121名双拥模范个人受到表彰，20名双拥事迹特别突出的军地代表被授予“双十佳”荣誉称号。自治区党委、政府和内蒙古军区对表彰大会非常重视，自治区党委乌云其木格副书记作了重要讲话。这次会议既是对自治区开展创建双拥模范城（县）活动近三年的工作总结，也是对进一步做好双拥工作，加强军政军民和民族团结的深入动员。命名表彰大会后，各地各部队认真学习贯彻会议精神，研究深入开展双拥工作的办法和措施，对照先进找差距，进一步修订创建规划和方案，掀起了争创双拥模范城（县）的新高潮。

各地把争创双拥模范城（县）活动列入当地的发展规划之中，有的列为党政领导的目标考核任务，当作一项硬指标来完成。满洲里市、锡林浩特市等地双拥工作实施“一把手工程”，加强了双拥工作的领导，凡是双拥工作方面的重大事情，都由一把手参加和决定，解决了一些拥军优属和优抚安置等方面的难点、热点问题。通辽市为尽快进入全国双拥模范城行列，及时制定了双拥工作三年规划，市委、市政府和军分区分别出台了《通辽市拥军优属暂行规定》和《驻通辽市各部队拥政爱民暂行规定》两个配套文件，拟定了市双拥工作领导小组成员单位职责，保证了双拥工作扎实稳步地向前发展。包头市、巴盟的军地领导深入基层，指导被命名的双拥模范城（旗、县）在成绩面前找不足，制定巩固、发展、提高的新措施；帮助未被命名的单位找差距，确定创建新目标，增强信心，推动群众性创建活动的深入开展。

二、大力开展双拥宣传教育，营造良好的双拥舆论氛围

搞好双拥宣传教育，是在全社会形成军政军民团结、增强人民群众国防观念、维护社会稳定的一项重要措施。全区各地、各部队开展了以爱国主义为核心的形式多样、内容丰富的双拥知识宣传和国防教育，取得了明显成效。一是突出抓了阶段性宣传教育。元旦、春节期间，全区各级双拥部门和新闻单位密切配合，大张旗鼓地开展了第7个双拥宣传月活动，报刊、广播、电视等新闻媒体和文化部门，采用不同形式集中报道宣传了军民团结的事迹、双拥工作的典型、创建双拥模范单位的动态等。在“八一”建军节和纪念抗美援朝出国作战50周年之际，各地都召开了不同形式的庆祝会、联谊会、座谈会，广泛开展了走访慰问解放军和志愿军老战士的活动，进行了拥军优属、拥政爱民的光荣传统教育，激发了人民群众的爱国热情。二是坚持抓好日常宣传教育活动。各地将国防双拥宣传教育纳入了全民教育体系和部队政治教育计划，充分发挥各级党校、大中小学校、基层党员活动室、革命烈士陵园和国防教育展厅等教育阵地的作用，采取多种形式，广泛深入地开展了双拥宣传和国防教育活动。学校开设了国防教育课，所有大中学校在入学后的第一课就是集中进行军训。包头市坚持国防教育从娃娃抓起，设立少年军校10所，在校生达到了10000人。许多地方和单位还举办双拥知识竞赛、演讲会、研讨会，采取形式多样、生动活泼的宣传教育方法，取得了较好的效果。8个国家级和44个自治区级双拥模范城（旗、县、区），都在城区显著位置树立了永久性的双拥宣传牌，有的在闹市区制作了双拥灯箱广告。三是注重宣传报道。各级双拥办把双拥宣传报道当作自身工作的一件大事来抓，在积极与新闻宣传部门联系的同时，努力办好本级的双拥工作简报，扩大了宣传，加强了内部的信息传递和交流。

三、适应形势发展要求，扎实有效地开展了拥军优属工作

加强战备训练，做好军事斗争准备，是党中央、中央军委根据国际形势的发展变化提出的战略任务。各级、各地从国家安全和祖国统一的大局出发，把关心支持部队建设，做好军事斗争准备作为一项重大政治任务来抓，积极做好新时期的拥军优属工作。年初，自治区党委刘明祖书记亲自主持召开了党委议军会议，党政军领导共商部队建设、国防建设大计。为配合北京军区某集团军执行驻训演习和国家“921”科学试验任务，自治区党委、政府的分管领导多次组织召开军地协调会议，对地方如何积极配合提出了具体要求，有力地支持了部队训练和科研工作。部队驻训演习期间，乌云其木格主席、白志健副书记等还专程走访慰问了部队。部队驻训地的各级党委、政府和各族人民群众，以不同形式热情欢迎、慰问了子弟兵，在道路交通、安全保卫、生活保障、训练场地等方面做了大量工作，使部队指战员深受感动。呼市等7个盟市和部分旗县成立了协调部队训练、科研的专门机构，组织服务保障人员，保证了训练演习和科研任务的完成。各地都把支持驻军的改革和建设，为部队办实事、解难题当作党委、政府的一件大事摆到议事日程，在地方财政比较紧张的情况下，拨出专款，为驻军解决实际困难。赤峰市从财政拨款200多万元，用于解决武警、消警、森警部队的生活补贴。包头市先后投入400多万元，重点解决了预备役团营房翻建、边防连队供电以及部队教育训练、文化生活等方面的困难。伊盟伊金霍洛旗筹集资金120多万元，建起了旗人武部办公楼，购买了指挥车。通辽市共拨款140多万元，重点解决了森警部队住房和消警的消防设备等问题。锡盟各级投入100多万元，用于边防派出所和旗县武警中队的营房修缮等等。全区各地充分利用"八一"、元旦、春节等重大节日，广泛开展拥军慰问活动，把党和人民的关怀送到子弟兵的心坎上。据不完全统计，自治区各级全年慰问部队的经费就达300余万元。为了支持部队开展科技练兵，各地广泛开展了智力拥军活动。包头等5个盟市组织院校和科研院所与部队签订人才培养合同，为培养军地两用人才和提高部队科技练兵水平发挥了作用。有的地方还向部队赠送电教器材、图书资料，有的举办科技知识讲座、开办军营大专班等，促进了科技练兵的深入开展。针对产业结构调整、下岗人员增多的情况，各地还有计划地解决了随军家属就业问题。呼市、包头等地把安排下岗随军家属再就业和随军家属调动安排当作一件大事来抓，双拥办协调有关部门认真抓好落实，仅呼市一年就安排调动了76名随军家属的工作，对部队稳定起到了很好的作用。

全区优抚安置工作呈现了良好的发展势头。各地广泛开展了"爱心献功臣行动"，优抚对象的地位显著提高，生活待遇明显改善。全区各地加大了优抚资金的投入，解决了老复员军人的住房难问题；普遍兑现了国家规定的定期定量标准，有的地方（如包头、锡盟等地）还高出了国家规定，较好地解决了重点优抚对象的生活难问题；90%以上的旗县制定了医疗减免和优惠政策，老复员军人和带病回乡退伍军人的医疗难问题也有了一定的缓解。特别是在纪念抗美援朝出国作战50周年之际，各地普遍对老复员军人进行了走访慰问，掀起了一个优抚工作的热潮。群众优待工作，实现了以旗县统筹社会优待金的办法，各地都能够按照上年人均收入的标准按时兑现优待金。有的还制定了对立功受奖优秀士兵的奖励办法，鼓励士兵安心服役。安置工作不断深化改革，实行了适应市场经济体制需要的多渠道安置办法，军转干部安置连续受到国家的表彰；退役士兵安置的一次性就业率达到94%以上；军队离退休干部、无军籍职工和伤病残军人的接收安置工作，也都取得了很好的成绩。这些都为保持部队稳定，支持国防建设起到了很好的促进作用。

四、以参加西部大开发为重点，军队支援自治区经济建设取得了新成绩

驻区解放军和武警各部队积极响应党中央、江主席的号召，把支援和参加西部大开发作为义不容辞的责任，积极为自治区的开发建设和实现"山川秀美、边疆稳定、兴区富民"的奋斗目标贡献力量。驻区各部队把驻地当故乡，把西部大开发中的目标任务当成自己的任务，主动与地方联系，自觉承担植树造林、改善生态环境等任务。武警内蒙古总队在自治区西部大开发会议之后，总队党委及时发出通知，号召所属各部队积极投入到西部大开发中去，并提出了具体的要求。目前各部队都围绕自治区和当地开发建设的总体规划，有计划、有步骤地参加基础设施和生态环境建设。内蒙古军区机关主动承担了3000多亩大青山绿化任务，为自治区首府的生态环境治理带了好头。赤峰市、包头市驻军自带工具、干粮，积极参加"军民共建百里绿色长廊"和"千里绿色通道"的建设。总之，各驻军都积极行动起来，在西部大开发中，做了大量卓有成效的工作。

2000年，自治区大部分地区遭受到历史上罕见的特大干旱，入冬以后，东部地区又遭受到严重的雪灾。灾情发生后，全区各军（警）部队全力以赴参加抗灾救灾工作。各军（警）部队在进行捐款捐物的同时，又组织了大量的兵力和物力投入到抗灾救灾工作中去。仅内蒙古军区就捐款81万多元，组织救灾车队深入到重灾区，出动官兵5000多人次，各种车辆2000多台次，运送受灾群众5000多人，开通道路1000多公里，抢救转运牲畜40000余头（只），帮助200多户受灾牧民转移牧场。温家宝副总理称赞他们是“参战最早，投入最多，持续时间最长，作出贡献最大”的部队。内蒙古军区领导还多次深入灾区，亲自参加抗灾救灾工作，为夺取救灾工作的胜利，做出了重要贡献。

驻区部队还把扶贫帮困，帮助驻地农牧民群众脱贫致富当作义不容辞的责任。大力开展军警民共建活动，为驻地群众办了大量实事好事，密切了同当地人民群众的血肉联系。武警内蒙古边防总队，十年如一日帮助呼市郊区保合少乡脱贫致富，他们不但投入了大量资金，而且在文化教育、信息咨询、科技服务等方面做了大量工作，取得了显著成绩。驻呼盟的军（警）部队在双拥宣传月和“八一”节期间，在驻地附近开展医疗保健、家电维修、法律咨询、到共建单位联欢等益民活动。内蒙古军区在八千里边防线上，开展了“军民共建千里边防文化长廊活动”，改善和丰富了边境地区军民的文化生活，增强了边疆军民的精神文明建设。驻区部队官兵学雷锋，树新风，还为驻地的优抚对象、五保户、贫困户、失学儿童做了大量好事，进一步密切了军警民关系。

五、领导重视，健全组织和制度，双拥工作步入了正规化运行轨道

自治区各级党政军领导都能够从部队建设、社会稳定、民族团结的大局出发，把拥军优属、拥政爱民当作一件大事来抓，从讲政治的高度，认真解决和处理双拥工作中的一些热点、难点问题，促进了双拥工作的健康发展。包头市委、市政府提出：热爱不热爱人民子弟兵，是重大原则问题；支持不支持部队建设，是衡量领导班子和领导干部称职不称职的标准。他们在继承原有的军地联席会、军地互访、定期检查、定期汇报、定期分析双拥形势等制度的基础上，又建立起了党政军齐抓共管的领导体系，军民共建、国防教育、优抚安置一齐抓，进一步拓宽了双拥领域。为了使双拥工作做到有法可依、有章可循，保证双拥工作沿着规范化、制度化的方向发展，全区各地都把双拥政策法规建设当作一项重要工作来抓。许多盟市、旗县从本地实际出发，制订出台了一批《双拥工作暂行办法》、《拥军优属实施办法》等规章制度，对双拥工作的发展起到了保障作用。针对自治区机关机构改革和人员变动的实际情况，自治区党委、政府及时调整和充实了自治区双拥工作领导小组及办事机构。目前全区有7个盟市的双拥机构和民政局优抚部门合署办公，有5个设立了专门的双拥机构，从人员配备上保证了双拥工作的需要。

2000年，全区双拥工作虽然有了较大发展，但也存在一些问题：一是各地工作发展不平衡，个别地区和单位重视程度不够；二是宣传教育还落后于形势的发展，政策法规建设力度不够；三是少数先进单位有松劲情绪，工作缺乏创新和发展；四是一些地方在双拥工作组织、经费、业务建设方面，还不适应新形势、新任务的要求。这些问题都有待于今后认真加以研究解决。

辽宁省二〇〇〇年双拥工作总结

2000年，辽宁省双拥工作以邓小平理论和党的十五大精神为指导，认真贯彻全国双拥模范城

（县）命名大会精神，加大力度，狠抓落实，各项任务圆满完成，整体水平又上新台阶。

一、抓住机遇，广泛宣传，进一步加大双拥创建活动力度

1月，全国双拥模范城（县）命名大会在北京召开，会上有10个市县被命名为全国双拥模范城（县）。全省各地普遍召开了双拥工作大会，认真学习江泽民同志的贺信和胡锦涛代表党中央、国务院、中央军委所作的重要讲话，传达贯彻全国双拥模范城（县）命名大会精神，并对上一轮创建工作进行了总结和表彰。在纪念中国人民志愿军抗美援朝出国作战50周年之际，中央军委副主席迟浩田访朝参加抗美援朝纪念活动后，来到丹东市慰问了抗美援朝老战士，举行了一系列纪念活动。国家民政部、解放军总政治部、省委、省政府在沈阳市举行了隆重的献花仪式并召开大会。丹东市在抗美援朝烈士陵园举办了隆重的纪念活动，并组织参观了抗美援朝纪念馆。各级宣传部门和新闻媒体都开辟专栏、专版、专题，采访报道了参加抗美援朝战争的志愿军老战士的英雄事迹，举行大型展览，开展声势浩大的宣传活动，弘扬了爱国主义和革命英雄主义。各地紧紧围绕纪念抗美援朝战争胜利50周年活动，开展了丰富多彩的双拥教育。全省组织慰问小组400多个，对健在的14480名志愿军老战士和烈属进行了走访慰问，赠送了慰问品和480万元的慰问金。

全省各地在抓住时机，进行宣传教育的同时，结合本地实际，提出了新的工作目标，加大了创建活动的力度。在上一轮创建中，位次靠前的市县，变荣誉为动力，力求继续保持领先的优势；新进入全国双拥模范城的市县，乘势而上，干劲不减，位次争取前移；评选位次后移的市县，研究对策，制定规划，努力在新一轮创建中实现新的飞跃；没有进入模范城的市县，认真查找差距，积极改善软硬件环境，努力争创出佳绩。省双拥工作领导小组根据省级党政机关机构改革后的情况和双拥工作任务的需要，及时调整充实了省双拥工作领导小组成员。各地明确奋斗目标，加强组织领导，把“三讲”教育和“三个代表”的重要思想贯穿于双拥工作之中，把双拥创建工作列入当地经济、社会发展和精神文明建设的总体规划。沈阳市和锦州市在调查研究的基础上，制定了新一轮争创双拥模范城规划，提出了工作重点和具体实施意见。阜新市委、市政府主要领导上任伊始，就在市委议军会议上提出了再创双拥模范城的口号。朝阳市委主要领导提出在巩固省级双拥模范城基础上，争创全国双拥模范城的目标。铁岭市奋起直追，努力在落实政策上下功夫，积极改善软硬条件，取得进展。葫芦岛市委、市政府新班子上任后提出争创全国双拥模范城二连冠，而且位次要前移的奋斗目标。本溪市坚持“一条主线、两个面向、四个拥军”的新思路，以开展五大双拥系列活动为主要内容，拓展了争创双拥模范城的新内容。

二、注重平时，打牢基础，狠抓双拥工作在基层的落实

2000年是创建新一轮双拥模范城的第一年，全省各地围绕打牢双拥工作基础，开展了大量工作。一是基层双拥工作不断深入发展。沈阳市开展了双拥共建进社区活动，下发文件对双拥共建进社区活动内容、共建形式和方法步骤提出了具体要求，并创造出了双拥共建进社区的“六进六共”形式。鞍山市开展了“双拥进社区”、“优抚进家庭”活动。阜新市开展了区建立帮扶军烈属活动指导站、街道建立服务站、居委会建立活动站活动，使双拥工作在基层逐步做到经常化和制度化。盘锦市在全市开展了向战士送一支笔、一本书、一副鞋垫，向驻军单位送一头猪、一只羊、一副对联，为部队官兵演一台文艺节目、写一封慰问信、提供一项新技术、一条经济信息的“十个一”活动。沈阳市和葫芦岛市开展拥军优属政策法规落实好，复转退伍军人安置好，为部队排忧解难好，部队参加地方经济建设好，为驻地群众服务好，遵守群众纪律好的军地共创“双三好”活动，为基层双拥工作的开展提供了有效的载体。抚顺驻军与当地政府开展共建文明村（委）、共建街道乡（镇）、共建厂、共建学校、共建优抚对象优惠店、建立双拥活动站各

20个的“六个二十”工程。二是基层双拥工作典型不断涌现。特别是民营企业和个体工商业户的不断兴起，推动了群众性双拥工作的深入开展。在一些老的双拥典型继续发挥作用、作出新贡献的同时又涌现出一批新的典型。大连市劳动模范、双盛园餐饮有限公司总经理黄淑卿积极参与“爱心献功臣行动”。台安县拥军模范张海林致富不忘部队，个人出资50万元支持武警台安中队建设，使中队基础设施进入省武警系统一流行列。本溪市新盛建筑工程有限责任公司经理刘新盛，出资10万元资金设立“科技拥军新盛奖”，奖励部队科技练兵的先进单位和先进个人。东港市海富水产有限公司董事长孙殿芝积极开展老兵帮老兵活动，努力帮助老复员军人解决“三难”问题。

三、围绕部队建设，进一步加大拥军保障工作力度

一是把科技拥军作为双拥工作的重要内容来抓。各地和有关部门普遍出台了科技拥军方案或有关文件，把搞好科技拥军作为双拥办实事的重要内容，认真抓好落实。二是帮助部队搞好科技人才培养。各地注意发挥地方院校和科技人才的优势，积极为驻军培养高科技人才。沈阳市根据部队培养高素质人才的需求，开办了400人参加的研究生专修班。三是支持部队进行科技攻关和技术革新。各地对部队在训练器材革新等方面遇到的难题，都注重发挥地方科技优势，全力给予支持。沈阳工业学院将多年研究的火力控制系统科研成果应用于部队高炮训练，取得了明显成效。本溪市驻军油库在市科协的帮助下，共同研制的“防雨雪收油装置”和“油料双向过滤泵”两项技术改革，获得成功并投入使用。四是加大了科技拥军的投入，改善部队科技练兵的基础设施。一年来，全省为部队捐赠计算机380多台，电视机280台，图书45万册。锦州市出资5万元帮助驻军建立科技文化中心。葫芦岛市双拥办投资10万元帮助驻军建立了一个计算机培训中心。

各地广泛开展了拥军支前工作。驻鞍山空军在福建台海执行战备训练期间，鞍山市为了鼓舞部队士气，千里迢迢赶往福建进行慰问。沈阳军区在大连地区组织了“铁甲一号”登陆演习，大连市组织了有力的后方保障，对海域清理、陆上和海上管制、渔船征用、驻训场地保障等任务全面进行了部署，全市慰问演习部队的各种物资总价值达71万元。驻葫芦岛武警部队和阜新驻军在野外驻训期间，两市市委、市政府拨出专款前往慰问，同时协调好驻地解决部队驻训的一系列问题。10月，在渤海进行的全军科技练兵成果汇报演练中，沿渤海的各市积极配合部队进行演习，宁可蒙受损失也要保证演习的正常进行。各地公安、渔政等部门，认真进行宣传，动员渔民撤掉渔网，清理航道，保证了演习圆满成功。本溪市在物力和财力上支持八一电影制片厂拍摄影片《北纬三十八度线》，使该片外景拍摄任务圆满完成。营口市先后三次到旅顺地区慰问参加演习的营口官兵，送去慰问品价值25万元。

四、进一步加大了解决热点难点问题的力度

各地加大了难点、热点问题的解决力度。一是巩固和发展“爱心献功臣行动”的成果，进一步为“三老”优抚对象排忧解难。各地投入建房资金2464.2万元，为2434户老复员军人解决住房6816间。各地积极探索解决优抚对象的医疗难，通过建立优抚门诊、制定医疗费减免优惠政策、实行医疗保险、大病补助等多种形式，使解决优抚对象治病难问题取得新的进展。二是加大了建立优抚对象抚恤补助标准自然增长机制的力度。各市政府全部出台建立优抚对象抚恤补助标准自然增长机制的文件。各地在财力比较紧张的情况下，狠抓了各项政策的落实，目前全省在乡老复员军人定补标准年平均已经达到103元，医药费年平均每人补助达到260元。三是认真做好军队转业退伍军人和军队随军家属的接收安置工作。进一步完善和强化了市场调节、双向选择、保底安置相结合的工作机制，全省安置转业干部4265人，安置随军家属1530人。退役士兵安置实现了与市场经济体制的接轨，坚持安排就业、扶持就业与自谋职业相结合的安置办法，在20个县（市、区）进行了安置试点，筹集有偿转移金5000多万元，安排退役士兵就业21310人。朝阳市为做好安置工作，明确提出了军转干部、退役士兵、随军家属的安置和部队子女入学入托及部队提出的难点问题的解决，必须全力完成达到五个百分之百的要求，并在财政十分紧张的情况下，市政府安排100万元专项经费用于安置退役士兵。大连市实施“军嫂无待业工程”，对全市需要安排的随军家属进行了全面普查登记并予以安排。丹东市有关部门联合召开了“丹东市关心支持军嫂再就业的热心人表彰会”，表彰了10名关心支持随军家属再就业热心人。锦州市成立了15个“锦州市军官随军家属就业培训基地”，对随军家属进行就业培训。辽阳市一次帮助新迁入部队解决了16名随军家属就业问题。四是依法解决好军地存在的历史遗留问题。鞍山市电业局和自来水公司同个别部队发生了用电用水纠纷，在市委、市政府主要领导的亲自过问下，使问题得到圆满解决。为了防止军事设施遭受破坏，朝阳市对区内驻军军事设施实行挂牌保护。盘锦军分区和大洼县人武部，积极协调县政府和驻军农场，很好地解决了驻军农场土地所有权问题。大连市和铁岭市也解决了军地历史上出现的土地纠纷问题。

五、驻军部队牢记宗旨，加大了拥政爱民工作的力度

驻辽各部队在完成教育训练和战备值勤等项任务的前提下，积极支援和参加地方的两个文明建设，拥政爱民作出了新的贡献。一是积极支持地方开展抗旱救灾工作。辽西地区遭受了百年未遇的特大旱灾，各地驻军积极协助地方党委和政府做好抗旱救灾工作，积极带头向灾区人民捐赠款物，全省共收到部队捐款近1000万元，捐赠物资74万件，仅沈阳军区机关一次就向省和沈阳市捐款240万元，沈空机关捐款175万元。省武警总队成立了以总队长王子卿、政委孙嘉诚为组长的抗旱领导小组，统一指挥全总队的抗旱救灾工作。驻辽空军积极主动选派专业技术人员，无偿提供装备设施，帮助人工降雨。驻朝阳地区沈阳军区给水团，帮助建平县、喀左县、朝阳县和龙城区打出了多口深水井解决了村民饮水困难。朝阳军分区组建了161个民兵抗旱分队，动用民兵1400余人，车辆360台，全面投入抗旱保苗。营口军分区的现役干部和专武干部全部走上抗旱第一线。盘锦军分区逐级建立承包责任制，全力支持抗旱。二是大力支援地方重点工程建设和社会公益事业建设。驻辽部队出动官兵56000多人次，车辆6700多台次，主动参加沈京、沈哈、沈丹等高速公路沿线的植树活动，共植树350万株。省军区部队积极支持首届中国（沈阳）国际农业博览会，及时清运现场垃圾残土，保证了会议如期召开。旅顺海军基地主动承担铁山镇至旅顺开发区长达2.8公里的主干线道路两侧绿化植树工程，出动1500名官兵，大干3天，植树近3600株。4月，锦州驻军出动5000余名官兵义务参加小凌河清淤会战，出色地完成了任务。三是积极开展军民共建活动。主动参与驻地创建文明城市、文明村镇、文明行业等活动，军地共同培育“四有”新人，树立文明新风，促进了社会主义精神文明建设。驻辽各部队积极协助地方开展军训和国防教育，增强了参训干部群众和学生的军事素质及国防观念。四是广泛开展扶贫帮困活动。在驻辽部队的帮扶下，2000多名贫困户摆脱了贫困。各部队医疗卫生单位还经常派出医疗小分队，深入乡村为群众义务巡诊、防病治病，深受群众欢迎。鞍山军分区和空一师的首长同岫岩县的16名优抚对象结对帮扶，坚持经常看望，送米、送面、送油、送资金、送技术，使这些优抚对象摆脱了贫困。驻锦州部队首长心系贫困学生，积极参加百名军官帮扶百名贫困学生“双百工程”活动。葫芦岛海军基地及所属部队广泛开展助学活动，基地常委每人资助一名贫困生，带头开展“一帮一”助学活动。

全省双拥工作虽然取得了新的成绩，但也存在一些薄弱环节，主要是：各地的工作还不平衡，解决热点、难点问题的力度还须进一步加大，在机构改革中双拥工作的组织机构建设仍须进一步加强。这些问题，今年全省各地要加大工作力度，扎扎实实地予以解决。

吉林省二〇〇〇年双拥工作总结

2000年，吉林省党政军民以巩固和发展创建双拥模范城（县）成果为重点，以科技双拥、支持部队后勤保障社会化改革、为军官家属排忧解难和开展老兵“医疗康复行动”为载体，双拥工作保持了良好的发展势头，为加强军政军民团结和社会稳定做出了积极贡献。

一、认真贯彻全国双拥模范城（县）命名大会精神，积极开展双拥宣传和国防教育活动

全国双拥模范城（县）命名大会召开后，各地、各部队根据江泽民主席致大会贺信及胡锦涛副主席在大会上的讲话精神，采取各种措施，积极宣传、贯彻命名大会精神。1月14日，省委、省政府和省军区在南湖宾馆举行仪式，热烈欢迎参加全国双拥模范城（县）命名大会的代表们载誉归来，省委、省政府和省军区有关领导参加欢迎仪式，并就做好下一步双拥工作提出要求。被命名的8个全国双拥模范城领导从北京返回后，都向党委政府作了专题汇报，并举行了隆重的迎匾仪式。全省各地以此为契机，对双拥活动进行了广泛宣传。全省各级党委、政府站在讲政治的高度，把双拥工作摆上重要议事日程。一年来，省委、省政府主要领导同志多次发表讲话，阐述和宣传双拥工作。省委、省政府在常委会和常务会上，对双拥工作进行专题研究和部署。省四大班子领导到部队征求意见，军地领导联合办公，集中解决热点、难点问题20多件。制定颁发了《吉林省国防教育条例》，开展国防知识竞赛、双拥成果展览等600余场次。全省国防教育基地已达到420个，2100多所院校把国防教育列入教学计划，280多所少年军校积极开展军训活动。为纪念抗美援朝出国作战50周年，省委、省政府有关部门拟定了活动方案。省民政厅专门下发了《关于开展纪念中国人民志愿军抗美援朝出国作战50周年活动的通知》，要求全省各级民政部门认真组织好纪念宣传活动，有组织地举行祭扫烈士陵园活动，对健在的志愿军烈属、老战士进行慰问，进一步开展好“爱心献功臣行动”，落实好优抚政策。各地对纪念活动高度重视，行动迅速，党政领导带头参加活动，普遍召开了纪念大会、座谈会，对老战士、老烈属进行了走访慰问，对抗美援朝烈士陵园、烈士纪念建筑物进行了祭扫活动。长春、通化、四平、松原等市和驻军领导，邀请部分志愿军老战士召开座谈会。长春市委领导同各界群众300多人参加祭扫志愿军烈士陵墓。通化市主要领导带队走访慰问志愿军老战士。吉林市、延边州、白山市通过举办展览、联欢会等形式，讴歌志愿军伟大的爱国主义和革命英雄主义精神。延边州和延吉市举行纪念大会，安排了慰问演出，州委、州政府慰问了参加会议的志愿军老战士代表。前郭县邀请15名志愿军老战士和特一等伤残军人到各小学为学生做英雄事迹报告，各乡镇为每位抗美援朝老战士及烈属送去了100元慰问金。许多市县把纪念活动同落实优抚政策和为老兵办实事结合起来，收到了较好的效果。

二、加大办实事、解难题的力度，拥军优属工作扎实有效

在一年的工作中，全省各地有针对性地对双拥工作中的重点、难点和热点问题进行了研究，并努力加以解决。

元旦、春节和“八一”期间，以省政府名义下发《关于开展拥军优属活动的通知》、《春节慰问信》，召开了省暨长春市春节军民联欢会和军政座谈会。省委、省政府主要领导与省军区及驻长部队首长欢聚一堂，共商双拥大计。省委、省政府领导春节前对驻长部队五个军级单位进行了走访慰问。王云坤书记代表省委、省政府和全省各族人民向驻吉人民解放军指战员和省武警官兵表示节日的慰问，对部队在过去的一年里为国防建设和吉林省经济建设及维护社会稳定所做出的积极贡献表示感谢。号召全省军民进一步发扬军爱民、民拥军的优良传统，认真贯彻落实省委七届三次全会精神，为实现经济社会发展的奋斗目标而共同努力。省领导为驻军送去价值4万余元的慰问品。“八一”前夕，省委领导带队到省消防总队、武警吉林总队第三支队和省警卫局进行慰问，并送去价值10万元的慰问品。

全省各级党委和政府坚持特事特办，满腔热情地支持部队建设 。2000年，全省在帮助部队营建、提供训练场地、解决部队“米袋子”、“菜篮子”等问题中，把部队的事情当作自己的事情，优先审批，尽心尽力为部队解难题，共投资650万元。土地、规划等部门减免林地、林木、土地补偿费、占用费等200多万元，有力地支持了部队建设。辽源市在驻军部队修建车炮场过程中，帮助部队解决用地、用工、用料等问题，为部队节省200多万元资金。长春市交通局出资150万元，与89759部队共同修建了一条5.5公里长的“拥军路”。长春经济技术开发区连续三年向装甲兵技术学院捐资20万元作为教学奖励基金。面对深化改革带来的随军家属就业、军转干部和复员退伍士兵安置及军官子女入学入托等一系列难题，全省各级地方党委和政府从稳定部队的大局出发，将其纳入重要议事日程。主要领导亲自过问，四平市、吉林市、长春市、通化市、松原市、辽源市、延吉市在解决随军家属就业、安置转业干部及复员退伍军人工作中，主要领导认真听取部队的意见，亲自与有关部门协商，到部队现场办公，保证了这项工作能够顺利地开展。军地双方依托共建优势，创办就业基地，拓宽随军家属就业的渠道，并在施工税费、工商税费、就业培训等方面给予优惠。四平市对随军家属的就业问题高度重视，不断加大安置力度。一年来共安置随军家属402人，基本保证了随军家属的就业。同时，四平市还出台了《军官子女入学暂行办法》，对军人子女入学给予照顾。四平市双拥办、市教委到驻军部队现场办公，办理军官子女择校入学手续，全年共办理173人，免收择校费48.6万元，受到驻军部队的欢迎。据不完全统计，一年来，全省在安置1400多名军官家属就业的同时，各地还涌现出一大批自谋职业，勇闯市场，并走上了致富道路的随军家属。有421名军官子女入学问题得到圆满解决，免收择校费300余万元。

为使双拥工作逐步实现经常化、制度化和规范化，全省各市、州、县（市、区）相继出台了具有自身特点的《拥军优属工作的若干规定》。省政府颁布了《吉林省军人抚恤优待实施细则》，驻吉部队制定了《拥政爱民公约》。辽源市率先出台了支持部队开展“双争”活动的政策性文件。省里对辽源经验进行了总结，并在全省推广。双辽市出台了“维权益促双争”活动实施办法，开设军人涉法问题巡回法庭和咨询站，为涉法官兵提供支持，维护官兵合法权益，有力地促进了“双争”活动的开展，受到了沈阳军区的好评。

下半年，沈阳军区所属部队在白城、松原、通化、白山等地进行军事演习和光缆施工。省里专门下发通知，要求各级政府做好新形势下的拥军支前工作，提出“部队练打仗、地方练支前”的口号。演习地域的党委政府给予高度重视，成立了拥军支前领导小组，建立了涉军部门的联动机制，全力保障部队行动。白城市在部队演习期间，共组织调运粮食50吨，蔬菜23万斤，豆油5000斤，秸杆近百车。白城、洮南两市为部队送去价值12万余元的慰问品。松原市去年与驻辽宁81178部队建立了双拥共建关系，2000年这个部队在洮南演习期间，市里组织四大班子领导专程去慰问，并送去了价值5万元的慰问品，使演习官兵深受鼓舞。江源县二岔子镇人民群众帮助光缆施工部队蒸馒头、洗衣服，把自家蔬菜无偿送给子弟兵。

三、适应形势要求，奋力开拓进取，实现双拥工作的创新发展

社会主义市场经济的发展，对双拥工作提出了新的更高的要求。一年来，全省军民积极适应形势发展要求，研究和探索新情况、新问题，不断丰富双拥工作的内容。

——支持驻吉部队后勤保障社会化改革。驻吉部队积极响应军委江主席的号召，进行部队后勤保障社会化改革。省政府高度重视，洪虎省长专门批示，省政府3次组织19个部门进行协调，民政厅积极配合省军区、协调省直有关部门起草了《关于支持驻吉林省部队后勤保障社会化改革的通知》，以省委、省政府文件下发全省执行。在实施过程中，全省各级政府和有关部门全力支持，给予特殊的优惠政策，接收部队移交地方的附属单位和人员，对部队住宅区实行物业化管理，介绍实力强、信誉好、服务质量高的饮食公司为部队服务，受到了各部队的称赞。沈阳军区在长春召开了现场会，总后勤部转发了吉林省军区后勤保障社会化改革的经验。

——深入开展科技双拥活动。为推动双拥工作向高层次和高水平发展，进一步巩固两个文明的建设成果，中共吉林省委办公厅、吉林省人民政府办公厅和吉林省军区政治部于6月30日联合发出《关于在全省开展科技双拥活动的通知》，要求全省军民认真贯彻党中央提出的"科教兴国"、"科技强军"的战略方针，深入扎实地开展科技拥军、科技助民活动，推动双拥工作向深层次发展。全省各地深入开展科技双拥活动，军地互赠科技资料，互解科技难题，为对方培养科技人才，促进地方生产力的发展和部队战斗力的提高。8月3日，沈阳军区借助社会力量开展科技练兵暨科技助民座谈会在沈阳召开。会上，辽宁、吉林、黑龙江三省民政厅的领导同志代表三省进行了发言。长春市副市长田中林、81021部队政治部副主任刘文和吉林大学社会心理学系主任、副教授黄冬梅作了经验介绍。长春市年初召开军地科技双拥对接会，把一些课题分解到各大专院校和科研单位进行攻关。5月9日，长春市召开拥军优属、拥政爱民暨科技拥军、科技助民总结表彰大会，表彰了先进集体91个、先进个人57个。长春市还组织军地双方撰写有价值的研讨文章18篇，召开科技双拥工作研讨会，把科技双拥的实践升华为理论，明确新思路，采取新办法，解决新矛盾，以理论研讨为科技双拥开辟新的视野。吉林大学为沈阳军区开办50人的研究生班。吉林工学院投入20万元为部队研制计算机战场模拟系统软件和多功能政治工作指挥平台，获沈阳军区优秀革新成果奖，并招收6名军官入校攻读硕士研究生。四平市在今年支持部队科技大练兵中，为部队送去微机28台，电视机42台，科技图书3700册，为部队培训300多名技术骨干。

——启动实施"老兵医疗康复行动"。年初，全省启动了"老兵医疗康复行动"，并以此为载体，广泛动员社会力量，促进在乡老兵医疗难的解决。2月，以省双拥工作领导小组、省民政厅、省卫生厅、省军区政治部四家名义联合下发了《吉林省开展"老兵医疗康复行动"活动方案》，对各地解决在乡老兵医疗难的资金匹配、管理办法等进行了部署。在年初的全省"爱心献功臣行动"表彰大会上，又对这项活动进行了重点部署和要求。省民政厅拿出200多万元，分别下拨到医疗难的重点县进行扶持。全省各级把这项工作作为全年双拥工作的主要内容之一，狠抓落实。各地分别制定了适合本地特点的"老兵医疗康复行动"方案，建立了开展活动的领导小组。各地还结合开展"爱心献功臣行动"，分别筹措了解决医疗难的匹配资金826.7万元，为近万名老兵解决了大病医疗和医疗款拖欠问题。省民政厅、卫生厅、省军区政治部联合组织10支"爱心献功臣医疗队"，于7月5日分别赴10个县市为优抚对象送医送药。同时，各地结合"八一"期间的拥军优属活动，也组织开展了医疗队下乡为优抚对象送医送药活动。据统计，全省各地共组织医疗队105个，为优抚对象送医送药3500人次，价值15万多元；建立帮扶组织2.2万个，帮扶优抚对象3.1万人，为他们减免医疗费483万元。建立优抚门诊1436个，筹集医疗经费1067.3万元，在一定程度上缓解了优抚对象的医疗难问题。为了进一步推动这项活动的开展，省里总结了延吉市、通化县、桦甸市、前郭县、长春市南关区5个县、市、区开展"老兵医疗康复行动"的经验，召开了全省"老兵医疗康复行动"经验交流会。

四、牢记宗旨，服务大局，驻吉部队拥政爱民成效显著

驻吉部队认真贯彻落实军委新时期军事战略方针，在卫国戍边的同时，牢记我军宗旨，积极支援地方“两个文明”建设。一是主动完成好急难险重任务。年初，针对长春市越冬垃圾多，影响市容市貌的情况，驻长部队出动官兵7500余人，车辆1500余台（次），清除越冬垃圾近2万立方米，为美化春城做出了贡献。2000年是长春市环城绿化带三年规划的最后一年，绿化建设任务重、标准高。4月份，省军区组织驻长部队的万余名官兵，集中植树3万余株，为美化春城环境做出了突出贡献。二是积极开展扶贫帮困活动。驻吉部队投入大量人力、物力和财力用于扶贫工程，一些部队和军事院校，发挥自己优势，积极开展科技助民活动，为地方培训各类人员4000余人，转让技术成果20多项。驻吉部队积极参加“千人微笑、万人站起来”救助活动，为残疾人捐款35万元。一年来，驻军部队共投入扶贫资金120余万元。三是积极参加地方的经济建设和公益事业建设。一年来，驻吉部队在支援地方经济建设中，先后参加了吉林市的内外环江堤坝和吉化30万吨乙烯工程等建设项目60多个，共投入30多万个劳动日，动用机械车辆6000多台次，为地方义务植树7余万株，清淤泥、清挖旧路土石、修沙石路等共完成土石方量40万立方米。驻吉部队和军事院校通过参加地方重点工程建设、扶贫、援建希望小学等形式，全年帮助中小学军训学生3万多人次，为地方直接创造经济效益价值近千万元，树立了人民军队的良好形象，产生了良好的社会影响。在双拥工作中，还存在一些值得注意的问题。如对新形势下双拥工作出现的新情况、新问题调查研究的不够。表现为抓面多，抓点少，对一些问题只限于普遍号召，没有认真研究一抓到底；对城镇义务兵家属的优待，对停产、半停产和破产企业中革命伤残军人和老复员军人的优待问题调查研究的还不够；解决随军家属就业工作在全省发展还不平衡。

黑龙江省二〇〇〇年双拥工作总结

2000年，黑龙江省双拥工作以党的十五大精神和邓小平理论为指导，认真贯彻江泽民总书记“三个代表”重要思想，坚持以经济建设为中心，以巩固和发展新型的军政军民关系为宗旨，以深入开展“爱心献功臣行动”，落实优抚政策为重点，坚持服务大局，立足基层，注重实效，狠抓落实，经过全省广大军民的共同努力，圆满地完成了本年度的工作任务。

一、认真贯彻落实全国双拥模范城（县）命名大会精神，推动双拥工作持续发展

1月12日，在全国双拥模范城（县）命名大会上，哈尔滨、齐齐哈尔、牡丹江、佳木斯、大庆、鸡西、伊春、抚远等8个市县被国家命名为全国双拥模范城（县）。为使大会精神得到贯彻落实，省双拥工作领导小组作出了向哈尔滨等全国双拥模范城（县）学习的决定，从加强领导、健全组织、广泛深入开展宣传教育、完善落实各项双拥政策法规等方面向各级党政军民提出要求。同时，结合实际情况，下发了《黑龙江省2000年双拥工作要点》，对贯彻落实全国双拥模范城（县）命名大会精神进行了部署。各地普遍召开常委会、领导小组会进行研究，提出了贯彻落实的具体意见；通过举行揭牌仪式，召开庆祝、表彰、动员大会、双拥工作会议等多种形式向广大军民传达命名大会精神，总结交流双拥工作经验，表彰双拥先进单位和个人，明确下一步双拥工作的任务和奋斗目标。据不完全统计，全省共召开贯彻落实命名大会精神的会议30余次，参加人数3万人次，地市级以上党政军领导100多人次参加了会议。

一年来，省委、省政府领导把双拥工作摆上重要议事日程，全省各地各部队都把双拥工作纳入本地经济建设、社会发展和部队建设总体规划，纳入党政军各部门重要的议事日程和工作目标管理，纳入各级文明单位评比条件，纳入人大、政协监督范围，纳入各级领导政绩考核内容，各地普遍制定了双拥工作长远规划和年度计划，完善了各项工作制度。目前，全省双拥工作组织机构健全，基层双拥服务网络建设得到进一步加强和完善，市、县、乡、村基本实现了双拥组织网络化。据不完全统计，目前已有各种拥军优属服务组织85000余个，它们服务于广大群众之中，为全省双拥工作再上新台阶打下了基础。

二、弘扬爱国主义精神，强化双拥宣传教育

一年来，各级党委、政府和双拥组织领导部门为增强广大人民群众的双拥意识和爱国拥军观念，结合本地实际，有针对性地开展了国防双拥宣传教育活动。

一是开展形势任务教育。针对国际、国内复杂多变的形势，全省各地有步骤、有目的、分层次地开展了形势任务教育，把形势任务教育内容纳入各级领导干部的理论学习计划，编入党政机关干部学习教材，利用学习班、培训班以及领导讲话等形式，对广大干部群众进行了形势任务教育，增强广大干部群众的忧患意识，提高了广大人民群众对做好双拥工作重要性的认识，调动了广大军民参与双拥工作的积极性。

二是抓住有利时机，广泛开展爱国主义和双拥宣传教育。2000年是中国人民解放军建军73周年和中国人民志愿军赴朝作战50周年，各地以此为契机，大力宣传中国人民解放军为中国人民的解放事业英勇杀敌、保家卫国的大无畏精神，宣传人民解放军在社会主义革命和社会主义建设中做出的突出贡献。一年来，全省各地利用广播、电视、报刊等新闻媒介播发刊载双拥文章、报道3000余篇(次)，请志愿军老战士作专题报告300余次，为全省数以万计的干部群众上了一堂生动而形象的爱国主义教育课。

三是充分利用爱国主义教育基地，广泛开展革命传统主义教育。为最大限度地发挥它们的教育功能，各级政府投入了大量资金，进行了修葺和重建，其中齐齐哈尔市投资55万元为西满革命烈士陵园建成了大型花岗岩群雕《魂》。大庆市政府投资50万元，修缮了大庆英烈纪念碑。佳木斯市政府投资31万元，重新修建了刘英俊烈士墓和邵云环烈士纪念碑。全省各地充分利用这些革命烈士纪念建筑物，在清明节等节日，对广大群众、特别是青少年学生进行爱国主义教育和革命传统教育，收到了良好的效果。

四是加强国防教育，增强国防意识。各地市在抓好形势任务教育的同时，把开展国防理论、国防法律和国防科技知识的学习和教育作为重点，树立全民的现代化国防观念。充分利用民兵培训、职工培训、团员活动、在校学生军训、征兵动员、公务员培训等时机，广泛开展了全民国防和双拥宣传教育。各地还结合国内外形势举办各种形势报告会、研讨会，省里举办了影响面较大、参加人数较多的“龙水杯”世纪回眸国防有奖征文活动等。各地还根据自身的地理和历史特点举办特色教育活动，黑河市举办的“忆海兰泡国耻，奏21世纪强音”国防教育报告会，参加人数达25000余人。为支持国防基地建设，驻佳某部为市国防教育基地捐赠了退役坦克。一年来，全省共召开动员会、报告会、演讲会、新闻发布会、经验交流会近千次，设立各种宣传牌、栏3000多个，印发宣传材料500多份，各级印发简报100期，举办图片展80余次，使全省双拥宣传教育更加深入人心。

五是广泛开展双拥工作理论研讨，推动双拥工作向深层次发展。全省各级紧密围绕改革开放和发展社会主义市场经济，进一步加强军政军民团结这一主题，着眼于双拥工作跨世纪发展的需要，努力从理论与实践的结合上探索双拥工作的特点和规律。省双拥办先后深入部分地市和驻军单位进行调查研究，完成了题为《抓住机遇，发挥优势，为实现“二次创业、富民强省”战略目标建功立业》的研讨文章。全省各地市也积极开展了研讨活动，先后撰写了《对做好新世纪双拥优抚工作的思考》等十几篇论文，使全省双拥工作的新思路不断深化。

六是圆满地完成新年、春节、“八一”走访慰问和抗美援朝出国作战50周年纪念活动。在新年、春节、“八一”等节日期间，以民政厅和省军区政治部的名义下发搞好双拥活动的通知，并制定走访慰问方案，帮助部队和优抚事业单位解决一些实际问题。特别是在纪念抗美援朝出国作战50周年纪念活动中，省民政厅与省委宣传部一起开展了大型系列的专题宣传报道活动，全省各类报刊共发表纪念文章560多篇，专题广播、电视报道324余次。召开了全省纪念抗美援朝出国作战50周年座谈会，省委、省政府领导和各民主党派、志愿军老战士代表参加了会议。开展了走访慰问抗美援朝老战士和烈属活动。全省共走访慰问志愿军老战士和志愿军烈属37600多户，为他们解决实际问题、办实事2600多件。

三、巩固“爱心献功臣行动”成果，落实各项优抚政策

“爱心献功臣行动”在全省已经开展两年，由于各级党委、政府的高度重视，这项工作取得了较大的成绩。在巩固这一成果的同时，2000年进一步做了以下工作：（一）加大财政经费投入，抚恤标准普遍落实到位。2000年是全省提高在乡老复员军人生活补助标准最高的一年，人均提高幅度50元，仅此一项各级财政就拿出了5200万元。建立了优抚对象抚恤补助标准自然增长机制，城镇的重点优抚对象在享受定补的同时，又享受城市最低生活保障，全省重点优抚对象的生活水平达到或略高于当地人均生活水平。（二）发挥社会力量，帮扶重点优抚对象。全省各地普遍建立了领导干部、富裕户、党政机关、企事业单位与优抚对象“结对子”的帮扶活动，制定了各种包扶制度，在活动中坚持“四个到位”，即领导干部包扶必须到位，帮助优抚对象解决困难必须到位，优抚对象患病住院必须到位，重大节日走访慰问必须到位。目前，全省已有17589个单位97892人（县级以上领导干部4513人）参加帮扶活动，共帮扶44456个重点优抚对象，已有35564个优抚对象的“三难”问题已基本得到解决，占包扶总数的80%。（三）突出重点，落实责任。全省有重点优抚对象105618人，不同程度地存在生活困难的有24530人，住房难的有14577人，医疗难的有64442人。为解决生活难问题，各地加大财政投入，调整提高抚恤补助标准，搞好优待金社会统筹，提高优待标准，把重点优抚对象列入城镇最低生活保障，使其享受双重保障。与此同时，还积极安排优抚对象子女就业，实施优惠政策为其减免提留。目前全省优抚对象生活难问题已基本解决。为解决住房难问题，各地采取国家补一点、乡镇筹一点、社会捐一点、个人拿一点的办法为重点优抚对象新建和维修住房。全省共筹资金9234万元，义务帮工461405个，使14577户住房难问题得到解决。为了解决医疗难问题，各地普遍建立了优抚对象医疗保障制度，通过医疗保险、合作医疗、补助医疗等形式，缓解了优抚对象医疗难问题。

四、军地双方紧紧围绕“两力”，加大科技拥军和科技助民的力度

在支持部队建设中，坚持做到“六办”、“六拥军”。即领导带头办、大事主动办，急事马上办、特事特办、难事共同办、好事实事经常办；坚持在政策上拥军、在思想上拥军、在智力上拥军、在科技上拥军、在物资上拥军、在资金上拥军。全年在支持部队军事训练、营建施工、农副业生产、活跃部队文化生活、保障粮油水电供应、通信畅通等方面做了大量卓有成效的工作。各地为部队解决菜篮子工程、完善副食品基地及营房建设投资4700万元，为部队赠送彩电、电脑、冰箱、饮水机等960多台。特别是在开展科技拥军上，为适应部队科技兴军、科技兴训的需求，积极倡导全省各高等院校和科研单位，各尽所能，帮助部队培育各类专业人才，提供技术服务，解决技术难题。哈尔滨、佳木斯、齐齐哈尔、牡丹江、鸡西、伊春、大庆等地，实施了各种形式的科技拥军活动。哈尔滨按照“把学校办在军营、把知识送进军营、把财力投向军营、把科技引入军营”的指导思想，积极组织大专院校和科研院所，帮助部队用高科技成果指导军事训练，组织大批知名学者、专家，深入部队一线，先后完成了6个团级单位微机区域网的建立和开通，帮助部队进行自动化、现代化模拟演习，开发出计算机模拟、自动化指挥等软件。哈尔滨工业大学等院校把最新的科研成果嫁接到部队，先后为驻哈部队完成自动化指挥系统等50多个重点攻关课题。佳木斯科委副主任马耀东同志带领全市科技人员积极投身到科技拥军活动中，帮助部队解决科技练兵难题20多个。为进一步推动全省科技拥军、科技助民工作的开展，省双拥工作领导小组于7月表彰了一批先进单位和先进个人。在政府机构改革、企业减员的新形势下，各级党委、政府从大局出发，制定各种优惠政策，千方百计地安排好军转干部、随军家属、下岗随军家属、退伍义务兵、军队离退休干部。军转干部90%以上安置到各级行政事业单位，并落实相应职务。随军家属、下岗随军家属基本得到妥善安置。依法保障了退伍兵第一次就业。军队离退休干部政治、医疗、生活待遇得到了保障。

驻军部队发扬拥政爱民的光荣传统，在完成战备、执勤、训练任务的同时，积极支援地方经济建设，广泛开展科技助民活动，为全省经济发展作出了巨大贡献。一年来，驻省军警各部队投入近50万个劳动日，参加支援国家重点工程和公益事业建设600多项，在抢险救灾、森林灭火、扶贫开发和援助希望工程中发挥了重要作用。特别是在科技助民活动中，驻军部队广泛开展科技扶贫、医疗扶贫、援助希望小学、开展共建共育等，进一步密切了军民之间鱼水之情，巩固和发展了新型的军政军民关系。

全省的双拥工作虽然在各方面有了长足的发展与进步，但还存在一些问题，主要是全省双拥工作发展不够平衡，个别地方还停留在一般化的水平；各地对完善政策法规建设比较重视，但落实政策力度不大；新形势下双拥工作的内容、方法、形式还有待于进一步研究、探索。

江苏省二〇〇〇年双拥工作总结

2000年，江苏省双拥工作以邓小平理论和江泽民总书记“三个代表”重要思想为指导，认真贯彻全国双拥模范城（县）命名大会精神，进一步加大双拥工作力度，继续广泛、深入、扎实地开展双拥创建活动和科技拥军活动，全省创建双拥模范城（县、区）活动健康发展，科技拥军活动广泛深入，“爱心献功臣行动”进一步巩固和发展，支持军队建设工作有新成效，驻苏部队积极支持地方两个文明建设，拥政爱民工作有新贡献，双拥工作整体水平得到进一步提高。

一、采取切实措施，双拥模范城（县）创建工作取得新进展

在年初召开的全国双拥模范城（县）命名大会上，徐州、南京、无锡、苏州、镇江、南通、连云港、扬州、常州、张家港、盐城等11个市被命名为全国双拥模范城，命名数量名列全国各省市区前茅，其中地级市命名数位居全国第一。为认真贯彻全国双拥模范城（县）命名大会精神，先后召开了省双拥工作会议和省双拥工作电视电话会议，对贯彻落实全国双拥模范城（县）命名大会提出的各项任务进行认真部署，抓好各项工作的落实。被命名的11个市召开专题会议，进一步贯彻全国双拥模范城（县）命名大会精神，以此为动力，加大工作力度，完善各项措施，再创双拥工作新辉煌。一些还没有跨入省级双拥模范城（县、区）行列的地方，进一步加大了双拥工作的力度，决心在新一轮省级双拥模范城（县、区）评比中榜上有名。盐城市抓双拥促优抚，及时建立了优抚对象抚恤补助标准自然增长机制，仅此一项全市各级财政就增加支出1270多万元。泰州、宿迁等市查找薄弱环节，增强信心，坚持创建全国双拥模范城（县）目标不动摇，并从当地实际情况出发，认真制定新一轮的创建计划和措施。淮阴市委书记赵学风同志亲自担任市双拥工作领导小组组长，建立市委常委双拥工作联系点制度，双拥工作狠抓“五个突出，五个到位”：突出宣传教育，思想认识到位；突出网络建设，组织力量到位；突出军民共建，互办实事到位；突出科技拥军，特色创建到位；突出政策法规建设，贯彻落实到位。全省各市、县（市、区）高度重视双拥创建工作，列入党委、政府和驻军领导机关的重要议事日程，双拥模范城（县）创建工作正在扎扎实实地向前推进。

二、加大工作力度，科技拥军工作取得显著成效

年初，省委、省政府把科技拥军工作列为2000年着重抓的20件实事之一，各地、各有关部门采取有效措施，推动科技拥军活动广泛深入开展。据不完全统计，各地参与科技拥军活动的专家学者、科技人员达5200多人，举办各种科技拥军活动2954次，赠送部队电脑电器等2461台（件），赠送部队科技书籍资料112万多本（册），为部队装备革新器材1302件、培训官兵81500多人次、办实事3000多件，科技拥军总投入达9234万元，为加强部队现代化建设，提高驻苏部队战斗力做出了积极贡献。

一是把科技拥军作为双拥工作的重要内容来抓。省双拥工作领导小组和省委办公厅、省政府办公厅及时下发了科技拥军活动实施方案和关于在全省开展科技拥军活动的通知。各地、各有关部门相继出台了科技拥军的具体实施计划，把搞好科技拥军作为双拥办实事的重要内容，纳入当地经济、科教发展的总体规划，并将其作为评比科技拥军先进、创建双拥模范单位的重要条件。南通市委、市政府将科技拥军列为年内着重抓的15件实事之一。盐城市委、市政府把科技拥军工作作为双拥工作的重点，将完成任务情况作为检验“三讲”教育成果的重要标准。南京、苏州、无锡、连云港等市专门成立了科技拥军工作领导小组，强化组织领导。各级教育、科技、科协等部门和单位，在科技拥军工作中充分发挥职能作用，做了大量的组织协调工作。省科技厅发文要求全省科技系统积极开展科技拥军活动，并组织机关科技人员到部队送科技书籍、举办科技知识讲座，深受部队官兵欢迎。

二是帮助部队搞好科技人才培养。各市把向部队选送优质兵员作为支持部队科技练兵的重要内容，并从政策上加以引导和鼓励。常州市规定大专生入伍优待金增发10%，本科生增发20%。据统计，全省冬季征兵有55万名适龄青年报名，共征集新兵41000多人，其中具有大中专和高中文化程度的占兵源总数的58.4%，党团员占69.7%，新兵质量明显高于往年。各地根据部队急需微机、外语等人才的实际，积极协调高等院校、科研单位帮助部队搞好人才培养。江苏理工大学、中国矿业大学、南京理工大学、南京航空航天大学等院校与部队签订了人才培养协议。宿迁市针对本地科技力量较弱的实际，专门邀请上海复旦大学的教授为驻军举行科技知识讲座，他们还精心制作了科普图板到部队驻地巡回展览。

三是支持部队科技攻关和技术革新。各地对部队在微机运用、训练器材革新等方面遇到的困难，都注重发挥地方科技优势给予大力支持。徐州市先后组织400多名科技人员，与驻徐某部共同制作了12个课题软件，其中《军队训练信息管理系统》为全军首创。无锡市针对驻锡部队提出的47项技术求援项目，组织16个科技单位和40多名专家进行科技攻关，并为部队聘请了44位专家担任科技顾问，由150名专家学者组成科技讲师团为部队服务。连云港市积极协助警备区召开科技练兵成果观摩会和科研成果鉴定会，对60多项军地协作研制的革新成果进行了演示。江阴市通过赠送器材、培训人才、革新器材等形式，使驻军某部达到团有局域网、连有微机室、班有学习机，已经完成了十多项革新器材和教学课题，有的还获得了南京军区科技练兵成果一等奖。仪征市筹资200多万元，在总参某研究所工程技术人员的指导下，新建了全国一流的全封闭室内实弹射击场，该场采用超声自动报靶系统和激光影像仿真射击系统等高科技装备，极大地提高了民兵预备役部队的训练水平和训练质量。

四是多办实事，为驻军科技练兵创造良好条件。全省各地在科技拥军工作中纷纷组织专家教授和高级技术人员组成科技拥军服务团。帮助部队开通教育和科技信息网，为部队提供多种形式的科技练兵服务。镇江市在科技拥军工作中注重增加投入，多办实事，主动协助部队搞好营房、水、电、路、电脑局域网等方面的建设，总投入超过1000万元。南通市近几年共出资1419万元，为驻通部队建造拥军楼27幢，较好地改善了海边防部队官兵的居住条件。海门、启东两市还投资40多万元，帮助海防某部整修了训练场。昆山市及时组织12个单位，出资48万元，解决驻山顶部队道路、供电增容、安装自来水等实际问题。泰州市泰航电器有限公司选拔30名优秀青年民兵成立配电器维修专业分队，多次协助部队完成了各项军品应急维修任务。江阴市澄西船厂组织技术骨干，出色地完成了“远望四号”航天测量船的改造和维修任务，受到军委总部的表彰。

三、突出工作重点，“爱心献功臣行动”成果得到进一步巩固

全省各地继续深入开展“爱心献功臣行动”。在1999年重点解决优抚对象生活难、住房难问题的基础上，2000年突出解决重点优抚对象的治病难问题，取得了较好的效果。镇江、宿迁、大丰、丹阳、泗阳、射阳、滨海、金湖等市、县（市）都出台了优抚对象医疗保障方面的政策性文件，在解决重点优抚对象治病难问题上取得了新的进展。镇江市在全省率先建立了多层次优抚对象医疗保障网络。一是市、县、乡、村四级医疗机构为优抚对象提供优质、优惠服务。二是优抚对象以户为单位参加农村合作医疗保险，优抚对象本人享受双份合作医疗保险。三是不享受职工基本医疗保险的老烈属、老伤残军人、老复员军人，因生大病住院治疗且个人及子女均无力承担的，可得到相应的医疗补助。目前，该市共建立优抚医疗保健网点1343个，筹集大病医疗补助资金290多万元，从而较好地解决了优抚对象的治病困难。地处经济欠发达地区的泗阳县，在解决重点优抚对象治病难问题上，领导重视，部门配合，管理规范，服务到位，全县各乡镇都建立了优抚诊所，县财政局、民政局联合发文，规定优抚对象自然减员节余经费可转入优抚对象医疗基金，并通过财政拨款、社会捐助等渠道，筹集优抚对象医疗保障资金80多万元，有效地缓解了重点优抚对象的治病困难。据统计，全省设立优抚门诊4000多家，开设优抚病床4000多张，筹集医疗补助资金近2000万元，为重点优抚对象减免医药费1500万元，较好地解决了重点优抚对象的医疗难问题。

10月25日是中国人民志愿军抗美援朝出国作战50周年纪念日，苏州、常州、泰州、南通、宿迁等市以此为契机，进一步推动优抚安置政策的贯彻和落实。苏州市组织各级各有关部门领导到志愿军老战士家中走访慰问，帮助他们解决实际困难，向志愿军老战士和志愿军烈士家属赠送慰问金达140多万元。宿迁市组织60多名志愿军老战士举办抗美援朝事迹报告会，为他们进行身体检查，安排他们进疗养院疗养，使他们倍感党和政府以及社会的温暖。

四、着力解决热点难点问题，双拥工作整体水平得到进一步提高

一是认真做好转业退伍军人和随军家属的接收安置工作。全省接收安置军队转业干部5313名，总数占全国第二位，其中师团职干部1118人，数量占全国第一。接收退役士兵46800多人，人数比往年有较大幅度的增加。随着机关企事业单位用人制度改革进一步深化和省级机关机构改革、人员精简，接收安置的难度进一步加大。各地、各部门千方百计克服困难，努力做好转业退伍军人的接收安置工作。同时，全省各级组织、人事、劳动等部门和用人单位积极主动做好随军家属接收安置和随军家属再就业工作。针对部分困难企业因兼并或破产等原因出现随军家属下岗的情况，省及各级市、县及时出台了随军家属不下岗的政策规定。不少地方还成立了随军家属再就业指导中心，对随军家属进行科学文化和就业技能的培训，增强她们适应市场人才双向选择的能力。南京市对随军后暂时未能安置的随军家属发放生活补助金，受到部队和随军家属的欢迎。宿迁市开展向身患绝症仍然全力支持丈夫安心服役的好军嫂蔡艳红学习活动，市领导带头捐款，市双拥办在2天内就收到干部群众捐款4万多元。市委、市政府还派出慰问组赴无锡慰问正在住院治疗的好军嫂蔡艳红，在军内外产生了广泛的影响。

二是认真落实移交地方安置的军队师职离退休干部医疗待遇政策。省委、省政府领导对这项工作高度重视，回良玉书记、季允石省长、曹克明副书记、张连珍副省长多次作出重要批示。省委办公厅、省政府办公厅专门下发通知，要求全省各地认真抓好落实。各地认真贯彻省委、省政府的指示精神，积极采取措施，千方百计克服困难，落实有关政策。南京市安置军队师职离退休干部任务很重，共需安置638名，占全省师职干部安置总数1022名的62.4%，南京市委、市政府对落实师职离退休干部医疗待遇问题十分重视，主要领导专门作了批示，市委王浩良副书记多次进行协调，市长办公会议专题研究解决办法。各区（县）为师职离退休干部办理了"特约医疗证"，医疗费超支部分除省补助外，由市、区（县）共同承担。为了统一运作和管理，南京市民政局、财政局、卫生局、公费医疗办等联合下发了《关于做好地方政府安置的军队离退休干部的医疗待遇工作的通知》，把这项工作落到了实处。

三是全省清理干部军地两处住房工作进展顺利，为部队办了一件实实在在的好事。省委、省政府领导对清理干部军地两处住房工作十分重视，进行专题研究和部署，把清房工作作为支持国防建设的一件实事来办。省委办公厅、省政府办公厅下发了《关于在全省开展有关人员军地两处住房清理工作的通知》，及时转发了省清理军地两处住房领导小组《关于军转干部及有关人员军地两处住房清退处理意见》，要求各地、各部门、各单位按照这一《意见》，迅速制定具体实施办法，抓紧工作。由于各级党政领导高度重视，认真工作，思想教育抓得细抓得实，广大军转人员对这项工作给予充分的理解和支持，全省清理军地两处住房工作进展顺利，取得了明显成效。全省占有军地两处住房的军队转业干部退出住房4367套，计28.57万平方米，退交补交款9.81万元，清退人数占应清退数的94.8%，13个地级市中有12个市、115个省直单位中有111个省直单位已完成或基本完成清退任务，受到了部队领导的高度赞扬和人民群众的称道。

四是大力支持驻苏部队后勤保障社会化改革。省委、省政府、省军区上半年联合下发了《关于支持驻苏部队推进后勤保障社会化改革的意见》，要求全省各级党委、政府把这项工作作为义不容辞的责任，切实加强领导，搞好组织协调，努力排忧解难，抓好支持部队后勤保障社会化改革工作的落实。镇江等地及时出台了具体实施意见，供电、供水等部门积极实施。南京市在开展社区服务工作时也将部队营院一些后勤服务纳入社区服务范围。南京市电信局针对本地部队、军事院校多，军人打电话难的实际情况，在解放军理工大学、工程兵工程学院安装了320部拥军电话，并免去了电话初装费、材料费、手续费等。部队领导高兴地说，开通拥军电话既是军队社会化服务保障内容多样化的延伸，也是社会拥军爱军的一种体现。

五、驻苏部队发扬我军优良传统，拥政爱民工作取得新的成绩

驻苏人民解放军和武警部队坚持全心全意为人民服务的宗旨，在完成战备训练等项任务的前提下，积极支援全省现代化建设和社会主义精神文明建设，拥政爱民工作取得了新的成绩。一是大力支持地方重点工程和社会公益事业建设。驻苏部队积极参加和支援南京长江二桥、新长铁路、田湾核电站等重点工程建设和农田水利等基础工程建设，主动参加地方植树造林，绿化美化城市。为迎接第六届中国艺术节、第十一届全国书市和江苏金秋经贸洽谈会，驻宁的南京军区空军、省武警总队、舟桥旅和10所军事院校的12400多名官兵在部队领导带领下，挥汗如雨，轮流奋战在南京国际展览中心、南京文化艺术中心的工地上，为确保第六届中国艺术节、第十一届全国书市和江苏金秋经贸洽谈会的如期举行做出了突出贡献。省军区积极组织部队和民兵预备役人员投身地方经济建设，特别是在重点工程建设中，展示了人民军队威武之师的形象。在新长铁路建设中，他们组织沿线军分区成建制投入100多个民兵营，出动车辆3000多台次，6万多名民兵日夜奋战在工程第一线，帮助平整加固路基，搬运石料，挖土石方16万多立方米，为保证新长铁路按时贯通贡献了力量。在高速公路建设中，沿线各军分区（警备区）纷纷组织部队和民兵预备役人员投身到工程建设中，有力地支持了高速公路建设。泰州军分区组织民兵预备役人员2万多人次参加水利建设，加固江堤24公里，清淤疏浚河渠7.5公里，运土石27.7万立方米，改造农田1600多亩，为长江江堤达标捐款60多万元。各地还组织部队和民兵预备役人员支持地方城市建设。据统计，部队共投入20多万个劳动日，出动车辆7000多台次，植树160多万株，种草坪4万多平方米。二是军民共建成绩显著。各部队充分发挥政治优势，主动参与驻地创建文明城市、文明村镇、文明行业等活动，积极配合机关、厂矿、学校开展爱国主义、国防知识的宣传教育，协助地方开展军训和“军营一日”活动，增强了参训干部群众的军事素质和国防观念。驻苏部队70%以上的军民共建单位被评为县以上精神文明单位，有的部队官兵还被授予驻地文明市民荣誉称号。三是勇于承担急难险重任务。3月17日晚，苏州化工厂发生火灾，驻军和武警消防官兵紧急出动，经过3个半小时的奋勇扑救，终于扑灭了大火，保护了国家财产和人民群众的生命安全。2000年，全省自然灾害频繁，上半年淮北地区旱情严重，驻军部队视灾情如命令，主动请缨，参加地方抗旱斗争。兴化、高邮、宝应、射阳、响水、滨海、灌云等地先后遭受龙卷风和暴风雨等严重自然灾害的袭击，驻军部队紧急出动，突击抗灾救灾，受到当地干部群众的高度赞扬。四是积极开展扶贫帮困。驻苏部队团以上建制单位和县级人武部普遍建立了扶贫帮困挂钩点，帮助驻地优抚对象和困难群众脱贫致富。无锡市慈善总会组织的“一日捐”活动，驻锡部队首批就捐献了19万元。南空干休所老干部许映泉将军，常年资助老区9名贫困学生，他还动员全家三代人拿出10万元捐给苏北农村小学，将军的事迹在无锡传为佳话。各部队医疗卫生单位经常派出医疗小分队，深入乡村为群众义务巡诊、防病治病，深受群众欢迎。

全省双拥工作虽然取得了很大的成绩，但在具体工作中仍然存在一些薄弱环节和问题。主要是：各地双拥工作发展还不平衡；解决热点难点问题力度需要继续加大；部分干部群众的国防观念还有待进一步提高。

浙江省二〇〇〇年双拥工作总结

拥军优属工作

2000年，全省各级党委、政府认真贯彻党中央、国务院、中央军委一系列双拥工作的指示精神，广泛深入地开展拥军优属活动，军政军民团结得到进一步加强，全省拥军优属工作力度大、氛围浓、基础实、发展快，实现了新的突破，迈上了新的台阶。

一、组织领导不断加强，营造了浓厚的双拥氛围

全省各级党委、政府坚持贯彻“三个代表”重要思想，从讲政治、讲大局、讲稳定的高度把拥军优属工作作为长期的政治任务摆上重要议事日程，纳入当地社会发展、精神文明建设的总体规划。省委书记张德江强调要把双拥工作当作一项政治任务来抓。省领导多次到部队走访慰问，为部队排忧解难。全省各地把开展以爱国主义为核心，以双拥优良传统为主要内容的国防教育列入全民教育计划，狠抓落实。长江流域抗洪抢险斗争中涌现出来的某集团军战士嵇琪和他母亲嵇蓉珍的先进事迹传遍了浙江大地，激发了广大军民爱国拥军的热情，出现了许多父母支持、动员孩子报名参军的喜人景象。春节刚过，省委、省政府领导就率领杭州市、宁波市、舟山市领导参加东海舰队“杭州舰”命名仪式。6月，省委书记张德江亲自率领省党政领导到东海舰队某潜艇支队看望官兵。省交通厅针对驻杭某师改制换装、原有训练场道路不能满足训练需要的现状，投入100万元整修道路；湖州市拿出50万元对某集团军教导大队至“双拥路”的延伸段进行整修，又投资30万元为某集团军机关整修了训练靶场。“八一”期间，宁波市与象山县两级政府为海军驻甬某部解决给水工程经费100万元；鄞县为91277部队解决道路交通难问题，年内投入300多万元，使部队官兵倍受鼓舞。11月，驻军某旅进行千里机动演练，途经金华市、金华县、武义县、东阳市等地，当地政府共派出民兵500余人次，交警300余人次，警车60余台，全程协调保障，确保了演练圆满成功。

二、突出工作重点，进一步抓好双拥各项工作的落实

一是积极开展科技拥军活动。为贯彻落实江泽民总书记科技强军战略思想和军委新时期军事战略方针，研究探索新形势下双拥工作新路子，大力支持驻浙部队的科技练兵活动，在广泛走访、调查的基础上，省委、省政府办公厅联合下发了《关于广泛开展科技拥军活动的通知》，同时，省政府拨款500万元支持部队科技练兵活动，并要求各级党委、政府切实加强对科技拥军活动的组织领导，形成科技拥军的合力，把支持部队提高科学文化素质作为科技拥军的基础工作来抓，积极帮助部队引进和培养科技人才。各地充分发挥军地两用人才基地、国防教育基地的作用，积极开展向部队送“新技术、新知识、新智能”活动，协助部队搞好士兵文化补习、科技人才培训和复合型人才的培养工作。浙江大学、浙江师范大学等院校充分发挥高校优势，专门为某集团军开设了研究生班，定期到部队授课，帮助部队培养急需的人才。湖州市给驻湖部队团以上单位赠送了全自动电化教学仪器和大屏幕彩电；嘉兴市为某团官兵开办电脑培训班，已有380人拿到二级证书；杭州市、湖州市、舟山市电信公司投入巨资，并派出专家攻克技术难题，成功实现了军地电信联网，提高了部队通信保障能力。

二是大力支持国防重点工程建设。为抓紧做好军事斗争准备，军委进一步加大了东南沿海战场建设的投入。“1665”工程、“965”船坞工程等一批重点工程相继开工。为确保这些国防重点工程建设的顺利进行，舟山市、宁波市、温州市把支持国防重点工程建设作为大事来抓。在某支队基地定点问题上，省领导高度重视，从讲政治、讲大局的高度，坚决支持国防工程建设，一切为国防工程让路。目前，该工程的前期准备工作正在进行。

三是努力解决部队干部的后顾之忧。在全省各地机构精简、人员分流下岗的情况下，各级党委、政府把解决干部的后顾之忧作为“稳军心、固长城”的工程来抓，千方百计为部队转业干部找岗位、腾位子，满腔热情地做好复退转军人安置工作。省委、省政府还全力做好随军家属就业安置工作，及时出台和下发了政策性文件，规定驻地单位无特殊理由不得拒绝接收安置随军家属；企业根据生产状况需要调整、压缩人员时，不得安排随军家属下岗；企业因停产、破产等原因致使部队随军家属下岗的，企业主管部门应负责在本系统内调剂安置。同时对录用部队随军家属的单位、企业给予税收等方面的政策优惠等。根据省里的文件精神，各市、地、县结合实际，也相继制定了政策与措施，妥善解决随军家属就业安置难问题。宁波市明确提出“保证军嫂不下岗，力争军嫂无待业”，与部队共同举办了随军家属再就业培训班，积极拓宽随军家属安置渠道。共有126人参加了培训，安排近50名随军家属就业。对尚未就业的随军家属，在待业的半年内，每月发给120元的生活补助费，共有168人享受了这项补助。嘉兴市为确保部队随军家属的就业安置，采取全面普查、分片实施、逐个落实的方法，逐级逐部门逐单位逐部队地摸底调查，凡是随军家属未安排工作或安排工作后下岗的，市双拥办积极协调，及时上报市领导和相关主管部门，督促限期予以解决。

三、注重整体推进，加大解决热点、难点问题的力度

一是巩固和发展“爱心献功臣行动”的成果，进一步为重点优抚对象排忧解难。省、市、县三级财政共投入3000多万元资金，帮助1000多户重点优抚对象解决住房困难。对各地的光荣院、光荣室，省政府也给予了适当补助，改善了集中供养的孤老重点优抚对象的生活和居住条件。9月，全省普遍提高了重点优抚对象的定期抚恤标准，每人每月增加了20－60元。

二是组织开展慰问志愿军老战士和志愿军烈属活动。10月25日是中国人民志愿军抗美援朝出国作战50周年纪念日。为弘扬志愿军官兵和全国人民在抗美援朝战争中的爱国主义、国际主义和革命英雄主义精神，激励广大军民继承和发扬我党我军的光荣传统，省委、省政府召开了抗美援朝志愿军老战士和志愿军烈属座谈会，并根据中央宣传部、民政部和总政治部的要求，及时下发了《关于开展慰问志愿军老战士和志愿军烈属活动的通知》，要求各地对志愿军老战士和志愿军烈属生活情况进行了摸底调查和走访慰问。

拥政爱民工作

2000年，驻浙部队认真贯彻军委江主席关于加强新时期军政军民团结的一系列重要指示和全国双拥模范城（县）命名大会精神，按照“加强教育，发挥优势，突出重点，注重实效”的要求，扎实工作，拥政爱民工作取得了显著成效，部队与驻地军政关系进一步融洽，军民关系进一步密切，军政军民间“同呼吸，共命运，心连心”的大好局面得到了进一步的巩固和发展。

一、拥政爱民专题教育和国防教育广泛深入，进一步增强了广大军民的双拥意识和国防观念

驻浙部队各级党委、政治机关坚持贯彻“三个代表”重要思想，十分重视做好新时期的拥政爱民工作，通过组织部队开展拥政爱民专题教育，官兵“学人民奉献自己，爱人民胜过自己，为人民舍得自己”的思想进一步夯实，群众观念和爱民意识大大增强，维护军政军民团结成为广大官兵的自觉行动。驻浙部队为希望工程捐款140余万元，有1000多名官兵自发与驻地“五保户”或失学儿童结成对子，官兵义务献血达60000多毫升。驻浙部队积极协助地方政府开展全民国防教育，强化人民战争观念。部队各级领导抓住训练演习、军地领导走访慰问等有利时机，大力宣传对台军事斗争的方针原则和军政军民团结对夺取未来战争的重要作用。驻浙部队通过派遣官兵为驻地学校和企事业单位组织军训、邀请地方党政领导和社会团体到部队过“军营一日”活动、帮助地方建设国防教育和爱国主义基地等多种途径，广泛开展全民国防教育活动，强化了驻地党委、政府和人民群众的国防观念。通过与驻地政府一起完善动员组织体系、制定战时动员方案、解决动员准备中的现实问题，认真做好对台军事斗争群众工作准备，为实现“打得赢”提供强大的后方保障。

二、双拥共建工作取得积极成效，有力地促进了驻地两个文明建设

驻浙部队以争创双拥模范城（县）、“创建文明社区、文明村镇、文明行业”为轴心，广泛开展形式多样的军民共建活动，有力促进了驻地的两个文明建设。一是积极开展形式多样的为民服务活动。

驻浙部队各级党团组织坚持把参与驻地精神文明创建活动作为学雷锋活动的重要内容，积极组织官兵走上街头开展社会公益活动。一年来，共出动官兵32000多人次，出动车辆5900余台次，共计劳动日18万个，开展了环境绿化、垃圾清运、家电维修、法律咨询、义务门诊、放映电影等便民公益活动，受到驻地群众好评。二是注重拓展共建内容，协助共建单位进行国防教育。驻浙部队采取上课、参观、军事训练等形式，对共建单位的干部职工进行国防教育。一年来，共派出辅导员4万人次，军训人员20多万名。三是积极参加“爱心献功臣行动”。驻浙部队把“爱心献功臣活动”作为一项政治任务来抓，作为树立部队文明之师、爱民之师的形象工程来抓，共捐款55万元、大米60多吨，先后与1200户“三难”优抚对象结为帮扶对象。四是开展健康有益的军民联欢活动。驻浙部队注意把开展健康有益的军民联谊活动作为军民共建的重要内容，经常与共建单位一起举办丰富多彩的文体活动，活跃了广大部队官兵和驻地群众的业余生活，增进了共建双方的感情。

三、积极支援驻地经济建设和奋勇抢险救灾成为官兵的自觉行动，树立了人民军队的良好形象

驻浙部队把驻地当故乡，视人民为父母，积极组织力量参加浙江的经济建设、抢险救灾和公益事业。一年来，部队共出动兵力46000多人次，车辆8700余台次，舰船280多艘次，参加了秦山核电站三期工程、宝钢矿石中转码头新锚地扩建工程、三都澳万吨级码头、舟山市饮水工程等20多项国家和地方重点工程，抢救遇险群众5000多人，遇险船只35只，抢运各类物资4300多吨，在加固海堤、海上救险、防风抗风、扑灭森林火灾等方面发挥了突击队作用。驻浙部队还热心参与地方政府组织的大型活动，支持地方公益事业建设，树立了人民军队的良好形象。全年共出动官兵20000多人次，车辆500余台次，为杭州市“西湖博览会”、宁波市“国际服装节”、义乌市“中国小商品博览会”等大型活动的环境整治、河道疏浚、道路畅通、后勤保障等作出了贡献。

四、维护稳定大局，切实预防和制止军民纠纷

驻浙各部队坚持用江主席关于“一定要从政治上看待和处理军政军民关系”的重要指示，把预防和制止军民纠纷作为一件大事来抓，组织官兵认真学习贯彻《关于预防和处理军警民纠纷若干问题的暂行规定》，引导官兵端正对人民群众的根本态度，不断打牢军民团结的思想基础。每逢重大节日、重大活动，各部队都要进行“顾大局、爱人民、守纪律、树形象”的教育，主动走访驻地政府、用兵单位和周围群众，征求意见、分析检查部队在执勤、训练、日常生活中执行政策法规、遵守群众纪律等情况，发现问题及时解决。一年来，全省没有发生重大军民纠纷，军民水乳交融的鱼水情谊更加深厚，军政军民团结的大好局面进一步得到巩固。

安徽省二〇〇〇年双拥工作总结

2000年，安徽党政军民以党的十五大精神和“三个代表”重要思想为指导，以认真贯彻全国双拥模范城（县）命名大会精神为动力，加大力度，狠抓落实，双拥工作取得新的成绩，进一步巩固和发展了军政军民团结的大好局面，促进了全省经济和社会发展及驻皖部队的全面建设。

一、抓住有利时机，进一步加大了双拥创建活动的力度

1月，在北京召开了全国双拥模范城（县）命名大会，江泽民总书记向大会发了贺信，胡锦涛同志代表党中央、国务院、中央军委在大会上作了重要讲话，司马义·艾买提同志代表全国双拥工作领导小组作了工作报告。这次大会是统揽全国当前乃至今后一个时期双拥工作的一次重要会议，是指导全国军民做好跨世纪双拥工作的重要依据。合肥、蚌埠、淮南、滁州、宿州、当涂、祁门等7个市(县)在这次大会上被命名为全国双拥模范城(县)。全省各级军地领导认真抓好大会精神的传达贯彻，促进了双拥工作的深入发展。

1月14日，省军区副政委、省双拥工委副主任杨洪立率出席全国双拥模范城（县）命名大会的代表载誉归来。省党政军领导方兆祥、田维谦、戴长友及省民政厅厅长李宏塔等到机场迎接。省委、省政府、省军区在八一宾馆举行了全国双拥模范城（县）军地代表座谈会。田维谦、杨洪立等领导同志出席了座谈会。座谈会上，参加全国双拥模范城（县）命名大会的军地代表纷纷表示，要以这次命名大会为动力，深入贯彻大会精神，抢前争先，真抓实干，面向新世纪，开创新局面，以坚强的军政军民团结为全省经济和社会发展创造良好的社会环境。1月18日召开的全省市地民政局长会议上，省民政厅厅长李宏塔结合实际就贯彻全国双拥模范城（县）命名大会精神作了部署和要求：一要继续开展“爱心献功臣行动”，为“三难”对象排忧解难；二要加大城乡义务兵家属优待金社会统筹工作和拥军优属资金筹集力度，全面启动城镇义务兵家属优待工作，不断完善优待政策；三要进一步加大安置力度，强化政府行为，继续实行“按系统分配任务，包干安置”的办法，确保完成年度任务；四要进一步推动双拥工作持续深入发展，更加广泛扎实地开展创建双拥模范城（县）活动。在1月23日省、市、地党政军领导议军会和1月29日省暨合肥市党政军负责同志座谈会上，省委书记王太华根据全国双拥模范城（县）命名大会要求，反复强调各级党政领导一定要认真贯彻大会精神，认真学习江总书记的贺信和胡锦涛、司马义·艾买提同志的重要讲话，切实加强领导，把全省的双拥工作推向一个新阶段。与此同时，依据大会精神，省双拥工作领导小组制定了2000年省双拥工作计划，对贯彻落实全国双拥模范城（县）命名大会提出的各项任务认真进行了部署。

被命名为全国双拥模范城（县）的7个市（县）通过召开市（县）委常委会、双拥工作会议、表彰大会、创建双拥模范城（县）再动员大会等形式，传达贯彻大会精神，进行双拥工作的再发动，号召全体军民以贯彻全国命名大会精神为动力，再创双拥工作新的辉煌。

二、加强国防教育，进一步夯实了军政军民团结的思想基础

加强国防教育和双拥宣传教育，强化全民国防观念和双拥意识，是社会主义精神文明建设的重要组成部分，也是做好双拥工作的重要基础。5月，根据军事斗争准备需要，结合新时期国际国内形势及省国防教育特点，制定完善了《省国防教育办公室职责》及《2000－2004年安徽省全民国防教育规划》，为全民国防教育工作走向社会化、制度化、法制化、规范化奠定了基础。全省各地在开展国防教育和双拥宣传教育中，抓好“四个结合”，努力营造“军爱民，民拥军”的浓厚社会氛围，进一步夯实了军政军民团结的思想基础。一是把重大节日双拥活动与平时的宣传教育相结合。在春节、“八一”建军节和纪念志愿军赴朝作战50周年活动中，既有各级党政领导和社会各界对驻军和优抚对象的走访慰问，也有各基层单位为驻军和烈军属的送温暖活动，还有驻皖部队对地方的走访和为民服务活动，以及形式多样、丰富多彩的军民联欢、联谊活动等，形成了国防教育和双拥宣传教育的阶段性高潮，起到了很好的社会宣传效果。平时的国防教育、双拥宣传活动也常抓不懈，各地充分发挥各级党校、各类大中学校、革命纪念建筑物、爱国主义教育基地的教育功能，发挥双拥宣传橱窗、固定宣传标牌的宣传作用，在全省范围内形成了浓厚的双拥氛围。二是把重点对象教育与做好广大群众的普遍教育相结合。在抓好对广大人民群众宣传教育的同时，着重抓好对各级领导干部和青少年的宣传教育工作。合肥、铜陵、蚌埠等地和人事厅等单位围绕军事斗争准备，邀请部队和台湾问题专家、教授为领导干部上国防形势和国防知识课，滁州市委党校开设了双拥教育课，进一步强化各级领导干部的国防观念和双拥意识，提高他们做好双拥工作的自觉性。省教育厅依据工作职责，切实抓好对青少年进行以爱国主义为核心内容的国防教育和双拥宣传教育，组织编写了小学和初中《国防教育》教材，在小学和初中开设国防教育课程，并组织军训大、中学生5万多人。省委宣传部、团省委等单位开展了主题鲜明的爱国主义教育读书活动，参加这项活动的中、小学生达数百万人。三是把发挥新闻专业队伍的作用与调动各级各部门的宣传积极性相结合。各级新闻媒体把做好国防教育和双拥宣传作为自己义不容辞的责任，不仅开辟专题、专栏，还组织精兵强将深入基层，采写并创作了一大批反映双拥工作的好文章和好的电视、广播作品。与此同时，充分发挥各基层单位业余报道队伍的作用，使国防教育和双拥宣传家喻户晓。合肥市举办了“双拥好新闻”评选活动，参评作品达146篇（幅），获奖作品29篇。通过评选，调动了全市专业和业余宣传队伍齐心协力做好双拥宣传报道工作的积极性和主动性。四是把完成征兵任务与集中开展宣传月活动相结合。为进一步营造关心、支持国防和军队建设的良好氛围，针对征兵工作出现的新特点，10－11月份，在全省统一开展了以贯彻《国防法》、《兵役法》为主题的国防教育宣传月活动。各级国防教育办公室采取多种有效形式，有组织、有计划、有步骤地在闹市区、繁华街道等公共场所进行了宣传、咨询活动，各级新闻媒体分别开辟了专栏、专题节目，集中报道了贯彻落实国防法规的先进典型、经验和有关法规知识。各基层单位运用橱窗、墙报、板报、闭路电视、悬挂标语、出动宣传车、印发宣传材料等方式，大力宣传依法服兵役是每个公民应尽的义务，宣传“一人参军，全家光荣”社会新风尚，进一步增强了公民依法履行兵役义务的责任感和使命感，为征兵工作创造了良好的社会环境，形成了人人关心国防建设、适龄青年踊跃报名应征的良好氛围。

三、强化目标管理，进一步加大了双拥组织领导力度

年初，省委书记王太华明确要求，各级党委、政府要从讲政治的高度切实把双拥工作列入议事日程，定期研究，督促落实，常抓不懈；要把双拥工作作为维护国家长治久安的一项战略任务，纳入当地社会和经济发展的总体规划，统一部署，统一安排。并强调指出，地方工作再忙，经济建设任务再重，双拥工作的任务不能丢，这是全党全国工作大局的要求，是对领导班子、领导干部政治素质、思想水平和工作实绩的检验。省委、省政府把双拥工作列入2000年党委、政府工作报告的重要内容，并纳入了省政府2000年度工作目标考核范围，进一步强化了目标管理。为了加强对全省双拥工作的检查指导，省政府针对省级政府机关机构改革的实际情况和双拥工作任务增加的需要，继续保留了双拥工作的办事机构。省双拥工委各成员单位和全省各地都能根据机构改革和领导人事变动的实际情况，及时明确分管领导和调整充实各级双拥工委成员，做到了无论领导怎么换，分工怎么变，双拥工作都要有人来抓，保证工作及时衔接不中断，使双拥工作不受影响。全省各地都普遍把双拥工作摆在事关全局的位置，将其纳入当地经济社会发展和精神文明建设的总体规划，纳入党委、政府和驻军领导机关的重要议事日程，纳入部队政治建设的重要内容，纳入领导干部任期目标管理和岗位责任制考核范围，坚持不懈地抓紧、抓好、抓实。省军区、武警总队、消防总队、边防总队、警卫局和省计委、公安、民政、财政、人事、文化、教育厅、粮食局、总工会等省双拥工委成员单位认真履行职责，发挥职能作用，创造性地做好双拥工作，形成了军地齐抓共管的合力。春节、“八一”期间，全省各地党政军主要领导都能亲自带队到基层检查双拥工作落实情况。11月，省人大常委会组织部分人大代表对芜湖、六安两市贯彻执行《兵役法》和《安徽省征兵工作条例》情况进行了执法检查。合肥市政协组织部分委员视察了双拥工作。滁州市委、市政府、军分区联合下发了双拥工作方面的9个文件，明确规定要把双拥工作作为党委、政府、驻军领导机关和各部门一把手工程来抓，列入党委工作目标管理责任制考核范围，列入衡量县市区主要工作和考核党政一把手的一项重要内容。为调动广大军民参与双拥创建的积极性，还专门设立了双拥创建奖，把双拥工作与创建文明单位有机结合起来，并明确规定，凡双拥工作不合格的单位，既不能领取双拥创建奖，也不能被评为文明单位。由于党政军各级领导重视，组织有力，全省双拥创建工作扎扎实实地向前推进。

3月27日，安徽省第九届人民代表大会常务委员会第十五次会议通过了《安徽省拥军优属条例》，并自8月1日起在全省实施，这个条例是安徽省拥军优属的第一个地方性法规，标志着全省双拥法规建设向前迈进了一大步，为做好拥军优属工作提供了有力的法律依据。全省各地把关心支持国防和军队建设作为义不容辞的政治责任，广泛开展拥军优属和军民共建活动，满腔热情帮助部队解决教育训练、战备执勤和生产生活中遇到的实际困难，切实维护军队及军人的合法权益，紧紧围绕部队质量建军、科技强军战略，深入开展科技拥军、文化拥军、法律拥军活动，落实各项拥军优属政策，为军事斗争准备服务。省财政在经费特别困难的情况下，共筹集经费4209万元用于支持部队和优抚事业单位建设及优抚对象生活补助，各地财政也挤出经费3000多万元用于支持部队建设。在农村税费改革中，各地普遍下发文件强调做好农村义务兵家属优待工作，保证优待金足额兑现，全省共落实优待金总额1.6亿多元。共接收军队转业干部2043名，安置进度和质量是三年裁军期间做得最好的一年。另外还安置随调随迁家属及子女886人，接收退伍战士、转业士官32051人。与此同时，各地继续巩固和拓展“爱心献功臣行动”的成果，切实解决了重点优抚对象的实际困难。各地把解决部队随军家属安置和下岗军属再就业当作稳定军心固长城的大事来抓。滁州市一次性帮助驻军近百名随军家属解决了安置问题，合肥市免费组织200多名驻军下岗军属进行专业培训，并召开了近百家用人单位参加的军属专场招聘会，产生了较大的社会反响。省军区会同省高级法院联合制定了《关于进一步加强维护军人军属合法权益的意见》，在全省建立了维护军人军属合法权益机制，为军人军属提供法律服务。全省各级“维权”组织共接待来人来访1470人次，来信来电1600人次，为军人家属解答涉法问题2860多个，解决军人家属涉法纠纷200多起，受理案件240起，结案150起，为部队和军人家属挽回经济损失120多万元。9月28日，安徽省委下发的《中共安徽省委、安徽省人民政府、安徽省军区关于支持驻皖部队后勤保障社会化改革的意见》，为驻皖部队后勤保障社会化改革提供了有利条件。

驻皖部队以造福驻地为己任，结合自身实际充分发挥技术、信息等优势，积极支持驻地的两个文明建设。据不完全统计，全年驻皖部队为支援创建文明城市、重点工程建设、维护社会治安等出动兵力232万多人次，机械车辆9万多台次，支援省以上重点工程建设188个，植树838万株，为再就业和希望工程等公益事业捐款100余万元，帮助地方培训各类人才11万余名，军训职工、学生10万名，义务献血1千余人次。省武警总队动用兵力4.4万余人次参加社会治安综合治理，派出学雷锋小组450个，为群众做好事2.8万件，出动兵力3400人次，抢险救灾75次，抢救遇险群众1500人，抢运各类物资1300吨。省消防总队强化服务意识，发挥职能作用，1－10月，共检查单位2793个（次），查出火灾隐患33856处，出动警力77473人次，车辆11733辆（次），成功扑灭火灾4965起，抢救遇险群众127人，保护抢救物资近2亿元。省边防总队共检查出入境飞机298架次，船舶238艘次，出入境旅客29496人次，查获边控对象12名，偷渡分子5人，查处违犯出入境管理法规人员32人次。

一年来，全省的双拥工作取得了一定的成就，但还存在着一些薄弱环节。如：双拥工作发展还不够平衡。少数地方的双拥组织机构不健全，工作人员和活动经费有时得不到落实。宣传教育不够广泛深入，少数领导干部国防观念和双拥意识淡薄，地方财力投入不足，农村优抚政策落实受到一定影响。这些都应高度重视，今后要积极研究对策，认真加以解决。

2001年是新世纪的第一年，也是贯彻实施“十五”计划的开局之年。安徽省双拥工作要按照江泽民同志“三个代表”重要思想的要求，进一步做好新形势下的双拥工作，巩固和发展军政军民“同呼吸、共命运、心连心”的大好局面，为国家和军队建设创造更好的社会环境。

一、要进一步加强对双拥工作的领导，认真贯彻“三个代表”的重要思想，坚持把双拥工作作为维护国家安全和社会稳定的战略任务来抓，提高做好双拥工作的自觉性。第一季度，拟根据省级党政机构改革的实际情况和工作需要，调整充实省双拥工委成员，召开省双拥工委第十七次全体会议和省双拥工作会议，总结上年工作，部署今年任务。并拟于第四季度在滁州市召开全省双拥工作现场经验交流会，总结交流经验，宣传推广典型，研究部署任务，推动全省双拥工作再上新台阶。

二、要进一步加强国防教育和双拥宣传教育，增强全民国防观念和双拥意识，努力营造浓厚的双拥氛围，巩固军政军民团结的大好局面。拟于第三季度结合纪念《安徽省拥军优属条例》实施一周年，在全省范围内开展一次声势浩大的双拥宣传月活动，进一步夯实军政军民团结的思想基础。

三、要认真分析新形势，积极研究探讨新形势下做好双拥工作的新路子，勇于在新的实践中解决新问题，创造新经验。当前要围绕军事斗争准备，继续开展科技拥军、法律拥军和扶贫济困、智力助民活动，做好部队后勤保障社会化改革工作。

四、要深入持久地开展创建双拥模范城（县）和军民共建活动，坚持标准，注重质量，讲求实效，充分发挥典型引路和榜样示范作用，促进基层双拥工作的全面落实，努力提高全省双拥工作的整体水平。拟于第四季度，依据《双拥模范城（县）命名管理办法》的规定，对全国和省级双拥模范城（县）进行一次年度考核，为下一轮评比命名打好基础。

五、要深入贯彻落实《中华人民共和国国防法》、《中华人民共和国兵役法》、《安徽省拥军优属条例》等有关法律法规，适应发展社会主义市场经济的要求，建立和完善双拥工作的政策法规和制度，把党和国家的拥军优属政策落到实处。拟于第三季度，对各地贯彻实施《安徽省拥军优属条件》的情况进行一次全面检查，以保证拥军优属法规的落实，保障和促进拥军优属工作的深入发展。

福建省二〇〇〇年双拥工作总结

2000年，福建省双拥工作在邓小平理论和江总书记“三个代表”的重要思想指导下，认真贯彻全国双拥模范城（县）命名大会精神，以创建高标准双拥模范城（县）为载体，以做好对台军事斗争准备和科技拥军工作为重点，广泛深入地开展拥军优属、拥政爱民活动，取得了新的成绩和进步。

一、全民国防教育继续深入开展

一年来，全省各地以爱国拥军为主要内容的国防教育深入扎实。全省各国防教育基地全面向社会开放，一批批干部群众和青少年学生前往参观学习，使大家受到生动形象的爱国主义和双拥传统教育。厦门市53个国防教育基地共接待参观和培训的青少年达20多万人次，国防教育基本实现了基地化和规范化。福州市的林则徐纪念馆、马江海战纪念馆等爱国主义教育基地，在全民国防教育中起到了很好的警示作用，使广大青少年深刻认识到落后就要挨打，没有强大的国防就不能有效地保卫国家安全的真理。莆田市党政军领导亲自到党校、干校和基层单位上国防教育课达20多次，全市还举办8场国防教育演讲和知识竞赛，有效地提高了国防教育效果。龙岩市发挥革命历史遗迹丰富的优势，坚持不懈地对广大干部群众进行革命传统教育，使老苏区的革命精神在新形势下得到发扬光大。全省各类学校、各级党校普遍把国防教育列入教学计划，对学生（学员）进行比较系统的国防理论、国防形势、国防历史、国防常识、国防精神、国防法制、国防科技和军事技能等教育，使各级干部和广大学生逐步形成正确的大国防观念。各地因地制宜举办各种军事夏令营和少年军校，对中小学生进行军训，收到很好的教育效果。宁德市少年海军军校办得颇有特色，学生通过训练普遍增强了组织纪律观念，培养了吃苦耐劳精神，深受家长的欢迎。各地还充分利用报刊、广播、电视等多种形式，抓住元旦、春节、“八一”、国庆等有利时机，广泛宣传我国军民在党的领导下团结奋斗的光辉历史和优良传统，宣传坚强的军政军民团结在促进国家和军队改革建设中的重要作用，宣传富有时代特色和地区特点的双拥典型和先进经验。厦门市与市电视台联合创办《军事纵横》专栏，每周播出3次，从不同角度宣传军爱民、民拥军的先进事迹，宣传做好双拥工作、加强国防建设的重要意义，社会上反映很好。

二、创建双拥模范城（县）活动取得丰硕成果

各地广泛开展了新一轮创建双拥模范城（县）活动。1月12日，在全国双拥模范城（县）命名大会上，泉州市、厦门市、福州市、漳州市、三明市、莆田市、晋江市、福鼎市、长乐市、石狮市、长汀县等11个单位荣获双拥模范城（县）称号。全国命名大会后，省委、省政府、省军区于1月28日在福州隆重召开双拥模范城（县）命名大会，命名表彰32个省级双拥模范城（县），同时表彰57个“爱心献功臣行动”先进集体和80名先进个人。这次大会，是对全省开展创建双拥模范城（县）活动的一次全面检阅，也是推进双拥工作跨世纪发展的深入动员。会后，各地认真传达贯彻全国、全省命名大会精神，研究制定下一轮创建双拥模范城（县）计划，并采取有力措施，推进双拥工作向广度和深度发展。已评上双拥模范城（县）的单位认真做好巩固提高工作，力争再上一个新台阶，创建出更高标准的双拥模范城（县）；未评上双拥模范的单位奋起直追，加大工作力度和财政投入，争取新一轮命名榜上有名。经过军地双方的共同努力，全省创建双拥模范城（县）活动取得显著成效。12月8日，省双拥工作领导小组召开基层双拥工作先进单位和个人表彰大会，表彰了141个先进单位，200名先进个人，32个先进双拥办，进一步调动了基层双拥工作者的积极性和创造性。

三、广泛开展走访慰问部队活动

元旦、春节期间，省组织慰问总团，各地市组织慰问分团，走访慰问驻闽三军和武警部队。元旦刚过，陈明义书记就深入平潭县调研，看望慰问驻岛部队，为驻军解决饮水、用电、交通、收看电视等实际问题。春节，习近平省长走访慰问驻闽部队领导机关，看望武警基层连队，听取官兵意见，为部队排忧解难。7月，习省长到泉州调研又看望了某导弹部队，征求部队对双拥工作的意见。赵学敏副书记走访驻榕4个军级单位和原福州军区离休老首长。福州、厦门、泉州、漳州、莆田、宁德等市领导带领有关部门同志上高山、下海岛慰问条件艰苦的基层连队，现场办公解决实际困难，官兵深受感动。“八一”期间，省和各地党政领导带领有关部门同志，走访慰问驻军指挥机关、一线作战部队、导弹部队和部分基层连队。据不完全统计，一年来，全省各地共派出60多个慰问团（组），走访慰问180多个部队单位。在走访慰问中，对部队提出需要地方帮助解决的实际问题，各地认真进行了研究，能解决的尽量给予解决，一时解决不了的及时向部队反馈说明情况。通过走访慰问，为部队解决了一些实际困难，进一步增进了军地友谊，密切了军政军民关系。

四、支持部队建设力度进一步加大

一年来，各地普遍加大支持部队建设的投入。全省地方财政共安排1亿多元经费，继续帮助部队搞好基础设施、训练设施、文化设施和“菜篮子”工程建设，其中省财政和省直机关有关厅局共投入6127万元，重点帮助部队解决战备训练、文化娱乐设施、营房维修、水电费补助、副食品基地建设和随军家属补贴。为适应形势发展的需要，各地把做好对台军事斗争准备作为双拥工作的重点来抓，积极协调有关部门，加强战场建设和国防动员工作，认真解决新入闽部队的“安居”问题，全力支持部队的军事演习和国防施工。5至8月，南京军区部队在石狮举行科技练兵成果演示，参演官兵近万人，历时2个多月，泉州、石狮等地的党政领导高度重视，从各个方面给予大力支持和全方位保障，保证这次重要军事活动的顺利进行。9月，南京军区在漳州地区举行“东海五号”大规模军事演习，地方各级党委、政府和有关部门高度重视，密切配合，出色完成了支前保障任务，受到军委、总部、军区首长和参演部队的高度赞扬。各地广泛开展科技拥军活动，注意发挥地方科教优势，帮助部队培训高素质新型军事人才。据福州、厦门、泉州、漳州等市的不完全统计，全年各院校和科研单位为驻军培训各种专业人员2000多人，提供科技资料1万多册，派出70多名专家和技术人员帮助部队开展科技练兵活动，大大提高了拥军的科技含量。各项安置政策得到较好落实，共接收军转干部1761人，其中师团干部496人，经过多方努力，全部得到了妥善安置；接收退役士兵18486人，其中城镇退役士兵6868人，现已基本完成安置任务；多渠道安排1200名随军家属就业，对待业随军家属给予固定生活补助；部队子女上学普遍得到优先优惠照顾。3月1日，省人事厅、劳动和社会保障厅、财政厅、民政厅、省军区政治部等8个单位联合出台了《驻闽部队随军家属就业保障暂行规定》，缓解了随军家属就业和生活难的压力，受到部队的普遍欢迎。

五、解“三难”工作取得新的进展

各地进一步落实解“三难”的各项政策措施，认真抓好抚恤补助标准自然增长机制的落实，深入开展挂钩帮扶活动，帮助住房困难的优抚对象修建住房。结合农村医疗改革，积极推行重点优抚对象“双投保、双报销”办法，减免医疗费用，使全省6万多名重点优抚对象基本做到生活有改善，住房有着落，看病有保障，较好地完成了解“三难”的任务。全省各地在做好解“三难”扫尾工作的同时，稳步推进农村义务兵家属优待金以县为单位统筹，积极筹措优待经费，为年终兑现优待金作好了准备。各地进一步健全基层拥军优属服务网络，深入扎实地开展群众性拥军优属活动，积极为驻军和优抚对象排忧解难。

六、部队为民办好事成效明显

驻闽各部队在完成战备、训练、施工、执勤等繁重任务的同时，进一步发扬我军拥政爱民的优良传统，派出大批兵力和车辆机械，奋勇参加抢险救灾，积极支援重点工程建设、植树造林、兴修水利、捐资助学、扶贫帮困和其他社会公益事业，为地方两个文明建设作出了积极贡献。3月，福州部分地区连续发生多起山林火灾，严重威胁人民群众的生命财产安全，驻榕部队8300多名官兵奋力扑救，转危为安，为人民立了新功。6月，闽南部分地区相继发生水灾和山体滑坡，造成一些群众伤亡。驻军闻讯后立即出动进行抢救，有的官兵连续奋战20多个小时，直到群众全部脱险才回营休息。8月23日，10号台风正面袭击福建省沿海地区，驻闽部队紧急出动大批兵力和车辆、船只，及时赶赴灾区抢救灾民，抢运物资，排除险情，大大减轻了自然灾害所造成的损失，谱写了人民军队爱人民的新篇章。6月23日，省军区官兵捐资60万元援建的第三所希望小学在大田县落成，使许多失学儿童回到学校读书。73111部队、92403部队、94816部队和武警总队等单位也从人力、物力、财力上积极援建希望小学，扶持贫困学生，在群众中引起强烈反响。军民共建工作取得了新的进展。许多共建对子制定了年度共建计划，积极开展军地共建先进党支部活动，充分发挥支部战斗堡垒作用，带领广大群众投身改革开放和建设事业，有力地推动社会主义精神文明建设。

当前双拥工作存在的主要问题：一是年初全国、全省召开命名大会后，有的单位创建双拥模范城（县）热情有所下降，不能正确处理“争”与“创”的关系，影响双拥工作的深入开展。二是工作发展不平衡，沿海地区双拥工作普遍搞得比较好，有些内陆地区双拥工作比较逊色。三是城镇退伍士兵安置任务艰巨，难度越来越大。这些问题，省双拥工作领导小组已于12月21日召开全体会议研究了解决办法，争取明年双拥工作更上一层楼。

江西省二〇〇〇年双拥工作总结

2000年，江西省双拥工作坚持以邓小平理论和江泽民同志“三个代表”重要思想为指导，深入贯彻全国双拥模范城（县）命名大会精神，积极适应新形势新任务需要，按照“打基础、办实事、抓典型、创特色、上台阶”总体思路，以密切军政军民关系，加强军政军民团结为主要内容，认真抓了双拥宣传教育、双拥政策法规建设、优抚安置政策落实等工作，注重拓宽领域，改进方法，不断创新，进一步巩固和发展了“同呼吸、共命运、心连心”的新型军政军民关系，促进了全省经济发展、社会稳定和驻赣部队全面建设。

一、以深入贯彻落实全国双拥模范城（县）命名大会精神为契机，推动全省双拥工作向纵深发展

一是贯彻落实全国双拥模范城（县）命名大会精神，掀起新一轮双拥创建高潮。全国双拥模范城（县）命名大会召开后，省委、省政府、省军区领导专门听取了会议精神的传达汇报，省双拥工作领导小组迅速整理下发了省双拥工作领导小组副组长、省军区副政委周日扬同志在全国双拥模范城（县）命名大会江西代表团讨论会上的讲话，编印《全国双拥模范城（县）命名大会传达贯彻提纲》下发各市、县（市、区）和驻赣部队团以上单位，要求各地各部队利用春节等时机大力开展双拥活动，研究制定新一轮创建双拥模范城（县）规划和年度创建目标，按照“五个一”（制定一个2000年至2002年的三年规划、大力宣扬一批先进典型、广泛开展一系列活动、军地互办一些实事、积累一套完整资料）的要求，认真抓好传达学习和贯彻落实。5月，省双拥办在鹰潭市召开全省地（市）双拥办主任会议，专门进行了部署。会后，各地（市）及时召开党委常委会或军地联席会，传达学习鹰潭会议精神，认真分析创建活动形势，研究进一步做好双拥工作的措施。被全国命名表彰的南昌、九江、景德镇、新余、萍乡、井冈山市组织了各种形式的欢迎代表活动，举行了隆重的接牌、挂牌仪式，召开动员大会，为开展双拥创建活动造声势、造氛围，有效地调动了广大军民参与创建活动的积极性。各地结合当地实际，在做好传统双拥工作的同时，着力在科技拥军、科技扶贫助民，解决难点、重点问题，抓好基层双拥服务组织建设，落实优抚安置政策上动脑筋、想办法、下功夫，普遍制定了双拥工作三年规划。南昌、景德镇、九江、新余、井冈山、萍乡等市，以获得全国命名表彰为动力，加大了工作力度；赣州、宜春、抚州、吉安、上饶等市，以“撤地设市”为契机，积极开展创建全国双拥模范城（县）活动；鹰潭等市也明确提出了创建目标。全省形成了你追我赶、争先恐后的竞争态势，推动了全省双拥创建活动的深入开展。

二是加大宣传教育力度，强化广大军民双拥意识。深化以爱国主义为核心的国防教育和双拥宣传教育，是做好双拥工作，加强军政军民团结的基础性工作。一年来，全省各地始终坚持把双拥宣传和国防教育作为开展双拥模范城（县）创建活动的重要内容来抓，列入全民教育规划和部队政治教育计划，努力提高全省党政军民的双拥意识，为双拥工作的顺利开展创造了一个良好的舆论环境和社会氛围。(1) 抓住重大节日和特殊时机进行宣传教育。各地利用元旦、春节、“八一”等重大节日，大力进行爱国主义教育，宣传做好双拥工作的重要意义。2000年是中国人民志愿军抗美援朝50周年，省双拥工作领导小组及时下发了《关于组织开展中国人民志愿军抗美援朝50周年纪念活动的通知》；上饶、新余、九江、萍乡等市县的党政军主要领导发表了广播、电视讲话；吉安等市召开了志愿军老战士座谈会，吉安电视台、广播电台、《井冈山报》开辟了“抗美援朝英雄谱”专栏，共报道了11位老功臣的英雄事迹，弘扬了爱国主义和革命英雄主义精神，增强了广大军民的国防观念和双拥意识。(2) 抓好典型人物的宣传教育。吉安市抗美援朝“人桥”英雄莫崇碧，自1999年“爱心献功臣行动”中被新闻媒体报道后，2000年又成为宣传重点，他在战场上英勇顽强、视死如归，复员后甘守寂寞、居功不傲的事迹成为进行爱国主义和奉献精神教育的活素材，大大丰富了双拥宣传教育的内容。(3) 坚持经常性教育和重点教育相结合。全省各地各部队开设国防教育馆近200个，组织大中小学生和部队官兵利用清明、“七一”、“八一”等时机瞻仰烈士陵园、烈士墓、烈士纪念馆，受教育人数达237万人次。广昌、遂川、宁冈等县于“八一”前夕为驻地官兵、复员退伍军人、伤残军人、烈军属代表们举行了电影招待会。新余市表彰了一批双拥先进单位和个人。宜春市袁州区在纪念中国人民解放军建军73周年活动期间，军地联合举办了“海鸟杯”军警民歌曲大奖赛。兴国县将苏区人民拥军优属的动人故事、54位兴国籍将军出生入死的英勇事迹编撰成《风范录》、《将星璀璨》、《兴国英烈》等书籍作为双拥教材，县广播电视局与县民政局联合摄制了《今日兴国拥军热》、《情系红土地—上海援助兴国开展“爱心献功臣行动”纪实》等专题片。一年来，全省有700多人次在新闻媒体上播发稿件近1000篇，散发、张贴双拥宣传提纲、标语、口号2万多份（条），制作永久性双拥宣传标语500多条，编排大型双拥文艺晚会10余台次，在社会上产生了广泛的影响，营造了浓厚的双拥氛围，进一步增强了广大军民的双拥意识和国防观念。

三是夯实基础，把双拥工作落到实处。(1) 充分发挥基层优抚服务组织的作用。6月，省民政厅、省军区政治部联合下发了《关于加强基层优抚服务组织建设的意见》，对优抚服务组织建设进行了统一的规划。推广了宁都县田头乡民政所、南昌市东湖区八一街办大士院二区二居委会两个优抚服务组织的经验。通过典型引路，拓宽了基层优抚服务组织的功能，促进了基层服务组织的健康发展。贵溪市充分发挥大型企业的优势，把贵冶、贵电、贵化三大企业十年如一日挂钩扶持市光荣院的成功经验，以市委、市政府的名义下发文件，推广到全市6个光荣院。目前，全省1400多个军（警）民共建点近10多万个基层双拥组织近110多万人常年活跃在双拥工作第一线，为部队和优抚对象热情服务、排忧解难，促进了双拥工作在基层的落实。(2) 继续推行优待金县（市、区）统筹，提高优抚对象的优待标准。全年优待金统筹总量已达9447.44万元，农村义务兵家属户均优待金标准已达1321.48元，比去年增加近100元，进藏义务兵家属均落实了3倍的优待金。同时对享受定抚定补后生活仍有困难的烈军属和革命伤残军人等优抚对象还给予了优待。为增强优抚对象的保障能力，全省建立拥军优属保障基金3330.21万元，用于解决优抚对象的临时困难。宜春市各县（市、区）都推行了县级统等，实现了均衡负担，保证了如期如数兑现，全市统筹优待金达1736万元，农村义务兵家属优待金标准平均1476元，城镇义务兵平均357元，最高达600元，较好地保障了优抚对象的合法权益。(3) 深入开展“爱心献功臣行动”，巩固和发展解“三难”成果。在“双联双带”活动和“结对帮扶”工程实施过程中，万载、袁州、高安、奉新等县（市、区）重新部署了“结对扶优”工作，层层签订责任状。上高县通过“一助一”的帮扶，使以“三老”为主的213名优抚对象人均增收500元以上。吉安市各县（市、区）通过举办致富技能培训班、筹集扶助发展生产启动资金等形式，为“三老”优抚对象解决“三难”。

二、紧紧围绕国家经济建设和科技强军开展双拥工作，加强了军政军民团结与合作

一是深入开展了科技拥军、科技助民活动。为支持部队科技练兵，贯彻科技强军战略，适应新形势下做好军事斗争准备工作，全省各级党委、政府和广大人民群众广泛开展科技拥军活动，帮助部队提高官兵科技文化素质，支持和协助部队进行科技兴训、科技攻关，提高了部队战斗力。各地认真贯彻省委办公厅、省政府办公厅下发的《关于广泛开展科技拥军活动的意见》，召开议军会议，解决了影响军事斗争准备工作的有关问题。江西师范大学、南昌大学、南昌电信局等与有关部队、单位结成了科技拥军对子并签订了协议；吉安市、县两级政府拿出50多万元经费支持军分区和人武部建立国防指挥自动化网；宜春市电信局为部队讲授因特网知识，联合开发射击指挥干部培训软件并成立了“应急通讯平战转换课题组”，袁州区为区人武部每个科室配备了一台以上电脑和有关科技书籍；宜春学院、宜春跨世纪电脑学校免费为部队进行电脑、英语知识培训；新余赣西供电局与新余军分区共同研制的《外暴压接法快速抢修高架供电线路》课题和分宜县部分乡镇与分宜县人武部共同开发的《快速构建假红旗发射导弹阵地》项目，参加了南京军区科技练兵汇报表演。

驻赣部队围绕江西农业产业化调整，在开展扶贫助民活动中，注重加大科技含量，通过举办农业科技培训班、养殖种植培训班等形式，不断从资金、技术、信息、知识上予以扶持。江西省军区积极组织广大官兵和民兵预备役部队广泛开展了以“扶一批科技能手，促一方特色农业，富一片老区群众”为主要内容的科技扶贫活动。全区部队与15个贫困乡、104个村、3395个村民小组、122818个贫困户建立了科技扶贫挂钩联系，确定科技扶贫项目281个，投入资金（含协调资金）350余万元，举办各类科技培训班培训人员达80000余人次，帮助4300多户贫困户先后脱贫。

二是互办实事，着力解决难点、热点问题。全省各级党委、政府和广大人民群众发扬爱国拥军的光荣传统，抓经济不忘国防，想部队所想，急部队所急，帮部队之所需，从部队官兵普遍关心的家属就业、小孩入学入托等难点热点问题入手，做了大量“暖军心、固长城”的实事，拨出专款达4956.87万元，帮助驻军解决住房、水电、粮油、通信、训练场地等方面的困难。安排随军家属268人，解决现役军人子女入学入托1624人。7月，省随军家属就业安置工作领导小组召开专题会议，研究部署了全省随军家属安置工作，要求年底前，驻赣部队随军家属就业率要达到90%以上，规定在机构改革、企业调整中，军属不得安排下岗。全省各地认真贯彻会议精神，采取退休不补员、调出不调进和设立“军嫂岗”等办法，挤出位置安置随军家属。南昌市在制定一系列安置随军家属优惠政策的同时，又从效益较好的企事业单位拿出20个就业指标用于随军家属安置。景德镇市落实随军家属子女入学入托不受跨地区限制，随军家属子女入重点高中学习，降低分数线照顾录取。5月，省高院、省军区政治部联合下发了《关于进一步加强维护军人军属合法权益若干意见》，成立了维护军人军属合法权益指导小组。各县（市、区）基层人民法院设立了维护军人军属合法权益合议庭。2000年是落实裁军员额50万的最后一年，各级党委、政府把妥善安置转业退伍军人作为支持部队改革和建设的一件大事来抓，以积极的态度，认真负责的精神，想方设法确保退伍安置政策的落实，使全省974名军转干部、22名离退休干部、10534名退伍军人的安置基本上达到了军队、地方、个人“三满意”。各地通过两用人才开发，使农村退伍义务兵成为当地经济发展和基层政权建设的骨干力量，两用人才开发使用率达72%。

驻赣人民解放军和武警部队时刻牢记人民军队的宗旨，围绕国家经济建设，以实际行动自觉实践“三个代表”重要思想，视人民为父母，把驻地当故乡，在维护社会稳定中当卫士，承担急难险重任务打头阵，为老区送温暖献爱心。一年来，共出动官兵40多万人次，动用车辆机械750万多台次，支援江河防护工程、九景和昌厦高速公路、一江两岸工程等国家和地方重点工程建设494项，完成义务劳动日指标15000多个，抢救人民群众近万人，捐款94万多元，捐衣物3万多件，有力地促进了地方两个文明建设。南昌陆院组织官兵千人千里上井冈山野营演练期间，积极开展“爱老区、送温暖、做好事、留美名”活动，成立了宣传、修理、医疗等50多个为民服务小组，为群众做好事、办实事5000多件，还向三湾学校、宁冈茅坪希望小学40名贫困生进行了捐献活动。武警部队充分发挥职能作用，始终站在维护社会治安第一线，共出动官兵7450人次，处置各类重大突发事件21起，抓获犯罪嫌疑人1118名，确保了一方平安。萍乡发生“3·11”、“8·4”、“8·23”爆炸事故后，驻上栗、湘东的解放军、武警部队迅速组织2000多名部队官兵和民兵预备役人员投入救援工作，日夜奋战在救援工作第一线；萍乡消防支队出动了6个消防中队168人，车辆12台次，抢救出21名群众，排除了10余起可能引发的爆炸隐患和可能发生的火灾隐患，为确保人民生命财产做出了积极贡献。

三、加强双拥政策法规建设，使双拥工作在规范化、法制化的轨道上健康发展

一是加强了双拥法规政策的配套建设。省里先后下发了《关于进一步做好驻赣部队随军家属就业安置工作的通知》、《关于广泛开展科技拥军活动的意见》、《关于组织和发动民兵预备役部队开展科技扶贫活动的意见》、《关于加强基层优抚服务组织建设的意见》、《关于进一步加强维护军人军属合法权益若干意见》等政策性文件，各地各部队也相继出台了配套政策。武警消防总队印发了《拥政爱民三年规划》；景德镇市颁布了《关于对重点优抚对象实行医疗减免优待的规定》；泰和县出台了《双拥工作领导小组职责》、《双拥达标细则》、《优抚服务站职责》；丰城、樟树、宜丰下发了《关于进一步做好基层双拥工作的通知》、《军人抚恤优待实施细则》，袁州区、高安市下发了《关于做好2000年度“爱心献功臣行动”帮扶结对工作的通知》。与此同时，部队也进一步完善了义务劳动、军民联防、爱民活动等项制度。二是狠抓各项双拥工作制度落实。由于机关进行机构改革、部队编制体制调整，双拥工作领导机构成员有所变动，各地各部队都及时作了调整、充实，使各级双拥工作组织机构不但没有削弱，而且得到加强。各地各部队自觉坚持“双拥工作领导小组例会制度”、“军地联席办公会议制度”、“军地互访制度”、“信息交流制度”、“军队干部家属子女优先就业上学制度”、“优抚标准兑现制度”、“国防教育制度”等各项双拥工作制度，使双拥工作有人抓有人管。吉安市部分县（市、区）根据人员变动情况，对双拥工作领导小组成员作了相应的调整，13个县（市、区）建立各类拥军优属服务小组7726个，常年参加活动的人数达7.5万人。各地还注重抓自身建设，按照“五有”（有主管人员、有办公场所、有运行制度、有工作资料、有明显成效）的要求，积极开展创建先进双拥办公室活动，加大双拥办建设力度，按照“政治强、业务精、作风实”的要求，加强了对双拥工作专（兼）职人员的教育和培养，提高了他们的政治素质、思想水平和业务能力。三是强化检查考核机制。赣州、九江、南昌等6市组织了由民政、财政、卫生、军分区等有关单位负责人参加的执法检查组，检查了有关乡镇村落实《军人抚恤优待条例》、《江西省征兵条例》、《退伍义务兵安置条例》等双拥政策法规的情况。南昌、萍乡、抚州、鹰潭等市还组织人大代表对优抚法规的执行情况进行了执法检查。

一年来，全省双拥工作取得了一定的成绩，双拥工作的整体水平有了明显的提高，但离新形势下做好双拥工作的要求，还有一定的差距。主要表现在：一是工作发展不平衡，少数地方抓双拥工作的力度有待进一步提高；二是在新形势下如何创造性地开展科技双拥的办法不多；三是精简机构和企业改革中，个别单位在承担安置任务时片面强调自身的困难多；四是少数市、县（市、区）安置部队随军家属就业的路子不宽。

山东省二〇〇〇年双拥工作总结

2000年，全省双拥工作以邓小平理论和江泽民总书记“三个代表”重要思想为指导，深入贯彻落实全国双拥模范城（县）命名大会和省委12号文件精神，紧紧围绕发展社会生产力、提高部队战斗力和增强民族凝聚力，抓重点，搞创新，促落实，巩固和发展了军政军民团结的大好形势，为军地现代化建设做出了新的贡献。

一、深入宣传发动，广大军民做好双拥工作的政治责任感进一步增强

省委、省政府、省军区根据全国双拥模范城（县）命名大会精神，制定颁发了《关于进一步加强双拥工作，深入开展创建双拥模范城（县）活动的意见》，总结了十年来创建双拥模范城（县）活动的经验，规划出新世纪双拥蓝图。省双拥工作领导小组提出了深化双拥工作，开展“双四好”活动的意见。省召开了双拥先进代表座谈会，提出了以江泽民总书记“三个代表”重要思想为指导，推动双拥工作深入发展的要求。各地结合当地实际出台了一系列规范性文件，表彰了一批双拥先进单位和个人。利用纪念中国人民志愿军抗美援朝出国作战50周年等时机，先后召开纪念会、座谈会、传统报告会等千余场次，进行了爱国主义教育和革命英雄主义传统教育。驻鲁部队适应拥政爱民工作的新形势，要求部队在军民共建中开展带头学习理论、带头坚定理想信念、带头宣传富民政策、带头学科技知识、带头讲文明树新风、带头做“四有”公民的“六带头”活动，极大地调动起官兵拥政爱民的积极性，推动了双拥工作向纵深发展。

二、适应时代发展要求，拥军优属工作实现新的突破

——科技拥军成果丰硕。一年来，全省赠送部队微机、彩电、VCD、电教设备等1200多套，送科技图书近10万册，举办各类科技培训班800多期，为部队官兵培养人才1万多人。

——政策拥军力解难题。接收军队转业干部6941人，分配到行政、事业单位的占84%，100%地完成了安置任务。接收安置城镇退伍士兵4.2万人。安置随军家属4732人，办理家属调动1547人，随调随迁家属9206人。全省落实优待款5.7亿元，定补抚恤款2.7亿元。

——法律拥军方兴未艾。省在青岛召开了维护军人军属合法权益工作现场会，推广了青岛市设立“一组一庭一站”，依法维护军人军属合法权益的做法，各市形成了以维护军人军属合法权益领导小组为“龙头”，以“涉军案件法庭”为主体，以军人军属法律咨询站为纽带的法律拥军工作机制。济南各区市县已开通“148”拥军法律服务热线，设立了军人军属来访接待日。全省处理涉军纠纷3552起，立案605件，已结案602件，为部队和军人军属挽回经济损失3000多万元。

——军民共建蓬勃开展。全省各地落实党中央关于加强思想政治工作的指示，加大了军民在思想领域的共建。部队派出官兵及干休所老干部组成邓小平理论宣讲组和“老八路”传统报告团，深入工厂、学校与地方干部群众共学邓小平理论，同讲改革发展，组织报告会、演讲会800多场次。全省110多家党校、理论讲师团帮助部队基层营连培养理论教育骨干2300多名。不少党校教员与连队指导员结成互助对子，帮助官兵解决理论上的热点、难点问题。

——当好部队大后勤。部队在山东省组织了“军交2000”、“0011”和海训等比较大的演习，日照、烟台、威海等地党委、政府和铁路、交通、卫生、粮食、民政等部门一路伴随保障。部队驻训后，当地群众把最好的房子让给部队，让出海域、水域保证部队训练，地方承担群众损失200多万元。当地政府和人民群众热情慰问部队，慰问物品价值达数百万元。训练结束后，部队向省委、省政府发了感谢函，编辑出版了10万多字的双拥故事集《双拥奇葩》。部队光缆施工经过济南、莱芜、泰安、济宁、德州等10多个市．当地群众支援工日达5万多个，地方承担群众损失200多万元，确保了施工任务的圆满完成。

三、服务经济建设大局，驻鲁部队支援地方建设成绩卓著

驻鲁部队共完成80多万个义务劳动日，支援地方工程建设460多项、公益事业建设950多项，出动车辆、机械8.2万台次。26集团军完成了引黄济淄工程、莱阳复水河建设、海阳引水工程等10余项重点工程建设。济军直属队为支持地方“政府上网工程”，组成5个专家组为济南、青岛等有关政府部门、企事业单位完成计算机网络架设和调试，培训计算机应用人才120多人。济军胶州农场提供土地5678亩，供胶州市建设10里工业长廊。驻鲁部队积极参加驻地的“蓝天工程”、“容貌工程”、“畅通工程”等市政建设。济空部队千余名官兵参加了济南市“蓝天工程”百万人签名活动，动用兵力4万余人次，帮助地方清整道路7万余米，挖水渠道8600米，清理垃圾1万余吨。北海舰队提供义务劳动日7.6万余个，出动车辆、机械7200余台次。支援地方公益事业751项。省军区机关和直属队利用星期天和节假日，义务为济南市植树造林，全区部队共植树28万棵。据不完全统计，驻鲁部队共投入36万个劳动日，植树78万棵，种草16.6万平方米。积极参加地方抢险救灾等各种急难险重任务共出动兵力6.5万人次，车辆、飞机4000台（架）次，救灾450余起，抢运各种物资近万吨，抢救遇险群众7200人次，避免经济损失数亿元。捐款400余万元，资助失学儿童和大中学生2500余人，向学校捐赠各类图书8万余册，有力地支持了地方教育事业的发展。

四、广泛动员社会力量，部门行业拥军出现新局面

省双拥工作领导小组成员单位在机构改革中调整充实人员，充分发挥部门行业优势、推动了双拥工作深入发展。省计委先后筹资1820万元，用于支持部队各种项目建设，并为随军家属拨出“农转非”指标2000余个。省人事厅、劳动和社会保障厅、民政厅等单位圆满完成了6.5万名转业干部、随调随迁家属、城镇退伍士兵和军队离退休干部的安置任务。省财政厅为提高革命伤残军人、烈属和在乡退伍红军老战士抚恤补助标准增拨款额3540多万元。省国税局机关批准对地方企业提供军品免征增值税、消费税2700多万元。省公安厅、交通厅指导各系统，全力维护部队演习、训练中的交通运输安全和正常的营区生活秩序，保护国防军事设施安全。省教育厅、科委及全省大中专院校，在支持部队科技练兵、提高官兵的文化知识和保障官兵子女入学等方面，做了卓有成效的工作。省工商局及所属系统在资金、场地等方面为转业退伍军人和随军家属提供优先优惠条件，安置2400多人就业，还组织个协、消协到部队和优抚对象家中服务。省国土资源厅解决了部队战备训练和生活保障用地12366亩，提供部队战备训练用图2万份。省电视台播发新闻100多条，开设了《军民鱼水情》专栏，在《关注》栏目中推出12个专题，营造了浓厚的双拥氛围。省粮食局采取“两优先、四保证、五把关”等措施保障部队军粮供应，并帮助部队举办实用技术培训班，大力支持部队后勤保障社会化改革。省电力总公司为部队新建和改造线路100多公里，部队供电保障率达100%。捐赠物资达300多万元。省妇联发动全省妇女深入开展爱心献功臣行动，结对帮扶烈军属等优抚对象2万多户，捐赠慰问物资价值200多万元。团省委结合自身特点，以青年志愿者行动这一名牌工程为主要载体，采取多种形式开展动真情献爱心、助功臣办实事活动。

全省双拥工作虽然取得了很大成绩。但也存在一些问题：在发展市场经济中，对双拥工作认识还有待进一步提高；各地双拥工作发展不够平衡，东强西弱态势没有根本好转；对双拥工作中出现的难点热点问题还缺乏突破性的解决措施和办法。这些问题，有待今后认真研究解决。

河南省二〇〇〇年双拥工作总结

2000年，河南双拥工作以江泽民同志“三个代表”重要思想为指导，以增强部队战斗力和提高地方生产力为目标，围绕科技拥军、科技助民，大力加强宣传教育，积极开展创建双拥模范城（县）活动，扎扎实实做好基础工作，积极研究解决新情况新问题，进一步密切了军政军民关系，促进了经济社会发展和军队的现代化建设。

一、双拥工作的组织领导进一步加强

河南军民素有拥军优属、拥政爱民的光荣传统。在新的历史时期，各级党委、政府和广大军民十分珍惜军民之间的坚强团结，以更高的认识、更加深入细致的作风认真做好这一工作，共同培养和发展军政军民间的鱼水情谊。各地采取切实有效措施，把双拥工作纳入精神文明建设和社会、经济发展的总体规划，纳入党委、政府的重要议事日程和目标管理内容，与创建文明城市、文明行业、文明单位相结合，有的实行一票否决。省委、省政府召开了常委议军会议，认真听取部队意见，研究解决驻豫部队建设中存在的实际问题，要求全省各级党委、政府都要重视支持部队建设。议军会议决定，由财政解决500万元，用于武警新营区官兵生活配套设施建设和通讯设施的更新，努力为官兵创造“拴心留人”的良好环境。为使广大干部全面了解国防建设的基本知识，加深对世界军事与中国国防、经济建设与国防建设关系的理解，进一步强化领导干部的国防观念，邀请军事科学院原院长刘精松上将作国防知识专题讲座，省委、省人大、省政府、省政协领导和省直机关处以上干部2000多人听取了讲座。春节、“八一”期间，省委、省政府和各地党委、政府组织专门力量，走访慰问了济南军区、济南军区空军机关、驻豫部队和广大优抚对象，征求部队意见，向他们送去节日的问候和祝福。

驻军领导始终把拥政爱民工作作为新时期军队现代化建设的一项重要内容来抓。对于加强军政军民团结、开展创建双拥模范城（县）活动、支援地方建设项目、抢险救灾等重大问题，驻军主要首长都亲自研究，主动与地方党委、政府联系协商，认真落实。驻开封某集团军首长亲自组织和参加开封市“全国优秀旅游城市”建设劳动，树立了良好的爱民形象。省军区在年初部署工作时，把发挥好桥梁纽带作用，做好双拥协调工作作为一项重要内容。主要领导每次下基层检查指导工作，都把双拥工作作为必查内容，发现问题及时解决。2000年，全省部分地区发生了严重的洪涝灾害，省军区及时协调驻豫部队和武警部队，并紧急动员民兵、预备役人员17万余人次参加抢险救灾。经过广大官兵的浴血奋战，圆满完成了抗洪抢险任务，使国家财产和人民生命财产安全得到及时和最大限度的保护。

全省各级党委、政府对拥军优属工作高度重视。一些地方把双拥工作和创建活动列入党代会、人代会工作报告，把双拥工作的任务分解到各职能部门，纳入分管领导同志的责任目标，列入各级干部政绩考核内容，有的纳入文明单位评比内容，有效地促进了双拥工作的深入开展。为加强双拥工作的组织领导，各地都成立并及时调整充实双拥工作领导机构。对双拥工作的重要活动和重大问题，主要领导亲自参加，认真研究，保证双拥的事情件件有回音，事事有落实。

二、双拥政策法规得到进一步完善和落实

全省把双拥政策法规建设作为工作重点，根据社会经济的发展和部队现代化建设的需要，及时制定、修改有关双拥法规政策，并认真抓好法规政策的落实，使双拥工作在新的形势下得以健康、顺利开展。为配合部队搞好后勤保障社会化改革，省双拥办组织有关人员专程赴外省学习经验，在认真调查研究的基础上，结合本省实际，制定下发了《关

于支持驻豫部队推进后勤保障社会化改革的意见》。为全面贯彻落实国务院、中央军委关于认真做好随军家属安置工作的精神，省政府、省军区出台了《进一步做好随军家属安置工作的有关规定》。为贯彻落实好新修改的《中华人民共和国兵役法》，有关部门多次召开座谈会，到部分县市、有关单位进行调查研究，认真学习外省市的工作经验，研究提出了义务兵家属优待工作改革的初步意见。

一年来，全省的优抚安置工作不断适应城乡社会保障制度建设体系日益健全、步伐日益加快的要求，始终坚持把全面落实各项优抚安置政策作为双拥工作的重要内容，采取有力措施，加大工作力度，取得了明显成效。全省都按标准落实了农村义务兵家属优待金，平均标准达1200元左右。郑州、漯河、平顶山、焦作等地达1500元以上。老复员军人月定补全部达86元以上，大部分县市达96元以上。优抚对象的其他各种抚恤补助优待金按时发放。2000年，是我国裁减军队员额50万的关键一年，也是10年来全省安置任务最重的一年。各地各部门从讲政治的高度，克服安置困难，改革安置办法，建立监督制约机制，想方设法完成计划安置任务。商丘市接收转业干部286人，有244人分配到党政群机关，占接收总人数的85.3%；有33人分配到事业单位，占接收总人数的11.5%。对荣立二等功以上和在边远地区服役的转业干部给予照顾安置，极大地激发了部队官兵安心服役和建功立业的热情。据统计，2000年，全省共接收军队（合武警部队）转业干部5042名，其中师职干部7名，团职干部668名，连排职干部1714名，技术干部1199名。安排在党政机关的比例约占接收安置总人数的54%，安排在事业单位的比例约占安置总人数的31%，安排到企业和其他单位的约占安置总人数的5.5%，安置在驻豫中直单位的占安置总人数的9%。共接收退役士兵64560人，需要城镇安排工作的退役士兵43484人，截至10月底，全省已安置41312人，安置率为95%，安置随迁随调家属1834名。全省共培训军地两用人才10304人，已开发使用8272人，开发使用率为80%。

三、军地双方互相理解，互相支持，关系更加密切

在双拥工作实践中注重把握好“四个结合，四个为主”的工作原则，一是坚持形式和内容结合，以内容为主；坚持集中性活动与经常性活动结合，以经常性活动为主；坚持物质支援与科技支援相结合，以科技支援为主；坚持地方支持与部队支持相结合，以地方为主。一年来，地方党委、政府千方百计支持部队的现代化建设，全心全意为优抚对象的生活、生产提供服务。

开展形式多样的拥军活动。一是组织开展物质拥军，为部队搞好保障服务。为确保部队的物资供应，各地及时拨出专款，指定有关部门保质保量，优先供应。洛阳市财政每年投入军粮补贴287万元。市电业局投资55万元，为部队医院改造电力设备，并拨专款20万元，为驻军基层连队购买了洗衣机200台。驻马店市拨专款189万元，用于更新武警支队装备和粮、电补贴、营区绿化等。濮阳市政府拨出137万元资金，为消防支队购置消防器材，维修训练车辆，整治营区环境，划拨土地40余亩，用于驻地部队营区建设和副食基地建设，并投资480万元，用于驻军生活补贴和训练设施建设。濮阳市不但做好家门口的拥军工作，还到驻安阳、新乡部队进行了走访慰问。二是组织开展科技拥军。为加快提高部队干部的文化素质，省委党校、郑州工业大学等高等院校分别为驻豫两个集团军开设了团以上干部在职研究生班。河南广播电视学校与武警河南省总队联合开办士兵法律中专班。省政府拨专款200万元，为部队基层连队购置了大屏幕彩电，并赠送了价值40万元的科技书籍、微机等，丰富了基层官兵的文化生活。省教育厅充分利用自身的科技文化密集优势，通过系统联建、军民共建的形式，把科技、文化送进军营。先后为驻豫两个集团军赠送价值近30万元的微机，为驻军开展科技练兵活动提供了条件，投资35万元为省武警总队建了一个现代化的作战指挥中心，并于年初下发了《关于在全省教育系统进一步做好双拥工作的通知》，要求各地教育部门和高等院校提高认识，加强组织领导。三是扎扎实实为部队建设办实事。为帮助驻军搞好“菜篮子”工程建设，郑州市从河南农业大学聘请了知名教授，为部队举办了两期种植养殖技术培训班。为提高随军家属的文化水平和自身素质，该市又开办了随军家属技能培训班，大大提高了随军家属参与市场竞争的能力，对随军家属安置工作的顺利完成发挥了积极作用。新乡市以市委、市政府办公室名义下发了《关于广泛开展科技拥军活动的通知》，把拥军重点转移到科技支持方面来。市委、市政府主动到部队征求意见，为部队赠送10台电脑、14台空调和万余册科技图书，培训各类专业技术人才千余人。新乡市一拖投资4.3万元，为驻军修建修理所，还拿出2万元作为部队的科研资金。市新华书店投资200多万元与71521部队联建拥军图书馆，协助部队解决科技练兵活动中的实际困难。人民群众也积极为部队科技练兵活动给予帮助和支持。“八一”前夕，信阳市拥军模范胡爱琴出资3万多元，为驻信阳平桥区某部购买3部电脑，受到广大官兵的高度赞扬。

积极为优抚对象排忧解难。一是继续开展“爱心献功臣行动”，使重点优抚对象的“三难”问题得到进一步解决。各地继续加大投入，不断巩固“爱心献功臣行动”成果。商丘市各级政府拨款62万元，结对帮扶单位筹集资金9.2万元，社会捐资30万元，为重点优抚对象建新房373间。平顶山市对重点优抚对象因洪涝灾害造成困难的进行重点救济，把312名生活困难的重点优抚对象安排到光荣院。漯河市重点优抚对象的“生活难”、“住房难”得到基本解决后，把工作重点及时转移到解决“医疗难”上来。该市采取对口帮助、强村包户、财政支付、医疗减免四项有力措施，解决医疗费用28.6万元，人均达680元，重点优抚对象的“医疗难”问题得到了较好解决。二是扶持优抚对象奔小康。为扶持优抚对象发展生产，彻底摆脱贫困，各地制定了一系列优先、优厚、优惠政策，在技术、资金、信息等方面给予大力支持。三门峡市共筹集资金110万元，扶持优抚对象2万余户，创办经济实体92个。到目前为止，已有1.8万余户初见成效，360户走上了小康之路。三是解决优抚对象的实际困难。对生活上有特殊困难的优抚对象，各地在认真落实好减免政策的基础上，组织干部群众，帮助解决好实际生活困难。三夏期间，全省各地共组织拥军优属服务小组10万多个，投入劳动力500万人次，出动车辆7.5万多台次，帮助250多万户优抚对象收割小麦280多万亩，帮种100多万亩，打场30万次，受到了群众的高度赞扬。

保障部队搞好军事演习。8月和10月，济南军区在驻马店、洛阳、济源等地进行了较大规模的军事演习，省政府专门发出紧急通知，要求有关市、县人民政府全力以赴做好配合工作。演习地的政府和沿途南阳、信阳、平顶山等地领导高度重视，成立了由一名市领导亲自挂帅的领导小组，及时召开协调会，对演习中的各种保障工作作了具体部署，制定了周密方案，保证了演习的顺利进行。演习过程中，当地群众像战争年代拥军支前那样，为部队让房、送菜、送粮，自觉维护演习部队的装备和通信线路。当地公安部门派出警力沿途护送出入境，确保了部队演习任务的圆满完成。

组织开展纪念抗美援朝出国作战50周年活动。10月25日是中国人民志愿军抗美援朝出国作战50周年纪念日，省政府及时下发开展纪念活动通知。各地组织开展了形式多样的纪念活动和慰问志愿军老战士、老烈属活动。郑州、濮阳、三门峡、鹤壁、信阳、平顶山、洛阳等地广泛开展了宣传和走访慰问活动，邀请老战士进行座谈、游览，为老战士、老烈属送医送药。省财政拨出专款100万元，市、县也拨出专款，用于解决他们生活中的实际困难，受到社会的广泛赞扬。

四、驻豫部队视人民如父母，把驻地当故乡，大力开展拥政爱民活动，取得了新的成绩

积极支援地方经济建设。驻豫部队全年共参加义务劳动日60万个，出动机械车辆1.2万多台次，参加了京九光缆和豫东光缆施工工程、郑州商贸城建设、洛阳龙门景区环境治理、开封——商丘高速公路建设、确山县薄山水库引水工程等国家和省重点工程建设。开封驻军与驻地人民群众携手并肩，共同创建“全国优秀旅游城市”，治理开发开封市郊区6万亩沙化土地，使昔日的荒滩披上了绿装。治理后的这片沙荒地将形成集观光林业、生态林业、旅游林业、高效农业为一体的田园绿色风景线，被省政府誉为“治沙绿化精品工程”。新乡驻军与驻地政府一道实施“蓝天、绿地”工程，进行植树造林和绿化活动，一些部队常年开展“星期六义务奉献日”活动，为驻地的文明、卫生城建设做出了积极贡献。军事院校发挥人才、知识、技术密集优势，在通信、计算机技术与网络、测绘等多个领域与地方有关单位开展技术合作近200项，帮助带动了一大批企业走出了困境，收到了良好的社会效益和经济效益。

开展扶贫助民和学雷锋活动。驻豫各部队与驻地贫困乡村定点挂钩，增加投入，传授科学技术，扶持发展多种经营，增强贫困地区人民群众脱贫致富的能力。驻洛阳部队针对驻地贫困县较多的实际，把扶贫助民作为拥政爱民工作的重要内容。各部队不但为贫困地区捐粮捐款，送医送药，解决吃水、交通困难，而且为农民送科技、送文化，帮助他们发展生产，彻底摆脱贫困。驻栾川部队为贫困地区建立了“希望小学”，又送去了录音机和磁带。驻嵩县部队战士与驻地学生开展了“手拉手、心连心”读书活动，帮助学生德、智、体、美、劳全面发展。解放军洛阳外国语学院为定点帮扶小学捐款1.2万元，并开展“五个一”活动，为每个学生赠送一个书包、一个文具盒、一本字典、一支笔和一个笔记本。解放军信息工程大学一年来发动团员青年为贫困失学学生捐款达10余万元，并资助了15名贫困小学生完成学业，在当地群众中传为佳话。驻豫部队和武警部队把开展学雷锋和为民服务活动作为军地精神文明建设的重要形式之一，坚持开展形式多样的群众性活动。解放军信息工程大学各学院成立了“科技助民服务队”、“家电维修队”、“大兵修车队”、“绿色服务队”等30多个学雷锋小组，常年活动在营区内外，其中的“大兵服务队”连续10年，无论冬寒夏暑，坚持每个休息日上街义务为群众修车，在郑州街头传为佳话。积极参加抢险救灾。河南省平顶山、焦作、洛阳、三门峡、信阳等地连续发生多次山林大火，驻军及时组织部队，以最快的速度赶到现场进行扑救，为避免国家财产损失做出了突出贡献。春季，三门峡地区天旱少雨，驻军出动车辆，连续奋战12天，灌溉土地3000多亩，被群众称为“救命水”、“及时雨”。夏季，部分地区遭受了严重洪涝灾害，驻豫部队和武警部队官兵立即出动4000多名官兵赶赴灾区，最大限度地保护了国家财产和人民生命财产安全。同时，驻豫2个集团军官兵又捐款100多万元，帮助灾区人民恢复生产、重建家园。

一年来，全省双拥工作取得了一些成就，但也有不足之处。一是全省双拥工作发展不平衡。个别地方工作标准不够高，有的满足现状，对如何做好新形势下的双拥工作研究不够。二是双拥宣传工作力度有待进一步加强。对各地在双拥工作实践中的一些好的做法和经验以及先进典型，总结宣传不够，工作交流不多。在今后的工作中将继续发扬成绩，克服不足，推动全省双拥工作再上新的台阶。

湖北省二〇〇〇年双拥工作总结

2000年，全省广大军民以党的十五大精神和邓小平理论为指导，以贯彻全国双拥模范城（县）命名大会精神为重点，深入扎实地开展各项双拥活动，进一步巩固和发展“同呼吸、共命运、心连心”的新型军政军民关系，为全省的改革发展稳定和驻鄂部队战斗力的提高作出了新的贡献。

一、深入贯彻全国双拥模范城（县）命名大会精神，进一步推动全省群众性创建活动的深入开展

1月12日，全国双拥模范城（县）命名大会召开后，全省采取得力措施，认真贯彻落实命名大会精神。一是1月14日，省委、省政府、省军区在武汉召开湖北省全国双拥模范城（县）军地代表座谈会，副省长苏晓云代表省委、省政府、省军区作了重要讲话，要求全省各地深入贯彻落实全国双拥模范城（县）命名大会精神，切实加强对双拥工作的领导，积极探索新形势下双拥工作的特点和规律，推动全省双拥工作再上新台阶。襄阳、黄石、孝感、武汉、十堰、宜昌、红安、钟祥等8县市的军地代表纷纷表示，要以命名大会为动力，深入贯彻命名大会精神，抢前争先，真抓实干，面向新世纪，不断开创双拥工作的新局面。二是省双拥办协调指导了华中科技大学和海军工程大学共建文明大学活动。12月1日，省委常委、华中科技大学校长周济和海军工程大学校长关恒慎少将分别代表各自学校签订协议，结成军民共建文明大学对子，在实现资源共享、人才共育、活动合办、教学互补、经验互学中增强教学科研实力，探索出一条军民共建文明高校和科技拥军、科技助民活动的新路子，开创了双拥共建活动的新局面，达到“双拥双进步，共建共提高”的目的。三是深化双拥宣传教育，进一步增强了全民的国防观念和双拥意识。武汉市、十堰市、孝感市、荆州市、宜昌市、黄石市等地在市区繁华地段和交通要道修建、增设了精美、豪华、永久性的双拥宣传标牌，既美化了城市，又营造了浓厚的双拥社会氛围。宜昌市建立党校包干部、学校包学生、人武部门包民兵、新闻部门包社会、各部门通力协作的“四包一协作”制度。以新闻单位为主体，开展了以“珍惜荣誉、再创辉煌”为主题的国防双拥宣传教育，全市受教育面达80%以上，进一步增强了广大军民做好新形势下双拥工作的责任感和紧迫感。四是全省各地结合实际，采取丰富多彩的方式，开展群众性的双拥创建活动。武汉市针对居民委员会撤并组建社区管理委员会的新形势，为加强基层双拥工作，专门发出《关于加强社区居委会交接过程中的双拥工作的通知》，并进行跟踪检查，确保基层双拥工作在社区居委会交接过程中有序运作。黄石市在开展“军民共建一条街”竞赛活动中，结成共建对子的黄石军分区与黄印村居委会、黄石港区政府与黄石武警支队、黄石港区政府与黄石消防支队，竞相把共建的纺织四路、延安路、消防路建成遵纪守法路、文明经商路、双拥模范路、卫生样板路，推动了军民共建活动的深入开展。宜昌市军地双方分别开展了“科技拥军”和实施“爱民工程”活动，县市区都建立了一至两个科技拥军基地，驻军连以上单位都建立了一至两个“爱民工程”，给双拥创建活动赋予新的内容。天门、应城等地继续深入开展“爱心献功臣行动”，基本上解决了优抚对象的住房困难。

二、大力开展纪念中国人民志愿军抗美援朝出国作战50周年活动，有力地促进了优抚安置政策的落实

在中国人民志愿军抗美援朝出国作战50周年之际，全省开展了一系列规格高、规模大的纪念活动，营造了浓厚的社会氛围。省委办公厅、省政府办公厅发出《关于做好志愿军老战士、志愿军烈属等优抚对象抚恤优待工作的通知》，要求全省各级党委、政府和各有关部门提高认识，切实加强对志愿军老战士、志愿军烈属等优抚对象抚恤优待工作的领导；着眼于解决重点难点问题，保证各项优抚政策在基层的落实；大力支持优抚事业单位建设，全心全意为优抚对象服务，切实保障志愿军老战士、志愿军烈属、志愿军伤残军人等优抚对象的基本生活，维护他们的合法权益，提高他们的社会政治地位。10月26日，省委、省政府、省军区召开大会，隆重纪念中国人民志愿军抗美援朝出国作战50周年，省委副书记、省长蒋祝平主持纪念大会，省委书记贾志杰发表了重要讲话。贾志杰要求各地以纪念中国人民志愿军抗美援朝出国作战50周年为契机，认真贯彻执行国家的优抚政策，进一步完善优抚政策法规，解决好包括志愿军老战士、志愿军烈属在内的广大优抚对象的困难，保证各项优抚政策在基层的落实。在纪念大会上，省政府命名表彰了一批先进优抚事业单位，黄梅县光荣院等30所光荣院被授予“全省先进光荣院”，黄麻起义和鄂豫皖苏区革命烈士陵园等7所烈士陵园被授予“全省先进革命烈士纪念建筑物保护单位”，襄樊市复员退伍军人精神病医院等4所优抚医院被授予“全省先进优抚医院”，另外5所光荣院和3所优抚医院荣获“全省优抚事业单位进步奖”，并向荣获先进优抚事业单位的代表颁发了奖牌。10月27日，省委副书记、省长蒋祝平率团在“中国人民志愿军特级战斗英雄”黄继光生前所在部队召开慰问大会，慰问在抗美援朝战争中立下赫赫战功的驻鄂空降兵某部，并向该部队参加抗美援朝的志愿军老战士赠送了慰问金；省委副书记、省政协主席杨永良率团前往红安县革命烈士陵园，祭奠在抗美援朝和革命战争中英勇献身的红安籍革命烈士，向黄麻起义和鄂豫皖苏区革命烈士纪念碑敬献了花圈，向秦基伟、韩先楚将军墓敬献了花篮，祭奠活动结束后，杨永良率团来到红安县光荣院，向健在的志愿军老战士赠送了慰问品。

根据中央宣传部和省委的统一部署，中央在汉各大新闻单位、省各大新闻单位、全省各地新闻媒介纷纷开辟专栏、建立网上专页，访问、刊登全省健在的志愿军老将军、志愿军老战士的英勇事迹，刊登抗美援朝战争著名战役、战斗英雄和历史资料，大力宣传抗美援朝战争的伟大历史意义和现实意义，大力宣传中国人民志愿军在抗美援朝战争中建立的丰功伟绩，大力宣传中国人民志愿军在抗美援朝战争中发扬的为了祖国和人民利益、为了祖国和民族尊严而奋不顾身的爱国主义精神，英勇顽强、舍生忘死的革命英雄主义精神，不畏艰难困苦、始终保持高昂士气的革命乐观主义精神，为了人类和平与正义事业而奋斗的国际主义精神，极大地激发了全省人民的爱国热情，增强了广大军民的国防观念和双拥意识，为双拥工作的深入开展奠定了良好的舆论氛围。武汉、十堰、黄石、宜昌、襄樊、荆州、孝感、荆门、恩施、黄冈、咸宁、随州、仙桃、天门等地纷纷召开纪念大会、举办座谈会，走访慰问志愿军老战士和志愿军烈属，组织健在的志愿军老战士参观经济建设和社会发展的巨大成就，进一步营造关心、支持、尊重“最可爱的人”的社会氛围，增强了广大军民建设有中国特色社会主义的理想信念和维护祖国统一、维护社会稳定的使命感。

三、军地相互支持、互办实事，军政军民关系更加融洽

全省党政军民紧紧围绕党的中心工作，深入贯彻全国双拥模范城（县）命名大会精神，加强联系，增进了解，加大军地互办实事力度，有力地促进了经济建设、部队建设和社会稳定。全省各地在政府机构改革、国有大中型企业减员增效的形势下，从讲政治的高度，积极支持部队建设与改革，切实做好退伍义务兵、军队转业干部和军队离退休干部的接收安置工作。全省共接收、安置退役士兵36192人，军队转业干部2684人，安排随迁随军家属及其子女就业950多人，为部队培养军地两用人才30000多人。全省60000多个基层拥军优属服务组织帮助优抚对象做好事、办实事70多万件。各级财政投入3500多万元支持部队建设，为部队提供物资补贴1700多万元，减免各种税费1800多万元。葛洲坝电厂年初投资140多万元对武警宜昌市二支队的营房进行重新装修，营区重新规划并添置更换营具。驻军部队牢记为人民服务的宗旨，在完成战备训练任务的前提下，积极支援和参加驻地的经济建设和社会公益事业建设，主动开展扶贫帮困活动，奋勇参加抗洪抢险，完成了大量急难险重任务。一年来，驻鄂部队参加地方经济建设工程170多项，投入兵力30多万人次，动用车辆机械10余万台次，植树造林60多万株，栽种草坪2800平方米，军训学生、工人40多万人次，为驻地经济建设做出了巨大的贡献。

全省双拥工作尽管取得了一定的成绩，某些方面还取得了突破性进展，但也存在一些不足和问题：一是发展不够平衡，基层活动还不够广泛；二是对社会主义市场经济条件下，双拥工作出现的新情况、新问题研究不够，对策不多；三是军队、地方具体从事双拥协调、指导、联络工作的人员普遍偏少，双拥办人员编制落实不是很好。这些问题今后要认真加以解决。2001 年，是“十五”计划的第一年，国民经济和社会发展要开好头、起好步，双拥工作任务更加繁重，全省军民要紧紧围绕党和国家的工作重点 深入贯彻十五届五中全会精神和省委七届五次全体（扩大）会议精神，突出重点，克难奋进，开拓创新，争创一流。

湖南省二〇〇〇双拥工作总结

2000 年，湖南省双拥工作坚持以邓小平理论为指导，认真贯彻落实江泽民同志提出的“三个代表”重要思想，按照全国和全省双拥模范城（县）命名大会的要求，紧紧围绕增强社会生产力、提高部队战斗力和加强军政军民团结开展工作，为全省的改革发展稳定和部队建设作出了新的贡献。

一、认真贯彻落实命名大会精神，群众性双拥活动深入开展

全国双拥模范城（县）命名大会结束后，立即召开了全省双拥模范城（县）命名暨经验交流大会。这次会议，是世纪之交全省双拥工作的一次盛会，省委、省政府、省军区给予高度重视，省五大家主要领导出席了会议，省委副书记、省长储波，省军区政委乔新柱分别作了重要讲话，省双拥工作领导小组组长、副省长庞道沐作了工作报告。这次会议既是对全省开展创建双拥模范城（县）活动的全面检阅，也是对进一步做好双拥工作，加强军政军民团结的深入动员，对于指导全省双拥工作的进一步开展，推动群众性双拥活动的蓬勃兴起起到了很重要的作用。会后，各地各部队认真学习贯彻会议精神，研究深入开展双拥工作的办法和措施。长沙、株洲、湘潭、郴州、岳阳、常德、邵阳、自治州、永州等市（州）分别召开了党委常委会、双拥工作领导小组会和军地联席会，传达会议精神，学习省里领导同志讲话和有关文件，并将会议文件及时印发到基层，组织广大军民认真学习，利用新闻媒体进行广泛宣传；衡阳、怀化、株洲三市组织荣获全国和全省命名的双拥模范城（县）的代表在辖区内巡回报告双拥工作先进事迹，受到当地群众和部队官兵的一致好评。长沙、衡阳、株洲、怀化、自治州等市（州）还在回顾总结近年来双拥工作经验的基础上，以市委、政府和军分（警备）区名义，作出了进一步做好双拥工作，加强军政军民团结的决定。针对双拥工作的难点、热点问题，出台了有关政策或地方性法规，促进了命名大会精神的贯彻落实，推动了群众性双拥工作的广泛开展。10 月 25 日是中国人民志愿军抗美援朝出国作战 50 周年纪念日。期间，隆重举行了纪念大会，省直有关单位和各地各部队都广泛开展了各种形式的宣传教育、走访慰问和纪念活动。长沙、株洲、岳阳、娄底、张家界等地的军民还举行报告会、座谈会，并组成慰问团对志愿军老战士和烈士家属进行慰问。这些活动在全社会产生了广泛影响，进一步激发了广大军民热爱祖国、献身国防、积极投入国家经济建设的政治热情。

二、注重抓基层打基础，双拥工作各项任务得到了较好落实

各地各部队坚持把双拥工作的重点放在抓基层和抓落实上。长沙、怀化、衡阳、邵阳等市的军地领导深入基层，结合创建双拥模范城（县）活动的开展，指导被命名的双拥模范城（县）在成绩面前找不足，制定创建活动巩固、发展、提高的新举措；帮助未被命名的单位对照先进找差距，确定目标和重点，增强创建双拥模范城（县）的信心。2000 年，全省有 8 个市、县被命名为全国双拥模范城（县），28 个市、县被命名为全省双拥模范城（县），56 个双拥先进单位和 78 名双拥先进个人受到省政府和省军区的表彰，标志着全省创建双拥模范城（县）工作又向前迈进了一步。针对发展社会主义市场经济条件下双拥工作出现的新情况、新问题，省军区政治部及长沙、怀化、衡阳市双拥办加大了调查研究的力度，形成了一批调研成果，为双拥工作确定新思想、采取新对策、开创新局面提供了有一定价值的参考意见。各地各部队为适应形势任务的要求，积极探索把各项双拥工作任务落实到基层的形式和方法，省武警总队与长沙铁路总公司在千里京广铁路线上共建文明站区，结成19个共建对子，由点到线，由城到面，使共建活动蓬勃发展，为维护铁路治安，保证列车畅通，推动站区文明建设发挥了积极作用，受到武警总部首长和铁道部领导的好评。长沙市把军民共建活动与创建文明城市结合起来，新设共建点25个，在社区开展了以义诊、理发、修理家电等多项为民服务为内容的创文明小区活动，受到社会的广泛赞誉。并在107、319国道共建文明路，维护社会治安，创平安大道取得了明显成效。衡阳市军民共建活动向路子新、内容实、形式活方向发展，部队给地方作报告202场，为大中专院校和企事业单位军训2万多人。地方为部队举办军地两用人才培训110期，培训3000多人。各地还十分重视加强双拥政策法规建设，围绕转业复员退伍军人和随军家属安置、维护军人及其家属合法权益等，有针对性制定和出台了一批地方性政策规定。

三、军地双方互办实事，进一步增进了军政军民团结

地方各级党委、政府关心支持驻湘部队建设，在保证部队战备、训练、执勤、科研、教学和生活等方面，给予了人力、物力、财力上的大力支持，在军队建筑用地、粮油、水电、燃气供应、道路交通和军事设施维护等方面提供了帮助和优惠政策。长沙、怀化两市认真解决了国防科大、省武警总队和80305部队等单位在营建施工中的实际困难。株洲市在国防后备力量建设上肯投入，民兵预备役部队建设走在了全国的前列。衡阳市先后投入500多万元，为部队较好地解决了粮油水电燃料补贴、军人子女入托入学、随军家属就业安置和军属住房等方面的困难。株洲市为保证驻株部队官兵每人每天能吃上一个鸡蛋，确定了专人专车按时送货上门。据不完全统计，2000年全省为部队办实事投入的资金达500多万元，为保证驻湘部队各项任务的完成起到了积极的作用。“八一”建军节期间，省和各地普遍开展了召开军政座谈会、走访慰问部队官兵、举办军民联欢会和为部队办实事解难题等活动。长沙市不仅组团赴南海舰队慰问“长沙舰”官兵，而且还把随军家属安置列入市委、市政府工作重要内容，8月下旬专门召开了全市2000年随军家属安置大会，一次性下达232名安置指标。“五一”节前，长沙市人民政府还出台了全市公园、革命纪念场馆、公交车辆和公共厕所等对现役军人和革命伤残军人实行免费的通告，受到驻长部队的广泛欢迎。2000年，在省级政府机构改革、企业减员增效的情况下，全省共解决了3000多名军转干部、1.9万名退伍士兵和近400名军队退休干部、无军籍离退休职工及伤病残志愿兵的安置问题。驻湘部队继承和发扬了拥政爱民的光荣传统，在圆满完成军事任务的同时，积极支持地方的两个文明建设。驻衡部队支援地方建设项目41个，修路80多公里，植树造林10万余株，为群众义务修理机具10多万（台）件，建立扶贫帮困组织68个，受益16.4万人。吉首军分区组织部队和民兵开展扶贫攻坚大会战，整地造林8.6万亩，开发经济林54个，栽植各种苗木240万株，新建旱涝保收粮田4100亩，整修开掘水渠380公里。驻长部队对浏阳、宁乡、望城等15个边远乡村进行重点扶贫，投入资金达92.4万元，并在五一路改扩建施工中投入了大量的人力和物力。据初步统计，全年驻湘部队在支援地方两个文明建设上投入的义务工达20多万个，出动车辆机械15万（台）次，帮助学校、企业军训学生和员工60多万人，以实际行动塑造了我军威武之师、文明之师的良好形象，巩固了军政军民团结。

四、深入开展“爱心献功臣行动”，促进了优抚安置政策的落实

各地认真贯彻省双拥工作领导小组年初召开的全省“爱心献功臣行动”电视电话会议精神，加大了“爱心献功臣行动”的工作力度。常德市以舆论为先导，在报纸、电台、电视合开辟了《功臣在我心中》和《我为功臣办实事》等专栏，使“爱心献功臣行动”更加深入人心。各县（市、区）领导带头，组织党政机关和企事业单位与全市2100名优抚对象结成帮扶对子，并一次性投入30万元，重点解决了56名老复员军人的住房困难。衡阳市将帮扶组织扩大到6856个，2.1万人投入到帮扶行动中来，下半年启动第二轮帮扶计划后，共筹集资金931万元，帮助11985户重点优抚对象解决了“三难”和发展生产、子女就学等方面存在的问题，对帮扶工作成绩突出的单位和个人及时进行了表彰。长沙市采取单位与个人、单位与单位、个人与个人的网络式结队帮扶办法，新结帮扶对子235户，为125户重点优抚对象建起了新房。据统计，全省有10多万人投入到“爱心献功臣行动”中来，帮扶结对近5万对，社会捐助款物1200万元。随着“爱心献功臣行动”的深入开展，优抚安置政策进一步得到落实。全省各级财政投入资金1319万元，再次提高了部分优抚对象的抚恤补助标准，在乡伤残人员年均增加350元；在职伤残人员年均增加120元；“三属”和在乡退伍红军及红军失散人员的定补标准也有相应提高。长沙市还建立了抚恤补助标准随着当地经济发展和人民生活水平日益提高的自然增长机制。各地在人大、政协参与下，民政、财政、审计等部门加强了对优抚安置资金管理使用情况的监督检查，完善了有关政策规定和管理机制，较好地保证了资金及时足额到位。农村义务兵家属优待金走上良性循环发展轨道。军队转业、复员干部、军队退休干部、士兵和无军籍退休职工以及伤病残军人安置，按计划全部完成。吉首市委、市政府、市人武部联合发出通知，对全市所属烈军属、伤残军人、老复员退伍军人中的特困户实行包户脱贫。通过包户脱贫，将特困优抚对象由过去的分散服务转变成固定服务，定对象、定内容、定制度，形成了完整的服务网络。

一年来，全省双拥工作虽然取得了很大成绩，但也存在一些不容忽视的问题：一是各地双拥工作发展还不够平衡，个别地区、个别单位领导重视程度不够，双拥政策法规没有得到很好的落实；二是少数被命名的双拥模范城（县）和双拥工作先进单位，有自满松劲情绪，工作缺乏创新意识；三是工作搞形式主义多，注重解决实际问题少，在开展创建双拥模范城（县）活动中，有的单位仍存在重“命名”形式，轻创建实效的现象。在新形势下，优抚安置工作出现的矛盾越来越突出，特别是退伍士兵安置困难，给落实优抚安置政策带来了很大的阻力，农村税费改革后如何使农村义务兵家属优待金得以落实成为新的难题等等。这些问题都需要各地党政主要领导高度重视，认真调查研究，切实加以解决。在新的一年里，全省双拥工作要在省委、省政府的统一领导下，深入贯彻党中央、国务院、中央军委关于加强军政军民团结的指示精神，按照“三个代表”的要求，切实抓好双拥工作各项任务的落实，为维护改革发展稳定大局，实现国民经济和社会发展第十个五年计划作出新的更大的贡献。

广东省二〇〇〇年双拥工作总结

2000年，广东省党政军民坚持从大局着眼，从办实事着手，深入扎实地开展创建双拥模范城（县）活动，全面推进双拥工作各项任务进一步落实，有效地促进了全省两个文明建设和部队战斗力的提高，军政军民关系更加密切。

一、各级领导对双拥工作更加重视

各级党委、政府和驻军领导认真贯彻年初全国双拥模范城（县）命名大会精神，把双拥工作作为维护社会和部队稳定的大事纳入当地国民经济和社会发展总体规划进行统一部署，坚持经济建设与双拥工作统筹兼顾、协调发展。各级党委或政府主要领导亲自担任双拥工作领导小组组长，亲自主持召开双拥工作会议，研究双拥工作中的重大问题，亲自深入基层帮助解决问题。元旦、春节和“八一”期间，各级党政主要领导亲自带队对当地驻军进行走访慰问，召开军政座谈会和军民联欢会等，增强了军政军民团结。“八一”前夕，李长春书记、卢瑞华省长等党政领导率领6个拥军慰问团，分别慰问了驻粤陆海空军和武警、边防、消防部队官兵。驻粤部队把创建双拥模范城（县）工作作为拥政爱民的一项重要工作来抓，广州军区、海军南海舰队、广州军区空军、省军区等驻粤部队的各级领导都从讲政治的高度抓双拥工作，经常检查驻军开展拥政爱民活动情况，亲自处理涉及军政军民关系的重大问题。春节前夕，广州军区司令员陶伯钧、政委刘书田和军区全体常委邀请省委书记李长春、省长卢瑞华等省委、省政府领导到部队举行军政座谈会，交流双拥工作情况，共叙军民鱼水情谊。

二、军政军民关系进一步密切

全省各级党委政府和驻军部队各级领导机关积极开展拥军优属拥政爱民活动，军地双方互相支持帮助，互办实事好事，军政军民关系进一步密切。在开展创建双拥模范城（县）活动中，全省各级党委、政府和广大干部群众积极开展科技拥军，热情支持部队建设，配合部队完成重大任务，帮助部队解决各种实际问题。全省共支持部队建设资金4.8亿多元，支持建设项目619个，用于补贴部队官兵伙食2.5亿元，用于科技拥军资金逾亿元，帮助部队培养了一大批本科、大专学历的人才。各级政府在机关事业单位人员精减的情况下，优先安置随军家属3246人就业，解决了部队官兵的后顾之忧。6至10月，广州军区部队先后在汕头、英德等地进行军事演习。汕头、惠州、湛江、清远、梅州等市在人力、物力、财力上大力支持演习部队，保障部队圆满完成了演习任务。驻粤部队自觉服从国家经济建设大局，把支持地方经济建设作为新时期拥政爱民的实际行动。在完成战备、训练、执勤等任务的同时，主动承担急难险重任务，积极组织部队参加支援地方经济建设和社会公益事业，共出动官兵73.7万多人次，车辆、机械6.8万多台次，参加抢险救灾、扑灭山火3765次，抢救群众42万多人，抢救物资17201吨，投入41万多个劳动日参加地方经济建设和公益事业。

三、双拥法规建设不断完善

在1997年省政府颁发《广东省拥军优属若干规定》、省军区协调驻粤部队各大单位制定《驻粤部队拥政爱民若干规定》之后，全省21个地级以上市，80多个县（市、区）都以政府名义制定颁发了拥军优属工作的有关规定，各军分区（警备区）和驻军都相应制定了拥政爱民若干规定和公约，军地双方都详细规定了有关双拥工作各个方面的具体内容，使双拥政策规定不断完善。为进一步规范和完善双拥模范城（县）的评比命名工作，省双拥办在6次征求各市和驻粤部队有关部门意见的基础上，于5月经省双拥工作领导小组批准颁发了《广东省双拥模范城（县）评比命名暂行办法》。《办法》从指导思想、基本原则、组织领导到评比命名程序、命名时间和量化标准都作出了具体规定，其中双拥模范城（县）的评比命名时间从原来的每两年命名一次改为每三年命名一次，标准高，要求严，可操作性强，体现了公开公平的原则，从而进一步调动了各市县创建双拥模范城（县）的积极性，保证了双拥模范城（县）评比命名的质量。双拥法规的逐步完善，有力地推动了双拥工作走向制度化、规范化、法制化的轨道。

四、优抚安置政策全面落实

一是“爱心献功臣行动”再创佳绩。为巩固和发展“爱心献功臣行动”的成果，在全省范围内开展了一次“爱心献功臣行动”效果检查活动。各级党委政府把这次检查作为实践江泽民同志“三个代表”重要思想的具体行动，作为党心工程、民心工程，作为落实国家拥军优抚政策的重点，严密组织，狠抓落实。在这次活动中，全省各级又筹集经费3965.7万元，为4200多名重点优抚对象解决了

“三难”问题。据统计，自开展“爱心献功臣行动”以来，全省共筹集解决“三难”资金1.7亿元，使2.2万多名重点优抚对象基本解决了“三难”问题。二是以纪念抗美援朝出国作战50周年为契机，认真帮助志愿军老战士和志愿军烈属解决困难。省委、省政府、省军区在广州召开了志愿军老战士和志愿军烈属代表座谈会，省政府和省军区领导亲切慰问了在抗美援朝战争中立下不朽功勋的老功臣代表。广州、深圳、佛山、东莞、惠州、江门、珠海等市对每位（户）对象都进行了走访并分别发给300至1000元的慰问金。各级政府普遍召开了志愿军老战士和志愿军烈属座谈会，共拨出专款600多万元，帮助他们解决生活、医疗、住房等方面的实际困难。三是提高调整优抚对象的抚恤补助标准，确保优抚对象的生活水平与当地人民群众的生活水平同步提高。2000年中央和省两级财政在前年调整优抚对象补助标准的基础上，又增加优抚事业费1367万元，其中省本级财政增加587万元，较大幅度提高了革命伤残军人和“三属”、红军失散人员等重点优抚对象的抚恤补助标准。全年共支出抚恤补助经费4亿多元，比1999年增长了16.7%。四是安置政策进一步落实。2000年是军队裁减员额50万的最后一年。军转干部和退役士兵接收数量大，安置任务重，加上地方机关机构改革、国有企业转制、部分职工下岗分流，安置工作遇到前所未有的困难。各级党委、政府从军队建设的大局出发，加大了行政调控和指令性安置的力度，克服种种困难，采取有效措施，积极拓宽安置渠道，保证了军转干部和退役士兵安置工作的顺利进行。全年共接收安置军队转业干部3854人；接收退役士兵33097人，其中按政策规定需要安置的12676人，到年底止已安置11535人，安置率达91%；开发使用农村退伍义务兵20294人，开发率达92%；接收安置第四批军队离休退休干部500多人。

五、基层双拥共建成效显著

各地把军民共建作为创建双拥模范城（县）和加强当地精神文明建设的一项重要工作，积极组织、精心部署、立足基层，使双拥共建活动不断向深度和广度发展，取得了显著的成效。共有军民共建点6679个，建立少年军校1208所，爱国主义和国防教育点2873个。全省军民共建点中，有2200个单位被县以上政府和部门评为先进单位和精神文明建设先进单位。

2000年全省双拥工作在取得成绩的同时，也存在一些问题：一是双拥工作发展还不够平衡，有些地方和单位领导对双拥工作的意义认识不够、工作力度不大，个别地区优抚安置政策还没有真正落到实处；二是一些地市在对基层双拥共建工作的指导以及在总结交流双拥共建经验，发现培养典型方面还做得不够；三是有的地方预防军警民纠纷工作还存在薄弱环节，一般性军警民纠纷仍时有发生。

广西壮族自治区二〇〇〇年双拥工作总结

2000年，广西双拥工作坚持以邓小平理论和江泽民同志“三个代表”重要思想为指导，认真贯彻党的十五届四中、五中全会和全国双拥模范城（县）命名大会精神，以自治区双拥模范城（县、区）检查评比为契机，以促进双拥工作在基层全面落实为重点，从保持社会稳定、促进社会生产力发展和提高部队战斗力出发，适应新形势，探索新途径和新办法，不断解决新情况、新问题，取得了较好成绩，进一步巩固和发展了“同呼吸、共命运、心连心”的新型军政军民关系，为增强经济实力、国防实力和民族凝聚力做出了新的贡献。

一、认真贯彻全国双拥模范城（县）命名大会精神，进一步加强了对双拥工作的领导

2000年1月，全国双拥模范城（县）命名大会在北京召开。这是双拥工作的一次盛会。全区各地各部队采取各种措施，认真宣传、学习贯彻大会精神。

（一）组织军民收听、收看大会盛况。全国双拥模范城（县）命名大会召开前，自治区双拥办及各地市双拥办都下发了通知，要求军地各级认真组织军民收听、收看大会的开幕式、闭幕式以及大会的有关报道。自治区及各地市新闻单位对大会进行了全方位报道。

（二）传达学习会议精神。全国双拥模范城（县）命名大会结束后，各地各部门通过召开党委常委会、党政军座谈会、双拥办主任会议、民政工作会议等，组织学习江泽民同志的贺信和胡锦涛同志在会上所作的重要讲话，领会精神实质，统一思想认识，明确目标任务。受命名表彰的南宁市、柳州市、桂林市、贵港市、桂平市、玉林市、扶绥县等7个市（县）的广大军民群情振奋，倍受鼓舞，做好双拥工作的劲头更大，热情更高。1月14日，南宁市举行了市四家班子、驻邕部队2000人参加的挂匾仪式，市双拥工作领导小组组长、市长林国强作了重要讲话。1月15日，贵港市四家班子、驻军党委领导和干部群众1000人隆重举行庆祝贵港市荣获全国双拥模范城“四连冠”大会。扶绥县党政军举行了隆重的游行庆祝迎匾仪式，让全县军民共同分享这一崇高的荣誉。桂林市利用召开双拥工作领导小组会议、春节党政军座谈会、市委常委议军会等形式，传达贯彻全国双拥模范城（县）命名大会精神，要求全市军民认真贯彻落实会议精神，争创全国双拥模范城“五连冠”。

（三）切实加强对双拥工作的领导。各地（市）、县（区）在领导班子调整结束后，都及时调整充实了双拥工作领导小组。南宁、柳州、桂林、贵港、桂平、玉林、梧州、钦州等地市坚持把双拥工作纳入党委政府的工作计划，纳入人大和政协视察监督的工作范围，纳入各级领导干部的政绩考核内容，纳入双文明建设的评比条件，层层签订责任书。百色地区建立健全了党政议军会议，军地联席会议，地方领导到各部队现场办公、过军事日，驻军部队协调会议，双拥办军地联席会议，双向走访慰问和情况通报交流等7项制度。各级领导高度重视双拥工作，凡是涉及军政军民关系、拥军优属的重大问题都亲自处理，凡是双拥工作的重大活动都亲自参加。钦州市不管领导班子如何变动，领导重视双拥工作始终不变，在抓双拥工作时，做到亲自参与制定双拥计划，亲自组织双拥重大活动，亲自检验双拥工作成果，亲自解决双拥重大问题，亲自签批双拥重要文件。

（四）结合实际，严格标准，深入开展创建活动。自治区双拥工作领导小组第12次全体会议决定，今后自治区的双拥命名将以“双拥达标城（县、区）、双拥先进城（县、区）、双拥模范城（县、区）”三种名称来命名，并严格以打分制来评定“达标、先进、模范”。自治区党委办公厅、自治区人民政府办公厅、广西军区政治部分配了新一轮命名的名额。各地按照分配的名额，认真细致地抓了推荐申报工作，各候选单位十分重视自治区的检查验收，普遍成立了迎检工作领导小组，制定了迎检方案，明确了双拥工作领导小组成员单位迎检工作职责。从11月下旬开始，自治区从各地市和有关部队抽了26名同志分成四个检查验收小组，对73个候选单位进行逐个检查验收。评选过程中充分体现动态管理，严格坚持标准，认真考核评选，不搞平衡照顾，做到该升档的升档，该降档的降档，该落选的落选。

二、深入开展国防和双拥教育，进一步强化了新形势下的军政军民团结

各地各部门把深入开展国防教育和双拥宣传教育作为做好双拥工作，加强军政军民团结的基础工程来抓，采取多种形式，通过多种途径确保宣传教育工作落到实处。

（一）运用多种形式搞好宣传教育。贵港市坚持在“三台一报”开辟国防教育和双拥宣传教育专栏，重点宣传《国防法》、《兵役法》、《人民防空法》等法律法规以及有关优抚安置的政策法规。并与市防空办联合举办防空征文竞赛，收到论文近百篇。梧州市利用新闻媒体开辟双拥专栏，大量宣传双拥工作的先进典型，做到每月都有双拥内容报道，共刊登双拥稿件260篇。百色地区各县（市）

先后举办国防知识成果和图片展览18期，参观者达80多万人次。

（二）注意发挥革命纪念地、战争遗址、烈士陵园等教育阵地的功能。桂林市利用有22个国家级、省级、市级国防教育和革命传统教育基地的优势，对全民特别是中小学生进行爱国主义教育，增强全民国防意识。李向群纪念馆建成半年来，参观的人数就达45万人次。南宁市各大中专院校普遍对学生进行军训，参训学生近10万人。梧州市把双拥教育纳入全民教育和各级干部教育计划，纳入青少年和中小学政治教育内容，纳入部队政治教育范围，全市67家大中型企业和各中小学都建有国防教育室。玉林市财政拨款1200万元筹建国防教育训练中心，百色地区筹资2500万元兴建了百色起义纪念馆。

（三）结合重大纪念日开展宣传教育活动。10月25日是中国人民志愿军抗美援朝出国作战50周年纪念日，各地广泛开展革命传统、爱国主义教育及丰富多彩的纪念活动。玉林市开展了“知我长城、爱我长城、建我长城”为主题的纪念活动，利用讲座、观看影视、现场图片、板报集体展示等多种形式，丰富纪念活动内容，共开展活动350多场次，参与人数27万多人。南宁地区各县（市）通过召开纪念大会、报告会、座谈会、电影晚会等形式，深化纪念活动效果。各地各部门还利用春节、“八一”建军节等时机，进行双拥宣传发动，大大提高了广大干部群众参加双拥活动的积极性。

（四）大力培养和宣传先进典型。各地各部队把培养和宣传先进典型作为开展国防双拥教育的一个重点，通过多种形式树立和宣传了一批爱国拥军的先进集体和先进个人。南宁市委、市政府和南宁军分区作出了开展向爱国爱军模范吴自保、周智莲一家学习活动的决定。南宁市、自治区、中央和军队新闻单位广泛宣传吴自保、周智莲一家的先进事迹，在社会上引起了强烈反响，受到了中宣部的好评。玉林市大张旗鼓宣传了在围捕顽固抵抗流氓团伙战斗中荣立一等功、被授予2000年中国武警“十大忠诚卫士”荣誉称号的武警支队北流中队政治指导员蒋顺林的先进事迹，收到了良好的宣传效果。

三、坚持把双拥工作的重点放在基层，进一步促进了各项任务的落实

一年来，各部门按照“组织健全、政策落实、活动经常、关系融洽”的要求，把各项任务是否在基层落实作为衡量双拥工作的重要依据和标准，真正做到工作在基层开展、政策在基层落实、效果在基层体现，促进了各项任务的落实。

（一）健全基层双拥服务组织。各地各部队注意加强基层组织建设，南宁市现有拥军服务组织7600个，普遍做到了有组织名称、有工作职责、有活动计划；柳州地区建立各类拥军服务组织5436个，为部队和优抚对象办实事12500件；百色地区组成以党团员、青年民兵和党校师生为主体的1473个拥军优属服务小组，为优抚对象和部队办实事18873件；梧州市针对新形势下军队关系出现的新情况、新问题，把“法律拥军”作为新时期双拥工作的新发展，建立了8个维护国防利益和军人军属合法权益服务中心、75个服务站、1011个服务组，形成了一套功能较为齐全的工作新机制，大大提高了办案效率，有效地维护了军人军属合法权益，得到解放军军事法院、广州军区和广西军区领导的肯定和好评。广州军区在梧州召开了现场会，中央电视台播放了专访节目。

（二）继续深入开展“爱心献功臣行动”。各地各部门在1999年开展“爱心献功臣行动”的基础上，2000年进一步开展“爱心献功臣行动”，重点为“三老”优抚对象解决“生活难、治病难”的问题。南宁市政府认真落实各项医疗政策，对享受公费医疗的优抚对象实行实报实销；对不享受公费医疗的根据其困难程度给予减免，县、乡、镇建立“三老”优抚对象医疗基金。目前，全市356名“三老”优抚对象的“治病难”问题基本解决。河池地区各级财政投入大量经费提高在乡老复员军人定期补助标准，使全地区6000多名在乡老复员军人按时按标准领到定补金。柳州市柳南区为每位“三老”优抚对象的子女设立专门奖励基金，规定

"三老"子女从小学到大学每人每年奖励200－1000元；柳州地区在全地区建立"三老"优抚医疗合作基金，目前共筹措1143万元，发放医疗卡5445张，办理参加农村合作医疗5119人，结对帮扶7662人。由于各地各部门"爱心献功臣行动"开展扎实，优抚对象"生活难、治病难"的问题得到较好解决。

（三）满腔热情地帮助部队解决实际困难。一年来，地方各级党委、政府和广大人民群众大力支持部队建设，从部队训练执勤到基础设施建设，从配合部队加强思想建设到发展农业生产，从保证部队的粮油水电供应到各项优抚安置政策的落实，军中大事小事，件件挂心上。春节和"八一"建军节，自治区和地、市各界组织上千支队伍慰问部队。春节前，南宁市领导亲率慰问团前往漳州慰问演习部队，市政府按政策给予供应部队的粮、油、煤补贴经费达1000万元；玉林市各级党委、政府和各共建单位大力支持部队建设，7月，市党政主要领导亲自前往南海舰队基地参加565舰"玉林舰"命名仪式，市政府同时拨给"玉林舰"36万元，购买电脑等设备；钦州市实施了拥军"十大"工程（即菜篮子工程、米袋子工程、书橱子工程、随军家属就业工程、优抚安置工程、科技扶优工程、扶贫帮困工程、双拥标志工程、交通信息工程和舆论宣传工程）；桂林市把安排军转干部、退伍军人作为一项政治任务来完成，千方百计做好安置工作，一年来安置了237名转业干部，其中团级干部70多人，安置退伍军人、转业士官1779人，安置随军家属402名。

（四）驻军努力为人民群众多办实事、多办好事。驻桂人民解放军视驻地为故乡，视人民为父母，牢固树立"驻在一地，振兴一方"的思想，在完成战备训练各项任务的前提下，积极支援国家重点工程建设和社会公益事业，协助地方搞好扶贫帮困，奋勇参加抢险救灾，开展科技助民活动，援建"希望工程"，在人民群众中树立了文明之师，威武之师光辉形象，赢得了人民群众的尊敬和爱戴。8月，自治区党委、政府确定在边境8个县（市、区）开展"边境建设大会战"，扎扎实实为边民办好24件实事。广西军区所辖各军分区、警备区、预备役师、团和人武部积极参战，开展了"挂钩扶贫"、帮建帮扶希望小学、"一帮一"助学、"爱心献功臣"等活动，成效显著。1月，南宁、百色、柳州、河池4个军分区和所辖边防团、人武部，组织部队、民兵预备役人员积极参加"地头水柜和屯级道路建设大会战"，共出动200多名师团职干部和2100多名官兵，组织52万名民兵预备役人员，动用车辆4200台次，直接投入近50万元资金，共联系63个乡，完成了959个地头水柜、114条屯级道路建设。10月18日，南丹县大厂矿区发生一起尾砂库垮坝重大事故，1.5万立方米尾矿细砂洪流般一泄而下，造成28人死亡、51人受伤的特大事故，驻南丹消防部队官兵迅速赶到事故现场，投入抢险，连续奋战四天四夜，以自己的实际行动铸造了对党和人民的忠诚。

2000年全区双拥工作保持了稳定发展的好势头，取得了好的成绩，但还存在一些问题：一是有的地（市）、县（区）对双拥工作的重大意义认识不足、重视不够；二是国防和双拥教育在一些地方和单位开展得还不够深入持久，教育形式还欠丰富多样，教育效果不够明显。三是基层单位经常性的双拥活动开展得还不够深入，有些双拥政策落实得还不够好。

海南省二〇〇〇年双拥工作总结

2000年，海南省各级党委、政府和驻军部队认真贯彻党中央、国务院、中央军委的指示精神，立足实际，深入开展双拥工作，广大军民国防双拥意识进一步增强，基层双拥共建活动蓬勃开展，军政军民相互团结、相互支持的大好局面更加巩固，全省双拥工作迈上了一个新高度，有力地促进了社会发展和部队的全面建设。

一、狠抓宣传教育，军民双拥意识进一步增强

军地各部门、各单位始终把国防双拥教育作为双拥工作“固本强基”的工程，采取各种有效措施，切实抓好，抓出成效。

一是围绕传达学习全国双拥模范城（县）命名大会精神开展宣传教育。年初，全国双拥模范城（县）命名大会召开后，军地各单位纷纷召开党委会、议军会、双拥工作领导小组会议，认真学习江泽民同志的贺信和胡锦涛同志的讲话。三亚市把学习贯彻会议精神与学习先进典型相结合，把提高认识与查找薄弱环节相结合，对今后的创建工作作了具体的安排和规划。为使会议精神迅速传达到基层，省双拥办组成联合工作组，深入军地单位进行宣讲，指导学习。通过学习和动员，广大军民进一步深化了对当前国际国内复杂形势下加强军政军民团结重要意义的认识，增强了做好新形势下双拥工作的使命感和紧迫感。

二是围绕丰富多彩的专题开展宣传教育。各市、县和驻军单位确定并围绕多种专题，采取“走出去，请进来”和播放电视、电影、广播、编发简报等多种形式，力求提高宣传教育效果。海南军区政治部与省委宣传部挖掘和宣传了“海南省2000年防风抗洪抢险英烈”琼山市人武部助理员吴华东的先进事迹，在全省军民中引起了强烈反响，用活生生的典型，具体实在的先进事迹，调动和激发了广大军民自觉参与双拥工作的政治热情。海南军区第五通信总站与共建单位开展的“一事一议”、“实话实说”、“热点难点辩论”等群众性自我教育，被海南军区推广。海口市、琼海市、乐东县、儋州市开展的“国防知识竞赛”、“国防在我心中演讲比赛”、“军民卡拉OK比赛”等宣传教育活动，既丰富了军民文化生活，又使军民受到教育和熏陶，进一步打牢了军民相互团结、相互尊重的思想基础。

三是围绕革命历史和拥政爱民传统开展宣传教育。2000年是海南解放50周年和中国人民志愿军抗美援朝出国作战50周年。各市县和驻军单位紧紧围绕这两项重要的纪念活动，组织军民回顾了我党我军成长壮大的光辉历史，重温了海南军民50年团结并肩战斗的革命历程，广泛开展“回忆琼崖纵队革命传统，谱写海南军民团结新篇”为主题的国防双拥传统教育，进一步深化了军民国防双拥意识。海口、琼山、通什、三亚等市、县，组织广大群众、青年学生和部队官兵到革命旧址、纪念馆参观，军地一起举办以歌颂军民鱼水情谊为主题的文艺晚会和歌咏、演讲比赛等，营造了军政军民紧密团结的浓厚氛围。同时还以这两项纪念活动为契机，普遍进行思想作风纪律整顿和群众纪律大检查，及时了解掌握官兵遵规守纪的情况，听取群众对部队的意见和建议，进一步融洽了军地关系。一年来，全省没有发生一起大的军警民纠纷，最大限度地控制了军警民矛盾和摩擦，促进了社会的稳定和部队的建设。

二、大力开展军民共建活动，取得丰硕成果

各市、县（区）和驻军单位围绕“让宝岛更加文明”的主题，大力开展军民共建活动，90%的共建对子达到文明单位的标准，70%以上的共建对子被省、市、县（区）评为各类先进，军民共建成绩斐然。

在城镇，共建活动声势大。全省各市、县（区）普遍召开了“让宝岛更加文明”动员大会，部署军民开展创建文明城市、文明单位活动。海口、三亚、琼海等经济较发达的市县，围绕弘扬社会主义新风尚的主题，加大了基层创建文明单位活动的力度，涌现了海口市君尧居委会、海口市工人文化宫、三亚市文体局、琼海市汽车试验基地等一大批“一级居委会”、“文明单位”。海南大学、海口一中、三亚市一中、琼海加积中学、琼山中学、那大二中、海口二十七小学、通什南圣军民希望小学等大、中、小学校围绕培养“四有”新人的目标，以学习理论、坚定信念、加强纪律为主题，积极开展共建活动，有力地促进了校风校规建设和教学质量的提高。海南三叶药业集团有限公司与海南军区直属队，围绕“强化企业纪律，提高全面素质”的主题开展共建活动，既融洽了军民关系，又强化了职工的纪律和作风建设，激发了员工的工作积极性，为公司发展注入了生机和活力，从而实现了产值、销售、利润三大经济指标翻一番的目标。

在农村，共建活动办法多。通什、琼山、琼海、文昌、屯昌、澄迈、儋州等市、县农村的军民共建活动做到长流水、不断线，普遍成立了军民共建活动小组，健全了军民共建工作制度，建立了军民共建领导交接班制度。三亚警备区与三亚市港门村在共建中，坚持协助村委会广泛开展移风易俗活动，刹住了封建迷信、红白喜事大操大办等不良风气，形成了人人争当文明公民、户户争创五好家庭的良好社会氛围。儋州市军屯村与驻军75574部队坚持以“联手共建文明旅游点，促进村办经济发展”为目标，开展法制知识同学、环境卫生同治、发展成果同享等活动，使村办经济越办越红火，集体经济实力日益壮大，村民文化素质不断提高，成为全省有名的两个文明建设先进村。海口市秀英区海秀新村与海南军区某部汽车连、琼山市红星村与武警三支队以共建基层党支部为目标，帮助群众选准农村致富带头人，改变了原来贫穷落后、社会治安状况不好的状况，成为“四无”（无赌博、无斗殴、无盗窃、无吸毒）的小康村。

在部队，共建活动效果好。驻军部队各营连单位积极响应省委、省政府关于开展“让宝岛更加文明”活动的号召，在军民共建活动中，坚持从自身做起，以良好的自身形象和模范行动影响、带动驻地精神文明建设，取得显著成效。驻海口、三亚地区的军警部队提出“在营区当文明军人，出营门当文明公民”的口号，在群众性精神文明创建活动中发挥了模范带头作用。驻文昌某海防团、驻琼山炮兵某部，数年如一日，精心照顾驻地孤寡老人，被群众誉为“一面不褪色的爱民旗帜”。在军民共建活动中，各部队还把共建活动与培养“四有”军人紧密结合起来，利用各种时机，邀请共建单位领导和先进模范人物给官兵作报告，介绍经验，一方面开展思想教育，丰富政治教育内容；另一方面利用地方的科技优势培养军地两用人才，促进自身建设。

三、大办实事、好事，军地双向支援力度大

拥军爱民，关键是要落实在行动上。要多为对方办好事，办实事，把关心化作一次次的具体行动，以行动增进“鱼水”关系，推进双拥工作。一年来，从省委、省政府到各市、县（区）党委、政府，一如既往地重视做好部队转业干部安置工作。全省全年接收军警转业干部461名，安置率100%，其中有9名安排进市县领导班子，36名进党政机关，是历年来转业干部安置最好的一年。海口、琼山、琼海等市领导同志带领工作组，深入驻军基层单位，了解部队的困难，倾听官兵的呼声，并现场办公，为官兵排忧解难。海口市在继前几年拨款扶持海南军区、南航部队、武警总队、海军11支队发展农副业生产后，2000年又拨款250万元重点扶持边防总队、消防总队建设菜篮子工程。琼海市在财政紧张的情况下，拨款40万元为驻军某部队建大门；多渠道筹贷200多万元，投入预备役团办公大楼建设；无偿划拨土地，并投资300多万元，支持人武部大院的搬迁。通什市认真贯彻执行国务院、中央军委关于做好军队干部随军家属就业安置的有关规定，克服困难，挖掘潜力，对符合随军条件的干部家属工作调动提供方便。为提高随军家属的竞争能力，海口市投资4万多元，开展对下岗待业随军家属岗前及转岗的职业技能培训。据不完全统计，全省各市县共拿出1500多万元支持帮助驻军单位修路、维修营房、扩建幼儿园和解决教育训练中的困难。对部队的演习、演练，各级党委、政府高度重视，全力支持。在海军部队举行的科技练兵成果展示、海南军区举行的“琼崖一2号”演习中，省委、省政府专门下发了支持部队搞好军事演习的通知，各市、县党政领导亲自挂帅，满腔热情地做好拥军支训工作；各行各业和广大人民群众积极参与，以“部队走到哪里，拥军工作就做到哪里”的高涨热情，广泛开展迎送慰问活动。公安交通等部门确保部队在行进中无堵塞、无误时、无掉队、无事故，促进了演习任务的圆满完成。

地方各级党委、政府和人民群众对军队的支持和关心，更加激发了军警官兵拥政爱民的自觉性。各部队以“爱人民、学人民、为人民”为宗旨，积极开展爱民活动，为驻地的改革和建设添砖加瓦。年初，根据党中央和海南省扶贫工作会议精神，各军警部队及时调整年度工作计划，集中更多的人力、物力参加驻地的扶贫工作，帮助贫困地区发展生产，支援社会公益事业。海南军区先后投入11万多个劳动日，组织2万多名官兵，参加驻地农田水利建设、乡村公路建设、热带农业开发工程。在巩固前几年扶贫工作成果的基础上，2000年又与通什市毛运村结成帮扶对子，计划从改善群众生活入手，用3年时间帮助该村脱贫。2000年筹集资金11万元，用于民房改造和村庄基础设施建设，47户群众全部搬入新居，使其彻底告别居住茅草房的历史。海军榆林基地集中1000多名官兵，奋战16天，完成了三亚南山水库的主体工程；投资10万元，帮助三亚市育才乡那供村建设民房63户，修建一条长1000多米、宽8米的乡村公路。据统计，南航部队一年来共出动兵力18万人次，车辆2500多台次，支援重点工程建设项目2个，参加公益事业建设50多项。航空兵某部与地方共同修建了陵水机场至海榆东线公路3公里。乐东场站出动官兵300余人，帮助大安乡“军民芒果基地”进行规范化管理。武警海南省总队投资17.5万元完成了通什市毛阳镇毛兴村35户黎族群众的民房改造工程，投资27万元兴建了“毛兴希望小学”。武警海南省边防总队机关和26个团级单位，共投入扶贫资金120多万元，出动警力23000人次，为群众办实事9600余件。武警海南省消防总队积极参加陵水县大里乡小妹村42户民房改造，并拨款8万多元购买水泥210吨，支持大里乡的民房改造工程。10月，海口、琼山、定安、文昌、琼海等15个市县230个乡镇，遭遇百年罕见的洪涝灾害袭击。驻琼军警部队共出动1.7万多名官兵、车辆2000多台次，舰艇130多艘，与广大干部群众风雨同舟，战台风斗洪魔，为保护人民群众生命财产，减少灾害损失做出了重大贡献，谱写了一曲曲感天动地的抗洪抢险壮歌。有45个单位、87名个人受到省委、省政府的表彰，琼山市人武部助理员吴华东被省政府授予“海南省2000年防风抗洪抢险英烈”光荣称号。灾后，广大官兵又慷慨解囊，纷纷捐钱捐物，支援灾区人民恢复生产、重建家园。

一年来，全省双拥工作虽然取得了显著成绩，但也存在一些问题和不足。主要是工作发展不平衡的问题还没有得到很好解决，有的单位抓得比较紧，比较主动，而有的单位满足于一般化，工作起色不大；有的单位存在短促突击现象，热衷于热热闹闹片面追求出成绩、出成果，不愿做扎扎实实、艰苦细致的工作；还有的对新形势下双拥工作出现的新情况、新问题重视不够，研究解决不得力。这些都需要在新的一年里有针对性地加以克服和改进，促进全省双拥工作的发展。

重庆市二〇〇〇年双拥工作总结

2000年，重庆市的双拥工作在市委、市政府的高度重视下，认真贯彻落实“三个代表”的重要思想，按照全国和市双拥模范城（县）命名大会的要求，紧紧围绕江总书记交办重庆的“四件大事”，以实施西部大开发为契机，以富民强市为目标，着眼于增强经济实力、国防实力和民族凝聚力开展双拥工作，为改革发展稳定和军队建设作出了新的贡献。

一、认真学习贯彻命名大会精神，群众性双拥活动深入发展

2000年全国和市双拥模范城（县）命名大会的召开，既是对开展创建双拥模范城（县）活动的全面检阅，也是对进一步做好双拥工作，加强军政军民团结的深入动员。命名大会后，各区县（自治县、市）、驻渝各部队认真学习贯彻会议精神，研究深入开展双拥工作的办法和措施。一是分别召开党委常委会、双拥工作领导小组会及军地联席会，传达会议精神，学习中央领导同志讲话及有关文件精神。市双拥工作领导小组还结合召开全市“爱心献功臣行动”电视电话总结表彰会议，由市双拥工作领导小组副组长、副市长陈光国同志在会上传达贯彻全国双拥模范城（县）命名大会精神。二是及时将文件印发基层，组织广大军民认真学习，并利用新闻媒体进行广泛宣传。三是针对双拥工作的难点、热点问题，在认真调查研究的基础上，制定出台了进一步做好双拥工作的有关政策及地方性规定，促进了命名大会精神的落实。四是军地领导深入基层，指导被命名的双拥模范城（县）在成绩面前找不足，制定创建活动巩固、发展、提高的新措施；帮助未被命名的单位对照先进找差距，确定目标和重点，增强创建双拥模范城（县）的信心，从而推动了群众性创建活动的广泛开展。结合抗美援朝出国作战50周年，各区县（自治县、市）、驻渝各部队以弘扬爱国主义和革命英雄主义精神为主题，广泛开展了各种形式的宣传纪念活动。市委、市政府、重庆警备区召开了纪念中国人民志愿军抗美援朝出国作战50周年座谈会，市委书记贺国强、市长包叙定、市人大主任王云龙、市政协主席张文彬、重庆警备区副政委张福立少将等党政军领导同志、志愿军老战士代表、志愿军家属代表，市级有关部门和驻渝师以上部队、部分区县（市）的负责同志及社会各界代表出席了座谈会，市委书记贺国强在座谈会上作了重要讲话。渝中区、沙坪坝区、万州区、江津市、南川市、铜梁县、开县、彭水县等地的军民举行报告会、座谈会，组织瞻仰烈士陵园。涪陵区、北碚区、万盛区等地党政领导组成慰问团（组），对志愿军老战士和烈士家属进行慰问。这些活动在全社会产生了广泛的影响，进一步激发了广大人民群众建设有中国特色社会主义伟大事业的政治热情。

二、适应军事斗争需要，地方支持军队建设力度不断加大

做好军事斗争准备，是党中央、中央军委根据国际形势的发展变化提出的战略任务。各级党委、政府从维护国家安全和祖国统一的高度，把关心支持军队建设，做好军事斗争准备作为一项政治任务来抓。为确保重庆地区国防光缆施工任务的顺利完成，市双拥工作领导小组发文要求各地积极协调处理部队施工中遇到的各种矛盾和问题，组织社会各界慰问施工部队。万州区、沙坪坝区、江津市、璧山县、铜梁县等地，主动为施工部队提供住房、架设照明线、安装电话、闭路电视等，协调处理施工中占地、毁苗等问题。渝中区还组成慰问团，由区政府洪天云区长带队专程到綦江施工现场慰问驻渝部队通信团全体官兵，并在部队完成施工任务返回营房时，区委、区人大、区政府、区政协的主要领导专程到部队驻地欢迎施工部队全体官兵凯旋。为支持部队开展科技练兵，渝中区、沙坪坝区大力开展科技拥军活动，充分发挥地方科技和教育优势，积极帮助部队官兵学习科技知识。一些大专院校、高科技部门还发挥自身优势，为部队培养高精尖人才，直接服务于部队建设，促进了科技练兵的深入开展。为支持部队战备、训练，解决部队随军家属子女入学、就业等一些实际问题，改善部队官兵的工作、生活条件，5月，市委专门召开议军会议，听取驻渝部队、武警部队的意见和建议，帮助部队逐步解决随军家属就业、整治营区周边环境及军人乘公交车、游公园、参观景点和纪念地免费优待等9个方面31个问题。沙坪坝、九龙坡、巴南、黔江、彭水、江津、南川等区县（自治县、市）投入资金1000余万元，划拨土地300多亩帮助部队新建营区、完善训练设施、文化设施和“菜篮子”工程建设。梁平县为保障驻军某飞行团战备训练正常进行，县委、县政府责成城管监察、交通运政等部门组成20余人的联合执法队伍，对驻军油库、机场附近的障碍物等进行专项清理整顿。南岸区教育、劳动等部门优先解决随军家属子女入学、入托，优先解决随军家属就业。从而进一步保证和改善了驻渝部队的战备、训练、工作和生活条件。

三、以参加西部大开发为重点，军队支援地方经济建设取得新的成绩

实施西部大开发，是党中央统揽全局，面向新世纪作出的重大决策。驻渝部队和武警部队积极响应党中央、江主席的号召，把参加和支援西部大开发作为义不容辞的责任，积极为重庆的经济、社会发展贡献力量。按照军委的统一部署，驻渝部队和武警部队研究制定了措施和办法，并围绕重庆市实施西部大开发的战略构想，有计划、有步骤地参加基础设施和生态环境建设。

一是积极参加地方基础设施建设。重庆警备区先后组织发动29个民兵营、180个民兵连，近15万民兵参加了各地的基础设施建设。据统计，全年共完成修建乡村公路近2000多公里，兴修、改造水库53座、水渠100多条，改田、改土20多万亩，节约建设经费1000多万元。驻渝某集团军、武警重庆总队和其他驻渝部队先后投入劳动日20多万个，机械车辆上千台（次），支援地方重点工程及公益事业建设。二是参与生态环境保护和建设。驻渝某集团军在所属部队广泛开展了“种下世纪树，绿化母亲河”的活动。重庆警备区在全市民兵预备役中开展“百万民兵绿化长江大行动”，实施了以长江沿线为重点的义务植树植草和退耕还林、绿化荒山工程。全年共进行长江防护林和蚕桑基地两大战役，植树3500多万株，种草近5万平方米，承包荒山荒坡超过5万亩。万州军事部和巴南、江北、涪陵区等人武部在长江岸边营造的近2000亩“民兵示范林”成为长江上的一道风景线。预师二团在永川组织民兵预备役人员承包800亩坡地发展优质梨，被市政府列为退耕还林示范工程。铜梁县发动民兵种植优质蚕桑，平均每个乡镇超过100亩，取得了很好的经济效益和社会效益。三是继续开展扶贫帮困活动。2000年是国家实施“八七”扶贫攻坚计划的最后一年。驻渝部队和武警部队针对重庆市贫困人口多，脱贫任务重、难度大的特点，坚持把扶贫攻坚作为一项政治任务来抓。采取点面结合，实施集团式扶贫，帮助数万名群众走上了致富之路，重庆警备区牵头协调驻渝部队和武警等21个团以上单位对奉节县实施集团扶贫，先后有151批1000余人到奉节县实地帮扶，共捐赠现金606万元以及汽车、化肥、炸药、粮食等大量物品，总价值1000多万元，落实扶贫项目36个，中央办公厅推广了他们的经验，产生了广泛影响。后工学院、第三军医大学、通讯学院等军事院校在搞好定点对口帮扶的同时，充分发挥人才科技优势，组织科技人员帮助贫困地区攻克技术难点，转让科技成果，提供科技信息。

四是支援贫困地区发展教育、文化、卫生事业。驻渝部队和武警部队共捐资500多万元，援建希望工程，资助近万名失学儿童重返校园。协助地方培训医疗技术骨干1000多人，建立医疗技术指导站23个，派出医疗队为群众看病治病5万多人次。第三军医大学组织博士生开展“博士库区行”活动，到三峡重庆库区的贫困县讲学、授课、义诊。为解决巫山县医疗设备短缺的困难，西南医院捐赠了价值48万元的医疗设备。

同时，驻渝各部队还积极参加地方的抢险救灾，协助维护社会治安，为保护国家财产和人民群众生命安全做出了贡献。

四、注重基层打基础，双拥工作各项任务得到较好落实

一年来，各区县（自治县、市）、驻渝部队和武警部队坚持把双拥工作的重点放在抓基层、抓落实上。针对发展社会主义市场经济条件下双拥工作出现的新情况、新问题，沙坪坝区、江津、铜梁、合川等地加大了调查研究的力度，初步形成了一些调研成果，为双拥工作确定新思路、采取新对策、开创新局面提供了参考。各地、各部队适应形势任务的要求，积极探索把各项双拥任务落实到基层的形式和方法。渝中区、江北区等地广泛开展军民共建文明社区活动，推动了精神文明建设在基层的落实；南川、潼南、梁平、石柱等地开展“奖励立功军人家属”活动，对促进部队建设起到了积极作用；南岸、大渡口、北碚等地采取有力措施，进一步巩固“爱心献功臣行动”成果。在基本解决重点优抚对象生活、住房困难的基础上，实行医疗减免和医疗补助办法，在解决重点优抚对象医疗困难方面有了新的进展。各地还十分重视加强双拥政策法规建设，围绕转业复员退伍军人和随军家属安置、维护军人及其家属合法权益等，有针对性地制定和出台了一些地方性政策规定。合川市在全市法院建立起了维护军人、军烈属合法权益合议庭，其做法和经验被成都军区推广。在政府机构改革、企业减员增效的情况下，全市全年共安置转业干部1482人，安置城镇退役士兵9175人，安置率达90.5%以上。

五、深入扎实地开展创建双拥模范城（县）活动，努力提高双拥工作整体水平

创建双拥模范城（县）活动，是新形势下双拥工作的重要载体，是加强军政军民团结的有效途径。一年来，各地、各部队以拥军优属、拥政爱民为基本内容，以加强军政军民团结，促进重庆经济社会发展为主要目标，按照“巩固、发展、提高”的要求，深入扎实地开展创建双拥模范城（县）活动。经认真检查、评选、推荐，目前，渝中区、沙坪坝区、江津市、铜梁县、开县等5个区县（市）被命名为全国双拥模范城（县）。九龙坡区、南岸区、江北区、渝北区、北碚区、巴南区、涪陵区、黔江区、永川市、南川市、璧山县、潼南县、梁平县、奉节县、城口县等15个区县（市）被命名为市级双拥模范城（县）。

一年来，全市双拥工作虽然取得了很大成绩，但也存在一些薄弱环节和面临一些新情况、新问题：一是各地工作发展不平衡，少数地方对双拥工作重视程度不够，双拥政策法规没有得到很好落实；二是个别已授予双拥模范城（县）的单位有松劲情绪，工作缺乏创新和发展；三是双拥组织机构调整后，在人员、经费、业务等方面还不适应新形势、新任务的要求；四是随着经济体制改革的不断深入和社会主义市场经济体制的建立，优抚安置工作的改革相对滞后，难度增大。这些问题都需要认真研究，逐步加以解决。在新的一年里，要深入贯彻党中央、国务院、中央军委关于加强军政军民团结的指示精神，切实抓好各项双拥工作任务的落实，为实施全市国民经济和社会发展第十个五年计划作出新的贡献。

四川省二〇〇〇年双拥工作总结

2000年，全省各级领导和广大军民高举邓小平理论的伟大旗帜，认真学习贯彻江泽民总书记“三个代表”的重要思想和全国双拥模范城（县）命名大会精神，按照“同呼吸、共命运、心连心”的总要求，坚持抓基层、办实事、解难题，加强政策法规建设，巩固双拥成果，积极探索新形势下双拥工作的新路子，为全省的改革、发展、稳定和军队的全面建设创造了良好条件。

一、认真贯彻全国双拥模范城（县）命名大会精神，加大了做好新形势下双拥工作的力度

1月，成都市、泸州市、广元市、西昌市、平昌县、峨眉山市、绵竹市、大竹县、马尔康县等9个市（县）被授予全国双拥模范城（县）荣誉称号。会后，省双拥工作领导小组及时下发了《关于学习贯彻全国双拥模范城（县）命名大会精神的意见》，对各地贯彻落实全国命名大会精神作了统一部署和要求。各级党政军领导带头贯彻落实大会提出的各项任务，采取召开双拥表彰动员会、誓师会、军政座谈会等形式，学习会议文件，贯彻会议精神，并充分利用报刊、电视、广播等新闻媒体，广泛宣传会议精神。实事求是找差距，积极主动订措施，开阔思路定目标，切实贯彻落实全国双拥模范城命名大会精神。

各级党政军领导和各部门，从讲政治的战略高度，把双拥工作摆在事关全局的重要位置，把创建新一届双拥模范城（县）纳入各级党委、政府和驻军部队年度工作目标，列入各级党政军工作的重要议事日程，层层签订责任书，实行目标管理，作为年终考核政绩的重要内容。宜宾市委书记提出：不关心国防建设和不抓双拥的干部，是不称职的干部。要求各级干部要把双拥工作作为己任，作为一把手工程，常抓不懈。各地进一步完善了双拥组织机构和工作制度的建设，从机关、乡镇、街道、部队团队、大中型企业到农村村组、商店、学校、连队等都普遍建立了双拥组织或服务小组，形成了双拥工作网络，使双拥工作真正落实到基层。各地双拥工作坚持了领导小组会议制度、军地互访制度、议军制度、领导定点联系驻军制度、检查总结表彰制度，形成了党政军民齐抓共管，层层抓落实，全社会广泛参与创建双拥模范城（县）的局面。

二、强化宣传教育，打牢思想基础，营造浓厚双拥氛围

各地各部队加大了宣传教育力度，加强了以爱国主义为核心的双拥国防教育。一是领导带头抓宣传教育。各地各级党政军领导利用大小会议和其他机会带头宣讲双拥工作，通过撰写文章和亲自授课等，对广大军民进行双拥和国防知识方面的宣传教育。宜宾、乐山、攀枝花、泸州等地的书记、市长亲自作报告，动员全社会都来关心支持和参与双拥工作。二是坚持抓全民国防教育。各地将双拥国防教育纳入当地全民教育体系，各大中小学普遍开设了国防教育课，坚持对学生开展军训、举办军事夏令营活动。机关、厂矿企事业单位也把双拥国防教育纳入本单位职工教育计划，形成人人接受国防教育的局面。三是开展形式多样的双拥国防宣传教育。各地充分利用广播、电视、报刊、宣传栏，报道和宣传了省和各地、各部门开展双拥工作及共建活动的盛况，充分展示广大军民的鱼水情怀。利用参观革命烈士陵园、革命前辈故居等爱国主义教育基地，书写双拥宣传标语，组织双拥国防知识竞赛和演讲等活动，不断增强了广大群众的双拥国防意识。四是通过树立典型、表彰先进来开展宣传。利用“双拥周”、“双拥月”、新老兵入退伍、军民联欢会、双拥表彰会等场合，大力宣传双拥先进单位和个人事迹，大造双拥声势。乐山、宜宾、遂宁、广元、攀枝花等地深入机关、厂矿、企事业单位，全方位地宣传双拥先进单位和双拥典型人物的事迹，极大地激发了广大军民争创双拥模范城（县）的热情。总之，全省的双拥国防教育注重实效，双拥观念深入人心，为双拥创建工作的开展创造了良好的思想基础和社会氛围。

三、实行动态管理，梯次发展，不断提高双拥工作的整体水平

把竞争激励机制引入双拥工作，是保持创建双拥模范城（县、区）活动生机的有效措施。一是精心组织，坚持动态管理，加强工作指导，力戒形式主义，切实抓好创建考核命名。年初，根据国家《双拥模范城（县）命名管理办法》6条标准8项要求，省双拥办组织人员对各地创建工作进行了检查，指出了存在差距，提出了改进措施和办法，确保各项工作落到实处。指导宜宾、南充、遂宁、乐山等制定出台了优抚对象医疗减免政策、义务兵家属优待金以县（市、区）为单位社会统筹办法、现役和革命伤残军人实行优先优惠政策，推广了乐山市“双四好”（部队为驻地群众服务好，遵守群众纪律好，参加地方“两个文明”建设好，维护驻地社会稳定好；地方优抚安置政策落实好，复转离退休军人安置好，为部队排忧解难好，支持部队安全稳定好）等创新做法。年底，按照《四川省双拥模范城（县、区）命名管理考核验收实施细则》的标准，组织考核验收组，对全省新一届双拥模范城（县、区）进行了考核验收，实行7项一票否决制。结果表明，各地党政军领导对双拥工作普遍重视，措施有力，创建活动辐射面广，各项政策的贯彻落实较往年更扎实、更富有成效。乐山、宜宾、自贡、广元、德阳、攀枝花等地的双拥工作已形成了市、区（县）、镇（乡）、街道上下结合，系统行业、单位条块结合，军警民相互联系，横向到边、纵向到底的组织网络和格局。二是巩固成果，加大创建力度，开拓进取。各地、各部队在创建双拥模范城（县、区）的活动中，不满足于现状，出台新措施新办法，不断探索新路子。成都、泸州、广元、自贡、犍为等老模范在成绩面前不骄不躁，工作扎实有创新。尚未命名的城县，加倍努力，奋起直追。乐山、宜宾、南充、炉霍等市县创建工作有特点、有措施、有新意。宜宾市、乐山市党政军领导精心制定了创建双拥模范城的目标方案，形成了全市一盘棋、全线开绿灯、全方位启动、全社会参与的良好局面。这些地区普遍实施了“三纳入”计划，即把双拥工作纳入各级党委政府和驻军的工作安排，拥军优属经费纳入地方财政预算，军民共建纳入精神文明建设规划，掀起了一个又一个创建双拥模范城（县）的高潮。各地在创建活动中，注重抓经常、创特色、求发展、重实效。宜宾市、巴中市、自贡市广大军民共同开展“建美好家园”、“创文明村镇”、“四热心、四帮助”等各具特色的创建活动，有力地促进了双拥工作的深入发展。

四、双拥政策法规进一步完善，优抚安置政策贯彻落实

加强双拥政策法规建设，是双拥工作广泛、深入、持久发展的保证。各级党委、政府将双拥法规建设作为法制化建设的重要内容，使双拥工作逐步走上了规范化、制度化、法制化的轨道。一是狠抓了双拥政策法规的配套建设。各级党委、政府和驻军以省政府制定的《四川省拥军优属若干规定》和省双拥工作领导小组、省军区联合下发的《四川省拥政爱民若干规定》为依据，结合本地实际，纷纷制定了切实可行的双拥政策法规性文件。目前，全省各地已基本出台了适合当地实际的《拥军优属若干规定》和《拥政爱民若干规定》。全省有173个县（市、区）实行义务兵家属优待金以县为单位社会统筹，有15个市、地、州和102个县（市、区）出台了《优抚对象医疗费减免暂行规定》，各地还相继出台了与之配套的双拥优抚政策规定。为进一步妥善处理和预防军地矛盾和纠纷的发生，不断增强军政军民团结，省委办公厅、省政府办公厅和省军区政治部联合下发了《关于进一步做好维护军政军民团结工作的通知》。二是认真落实各项优抚政策，继续开展“爱心献功臣行动”。各地在深入开展“爱心献功臣行动”和实施“安身工程”工作中，把解决重点优抚对象的生活难、住房难、医疗难作为工作的重中之重，集中财力、物力和人力，发动广大军民积极参加。据统计，全省各级财政共投入经费达1.28多亿元，使在乡老复员军人生活补助标准达到月人均70元以上，解决了12303户重点优抚对象的住房难问题。宜宾市在开展“爱心献功臣行动”中，采取“四优先、三减半、二免费、一优惠”等措施，为优抚对象减免医疗费60多万元，二等乙级以上革命伤残军人在享受公费医疗的基础上，还建立了“医疗保障资金”。全省各级财政投入医疗减免经费800万元，使重点优抚对象的医疗问题得到缓解。三是拓宽安置渠道，努力完成安置任务。随着改革的深化，在机关精简、国有企业转轨兼并、减员增效的情况下，各地各级党委、政府采取有力措施，加大安置力度，把军队转业干部、退役士兵安置工作作为讲政治、顾大局、守纪律的一件大事来抓，纳入政府目标管理，强化行政手段，制定了一系列落实安置政策的规定和办法，采取多形式、多渠道依法安置。成都、绵阳等安置任务较重的地方，都将安置工作纳入政府一级目标管理，专门下发退伍军人安置文件，召开专门会议进行动员部署，较好地完成了安置任务。全年全省安置转业干部3282人，安置随调家属2600余人，安置退伍义务兵和转业士官54638人，接收安置军队退休干部600余人。各地还积极开发使用军地两用人才，开发使用率达85%以上。

五、军地互办实事，共谋发展，有力地促进军地建设

全省各地在开展军警民共建活动中，按照江泽民总书记“三个代表”重要思想的要求，积极开展内容丰富、形式多样、具有时代特色的行业共建、系统共建、条块共建等军（警）民共建活动，军地互办了大量的好事实事。各级党委、政府在改革开放和发展经济中不忘国防，积极关心、支持部队建设。一是地方紧紧围绕部队开展科技练兵、争创先进连队、争当优秀士兵活动，充分发挥各地的优势，积极开展科技拥军、智力拥军活动，为部队建设提供支持和保证。特别是在“八一”拥军座谈会上，成都军区提出需地方解决营区民房拆迁、军区供电专线、人武部基础设施、武器库和预备役师营房建设，以及川藏线交通整治等10个问题，省委、省政府十分重视，省委周书记、省政府张省长责成有关单位和部门立即解决。一年来，全省各地派出各类科技人员4334人，为部队培训各类人才3.5万余人，购买科技书籍、电脑、科技器材等，投入经费4800万元，有力地支援了部队建设。二是各地普遍设立“军功奖”。全省为3600名立功受奖的川籍官兵颁发资金40多万元，各地评选表彰好军嫂1000余名，有力地激发了部队官兵爱军习武的热情。三是努力为部队干部解决后顾之忧。各地对部队干部子女的入学升学，普遍实行“加分制”和不收高价等办法，减免驻军子女2800人（次）的入学、入托选校费。各地还针对随军家属下岗导致就业难问题，积极采取措施，解决随军家属就业问题和再就业问题。全省共安排3200名随军家属和下岗随军家属实现就业和再就业。泸州、广元等地还实行了随军家属应安工作一时不能上岗的，由政府拨款给每人每月发100－130元的生活补助，解决其生活难，仅泸州市就为50名未安工作的随军家属发放生活费9.3万元。乐山市采取建立企业空岗报告和招用人员审批制度，由劳动保障部门掌握一定的就业岗位，解决随军家属、子女和下岗随军家属的就业。四是积极为部队解决粮油、水电、燃料、道路、通信、营建等困难。近年各地在财政十分困难的情况下，挤出资金，解决营房建设、购置设备等拨专款9000多万元，减免各种城市建设配套费7000多万元，为驻军修战备道路60多公里，投入经费3000多万元。全省设立军粮供应站280个，解决驻军生活补助费1080万元。五是支持部队“三个基地、二个场地”建设。各级党委、政府把解决驻地部队“菜篮子”工程建设和市场建设统一规划，列入创建双拥模范城（县）的重要条件，主动与部队联系。目前，全省建立拥军“菜篮子”基地320个，副食品基地271个，畜牧业基地87个，划拨1.7万亩土地，建立训练场地和文体场地404个。六是对部队官兵实行“六免费”、“三优先”。即部队官兵进公园、上公厕、乘坐市内公共汽车、停放自行车、参观旅游景点、停放汽车免费；门诊挂号、住院、购车船票、购飞机票优先。各地对著名旅游景区实行进一步的优惠政策。如成都、乐山、宜宾等地，将杜甫草堂、都江堰、青城山、乐山大佛、峨眉山和蜀南竹海等景区，对所有军人、伤残军人实行门票全免费，受到广大官兵的高度赞扬和全社会的好评。

驻川部队在完成战备、训练、执勤等各项任务的同时，自觉服从和服务于国家经济建设大局，紧紧围绕西部大开发，动真情办实事，积极开展拥政爱民活动。一是参与和支持地方的重点工程建设。驻川各部队和民兵预备役部队积极参加成乐、广邻高速公路、双流机场扩建工程、九寨沟机场、广元飞机场建设、南充驷水电站、二郎山隧道、兰成输油管道工程等基础设施项目90余个，共投入劳动日32万个，出动机械车辆12万多台次。二是积极承担抢险救灾和完成急、难、险、重任务。一些地方遭遇不同程度的洪涝、干旱、火灾，各地驻军视灾情如命令，全力抢救国家和人民群众的生命财产，共参加抢险救灾1750次，出动官兵10万多人次、车辆4300台次，抢救遇险群众58000名，为国家挽回经济损失近1000万元。三是积极参与社会综合治安治理，支援社会公益活动。驻川部队积极协助地方政法部门进行社会治安的综合治理，出动官兵15万多人次，出动车辆3100多台次，打击犯罪分子。参加地方创建卫生城和市政建设等社会公益事业出动车辆41000台次，植树造林1900万株，为地方群众防病、治病62万人次，支持地方建希望小学110余所。四是开展科技助民扶贫帮困，积极投身“爱心献功臣行动”。驻川部队利用人力、财力、技术上的优势，采取转让技术成果、协助科技攻关、建立扶贫帮困联系点等办法，帮助贫困地区致富奔小康。为地方开办了智力助民培训班400期，培训科技人才11万人次，引荐和支援技改项目170余个，捐资引资670余万元，建立扶贫点3620个。四川省军区系统实施的“千点扶贫攻坚计划”中，联系的1000个扶贫点基本解决了温饱问题。

2000年，全省的双拥工作虽然取得了一些成绩，但也存在一些薄弱环节：一是整体水平虽然有了很大的提高，但发展仍不平衡。个别地方领导重视不够；有的地方职能作用发挥不好；有的单位工作措施不得力，地区与地区之间、县与县之间、单位与单位之间存在着明显的差距。二是按国家要求，随着经济的发展，各级财政应增加投入，普遍建立起优抚对象抚恤补助标准自然增长机制，使优抚对象的生活水平与当地人民群众的生活水平同步提高，但此项工作明显滞后。三是在研究解决优抚对象“三难”问题时，着力研究和探讨解决治病难问题办法措施不够，特别是在医疗制度改革中，把优抚对象的医疗问题从政策上作出明确的规定并落到实处不够；四是积极探索双拥工作中创新发展和研究解决新时期出现的新问题还不够。在新一年的工作中，全省要在“抓经常、创特色、求发展、重实效”上进一步下功夫，要着眼于改革开放和市场经济的特点，以江泽民总书记“三个代表”重要思想为指导，不断探索和研究双拥工作的特点和规律，充分发挥行业优势和职能部门的作用，不断完善双拥政策法规及双拥模范城（县、区）管理机制，拓宽双拥工作领域，使双拥工作提高到一个新的水平，为实现省委、省政府提出的“十五”发展目标和部队的全面建设作出积极贡献。

贵州省二〇〇〇年双拥工作总结

2000年，贵州省军民坚持高举邓小平理论伟大旗帜，认真贯彻落实全国双拥模范城（县）命名大会精神，相互支持、相互团结，军政军民关系更加密切，巩固和发展了全省双拥工作的大好局面，为全省改革、发展、稳定和部队全面建设作出了新的贡献。

一、认真传达贯彻全国双拥模范城（县）命名大会精神，增强军民的政治荣誉感

在1月召开的全国双拥模范城（县）命名大会上，贵阳市、福泉市、从江县、思南县、遵义市被命名为全国双拥模范城（县），全省各级党委、政府、驻军（武警）部队和广大人民群众受到极大鼓舞。与会代表从北京载誉归来时，副省长、省双拥工作领导小组副组长莫时仁、省军区副政委黄光荣及省双拥工作领导小组部分成员和5个被命名单位的军地领导到机场参加了欢迎仪式。被命名的5个市、县也采取不同形式举行庆祝活动。遵义市组织1万多名群众在当年红军入城的地方－－迎红桥迎接代表，并举行了隆重的军民迎春晚会。从江县和思南县还分别组织了具有民族特色的芦笙队和锣鼓队，在县城举行庆祝游行活动，使广大军民增强了做好双拥工作的政治荣誉感。

为认真贯彻大会精神，省政府办公厅、省双拥办及时把江泽民总书记致大会的贺信及胡锦涛同志和司马义·艾买提同志的重要讲话印发到各县（市）和各部队团以上单位。省双拥办向省委、省政府作了专题汇报，并召开了全省双拥办主任会议，进一步传达贯彻大会精神，总结近年来双拥工作取得的成绩和存在的不足，部署今年和今后一个时期全省双拥工作。

4月30日，省委召开常委会专门听取省双拥工作领导小组关于全国双拥模范城（县）命名大会精神的汇报和贯彻落实的意见，要求省双拥办针对前段全省开展“爱心献功臣行动”中存在的问题，进行调查研究，拿出具体措施办法。此后，副省长、省双拥工作领导小组副组长莫时仁组织省双拥办有关人员，分期分批到全省15个地、市、县开展了深入细致的调研活动，经与省有关部门协商，以省双拥工作领导小组的名义向省委呈报了《关于落实省委常委会议纪要（2000）37号的情况报告》，代省委、省政府草拟了《中共贵州省委、贵州省人民政府关于进一步做好全省优抚工作的通知》。11月10日，省委再次召开常委会，对领导小组提出的《报告》进行了认真研究。按照此次省委常委会议的要求，11月下旬，省委办公厅、省政府办公厅联合向各地下发了《中共贵州省委办公厅、贵州省人民政府办公厅关于进一步做好全省优抚工作的通知》，对解决优抚工作中存在的问题提出了明确要求。

各地各部队召开双拥工作会议，认真传达贯彻全国双拥模范城（县）命名大会和全省双拥办主任会议精神，分别制定了新的工作目标和措施，未被命名的市、县还对照先进找差距，从加强组织领导，落实政策法规，组织双拥共建活动，预防军（警）民纠纷等方面制定了创建的新办法。全省各地各部队呈现出以争创双拥模范城（县）为动力，落实政策法规为重点的双拥工作新局面。

二、进一步为部队和优抚对象办实事、解难题

为了广泛深入地贯彻落实好全国双拥模范城（县）命名大会精神，一年来，各级党委、政府和各族人民群众积极开展拥军优属活动。一是认真做好慰问部队和优抚对象活动。元旦、春节和“八一”前，省政府、省军区两次联合向各地各部队下发《关于认真做好节日期间拥军优属、拥政爱民活动的通知》，并向全省解放军、武警、消防等部队官兵和各类优抚对象发了慰问信。省委书记、省人大主任刘方仁，省长钱运录，省政协主席王思齐等领导亲率省拥军优属慰问团，到省军区、武警贵州省总队、武警贵州省消防总队和省警卫局等单位走访慰问解放军、武警官兵和优抚对象，并为部队和优抚对象解决各方面的实际问题，把党和政府的温暖送到官兵和优抚对象中。六盘水市、黔东南州等地还组织专业文艺演出队，深入基层部队慰问演出，使官兵们倍感亲切。6月初，省委、省政府、省军区成立由省委王三运副书记为团长，省党政军领导王正福、张健、陆林治为副团长，省人事厅、省民政厅、省妇联、团省委、省军区政治部等有关部门负责人和贵阳市、遵义市、黔南州、安顺地区领导组成的赴西藏慰问团，对驻西藏部队贵州籍官兵进行了亲切慰问，送去了省委、省政府和全省3700万各族人民对驻藏部队官兵的深情厚谊。10月下旬，在纪念中国人民志愿军抗美援朝出国作战50周年期间，省委、省政府、省军区又组织了3个慰问团，分别由省委书记、省人大主任刘方仁，省长钱运录，省委副书记、常务副省长王寿亭带队，重点对志愿军烈属、志愿军伤残军人和志愿军老战士进行了慰问。各地各部队也采取不同形式，大力开展了走访慰问志愿军老战士、志愿军烈属活动，进一步促进了全省军政军民团结。

二是各地结合实际，积极为部队官兵排忧解难。各级政府在财力十分困难的情况下，一如既往支持部队建设。省财政共拿出1460多万元经费，为部队解决战备执勤、教育训练和生产生活等方面存在的困难。为进一步支持部队建设，省委、省政府还拟制了《关于支持驻黔部队推进后勤保障社会化改革的意见》。4月初，省政府、省军区联合下发了《关于认真做好2000年度民兵预备役工作的通知》，对加强民兵预备役工作的调整改革，搞好国防动员，加强军分区、人武部建设，搞好民兵、预备役部队训练和教育等方面提出了具体要求。各级政府在去年支持武警基层部队搞好“解困工程”的基础上，2000年又拿出资金1300多万元，帮助38个基层中队进行营房改造。遵义市政府出资550万元，购买土地、营房等为武警遵义市支队建训练基地，有力地改善了部队官兵的生活、工作、训练条件。

全省各地积极开展科技拥军活动。贵阳、遵义、思南等市、县帮助驻地部队建立了拥军图书室，为官兵学文化、学科技创造良好条件。贵州东伟环保公司投资25万元，为武警三支队修建饮水循环过滤系统工程，使指战员们能够喝上清洁卫生的饮用水，受到了官兵们的高度赞扬。福泉市科技局将驻市武警部队列为科技拥军扶持单位，安排资金、物资为部队建日光温室大棚、沼气池炉灶，并定期向干部战士进行现场操作、讲解。市里还派出农技、畜牧推广干部上门免费为部队传授种、养殖等技术，定期到中队进行指导。现在驻福泉部队官兵都吃上了自已种植的各种蔬菜。

全省各级党政领导深入部队基层单位现场办公，为部队办实事。贵阳市白云区在实施村村通电视工程中，了解到驻守在距贵阳城区40公里外山坳里的武警二支队四中队官兵看不到电视的情况，区里及时拿出2万多元，为该中队安装了闭路电视设施，解决了官兵看电视难的问题。

三是认真贯彻落实新修订的《兵役法》。年初省政府下发了《省人民政府关于贯彻执行〈中华人民共和国兵役法〉做好优抚安置工作的通知》。各地严格执行“城镇退伍军人待安置期间，由当地人民政府按照不低于当地最低生活水平的原则发给生活补助费”的规定，切实解决城镇退伍军人待安置期间的生活补助，贵阳市小河区拿出资金6.3万多元，解决了68名义务兵待安置期间的生活补助费，在子弟兵和军属中引起很大反响，产生了良好的社会效应。截止10月31日，全省共接收安置退役士兵4978名，占应安置总数的93%。妥善安置转业干部615名，超额完成应安置总数（607名）的2%。

四是各地结合走访慰问部队和优抚对象，普遍对执行拥军优抚安置政策进行了全面检查，针对存在的问题进行认真研究，制定了解决办法。各地大力发动社会力量，巩固“爱心献功臣行动”的成果，广泛开展包户服务活动，进一步解决重点优抚对象在生活、住房和就医等方面的实际困难。安顺市安排64万余元资金，用于提高在乡老复员军人的定补。平坝县10个乡镇都建立了医疗优待办法，在解决优抚对象医疗难方面进行了有效的探索。息峰县克服各方面困难，不断提高农村义务兵家属的优待金标准，全县270多户义务兵家属优待金户均达1441元，超过该县上年农民人均纯收人（1436元）水平。县里还对63户生活困难的烈属（含因公牺牲和病故军人家属）和在乡伤残军人给予了优待，为42名重点优抚对象补助建房款18万元，确保建房任务的圆满完成。

全省各级团委、妇联、学校组织广大青年、妇女、民兵、学生开展形式多样的拥军优属活动，为烈军属、伤残军人做好事、办实事。福泉市共有6万多人参加了各项拥军优属活动，有568户2000多名优抚对象接受了服务，为他们帮耕帮种0.5万亩，投人劳动日1100多个，提供帮扶资金20多万元，修建房屋30余间，救治生病优抚对象500余人次，提供医疗费10余万元。

三、为地方两个文明建设作出新贡献

驻贵州各部队在完成自身各项战备执勤和教育训练任务的同时，积极支持地方经济建设，为群众办实事、做好事。仅省军区系统就出动官兵2万余人次，动用车辆450多台次，参加社会公益事业建设190项。全区还派出各类技术人员350多人次，帮助人民群众发展种养殖业，为驻地群众修理机械1580多台，为群众治病13万多人次。在实施西部大开发战略中，省军区、省武警总队等部队积极按照省委、省政府的统一部署，把组织部队和民兵预备役部队投身西部大开发列入党委重要议事日程。年初，原省委常委、省军区政委喻忠桂和省军区司令员陈庆云等9名军区党委常委，分别深入到各军分区、预备役师传达党中央西部大开发战略决策等重要精神，要求全区各部队要切实肩负起重大的历史使命，积极组织部队官兵和民兵预备役人员投身西部大开发战略。省军区、省武警总队分别制定了《关于参加和支援西部大开发的实施计划》，要求各部队积极投入生态环境和基础设施建设工程。贵阳军分区引进资金10多万元，组织民兵预备役人员在扶贫联系点息烽县下洪玛村植树2万余株，建成千余亩的经果林基地；关岭县人武部为帮助地方加快交通建设步伐，组织1000多名民兵修建永（宁）下（哨）乡村公路12公里；遵义军分区和所属人武部积极协调驻遵各部队开展“绿化长征路，为名城添锦绣”活动，植树造林，清扫红军长征遗址，加固基础设施，为“假日旅游”创造了良好的条件。铜仁军分区组织民兵投入“贵州省生态渔业示范园”工程，植树造林2.5万亩，坡改梯4370亩，修水塘182个，组织民兵预备役人员1.8万人次参加县级以上15个重点工程建设。武警贵州省总队集中人力、物力，义务投工投劳，支援贵阳市天河潭千亩水保林基地建设，配合地方政府营造千亩水保林、万亩绿化带，为“中华妇女世纪林”和天河潭水保林植树1万余株。

各部队奋勇投入抗洪抢险战斗。入汛以来，全省大部地区遭受洪水袭击，驻黔解放军各部队和武警、消防部队广大官兵、预备役人员积极投身到抢险救灾第一线。灾情发生后，省军区立即组成分别以副政委黄光荣少将和后勤部领导为组长的两个工作组，带着10多万元的救灾物资和药品，组织冲锋舟连夜送往灾区，安排部署抗洪抢险战斗。6月21日，榕江县发生了自1945年以来最严重的特大洪灾，县公安消防大队官兵紧急出动，先后奔赴灾情严重的古州镇场坝街和车江乡抗洪第一线，抢救转移遇险群众500多人。在抢险战斗中，战士秦孝顺、杨国鹏献出了年轻的生命，被公安部批准为革命烈士，追授他们“舍己救人好卫士”光荣称号。灾后，各部队还积极帮助灾区群众重建家园，恢复生产。从将军到士兵，纷纷向灾区群众捐款捐物，把党的温暖送到灾民心上。省军区组织全体干部战士、军队离退休干部职工一次向灾区群众捐款12万元，捐献衣物4600多件；武警贵州省总队也一次向灾区捐款10万元，充分体现了人民军队爱人民的崇高精神风貌。

一年来，驻黔解放军、武警、消防各部队共投入兵力24万余人次，出动舟、艇和机械车辆8000多台次，抢救转移遇险群众25300余人，抢救国家财产11.5亿元，把洪灾造成的损失减少到最低限度，有力地保护了人民群众的生命财产安全。

驻军、武警、消防各部队针对贵州多灾、贫困的实际，进一步把扶贫济困作为拥政爱民工作的重点来抓。目前，省军区系统已先后建立扶贫联系点159个，协调投入扶贫资金600余万元，物资价值77万元，派出人员长期蹲点住户，重点围绕扶智工程、基础工程、科普工程、实体工程、希望工程开展扶贫工作，先后投入200余万劳动力，修建乡村公路2300公里，水渠700多公里，小水窖600余个，坡改梯100万余亩，架设输电线路620多公里。全区已帮助近360万贫困群众越过了温饱线。

四、认真作好双拥宣传教育工作，增强全省军民的双拥意识和国防观念

全省各地把学习传达全国双拥模范城（县）命名大会精神和开展双拥活动有机结合起来，充分利用报刊、电台、电视台等新闻媒体，开展双拥宣传教育活动，各级新闻单位派出记者跟踪采访节日重大双拥活动，并开辟了双拥专版、专题、专栏，在重要版面和黄金时段报道全省各族人民爱国拥军的动人事迹。各地积极开展群众喜闻乐见的基层双拥活动，组织青少年为烈军属、革命伤残军人做好事，为战士写慰问信，寄送慰问品，组织文艺小分队到驻地部队慰问演出，组织官兵和优抚对象参观本地改革开放和现代化建设的成果，到革命战争遗址、革命纪念场（馆）、烈士陵园等地举行入队、入团、入党和授枪仪式，请老红军、老八路讲述双拥光荣革命传统，从而增强了广大军（警）民的双拥意识和国防观念。全国双拥模范城福泉市分别在4月初、“六一”儿童节和“八一”建军节期间组织了大型国防知识、双拥知识教育宣传活动，请革命功臣、烈军属和部队官兵及市领导宣讲双拥革命传统和国防知识。全市组织了“福泉市国防双拥知识竞赛”，全市16个乡镇和驻泉部队及全市各单位都组队参加了竞赛，提高了全市军（警）民的国防双拥意识。全省驻军、武警、消防部队坚持深化拥政爱民教育，把拥政爱民教育和群众纪律教育作为全年政治教育的重要内容来抓。特别是重大节日和新兵入伍、老兵退伍等重要时机都要在部队开展我军性质、宗旨、任务为主要内容的拥政爱民光荣传统和群众纪律教育。驻遵义各部队请老红军给部队上艰苦奋斗、革命人生观和法纪教育课，并组织官兵参观了遵义会议会址、娄山关革命战争遗址和红军山烈士陵园。

五、进一步加强对双拥工作的组织领导

全省各级党委、政府和驻军领导机关重视双拥工作，进一步健全双拥组织机构。省委常委会专题听取省双拥工作领导小组汇报全国双拥模范城（县）命名大会情况和贵州省贯彻落实意见后，形成《中共贵州省委常委会会议纪要》。指出："我们一定要结合贵州实际，认真学习、贯彻、落实好会议精神，高度重视，加强领导，适应国家和军队跨世纪发展的需要，采取切实有力措施，努力把我省双拥工作提高到一个新的水平"。"在研究和制定国民经济和社会发展'十五'计划及部队建设规划时，要把双拥工作列为其中的一项重要内容。"在11月中旬省委召开的八届六次全委会上审议通过的《中共贵州省委关于制定贵州省国民经济和社会发展第十个五年计划的建议》中提出："继续支持驻黔人民解放军和武警部队质量建设。进一步加强民兵、预备役部队建设。完善国防教育机制和国防动员体系，深入开展国防教育，提高全民国防意识。进一步密切军政军民关系，继续做好拥政爱民、拥军优属工作。"

针对加强双拥工作组织领导等问题，省委常委会明确在省级机关机构改革中，保留省双拥工作领导小组办公室，其人员编制本着双拥工作只能加强、不能削弱的原则，由省民政厅从内部调剂充实。在机构改革中，省民政厅按照省委的要求，充实了省双拥办的人员编制、改善了办公条件。

不少地方党委、政府主要领导从讲政治的高度重视双拥工作，亲自担任双拥工作领导小组组长，因领导同志工作变动的，都及时给予调整、充实。各成员做到随缺随补。各部队也健全拥政爱民领导小组，层层负责，一级一级抓组织机构落实。遵义市委书记董大明同志亲自担任市双拥工作领导小组组长，6个副组长中除1人是分管副市长外，其余5名全是市委常委，成员由全市13个县、市、区党委书记和军地有关部门负责人担任。各县、市、区领导小组组长也都由党委书记担任。

一年来，全省双拥工作虽然在过去的基础上取得了可喜的成绩，但也存在一些问题，主要是各地双拥工作发展不平衡。有的地方强调客观因素，双拥工作政策落实不够好，特别是优抚工作中存在急需解决的在乡老复员军人、在乡伤残军人、在乡烈军属等优抚对象在生活、住房、医疗等方面应享有的合法权益得不到完全保障，贫困地区优抚对象的生活低于当地群众的平均水平等问题，有待于在今后的工作中进一步加以解决。

云南省二〇〇〇年双拥工作总结

2000年，云南省军民以邓小平理论为指导，认真学习江泽民总书记"三个代表"重要思想，以贯彻落实全国和省双拥模范城（县）命名大会精神为契机，广泛深入开展双拥活动，双拥工作得到巩固、发展和提高，为全省的改革开放和部队的现代化建设做出了重要贡献。

一、加强领导，健全组织

1月12日，全国双拥模范城（县）命名大会在北京召开后，省委、省政府、省军区随即召开了大型军地座谈会，要求各地深入学习江泽民同志的贺信、胡锦涛和司马义·艾买提的重要讲话，采取切实有力的措施，贯彻落实全国双拥模范城（县）命名大会精神。省双拥工作领导小组及时召开了全体会议，总结经验，部署任务，提出了在下届全国双拥模范城（县）评选中再创佳绩的任务和目标。"八一"期间，省组成5个慰问团，由省委令狐安书记等主要党政领导带队，慰问驻昆军以上部队机关和新调入昆明的雷达兵某旅、海军驻昆办、公安厅警卫局等师旅级部队。令狐安书记在慰问时指出，今后要及时解决部队反映的有关问题，在同等条件下，要优先为部队服务。各地、各部队坚持把双拥工作当作涉及长远、事关全局的大事来抓，纳入经济、社会发展和部队建设的总体规划，列入各级党委、政府和部队年度的重要议事日程，常抓常议，切实加强了领导。各级政府部门根据人员不断变化的实际，及时调整充实了双拥工作领导小组及办公室的力量。共建立健全双拥领导小组1898个，有1751名党政一把手担任组长或副组长。在机构改革中，各级党委、政府一如既往地重视双拥工作，双拥办得到保留，有的还得到加强。临沧地区在机构精简任务重的情况下，明确双拥专干行政编制14人。玉溪市在双拥办下，分别成立了拥军优属办公室和拥政爱民办公室，民政局和军分区职责更加明确。全省共建立拥军优属服务组织19582个，参加服务人员达38万人。各部队共建立拥政爱民服务组织3377个。这些组织机构，充分发挥组织、协调和指导作用，形成了以党委、政府为主，军地合力，职能部队齐抓共管，全社会各行各业参加，上下贯通、左右联结、运作有效的双拥工作运行机制。

二、深入开展国防双拥宣传教育，营造浓厚双拥氛围

全省各地深入开展了以爱国主义教育为核心的国防教育和以人民军队宗旨为主要内容的拥政爱民教育。红河州利用米轨铁路进行爱国主义教育，摄制了《鱼水情》电视专题片。西双版纳州录制《长青的双拥之树》，在电视台反复播出。保山地区举办了侵华日军暴行展、军民抗战图片展，使军民认识到加强国防建设的重要性，激发了广大群众的爱国拥军热情。玉溪市把争创全国双拥模范城（县）作为主要目标，3月3日，召开动员大会，号召全市军民紧密团结，奋力开拓，实现全市双拥工作的新突破。各县区在主要交通线、城镇入口等处树立巨幅永久性双拥标语。《玉溪日报》开辟了“军民携手抓共建，争创双拥模范城”专栏，读者踊跃投稿。8月，玉溪市委书记杨崇勇被评为全国支持国防后备力量建设十佳新闻人物。各地在元旦、春节、“八一”建军节，加大双拥宣传力度，广泛开展了国防双拥宣传活动，做到电视有双拥图像，广播里有双拥声音，报纸上有双拥文章。一年来，全省共举行国防知识竞赛838场次，英模报告会、演讲会1331场次，军民联欢活动4631场次，军地领导讲话、授课共6165人次，直接受教育人数达250万人。各类报刊杂志、广播电视、电台刊登和播放国防、双拥文章3488篇，军地领导过“国防日”达21849人。各地建立国防教育基地350个，对200多万党政军民实施了教育。建立少年军校103个，共军训学生69万余人。地方各级干部和部队官兵受教育面达100%。深入扎实的国防双拥宣传教育，使全社会双拥氛围更加浓厚，军民双向奉献意识更加强烈，为做好新时期双拥工作打下了坚实的思想基础。

三、加大工作力度，扎实搞好创建活动

全国和省双拥模范城（县）命名大会后，各地把荣誉作为新的起点，学习先进，查找不足，发动群众，开展了新一轮的创建活动。大理、昆明、楚雄等获得全国双拥模范城（县）称号的地方，把荣誉当成新的起点，制定出双拥工作三年发展规划。没有争创上双拥模范城（县）的，鼓足干劲，奋发努力，迎头赶上。为推动创建活动的深入开展，各地大胆改革，不断创新，探索了退役士兵多渠道安置、建立优抚对象抚恤补助标准自然增长机制等工作的新路子、新办法，促进了双拥政策法规的落实。各基层单位建立健全了计划、布置、检查、评比、表彰、奖励等制度。红河州坚持9项制度，即党政议军制度、过军事日制度、拥军优属政策落实检查制度、领导互访制度、联席会议制度、拥军优属保障资金制度和强化目标管理制度。大理州坚持“六会”制度，即议军会、定期专访会、协调会、走访座谈会、领导小组专题会、双拥工作汇报会等制度。玉溪市领导做到“四带头”，即带头支持双拥、带头参加双拥、带头协调军政军关系、带头解决热点难点问题。这些制度和措施，有力促进了双拥工作的开展。春节、“八一”期间，全省各级组织慰问团，党政领导带头慰问部队。元旦、春节期间，省组成4个慰问团，由省领导带头，有关部门领导参加，带上慰问品、慰问金，带上文艺节目，深入边防部队的基层连队、边检站、雷达站执勤哨所慰问部队，看望官兵。春节前夕，省在空军某基地举办迎新春茶话会，了解部队建设情况，共叙军民鱼水情。大力开展了军民共建活动。各基层连队与街居、乡镇普遍结成了对子，共同学习理论，开展学雷锋、树新风活动，并成立送温暖小组，为优抚对象和贫困户排忧解难。共建立军民共建点3010个，有1327个点被县以上单位评为先进。这些活动打牢了创建活动的基础，为创建活动注入了生机和活力。

四、动真情，办实事，促进了"两力"提高

各级党委、政府把驻军的事当作自己的事，积极支持部队建设。全年为部队补贴粮油水电燃料款计2724.17万元，建房修屋1267万多元，其他补助637万多元，划拨"菜篮子"用地844亩。多渠道筹措优待金，义务兵家属年户均优待标准达585元。创办优抚经济实体37个，接收优抚对象7万余人。退伍义务兵安置率达99.75%，开发使用两用人才6670人，并为7060余名官兵补习文化，培训人才7000余人。安排随军家属9人，调整军人家属工种班次238人，解决住房困难480个，解决2362名子女入学困难。积极开展"爱心献功臣行动"，全年共筹集资金5540万余元，支出4586万余元，投工投料折合金额976万元，解决12587人的"住房难"，新建住房面积29.9万平方米，支出金额3170万元。解决"医疗难"13771人，支出金额609万元，解决"生活难"26165人，支出金额831万余元，使"三难"人数有大幅下降。

驻滇部队在完成军事训练、战备等任务的同时，热爱云南，视人民如父母，把驻地当故乡，自觉为云南发展作贡献。积极支持地方重点工程建设。支援重点工程项目293个，参加公益事业建设1263个，参加人数25.7万余人次，出动车辆机械2.4万余台，投入经费45.6万余元。在昆明举办国际旅游节、国际花卉节、民营企业博览会、昆交会等重大经济活动期间，部队提供了执勤、文艺演出等服务，受到好评。主动参加抢险救灾，共救灾3136次，参加人员17万余人次，出动车辆机械9600台次，抢救转移群众7.7万人，抢救财产达4.5亿元，并向灾区捐衣物83400套（件），捐款862.7万元。发挥自身科技、文化、卫生等力量雄厚的优势，扶贫帮困。一年来，建希望小学112所，投入经费96万元，举办夜校、扫盲班517个，扫除文盲3.2万人，定点挂钩扶贫点1797个，送资金、送技术、送信息，使部分群众脱贫。积极维护社会治安，实行军民联防，共缉枪2.3万支，缉毒228公斤，收缴毒资618万元，捕获罪犯5395人，打击了犯罪，确保了社会稳定。

五、注重法规建设，推动双拥工作健康开展

在实践中，广大军民认识到，随着社会主义市场经济的发展和逐步成熟，依靠原有的政策法规，难以完成新形势下的双拥工作任务。为此，各级双拥办组织力量，认真调研，完善制定了一系列法规。省双拥办在中央有关支持部队后勤保障社会化改革文件出台后，深入调查，提出了实施意见。省委、省政府、省军区在充分讨论、深入研究的基础上，联合印发了《关于支持驻滇部队推进后勤保障社会化改革的意见》，对各地、各部门在支持搞好部队饮食保障、营房建设和营区物业管理、商业服务、交通和油料保障、医疗服务、物资供应、职工保障和安置等方面，作了明确的规定。全省地级市出台了《拥军优属拥政爱民的规定》、《义务兵家属优待金兑现办法》、《士兵安置办法》等规章。县市区一级也出台了配套双拥法规。有的地方结合国防经济和社会发展五年规划，相应出台了《双拥五年计划》。一些地方还研究义务兵家属优待的改革办法，使之更符合当地的具体情况。各种法规的出台，使全省双拥工作步入了规范化、法制化、社会化的轨道。

2000年全省双拥工作虽然取得了很大成绩，但仍存在一些问题，主要有：一是双拥工作的发展还不平衡。有的经济相对落后地区，双拥工作还没有起色。个别地方领导参与和重视程度还有待提高。有的地方宣传不到位，群众广泛参加的积极性还不够高。二是双拥力量还需加强。省级机构改革后，省双拥办与省民政厅优抚处合编，由于全省优抚对象达100余万，驻滇部队众多，优抚、双拥编制6人中仅有1名双拥专干，难以完成繁重复杂的任务。三是对新形势下出现的新情况、新问题研究不深，解决不力。如随军家属安置、义务兵安置越来越难，双拥干部队伍的素质与能力还需进一步的提高等。这些问题有待于全省军民在新的一年采取切实有效的措施加以解决。下一步的打算是：一、进一步建立健全组织，确保双拥工作的力量。省双拥办继续争取省委、省政府的关心和支持，力争在人员编制、经费、办公条件等方面有所改善。同时确保地方各级双拥办机构组织健全，活动经常，责任落实。二、坚持把双拥工作的出发点和立足点放在基层。广泛开展共建活动。对全国双拥模范城（县）进行一次检查。三、进一步加强法规建设，对双拥工作的热点、难点加强调查研究，摸索一套有效的办法，逐步形成法规，使双拥工作有法可依。四、高质量完成各项任务。

陕西省二〇〇〇年双拥工作总结

2000年，陕西省双拥工作以邓小平理论和党的十五大精神为指导，以江泽民总书记“三个代表”的重要思想为指针，认真贯彻落实全国双拥模范城（县）命名大会精神，紧紧围绕实施西部大开发和科技强军战略，突出抓大事，着力办实事，全力抓落实，为全省的改革、发展、稳定和驻军部队的全面建设创造良好的社会政治环境。

一、广泛进行双拥光荣传统宣传教育，为军地改革建设创造良好的社会环境

全省军民紧密结合实施西部大开发战略、“八一”建军节、纪念抗美援朝50周年等重大活动，利用各种宣传媒体，广泛宣传我国军民在党的领导下，为民族解放和国家富强而团结奋斗的光辉历史；宣传军政军民在我国革命和建设时期相互支持的生动事迹；宣传新形势下做好双拥工作对实践“三个代表”的重大意义。西安、延安、渭南、宝鸡、商洛等地充分利用烈士陵园、革命纪念馆、战争遗址等爱国主义教育基地，举办诗歌朗颂、歌咏比赛、文艺演出等活动，广泛深入地开展以爱国主义为主要内容的国防、双拥再宣传，再教育。咸阳市在全市30多所学校中开展了“做一周军人，体验一次军旅生活”的教育活动，并把每年7月的最后一周和8月的第一周定为双拥宣传周，系统宣传国防理论和双拥知识。为加大宣传教育力度，省双拥办于11月举办了陕西省双拥书画展，有近500余幅作品参加了展出，充分反映了全省军民“同呼吸、共命运、心连心”的鱼水深情，展示了全省军民同心同德，共展西部大开发宏图的时代风貌。汉中、安康、铜川、榆林等地积极组织广大军民认真学习、贯彻新颁布的《中华人民共和国国防法》，不断增强了广大军民热爱国防、献身国防的光荣感和自觉履行国防义务的责任感。

二、深入开展富有实效的双拥共建活动，双拥模范城（县）建设的整体水平进一步提高

各地、各部队在创建双拥模范城（县）活动中，注重在提高质量上下功夫，在增强效果上做文章，开展了一系列富有时代特色的军民共建活动。西安军民围绕共建文明社区这个重点，以拓展社区服务、改善社区卫生、繁荣社区文化、美化社区环境、强化社区治安为目标，从群众密切关注、迫切需要解决的问题入手，相继在共建的社区中建立文化活动中心40多个，开展健康向上的文化教育、科普、娱乐活动上千次，建立面向下岗职工和特殊群体的相对固定的专业服务组织51个，举办各类培训班140余期，90多名下岗职工实现了再就业，150多名孤寡残弱人员通过共建活动的开展得到了良好的服务。汉中军民开展的“双向服务活动”经过两年多的努力，取得了明显的效果。被中央军委授予“模范学员大队”的第四军医大学学员二大队和空军工程大学电讯工程学院学员十队，几十年如一日，主动照料西安市长乐西路、南院门老年公寓的40余位孤寡老人，被驻地群众誉为新一代的雷锋。武警陕西总队和省旅游管理局在全省旅游点开展军民共建活动，形成旅游景区共建体系。西安铁路分局与68090部队组织所属的40多个单位开展军铁大共建活动，使共建从松散型向紧密型转变；由零散建设向集中规模建设转变，取得了突破性的工作成效。双拥共建活动的不断发展，进一步促进了全省的社会稳定和经济发展。

三、军地相互支持，互办实事，巩固发展了全省军政军民团结的大好局面

驻陕各部队始终把支持地方改革、发展和稳定作为份内事，积极支援地方重点工程和社会公益事业建设。在西安护城河清淤、宝光路改造、成宝天燃气管道等工程建设中，驻军各部队主动请缨，积极参战，付出了艰辛的劳动。在生态环境建设中，各部队积极响应党中央、国务院、中央军委关于军队参与西部大开发的一系列重要指示，紧密结合部队实际，对参加和支援西部大开发特别是实施“山门秀美工程”作出了具体部署，计划从今年起，用三年时间，协调驻军、成建制组织民兵预备役人员，承建106条小流域治理工程，治理水土流失面积1020平方公里。目前，多数点上的治理工程已经展开，部分治理点已初见成效。在全省扶贫攻坚战略实施过程中，各部队积极采取科技扶贫、智力助民、医疗扶贫等有效形式，继续通过开展“一部一村”和“连帮村”、“班帮户”、“一助一”、“手拉手奔小康”等扶贫扶优活动，从物资、技术、信息、资金等方面给予大力支持，使一大批贫困户走上了致富之路。特别是8月份安康、铜川、华阴抗洪和丹凤县境内发生氰化钠泄漏事故等抢险救灾的关键时刻，驻军各部队挺身而出，冲锋在前，英勇奋战，用鲜血和生命保护了国家财产安全和人民群众的生命安全，为第二故乡建设和发展做出了积极贡献。

地方各级党委、政府和人民群众把支持部队建设作为神圣职责，积极支持和配合部队完成训练演习、战备执勤、教学科研等各项工作。在部队营房建设、训练用地，设施改造，粮油、煤、气、电供应等方面制定了一系列优惠政策，给予了物力和财力帮助。咸阳市建起了一批军粮供应站，将粮油直接送往部队；渭南市为驻军补贴粮油水电和燃料费200余万元，并建立了西北第一家“部队副食品供应中心”，解决了驻渭城区各部队的副食供应问题；宝鸡市在保障部队粮油供应中，本着“先军队后地方”的原则，投资百万元建起了军粮供应公司和供应站，并拿出900余万元用于部队的粮油补贴，市县两级无偿划出近百亩土地帮助部队发展农副业生产，保障部队“米袋子”、“菜篮子”工程。延安市先后拿出800万元，为驻延部队改善营房设施、生活设施、安装通信、电视设备、购置娱乐器材和生活用品，改善了驻军部队官兵的文化和生活条件。在科技拥军活动中，充分发挥地方科研院所、高等院校和科技密集型企业的优势，广泛开展了科技人才进军营、科普知识传军营、科技书刊送军营活动。西安交大和第四军医大学、西安电子科技大学、西北工业大学与武警工程学院推出了联合办学、联合育人新模式，帮助部队培养了一批高素质、高层次的人才。在企业减员增效、政府机构改革的情况下，各级政府从维护部队稳定的高度出发，想方设法安置军转干部、城镇退伍战士、军队离退休干部和随迁随调军人家属，基本做到了部队、单位、个人“三满意”，有力地支持了部队建设。各地还针对企业改制过程中随军家属下岗突出的问题，实施了随军家属再培训、再就业工程。利用各类就业服务中心实施下岗随军家属再培训，由各职能部门在政策、资金、税收等方面为随军家属再就业提供支持，鼓励下岗随军家属投身市场，走自我发展道路。据不完全统计，全省今年共安排下岗随军家属950余人。为体现党和政府对子弟兵的厚爱，今年“八一”前夕，西安市市属20个文物旅游景点免费对现役军人开放，受到了部队官兵的普遍欢迎。

四、继续深入开展“爱心献功臣行动”，重点优抚对象的“三难”问题基本得到解决

全省各级党委、政府和驻军部队把开展“爱心献功臣行动”作为双拥工作的重点，坚持以政府为主导，以社会各界为依托，以人民群众广泛参与为基础的工作思路，为解决重点优抚对象“三难”问题，进行了积极的探索。首先，在全省范围内普遍开展了“三纳入”活动，着力解决重点优抚对象的生活困难。即，把困难优抚对象全部纳入扶贫攻坚范围，进行重点扶持；纳入最低生活保障范围，实施双重保障；纳入群众优待范围，落实双重待遇。同时，进一步发挥党政机关和社会各界的作用，组织开展多种形式的结对帮扶工作，落实帮扶项目、责任和效果，确保重点优抚对象的生活达到或超过当地一般群众生活水平。其次，认真组织落实“三个一点（即政府投入一点，社会捐赠一点，亲朋和自己出一点）的工作措施，筹措资金1600万元，使2870户重点优抚对象的住房困难基本得到解决。第三，在医疗体制改革中，认真落实退伍老红军和二等乙级以上伤残军人的医疗政策，确保他们的医疗费实报实销。广泛推行“优抚对象医疗优惠卡”制度，确保优抚对象有病能及时医治，使重点优抚对象的医疗难等问题得到明显缓解。

2000年，全省双拥工作虽然在一些地方取得了显著成绩。但是，少数地市仍然存在着对新形势下双拥工作认识深度不够；双拥模范城（县）建设发展不平衡；优抚安置政策落实不够好的问题。在新的一年里，全省将以全国双拥模范城（县）命名大会为动力，进一步弘扬双拥运动的光荣传统，扎实工作，锐意进取，为实施西部大开发和部队的全面建设创造更好的社会政治环境。

甘肃省二〇〇〇年双拥工作总结

2000年，全省双拥工作认真贯彻全国双拥模范城（县）命名大会精神，继续按照“围绕中心，结合省情，把双拥工作与经济社会发展和部队建设融为一体”的基本思路，以配合西部大开发、开展科技拥军、促进优抚安置政策落实和预防军地纠纷为重点，开拓思路，认真调研，狠抓落实，各项工作有了新的进展，军政军民关系更加融洽。

一、认真贯彻落实全国双拥模范城（县）命名大会精神，双拥创建工作有了新的发展

2000年，全国和全省先后召开了双拥模范城（县）命名大会。全省有7个城市受到全国命名，55个县（市、区）被省命名。省双拥工作领导小组及时召开全体会议，研究贯彻落实命名大会精神方案，制定下发了全年双拥工作要点。把配合西部大开发、开展科技拥军、促进优抚安置政策落实和密切军政军民关系作为新年度双拥工作的重点。各地按照省里的统一部署，采取召开庆贺大会、表彰大会、再动员大会和双拥工作专题会议等形式，认真传达贯彻会议精神，研究制定今后三年双拥规划和新的奋斗目标。被全国命名的城市提出要继续加大工作力度，再次争创全国双拥模范城；本届被省命名的市县区，表示要保持荣誉，发展成果，其中白银、临夏、徽县、敦煌、华池、西峰、永登等市县决心争创全国双拥模范城（县）；未被命名的庄浪、皋兰等县认真查找差距，积极工作，表示下届力争被省命名。定西地区认真学习贯彻会议精神，加大了双拥、优抚安置工作的力度，双拥形势出现了可喜的局面。

根据省委“再造一个河西”的战略部署和“把河西走廊建成全省的样板”的主导思想，省精神文明委员会与省双拥工作领导小组研究确定，要把创建河西双拥模范走廊与创建河西文明走廊有机结合起来，实现把河西建成“团结、稳定、文明、富裕”的走廊的目标，并在嘉峪关市召开了军民共建河西文明走廊动员大会。全省各地认真学习河西的经验，结合实际开展了各具特色的联片创建活动。兰州市以市区为中心，以东西两翼为辐射，开展了“一体两翼”双拥联片创建；庆阳地区在纵穿董志塬四县市的320公里主干道沿线扎实开展了“双拥一条线”活动；平凉地区沿312国道开展的“百里双拥长廊”活动，经过几年的努力已初见成效；临夏回族自治州把双拥工作与当地经济社会发展结合起来，开展了“广（河）—临（夏）双拥、商贸一条线”活动。天水市结合驻军集中的特点，军地联合开展的“六联六共”和“塑造优秀军官形象”活动，对军地建设起到积极的推动作用。

为打牢双拥工作基础，推动群众性双拥共建活动深入开展，全省采取多种形式，广泛开展双拥宣传教育。各地普遍把国防教育和双拥宣传纳入全民教育总体规划，结合元旦、春节、八一建军节和抗美援朝出国作战50周年纪念活动，掀起了宣传教育高潮，共开展多种形式的宣传教育2400多场次，受教育的干部、群众、学生达2000多万人。领导干部带头讲形势、作报告，过军事日。各大中专院校和中小学都对学生进行了军训。各地还对已建立起的2600多处双拥宣传标语、标牌、标志进行了调整、维修和刷新。张掖市投资260万元新建的“张掖市西路红军烈士纪念馆”，“十一”正式开放。华池县发动群众对南梁纪念馆进行了维修。报纸、电台、电视台等新闻媒体刊登双拥稿件3100多篇。通过各种形式的宣传教育，广大干部、群众、学生的国防观念和双拥意识大大增强。

省委、省政府、省军区十分重视双拥工作机构建设。在机构改革行政机关缩编的情况下，仍然确定双拥办机构单列，并调整充实了领导小组成员单位。许多地市县还根据干部人事变动，及时补充了双拥领导机构和工作机构，保证了双拥工作有人抓、不断线。

二、进一步开展“爱心献功臣行动”，重点优抚对象的“三难”问题得到有效解决

自开展“爱心献功臣行动”以来，全省各地采取财政加大投入、发动社会捐助、结对帮扶等办法，已使1.17万户重点优抚对象的“三难”问题基本得到解决。2000年，省双拥工作领导小组和民政厅根据实际，再次发出《关于继续深入开展“爱心献功臣行动”的通知》。各级领导表示，要正确处理“打江山”、“保江山”和“坐江山”的关系，努力为革命功臣解决“三难”。各地民政部门积极安排部署，制定新的帮扶计划，采取地县财政补助、乡镇帮扶、村社帮工的办法解决住房难；采取救济、纳入低保和结对帮扶的办法解决生活难；采取建立健康档案、医疗单位定期巡诊、定点治疗和适当减免医疗费、定额补助等办法解决医疗难。天水市在连年大旱、企业不景气、财政困难的情况下，把住房难问题优先纳入“灾民建房”范围，同时加大优抚资金社会统筹力度，发动领导干部和社会各界与重点优抚对象结成对子，尤其是发动驻军和部队医疗单位共同承担“解三难”任务，使3000多户优抚对象的“三难”问题得到解决。酒泉地区确定了53个优抚医院、卫生院，就近安排患病优抚对象定点看病，并实行“五减免”政策，使“医疗难”的问题得到较好解决。兰州、天水、武威的一些地方将抚恤补助金不计入家庭收入，凡收入达不到最低生活保障线的均纳入“低保”范围，对优抚对象实行双重保障，较好地解决了他们生活难、医疗难问题。据统计，全省各级财政共投入1300多万元，社会募捐近400万元，有效地解决了优抚对象生活难、住房难、治病难。

10月25日，是志愿军入朝作战50周年纪念日。各地按照国家和省里要求，普遍对志愿军老战士和参战志愿军遗属的生活情况作了调查，并普遍进行慰问，积极帮助他们解决困难。

三、完善双拥政策法规，狠抓优抚安置政策在基层的落实

一是双拥政策法规建设进一步加强。省里出台了《甘肃省拥军优属工作若干规定》、《关于进一步加强和改进优抚工作的通知》等文件。结合本地实际，制定、完善了一系列配套的政策规定，如《拥军优属工作和支持部队建设的若干规定》、《转业干部、退伍军人安置办法》、《随军家属安置办法》、《义务兵家属优待金社会统筹实施办法》、《保护军事设施暂行规定》和部队支援地方建设、抢险救灾、处理军地关系的规定，以及双拥工作会议制度、走访慰问制度和检查制度等。这些政策法规制度的建立和完善，使全省双拥工作走上了法制化、规范化、制度化轨道。

二是优待金全社会统筹和建立抚恤补助标准自然增长机制取得进展。共有60多个县（市、区）先后出台了优待金全社会统筹办法。大部分县市党政领导重视，民政部门工作得力，政策解释透彻，优待金的筹集由部门行为变成了政府行为。这些县市区，不仅优待标准达到或超过上年人均纯收入水平，而且有节余资金帮助重点优抚对象解“三难”，奖励优待本籍立功受奖人员。庆阳地区实行优待金全社会统筹办法后，一年就筹集资金565万元，使优抚经费不足的问题得到了缓解。金昌市实行全市统筹，集中兑现优待金，不但保证了义务兵家属优待金及时兑现，而且在全市形成了“拥军优属，人人有责”的良好氛围。金昌市、嘉峪关市、华池县、靖远县还对城镇义务兵家属实行了普遍优待，标准为农村义务兵优待标准的50%。4月，省民政厅、财政厅下发《关于建立优抚对象抚恤补助标准自然增长机制的通知》后，各地市及时予以转发。据了解，已有部分县市区已启动自然增长机制，有的已开始调整标准。

三是优待优惠政策得到较好落实。农村义务兵家属优待金除部分灾情严重、经济困难的地方标准偏低外，其他均接近或达到农民上年人均纯收入水平。最高的兰州市城关区达到3995元。由国家拨款定补的抚恤对象均执行了提高后的标准。陇南地区还实行了优抚对象待遇落实情况督查制度，有效地促进了优抚政策的落实。武威、白银一些财政困难但土地充足的市县，为提高义务兵家属优待标准，采取多划1至2亩土地加现金优待的办法，既减轻了农民统筹负担，又挖掘了军属自身发展生产潜力，优待金标准大大超过了当地农民人均收入水平。为了保证抚恤补助经费及时到位，庆阳地区和白银市部分县，改变过去层层下拨的方式，由县民政局根据优抚对象名单及抚恤标准，将所补资金汇到乡镇信用社，由优抚对象直接领取，减少了中间环节。对军人实行了“五免”的政策，各地普遍落实较好。对于待安置期间城镇退伍兵和转业志愿兵的基本生活费，各地均已纳入“低保”范围，并及时给予兑付。

四是采取多种途径，妥善安置转业干部、城镇退伍义务兵和转业志愿兵。军转干部安置比较到位，绝大多数都得到妥善安置，上岗率达到98%。1999年以前的城镇退伍兵和转业志愿兵安置虽然有一定困难，但在各级党委、政府的重视下和安置部门的努力工作下，基本保证了第一次就业。2000年的退伍军人安置比以往都难，各地积极协调，努力抓落实。兰炼、兰化、白银公司、金川公司、酒钢等大型企业承担了大量安置任务。为了缓解退伍军人安置难的矛盾，各地探索出不少好的做法。合水县针对县属企业普遍不景气、下岗人数多的实际，扶持退伍军人组织起来成立建材厂，自选厂长，自己经营。白银、兰州部分退伍军人自行联合成立搬家公司。天水市还采取清退临时工和向乡镇安排的办法，挖掘了安置潜力。

四、紧紧围绕西部大开发和科技拥军，军地互相支持、互办实事，进一步密切了军政军民关系

各地党委、政府和人民群众把支持部队建设当作义不容辞的责任，全年投入2300多万元，帮助人武部、武警支（中）队进行正规化建设，为驻军解决训练、生活、通信、道路、环境等方面的实际问题2000多件。平凉地区明确提出在科技、智力、交通、服务四个方面开展拥军活动，共办实事120多件。平凉市为解决城郊部队官兵进城难问题，先后开通了6条拥军公交专线。兰州、白银、酒泉等地共为驻军赠送电脑38台，影碟机、电视机等电教器材120多台。兰州市组织人力对全市科技、智力拥军力量作了专题调查，在安宁区依托院校确定了4个拥军人才培训基地，并帮助城关区人武部和武警中队建起信息网站，安装了电子监测器。各地千方百计帮助驻军安排随军家属就业，兰州、天水两市采取政府牵头协调，行业对口安置和扶持自谋职业等办法，为140多名随军家属解决了工作。兰炼、兰化、火车站和白银公司、酒钢、金川公司、甘肃矿区等大型企业，都做到了随军家属不下岗。基层群众组织和团体的拥军活动也呈现出好势头。

兰州市文联、工商联、民盟组织书画家献艺到军营，受到部队的欢迎。甘肃润通房地产公司经理辛建国先后拿出400多万元支持部队建设，被表彰为全国“支持国防建设十佳人物”。

驻甘肃部队发扬拥政爱民光荣传统，积极参与西部大开发，支持地方经济建设。党中央做出实施“西部大开发”的战略决策后，兰州军区、省军区都进行了认真研究和具体部署。所属部队积极行动，参与生态环境建设、重点项目建设和扶贫攻坚工程。驻军全年共投入兵力25.94万人次、车辆机械8.22万台次，支援重点工程34项、公益事业90项，承包治理荒山、荒滩3.8万多亩，义务绿化8000多亩，植树246万株，飞播种草2000多亩，共投入经费620万元。2000年，全省先后发生持续大旱、沙尘暴、地震、洪涝等自然灾害。驻甘部队及时组织部队抢险救灾，共投入兵力7.44万人次，车辆9万多台次，救出遇险群众42736人、物资97.24万吨，并发动官兵捐款13.4万元、捐衣被1.44万件，组织送水车队13支，给干旱地区送水14000多吨。各部队还大力开展扶贫帮困和结对助学活动，共建立扶贫点2175个，包户扶贫49830户，结对包助贫困学生2160名，为“希望工程”和贫困学生捐款38万元，援建“希望小学”108所。甘肃武警部队在营以上干部中实行“1+1”助学活动，共包助贫困学生1200余名，在全省产生了积极反响。永登某仓库实行包村扶贫，使附近富强堡村整体脱贫，65户群众购买了汽车拖拉机。天水市开展“六联六共”军民共建活动以来，已建成文明街道13条，文明乡镇7个，小康村14个。

各地军民认真开展“无军地纠纷地区”和“无军地纠纷年”活动。按照“教育为先，预防为主”的原则，军地之间勤走动、常来往，互相交流情况，征求意见，主动做军政军民和民族团结工作。如平凉市清真大寺不但与驻军勤来往，坚持慰问部队，而且请部队同志进寺举办国防知识讲座，带动了平凉的军地和民族团结。各地积极化解矛盾，妥善处理了4起军地纠纷，协调解决了永昌县新城子镇部分村民与山丹军马一场部分职工发生的草山纠纷，进一步密切了军政军民关系。

五、积极开展双拥调研活动，进一步理清了工作思路

2000年是全省双拥工作调研年，也是为双拥工作跨世纪发展奠定基础的一年。省双拥办在部署、指导各地大力开展双拥调研的同时，与省军区政治部、优抚安置处联合组成两个工作组，分赴各地扎实开展调查研究和督查指导。全省共撰写调研文章31篇。通过上下认真调研，全面掌握了全省双拥工作的基本情况和底数，发现了一些不容忽视的问题，尤其是在帮助重点优抚对象“解三难”、优抚安置政策落实和优待金社会统筹等方面，经过认真分析原因，研究论证，理清了工作思路，探索出一些切实可行的对策与措施。

为保证双拥工作健康持续发展，结合经济社会发展“十五”计划，围绕实施西部大开发和支持部队科技强军主题，10月，制定下发了《全省双拥工作“十五”规划》，为双拥工作跨世纪发展奠定了良好的基础。

全省的双拥工作虽然取得了很大的成绩，但在具体工作中仍然存在一些问题和薄弱环节。一是个别市县思想认识上出现下滑现象。全国、全省命名大会之后，有的被命名的县市感到荣誉到手，工作到头，明显有了松劲情绪；有的认为双拥工作要求严、标准高，突破难度大，存在畏难情绪；有少数基层领导特别是新提拔的干部，对双拥优抚安置工作的地位作用认识不清，重视程度不够。二是解决重点优抚对象“三难”问题的任务还很严峻。从总体情况看，部分灾情重、经济基础差的地方“三难”问题较突出，医疗难问题更为突出。由于重点优抚对象年事已高，突发性疾病和老年性疾病比较多，医疗费用又较高，还难以彻底解决。由于企业普遍不景气，城市“三老”、“三属”的生活、治病难已显露出来。原8023部队退伍军人治病、生活困难的问题也凸显出来。因受地方财政实力的影响，不少地方对老红军和二等乙级以上伤残军人医疗费实报实销的政策还难以落实。三是优抚政策落实不平衡。优待金社会统筹工作因种种原因，在一些地方推行不畅，农村义务兵家属优待标准在少数县市出现下滑现象。因受连年干旱、沙尘暴、地震等自然灾害的影响，一些贫困地区的财政严重吃紧，在乡老复员军人月定补标准偏低。因资金无来源，城镇义务兵家属优待在大多数地县还未落实。四是退伍军人安置难度较大。党政机关、事业单位机构改革和精简人员，企业改制后具有用人自主权，且普遍裁员减员，不愿要人，加上退伍军人观念跟不上，就业要求高，不愿到非国有单位和企业一线去，使安置上岗率越来越低。试行的安置对象有偿转移、非国有单位承担部分安置任务、一次性补偿和鼓励退伍军人自谋职业等新办法，也因种种因素进展不理想。基层普遍反映，指令性分配安置退伍军人的办法，已到了非改不可的地步。

青海省二〇〇〇年双拥工作总结

2000年，青海省党政军民以邓小平理论和党的十五大精神为指导，坚持把党中央、国务院、中央军委有关双拥工作的指示精神同全省的具体实际相结合，不断研究新情况，探索新途径，解决新问题，双拥工作整体水平不断提高，为全省的社会政治稳定和部队建设作出了贡献。

一、国防和双拥观念更加深入人心

一年来，全省地方各级党委和政府紧紧围绕党的中心任务，努力把国防教育和双拥宣传作为推动双拥工作深入发展的基础性工程来抓。在元旦、春节、“八一”等重大节日，充分利用报纸、电视、电台等新闻媒体，有计划地刊登和播放反映我军战斗历程、建设成就和军政军民团结的文章、图片和影视节目，收到较好成效。全省有近70%的市、县成立了国防教育办公室或领导小组，建立了“议军习武”制度。在纪念中国人民志愿军抗美援朝出国作战50周年之际，各地区、各部队采取召开座谈会、请志愿军老战士作报告、组织参观团队荣誉室、举办展览等形式，普遍开展了生动活泼、丰富多彩的宣传教育，使广大干部群众和解放军指战员、武警官兵再次接受爱国主义和革命英雄主义传统教育。全省对4407名志愿军老战士、55户志愿军烈属进行了走访慰问，并帮助他们解决一些实际困难。这些经常性的、广泛的宣传教育，增强了广大军民的国防观念和双拥意识，在全社会形成了军爱民、民拥军的良好风尚。

二、部队积极参加青海开发建设，作出了新贡献

驻青各部队在完成教育训练和战备值勤等项任务的同时，积极参加和支援青海开发建设。特别是2000年以来，积极响应党中央、江主席关于实施西部大开发战略的伟大号召，按照军委和兰州军区的有关指示要求，认真贯彻落实《驻青部队和民兵预备役人员参加青海开发建设五年规划》，积极投身“江河湟头环境工程，开发建设重点工程，驻地脱贫育人工程”，充分发挥人力集中、突击力强的优势，在一些重点工程建设中承担了急难险重任务，推动了地方经济发展。省军区组织所属部队和民兵预备役人员1万多人次、机械车辆800多台次，参加了格尔木钾肥厂二期扩建和当地公路、水利等工程的基础设施建设。80306部队、武警青海总队、59264部队、84906部队、青海省消防总队、87344部队先后出动15000多人次、车辆1200多台次，参加了驻地交通、水利、电力等重点工程建设。全年累计出动39855人次、车辆1000多台次，参加保护生态环境等重点工程建设，共植树50万余株，退耕还林还草1.8万多亩。为农牧民群众看病治病4000多人次，为希望工程捐资215万元，帮助贫困学生1600多名。9月，海南州兴海县境内发生6.6级地震。灾情发生后，武警海南州兴海县中队立即派出官兵营救遇难群众，并为他们搭起了临时帐篷。同时，武警部队二支队，州支队为灾民送去了药品、棉被、面粉等救灾物资。武警部队充分发挥职能，确保执勤和处突任务圆满完成，全总队共出动兵力4380人次，先后配合公安机关参加抓捕盗窃都兰县吐鲁古墓犯罪分子和古墓开挖警卫等任务，抓获犯罪分子186人，处置6起较大规模的群体事件，收缴枪支4支，子弹1200发，没收藏羚羊皮175张，为“推进西部大开发，实现青海大发展”作出了突出的贡献。

三、地方政府和人民群众拥军优属注重实效

各级党委、政府和人民群众把关心支持部队建设作为义不容辞的责任，为进一步改善部队战备、训练、工作和生活条件作出了努力。一是帮助部队搞好基础设施建设。一些市县在财力紧张的情况下，下拨专款，为驻地部队和人武部解决水电、路、营区建设等方面遇到的实际困难。2000年，省财政为青海消防总队拨付基建经费240余万元。在青海武警部队实施的两期“解困工程”中，省政府和各级财政拨出上千万元帮助基层连队盖营房，改善官兵的工作和生活条件，还发放官兵各类生活补贴289.4万元。二是认真搞好军供接待工作。有关部门坚持做到供应部队的物资价格不变，数量不减，质量保证。部队的粮、油、煤及副食品和主要生活资料，都按政策给予补贴。一年来，圆满完成接待新老兵和过往学习训练部队8万多人次。三是发挥地方科技和教育优势，积极帮助部队官兵提高文化素质，培育军地两用人才。青海师大、中央党校青海分校为驻地官兵举办经济管理函授班和微机培训学习班，使68名部队干部取得了高等教育本科学历。四是精心组织实施“爱心献功臣行动”，解决优抚对象“三难”问题取得较大突破，各项优抚安置政策得到进一步落实。1600名享受国家抚恤补助后生活仍有困难的优抚对象，纳入最低生活保障范围，享受双重保障。全年累计统筹义务兵家属优待金近300万元，户均享受948.53元。561户重点优抚对象已迁新居，直接受益2200人。对全省4407名志愿军老战士、烈属普遍进行走访慰问并发放44万元慰问金。在乡西路红军老战士和二等乙级以上伤残军人的医疗费实行实报实销，“三属”伤残军人医疗定额补助得到落实。全省共接受安置军队转业干部215余名，随调随迁家属215人，干部安置率达100%。接收安置城镇退役士兵2218名，已安置2017名，占应安置数的91.22%。农村两用人才开发率达85%。

四、创建双拥模范城（县）成效显著

1月，在北京召开的全国双拥模范城（县）命名大会上，西宁市、格尔木市、湟源县、共和县、祁连县被命名为全国双拥模范城（县），省双拥工作领导小组对贯彻落实全国双拥模范城（县）命名大会提出的各项任务认真进行了部署。各级政府和驻军部队按照“巩固、发展、提高”的方针，坚持标准，注重质量，深入开展创建双拥模范城（县）活动。各地按照双拥模范城（县）的六条标准和八项要求，把创建活动与落实各项优抚安置政策紧密结合起来，把解决双拥工作中的热点、难点问题作为创建双拥模范城（县）活动的重要内容，把群众性的双拥创建活动与创建文明城市、文明村镇、文明行业结合起来，相互促进，共同提高。被命名全国双拥模范城（县）的2市3县党委、政府号召全体军民再接再厉，再创双拥工作新辉煌。湟中、大通、民和等10多个县认真查找自身差距，制定了新一轮创建计划和措施。11月，在省召开的第四次双拥模范城（县）命名大会上，命名表彰了18个双拥模范市（县、区）。

五、双拥政策法规建设取得新进展

根据全国拥军优抚安置工作会议精神，各地普遍加大了解决热点、难点问题的力度。省及时制定了贯彻实施意见，对提高抚恤补助标准、推行优待金社会统筹、解决优抚对象“三难”、接收安置退役士兵和转业干部等方面作出了明确的规定。全省有45个州（地、市）、县人民政府制定了群众优待金社会统筹办法，许多县区和有关部门、行业及乡镇、街道等基层单位也因地制宜制定了一些有较强可操作性的规章制度。省政府出台了《退役士兵有偿转移安置暂行办法》、《青海省城镇退役士兵安置暂行办法》，省军区牵头制定了《驻军部队拥政爱民若干规定》、《驻军部队与预备役人员参加青海省开发建设五年规划》。为切实维护军人和军人家属的合法权益，各级人民法院设立了“涉军案件法庭”，建立了维护军人和军人家属合法权益的工作机制。这些双拥政策法规的制定和实施，有效地保障了部队官兵和优抚对象的合法权益，进一步推动了双拥工作向法制化、规范化方向发展。

宁夏回族自治区二〇〇〇年双拥工作总结

2000年，宁夏回族自治区党政军民认真贯彻落实全国双拥模范城（县）命名大会精神和江泽民总书记关于加强军政军民团结的重要指示，紧密围绕促进社会稳定、经济发展和军政军民团结，以西部大开发为契机，不断加大双拥工作的力度，狠抓各项政策法规的落实，使双拥工作得以持续、稳定、健康的发展。

一、不断加大宣传教育力度，双拥意识进一步强化

2000年以来，全区把国防教育作为做好双拥工作的基础性工程来抓，把全方位加大双拥工作的宣传力度作为双拥工作的突破口，宣传教育不断深入，效果明显。一是认真抓了全国和自治区双拥命名表彰大会精神的学习贯彻。全国双拥模范城（县）命名大会结束后，及时召开了全区双拥模范城（县）命名表彰大会和全区双拥办主任会议，认真学习江泽民总书记的贺信和胡锦涛副主席的讲话，进一步统一思想认识，明确工作重点，部署年度工作。各地、市、县（区）也分别召开双拥工作领导小组会议，学习全国和自治区双拥命名表彰大会精神，研究部署双拥工作。自治区党委、政府把双拥工作放在了“西部大开发，宁夏要争先”的大背景、大格局下来思考、认识和研究。军区部队也确立了“西部大开发，宁夏要争先，民兵打头阵，部队做贡献”的思路，找准了双拥工作的切入点和落脚点。二是通过开展各种活动进行国防教育。利用元旦、春节、“八一”建军节和国庆节、征兵等有利时机大力宣传《国防法》、《兵役法》等法规政策。军区专门组织地、市、县（区）领导干部举办人民武装工作研讨班，加强对国际军事趋势的学习研究，听专家讲课，看录像辅导。全区部队和人武系统广泛开展了“西部大开发，部队怎么办”、“积极支持大开发，保卫建设大西北”、“西部大开发，军人责任重”等专题教育。社会各界结合抗美援朝五十周年纪念活动，开展慰问老战士、播放革命英雄主义影片等活动，弘扬爱国主义和革命英雄主义精神。武警8672部队邀请抗美援朝老战士为官兵作报告，银川市邀请国防大学胡思远副教授为全市副处级以上领导干部做世纪之交的国防安全形势报告会，新城区举办“庆‘八一’暨军民广场文艺大联欢”，14个部队官兵，近千名群众参加。三是发挥军校和基地作用，强化国防教育。教育部门通过对青少年军训来强化国防意识，仅固原县“六盘山少年军校”，一年就军训学生8期达2452人。石嘴山少年军校严格管理制度，提高军训质量，组织实施效果好，得到了全国青少委的肯定。银川市拨款10万元，在军区给水团又建成一处现代化的爱国主义教育基地。城区政府拨款1500万元用于国防教育和民兵预备役部队建设，普遍在处以上党员干部和基层民兵中开展了形势报告、国防知识讲座等活动，使各级领导在思想上做到了知军、爱军、拥军，使广大民兵激发出保家卫国的爱国热情。

二、领导重视，双拥工作力度进一步加强

军地双方形成了这样一个共识：搞好双拥工作是讲政治、讲大局、努力实践“三个代表”重要思想的具体体现；“不抓双拥工作的领导不是好领导，不抓双拥工作的班子不是好班子”。在实际工作中，坚持做到“六纳入”，即纳入军地重要议事日程、经济和社会发展总体规划、年度工作计划、领导目标责任制、年度财政预算、年度双文明目标管理责任制。党政军一把手担任双拥工作领导小组组长，分管领导任副组长。领导变动，领导小组成员及时调整，使双拥工作和党委、政府的其他工作同步规划、同步落实、同步考核评比。坚持和不断健全各项制度。如地方党政议军制度、军地联席会议制度、定期走访慰问制度等不断得到补充和完善。

三、深入开展“爱心献功臣行动”，各项优抚政策进一步落实

各级在财力十分紧张的情况下，积极动员和组织社会各界，多渠道、多形式向优抚对象献爱心、送温暖。一是下大力解决优抚对象住房难问题。各级分别制定《关于特困户建房实施意见》，积极筹集、分批划拨资金，先重后轻，先急后缓，帮助574人建房2241间，补助物资、现金合计176.6万元。采取结对帮扶和定点帮扶、领导包户、村队帮工帮物，帮助老复员军人建房。目前，全区已有90%的老复员军人迁入新居。二是落实抚恤标准，想方没法解决生活难。在对优抚对象发放抚恤补助费的基础上，把优抚对象列入城乡最低生活保障，实行双重保险。对个别有生活困难的在职老烈属，给予临时补助。伤残人员抚恤标准不同程度得到了提高。还对他们实行了特殊补助。全区近年来先后8次提高优抚对象抚恤标准。固原县对西路红军老战士定期生活补助由原来每月330元提高到370元，“三属”由每月112元提高到132元，老复员军人每月30元提高到68元，定补面达到100%。三是采取得力措施，缓解优抚对象治病难。各级分别建立定点医疗制度，建立优抚对象医疗保障金，对革命伤残军人全部实行公费医疗，其他优抚对象实行定点医疗，对革命功臣免费定期检查身体。四是开展向抗美援朝志愿军老战士送温暖活动。2000年是抗美援朝50周年。全区抓住这一时机，以慰问走访的形式为志愿军老战士发放慰问品及慰问金共计20万元。驻宁各部队也积极开展“新兵帮老兵活动”，与驻地367名优抚对象结成帮扶对子，为他们寻找致富门路。银川市城区政府得知抗美援朝伤残军人林发金长期租住郊区民房，积极筹集资金5.4万元为其购住房一套。

四、紧紧围绕发展社会生产力和提高部队战斗力，加大军地互办实事的力度

一是全力支持部队正规化建设，积极为部队解难题。银川市今年拨款160万元为各乡镇武装部购置了自动化办公设备。城区政府投入20万元用于西郊靶场建设及民兵训练和完成“城区军事志”的编写出版工作。青铜峡市先后拨款101万元，帮助解决部队的实际困难。全区全年先后投入736.1万元帮助部队改善训练、生活条件，为做好军事斗争准备打下了坚实的基础。二是不断探索复退军人和随军家属就业安置的新路子。分别制定出台了《随军家属就业安置办法》、《拥军优属若干规定》等，为安置工作提供政策保障。银川市为随军家属、下岗随军家属建立了求职档案，将求职登记表存入了人才市场和劳务市场，随时提供就业信息，并为随军家属及部分下岗随军家属免费进行了微机培训。银川市城区在公开招聘居委会干部工作中，明确规定，复退军人和随军家属优先、条件放宽。全年全区安置转业干部294人，安置城镇退伍义务兵2709人，接收安置随军家属59人。三是部队发挥装备和技术的优势，积极参加地方重点工程建设。一年来，全区部队和民兵预备役人员先后参加了南部山区“百连万人”生态工程、驻宁部队军民共建百里绿色长廊工程、援助“百所希望小学”等活动。先后成建制出动部队和民兵预备役官兵55600人次，车辆12960多台次，完成荒山育林10万亩，退耕还林（草）7.8万亩，栽植绿色防护林带389.81公里，植树946万多株。在西海固等8县组建了8个民兵团、28个民兵营、100个民兵连队、11280名民兵预备役人员参加南部山区生态工程建设。固原军分区组织驻固部队及8880名民兵、200余台大中型水车，开展“整修梯田，退耕还林”、“绿化长征路，建设山川秀美新固原”活动。吴忠军分区组织民兵种植“民兵生态林”10万株，治理荒山7000多亩，退耕还林3万亩，营造公路防护林带100多条、500多公里。驻宁部队还积极参加扶贫扬黄灌区遭受沙尘暴袭击后的治沙救灾任务，共清理被沙土埋没的支、斗、农渠168.5公里，平整土地

15000余亩，扎治沙草网16亩。仅驻中卫地区的部队抢险救灾就达235场（次），抢救财产价值达264万元。宁夏军区组织机关及所属部队开展“向南部山区受灾群众送温暖活动”，共捐款7.1万元，捐物1000余件。四是围绕促进民族地区稳定，大力开展多种扶贫帮困活动。固原和石嘴山军分区开展“一连带一村，一兵带一户”、“送科技入户，学科技致富”活动，为农村培养科技人员；开展“增收工程”和“富民工程”，力求达到“兵富带民富，同奔小康路”的效果；吴忠军分区以劳力支持的形式，组织民兵帮助4000余户特困户家庭平田整地、修渠灌水、挖坑栽树；驻宁27个团以上单位在红寺堡灌区又援助了27所“希望小学”，及时为学校送去教学器材、文化器材和贫困生学费，共为希望小学解决经费达10多万元。

五、不断丰富军民共建内容，促进两个文明协调发展

一是开展军警寺共建，进一步加强了民族团结。驻宁部队与清真寺结对，开展“一部一寺”共建活动。部队为清真寺整治环境卫生，出工出力搞好清真寺的全面建设。清真寺的阿訇给官兵讲解穆斯林风俗习惯，配合人武部上街散发传单搞好征兵宣传。二是军民共建绿色长廊。驻宁部队共出动11个团以上单位，动用兵力3752人，车辆208台，在宁夏扶贫扬黄红寺堡灌区实施了“军（警）民共建绿色长廊”工程，植树5000多亩、32.86万株。还投入兵力4.5万人次，参加自治区河东机场、西夏王陵、中卫沙坡头、贺兰山东麓生态林、沙湖旅游区、“三北防护林”、清水河两岸10公里的国家生态工程、黄峁山、东岳山2000余亩的绿化任务。三是共育“四有新人”。军地通过政治理论同学、党团课同上、少年军校共办等，加强了精神文明领域的共建，为培育“四有新人”作出了贡献。

尽管全区双拥工作取得了很大成绩，但仍然存在一些问题，主要有：一是优抚安置政策的落实存在薄弱环节。有些县对在乡老复员军人的定期定量补助至今尚未达到自治区规定的标准；个别地方退伍军人安置仍然得不到顺利解决；有的县没有建立优抚对象医疗保障基金，优抚对象的治病难问题仍然存在；自治区境内的公园、旅游景点对军人免费开放的规定落实不彻底等等。二是有的县、市命名后，产生了荣誉到手，工作到头的松懈情绪，满足于保奖牌，缺乏开拓创新的精神，工作层次不高，特色不突出，停留在过去的水平上。三是双拥典型培养不够，以点带面，推动全盘的力度不大。先进典型多年来一贯制，保持老面孔的现象较为普遍，一定程度上影响和制约了创建活动整体水平的提高。四是对市场经济条件下双拥工作出现的新情况、新问题还研究不够，探索不深。习惯于用老传统、老办法做工作，针对性和有效性不强。

新疆维吾尔自治区二○○○年双拥工作总结

2000年，全区党政军民认真贯彻党中央、国务院、中央军委关于加强军政军民团结的一系列指示和全国双拥模范城（县）命名大会精神，坚持以党的基本路线和邓小平理论为指导，以创建全国和自治区双拥模范城（县）活动为载体，以实施“爱心献功臣行动”为主线，以提高地方生产力、部队战斗力为根本目的，广泛深入开展双拥活动，进一步巩固和发展了军政军民团结，为自治区的改革、发展、稳定和军队的全面建设做出了新的贡献。

一、双拥意识增强，双拥组织领导更加有力

加强领导，抓好落实。一年来，自治区党委、自治区人民政府和新疆军区对双拥工作十分重视。年初，自治区党委、政府和新疆军区领导同志在欢迎参加全国双拥模范城（县）命名大会代表载誉归来的座谈会上，对全区的双拥工作形势进行了分析，部署了2000年的双拥工作任务。各级党委、政府都加强了对双拥工作的领导，分别召开了议军会议，专题研究双拥工作、国防教育和预备役建设中的重要问题。全区各级人大、政协加强了对双拥工作的检查和视察，促进了双拥工作任务的落实。全区90%的县市区主要领导担任了双拥工作领导小组组长并亲自抓双拥工作，巴里坤县县委书记魏天哲同志连续五年上边防与战士共度春节，被战士誉为“拥军书记”。

明确目标，强化管理。各地普遍把双拥工作纳入了当地经济社会发展和精神文明建设的总体规划，纳入年度工作管理目标，狠抓落实。新疆军区、空军某部、总装备部某基地、武警新疆总队已经连续多年把双拥工作列为每年的重点工作之一，实行目标管理，有力地保证了双拥工作目标任务的完成。一年来，各县市（区）普遍把创建全国和自治区双拥模范城（县）作为任期目标和政治责任，军地双方制定了中、长期规划，常抓不懈。截止目前，全区已命名了37个双拥模范城（县）。1月，乌鲁木齐市、阿克苏市、库尔勒市、昌吉市、富蕴县、克拉玛依市、石河子市、喀什市、和硕县等9个市（县）被全国命名为双拥模范城（县），其数量在全国排名第四，是西部最多的省（区）。

组织健全，机构完善。各地重视双拥组织机构建设，及时调整充实力量，充分发挥了各级双拥工作领导小组的组织协调指导作用。自治区双拥工作领导小组也进行了调整充实，领导小组各成员单位尽责尽职，为双拥工作作出了积极贡献。巴里坤县、温宿县、和静县、福海县把双拥办公室纳入了政府编制序列。全区已有58个县市双拥办配备了专（兼）职人员，安排专项经费250多万元。各地还注重抓好基层双拥工作组织网络和服务网络建设，全区军（警）民共建点已发展到4900多个，成立了12000多个拥军优属服务组织和3400多个拥政爱民小组，有近20万人常年在基层从事双拥工作，保证了双拥工作层层有人抓。

二、营造双拥氛围，双拥宣传教育更加广泛深入

一年来，各地各部队采取多种途径，深入扎实地开展了以爱国主义为核心的全民国防教育和丰富多采的双拥宣传活动。各地利用元旦、春节、“八一”建军节等有利时机，采取作报告、参观部队史馆、瞻仰革命烈士、军民联欢、国防知识竞赛等形式，对广大军民特别是青少年进行了广泛的国防教育和双拥宣传。阿克苏市、克拉玛依市开展了国防法规宣传活动。乌鲁木齐市组织了马兰百名官兵“看边城、话开发、图发展”活动，在全疆产生了很大反响。乌鲁木齐市沙区组织了50名优秀官兵赴内地参观学习，拓展了双拥工作的空间。全区有1000多所乡镇以上党校在干部培训中开设了国防教育课，全区各级教育部门将国防教育纳入学校德育教育和教学工作体系，各新闻媒体充分发挥舆论导向作用，开设了“领导干部话双拥”、“双拥之声”、“国防天地”、“共建园地”等专题、专栏，大力宣传新形势下做好双拥工作的重要意义，宣传人民解放军的丰功伟绩，宣传双拥工作中涌现出来的先进典型。一年来，全区共在各类报刊、电（视）台刊播双拥稿件近1000篇。有5个（县）市的双拥工作事迹在中央电视台播放。通过宣传教育，广大军民的国防观念和双拥意识大大增强，参与双拥活动的积极性更加高涨。

全区各地在继续搞好双拥宣传的同时，十分重视加强国防教育和双拥宣传的硬件建设，在窗口行业、城乡公共场所、交通要道等地方设立了2000多处双拥标牌，对近60处宣传教育阵地和双拥展室进行了充实和完善。乌鲁木齐市投资近100万元在城市繁华地带新建永久性双拥标牌150多块。温宿县、福海县、巴里坤县筹建了国防教育中心。哈密市、石河子市、库尔勒市、喀什市、伊宁市等地新建了32所少年军（警）校。吐鲁番市、奎屯市、昌吉市、泽普县、疏勒县等30多个县市的主要街道都新增设了双拥宣传标志和灯箱，为深入开展双拥宣传教育工作打下了基础。

三、军民携手，确保社会政治稳定

各地在双拥工作中都把维护本地区社会政治稳定作为双拥工作的出发点和落脚点。一是各地普遍建立了军地联席会议、情况通报制度，制定了预防暴乱、处置突出事件预案。二是加强了民兵情报网建设，培养了一大批基层群众工作骨干，做到了敌动我知，敌未动我先知。三是狠抓了基层政权建设。疏勒县驻军某部定期派优秀政工干部到巴仁乡16村帮助抓党支部和村委会建设，使该村成为全区、全国基层政权建设的典型。总装备部二十一基地某团与和硕县乌什塔拉乡沙井子村共建党支部在全军树立了榜样，新源县那拉提镇与驻军某部共同探索基层党员队伍教育的做法，受到了中组部的充分肯定。四是加强了军（警）民联防。全区450多个军（警）民联防组织在维护稳定中发挥了重要作用，一年来，军警民联防组织抓获犯罪分子1260多人。五是充分发挥了军分区、人武部在维持社会稳定工作中的作用，各地狠抓了民兵预备役人员政治思想建设，提高了应急分队的作战能力。

四、围绕提高“两力”作文章，双拥工作取得新突破

各级党委、政府和人民群众大力支持部队建设，促进了部队战斗力的提高。元旦、春节和“八一”建军节期间，全区各级党委政府和各族群众，怀着对子弟兵的深厚感情，开展了多种形式的拥军慰问活动。自治区党委、政府的主要领导，亲自率团走访部队机关、慰问基层连队和优抚对象，受到了驻疆部队和武警官兵的高度赞扬，使优抚对象切实感受到党和政府的温暖。乌鲁木齐市发动各行各业，筹措经费近200万元，对驻乌部队所有团以上单位进行了慰问。昌吉市、喀什市、博乐市、昭苏县、哈密市、和硕县、伊宁市、阿勒泰市、克拉玛依市帮助部队解决实际困难170多件。据不完全统计，一年来，全区为部队赠送电视机80多台，VCD机60多台，电脑30多台，洗衣机40多台，文体器材400多件，图书10000余册。各级政府、企事业单位和各族群众慰问部队及优抚对象的经费达1200多万元。各地为部队划拨农业生产用地1.2万亩，军事训练用地2万多亩，各地支持部队基础设施建设投入达3000多万元。仅库尔勒市直接或间接投入部队基础设施建设经费就达1000多万元。阿克苏市筹集200多万元帮助解决消防车和基础设施建设等困难。巴里坤县投资20多万元给驻军每个边防连队赠送一台电脑，温宿县投资80多万元为人武部维修了营院和新建了一栋住宅楼。叶城县为解决部队农场灌溉用水免去电力补贴费220多万元。吐鲁番市各旅游景点免收军人门票、公交车票140多万元。各级党委、政府还十分重视保护军队利益和妥善处理军地纠纷。伊吾军马场遗留问题得到妥善解决，马兰基地军事禁区的保护工作有了改善。2000年，全区发生军民纠纷和矛盾共20多起，绝大多数都得到了圆满处理和解决。特别是在“9·8”爆炸事故处理过程中，军地双方密切配合，使最困难、最复杂的问题获得了最好的处理结果。爆炸事故没有影响社会稳定，没有影响军政军民关系，没有影响人民群众正常的工作和生活秩序。2000年，自治区在财政十分困难的情况下，将在乡老复员军人的定补面由过去的52.7%提高到93%。其中乌鲁木齐市、克拉玛依市、石河子市、克州、阿克苏地区、哈密地区、吐鲁番地区均达到100%，摘掉了自治区在乡老复员军人定补面在全国倒数第二的帽子。全区80%的县市农村义务兵家属优待金达到了当地群众上年度人均纯收入水平，优待金都能及时兑现。各地在安置矛盾日益突出的情况下，先后为6000多名军队转业干部、离退休干部、转业志愿兵和退伍义务兵妥善安排了工作，并解决了2000多名军人家属就业问题。部队驻军比较集中的乌鲁木齐市、库尔勒市、库车县、疏勒县主动与驻军联系，经常了解烈军属工作安排和子女入学情况，召开了专门会议，使符合条件的300多名随军家属有了满意的工作。全区全年为4000多名军人子女解决了入学入托问题，减免了各种跨学区费120多万元，为2200多户军属安排了住房，为4500多人调整了工种和班次。

驻疆部队和武警官兵积极参加地方两个文明建设，促进了自治区的经济发展和社会进步。驻疆部队在军区、军分区、人武部的统一协调下，积极投身重点工程和公益事业建设，大力开展扶贫帮困和军民共建活动。据统计，一年来驻疆部队和武警共投入140多万个劳动日，3.2万多台次机械车辆，参加了70多项重点工程和480多项社会公益事业建设。为乌奎高速公路建设、“西气东输”前期准备工程、引额济克工程、柯柯牙防风林工程、乌鲁瓦提水利枢纽工种、南疆环路干线通信光缆工程等建设作出了重要贡献。军区部队开展的“扶贫奔小康工程”已初见成效，各部队在扶贫帮困中，宣传党的政策，传播科学知识，培训技术骨干，提供致富信息。在670多个扶贫点中已使5300多户贫困户脱贫致富。驻疆部队培训农牧业技术骨干3.2万多人次，为各族群众防病治病26万多人次，义务植树200多万株。投入抢险救灾300多次，抢救遇险群众9341人次，为国家和人民群众挽回经济损失近两亿元。为“希望工程”捐款165万元，援助物资折价200多万元，使2200多名失学儿童重返校园。各部队还广泛开展军民共建活动，创建了一批文明城镇、文明街区、文明行业。涌现出一大批先进集体和模范个人。据不完全统计，全区各地共表彰拥军优属、拥政爱民先进集体4000多个(次)，模范个人11200多人次。其中：受到军委表彰的团以上单位19个，先进个人164名；受到兰州军区表彰的先进集体156个，先进个人265名，受到新疆军区、武警总队、空九军、总装备部二十一基地表彰的先进集体1460多个，先进个人12000多名。

五、重视双拥法规建设，双拥工作法制化有了新进展

在改革开放，发展社会主义市场经济的新形势下，各地因地制宜出台了一大批符合实际、易于操作的双拥政策规定和规范性文件，促进了双拥工作任务的落实。一年来，全区各地认真贯彻全国双拥政策法规建设座谈会精神，综合性双拥政策法规建设步伐加快，目前全区已有74个县市（区）出台了150个双拥规范性文件。自治区双拥办按照上级要求，结合实际，参考其他省（区）的做法，起草完成了《新疆维吾尔自治区拥军优属若干规定》和《驻疆部队拥政爱民若干规定》，经广泛征求意见后，拟于2001年适当时候提交有关会议审议颁布。

一年来，在自治区党委、自治区人民政府和新疆军区的正确领导下，双拥工作取得了一定成绩，但是，也应清醒地认识到，全区双拥工作离党中央、国务院和中央军委的要求还有一定的差距，离巩固发展自治区政治经济社会的大好形势和完成西部大开发的崇高使命还有不少差距，一些值得注意的问题仍然存在。主要是：个别地方和单位的领导对双拥工作的重大意义认识不足，工作缺乏主动性、自觉性和创造性，全区双拥工作发展不平衡；部分县市对新形势下做好双拥工作遇到的新情况、新问题调查研究不够，解决双拥工作中热点、难点问题的力度不大；个别已被命名的全国和自治区双拥模范城（县）的单位，工作有所松劲和滑坡；评选和推荐全国和自治区双拥模范城（县）工作还不够规范；一些县市双拥政策法规建设还相对滞后。上述问题的存在，不同程度的影响和制约了双拥工作的发展，今后要全力予以解决。

组 织 机 构

全国双拥工作领导小组及办公室

组　长　司马义·艾买提　国务委员
副组长　多吉才让　民政部部长
　　　　唐天标　总政治部副主任
　　　　胡光宝　中央办公厅副主任
　　　　徐荣凯　国务院副秘书长
　　　　龚心瀚　中央宣传部副部长
　　　　杨衍银　民政部副部长
成　员　郝建秀　国家发展计划委员会副主任
　　　　于　珍　国家经济贸易委员会副主任
　　　　张保庆　教育部副部长
　　　　江家福　国家民委副主任
　　　　祝春林　公安部政治部主任
　　　　高　强　财政部副部长
　　　　孙树义　人事部副部长
　　　　刘雅芝　劳动和社会保障部副部长
　　　　杨朝仕　国土资源部党组成员
　　　　叶如棠　建设部副部长
　　　　王宪魁　铁道部政治部主任
　　　　张春贤　交通部副部长
　　　　杨贤足　信息产业部副部长
　　　　朱登铨　水利部副部长
　　　　万宝瑞　农业部副部长
　　　　曹荣桂　卫生部副部长
　　　　贺邦靖　国家税务总局党组成员
　　　　赵　实　国家广播电影电视总局副局长
　　　　韩新民　国家工商行政管理局副局长
　　　　王伯廷　总政治部群众工作局局长
　　　　贾润兴　总后勤部政治部主任
　　　　迟万春　总装备部政治部主任
　　　　刘　源　武警部队副政委
　　　　张国祥　全国总工会副主席、书记处书记
　　　　胡春华　共青团中央书记处书记
　　　　田淑兰　全国妇联书记处书记
　　　　姜　力　民政部优抚安置局局长
办公室主任　杨衍银　民政部副部长（兼）
副主任　王伯廷　总政治部群众工作局局长（兼）
　　　　孙绍骋　民政部优抚安置局副局长
　　　　杨　森　总政治部群众工作局副局长

联系电话：（010）65233097、66738420、65235511转3461（传真）
通信地址：北京市东城区北河沿大街147号
邮政编码：100721

各省区市双拥工作领导小组及办公室

北　京　市

组　长　贾庆林　市委书记
副组长　李志坚　市委副书记
　　　　孟学农　常务副市长
　　　　刘逢君　北京军区副司令员兼北京卫戍区司令员
成　员　任殿华　市政府副秘书长

安家盛　市委办公厅副主任
马朝军　市委宣传部副部长
郭长缙　市政府办公厅副主任
赵津芳　首都文明办副主任
陈福汉　市总工会副主席
刘志国　团市委副书记
吴秀萍　市妇联副主任
刘宝成　市民政局局长
张桂兴　市民政局副局长
辛铁梁　市人事局局长
刘　德　市公安局副局长
王德修　市劳动和社会保障局副局长
郭文杰　市财政局总经济师
朱宗涵　市卫生局局长
兰洪生　市教委副主任
王子彦　北京卫戍区政治部副主任
季荣生　武警北京总队副政委

办公室主任　任殿华　市政府副秘书长
副　主　任　刘宝成　市民政局局长
安家盛　市委办公厅副主任
郭长缙　市政府办公厅副主任
赵津芳　首都文明办副主任
张桂兴　市民政局副局长
王子彦　北京卫戍区政治部副主任

联系电话：(010) 65276911、65124422 转 8316
通信地址：北京市东城区东四西大街 36 号
邮政编码：100010

天　津　市

组　长　李盛霖　市委副书记、市长
副组长　夏宝龙　市委常委、副市长
成　员　武书昌　市政府副秘书长
腾锦然　市委办公厅副主任
叶厚荣　市委宣传部副部长
董皓然　市民政局局长
乌力吉　天津武警总队副政委
刘风山　市总工会副主席
段春华　团市委书记
王之球　市妇联主席
王家瑜　市建委主任
王　泓　市教委副主任
李亚力　市计委主任
郑守森　市委农工委书记
李泉山　市商委书记
周连有　市交委主任
李仁智　市民委主任
史莲喜　市人事局局长
花绍增　市劳动和社会保障局局长
高恭赞　市公安局副局长
石　栋　市工商局局长
崔津渡　市财政局局长
苏文利　市公用局局长
寇士清　市电力公司党委书记
张瑞江　天津铁路分局党委书记
孙　瑞　市粮食局局长
杨永强　益商集团总公司总经理
张　愈　市卫生局局长
种淑珍　市供销合作社党委书记

办公室主任　高玉龙　市民政局副局长
副　主　任　霍　然　警备区政治部副主任
程新元　市民政局优抚安置处处长
史秀平　天津警备区双拥共建办主任

联系电话：(022) 23958023、23958040－8029、8024
通信地址：天津市南开区苍穹道增 1 号
邮政编码：300381

河　北　省

组　长　叶连松　省委书记
副组长　钮茂生　省委副书记、代省长
赵世居　省委副书记
汪潮海　省军区政委
郭庚茂　省政府副省长

成　员　张鼎文　52831部队政委
张海阳　51002部队政委
寇宪祥　51056部队政委
张秋祥　51034部队政委
李殿仁　陆军参谋学院政委
赵凤鸣　军械工程学院政委
阎玉贤　装甲兵指挥学院政委
刘玉洁　炮兵指挥学院政委
陈敬托　省军区副政委
闫文彬　武警河北总队政委
杜子文　石家庄陆军学院政委
张世瑗　武警学院副政委
吴合春　省军区政治部副主任
夏玉祥　省委办公厅副主任
孙　凯　省政府副秘书长
李振台　省委宣传部副部长
尹文儒　省民政厅厅长
韩生雨　省计划委员会主任
秦朝镇　省经济贸易委员会主任
刘永瑞　省教育委员会主任
俞定海　省公安厅厅长
王加林　省财政厅厅长
赵禄祥　省人事厅厅长
马占元　省劳动厅厅长
邓泽洪　省建设委员会主任
路富裕　省交通厅厅长
李荣刚　省农业厅厅长
胡振国　省贸易厅厅长
李九元　省文化厅厅长
于振华　省广播电视厅厅长
胡景然　省卫生厅厅长
董经纬　省总工会党组书记、副主席
李　石　团省委书记
陈秀芳　省妇联主席
李　真　省国税局局长
张博书　省地税局局长
刘兆亮　省粮食局局长
宋锡林　省土地局局长
谢建增　省工商局局长
安路勤　石家庄铁路分局局长
郭增培　河北日报社社长
王金平　河北经济日报社社长、总编
王大印　省民政厅副厅长

办公室主任　孙　凯　省政府副秘书长
副 主 任　尹文儒　省民政厅厅长（常务）
王大印　省民政厅副厅长
吴合春　省军区政治部副主任

联系电话：（0311）8615521、8615522
通信地址：河北省石家庄市合作路35号
邮政编码：050051

山西省

组　长　纪馨芳　省委副书记
副组长　薛　军　省委常委、副省长
陈德毅　省军区政委
范堆相　省政府副省长
马景龙　省委副秘书长
毕怀恕　省民政厅厅长
成　员　赵命柱　省政府副秘书长
孙连元　省军区副政委
薛俊华　省委宣传部副部长
牛仁亮　省发展计划委员会主任
张泽宇　省经贸委主任
安焕晓　省教育厅副厅长
任继林　省科技厅副厅长
聂海舟　省公安厅厅长
郑建国　省财政厅副厅长
袁胜利　省人事厅副厅长
李顺通　省劳动和社会保障厅厅长
李永宏　省国土资源厅厅长
唐桂莲　省纪委驻建设厅纪检组组长
宋元林　省交通厅副厅长
刘德宝　省农业厅副厅长
霍转业　省林业厅副厅长

赵晋蓉　省文化厅副厅长
李俊峰　省卫生厅厅长
王德平　省国家税务局副局长
宋德晋　省地方税务局局长
刘四龙　省环境保护局副局长
田惠爱　省广播电视局局长
王正喜　省工商局副局长
郭建栋　省粮食局副局长
孔志俊　省电力局副局长
张海流　省总工会巡视员
张九萍　团省委副书记
田九英　省妇联副主席
姜正奎　省石油公司副经理
曹德强　省供销社副主任
胡　果　山西日报编委
张金柱　某集团军副政委
杨占成　空十军副政委
李芝云　国防科工委某基地副政委
杨宝聚　北后联勤某分部副政委
解玉才　省武警总队副政委
王亚平　武警某师副政委

办公室主任　马景龙　省委副秘书长
副　主　任　赵命柱　省政府副秘书长
王润生　省军区政治部副主任
王铁选　省民政厅副厅长

联系电话：(0351) 3046614
通信地址：山西省太原市府东街101号
邮政编码：030072

内蒙古自治区

组　长　白志健　自治区党委副书记
副组长　周维德　自治区政府副主席
董吉顺　内蒙古军区副政委
庞　启　自治区民政厅厅长
成　员　吴永刚　自治区党委副秘书长
张英伟　自治区党委宣传部副部长
盖文山　自治区政府办公厅副主任
达喜道尔吉　自治区民政厅副厅长
李　秀　自治区人事厅副厅长
张雅茹　自治区劳动和保障厅副厅长
李庆玉　自治区公安厅厅长
冀秉峰　自治区财政厅副厅长
郝继业　自治区交通厅厅长
何成保　自治区教育厅副厅长
郝　富　自治区卫生厅副厅长
张德斌　自治区民族事务委员会副主任
索　河　呼和浩特铁路局副局长
金　华　自治区总工会副主席
丁　飞　自治区团委副书记
张秀梅　自治区妇联副主席
赵乐禄　内蒙古军区政治部副主任
贺海涛　武警内蒙古总队政治部副主任

办公室主任　达喜道尔吉　自治区民政厅副厅长
副　主　任　朱安山　自治区民政厅优抚处处长
巴特尔　内蒙古军区秘群处处长

联系电话：(0471) 6268513、6945503
通讯地址：内蒙古自治区呼和浩特市新华大街1号院6号楼
邮政编码：010055

辽　宁　省

组　长　孙春兰　省委副书记
副组长　张锡林　省委常委、省委宣传部部长
徐　德　省委常委、省委秘书长
刘慎思　省委常委、省军区政委
赵新良　副省长
成　员　刘金树　省委副秘书长、办公厅副主任
李光明　省委组织部副部长
常卫国　省委宣传部副部长
吕廉生　省政府副秘书长、办公厅主任
张永印　省民政厅厅长
薛　恒　省民政厅副厅长

李戈军　省计委副主任
徐开原　省经留委纪检组长
朱恩田　省教育厅副厅长
陈广君　省财政厅党组成员
尹布民　省人事厅副厅长
柳奇武　省劳动厅副厅长
郎业丕　省建设厅副厅长
李文喜　省公安厅副厅长
马国顺　省交通厅纪检组长
雷树德　省农业厅副厅长
蒋　欣　省商业局副局长
刘效炎　省文化厅副厅长
韩明惠　省卫生厅副厅长
李铁民　省工商局副局长
王春甫　省国税局副局长
张玉文　省地税局副局长
高茂新　省国土资源厅副厅长
刘昌志　省粮食局副局长
李福绵　省水利厅副厅长
包玉梅　省民委副主任
康维韬　沈阳铁路局党委副书记
张振熙　省总工会副主席
刘始杰　团省委副书记
丛玉文　省妇联副主席
郭洗尘　辽宁日报社副总编辑
张振生　辽宁人民广播电台副台长
史联文　辽宁电视台副台长
黄献忠　省军区副政委
王积行　省军区政治部主任
鲁世胜　沈阳军区政治部办公室副秘书长
熊水才　沈阳军区空军政治部群联部部长
王志宇　沈阳军区司令部直工部部长
王耀光　沈阳军区联勤部政治部主任
单惠民　沈阳军区装备部综合计划部副部长
杨　华　解放军二炮某基地副政委
陈　生　省武警总队副政委
办公室主任　张永印　省民政厅厅长
王积行　省军区政治部主任
副 主 任　薛　恒　省民政厅副厅长
刘　峰　省民政厅优抚处处长
宗维国　省军区政治部秘联处处长

联系电话：（024）23992920、23992881 转 1111
通信地址：辽宁省沈阳市沈河区青年大街 260 号
邮政编码：110015

吉 林 省

组　长　洪　虎　省委副书记、省长
副组长　苏　荣　省委副书记
初　平　省委常委、省军区政委
魏敏学　副省长
成　员　于守臣　省委副秘书长
徐大新　省政府副秘书长
朱克民　省民政厅厅长
张国珍　省军区副政委
张福才　65301 部队副政委
雷忠贵　93175 部队副政委
奉国全　中国人民解放军军需大学政委
刘秀祥　63850 部队副政委
孙培才　省武警总队政委
房　俐　省委宣传部副部长
贾广和　省计委副主任
刘醒民　省经贸委副主任
奎　速　省民委副主任
李学勤　省农委副主任
浦生林　省公安厅副厅长
王化文　省财政厅副厅长
高　枫　省人事厅副厅长
乔　斌　省劳动和社会保障厅副厅长
柳　青　省建设厅副厅长
丁维东　省交通厅副厅长
于志凯　省教育厅副厅长
吕殿林　省卫生厅监察专员
王永泽　省文化厅副厅长

尹希铁　省国土资源厅监察专员
武东风　省信息产业厅副厅长
张德新　省水利厅副厅长
祝业辉　省粮食局副局长
蒋振达　省广播电影电视局副局长
吴炳顺　省工商局巡视员
张瑞利　省地税局副局长
张广志　省电力工业局副局长
王树华　省总工会副主席
李龙熙　团省委副书记
张　晶　省妇联副主席
马侃彦　长春铁路分局副局长
办公室主任　朱克民　省民政厅厅长
副　主　任　王有志　省军区政治部副主任
冯明芳　省民政厅副厅长
李　轩　省民政厅优抚处处长
刘忠民　省民政厅优抚处副处长
孙成武　省军区政治部秘群处处长
刘本杰　省财政厅社保处副处长

联系电话：（0431）2770271、2770235、8902663
通信地址：吉林省长春市新发路34号民政厅转省双拥办
邮政编码：130061

黑龙江省

组　长　徐有芳　省委书记兼省人大常委会主任
副组长　韩桂芝　省委副书记、组织部长
于景常　省委常委、省军区政委
唐宪强　省委常委、省政法委书记
王东华　副省长
张明晨　81032部队副政委
曹志斌　省委副秘书长
成　员　于文复　省土地局副局长
王大文　省建委副主任
王云海　省武警总队副政委
王永库　省民政厅厅长
王克有　省消防总队政委
王国华　省公安厅副厅长
王恒久　哈尔滨铁路局副局长
王洪斌　省物产（集团）总公司副董事长
王海林　86001部队副政委
王德贵　省贸易厅副厅长
吕淑珍　省委宣传部副部长
曲福成　省森警总队政委
刘俊杰　省精神文明办主任
孙东江　省农牧渔业厅副厅长
苍万琦　省国家税务局副局长
李永顺　省总工会副主席
李永琦　武警黄金第一总队政治部主任
李彦晶　省军区政治部副主任
宋兆琴　省卫生厅厅长
张超武　省工商局副局长
张景荣　81032部队政治部副主任
陈春英　省妇联副主席
陈荣吉　省编办主任、人事厅副厅长
金　辉　省粮食厅副厅长
孟凡杰　省教委副主任
赵益华　省民政厅副厅长
赵希泰　省劳动厅副厅长
段明山　省交通厅副厅长
夏立华　团省委副书记
曹永祥　省边防总队政委
曹　震　省政府副秘书长
温殿有　省财政厅副厅长
颜廷忠　省计委副主任
富亚峰　省公安厅政治部现役办主任
臧军宣　哈尔滨铁路局军事代表处政委
熊良印　省电力工业局副局长
办公室主任　曹志斌　省委副秘书长
副　主　任　曹　震　省政府副秘书长
王永库　省民政厅厅长
李彦晶　省军区政治部副主任
张景荣　81032部队政治部副主任
赵益华　省民政厅副厅长

联系电话：（0451）2620651
通信地址：黑龙江省哈尔滨市南岗区中山路 204 号民政厅转
邮政编码：150001

上 海 市

组　长　徐匡迪　市委副书记、市长
副组长　刘云耕　市委副书记
　　　　张立志　上海警备区政治委员
　　　　冯国勤　副市长
　　　　许德明　市委宣传部副部长
　　　　施德容　市民政局局长
成　员　王　毅　解放军南京政治学院上海分院政委
　　　　傅翠和　解放军第二军医大学政委
　　　　李仰录　上海警备区副政委
　　　　顾文清　海军上海基地副政委
　　　　季振坤　空军上海基地副政委
　　　　杜承喜　武警上海市总队副政委
　　　　陈　豪　市委副秘书长
　　　　周太彤　市政府副秘书长
　　　　陈一平　市教委秘书长
　　　　崔善江　市商业工作委员会书记
　　　　胡镇寰　市科学技术工作委员会秘书长
　　　　陈　策　建筑工作委员会副书记
　　　　范德官　市农村工作委员会书记
　　　　孙熙宁　市交通工作委员会副书记
　　　　董文权　市一百（集团）有限公司党委副书记
　　　　刘国雄　海运（集团）总公司党委书记
　　　　熊心光　物资（集团）总公司党委副书记
　　　　苏忠伟　上海交运（集团）公司总裁
　　　　余观宝　市粮食局副局长
　　　　吴申耀　市总工会副主席
　　　　夏丽卿　市城市规划管理局局长
　　　　孙环葆　市经济委员会秘书长
　　　　殷国元　市房屋土地资源管理局副局长
　　　　宋振东　市供销合作社党委书记
　　　　张　健　市通信管理局局长
　　　　许谋赛　市财政局副局长
　　　　阎友民　市劳动和社会保障局副局长
　　　　徐佩莉　市妇女联合会副主席
　　　　张仁良　共青团市委副书记
　　　　史丽雯　市对外经济贸易委员会党委副书记
　　　　朱英磊　市公安局政治部主任
　　　　李保顺　市文化广播影视管理局党委副书记
　　　　张文蔚　市工商行政管理局副局长
　　　　刘　俊　市卫生局局长
　　　　陈德生　市人事局助理巡视员
　　　　张春新　市铁路局副局长
办公室主任　施德容　市民政局局长
副主任　李永贵　市民政局正局级巡视员
　　　　马凌俊　上海警备区政治部副主任
　　　　许俊文　常务副主任

联系电话：（021）62815565、62829937
通信地址：上海市新华路 272 弄 14 号
邮政编码：200052

江 苏 省

组　长　曹克明　省委副书记、省纪委书记
副组长　张连珍　副省长
　　　　陆殿义　省军区副政委
成　员　陆　军　省委副秘书长
　　　　刘国中　省政府副秘书长
　　　　蒋定之　省委组织部副部长
　　　　朱同广　省委宣传部副部长
　　　　顾汉萍　省民政厅厅长
　　　　侯学元　省民政厅副厅长
　　　　王稳卿　省计委副主任
　　　　奚秋生　省经贸委副主任

祭彦加　省教育厅副厅长
杨　锐　省科学技术厅副厅长
赵庆侠　省公安厅副厅长
李双成　省财政厅副厅长
赵永贤　省人事厅副厅长
何春明　省劳动和社会保障厅副厅长
章俊元　省交通厅副厅长
唐维新　省卫生厅副厅长
张洪甫　省国土资源厅副厅长
陈少陵　省工商局副局长
郑　坚　省地税局局长
张　艳　省总工会主席
樊金龙　团省委书记
柏志英　省妇联副主席
宋秀芳　省科协党组书记、常务副主席
王浩良　南京市委副书记
冯树云　南京军区政治部副秘书长
顾玉彬　省军区政治部副主任
严建华　南京军区空军政治部群联部部长
温凯宾　武警江苏省总队政委

办公室主任　刘国中　省政府副秘书长
副主任　陆　军　省委副秘书长
顾汉萍　省民政厅厅长
顾玉彬　省军区政治部副主任

联系电话：（025）4524258、4450974
通信地址：江苏省南京市太平北路 82 号
邮政编码：210018

浙　江　省

组　长　柴松岳　省委副书记、省长
副组长　刘锡荣　省委副书记
吕祖善　省委常委、副省长
李从军　省委常委、宣传部长
章猛进　副省长
贺家弼　省军区政委
周春山　东海舰队副政委
刘晓榕　73011 部队政委
李晓晋　省民政厅厅长

成　员　俞文华　省委副秘书长、办公厅主任
陈海玫　省政府副秘书长、办公厅主任
蔡仲良　92910 部队副政委
程家荣　92919 部队副政委
肖明田　省武警总队副政委
张培基　94936 部队政委
周顺松　省军区政治部副主任
洪复初　省委组织部副部长
杨大进　省委宣传部副部长
吕毅强　省计划经济委员会副主任
阮中训　省教委副主任
应　勇　省公安厅副厅长
李步星　省民政厅副厅长
钱巨炎　省财政厅副厅长
陈仲方　省人事厅厅长
韩春根　省劳动厅厅长
张耀深　省城乡建设厅副厅长
杨瑞丰　省交通厅副厅长
沈才土　省文化厅厅长
喻华芝　省卫生厅副厅长
冯家平　省工商局副局长
朱阿龙　省土地管理局副局长
黄旭明　省地方税务局副局长
蒋欢罗　省粮食局副局长
张达洋　省商业管理办公室主任
胡旺山　省邮电管理局局长
张凤鸣　省总工会主席
陈金彪　团省委副书记
张孝琳　省妇联主席

办公室主任　李晓晋　省民政厅厅长
副主任　李步星　省民政厅副厅长
周顺松　省军区政治部副主任
陈德宝　省委办公厅秘书二处处长
孙厚军　省政府办公厅综合处副处长
张仕英　省委宣传部文明办主任
甘良俊　省民政厅优抚处处长

联系电话：（0571）87025859、87022691 转双拥办
通信地址：浙江省杭州市环城西路 1 号
邮政编码：310006

安 徽 省

主　任　王昭耀　省委副书记
副主任　田维谦　副省长、省政府秘书长
　　　　杨洪立　省军区副政委
　　　　刘玉尧　省委副秘书长
　　　　邱江辉　省政府副秘书长
　　　　李宏塔　省民政厅厅长
成　员　胡文化　省委组织部副部长
　　　　郎　涛　省委宣传部副部长
　　　　周本立　省计委主任
　　　　黄月华　省经贸委副主任
　　　　金　辉　省教委副主任
　　　　李永铎　省交通厅副厅长
　　　　刘金照　省公安厅副厅长
　　　　权循珍　省卫生厅副厅长
　　　　陈先森　省财政厅副厅长
　　　　黄邦应　省文化厅副厅长
　　　　李祖顺　省建设厅副厅长
　　　　郑兴法　省劳动厅副厅长
　　　　张　勇　省人事厅副厅长
　　　　梁晓庄　省广播电视厅副厅长
　　　　王万年　省商务厅纪检组长
　　　　陈习文　省粮食局局长
　　　　王家培　省工商行政管理局副局长
　　　　孙运才　省邮电局副局长
　　　　郭思保　省土地局纪检组长
　　　　徐盘荣　省军区副参谋长
　　　　白金仲　省军区政治部副主任
　　　　孙家玉　省军区后勤部副部长
　　　　冯文成　省武警总队政委
　　　　刘国方　省消防总队副政委
　　　　袁同海　省边防总队政委
　　　　宓建毅　省公安厅副厅长、警卫局局长
　　　　郑　鑫　省总工会副主席
　　　　姚玉舟　团省委副书记
　　　　高福明　省妇联主席
办公室主任　李宏塔　省民政厅厅长
副主任　白金仲　省军区政治部副主任
　　　　郎　涛　省委宣传部副部长
　　　　黄月华　省经贸委副主任

联系电话：（0551）2633816、2651269 转 2200、2217
通信地址：安徽省合肥市霍邱路 87 号（省民政厅内）
邮政编码：230061

福 建 省

组　长　赵学敏　省委副书记
副组长　丘广钟　副省长
　　　　马以芝　省军区副政委
　　　　成　员　黄建兴　省委办公厅副主任
　　　　刘启力　省政府副秘书长、办公厅主任
　　　　王吉福　省军区政治部副主任
　　　　姜　勇　73111 部队政治部副主任
　　　　刘阁忠　海军福建基地政治部副主任
　　　　张裕民　92403 部队政治部副主任
　　　　顾正华　武警福建省总队政治部副主任
　　　　陈逸清　省委宣传部副部长
　　　　陈毓寰　省计委副主任
　　　　钟安平　省经贸委副主任
　　　　叶双瑜　省科技厅厅长
　　　　杨　辉　省教育厅副厅长
　　　　俞传尧　省财政厅副厅长
　　　　邵　华　省公安厅副厅长
　　　　黄炳泰　省民政厅厅长
　　　　江华先　省民政厅副厅长
　　　　黄心炎　省水利厅厅长
　　　　范碧云　省文化厅副厅长
　　　　许　莹　省交通厅副厅长

颜黎明　省人事厅副厅长
郑昌游　省劳动和社会保障厅党组成员、纪检组组长
杨　平　省卫生厅厅长
刘金山　省建设厅党组成员、纪检组组长
吴建华　省农业厅厅长
陈家东　省林业厅副厅长
蔡忠义　省国土资源厅厅长
刘群英　省信息产业厅副厅长
何友荣　省工商行政管理局副局长
石增兴　省人防办主任
黄焕忠　福州铁路分局局长
赵志伟　省总工会副主席
雷春美　团省委副书记
林　琼　省妇联副主席
杨爱金　福州市人民政府副市长

办公室主任　黄炳泰　省民政厅厅长
副主任　黄建兴　省委办公厅副主任
刘启力　省政府副秘书长、办公厅主任
江华先　省民政厅副厅长
刘　平　省军区政治部副主任
温崇海　专职副主任

联系电话：（0591）7518324、7511390
通信地址：福建省福州市五一北路88号
邮政编码：350001

江　西　省

组　长　黄智权　省委副书记、常务副省长
副组长　周日扬　省军区副政委
王　飚　省政府秘书长
傅敏先　省民政厅厅长
成　员　韩京承　省政协副主席、省委组织部副部长
黄定元　省政协副主席、省教委主任
孙清儒　省委副秘书长
钟健华　省委宣传部副部长、省文化厅厅长
王明善　省计委主任
虞中一　省经贸委主任
丁鑫发　省公安厅厅长
雍忠诚　省财政厅厅长
雷湘池　省人事厅厅长
梁文星　省劳动厅厅长
宋　军　省交通厅厅长
杨建兴　南昌铁路分局局长
危朝安　省农业厅厅长
罗星保　省商业厅厅长
朱秉发　省供销社主任
徐新明　省粮食局局长
包章日　省物资集团公司总经理
李立功　省广播电视厅厅长
周　标　省卫生厅党组书记、副厅长
戴子钧　省国税局党组书记
邹德基　省政府法制局局长
汪国光　省民政厅副厅长
夏礼忠　省军区副参谋长
颜春宁　省军区政治部副主任
徐尔斌　省军区后勤部副部长
苏世明　空军39341部队政委
桑昌武　南昌陆军学院政治部主任
李恩德　省武警总队政委
汪金昂　省消防总队政委
程受锭　省总工会主席
潘东军　团省委书记
魏晓琴　省妇联党组书记
周金广　江西日报社社长

办公室主任　汪国光　省民政厅副厅长
副主任　颜春宁　省军区政治部副主任
徐汉宗　省民政厅优抚处处长

联系电话：（0791）6227113、6210307（传真）
通信地址：江西省政府院内省双拥办
邮政编码：330046

山 东 省

组　长　吴爱英　省委副书记
副组长　林廷生　副省长
　　何法祥　省军区政委
　　李养珍　省军区副政委
　　刘忠泉　省委副秘书长、办公厅主任
　　张华福　省政府副秘书长
　　亓凤海　省民政厅厅长
　　戴成贵　省民政厅副厅长
成　员　左中一　省文明办副主任
　　李庶聪　省总工会巡视员
　　李　静　团省委副书记
　　孙秀丽　省妇联副主席
　　朱志明　省计委副主任
　　鲍言富　省经贸委副主任
　　杜公义　省建设厅助理巡视员
　　耿文清　省农业厅副厅长
　　刘向信　省教育厅副厅长
　　陈吉光　省公安厅副厅长
　　张秀山　省交通厅副厅长
　　陈吉光　省公安厅副厅长
　　张秀山　省交通厅副厅长
　　阮凤英　省财政厅副厅长
　　王文芳　省卫生厅副厅长
　　周　艺　省文化厅副厅长
　　王　模　省广播电视局巡视员
　　张德佑　省劳动和社会保障厅副厅长
　　焦连合　省人事厅副厅长
　　孙国丽　省工商局副局长
　　张翠玉　省粮食局副局长
　　刘振亚　省电力总公司董事长兼总经理
　　赵喜红　省国税局副局长
　　周莲英　省国土资源厅副厅长
　　宋协秀　省地税局局长
　　李秋宏　省司法厅副厅长
　　孟昭科　省高级人民法院副院长
　　翟鲁宁　省科学技术厅副厅长
　　石明泉　省信息产业厅副厅长
　　宋修武　省海洋与渔业厅厅长
　　刘春辉　济南军区政治部副秘书长
　　李永毅　北海舰队群联处处长
　　阳树智　济南军区空军群联部部长
　　林长凯　省军区政治部副主任
　　徐书超　省武警总队副政委
办公室主任　张华福　省政府副秘书长
　　亓凤海　省民政厅厅长
副主任　戴成贵　省民政厅副厅长
　　左中一　省文明办副主任
　　林长凯　省军区政治部副主任
　　庞守连　专职副主任
　　夏之平　省军区政治部秘书处处长
　　陈建玉　专职副主任

联系电话：（0531）6032542
通信地址：山东省济南市历下区南新街1号
邮政编码：250012

河 南 省

组　长　任克礼　省委副书记
副组长　张建中　省军区政委
　　李志斌　副省长
成　员　陶方桂　71320部队副政委
　　魏纪章　71521部队副政委
　　刘　伟　省委副秘书长
　　米剑峰　省政府办公厅副主任
　　常有功　省委宣传部副部长
　　刘蔚峰　省民政厅副厅长
　　胡庆海　省军区政治部副主任
　　夏宗勇　省计委副主任
　　王际欣　省教委副主任
　　江　峰　省公安厅副厅长
　　张德顺　省武警总队副政委
　　赵江涛　省财政厅副厅长

许传福　省人事厅副厅长
赵钟恒　省劳动厅厅长
刘洪涛　省建设厅副厅长
王泽河　省交通厅副厅长
贺德生　省贸易厅副厅长
李长轩　省粮食厅副厅长
翟宗洲　省广播电视厅副厅长
张广兴　省卫生厅副厅长
岳同生　省工商局局长
孙廷喜　省地方税务局副局长
胡国栋　省电业局副局长
冯　光　省土地管理局副局长
茹嘉效　省总工会副主席
申振君　团省委书记
吴全智　省妇联主席
办公室主任　刘蔚峰　省民政厅副厅长
副主任　胡庆海　省军区政治部副主任
石犄巍　省政府办公厅政法处处长
侯贵洲　省军区政治部秘群处处长
韩成民　省民政厅优抚处处长

联系电话：（0371）5906259
通信地址：河南省郑州市政一街3号
邮政编码：450003

湖北省

组　长　杨永良　省委副书记、省政协主席
副组长　吴凤龙　省委常委、省军区政委
苏晓云　副省长
张汝成　省军区副政委
戴应忠　省军区政治部主任
张牢生　省民政厅厅长
成　员　高凤梧　省委副秘书长
曾世民　省政府副秘书长
唐宗成　39155部队副政委
张万华　武警湖北省总队政委
何正太　省军区政治部副主任
胡永继　省委组织部副部长
毕志伦　省委宣传部副部长
肖安民　省计划委员会副主任
杜哲兴　省经济贸易委员会副主任
周元武　省教育委员会副主任
毛菊元　省计划生育委员会副主任
秦宏灿　省人事厅厅长
童道友　省财政厅厅长
曾宪武　省劳动厅厅长
文增显　省民政厅副厅长
温遂和　省贸易厅副厅长
沈海宁　省文化厅副厅长
张感山　省水利厅副厅长
尚　武　省公安厅政治部主任
刘宏友　省交通厅纪检组长
匡杰锋　省农业厅纪检组长
黄先铭　省卫生厅纪检组长
缪启明　省供销合作社联合社主任
陈六斤　省工商行政管理局副局长
闫新明　省土地管理局副局长
王新堂　省粮食局副局长
骆　地　省广播电视局机关党委书记
胡道新　省国家税务局副局长
刘永东　省地方税务局副局长
詹世宝　省总工会副主席
汤　涛　共青团湖北省委员会书记
曾玉兰　省妇女联合会副主席
邬彪红　武汉铁路分局党委副书记
办公室主任　文增显　省民政厅副厅长
副主任　余　琳　省民政厅优抚处处长
朱晓瑞　省军区政治部秘群处处长
梁永前　省民政厅优抚处调研员

联系电话：（027）88077080、88071277（传真）
通信地址：湖北省武汉市武昌首义路115号

湖南省

组　长　庞道沐　副省长

副组长 黄志忠 省军区副政委
黄兆林 省委副秘书长、办公厅主任
张春发 省政府副秘书长
李定坤 省民政厅厅长
余先端 省民政厅副厅长
成 员 刘鸣泰 省委宣传部副部长
赵淑珍 省计划委员会副主任
肖常锡 省建设委员会副主任
陈元魁 省教育委员会副主任
谷新珊 省劳动和社会保障厅厅长
李友志 省财政厅副厅长
张正元 省公安厅政治部主任
刘爱华 省卫生厅副厅长
罗和秋 省人事厅副厅长
詹新华 省交通厅副厅长
叶华庆 省工商行政管理局副局长
黄呈刚 省国家税务局副局长
张光荣 省地方税务局副局长
匡又成 省乡镇企业管理局巡视员
唐德胜 省军区政治部副主任
李金胜 国防科技大学政治部副主任
王国厚 省武警总队副政委
李桂芬 省总工会副主席
胡伯俊 团省委副书记
张安英 省妇联副主席
办公室主任 余先端 省民政厅副厅长
副主任 刘宏玉 省民政厅优抚处处长
陈延吟 省军区政治部秘群处处长

联系电话：（0731）4502031
通信地址：湖南省长沙市东风路 190 号
邮政编码：410008

广 东 省

组 长 卢瑞华 省委副书记、省长
副组长 欧广源 省委常委、副省长
刘国裕 省委常委、省军区司令员
成 员 王英刚 省委副秘书长
程良洲 省政府副秘书长
许道生 省民政厅厅长
范俊龙 省民政厅副厅长
胡中梅 省委宣传部副部长
黄业斌 省发展计划委员会副主任
杨建初 省经济贸易委员会副主任
陈承旗 省建设厅副厅长
答朝心 省教育厅副厅长
白先河 省公安厅政治部主任
郑振涛 省财政厅副厅长
赵伟光 省人事厅副厅长
孙庆奇 省劳动和社会保障厅副厅长
沈东流 省国土资源厅副厅长
王志荣 省交通厅纪检组长
张寿生 省卫生厅副厅长
黄宏耀 省工商局副局长
黎柳莲 省总工会副主席
司徒绍 省农业厅厅长
李 嘉 团省委副书记
周丽琼 省妇联副主任
姜 斌 广州军区政治部秘书长
周晓林 海军南海舰队政治部副主任
韩贤敏 广州军区空军政治部副主任
曾志军 省军区政治部副主任
周为民 某集团军政治部副主任
阎红志 海军广州基地副政委
史国双 省武警总队副政委
苏少军 省边防总队政委
李茂贵 省消防总队政委
办公室主任 程良洲 省政府副秘书长
副主任 范俊龙 省民政厅副厅长
曾志军 省军区政治部副主任

联系电话：（020）83330759、83134856
通通地址：广东省广州市越华路 118 号
邮政编码：510030

广西壮族自治区

组　长　陆　兵　自治区党委副书记
副组长　周明甫　自治区副主席
刘代文　广西军区副政委
谢秋云　75100 部队副政委
李金榜　95072 部队副政委
陈继源　自治区党委副秘书长
韦宣仁　自治区民政厅厅长
成　员　李新明　自治区党委宣传部副部长
张振东　自治区计委副主任
黄　苹　自治区民委副主任
陈耀远　自治区公安厅政治部主任
郑荣贵　自治区民政厅副厅长
郑作广　自治区教育厅副厅长
银友明　自治区边防委员会副主任
陈秋华　自治区财政厅副厅长
余远辉　自治区人事厅副厅长
苏湘群　自治区科学技术厅副厅长
冯振年　自治区劳动和社会保障厅副厅长
谭明杰　自治区卫生厅副厅长
容小宁　自治区文化厅厅长
何　丹　自治区广播电视局副局长
赖和平　自治区交通厅纪检组长
周发林　自治区贸易厅纪检组长
严纯佑　自治区物资集团总公司副经理
蔡玉瑜　自治区工商局副局长
易智伟　自治区国税局副局长
吴殿禄　自治区地税局副局长
梁雨祥　自治区粮食局局长
张勤铭　自治区国土资源厅副厅长
杨建新　自治区总工会党组成员
蒋培兰　自治区妇联主席
甘　霖　团自治区委副书记
奉明芳　自治区党委办公厅秘书处处长
韦绍行　自治区政府办公厅第六秘书处处长
韦锡佐　自治区财政厅社保处处长
黄瑞平　自治区民政厅安置办主任
冯学贵　自治区民政厅优抚处处长
叶伟青　自治区双拥办副主任
王建设　柳州铁路局武装部部长
刘清书　广西军区政治部副主任
刘社鹏　广西军区政治部秘书群联处处长
刘胜福　95072 部队政治部副主任
秦克俊　95072 部队政治部秘书处处长
杨豪标　75100 部队政治部副主任
王光明　75100 部队政治部秘书群联处处长
王喜民　桂林空军学院副政委
杨稳泉　桂林陆军学院副院长
卓名信　76140 部队副政委
王明春　91832 部队副政委
彭庆龙　武警广西总队副政委
冯广立　武警广西部队政治部副主任
龙文成　武警广西总队政治部秘书群联处处长
尹俊士　武警广西边防总队政委
陈桥保　武警广西消防总队政委
向贵富　武警水电一总队政委
黎颂云　武警广西警卫局局长
办公室主任　宣仁　民政厅厅长
副主任　郑荣贵　民政厅副厅长
刘清书　广西军区政治部副主任
叶伟青　专职副主任

联系电话：（0771）2619114
通信地址：广西南宁市民主路 49 号（民政厅院内）
邮政编码：530012

海　南　省

组　长　汪啸风　省长
副组长　周传统　省军区政委
韩至中　副省长

成　员　吕宜勇　省委副秘书长
陈川民　省政府副秘书长
周文彰　省委宣传部副部长
王亚保　省民政厅厅长
郭长春　省财政厅副厅长
彭晓敏　省公安厅副厅长
王应际　省人事劳动和社会保障厅副厅长
李洪波　省农业厅副厅长
叶章和　省对外贸易经济合作厅副厅长
周忠良　省文化广播视出版体育厅副厅长
陈帮基　省交通厅副厅长
林玉强　省民族宗教事务厅副厅长
林北平　省教育厅副厅长
林方略　省卫生厅副厅长
林克昌　省建设厅副厅长
赵莉莎　省发展计划厅副厅长
陈永希　省农垦局副局长
冯所兴　省粮食局副局长
马招德　省工商局局长
林孔日　省总工会副主席
谢明中　团省委书记
王桂兰　省妇联副主席
常辅棠　海南日报社副总编
何利华　省电视台副台长
谭邦康　省广播电台副台长
何春喜　榆林基地副政委
付云书　南航部队政治部主任
张剑萍　省武警总队政委
陈新中　省边防总队政委
尹昌友　省消防总队政委
办公室主任　陈川民　省政府副秘书长
副主任　李远富　省民政厅副厅长
湛世坤　海南省军区政治部副主任

联系电话：（0898）65346022
通信地址：海南省海口市海府路59号民政厅转
邮政编码：570000

重 庆 市

组　长　包叙定　市委副书记、市长
副组长　李学举　市委副书记、组织部长
陈光国　副市长
张福立　重庆警备区副政委
成员单位　市委分管副秘书长
市政府分管副秘书长
重庆警备区政治部
武警重庆总队
市委宣传部
市高级人民法院
市计委
市政府农村工作办公室
市建委
市交委
市教委
市民政局
市财政局
市人事局
市劳动和社会保障局
市公安局
市工商局
市国税局
市地税局
市地房局
市文化局
市广播电视局
市卫生局
市粮食局
市扶贫办
市规划局
市电力局
市电信局
市邮政局
市民航局
重庆日报社

重庆铁路分局

市总工会

团市委

市妇联

办公室主任　冯秀文　市民政局副局长

副主任　谭明政　市民政局优抚处副处长

　　刘宗怀　重庆警备区政治部群联处处长

联系电话：（023）68751885

通讯地址：重庆市渝中区人和街40号

邮政编码：400015

四　川　省

组　长　张中伟　省长

副组长　马开明　副省长

　　周光荣　省军区政委

成　员　朱明龙　省委办公厅副主任

唐建军　省政府副秘书长

王炳文　省军区副司令员

余长久　省委宣传部副部长

李明海　省直机关工委副书记

扎喜旺登　省发展计划委员会副主任

汪风雄　省教育厅副厅长

汤留生　省公安厅副厅长

姜保山　省民政厅厅长

李　钢　省民政厅副厅长

高仁全　省财政厅副厅长

陈其金　省人事厅副厅长

陈　璞　省劳动和社会保障厅副厅长

陈宗清　省国土资源厅机关党委书记

马志强　省建设厅纪检组长

鲜　雄　省交通厅副厅长

王西安　省农业厅机关党委书记

胡继先　省文化厅副厅长

赵晓光　省卫生厅副厅长

王绍书　省军区政治部副主任

冯金安　武警四川省总队副政委

张　翊　省广播电视局副局长

卢学岐　省工行政管理局机关党委书记

吴炳春　省地方税务局机关党委书记

黎　明　省粮食局副局长

张超群　成都铁路局副局长

胡先春　省总工会副主席

丁成明　团省委副书记

李泽影　省妇联副主席

办公室主任　李　钢　民政厅副厅长

副主任　何保全　民政厅优抚处处长

　　肖　云　省军区秘群处处长

联系电话：（028）6671671、6686226

通信地址：四川省成都市督院街27号

邮政编码：610021

贵　州　省

组　长　王寿亭　省委副书记、常务副省长

副组长　庹文升　省委秘书长

成　员　莫时仁　副省长

雷玉德　省军区政治部主任

郭　猛　省民政厅厅长

刘福成　省政府秘书长

陈华祥　省委组织部副部长、省委宣传部副部长

何崇远　省卫生厅厅长

卢达昌　省计委副主任

廖先宏　省经贸委副主任

吴大华　省教育厅副厅长

王兴正　省公安厅政治部主任

黄　平　省民宗委副主任

覃祖祥　省民政厅副厅长

季　可　省财政厅副厅长

陈应志　省人事厅副厅长

龙月英　省劳动和社会保障厅副厅长

吴道生　省国土资源厅副厅长

刘少庆　省交通厅副厅长

董林生　省文化厅副厅长
张化民　省建设厅机关党委书记
田黔生　省信息产业厅副厅长
金世俊　省水利厅机关党委书记
班程农　省农业厅副厅长
余文春　省贸易合作厅副厅长
刘毓文　省国税局副局长
刘汉樵　省地税局副局长
刘祖刚　省工商行政管理局副局长
苏　涛　省粮食局副局长
禹孟华　省国防科工办机关党委书记
刘国治　省广播电视局副局长
李德明　省邮电管理局副局长
杨志文　省邮政局副局长
吕　澍　贵阳铁路分局副局长
张树明　省军区司令部副参谋长
王克林　省军区政治部副主任
娄义常　省军区后勤部部长
童明智　省武警总队副政委
江建民　省公安消防总队 政委
李朝忠　省总工会巡视员
董少龙　团省委副书记
石松江　省妇联副主席
王国昌　省移动通信公司总经理
孔庆云　省物资集团纪委书记
办公室主任　郭　猛　省民政厅厅长
副主任　刘福成　省政府副秘书长
覃祖祥　省民政厅副厅长
王克林　省军区政治部副主任
张洪运　武警贵州省总队政治部主任
江建民　省公安消防总队政委

联系电话：（0851）6857875
通信地址：贵州省贵阳市市北路1号省民政厅转
邮政编码：550004

云　南　省

组　长　孙　淦　省委副书记
副组长　李汉柏　副省长
章靖才　省军区副政委
成　员　尉琪瑛　省委副秘书长
宋玉麟　省政府副秘书长
蔡家喜　省委组织部助理巡视员
毕国光　省委宣传部副部长
陈培富　省发展计划委员会副主任
纳宗会　省经贸委副主任
周益群　省教育委员会副主任
常守静　省科委副主任
木　桢　省民委副主任
先燕明　省公安厅副厅长
黎德富　省民政厅副厅长
肖晓鹏　省财政厅副厅长
武　晋　省人事厅副厅长
杨绍红　省劳动和社会保障厅副厅长
郝　峰　省土地局副局长
孟昭华　省建设厅副厅长
吴子润　省交通厅副厅长
王文亮　省农业厅副厅长
赵自庄　省文化厅副厅长
詹海峰　省卫生厅副厅长
赵　健　省工商行政管理局副局长
李鸿文　省国税局副局长
张美琼　省地税局副局长
文汉鼎　省广播电视局副局长
李宗云　省粮食管理局副局长
胡在荣　昆明铁路局副局长
金桂兰　省妇联副主席
张在权　省总工会副主席
梁宗华　团省委副书记
李朝荣　省商业厅副厅长
杨之藩　云南电力集团公司副总经理
庞万军　省军区政治部副主任
马寿鸿　77200部队政治部副主任
程树铁　95429部队副政委
于瑞田　96201部队副政委
张吉林　武警云南总队副政委

余立无　昆明陆军学院政治部副主任
刘永祥　成都军区联勤部某分部副政委
陈世谊　成都军区昆明总医院副政委
李伍军　云南公安边防总队副政委
向　伟　省公安厅警卫局副局长
段应义　云南公安消防总队政委
许寿学　武警云南森林总队副政委
李兆鲸　成都军区司令部昆明工作站主任
余　泽　海军驻昆明办事处副主任
办公室主任　黎德富　省民政厅副厅长
副主任　罗满金　省民政厅优抚处调研员（常务）
段继延　省民政厅优抚处处长
庞万军　省军区政治部副主任

联系电话：（0871）5731326
通信地址：云南省昆明市白云路中段
邮政编码：650224

西藏自治区

组　长　洛桑顿珠　自治区副主席
副组长　次仁卓嘎　自治区副主席
多　嘉　西藏自治区军区副政委
成　员　白玛朗杰　自治区党委副秘书长
董明俊　自治区人民政府副秘书长
马泽碧　自治区民政厅厅长
杨双举　西藏军区政治部副主任
次登平措　自治区党委组织部副部长兼区人事厅厅长
刘盛福　自治区党委宣传部副部长
裴登芳　西藏自治区军区司令部副参谋长
陈达聪　西藏自治区军区后勤部政委
杨刚林　西藏自治区军区技保部副部长
普布次仁　武警西藏总队副政委
塔尔青　自治区民宗委主任
次仁多吉　自治区计委副主任
陈秀芳　自治区教委副主任
加　措　自治区交通厅厅长
吴　金　自治区公安厅副厅长
张达瓦　自治区民政厅副厅长
马国超　自治区财政厅总会计师
王文佩　自治区农牧厅副厅长
卓　嘎　自治区贸易厅副厅长
米　吉　自治区电力厅副厅长
拉　归　自治区广电厅副厅长
罗　布　自治区文化厅副厅长
三八顿珠　自治区卫生厅副厅长
晁兆锋　自治区工商局副局长
群　培　自治区税务局纪检组长
穷　达　自治区总工会副主席
阿　旺　团自治区委副书记
然巴·央金卓嘎　自治区妇联副主席
泽　西　自治区劳动局党组书记
次旺诺布　自治区土地管理局局长
办公室主任　马泽碧　自治区民政厅厅长
副主任　张达瓦　自治区民政厅副厅长
杨双举　省军区政治部副主任

联系电话：（0891）6834907
通信地址：西藏拉萨市北京中路81号区双拥办
邮政编码：850000

陕西省

组　长　李建国　省委书记、省人大常委会主任
副组长　贾治邦　省委副书记、常务副省长
雷星平　省军区政委
成　员　张保庆　省委常委、宣传部部长
胡太平　省公安厅厅长
洪　峰　省发展计划委员会主任
陈存根　省教工委书记
陈再生　省民政厅厅长
邓　理　省人事厅厅长
王树汉　省财政厅副厅长
鬲向前　省劳动和社会保障厅副厅长
乌小健　省交通厅厅长

李鸿光 省卫生厅厅长
张德新 省国土资源厅厅长
贾建文 省粮食局局长
刘枢机 省总工会主席
庄长兴 共青团省委书记
曹莉莉 省妇联主任
办公室主任 白云腾 省委常委、省委秘书长
副主任 贾 湘 省政府副秘书长、省政府办公厅主任
陈再生 省民政厅厅长
山振兴 省民政厅副厅长
杨 辉 省军区政治部副主任
雷 湛 省双拥办专职副主任

联系电话：(029) 7293630
通信地址：陕西省西安市新城广场省政府大楼东三层57号
邮政编码：710004

甘 肃 省

组 长 仲兆隆 省委副书记
副组长 洛桑灵智多杰 副省长
杨耀春 省军区副政委
成 员 翟克勇 省委副秘书长
张天理 省政府副秘书长
张建国 省军区政治部副主任
王通智 省委组织部副部长
王新中 省委宣传部副部长
邵克文 省计划委员会主任
李 膺 省教育厅厅长
李生林 省民族工作委员会主任
毛春荣 省经贸委副主任
黄续祖 省民政厅厅长
张兰英 省公安厅副厅长
陆代森 省财政厅副厅长
岳顺昌 省人事厅副厅长
邹 勇 省劳动和社会保障厅副厅长
王吉祥 省交通厅纪检组长
张晋卿 省卫生厅副厅长
冀 玉 省建设厅纪检组长
陈 继 省科学技术厅副厅长
李效栋 省水利厅副厅长
强宏斌 省农牧厅副厅长
张和平 省民政厅副厅长
司天义 省国土资源厅党组书记
刘 炘 省广播电视局副局长
朱 红 省粮食局局长
孙望尘 省工商管理局副局长
周古平 省国税局副局长
郝发忠 省地税局副局长
成学勤 兰州铁路局副局长
彭才芳 兰空政治部群联处处长
傅永照 武警甘肃总队副政委
赵宝生 省总工会主席
雷水贤 省妇联主席
王 锐 团省委副书记
办公室主任 黄续组 省民政厅厅长
副主任 翟克勇 省委副秘书长
张天理 省政府副秘书长
张建国 省军区政治部副主任
张和平 省民政厅副厅长
赵增寿 专职副主任
陈 武 省军区政治部秘书处处长

联系电话：(0931) 8418575
通信地址：甘肃省兰州市城关区东方红广场统办二号楼
邮政编码：730030

青 海 省

组 长 冯敏刚 省委副书记
副组长 管 雷 省委常委、政法委书记
白 玛 副省长
韩忠礼 省军区副司令员

史国枢　省民政厅厅长

成　员　李振海　省委副秘书长、省委办公厅主任

杨森林　省政府副秘书长

王天才　省委宣传部副部长

罗朝阳　省发展计划委员会副主任

骆玉林　省经贸委主任

杜小明　省教育厅厅长

马义才　省民委副主任

何再贵　省公安厅副厅长

官却乎才郎　省民政厅副厅长

马海莉　省财政厅副厅长

马继双　省人事厅副厅长

韩文录　省劳动和社会保障厅副厅长

王建斌　省国土资源厅副厅长

师宪朝　省建设厅纪委书记

王　侗　省西宁铁路分局党委副书记

梁晓安　省交通厅副厅长

袁瑞青　省邮电管理局副局长

廖大玉　省水利厅副厅长

多杰才让　省农业厅副厅长

牛惠明　省卫生厅副厅长

郭庆林　省国税局副局长

王志忠　省地税局副局长

高大伟　省广播电视局副局长

马明忠　省工商管理局副局长

赵春生　省军区政治部副主任

车发顺　80306 部队政治部副主任

曾宪斋　武警青海省总队政治部副主任

文义民　59264 部队政治委员

王行世　84906 部队政治委员

傅军刚　武警青海省消防总队政治委员

邱富贵　省总工会主席

尼玛卓玛　团省委副书记

王　辉　省妇联副主席

办公室主任　杨森林　省政府副秘书长

副主任　官却乎才郎　民政厅副厅长

赵春生　省军区政治部副主任

联系电话：(0971) 6104704、6157312

通信地址：青海省西宁市北大街 31 号

邮政编码：810000

宁夏回族自治区

组　长　马启智　自治区主席

副组长　任启兴　自治区党委副书记

王永正　宁夏军区政委

马骏廷　自治区副主席

杨信宏　宁夏军区政治部主任

成　员　李一凡　自治区党委副秘书长、办公厅主任

陈守信　自治区政府秘书长

王邦秀　自治区党委宣传部副部长

邓炎辉　自治区财政厅厅长

杨国林　自治区民政厅厅长

陈玉宝　自治区民政厅副厅长

项宗西　自治区计委主任

张小素　自治区人事劳动厅厅长

马风虎　自治区教委主任

刘长宗　自治区文化厅厅长

李顺桃　自治区公安厅厅长

马玉章　自治区卫生厅厅长

海巨增　自治区交通厅厅长

李世亮　自治区粮食局局长

王文义　自治区商务局局长

张怀武　自治区广播电视厅厅长

尤兆忠　自治区工商局局长

苑尔卓　自治区经贸委党组书记

李文瑞　自治区国家税务局局长

田　明　自治区建设厅厅长

孙瑞明　自治区地方税务局副局长

鲁国会　自治区工会副主席

李玉华　自治区妇联主席

马　夫　自治区团委书记

李树宏　宁夏军区司令部副参谋长

赵俊新　宁夏军区政治部副主任

刘江波 宁夏军区后勤部部长

刘 军 武警宁夏总队副政委

办公室主任 陈守信 自治区政府秘书长

副主任 赵俊新 宁夏军区政治部副主任

陈玉宝 自治区民政厅副厅长

联系电话：(0951) 5037342

通信地址：宁夏银川市解放西街49号

邮政编码：750001

新疆维吾尔自治区

组 长 王乐泉 自治区党委书记

副组长 阿不来提·阿不都热西提 自治区党委副书记、自治区主席

周声涛 自治区党委副书记

喻林祥 新疆军区政治委员

张庆黎 自治区党委常委、新疆生产建设兵团司令员

阿不都卡德尔·乃斯尔丁 自治区政府副主席

伊布拉音·苏来曼 新疆军区副政治委员

成 员 刘建星 新疆军区政治部副主任

李 恩 空军某部政治委员

马遂顺 总装备部某基地政治委员

张 武 武警新疆总队政治委员

李 屹 自治区党委副秘书长、办公厅主任

阿日甫 自治区人民政府副秘书长

胡赛音·瓦里夏 自治区党委宣传部副部长

张 珍 武警交通二总队政治委员

赵士忠 武警新疆边防总队总队长

韩学琦 自治区计委主任

周 毅 自治区民政厅党组书记

贾帕尔·艾比不拉 自治区民政厅厅长

沙塔尔·沙吾提 自治区教育厅厅长

阿不都拉·哈木都拉 自治区民族宗教事务委员会主任

陈泽瑜 自治区财政厅厅长

尼加提·马合木提 自治区人事厅厅长

张国文 自治区建设厅党组书记

赵 良 乌鲁木齐铁路局局长

蔡毅治 自治区交通厅党组书记

阿里木·卡德尔 自治区农业厅厅长

徐华田 自治区文化厅党组书记

王伟博 国土资源厅党组书记

买买提明·牙生 自治区卫生厅厅长

阿不都克里木·阿西木 自治区粮食局局长

阿不来提·买买提江 自治区工商行政管理局局长

胡达拜地·依不拉音 自治区国税局副局长

买买提肉孜·沙帕尔 自治区公安厅党组副书记

艾尼瓦尔·依明 自治区劳动和社会保障厅副厅长

买买提江·艾买提 自治区总工会主席

景海燕 自治区妇联党组书记

艾尔肯江·吐拉洪 自治区团委书记

办公室主任 周 毅 自治区民政厅党组书记

副主任 王 有 自治区民政厅副厅长

杨传鹏 新疆军区政治部秘书处副处长

联系电话：(0991) 2860607

通信地址：新疆乌鲁木齐市新华南路37号

邮政编码：830001

全国双拥模范城（县）动态

全国双拥模范城（县）动态

北京市

西城区

西城掠影

西城区有驻军单位42个，优抚对象1万人，4次被命名为北京市双拥模范城，4次被命名为全国双拥模范城。2000年，全区军民认真贯彻落实全国双拥模范城（县）命名大会精神，发扬一盘棋、一条心、一股劲的精神，抓基层、抓落实、抓创新，双拥工作整体水平有了新的提高。

一、国防教育普及。区四套班子领导参加国防安全形势报告会、“军营一日”、军事学习、在全区作巡回报告等活动4次。在区领导的带动下，全区有2500名干部先后参加了“军营一日”活动。特邀李志军、孙茂芳等5位英模人物组成“西城区国防教育报告团”，作巡回报告19场，使上万名军民受到生动现实的国防教育。驻区部队投资40多万元，为38所中学建起了“国防书架”、订阅国防报刊，派教官军训学生1.5万名。军地共同举办第三届中小学国防教育成果汇报会和抗日战争胜利55周年报告会、座谈会等教育活动686场次，受教育群众达17.5万人次，进一步增强了广大军民的国防观念。

二、政策法规落实。全区各级党委、政府认真贯彻落实双拥工作各项法规。区政府拨款97万元，用于解决201户老烈属、革命伤残军人、在乡复员军人的生活补助，并发动社会开展帮扶活动，使”三老”定补月人均达到1200元。落实对武警部队“双重领导，双重保障”规定，区政府拨款100万元改善其装备和生活。圆满完成104名军转干部、334名退伍士兵、131名随军家属、70名部队退休人员和294名无军籍职工接收安置任务。

三、拥军优属活动广泛深入。一是开展创评双拥“五好”、双向认亲人、帮困助学和科教拥军活动，全年有689名干部群众与63名孤儿和单亲战士结为互帮互助“亲人”，为81名来自贫困地区战士每人每年提供200－500元就学补助。以培育军地两用人才为主要内容的“科教拥军”活动取得了明显成效。投资30多万元，开设财会、微机、烹饪、文化补习等培训班28个，培训官兵2800余名；投资10多万元，对200多名“好战士”进行奖励。二是长期坚持慰问新兵制度。区委、区政府及10个街道坚持10年慰问新兵制度。2000年不仅向新兵赠送了40万元的慰问品，还举行了双向认亲人仪式，给战士过生日，使新战士一入伍就感受到西城人民的拥军真情。三是从部队建设需要出发，特事特办。区政府拿出580万元，支持驻军“菜篮子工程”和“环保工程”建设；拨款97万元，用于解决军烈属的特殊困难，教育系统为120名部队干部子女解决入学问题；

司法系统义务为部队和优抚对象提供法律咨询、调解纠纷43起；卫生系统组织10支医疗队，为263名优抚对象检查身体，送医送药；区图书馆向驻区部队赠送600个借书证，赠书5000余册。

四、共建文明社区活动蓬勃兴起。各共建点以市民学校为阵地，军民一起进行马克思主义唯物论和无神论教育，一起揭批“法轮功”反社会、反人类、反科学的反动本质，一起做“法轮功”练习者的思想转化工作；采取军地党员一起上党课，一起表彰优秀党员等形式，推动了社区党建工作的开展；军民一起参加社区服务活动，仅3月份各共建点就为群众做好事6000余件；军民共同开展健康向上的文化活动，进一步加强了道德建设。全区150个共建点，有30%被评为国家和市级共建先进单位。

五、拥政爱民成果显著。驻区部队派出官兵3.5万人次、车辆1120台次支援地方植树绿化、清运垃圾、帮助群众修缮房屋。组织400多个学雷锋小组，义务为群众修车3.6万辆，义诊1.4万人次，做好事20余万件；投资200多万元，帮助中小学改善办学条件，为教师体检，组织教师参观、疗养；派出千余名官兵，承担西单商业街形象展示和西城区经贸洽谈会大型活动的安全保卫、环境整治、车辆保障等任务，受到地方政府和广大人民群众的好评。

昌平区

昌平区十三陵水库鸟瞰

昌平区现有人口60万，驻军单位63个，优抚对象5700人，曾4次被命名为全国双拥模范县。2000年，昌平区军民认真贯彻党中央、国务院、中央军委关于双拥工作的一系列指示和全国双拥模范城（县）命名大会精神，适应新形势，紧紧围绕党的中心任务开展双拥工作，在组织领导、国防教育、法规建设、落实政策、军民共建、基层活动等方面都取得了显著成绩，进一步提高了双拥工作的整体水平。

适应新形势，出台新举措。全区各级加大双拥工作力度，确保安置工作落实。针对随军家属安置难的问题，区委、区政府先后6次召开书记办公会、区委常委会、区长办公会研究解决随军家属培训、就业、保障问题，下发了文件，推行了对随军家属实行培训、就业、保障“一体化”服务的新举措。一年来，培训随军家属320人，安置随军家属就业174人，为185名待业随军家属发放生活费15.4万元。为28名随军家属办理“两险一补”费2.76万元，为接收安置单位发放奖励费42.5万元；安置转业干部50人、复退军人311人；为城镇义务兵发放补助费11.6万元，发放复退军人困难补助费7.45万元，为自谋职业者发放奖励金51万元；为22人办理一次性抚恤1.73万元；为33名昌平籍立功受奖义务兵发放奖金4.1万元。率先实行了优待金社会统筹。为全区663名优抚对象发放优待金125万元。为生活困难的45名伤残军人、复员退伍军人发放补助金2.11万元。节日期间，走访慰问光荣院和优抚对象，赠送价值3万元的慰问品。为烈属和二等伤残军人发放过节费3.15万元。营造双拥社会氛围。为加大双拥工作宣传，在一些重要场所和地段设立了大型双拥宣传标语牌17块；电台、电视台开办了双拥专题节目；坚持国防教育课制度，全区10万余人接受教育；投资8万元，进行了国防潜力调查；广泛开展了“军营一日”活动，体验军人生活，受到了良好的军人素质教育。把国防教育纳入“夏日文化广场”活动，全区20余个夏日文化广场活动都有国防教育内容。区政府投资1000多万元建设亢山文化广场，为国防教育提供了更好的场地。

动真情、办实事，固我钢铁长城。区委、区政府把保障部队战备训练作为义不容辞的责任。一年来，用于部队修缮房屋12万元、生活补助6万元、粮油补贴668万元、修路180万元、奖励立功军人4.1万元、科技拥军14万元，送各种慰问品价值约80万元。全军科技大练兵训练成果交流观摩演示活动在昌平举行。区委、区政府要求全区像保障国庆50周年阅兵一样，保障好这次活动，成立了“昌平区军事活动保障工作领导小组”，多次召开专题会议，制定了服务保障工作方案，做到了演习地区环境卫生好、社会治安好、交通安全好、后勤保障好和军政军民关系好，先后组织大型慰问活动4次，向参演部队赠送肉、蛋、水果、月饼、慰问金等总价值43万余元，并组织了慰问演出3次，受到参演部队官兵高度赞扬。66477部队营区供电亟需增加容量，但因部队经费紧张，无力更换已老化的线路，区领导及时与供电部门协商，为部队承担了100多万元的经费，无偿更换变压器、配电室，增加容量到525KVA，并对陈旧线路进行改造，保障了部队用电。区财政出资14.8元，为驻军防化研究院解决了门前道路拓宽15米，占地4.8亩的费用问题。

大力支援地方发展经济，积极建设第二故乡。“驻昌平、知昌平、爱昌平、建昌平”是驻昌部队多年来的共识。一年来，驻昌部队参加地方植树绿化出动兵力25000余人次、车辆400多次，植树8万余株；整顿环境脏、乱、差，出动兵力1.5万人次、车辆600余台次，清运垃圾5万余方；在抢险救灾、扶贫帮困、急难险重任务中发挥突击队作用，共出动兵力1.98万余人次，机械车辆800余台次，扑灭山火3起，挽回经济损失80多万元。流村镇高口地区发生水灾，61975、61016部队出动兵力300余人次、车辆20多台次，修路1000多米，修建房100多间。沙河百货商场发生火灾，63926部队、二炮汽车营、261医院出动兵力335余人次，扑灭了大火。驻区部队捐资助教15万元。63926部队出动车辆1400台次、机械1300余台，推平砂石坑地19.8立方米，回填土8.8立方米，为辛店村沙坑复垦260亩。

东城区

座落在王府井大街南口的北京饭店

东城区现有人口65万，驻军单位28个，优抚对象2.5万人。3次被命名为北京市双拥模范区，3次被命名为全国双拥模范城。2000年，全区军民认真贯彻落实全国和北京市双拥模范城（县）命名大会精神，围绕中心，服务大局，立足基层，在“新”字上做文章，在“实”字上下功夫。广大军民的国防观念和双拥意识不断强化，军民共建成效明显，优抚安置政策全面落实，军政军民关系更加密切，双拥工作的经常化、规范化和社会化水平又上了一台阶。

重视程度高，解决问题实。区委、区政府高度重视双拥工作，十分珍惜双拥模范城的荣誉，坚持每季度专题研究一次双拥工作。第三次被命名为全国双拥模范城后，及时制定了争创“四连冠”的三年规划。区委、区政府20多名领导，多次走访驻区部队。区政府全年投入322.22万元，用于改善优抚对象的生活和支援部队建设。为武警某支队修建被装库、卫生队办公楼，购置办公设备；将电脑和空调机送到了卫戍区大院，改善了卫戍区20个处室的办公条件；为武警某支队装修布置了荣誉室。区、街两级共投入95.76万元，为全区享受定补的优抚对象每人每月增加补助400元，全年人均达到11611.92元，月人均收入

967.66元，实现了医药费100%减免。驻区部队28名将军、142位大校，区五套班子领导160人次、处以上干部800人次，参加双拥活动；25名区主要领导、136名师以上部队主官参加了“军营一日”和“社会一日”活动。

参与范围广，群众热情高。调动各级有关部门和动员社会各界参与双拥活动是全区双拥工作的又一显著特点，区、街、居三级群众性拥军优属服务组织健全，地方组织拥军服务队130多个，2万多名群众参加，中央、市属机关、社会团体、工商企业都积极参加双拥活动。全年安置84名转业干部，367名退役士兵，40名随军家属，解决了100多名部队子女择校进入二类以上学校。为改善驻区部队物质文化生活，民政部等中央、市、区12个单位分别为部队整修营房、安装空调，开展义务服务和慰问活动。驻区部队93个便民服务队，1500多名官兵常年参加爱民活动，全年为群众做好事11120件，植树2万多棵，植草坪3.6万平方米，4万多官兵参加首都绿化美化工程，支援12项首都重点工程建设。共捐款9万元为学校建立了国防教育书架。武警某支队积极开展国旗宣讲活动，为来自全国19省、市的大、中、小学生宣讲100余场，直接听众18万人次，还为百所中、小学举行了升旗仪式。

活动形式新，社会效果好。召开了军民共建文明表彰大会，特别为从事双拥工作10年以上的驻区部队13名首长颁发了突出贡献奖。为配合部队的“双争”活动，对东城籍13名立功官兵和60名优秀士兵进行表彰。把双拥工作融入社区建设，发挥双拥大联动的作用，形成街道搭桥，社区内军地单位齐参与的军民共建新格局。王府井南管区与卫戍区“好二连”、东长安街与武警某支队国旗护卫队、小黄庄社区燕厦物业公司与51121部队三营等结成共建对子，把共建活动与小区建设紧密结合起来，取得很好效果。总后军需装备研究所组织官兵与社区志愿者组成服务小组，长期坚持到干休所开展“爱心献功臣”活动。二炮工程设计研究院开展科技助民，开发了有害气体净化装置等环保产品，武警黄金指挥部积极配合社区维护社区治安，先后协助公安干警抓获不法分子23名。区职业技术培训学校为部队举办了中级厨师培训班，70名战士参加了培训，使驻区部队的每个连队都有中级以上的等级厨师。区双拥办还与中国教育电视台编辑了“爱民模范”孙茂芳和“拥军模范”姚金兰两个新闻记录片，推出了两个在全国有影响的双拥典型。

朝 阳 区

朝阳区掠影

朝阳区现有人口176万，驻军单位43个，优抚对象90395人，3次被命名为北京市双拥模范区，2次被命名为全国双拥模范城。2000年，全区军民认真贯彻落实全国双拥模范城（县）命名大会精神，大力弘扬双拥光荣传统，扎扎实实地开展拥军优属、拥政爱民工作，军地双方“同呼吸、共命运、心连心”，双拥工作又迈上了一个新的台阶。

国防教育深入开展。注重抓好各级领导干部的国防教育。继续坚持区四套班子领导过“军营一日”生活制度，组织全区各街乡、企业、大专院校领导和人武干部上国防教育课，近千名处级以上干部以不同形式接受国防教育。少年军校建设进一步规范。全区70多所少年军校认真落实区《少年军校规范化建设实施意见》，质量建设有了明显提高。270所幼儿园设立了国防教育小课堂，“六一”前夕，组织了“国防教育小课堂”文艺会演，表彰了30个幼儿园国防教育先进单位。“八一”建军节期间举办了朝阳区“同呼吸、共命运、心连心”大型国防教育宣传活动，军地双方制作的百余块展板在工人体育场、朝阳公园等地展出，10余万军民参加了活动。驻区部队帮助中小学建立“国防教育书架”46个，捐赠书籍近40万册。派出1000多名官兵，担任中小学辅导员、军训教员。国防教育覆盖面达85%以上，全区军民的国防观念和双拥意识进一步增强。

拥军优属重办实事。全区各级政府和人民群众支持部队建设动真情、办实事，特别突出科技拥军。投资80万元在来广营乡创办了朝阳区支持部队菜篮子工程建设培训中心，已培训30名技术骨干。开办各类两用人才培训班18个，为部队培养两用人才2300多名。尽心竭力为驻区部队排忧解难。51125部队“功臣连长”李慧的妻子身患绝症，治疗遇到困难，区领导亲自看望，并送去一万元慰问金，驻地街、乡及人民群众也纷纷捐款救助。全年共向驻区部队赠送慰问金108.5万元和价值212万元的慰问品。各级筹措资金180多万元，为部队解决困难40多件。努力做好优抚安置工作，为1966名优抚对象发放抚恤金、定期补助金351万元，为685名城镇义务兵家属发放生活补助98.64万元；为376户农村义务兵家属发放优待金15.3万元。为570名烈属、在乡老复员军人和在乡伤残军人解决医疗费120万元；还为38名有特殊困难的优抚对象补助45294元；为在部队立功和被评为优秀士兵的182名现役军人发放奖金3.6万元。全年接受安置退伍军人和转业士官449名；接受安置军转干部126名，安置随军家属87人；为解决部队子女上学难问题，区教育局在化院附中特地设立了“拥军高中班”，以优惠政策招收部队子女入学。

军（警）民共建成效显著。“三创”活动取得新的成绩。以大屯地区为“三创”示范点，带动了全区“三创”活动的开展，全区共创市级文明街道6个，首都文明居民区16个，首都文明村16个，首都文明标兵单位25个，首都文明单位132个。军（警）民共建质量进一步提高。朝外办事处和武警某支队四大队等4个共建对子被评为市共建标兵单位，另有9个共建对子被评为市共建先进单位；北京军区司务长培训大队同专门招收深度弱智残疾儿童的北京天伦学校自1994年共建以来，七年如一日帮助照顾智残儿童，中央军委张万年副主席几次批示给予赞扬，总政治部作为共建典型进行宣传，培训大队被评为北京市助残先进单位，被北京军区评为“双三好”单位，并荣立集体二等功。

拥政爱民再谱新曲。驻区部队广大官兵发扬拥政爱民的光荣传统，积极参加地方两个文明建设。全年共出动兵力2.4万人次，动用车辆3000多台次，植树20余万株，植草15万平方米，平整绿地18万平方米，在全区完成北京市一半以上的绿化任务中发挥了主力军和突击队作用。积极参加社区精神文明建设，在扶残助残、希望工程、春蕾计划，“爱心献功臣行动”、科技、文化、医疗三下乡等活动中，发挥了重要作用。全年共捐款127万元，捐赠价值38.4万元的药品，为6300名群众排忧解难。同时，积极配合公安机关打击违法犯罪活动，全年派出武警巡逻组5700个，制止各种违法犯罪行为236起，为全区经济发展和人民安居乐业创造了稳定的社会环境。

石 景 山 区

石景山半月圆社区公园俯瞰

石景山区现有人口32万，驻军单位27个，优抚对象7441人，3次被命名为北京市双拥模范区，3次被命名为全国双拥模范城。2000年，全区党政军民按照新形势、新任务的要求，扎扎实实做好双拥工作，取得了新成绩。

军地领导带头做好双拥工作。驻区部队北京军区司令员李新良和政委杜铁环与区委书记索连生、区长陈文占在互访中达成共识，加大双拥工作力度，争创双拥模范城“四连冠”。一年中地方领导参加走访慰问军烈属、伤残军人活动达130余人次；北京军区几十位将军，分别参加各种双拥活动达百余次；驻区各大企业参加双拥活动的规格、次数高于往年，首钢党委书记毕群、总经理罗冰生、朱继民等领导同志亲自率领慰问团走访慰问部队，充分体现出军政军民团结的生动局面。

国防教育深入人心。广泛开展了《国防法》、《兵役法》和《防空法》宣传活动，充分利用征兵和举办防空演习、少年军校军训等时机，深入开展国防教育。先后两次邀请国防大学教授为500多名领导干部上国防教育课，“八一”前夕，区五套班子领导参加了“军事日”活动。在参加北京市防空演习中，全区不仅完成了演习场地保障任务，而且400名高炮民兵分队完成了射击任务，组织1500名群众参加疏散、掩蔽演习，使3万多名参演人员受到了一次生动的国防教育。此外，还组织了第五届少年军校军训成果汇报，62所少年军校的成功表演，展示了国防教育从娃娃抓起的丰硕成果。

军（警）民共建工作上了新台阶。在全区73个共建点中，有56个被评为市、区共建标兵、先进文明单位。老山街道在与北京军区装备部某修理所结对共建中，开展知识拥军活动，发挥辖区单位优势，为部队开办了英语培训班，受到官兵欢迎。八宝山街道下属11个居（家）委会基层党支部与驻地11个连队党支部结为共建对子，积极探索党建工作新思路，有力地促进了社区建设。52817部队在与八角街道办事处共建中，充分发挥部队技术力量雄厚的优势，帮助地方解决社区服务电脑联网问题，还与地方共同开展共建法制小区、科技示范小区、绿色环保小区等活动，取得了一定成效。

拥军优属活动取得了新成果。在新年春节和“八一”建军节两个“双拥月”中，全区各级党政企业领导和群众团体广泛开展了走访慰问驻军和优抚对象活动，共赠送了700多万元的慰问金和慰问品，进一步密切了军政军民关系。区长陈文占带领有关职能部门领导，两次进军营现场办公，帮助部队解决了电、气、暖、路和营区建设等9个方面24个实际问题，受到部队高度赞扬。区委、区政府组成慰问团赴驻河北某集团军，慰问了140名石景山籍战士，向部队赠送价值6万余元的慰问品，受到部队好评。

认真落实各项优抚安置政策。随着经济的发展，适时增加优抚对象补助标准，现优待标准年人均达到9000元，对入伍前无工作的城镇义务兵，每人每月发优待金280元。全年接收安置军转干部157人，复退军人539人，随军家属423人，子女入学入托500人，安置率达到100%。

驻区部队为第二故乡再立新功。驻区部队忠实履行全心全意为人民服务的宗旨，共出动兵力10万人次、车辆400台，先后参加了石景山鲁谷“半月园公园”、陈家沟经济建设及环境综合整治等工程和公益事业建设，为地方两个文明建设做出了贡献。

丰 台 区

卢沟晓月

丰台区现有人口近百万，驻军单位86个，优抚对象6万多人，3次被命名为北京市双拥模范区，两次被命名为全国双拥模范城。2000年，全区军民认真贯彻落实全国和北京市双拥模范（县）命名大会精神及中央领导同志关于做好双拥工作的指示，较好地完成了各项工作任务，双拥工作整体水平有了新的提高。

认真落实双拥模范城（县）命名大会精神。全国和北京市两级双拥模范城（县）命名大会召开后，首先抓了大会精神的传达学习，结合丰台实际，提出了贯彻落实五个结合的要求：一是与国防教育、宣传政策法规、实施优待金统筹结合起来；二是与宣传双拥共建成果，总结经验，抓好典型结合起来；三是与调查研究解决难点问题、配合支持部队改革建设、履行职能结合起来；四是按照把双拥工作纳入经济社会发展总体规划和部队政治工作计划要求，与制订地区、单位、部门双拥工作计划结合起来；五是与检查影响军民关系因素，及时妥善处理军民关系中出现的问题结合起来。全年双拥工作以“坚持方向、丰富内容、拓宽领域、注重实效”为基本思路，以优抚安置为重点，以双拥模范（县）六条标准为主要内容，各项双拥活动既有声势、又有实际效果。

双拥宣传和国防教育成效明显。为了提高广大军民的思想认识，营造浓厚的双拥氛围，丰台有线电视台开辟了《鱼水新歌》双拥专题节目；双拥宣传月活动中，广泛宣传了《国防法》、《兵役法》等法律法规和优抚工作方针政策，宣传人民军队在保卫国家安全，维护社会稳定，抵御自然灾害中做出的贡献。“八一”前夕，召开丰台区庆祝建军节暨双拥表彰大会，区党政领导和街乡负责同志、部分中央和市属企事业单位及驻区部队官兵一千多人参加，世界公园等33个单位和刘德慧等39人被授予拥军优属先进单位和先进个人称号；62380部队等19个单位和常桂珍等35人被授予拥政爱民先进单位和先进个人称号。

优抚安置政策进一步落实。继续开展“爱心献功臣行动”，修改制定了《丰台区优抚对象医疗减免办法》，提高了医疗减免幅度，烈属医疗减免达到100%，其他优抚对象医疗减免幅度提高了10－20%。采取了三级分担的办法，完成了14户农村优抚对象旧房翻建任务。对生活困难的优抚对象拨专款给予了补助。接收安置了军休干部682名（户）、军休职工21名，军休干部的政治和生活待遇得到落实。投资150万元绿化美化军休所环境，投资10万元添置了军休干部活动室文体器材；投资近200万元，为军休干部购买乘座车10台，为2065名军休干部办理了老年优待证。出台了《丰台区安置城镇退伍士兵暂行办法》，安置复员退伍战士288名，发放退役士兵待安置期间的生活补助和自谋职业一次性补助金75万元（其中自谋职业补助金50万元），帮助30名退伍战士补习高中课程，为他们创造了就业条件。全区接收安置军转干部134名，安置率达到100%。为解决随军家属就业问题，区投资20万元设立了安置随军家属奖励基金，安置随军家属179名。

拥政爱民工作取得新成效。驻区部队积极参加驻地社会公益事业建设，出动官兵4450多人次，支援重点工程建设10项；在抢险救灾中，抢救群众84人，挽回经济损失136万元；出动官兵1.2万人次，植树11万株，植草坪11.3万平方米；捐资助学59万元；军训大中学生3.6万人。装甲兵技术研究所60名官兵抢救因灰渣山倒塌而遇险的群众，受到广大人民群众的称赞。总后直属分部62380部队130多名官兵为了抢运支援内蒙的救灾物资，主动放弃休息日，清理站台、检查车辆、准备装卸工具，顺利完成了120卡车物资的装车任务。

崇文区

崇文区现有人口43万，驻军单位5个，优抚对象5499人，曾3次被命名为北京市双拥模范区，两次被命名为全国双拥模范城。2000年全区军民认真贯彻落实全国和北京市双拥模范城（县）命名大会精神，开创新路子，完善新法规，实施新方法，取得新成效，双拥工作又有新的发展。

开创新路子。召开庆祝崇文区被评为全国双

座落在崇文区内的天坛

拥模范城暨再创双拥工作新成绩动员大会，明确了全区双拥工作的新任务、新举措和新要求，全区46个拥军优属先进单位、12个拥政爱民先进单位以及51名拥军优属先进个人、11名拥政爱民先进个人受到了表彰，军地6名同志介绍了双拥工作经验。健全宣传网络，加大教育力度。建立以区双拥办公室负责的市民宣传教育点；建立以区武装部负责的民兵宣传教育点；建立以区教委负责的中小学宣传教育点；建立以区委党校负责的全区科以上干部教育点。全年编发宣传教育材料70份，干部群众受教育面达90%以上。区委机关报《新崇文》专门开辟了双拥专栏，先后刊登了双拥经验、信息、研讨文章69篇。完善以社区为龙头的全区优抚对象服务体系，全区优抚对象已全部纳入各社区服务中心电脑系统，采取“双承包”、“综合承包”、“一带一”等服务方式，帮助218户优抚对象基本解决了“三难”问题。建立区双拥领导小组成员与驻区部队挂钩制度，采取定期走访、节日慰问、现场办公等办法，帮助17个基层连队解决工作、训练中的问题近百个。充分发挥军民共建的纽带作用，认真实施“心连心工程”，全区52个军民共建点的共建活动不断深入发展，其中一个共建对子被评为全国军民共建先进单位，6个共建对子被评为北京市军民共建标兵单位，11个共建对子被评为市级先进单位。

完善新法规。修定了《崇文区拥军优属工作若干规定》、《驻区部队拥政爱民准则》、《崇文区双拥工作成员单位职责》等，制定了《崇文区退伍义务兵自谋职业给予一次性经济补偿及待分配期间给予生活补助的暂行办法》、《驻区部队随军家属接收安置暂行办法》等地方性法规文件。为100余名退伍义务兵和随军家属在待分配期间共发放低保金24万余元，发给34名自谋职业义务兵奖励金51万元，为153名退伍战士、13名随军家属安排了工作。响应中央西部大开发的号召，制定了在驻区部队服役的“三北”战士优待政策，全年为“三北”籍服役战士发放奖学金、还乡补助金、无双亲战士救济金等2万元。

实施新方法。为了保证双拥工作在基层得到较好的落实，全区党政军民积极出主意、想办法开辟双拥工作新途径。一是实施“五个一工程”，即双拥领导小组成员每人与一个基层单位挂钩；每人与一户优抚对象挂钩；每人每年抓一个典型；每人每年写一份双拥工作调研报告；每人每月参加一项所在地的双拥活动。二是签定“四定协议”，区双拥办协调辖区内中央、市属及区属企事业单位和驻区部队、优抚对象全部签定“定人、定任务、定目标、定时限”的双拥工作协议书。三是落实“三项内容十条标准”的检查验收制度。三项内容是：宣传教育是否到位；双拥活动内容是否经常；社会效果是否明显。十条标准是：宣传教材齐全；宣传队伍任务明确；受教育面达70%以上；有组织活动次数；群众自发的活动次数；解决问题数量；驻区部队反应；优抚对象意见；人民群众评议；有关领导意见。上半年全区写出双拥工作自查报告49份，10月份区双拥办通过检查评出双拥先进单位15个，达标单位31个，未达标单位3个。

取得新成果。全区318名科以上干部、265名民兵骨干参加“军营一日”活动，12200名职工参加了国防知识问答活动。全区中小学团支部、少先队与驻地218户优抚对象签定了“拥军优属协议书”，实行包户服务。区政府投资60万元，为3户老烈属每家购买一间住房。全区建立家庭病床71张，解决了部分优抚对象看病难问题。驻区部队派出171名官兵，对全区中小学12000名学生进生了军训，并组织1700多名学生到部队营区参观。驻区部队成立扶贫解难小组与218户优抚对象和困难群众签定了帮带协议书，派出1500名官兵，参加天坛公园、龙潭公园美化绿化工程。

海　淀　区

海淀夜景

海淀区现有人口150万，驻军单位145个，优抚对象6.9万人，曾4次被命名为北京市双拥模范区称号，4次被命名为全国双拥模范城称号。2000年，海淀区认真贯彻落实全国和北京市双拥模范城（县）命名大会精神，扎扎实实地开展创建活动，经过军地双方的共同努力，全区的双拥工作迈上了新台阶。

认真贯彻“两会”精神。海淀区在荣获了全国双拥模范城和北京市双拥模范区“四连冠”的光荣称号后，为保持荣誉，再创佳绩，及时召开庆祝大会，传达贯彻“两会”精神，发动全区军民掀起创建新高潮。号召广大军民在双拥工作中要做到“四要”，即：要有高标准、要扎实工作、要知难而进、要勇于创新，同时，驻区部队又召开了拥政爱民工作协调会，对创建活动提出了新的要求。通过传达贯彻会议精神，在全区军民中再次掀起了双拥工作新热潮。

国防教育深入人心。海淀区充分利用军事单位和国防教育基地多的优势，广泛开展了国防和双拥宣传教育，受教育者达16万多人。通过少年军校军训学生10万多人。区、街、乡（镇）普遍开展了“军营一日”和“社会一日”活动，进一步增强了国防观念和双拥意识。为支持部队科技练兵，区四套班子领导组成慰问团慰问了全军科技成果汇报演示活动的官兵，并向参演部队赠送了10万元慰问金和慰问品，鼓舞了参演官兵士气，演习指挥部向海淀区委、区政府赠送“拥军支前模范”匾，并颁发了证书。

军民共建携手并进。军地双方积极开展了争创文明城市、文明村镇、文明行业的“三创建”活动。经军地双方共同努力，有7个共建单位被评为标兵单位、12个共建单位被评为先进单位、8人被评为先进个人。区财政出资15万元继续办好军地两用人才培训班，有2000多名战士参加了学习和技能培训。在开展共建活动中，地方照顾部队子女入托和入学2000多人。

拥军优属成效显著。2000年全区用于双拥、军休安置、优抚专项经费达960多万元。接收军转干部246名，复退军人572名，离退休干部1114名。春节期间，区四套班子领导分别走访了驻军领导机关，慰问了10个基层部队，赠送了价值12万元的现代化办公设备；对在走访中部队希望区政府帮助解决的46个问题，区各有关部门逐一进行了调研，大多数问题已解决。国庆前夕，区财政出资80万元支持驻军进一步搞好“菜篮子”工程建设。区科委积极开展送科技进军营活动，出资5000元购买了科技书籍350册、优良蔬菜品种20多种送到驻区部队。11月，海淀区出台了《海淀区随军家属接收安置暂行办法的补充规定》，补助无工作随军家属生活费、“三险”费79万元。

拥政爱民谱写新篇。驻区部队积极参加环境综合治理和美化绿化工程，先后投入兵力5000人次，动用车辆100多台次，清运垃圾100多吨；在四季青乡“绿谷”、海淀乡“万柳”等工程工地开展了大规模的义务植树活动，共出动兵力4.7万人次，出动车辆1153台次，植树18万株，绿化面积24万平方米，为美化首都、建设海淀做出了贡献。驻区部队主动承担急难险重任务，在支援内蒙受灾工作中，出动了大量人力、物力、资金和车辆运送救灾物资。驻区部队为认真贯彻党中央、国务院关于用10年左右时间把中关村建设成为世界一流科技园区的决策，制定了《驻区部队支援中关村科技园区海淀区建设实施意见》，以实际行动有力地支援了海淀区科技园区的建设。

大兴县

大兴县一角

大兴县现有人口53万，驻军单位28个，有优抚对象1.3万人，曾3次被评为北京市双拥模范县。2000年荣获全国双拥模范县称号后，全县军民团结奋斗，坚持做到了“三不”、“四重”、“五大”，即：评上双拥模范县不骄傲、不满足、不松劲；注重抓教育、抓难点、抓基层、抓典型；形成了大动员、大学习、大调研、大行动、大提高的新局面。

大动员，全县双拥工作掀起高潮。采取多种形式，针对各种不同思想，结合形势任务不断进行广泛深入动员。春节、元旦、“八一”开展了宣传月活动，3月15日全县召开了千人总结表彰动员大会，将全县双拥工作推向了新的高潮。全县以爱国主义为核心、以双拥教育为主要内容的革命传统教育与国防教育常抓不懈，一年中举办专题报告96场，参加人员19200人次，专题广播725次，宣传稿件1380篇，举办专栏板报9400块，登载文稿12360件。

大学习，双拥目标更加明确。重点学习了中央领导在全国双拥模范城（县）命名大会的重要讲话，进一步明确了双拥工作的方向。地方实施“五大工程”，驻县部队发挥“五队作用”，双拥的典型事迹大量涌现，军地互办实事3579件。

大调研，总结探索新思路。先后对随军家属安置、退伍军人安置、国防教育、全县双拥共建状况等进行了调研，通过调研总结了经验，找到了差距，更新了观念，探索了新思路和新办法。全县退伍军人数量大、安置难，县民政局领导深入调研，针对存在问题提出了新措施，落实了城镇户口军人在待分配期间每人每月发放280元生活补助费；对申请自谋职业的城镇退伍军人，每人发给1.5万元鼓励金等办法，使363名退伍军人及时得到安置。为了解决重点优抚对象的“三难”问题，县镇各级领导建立联系点制度，长期帮扶，全年共投资61.2万元，解决“三难”优抚对象884户。

大行动，双拥活动轰轰烈烈。开展双拥“十项系列工程”活动，即：资助贫困生的“青苗工程”、资助残疾人的“温暖工程”、资助老复员军人的“夕阳工程”、关心下岗工人的“爱心工程”、扶持贫困农户的“致富工程”、科技强军的“国防工程”、科技兴农的“小康工程”、科技育人的“园丁工程”、美化环境的“绿色工程”、开荒节源的“资源工程”，全区双拥工作做到了平时有活动，节假日更活跃。

大提高，双拥工作上水平。支持部队建设舍得花力气，全年为部队培训“菜篮子”工程技术骨干285人，支援优质菜苗3.6万余株，送书籍进军营8000多册。部队科技助民活动经常，派出科技宣传队43个，义务咨询4800多人。“三项制度”更加落实，县四套班子领导与驻县部队挂钩制度、县镇每季度分析双拥工作情况制度和领导干部过军事日制度全部落实。“三项安置任务”有突破性的成果，全年共接收安置转业干部25人，安置退役士兵363人，安置率100%。

天 津 市

塘 沽 区

2000年，塘沽区以第四次荣获全国双拥模范城称号为动力，以纪念建军73周年、抗美援朝胜利50周年为契机，广泛深入地开展了双拥共建工作。

宣传教育深入扎实，进一步增强了全区军民的国防观念和双拥意识。年初，塘沽区利用被授予全国双拥模范城称号之机，组织了隆重的迎匾仪式，传达了会议主要精神，部署了双拥工作任务，进一步激发了全区军民做好双拥工作的热情。同时，区政府投资5万元制作了永久性的宣传标牌，并对原有的标牌进行了整修，营造了良好的社会氛围。各单位充分利用墙报、板报、广播、电视等多种宣传媒体，开展了形式多样的宣传活动。加强了“大沽炮台”、“万人坑”和“烈士陵园”等爱国主义教育基地建设，更新充实了内容，提高宣传教育效果。在纪念建军73周年时，区委宣传部、武装部、民政局联合举办了内容丰富的双拥晚会，提高了双拥工作的文化品位。在纪念抗美援朝胜利50周年之际，召开了各种类型的座谈会、报告会，慰问抗美援朝老战士，缅怀革命先烈，收到了很好的教育效果。为配合部队做好管理教育工作，9月份，区组成慰问团，赴重庆、昆明等地慰问了塘沽籍战士，鼓励他们争当优秀士兵，守好边防，为家乡人民争光。同时，还召开了欢送驻塘部队退伍老战士大会，感谢他们在服役期间为“第二故乡”所做出的贡献。

动真情办实事，进一步增进了军政军民团结。坚持把动真情办实事作为双拥工作的主线，务实创新，积极探索新形势下双拥工作的途径，做到了动情到位，好事办实，有效地促进了社会发展和部队战斗力的提高。一是做好安置工作。区委、区政府从国防和军队建设的大局出发，把安置工作作为双拥工作的一件大事来抓，各级领导亲自组织协调，各职能部门具体抓落实，各接收单位想方设法克服困难，不讲条件，不讲价钱，保证了安置任务的完成。全区24名转业干部、262名退伍军人和27名随军家属大多数安置在了事业单位或效益较好的企业，做到了接收单位、部队、本人“三满意”。二是抓好解难工程。上下共同努力，较好地解决了驻塘部队在学习、训练、生活等方面的困难。塘沽区水利局主动承担驻军某营水井维修任务，减免修理费用4万余元；区建设工程交易管理中心主动拿出7.7万元，为塘沽部队购置了40套办公桌椅，并修缮营房，改善环境，提高了正规化建设水平；区有关部门出资5万余元，及时解决了海警支队官兵洗澡难问题。三是做好温馨工程。每逢重大节日，街道系统组成“老妈妈洗衣队”为部队官兵洗衣缝被，把温暖送到战士的心坎上；各企事业单位也带上慰问品走访慰问部队；区政协和卫生系统组成医疗小分队深入部队为官兵义诊看病，送去急需药品；团区委坚持送书到连队活动，丰富官兵的文化生活；新村街在春节期间坚持开办拥军年货市场，方便部队官兵和家属购物，体现了深厚的爱兵之情。四是创“三好”工程。在绿化净化塘沽活动中，驻塘部队积极响应政府号召，承担最脏最累的工作，先后出动5000余人次，车辆100多台次，植树万余棵，移树1000余株，多次参加卫生清整活动，清运垃圾数百吨，为塘沽的绿化、美化、净化做出了贡献。驻塘部队捐款10余万元扶贫帮困，为塘沽区教育事业和困难群众奉献一份爱心。

优势互补，进一步推进了军民共建的发展。坚持优势互补，发挥专长的原则，加强了对共建工作的指导。在学校与部队共建活动中开展了“争当优秀士兵，争做三好学生”活动；在企事业单位与部队共建活动中开展了“爱岗敬业，无私奉献”活动；在街道与部队共建活动中突出了“为人民服务，争当文明市民”活动，有力地推动了军民共建活动的开展。驻塘沽区部队把支持社会公益事业作为军民共建的一项重要内容，16个部队帮扶64位孤老、残疾、特困户，实行“一助一”，包户服务，定期给予经济资助、生活服务，让孤老不孤独，身残有人帮。据不完全统计，全年驻塘部队走访慰问共计5100人次，送去生活物品3万余件，现金2.5万余元，有力地促进了塘沽区社会公益事业的发展。全区广泛开展了“拥军进军营，爱民到社区”的活动。将居委会党的建设纳入军民共建内容。“八一”前夕，驻塘部队选派30名思想好、素质高的干部到居委会担任义务指导员，帮助居委会搞好社区党建工作，取得了明显效果。

尽心竭力，认真落实优抚政策。年初，由区政府牵头，民政局、财政局、医保局、卫生局等有关部门协商，决定由原渠道解决，超出部分由医保局负责报销，解决了1981年前军队离休、退休老干部看病报销难的问题。下大力做好义务兵家属优待金的统筹工作，共筹集110万元，保证了义务兵家属优待金按时足额兑现。区政府出资16万余元用于在乡老复员军人建房补助和房屋维修，极大地改善了他们的住房条件。

河　西　区

河西区一瞥

2000年，河西区的双拥工作坚持以邓小平理论为指导，着眼基层，狠抓落实，整体水平又上新台阶。

领导重视。各级党政军领导把双拥工作作为政治任务常抓不懈，进一步加大了领导力度。区委、区政府把双拥工作纳入重要议事日程，强化了军民的国防意识和双拥观念。驻区各部队把双拥工作作为加强部队建设的重要内容，精心组织，认真落实。春节和“八一”建军节期间，区五套班子领导走访慰问驻区部队和军烈属、优抚对象。5月23日，区委、区政府主要领导到驻区空军某部训练基地开展“军营一日”活动，并带去慰问品慰问参训官兵。军地双方把双拥工作纳入目标管理，有关部门认真履行职责，齐抓共管，保证了各项任务的落实。

宣传教育广泛深入，营造了浓厚双拥氛围。年初，河西区被命名为全国双拥模范城，并以此为契机，区委、区政府召开了双拥工作模范集体、模范个人命名表彰大会，对全区143个双拥模范集体和158名双拥模范个人进行了表彰奖励，全区的双拥工作掀起一个新的高潮。按照《天津市国防教育条例》要求，认真贯彻《中小学校国防教育纲要》，把国防教育纳入全区中小学教育教学计划，全区军训试点学校、拥军校园、少年军校、少年警校、国防课示范校达到41所。

加大双拥政策法规力度，军地互办实事常抓常新。河西区先后出台了《现役义务兵军功奖励规定》、《优抚对象抚恤补助标准自然增长机制实施意见》、《扩大义务兵家属优待金社会统筹范围规定》等地方性行政法规。区各单位紧紧围绕支持部队的现代化建设做文章。区有线电视台为驻区所有基层连队免费安装有线电视。“八一”期间，区委、区政府领导为驻区部队送去价值5万多元的冰柜、消毒柜等慰问品，大幅减免了部队营建配套费，对集中供热区域中的重点优抚对象减免安装、供热费65%。区双拥办把安置随军家属工作延伸到做好百名军属转岗、下岗再就业工作上来，召开由有关部门领导参加的随军家属安置协调会，年内共安置近20名随军家属上岗，解决了驻区部队40余名干部子女的入学入托问题。开展智力拥军，为驻区部队官兵和退伍军人举办了军地两用人才计算机培训班。在军队离退休老干部中开展了“走出庭院、融入社区”活动，受到了国家民政部的好评。驻区部队先后出动官兵8000多人次，车辆800台次，投入42300多个劳动日，积极参加天津市废墙子河改造工程。共派出义务辅导员183人次，协助驻区41所中小学开展国防教育，帮助天津师范大学、天津财经学院、天津轻工学院、外语学院等大专院校完成军训任务，受训学生1万余名。驻区空军某部协助驻地马场街13个居委会开展了争创先进党支部活动。武警部队和其他驻区部队在驻地工厂、小区组成军警民联防队，有力地维护了社区稳定。

和　平　区

天津市和平区全景图

和平区是天津市商贸、教育和文化发达的中心城区。2000年初，和平区第4次荣获全国双拥模范城称号后，广大军民在双拥工作领域坚持发展社会生产力与提高部队战斗力相统一的思路，政府行为与社会行为相统一的运行机制，奋发进取，开拓创新，双拥工作又有新的发展和提高。

区委、区政府始终把双拥工作作为促进社会发展和经济建设的重要政治任务，纳入“十五”经济社会发展总体规划、精神文明建设规划和政务目标管理，实行党政首长任期责任制，党政首长对职责范围内的双拥工作负全责。逐步建立完善了一系列双拥工作制度规章，以行政和法律手段规范各级党委和社会各界的双拥工作责任和义务，推动双拥工作健康发展。完善了组织指导、宣传教育、社会服务三大组织网络建设，规范了基层军民岗位双拥责任与义务，营造双拥社会氛围，极大地调动了广大军民支持参与双拥工作的热情和积极性。

针对转业干部、退役士兵、随军家属安置难的实际问题，坚持从讲政治高度认识并做好优抚安置工作，按照政府指令性安置与社会开发性安置相结合、政策安置与货币化安置相结合的新机制，安置渠道得以进一步拓展。全年接收安置军队转业干部7名、退伍军人196名、随军家属18名，150余名部队干部子女在重点中小学受到良好教育。在建立抚恤补助标准自然增长机制上进行了大胆的尝试，先后3次调整抚恤补助标准，抚恤补助标准与经济发展同步提高。按照重点与一般相结合的原则，动员社会力量，对1200余名优抚对象实行了承包服务。充分发挥地方教育、科技、文化资源优势，为部队送人才、送技术、送书刊，巩固完善“军地两用人才”培训基地、军营图书馆、微机室建设，把重点放在官兵综合素质的提高上，下大力解决官兵知识更新、学历教育、高新技术掌握和技能资格确认方面的实际问题，提高了双拥工作知识层次，增加了科技含量。年内投入240余万元支持部队建设，为军休干部和优抚对象报医药费近200万元，解决老红军、伤残军人住房困难20余万元，建立拥军优属保障基金40余万元。辖区内的文化、商业、医疗、服务等窗口行业对军人实行优先优惠服务，军队离退休干部和优抚对象享受到良好的精神和物质生活待遇，社会各界和人民群众通过各种形式，为改善官兵们的物质文化生活做了大量卓有成效的工作。

驻和平区部队官兵“视驻地为故乡，视人民为父母”，热情支持并参与全区两个文明建设。警备区官兵捐款2万余元资助滨江中学“宏志班”学生完成学业；海军航保部发挥政治工作优势，选派干部深入驻地，参与文明示范社区创建活动，救助了社区内的10名特困生；全区近70个军民共建点和军民共建区域成为精神文明建设的坚强阵地；消防部队官兵公开向全社会承诺，主动承担救急、救险等求助任务，为群众解难数百件，救助群众上千人次，全区60余户困难烈军属、残疾人和孤老户受到驻区部队官兵的悉心关照。一年来，驻区部队及民兵预备役部队先后派出兵力近5000人次，车辆、机械130余台次，参加墙子河清淤、和平路商业街改造工程和市容综治“畅通”工程。在抢险救灾中，主动承担了急难险重任务，全年为地方单位和人民群众排险解难近千起，抢救并保护国家和群众财产420余万元。

东丽区

东丽区掠影

2000年，东丽区以争创高标准的全国双拥模范城为动力，以发展社会生产力、提高部队战斗力、增强军民凝聚力为宗旨，大力开展各项活动，双拥工作取得了新成绩。

加大宣传教育力度，营造良好的双拥氛围。区政府召开了双拥模范集体和个人表彰会，编辑出版了1000册《双拥》专刊。区双拥办举办了两次“双拥成果图片展览”，重新修整了横跨津塘公路的永久性双拥标语牌。为纪念志愿军抗美援朝出国作战50周年，区宣传部和区双拥办共同组织召开了由参加过抗美援朝的老复员军人代表参加的座谈会，并与机关党委联合召开了有600多人参加的“军地英模事迹报告会”。区武装部组织了大规模的《兵役法》宣传活动。区广播电视局牵头摄制播发了全区各单位双拥工作的专题片，制作了“拥军”专题片。区教育局组织了国防知识竞赛和军训成果汇报演出。各镇、街、乡利用广播、橱窗、板报、标语等多种方式对广大群众进行国防和双拥传统教育。

落实优抚政策，不断提高优抚保障水平。先后两次为部分优抚对象调整了抚恤补助标准。圆满完成了城镇义务兵家属优待金的社会统筹工作，共筹款517620元，比去年增长40%。城镇义务兵家属优待金达2000元。年内农村义务兵家属优待金兑现总额为1907500元，人均5450元，比上一年增长9.1%。出台了《东丽区优抚对象医疗费管理使用办法》，全区为优抚对象支出医疗费用140万元。出台了《关于随军家属就业安置的暂行规定》，使随军家属的安置工作走上了规范化轨道。积极妥善安置退役士兵，全年共接收退伍军人224名，其中城镇退役士兵119名，回乡退伍军人105名。完成了30名进藏义务兵预先安置工作。区属各部门、各单位积极为“三老”优抚对象解决实际困难。区、乡、村共筹资75600元，为7户“三老”优抚对象修建房屋24间。无瑕街、大毕庄镇为生活有困难的老复员军人杨瑞起、许平安筹款12500元；一等伤残军人张贵起在住院期间，么六桥乡曾10次派车为其服务，19万多元医疗费全部报销。

加大军民共建、互办实事力度，不断密切军政军民关系。驻东丽区86655部队官兵与实验小学、消防支队与东丽物价局等单位共签订了15份共建协议，并规范了共建内容。开展了“送科技进军营”活动。举办了驻区部队干部微机培训班，组织驻区农场部队干部参观了农业高科技园区和畜牧示范点，组织有关部门送科技图书进军营，帮助驻区86655部队培训了2名图书管理员，为部队赠送科技书籍400册。开展了“送欢乐进军营”活动。八一期间，区双拥办与区文化局联合组织专业演员深入部队，为500余名官兵演出了精彩的文艺节目。开展了“送法律知识进军营”活动。区司法局等部门组织人员深入86655等部队进行《刑法》、《合同法》的宣传。开展了“送健康进军营”活动。区卫生局组织专业医务人员深入区武装部、消防支队等部队的70多名官兵进行体检。开展了“送用品进军营”活动。区政府和有关部门为部队送去了空调、彩电、冷藏柜、电脑、传真机、饮水机、科技书籍、乒乓球案等办公、生活文体用品。开展了“送服务进军营”活动。区工商局组织7个拥军义务服务小分队深入部队为官兵们理发、修理电器、裁剪服装；煤建基层商店为驻区86655部队赶制优质蜂窝煤；区建委为武装部、86655等部队绿化营区面积达1900平方米，改善了部队的生活环境。驻东丽区部队积极参加地方经济建设。驻区17支部队出动500人次参加了军民共植“双拥林”活动，并与驻地35个贫困家庭、21名贫困学生结成扶贫帮困对子。86655部队出动50名官兵，参加了墙子河的清淤工程。6月28日，当驻区部队得知驻地政府筹集扶贫基金时，官兵们积极捐款10000元，在驻地树立了良好的文明之师形象。

武清区

武清县城区概貌

2000年，武清区委、区政府按照“发扬成绩，乘势而上，推进武清双拥工作整体水平”的要求，创造性地开展双拥工作，进一步巩固和发展了军政军民团结的大好局面。

军民双拥意识进一步增强。被评为全国双拥模范城后，区委、区政府和驻军动员全区军民把荣誉当起点，以命名为动力，在创新上做文章，在务实上下功夫，双拥工作做到“四纳入”：一是纳入全区两个文明建设的总体规划，与各项事业共同发展；纳入军地年度工作要点和工作报告，与政治、军事、经济、文化等工作一起抓；纳入军地各级领导目标管理责任制，与检查评比及奖惩挂钩一起考核；纳入人大、政协工作规划，与解决属地重大事项和视察双拥工作同步组织。列入了五项计划：即列入区级干部党校培训计划、民兵教育训练计划、中小学生教育计划、农村思想教育计划和部队政治教育计划。先后使用双拥建设资金982万元，建起了退伍军人培训中心、武清革命斗争史展馆及陵园等，弘扬了“抗洪勇士”齐小军和某部队教导员庄政的先进事迹，极大地激发了武清人民和广大指战员做好双拥工作的热情。

突出重点，“三老”“三难”得到妥善解决。实施“双百扶优”工程，解决生活难。采取政府牵头、党政干部带头，百干进百家、百家结百亲的有效措施，带动部队和社会各界以多种形式对“三老”实行帮扶，使双百优抚对象脱贫奔小康。区财政每年递增支出100万元，建立抚恤补助标准自然增长机制，使优抚对象生活水准达到或高于当地人均水平。实施安居工程，解决住房难。采取区里补一点、乡镇拿一点、村里帮一点、赡养人出一点的办法，筹措资金522万元，为290户“三老”修建房屋827间，实现了“三老”没有无房户和危房户。实施康复工程，解决医疗难。区政府出台了《武清“三老”优抚对象医疗费补助管理办法》，驻军部队制定了《武清驻军医疗单位便民服务暂行办法》，较好地解决了“三老”医疗难问题。

积极探索优抚安置工作新途径。建立了优待金社会统筹制度，提高优抚保障能力。筹措城镇、农村义务兵家属优待金1200多万元，保证了义务兵家属优待金按时足额发放。军转干部、退役士兵安置实现了公开、公平、公正分配，实现依法安置。双拥政策法规建设初见成效。先后出台了《武清拥军优属暂行规定》、《武清驻军遵守群众纪律暂行规定》等12个计178条规定和办法，使全区双拥工作基本步入了规范化、制度化轨道。

军地双方互办实事，“两力”得到提高。全区军民紧紧围绕提高社会生产力和部队战斗力做好双拥工作。地方先后为驻军部队翻修主干路25.046千米，并为14046平方米的机场道安装路灯；为官兵培训初、中级计算机人才300多人，法律中专生、大专生1103人，辅导军校考生500人，培训两用人才4000多人，解决军人子女入学入托264人；投资88万元，为驻军安装了具有电化教学功能的有线电视网络和14部IC电话，赠送VCD机、电视机、洗衣机、空调等165台(件)、科技图书3万余册，解决资金20余万元。驻军出动官兵1.3万人次，车辆3千台次，为驻地农民开发农田实验基地200亩，为驻地党校赠图书5000余册，支持资金近10万元。军地双方开展了思想共建、治安共建、科技共建、扶贫解困等多种形式的共建活动。全区涌现出一个市级标兵单位、六个市级先进单位、38个区级先进单位，52854部队警卫连与南楼派出所共建对子，被天津市委、市人民政府、天津警备区授予“军民共建精神文明标兵单位”。

河 东 区

河东区全貌

2000年，河东区双拥工作在区委、区政府的领导下，紧紧围绕地方和部队建设的中心任务，不断研究新形势双拥工作出现的新情况和新问题，加大工作力度，促进了地方经济发展和部队的全面建设。

区委、区政府坚持把双拥宣传教育作为一项基础性工作常抓不懈。一是健全双拥宣传教育网络。各系统、各单位和驻区各部队结合自身实际，发挥各自优势，实现了双拥宣传教育的“四个纳入”，双拥教育深入人心。二是广泛进行双拥宣传教育活动。结合纪念抗美援朝五十周年，各单位、驻区各部队都以各种形式展开宣传，区有线电视台、河东报专门开辟专栏宣传全区纪念活动。三是采取多种形式开展双拥活动。如“八一”前夕举办大型军民联欢晚会，讴歌军民团结的鱼水情谊，组织“迎国庆军地书画展”，展示了全区军民共同奋进的风采。文化、教育等部门还组织多支文艺小分队深入部队慰问演出，进行联谊活动，进一步增强了全区军民的双拥意识和国防观念。

为了做好拥军优属工作，全区实施了“三个系统工程”。一是安置工程。在解决随军家属就业问题上，采取政府干预、指令性包干安置与发动社会力量，广开门路拓宽随军家属就业渠道相结合的方法，使63名随军家属走上了工作岗位。二是解困工程。全区有关部门深入部队现场办公，对部队训练、工作、生活中的实际困难，由区双拥办积极协调有关部门，限期解决。三是温馨工程。全区各系统、各单位结合自己行业特点，深入部队办实事。八一期间，区妇联组织“老妈妈拥军服务小分队”，为部队战士缝衣服、洗被褥。区文化部门为武警某师、消防支队赠书4000余册，为干休所等6个部队建立集体借阅点；为解决部队干部后顾之忧，区教委系统为部队解决450名的子女上学问题。据统计，全区各系统走访慰问驻区部队赠送纪念品（物）约40余万元。在爱心献功臣行动中，全区共筹集200余万元，解决了烈属、在乡伤残军人和军休干部的医药费问题。

军民共建取得新成果。全区街道办事处在合并调整后，对235个双拥共建点进行了调整，对双方的义务职责进行了重新明确，目前189个军民共建点活动经常，以共建促发展。地方主动为部队培养文艺骨干、为官兵辅导文化课、作报告。

驻区部队先后为天津音乐学院、立达职专、三毛艺术学校等单位军训学生两万多人次，派出辅导员800多名，到地方作报告48场，受教育人数达到25000多人次，同时接待地方来访、参观5000人次，收到了很好的效果。

驻区部队积极支持地方的经济建设。全年共出动兵力7800多人次，车辆712台次，先后参加了“北水南调”工程、墙子河工程、静海县植树造林等重点项目建设。筹集40多万元帮助驻区解决困难120多件次，军训学生2万多人次。为驻区群众看病5050多人次，减免药费25000多元。向地方转让科技成果14项。在公益活动中驻区军事交通学院、武警某师、北京军区联勤部在支援灾区母亲河行动、希望工程等公益事业捐款55万余元。

河　北　区

河北区街景

河北区地处天津市北部，人口60万，驻军单位18个，有重点优抚对象3000余人。2000年1月被授予全国双拥模范城称号。命名后，全区军民按照“乘势而上，开拓创新，全面上水平”的工作思路，紧紧围绕增强经济实力、国防实力和民族凝聚力的工作要求，着眼研究新情况，解决新问题，双拥工作取得新的成绩。

切实加强领导。区委、区政府及时充实调整了区双拥工作领导小组及其成员单位，重新修订了《河北区议军制度》等15个规范性文件，实行了双拥工作目标责任制和“一把手”工程。“八一”、春节期间，区委、区政府主要领导亲自带队到优抚对象家中和部队进行走访慰问，并现场办公，解决各种实际问题。

营造双拥氛围。利用1月和7月河北区法定的“双拥宣传服务活动月”的有利时机，两次在中山路繁华路段举行了大型双拥宣传服务活动，展出双拥图片232幅、板报235块、悬挂标语390条，参加人数上万人。举行了王贵武双拥事迹报告会，进一步宣传了一大批双拥工作先进典型。

大力开展拥军优属工作。区双拥办和文化局共同出资，建立了天津市首家基层连队流动图书馆。为全区12个基层连队配备了微机。在区教育局和中山涉外职专的大力支持下，为总参测绘大队基层连队建立了文化补习中心。为部分基层连队配置了台球桌，活跃了基层连队业余文化生活。出台了《河北区关于现役军官家属就业的暂行规定》，安置了25名随军家属，并为34名随军家属发放了每月150元的生活补助费。保证了转业干部、退伍军人、军队离退休干部接收安置率达到100%，并在军队离退休干部中开展了“走出庭院，融入社区”的工作。全面解决了优抚对象生活难、住房难和就医难等问题。为520余名优抚对象发放了医疗优待卡，为500余名伤残军人换发了新证。投资100余万元，为驻区部队修缮了营房。

驻区部队大力支持地方两个文明建设。武警二支队六中队在烈属中开展的为烈士尽孝、替战友分忧的“双认亲”活动。积极参加了市政府畅通工程，共出动车辆200余台次，人员1000余人次，拆除违章建筑300余间，为地方经济建设做出了贡献。

蓟　县

2000年，蓟县被命名为全国双拥模范县后，全县党政军民紧紧围绕双拥工作再上水平的总体目标，加大工作力度，使双拥工作在已有的基础上取得新的进展。

蓟县概貌

双拥宣传教育更加深入，军民共建活动向纵深发展。集中开展了以“发扬争创精神，推动双拥工作上水平”为主题的宣传教育活动。通过纪念中国人民志愿军抗美援朝出国作战50周年，对军民进行了生动的爱国主义和革命英雄主义教育。开展了在烈士纪念碑前举行入党宣誓仪式、中小学生国防知识竞赛、个体工商户“为贫困优抚对象献爱心”、“把人民当父母，视驻地为故乡”的宗旨教育等活动，增强了广大军民的双拥观念。在广泛进行宣传的同时，军民共建活动向纵深发展，全县130多个军民共建对子全部建立健全了军民共建公约，在保持传统共建活动的基础上，充实和深化了文化科技强军、建设小康示范村等共建内容。

军地互办实事，双拥活动广泛开展。地方各级组织共投入100余万元为部队修筑训练路6公里；安排随军家属就业12名，现役军人子女入学入托146人，减免费用12万元；投资6000元为66218部队哨所安装了有线电视；发挥全县13个军地两用人才培训基地的作用，开展智力拥军，为部队免费培训官兵300人；经过县乡两级精心组织，顺利完成45名防空学生预备役征集工作，预备役专业对口率高，素质好且无一退兵。8月至10月底，某集团军进行战役演习，县委专门成立了由有关部门参加的“保障演习工作领导小组”，对部队演习提供全方位的保障。各有关部门会同演习“落弹区”所涉乡党委、政府积极做好群众撤离、善后问题调查处理等工作。演习中，部队官兵在乡村干部的配合下，坚守落弹区看护人民群众财产；演习后，部队每天出动几百名官兵查寻和排除哑弹，确保人民群众的生命和财产安全，整个演习过程再现了“军爱民、民拥军、军民鱼水亲”的动人情景。为演习服务的光缆横穿县内90公里，施工时，所涉乡村无偿为部队提供住宿、运输、水电等方便，群众无偿自愿挖掉施工范围内的果树150余棵、农作物405亩，同时还自发组织起来，带着慰问品慰问官兵。驻蓟部队充分发挥特有优势，积极参加地方重点工程建设，共出动兵力10000人次，车辆300余台次，为驻地的经济和社会发展做出了重要贡献。

落实优抚安置政策。提高了城镇义务兵家属优待金标准，从原每户每年1344元调至1500元。县委、县政府在开展包扶贫困户活动中，对84户贫困优抚对象进行了救助和救济。在“爱心献功臣行动”中，县卫生局为174户贫困优抚对象发放医疗“优惠卡”，减免医疗费。全年接收退役士兵528名，并本着公开、公正、公平、择优的原则，对194名转业士官和城镇退伍义务兵进行了妥善安置。接收安置转业干部27名，军队退休人员12名。同时进一步加大了政策落实的督查力度，对全县拥军优属政策的落实情况进行了全面检查。

河北省

石家庄市

石家庄市一隅

2000年，石家庄市的双拥工作以创建全国双拥模范城为载体，认真实施“双六工程”和开展“双三好”活动，取得了明显成效。

动真情，献爱心。驻军部队和武警官兵积极参加了“八一林”、“二环路生态林”和民心河清淤等10余项重点工程建设。在扶贫帮困工作中，共为贫困地区捐赠资金及物资折款110万元。在“希望工程”建设中，捐款30多万元，帮助610多名贫困儿童重返课堂。在抢险救灾行动中，出动官兵6000多名，抢险救灾10多次，为灾区捐款100多万元。开展了军民共建文明社区、文明村镇、文明行业活动，协同共建单位开办党的路线、方针政策、法律、科学文化补习班30多期，受教育群众达6万多人次，军训学生、职工10万多人次。

办实事，求实效。千方百计为部队解决水、电、粮油、燃料、日常供应及战备、训练等方面的问题，先后为部队办实事20多件。市委、市政府把科技拥军纳入科教兴市的重要内容，作为全年双拥工作的重点，成立了由主管副书记任组长的市科技拥军共建领导小组，召开了全市科技拥军工作会议，促成了20个军地单位结成了共建对子，迅速在全市掀起了科技拥军活动的高潮。共举办计算机、实用技术培训班20期，培训官兵780余人，赠送科技图书、计算机、电视机等价值20余万元。

抓重点，攻难点。针对当前优抚安置政策落实难问题，采取有力措施，制定并出台了关于建立优抚对象抚恤补助标准自然增长机制的文件，进一步完善了优抚保障体系；组织了退役士兵安置供需见面、双向选择洽谈会，首次向17个非国有经济单位和私营企业下达了安置计划，进一步拓宽了士兵安置渠道，4409名城镇退役士兵得到妥善安置；军队离退休干部两个待遇得到全面落实，接收军队离退休干部315名，全面完成任务；接收安置军转干部1200名，随调随迁配偶260名。

抓教育，重宣传。进一步落实了《国防法》和《河北省国防教育条例》，广泛开展了国防教育活动。全市25所县级以上学校都开设了国防教育课。同时经常组织党政机关干部到军营开展“军营一日”活动。开展了评选“好军嫂、好母亲”活动。全市180多所少年军校、少年炮校、少年警校共举办各类培训班400余期，培训学生18000余人。各级新闻媒体进一步加大了双拥工作的宣传力度，开辟了双拥专栏或专题节目，广泛深入开展了双拥宣传月活动。

抓基层，重创建。各级党委、政府把创建双拥模范城活动当作加强军政军民团结、维护社会稳定的大事列入了重要议事日程，坚持主要领导亲自抓。各县（市）、区把创建国家或省级双拥模范城（县）作为自己的争创目标。基层普遍成立了双拥服务组织，并积极开展活动，办了大量好事、实事。加强了对双拥模范城（县）的动态管理，对双拥模范城（县、区）重新进行了命名，有18个县（市）区被命名为市级双拥模范城（县、区）。

保 定 市

保定新貌

2000年，保定市认真贯彻落实全国双拥模范城（县）命名大会和省双拥工作会议精神，立足于“唱新戏、出新招、搞大动作”，促进了全市的社会稳定和经济发展。

深入开展科技拥军活动。为更好地配合科技强军战略的实施，保定市加大了科技拥军力度。“八一”前夕，市双拥工作领导小组下发了《关于在全市广泛开展科技拥军活动的通知》，保定市委党校、河北大学等高等院校对此给予高度重视，积极与部队联系，利用自己的教学设备、师资力量无偿为部队培训人才。同时，其他各中专、技校也为官兵开办了烹饪、家电维修、汽车驾驶等两用人才培训班，全市共为部队培养各类人才达2800余人。市政府为驻保部队赠送了微机15台，所属各县（市）区为驻军赠送科技类图书4800余册。妥善处理了军地历史遗留问题。军地双方本着尊重历史，正视现实，支持部队建设，照顾群众实际困难的原则，圆满解决了武警8640部队与望都、清苑两县的土地纠纷问题。

驻保部队积极支援地方经济建设。51034部队大力实施扶贫攻坚“一二三四”工程（即为驻地修一条路，建两个高水平乡级卫生院，建三所好学校和养老院，开发四个林果基地）。3月30日，51036部队首长率领机关和医院工作人员，为对口帮扶的阜平县王林口乡送去5.7万元现金和价值20余万元物资，并与该乡签订了长期扶贫共建协议。同时出动机械车辆为乡中学平整操场1000平方米，修路300多米。组织20名爆破手，为该乡爆破松土近万亩。驻定州武警8640部队为革命老区阜平县的优抚门诊送去了近万元的各种医疗器械及常用药品。

巩固、扩大“光荣工程”成果。在基本解决重点优抚对象生活难、住房难的基础上，着重在解决治病难上狠下功夫，总结推广了涞水、阜平两县建立优抚门诊、定点诊治、集中管理的办法，全市为优抚对象解决治病难资金200余万元。在充分调查研究的基础上，市政府制定出台了《关于在全市建立优抚对象抚恤补助标准自然增长机制的意见》，使广大优抚对象的生活水平与当地群众的生活水平同步提高。强化了依法落实义务兵家属优待政策的监督，与市政府办公室联合抽查了部分县（市）的优待金落实情况，维护了优抚对象的权益。

积极推进城镇退役士兵安置改革。在广泛征求部队和用人单位意见的基础上，积极探索安置工作改革思路，规范安置程序，坚持公开、公平、公正原则，采取“实绩考核，双向选择、择优分配、保底安置”的方法，接收退役士兵7379人，安置城镇士兵4126人，圆满完成了退伍安置任务。

邯 郸 市

邯郸街景

2000年，邯郸市的双拥工作以党的十五大和十五届五中全会精神为指导，认真贯彻落实全国和省双拥工作会议精神，以完善双拥优抚制度为核心，以落实各项优抚政策为重点，大力开展“双三好”和科技拥军活动，继续实施“光荣工程”，取得了可喜成绩。

实施“光荣工程”解“三难”。按照市委连续五年实施“光荣工程”，彻底解决重点优抚对象“三难”问题的要求，市政府下拨“光荣工程”专款163万元，各县继续筹集社会资金70余万元，共积累拥军优属保障基金1500多万元。全市已有15个县（市）解决了“三难”问题。结合纪念抗美援朝出国作战50周年，组织了15名志愿军老战士前往北京、丹东等地观光旅游。

完善法规，建立自然增长机制。为了适应改革开放的新形势，建立优抚对象抚恤补助标准与人民群众的生活水平同步提高的自然增长机制，市政府有关部门抽调人员深入到各县（市）区调研论证，出台了《邯郸市优抚对象抚恤补助优待标准自然增长机制暂行办法》，保证了优抚对象的生活与人民群众的生活同步提高。

开展科技、智力拥军活动。市双拥办、教委等五部门联合下发了《关于广泛开展科技拥军活动的通知》，制定了《邯郸市开展科技拥军活动实施方案》。各大中专院校及科研部门都与驻军结成了科技拥军对子。全国拥军模范刘金鱼投资1100万元，建立了占地35.8亩的光华中学第二校园，学校对现役军人实行免费培训。武安市阳邑西街党支部书记张银柱拿出2万余元为66077部队官兵购置微机、音像设备和科技书籍。市委为军分区、驻邯66075、66077部队和海军某训练基地分别送去34英寸超平彩电一台，丰富了部队官兵的文化生活。

军地双向支持求实效。市政府拨款350万元，为军分区、66075、66077部队修路、打井、安装自来水、安装路灯、美化营区。为武警中队补助经费5000－10000元。全市指令性安排随军家属就业117名，共安置城镇退役士兵3276名，安置军队转业干部369人，解决老干部超支医疗费130万元。驻邯部队在邯郸市的城市绿化美化、北环路建设、滏阳河改道、沁河清淤等工程建设中出动兵力19300人次，车辆1400台次，清运淤泥2.8万余方，驻邯各部队派出460人为地方军训42000人次。

唐 山 市

唐山新貌

2000年，唐山市的双拥工作，认真贯彻落实全国双拥模范城（县）命名大会和省双拥工作会议精神，紧紧围绕改革、发展、稳定的大局，从提高部队战斗力和发展地方生产力出发，积极实施争先创优战略，深入开展双拥宣传和国防教育活动，高标准落实各项优抚安置政策，下大力做好支持部队建设和拥政爱民工作，使全市双拥工作的整体水平进一步提高。

在抓好评选双拥十佳事迹活动的基础上，协助中央电视台、中央人民广播电台、《社会导刊》、《中华英才》等新闻媒体，对“全国拥军优属模范个人”常玉珍进行了多角度、深层次的宣传报道，在全国引起强烈反响。10月，常玉珍因在爱国拥军方面的突出贡献，被授予全国“十大女杰”荣誉称号。

在国防教育中，坚持分类指导，按系统抓落实的原则，对教育系统、工交系统和基层组织的国防教育的开展情况进行了检查评比，表彰了3所党校、26所少年军校、15家企业和15个乡镇。为配合征兵工作，还开展了国防教育宣传月活动，广泛宣传《兵役法》、《国防法》和《征兵工作条例》，增强了全市军民的国防观念。

在优抚安置工作中，出台了建立优抚对象抚恤补助标准自然增长机制的文件，保证了广大优抚对象的生活水平与经济发展水平同步提高。同时还制定了《唐山市光荣院管理暂行办法》。接收退役士兵5379名，转业士官996人，接收农村退伍军人541名，开发使用率91%。市及所属县首次为城镇退役士兵待安置期间发放生活补助费216.53万元。接收第四批军休干部654名，安置57名，完成省下达任务的87.7%。解决了军休干部超支医疗费280万元。2000年共接收军队转业干部555名。

在支持部队建设工作中，将走访慰问与排忧解难结合起来。在“春节”、“八一”期间，共为驻军送去猪肉5000多斤，鲜鱼7000多斤，牛羊肉2000多斤，各类水果10000多斤，微机6台、洗衣机70台，淋浴器20个，消毒柜17个，鞋垫3000多付，拆洗衣被6000多件，理发2000多人次，文艺演出200多场。为配合总参做好战役演习，市领导率领有关部门领导带着20万元慰问金慰问演习部队。市交通局投资70万元将2公里土路修筑成4米宽的沥青油路。玉田、遵化两县（市）不仅认真做好驻训部队的后勤保障工作，而且积极协助驻训部队处理好善后事宜。为支持部队实施科技强军，全市各界根据行业特点，大力开展科技拥军活动，其中市电信局帮助驻军解决了光纤通信施工中的技术难题，为部队现代化建设提供了技术保障。

驻唐各部队继续开展了“三创一助”活动。在市区城市绿化工程中，出动800余人，植树2000多棵。在京沈高速公路绿化工程中，玉田驻军出动300多人，植树5000余棵。各部队积极与营区周围的学校、企业、村庄和机关建立共建关系，创建文明小区20个。各部队还与驻地周围的学校、街道，广泛开展创建模范共建点活动，目前模范军民共建点已发展到300多个。为支持希望工程，驻唐部队向贫困地区失学儿童捐款62400元。此外，还积极投身社会公益事业，为群众义务巡诊437次，治病885人次，义务理发2300多人次，提供技术咨询、致富信息500多条，修理农机具、家用电器、车辆2800多台件。

廊坊市

廊坊市区一瞥

2000年，廊坊市的双拥工作，坚持服务大局，着眼基层，突破重点，狠抓落实的工作思路，圆满地完成了各项工作任务。

组织领导进一步加强。党政军各级领导把双拥工作当作一项长期的政治任务，摆上重要位置，列入重要议事日程。年初召开了全市双拥工作会议，市政府下发了《关于进一步做好优抚政策落实工作的通知》，相继出台了《廊坊市科技拥军实施方案》、《关于进一步开展“双三好”活动的通知》等文件，把双拥工作纳入了廊坊市经济发展和建设的总体规划，纳入了各县（市、区）和市直各单位年度目标综合考核内容，纳入了文明单位评比内容。

双拥宣传教育广泛深入。《廊坊日报》和市县两级广播电台、电视台设置了双拥或国防教育专栏专题节目，全年共发稿600余篇。全市共设置双拥宣传橱窗600多处，刷写标语75000多条，并对30多处永久性标志进行了维修更新，1530多个社会服务窗口统一制作并悬挂了军人、烈军属优先牌和军人存车免费牌。在大力宣传韩淑珍、王万友、赵永清、王洪霞、朱庆芬等一批老典型的同时，又表彰了63个基层双拥先进单位和73名先进个人。国防教育日益规范化、制度化。全市已有国防教育教员和宣传员4000余人，国防教育学校200多所。国防教育纳入了中小学义务教育纲要，形成了以各级党校和中小学为中心的国防教育基地，对党政干部和青少年普遍进行规范化的宣传教育，全市军民的双拥意识和国防观念得到不断深化和加强。

双拥政策法规进一步落实。对农村义务兵家属按照上年度人均生活水平普遍进行了优待，对其他优抚对象分别优待200－500元。全市所属的10个县（市、区）投入的拥军优属保障金已达260万元。市县两级财政共投入优抚资金115万元，使各类优抚对象抚恤定补标准逐步提高。全市重新确定重点优抚对象“三难”户156户，投入解“三难”资金60万元，使优抚对象“三难”问题得到进一步缓解。优抚事业单位建设又有新的发展，全市9所光荣院有6所再次被评为省甲级院。较好地完成军转干部、随军家属和退役士兵的接收安置任务。共接收安置了293名军转干部、88名随军家属、430名退役士兵和军队离退休人员28名。

市委、市政府领导对随军家属安置工作十分重视，2000年指令性安置了163名随军家属就业。11月以来，市委、市政府先后两次慰问参加首都防空演习的驻廊部队和某旅拉练部队官兵，并送去了价值上万元的慰问品。市粮食局积极参与支持军队后勤保障社会化改革，组织成立了市军供粮站，承担了廊坊陆军导弹学院、武警学院、黄金二总队以及北京机械士官学校的主副食供应工作，2000年被评为“全国百佳军供站”。

驻廊部队广泛开展了“驻廊坊，爱廊坊，建廊坊”活动。在5·18河北省经贸洽谈会和9·26中国北方农贸会期间，驻廊坊部队开展了“军民携手、展示河北、发展廊坊”活动，先后出动兵力6000多人次，出动车辆140余台，植树11000余株，投20多万元改造招待所，接待代表团500多人，选派100多人组成青年志愿者担负外事服务活动，出动兵力80多人担负礼兵和治安巡逻任务。向贫困地区和灾区人民献爱心，向失学儿童捐款6万余元，手拉手救助失学儿童30多人，向灾区捐款10万余元。

秦皇岛市

秦皇岛风光

2000年，秦皇岛市各级党委、政府和驻秦部队站在讲政治、讲大局、讲稳定的高度，把双拥工作作为事关国家长治久安和社会稳定的一项战略任务，纳入重要议事日程，主要领导亲自抓，各部门同心协力，形成了上下齐抓共管、全社会共同参与的可喜局面。

年初，市里召开了市双拥工作领导小组会议，总结了1999年双拥工作，提出了新年度双拥工作的思路和任务。在会上举行了秦皇岛市荣获新一届全国双拥模范城揭牌仪式。3月7日，市委、市政府、军分区召开了双拥工作会议，传达贯彻全国双拥模范城（县）命名大会、河北省双拥工作会议精神，部署了全市双拥工作任务，表彰了创建全国双拥模范城工作的88个先进集体和135名先进个人。全市安置了460名转业干部、1410名城镇退伍军人。市委、市政府为部队排忧解难，解除军人的后顾之忧，于7月下达150多名军官家属就业安置指标。10月，市委、市政府和军分区组成慰问团，携带价值10万元的物品慰问参加首都防空演习的部队。在3个多月时间内，地方各级到演习部队驻地慰问达80多次，参与慰问的县以上党政领导100多人次，赠送慰问品价值30多万元。

全市个体私营人员积极参与拥军工作，山海关区个体饭店经理李清江为80名山海关籍新兵印制了背心，价值800元。国庆节前夕，海港区加州活鱼村经理王向东出资近2万元，与市双拥办一起举办了“庆十一金秋双拥联欢会”，请20多名共和国老功臣和20多名武警官兵一起欢庆共和国51周年国庆，收到了良好的社会效果。

大力开展科技拥军活动，投入科技拥军资金22万元，建立科技拥军咨询服务中心和服务站81个，结成科技共建对子40对，为部队官兵开办计算机、种植、养殖、修理等各种培训班49个，培训官兵1559个，为官兵办理借书证1128个，赠送电脑20台，赠送科普图书6000册，有效地促进了驻军官兵文化科技素质的提高，推动了部队科技练兵活动的开展。

注重政策拥军和社会拥军，为部队减免各种费用达4000多万元，各收费公路、旅游景点等对现役军人和军车免收费用达1500万元，全市各部门、行业和人民群众踊跃为部队官兵做好事，培养军地两用人才822人，义务修理电器400多台(件)，拆洗衣被400多件，照顾部队子女就近入学、入托421次，免收借读费20多万元，节日慰问部队物品折款30万元。

驻秦各部队积极主动承担急难险重任务。驻秦各部队先后出动7000人次，机械车辆141台次，参加30公里的国防光缆施工任务。9月4日清晨，京秦高速公路北戴河到秦皇岛段发生一起特大交通事故，死伤24人。驻秦部队紧急动员100余名官兵无偿献血1.66万毫升，圆满完成了此次救死扶伤的任务。先后出动官兵2.7万人次、机械车辆（舰船）1230多台次参加了重点工程建设、抢险救灾等，还为帮扶贫困点投资28.4万元，为灾区捐款118万元，无偿转让科技成果12项，建立军民共建点314个，植树32668棵，种草16980平方米，为地方的改革开放和两个文明建设做出了新的贡献。

承　德　市

2000年，承德市军民继续高举爱国拥军的旗帜，紧紧围绕全党工作的大局，按照“同呼吸、共命运、心连心”的总体要求，抓基层、抓基础、抓特色、抓落实，保持了争创全国双拥模范城的良好势头，军地军政关系密切，“双三好”活动扎实开展，双拥工作整体水平又有新的提高。

承德概貌

各级领导高度重视。年初，承德市第四次荣获全国双拥模范城称号，市委、市政府、军分区和驻承各部队党委始终保持清醒的头脑，认真查找差距，总结经验，研究新时期双拥工作。市委继续坚持常委会议军制度、定期走访制度，解决部队的各种困难。驻承部队党委也认真研究、部署双拥工作，真正形成了军地、军政齐抓共管双拥工作的新局面。

双拥共建活动经常。承德市始终把双拥宣传、国防教育作为深入开展双拥工作的基础，通过市、县、乡三级党校，大、中、小学校，民兵预备役三条主渠道，开设国防教育课，坚持国防教育经常化。通过各种新闻媒介，开办双拥专题、专栏节目，营造浓厚的双拥宣传氛围。举办各种拥军慰问活动，增强人民群众的拥军观念。全市城乡实现了凡有驻军的地方，都结成共建对子开展了军民共建活动，并把共建活动延伸到帮助驻地群众脱贫致富、创建文明单位、文明县城、文明城市的活动之中。

继续实施“光荣工程”。全市各级党委、政府都把继续实施“光荣工程”、落实各项优抚安置政策作为一项重要工作狠抓落实。910名优抚对象的生活难问题得到解决，307户优抚对象的医疗难问题得到缓解。全市在乡老复员军人的定补标准达到月人均80元以上，最高达120元。市政府又出台了《优抚对象抚恤标准自然增长机制》，从制度上保证了优抚对象的生活水平与城乡群众同步提高。

认真开展“双三好”活动。军地双方相互支持，把互办实事、好事作为“双三好”活动的出发点和落脚点，有力地促进了地方生产力和部队战斗力的提高。驻承66169部队集中人力、机械，为国家级贫困县丰宁满族自治县修筑了一条长42公里、宽7.5米的二级公路，为贫困山区群众脱贫致富打开了山门。道路修好之后，沿途村民有62户购置了运输车辆，有50多户发展了奶牛和蔬菜等农业生产，被当地群众赞誉为“爱民路、致富路”。驻军部队与全市党政机关干部、各界群众一起，完成了对避暑山庄内湖区的清淤工程，为保护世界文化遗产做出了积极的贡献。全市认真贯彻执行《承德市拥军优属支援部队建设若干规定》，在继续做好保障部队供水、供电、供热、粮油供应等工作的基础上，对军人子女跨学区入学、免费参观市内各旅游景区等方面给予了更大的优惠照顾。为解决随军家属就业问题，全市总结、推广了滦平县建立“军嫂岗”的就业经验，即在县直各部门筛选出36个经济效益好的工作岗位，规定这些岗位只能安排随军家属就业，其他人员一律不得占用，受到驻承部队的赞扬。

张家口市

塞外山城张家口

2000年，张家口市认真贯彻落实全国双拥模范城（县）命名大会精神，深入开展以国防法律法规为重点的国防教育，切实抓好以“双三好”为主要内容的双拥共建工作，不断巩固和发展军政军民团结的大好局面。

大力加强国防法律法规教育。坚持以国防法律法规教育为重点，以干部、预备役部队和青少年学生三个层次的人员为主线，不断拓宽教育渠道，丰富教育内容。市国防教育领导小组制定了《张家口市公民国防义务守则》，开展了全市国防法规落实情况联查，市人大代表进行了落实国防法规的执法检查。和县区人武部积极协助法院办好了“涉国防案件合议庭”和“维护军人合法权益中心”，运用法律手段维护军人及其家属的合法权益。充分利用新闻媒体开辟国防教育专题节目，积极营造良好的国防教育舆论氛围。

全面落实优抚安置政策。继续实施“光荣工程”，巩固发展解“三难”成果。下拨各类优抚对象抚恤补助金、城镇义务兵家属优待金和在乡老复员军人医疗费补助金共计1390.2万元，全市2万多名优抚对象生活得到有效保障。全市优待农村义务兵家属8360户、优待总金额1297.5万元。各县区组织了慰问活动，重点走访了农村2000多名优抚对象，发放慰问品、慰问金合计20多万元。同时投入260多万元，对3个县的光荣院进行了扩建和改建，大大改善了烈属、伤残军人、复员军人的生活条件。全年共接收退役士兵3763名，安置城镇退伍士兵2225名。接收军转干部389人，其中团职51人，营职145人，连排干部106人，技术干部87人。接收随调随迁家属36人，基本上做到了“部队、单位、本人”三满意。

积极参加扶贫攻坚。驻张部队把帮助张家口人民脱贫致富当作开展“双三好”活动的主要内容。66455部队重视拥政爱民工作，年初专门召开会议进行部署，部队首长亲自带队，参加了110、107国道绿化、防沙治沙工程等9项地方重点工程建设。在扶贫攻坚中投入3.4万个劳动日，出动机械车辆3000多台次，治理荒山荒滩2万多亩，平整农田1万多亩。同时还为灾区捐款33万元，为扶贫工程捐款10万元。省军区为涿鹿县大河南乡的扶贫工作投入资金46万余元。军分区组织发动民兵预备役人员20万人次，造林6000亩，种草2000亩，退耕还草1.2万亩，创建苗木基地1000亩。

做好军事斗争准备服务保障。地方各级党委、政府，牢固树立经济建设和国防建设协调发展的思想，把关心和支持部队建设作为义不容辞的责任，切实当好驻军的"后勤部"。先后为总参在宣化县举行的演习和驻石某部演习途经张家口市提供全方位保障，并送去10余万元的慰问品。市委、市政府和桥东区委、区政府为演练官兵送去慰问品，还积极协调有关单位解决空勤人员家属调动问题，解除演练官兵后顾之忧。

乐 亭 县

乐亭街景

2000年，乐亭县本着"夯实基础、细化内容、着眼长远、更新观念"的工作思路，不断开拓双拥工作的新领域，推进了双拥工作的进一步发展。

拥军优属工作扎实有效。市政府把科技拥军作为全年双拥工作的重点抓紧抓好。投入3万元，协调教育部门在马头营职中为驻乐部队开办了两期微机培训班，共有42名干部、战士接受了为期20天的培训。聘请县知名的农艺师、畜牧师为部队传授种植、养殖技术，有力地支持了部队"菜篮子"工程建设。在军队离退休干部中开展了"我为军旗增光辉"的活动，发挥他们的余热，促进社会主义精神文明建设；结合抗美援朝出国作战50周年纪念活动，组织部分抗美援朝的老同志开了报告会、座谈会，搞了电视专访，缅怀人民志愿军的丰功伟绩。在"八一"前夕，县双拥办组织了全县驻乐部队及各乡、镇双拥办深入到重点优抚对象家中扶贫扶困，解决实际问题。县四套班子领导在"八一"和元旦、春节前，分四组慰问了县内驻军，为部队战士送去了价值5万元的慰问品。

全力保障优抚对象生活。对全县5700名重点优抚对象印发了优抚工作明白卡，卡上注明优抚待遇、补助标准、政策依据、监督联系电话，增加了优抚工作透明度。出台了《乐亭县优抚对象抚恤补助标准自然增长机制》，为提高全县优抚对象的生活水平提供了保障。优抚事业单位建设得到进一步发展。县光荣院的老年公寓于4月投入使用，现在光荣院集供养、康复、娱乐于一体，院办经济年收入5万多元。

拥政爱民气氛活跃。驻乐部队在完成训练、值勤任务的同时，先后为大钊故乡修军民共建路万余米；参加社会公益活动出26000个劳动日；参加抢险救灾500余人次，解救船只20余艘，抢救遇险群众100多人；为当地群众做好事500余件次，义务修理各种农机具和家用电器500余台次，帮耕种400多人次，为群众义务理发1000多人次，为希望工程捐款5万多元。唐山边防检查站在警力少、工作任务重的情况下，克服困难，加班加点，办理外轮监管、签证入港等工作，为京唐港创收200多万元。同时他们和港区学校建立共建关系，并开展便民服务，义务照顾两名孤寡老人6年，受到群众称赞，先后被评为先进边防检查站、市双拥先进单位和全国"青年文明号"。

涉 县

2000年，革命老区涉县继续发扬光荣传统，双拥工作在"创"字上下功夫，立足实际，狠抓各项双拥政策法规的落实，双拥工作整体水平再上新台阶。

双拥宣传深入人心。为进一步增强全县军民

涉县县城全貌

的国防观念，县有线电视台制作了双拥纪录片，并在黄金时段播放；在县城交通要道制作了高标准双拥标志，投资8万元在一座桥上悬挂了长50米的立体大型夜光“全国双拥模范城欢迎您”的醒目标志。在商店、车站、粮店设军人优先标志，为军人提供优先优质服务。县长王社群主编《刘邓在涉县》一书，特邀原中央政治局委员、空军司令员张廷发为该书题词，赠送省、市、军分区和驻涉部队500多套。为总结宣传双拥工作主要成果，县委、县政府组织力量编写了一部约30万字的《谁是爱兵的人》一书，成为全县广大军民喜爱的读物。

优抚政策落实到位。实行优抚对象抚恤标准自然增长机制，全县投入17万元为793名在乡老复员军人提高了定补标准，保障了优抚对象生活水平得到不断提高。在“爱心献功臣行动”中，县财政拿出20万元用于“三老”生活补贴和药费支出。实行县直单位对口帮扶，全县60个单位帮助60户“三老”解决脱困问题。县委、县政府在财力紧张的情况下，下发了两个文件，减免各类优抚对象“三提五统”和“两工”，为每个优抚对象减免了100元摊派。兑现了义务兵家属优待金，优待标准平均达到1800元，更乐镇达到了3000元。加强了光荣院和烈士陵园建设，对光荣院的院容、院貌和基础设施进行了更新配套。

军民共建谋求新发展。县委、县政府关心驻涉部队生活，出资50万元，为人武部翻新了办公楼。投入30万元，为消防队更换了消防车。出资10万元，为武警中队更新了设备。春节、“八一节”期间，县主要领导带着电脑和科技书籍慰问部队，派文艺演出队到部队进行了慰问演出。驻涉部队为老优抚对象送米、送面，打扫卫生等服务；消防中队、县武警中队帮助失学儿童重返校园。

文安县

文安县城概貌

2000年，文安县以“双三好”活动为载体，继续实施“光荣工程”，切实解决双拥工作中的难点和重点问题，推动了双拥工作整体水平的提高。

党政军领导高度重视。县委、县政府领导认真学习各级双拥领导小组的文件精神，先后两次召开各乡镇、县直部门主要领导参加的拥军优属工作会议，出台了《关于开展“双三好”活动的实施意见》、《文安县拥军优属保障金统筹管理施行办法》等文件，成立了“双三好”活动领导小组。县主要领导带领有关部门，深入到武警中队和优抚对象家中，问寒问暖，帮助他们解决生产、生活中的实际问题。一年中，四套班子的主要领导深入到优抚对象家中了解情况，解决实际问题，对拥军优属工作起到了促进作用。

“双三好”活动扎实开展。组织力量加强对“双三好”的跟踪指导，深入开展调查研究。县民政局成立检查组，对全县退伍军人安置情况、优抚政策落实情况和双拥工作情况进行了全面检查，促进了“双三好”活动的开展。在落实好优抚政策方面，进一步加大了措施，保证义务兵家属、在乡伤残军人、“三属”和老复员军人优待面达到100%，确保农村义务兵家属的统筹优待标准与人民生活水平同步增长并及时兑现优待金。农村义务兵家属由1995年的户均优待1050元上升到2000年的3380元。增加财政投入，大幅度提高了复员军人定补标准。县委、政府在2000年度财力十分紧张的情况下，投入资金80多万元，使在乡老复员军人的补助标准达到每月人均135元。建立和规范了拥军优属保障金制度。2000年度全县共筹措拥军优属保障金40万元，全部用于解决优抚对象的特殊困难，提高了他们的经济保障能力。继续实施"一帮一"结对帮扶活动，对70户"三难"对象进一步调查摸底，建立档案，制定出具体的帮扶计划、帮扶措施。年度通过县、乡、村三级帮扶的方法，先后出资9万余元为5户优抚对象修缮或新建住房15间。扎扎实实为部队办实事。投资8万余元为武警中队购置洗衣机、改善洗澡设施及住房条件等，受到官兵们欢迎。通过各种渠道做好文安籍战士的思想工作，稳定了军心。为加强法制建设，维护军人及其家属的合法权益，在4月份成立了维护军人军属合法权益指挥中心，并设立了维护军人合法权益热线电话。在安置难度加大的情况下，强化了政府指令性安置计划，使2000年度的安置率达到了100%，转业军人全部安排到党政机关事业单位，确保了城镇义务兵退伍后的第一次就业。城镇退役士兵在待安置期间享受城镇最低生活保障，并及时足额发放。在做好转退军人安置工作的同时，按政策接收安置好军队离退休人员待遇，实行优质服务。

山西省

太原市

太原市汾河公园一瞥

太原地处山西省中部，东靠太行山，西傍吕梁山，汾河由北向南纵贯市中心。全市辖10个县（区、市），面积6988平方公里，常住人口300多万，驻军单位8个，优抚对象20余万人。2000年，全市军民高举邓小平理论伟大旗帜，"同呼吸、共命运、心连心"不断加大工作力度，双拥工作取得了新的成绩。

锐意创新，不断丰富双拥工作的内容。市委、市政府和驻军领导站在讲大局、讲政治的高度，全面落实各项双拥政策法规。确定了在巩固中提高，在继承中发展，在探索中前进，以提高"两力"为目标的总体思路。在工作的持续性、广泛性、实效性和规范性上不断加大力度，创造性地开展工作。年初，制定了"六个一"工程计划，即：建一座国防园、开辟一个双拥专题专栏、办一份双拥报纸、推出一个双拥典型、办一所国防教育学院、为各中小学增设一名国防教育副校长。同时确定了军地互办的21件实事。为保证各项工作的落实，市双拥工作领导小组组长与各相关部门的领导分别签订了目标责任书，明确任务，落实责任。

立足实际，认真探索双拥工作的新路子。针对市场经济形势下的双拥工作的新特点，全市广大军民在继承发扬优良传统的基础上，求真务实，不断创新，创造性地开展双拥工作，科技双拥、法律拥军、人才拥军等形式不断出现，双拥工作形成了内容丰富、形式多样的良好局面。市双拥领导小组多次召开专题会议，研究部署科技拥军工作，成立了科技拥军服务小组，制定了科技拥军工作实施意见，先后为驻军部队配送微机 86 台。市劳动局还专门举办了随军家属微机培训班。太原理工大学为北京军区选拔培养 60 名全日制本科生、40 名国防定向生，并开设了一个工程硕士研究生班培养高科技人才，为确保部队“打得赢”提供了有力的支持。针对近年来军人军属涉法问题不断增多、军队迫切需要提供法律服务的现实，市双拥领导小组责成司法部门适时成立了维护军人军属合法权益机构，各县区也成立了相应的组织，负责对军人军属涉诉案件的协调和处理，市、区法院专门成立了合议庭，军分区及各人武部成立了法律服务站，为部队和军人军属提供法律咨询服务。

着眼长远，努力实现双拥工作的新突破。以“做文明太原人，当合格子弟兵”为核心，大力开展了“双三好”、“两维护”活动。深入开展“爱心献功臣行动”，不断完善帮助优抚对象脱贫致富的造血工程，“三老”和“三难”问题得到较好解决。军转安置工作实行供需见面、双向选择、政府保底、全部安置的办法，安置率达到 100%。成立了解决下岗随军家属再就业工作领导小组，设立了随军家属再就业服务部，随军家属的再就业问题得到妥善解决。政策法规不断完善，双拥工作已逐步走向法制化、经常化、规范化轨道。出台了《企业双拥工作的若干规定》，对企业双拥工作进行了规范；军民共建的领域不断拓宽，先后有 3 对军民共建对子受到中宣部和解放军总政治部表彰。驻太原部队官兵视驻地为故乡，大力支持地方经济建设和抢险救灾工作，完成重点工程项目达 20 余项，军地互办实事蔚然成风。

大 同 市

塞外古城大同，地处雁门关以北，恒山脚下，是历史文化名城、军事重镇。驻军单位 4 个，辖 4 区 7 县。连续四次被国家民政部、解放军总政治部授予全国双拥模范城称号。2000 年，大同市党政军民紧紧围绕两个文明建设，坚持“巩固、发展、提高”的方针，抓基层、打基础、办实事，双拥工作取得了新成果。

大同市远眺

加大双拥工作领导力度。全市各级党委、政府把双拥工作列入各级领导和有关部门的任期责任制中，同两个文明建设任务目标的落实情况相结合，进行政绩考核和奖惩兑现。开展了一系列的宣传教育活动。全市国防教育、双拥活动场所达到 720 个，产生了较好的社会效益。广泛宣传武警战士徐建港、董志宏勇救 5 名落水儿童的英雄事迹。市委、市政府、军分区联合下发了《关于学习宣传武警战士徐建港、董志宏等英雄事迹的决定》，在全市广大党员干部、团员青年当中掀起了“学英雄事迹，走英雄之路，做英雄之人”的热潮。在双拥宣传上实行专题宣传与经常性竞赛活动相结合，不断强化军民的国防观念和双拥意识。采取多种形式，创新和丰富双拥工作内容，做到双拥宣传全方位、多层次、立体化。加大双拥工作先进典型宣传的力度，以典型引路，掀起争先创优的热潮。

坚持互办实事，双拥共建成效明显。市委、市政府组织有关部门领导，多次深入部队走访，征求部队意见，坚持特事特办，着力解决好部队建设中遇到的热点难点问题。共发放驻军的各种补贴达 1000 余万元。无偿为部队解决生产、生活用地 210 亩，提供各种材料设备折价 25 万元，提供技术服务 620 人次，解决城镇军属住房 87 户，照顾部队子女入学、入托 492 人，为军属调换工种 351 人。安排下岗随军家属再就业 31 名。对部队解决参观景点乘车免费作了明确规定。充分发挥军民共建单位的作用，把科技拥军活动引向群众、引向基层。30多个单位的装甲、动力、电脑、通讯、系统学、应用学、激光、超导、热核以及种植、养殖专家，深入到部队的练兵场、电教室、电脑房和大棚等，广泛地开展科技拥军活动。一年来，驻军为支援地方经济建设做出了突出贡献。帮助地方完成重点工程建设3项、帮助修路25公里、兴建绿化工程920亩、农田水利基本建设1200亩、参加公益事业6项。组成学雷锋小组便民服务队，深入街头、车站开展为民服务200余次。

认真落实优抚安置政策。市委、市政府把优抚安置工作做为推进双拥工作的“重头戏”来抓，千方百计地解决全市优抚对象在生产、生活、医疗、住房等方面的困难。全市共发放优抚经费380万元。保证了优待金发放的定期、足额、到户，优待面达100%。城镇义务兵优待按照已定的办法统筹资金，各县（区）兑现率达100%。对生活在农村的优抚对象的生活、就医、住房等困难，各级民政部门发动社会的力量，在人力、物力、财力上给予及时帮助。共为优抚对象解决粮食3.6万公斤，对不享受公费医疗的优抚对象拿出10余万元给予补助。共接收军队转业干部240人、转业士官和退役士兵3245人，城镇退役士兵全部得到安置，第一次就业率达100%。

侯　马　市

侯马市概貌

侯马市地处山西南部，是以商贸、轻工为主的交通枢纽城市，辖3个乡、5个街道办事处，总人口21万。现有驻军单位8个。先后三次荣获全国双拥模范城称号。2000年，侯马市党政军民紧密协作，群众的双拥热情空前高涨，全市的双拥工作又迈上了新台阶。

加强领导，积极探索双拥工作的新途径。为保证双拥工作的健康开展，调整充实了党、政、军三位一体的双拥工作领导小组，做到了机构、人员、经费三落实，对双拥工作实行统一规划、统一部署。市双拥机构努力加强自身建设，增强责任感和使命感，积极探索搞好双拥工作的新途径，并主动与驻侯部队取得联系，定期召开双拥工作经验交流研讨会，加强双拥政策法规和制度的建设。全年共编发双拥简报36期，出台有关双拥文件8份，先后在《山西日报》、《山西民政》等刊物上发表双拥文章23篇，进一步浓厚双拥社会气氛。

建立健全组织机构和服务体系，推进双拥工作的法制化。全市有军民共建点84个，建立基层双拥组织机构298个，建立拥军优属责任区76个，完善为军人和优抚对象服务的各种服务中心18个，建立便民服务队（组）118个，形成了党、政、军三位一体抓双拥工作的局面。全市对现役军人、伤残军人执行“四项免费”的规定（即在“五一”、“八一”节、元旦、春节期间，现役军人、伤残军人、军队离退休干部，乘坐市内公共汽车一律免费；军车在市内停放一律免费；军人在市区内存放自行车一律免费；游览公园一律免费）。对优抚对象、驻军和军属建立了“五个服务中心”（即以火车站、汽车站为依托，建立“军人交通服务中心”；以军供粮店为依托，建立“军人购粮油服务中心”；以人民商场、五一百货大楼为依托，建立“军人购物服务中心”；以市第一人民医院为依托，建立“优抚对象医疗服务中心”；以邮电局、邮政局为依托，建立“军人邮寄服务中心”）。同时对已经建立健全的“六个服务体系”（即以民政、劳动、人事、计委为主的复转军人安置服务体系；以教育、卫生为主的社会服务体系；

以粮食、商业、供销为主的供给服务体系；以城建、民政、土地管理为主的建设服务体系；以宣传、教育、文化等为主的文化服务体系；以金融、税务、工商、保险为主的保障服务体系）。做到了“四个保证”和“两个优先”。即：民政部门要保证优抚政策的落实；教育部门要保证军人子女全部就近入托上学；劳动人事部门要保证城镇户口军人家属就业；政法部门要保证军人和军属的合法权益不受侵害；工商部门要优先为军属办理营业执照；金融部门要优先为军属的合法经营提供贷款。下发了《关于对全市城镇优抚对象优待金实行社会统筹的通知》，出台了《关于对侯马籍战士被评为优秀士兵的奖励办法》，双拥工作进一步走上规范化、法制化的轨道。

多办实事见实效，军地双向作奉献。全市有各类优抚对象763人，优抚金统筹做到了无遗漏、无差错、无拖欠、无死角。全年共安置军队转业干部35名，其中团职5名，营职12名，连职11名，技术干部7名，达到了部队、本人、单位“三满意”。安置16名随军家属就业、接收28名军属子女入学入托。驻军部队视驻地为故乡，视群众为亲人，在抢险救灾和城市环境治理中作出突出贡献。在开展军民共建活动中建成了一批双拥形象工程。大运路绿化工程、紫金山绿化工程、温泉开发工程、新田路建设工程、汾河大坝建设等都是军地双方团结奋斗的结果，都凝聚着军民团结奋斗的共同作战的汗水。军地双方相互支持、相互帮助、相互理解，双拥工作始终沿着健康的轨道向前发展。

榆 次 市

榆次市位于山西省中部，是晋中政治、经济、文化中心，全市总面积1328平方公里，人口53万，辖10个乡（镇）、310个村、9个街道办事处、105个居委会。有驻军单位15个，33288名优抚对象。2000年，榆次市第三次荣膺全国双拥模范城称号，全市军民以此为动力，认真贯彻全国

榆次市街景

双拥模范城（县）命名大会精神，巩固成果，拓宽路子，双拥工作取得了新的成绩。

进一步明确了双拥工作的指导思想。市委、市政府坚持讲政治、顾大局，把双拥工作摆上议事日程。双拥工作领导小组下发了《榆次市2000年双拥工作安排》，要求全市军民完善领导体系，加大工作力度，注重基础建设，狠抓政策落实，提高活动档次，健全服务网络，拓宽双拥领域，进一步巩固和发展双拥工作的成果。

自觉增强责任意识和参与意识。全市注重在双拥工作中培育和树立领导干部的责任意识和全社会的自觉参与意识。市领导积极参与双拥活动，解决实际问题。“三讲”教育期间，市四套班子领导下到部队，组织参加了“军营一日”活动。“八一”建军节，市领导到部队参观基层连队和师史馆，观摩了军事汇报表演。5月，武警8650部队在“劲旅2000”机动演练途经榆次时，市委、市政府组织了盛大的迎接仪式，人民群众自发送去大批慰问品。

突出工作重点。积极发挥各职能部门的作用，针对性地解决部队和优抚对象的实际问题。解决了一批部队干部随军家属就业、子女的入托入学、住房等问题，并坚持体现优先、优惠、优质服务。注重双拥活动社会化、经常化，全市2365个拥军优属活动组、174个拥政爱民服务组，坚持常年开展双拥便民服务活动。健全了双拥政策法规定。完善部门、行业拥军的优先优惠措施和办法，实行公示制度，开展挂牌服务。

不断提高整体水平。一是巩固“爱心献功臣

行动”成果。投入20万元专项资金，对重点优抚对象给予生活、医疗、住房补助。共为“三难”户捐赠现金22860元、白面、大米122袋、食油160斤、衣被1.1万件，赠送药品1.2万元，减免各种费用2.5万元，发放医疗补助2万元。二是深入开展双拥宣传教育。充分利用发生在人民群众身边的、人民群众关心的典型事例，组织活动。宣扬了烈士谭芳桃在火车轮下舍身救儿童，烈士魏志强舍身抢救落水学生的先进事迹。组织3000名师生到革命烈士纪念碑前缅怀革命先烈。三是落实各项优抚安置政策。落实城乡义务兵家属优待政策。全年筹集优待金88万元，优待1176户，其中农村义务兵家属263户，户均优待2530元，城市义务兵家属608户，户均优待300元。落实提标经费11.23万元。退伍安置工作坚持实行上岗培训，与用人单位协调，现场办公，全年安置退役士兵561名。

广泛开展行业拥军活动。全市帮助部队解决道路交通、家属就业、重病医疗、装备维修、设施保护、技术培训等多方面的问题。6月，在财政十分困难的情况下，拨出2万元专款为8653部队购置了篮球架、乒乓球桌等一批体育器材。市政府拿出3000元，用于解决武警中队战士的医疗问题。第二人民医院是市里定点的“优抚医疗单位”，与8653部队医院结对共建，加强了医疗技术交流合作，促进了共同发展。晋榆锅炉厂在得知武警晋中市支队官兵夏季饮水困难后，主动向部队赠送了价值3万元的饮水供热两用锅炉。

驻军积极参加地方重点工程建设。7月，榆次顺城街改造工程开工后，在时间紧、任务重、工期短、标准高的要求面前，8653部队派出了千余名官兵，冒着酷暑，奋战半个多月，开挖电缆沟2千米，为重点工程做出了贡献。

忻 州 市

忻州市地处晋北要塞，是著名的“忻口战役”的发生地。全市面积1954平方公里，辖27个乡

忻州市温泉度假村

镇、3个街道办事处，总人口46万，优抚对象1.2万名。境内有驻军单位3个，先后三次被命名为全国双拥模范城称号。2000年，忻州市军民以邓小平理论为指导，立足基层，狠抓落实，双拥工作再创佳绩。

领导重视，思路明确。市委、市政府和驻军始终把双拥工作作为“强市富民”的一项重要内容。全市各级党委、政府始终坚持把双拥工作纳入重要议事日程来抓，做到组织健全，经费保障，活动经常，全市的双拥工作走上了党政决策科学化、领导行为规范化、军地活动经常化、协调运转高效化、管理考核目标化的健康轨道，做到了“五个保证”（双拥工作长远规划和年度计划有保证，组织机构和办公场所有保证，目标管理和奖惩有保证，信息反馈和互通情况有保证，法规建设和经费到位有保证）。年底，市双拥办对各县（市、区）的双拥工作进行了年度考核，对7项重点工作采取一票否决，考核结果在全市作了通报。

拥军优属活动扎实有效。为使双拥工作有深度、有广度、有力度，大力开展了“温暖功臣大行动”系列活动。一是“千名领导暖功臣”活动，市、乡、村三级领导干部对优抚对象实行“扶优奔小康”的包户服务活动；二是帮助贫困军属脱贫致富的“两千军属跨两千”活动；三是“百条法规暖军心”活动，出台了一系列双拥政策法规；开展了以“四情”为主的全市人民献爱心活动，“四情”是：以团市委、教育局牵头开展的全市中小学生每人与一名忻州籍现役军人保持书信联系的“鸿雁千里寄深情”活动；以妇联牵头全市妇

女为现役军人做鞋垫的“针针线线总关情活动”；驻忻官兵每年力所能及为驻地办一件实事的“点点滴滴见真情”活动；市乡村三级干部在拥军优属方面开展的“千方百计摸实情”活动。这些活动的开展，推动了优抚安置政策的落实。优抚对象抚恤经费按时足额到位，基本解决了农村优抚对象生活难和住房难问题。医疗难得到极大缓解。全市普遍实行了三级领导包户服务，对无劳动能力的孤老优抚对象采取了集中供养。二等乙级以上伤残军人坚决执行了实报实销制度，三等甲级以下的主要采取定点医疗和大病补助相结合的医疗制度。一年来，全市解决拖欠医疗费 32.3 万元，设立定点优抚医疗单位 118 个，减免和支出医疗费达 170 多万元。深入开展了抗美援朝老战士和志愿军烈士遗属摸底工作并进行了慰问，全市共拿出补助金 86 万元，慰问金 12 万元，衣被 9000 余件（套），粮食 20 多万斤。军队转业、复员、退伍军人和军队离退休干部得到妥善安置。

共建活动丰富多彩。坚持重规模，求实效，开展了形式多样的军民共建活动。驻军部队累计完成大型共建工程项目 55 个，植树 13 万株，造成片林 8000 亩。义务投工 6000 多个，修筑道路 15 公里。围绕培育塑造“忻州精神”，全市军民大力开展了以顾全大局、服务整体的思想共建；以弘扬正气、树立新风为主体的道德共建；以智力双拥为主的文化共建；以普法、学法、守法共同维护社会治安为主要形式的法制共建等活动。

左 权 县

左权县位于太行山主脉西侧，面积 2028.1 平方公里，辖 5 镇 5 乡、377 个行政村、2 个居委会，人口 16 万，优抚对象 8155 人。2000 年 1 月左权县第三次荣获全国双拥模范县称号，全县军民百尺竿头迈新步，继续弘扬“艰苦创业、团结奉献、自重自强、勇于争先”的精神，动真情，办实事，创佳绩，争一流，全县双拥工作又有新的发展。

切实加强对双拥工作的领导。召开县领导联席会议，传达贯彻全国双拥模范县命名大会精神，研究分析全县双拥创建形势。在县级领导班子中统一了三个认识：一是搞双拥不只是单纯为命名，开展双拥创建的根本目的是提高“两力”，巩固国防；二是双拥荣誉一定要争，不能丢。这既是工作标准也是精神状态；三是双拥荣誉只能是“创”，不能保。在此基础上，确立了“思想认识创新、工作思路创新、工作落实创新、活动形式创新”的四新双拥创建思路。“八一”前，召开全县双拥工作暨双先表彰大会，进一步对深入开展双拥创建活动进行了再动员。为加强对双拥工作领导，县委书记兼任双拥领导小组组长，配备了专职双拥办主任、副主任，县委出台了《关于开展重点优抚对象医疗保障工作的实施办法》，使全县双拥工作做到了“五有五纳入”，即：有组织、有目标、有制度、有活动、有考核；纳入整体工作规划、纳入领导工作日程、纳入单位目标管理责任制、纳入干部职工考核内容、纳入干部政绩考核标准。

左权县市政广场

大力营造双拥氛围。紧紧抓住建军 73 周年、抗美援朝出国作战 50 周年纪念等有利时机，在全县掀起双拥宣传教育热潮。“八一”前夕，县委、县政府在武警 8650 部队汽车营举行了万人参加的庆“八一”军民联欢会，对全县 120 名赴朝人员及遗属逐户登门走访慰问，县电视台和广播电台邀请 14 名赴朝老战士到演播室进行专访，麻田希望小学、柳林双拥希望小学等 84 所学校邀请赴朝老战士举行报告会，受教育人数达 1 万多名。

落实拥军优抚安置政策。全县实施重点优抚

对象医疗保障工程。按照“多策并举、多轮驱动”的原则，构建了“三结合、六层次”的优抚医疗保障体系，形成了覆盖全县的县、乡、村三级优抚医疗服务网络，重点优抚对象看病难的问题得到了缓解。一年来，为全县1686名“三老”重点优抚对象减免金额达18万元，其中236名享受了大病补助，补助总金额达37万元，省民政厅在全省推广了左权县的经验。县委、县政府出台政策，对优抚对象实行“扶贫资金、建房、项目承包、负担减免、子女上学、下岗安置、乘车、旅游观光”优先和“电费、电话费、电话初装费、住宿费、医药费、闭路电视收视费、学生学杂费、燃煤费”优惠的“八优先、八优惠”政策，为优抚对象发放各类“爱心卡”32100余个，减免金额达104万余元。县委、县政府在财政十分困难的情况下，出资1000万元新建了4600平方米的集生活、娱乐为一体的光荣综合服务大楼，5名老红军和7名红军遗孀全部迁入新居，36名孤老优抚对象全部入院。

军地携手，共创文明县城。治理县城脏、乱、差是县委、县政府2000年实施“三讲”整改的一项重大举措。驻军部队积极投身治理主战场。武警8650部队汽车营得知县运输公司大院多年闲置，垃圾成堆，影响车辆出入和县城整顿进度的消息后，派出100名官兵和21辆大卡车无偿进行清运，拆除临时建筑140平方米，清运垃圾189吨，平整场地3800平方米，为地方节约经费资金万余元。武警县中队无偿为新招聘的10名县城管理纠察员进行了为期半个月的封闭式军训。县人武部每月组织机关干部职工和城镇民兵对通往县城的“民兵路”进行卫生大清扫，支援了创建文明县城活动，密切了军政军民关系，增强了军政军民团结。

长治市

2000年，长治市党政军民以发展社会生产力、提高部队战斗力、增强军民凝聚力为根本任务，

长治市“八一”广场

紧紧围绕巩固和发展全国双拥模范城的成果，完善机制，讲求实效，不断创新，双拥工作又上一个新台阶。

双拥宣传工作扎实深入。长治市结合老区经济建设和部队建设的实际，以深化全国双拥模范城的创建活动为主要内容，号召社会各界广泛参与。全市各级新闻媒体充分利用被国家命名为全国双拥模范城的有利时机，结合元旦、春节、“八一”建军节等重要节日和抗美援朝出国作战50周年等大型活动，广泛开展了以爱祖国、爱人民、爱军队为主题的“三爱”宣传活动，累计播发各类宣传稿件200多篇（条），有效地促进了全民双拥活动的开展。先后两次聘请国防大学教授对全市1000多名县以上领导干部作题为“国际战略形势”和“海峡两岸关系走向”的报告，增强了领导干部爱国拥军的责任感和使命感。

进一步巩固“爱心献功臣行动”成果。社会各界积极行动，开展了以“解三难”为主题的“爱心献功臣行动”。先后为优抚对象解决粮食15万公斤，捐赠衣被11500件，投入资金5.1万元，解决生活煤278吨，对179名优抚对象实行了包户服务，发放临时性救济金59万元。投入资金21万元对135户优抚对象的危房、漏房进行维修，为16户无房户盖新房47间。减免医疗费40万元。各级坚持把好选兵关，把使用退伍军人纳入农村人才开发的系统工程，纳入脱贫致富的发展战略，为他们发挥聪明才智创造有利条件，使退伍军人成为基层建设的骨干力量。

驻军部队积极做好拥政爱民工作。各部队以“双三好”活动为载体，开展了系列爱民工程活动。军分区和市教委、市博物馆等单位举办了为期一个月的“国防科技展”，参观人数达数万人。壶关县双拥办和人武部以保护森林资源，推动经济发展为主题，组织驻军官兵和适龄青年500余人，参加森林防护劳动，累计垒森林防护墙4000余米。驻军部队还积极参加地方重点工程建设和社会公益事业。先后出动官兵3700余人次，植树5000余株，修整道路1200余米，为驻地群众修田整地300余亩，完成重点工程项目6个，为残疾人事业捐款2万余元，义务献血5万毫升，为28所厂矿、学校军训职工、学生1万余人，有力地推动了驻地经济和社会各项事业的健康发展。

内蒙古自治区

包 头 市

包头市银河广场夜景

包头市位于内蒙古自治区中西部，全市辖9个旗、县、区，边防线长88.6公里，面积28613平方公里，人口260万，连续四次获得全国双拥模范城称号。2000年，包头市的双拥工作呈现出蓬勃发展的新景象。

宣传教育活动形式多样。为使双拥工作再上台阶，全市加大了宣传力度。先后在报纸、电视、电台刊登、播发有关双拥文章526篇（次），各级领导讲话、授课28场（次），举办国防教育讲座、报告会、知识竞赛306场（次），展出板报400多块，张贴标语1800多幅，还在全市主要干道竖起永久性双拥宣传标志牌21块。各地以军民座谈会、联谊会、军事比武、军营一日生活、表彰军人好妻子好母亲、评选双拥先进等形式，推动了双拥宣传的深入开展。

优势互补，双拥工作再掀高潮。地方各级政府大力支援部队建设。市领导经常带领有关部门负责同志深入军营走访慰问，了解官兵工作、生活情况，先后投资400多万元重点解决了预备役团营房翻建、边防连队供电以及部队在教育训练、文化生活等方面的实际困难。市政府及昆区、青山区、达茂旗、白云矿区在财政十分困难的情况下，挤出资金为边防一连解决水电问题。白云矿区、固阳县、达茂旗共投资145万元为驻区人武部修建了办公楼。土右旗拿出33万元为驻区武警中队修建文化室和食堂，为人武部兴建蔬菜暖棚，购买电视机、VCD机，为森警中队、消防中队建起了营房。九原区、石拐区投资15万元慰问部队和解决驻区部队实际困难。驻包部队积极参加城市建设，主动承担西部大开发生态建设的重任。组织官兵开展文化下乡、科技扶贫、包扶贫困优抚对象和失学儿童，为驻地群众义诊，为大中专院校进行军训，参加“爱民林”植树、“警民路”整修。预备役团和武警青山区中队包扶4名贫困学生；军区油库官兵十年如一日，照顾孤寡老人。在“拥政爱民月”活动中，各部队首长分别带队进行走访慰问军烈属、老复员军人、优抚对象及孤儿、下岗职工、特困户，仅用3天时间就走访慰问147户，为他们送去白面、大米7350斤，现金15200元以及电视机、洗衣机等生活用品，受到驻地人民群众的一致好评。一年来，驻包部队支援当地公益事业和经济建设，共投入劳力6.8万个，动用机械车辆1673台（次），参加大小工程项目近120多项，义务植树6.3万株，为驻地节约资金上百万元。

送温暖，优抚政策落到实处。投入资金40多万元解决优抚“三难”问题。开展优抚对象联系户活动，使重点“三难”户都有帮扶单位。对享受定期抚恤和定期定量补助的优抚对象除按国家规定标准发放外，给予每人每月156元作为最低生活保障。九原区民政局投资2.6万元为两名优抚对象盖起了砖房，东河区对在旧城改造中无力支付住房集资款的10名困难优抚对象进行了减免。农村牧区的义务兵家属优待金，实行旗县区统筹，平衡优待，户均都在800－4000元之间。城镇居民集中筹集优待金工作已开始实行，全市对义务兵在部队立功者实行奖励。共协调解决军人家属住房21户（间），军人家属、子女就业48人，子女入学、入托45人，112名转业军官和955名转业士官、退役士兵得到及时妥善安置。

继承传统不断创新，双拥工作呈现出新特点。各级党委、政府就新形势下双拥工作如何走向市场、优抚对象怎样参与竞争等深层次问题搞调研、想办法。九原区麻池镇由过去拥军优属“三经常”、“四不忘”、“七优先”，发展到现在的“挂牌服务，凭证优待”，优抚对象凭“优待证”可享受诸如领取优待金、划拨宅基地优惠20%、子女一人免交学杂费等8项优待。青山区自由路办事处利用社区服务，把管区各单位的拥军优属工作统一协调起来，开展多种形式的拥军活动。东河区和平路办事处，在国防教育中把民兵建设的组织、机构、人员、作用等制做成多媒体光盘，利用现代化手段进行国防教育。昆区在命名“双拥号”公交车的同时，从地方聘请专家为驻区部队进行西部大开发和中国加入世贸组织开展知识讲座。九原区建立“双拥医院”，设立“优抚门诊”，受到优抚对象和军人的欢迎。

呼和浩特市

呼和浩特新貌

呼和浩特位于内蒙古中部黄河中上游的土默川平原，是内蒙古自治区的首府，辖4区、4县、1旗，面积17224平方公里，人口242万，有汉族、蒙古族、回族、满族等35个民族。2000年，呼和浩特市以第四次被命名全国双拥模范城为动力，锐意进取，开拓创新，双拥工作又获新发展。

广泛开展宣传教育。各旗、县、区、市属各委办局、驻呼部队普遍开展了以爱国主义为核心的双拥宣传教育，以月促年，常抓不懈。各种形式的双拥知识竞赛、演讲会、文艺晚会、双拥研讨会等生动活泼，深入扎实的宣传工作为双拥工作的开展创造了良好的舆论环境。

加强组织领导和制度建设。在双拥工作中坚持做到“三不变”，即：市及旗、县、区和乡（镇）班子换届及市属双拥成员单位班子变动和调整时，坚持做到各级党政一把手抓双拥工作制度不变；双拥工作纳入经济和社会发展总体规划不变；双拥工作实行目标管理不变。同时强化了规章制度的建设，把双拥政策法规建设当作一件大事来抓。结合实际情况，在不断完善原有各项制度、政策、法规的基础上，编辑了《双拥工作政策法规汇编》。制订了《2001－2003年全市双拥工作三年规划》、《争创全国双拥模范城“五连冠”实施方案》等一系列规章制度和法规。

扎扎实实做好拥军优属工作。全市各级把支持部队做好军事斗争准备作为一项重大政治任务来抓，通过开展“双三好”活动，认真做好新时期的拥军优属工作。在财政比较紧张的情况下，拨出专款1976万元，用于广大优抚对象、退伍转业军人、军队离退休干部待遇的落实及驻呼部队的建设和训练等。全市安置随军家属75名，解决部队子女入学38名。“爱心献功臣行动”的实施提高了拥军优属保障基金的筹集力度，全市投入15.75万元资金为68户优抚对象解决住房难问题，投入14.32万元资金解决了150名优抚对象医疗难问题。按要求及时下拨经费，提高了重点优抚对象的抚恤补助标准。全市9个旗、县、区优待金标准户均达到1960元，并对1464户义务兵家属按时兑现了优待金。全年共接收安置转业干部165名，安置率100%，接收退役士兵1198名，其中按政策安置的退役士兵881名，已安置的824名，安置率达99.15%。

驻呼部队努力为边疆稳定、繁荣和富强贡献力量。驻呼部队把支持和参与西部大开发作为自己义不容辞的责任，在当地实施西部大开发中，投入兵力约10万人次，出动机械车辆2万台次，参加城市基础设施、生态环境建设和万亩双拥林的建设。大力开展军（警）民共建工作，在包点扶贫的同时，充分发挥优势，采取举办科技培训班、代培学员、开展技术服务、信息咨询等方法，帮助群众提高致富能力。

赤　峰　市

赤峰位于大兴安岭最南端，联结东北、华北，是通往首都北京的咽喉要道。总面积9万平方公里，人口450余万，是一个以蒙古族为主体，多民族聚居的少数民族地区。2000年，全市广大军民在市委、市政府、赤峰军分区的正确领导下，紧紧围绕中心工作，积极开展双拥活动，取得了可喜成绩。

加大宣传力度，深化创建意识。2000年1月，赤峰市再次被命名为“全国双拥模范城”，实现了争创“四连冠”的奋斗目标。1月25日，赤峰市召开了第四次荣获全国双拥模范城称号庆祝表彰大会，提出继续争创全国双拥模范城的奋斗目标。

赤峰新貌

全市各级都把双拥宣传教育作为一项基础性工程，认真组织实施，营造创建双拥模范城“五连冠”的舆论氛围。市及旗县区广播电台、电视台、报社等新闻媒体刊播双拥稿件200余篇。全市12个国防教育展厅、173个爱国主义教育基地常年开展活动，有6万人次的青少年学生及官兵祭扫了烈士陵园，近万名学生参加军训和夏令营活动，60余万人接受了国防教育。10月25日，市及旗县区结合中国人民志愿军抗美援朝出国作战50周年纪念日，开展了不同形式的座谈会和慰问活动，对广大军民进行爱国主义、英雄主义的教育。举办了“八一”军民联谊会、春节军政座谈会，密切了军政军民关系，增进了团结。

解除部队后顾之忧，全力支持部队正规化建设。各级财政年投入近400万元用于国防事业建设和武警部队的生活补贴。地方政府积极为部队解决生产生活用地，并组成助耕服务队，为部队提供全程服务。109名转业干部、705名退伍士兵得到了妥善安置。129名军队离退休干部和26名无军籍职工全部纳入当地医疗保障，取暖费全部由财政补贴，全年补贴近10万元。出台了《关于以旗县区为单位实行统筹优待金制度和建立拥军优属保障金的通知》，各旗县区制定措施，保证优抚政策落到实处。农村籍义务兵家属年优待金500余元，优待面100%，优待标准达到当地人均收入。在“爱心献功臣行动”中动员和组织开展各种帮扶活动，提出不把“三难”带入下世纪的口号。市旗两级增加财政支出490余万元，用于提高重点优抚对象的定期定量补助，筹集资金60万元，解决住房困难户357户，建房1087间。重点优抚对象的生活、住房难已基本解决，医疗难也得到缓解。

发挥部队优势，积极支援地方两个文明建设。驻军部队视驻地为第二故乡，兴市助民成效显著。4月11日，65655部队投入500人奋战赤朝公路元宝山路段，挖树坑近万个，平整路面两侧植树用地10500平方米。该部队又出动700人，参加国家生态四期农业综合开发及公路沿线的绿化工程，修整绿化林带17条，植树3.17万株，公路绿化7公里，植树 1.2万株。65655部队在赤峰市步行街建设中投入1300余人奋战3天，圆满地完成任务。又投入2500人，历时3个月完成两条500余公里的光缆施工任务。驻赤各部队把扶贫济困帮助群众走上致富路当作义不容辞的责任。北京军区、内蒙古军区捐资30万元，在林西县五十家子镇石门子村建起了一所“八一”希望小学。武警赤峰市支队为扶贫点巴林右旗洪格尔苏木捐款1.7万元，粮食2万余斤，并向全国“春蕾女童行动”基金会捐款1.5万元。二二〇医院发挥本院优势，在翁牛特旗朝格温都苏木建立了扶贫医院，首次投入设备款20余万元，免费为当地医院培训医务人员，对农牧民看病减免15%。2月22日，81211部队出动50余名官兵，20辆军车赶赴克什克腾旗雪灾现场，在半个多月的救灾中，为灾民运送饲草75万公斤，使55万头牲畜、6100户24000灾民得到了救助。2月该部队还向克旗灾区送去4吨大米、面粉。北京军区对受灾地区捐款82万元，捐衣物5000余件。

满洲里市

满洲里位于内蒙古东北端，是中国滨洲铁路与俄罗斯西伯利亚铁路衔接点，是全国最大的陆路口岸。面积730平方公里，居住着蒙古、汉、回、达斡尔等18个民族，人口23万，边界线长54公里。2000年，全市紧紧围绕国际贸易旅游城

满洲里一角

市建设这个中心，创造性地开展了市场经济条件下具有边疆口岸特色的双拥工作，对外展示了具有我国社会主义特色的军政军民关系，为满洲里市的改革发展稳定做出了突出贡献。

一、实施科技拥军四大工程。全市将2000年确定为“科技拥军年”，以科技拥军“四大工程”为先导，全面推进科技拥军活动。一是为驻军17个连队建起了一个微机室；二是建起了一个符合上级要求的藏书1500册以上的图书室；三是通过“千里边防送光明”活动实现了800里边防线11个哨所哨哨通电；四是援建66127部队计算机局域网正式开通。市劳动局职业技术培训中心、市职业高中先后无偿为66127部队、消防特勤大队、武装部举办了为期15天共3期的计算机学习班，培训学员95人，其中70人考取了计算机初级录入员等级证书。

二、扎实有效地开展“爱心献功臣”行动。在乡伤残补助、烈属定补、在乡复员军人生活费在普遍高于国家标准的基础上，2000年又把优抚定补对象全部列入最低生活保障线，全年总计补贴2.64万元。在“爱心献功臣行动”中，大力开展了包户服务，使优抚对象的生活得到全方位保障。在复员退转军人的安置中，克服人员编制上的困难，使转业干部安置率、满意率达100%。市委、市政府制定通过了《退伍义务兵安置办法草案》，建立了退役军人安置保障金，给退役军人自主择业创造了宽松的环境。

三、“双三好”活动成效显著。一是军地共同开发具有旅游文化的军旅资源。二子湖馒头山孤岛和二卡边防管区的旅游射击场、新的中俄边境

管理会谈会晤站，向游人开放国门41号界碑，提高旅游景点的档次，下拨经费50万元，进一步改造美化国门、新公路口岸环境，为旅游接待和通关做出了贡献。二是驻军发挥自身优势全力支援地方建设。卫生城创建活动中，共出动车辆80台次，人员2000余人次整治环境。帮扶下岗职工和特困家庭32户，完成了301国道2500株树的植树任务，运送砂石1053立方米，运冰1200立方米，保证冰雕展赛顺利开园。66127部队出动官兵2345人次，车辆147台次，行程10440公里，完成埋地光缆10.7公里、架设光缆3.1公里，圆满完成了光缆施工任务。三是动真情办实事，为提高部队战斗力服务。市卫生局主动与某部76分队结成共建对子，集中全系统的技术、资金优势支援连队建设。为改善机动六中队官兵训练、执勤、生活条件，市政府拨款2.4万余元，调配执勤车辆一台。为使官兵在寒冬吃上新鲜蔬菜，建起冬季温室大棚一座，制做了综合体能训练器械。市政府先后拨款45万元，支持“三室一库”建设和工作车辆更换。铁路换装所拿出4.72万元为武装部改善了办公环境，使武装工作走在了内蒙古军区前列。支援资金6万元为消防大队购买了综合体能训练器械，建起了消防水塔。

四、不断增强双拥工作发展后劲。满洲里市把双拥工作着眼点放在适应开放形势与创建具有边疆口岸特色双拥工作的对接上，把国防教育的落脚点放在牢固树立大国防观念上，充实发展了满洲里市特有的宣传教育、形象教育、苗苗教育、典型教育的双拥教育内涵。大力宣传了被称为“子弟兵妈妈”的孙菊亭、“雷达兵之家”创办人张煜山、36年如一日为边防哨所送水的矿务局消防处、军民共建排头兵农牧林水局、被驻满部队广大官兵称为“后勤部长”的满洲里铁路换装所所长刘思臣、为子弟兵排忧解难的白衣天使刘长山、把最困难最边远的边防六连官兵挂在心上的军民共建先进集体卫生局系统等新老典型的事迹，在全市营造了良好的双拥工作氛围。

乌兰浩特市

乌兰浩特市街景

乌兰浩特市位于兴安岭南麓，内蒙古自治区东部，面积772平方公里，居住着17个民族，25万人口。老一代无产阶级革命家乌兰夫同志曾在这里指挥和领导了革命斗争和民族解放运动。2000年1月，乌兰浩特市荣膺了全国双拥模范城称号。全市军民围绕市委、政府提出的“巩固成果抓创新、加大力度抓落实、开展活动重质量、拥军优属办实事、双拥共建上水平”的工作思路，扎实工作，奋发进取，双拥工作取得了突破性的发展。

进一步加强组织领导。市委、政府先后召开了议军会和驻军部队首长联席会，召开了全市双拥工作总结表彰大会，表彰了29个双拥模范单位、59名双拥模范个人。市委、市政府继续完善“一把手工程”，下发了《关于将双拥工作纳入各部门目标管理和干部实绩考核内容的通知》，制定了“四必访”制度，即：部队有重大活动必访，重大节假日必访，新老兵转退交接必访，部队主官调动更换必访。市委市政府高度重视双拥工作，全社会双拥工作力度不断加大，双拥工作逐步实现规范化、经常化、制度化。

坚持开展“双三好”活动。驻军各部队积极参加地方经济建设和美化绿化工作。森林支队实施了绿化五千亩荒山工程。武警支队将官兵运到绿化区安营扎寨，开展集中绿化。各部队为新建敬老院、烈士陵园搬迁投入了大量的人力、物力、运力，帮助移栽各种珍贵苗木2000多棵。各部队投入兵力为生态林、爱民林义务植树上万棵。为机场路整修、防洪大坝维修、市内防洪沟清挖等做出了重大贡献。驻乌部队官兵参与“扶一户富一户”的结对子工作，并积极为灾区捐赠救灾粮，65168部队捐粮1万多斤，沈阳军区驻乌房管局官兵共捐面粉40袋。地方各部门围绕着“转业干部安置好，优抚政策落实好，为部队排忧解难好”，抓到实处、抓出成效。全年乌市共接收军转干部6人，全部安置到司法局等执法机关。接收复员退伍战士137人，当年安置到岗率达到100%，对荣立三等功以上的优秀复退战士全部安置到事业单位。全市为8户优抚对象维修了住房，投入3000多元为拥军模范维修和改造了住房。市卫生局和民政局都优先保证优抚对象的大病医疗救治经费，下拨专项经费20多万元用于优抚对象住院治疗和医疗补贴。将65168部队营区门前的沙石路改造列入村村通油路重点工程，投入资金28万元，使多年来没有解决的问题得以解决。市政府为边警自来水管网改造投入3万元。7月，81211部队来乌市境内进行地下光缆施工，市政府组成慰问团进行慰问，居力很镇腾让出最好的房子，十一中学腾让出教室、食堂。解放军总参测绘总局、国家地震局选定地壳运动状况测试点，尽最大努力提供一切方便，使前来工作的官兵非常感动。

努力解决军民关注的热点和难点问题。从驻军官兵和优抚对象最关心的问题入手，把随军家属就业安置纳入地方劳动人事就业管理工作的总体规划，作出了免费培训、免费推荐、免费求职登记、优先通报用工信息、优先介绍条件较好的工作岗位、优先选择好的培训实习场所的“三优先、三免费”优惠政策。全年免费培训随军家属25人，优先推荐上岗13人。市教育局接收部队子女入托、入学、升学37人，免收了择校费10万余元。

深入进行国防和双拥宣传。《人民日报》、《中国社会报》、《内蒙古日报》、《兴安日报》、《华北民兵》、《红城晚报》上分别刊登了宣传稿件30余篇。市烈士陵园、市国防教育展厅全年共接待各类人员18000多人次，市人武部结合征兵工作开展了宣传一条街活动。市委、市政府在全市局级干部中开展了“军营一日”活动。

额 济 纳 旗

额济纳旗一景

额济纳旗地处祖国西北边陲，在内蒙古自治区的最西部，国境线长507.147公里，面积11.46万平方公里，人口2.5万，是以蒙古族为主体、汉族居多数的少数民族地区。有驻军单位10个，闻名中外的中国酒泉卫星发射中心也座落在旗内。额济纳旗以命名为新起点，坚持巩固、发展、提高的方针，不断研究新情况、解决新问题、总结新经验，双拥工作整体水平进一步提高。

进一步加强了领导。年初，旗委、政府和驻军领导机构都把双拥工作纳入经济、社会发展和部队建设的总体规划，当作事关全局的大事来抓。旗委、政府在作出重大决策之前都要征求驻军意见，城市基本建设不忘部队建设，地方活动不忘部队官兵，节日不忘边防战士。无偿为驻地森警中队、边检站提供达镇镇区繁华地段近几千平方米的土地建新营房。在“八一”建军节前夕，旗委、政府组织召开了额济纳旗委第13次议军暨“八一”军民座谈会。会上通过了《额济纳旗委第十三次议军会议议案》，对双拥工作重大问题进行了研究。为做好新世纪双拥工作奠定了良好的基础。

注重互办实事。在2000年，军民双方通过互办实事来不断加深认识，增进感情，促进军民团结。1月25日至28日，自治区政府和盟行署组成党政慰问团赴驻军某基地、边防某团进行了慰问，共赠慰问金22万元，慰问品折合人民币8万余元。7月，旗委、政府为配合某基地实地调查弹着区，选派业务骨干，连续七天七夜，奔波在茫茫戈壁上，与官兵同吃、同住、同工作，圆满完成了测绘任务。10月4日，驻军某基地为解决额济纳旗首届金秋胡杨旅游节燃油困难的问题，无偿提供汽、柴油60余吨。

广泛开展以爱国主义为核心的国防教育。春节前，下发了《2000年额济纳旗做好元旦、春节期间双拥工作的通知》。在8月的“双拥宣传月”中，广泛深入地开展了双拥宣传活动，充分利用广播、电视等新闻媒体大力宣传了在军民共建中涌现出来的模范典型和先进事迹12篇，张贴了宣传标语40条，在旗展览馆开辟了国防教育及双拥宣传栏1个，制作双拥宣传门标语2个，在全社会营造了浓厚的拥军氛围。

双拥工作实现法制化、规范化。在认真贯彻执行党和国家有关国防建设和加强军政军民团结的政策、法律的基础上，适应形势的发展，结合旗情，不断完善了《额济纳旗拥军优属保障基金》、《额济纳旗全民统筹义务兵家属优待暂行办法》、《额济纳旗拥军优属若干规定》等地方性政策、法规。2000年又建立健全了军地联谊、互访、互办实事、总结表彰等制度，使双拥工作有章可循。

锡林浩特市

草原明珠——锡林浩特市

锡林浩特市位于内蒙古郭勒大草原中部。全市辖4个苏木、6个办事处、2个镇、5个国营农牧场和贝力克牧场，面积18750平方公里，人口17.7万人，是一个有蒙、汉、回、满、达斡尔等17个民族聚居的边疆少数民族地区。2000年，全市军民以荣誉为动力，扎实工作，使双拥工作再上新的台阶。

积极为驻锡部队官兵解决生产生活问题。在多灾并举、财政紧张的情况下，市委、市政府投入近百万元用于支援部队建设，解决了通往各部队的道路硬化、路灯照明和通公共汽车问题。市委、市政府召开联席会议，由主要领导负责，多方协调，为内蒙古军区政治部牧场、锡林郭勒军分区牧场、军分区军马场、民兵武器弹药库划定了草场。军地双方都非常满意。为迎接全盟武装部正规化建设现场会召开，市政府为武装部投入近20万元解决车辆、设备问题。元旦、春节、“八一”期间慰问驻锡部队、优抚对象，投入15万多元。

全面落实优抚政策。为解决重点优抚对象的“三难”问题，锡林浩特市筹资拨款200余万元，新建了占地近8000平方米、建筑面积1800平方米的中心福利院，建成后可接纳人员30名。市医疗卫生系统为优抚对象减免医疗费6700余元，从拥军优属保障金中为优抚对象报销医药费近8000元。全市优抚对象定期定量补助每人每月达到：烈属、因公牺牲军人家属170元，病故军人家属165元，伤残军人130元，复员军人120元。他们还享受最低生活保障救助每人每月91元，每月平均补助均在210元以上。2名转业军官、2名随军家属分配到行政事业单位。3次召开退役士兵安置工作会议，出台安置政策，对符合安置条件的

59名退役士兵、2名转业士官予以一次性安置，并作出了“接收退役士兵、转业士官的每个单位每人每年给予财政补贴3000元，补贴3年”的决定。仅此一项，市财政每年补贴近20万元。

驻锡部队积极支持锡林浩特的改革与建设。在建军节期间，消防支队与共建单位锡市八校共同举办了“警民鱼水情”文艺演出，51159部队与共建单位锡林浩特一电厂、二电厂举办了联谊会等等。各部队还主动派出训练骨干为中专院校、中小学校组织进行为期一周的军事训练。一年来，各部（分）队为帮扶的贫困户投入解困资金68000元，救灾捐款55760元，为资助贫困户子女入学投入8600元，帮助贫困户解决子女入学就业问题。承担锡林浩特地区美化绿化任务，清运垃圾560吨，铲除积雪6800立方米，挖防风固沙渠（沟）2200米，栽树3430株，并在防沙固沙大会战中做出了突出的贡献。

海拉尔市

海拉尔市新貌

海拉尔地处祖国的北部边疆，现辖3镇6个街道办事处，面积1440平方公里，人口26万，是以蒙古族为主体，达斡尔、鄂温克、鄂伦春等26个民族聚居的边疆少数民族地区，有驻军单位14个。2000年，海拉尔市以荣获全国双拥模范城为动力，抓基层、抓重点、解难题、办实事，使双拥工作不断向规范化、制度化、社会化迈进。

加强领导，加大宣传力度。市主要领导要求各单位把双拥工作列入“一把手工程”，实行领导负责制。市双拥工作领导小组派出工作组，到驻海部队进行走访和征求意见。在报刊、杂志上大力宣传双拥工作事迹，发表了《草原上升起双拥新星》等一批文章，海拉尔市重点宣传了政协委员为部队排忧解难的事迹。全年海拉尔市刊发双拥信息50多条，播放双拥专题片12次，刊登双拥新闻20多条。

办实事，拓宽拥军新途径。3月，市就业服务局为呼伦贝尔军分区机关干部、战士进行了计算机培训。有109名学员获得了技术等级证书。海拉尔市第三中学为61415部队报考军校的战士进行文化课辅导。4月14日呼伦贝尔军分区牧场的几百只羊发生疫病，兽医站及时派出医务人员进行防病、治病。“八一”前夕，为呼伦贝尔军分区、93023等部队的3个基层连队送去了价值2万余元的科普图书和知识影碟。市锅炉安装公司开展“拥军万里行”活动，派出5个小分队，40多人次，行程1.2万公里，为十几个连队安装了取暖、生活两用炉，为部队节省经费 27.4万元。私营企业家马洪祥了解到边防某团吃菜非常困难时，决定从2000年起分3年捐款30万元，帮助连队改善生活条件和实施“菜篮子”工程。市双拥办公室投资2万元，为驻新巴尔虎右旗边防某团六连新建木核楞哨所一座，大大地改善了工作条件。市委、市政府在“八一”建军节前走访慰问驻海部队，送去了每台价值8千元的消毒柜。市机床厂投入资金15400元，把70套上下式床铺送到了武警消防支队，改善了官兵的住宿条件。奋斗镇投资5万元，修建了一条高质量双拥路。市里拨出专项资金对符合城镇安置条件的退伍士兵在待安置期间发放了生活补助金12万元，安置退伍军人235名，并对60名荣获三等功和优秀士兵的战士发放了荣誉金，总金额6800元。

深入开展“爱心献功臣行动”。市里在财政困难的情况下，为在乡老复员军人刘桂汉建房，投入资金5000元；为二等乙级伤残军人安树森投资1万元，购买了新房；建设镇为帮扶对象在乡老复员军人巴雅尔出资1万元，购买了一所30平方米的新砖房。全市建立了抚恤补助标准自然增长机制，开展了结对子帮扶活动。有4户私营业主与4户重点优抚对象结成了帮扶对子。建军节前，各单位分别到帮扶对象家进行了走访慰问，捐助资金共计1.5万余元，解决实际困难20余件。9月，市双拥办、市卫生局组织市医院部分医护人员到哈克镇、奋斗镇、建设镇为30多名优抚对象进行了义务巡诊。

强化拥政爱民力度，情注第二故乡。驻海各部队积极开展社会公益事业活动。呼伦贝尔军分区等14个驻海部队的100多名官兵在三角地中心广场开展了医疗保健、家电维修、车辆修理、政策法规咨询等服务项目。呼伦贝尔军分区医院派出医疗小分队到盟光荣院为老人们进行义务体检，为群众义诊140余次，治病2000多人次。驻地官兵共出动车辆80余台次清扫卫生，清运垃圾200余车。呼伦贝尔军分区倡导“新兵帮老兵，不忘老功臣”活动，每个团级部队帮扶一户贫困优抚对象，帮助他们脱贫致富。在支持希望工程中，呼伦贝尔军分区捐资5000多元帮助数十名贫困学生，海拉尔森林机降大队的官兵为奋斗镇友好小学的3名贫困学生捐资助学，武警呼盟边防支队为共建单位友联小学送去微机。呼伦贝尔军分区、武警呼盟支队、武警森林支队等驻海部队及全市14个民兵组织，大力开展植树造林，在东山“双拥公园”义务植树2万余棵，为“退耕还林还草”工程作出了贡献。

辽 宁 省

沈 阳 市

沈阳新貌

2000年，沈阳市以巩固双拥模范城“四连冠”成果和落实各项优抚政策为重点，以开展军地共创“双三好”、科技拥军和双拥进社区为主线，制定措施，创新形式，狠抓落实，双拥工作取得了新进展。

加大了领导力度。1月28日召开了全市双拥工作总结表彰大会，对10个双拥模范区（县）、78个双拥模范街乡（镇）、85个双拥模范单位进行了表彰。市委、市政府号召全市军民再接再励，开拓进取，全力实现“五连冠”。加强了对双拥工作的领导，充实了由军地主要领导参加的双拥工作领导小组，坚持每季度召开一次军地联席会，及时研究解决双拥工作中的难点和热点问题。春节、“八一”期间，市委、市政府主要领导走访慰问驻军领导机关，共商双拥大计。修定完善了《沈阳市拥军优属规定》，制定了《沈阳市2000年至2002年双拥工作规划》等文件，使全市双拥工作更加规范化和法制化。

大力开展“双三好”活动。地方努力做到为部队排忧解难好、复转军人安置好、优抚政策落实好；部队努力做到积极参加地方经济建设好、为驻地群众服务好、遵守政策纪律好。市政府各部门全力做好2000年转业干部、退役士兵和随军家属安置工作，年内1036名转业干部、5555名退伍士兵得到妥善安置。实现了随军家属全面就业和优抚对象抚恤优待标准全面落实，大力支持部队发展农副业生产，减免各种费用近4万元，慰问部队官兵和优抚对象折款200万元。部队参与建设沈阳绿色通道，植树130万株，为绿化美化沈阳做出了贡献。帮扶416户贫困户脱困，捐款捐物折合人民币200万元，先后两次为旱灾地区群众捐款248万元。

大力开展了科技拥军活动。全市69所大专院校，138家科研院所，全力开展送科技进军营活动。辽宁大学根据部队提出培训高素质人才要求，开办了400人参加的研究生专修班。市图书馆为部队建立了5个图书分馆，捐赠图书30多万册。不少大专院校、科研院所，都有计划地为驻军官兵开办了微机培训班、外语班、科技知识讲座等，为部队官兵掌握高技能打开方便之门。市双拥办对全市科技拥军的情况进行了认真调查，总结了经验，8月3日在沈阳军区和东北三省召开的科技拥军经验交流会上，沈阳市介绍了科技拥军工作的经验，得到了与会军地领导的高度评价。

开展双拥进社区活动。社区双拥是双拥工作在基层的推进和延伸。为开展好这一活动，市双拥办专门下发了文件，推广了典型，召开了座谈会和经验交流会，推进了双拥进社区活动的开展。目前，全市已有217个社区与部队建立了共建关系，促进了军民共建的发展。和平区吴淞街道铁军社区，居住的都是军人家属和铁路职工家属，单位大，各自为政，脏、乱、差，不好管理。开展双拥进社区以后，引起了部队、铁路和社区的高度重视，三方研究决定：部队拿出70万元，铁路拿出60万元，由社区管委会负责改造，经过改造的社区大院草坪葱绿、彩砖铺地，有休闲长廊、多功能活动室等，成为绿、净、美的双拥共建文明小区。

精心组织抗美援朝50周年系列纪念活动。10月25日是志愿军抗美援朝出国作战50周年纪念日。市委、市政府组织了民政部、总政治部、辽宁省暨沈阳市向抗美援朝烈士献花仪式、纪念抗美援朝出国作战50周年专场文艺演出、书法绘画作品展、志愿军老战士座谈会、志愿军英模事迹展、陵园改造和增设展出内容、走访慰问志愿军老战士和烈属等10项系列活动，收到了较好的社会效果。

大 连 市

大连风光

2000年，大连市双拥工作按照“同呼吸、共命运、心连心”要求，紧紧围绕发展社会生产力、提高部队战斗力这一双拥工作的根本目的，开展科技拥军活动，巩固“爱心献功臣行动”成果，实施“军嫂无待业工程”，进一步增强了军政军民团结。

加强对双拥工作领导。市委、市政府和驻军部队党委把双拥工作贯穿到“三讲”和学习“三个代表”之中，纳入城市经济和社会发展以及部队建设的总体规划。军地领导坚持把双拥工作作为“一把手”工程来抓，做到重大工作任务亲自研究部署，亲自参加指导，对重要问题亲自过问解决。

不断提高依法双拥水平。各级党委、政府把接收安置转业退伍军人作为一项政治任务，全年共接收安置军队转业干部1125人，退役士兵3955人，军队离退休干部68人，圆满完成了第四批接收安置任务。市委、市政府先后3次召开随军家属就业安置工作会议，专题研究部署随军家属就业安置工作。市民政局和市双拥办对随军家属就业情况进行了普查，全市启动了“军嫂无待业工程”。共举办9次大型随军家属就业洽谈大会和“送岗位到军营”活动，随军家属就业安置率达到95%。

进一步深化“爱心献功臣行动”，全面解决重点优抚对象“三难”问题。投资100万元改善195户老功臣的居住条件，提高了重点优抚对象医疗补助标准，建立抚恤补助标准自然增长机制，全面落实优抚政策，组织了全市献爱心捐助生活用品活动，较好地解决了重点优抚对象“三难”问题。全市共捐赠彩电、冰箱、家具、炊具等生活用品40多种、3万余件，捐款近130万元。

军民共建注重实效。深入开展了科技拥军活动。为部队建立两用人才培训基地100多个，开设了电脑操作、无线电修理、汽车维修、烹饪等10余个专业，全年为部队培训各类专业技术人才2000余人，两用人才开发使用率达92%以上。为全市419个基层连队图书室购置、更换图书20余万册。为部队建立了4个电脑培训基地。投资近亿元兴建了一座占地6.9万平方米的海军广场，成为大连市城市建设和双拥共建的标志性工程。注重为部队建设办实事。为确保驻军部队训练航道畅通，旅顺口区、甘井子区、金州区和长海县等地动员渔民撤掉渔网600多片。甘井子区政府出资150余万元为37034部队铺设了拥军路。新年、春节、“八一”前夕，市领导分别带队走访慰问驻军边（海）防部队，为官兵送去价值60余万元的电脑、彩电、音响、图书等物质文化生活用品。驻军空军某航空兵39947部队外出执行任务前，市领导出席动员誓师大会，为部队送去了价值5万余元的科技文化器材。为保障沈阳战区在大连地区组织的演习，市委常委召开议军会，专题进行了研究部署。各级政府根据演习部队需要，全力保障。各区、市（县）广泛开展拥军支前活动，全市慰问演习部队物资总价值71多万元，确保了部队训练演习的圆满成功。经过积极协商，妥善解决了沈阳军区某靶场与当地关于海域使用权等遗留问题。驻连部队把大连当作第二故乡，自觉以建设大连为己任，积极参与地方的扶贫帮困、敬老认亲、希望工程和“爱心献功臣行动”，捐款130万元，植树67万株，铺草坪39万平方米。驻军医疗单位义务为群众看病、治病1.5万人次。开展了军民共建文明路（街）、文明小区、文明场所、明星对子、明星工程和军民义务奉献日活动。全市1121个共建对子活动经常，军民共建效果明显。

鞍山市

鞍山市是全国著名的钢铁基地，辖3县4区和1个经济开发区，人口348万，有驻军单位2个，各类优抚对象8769人。2000年，第2次荣获全国双拥模范城称号，全市军民按照“同呼吸、共命运、心连心”的总要求，以创建高标准双拥模范城为目标，以科技拥军和解决重点优抚对象“三难”为重点，开展“科技进军营”、“双拥进社区”“优抚进家庭”活动，有力地促进了双拥工作的深入开展，取得了新的成绩。

各级领导高度重视双拥工作。各级领导从讲政治的大局出发，从实践“三个代表”重要思想的高度，认真做好双拥工作。7个县（市）区都将双拥工作纳入“一把手”工程，摆上重要议事日程，并用签订双拥工作责任状的形式，保证双拥目标的实现。各级领导身体力行，率先垂范，既当双拥工作的组织者，又当双拥工作的实践者，每当部队有困难，领导都出面解决；每当军地有重大活动，各级领导都主动参加。1月和8月，鞍山的空军和陆军某师等部队赴外地轮训、演习，市委、市政府和县（市）区领导前往送行，并组织慰问团亲临福建等地慰问。

国防教育深入扎实，特色突出。市国防教育办先后下发了《2000年国防教育要点》等4份文件，通过举办国防教育报告会以及在重大节日组织群众观阅升国旗的方式，对广大军民进行生动形象的爱祖国、爱军队、爱人民的教育。鞍山烈士纪念馆、某部荣誉馆常年坚持面向社会开放。全市各级领导干部还坚持军营生活制度，大中小学校普遍开展了军训活动，年受训学生达10万人之多。

科技文化拥军效果显著。全市共投入319.3万元帮助部队科技练兵。向驻鞍部队赠送微机40

台，23台大屏幕彩电，60万元的科技文化图书和数码照相机、空调等设备设施。先后举办微机、英语、科技人才等培训班45期，培训科技人才500多人，军地两用人才1700多人。下发了支持部队搞好科技练兵的文件，在全市广泛开展了“科技人才进军营、科技成果送军营、科技图书到军营”活动。市科研教学单位先后为部队研制开发了兵员管理数字库软件、应急卫星有线通信地域网、飞行训练模拟系统等，提高了部队战斗力。

积极为部队办实事解难题。市投资300多万元为预备役团建起了新的办公楼。市城建局等单位无偿为部队修建了3条双拥路，1个训练场，2个流动图书室。台安县拥军模范张海林个人出资50万元，帮助武警台安县中队维修营房，建靶场。立山区拥军模范张敏发动退役士兵为优抚对象做好事，为社会做好事，被誉为拥军“110”。市有线电视台免费为偏远部队安装有线电视。市粮食局保证向部队供应精粮，对执行特殊任务的部队实行送货上门。铁东区还为入伍新兵办理了人身保险。全市安置了215名军转干部，80%以上安排到党政机关。安置随军家属36人、下岗随军家属27人。鞍钢公司对分配到公司780名退役士兵普遍进行上岗前培训，培训期两年。

驻军全力支持地方经济建设。高质量地完成了鞍海路26公里绿化带的5万株植树任务。某师出动了3000多名官兵，参加海城市接文镇修建的万株南果梨果园二期工程建设。驻铁东区部队对烈士山公园的绿化、美化、亮化实行了包片负责管理。市消防支队常年坚持资助26名贫困学生完成学业。鞍山军分区和空某师的首长同岫岩县的16名优抚对象结对帮扶。驻海城某师百名干部包百名失学儿童，帮助失学儿童重返校园。

解决重点优抚对象“三难”有新发展。下发了《关于在全市继续深入开展“爱心献功臣行动”的通知》，全市共扶持优待对象1590户，解决资金56万元，解决种籽6100公斤，化肥78吨。经过扶持，788户达标，147户达到小康。全市投入公助款350.6万元，群帮款69.8万元，新建住房57户171间，维修住房140户419间。市财政拨出50万元，建立了重点优抚对象医疗保障基金。采取建立优抚定点医院、农村合作医疗、实行医疗保障、减免医疗费用、依托农村敬老院等办法解决重点优抚对象治病难问题。全市农村优抚对象医疗费补助平均达到300元以上，城区达到350元以上。老复员军人定补农村达到116元，城区达到355元。

本溪市

本溪市远景

2000年，本溪军民积极适应部队军事斗争准备和富民强市的需要，动真情、办实事、解难题，面向市场经济抓双拥，着眼未来战争练支前，积极探索“科技拥军、智力拥军、文化拥军、政策拥军”新路子，开创了全市双拥工作新局面。

深入开展科技拥军活动。为配合部队做好军事斗争准备，支持部队打赢现代高技术条件下局部战争，全市以大专院校和科研单位为依托，发动社会开展送科技到军营活动，为部队培训微机、信息、心理学、实用技术等专业人才520人(次)，协助部队完成“防雨雪收油装置”和“油料双向过滤泵”两项技术改革。为部队所有团级单位配备了微机及电子、自动化等7个专业的29名科技顾问。新盛建筑工程有限责任公司出资10万元设立“科技练兵新盛奖”，奖励部队科技练兵中的先进单位和先进个人。全市捐赠图书、微机、电视机等文化用品折价69万多元，7月，市委主要领导带领市五大机关领导，为部队赠送文化器材购置费33万元，帮助驻军5个建制团组建了“五队一组”的文化宣传队伍，即军乐队、秧歌队、腰鼓队、威风锣鼓队、耍龙队、演唱组。地方捐赠5.8万册图书，支持部队建成藏书10万册的图书馆。

主动当好部队建设的“后勤”。坚持政策拥军，在企业结构调整、人员分流的情况下，优先安置125名军队转业干部和1009名城镇退伍兵，优先安置随军家属就业62人，优先安排部队子女就学111人。市、县财政部门为部队足额落实了125万元的燃料补贴，市粮食部门改革了军粮采购办法，统一定点供应部队优质大米和统一加工面粉。全市让利、减免850多万元支援辽宁预备役192师建设，随军家属经济适用住房，支援武警本溪县中队建设营房。民营企业家刘新盛主动资助33万元为预备役192师建设营区大门。支援保障驻军65559部队完成冬季野外军事学习任务，支援“八一”电影制片厂在本溪完成《北纬三十八度线》的电影外景拍摄任务。

共建双拥形象工程。为推进本溪林业产业化进程，建设林业强市和旅游城市，驻军各部队投入4万多个劳动日，2300台（次）机械车辆，支援地方完成沈本高速公路“绿色通道”工程，营造22块3126亩经济林；支援地方完成集养老、休闲、度假、游玩为一体的“颐养山庄”基础建设工程。

完善双拥政策法规。出台了《关于妥善处理军地突出性纠纷事件的若干规定》、市政府办公厅下发了《关于建立和完善在乡老复员军人合作医疗制度的通知》。市委八届十三次全会做出《市委关于关心人民生活密切联系群众的决定》，把按时发放优抚金、提高在乡老复员军人的抚恤补助标准纳入到《决定》中贯彻执行。筹措拥军优属基金21万元。春节、“八一”期间，慰问驻军和优抚对象折合款项290万元。市民政、财政部门调整提高了革命烈士家属、革命伤残军人、在乡老复员军人的抚恤补助标准，提高在乡老复员军人的公助医疗费标准。全市投资180多万元，为在乡老复员军人新建房144户，修房30户；农村义务兵家属的优待金标准达到了上年度当地人均收入的70%。

丹 东 市

丹东市中朝友谊桥

2000年，丹东市的双拥工作本着“打牢基础，扩大成果，抓好平时，不断发展”的指导思想，在强化组织领导，狠抓政策落实，总结推广典型，不断探索创新等方面加大了工作力度，使全市的双拥工作在新的形势下又有了新的发展。

广泛深入开展科技拥军活动。全市把大力开展科技、智力拥军作为双拥工作的重要内容，狠抓了科技拥军组织网络的建设，普遍建立了科技拥军服务中心，并在有关部门及有驻军的乡镇、街道办事处，建立以微机、服装剪裁、种植养殖、家电维修、文化补习等为内容的多层次、多项目、多类型、多功能的科技、智力拥军培训基地25个，培训驻军部队官兵2600余人次。建立了以科委、农业、文化部门牵头的三支科技拥军服务队伍，到驻军部队开展服务60余次，受到部队官兵的高度赞扬。

大力开展依法拥军工作。3月，在东港市进行试点，从抓组织建设入手，建立了维护军人军属合法权益工作的“一组、一庭、一站、一员”的组织体系，即成立了由各职能部门维护军人军属合法权益工作领导小组；在法院成立了涉军维权巡回法庭；市和乡镇两级成立了由武装部、司法、民政、妇联等部门组成的涉军维权法律咨询服务站；村一级设立涉军法律咨询员，由各村民兵连长和妇女主任兼任。并确立了“统一领导、优先立案、合法审判、快速执行”的指导思想和原则，还建立了定期协商通报、组织联合办公、落实岗位责任等制度。通过试点，取得了成功经验。9月26日，在东港市召开了现场会，推广了东港市的做法。

军民共建互办实事取得成果。军地双方积极拓展共建领域，广泛深入地开展了以“共学邓小平理论、共育‘四有’新人、共建优美环境、共树社会新风、共创文明城区、共保社会治安”为内容的军民共建等活动。共建中，军地双方坚持互办实事、互解难题。据不完全统计，全市为驻军办实事共投入资金180万余元。驻丹各部队投入了大量的兵力运力参与地方的植树造林、修桥筑路、卫生治理、城区改造等活动。同时，还新建了“军地共建绿色通道”、“双拥文化广场”等7项双拥形象工程。

落实优抚安置政策，提高优抚保障水平。共接收军队转业干部293名，其中70%分配到各级党政群机关，25%安排到事业单位。对12名符合条件的团职干部，全部安排了相应职务和相对应的非领导职务。全面推行了“重点安置、政策扶持、经济补偿、职业培训、劳务介绍、跟踪服务”的退伍军人安置工作改革。共接收应安置的退伍军人1515人，已有1470人被安排上岗就业，占应安置总数的97%，对358名自谋职业的退伍军人，发放有偿转移金411万元。在优抚工作上，全市推行了“两证一单一卡”办法，即对老复员军人发放了定补证、医疗保健证、群众优待通知单和爱心献功臣行动帮扶卡，并实行定期检查，保证了各项优抚政策的落实。在乡老复员军人定补每人每月达到110元；医疗补助年达到320元，并发到本人手中120元，增长补助面100%；全年帮助217户老复员军人建房651间，投入资金170万元；优抚对象的群众优待标准达到550元，农村义务兵家属优待金达到1700元。

葫芦岛市

2000年，葫芦岛市党政军民深入贯彻全国模范城（县）命名大会精神，以争创全国双拥模范城“二连冠”为目标，继续发扬拥军优属、拥政爱民的光荣传统，开创了双拥工作新局面。

加强领导，完善网络。市委两次召开市委常委会，专题研究双拥工作深入发展的新思路、新措施。市主要领导带领市委组织部、财政局、建委、民政局、人事局、交通局等单位负责人，到驻葫各部队走访、调研，进行现场办公，为部队解决了7个方面30个实际问题。及时调整了市双拥工作领导小组成员，改善了双拥办的办公条件。4月20日，市召开了双拥命名表彰大会，以市委、市政府、葫芦岛军分区的名义对双拥模范城（县、区），拥军优属拥政爱民模范单位、个人，军民共建先进单位，“爱心献功臣行动”先进单位和个人进行了表彰和奖励。

深入进行国防和双拥宣传教育。全市上下把国防教育和双拥宣传作为双拥工作的“基础工程”、“固本工程”，纳入全民教育体系，进一步完善了宣传教育制度，形成了教育网络，不断增强了全民国防意识和双拥意识，营造了浓厚的双拥氛围。

积极开展军地争创“双三好”活动。军地双方动真情、办实事、解难题，全市投资1017.8万元支持部队建设，投资436.2万元提高了优抚对象的优抚标准。建立了优抚对象抚恤补助标准自然增长机制。拥军优属保障金和社会统筹优待金工作纳入正常发展轨道。市接收军转干部273名，有227人安置到党政机关，有36人安置到事业单位，有10人到金融保险部门，其中有5名正团职安排到副县实职岗位。接收退役士兵2781人，对符合条件的城镇籍退役士兵全部安置到位；90%的农村军地两用人才得到合理开发使用。市政府投资16万元为部队修战备路、建蔬菜大棚和对战备训练部队进行慰问，投资420万元为军分区修建弹药库。投资33万元，为部队组建了微机室和图书室，为部队培训大量技术人才。市委、市政府进一步完善了《葫芦岛市现役军官家属安置工作暂行规定》，一次性安置255名随军家属就业。

驻军部队积极支持地方经济建设和公益事业建设。共出动兵力11万人次，动用车辆、机械4459台次，飞机130余架次，修塘坝13个，打深井17眼，挖雨淋坑265万个，治理荒山18万亩，治理小流域1200亩，清河床1985米，清淤12万立方米，飞播造林39.6万亩。出动1.2万人次先后11次扑救山火，挽回直接经济损失9.8万元。广泛开展了爱心助残、捐资助学、送医送药活动。驻葫团以上部队捐款30余万元，在建昌县鸽子洞乡建起了一所“八一希望小学”。92493部队出资5万元帮助248名贫困学生就学，313医院免费为教师体检4800人次。坚持送医送药下乡，每月一次到连山区新台门镇“爱民诊所”为当地群众义诊、培训医护人员。

深入开展“爱心献功臣行动”。全市继续开展“爱心献功臣行动”。投入帮扶资金76.04万元，实施“三四三”结对帮扶工程，市、县、乡帮扶1000户“三老”，基本解决了“三难”问题。

辽　阳　市

辽阳市街心广场

辽阳是一座有着2400多年悠久历史的古城，辖2县（市）、5区，人口180万，面积4710平方公里。驻军单位28个，有优抚对象4013人。2000年，全市双拥工作以发展社会生产力和提高部队战斗力为目的，以科技、智力拥军为重点，以创建高标准双拥模范城为目标，积极开展各项工作，使双拥工作实现了新的突破。

把双拥工作纳入重要议事日程。为加强对双拥工作领导，调整了双拥工作领导小组，把双拥工作纳入县（市）区领导和市直各部门任期目标。把争创全国双拥模范城活动作为一项重要内容，写入党委和政府工作报告。驻军各部队也把双拥工作纳入部队全面建设，摆上重要位置，确保双拥工作深入、持久、健康发展。面对新的形势和新的任务，确立了“三高”和“四个突破”的新思路。即：高起点、高标准、高质量创建全国双拥模范城；在全面落实优抚安置政策上要有新突破；在科技、智力拥军上要有新突破；在基层双拥共建上要有新突破；在建立衔接配套的法规政策上要有新突破。全市依托市、县、乡三级党校，通过举办国防教育培训班，开设必修课，对副科级以上干部进行重点培训。一年来，全市72所党校共举办117期培训班，培训副科级以上干部1000余人。驻军部队共接待地方领导干部参加军营生活20批次，受训干部达到900余人。目前，全市共有国防教育基地27个，已有10万余人次接受不定期教育。培训大专院校和中小学生2万多人。成立22所少年军校，使少年儿童从小就受到国防教育。

全面落实优抚安置政策。投资250万元，为“三老”建房和维修住房390户，解决医疗难750户，解决生活难800多户。辽阳县为在乡老复员军人提高了定补标准，使全县的优抚对象抚恤、补助标准与全市同步。灯塔市制定了群众优待制度，优待标准分别为烈属每年人均2000元，伤残军人按不同等级分别享受一等2000元，二等1800元，三等1500元。白塔区、文武圣区、太子河区分别为生活困难的城镇优抚对象办理了城市居民最低生活保障。宏伟区、弓长岭区拿出专项资金，对优抚对象中医疗困难的给予报销，对家庭生活特别困难的还给予实报实销。弓长岭区为解决在乡老复员军人“医疗难”，政府拨款16万元，专门用于医疗补贴。全市共安置军队转业干部91

人，退伍士兵1100余人。副团职以下干部在行业选择上基本满足个人意愿，做到部队、地方、本人“三满意”。共安置随军家属44人，其中干部9人，工人35人，安置率达到100%，成立了“军嫂就业培训基地”，免费为随军家属开设了微机、财会、裁剪、美容美发、烹饪等专业培训，到目前，全市有241名随军家属分别受到不同专业的培训。

积极探索双拥工作新路子。市委、市政府加大了科技拥军的力度；投资200万元为部队购置图书15万册，为驻军基层连队配置了大屏幕彩电40台、影碟机20多台、电脑60多台。为丰富部队官兵的业余文化生活，为65583部队筹集资金70余万元，建成了科技含量较高的现代化的文化广场。共为部队培训了1000多名官兵，大部分获得了省、市颁发的等级证书。进一步加大双拥法规建设力度。制定出台了《辽阳市拥军优属规定》、《驻辽阳部队拥政爱民规定》、《关于进一步提高优抚对象抚恤补助标准通知》。为确保现役军官家属不下岗，出台了《辽阳市现役军官家属就业暂行办法》，进一步规范了军官家属就业工作。太子河区请法律专家定期到部队进行法制宣传。市里还定期请人大代表对《兵役法》、《军事设施保护法》等贯彻情况进行视察，促进了政策法规的贯彻落实。市委、市政府一次性投资20万元，为65583部队建起了5个蔬菜大棚基地，市县两级政府还拨出3000亩优质良田，无偿给部队作为农场用地。

围绕促进“两力”开展共建活动。驻军部队共出工2万个劳动日，植树13万株，为美化辽阳，建设第二故乡做出了突出贡献。驻军团以上干部每人都同贫困户建立了联系点，结对帮扶，营以下单位也都确定了帮扶对子。驻军65521部队和军分区党委结对帮扶的贫困户，大部分已脱贫走上富裕之路。65583部队和65529部队分别与白塔区和文圣区建国功臣结成帮扶对子，春节和“八一”，送去了价值5万多元的米、面、油。市消防支队百名官兵同灯塔市百名学生结成对子，开展解困助学活动，资助贫困学生完成学业。全市拥政爱民服务小组常年在街道和乡村，为老百姓办实事，解决难题，受到广大人民群众的热烈欢迎。

盘锦市

2000年，盘锦市双拥工作认真贯彻江总书记“同呼吸、共命运、心连心”的总要求，抓重点，攻难点，不断深化创建活动，狠抓双拥政策落实，取得了显著的成绩。

狠抓国防教育和双拥政策法规建设。加大了《国防法》的宣传力度，在全市最繁华的石油大街和市府大街开展了《国防法》宣传一条街活动，市五大新闻单位分别开办了为期一周的《国防法》知识讲座，受教育面达90%以上。认真组织《国防法》知识答卷活动，下发答卷2万余份。新闻单位相继开辟了《国防天地》、《国防之声》和《鹤乡国防》等专题栏目。开展了国防教育“双十佳”评选活动。全市共评出盘山县太平农场等10个国防教育先进单位和兴隆台区区长陈斯来等10名先进个人。认真完善落实《盘锦市退伍义务兵和转业志愿兵安置办法》、《盘锦市关于加强现役军官家属安置工作的若干规定》、《盘锦市优待金统筹管理办法》、《盘锦市拥军优属暂行规定》、《驻盘部队拥政爱民若干规定》等各项双拥政策法规。7月底，隆重召开了盘锦市双拥工作总结表彰大会，表彰了100多个双拥先进单位和200多名双拥先进个人。

高标准落实优抚安置政策。一是提高了优待标准。农村义务兵家属优待金标准提高到2430元，有近三分之一的乡镇达到了2500元。对革命伤残军人、“三属”等重点优抚对象优待面达100%，三分之二以上的乡优待金达每年1100元以上。在乡老复员军人医疗保障金提高到260元，实际解决医疗费每人年平均达500元以上。参加过抗日战争、解放战争和建国后入伍的在乡老复员军人定补分别提高到每人每月160元、145元、

130元。对180名特困复员军人遗属，每人每月补助70元。退伍士兵第一次上岗率达100%，转业军官全部安置到机关事业单位或经济效益好的企业。将军休干部医疗纳入当地公费医疗体系，彻底解决了医疗费短缺问题。全年共投资130万元改造了烈士陵园。认真解决随军家属就业安置问题，60名随军家属基本安排完毕。

大力开展了基层双拥活动。在全市开展了“十个一”活动。即向战士送一支笔、一本书、一副鞋垫；向驻军单位送一头猪、一只羊、一副对联；给部队官兵演一台节目，写一封慰问信；向驻军工厂、农场提供一项新技术、一条经济信息。一年来，县里为武装部建楼投资100多万元，为武警大队改善住房条件投资25万元。5月，盘山县又出资20多万元为8614部队训练铺沥青地面。大洼县在各驻军农场设立图书馆，坚持定期为官兵送书上门；县职教中心开办的微机、财务管理、养殖、农机具修理等专业学习班为部队免费培训。全县共为官兵送书及各种学习资料22000多册，免费培训微机、财会、种植、农机具修理等各类技术人员320人次，组织慰问演出12场。大洼县专门到驻军探望了家乡籍战士，鼓励他们安心服役，报效祖国。驻双台子区的盘山供电局制定了《盘山供电局拥军工作实施方案》，为驻军、老红军、军烈属、伤残军人做好事200多件，为优抚对象办生活福利和提供灯具材料等所用资金达2万多元。兴隆台区规定部队免征土地费，优先安置随军家属的工作和子女入学入托，全区为部队送慰问品9000多件，送鸡蛋2000多公斤，猪肉4000多公斤，慰问演出40多场，支援体育器材2000多件，送图书3000多册。春节前，辽河油田出资100万元，并派工程技术人员，为部队修建了练功房、器械场等。

驻盘部队拥政爱民成效显著。参加了京沈高速公路建设和盘锦市溢洪区改造工程。团以上单位包扶一户特困优抚对象，共包扶24户，每名干部都资助了一名失学儿童，共资助416人。5月初，驻军出动1100多人在喜彬乡植树8万多株。盘锦军分区和大洼县人武部，积极协调大洼县政府和驻军农场，妥善地解决了驻军农场土地使用权问题。成功地开展了108项“富民工程”和“兴企自救工程”，收到了良好的经济效益、军事效益和社会效益。

抚　顺　市

今日抚顺

抚顺市是一个有着拥军优属、拥政爱民光荣传统的城市，曾三次荣获国家级“双拥模范城”的称号。2000年，抚顺市双拥工作以荣获“全国双拥模范城”荣誉为动力，坚持突出重点、狠抓基层，勇于探索，开拓进取，整体水平又上了一个新台阶。

组织健全，制度完善。市委、市政府和抚顺军分区将双拥工作列入年度工作目标，市委常务副书记和常务副市长主抓这项工作，将具体目标落实到各个县（区）市直各部门和企业，并纳入年度工作目标考核中。全市的双拥法规完善，制定了《抚顺市拥军优属条例》，所属9个县（区）都制定了拥军优属实施细则。驻抚各部队制定了《拥政爱民若干规定》，双拥工作实现了法制化、网络化、制度化。

国防观念和双拥意识不断增强。一年来，全市对各级干部强化了国防教育，受教育人数1万多人次。并坚持开展领导干部“当一日兵”活动，累计达3300多人次。全市注重发挥50个国防宣传基地、30多处革命烈士纪念建筑物和20多所少年军校的作用，受教育人数达120多万人次。为扩大国家级烈士陵园—雷锋纪念馆的教育阵地作用，市政府投资2000多万元，将纪念馆西侧占地4万平方米的望花公园合并给雷锋纪念馆，并新建了一座现代化式的展厅。

动真情，拥军优属办实事。各级党委、政府发扬拥军优属的光荣传统，不断加大工作力度。全市14个部门为高炮预备役团解决取暖、训练、生活、营房等方面问题20多个，投资达260多万元。市人事部门妥善安置了103名转业干部，劳动部门安置50多名随军家属就业，民政部门安置了2200余名退役士兵，教育部门为100名军人子女解决了入学问题。在科技拥军方面，市政府分别在抚顺职工大学和新抚区建立了“抚顺市科技拥军培训基地”，共培训初级微机操作员160多名，中级微机操作员50多名。市政府为保证全市优抚对象生活标准不低于全市人民的平均生活水平，建立了优抚对象抚恤补助标准自然增长机制。在“爱心献功臣行动”中，市财政投入340万元，为建国功臣建房82户，250多间，各帮扶单位为600多名建国功臣赠送慰问款30多万元。在全国“爱国拥军优属好妈妈”胡玉萍的带动下，群众自发组织慰问优抚对象1246人次，送慰问品3万余件，价值40多万元。为驻抚部队送慰问品2万余件，价值20多万元。为优抚对象义诊义治50多人次，受医治人员达到800人次，组织群众性的军民座谈会、联欢会、研讨会70多次，参加活动人数达3000人次。全市已建立“双拥活动站”80多个，拥有“抚顺市拥军优属促进会”会员3000多人。

驻抚部队积极支持地方经济建设。一年来清理浑河河道1.5万多立方米的沙石。参加抗洪抢险装运沙袋4万余袋，抢修水毁公路7处，计2000多延长米。打井50余口，畅通河道近万延长米。完成抚顺市永宁路绿化带基础工程建设，平整土地3万平方米，挖土方1000立方米。雷锋生前所在团发挥优势，指定多名干部、战士担任40余所大中小学的校外辅导员，义务作报告30余场，受教育达3万多人次。一年来，抚顺驻军与当地政府建立了“六个二十”，即建立军民共建村（委）20个，建立军民共建学校20个，建立优抚对象优惠站20个，建立双拥活动站20个，建立军民共建厂矿20个，建立军民共建街道20个。

长海县

长海县码头

长海县地处辽东半岛东侧渤海北部海域，由112个岛砣礁组成，陆域面积152.3平方公里，海域面积342.85平方公里，县辖4乡3镇，全县9万人分布于25个大小岛屿，是全国惟一的海岛边境县。曾两次被评为“全国拥军优属先进单位”。2000年1月，被授予“全国双拥模范县”荣誉称号。在成绩面前，长海县军民把荣誉作为起点，化作动力，不断地将双拥工作引向深入。

用“三个代表”重要思想指导双拥工作，全面提升全县双拥工作质量。6月8日，县委中心学习组和驻军65711部队党委中心学习组34名成员，共同学习了江泽民同志关于“三个代表”的重要论述，联系双拥工作实际，交流学习体会，坚持在双拥工作中实践“三个代表”。7月29日，县双拥工作领导小组，召开了全县双拥工作会议，全面传达了国家、省、市双拥表彰大会精神，总结表彰了双拥工作先进单位和先进个人，做出了《关于进一步加强全县双拥工作的决定》，按照全国双拥模范县的标准，具体安排了全县双拥工作的新任务。

以提高海岛经济综合实力和驻岛部队海防能

力为目标，军地双方加大了互办实事的力度。驻岛65711部队在完成战备训练任务的同时，支援海岛经济建设，先后参与了地方电网改造工程、大长山岛双拥公园、王家岛北海公园、海洋岛环海公园、大长山岛镇污水处理工程等五项重点工程建设项目，共出动兵力8680人次，调动车辆船只600多台（艘）次，为海岛经济建设做出了突出贡献。地方在发展海洋经济中，把支援驻岛部队海防建设融为一体。全县共投资165万元支持驻岛部队海防建设，在电网改造工程中，县供电局出资60万元对65711部队电网进行了同期改造；小长山乡乌蟒岛村投资35万元将军用码头修建一新；海洋乡政府投资26万元无偿帮助65719部队修建了新训练场；县和乡政府联合投资30多万元对县民兵武器库进行装备改造，使其达到了沈阳军区红旗武器仓库的标准，并被总部评为“全国民兵武器仓库安全管理先进单位”。

发挥基层双拥组织的作用，启动新一轮科技拥军工程。辽宁省军区在65715部队召开科技练兵现场观摩会，獐子镇一次支援现金6万多元，并投资3万元为该部队购买了2台电脑和1000册图书；县广电中心和县供电局出资1万元，义务为某部队军用码头安装了有线电视线路，使停泊在港口上的官兵能看到多频道的电视节目。去年，全县共赠送驻军电脑8台，赠送图书2千册，举办各类技术培训班2期，免收学费1万多元。同时，各基层双拥组织开展了形式多样的科技拥军活动，共投入现金25万多元，为驻岛部队开展科技练兵活动提供了有效的帮助。

建立了全新的优抚政策体制。建立了重点优抚对象抚恤标准自然增长机制，全年兑现49万元抚恤补助金，重点优抚对象年人均收入3000元，兑现率达到了100%，比建制前增长了45%。建立了重点优抚对象医疗保障制度，年人均贴现300元医疗保障金，实现了大病医疗统筹解决。实行了农村义务兵家属优待金统筹制度，使每年人均优待金达到5200元，城镇义务兵家属达到了2600元。实行了以“经济补偿扶持就业为主、安排工作为辅”的办法，人均发放扶持就业金2万元，妥善安置了335名城镇复退军人，安置就业率达到100%。实施了“军嫂无待业工程”，县乡财政共出资16万元，为数十名军嫂办理养老保险，全县军嫂就业率达到100%。经过努力，优抚对象生活难、住房难、就业难问题已得到彻底解决。

吉林省

长春市

长春市一瞥

长春市是吉林省政治、经济和文化中心，辖5区3市1县，面积20571平方公里，人口669.6万人，有驻军单位61个，各类优抚对象10791人。2000年，长春市党政军民总结经验，积极研究新形势下双拥工作的新情况、新问题，以强化国防教育、开展科技拥军和落实各项优抚政策为重点，不断开拓进取，双拥工作又有新发展。

开展国防教育，强化双拥意识。建立健全了市、县（区）两级国防教育领导机构，制定了贯彻《吉林省国防教育条例》实施细则及全民国防教育工作规划，初步形成了国家、社会、军队、学校和家庭五位一体的国防教育网络。各级宣传教育部门，工、青、妇组织和各大中小学校运用各种宣传手段，大张旗鼓地进行拥军优属宣传教育。全年共在新闻媒体上播发双拥稿件710余篇。

开拓进取，科技拥军有新进展。加强了对科技拥军的理论研讨。紧紧围绕地方经济建设和军队现代化建设，对新形势下科技双拥的内涵与外延、方式与方法、渠道与载体等进行了深入的研究与探讨。为驻长部队解决科技难题11项。有的获沈阳军区优秀革新成果奖。有的受到江泽民等党和国家领导人的高度赞赏。吉林大学和吉林工学院等院校共为部队培养硕士生21人、研究生78人、本科生260人。向部队输送本科以上学历人才890多人，开办计算机、经济管理等各种培训班23个，培训官兵1600多人次。

加大工作力度，促进优抚安置工作的落实。全市各级党委、政府和职能业务部门，积极探索解决老兵医疗难的有效途径，采取了“住院医疗保险”、“三级医疗保障网”、“医疗义诊”等活动，为老兵治病就医提供了有效保障。组织各种医疗小分队200余组（次），义诊3500多人（次），为全市老兵患者送药折款140多万元。全市共接收安置城镇退役士兵4775人、转业干部396人、军队离退休干部107名，较好地解决了随军家属落户、就业及部队子女入托入学等问题。军用饮食供应工作保持了较高水平，为过往部队提供了优质服务。为部队赠送微机、彩电、复印机、洗衣机、冰箱等350台，图书9万册。市（县）、街（乡、镇）、居（村）三个层次，工、农、商、学四条战线的拥军优属服务体系更加牢固。拥军优属服务组织已经发展到13500多个。全市组织各类经常性拥军优属活动280多次。

参加驻地公益事业，促进了地方经济社会发展。驻长部队积极响应长春市委提出的“建设现代化国际性城市”的号召，以建设好第二故乡为己任，组织官兵和民兵参加了市区道路建设、城市绿化美化、清除积雪垃圾、建设公益设施等活动，共出动车辆8000台（次），人员9万余人（次），清除垃圾和积雪10余万吨，植树17万棵。开展了捐资助学、助残帮困等活动，共捐款280多万元，使800多名失学儿童重返校园。驻军医院义诊13000余人（次），接待诊治贫困患者800人（次）。成立近百个学雷锋活动小组，常年为市民做好事。与27所大学、114所中学结成共建对子，对10多万名学生进行军事训练和军事知识教育。与乡镇、村屯结成了扶贫帮困、科技助民对子200多个，为农户送去价值10万余元的种猪、种兔、玉米种子等。派专家到科技助民点进行科普知识讲座，向农民传授科技知识，指导农民科学种植和养殖。动用兵力28000余人（次），开发荒山1500余公顷，形成了46个苗木生产专业屯，帮助了农民脱贫致富奔小康。

吉林市

吉林市位于美丽的松花江畔，辖4区4市1县，面积28000平方公里，人口431.6万人。有驻军单位38个，各类优抚对象9774人。2000年，全市军民始终坚持“高举旗帜，共学共育，双服促双拥，共建双拥模范城”的工作思路，按照固强补弱、典型突出、法制规范、创新提高的总要求，加大措施和力度，双拥工作整体水平得到不断提高，进一步巩固发展了“同呼吸、共命运、心连心”的军政军民团结。

强化领导，部署落实双拥工作。加强了双拥工作的组织领导力度，全年共召开5个会议，研究解决双拥工作的重点和难点问题。1月31日，召开了双拥工作会议暨吉林市荣获全国双拥模范城四连冠总结表彰大会。表彰了一批在全市双拥工作中涌现出的先进单位和个人。7月31日，召开了吉林市第32次党政军联席会议。市领导对解决现役军官家属就业安置等问题进行了部署。6月9日，召开了城镇义务兵家属优待金协调会，决定按系统收缴优待金，为做好双拥工作创造了条件。10月10日，召开了落实提高在乡老复员军人定期定量补助标准协调会，确定每半月调度一次提标情况，督促工作落实。10月25日，市委宣传部、市民政局联合召开了吉林市纪念志愿军抗美援朝出国作战50周年座谈会，抗美援朝老战士和军地代表40余人参加会议。电影《奇袭白虎团》中原形石广志老人做了生动发言。全市新闻单位进行了报道并刊登了一批纪念抗美援朝的文章。各县（市）区对优抚对象进行走访慰问，送去慰问品和慰问金共计29万元。

办实事，解难题，支持部队建设。“八一”前夕，市召开了部队干部家属安置协调会，确定了“对口安置，部门负责”的原则，想方设法对随军家属予以安置。有29名军官家属安置到行政事业单位。船营区出台了《船营区解决驻区部队军官子女入学问题实施办法》，规定凡驻区部队干部子女入学采取就近就地原则，入小学免收择校费，入中学视情况减免50%－100%的择校费，受到驻区部队的赞扬。市双拥办到部队征求意见，起草了《关于吉林市双拥工作存在问题及解决办法的建议》，送交市双拥工作领导小组研究，引起了市委、市政府领导和各部门的重视，为下一步双拥工作的开展明确了重点。“八一”期间，各级领导走访慰问驻吉部队、军休老干部和驻军医院伤病员。全市共组成拥军慰问团21个，赠送慰问品价值34.5万元。为支持部队科技练兵，全年向部队赠送科技图书价值5万余元。

积极探索，不断加强双拥政策法规建设。起草了《吉林市双拥工作条例》，报送市法制局、市人大审批，为吉林市双拥工作步入法制化轨道打下了基础。为引导军民共建文明小区健康发展，对全市共建文明小区进行了抽查，对发现的问题，提出了改进措施，并制定出“治安秩序好、环境卫生好、绿化美化好、文化活动好、社区服务好、精神风貌好”的标准，对军民共建文明小区活动进行规范。借鉴外地科技拥军先进经验，结合实际情况，经过反复论证，起草了《吉林市科技拥军实施方案》，明确了全市科技拥军的思路、内容和方式方法，推动了全市科技拥军深入开展。

巩固“爱心献功臣行动”成果，优抚政策得到落实。在“爱心献功臣行动”中，采取“七帮”（机关帮、企业帮、部队帮、工会组织帮、共青团组织帮、妇女组织帮、民兵组织帮）、四带（村社干部带、党团员带、富裕户带、亲朋带）的办法解决重点优抚对象的“三难”问题。市妇联为包扶的10位在乡复员军人落实了包保资金。市第三干休所帮扶3位老抗联战士，并为伤残军人、烈属等捐资1.8万元，捐衣物2700多件。舒兰市开展“千户法人包千户老兵”活动，磐石市采取“一帮一”帮扶老兵306户，蛟河市帮扶302户。全市共投入资金1358万元，对农村有困难的重点优抚对象3265人（含企业困难的优抚对象260人）进行了扶助，使他们的生活难基本得到解决。农村义务兵家属优待金年人均超过2000元。在乡复员军人年人均定补标准达到600元。对城区生活困难的在职优抚对象，继续采取结对包保方式解决。市双拥办定期发通报，督促包保任务落实。下发了《吉林市开展“老兵医疗康复行动”实施方案》，采取多种措施，解决在乡老复员军人医疗方面的困难。磐石市采取合作医疗制度，把部分优待金集中使用，在乡老复员军人治病可报销30%－80%医药费，有效地缓解了他们医疗难。“八一”期间，全市组成72支巡回医疗队，深入到乡（镇）、村为优抚对象看病，赠送药品价值17.4万元，受到了广大优抚对象的称赞。

通化市

通化远眺

通化市位于吉林省南部，曾是东北抗联活动地，有着拥军优属的光荣传统。全市辖2区2市3县，面积15195平方公里，人口226万，有驻军单位31个，各类优抚对象11219人。2000年，全市党政军民认真贯彻全国双拥模范城命名大会精神和江泽民同志“三个代表”的重要思想，把双拥工作纳入重要议事日程，科学规划，精心组织，扎实工作，双拥工作在继承传统的基础上又有了新的发展。

年初，根据人事变动情况，充实调整了市双拥工作领导小组。全年先后召开了3次军政座谈会、2次领导小组会、2次政府常务会，研究部署双拥工作。市委、市政府督查室3次督查双拥工作。制定下发了《通化市双拥工作三年规划》和《通化市2000年双拥工作方案》。

2000年，全市重点实施了“五项工程，六项活动”。“五项工程”，一是共建形象工程。驻通化部队结合城市绿化、美化等重点工程，积极开展共建活动。共植树16984株，平整土地、植草坪6.7公顷，清淤100多万立方米。驻军共出动官兵近万人次，各种车辆机械500余台次，平整新建公园1952平方米，清运土石方1800立方米，二是科技拥军工程。全年共为部队培养各类两用人才280人，对1222名复员军人进行了岗前培训，协调有关部门为驻军提供4名在职读研究生名额，根据部队需要在全市新建5处两用人才实验基地。“八一”期间邀请长春光机所教授为部队作《高科技战争中的现代光学和光电技术》报告。三是优抚安置工程。年初起草了《通化市城镇义务兵家属优待实施意见》；4月中旬举办“首届退役士兵就业洽谈会”；为33名退役士兵自谋职业发放补助费42万元。全年共培训随军家属137人，优先安置84人，市人事局还出台了《安置随军家属、干部的补充规定》，鼓励随军家属自主创业的“军嫂一条街”得到沈阳军区领导的肯定。四是后勤保障工程。市财政补贴60万元为驻通部队的160个伙食单位供应优质粮油2013吨。全市共组织慰问活动34次，赠送价值20余万元慰问品，支持部队国防施工。无偿支援水泥200余吨，投入资金10万余元，支持部队副食基地和文化设施建设。五是法律拥军工程。在全市范围开通“双拥热线”，全年共接到热线电话137次，帮助78人解决疑难问题；在有驻军的县城或乡镇建立37个“拥军法律服务组织”，有专兼职人员18人。

“六项活动”，一是开展双拥活动月活动。2000年1月，是通化市开展的第10个双拥活动月。在此期间，召开了军政座谈会，走访慰问活动。全市共组成慰问团200余个，赠送慰问品价值50余万元。二是军民共同开展学雷锋活动。全市军民开展扶贫帮困、扶孤助学活动。驻军部队出动6000余人走上街头清理垃圾、积雪，开展便民利民服务。三是开展以“五进军营”为主题的综合拥军活动。广泛发动社会力量开展了科技知识进军营、文化活动进军营、送温暖进军营、法律服务进军营、医疗服务进军营。要求做到“十个一”（一场科技报告会、一次科普展览、一次联谊活动、送一套书、送一套光碟、搞一次法律咨询活动、开展一次医疗活动、开展一次走访慰问活动、共建对子帮助一户贫困军属）。四是开展“经济日”、“国防日”活动，组织部队首长到地方过“经济日”和地方领导到部队过“国防日”活动，使部队首长了解地方经济形势，地方领导增强国防观念，激发“居安思危，固我长城”的坚定信念。五是开展抗美援朝出国作战50周年纪念活动。广泛开展了宣传教育活动，举办了抗美援朝老战士座谈会，走访慰问了志愿军老战士，组织中小学生祭扫烈士陵园。六是开展以“老兵医疗康复行动”为主题的“爱心献功臣行动”。年初制订了《通化市开展“老兵医疗康复行动”实施方案》，采取“九个一点”的办法，积极探索优抚工作新路子。全市共收到捐款40余万元。“八一”期间，组织医疗小分队下乡为重点优抚对象送医送药。

洮　南　市

洮南市位于吉林省西北部，面积5107.8平方公里，人口43万，有驻军单位4个，各类优抚对象3182人。2000年，全市广大军民以再次被命名为全国双拥模范城为新起点，提出在军民共建中

洮南市光明街夜景

动真情，在办实事中求发展，在创新中求突破的工作思路，双拥工作获得了新的发展。

把情和爱献给最可爱的人。洮南市是吉林省的贫困县（市）之一，属经济落后地区，但全市人民提出“苦谁也不能苦了最可爱的人，差谁也不能差了优抚对象”的口号，采取有力措施，全面落实各项优抚安置政策。为把“爱心献功臣行动”推向深入，全面开展了“老兵医疗康复行动”。成立了以主管副市长挂帅，民政、卫生、驻军等有关部门参加的“老兵医疗康复行动”领导小组，同时制定出台了《洮南市实施老兵医疗康复行动方案》。各乡（镇、街）普遍对老兵的身体状况及医疗条件进行了全面调查，建立了详实准确、查阅方便的老兵健康档案。市财政克服困难，将老兵医疗补助费及时拨付到位。各乡（镇）相继挂牌成立了“老兵医疗康复诊所”26个，制定实施了优惠政策。据统计，一年来全市共为老兵筹集医疗款10万元，为1937名老兵检查了身体，为老兵送药金额达8.5万元，减免各种医疗费用3.5万元。同时还组织医务人员到行动不便的216户老兵家中送医送药，使“老兵医疗康复行动”收到了显著的成效。为保证在乡老复员军人有病能得到及时治疗，在开展医疗康复行动基础上，还筹集资金，提高了他们的医疗补贴，达到年人均250元，同时，加强了医疗管理，全市统一制发了《在乡老兵医疗补贴领取证》。在市财政十分紧张的情况下，千方百计筹集资金，拿出100多万元，为优抚对象提高了抚恤补助标准。全市共统筹优待金994万元，对义务兵家属实行了普遍优待，户均790元，落实了优待政策。

军民协力推动两个文明建设。洮南素有吉林西北部“拥军窗口”之称。2000年，全市接待沈阳军区所属四个集团军的演练官兵近4万人，在全力保障部队举行军事演习的同时，广泛开展了多种形式的军民共建活动，共建了环城林，共修了村屯路。驻训部队急地方之所需，视驻地为第二故乡，出动近万名官兵、300多辆汽车，参与了农田水利基本建设、植树造林、绿化荒山活动，受到当地群众的高度赞扬。市委、市政府和全市人民积极做好科技拥军工作。全市各级把科技拥军作为全年双拥工作重点，市教委、市总工会、市劳动局组织人员到部队开办文化补习班、文艺培训班、微机培训班等，共为部队培训科技文化骨干90名，其中有13名战士考上军事院校，多数官兵掌握了一技之长。军民共建共育活动的深入开展，密切了军政军民关系，推动了全市两个文明建设。

延吉市

延吉市位于吉林省东部，面积1350.24平方公里，人口38.95万，有驻军单位10个，各类优抚对象1742人。2000年1月第四次被命名为全国双拥模范城。新的一年，全市军民按照“高标准要求，动态下管理，深层次发展，工作上务实”的思路，坚持抓教育、定政策、办实事、做奉献，双拥工作又有了新的发展。

切实加强对双拥工作的领导。市委、市政府把双拥工作摆上重要议事日程，在机构精简的情况下，加强了双拥组织建设。双拥办成为单独机构，实行军地合署办公，充实了双拥办工作人员。同时，还加强了各部门、各行业和基层单位双拥工作的领导力度，形成了双拥工作的组织网络。建立了双拥工作向社会承诺、设立监督电话、实行特事特办等制度。全市对双拥工作实施百分考核，实行一票否决，凡双拥工作未达标的单位不得评为先进单位，领导不能评为先进个人。召开党政军座谈会、军地联席会议21次，研究决定双拥工作重大事项数十项。

打牢双拥工作的思想基础。市委、市政府坚持把爱国主义教育作为各族人民群众政治生活的主旋律，广泛开展“知我延吉，爱我延吉，兴我延吉”的系列教育，利用延吉革命烈士陵园、著名战斗英雄董存瑞展室等爱国主义教育基地，开展各项活动120多批（次），参加人数达1.5万余人。注重以宣传典型为契机，搞好教育引导，先后宣传报道了“自强不息、甘愿奉献”的特等伤残军人金在万和拥军模范宋顺女的事迹。在全市表彰了12个双拥工作先进单位，26个拥军优属先进单位，4个拥政爱民先进单位，42名拥军优属先进个人，13名拥政爱民先进个人。

在解决热点、难点问题上下功夫。市委、市政府把解决驻地部队干部子女入学、家属就业和转业军人安置等问题作为双拥工作的突破口，切实在办实事上下功夫。对驻延部队干部子女入学，执行不受学区限制，不受民族、转学时间限制，不额外增加费用的“三不原则”，升入市属高中照顾5分，全年为部队干部子女升入高中减免公办民助费2万余元，为26名部队干部子女办理了跨学区入初中。对干部家属就业实行优惠政策，在安置工作中下达指令性任务，凡不接收的，人事部门扣除编制。把待安排随军家属登记造册，在两年内分批安排上岗，下岗的随军家属重新安排上岗，并要求在今后企业单位的改制中，随军家属不准下岗。劳动就业部门利用全市的8个培训基地，为随军家属提供专业技能培训，全年有77名干部家属从事个体经营，为随军家属减免各项税费达27万元。充分利用地方的科技优势，为部队培养科技人才。全市5所大专院校和8所科研单位举办各种培训班25个，为部队培训各类人才725名。市委、市政府把军转干部安置当作政治任务来完成。全年接收转业干部25名，其中机关和公检法安排22名，事业单位3名。接收安置退伍军人448名。达到了部队、接收单位、个人“三满意”。

驻延部队积极为地方经济发展作贡献。驻延部队积极支持地方经济建设，想人民所想，急人民所急。在抗洪抢险中，董存瑞生前所在团出动官兵1100多人次，车辆114台次，转移被困群众3000多人次，抢救国家和人民群众财产价值81万元。延边军分区在扶贫帮困中，为烟集乡南溪村捐款5000元。驻延部队围绕全市四项重点工作建设，积极参与绿化、美化活动。共绿化植树41万株，种草坪1000平方米。在博览会和争创文明城市活动中，动用官兵1.2万名，清除垃圾2650立方米，充分展示了人民军队威武之师、文明之师的良好形象。

四　平　市

四平市烈士纪念碑

四平市是著名的“四战四平战役”所在地。全市辖2区2市3县，面积14172平方公里，人口330万。有驻军单位29个，各类优抚对象7455人。2000年1月，第三次被命名为全国双拥模范城。全市军民认真贯彻学习全国双拥模范城命名大会精神和江泽民同志“三个代表”重要思想，进一步加强组织领导，不断解决新形势下双拥工作遇到的新情况、新问题，双拥工作又有新发展。

双拥工作摆上重要议事日程。市委、市政府先后召开双拥工作领导小组会议、常委议军会、军政座谈会、征求部队意见会、军地协调会、随军家属转业干部退伍军人安置工作会议20多次，专门研究解决双拥工作的重大问题，为双拥工作的深入开展创造条件。“八一”前夕，隆重召开了纪念中国人民解放军建军73周年大会，基层双拥工作先进单位代表在会上介绍了经验，市委、市政府对双拥工作提出具体要求。“八一”期间，市委、市政府主要领导及相关部门领导100人到驻四平某部队参加了“军营一日”活动。

积极为部队排忧解难。针对新形势下部队干部家属就业难和子女入学遇到的实际问题，市政府有关部门不断探索新形势下做好双拥工作的方法和途径，广泛调查了解随军家属就业情况，了解企业生产形势，召开了安置随军家属工作会议，劳动部门制定了安置方案。在安置工作中，把飞行员和团级干部家属的安置作为重点。市政府提出要求，对随军家属下岗的，在本系统内调整到效益较好的单位，全年共安置随军家属402人，鼓励自谋职业96人，基本上解决了随军家属的就业问题。为了方便部队干部子女入学，市双拥办深入到驻军各部队现场办公，办理部队子女择校入学的一切手续，全年共办理173人，免收择校费48.6万元，在军内外产生了良好的影响。

科技拥军活动不断深入。根据省委、省政府、省军区《关于在全省开展科技双拥活动的通知》精神，市政府制定了开展科技双拥活动的实施意见。各级党委、政府、各科研单位、大专院校及厂矿等企事业单位，充分发挥自身优势，结合本地本部门实际，多形式、多渠道、多领域探索科学技术转化为部队战斗力的途径，支持部队开展科技大练兵活动。一年来，为部队送科技图书3700册、微机28台、电视机42台、影碟机3台。办微机培训班4期，培训300多人。为部队培训中专生3370人、大专生117人、本科生104人、研究生86人。全年支持部队训练维修设备经费100多万元。

军民共建扎实有效。驻四平部队以饱满的热情，积极参加地方经济建设及其他公益事业建设。组织科技人员深入农村进行科技助民活动。先后投入劳动日3万多个，整修道路25千米，植树2万多株，为群众送医送药折款40多万元，为群众看病治病7000多人。捐款50多万元，帮助贫困户发展生产，脱贫致富。为农村举办实用技术培训班30多期，培训人员4000多人。

优抚政策全面落实。全市把优抚安置工作作为双拥工作的重要内容来抓。优抚安置政策法规得到健全和完善，并在基层全面落实。各县（市）区普遍提高了优待标准，全市义务兵家属优待金标准平均达到1900元，义务兵家属优待面为100%。在乡老复员军人的定期定量补助，列入财政预算及时兑现。重点开展了在乡老复员军人的身体状况的调查摸底，制定了“老兵医疗康复行动”实施意见。在开展广泛思想发动的基础上，加强了领导，落实了责任，全市共为在乡老兵3603人筹集医疗费142万元，较好地解决了医疗问题。军队转业干部、退伍军人均得到妥善安置，共安置转业干部158人，退役士兵2166人。

梅河口市

梅河口市中心广场

梅河口市位于吉林省中南部，面积2174平方公里，人口62万，有驻军单位5个，各类优抚对象2326人。2000年1月，被命名为全国双拥模范城。全市党政军民按照“全党抓经济，全社会抓双拥”的总体思路，坚持以党的十五大精神为指针，以邓小平理论为指导，扎实工作，进一步巩固了双拥工作成果。

加大领导力度，推动双拥工作发展。年初，充实调整了双拥工作领导小组及成员单位，由军地主要领导任双拥领导小组组长，在组织机构上军地双方加大了对双拥工作的领导力度。召开了双拥工作领导小组会议，对双拥工作进行了全面部署安排。成员单位及各部门都把双拥工作纳入本单位的整体规划，党政一把手挂帅，亲自解决重点、难点问题，确保各项双拥任务落到实处。

完善各种规章制度，规范双拥工作。为了使双拥工作步入经常化、规范化、制度化、法制化发展轨道，年初，市双拥工作领导小组结合实际，出台了《梅河口市拥军优属条例》，进一步规范了拥军优属工作，使拥军优属工作做到了有法可依、有章可循。各乡镇、街道、市直各部门也都及时调整充实了领导小组成员，明确了各成员单位的职责，并制定出了切实可行的工作计划，修改补充了各项规章制度，从而保证了基层双拥工作的规范化。

加强国防和双拥宣传教育。各乡镇、街道、市直各部门、驻军各部门通过学习国防知识教材和爱国主义教育阵地，有针对性地开展了一系列宣传教育活动。市委宣传部与市人武部共同组成国防教育报告团，在全市进行巡回报告，全市80%的市民、中小学生和机关干部普遍受到一次国防教育。清明节期间，各乡镇、街道、市直各部门、各企事业单位、驻军各部队、各中小学校还分别组织开展了祭扫革命烈士活动，到烈士陵园参观、瞻仰的人员达2万多人次。充分发挥媒体的宣传作用，形成浓厚的双拥氛围。市电台、电视台、梅河口日报社每周都有反映双拥工作的新闻和典型事迹。特别是在元旦、春节、“八一”建军节、国庆节期间，开辟出专栏和制作专题节目，大力宣传报道在双拥工作中涌现出来的先进人物和先进事迹。全年有80多篇反映梅河口市双拥工作的文章在各级报刊上登载。

认真落实优抚安置政策。市委、市政府及有关部门两次组织慰问团，走访慰问了全市重点优抚对象，送去慰问金和慰问品。春节、“八一”期间，市委、市政府组成慰问团到当地驻军走访慰问。有驻军的乡镇、街道和共建对子，分别与当地驻军和共建部队以座谈会、联欢会、联谊会等多种形式共同欢度节日。优抚工作落实了两项提标，在乡优抚对象优待金的标准全面提高，达到了全市人均收入水平。为解决优抚对象的“三难”问题，继续开展了“爱心献功臣行动”，市委、市政府领导，各部门负责人及乡镇党委、政府领导，分别与重点优抚对象结成了，从生产、生活上给予他们扶助，并发动社会，为他们捐款捐物，使他们的生活难、住房难、医疗难得到了基本解决。市财政还拨出专款，为142户在乡老复员军人解决了住房问题。全面完成接收安置军转干部和退伍军人的工作任务，军转干部都安排到机关和事业单位工作，城镇退伍军人也得到较好安置，做到了部队、本人和接收单位“三满意”。

积极做好拥政爱民工作。驻梅部队积极完成急、难、险、重任务，参加地方公益事业建设。先后参加了整治环境卫生、捐助希望工程、修堤筑路、扶贫解困等项活动。各部队共出动车辆650台（次），出动官兵5万余人（次），为建设第二故乡作出了巨大贡献。

敦化市

敦化中心市场

敦化市位于吉林省东南部，面积1200平方公里，人口48万人，有驻军单位4个，各类优抚对象2059人。2000年1月被命名为全国双拥模范城。全市军民努力在创新、发展上下功夫，着重解决热点、难点问题，取得了显著成绩，双拥工作整体水平再上一个新台阶。

建立强有力的双拥组织机构。市组成了由市委书记任组长、市长任副组长的市双拥工作领导小组，市双拥办设有4名专职工作人员。各级政府、机关企事业单位、村（居）委会都建立了双拥工作组织机构，形成了“上下有组织，纵横有联系，层层有人抓，事事有落实”的双拥工作组织网络。

加大了国防和双拥宣传教育力度。利用各种媒介，采取多种形式宣传双拥工作。在编撰《敦化市双拥工作故事集》、《双拥工作论文集》、《双拥工作政策文件汇编》的基础上，又制作了《老兵—共和国不会忘记》、《爱心献给他们》等电视专题片。市人大常委会确定每年6月17日为敦化市双拥节，8月为双拥工作集中活动月。敦化市国防教育委员会制订并实施了年度国防和双拥教育计划，组织进行了全市党政干部的国防教育考试等。全年有8万人接受国防和双拥教育。

积极开展拥军优属活动。为了部队解决部队后勤保障、科技练兵、文化生活等方面的困难，一年来减免各种费用60多万元，支援物资和资金100多万元。出台了《关于在乡老兵康复基金筹集使用和管理办法》，向社会筹集40万元，市乡两级政府列支40万元，共筹集老兵康复基金80万元，基本上解决了在乡老复员军人医疗难问题。每位副市级以上领导和市直各部门、各乡镇、街道、企事业单位、驻军部队包保一户在乡老复员军人，全市共包保老复员军人239名，共送医、送药、送物资折合人民币15.9万元。市医院、中医院、康复医院、65450部队卫生队各包保一个乡镇，为四个乡镇的120名老兵送医、送药、送物资折合人民币2万元。开展了在乡老复员军人住房“达标工程”，共投资50万元，为在乡老复员军人维修住房86户。提高了优抚对象优待标准，义务兵家属优待金户均达到2800元。加大了安置转业干部和退役士兵、随军家属的工作力度，安置退役士兵369人，安置率达100%，安置17名转业干部进机关和事业单位，安置19名随军家属到效益较好的企事业单位工作。

驻敦部队积极为第二故乡做贡献。出动官兵2万人次，机械车辆500台次，先后参加市区的道路维修、清运积雪、植树造林、义务献血等重大活动。4月18日至30日，驻敦部队和民兵参加天然林保护绿化工程和退耕还林工程建设，动用兵力达1.2万人次。驻敦化森警部队，常年驻守在林区，克服重重困难，实现敦化地区21年无重大森林火灾，受到了吉林省委、省政府的表彰。市人武部为了减灾防灾，在各乡镇及重点地区成立防雹炮群，多次圆满地完成了任务，避免损失2亿元。

黑 龙 江 省

哈 尔 滨 市

哈尔滨松花江冰雪大世界

哈尔滨市位于黑龙江省南部，辖7区12个县（市），面积5.32万平方公里，人口941万，驻军单位39个，各类重点优抚对象2.8万人。2000年1月被命名为全国双拥模范城，实现了“四连冠”目标。全市双拥工作立足基层，狠抓落实，整体水平又上新台阶。

国防双拥宣传教育掀起新高潮。各区、县（市）直有关各部门都制定了国防双拥宣传教育规划，建立完善了国防双拥宣传教育网络并较好地发挥了作用。市里对李兆麟将军被害地进行了改造，成为人们参谒的绿色纪念广场。一些县（市）

在财政比较困难的情况下，筹集专项资金，维修改造多处烈士陵园，哈尔滨市的八区长青广场成为集参谒纪念和文化休闲为一体的教育广场。清明节期间，开展了参谒革命先烈活动，全市有近1300个单位，17万人次参加了祭扫活动。

科技拥军活动取得新成绩。全市动员社会力量开展了“把学校办在军营、把知识送进军营、把财力送进军营、把科技引入军营”为主要内容的科技拥军活动。利用地方大专院校、科研院所和高新企业的科技优势，为部队开发了GPS定位系统、计算机自动报靶系统等80多个攻关项目，哈工大同某集团军建立了培养百名硕士研究生工程，省商业职工大学同65435部队联合开办了“军旅中专学校”，林业大学同65432部队建立了“育才基地”，黑龙江大学与沈阳军区签订了联合培养干部的协议书，积极为部队输送高科技人才。南岗区军地双方共同召开了“科技进军营对接”大会，区政府根据部队的实际需要，把科技设备送进军营。市建委出资170余万元，为省武警五支队改建了集多媒体教学、军事训练和会议接待于一体的科技练兵馆。全市为部队赠送自动化办公用品500多套和价值200多万元的训练器材，为部队科技练兵提供了有力的保障。8月，哈尔滨市作为全省科技拥军先进市参加了沈阳军区召开的“沈阳军区借助社会力量开展科技练兵暨科技助民座谈会”，并在会上介绍了经验。

政策落实又有新进展。市直100多个部门参加了新一轮帮扶活动，结成帮扶对子5600多个，为1350户重点优抚对象新建、维修住房3375间。在市区全部建立抚恤补助标准自然增长机制的基础上，阿城市率先建立了优抚对象抚恤补助标准自然增长机制。3月初，市里召开了随军家属就业安置工作经验交流会，成立了“哈尔滨市军官家属就业培训中心”，共培训随军家属268人，对69名随军家属进行了妥善安置。市里多次召开驻哈部队和地方共同参加的协调会，制定出台了《哈尔滨市关于支持驻哈部队搞好后勤保障社会化改革的实施意见》，为部队后勤保障社会化改革提供了政策支持。

双拥创建活动有了新发展。在创建双拥模范城（县）活动中，全市各级按照坚持方向，丰富内容，拓宽领域，严格标准，注重实效的要求，扎扎实实开展了创建双拥模范区（县、市）的活动，有13个区、县（市）被市委、市政府、哈尔滨军分区授予市级双拥模范区、县（市）称号。驻哈部队积极参加“爱心献功臣行动”，主动与各区、县（市）的老兵结成帮扶对子，制定帮扶规划，开展多种形式的帮扶活动。驻哈93163部队先后帮助哈尔滨飞机制造有限公司成功研制了Y－12飞机飞行模拟器；帮助哈尔滨市卷烟厂成功研制了工业电视设控报警系统；帮助哈尔滨太平国际机场成功研制了机场监控保安系统等。驻哈部队共出动兵力7000余人，出动各种车辆500余台次，清理垃圾及冰雪15000余立方米，93388、61401部队为地方群众举办微机班、外语班20多期，受到了驻地人民群众高度称赞。

鸡 西 市

鸡西市中心大街夜景

鸡西市位于黑龙江东部边陲，辖6区3县（市），面积2.25万平方公里，人口194.7万，驻军单位7个，有重点优抚对象5000人。2000年，全市军民以发展地方生产力、提高部队战斗力和增强民族凝聚力为主要目标，着眼大局，立足基层，狠抓落实，大力开展“军民心连心，合力筑长城”活动，双拥工作有了新发展。

科技拥军取得新成果。按照《鸡西市1999－2001年心连心筑长城三年规划》的部署，坚持以人为本，围绕“四个五有”目标，努力找准科技拥军的切入点、着眼点、着力点，从驻军实际情况出发，以办学校、建基地为载体，不断拓展新领域，丰富新内容。全市共派出科研人员260人次，帮助部队举办计算机、外语、家电维修、机械修理、果树栽培、畜禽防疫等实用技能培训班39期，有674人次接受了培训，帮助部队培养学员苗子及军地两用人才285人，全年共有368名干部战士取得了大中专毕业文凭。使科技拥军逐步走上了教学规范、参与广泛、成效明显、技能教育与学历教育相结合的新路子。同时，投入资金240.75万元，组织全市156个拥军单位，帮助35个基层连队解决了科技练兵中的困难。被省双拥工作领导小组命名为“全省科技拥军先进单位”。

“爱心献功臣行动”不断深化。通过“强化指导，整体推进，上下联动，扩大成果”四条措施，把“爱心献功臣行动”不断引向深入。采取“政策上倾斜，经济上资助，技术上指导，生活上关心”等措施，帮助革命功臣排忧解难，收到了良好的效果。全市各级领导干部走访革命功臣3000余人次，筹集资金20万元，帮助解决生活、医疗、住房等方面困难近万件。

着力解决优抚安置中“五难”。一是加大督办检查力度，防止优抚政策落实出现“反弹”。全市对各县（市）、区抚恤补助政策的落实情况进行不定期的检查，发现问题及时解决，并把检查情况通报全市，确保了各项政策落实到位。同时，不断提高群众优待标准，帮助优抚对象解决生活难。二是加大资金投入，切实解决重点优抚对象的住房难。市委、市政府安排10万元资金，各区、乡、村投入资金和建材折合17万元，义务帮工1240人次，解决了30户重点优抚对象的住房难。三是多渠道解决优抚对象的医疗难。继续推行在乡老复员军人合作医疗制度，并在各区设立了优抚诊室，出台了“四优先”、“八减免”等优惠政策，基本上做到了有病能得到及时治疗，重点优抚对象医疗难问题得到明显的缓解。四是强化资金筹措力度，解决好城镇义务兵家属优待金统筹。针对财政对工资实行统发的实际，经多方协调，保证了市、区两级财政对预算编制内干部职工优待金扣缴工作的顺利完成。截止年末，全市共筹集优待金84.2万元，确保了城镇兵家属优待金及时兑现。五是积极拓宽安置渠道，妥善安置退役士兵。全市共接收城镇退役士兵799名。针对市场经济条件下安置难的实际，进一部加大工作力度，积极拓宽安置渠道，采取指令性安置与自谋职业相结合的办法，安置城镇退伍军人745名，安置率达92.3%。

积极支援地方经济建设。驻鸡西各部队“驻鸡西、爱鸡西、建鸡西”，广泛深入地开展军民共建共育活动，主动承担急难险重任务，积极参加地方经济建设和社会治安综合治理，促进了鸡西经济发展和社会稳定。全年共义务植树4.6万株，义务献血38800CC，军训学生2.3万人，帮助16户贫困户摆脱贫困。在全市开展的“新兵帮老兵”活动中，为老功臣送去款物折合人民币2.6万元。7月，鸡西军分区、武警鸡西支队分别被省双拥工作领导小组命名为“科技助民先进单位”。9月，因乌苏里江河水倒灌，虎林市虎头镇发生了严重的洪涝灾害，鸡西边防支队及密山边防某部迅速组织官兵及民兵1万多人参加抗洪抢险，出动车辆80台次，为灾区及人民群众挽回经济损失近千万元。同时，驻鸡西各部队还积极为灾区人民捐款3.2万元，支持了灾区人民灾后自救，重建家园，赢得了地方党委、政府和人民群众的高度称赞。

大庆市

大庆市位于黑龙江省西部的松嫩平原，辖5区4县，面积2.2万平方公里，人口250万，驻军单位7个，有各类重点优抚对象8761人。2000年，大庆市的双拥工作以科技拥军为重点，不断加大宣传教育和政策落实的力度，动真情办实事，有力地促进了地方经济发展和部队建设。

广泛开展宣传教育。大庆市在抓好形势任务教育的同时，把开展国防理论、国防高科技知识的学习教育作为重点，举办国防教育骨干培训班，邀请专家讲解台湾政治经济军事动态，进行了面向21世纪国防教育研讨，组织了“我们保卫21世纪中国”青少年国防知识竞赛和“黑龙杯”世纪回眸话国防有奖征文等活动。加强了国防教育基地建设。投资50万元完善了新建的大庆英烈纪念碑收尾工程。在原来已设立的20块双拥宣传标语牌的基础上，又投资60多万元，在哈大公路出口、世纪大道旁，竖起了3块高标准的双拥标语牌，营造了浓厚的双拥氛围。

突出抓好政策落实。在企业改制重组、机关机构改革的情况下，市委市政府高度重视安置工作，以市政府文件下达安置指标，并通过工作会议、现场办公会等形式，运用行政、法律和经济手段安置退役士兵1787人，接收安置随军家属95人，接收安置转业干部148人。调整了在乡老复员军人定补和伤残军人、“三属”抚恤补助标准，同时加大了群众优待力度，全市群众优待达100%。为1134名城镇义务兵家属兑现优待金278万元，市区普遍建立了优抚对象抚恤补助标准自然增长机制，地方财政每年列支80万元，特别是开展“爱心献功行动”以来，通过结对包扶、加大财力投入等措施，在乡老复员军人住房难问题得到根本解决。胡路区还筹资160万元为12户革命功臣每户建起了120平方米的功臣楼。

不断加大科技拥军力度。先后制定了《大庆市科技拥军暂行规定》、《大庆市科技拥军三年规划》，建起了微机、烹饪、外语、录像摄影、驾驶、电器维修、医护、基础教育、高等教育、科研10大类培训基地，共为部队培训微机、烹饪5000多名两用人才。大庆石油学院为65456部队开办了“计算机应用研究生班”。在民兵预备役人员编组上，地方各企事业单位从适应未来战争和“科技强军”战略出发，挑选高学历、高职称、高技术人才460多人充实民兵队伍，一年来，完成了9个科技革新项目，促进了部队战斗力的提高。大力支援基础设施建设。协助某旅进一步完善指挥自动化系统，建起了覆盖全旅的计算机局域网络；帮助军分区建起了“三室一站”（电教室、作战室、国防教育宣传室、自动化指挥站）；帮助武警支队改善自动化办公条件，解决了部分微机和打印机等设备，有力地支援了部队科技练兵活动的开展。

积极支援地方建设。驻军广大官兵以保卫大庆为宗旨，以建设大庆为己任，先后组织了“两代军人心连心”活动，参加了世纪大道和铁人广场的树木移植、大庆英烈纪念碑广场的平整植树等活动。一年来，驻地官兵参加重点工程项目建设2项，社会公益事业建设18项，帮助军训学生1.3万人，移植树木6万多株，为大庆市经济发展作出了突出的贡献。

佳木斯市

佳木斯市城区一景

佳木斯市位于黑龙江省三江平原，辖5区6县（市），人口238万，面积3.3万平方公里，驻军有单位21个，有各类优抚对象8800人。2000年，佳木斯市以荣获全国双拥模范城“四连冠”称号为契机，紧紧围绕增强经济实力、国防实力和民族凝聚力的目标，按照“巩固发展、发展创新、再创佳绩”的总要求，以科技拥军、科技助民为重点，扎实工作，全市双拥工作取得了新的进展。

完善全民国防教育机制。始终把强化国防观念和双拥意识作为双拥工作基础，把国防教育纳入全民教育体系，军地双方共同参与，互教互育，协调发展。充分发挥国防教育基地作用，全市36

处国防教育基地形成功能齐全的教育网络。针对不同年龄、不同文化层次的人员，编写相应的国防教育读本，实施不同的教育方法，提高了教育效果。定期组织双拥活动月、少年军校、军营一日游、国防知识竞赛等活动，全市受教育面达到85%以上。

唱响科技拥军“主旋律”。充分发挥10个科技拥军基地、36个教学网作用，帮助部队培训各类专业人才3486人，获大专以上毕业证书的87人，中专以上学历的75人，有近65%的官兵学到了一技之长；帮助部队攻关科研项目、解决训练难题23项；为部队送微机27台、大屏幕电视机6台，促进了部队科技练兵的深入发展。佳木斯大学、佳木斯农校、驻佳木斯65453部队被省里表彰为科技拥军、科技助民先进集体。

开展建设“千里双拥水道”活动。为了加强黑龙江、松花江、乌苏里江沿岸六县（市）双拥工作，提高基层双拥工作整体水平，开展了建设“千里双拥水道”活动。一年来，各县（市）都把地域内双拥工作，纳入年度工作总体规划，积极抓好落实，使基层双拥工作整体水平得到提高，开创了双拥工作新局面。

着力解决重点、难点问题。市双拥办、佳木斯军分区和市教委联合成立了随军家属就业培训中心，双拥办和军分区负责组织部队随军家属培训，市职教中心负责教学，劳动、人事部门负责考核发证。全年共培训随军家属117名，使她们掌握了市场营销、计算机操作、美容美发等10项专业技术，增强了就业能力。全年安置随军家属就业63人，再就业21人，就业率达95%。为解决部队干部子女入学入托问题，市政府召开办公会，决定部队军人子女进入市区内初中、小学就读不收择校费，进入非公办学校就读，收费上给予减免25%的优惠。全年共安排部队干部子女人托入学117人，减免费用105万元，80%以上的干部子女进入了市里教学质量好的中、小学就读。为解决重点优抚对象“三难”问题，结合开展“爱心献功臣行动”，通过组织社会各界结对帮扶，使革命功臣的“三难”问题基本得到解决，一部分功臣跨入了小康行列，被国家授予“爱心献功臣行动”先进单位。

积极支援地方经济建设。驻军各部队积极发扬拥政爱民光荣传统，视人民为父母，把驻地当故乡，在完成战备、训练任务的同时，积极为驻地经济发展献计出力。全年参加地方重大工程和公益事业项目12项，修路18.8公里，植树7.5万株，种草9万平方米，投入资金21万元，扶贫帮困127人次。

伊春市

伊春市一角

伊春市位于黑龙江省东北部，辖15区2县（市），面积3.29万平方公里，人口132万，驻军单位24个，有各类重点优抚对象1900多人。2000年，伊春市的双拥工作以提高部队战斗力和发展社会生产力为根本任务，围绕“抓宣传、抓基层、抓制度、抓落实”，采取新举措，使双拥工作整体水平上了新的台阶。

加强领导，健全组织。市里根据人员变动情况，适时调整充实了双拥工作领导小组成员，将双拥办公室升格为副处级单位，配备专职人员，把办公经费列入财政预算，为开展双拥工作提供了必要的条件。市五大班子领导全年共参加双拥活动50人次，亲自协调解决双拥重大问题10多项，进一步密切了军政军民关系。

深入开展宣传教育，增强全民双拥意识。利用春节、“八一”建军节等重大节日，开展了声势浩大、范围广泛的国防教育和双拥宣传活动，市电视台制作和播发双拥新闻和专题节目80篇，报刊发稿300篇，电台发稿75篇。全市各大中专学校开设了国防教育课，全市党政机关、团体、厂矿企事业单位还邀请老红军、老干部做爱国主义传统教育报告60多场次。“八一”前夕，市举办了军民联欢晚会及双拥成果大型图片展，收到了良好的社会效果。

坚持办实事求实效，扎实开展活动。一是从国防建设大局出发，千方百计支持部队现代化建设。始终坚持在部队有困难时，主动帮助；在涉及部队建设的重大问题上，大力支持；在解决影响部队正常训练、生活问题时，及时主动协商。一年来，全市各级政府在财政十分困难的情况下，共拿出800多万元，用于修建部队训练场地和营区建设等项目。二是加大了安置转业退伍军人、随军家属和落实优抚政策力度。全市接收转业军官37人，义务兵1007人，已全部安置上岗，安置率达100%，城镇退伍义务兵家属优待金也按上级文件精神予以落实，对11名符合随军条件的家属工作进行了对口安置。对市区12名跨学区选择学校的军人子女免收择校费5万元。三是下发了《伊春市1999－2001年科技拥军规划》，共举办计算机、农业实用技术等各类培训班10期，培训部队官兵400人次，提供技术咨询300人次，发放技术资料300多份。四是驻军部队为伊春发展做出了突出贡献。在哈伊公路附近建立了“义务林”基地，实施了绿色屏障工程。驻伊部队成立了民兵快速扑火营，边防某团出动官兵8000人（次），扑灭森林火灾5起，保护了国家森林资源的安全，全市连续20年无重大森林火灾。驻伊各部队共与“百名贫困户、百名特困生”结成了帮扶对子，市边防支队共为贫困户捐款8000余元，为贫困学生捐款3600元，基本使贫困户脱贫，使百名贫困学生全部就学。嘉荫县人武部扶持的三户贫困户年纯收达到了1万多元。目前，全市军民共建单位已发展到400多对，并有75%以上的军民共建单位被省、市评为文明单位。

认真落实政策法规，切实保障合法权益。对在乡老复员军人的定补标准进行了调整，达到每月人均103元，家住城镇的达到164.5元；“三属”每人每月169.5元。建立了优抚对象抚恤补助标准自然增长机制，并把重点优抚对象纳入城市居民最低生活保障，月保障金超过200元。在“爱心献功臣行动”中，市委、市政府和市直有关部门与236名优抚对象结成帮扶对子，各县（市）有关部门包扶651户。筹措专项资金65万元，为120户重点优抚对象维修和重建了住房，为15户伤残军人、25户家居城镇的老复员军人解决住房91间，减免建房费用60余万元。各级卫生部门为重点优抚对象建立了病历卡，发放了就诊优待证，上门为优抚对象看病、治病达500人次，报销医疗费达10余万元，全市共募集专项医疗资金120万元。通过全市上下共同努力，重点优抚对象的“三难”问题得到了基本解决。

牡丹江市

座落在牡丹江市的苏联红军解放东北纪念碑

牡丹江市位于黑龙江省东部，辖4区6县(市)，面积4.06万平方公里，人口260万，驻军单位19个，有各类重点优抚对象7885人。2000年1月，牡丹江市第三次被命名为全国双拥模范城，全市军民以此为契机，双拥工作又有新发展。

结合贯彻大会精神，不断加大工作力度。为贯彻落实全国双拥模范城命名大会精神，先后召开了“五个会议”。一是1月12日召开庆祝获得全国双拥模范城荣誉称号大会。市五大班子领导、社会各界人士参加了会议。二是召开双拥工作领导小组会议。会上确定《牡丹江市2000年双拥工作规划》和军地共办实事计划方案。三是春节前夕，召开军政座谈会，市委、市政府主要领导和驻军首长共商双拥工作发展大计。四是召开常委议军会，确定增加基层武装部编制，财政拨款20万元维修军分区武器库。五是4月22日召开市委常委扩大会议，研究筹集兑现城镇义务兵家属优待金问题，确定市区城镇义务兵家属优待金由市、区两级财政负担280万元，保证了城镇义务兵家属优待金及时兑现。

结合科技拥军活动，开展军地互办实事活动。一年来，牡丹江市把抓好科技拥军作为双拥工作突破口。在支持部队建设上，坚持做到“五办、四拥军”，即领导带头办，大事主动办，急事马上办，难事共同办，实事经常办；坚持在政策上拥军，在思想上拥军，在智力开发上拥军，在物资和资金上拥军。8月，市主要领导安排有关部门做好宣传教育工作，排除阻力，协助93017部队拆除军事管理区内的40多处违章建筑，彻底解决了影响空军部队和民航飞行安全10多年的老大难问题，受到部队的称赞。先后为部队解决营房建设和完善副食品基地资金160多万元，共建立拥军学校、智力拥军基地和军地两用人才培训基地60个。一年来，驻军部队义务献工16万个，出车4000台次，修路18.5千米，植树220万株，清理垃圾920吨，为灾区、特困职工和资助贫困生学习捐款81万元，为地方培训大中专学生6.3万人，为地方群众治病5000人次。在“爱心献功臣行动”中，驻军广大官兵开展了“四帮、四送”(即春帮种，夏帮管，秋帮收，冬帮暖；送政策，送科技，送信息，送物资)，帮助解决功臣生活、生产上的困难。

结合帮扶活动，全面落实优抚安置政策。市委、市政府明确提出了“兴市不忘拥军优属，致富不忘革命功臣”，“让光荣者更光荣，为奉献者做奉献”，“尊敬革命功臣，厚爱革命功臣”的口号。在转业干部安置上，坚持优先安置到党政机关事业单位；在退伍军人安置工作上，坚持立功授奖优先，超期服役优先；在随军家属工作安置上，坚持优先对口安排，超编安排。在“爱心献功臣行动”中，市领导每人包扶一户优抚对象，全市各包扶单位共为包扶对象送资金160多万元，送衣物35万件，送化肥2000吨。在解决优抚对象医疗难上，市里下发了《牡丹江市在乡优抚对象医疗暂行办法》，各区还建立了优抚对象医疗中心，对优抚对象实行“四优先四减免”，“四优先”即优先挂号，优先检查，优先住院，优先划价取药；“四减免”即减免挂号费，减免注射费，免10%的各种检查费，免15%的住院费。

结合纪念抗美援朝50周年，开展了教育活动。在志愿军抗美援朝出国作战50周年前夕，全市组织开展了系列纪念活动，大力弘扬爱国主义精神，产生了良好的社会影响。一是召开座谈会。市委、市政府、市政协、市纪检委领导，驻牡各部队首长，各民主党派、工商联、群团组织，市直有关单位、各县（市）区主要领导及抗美援朝老战士代表参加了会议。二是举行献花仪式。10月24日上午，牡丹江青年团员驻军官兵在牡丹江市革命烈士陵园隆重集会，纪念在抗美援朝战争中壮烈牺牲的志愿军烈士。三是开展专访活动。10月24日，全市各大新闻媒体对志愿军老战士进行了专访，并制成新闻、专题片，进行播放。四是组织慰问活动。10月20日至10月24日，各级党政领导带头走访慰问了100余名志愿军老战士和烈属，给他们带去党和政府的关怀。

齐齐哈尔市

齐齐哈尔火车站

齐齐哈尔市位于黑龙江省西部松嫩平原，辖7区9县（市），面积5.26万平方公里，总人口570万，驻军单位20个，各类重点优抚对象16401人。2000年1月，齐齐哈尔市荣获全国双拥模范城“三连冠”。面对新的荣誉，市委、市政府提出了“荣誉面前再创新，高起点上求发展，争创全国双拥模范城‘四连冠’”的奋斗目标，全市军民努力拼博，双拥工作迈上了新台阶。

加强国防双拥教育宣传。在市委党校举办了县以上领导干部双拥理论学习班，开设了国防教育专题讲座，县级领导干部受教育面达90%以上。成立了28个宣讲组，深入工厂、乡镇、街道和连队作形势报告500余场（次），受教育人数达10余万人。全市共有爱国主义教育基地48个，少年军校122所。市政府投资55万元，在西满革命烈士陵园建成大型花岗岩群雕《魄》，与另一座群雕《魂》交相辉映。对烈士陵园内的烈士纪念堂和烈士灵堂进行了装修，增加了图片和文字资料。克山、依安、昂昂溪等7个县（市）区都对本地烈士陵园或重要建筑物进行了修葺。全市以西满革命烈士陵园为重点的48个爱国主义教育基地在国防双拥教育中发挥了重要作用。

为部队排忧解难办实事。围绕解决难点问题加大工作力度，完善了《关于支持部队建设若干规定》、《军官家属就业安置办法》和《优抚对象抚恤补助标准自然增长机制方案》等12项法规。继续采取政府指令性安置办法，将36名随军家属安置到经济效益好的单位。在军官子女入学等方面给予优惠照顾，市教委和各重点学校，采取得力措施确保军官子女就近就便入学，对要求择校者给予特批，并减免择校费。妥善安置军转干部和退役士兵。全年接收安置转业干部180人，其中90%进入机关和事业单位，做到了军转干部、部队和接收单位“三满意”。在安置退伍军人工作中，采取按系统分配任务、包干安置的办法，安置了1611名退伍兵，安置率为96%。

深入开展“爱心献功臣行动”。市委、市政府把“爱心献功臣行动”纳入年度工作，统一部署；纳入年度工作目标，统一考核；纳入财政预算，统一计划。为快速、有效地推进这项工作，市委、市政府与各县（市）区、驻齐部队、党政机关、群众团体、企事业单位、大中专院校等286个责任单位签定了目标管理责任书，在全市叫响了“功臣为我洒热血，我为功臣献爱心”的口号，新闻媒体开辟专栏、专题进行宣传，刊播稿件602份、专题节目115次，出墙报、板报、宣传栏820余期，召开新闻发布会、演讲会、事迹报告会、座谈会500余场次，向老功臣发“光荣之家”荣誉牌15978块。在各级财政十分困难的情况下，投入资金2599.8万元，使全市重点优抚对象“三难”问题基本得到解决。

广泛开展军民共建活动。驻齐部队先后参加了西满革命烈士陵园修葺改造和修建齐齐哈尔站前双拥广场等十大双拥丰碑工程。驻军203医院与讷河市、依安县和碾子山区建立医疗扶贫对子后，定期为群众义诊，赠送医疗器械和药品，提高了当地医疗水平。市农行为支持部队科技强军，向市武警支队赠送了57台小霸王学习机和11台电脑，还为部队培训计算机、财会等方面人才541人次。市科协把先进的苹果、元葱、大棚蔬菜生产技术传授到65166部队，帮他们建起了300平方米的蘑菇种植大棚。目前，全市共有双拥共建对子549个，先进共建对子256个，涌现出共建先进个人226名。

抚 远 县

边城抚远

抚远县位于黑龙江省东部边陲，辖5乡4镇，面积6264平方公里，人口10万，驻军单位3个，各类重点优抚对象180人。2000年，抚远县双拥工作围绕发展地方生产力和部队提高战斗力，增强军民凝聚力为奋斗目标，以科技拥军为重点，努力营造双拥氛围，巩固和发展了军政军民团结，保证了边疆稳定和经济发展。

领导重视，完善制度。由县委书记任双拥工作领导小组组长，县长及驻抚部队首长任副组长，有关职能部门主要领导任成员，形成了党、政、军三位一体，一把手亲自挂帅的双拥工作格局。采取了“四纳入”、“两定期”的工作模式，不断完善各项双拥工作制度，使工作得以扎实有效地开展。

加强宣传教育。采取“两重点”、“三结合”的宣传方法，增强全县人民爱国拥军意识，树立人民军队的光辉形象。通过广播、电视，专题宣传双拥工作12次，举办双拥文艺演出32次，出双拥宣传墙报4次，开军地座谈会42次，印刷各种双拥宣传材料130份，使双拥工作不断深入人心，营造了浓厚的双拥氛围。

军地协作，互办实事。县政府在财政极为困难的情况下，先后投资112万元支持部队建设，建立两个微机培训基地，赠送科技图书4200本，专业书籍420本，为部队官兵学习科技知识创造了条件。为解决小河、海青四合哨所用电问题，县电业局先后投资20余万元，为两个偏远哨所架设电力线路。为乌镇哨所投资1万元，重新改建东方第一哨电动升旗杆。县电信局为部队安装程控电话35部。县水利局投资11万元为驻抚小河哨所打电动水井，使驻抚远各部队达到了“四个全部”的标准：即全部安上国电；全部安装程控电话；全部有闭路电视设施；全部用上了自来水，为提高战斗力提供了强有力的保障。驻抚远各部队牢记全心全意为人民服务的宗旨，叫响“热爱抚远，宣传抚远，服务抚远”的口号，实施了“三引、两扶、一推广”工程，收到良好成效。驻抚边防某团、消防大队、武警中队、边防工作站等单位，通过科技扶贫和物质扶贫等方式，先后帮助了12个贫困户摆脱了贫困；资助了16名贫困生就学；捐资约8000余元；派出技术人员58人次帮助解决冬季蔬菜种植技术问题，为促进外向型农业的发展做出了贡献。

深入开展“爱心献功臣”行动。为解决优抚对象的“三难”问题，县委、县政府先后投资90余万元，为85户在乡老复员军人解决住房难问题。同时采取双重保障方式解决生活难问题。全县在乡老复员军人和“三属”定期定量补助和抚恤标准比国家规定高出10元，农村义务兵家属优待金标准达1000元，提高了优抚对象的生活水平。城镇义务兵家属优待金按最低生活保障金117元发放。在实施“四优先”、“二减免”工程中，为优抚对象每年每人平均减免各项费用1180元。在“爱心献功臣行动”中，采取副处级以上领导包扶、有实力单位包扶、现役军人包扶等多种形式，有钱出钱，有物出物，有力出力，解决好了在乡老复员军人、三属、伤残军人等优抚对象的“三难”问题。全县建立161个帮扶对子，投入资金和物资折合人民币约20余万元。全县重点优抚对象的“三难”问题得到彻底解决，个人年均收入达到了3000元左右。

上　海　市

黄　浦　区

黄浦区南浦大桥

2000年，黄浦区认真贯彻落实全国和上海市双拥模范城命名大会精神，以第四次获得全国双拥模范城荣誉为动力，以再创新一轮双拥模范城为目标，加大双拥宣传力度，强化双拥工作机制，落实双拥实事工程，取得了新的成效。

加大双拥宣传力度，营造浓厚双拥氛围。及时召开表彰大会，总结双拥工作先进经验，表彰双拥工作先进集体和个人。充分利用区时报、有线电视台等媒体，采取报告会、征文、演讲等形式，大力宣传先进典型，营造良好的双拥氛围。利用教育资源，发挥学校优势，办好军政文化学校，开展智力拥军，并把学军拥军作为学生的必修课。在主要路段和繁华地段增设、更新双拥标牌和宣传画廊，扩大双拥影响。在行政区划、人员机构变化的情况下，坚持拥军优属传统不淡化，拥军优属力度不减弱，拥军优属工作不中断。

健全双拥制度，强化双拥工作机制。黄浦区党政军领导对双拥工作十分重视，将双拥工作纳入区经济社会发展的总体规划，作为精神文明建设的重点工程，列入区委、区政府的重要议事日程。及时建立了新的区双拥领导小组，制订了《区双拥工作细则》，进一步明确了各成员单位的工作职责。并对区内各级双拥组织提出了"思想到位、人员到位、工作到位、措施到位"的基本要求。及时制订了《黄浦区2000－2003双拥工作规划》，修订完善了《黄浦区拥军优属工作若干规定》、《黄浦区优抚保障实施办法》等地方性法规，保证双拥工作深入发展。

办好双拥实事，提高双拥工作实效。积极开展科技拥军活动，为驻区部队开办了中专文化补习班、电脑等培训班，开放各类图书馆，为部队与科研单位建立联系牵线搭桥，组织官兵参观上海科技城，帮助部队解决军官子女入学难的问题，为10名随军随调家属解决了工作问题，为170余名重点优抚对象免费进行了体检，为6户建国功臣解决了住房困难。组织部分优抚对象到市双拥大厦进行短期休养。节日期间，到军队离退休干部和现役军人家庭进行走访，送去慰问品和慰问金，让优抚对象感受到党和政府的关怀。驻区部队积极参加地方的经济建设。派出官兵4万人次，完成劳动日8万个，出动车辆机械1500多台次，抢救遇险群众600多人，抢运救灾物资500多吨。全区34个军民区建点70%以上被评为精神文明或军民共建先进单位。

嘉　定　区

2000年，嘉定区的双拥工作认真贯彻全国双

今日嘉定

拥模范城（县）命名大会精神，按照“巩固、完善、特色、发展”的总体要求，扎实开展工作，取得了较好的效果。

双拥工作成果进一步巩固。充分利用各种媒体对双拥工作进行了广泛的宣传报道，有18篇双拥稿件被中央电视台、上海市电视台等新闻媒体录用播发。加大了春节、“八一”等节日期间的宣传教育力度，进一步营造了拥军优属氛围。开展了以“忆军史、唱军歌、颂军人、振军威”为主题的双拥文艺汇演和“金笔、银笔颂双拥”两项主题活动。组织了全区各界人士纪念抗美援朝五十周年活动，为86名志愿军烈士家属和伤残军人发放了慰问金。会同卫生、财政部门积极探索在职持证烈属、伤残军人因企业破产或连续三年以上亏损等原因导致医疗费报销困难，实行按一定比例减免的新路子。

优抚保障体系进一步完善。制定《嘉定区优抚保障实施暂行办法》，对重点优抚对象实施生活、医疗、资金、就业、服务、政策等六大保障，为市拥军优属基金会筹款300万元，并建立了嘉定区联络处。在开展调研的基础上，南翔镇等试点单位研究制定了《优抚安置保障实施细则》，积极探索新形势下的社区拥军工作，拓展了双拥工作社会化的新领域。优抚安置工作在全市率先实现了信息化、网络化管理。

积极为驻军和优抚对象办实事。制定10多项拥军政策规定，出资285万元解决部队各类困难。支持部队开展战备、演习等重大活动。区公交公司得知86797部队赴西亲打靶后，送去慰问金5万元。区有关部门积极配合武警机械施工处、武警某支队教导队做好营房搬迁和翻建工作。帮助预备役团承担重大科研项目，同时组织“百名专家进军营、科学技术传官兵”活动。为驻区部队举办烹饪、财会、电脑等知识和技能培训班，科技专家进军营讲课达12次。开通嘉浏线“双拥公交线”，为部队安装闭路电视、订阅《嘉定报》、建立军营图书馆。积极解决随军家属安置问题。春节期间，区镇、街道两级用于支持驻区部队建设、走访慰问驻区部队和各类优抚对象的款项达130万元，村、居委会及部分企业投入拥军优属活动金额50万元。

拥政爱民工作成效明显。驻区部队共派出官兵13000多人次参加地方经济建设，军民共建活动深入开展，80%的共建单位被评为先进。驻军自发组织15个为民服务小组，常年为街道居民做好事，积极开展助学帮困活动，资助家庭困难学生完成学业。帮助学校军训学生2万多人次，增强了青少年的国防观念。

宝山区

宝山区上海淞沪抗战纪念馆

2000年，宝山区双拥工作以再创全国双拥模范城为目标，求真务实，创新发展，整体水平有了新的提高。

加大创建活动的组织领导和宣传发动。召开了总结表彰和动员大会，及时总结了创建双拥模范城的主要工作，提出了再创全国双拥模范城的目标和任务。按照年初双拥工作领导小组的布置，各乡镇、街道、委办局相继与驻军团以上单位结成共建对子，形成了全社会军民团结互助的良好氛围。全区上下建立了完整的双拥工作网络，双拥工作进一步深入人心。区内“二台一报”坚持不间断地宣传双拥工作，并结合重大节日集中开展双拥宣传。结合乡镇合并及时调整、充实双拥领导小组成员，保证双拥工作的连续性。完成了24期《双拥简报》的采集编发工作，向全国性的有关杂志、刊物投稿并录用8篇，使全区各行各业开展双拥工作的情况得到及时交流，扩大了宝山双拥工作的影响和覆盖面。

巩固和发展“爱心献功臣行动”成果。区民政局、双拥办的同志分别走访了121户抗美援朝的烈士家属和伤残军人等重点优抚对象，并向他们赠送了500元慰问金，总计60500元，对重点优抚对象存在的“三难”问题，在发动社会力量进行多种形式帮扶的基础上，区财政又拨出专款，解决他们的困难，进一步巩固了“爱心献功臣行动”的成果。还拨出52600元慰问了263名在乡抗美援朝老战士，同时还向区内三个军休所中参加过抗美援朝的离退休老干部发放了慰问品。

拥军优属实事实办。海军航空兵某部参加国庆50周年飞行表演班师回营后，区委、区政府专门举行庆功大会，为在受阅表演中立功的官兵发奖金14.15万元。驻区某预备役师参加总部演习，区委、区政府领导专程赴演习地域送去慰问金2万元。积极做好科技拥军活动，向驻区部队赠送了70台联想电脑及彩色喷墨打印机。科技、文化部门利用自身优势，积极开展科技拥军送书到军营活动。安置部门认真落实退伍义务兵安置政策，全区退伍战士得到妥善安置。共接收安置军队转业干部74名，其中团职以上干部19名，营以下干部25名，专业技术干部30名，安置总数创下历史新高。举办了随军家属“人才劳务招聘专场”，解决了25名随军家属的就业问题，同时还对重点随军家属实行特殊照顾。

驻军官兵积极参与宝山发展建设。部队官兵与附近困难学生结成对子，资助他们完成学业，与失足青年开展“一对一”帮教活动。积极参加

杨浦区杨浦大桥

抢险救灾和经常性便民为民服务活动，完成中央军委规定的义务劳动日。各部队还主动参加驻地的社会治安巡逻，积极配合地方公安部门开展治安综合治理。驻区武警部队担负第三届宝山民间艺术节的安全保卫工作，做到了纪律严明，万无一失。驻区部队还积极支持地方开展“军营一日”活动，主动承担大中学校的学生军训任务，全年共军训学生1.3万余人。

杨　浦　区

2000年，杨浦区党政军民坚持把工作的重点放在基层，深入贯彻落实全国和上海市双拥模范城（县）命名大会精神，确立新思路，探索新方法，拓展新途径，双拥工作取得突破性进展。

加大双拥工作领导力度，抓基层抓落实取得新的进展。区委、区政府领导高度重视双拥工作，坚持把双拥工作纳入区委、区政府的重要议事日程，坚持把双拥工作列入各部门的年度考核目标。全区各级双拥组织健全，成员随缺随补，做到了双拥工作组织、政策、制度、经费、措施“五落实”，形成了部门（街道、镇）和驻区部队各司其职责，全社会积极参与的双拥工作新格局。

国防教育和双拥宣传不断深化，拥军爱民观念有了新的提高。充分利用电视、报刊、文艺演出等群众喜闻乐见的形式进行宣传，全区上下广泛传唱《杨浦区双拥之歌》。区革命传统讲师团先后作了138场巡回报告，受教育群众达5.2万人次。普遍开展“文化进军营”、军民联欢和社区志

愿者“三进”（进军营、进院所、进社区）活动，20多万人次到各类国防教育基地和爱国主义教育基地接受教育；开展“全民健身进部队”活动，建成了8家“军营健身点”。

双拥工作社会化力度不断加大，创建活动取得显著成效。为巩固双拥创建成果，召开了“杨浦区双拥模范（先进）命名表彰大会”，制订印发了《关于深入贯彻全国双拥模范城（县）命名大会精神，努力做好新世纪双拥工作的意见》。各基层单位以落实双拥政策、帮助优抚对象解决实际困难为重点，不断深化“爱心献功臣行动”，全区391户重点优抚对象，全部结对包户。各街道（镇）普遍建立“革命伤残军人俱乐部”，定期组织720多名伤残军人参与各类文娱、学习活动。扎实推进“千家团支部结千名建国功臣”活动。各学校积极开展智力拥军优属活动，培养军地两用人才500多名，为1200多名军人子女建立一人一卡，实行个别辅导、重点帮教，解除了部队干部子女就读难的问题；各级党政组织还举行纪念中国人民志愿军抗美援朝出国作战50周年系列活动，对20户志愿军烈属和49名志愿军伤残军人进行慰问等。

动真情办实事，拥军优属卓有成效。通过召开“科技拥军研讨会”等形式，着力探索开展科技拥军的新路子。同济、复旦等高校团组织动员和组织青年学生定期进军营开展电脑和英语学习辅导等服务，还先后为部队培训了95名科技人才，并无偿提供给部队数万册科技书籍。全区社会各界直接用于支持部队建设的经费达300多万元。拓宽部队随军随调家属就业渠道。安置75名部队家属就业。认真做好军转干部、退伍义务兵和军队离退休干部的安置工作，共有33名军队转业干部、460名退役士兵、216名军队离退休干部得到妥善安置。

驻区部队支持两个文明建设，拥政爱民工作再上新台阶。驻区官兵牢记全心全意为人民服务的宗旨，扎扎实实地开展了“医疗咨询”、“文明共建”、“扶贫帮困”、“助民劳动”、“军警民联防”等爱民工程，努力为地方经济发展和社会稳定作贡献。一年来，驻区各部队共参加义务劳动25267人次，出动车辆1112辆次。为地方上党课、国防教育课166次，受教育群众20403人。资助困难学生、群众418人，金额375280元。派出482名官兵为地方开展军训活动，军训人数达48203人次。参与重点工程建设和文明小区整治11340人次。参加抢险救灾150多次，减少经济损失400多万元。

闵行区

今日闵行

2000年，闵行区军民认真学习贯彻全国和上海市双拥模范城（县）命名大会精神，围绕“新”字做文章，立足“实”字下功夫，同心协力，开拓创新，双拥工作又有新发展。

深入开展国防教育，强化全民双拥意识。一年来，全区广泛开展全民国防教育，深入开展“百校千册国防教育书架工程”活动，为44所中小学建立了“国防教育书架”，10万中小学生接受教育，效果显著。组织17名志愿军烈属赴朝鲜扫墓。驻区部队认真开展以拥政爱民为主要内容的政治思想教育，积极配合地方开展“军营一日生活”等活动，增强了全区人民的国防观念。区电视台、闵行报等新闻媒介，刊载各类宣传报道362篇。各部门、各单位充分利用报刊、电视、板报等载体开辟双拥宣传专栏。通过举办“闵行之夏”广场音乐会、军民联欢会等群众喜闻乐见的形式，使双拥宣传更加活泼，富有成效。

加大优抚保障力度，完善双拥政策法规制度。年内共落实兑现抚恤补助金189.49万元，医疗补助金29万元，城乡优待金915.59万元。接收安置军队转业干部50名，退役士兵274名，安排28名部队随军随调（迁）家属工作，解决9名优抚对象子女入学入托等问题。认真落实了常委议军会、走访慰问活动、军民共建活动、军政座谈会、军民联欢会、军营一日等各项双拥工作制度。建立了依法维护国防利益工作机制；各部门各单位都把落实各项法规、政策、制度，作为创建双拥模范城活动的一项硬件任务来抓，并不断创新发展。

强化拥军办实事力度，推动双拥工作社会化进程。积极开展创建“双拥一条街”、“双拥小区”等活动。深入开展“爱心献功臣”活动，对全区312名重点优抚对象全部实施结对包户，落实帮扶措施。实施“故乡指导员”和“爱国拥军四方公约”拥军制度取得明显成效，闵行籍退伍战士中有28%担任了正副班长，32%加入党组织。向453名获奖、立功官兵和驻区部队中的11个先进单位颁发爱国拥军、爱军精武奖励金9.15万元，促进了部队开展的“双争”和科技大练兵活动。科技拥军、智力优属工作进一步开展，为部队培训军地两用人才256人，对全区32名在中小学就读的优抚对象子女实施了跟踪教育。各单位向驻区部队赠送电脑24台、科技图书6200册，举办科技讲座46次。投入80万元资金，帮助部队解决战备训练、后勤保障等实际问题，共发放伙食补助46万元。

军民共建卓有成效，拥政爱民工作再谱新篇。驻区各部队与86个单位签订了军民共建协议，广泛开展共建精神文明活动，形式多样，富有成效。全区有18个单位被上海市和闵行区评为军民共建先进单位，占部队总数的85%。驻区部队共派出校外辅导员420人次，为地方群众宣讲国防知识580余次，完成1.6万人次的军训任务。积极参加重点工程建设和社会公益事业活动，派出1340人次担负各项活动的安全保卫任务，出动消防车辆1350台次，有效地维护了社会安全与稳定。

虹　口　区

虹口新貌

2000年，虹口区按照江泽民同志提出的“三个代表”重要思想和军政军民“同呼吸、共命运、心连心”的总要求，认真贯彻全国双拥模范城（县）命名大会精神，以“巩固、发展、创新”为目标，抓住重点，整体推进，积极开拓，全区双拥工作整体水平有新的提高。

加强对双拥工作的领导。区委、区政府将双拥工作纳入“十五”规划并列入年度考核目标，成员单位职责明确，齐抓共管。出台有关双拥文件5个。举办了“心连心、军民共筑新长城”双拥成果展。建立了拥军科教中心、军烈属咨询站等一批拥军优属活动基地。

全面落实优抚安置政策。及时、准确发放义务兵家属优待金8936219元，伤残保健和抚恤金481425元，定期抚恤、定期定量补助23.82万元。走访慰问志愿军烈士家属、伤残军人以及志愿军老战士55户。建立了上海市拥军优属基金会虹口区联络处，完善优抚对象的社会保障配套功能，积极为部队做好事，解难题。举办军人文化、技术培训班3期，培训学员180人，优先安排173名部队干部子女进重点中学、小学和幼儿园。坚持指令性和指导性相结合方式安置随军家属就业，安置随军家属27名，举办随军家属择业培训班一期，培训人员200余名。向部队输送新兵264名，接收安置军队转业干部40名、军队离退休干部24名。

驻区各部队牢记宗旨，积极参加地方经济建设。先后参加重点工程7个，参加官兵22470人次，出动车辆850辆，舰艇30余艘，抢救海上遇险船只7艘，遇险群众35人，为46所学校44270名学生开展军训。空军某旅、武警二支队积极参加全国残运会志愿者服务活动，被评为“优秀志愿者服务集体”，并有15人被评为优秀志愿者。

长 宁 区

长宁区延安西路高架景观

2000年，长宁区党政军民认真贯彻双拥模范城（县）命名大会精神，从实际出发，积极开拓创新，不断形成双拥工作新的特色，推动了全区双拥工作的发展。

做好双拥工作成为全区军民的共识。区委、区政府对双拥工作高度重视，坚持将双拥工作作为讲政治的一件大事来抓。全区军民以巩固长宁区全国双拥模范城为动力，努力在实现双拥社会化上求发展，在突破重点、难点上下功夫，把双拥工作再推上一个新台阶。

宣传教育扎实有效。共编写各种双拥宣传资料1000多份，出双拥板报120多期，双拥宣传栏398处，组织各种报告会50多次，设立青少年教育点409处，各种大型宣传活动30余次，有力地推动了全区双拥宣传和国防教育活动的深入开展。

积极开展科技拥军活动。全区共投入近百万元经费支持部队建设，举办电脑、摩托车、车辆维修等各种培训班25期，先后组织各种科技讲座40多次。为部队赠送电脑4台、各类科技书籍2千余册、教育设备近70件（套）。各大中学校在部队组织读书、评书活动，将读好书和提高科学文化知识结合起来，受到官兵们的欢迎。在街道召开“科技拥军”理论研讨会，开展了“老师在我身边”活动，帮助官兵学习英语，提高科技文化知识等，有力地支持了部队建设，受到驻区部队的好评。

全面落实优抚安置政策。一年来，长宁区落实2037名各类优抚对象定期定量抚恤、补助金、义务兵家属优待金。组织机关和企事业单位，与生活困难的优抚对象进行结对包保，帮助他们解决困难。做好随军家属安置和部队军官子女入托入学的协调工作。召开随军家属专场招聘会，安排随军随调家属23名，解决军官子女入托入学学生37名。认真做好军队转业干部和军休干部安置工作，共安置36名军队转业干部和21名军队离退休干部，对区内130余名军队离退休老干部和94名无军籍职工，认真落实政策，妥善安置215名退伍军人。

拥政爱民成绩突出。驻区29个部队与49户特困户、军属开展结对帮困活动。组织学雷锋小组开展为民服务，全年义务为民服务近8千人次、修自行车1200余辆、修理家电800多件、理发1千多人次、义务治疗咨询1900多人次。驻区武警总医院、四五五医院，为优抚对象和特困群众150多人次减免医药费共计3万多元。组织老红军、老八路等革命传统报告团开展国防教育，作报告50余场，受教育人数达3万多人次。“南京路上好八连”和军队干休所的荣誉室，先后接待各界群众2千多人次。一年来共出动兵力5千多人次，车辆200余台次，参加地方重点工种、抢险救灾、城市绿化美化等，支持了地方经济建设。

崇 明 县

2000年，崇明县党政军民按照江泽民同志关于军政军民“同呼吸、共命运、心连心”的总要求，积极研究新时期双拥工作的新课题，探索双拥工作的新路子，双拥工作取得新成绩。

崇明县貌

抓住关键，进一步强化领导。崇明县党政领导高度重视双拥工作，把双拥工作列入党委、政府工作重要议事日程，坚持"思想到位、人员到位、工作到位"。根据人员变动情况及时调整双拥工作领导小组成员，先后下发《崇明县双拥工作要点》、《关于支持优抚对象发展庭院经济的通知》、《关于进一步优化双拥工作环境的通知》等一系列文件，提出了构筑双拥工作新格局的目标和思路。县委、县政府要求各级党政领导重视"三抓"：抓基层，抓落实，抓创新。把解决"三属"、伤残军人、在乡复员军人的生活、住房、工作、医疗等热点、难点问题作为突破口，全县双拥工作方向明确，重点突出。

加大力度，深化创建活动。县级国防教育基地从12个发展到18个，各中小学校普遍开设了国防教育课，4万多人受到教育。增加电视、广播的固定节目，增加播出时间，系统安排教育内容。县、乡镇两级共设电视广播专题节目21档，安排专题教育19个。同时改进了教育形式，使国防教育和双拥宣传形式多样。继续开展"六联六共"、"十个友谊"、"联防联守"等军民共建活动，增加发展了共建客轮、共建公交专线等内容的创建活动，把双拥创建活动引向深入。

强化措施，做好拥军优属工作。从优抚工作的组织网络、政策法规、资金筹措、运作机制等方面进一步保障了优抚对象的生活。确定优抚对象的最低生活保障线，确保他们的生活水平与当地群众同步提高。开展医疗助残活动，解决优抚对象的医疗难问题。各乡镇坚持为"三属"和在乡伤残军人、在乡复员军人免费体检身体，共组织义务体检849人次，组织医务工作者为重点优抚对象开展巡诊、义诊。共向120名困难优抚对象子女发放助学金、奖学金6.1万元。帮助优抚对象发展庭院经济，组成320个帮困小组，参加义务劳动4500人次，帮困助耕870亩，同时向优抚对象赠送化肥260吨，使优抚对象走上致富之路。为了支持部队建设，县粮油、燃料等部门保证及时向部队供应优质大米、面粉、食油、煤炭等物资。全年补贴部队水电、燃料费81万元，解决军官子女入学入托18名。收购部队积压余粮，补贴16万元。为帮助部队发展生产，各有关部门向部队供应紧缺的农药、化肥、种子、塑料薄膜、秧苗，帮助部队鱼塘清淤，为部队养猪场防疫治病，帮助部队修理车辆，确保部队生产顺利进行。

驻军积极支援地方经济建设。积极参加抢险救灾、维护治安等各项活动。先后执勤1400多人次，参加植树造林、整治环境等义务劳动3万人次。广泛开展扶贫帮困活动，结对帮扶贫困对象，为老人送医送药，帮助农民抢收粮食，帮助学校开展军训，广泛开展捐资助学活动。

徐 汇 区

徐汇区新貌

2000年，徐汇区军民把荣誉作为新的起点，勇于开拓创新，双拥工作取得可喜成绩。

加强领导，巩固双拥成果。区委、区政府把双拥工作作为加强军政军民团结的重要政治任务来抓，将双拥工作纳入区"十五"工作规划，进一步完善工作制度，修订了区各委、办、局30个成员单位分工责任制和联络员工作制度。进一步健全了拥军优属服务网络，使双拥工作在基层得到了落实。

强化宣传教育，提高双拥意识。年内共有8千余人在国防教育基地接受军训，8万人次接受了爱国主义教育。充分发挥宣传媒体作用，《徐汇报》、区有线电视台等新闻单位的双拥专栏和专题定期宣传全区双拥活动动态。全区新增设50余块固定的双拥宣传栏、双拥标语牌。组织国防教育和双拥宣传巡回演讲21场次，受教育人员达1万余人。

深入开展“爱心献功臣行动”，拓宽了拥军优属社会化途径。拨款10万元帮助重点优抚对象解决住房、医疗、生活困难。通过双拥工作进社区的实践，使“智力拥军优属”、“结对包户”、“双拥医院”、“社区志愿者服务队”等做法在全区范围内进一步推广。共有245个企事业单位和40个居（村）委直接参加了帮助优抚对象的结对包户活动，基本形成了全民参与、齐抓共管的良好局面。全区1289名重点优抚对象结对包户率100%。

加大科技拥军力度，落实优抚安置政策。全区共建立21个智力拥军培训基地，开设各类培训班26个，培训官兵850人次，向驻区部队赠送电脑16台、科技图书950册、举办科技讲座11次、投入科技拥军资金21余万元。全区13个街道、镇均建立了拥军优属保障基金。进一步做好随军家属随调安置工作，共安置随军随调家属46人，安置率达100%。对优抚对象下岗人员进行了优先培训和优先安排工作，共接收37名，安置率达100%。妥善安置军队转业干部，做到了地方、部队、本人“三满意”。

发挥部队优势，为“第二故乡”再立新功。驻区部队官兵积极参与创建国家卫生城市和军民共建“绿色长城”活动，累计投入劳力1.2万个，义务植树7600株，清除垃圾80余吨。先后建立了26个军警民治安联防队，参加社会治安巡逻，协助徐汇公安分局遣送盲流1.2万人。派出人员、车辆协助运输救灾物资45吨，装运车皮14节，主动配合区完成救灾物资紧急装运任务。与残疾人结成帮困对子23个，帮助560名学生重返校园。空军驻上海代表局等三个部队与交警结对共建，共同维护城市交通管理秩序。通过共建活动，进一步密切了军民关系，推动了全区的社会主义精神文明建设。

江　苏　省

徐　州　市

徐州淮海战役烈士纪念塔

2000年，徐州市党政军民以荣获全国双拥模范城“四连冠”为新起点，开拓进取，不断创新发展，扎实做好各项工作，全市双拥整体水平又有新的提高。

进一步加大组织领导力度。根据领导人事变动，及时调整充实了双拥工作领导小组和成员单位，明确了目标责任制，政府一把手亲自担任双拥工作领导小组组长，分管领导具体抓落实。坚持把双拥工作纳入经济和社会发展规划，纳入军队思想政治建设规划。各县（市）、区也相继加强了双拥工作的组织建设。市委、市政府和驻军领导机关召开了全市双拥工作大会，对新年度的双拥工作及争创全国双拥模范城“五连冠”的目标进行动员部署。坚持党委议军、双拥工作领导小组例会、军地互访等制度。年内，党政军领导先后12次参加“军营一日”、公益劳动等重大双拥活动，用自己的实际行动影响和带动广大军民积极投身到双拥活动中。针对部队建设遇到的难题，各级领导坚持现场办公，急事急办，特事特办。全市投资300余万元，对通往四个营区的道路进行拓宽整修，为驻地偏僻的两个营区增开公交线路。帮助驻军某部基层连队安装煤气管道。接收安置军队转业干部445名、城镇退役士兵1864名。积极做好随军家属安置工作，确保了军队干部家属无下岗。

双拥宣传教育深入扎实。坚持把双拥宣传教育纳入国民教育体系。市、县新闻媒体开辟专题专栏，基层单位采取知识竞赛、读书演讲等多种形式，开展生动活泼的教育活动。全市60多个社会团体、企事业单位，先后组织近百台文艺节目巡回演出，宣传双拥工作。市委、市政府和驻军各单位积极支持建成庄印芳拥军事迹陈列室，系统再现了庄印芳50多年的拥军历程，共接待观众5000多名。深入广泛的宣传教育，极大地激发了广大军民的双拥热情。个体户群体拥军、“兵民双放心活动”、与贫困军烈属结对帮扶等活动在全市得到蓬勃发展。贾汪区青山泉镇马庄村民兵营充分发挥两个文明建设中的生力军作用，积极开展拥军优属活动，被省委、省政府、省军区授予“新时期模范民兵营”荣誉称号。

科技拥军迈开新步伐。各地、各部门把科技拥军纳入科技兴市、科技兴教、科技兴企的总体发展规划，统一组织实施，推动了科技拥军活动深入开展。各大专院校、科研单位帮助部队举办各类人才培训班70多个，4500多名官兵参加培训学习，2000多名官兵通过了国家和江苏省计算机、外语等级考试。社会各界先后为驻军送去100多台电脑、6万余册科技书籍。协助全市11个武装部建成了计算机局域网系统。市政府专门制定了现役军人立功奖励制度。全市有13个单位、9名个人被省表彰为科技拥军先进单位和个人。

“爱心献功臣行动”不断深化。在集中解决重点优抚对象住房难的基础上，各级党委、政府继续把帮助重点优抚对象排忧解难作为大事来抓。全市普遍建立了抚恤补助标准自然增长机制，共发放抚恤金和补助金3600万元。各县（市）、区集中组织机关干部下乡，帮助优抚对象抢收抢种。各企事业单位、优抚经济实体安排优抚对象子女就业，为优抚对象提供致富项目。全市普遍建立了以县（市）、区医院为龙头，乡镇卫生院为重点的优抚医疗体系，19个乡（镇）建立了重点优抚对象医疗保障基金，为特困人员看病就医提供了帮助，解决了重点优抚对象看病难的问题。

拥政爱民工作取得新的成绩。驻徐部队充分发挥政治优势，与驻地基层单位结成900多个军民共建对子，主动参与徐州市文明城市、文明村镇创建活动。广大官兵关注驻地教育事业，积极开展扶贫帮困和捐资助学活动，团以上干部分别与贫困学生建立助学对子。1000多名官兵主动协助学校开展军训，受训学生3万余名。积极配合地方建设生态园林城市。各部队投入两万余名官兵支援地方植树造林活动，并建成千亩“驻徐部队第二故乡林”，成为支持地方经济建设的又一个形象工程。

南　京　市

南京市貌

2000年，南京市党政军民以第四次荣获全国双拥模范城称号为新的起点，认真贯彻党中央、国务院、中央军委关于做好新时期双拥工作的一系列指示精神，以大力开展科技拥军、落实优抚安置政策和做好文明社区建设为重点，进一步加大工作力度，狠抓工作落实，不断开拓创新，全市双拥工作取得了新的成绩。

大力开展科技拥军活动。市委、市政府把科技拥军作为形势下双拥工作的一件大事来抓，发出了《关于大力开展科技拥军活动的通知》，成立了市科技拥军协调小组，市双拥工作领导小组制定了《南京市科技拥军活动实施方案》，下达了科技拥军任务，明确了2000年度开展的20项科技拥军活动和责任单位。率先开展了国防科技动员试点工作，省政府、省军区在召开全省科技动员试点工作经验交流会上，推广了南京市的做法。成立了南京市科技拥军服务团，首批聘任了36位专家、教授和工程技术人员，为部队提供科技咨询服务。“八一”期间开展了丰富多彩的科技拥军系列活动。组织部分专家在舟桥旅开展了调研活动，为部队解决训练等方面的技术难点献计献策。制作了85块高质量的科普展板，在驻宁部队巡回展出。在全市大、中学生中开展了“人人捐赠一本书，我为科技拥军出份力”活动，向驻宁空军部队捐赠科技图书25万册。市委宣传部组织文化、出版社、市科委等单位向驻军部队捐赠了一批科技新图书。全市科技拥军共投入经费360万元，向部队捐赠科技图书32.58万册，电脑118台，举办科技讲座150次，参加人员1.5万人。为2660名战士举办文化补习班65个，为3009名官兵举办技术培训班64个。

全面落实拥军政策，支持部队建设。市政府向108名未就业的随军家属每人每月发放200元生活保障金，通过各种渠道共安置随军家属294人，帮助随军家属再就业314人。支持两个生产基地的基础设施建设，把临汾旅、舟桥旅的两个副食品生产基地纳入全市“菜篮子”工程建设。市委、市政府和军分区出台了《关于支持驻宁部队后勤保障社会化改革的意见》。成立了维护国防利益南京法律援助中心，为驻宁部队官兵和军属提供多方面的法律援助和咨询，15个区、县也分别成立了军人军属法律援助机构。市委、市政府为驻军某部投入和减免各种建设费用700万元。全年为部队办实事投入和减免各类经费8009多万元，帮助解决实际困难454个，接收第四批军队离退休干部834人，接收安置军队转业干部1170人，其中师团职干部250人。接收安置退伍军人4122人。广泛开展“爱心献功臣行动”，市和10个区的民政部门发动全市人民捐献6000多件家电、家具、衣物等，分别送给了5个县的800多户优抚对象。组织慰问抗美援朝老战士和烈军属代表，召开英模座谈会。全市所有公园、园林、纪念馆、博物馆全面落实对军人免费开放的规定。

驻宁部队积极参与地方两个文明建设。参加科技助民、科技共建，搞好共建文明活动，开展结对扶贫帮困，支持创建卫生城市、绿化城市、旅游城市的建设。驻宁部队的万余名官兵积极参加国际展览中心建设，为确保经贸洽谈会如期举行做出了新的贡献。部队官兵带头参加社区管理、社区教育、社区文化、社区环境、社区服务等各项社区建设，创造了许多好经验，为南京市创建文明城市做出了积极贡献。

南 通 市

南通濠河

2000年，南通市党政军民以蝉联全国双拥模范城称号为动力，再接再励，不断开拓进取，完成了以科技拥军为重点的各项工作，双拥整体水平有了新的提高。

加强领导，完善双拥工作机制。在充实双拥工作领导小组成员的同时，各县市区的双拥工作机构相应作了调整。驻地部队制定了双拥工作制度，明确了双拥工作职责。全市各乡镇、办事处、居委会分工一名领导具体抓双拥工作，形成了军地相联、上下贯通、责任明确的领导体系，使双拥工作层层有人抓、事事有人管。坚持每季度召开军地联席会议，研究、解决双拥工作中的热点和难点问题。建立了双拥工作目标管理制度。市委、市政府确定了在下一次全国双拥模范城评比中，再创佳绩的目标，并围绕这一目标把未来三年的各项任务、指标分解到各市直单位、各县市区。

深化宣传教育，营造浓厚的双拥氛围。全市围绕创建全国双拥模范城总结表彰大会、纪念抗美援朝出国作战50周年等重大活动，扎实深入地开展了丰富多彩的宣传活动，在全社会营造出军爱民、民拥军、军民一家人的良好风尚。报纸、电视台、广播电台每周都有双拥和国防教育的内容刊播。烈士陵园等国防教育基地全年接待受教育人员100万人次，有30余万大中小学生接受军训。

坚持以科技拥军为重点，全方位开展拥军优属工作。制定了《南通市广泛开展科技拥军活动，大力支持部队科技练兵活动的实施意见》，确定了年度全市开展科技拥军办好10件实事的目标任务，相继出台了一系列优惠政策，完善了科技拥军的激励机制。全年，各级拨款150余万元，用于支持部队开展科技练兵活动，向驻军赠送电脑180台，帮助部队培训科技人才120期，培训官兵4700余人次。全市大中专院校图书馆（室）免费向驻军官兵开放，为驻军提供科技信息和农业技术咨询服务，支持驻军部队开展装备革新，完善训练手段，强化训练效果。大力支持驻军后勤保障社会化改革，市财政拨款数百万元为驻军兴建营房设施，基本完成了预备役部队营房基建工程，为沿海基层连队又建了一幢营房楼。全年共投入资金1700万元，兴建拥军楼29幢。全市维护国防利益和军人家属合法权益的法律工作机制基本建立，法律拥军工作健康发展，一批涉军案件做到快审快结，受到军人及其家属欢迎。全市各级严格落实安置政策，全年接收安置754名军队转业干部、1794名城镇退役士兵和一批随军家属，安置率达100%。

狠抓难点，着力在提高“三老”优抚对象生活质量上下功夫。全市认真组织开展了优抚对象生活、医疗状况普查工作，重新建立和完善了优抚工作台帐，全市“三老”优抚对象抚恤补助及特、一等革命伤残军人护理费按照自然增长机制标准得到提高。优抚对象的安居工程成果不断扩大，各地筹集了350万元，进一步改善760户“三老”优抚对象住房条件。进一步加强优抚医疗服务机构建设，不断改善优抚门诊、病房的医疗设施，提高服务水平，狠抓优抚对象医疗费用优惠减免政策落实，大力推行“三老”优抚对象参加双份合作医疗投保，享受双倍报销医疗费的待遇。全市还进一步探索建立了优抚对象参加大病医疗风险统筹制度，通过降低补偿起点、提高补偿比例等办法，有效减轻重点优抚对象的医疗负担，重点优抚对象治病难问题进一步得到缓解。

深入开展拥政爱民活动，大力支持地方两个文明建设。军（警）民共建精神文明活动蓬勃开展，全市现有军民共建活动点210个。驻军部队在抢险救灾、扶贫帮困、创建文明城市、文明村镇活动中发挥了积极作用，涌现出一批先进典型，受到人民群众的好评。

连云港市

连云港码头

2000年，连云港市党政军领导高度重视双拥工作，组织领导更加有力，国防教育广泛深入，规章制度健全规范，各项双拥优抚政策法规更加落实，军民共建常抓不懈，双拥整体水平有新的提高。

加大宣传力度，营造双拥社会氛围。认真贯彻全国双拥模范城命名大会精神，召开表彰会，对双拥工作和“爱心献功臣行动”先进单位和先进个人进行了表彰。注重利用各种宣传媒体广泛开展双拥宣传教育，中央电视台《军事天地》栏目对连云港市创建全国双拥模范城和“爱心献功臣行动”作了专题报道。各城区都设有爱民路、拥军路等双拥标志牌，全市主要街道都开辟国防教育宣传栏、宣传橱窗、悬挂宣传横幅。全年有关双拥工作的395篇稿件被各级新闻媒体采用。

深入开展拥军优属活动。为清理军转干部和有关人员军地两处住房工作，市成立了清房领导小组，制定了具体的实施方案。全市129户清理对象全部清理到位，受到驻连部队和广大人民群众的称赞。“八一”期间，驻江苏某部来连海训。各部门、各单位把黄金海岸无偿提供给部队用，动真情办实事，予以全力支持，慰问款物计306万元，市妇联组织妇女为官兵拆洗衣被6.3万件(套)。开展了慰问志愿军老战士和志愿军烈属活动，全力解决他们的生活、住房、医疗难等问题。全市各级不断加大优抚力度，确保重点优抚对象的生活水平至少不低于当地人均生活水平或略高于当地人均生活水平。逐步建立和完善了优抚诊所等服务机构。各县区优抚诊所对重点优抚对象给予了不同程度的医疗减免。灌云县办好医疗诊所的经验材料在全省优抚工作会议上进行了交流。针对医疗难问题，两次召开优抚工作会议，下发了《关于建立重点优抚对象医疗保障金和下拨经费的通知》，较好地解决了重点优抚对象医疗难问题。在“爱心献功臣行动”中，全市重点优抚对象住房问题已得到解决。全市各乡镇都成立了扶贫帮困领导小组，广泛开展结对帮扶活动，受到优抚对象的普遍欢迎。市财政专门拨出265万元用于解决困难企业军队转业干部的生活、医疗等实际困难。下发《关于驻连部队随军家属就业安置工作意见》，全年共安置了112名随军家属，新浦区有26名随军家属被安置在街道或效益好的企事业单位。对军人子女的入托入学等方面都给予了优惠照顾。灌南县、新浦区在全市率先成立了维护国防利益和军人军属合法权益合议庭和法律咨询服务站，为驻军官兵开办法律知识讲座，开展有关双拥优抚政策法规和咨询活动，较好地维护了军人军属的合法权益。

广泛开展科技拥军活动。市下发了《关于广泛开展科技拥军活动，大力支持部队科技练兵的通知》，三次召开科技拥军协调会，科研院所、高等院校等单位为连云港警备区革新技术项目123项，其中两项获军区评比三等奖。建立了市、县(区)、部门（或企业）三级军地两用人才培训机构，开办了军事、英语、机械工程、电脑培训等各类培训班，为部队培养人才3912名。全市捐赠各类科技图书11.8万册、电脑158台、VCD机106台和价值110万元的各种训练器材。设立流动图书箱，定期把健康的精神食粮送到偏远的军营，满足官兵们的文化需求。东海县全年投入科技拥军资金80万元，支持部队科技练兵。《中国民政》刊物在“经验撷英”栏目中介绍了他们的做法。该县将20台电脑、多媒体投影仪等高科技产品送到县人武部，实现了人武部指挥系统自动化和区域网络一体化的目标。私营企业家也积极加入到科技拥军行列中。赣榆县拥军老典型王统美出资1万元给部队购买科技书籍。东海县某公司经理冯同益筹集资金为部队铺路。灌云县退伍军人戴洪涛出资5000元为驻军官兵购买书籍并义务举办培训班。新浦区“爱家楼”经理赵世强出资1万元举办烹饪培训班，为部队培养了18名等级厨师。年轻的私营业主熊洁英出资1万元购买保暖内衣和收音机赠给前三岛守岛官兵。全年全市共投入科技拥军款448万元，开展活动156次，专家学者参与人数497人次，为部队办实事281件。

驻连部队拥政爱民成绩显著。一是积极参加

驻地重点工程和社会公益事业建设。出动了1.8万人次、车辆360台次，参加地方重点工程建设52项，植树造林100公顷，帮助各类学校，军训学生4500人。二是扎实开展扶贫帮困活动，继续做好同980名小学生的结对助学活动。认真履行与62户特困职工的结对助学协议，帮助他们在高校就读的子女完成大学学业。与“三老”优抚对象结成帮扶对子，帮助他们脱贫致富奔小康。三是搞好科技助民活动。派出医疗队深入农村和贫困山区，义务为群众医治疾病。共组织医疗队24次，义诊3533人次。四是勇于承担急难险重任务。参加抢险救援行动96次，抢救人员8名，挽回经济损失998万元。

扬　州　市

2000年，扬州市党政军民以第三次被命名为全国双拥模范城为动力，以科技拥军、科技助民为主题，以做好保障军队和军人军属合法权益和安置随军家属工作为重点，推动双拥工作不断向前发展。

强化领导，双拥工作组织体系得到完善。各级党委、政府把双拥工作当作事关全局的大事常议常抓。把它纳入了经济和社会发展规划及军地精神文明建设的重要内容，强化了党政军主要领导任双拥工作领导小组组长、副组长的双拥工作组织体系，各级双拥办坚持军地合署办公。建立了军地联席会议、议军会等制度，通过召开会议，不断加强沟通，解决了双拥工作中的热点和难点问题。明确了目标责任制。把新年度双拥工作的任务分解到各部门、各单位、各县市区，并规定了考核奖励办法。乡镇、街道、居委会都有双拥工作机构或服务小组，常年开展工作，坚持为优抚对象、驻军部队做好事办实事。

采取措施，双拥宣传取得新进展。在元旦、春节期间，广泛开展了双拥月活动。“八一”期间，市双拥工作领导小组组织文艺晚会、情系军旅书画展和万名军民双拥杯卡拉OK大赛，扩大了双拥社会影响。《扬州日报》通过举办国防苑专栏，不断报道双拥动态。全年编发22期105篇稿件。仪征市筹资200多万元，建起具有对抗性和实战性的国防园射击场。江都市投资近百万元，建起郭村保卫战纪念馆。宝应县与北海舰队共建国防教育基地。通过不同形式的宣传活动，增强了军民双拥意识。

加大力度，科技双拥活动取得新成效。市委、市政府下发了《开展科技双拥活动的通知》和《科技双拥的实施方案》，军地各级认真贯彻落实。预备役师政治部与师范学校创办了“预备役军官学校”，400多名师生成为首批预任军官。宝应、郊区各拿出20万元资金，帮助县（区）人武部建起局域网。炮兵团参加科技练兵成果演示，运用自行研制的炮兵群数字化作战及模拟训练系统，2分钟时间完成8项演示内容全部命中目标，受到江总书记的接见和解放军总参谋部的表彰。市双拥领导小组下发的《支演助后的意见》被总部列为展览实物。炮团演练期间，市提供150多万元资金用于训练和误工补助。高邮等地还成立了20多个180多人参加的助后小组，为参演官兵家庭办实事90多件。市、县两级向部队赠送电脑190台和科技书籍3.5万册，举办有600余人参加的电脑、手机维修及烹饪培训班42期。资助部队科技练兵经费800多万元。驻扬部队视驻地为故乡，拿出50多万元，支持润扬大桥建设。积极捐款资助遭龙卷风袭击的宝应受灾群众。总装驻5308厂军代室扶持锚具厂开发YTW预应力弹性锚具，获国家专利证书，成为100多万元年利税的高科技民营企业。

解决难点，优抚安置政策进一步落实。围绕解决革命功臣治病难的问题，县、乡两级建立了革命功臣医疗保障专项资金180多万元。120多个县、乡医疗单位普遍实行“四免加减半”的优惠政策，全年为功臣治病减免97万多元。3000多个村卫生室实行双份合作医疗制度，为功臣支付68万多元医疗费，解决功臣治病难问题。全市接收的2400多名军队转业干部、退役士兵和随军家属，都得到了较好安置。妥善安置145名下岗军嫂，建立了7个维权指导小组，130多个基层法院建立了“维护国防利益和军人军属合法权益合议庭”，受理29件涉军案件，已办结27起。社会各行业自觉维护军人军属优待权益。市公交总公司规定现役军人免费乘坐市内公交车，全市81处旅游景点对现役军人和城区随军家属免费开放，年免费数额达100多万元。

常州市

常州市区街景

常州市辖3市5区，总人口380余万。2000年初，再次被命名为全国双拥模范城。全市广大军民以荣誉为新起点，按照“抓基层、强基础，抓典型、搞示范，抓重点、创特色”的工作思路，抓好各项双拥政策法规的落实，全市双拥工作成效显著。

双拥宣传氛围更加浓厚。抓住获得全国双拥模范城“二连冠”荣誉和纪念志愿军抗美援朝出国作战50周年的有利时机，以宣传《国防法》、《兵役法》和优抚安置政策法规为主要内容，广泛开展群众性的双拥宣传和全民国防教育活动。隆重举行了“全国双拥模范城二连冠庆祝大会”，传达了全国双拥模范城（县）命名大会的精神，部署了工作。中央电视台专门拍摄了全国双拥模范城专题片《常州双拥情》，并在全国多次播放，扩大了常州市双拥工作的影响面。召开了“天南海北常州兵”系列宣传座谈会。市组成的采访组分别到广州、兰州、北京、沈阳军区及驻港部队，采访了50个团以上单位400多名常州籍官兵，在报纸、电台、电视台连续20多天专题专版播放刊登先进集体和先进个人的事迹，并邀请军人、军属代表座谈，扩大了社会影响。召开了理论研讨交流会，收到论文131篇，其中有35篇被省、军以上刊物登载及会议上交流，对优秀论文进行了评比表彰。

军民共建更加扎实。组织军地各单位学习宣传省政府、省军区转发的《常州市军民开展“双三好”活动的调查报告》，各地深化“双三好”活动不断创新，特色明显。开宁区的“窗口行业”拥军入军营、钟楼区的“个私企业”进军营活动、戚墅区的党政干部与优抚对象“一对一”结对帮扶、武进市“千厂百店扶优”、溧阳市党政机关与驻军挂钩结对等活动的开展，创造出“双三好”蓬勃发展的良好局面。按照《常州市军民共建精神文明活动实施办法》，适时把科技强军作为军民共建的重要内容，50多个大专院校、科研单位、高新技术企业与驻军结成科技共建对子。260对军民共建单位中，被辖市区以上党委、政府命名为文明单位和双拥模范单位的达94%，其中受到全国、全军和省、军级单位命名表彰的有11对。驻军在创建文明城市、文明村镇、文明行业活动中，实施“双三百工程”。

优抚安置政策更加落实。相继出台了《关于做好新时期拥军优属的若干规定》、《补充规定》、《拥军优属工作实施细则》、《军嫂就业安置规定》和《驻常部队拥政爱民工作实施意见》，使新时期双拥工作遇到的难点热点问题得到化解。辖市、区成立了“一组、一站、一庭”，市区成立维护国防利益和军人军属合法权益领导小组，在人武部设立“法律服务站”，在法院成立了“维权合议庭”。对全市154个单位313名军队转业干部占有部队住房进行了全面的清退。抚恤定补标准四个自然增长机制运转正常。特、一等因公革命伤残人员护理费分别由380元、305元提高到405元、326元。因病的一等革命伤残军人由228元调整到245元。现役军人立功继续实行当年立功当年奖励,多次立功多次奖励的办法。对现役军人、革命伤残军人继续实行在市内免费乘公交车。城镇义务兵家属优待金达到上半年城镇居民人均生活收入的 50%以上。市委、市政府专门下达了文件,加大指令性计划分配的力度。220 名军队转业干部全部被安置到党政机关事业单位和省属企业。其中安置团职 45 名、营职 75 名、连职 36 名、技术干部 64 名,接收转业干部全家户 57 户,随调家属子女 115 名,做到部队、单位、个人"三满意"。加快对城镇退役士兵安置进度,569 名城镇退役士兵、203 名转业士官都得到了妥善安置,1410 名农村退役士兵有 80%在乡镇企业得到安置。

科技拥军成绩突出。制定出台了《关于大力支持部队科技练兵，开展科技拥军活动的实施意见》，精心组织实施了科技拥军系列工程，成立全市科技拥军服务站，设立公开服务电话，积极组织科技拥军活动的纵深发展。全市共建立科技拥军基地 42 个，举办各种知识讲座 185 场次，培训各类科技、文化等人才 3200 余人，赠送电脑 86 台、电化教育文化娱乐设备 250 套，帮助部队攻克研制汉字保密终端、电磁屏蔽与可拆卸式蔽帐蓬等 15 项重点技术项目。"嫁接"、"移植"医疗科技成果、新技术知识 50 多项，为部队科技练兵服务保障办实事 56 件。全市投入科技拥军专项经费 1200 余万元。

张　家　港　市

张家港新貌

2000 年，张家港市党政军民以再次荣获全国双拥模范城称号为契机，认真落实优抚政策法规，大力开展科技拥军活动，双拥工作又取得新的发展。

加大宣传教育力度，双拥社会氛围浓厚。年初，市委、市政府专题召开了双拥国防教育工作暨全国双拥模范城揭牌仪式大会，部署双拥工作任务，共商双拥创建大计。市领导与张家港边防检查站一起联合举办了"警营一日"活动，通过实地了解官兵的工作和生活，更加密切了军民关系。结合纪念抗美援朝 50 周年和中国人民解放军建军 73 周年等时机，通过电台、电视台、报纸等新闻媒体，大力宣传人民解放军的光荣历程和丰功伟绩，宣传驻军官兵热爱第二故乡的先进事迹。市电台专门开设了"老战士讲过去"栏目，邀请参加过抗日战争、解放战争以及抗美援朝的老复员军人讲述过去的光荣事迹。在市区美食街广场联合举办了纪念中国人民解放军建军 73 周年"军民鱼水情"专场文艺晚会，取得了较好的宣传效果。

加大科技拥军力度，办实事成效显著。广泛开展了"送科技进军营，送图书进军营，送知识进军营，送服务进军营"的"四送"活动，主动帮助驻军部队建立网站、开设培训班，举办科学知识讲座等活动。市财政出资 6 万多元先后为驻军配备了 9 台电脑，为人武部制作了科技动员网络，有效地提高了预备役部队的快速反应能力。在广泛开展科技拥军的同时，还实实在在地为部队办实事解难题。市财政拨款 15 万元，帮助武警市支队安装空调、监控设备，并为官兵打了一口深水井。市民政局为官兵更换了 42 张床，并筹措资金帮助 87034 部队 56 分队安装了卫星天线，改善了官兵们的工作、生活和文化娱乐条件。

加大保障力度，优抚工作健康发展。针对不同对象，以解决优抚对象的治病问题为重点，进一步加大了保障工作力度。对全市 116 名二等乙级以上伤残军人，继续实行由社会保障部门按公费医疗报销范围实报实销；对带慢性病回乡的老复员军人，由市财政按每人每年2000元的标准拨款到所在镇，超支部分由所在镇负责；对三等伤残军人因伤口复发的医药费，全部由民政局负责；因患其他疾病无力支付医药费的，市民政局给予相应补助；对经济困难的患重病的优抚对象，给予适当的补助。在解决重点优抚对象医疗保障的同时，采取5条措施，确保他们与全市人民同步奔小康。一是完善抚恤定补标准自然增长机制。全市再次提高了重点优抚对象的抚恤定补标准。二是足额兑现重点优抚对象的优待金。“三属”优待金按义务兵家属的80%兑现，户均发放优待金3240元，伤残军人按义务兵家属的50－80%兑现，人均优待金2210元。三是足额发放在乡复员军人立功荣誉金，按荣立不同军功，每人每月分别享受360元至500元。四是增发在乡复员军人务农补助费，每人每年补贴200元至500元。五是投入资金81.7万元，帮助重点优抚对象建房236间。这些工作的开展，确保了全市重点优抚对象生活水平与经济发展水平同步提高，实现了重点优抚对象生活水平略高于当地一般群众生活水平的目标。另外，还解决了重点优抚对象子女入学和就业难问题。

深入开展拥政爱民活动，积极支持地方经济发展。广大驻军部队在完成教育、训练、战备的同时，把港城作为第二故乡，开展了形式丰富、内容多样的双拥共建活动，为张家港两个文明建设作出贡献。张家港边防检查站长期超负荷执行任务，一年内，破获多起偷渡、走私、贩毒等重大案件，为保卫国门做出了贡献。

盐 城 市

2000年，盐城市党政军民以荣获全国双拥模范城称号为新的起点，突出重点，务实创新，加大各项工作的落实力度，双拥工作迈上了新的台阶。

以办实事为重点，探索双拥工作新路子。继续发扬盐城老区拥军优属的光荣传统，竭力为驻军及优抚对象办实事。制订出全年双拥工作必须抓好的12件实事，着力解决重点和热点难点问题。千方百计拓宽安置渠道，做好退伍士兵的安置工作，共接收安置退役士兵1856人。积极主动做好随军家属的再就业工作，明确要求在企业单位工作的军队干部家属一般不下岗，对因企业倒闭而下岗的随军家属优先培训，优先安排转岗重新就业。积极开展了“爱心献功臣行动”，建立健全优抚对象医疗保障网络，普遍建立重点优抚对象医疗保健档案资料，发放了《医疗优待卡》，在医院普遍建立优抚门诊，实行优先服务，并在费用上给予适当优惠，千方百计解决重点优抚对象就医难问题。

以开展科技拥军活动为载体，创造双拥工作新特色。全市把科技拥军活动作为全年双拥工作的重点，做到主题突出，特色明显。一方面通过召开会议和利用广播、电视、报刊等多种新闻媒体，加大科技拥军宣传的力度，营造科技拥军活动良好的社会氛围。另一方面，制定科技拥军有关政策，出台了《关于在全市广泛开展科技拥军活动的实施意见》，对科技拥军的指导思想、内容形式、实施步骤、组织领导等都提出了明确要求。把科技拥军的各项目标任务进行量化分解，落实到单位，责任到个人。全市为驻盐部队培训电脑知识人才500多人，投入837.7万元资金用于改善驻盐部队战备训练、生产生活条件，受到驻盐部队广大官兵的广泛赞誉。

以落实政策为切入点，取得双拥工作新成效。重点抓了优抚对象抚恤补助标准自然增长机制的落实工作。提出了“再亏不能亏解放军，再穷不能穷优抚对象”的口号。市有关部门联合出台了优抚对象抚恤补助标准自然增长机制政策。将自然增长经费全部列入财政预算，并优先安排各级财政共增拨此项经费1700多万元，确保了优抚对象优抚经费按时足额兑现。重点做好义务兵家属优待金统筹工作。对农村义务兵家属优待金，严格标准，按省里规定不低于上年度当地农村人均收入的70%要求，确保兑现，并逐步提高优待标准。对城镇义务兵家属优待金按时足额发放。针对重点优抚对象治病难的状况，进一步完善了优抚对象医疗保障机制。各地采取地方财政补贴一部分、社会资助一部分、民政部门从自然减员经费中调剂一部分、个人筹集一部分的办法，重点优抚对象全部参加合作医疗保险。各县（市、区）普遍建立了县、乡镇两级重点优抚对象医疗救助基金，有效解决了重点优抚对象医疗费用。全市以乡镇为单位普遍建立和完善基层医疗网络，为顺利解决优抚对象治病难提供了有效的保证。

以支持地方经济建设为己任，积极做好拥政爱民工作。驻盐部队广大官兵视盐城为第二故乡，积极投身地方两个文明建设。参加大丰港码头、宁靖盐高速公路等重点工程建设。积极协助地方维护社会治安，严厉打击各种刑事犯罪活动。积极开展扶贫帮困，继续实施以“帮助100名特困生读完小学和100名贫困优抚对象脱贫致富”为主要内容的“双百工程”。发动广大官兵捐资捐物，支持贫困户、特困户发展生产，兴办项目，取得了较好的经济效益和社会效益。驻盐部队还积极组织广大官兵开展科技、文化、医疗等“三下乡”活动，帮助广大群众解决生产生活等方面的实际困难。

无锡市

无锡远眺

2000年，无锡市党政军民以荣获全国双拥模范城“三连冠”为新的动力和起点，突出了科技拥军，加大了解决双拥工作中重点难点问题的力度，双拥工作整体水平又有了新的提高。

国防教育形式多样，双拥宣传效果明显。无锡市广泛开展了“走进军营、走进军人、走进军事领域”的活动，全年有近十万人次群众接受国防教育和参加“军营一日”活动，有3万多名学生接受军事训练，组织了“万名小学生书信慰问解放军”活动。各新闻媒体集中宣传了身患尿毒症、一心支持丈夫完成远洋航天测控任务的好军嫂蔡艳红的感人事迹，在社会上引起了强烈反响。以宣传《国防法》、《兵役法》为主要内容，广泛开展群众性的双拥宣传和全民国防教育。在城区设有拥军路、爱民路等双拥标志，在主要街道开辟国防教育宣传栏，悬挂宣传条幅等，营造出浓厚的双拥社会氛围。

开展科技拥军活动，为部队办实事。市委、市政府把科技拥军作为全年双拥工作的重点内容，提出47个支援项目，逐一分解到专业对口的17个部门和企事业单位。聘请了45位教授担任驻锡各部队的科技顾问，全市参与科技拥军活动的专家学者有700余人。投入经费达472万元，为部队科技兴训办实事226件。全市各自学考试辅导中心、大专院校及高级中学承担了官兵自学考试和报考军校文化补习任务，受辅导的官兵达900余人。为部队举办了近50期电脑操作培训班，受训官兵达1.3万人次。市科普馆和16个科普教育基地全部实行免费向部队开放。有50多位专家学者为部队作各类学术报告和科技讲座70多次。全年共为各部队和民兵开发各类软件系统78个，研制革新各类战备训练器材492件（套）。向部队赠送电脑356台、各类图书资料2.8万本（册）。市委、市政府和军分区联合发文，对部队在饮食、交通、医疗和营房等7个方面的保障任务提出了具体措施。特别是对各部队的“菜篮子”工程、生活服务中心、医院和卫生队的建设，全部列入了科技拥军的范畴，聘请了数名专家担任顾问和技术指导。

完善工作机制，各项政策措施落实到位。建立了优抚对象抚恤补助标准自然增长机制，突出解决重点优抚对象看病难的问题。做到了对重点优抚对象费用减免规定公开、人员名单照片上墙、身体健康状况建档、享受优惠政策凭卡。各县、区普遍成立了维护国防利益和军人军属合法权益法律服务站和涉军案件审判庭，妥善处理了8件涉军民事案件。结合纪念抗美援朝50周年活动，走访慰问了曾赴朝参战的老同志，并为他们解决了实际困难。随军家属再就业安置工作继续采取了指令性计划与双向选择相结合的办法，一次性安置了50名随军家属就业。

热心第二故乡建设，驻锡部队拥政爱民又有新贡献。广大官兵积极参与创建文明城市、卫生城市活动。全市450多个基层军民共建点，有80%的共建点被市评为文明、安全或卫生单位。积极支持社会公益事业建设。投入30万个义务劳动日，出动车辆8000台次，为地方植树造林12万株，栽种草皮1.5万平方米，清理垃圾6300吨，疏通河道8条。积极开展科技助民活动，转让科技成果20多项，开展各类科技服务300多人次，累计创造产值20多亿元，为无锡市科教兴市战略的实施发挥了积极作用。

苏州市

苏州新貌

2000年，苏州市党政军民以再次荣获全国双拥模范城称号为动力，认真贯彻落实全国双拥模范城（县）市命名大会精神，广泛开展双拥创建活动，坚持围绕中心，服务大局，面向基层，突出重点，狠抓落实，不断创新，双拥工作整体水平进一步提高。

加大领导力度，健全双拥组织机构。年初，市先后召开了双拥工作领导小组会议和全市双拥、国防教育工作会议，认真部署全年双拥工作，并制定双拥工作新的三年规划和目标责任，成立了苏州市科技拥军工作协调小组。各地市都较好地坚持了党委议军等工作制度，军分区二次召开驻军部队协调会，研究拥政爱民工作和措施。各市、区都把双拥工作列入党委、政府目标管理。市、区各级都从双拥工作实际出发，及时调整充实了双拥领导小组及成员单位。针对科技拥军的新任务，各级双拥工作领导小组都相应新增了以科技部门、大专院校和有关单位为成员的科技拥军组织，加强了对科技拥军工作的领导力度。各市、区普遍加强了双拥办公室软、硬件建设。遍布城乡基层的拥军服务组织健全、活动经常，成效显著。

深入宣传动员，深化全民国防观念和拥军优属意识。全市各级宣传部门，按照全年双拥工作安排，及时制订了年度双拥宣传计划，认真指导新闻单位抓好落实。各地报刊、电台、电视台及时宣传报道双拥新闻、信息动态。全市国防教育突出了《国防法》、《兵役法》、《爱国主义教育实施纲要》的宣传教育，始终把各级干部、民兵预备役人员和青少年学生作为重点。一是继续抓好传统形式教育，如党校培训、国防教育军事课、组织过军营生活、大中专学生军训、少年军警校、国防知识竞赛等，各级党校把国防知识课程纳入教育内容。二是组织主题鲜明、群众参与广泛的宣传活动。三是全民国防教育和爱国主义教育基地建设又有新发展。广泛深入的双拥宣传和全民国防教育，增强了全民国防观念，促进了征兵工作，全市有3000名应征青年入伍，苏州、昆山、吴江被省评为征兵工作先进单位，有8个市、区被评为市征兵工作先进单位。

突出科技拥军，在“部队所需、地方所能”最佳结合点上出成果。各地在科技拥军活动具体实施中，坚持务实、求实，立足于帮助驻军官兵丰富科技知识，提高文化水平，改善科技练兵条件。组织普及型的科技知识讲座和军地科技结对共建活动。帮助部队官兵提高科学文化知识。全市的科技拥军工作取得了较好的成绩。各地注重及时总结、交流经验，编印了科技拥军信息专辑，有8篇专稿被省双拥简报录用。12个单位、8名个人被省评为科技拥军先进单位和先进个人。36个单位、25名个人被市评为科技拥军先进单位和个人。

狠抓政策落实，军政军民团结进一步得到巩固发展。市、区各级继续把做好军队转业干部安置、退役士兵安置以及随军家属工作安置和下岗再就业作为落实双拥政策的重点。全年共接收安置转业干部419名，接收随迁配偶、子女20名，接收安置退役士兵3737名，对城区96名待安排随军家属，妥善安排上岗，较好地解决了部队干部的后顾之忧。市各民主党派、工商联组织书法家、画家到军营作书画，献上一片拥军情。市政法委与军分区政治部组织开展了维护军人军属合法权益活动，吴县市专门成立了维护国防利益及军人军属合法权益工作领导小组，各级法院建立了维权合议庭，基层建立了法律服务站。各驻军部队开展“我为故乡办实事，帮助群众做好事”活动，组织官兵开展支持地方国防教育，承担急难险重任务，开展扶贫帮困助残助学活动。积极参加社会治安综合治理，支援地方创建卫生城市、城市综合整治、各项社会公益事业建设，为苏州市两个文明建设中作出了显著成绩。

镇江市

镇江一角

2000年，镇江市广大军民以第三次荣获全国双拥模范城称号为新起点，以科技拥军为重点，大力营造双拥社会氛围，不断开拓创新，军政军民关系更加融洽，全市双拥工作的整体水平继续稳步提高。

双拥社会氛围更加浓厚。市委、市政府提出了全市今后三年的双拥新思路，得到了社会各界的积极响应。开展了“当关心子弟兵的好领导、创支持子弟兵的好单位、做培育子弟兵的好家长”的活动，广泛动员全社会积极支持部队建设。各地制定颁布了有较强操作性的党政领导双拥职责。丹徒县在全市率先开展了以“国防观念强、自身素质高、拥军贡献大、优属有功劳”为内容的拥军好公民评选活动。市双拥办着重加大了对商店、医院、车站、码头、公园等窗口单位拥军优属政策的督查力度。各县、(市）区全部成立了维护军人军属合法权益的法律服务站及合议庭。京口区人大、政府对全区各乡镇街道双拥政策法规的执行情况进行了全面检查。

积极开展科技拥军活动。科技拥军是全年双拥工作的重点。全市以“四个十”为载体，即：开展十项系列活动、健全十大培训基地、办好十件实事、结起十个共建对子，充分发挥人才、资金、技术、设备优势，着眼部队所需，奉献地方所能，共投入资金1000多万元，培训官兵4000多人次，帮助解决科技难题近百个，受到了驻镇部队及上级机关的高度评价。共有8个先进单位、7名先进个人受到省双拥领导小组的表彰。

“爱心献功臣行动”成果得到巩固和发展。全市始终将解决老烈属、老伤残军人、老复员军人的“生活难”、“住房难”、“医疗难”问题记在心上，抓在手上，防止回潮现象的发生。丹待县将每年7月的最后一周定为“双拥心连心活动周”，县领导分别带队走访慰问了重点优抚对象，发放慰问金2.85万元。各地采取了召开座谈会、上门走访慰问、解决实际困难的形式，开展内容丰富的抗美援朝出国作战50周年纪念活动。为彻底解决重点优抚对象对象的医疗难问题，丹阳市及其乡镇在全省率先出台《优抚对象医疗保障暂行办法》及实施细则，广泛建立了优抚医疗中心、站、室，全市1225名“三老”对象享受双份农村合作医疗保险。镇江市卫生局、民政局在市区7所大医院全部挂牌成立了“镇江市优抚对象医疗保健医院”，并向社会承诺落实减免政策，提供优质优惠的医疗服务。目前，全市共建立优抚医疗保健医院8所、中心10个、站89个、点1236个，筹集大病补助金298.91万元。

安置任务全面完成。为支持部队建设，市民政、人事、劳动部门及早制订计划，出台优惠措施，市委、市政府先后三次召开专门会议并下达文件对安置工作进行部署，耐心细致地做好接收单位的思想工作。全年共接收安置军队转业干部276人，退伍士兵780人，随军家属85人。

互办实事成果显著。镇江市共投入资金近1000万元，减免各种费用240余万元，为部队开发出计算机局域网以及进行计算机等级培训，改善营房、道路、水、电等基础设施建设。为配合部队搞好后勤社会化改革，出台了《支持驻镇部队推进后勤保障社会化改革的意见》，供电、供水部门已制订好计划并开始启动。清理干部军地两处住房工作进展顺利，移交地方的离休干部医疗待遇全面落实。部队共出动兵力8500余人次，车辆近千台次，参加重点工程植树2万棵，平整场地6000余平方米，有力地支持了地方经济建设。

浙江省

舟山市

十里渔港——舟山沈家门

舟山市地处长江三角洲的最前沿，有驻军单位40多个。2000年，全市广大军民以第三次荣获全国双拥模范城为契机，认真贯彻落实江泽民同志提出的“同呼吸、共命运、心连心”总要求，坚持立足基层，狠抓落实，突出重点，全面推进，双拥工作整体水平又有新的发展。

领导高度重视。市委、市政府把双拥工作作为事关社会稳定的大事来抓，列入各级党委、政府重要议事日程，纳入精神文明建设的总体规划，并作为各级干部岗位目标责任制考核内容。党政军一把手参加双拥工作领导小组，坚持每季度召开军地联席会议，研究解决双拥工作中的热点和难点问题。各级双拥办工作经费列入财政预算，重大活动所需经费由市委、市政府和各级财政拨出专款解决。

国防和双拥教育广泛深入。全市国防教育年度有计划，季度有安排，每月有活动。新闻媒体宣传不断，在元旦、春节、“八一”等重大节日集中开展国防双拥宣传教育，共刊登播出双拥稿件243篇，利用版报、墙报开展国防双拥教育26次，全市各级累计投资1000多万元新建、整修了爱国主义教育基地、国防教育基地和双拥标语牌。413个军民共建对子到城乡各基层单位开展国防双拥宣传教育500多次，使国防双拥宣传教育进村入户、深入人心，在全市营造了浓郁的双拥氛围。

全力支持部队建设。市财政拨款200多万元支持部队建设和改善官兵物质文化生活。为驻军用水、用气、管网铺设、建房等给予优先优惠，共免收、减收各种费用达244.61万元。为部队改造道路8条，计25.14公里，提高了部队的快速机动能力。出资150万元帮助部队发展农副业生产，拨款7万多元购置10个钢质蔬菜大棚赠送驻军部队种植蔬菜。解决了50名随军家属安置（调动）就业问题，帮助16名下岗随军家属实现了再就业。部队子女入学入托享受跨地段择校和降分录取等优惠政策。为部队无偿或优惠安装有线电视120多户、程控电话12门，赠送电脑、电视机、卡拉OK机、冰柜、洗衣机等电器设备60多件。帮助部队培训电脑操作、电器修理、烹饪、蔬菜种植等人员500多人。

优抚安置政策全面落实，“爱心献功臣行动”卓有成效。建立优抚“三结合”保障体系，抚恤定补优待标准高于部分省市标准，军队转业干部和退役士兵安置工作受到省政府表彰。积极开展“爱心献功臣行动”，优抚对象“三难”问题已全部得到解决。

拥政爱民成绩突出，军政军民关系融洽。驻舟部队积极主动地支援地方经济建设，奋勇抢险救灾。先后出动官兵8500人次，动用车辆机械135台次，舰船24艘次，装填沙袋82300余只，加固、封堵海塘及缺口75处计8900余米，直接挽回地方经济损失1.2亿元。配合地方政法部门开展社会治安综合治理，在舟山两个文明建设中发挥了重要作用。一年来，未发生重大军民纠纷，军政军民关系融洽。

湖州市

2000年，湖州市党政军民认真学习贯彻全国双拥模范城（县）命名大会精神，以江泽民同志“三个代表”重要思想为指导，紧紧围绕地方经济建设，支持部队做好军事斗争准备，积极探索双拥工作新路子，进一步提高了全市双拥工作的整体水平。

以荣获“三连冠”为起点，开创双拥工作新局面。2000年，湖州市第三次被命名为全国双拥模范城。面对荣誉，市党政军领导和广大军民认真分析形势，总结经验，找出不足，不断推动双拥工作向更深、更高层次发展。全市隆重召开庆祝表彰大会，对全市的双拥工作在取得“三连冠”后如何实现跨世纪发展作了深入动员和部署。市委、市政府把推进双拥工作跨世纪发展写入了市第四次党代会工作报告和政府工作报告中，列入了“十五”规划纲要。

湖州军民治太纪念碑

以开展科技拥军为重点，开拓双拥工作新领域。市委、市政府加强了对科技拥军的组织领导，把科技拥军作为新形势下支持部队建设的重要内容，作为科教兴市，创建双拥模范城的一项重要工作来抓。全市双拥共建单位开展了科技拥军“五到连”活动（即送微机设备到连、科技图书到连、电化教学设施到连、科技人才培训到连和科技拥军成果转化到连），共向部队赠送了30台电脑。市电信局出资150万元，派出专家攻克多个技术难题，成功实现了部队与地方电信公司数字化联网，使驻湖部队的通信保障能力跃居全军前列。帮助部队发展高效益水产养殖，支持了部队的菜篮子工程建设。为报考军校的战士办复习班，提高了战士的升学率。成立了维护国防利益巡回法庭，建立健全了以维护军人军属合法权益领导小组为“龙头”，以涉军案件巡回法庭为主体，军人军属法律咨询站为纽带的法律拥军工作新机制。

以解决“新三难”为途径，优抚安置工作取得突破性进展。全市重点优抚对象已告别“旧三难”（生活难、住房难、医疗难）。但随着改革开放的深入，优抚安置工作又出现了新“三难”，即，退伍军人安置难、随军家属就业难、优抚对象因病返贫医疗难。市委、市政府采取有效措施，不断探索解决新“三难”的方法和途径。在全省率先建立了优抚对象医疗保障基金制度，从优待金社会统筹中提取5%建立优抚保障基金，设立优抚对象医疗个人专户，优抚对象凭“湖州市优待医疗卡”在全市所有乡镇以上医疗单位均可使用，并免收挂号费、门诊诊疗费、注射费、输液费，CT、B超等检查费减免30%，住院时优惠病房费。全市各部门把安置军队转业干部、随军家属和退役士兵当作政治任务来完成，119名转业干部、21名随军家属得到妥善安置。共接收城镇退役士兵608人，其中自谋职业156人，市财政下拨有偿安置经费200多万元，市本级退役士兵安置率连续8年达100%。

以军地双向奉献为主题，密切了军政军民关系。市财政拨出30余万元专款，开展了“百个蔬菜大棚送连队”活动，到年底，驻湖部队所有的连队蔬菜自给率达到100%。出资4万元为驻湖某空军送去了30台电热水器，解决了官兵洗澡难的问题。市政府先后出资1000万元和300万元，为驻湖部队修建了4条双拥路。出台了军人子女初中升高中特殊加分（20－30分）的规定，军人子女初中升高中的升学率达到了100%。逢年过节，社会各界自发为驻军赠送的电视机、组合音响、空调、冰柜、图书、多功能健身器材等达100万元，极大地丰富了官兵的文化生活。驻湖部队积极为驻地人民作奉献，努力推进地方两个文明建设，先后参加了湖州市4项重点工程和12项公益事业建设。驻湖部队拨出10万元购买棉被、棉衣慰问老功臣，捐赠5万公斤大米慰问遭受洪灾的优抚对象，官兵们还捐款15万元，在长兴县创办了湖州市第一所希望小学。

宁波市

宁波风光

2000年，宁波市党政军民坚持以邓小平理论和党的十五大精神为指导，坚持立足大局，面向基层，狠抓落实，双拥工作取得了新成绩。

加大了双拥创建力度。军地各级领导紧紧抓住再次蝉联全国双拥模范城的有利时机，召开庆祝宁波市荣获全国双拥模范城“三连冠”暨2000年新春拥军慰问大会，认真学习贯彻全国双拥模范城（县）命名大会精神，明确了宁波市双拥工作保持荣誉、再创佳绩的奋斗目标，市双拥领导小组专门召开了组长扩大会议，对贯彻落实全国双拥模范城（县）命名大会提出的各项任务进行了部署，各级领导进一步深化对双拥工作的认识，双拥创建水平再上一个新的台阶。

抓好教育，增强观念。全市各地把开展以爱国主义为核心，以双拥优良传统为主要内容的国防教育列入了全民教育计划，利用教育基地和业余教育队伍，坚持经常性教育和集中教育相结合方式，宣传国防知识，大造双拥声势。宁波市甬剧团专门编排了大型甬剧《好母亲》，在军内外上演后引起了极大的反响，全市各地出现了许多父母支持动员孩子报名参军，广大适龄青年踊跃报名参军的喜人景象。大力宣传了稽蓉珍、稽琪英雄母子抗洪救灾，奉化消防支队黄东华及东海舰队二级士官于占峰为了人民的生命财产安全勇于牺牲的感人事迹，在全市上下掀起了一个学习英雄先进事迹的热潮，有效地激发了广大军民的国防观念和双拥热情。

突出重点，互办实事。宁波市把科技拥军作为双拥工作的重要内容来抓。各地充分利用大专院校、科研院所、军地两用人才基地等，积极开展向部队送“新技术、新知识、新智能”活动，协助部队搞好士兵文化补习、科技人才培训和复合型人才的培养工作。军警民共建活动坚持双向奉献、互办实事。市政府拨出300万元专款慰问驻甬部队，市里有关领导专程赴驻象山某海岛部队现场办公，解决问题。8月5日，海军东海舰队与鄞县东钱湖镇在湖滨公园举行“军民共建活动基地”揭牌仪式，11月下旬，军警民共建项目江北白沙公园扩建工程完工。市县共同出资100万元帮助部队实施改水工程建设，解决了部队的用水难问题。劳动局与东海舰队共同举办了随军家属再就业培训班，积极拓宽随军家属安置渠道，有126人参加了电脑、服装等专业的培训，安排了50名随军家属就业。对无固定收入补助的168名随军家属，在待业的半年内，每月发给她们120元生活补助费。市文联、市戏剧家协会组织拥军慰问队，上高山下海岛，为基层官兵义演。驻甬部队大力支援地方重点工程建设和社会公益事业。积极参加和支援中信大榭跨海大桥、标准海塘等重点项目，主动参加地方的植树造林、义务献血、慈善一日捐、“爱心献功臣行动”以及协助地方开展军训和国防教育等公益事业。组织官兵参观了宁波市科委举办的“崇尚科学、反对迷信”科普展。驻甬部队共出动兵力6000人次、舰船25艘次、机械车辆1000余台次，抢救遇险群众500多人，抢救遇险船只9艘，抢运遇险物资4000多吨，扑灭大火100多起，挽回经济损失上千万元。

解决难点，整体推进。继续巩固和发展“爱心献功臣行动”的成果，进一步为“三老”优抚对象排忧解难。市财政拨专款100万元帮助重点优抚对象解决住房困难。市、县、乡三级财政投入173万元专项补助资金，对308户重点优抚对象住房特困户的房屋进行了修建，重点优抚对象的住房条件得到了改善。认真做好军队转业干部和退役士兵的接收安置工作，共接收退役士兵3924名（城镇退伍士兵1073名，农村退伍义务兵2527名，转业士官324名），符合城镇就业安置条件的1408名，占35.9%。至9月底，全市安置完成率为100%，其中回农村安置的2516名、城镇安置就业542名，自谋职业736名、复工复职130名。妥善安置了军队转业干部，做到了部队、地方、个人三满意。

杭 州 市

杭州西湖节日烟火

杭州市是全国重点风景旅游和历史文化名城。2000年，全市党政军民坚持以邓小平理论和“三个代表”重要思想为指导，认真贯彻落实全国双拥模范城（县）命名大会精神，紧紧围绕“建经济强市、创文化名城”的战略目标和做好军事斗争准备的要求，大力开展各项双拥工作，认真抓好优抚安置政策的落实，双拥工作整体水平有了新的提高。

加大组织领导力度。及时调整充实市双拥工作领导小组及成员单位，制定了成员单位双拥工作职责。坚持把做好新时期双拥工作作为重大政治任务来抓，并列入“十五”计划纲要。市委召开常委会和双拥领导小组会议，认真学习了全国双拥模范城命名大会精神，确立了双拥工作未来三年的工作任务和目标。加强了双拥工作队伍建设，落实了军地合署办公制度。建立了领导目标责任制，并把双拥工作作为各级干部政绩考核的重要内容。

围绕军事斗争准备搞好服务保障。一是适应部队科技练兵需要，大力开展科技拥军活动。市财政共拨款近1000万元帮助部队解决网上练兵、多媒体电化教学系统等问题。浙江大学专门为73021部队50名干部开设了研究生班，为驻杭部队1000名部队官兵举办各类培训班80多期，为驻军赠送电脑100多台、科技文化书籍4000余册。二是适应军事斗争准备需要，积极为部队建设办实事。市委先后3次召开协调会，对部队在建房用地审批、交通和生活设施保障等5个方面提出的问题，妥善予以解决。市政府划拨45.5亩的土地置换给预备役团，并计划拨款2000万元为该团建办公楼、训练场等设施。市劳动局组织有关单位先后两次到部队举办随军家属现场招聘会，全年共安置100多名随军家属，对暂时无工作的随军家属每月发给生活补助120元。教育部门解决了部队60余名干部子女初中跨学区入学。三是适应国家和军队各项改革的需要，认真做好优抚安置工作。全市共接收退役士兵3920名，城镇安置1685名，有46%的退役士兵自谋职业，发放安置补偿金及待分配期间生活补助近1900万元。安置军队转业干部538名，安排到行政机关和事业单位的占93.3%。建立了优抚对象抚恤补助标准自然增长机制，烈军属年收入达到8000元以上。优抚对象医疗费实行减免制度。城镇、农村义务兵家属优待金分别达到4100元和8100元。“三属”、在乡伤残军人、老复员军人分别按义务兵家属的50%、30%、20%给予优待，全年共发放优待金、补助金1300余万元。

基层双拥工作成效显著。全市街道和乡镇在坚持传统做法的基础上，积极研究探索，不断开拓创新。拱墅区各街道设立10－20万元的双拥基金，并组织志愿者服务队，对优抚对象开展上门服务。清泰、艮山等街道的老妈妈与战士组成模拟家庭。横河街道开展评“三好”（好军人、好军属、好军嫂）活动。天水街道为老优抚对象设立医疗保障金等，使基层的双拥工作更具活力，更有成效。

驻杭部队积极为第二故乡做贡献。先后为400多所大中院校和企业的3万余人进行了军训。驻杭部队积极参加抗击台风等抢险救灾活动。先后出动10000余人次，参加市区环境整治、河道疏通、场馆布置，以及西湖博览会开幕式、烟花大会和各展馆的安全保卫工作，为西博会的圆满成功作出了巨大的贡献。还积极开展医疗卫生服务、无偿献血、植树造林等活动，促进了全市精神文明建设。

绍兴市

绍兴风光

2000年，绍兴市党政军民认真贯彻全国双拥模范城命名大会精神，坚持建章立制、突出重点、夯实基础，开创了双拥工作新局面。

营造氛围，强化双拥意识。2000年，绍兴市被命名为全国双拥模范城，市委、市政府、军分区联合召开创建双拥模范城表彰大会，对做出贡献的23个单位进行了表彰。举办了双拥摄影展和军民鱼水情大型文艺晚会。春节、元旦期间，市及各县（市、区）开展了各种形式的慰问活动，市委领导率领有关部门分五路慰问驻绍部队、执勤哨所和重点优抚对象，发放慰问金、慰问品200多万元。召开纪念抗美援朝出国作战50周年座谈会，全市各级党政军领导走访慰问抗美援朝老战士和烈士家属915名，送去慰问金88.47万元。举行了双拥知识问答、征文比赛、表彰“十佳民兵连长”等活动。军分区领导为市委党校、机关干部、各中小学校上国防教育课6次，受教育人数达2000人次。在一些重要交通要道设立了永久性双拥标语牌，绍兴军分区与绍兴博物馆等单位联合举办了“警钟长鸣－现代世界兵器图片”模型展、国防知识黑板报展评等活动。市委宣传部、军分区、市人防办、《绍兴日报》社等单位联合举办“万丰杯”国防知识竞赛。同时，还在学校开展国防教育书架工程，向学校赠书650册。对中小学生进行了军训，12万名中小学生接受军事训练。

努力办实事，为部队和优抚对象排忧解难。为重点优抚对象每人发放了医疗卡，补助医疗费500至300元，优抚对象就医凭卡享受免挂号费、门诊诊疗费、注射费、输液费等优惠。一年来共发放医疗卡1455张，补助医疗经费53.2万元。市区、诸暨市和新昌县机关及国税局、审计局、司法局、广电局等部门与116户重点优抚对象实行包户结对帮扶，共投入帮扶经费2.5万元。调整部分优抚对象的抚恤补助标准，每人每月提高20元，调整后的标准分别高于省定标准50至70元。拨款24.5万元，解决了部队战士伙食补助和夜餐补助。为部队解决各种经费200万元。市财政拨款28万元为武警绍兴支队添置了指挥车辆。嵊州市拨款16万元用于人武部仓库改造，绍兴县拨款20万元为驻地部队购置了训练设施。全市共接收退役士兵2587人，其中义务兵2369人，转业士官218人。各级领导签订安置责任书，出台《保障金统筹管理使用办法》、《退役士兵自谋职业规定》等，城镇安置对象876名中，选择自谋职业的有425人，占城镇安置总数的48.17%，发放自谋职业一次性经济补助金1139.9万元。195名军队转业干部和101名随军家属得到妥善安置。大力培训军地两用人才，在全市86412名农村退伍军人中，担任村（镇）领导、厂长（经理）、成为经营大户的有20829名，占24.1%。

拥政爱民成绩显著。驻绍部队积极参加环城河整治、小舜江水库等重点工程建设。出动官兵3万余人，完成土石方13000立方米，修筑道路3205米。派出官兵2万人次，担任全国“排球联赛”、“中国绍兴黄酒节”、“旅游节”、“商交会”等大型活动的警卫任务。在完成急难险重任务中，出动官兵5000余人，配合公安机关，围捕持枪杀人犯3名，捣毁窃车团伙15个，赌窝425个，维护了社会稳定。坚持开展军民共建活动，建立共建对子143个，开展各种共建活动200余次。积极开展便民活动，上街为民义务修理电器、自行车、摩托车、理发、服装裁剪、医疗和法律咨询近万人次，农忙时节为烈军属、困难户帮耕帮种100余亩。开展“民兵号”示范活动点120个，为敬老院老人、特困学生捐款6.5万元。

义乌市

义乌新城

2000年，义乌市第四次荣获全国双拥模范城。一年来，全市党政军民以江泽民同志“三个代表”重要思想为指导，认真贯彻全国双拥模范城（县）命名大会精神，紧紧围绕提高部队战斗力和发展地方生产力，团结拼搏，真抓实干，双拥工作整体水平迈上了新的台阶。

加强领导，健全组织。市委、市政府从讲政治的高度出发，努力做好双拥工作，及时提出双拥工作“政策不变，力度不减”，继续争创全国双拥模范城的奋斗目标。把双拥工作列入全市年度29项重要工作之一，纳入全市精神文明建设的总体规划，纳入市领导班子、市机关各部门、各乡

(镇)、街道办事处“三项目标责任制”考核。市委常委会明确了双拥工作分管领导，及时调整充实成员单位，各级双拥组织机构得到了加强。

扩大宣传，营造氛围。各级宣传部门把双拥宣传教育列入年度工作计划，在各类新闻媒体开设专栏，及时报道双拥工作动态，宣传双拥典型事迹，办好《双拥简报》，并建立了双拥宣传奖励制度。通过座谈、走访慰问、举办讲座等形式隆重纪念抗美援朝出国作战50周年。在城区主要街道、交通要道设置了30幅灯箱式双拥宣传牌，营造了浓厚的双拥氛围。

完善制度，狠抓落实。制订了《2001－2003年义乌市双拥工作目标规划》，成立了维护国防利益和军人军属权益法律保障机构，协调处理了数起驻军单位和军属的涉法问题。市政府有关部门对全市双拥政策法规执行情况进行了检查。拆除了青溪村通往部队机场应急道和拉机道上的7座天桥，封堵了通往应急道的道口，保护了军事设施安全。

深化改革，勇于创新。拓宽安置渠道，出台了《义乌市2000年城镇退伍士兵安置工作办法》，采取重点和非重点相结合安置办法，开拓向非国有企业分配退役士兵的新途径。全年共接收162名退役士兵，按政策安置85人，自谋职业77人，市财政补助一次性安置费达246.9万元。突出“对口共建”和“家门口共建”，全市共有军民共建对子94对。

全力支持部队建设。市委、市政府把科技拥军作为支持部队建设的重要内容，拨款50万元作为科研基金。市城镇职校为部队举办了计算机、文秘、烹饪等7个专业培训班，培养军地两用人才4000余人；市供电局坚持对部队实行全省最低价供电，并免费供应了100万度训练用电；市政府为武警消防大队购置了一辆价值408万元的登高平台消防车。全市为部队赠送空调、电脑等物品达280余万元。为驻军某部开办了四个“学分制”中专班，学员达200名，帮助部队建立了电脑培训基地。为部队营区安装了22部300卡电话和7部IC卡电话，为官兵征订报纸、赠送书籍1.5万余册。市工业学校、商贸学院为部队官兵进行学历教育。市劳动、人事、教育等部门共安排了98名随军家属进入机关、企事业单位工作，45名干部子女到城区重点学校就读，解除了部队干部的后顾之忧。

驻义部队积极参加地方的两个文明建设。驻军部队共出动兵力2万余人次，车辆1000多台次参加重点工程建设、山林灭火、抢险救灾、无偿献血、维护社会治安、创建文明卫生城市活动。开展送医上门活动，到各老年协会、敬老院，免费给老人及伤残复员军人就诊。人武部全年组织民兵参加巡逻执勤，森林扑火1025人次，协助破案4起，抓获犯罪分子12人。为驻地军训学生、企业员工达1万余人次。

象　山　县

象山县街景

象山县地处浙江省的东部，属半岛县，历来是海防重地。全县共有5个驻军单位。2000年，象山县党政军民紧紧围绕“发展社会生产力，提高部队战斗力”，按照“抓基层，抓落实”的要求，加强领导，积极探索新形势下做好双拥工作的新路子，形成了“拥军优属不遗余力，拥政爱民竭尽全力”的良好氛围，双拥工作取得新的发展。

以荣获全国双拥模范县为起点，加强双拥工作领导。县委、县政府把双拥工作摆上重要议事日程，常抓常议，把双拥工作纳入全县经济和社会发展规划，纳入社会主义精神文明建设的重要内容，纳入部队政治思想建设，并把创建新一轮全国双拥模范城作为奋斗目标。及时调整充实班子，由党政军主要领导任双拥工作领导小组组长、副组长，乡镇建立完善了双拥工作服务协调小组。健全工作制度，把任务分解到县直各部门、各乡镇，双拥工作列入了干部政绩考核内容。

以新闻媒介为载体，加大双拥宣传力度。县委、县政府召开了双拥总结表彰大会，表彰了24个双拥先进集体和36名双拥先进个人。依托各教育阵地，运用多种宣传工具，开展了以国防和国家安全为主要内容的国防双拥教育。县人武部邀请92815部队领导作了当前台海形势报告。新闻部门精心策划，认真编排，使县报每月有双拥版面，广播电台每月有双拥声音、电视台每月有双拥图像。对县烈士墓群的24个烈士墓和石浦、茅洋等镇乡的烈士墓群进行了修缮，使烈士墓群爱国主义教育作用得到更好发挥。

以互办实事为着力点，激发群众拥军热情。县委、县政府千方百计为部队解难题办实事，共帮助部队落实征用土地210亩。逢年过节，县领导率队专程赴部队慰问3次，发放慰问金共150万元。全年共为部队赠送电脑10台、图书130册，安置转业干部21人、退役士兵139人、随军家属8人，解决部队子女入学入托125人。县政府投资30余万元对下山军粮供应站进行了全面改造。群众性拥军活动空前高涨，鹤浦镇私营的交渡6号、7号船主坚持十年免费接送官兵，被誉为驻岛部队的“海上的士”。

以健全组织网络建设为出发点，深入开展军民共建活动。全县狠抓了加快共建计划实施、共建制度规范和共建典型示范工作，各共建单位都建立了行政例会制度，开辟了共建园地，定期开展共建活动，重点宣传了象山二中、丹城工商所的共建工作。全县新增共建对子9个，共建单位总数达到63个。各共建对子以思想共建、道德风尚共建、文化共建为主题，开展军地双方领导班子思想共建、军警民歌咏、演讲比赛和节日慰问演出、联欢晚会活动。全县获部级先进共建单位2个，省级6个，市级27个。

以优抚安置为突破口，探索双拥工作新路子。深入开展“爱心献功臣行动”，在全面核实重点优抚对象“住房难”基础上，通过县、镇（乡）、村三级筹资，投资17.7万元解决“三老”优抚对象住房困难32户。全面提高优抚对象抚恤补助标准，全县共为1018名重点优抚对象提高了优待标准，发放优待金50.72万元，将403名带病回乡的退役士兵的定期补助金由20元增加到100元。139名城镇退役士兵得到了妥善安置。

驻象部队积极参加地方的经济建设。在完成修路、救火、抗台风、抢修海塘等急、难、险、重任务中，共出动兵力2000人次、机械车辆300多台次，义务劳动1500人次，为群众义务治病350人次，为地方学校、企事业单位军训1.2万人次，接待地方党政机关、企事业单位、学校到部队开展“军营一日”、“军事夏令营”等国防教育活动85批次、5600多人。

江　山　市

江山市一角

江山市位于浙江省西南部，浙闽赣三省交界

处，军事地理位置十分重要。境内有驻军部队11个。2000年，江山市党政军民按照江泽民同志提出的“同呼吸、共命运、心连心”的要求，不断巩固唇齿相依、荣辱与共的新型军政军民关系，军地双方努力探索新时期双拥工作的新路子，求真务实，真抓实干，双拥工作走上了经常化、社会化、制度化的轨道。

组织健全，目标明确。江山市党政军领导十分重视双拥工作，市委成立了由党政军主要领导挂帅，军地双方有关部门主要领导参加的双拥工作领导小组，下设双拥办公室和军民共建办公室。各乡镇及部队各基层连队也根据各自情况建立了由党政主要领导参加的双拥工作机构，及时充实和调整了工作人员。市政府和驻江部队把双拥工作列入社会经济发展规划和部队政治建设的总体规划，制定了目标责任制。市委、市政府确定了在新一轮创建全国双拥模范城活动中再创佳绩的目标，围绕这一目标，市委、市政府将工作任务分解，明确了各单位、各部门、各乡镇的职责，制定了走访慰问制度、检查催办等制度。

爱国拥军氛围浓厚。全市建立了两个省级国防教育基地、两所少年军校、一个干部国防教育培训中心。各乡镇党校和全市中、小学校普遍开设了国防教育课，对乡镇干部和县直部门的负责人及中小学生开展国防和双拥教育。开展评选“十佳现役军人、十佳军嫂、十佳烈军属”等活动。投资10多万元制作了双拥永久性宣传牌。

拥军优属，尽心尽责。江山市经济欠发达，但市委、市政府在双拥工作中坚持财力不足人力补，物质不足精神补的工作思路，倾心尽情为部队建设服务。先后投资50多万元帮助部队修建了三条拥军路。市政府投资80多万元帮助驻江部队建造蔬菜基地230亩，解决官兵“吃菜难”问题。为驻军干部解决了子女入学入托问题。退伍安置工作连续多年被省政府、省军区评为先进单位，军地两用人才的开发使用达98%。市民政、文化、教育等部门尽心尽力为部队官兵的文娱生活提供各项服务，广泛开展科技拥军活动。市劳动、人事等部门为驻军干部家属的就业提供服务，牵线搭桥。“爱心献功臣行动”扎实开展。全社会为重点优抚对象排忧解难尽心尽责，为革命功臣送温暖、办实事蔚然成风。县退伍安置办公室及司法部门对即将退出现役的士兵义务授课，为他们回到地方安置提供政策和法律等方面的咨询和服务，培养他们开拓进取、自强自立的精神，鼓励他们在市场经济大潮中奋力拼搏，为社会主义现代化建设作出贡献。

急难险重，军人争先。驻军部队积极支援地方经济建设，共参加光缆工程、改溪改道、铺垫公路、改造校园校舍等公益项目建设数十次，派出车辆598台次，投入劳动力5444个，捐款17.3105万元，军训学生5398人次。组织学雷锋小组上街为群众修自行车、家电、理发、治病5658人次。8月23日，一辆中巴车坠入峸口水库，驻江部队和消防大队的官兵火速赶到现场投入战斗，抢救遇险乘客。全市共有军警民共建点99个，其中70个被省地（市）评为军民共建精神文明先进单位。

安　徽　省

合　肥　市

2000年，合肥市第四次荣获全国双拥模范城称号。全市党政军民按照“同呼吸、共命运、心连心”的总要求，以被命名为契机，开拓进取，真抓实干，双拥工作有了新发展。

营造氛围，夯实基础。召开了合肥市党政军迎新春双拥座谈会、合肥市双拥工作领导小组第十一次全体会议及合肥市第四次荣获全国双拥模范城庆祝大会等重要会议，军地共同研究双拥工作的发展思路，明确提出了合肥市第五次争创全国双拥模范城的工作目标。全市各级始终把双拥工作作为“一把手”工程，纳入全市经济、社会发展规划和年度工作目标，定期召开常委会研究双拥工作。组织开展了卓有成效的双拥宣传和国防教育活动，开展了第十届“关心国防建设好领导”评选活动，邀请南京高级陆军指挥学院教授为全市县处级以上干部作国防形势报告。召开了议军会、述职报告会。发挥新闻专业队伍的作用，积极做好双拥宣传工作，开展了“双拥好新闻”评选活动。针对市场经济条件下双拥工作出现的新情况、新问题，加大了调查研究的力度，制定完善了一系列拥军优属政策法规。对双拥模范城实行动态管理，乡镇优抚政策不能落实的县，一律不得评选双拥模范县。市人大、市政协对双拥政策法规的落实积极开展视察、监督。

全面落实优抚安置政策，拥军工作又有新举措。各级认真贯彻《安徽省拥军优属条例》，全面落实各项优抚政策。在实行农村税费改革的第一年，市、区两级财政共投入349万元，作为优抚经费。各县区严格按照优待标准兑现优待金，确保老复员军人优待标准不降低，优待面比上年提高10%。城镇义务兵家属优待金年人均标准为1900元。接收军转干部318名，全部安排到机关、事业单位。出台了《关于驻肥部队随军家属（配偶）安置和现役军人配偶下岗再就业工作的暂行办法》，为驻肥部队随军家属免费举办了微机和财会培训班，并组织专场招聘会，为随军家属就业安置创造了条件。全年共安置随调随军家属56名。接收安置退役士兵722人。对城镇退役士兵待分配期间每人每月发给生活补助费120元。对自谋职业的退役士兵，发给一次性经济补偿，义务兵1万元，士官2万元；对无故拒绝接收退役士兵的单位，给予处罚并追究部门或单位主要领导责任。市财政拨出140万元为军休干部解决了超支医疗费。在预算外增拨50万元用于军分区机关的正规化建设。各行各业做好拥军优属工作的热情空前高涨。市公交公司对已实行的士兵免费乘车规定扩大到现役军人、伤残军人和军队离休干部，市教委照顾300名现役军人子女跨学区进入好学校就读，减免各种费用达10多万元，对未达到普高最低录取分数的10多名军人子女予以照顾录取。市政府投资100余万元在省军区大院内建成占地约1000平方米的“拥军园”工程，投入87万元用于合肥军分区国防动员指挥自动化建设。同时，各行业还积极做好驻肥部队军粮、水、电、煤气等供应。

驻肥部队全力支持地方经济建设。一年来，出动兵力5万多人次，机械车辆5000多台次，捐款40万元，为地方培训人才3500名，军训职工、学生3万名，义务献血近千人次。全市200多个军民共建对子已成为合肥市精神文明建设的重要力量。

蚌埠市

蚌埠市远眺

2000年，蚌埠市认真贯彻全国、全省双拥模范城（县）命名大会精神，紧紧围绕中心工作，深入开展创建高标准全国双拥模范城活动，双拥工作取得了新成绩。

广泛宣传发动，营造双拥工作良好氛围。隆重举行了迎接全国双拥模范城牌匾仪式，激发了全市广大军民的政治荣誉感。召开了2000年春节双拥工作座谈会，确立了实现第三次创建全国双拥模范城的奋斗目标。市委宣传部在制订宣传计划时，把双拥宣传列入计划。充分发挥新闻媒体的宣传作用，“一报四台”指定专人负责双拥工作宣传，对双拥工作的动态和重要事件进行及时报道，扩大了双拥工作的社会影响。全年在国家、省、市新闻单位播发刊载双拥稿件500余篇次。市委组织部将国防双拥教育列入党校青年干部培训班内容。对大中专和高中新生进行封闭式军训。“八一”前夕，邀请国防大学张召忠教授作国防教育报告，在全市引起强烈反响，形成了全市的“国防热”和“双拥热”。春节、“八一”期间，组成了1050个走访慰问组，深入部队基层和优抚对象家中走访慰问，赠送慰问品价值254万多元。纪念中国人民志愿军抗美援朝出国作战50周年活动丰富多彩，走访慰问抗美援朝老战士、烈士家属，送去慰问品价值45万多元。开展了多种形式的双拥文体活动。市歌舞团、市泗州剧团经常深入驻蚌埠部队进行慰问演出。蚌埠卷烟厂黄山艺术团、华光玻璃集团华光艺术团经常与各部队官兵开展联欢活动。举办了第二届“双拥杯”男子乒乓球赛。皖北书城多次到军营开展优惠售书、赠书活动。

认真落实政策，为驻军和优抚对象多办实事。出台了《关于建立和加强维护军人军属合法权益机制的实施意见》，建立健全了“维权”机制和网络，制作了“维权”服务卡，设立了热线电话。市政府在驻军16个单位悬挂38块警示牌，对营区外的道路进行清理，切实保障部队进出入道路的畅通和营区的安全。为7605户优抚对象发放优待金1103万元。定期抚恤“三属”对象448人，发放抚恤金54万元。全市接收安置退役士兵1564人，其中城镇安置883人，回乡安置681人。举办了退役士兵双向选择交流会和各类培训班，注重抓好退役士兵待分配期间的管理教育工作。妥善安置了军队转业干部，对任正团满四年的军转干部都安排在党政机关担任实职，这一举措得到了部队领导的充分肯定。

扎实开展军民共建，丰富创建内涵。全市广泛开展科技拥军活动，建立了市军民联合科技攻关协调小组，举办电脑知识等各种培训班，为部队培训科技人才。建立了爱军习武基金会，奖励科技练兵中的优秀人才。发动民营企业家捐款购买了12台方正电脑和高速打印机，赠给驻蚌部队。市粮食局、市华联集团等单位同部分军事院校达成了生活保障协议，支持部队后勤保障社会化改革。驻蚌部队积极参加地方两个文明建设。每逢夏收夏种，123医院医务人员，来到田间地头，为农民治病；市消防支队将为民服务延伸到社区，积极开展创建文明社区活动；舟桥部队积极参加地方绿化工程；汽车管理学院学员9队与迎河桥小学结成对子，用学雷锋的实际行动教育少年儿童。驻军共出动兵力1.5万人次、车辆500多台次，参加地方50多项重点工程建设和抢险救灾，为蚌埠市的两个文明建设做出了积极贡献。

淮　南　市

淮南市概貌

淮南市地跨淮河两岸，辖6区1县，面积2121平方公里，人口204万，有驻军单位4个，各类优抚对象3.2万人。曾四次被命名为全省拥军优属模范城，1994、1997、2000年三次荣获全国双拥模范城称号。2000年，全市党政军民认真学习全国双拥模范城（县）命名大会精神，围绕发展社会生产力和提高部队战斗力，扎实开展各项双拥工作，推动了双拥工作向更高层次发展。

组织领导得到加强。及时召开双拥工作会议，加强对双拥工作的领导，深化双拥工作的认识。实施“一把手”工程，把双拥工作纳入社会发展的总体规划。公布实施了《淮南市拥军优属条例》，制定了3年双拥工作规划。

强化双拥宣传教育。新闻单位根据统一部署，开辟了双拥专栏、专题、专访节目。《淮南日报》陆续刊登《军民情意深》、《高科技武装起来的现代军人》等文章，全年发表93篇双拥文章。各县(区)、各企事业单位、各乡（镇)、街道，都充分利用电台、闭路电视、墙报、黑板报、宣传栏、标语开展了广泛的双拥宣传。市投资45万元，建造了淮南市全国双拥模范城纪念碑。投资40万元，用于烈士陵园二期工程建设。还创建“双拥一条街”、“双拥一条路”等形象工程，激发军民做好双拥工作的积极性。

拥军优属成绩显著。在春节、“八一”期间，各级党委、政府及企事业单位对驻军进行了慰问，慰问金达116万元。市财政还拨专款310万元支持部队建设。各区县政府、企事业单位共投资164.5万元，用于加强部队的基础设施建设。对优抚对象实行多重保障，提高他们的生活质量。农村在乡老复员军人和“三属”对象全部享受定补抚恤和优待。城市“三属”享受定恤外，还享受城市居民最低生活保障金每人每月156元。在乡老复员军人定补每人月均为100-110元，农村“三属”定恤每月人均为135-140元；城市复员军人定补月人均150-160元，城市“三属”每人月均为195-200元，全部达到或超过省规定的标准。农村实行税费改革后，各级克服困难，保证优待金兑现，共优待3807户，户均达到1775元。军队转业干部、退伍军人安置有了新的进展。全市共接收转业干部56人，绝大多数安置在党政机关、政法部门，其中营职以上干部安排了相应的职务。妥善安置655名城镇退役士兵。市政府拨专款57.7万元，为城镇退伍士兵办理了待安置期间的城市居民最低生活保障。深入开展“爱心献功臣行动”。拨专款34万元，重点解决在乡老复员军人的住房问题。各县区、企事业单位对革命功臣开展献爱心活动。潘集区投入20万元，为30余户重点优抚对象解决住房难的问题。160多位领导干部与11个乡镇的重点优抚对象结对帮扶。淮化总厂拨出专款2万元，为优抚对象发放慰问品。

拥政爱民结硕果。驻军部队积极参加地方两个文明建设，投入4593个劳动日，参加了冬修水利、绿色长廊、国防经济果林和陈洞路改造等重点工程建设。植树21万余株，完成土石方5万余立方米。出动兵力8300余人次，参加各类抢险救灾，为地方培训各类技术人员300余人。为地方军训人员1万多人。捐款5万元帮助失学儿童重返校园。开展为民服务500多次，参加灭火救援10多次，挽回经济损失500余万元。全市军民共建对子68个，有55个进入文明单位和先进单位行列。

滁州市

滁州市区一角

滁州市是革命老区，有驻军单位24个，优抚对象13万人。2000年，滁州市首次跨入全国双拥模范城行列。为巩固和发展双拥成果，全市党政军民认真贯彻落实全国双拥模范城（县）命名大会精神，以邓小平理论为指导，不断开拓创新，狠抓各项双拥政策法规的落实，双拥工作又有新的发展。

强化领导，完善双拥组织体制。市委、市政府坚持把双拥工作摆上重要议事日程，3次召开常委会，专题讨论研究双拥工作的思路和发展目标，研究奖励、考核、表彰及双拥组织机构建设问题。领导率先垂范，双拥重大活动亲自参加，认真研究解决双拥难点热点问题。各级建立健全了双拥工作机构，做到县（区）有双拥办，街道（乡、镇）有双拥服务组织，形成了上下一条线、左右连成片的双拥工作运行机制。市委把双拥工作列入《滁州市党委工作目标管理责任制考核奖惩办法》中。市委党校把双拥教育工作纳入领导干部必修课程之一，市委和军分区领导亲授第一课。通过系统学习，结合实际深入思考，加强了各级领导干部对双拥工作的认识，启发了他们在新的形势下开拓双拥工作的思路，激发了他们做好双拥工作的积极性。

广泛宣传发动，营造双拥工作氛围。新闻媒体开辟专题、专栏，宣传《国防法》、《兵役法》和双拥先进典型事迹。滁城各单位和公共场所大量张贴、悬挂、书写各种双拥标语和双拥工作守则。全市投入了50多万元，建立大型双拥纪念碑，印发16.5万张双拥年画。今年是滁州市双拥工作合格单位检查验收的第二年，市委、市双拥工委先后通报表彰了上年度的209个双拥工作合格单位。对被评为双拥合格单位的市直党政群机关和企事业单位的个人发放全国双拥模范城双拥创建奖40元。为在滁州火车站广场建大型双拥纪念碑，《滁州日报》发动社会征集图案，得到全市广大军民对双拥工作的关注和支持。

全面落实优抚安置政策。市委、市政府召开排忧解难现场会，拨出20万元，为重点优抚对象解决“三难”。安排35名驻滁部队随军家属就业。解决50名现役军人子女入学入托难的问题。全市接收安置158名军队转业干部，其中15名正团职都安排了副县级实职。接收第四批军队离退休干部16人，为他们解决了16套住房。接收退役士兵2123名，其中符合安置政策966人，安置率达100%。

坚持双向奉献，开展军民共建。全市军民共建点已发展到192个，军地双方有183个共建单位。投资75.6万元支援部队建配套设施6个，积极帮助部队培训两用人才。驻滁部队训练任务繁重，市委、市人大、市政府、市政协等主要领导，带领慰问组深入部队训练第一线，送去6万多元的慰问品。一年来，部队出动官兵32580人次，帮助地方植树造林、冬修水利、抢收抢种等。积极开展帮困活动，扶贫1820户，已脱贫1551户。捐赠救灾衣物1620件、捐款6.2万元、军训学生18507人，组织1702名官兵义务献血。

宿 州 市

宿州市中心广场

2000年，宿州市党政军民认真贯彻全国双拥模范城命名大会精神，按照“确保荣誉、再创佳绩”的要求，深化认识，求真务实，全力推动双拥工作向新的层次发展。

领导重视，组织健全。市委、市政府把双拥工作纳入全市总体发展规划，做到党政重视，全民参与。在市委、市政府和军分区领导变动大的情况下，及时调整充实了双拥工作领导小组。在县市区、乡镇建立健全了双拥工作机构和拥军优属服务网络，完善了双拥规章和议军制度。

国防双拥宣传教育活动扎实深入。建立了由宣传、民政、教育、军分区（人武部）四位一体的双拥宣传教育体系。市委、市政府领导亲自撰稿宣传宿州市的双拥工作，探讨新形势下双拥工作的新路子。电视台、广播电台开辟双拥专题，全年制作节目30个。召开了国防动员委员会工作会议，提出了国防教育的主要任务。宿州烈士陵园的建设纳入城市建设规划，分期对陵园建设进行了整修改造，为广大军民提供了一个环境优美整洁、风格清新典雅的爱国主义教育阵地。为纪念中国人民志愿军抗美援朝出国作战50周年，市委、市政府开座谈会50余场，组织了近百个慰问团，深入到志愿军老战士、老烈士家中，走访慰问发放纪念品1500多件。

加大拥军力度，全面落实优抚安置政策。各级政府主动为部队排忧解难，支持部队建设，全市全年支持部队建设款300余万元。6月中旬到7月中旬，驻军某部开进桥区夹沟镇，开展军事演习，夹沟镇党委政府全力做好保障工作。村民为部队送去1000斤西瓜，帮助战士洗衣做饭。认真贯彻实施《安徽省拥军优属条例》有关规定，积极筹措资金，将优待款发放到优抚对象手中。全年兑现优待款1834.5万元，优待21798户，军烈属人均优待金1230元，复员军人、伤残军人人均优待金580元，优待面为100%。接收转业干部104人，全部安置在党政机关和事业单位。妥善安置850名退伍军人，筹集了30余万元资金，按当地最低生活保障标准，为待安置期间的退伍军人发放了生活补助费。完成了军休干部的住房改革工作，为退休干部和无军籍职工办理了医疗保险，并为70岁以上的老人办理了优待证。加强了市军休所和各县服务站的管理工作。各县（区）都设立了维护军人及军属合法权益法庭，建立了维护军人军属合法权益法律咨询站。民政局、人武部、公安局等单位组成了维法权益小组，及时有效地为现役军人及家属解除后顾之忧，共受理涉军纠纷案件115件，妥善处理112件，依法保护了军人军属的合法权益。继续开展“爱心献功臣行动”。市财政拨款105万元用于解决优抚对象的生活困难。社会捐款50余万元，为75户优抚对象建房136间。市、区领导与213名重点优抚对象结对帮扶。市各级医院为1784名重点优抚对象办理了“医疗优惠卡”，解决了优抚对象的治病难。

积极开展拥政爱民活动。驻宿部队出动车辆218台，支援省以上重点工程项目2个。出动车辆机械300台次，支援公益事业项目36个。为地方培训技术人员35008人，修理农机（具）7726件。为群众治病2608人次，抢险救灾35次，抢救遇险群众3526人，抢运各种物资3909吨，为地方经济建设做出了新的贡献。

当涂县

2000年，当涂县党政军民认真贯彻全国双拥模范城（县）命名大会精神，在巩固、发展的基础上求实创新，双拥工作成绩显著。

当涂县城风光

国防和双拥宣传教育进一步加强。当涂县把再次荣获全国双拥模范县作为2000年双拥工作的新起点，加强国防和双拥宣传教育。召开了书记、县长办公会议和双拥成员单位会议，传达了全国和省双拥模范城（县）命名大会精神，并结合双拥工作新的特点，制定了工作计划。广播电台、电视台播放国防、双拥稿件50多篇。各双拥成员单位出墙报、黑板报、专栏500多期（次）。有60多篇国防双拥信息在《民政导刊》、《中国社会报》、《解放军报》、《马鞍山日报》等刊物上刊登。组织100多名骨干民兵进行为期2个星期的军训。举办国防知识讲座20多场次，全县中小学校均开设国防教育课，还邀请抗美援朝老战士作报告90多场次，对全县军民进行了深刻的爱国主义教育。

深入开展军民共建活动。元旦、春节、“八一”期间，组织20多个慰问团（组）走访慰问部队，送去慰问品价值6万元，帮助部队解决实际困难10个。73906部队领导到围屏敬老院看望老人，送去大米、食品等。丹阳湖农场政治部在教师节组织战士到新市中学，与师生联欢。86医院青年团员组织小分队冒着严寒，义务给护河卫生院修理医疗器械，并送去近千元的药品。国庆期间，新市镇政府和丹阳湖农场联合举办军民书画展，参展作品50多幅，县妇联组织妇女代表到县消防中队、武警中队开展慰问活动，举办文艺演出。驻当涂部队发挥自身优势，积极为群众做好事，办实事。在粮价一再下调的情况下，丹阳湖农场为保护当地种粮承包户的利益，以比高出国家粮价每100斤8元的价钱收购承包户粮食，仅此一项，就让利于农民100多万元。10月8日，205国道发生重大交通事故，受伤群众30多名，86医院全力以赴，昼夜抢救伤病群众。

认真落实优抚政策。全面贯彻《安徽省拥军优属条例》，狠抓了优抚工作的落实。对全县25个乡镇的重点优抚对象进行摸底调查，对优抚对象优待评定工作进行了具体布置，共评定优待户2159户，其中农村优待2009户。共发放义务兵家属、“三属”、革命伤残军人优待金241.4万元。审批19个乡镇带病退伍军人定补154人，提高发放“三属”、“革命伤残军人”、复员军人抚恤金、定补款标准共8万元，报销二等乙级以上革命伤残军人医疗费20多万元。解决重点优抚对象生活难2万元。10名转业干部全部安置在县行政机关和事业单位。77名城镇退役士兵也得到了较好地安置，在待分配期间，县政府拿出7.42万元作为他们的生活补助费。

加大了互办实事的力度。军地双方把着眼点放在互办实事上，推动了军地“两力”的发展。县政府投资500多万元兴建人武部办公大楼。县供电局投资13万元为驻地部队新架设2条线路，更换了5台高能耗配电变压器。县植保站义务为丹阳湖部队农场发送植保信息，定期到田间指导病虫害虫防治。设立维护军人军属合法权益合议庭，县人武部、司法局成立维护军人军属合法权益法律咨询站，解决了2起军属纠纷。驻当涂部队牢记宗旨，积极投身第二故乡的两个文明建设。投资15万元，修筑550米长的防洪挡浪墙，还与县交通局、民政局、新市镇政府共同出资12万元，修筑了丹阳至新市5.5公里长的砂石路。县武警消防大队出动官兵200多人次，消防车辆40余台，扑灭火灾20多起，挽回经济损失30多万元，保护了人民生命财产安全。

祁　门　县

2000年，祁门县党政军民认真贯彻全国双拥模范城（县）命名大会精神，按照立足基层，狠抓落实的方针，不断探索新形势下双拥工作的新路子，扎实开展共建活动，巩固提高创建成果，双拥工作又有新的发展。

祁门县城风貌

组织领导得到加强。2000年1月，祁门县荣获全国双拥模范县称号，县委、县政府把这一崇高荣誉当作双拥工作的新起点，进一步加大了双拥工作力度。县委、县政府和驻祁部队把双拥工作作为一项长期的战略任务，列入重要议事日程，列入社会经济发展规划和部队政治思想建设的总体规划，召开了4次军地联席会议，及时研究解决双拥共建的难点和热点问题。进一步完善了双拥工作的组织体系。根据领导变动情况，及时调整了双拥工作领导小组和成员单位，明确了成员单位的职责，各乡镇也加强了双拥服务组织的建设。建立了双拥工作目标管理责任制，把双拥工作列入干部政绩的考核内容。春节、“八一”期间，县委、县政府走访慰问了驻地部队，与部队官兵共商双拥大计。

宣传教育深入扎实。通过举行创建全国双拥模范县总结表彰大会、双拥宣传日、纪念中国人民志愿军抗美援朝出国作战50周年和军民联欢联谊等活动，对全县广大军民进行了广泛深入的双拥再宣传、再动员。县委、县政府领导坚持到军营过“军事日”，不断增强国防观念。县电视台、广播电台、县报开辟专题专栏，全年刊载国防双拥文章152篇。县委党校在对乡镇干部轮训时，请部队首长走上课堂，为乡镇干部讲授国防知识，分析国际国内形势。部队积极协助地方中小学开展军训，全年累计军训学生8000余名。

拥军优属成绩显著。无偿划拨给部队建设用地20亩。投资20万元，新建武警中队办公大楼和训练场地。开展智力拥军活动，为部队赠送电脑10台，义务为部队培训技术骨干70名。军队转业干部、退役士兵和随军家属都按政策规定得到妥善安置。现役军人子女入学入托实行优先照顾。优抚对象享受最低生活保障，其抚恤补助金不计入家庭收入，实行了双重保障。建立了拥军优属保障基金。农村两用人才开发利用率达90%以上。积极开展“爱心献功臣行动”，收到社会各界捐款35万元，解决在乡老复员军人生活难90户，帮助建房13户，解决在乡优抚对象治病难206人。在乡老复员军人“三难”问题得到解决。

拥政爱民谱写新篇。驻祁部队视人民为父母，把驻地当故乡。全年共出动官兵5000余人次，车辆300多台次，参加抢险救灾、兴修水利等活动。运送沙石400多立方米，恢复水田50多亩。与驻地中小学开展“一帮一”活动。开展与贫困优抚对象的结对帮扶活动。出资10万元支持驻地学校建设。还积极参加为民便民、植树造林、美化环境等社会公益事业活动，全年为群众做好事5000余件。

福 建 省

泉 州 市

泉州市全貌

2000年，泉州市认真贯彻全国双拥模范城（县）命名大会精神，以荣获全国双拥模范城“四连冠”为新的起点，以做好对台军事斗争准备和科技拥军工作为重点，深入开展各项双拥活动，不断巩固、提高双拥工作成效，取得了新的成绩。

深入部署双拥工作，大力开展教育宣传活动。市委、市政府、军分区召开全市双拥表彰大会，回顾总结了双拥工作情况，研究部署当前和今后一个时期的双拥工作任务，表彰了一批先进单位和个人。建立了领导目标责任制，对双拥工作进行细化，将7个项目31项内容进行分解，明确责任部门和责任人。同时，军地双方以荣获全国双拥模范城“四连冠”为契机，坚持不懈地搞好国防教育和双拥宣传。各级党校、各类学校普遍开设国防教育课，深入开展军训、军事夏令营活动。10月，市双拥工作领导小组组织驻泉部队团以上单位主官过“经济日”活动，加深部队领导对地方两个文明建设的了解。11月，市五套班子领导到南京军区特种大队过“军事日”活动，体验部队生活，增强了国防意识。

围绕做好军事斗争准备，全力支持部队各项建设。2000年，泉州市保障部队各项演习任务重，时间长。为了做好保障工作，泉州、石狮市成立拥军支前工作领导小组，精心安排，周密部署。市领导多次深入部队驻训地看望慰问官兵，协调解决有关问题。当地党委、政府和有关部门密切配合，全方位保障，保证演练活动的顺利进行。广大人民群众识大体、顾大局，密切配合演练活动，许多拥军场面感人至深，受到中央军委首长和参演部队的高度赞扬。为支持部队的现代化建设，市、县两级财政拨款4245.13万元，投入到部队基础设施、训练设施、文化设施、菜篮子工程等建设中。继续把扶持驻泉部队建设“两场一中心”、完善“三个一好”工程建设列入为民办实事项目，拨出专款扶持部队发展农副业生产，全年共扶持驻军 10 个“两场一中心”和 15 个“三个一好”项目。

大力开展科技拥军，着力解决部队热点难点问题。市委、市政府拨出专款 40 多万元，帮助驻军师、旅机关建立计算机局域网，提高部队办公现代化水平。全市共投入科技拥军资金 266.8 万元，赠送电脑 167 台，举办电脑培训班 18 期，培训部队官兵 768 名，新建“拥军书库”26 个。帮助部队科技尖子与地方专家挂钩结对 20 个。各级法院都成立了维护军人军属合法权益指导小组、合议庭、法律咨询站，建立维护军人军属合法权益合议庭 11 个，共受理涉军案件 87 件，审结 64 件，有效地维护了军人军属的合法权益。市委、市政府把随军家属安置、部队干部住房制度改革等热点难点问题当作双拥工作的要事特事来抓，千方百计为部队排忧解难。全市 462 名随军家属享受了生活困难补助，共发放生活补助金 99.7 万元。泉州市预留 40 多套经济适用房，晋江市调整 36 套住房，用于解决部队干部的住房困难。继续推行以县（区、市）为单位的优待金社会统筹，农村和城镇义务兵家属每年人均优待标准为 3105 元和 1385 元，分别达到上年度农民人均纯收入的 73.5%和城镇居民人均可支配收入的 20.8%。各地还把 368 名重点优抚对象列入城乡居民最低生活保障，使他们享受到双重保障。在“爱心献功臣行动”中，全市共解决医疗难 867 人，减免医疗费用 68.3 万元；投入资金 1207 万元，解决住房难 441 户；新挂钩帮扶重点优抚对象 328 名，送钱送物折合人民币 68 多万元。接收安置军转干部 195 名，其中团以上干部 57 名。其中安置在行政机关单位的占 87.2%，接收退役士兵 3501 人，符合安置条件的 982 人。各级政府采取重点安置和自谋职业等方法，使城镇退役士兵都得到了妥善安置。

驻泉部队发扬传统，为支援侨乡新一轮创业再立新功。一年来，驻泉部队官兵先后参加重点工程建设 38 项，投入劳动日 7 万多个；参加和支援社会公益事业建设 121 项，投入劳动日近 10 万个；参加抢险救灾 275 次，派出官兵 3.2 万人次，抢救遇险群众 3700 多人；消防部队扑灭火灾 1131 起，抢险救援群众 360 人，挽回经济损失 2400 多万元。

厦门市

厦门风光

2000 年，厦门市认真贯彻全国双拥模范城（县）命名大会精神，进一步加强组织领导；高标准做好巩固提高工作，推进了双拥工作向更高层次发展。

全民国防观念和双拥意识进一步加强。立足于改革开放和对台工作的“两个前沿”的特点，采取有效措施，开展维护祖国统一、反对台独分裂主义等形式多样的爱国主义教育，受教育人数达 30 多万人次。加大宣传力度，充分利用报纸、电视台、广播电台等新闻媒体充实和完善国防教育栏目与内容，使教育经常化、社会化。市双拥办与电视台联办《军事纵横》专栏，向全市军民宣传双拥政策法规和先进典型，及时、客观、全面地报道军地双拥工作动态。

拥军支前工作深入扎实。积极开展科技拥军活动。市、区两级政府主动协助辖区部队解决科技练兵活动中遇到的困难，在资金、技术和设备器材等方面提供多方面帮助。先后拨款 200 多万元，为基层连队添置电脑、电教器材，帮助部队领导机关建立办公自动化系统。各大专院校开办各种培训班，为部队免费培训 1000 多名电脑、外语、财会等专业技术骨干。市财政安排 200 多万元专项资金帮助部队解决水、电、路建设中的经费不足问题，扶持部队发展农副业生产，建设“两基地一中心”。为支持部队搞好基层文化建设，进一步改善基层官兵的文体活动条件，“八一”前夕，市政府安排80多万元专项资金，为基层连队各赠送一台29英寸彩电、DVD机。市、区两级政府还投入750多万元资金，帮助基层连队解决工作、生活等方面困难，向部队赠送各种生活、学习用品和文体器材6882件，赠书6000册，价值36万元。还主动配合部队搞好军事演习，协调配合国防通信工程建设和国防测量工作，做好《厦门市国防动员基础设施建设专题规划工作方案》、《支前战勤保障方案》等编写工作。加快前场军供站的的改造扩建工程，投资200万元修建同安五显二桥，保证部队车辆安全通行，还积极配合上级部门来厦进行拥军支前调研考察工作。

优抚安置工作在改革中推进。认真贯彻执行优抚政策法规，依照建立优抚对象抚恤补助标准自然增长机制的要求，提高对优抚对象的抚恤补助标准。按时足额兑现义务兵家属优待金，保障了军人军属的合法权益。提高了驻厦部队官兵和军队离退休干部生活补贴标准，全年发放生活补贴费1600多万元；提高驻厦部队未就业随军家属基本生活保障金标准，每人每月可领取保障金420元，全年发放随军配偶基本生活保障金120万元。探索安置办法，拓宽安置渠道，全市共接收安置转业干部339人，退役士兵834人，在“双向选择、保底安置”的原则下，试行市、区两级财政均衡负担做法，引导退役士兵走自谋职业路子，共发放退役士兵自谋职业一次性补助费527.684万元。完成第四批军休干部的接收工作，加强了军队干休所的建设与管理。

驻厦部队拥政爱民工作有新发展。驻厦部队发挥自身优势，为地方军训干部、员工和青少年学生5万多人次，派出校外辅导员1000多人次，举办时事分析报告会30多场次，积极宣传《国防法》、《兵役法》和《军事设施保护法》等法律法规，广大群众的国防观念显著增强。各部队围绕基层“三大创建”的要求，坚持以道德文化共建为主导，深化军民共建工作，加大对拥政爱民工作典型的培育和宣传力度，形成了“比、学、赶、超”的良好氛围。投入9万多个义务劳动日、机械车辆5000余台次，参加防洪工程和重点工程建设。全年共出动2万多人次、车辆4000台次、船艇100多艘次参与抢险救灾。组织官兵义务植树20多万株，无偿献血60多万毫升，为群众看病治病1.1万人次，为希望工程捐款40多万元，为灾区贫困地区捐款80多万元。积极配合地方“110”、“120”联动工作，实行24小时接警制度，配合开展社会治安综合治理，保护人民群众的生命和财产安全。加强军警车辆运行管理，配合开展“畅通工程”活动。经常开展群众纪律检查，“当文明兵，做文明人”成为广大官兵的自觉行动。

福州市

福州市一隅

2000年，福州市第四次命名为全国双拥模范城，全市党政军民认真贯彻落实全国双拥模范城（县）命名大会精神，积极开展各项双拥共建活动，进一步做好巩固和提高工作，全市双拥工作保持良好势头。

双拥宣传工作深入扎实。福州市党政领导高度重视双拥工作，坚持把双拥工作摆上重要议事日程，军地领导率先垂范，各级双拥工作领导小组及双拥办机构健全，并较好地发挥其职能作用。元旦、春节期间，成立了省拥军优属慰问总团福州分团，各县（市）区也相应成立了慰问团，走访慰问子弟兵和优抚对象，并送去了慰问金和慰问品。市五套班子领导和县（市）区主要领导和近百名处级以上领导参加“军事日”活动。全市国防教育有计划、有活动、有检查、有总结，宣传教育形式多样，内容丰富，建立国防教育基地100多个，设置固定的双拥标语牌、宣传画256面，双拥社会氛围更加浓厚.

积极开展拥军支前工作。全市各级各部门及广大群众积极做好重大军事行动的拥军工作，重视军事设施的保护，并积极开展政策拥军、物资拥军、科技拥军、服务拥军活动，主动帮助部队解决战备、训练、生活等方面的实际困难。全市各级各部门投巨资帮助部队改善水、电、路等基础设施建设，为部队减免了基础设施建设所必须缴纳的税费。各级各部门积极从资金、用地、技术等方面扶持部队发展农副业生产。市双拥办和市科协投入15万元资金，帮助支持部队官兵参加函授学习。开展赠送电脑、开办各类技能培训班等科技文化拥军活动。全力以赴地搞好部队演练期间驻训场地、物资供给、安全警戒等多方面的后勤保障工作。一年来全市共为部队办实事1350多件。

认真做好优抚安置工作。全面落实了提高优抚对象定补标准的工作，各（县）区依照优抚对象抚恤补助标准自然增长机制的要求，提高优抚对象的抚恤补助标准，确保了优抚对象的优抚补助标准随着经济发展而同步提高。继续深入开展“爱心献功臣行动”，帮助优抚对象解决生活难、住房难、医疗难等问题。为做好随军家属就业安置和生活保障工作，市政府出台了《驻榕部队随军家属就业保障暂行规定》。各级把安置军队转业干部、退役士兵工作作为一项政治任务摆上重要议程，精心部署，妥善安置，做到了部队、接收单位、本人三满意。

拥政爱民工作坚持不懈。驻榕部队官兵积极参加和支援地方两个文明建设。一年来，驻榕部队官兵承担了大量的急、难、险、重任务。仅3月28日，就有7000多名官兵先后参与扑救10多起大火的战斗。广泛开展了各种形式的为民、便民、利民服务活动。组织官兵参加义务献血、植树造林，义务为苍霞棚屋区改造中的特困户、五保户、残疾人搬家等社会公益活动。驻榕部队还积极组织开展扶贫帮困、支持希望工程及协助地方维护社会治安等，为福州市的两个文明建设作出贡献。

漳　州　市

漳州市一景

2000年，漳州市第二次荣获全国双拥模范城称号，全市军民以荣誉为新起点，以争创“三连冠”为目标，进一步落实双拥法规政策，认真做好优抚安置工作，不断探索双拥工作新路子，双拥工作水平有新的提高。

加大领导力度，掀起再创全国双拥模范城的热潮。市委、市政府始终把双拥工作放在突出位置，号召全市军民争创“三连冠”。并多次召开会议，专题研究部署双拥工作。市委常委会决定安排100万元，作为为部队办实事的经费。市双拥工作领导小组各成员单位认真落实工作职责，军地各级领导统一认识，真抓实干，为做好新时期双拥工作提供坚强有力的组织保障。

动真情办实事，致力提高部队战斗力。积极做好演习支前保障工作。市五套班子领导多次走访慰问，现场办公解决部队困难。共征集民船21艘，腾出房屋2330间，转移群众近万人，组织运调粮食62万公斤，花生油2.5万公斤，投资50多万元用于水电工程建设，出动警力200人、车辆

100多台配合演习部队防范和打击境外及台湾间谍的窃密和破坏活动。继续支持部队搞好“四项建设”。全市各级支持部队建设共投入资金4000多万元，帮助部队修建道路32条，修建供水供电工程23项，修建娱乐办公场所21个，赠送文体器材159件，图书9800册，扶持12个团级单位农副业生产基地、23个基层连队后勤建设，帮助新建猪圈800平方米、鱼塘5亩、菜地55亩。积极帮助部队搞好科技练兵活动。市支前办、漳州华力电脑公司、市第一职业中学发挥地方科技力量优势，为部队培训80名计算机等级人才，举办两用人才培训班49期，为部队培养两用人才3184名，帮助175医院攻克1项科研项目。

落实优抚安置政策，帮助部队官兵排忧解难。市下发了《关于进一步做好军队随军家属就业工作的通知》，漳州军分区、市人事局等8个部门联合下发了《驻漳部队随军家属就业保障暂行规定》，为驻漳部队104名待业随军家属每月发放150元生活补助费，推荐安排随军家属就业57名，优惠为60名随军家属进行电脑、烹调技术培训，照顾191名部队子女上重点中小学，接收安置转业干部164人，退役士兵2281人。广泛开展“爱心献功臣行动”，重点优抚对象解“三难”工作得到进一步的巩固和提高，优抚对象抚恤补助标准自然增长机制在部颁标准和省颁标准基础上保持递增20%，双保人数达1622人，保障金人均每月49元，义务兵家属优待金达到上年度农民人均收入的75%。

发扬优良传统，积极为漳州的经济发展做贡献。驻漳部队先后出动官兵11148人次，派出车辆和机械400台次，挖土石方7038.5立方米，修路81公里，清理排涝渠道、河道26公里。派出学雷锋服务组129个，为驻地群众做好事8462件(项)，挂钩扶持的101户重点优抚对象，已有90%基本解决“三难”问题。驻漳各部队共出动兵力1800人次，车辆161台次，扑灭山火3259亩，为漳州的经济建设创造了良好的环境。

三　明　市

三明市远景

2000年，三明市在荣获全国双拥模范城“三连冠”后，全市党政军民以荣誉为新的起点，认真贯彻落实全国、全省双拥模范城（县）命名大会精神，紧紧围绕促进改革、发展、稳定和军队的全面建设，以争创全国双拥模范城为目标，扎实开展各项双拥活动，巩固和发展军政军民团结的大好局面，双拥工作取得新成果。

国防和双拥教育深入扎实。年初，市双拥工作领导小组下发了《2000年全市国防教育和双拥宣传教育工作意见》，各县（市、区）也相应制定了贯彻意见，各级各部门认真抓好宣传计划的落实，积极开展形式多样的宣传教育活动，“八一”和春节期间开展了专题宣传教育，特别是结合纪念中国人民志愿军抗美援朝出国作战50周年，大力开展爱国主义、革命英雄主义教育，通过召开座谈会、走访志愿军英雄、播放爱国主义影片等活动，有效地加强国防和双拥教育。注重树立典型，增强宣传教育的感召力。市双拥工作领导小组对驻明部队在“双争”活动中荣获“先进连队”、“先进人武干部”和“优秀士兵”实行奖励，并对他们的先进事迹作了大量的宣传，增强了全民的国防和双拥意识。

支持部队建设卓有成效。各级各部门把支持部队战备、训练、生活、文化基础设施和“菜篮子”建设摆在重要位置。筹集1000多万元资金为部队办实事，其中市级财政筹集500多万元为市区驻军办了10件实事。在支持对台军事斗争中，市、县两级政府和驻地群众满腔热情地做好支前工作，为施工部队解决吃、住、行和施工、供水、供电问题。市政府筹措238万元为消防支队购置了登高车等一批先进消防装备。发挥地方优势，大力支持部队科技兴训，为部队举办各种文化科技培训班45期，受训人员2100人次。

优抚安置工作取得突破性进展。一是加大转业干部、退役士兵安置力度。市、县两级政府通过采取特事特办、落实优惠政策、试行有偿转移安置等办法较好地完成了安置任务。全市接收转业干部70名，安置到党政机关事业单位64名，占89.2%，企业5名，占9.8%，自谋职业1名，占2%，其中18名团级转业干部都安排了相应职务。接收退役士兵1243名，其中符合政策安置的城镇退役士兵、进藏兵、转业士官共405名，98%的退役士兵得到妥善安置。二是随军家属的安置工作扎实推进。市政府制定了12条规定，对一些一时无安置的待业随军家属，由政府每月发给120元生活补助金。三是解决重点优抚对象“三难”问题。市民政局出资10万元为全市在乡老复员军人交纳了合作医疗保险费。市民政局、财政局、卫生局共同制定并下发了《关于农村重点优抚对象列入农村合作医疗实行“双交费”、“双报销”制度的通知》，通过各地共同努力，重点优抚对象做到老有所医。“八一”期间市财政还拨出专款着重帮助部分抗美援朝老功臣解决“三难”问题，落实军休干部的“两个待遇”。

拥政爱民再谱新篇章。驻明部队积极为地方和群众做好事办实事。共义务种树5000多株、植草皮1000多平方米、义务献血2万毫升。军分区牵头筹集60多万元帮助大田县武陵乡新建一所“八一”希望小学，并开展每个人武部包一个贫困村、每名军队干部帮一名贫困学生活动。驻地部队还支持和参与地方抢险救灾和维护社会治安工作，为保护人民生命财产安全做了大量的工作。驻军医疗单位经常为周边群众送医送药，为他们排忧解难。驻军在为地方群众办实事中，也注重做到科技助民，如帮助所在村庄通电视，让群众看到电视节目，帮助农民传授科学知识，破除封建愚昧思想，有力地支持了地方的两个文明建设。

莆田市

莆田市区远景

莆田市地处福建沿海中部，与台湾一水之隔，是东南沿海军事战略要地。现有驻军单位25个。2000年，莆田市党政军民认真贯彻全国、全省双拥模范城（县）命名大会精神，以荣获全国双拥模范城称号为新起点，以发展社会生产力和提高部队战斗力为目标，进一步巩固和发展“同呼吸、共命运、心连心”的军政军民关系，不断提高双拥工作的整体水平。

深入开展教育宣传，增强全民国防观念和双拥意识。认真制定年度宣传教育计划，采取有效措施，确保教育对象、时间、内容、效果的落实，并通过依托“四个载体”来开展国防教育。各级党政军领导30多次到各类党校、干校和基层单位讲授国防教育课，受教育干部、群众达3万多人次，驻莆部队先后派出2000多名官兵为各类学校军训52次、举办军事夏令营32个，受训学生达8万多人。全市开展国防安全法规演讲比赛5场、知识竞赛3场，受教育军民达2万多人。扎实有效的宣传教育活动，进一步激发全民的爱国拥军热情，形成了良好的双拥社会氛围。

积极为部队排忧解难，帮助解决热点难点问题。各级领导坚持从大局出发，把拥军工作列入重要议事日程，常抓常议。全年共投入经费200多万元，支持部队完善基础设施、训练设施、文化设施和菜篮子工程建设。进一步帮助部队改善战备、训练、工作和生活条件。涵江区为消防大队解决经费5万元，帮助部队建设标准化菜篮子基地。莆田县电力公司投入15万元，帮助武警8712部队完善营区道路配套建设，电力部门投入30多万元帮助部队美化营区生活环境。为驻莆部队添置了5个拥军书库和3个拥军电脑室。莆田县双拥办、县科协及市技校联合在武警8710部队开办农函大教育班，协助部队培养军地两用人才。莆田县农业局发挥地方科技优势，帮助连队发展农副业生产，提高科技含量，先后派出130多名科技人员定期扎根基层连队指导养猪种菜、传授蔬菜种植和畜禽养殖技术，有效地提高了连队"菜篮子"的科技含量，改善了部队官兵的生活条件。对新调入市的部队，市委、市政府想方设法帮助他们做好"安居"工作，解决实际问题。多次召开协调会，一次性解决41名随军家属就业、46名部队子女上学，腾出市区过渡房30多套给部队使用，受到部队的好评。积极做好对台军事斗争准备，配合做好民船征集调查摸底工作，协调保障过往部队演习训练的后勤工作，为进行通信光缆施工的部队提供必要的食宿方便。全市共进行70多场拥军优属慰问活动，送去280多万元的慰问金和慰问品。

巩固"爱心献功臣行动"成果，进一步做好优抚安置工作。全市颁布2000年抚恤补助标准，与部颁标准相比增长15%，还通过最低生活保障制度解决了重点优抚对象的生活困难。对90户重点优抚对象下达建房补贴资金22.5万元，采取"修、租、借、腾、靠"等办法，解决了重点优抚对象住房难的问题。通过落实公费医疗政策，减免医疗费用和组织医务人员开展义诊活动等，使优抚对象看病难的问题得到了很大的缓解。共接收军队转业干部166人，安置在党政机关158人，占95.18%。接收退役士兵1734人，其中回城镇需安排工作的581人，占退役士兵总数的33.5%。加强行政调控手段，拓宽安置渠道，保证了城镇退役士兵安置任务的完成。

驻莆部队发扬优良传统，继续把拥政爱民活动引向深入。驻莆部队将"视人民为父母，把驻地当故乡"的口号落实到行动中，积极参加和支持地方经济建设、抢险救灾，树立了人民军队爱人民的良好形象。各部队配合政法部门维护社会治安、打击各种违法犯罪活动，协助破获各类案件50多起，抓获批捕、负罪在逃犯90多名，有力地打击了各种违法犯罪活动。先后派出官兵3000多人次帮助驻地开展修坝、挖渠、植树等农田水利建设。整治加固海堤2500米，修水渠1.2万米，筑堤坝3000米，参加义务植树造林2300亩。一年来，驻莆部队共投入8000多个劳动日，900多台次车辆机械设备，支援地方重点工程建设。莆田军分区筹集3万多元资金支持学校改善教学设施和学生活动场所。解放军95医院定期为莆田SOS儿童村的孩子们检查身体，注射疫苗，并送去电脑、书籍、乒乓球桌等器材。全市消防支队出动警力2396人次，抢救财产价值1459万元，抢救人员56人。32380部队、武警支队官兵参加扑灭山火15起，挽回地方经济损失达数千万元。

晋　江　市

晋江市全貌

晋江市地处福建东南沿海第一线，与金门岛隔海相望，是对台军事斗争的前沿阵地。2000年，晋江市认真贯彻全国双拥模范城（县）命名大会精神，并以连续两次荣获全国双拥模范城称号为动力，总结经验，团结协作，开拓进取，双拥工作成效明显。

扎实开展国防教育和双拥宣传活动。军地双方针对台海形势的变化，开展了形式多样的教育活动，如举办国防讲座、台海形势报告会、祭扫烈士陵园等，不断深化国防和爱国主义教育。部队共为地方上国防课80多场次，受教育人数20余万人。同时充分发挥传媒作用，加大双拥宣传力度。有关双拥工作的50余条新闻报道在中央、省、市电视台中播放，在军地报刊杂志上刊登反映晋江双拥工作图片40余幅、新闻稿件120余篇。驻晋部队把拥政爱民教育列入部队思想政治教育计划。要求官兵人人会唱《三大纪律八项注意》，人人熟悉《驻晋部队拥政爱民若干规定》，全市军民双拥意识明显增强。

积极支持部队做好军事斗争准备。市委、市政府贯彻平战结合、军民兼用的方针，全年拨出经费559万元，支持部队各项建设。其中投入经费66万元，修建4条战备公路。为配合南京军事演习，市领导多次带机关人员走访慰问参演官兵，粮食、电力、自来水等部门和沿海各镇都投入了大量的人力、物力和财力，全方位保障部队演练。市领导多次前往94921部队慰问和现场办公，拨出资金50多万元，帮助改善训练和生活条件。

大力开展科技拥军活动。市科委、科协、教委、劳动局等部门分别为部队开办了各类培训班。电信局主动为部队举办局域网培训班，赠送上网光盘200多张。市科委继续派出科技人员帮助73311部队后勤部实施“后勤服务教学软件制作”、“汽车运输计算机局域网建设”、“种猪繁育基地建设”等3个科技项目。晋江一中派出骨干教师为73311部队高考战士辅导，38名战士考入军校。全年共为部队培训各类科技人才500名，赠送科技图书、仪器等价值15万余元。

积极开展挂钩共建活动。在原有36个市直机关单位与基层连队挂钩的基础上，又增加了15个挂钩单位。全市100多个军民共建点，做到组织健全、制度落实、活动经常、关系融洽。春节、“八一”期间，市直机关和地方各共建单位纷纷到基层连队慰问，送慰问金约80万元。驻晋部队也充分发挥自身优势，配合挂钩单位搞好国防教育和思想政治工作，积极参加扶贫、助残、帮困等学雷锋做好事行动，积极传播社会文明新风。

进一步做好优抚安置工作。认真落实优抚对象抚恤补助标准自然增长机制，及时足额地核发各类补助款246.3万元。对二等以上的伤残军人就医实行改革，医药费实报实销。积极拓展就业安置渠道。全年共接收退役士兵603人，其中城镇士兵76人，进藏士兵13人，转业士官18人。就业安置的107名军转干部中，51人安置在行政事业单位工作，56人领取了一次性安置补助金。义务兵家属优待金发放按城镇每人每年2000元，农村每人每年4200元，进藏兵每人每年1.6万元，居泉州各县（市）、区最高水平。

驻晋部队支持晋江市新一轮创业。驻军派出政工干部帮助地方共建单位抓好思想政治教育，全年共为地方各类人员军训3万多人次。73311部队组织400多名官兵与晋江人民一道开展“军民共育生态林”活动。三峡移民落户晋江市后，73311、73313部队领导分别带领机关人员和医疗分队走访慰问，为他们义诊，赠送药品、衣物等2万余元。一年来，部队共投入3.44万个劳动日，动用车辆866台次，出动官兵2100人次，参加和支援地方社会公益事业建设65项，其中植树造林800余亩，抢险救灾600余次，义务献血800人次，以实际行动支持晋江市新一轮创业。

福鼎市

福鼎市全貌

2000年，福鼎市军民认真贯彻党中央、国务院、中央军委关于加强双拥工作的一系列重要指示和全国双拥模范城（县）命名大会精神，积极支持部队建设，大力开展科技双拥活动，巩固军民共建成果，加大优抚安置力度，双拥工作整体水平又有新的提高。

领导重视，制度健全。市党政军领导机关把双拥工作列入党委重要议事日程常抓常议，建立健全了十项双拥制度，研究解决了双拥工作中100多个难题。积极探索新一轮创建双拥模范城（县）活动的新路子，研究制订工作规划，确定了在“高”字上定目标、在“深”字上下功夫、在“实”字上作文章、在“新”字上求突破的工作思路，力求做到“四个到位”，即思想认识到位、领导力量到位、组织机构到位、工作措施到位。制定了“四项制度”，即党政领导议军制度、军地互访制度、领导干部挂点部队目标责任制度、检查评比制度，进一步推动了双拥工作向更高、更深层次发展。

加大宣传力度，营造双拥社会氛围。召开了全市性的双拥誓师大会，营造浓郁的双拥社会氛围。举行了隆重的全国双拥模范城接牌仪式和踩街游行活动，产生了强烈的社会反响，增强了广大军民的双拥意识。这些内容丰富、形式多样的宣传活动，使广大军民更多地了解了双拥，更有热情地参与双拥。各共建单位在与驻军联欢时，把双拥知识渗入其中，并共同举办双拥知识竞赛，强化了宣传教育效果。市各重点中小学都成立了国防与双拥共建工作领导小组，建立起由校长挂帅、分管副校长亲自抓、军地双方共同参与的工作体制。一中、四中、实验小学等13所小学办国防教育学校和双拥共建荣誉室，自编国防教育宣讲教材，做到国防教育有领导、有组织机构、有教学计划、有阵地、有经费投入，能落实。还建立健全国防教育及双拥共建活动档案，让国防教育成为中小学生的必修课。

发挥优势，开展科技双拥活动。把开展科技双拥活动作为双拥工作的重点，列入军地双拥共建“三挂钩”活动的重要议事日程。充分利用科委、教委、电信、广电、农业局等单位人才优势，为部队传授科技信息，举办科技讲座，培训电脑知识、科技人才，并帮助连队建立拥军书库。驻鼎各部队也充分发挥自身的专业优势，采取派出去、请进来和专业对口挂钩等各种办法，帮助地方培训人才，发展高科技产业，为地方两个文明建设提供技术帮助。

巩固“爱心献功臣行动”成果，开拓退伍安置新渠道。市委、市政府把开展“爱心献功臣行动”作为一项长期的工作任务，继续抓紧抓好。通过广泛动员社会各界，深入开展了“一助一”扶优解困活动。全市党、政、军、群、学、商、企等7个系统的30多位县（团）级领导和60多个单位继续挂钩帮扶137个重点优抚对象。每位副处级以上领导及市直单位各包扶2名“功臣”，不脱贫不脱钩，并列入年终政绩考核内容，真正做到落实到户，责任到人。还拍摄制作了《吃水不忘掘井人》的录像片，为“爱心献功臣行动”的开展营造氛围。市委、市政府率先在闽东地区对城镇退役士兵安置实行改革，以安置为主，有偿转移、自谋职业为辅。对转业士官和立功受奖的义务兵、进藏士兵以及伤残军人实行指令性安置，共接收安置83名，20名要求领取安置补偿金的城镇退役士兵每人领取一次性补助金2.5万元。同时还大力开发使用农村退伍军人两用人才，开发使用率达98%。

互办实事，军民共建再谱新篇章。市委召开两次常委会议，解决了15名随军家属就业问题。在全区率先为80名待业的随军家属每月每人补助生活费120元，保证驻军干部子女到重点中小学就读，解除了驻军干部的后顾之忧。驻鼎部队积极开展扶贫帮困活动，11个驻军部队自发筹集现金22000余元，衣物1200余件和价值800元的肥皂、洗衣粉等生活用品，深入贫困山区，慰问贫困户，谱写了一首拥政爱民、扶贫共建的时代新曲。

长乐市

2000年，长乐市被命名为全国双拥模范城，全市党政军民以江泽民同志“三个代表”重要思想为指导，认真贯彻落实全国双拥模范城（县）

长乐市远眺

命名大会精神，以再创全国双拥模范城为目标，紧紧围绕提高部队战斗力和促进社会生产力，锐意进取，扎实工作，双拥工作迈上新台阶。

广泛开展国防教育和双拥宣传活动，取得明显成效。先后组织近千名干部上国防教育课。市教委更是把国防教育作为学生的思想政治教育的重要内容，纳入学校教学计划。全年共有1.6万名新生参加军训，2000名中小学生参加暑期军事夏令营活动，有5000名学生接受革命传统教育。邀请驻航部队首长为市五套班子领导和正科级干部举办台海形势专题报告会，还组织市五套班子领导到部队过“军营一日”军事活动。结合庆祝建军节、元旦、春节等节日组织开展军地联欢、歌咏比赛等群众喜闻乐见的活动，大张旗鼓地宣传人民解放军丰功伟绩和拥军优属、拥政爱民光荣传统。充分利用电视台、广播电台、《长乐报》等新闻媒体密切关注双拥动态，及时刊登报道全市双拥工作部署及先进表彰大会、军地座谈会、军地联欢、慰问走访、现场办公等重大双拥活动。

以科技拥军为先导，积极关心支持部队建设。全市投入344万元经费，支持部队基础设施建设，改善驻航官兵生活、训练条件。在市财政十分紧张的情况下，为科技拥军投入巨资，拨款105万元新建、扩建军官培训大楼，拨款27万元为部队购买电脑及开发计算机局域网，拨款5万元支持部队官兵学习文化。同时还开办函大培训班，派出教师和科技人员为部队官兵授课300多课时。市粮食部门投入50余万元重建、扩建了一个军粮供应站和3个军粮供应点。市财政拨款27万元，用于军供价格补贴和扶持5个基层连队菜篮子工程建设，拨款22万元为部队解决了修路、供水、用电等问题。市广电局投资15万元为73125部队架设有线电视电缆。在“八一”前夕，市领导还专程前往宁德沙埕，给“长乐艇”官兵送去了3万余元的文化娱乐用品。在为部队解决随军家属就业和子女入学等困难时，市委书记亲自抓，坚持特事特办的原则，从速从快办理。全年共有11名符合条件的随军家属被安排在效益较好的单位，有62名部队子女被安排在附小、一中等重点学校就读，解决了部队干部的后顾之忧，做到部队、地方、本人三满意。

以解“三难”为重点，狠抓优抚安置工作落实。建立了优抚对象医疗保障基金制度，设立优抚对象医疗个人专户，先后两次拨款48.75万元，为187名重点优抚对象解决了“三难”问题。进一步做好转业士官、退伍士兵的安置，采取指令性安置与辅助性安置相结合，通过“依法安置、双向选择、自谋职业”等方式，取得了较好成效。安置城镇义务兵和转业士官105名，对符合安置条件而本人要求自谋职业的32名退伍士兵，市政府拨出专款76万元做为安置费发给个人。同时，对部分退伍人员在安置时间内未找到工作的，市政府发给生活补助费每人每月156元，做到部队、地方、安置对象三满意。

以军民共建活动为载体，拥政爱民工作成效显著。驻航部队在完成战备训练任务的同时，充分发挥部队优势，积极为驻地经济繁荣做贡献。一年来，共出动官兵3976人次，派出车辆机械162台次，参加地方植树绿化、抢险救灾、扶贫帮困等公益事业。共为地方植树7000棵，绿化草地面积770平方米，1300名官兵先后4次为城区和驻地乡镇打扫卫生，清理垃圾。派出5000人次官兵，出动车辆205台次参加扑灭森林大火9次，共救出遇险群众27名。广泛开展“学雷锋、树新风、做好事、献爱心”活动，向驻地学校派出军训教官110名，校外辅导员25名，为驻地群众治病2.22人次，深受驻地群众的赞扬。

石狮市

石狮市政府大楼

石狮市位于福建省东南沿海突出部，三面临海。现有6个驻军单位。2000年，石狮市以荣获全国双拥模范城称号为新起点，加强领导，扎实工作，保持良好发展态势，双拥工作取得了可喜的成绩。

领导重视，机构健全。市委、市政府把双拥工作列入各级党委、政府的重要议事日程，纳入精神文明建设的总体规划，并作为各级干部岗位目标责任制的考核内容，市双拥工作领导小组进行了两次调整，双拥办专门调整充实了两名工作人员，机构保持常设。双拥工作制度健全，军地齐抓共管，领导带头，社会共同参与，做到日常工作有人抓，双拥经费纳入财政预算（本年度首次将市政府为部队办实事经费120万元纳入财政预算），重要问题能够得到及时研究解决。

加强双拥宣传，提高国防意识。举办双拥宣传月（周）活动，举行专题讲座、形势报告会、经验交流会等110场次，受教育人数达500多人。在各中、小学校普遍开设国防教育课，对青少年进行形式多样的爱国主义教育。加大报纸和有线电视的宣传力度，做到平时有双拥新闻，重大活动（节日）有专版、专题，努力营造良好的双拥社会氛围，双拥意识深入人心。

积极做好拥军支前工作。市财政共拨款404万元支持驻军部队“四项建设”。帮助部队培训科学种养技术和电脑操作人才200多人次，基层单位（包括三资企业）在春节、“八一”建军节期间自发组织慰问部队，赠送慰问金30余万元，并出资18万元组织专业杂技团到部队慰问演出。继续支持国防基础设施建设，投入3643万元续建沿海战备公路三段6公里。市财政还拨专款38万元重点保障部队军事演练活动。

认真做好优抚安置工作。认真落实抚恤补助标准自然增长机制，核定发放各类优抚对象抚恤补助款84.5825万元。按时足额发放义务兵家属优待金，农村义务兵家属每人达到年均4500元，城镇义务兵家属每人达到年均2000元）。春节、“八一”期间，市、镇、村三级分别组织慰问小组走访优抚对象，共分发慰问金16.19万元。积极稳妥推进安置工作改革。年内接收军队转业干部5名、转业士官3名、退役士兵188名。其中军队转业干部全部安排在机关行政单位，50名应安置工作的士官和城镇义务兵有24人安排了工作，26人自愿领取一次性安置费，141名农村退役士兵全部返回户籍所在地安置，市政府分别发给每人500元安家费。积极开展“爱心献功臣行动”，继续做好解“三难”工作，确保优抚对象生活水平达到或略高于市民平均水平。全市共拨款21.79万元扶持帮助重点优抚对象修建住房1350平方米，为232名重点优抚对象办理了医疗优惠卡，为18名优抚对象解决临时性医疗和生活补助1.52万元。

深化军民共建活动。驻军部队积极支持地方两个文明建设。全年共出动官兵3900人次、车辆672台次，参加植树造林、环境保护、抢险救灾等活动。组织300多名官兵无偿献血6万毫升。积极开展学雷锋、助残助学、义诊赠药和扶贫帮困活动338次，捐款9000元，赠送学习用品和药品折价6000元助残助学，为群众义诊、体检4000人次。联办少年军校3所，并经常与地方共青团组织、中小学校开展读好书、唱好歌、建好社区联谊活动，促进军地精神文明建设水平同步提高。

长汀县

2000年，长汀县按照江泽民总书记“同呼吸、

长汀县鸟瞰

共命运、心连心”的总要求，从维护国家稳定和发展的战略高度，把双拥工作纳入两个文明建设的总体规划，全县上下形成了拥军优属、拥政爱民的良好社会风尚。

双拥宣传教育扎实有效。1月，长汀县被命名为全国双拥模范县。双拥工作领导小组按照县委、县政府“巩固中求发展，继承中求深化、再攀双拥新高峰”的工作思路，积极开展各项活动，及时下发了在春节、“八一”期间开展拥军优属宣传月的通知。在全县机关、学校、企事业单位及18个乡镇开展拥军优属法规宣传教育及慰问、座谈活动。春节期间，县委、县政府主要领导走访慰问了驻汀部队官兵、老红军和部分烈军属，拨出专款为他们解决工作、生活中遇到的困难。地方各单位把做好宣传教育，营造爱国拥军氛围当作一项重要工作来抓，坚持不懈地对广大干部群众进行国防教育。通过宣传教育，增强了广大人民群众的双拥意识，调动全民参与双拥活动的积极性。

支持驻汀部队建设有新的发展。县委、县政府着眼对台军事斗争准备需要，积极支持驻汀部队的全面建设。全县加大经费投入，完善部队生活设施，投入80多万元加强了部队的水电、道路等基础设施建设，为人武部新建2000余平方米的办公综合楼，民政局拨款1.1万元为县人武部购买科技设备。有关单位采取优惠政策和特事特办措施，对部队普遍关注的军队转业干部安置、随军家属就业、部队子女上学等热点问题，想方设法给予妥善解决，解除了部队官兵的后顾之忧。

各项优抚政策得到落实。县政府出台《长汀县优待金全社会统筹实施办法》，明确规定了优抚对象的死亡抚恤、伤残抚恤、义务兵家属优待金社会统筹的办法。按照国家有关政策法规，千方百计落实抚恤定补标准，保证其高于当地群众基本生活水平。农村义务兵家属优待金每户每年达到本年度农民人均收入的75%，城镇义务兵（包括乡镇非农业人口）优待金每户每年不低于853元，占本年度居民人均收入的20%。在县财政困难的情况下，为兑现21名进藏义务兵家属的优待金，民政局想方设法从优抚保障基金中发给进藏义务兵每人每年5000元，共计发放10.5万元。全县1431名“三属”定补人员，城镇月发标准达188元，农村月发标准达163元。1358名失散红军的定补，城镇每人每月发放标准101元，农村月发标准达91元。革命伤残军人抚恤标准也全部达到部颁和省颁标准。未享受定补的“三属”优待金每人每年达到200元以上。对家庭困难的现役军人、革命烈士子女，在义务教育阶段给予减免学费和部分代办费的政策优惠。

拥政爱民工作更加扎实。驻军共出动官兵1万多人次，车辆30多台次，支援地方重点工程建设。派出部队官兵1800人次扑救森林火灾，挽回经济损失100多万元。出动官兵1500人次，配合公安部门维护社会治安，抓捕犯罪分子10多名。投入500余名兵力参加以植树造林为主要内容的水土流失治理工程。派出官兵1000多人次，上街宣传维持秩序。驻军领导经常深入农户，了解群众生产生活中遇到的困难，筹集资金5万余元，慰问特困户20户60多人，解决困难11件。驻军部队为机关单位、学校军训3000余人次，为长汀县的两个文明建设作出贡献。

江 西 省

南 昌 市

南昌市一隅

2000年，南昌市被命名为全国双拥模范城。全市党政军民在荣誉面前不停步，在成绩面前找差距，进一步加大了工作力度，双拥工作又取得了新进展。

以荣誉为动力，掀起双拥活动新高潮。紧紧抓住南昌市再次获得全国双拥模范城殊荣的大好时机，对广大军民进行了深入动员，在全市上下掀起了双拥活动的新高潮。《南昌日报》以大标题的形式向全市人民通报了荣获称号的喜讯。市五套班子领导、双拥工作领导小组成员、各城区党政领导及各界群众举行了隆重的迎牌仪式。市新闻媒体对全市双拥工作进行了连续专题报道，“八一”建军节期间又进行重点报道，洪城上下洋溢着浓厚的双拥氛围。

发挥省会城市优势，大力开展科技拥军活动。南昌市各级党委、政府和社会各界十分重视科技拥军活动，充分发挥省城高等院校集中、人才资源和科技资源丰富的优势，深入开展科技拥军活动。市委、市政府联合下发了《关于开展科技拥军活动的实施意见》，成立了科技拥军工作协调小组，制定了《南昌市科技拥军三年规划》，会同市科委、南昌军分区政治部进行了科技拥军工作试点，有计划、有组织地开展了活动。为保障战时科技支前的需要，南昌电信局还成立了海事卫星通讯分队，省邮电科研所成立了计算机应用分队，南昌708广播电台成立了电子干扰分队，省路桥公司成立了野战道路、桥梁技术分队，有力地支持了部队的科技练兵活动。

以规范化运作为要求，加大了对基层优抚服务组织的指导力度。及时转发了省民政厅《关于加强基层优抚服务组织建设的意见》，要求各乡镇、街道及厂矿企业按照规范化、科学化的要求，健全组织、建立网络、完善制度，做到制度上墙，优抚对象上册，活动有记录，工作有安排，服务有内容。全市共有乡、镇、街道服务中心164个，厂矿企业服务中心230个，基层优抚服务小组2715个，拥政爱民服务小组100多个，常年参与双拥活动的人数达9.2万人，形成了“上下一条线、军地联成片、层层有组织、事事有人抓”的双拥工作新格局。

全面落实优抚安置政策，不断深化“爱心献功臣行动”。全市各级财政筹集调标经费160多万元，为1780名“三属”和老复员军人调整了定抚定补标准。投入修（建）房资金310多万元，为重点优抚对象新建住房130多套，维修住房600多套。全市4000多名优抚对象领取了《医疗减免证》，减免经费达125万元。全市拥军优属保障资金增长到460万元。城乡义务兵家属优待金统筹总额突破1000万元。千名科级以上干部与重点优抚对象结成“一帮一”帮扶对子，投入帮扶资金494万元，赠送衣被等物资3万多件。军队转业干部和城镇退伍士兵安置率达到100%。

满腔热情地支持部队建设。市委、市政府在春节、“八一”前夕到部队进行走访慰问，征求部队意见，共商双拥大计，市政府得知武警南昌边防检查站搬迁后生活、文化设施不到位，立即送去了热水器、煤气罐，在“八一”又出资2万元为边检站送去了卫星电视接收系统和一批图书。11月，南昌市民营企业家带着10多万元的慰问品和慰问金，专程赴海军某部“南昌舰”进行了慰问。

支援地方建设，成效突出。驻昌部队出动官兵6万余人（次），车辆1000余台（次），参加地方抢险救灾和创建卫生城市等，得到地方领导和广大群众的赞扬。广大官兵积极开展扶贫帮困和捐资助学活动，与贫困学生建立助学对子。主动帮助学校开展军训活动，受训学生达2万余名。

景德镇市

景德镇市远眺

2000年，景德镇市认真贯彻党中央、国务院、中央军委关于加强新时期军政军民团结的指示精神，把双拥工作抓紧抓好，创出了瓷都双拥工作的新特色。

加强领导，明确目标。年初，市五套班子领导审议通过了景德镇市创建全国双拥模范城规划，确定了今后三年工作目标和任务，明确了各级和各部门的职责，提出了工作要求。针对科技强军的要求，成立了市科技拥军领导小组，制定了科技拥军三年规划，积极探索科技拥军新路子、新途径。

抓好宣传教育，营造双拥氛围。充分利用新闻媒体，广泛深入宣传双拥工作，在原有7所少年军校的基础上，又成立了妇联幼儿军校和浮梁县江村乡沽演村少年军校，填补了幼儿及农村少年军校的空白。加大宣传力度，教育覆盖面广，受教育群众达8万余人（次）。

认真落实优抚安置政策。市政府加大优抚安置工作力度，确保优抚对象合法权益，做到了“六个到位”。一是重点优抚对象双重保障到位。针对重点优抚对象生活难，实行双重保障，即在享受国家规定抚恤金的同时，还享受城镇居民最低生活保障。二是重点优抚对象医疗减免到位。为解决好重点优抚对象就医难，颁布了《景德镇市关于对重点优抚对象实行医疗费减免优待的规定》，基本解决了重点优抚对象就医难。三是随军家属就业安置工作到位。成立了景德镇市随军家属就业安置工作领导小组，全市共安置随军家属就业16人。四是重点优抚对象住房安排到位。全市安排专项资金104万元，解决了重点优抚对象住房难。五是城镇退伍军人安置期间生活费发放到位。共发放生活费50万元。六是重点优抚对象抚恤标准自然增长机制落实到位，确保优抚对象生活逐年有所提高。

加强优抚服务组织建设，扩大基层服务组织覆盖面。为了进一步贯彻落实“国家、社会、群众”三结合的优抚制度，切实帮助广大优抚对象及时解决生产、生活中的具体困难和问题，提高优抚对象的生活质量，将加强基层优抚服务组织建设列入2000年度优抚工作重点，召开了专题会议，进行了专项布置。目前，全市建立了928个拥军优属中心、服务小组，牌子、制度、服务对象资料都悬挂上墙，有专（兼）职人员，有活动记录，能经常开展活动。10月25日，召开了景德镇市纪念中国人民志愿军抗美援朝出国作战50周年座谈会，市六套班子领导分别带队走访慰问了近百位志愿军老战士；各县（市、区）、各乡镇、各部门对所属的志愿军老战士和志愿军烈士家属进行了走访慰问，景德镇电台、电视台、报刊积极配合，作了大量的宣传报道。通过走访慰问，送去了党和政府对志愿军老战士、志愿军烈士家属的关怀。同时，认真召开专题会议，开展志愿军老战士和志愿军烈士家属基本情况调查，进一步摸清了他们的生活现状，有利于今后做好这个特殊社会群体的优抚工作。

军地互办实事成效明显。市投入经费450万元，划拨土地691亩，支持部队基础设施和“菜篮子”工程建设。驻景部队积极承担地方急难险重任务，在抗洪抢险、维护社会治安等方面作出了贡献，全市有94个军民共建对子被评为先进单位。

九 江 市

九江市新貌

2000年，九江市党政军民认真贯彻落实全国双拥模范城（县）命名大会精神，在抓基层、抓落实上下功夫，全市双拥工作稳步推进，整体水平有了显著提高。

抓宣传，不断增强全民国防意识。全市各级开展了声势浩大的国防宣传教育活动，机关、院校、企事业单位都采取不同形式开展教育，坚持把双拥宣传教育纳入国民教育体系。广泛利用新闻媒体开辟专题专栏宣传双拥。各基层单位采取读书演讲、知识竞赛等形式，开展教育活动，创办了各类“少年军校”。在城区主要路口和公共场所设置永久性双拥标语牌，张贴标语5000余条，全社会双拥氛围更加浓厚。

抓关键，进一步健全双拥组织机构。年初，市委召开了双拥工作领导小组会议，明确领导责任制，及时调整充实了双拥工作领导小组成员。成立了以市长任组长的九江市随军家属就业安置工作领导小组。各市、区都把双拥工作列入党委、政府目标管理，强化了双拥工作的领导力度。加强了各级双拥办软硬件设施建设。全市各乡镇普遍成立了优抚服务队，形成了横成片、竖成线、上下贯通、左右联动的双拥服务网络。

定措施，狠抓优抚安置政策落实。全市各项优抚安置政策得到全面落实，优抚对象调标经费到位，对生活特别困难的优抚对象，实行“双保”制度。市财政投入经费533万元，对1674户优抚对象的住房进行了维修。市政府出台了医疗减免办法，对“三老”重点优抚对象给予医疗补助。全市结对帮扶共5400多户，较好地解决了重点优抚对象的“三难”问题。妥善安置了军队转业干部和退役士兵。各级财政共拨款1000余万元，支持部队基础设施建设，解决部队生产和建设用地近300亩，安排随军家属80人，解决现役军人住房64户、子女入学入托840人，为123名军属调换了工种。

求深化，军民共建活动有新发展。全市现有军民共建点46个，普遍开展了共树新风，共育新人，扶贫帮困等一系列活动，80%的共建点成为辖区内精神文明先进单位。驻九江部队在急难险重任务中发挥了突击队作用，出动官兵35万人(次)，车辆5000余台（次），投入重点工程建设和抢险救灾，有力地支持了地方经济建设。

新 余 市

新余市一角

2000年，新余市第三次荣获全国双拥模范城称号。全市军民把荣誉当作动力，加大工作力度，理清工作思路，制定双拥工作三年规划，确定新一轮创建工作重点，真抓实干，开拓进取，双拥工作有了新的突破。

着力抓好双拥组织机构建设。及时充实调整了各级双拥机构组成人员，对基层优抚服务组织建设进行了整顿与规范，全市建立各级各类优抚组织1797个，并依托和发挥其作用，不断提高双拥工作社会化水平。加强对双拥工作督导与检查，市成立了双拥督导检查小组，不定期对全市创建工作进行督导与检查。同时，还邀请人大代表、政协委员对双拥工作实施依法监督，促进了双拥工作各项任务的进一步落实。做好传统重大节日和纪念抗美援朝作国作战50周年走访慰问活动。全年组织各种慰问团36个，由党政军领导带队走访慰问优抚对象3600余人，赠送慰问品价值64万余元，定期召开各种军政军民联席会、组织开展各种联谊、联欢活动25次，进一步密切了军政军民关系。大力表彰双拥先进典型。2000年，市委、市政府和军分区表彰了武警新余支队等19个双拥先进单位和范香梅等31名双拥先进个人。

建立健全拥军优属保障体系，不断提高保障水平。建立并实行了重点优抚对象抚恤补助标准自然增长机制。启动了下岗随军家属生活保障工程，对下岗随军家属每月发放105元生活补助。优抚对象的抚恤金按国家规定标准及时足额发放到位，筹集拥军优属基金129万元，统筹优待金260万元，农村义务兵家属优待金按每人每年1470元、城镇义务兵家属每人每年300元足额兑现。军队转业干部、退役士兵得到妥善安置。“爱心献功臣行动”进一步巩固和发展，全市结成帮扶对子1000余对，资助帮扶资金18.9万元，劳动日1.56万个。地方全力支持部队建设，拨款317.4万元，划拨用地19.81亩，解决部队训练和生活困难。发挥科技、人才、资金、设备的优势，积极开展科技拥军活动。市委、市政府下发了《关于大力开展科技拥军活动的通知》，成立了市科技拥军协调小组，下达了科技拥军任务。社会各界为驻军送去了电脑和科技书籍。分宜工程塑料有限责任公司等单位与分宜县人武部合作的两个军事项目，被江西省军区推荐代表江西省出席南京军区科技练兵汇报演示，受到上级好评和肯定。全市安置随军家属就业10人，调换军烈属工种班次76人（次），解决住房35户，解决子女入学入托345人，

驻地部队积极支援地方建设。建立扶贫点11个，军（警）民共建点40个，支援地方重点工程建设项目6个，举办军训班20期，培训人员近万人，为地方办实事好事1万余件（次）。

井冈山市

井冈山市一角

井冈山市位于江西省西南部，湘赣两省交界的罗霄山脉中段，辖21个乡镇，总人口14.8万人，是一个“九山半分田，半分水路和庄园”的典型山区市。2000年，全市军民认真贯彻全国双拥模范城（县）命名大会精神，团结拼搏，开拓进取，双拥工作又有新的发展。

加强领导，健全组织。全市设立双拥办公室23个，共有拥军优属服务小组150个，形成了党政军领导亲自抓，主管部门具体办，全社会齐抓共管的良好局面。一是充分利用广播、电视、专栏等形式进行宣传教育，动员全社会广大人民群众积极参与。播放双拥专题节目9次，开办双拥宣传专栏23期，30余篇双拥事迹文章在各地报刊、杂志上发表，形成“人人讲双拥、事事有双拥”的良好氛围。二是把双拥工作列入市“十五”规划之中。并在总结经验的基础上，找出工作中

的薄弱环节，充实加强。三是在全市范围内广泛开展“三爱”活动，即“做爱国拥军的好公民、拥政爱民的好军人、爱心献国防的好领导”活动，调动全社会力量做好双拥教育工作，扩大双拥工作的社会影响，使双拥工作成为广大人民群众的自觉行为。四是发挥井冈山革命旧居旧址、文物史料的优势开展革命传统教育，充实教育内容，注重抓好中小学生的国防教育，不断增强青少年的国防观念和双拥意识。

全面落实各项优抚安置政策。拓宽路子，多方筹集资金，解决“三老”优抚对象“三难”问题。认真落实《井冈山市优待金统筹办法》、《井冈山市重点优抚对象医疗减免办法》等政策法规，建立优抚对象抚恤补助和群众优待自然增长机制；建立优抚门诊，采取医疗优惠措施，各乡、镇为“三老”优抚对象实行医疗保险。认真做好部队转业干部和退役士兵的安置工作，做到人尽其才，对口安置。

军民共建成效明显。一年来，地方先后为部队解决科技练兵、生活、学习等各项经费35万多元，共接待部队42批6300多人（次），为部队减免参观门票和食宿费15万元。井冈山驻军部队共投入了3万多个劳动日，参加地方重点工程项目和社会公益事业建设。还出动1000余人（次），参加抢险救灾任务。采取“一次挂钩、定期联系、长期共建”的办法，建立共建点，开展共建活动170多次，35个共建单位被评为先进单位，融洽了军政军民关系。

萍乡市

2000年，萍乡市军民以被命名为全国双拥模范城为动力，鼓干劲、抓落实、促发展，全市的双拥工作有了新的发展。

切实加强对双拥工作的领导。市委、市政府从讲政治的高度来认识双拥工作，摆上重要议事日程，年初调整了市双拥工作领导小组，市主要领导担任组长。同时，还注重加强了各部门、各行业和基层单位双拥工作的领导力度，形成了双拥工作完善的组织网络。全市建立双拥工作督查制度，由市政府定期督查。全市对双拥工作实行年度考核，实行一票否决制，凡双拥工作未达标的单位，不得评为先进单位，领导不得评为先进个人。同时，每年组织人大代表、政协委员代表视察双拥工作，提出改进意见，保证了双拥工作在基层的落实。

扎实抓好双拥宣传教育。加大宣传教育力度，在市区、主要街道、公共场所翻新和新增了永久性双拥标语。召开了形势报告会，市领导和市直党员干部上千人接受生动的国际国内形势教育。驻萍部队配合有关部门对全市各类学校学生普遍进行了一次爱国主义和革命传统教育。举办了夏令营活动，成立了“少年军校”，增强了全市广大军民的国防观念和双拥意识，在全市形成了良好的双拥氛围。

进一步落实拥军优抚安置政策。专门召开全市安置优抚工作会议，进一步落实优抚安置政策，组织督导组对县区优抚安置政策落实情况进行检查，有力地促进了优待金统筹兑现、优抚对象定抚定补经费调标发放、优抚对象医疗待遇的落实。圆满完成了628名城镇退役士兵的安置任务，共发放城镇士兵待安置期间生活费25万元。及时调高了军队离退休干部的离退休费，解决了住房困难问题。市财政拨款30万元，为军休所购置了车辆，整修了道路，解决了他们生活上的困难。积极为部队办实事，拨出50万元、划拨100多亩土地，用于部队营房建设，全市各级财政共拨出500

萍乡市秋收起义纪念碑

万元用于部队建设，拨出经费200余万元慰问部队和优抚对象。做好现役军人子女入学、入托、烈士子女免交学杂费和优先享受奖学金工作。城镇未随军家属住房困难得到妥善解决。

驻萍部队积极支持地方建设。紧密配合全市中心工作，把驻地当作第二故乡，打好经济和旅游战略的“安源牌”，积极参加萍水河治理、秋收起义广场建设、市容环境整治、维护社会秩序和抢险救灾活动，全年共有2万多人（次）投入共建、扶贫、急难险重任务，配合公安机关抓获不法分子42名，为群众义诊460余人，军训职工、学生5000人，赠书送物4500件（本），为灾区捐款10万余元，有力地支持了地方两个文明建设。

山东省

济南市

济南泉城广场

济南市辖5区1市4县，面积8154平方公里，人口562.5万人，有驻军单位128个。2000年，济南市第四次被命名为全国双拥模范城后，全市军民继续对照先进找差距，突出“狠抓基层，多办实事”，通过开展政策拥军、法制拥军、科技拥军、行业拥军、文化拥军、社会拥军、舆论拥军、岗位拥军等活动，推动了双拥工作的深入发展。

双拥宣传蓬勃开展。通过举行争创全国双拥模范城“四连冠”总结表彰大会、市双拥宣传日、纪念中国人民志愿军抗美援朝出国作战50周年和军民迎新春及庆“八一”联欢联谊等活动，对全市军民进行了广泛深入的双拥再宣传、再发动。市属各级新闻单位围绕重大活动、重要节日集中宣传双拥工作。市、县两级领导率先示范，带头参与军民共建和拥军优属走访慰问活动。全市上下、军地双方都叫响了“双拥要创五连冠，工作要上新台阶”的口号。

拥军优属扎实有效。春节期间，全市各级党政部门共为驻军解决各类问题13件，赠送慰问品价值200余万元。清明节前后，各级民政部门认真检查烈属抚恤、优待政策落实情况，解决重点优抚对象生产、生活难题850个，在“爱心献功臣行动”中为优抚对象办好事1685件。市英雄山革命烈士陵园管理处积极开展为烈士遗属寻亲活动，在社会上引起强烈反响。全年共向驻济部队基层连队赠送电视和电脑300多台；赠送巡回图书车10台和各类图书，价值320多万元；发放营以下军官和随军家属生活补助金50多万元；给待分配的退伍士兵、士官发放就业前生活补贴228万元。市属劳动部门职业介绍机构开通绿色窗口，免费优先为随军家属提供就业服务，实现了计划安置与市场选择的有机结合。全市年内共安置待业随军家属80多名。军转军退安置工作在全省率先完成任务。安置到位率保持在97%以上，其中安置转业干部916名、非农人口退伍义务兵2000多名、省里移交的转业志愿兵1000多名。市教育系统继续实施军人子女入学择校优先优惠政策，2000年实行中考加10分。市民政系统大力推行优抚对象抚恤补助标准自然增长机制，年内财政拨款315万元投入抚恤金发放，各种优抚对象普遍增加了抚恤标准。市妇联系统开展各类拥军优属活动近百次，办好事上千件，"八一"前表彰好军嫂50名。团市委在组织青少年军训活动和青年志愿者参与"爱心献功臣行动"中发挥骨干作用。市煤气公司、热电公司为驻济部队减收各种费用共计900余万元。市公交公司开通了拥军线路。市园林局系统免费接待军人游园十余万人（次）。市交通局、节水办和天桥区、槐荫区共投资9400余万元修国防路、拥军路和拥军攀山自来水管道。年内全市共为驻军硬化路面34条130多公里。市规划局、土地局为驻军规划用地建设项目征地评估，减免评估费用30%。市公安局推行军人免费停车制度运行良好，并为423户797人办理了随军户口审批手续，为287户军烈属办理出境手续。在支持部队菜篮子工程建设上，为驻军单位增拨菜地累计3000多亩，并实施了技术指导。市粮食局为驻军连队年供应军粮200多万斤，做到了按时按质按量按品种优质服务。在支援部队营区基础设施和后勤保障方面，全市累计减免各种税费达5000多万元。为军区和空军机关减免煤气管道配套费共达400多万元。全市159个乡镇（办事处）、5420个村（居委会）、2200多个企业和单位，共建有13000多个双拥服务队、3396个服务网点、多处社区拥军服务站、500多处拥军挂牌承诺服务单位。

拥政爱民取得新成绩。驻军部队对青少年学生、职工开展国防教育及军训学生达9万多人；为地方无偿提供技术服务2000多次；接诊地方伤病员6万余人；参与地方公益事业建设90余项，出动兵力10万多人次，车辆16万余台次，参加容貌工程、蓝天工程等建设活动，粉刷临街墙5万平方米；捐款10万元，新建八一希望小学一所，结对救助失学儿童360余名；救助优秀特困大学生270多名；参加山林灭火18次，为国家挽回经济损失60多万元；植树400万株。济南军区空军"星期六便民服务活动"历经4年，走遍全市49个居民小区，越办越红火，影响越来越大，正向农村延伸，展示了军民共建健康发展的新内容、新形式。

淄 博 市

淄博新世界街景

淄博是革命老区，辖5区3县，面积5938平方公里，人口399.4万人，有驻军单位37个，优抚对象16.8万人。连续四次获得"全国双拥模范城"荣誉称号。2000年，全市军民再接再厉，团结奋斗，推动了双拥工作的深入发展。

加强领导力量，强化宣传教育。在开展双拥工作中，全市党政机关坚持一把手负责制，明确各级党政一把手是第一责任人，负总责，亲自抓。市、区县、乡镇进一步建立和完善了双拥工作机构，形成了全市上下一条线、城乡连成片、层层有人抓、事事有人管的双拥工作网络。坚持狠抓国防宣传教育，加强双拥基地建设。全年有110万人参加了国防教育办公室组织的"强我国防、兴我中华"活动，被评为全国先进单位。成立全国首家私营企业国防教育研究会，推动了国防教育向非公有制经济实体的发展和普及。

全力支持部队建设。市区投资1167万元，用于淄博军分区和武警支队、消防支队基础设施建设。市政府把部队作为一级用户，在供电供水、燃料供应、粮食供应等方面实行优惠价、双保障，驻军立功受奖官兵全部享受地方拔尖人才政府津贴。军队转退官兵安置做到部队、接收单位和转退军人"三满意"。市区财政拨出专款50多万元，用于基层连队的"书橱子"建设。同时，在全市开展了图书捐赠活动，为部队官兵捐赠图书5万余册。针对拥军新特点，进一步推出了三大举措：

一是实施了“百台微机拥军工程”，向驻军捐赠200台微机和130台洗衣机；二是帮助驻军独立团建立了军官科技训练中心；三是各区县依托军地两用人才培训基地，分别建起了军人微机培训中心，市里规定，两年内对驻军连以上干部轮训一遍，并保证获得国家承认的相应证书。

积极做好随军家属安置工作。在下岗职工达十万余人的严峻形势下，市委、市政府对随军家属安置工作采取了四条措施：一是由人事劳动部门对口安置随调家属；二是按系统包干下岗随军家属；三是制定优惠政策，鼓励军官配偶自谋职业；四是市及各区县分别成立了“军嫂再就业服务中心”。年内已安置随军家属212名，其中，驻军某部移防张店区后，市里一次性把机关27名团以上军官的配偶随调安置到张店区工作。到2000年底，全市最后一批75名下岗随军家属全部上岗，实现了“军嫂无下岗”目标。

全面落实优抚安置政策。继续落实了市五大班子和军分区领导包区县、单位包户的承包责任制，市委书记、人大主任、市长、政协主席、纪委书记、军分区政委等主要领导和分管领导，每人与一个“三难”优抚对象结成帮扶对子。目前，市、区县两级共投入321万元优抚资金，社会捐款109万元，建房119户，修房520户，“三老”优抚对象的生活难、住房难、治病难已基本解决。全市共发放优待款2411万元，农村义务兵家属优待金标准达到2271元，烈属抚恤金和优待金之和达到或超过当地人均收入的1.2倍。

拥政爱民工作成效显著。驻淄部队把驻地当故乡，始终以极大的热情支持地方的发展。全年义务支援驻地大小工程100余项，投入劳动日10万余个，出动机械1万台次。积极参与社会公益事业建设，实施扶贫“一三五工程”，即一个团队选择一个经济薄弱的村结成扶贫对子，以营为单位选择三个村民小组为帮扶目标，一个连队选择五户贫困家庭作为帮扶对象。驻军部队和人武部还承担了地方军训任务，全年帮助军训学生万余人，训练民兵、保安人员、企业员工5000多人。

烟台市

烟台市滨海一角

烟台市地处胶东半岛东部，辖4区7市1县，面积13740平方公里，人口644.7万人。2000年，烟台市的双拥工作高举邓小平理论伟大旗帜，深入贯彻党的十五大精神，按照全国双拥模范城（县）命名大会精神，突出重点，强化管理，开拓创新，狠抓落实，取得了显著的成绩，为全市改革、发展、稳定和部队的现代化建设做出了贡献。

一、开展双拥宣传教育，用共同理想凝聚军心民心。一年来，军地各级把国防教育和双拥宣传纳入政治教育整体规划，并坚持不懈地对广大军民进行宣传教育。全市军地各级共举办各种专题教育500多场（次），各种形式的文艺联欢联谊活动200多次，报刊、电台、电视台播发双拥宣传稿件350多篇。在中国人民志愿军抗美援朝出国作战50周年之际，各级广泛开展了多种形式的纪念活动。

二、围绕“打得赢、不变质”，积极支持部队搞好现代化建设。一是广泛开展科技拥军活动。按照市双拥工作领导小组关于帮助驻军建制连队实现“一至两台微机到连、一套电教设施到连、200册科技图书到连、科技人才培训到连、科技成果转化到连”的科技拥军“五到连”要求，在调动社会力量开展活动的基础上，12月初，市委副书记杜昌祚和副市长张幸福带领有关人员为驻军某师送去了46台微机。12月中旬，莱阳市又调动社会力量为驻军部队赠送微机55台。到年底，全市共赠送微机245台、电教设施168套、科技图书25000余册，培训微机操作人员3500多人，85个驻军连队实现了多媒体教学，基本实现了科技拥军“五到连”。二是积极支持部队完成重大任务。先后配合部队完成了演习任务和年度野外训练任务，参加配合的保障人员达2000多人（次），出动保障车辆和舰艇1500多台（次），腾住房2500多间，整修和保障道路35条，赠送各种慰问品价值150万元。三是积极为驻军部队办实事、解难题。投资1000多万元为部队建营房、军官家属楼、修靶场。全市有500多名科技人员深入部队传授蔬菜种植和管理技术，各级还积极帮助驻军加强菜篮子、米袋子、书橱子建设，提高了驻军官兵的物质文化生活质量。

三、驻烟部队积极为地方两个文明建设做贡献。驻烟部队广大官兵“视人民如父母，把驻地当故乡”，以振兴烟台为己任，积极参加地方的改革和经济建设。一年来，驻军部队共投入12万个助民劳动日，参加重点工程建设50多项，植树30万株，军训学生2万多人，帮耕帮种面积达5000多亩。共有3000多名官兵先后参加了数起扑灭山林大火的行动，为保护人民群众的生命财产安全作出了重大贡献。在“爱心献功臣行动”、军民共建活动、“双四好”活动中，广大官兵都积极参与，为驻地的两个文明建设做出了贡献。

四、解决热点难点问题，狠抓双拥政策法规落实。一是认真落实各项优抚政策。一年来，全市共发放各种抚恤补助金7826万元，发放优待金7072万元，为“三老”优抚对象免除“三提五统”款550万余元，还为1550多名军休干部解决了超支医疗费问题。二是妥善安置部队转业干部、退伍军人及现役军人家属的工作。在政府机关精减、企业压缩人员的情况下，妥善安置了740名转业干部、1950名转业士官和城镇退伍兵，安排了300多名随军家属的工作，解决了85名下岗随军家属重新上岗就业的问题。三是狠抓旅游景点、城市公交车辆等双拥“窗口”建设，为现役军人免门票费、交通费等20多万元。

五、贯彻命名大会精神，推动创建活动深入发展。1月14日，市双拥工作领导小组向全市发出了《关于认真贯彻全国双拥模范城（县）命名大会精神的通知》。1月20日，召开全市党政军主要领导参加的传达贯彻大会精神的会议。4月20日，召开全市双拥工作会议，把大会精神进一步传达贯彻到基层。12月26日，市委、市政府和烟台警备区召开了“烟台市庆祝创建双拥模范城十周年总结表彰大会”，对80个先进单位和105个先进个人进行了表彰，军委迟浩田副主席、全国双拥办、济南军区和省双拥工作领导小组给大会发了《贺电》，市委书记任海深同志作了总结讲话。这次会议对调动全市广大军民参与双拥工作积极性，推动创建工作的深入开展，提高烟台市创建双拥模范城的整体水平，起到了重大的推动作用。

潍坊市

潍坊市全貌

潍坊市辖4区6市2县，面积15749平方公里，人口840.1万人，有驻军单位66个，优抚对象42万人。2000年，潍坊市的双拥工作，坚持以江泽民同志“三个代表”重要思想为指导，坚持为国防和军队建设、经济发展和社会稳定服务，加强领导，突出重点，真抓实干，整体水平有了较大提高。

一、领导重视，双拥活动开展经常。军地联席召开了全市双拥工作领导小组第15次全体会议，研究部署了新年度双拥工作的任务。隆重召开了荣获全国双拥模范城庆祝大会，激励全市军民以此为动力，促进双拥工作发展。举行全市创建双拥模范城表彰大会，对89个先进单位和78名先进个人进行了表彰。采取不同形式开展了抗美援朝出国作战50周年纪念活动，党政军领导积极参与，走访慰问了志愿军老战士、烈士家属，为他们发放了慰问信和慰问金。在“八一”、“十一”、元旦、春节等重大节日，共组织慰问团30个，党政军主要领导带队深入部队，了解情况，解决问题，共庆节日。同时，坚持党委常委议军会制度、军政联席会议制度、走访慰问制度、评比表彰制度、现场办公制度，把双拥工作作为主要领导常抓常议的一项工作，收到了很好的效果。

二、注重宣传教育，全市军民的国防和双拥意识显著增强。通过召开表彰会、座谈会、走访慰问和在电台、电视台、报刊等新闻单位开辟专题、专栏、快讯等形式，加大双拥典型的培养、总结和宣传力度，表彰和推广了双拥战线的新人新事，推出了一批双拥工作典型，进一步激发了全民的爱国拥军热情，促进了双拥工作向更高层次发展。各级领导的国防双拥意识得到强化，抓好双拥工作是重大责任、抓好双拥工作是讲政治的具体体现、抓好双拥工作就是政绩的意识进一步增强。

三、办实事、解难题，促进了部队战斗力的提高。一是大力开展科技拥军活动。配合部队完成科技练兵任务，在送人才、送文化、送技术、送政策等方面不断开辟科技拥军新路子。在人力、物力、财力上支持部队，在信息、技术、人才上加强交流。财政拨款500多万元，为部队充实了书橱子、菜篮子、米袋子。举办微机培训班16期，农业科技培训班13期，烹饪、畜禽饲养培训班3期，培训各类两用人才1000多名。二是做好转业干部、退伍军人安置和随军家属就业工作。市委、市政府在地方面临机构改革，人员分流难度大，用人单位困难多的情况下，坚持做到优先安排转业干部及退伍军人进党政机关事业单位、中央及省属企业和效益好的企业，共接收安置转业干部820人，退役士兵2200多人，随军家属258人，其中97%的转业干部被安排到党政机关事业单位。单位招聘人员时，优先照顾军人家属就业。军人子女上学入托，打破分片划区的界线，就近就便入学入托。

四、继续深入开展“爱心献功臣行动”，促进了各项优抚政策落实。采取政府资助、结对帮扶、社会捐款、安排孤老优抚对象进敬老院“光荣间”等措施，积极开展“爱心献功臣行动”，为优抚对象解决了许多实际困难。全市统筹优待金达6800万元，使农村义务兵家属优待金平均每户达到1850元。市、县两级财政拿出630万元，用于在乡老复员军人定补，使老复员军人定补平均每人每月达到86元。其他优抚政策和优惠待遇也得到较好落实。

五、服务大局，驻潍部队积极支持和投入地方经济建设。驻潍部队与人民群众同呼吸、共命运、心连心，积极参加潍坊的重点工程和公益事业建设，在张面河治理、三里庄水库筑坝、农业科技示范园区建设、抢险救灾、抗旱保收等应急任务中出动官兵1万多人（次），动用车辆200余台（次），筑路10多公里，植树3万多株，保证了重大工程项目的完成和人民生命财产的安全。同时，驻潍部队积极发挥技术优势，走向社会，开展便民服务，为群众义务查体、理发、修电器，为潍坊的经济发展和精神文明建设做出了重大贡献。

济宁市

济宁市太白楼及京杭大运河

济宁市辖2区3市7县，面积11305平方公里，人口779万，有驻单位34个，优抚对象25万人。2000年，济宁市认真贯彻江总书记“三个代表”的重要思想，按照全国双拥模范城（县）命名大会精神和省委关于进一步做好双拥工作的要求，抓住机遇，开拓进取，扎实工作，全面促进双拥工作上质量、上水平，双拥工作在继承中创新，在巩固中提高，在探索中前进。

一、积极做好新机部队进驻的保障工作。市县成立了专门的领导班子，政府领导挂帅负责机场和后勤保障基地的征地及建设工作，在基础设施上提供优先优惠服务；在安全上加强了警力部署，优化了社会治安；对随调的首批20名配偶和6名子女，全部安排到效益好的企事业单位工作和重点中小学就读；市县领导还多次到机场走访慰问，送去价值10多万元的慰问品，解决新机部队的生活困难。

二、大力开展科技拥军活动。把科技拥军纳入了科技兴市的发展战略，提出了科技拥军的目标。县市区开展了送微机到连、科技图书到连、电化教学设备到连、科技人才培训到连、科技拥军成果到连活动。全市为驻军连队送微机、电化教学设备等80多套、科技图书1万多册，浪潮集团济宁办事处帮助武警支队开发建立作战指挥软件和指挥网络系统，大大提高了部队的快速反应能力。

三、积极支持部队战备训练和国防施工。市政府划拨72.5亩土地和150万元资金，用于陆军某预备役师兴建新营区。国防光缆经过济宁市的9个乡镇，不论是毁苗、穿渠，还是破路、伐树，施工部队需要什么，地方政府和群众就支援什么，确保了施工任务的顺利完成。

四、优抚制度改革有新突破。全市大力推进了抚恤补助标准自然增长机制、优待金县级社会统筹和拥军优属保障基金制度建设。80%的县市区建立起抚恤补助标准自然增长机制、优待金县级社会统筹，市、县、乡三级财政分别按100万、20万、3万投入启动资金，同时接纳社会捐助和优抚对象减员经费等，全部建立了拥军优属保障金制度。

五、深化“爱心献功臣行动”。全市基本解决“三老”优抚对象的“三难”问题后，为防止反弹，实行了长期帮扶制度，并确定把解决治病难作为全年“爱心献功臣行动”的重点，全市共投入资金105万元，帮扶治病1451人，新建住房211间。

六、积极做好转业退伍军人安置工作。全年接收转业干部353名，其中有323人安排到了党政机关、事业单位，30人安排进了中央和省属企业，随调的86名家属也全部进了效益好的企事业单位，做到了干部本人和家属满意；接收安置转业士官、城镇义务兵3657人，安排到机关、事业单位的约占20%。

七、拥政爱民做出新贡献。驻军部队紧紧围绕济宁市建设组群式现代化都市区的发展战略，支援地方经济建设和科教事业发展，参加地方环境保护和治理，植树造林、绿化荒山及美化市容。参加地方扶贫工程，组织民兵预备役开展民兵带建工作，搞好科技示范园建设，帮助优抚对象和人民群众科技致富。深入开展军民共建社会主义精神文明，推动了双拥创建活动开展。

八、深化创建双拥模范城（县）活动，抓强促弱形成区域特色。全市上下把提高基层双拥创建活动质量作为创建双拥模范城的基础来抓，基层双拥工作做到了组织健全、政策落实、活动经常、关系融洽，形成了双拥创建活动的区域特色。曲阜市军民联治联防，开展保护文物古迹的共建活动，展现了军民共建历史文化名城的形象。鱼台县把军农生产纳入总体发展布局，给予重点保障，形成了军民团结奋进，共谋发展的良好局面。

泰 安 市

泰安市面积6670平方公里，人口536万，其中优抚对象26万人，有驻军单位38个。2000年，泰安党政军民深入贯彻落实全国双拥模范城（县）命名大会精神，以荣获全国双拥城称号为新的起点，服务大局，狠抓基层，开拓创新，双拥工作

泰山脚下新泰安

呈现出广泛深入、协调发展、不断进步的好势头。

双拥宣传教育氛围浓厚。各级领导带头参加双拥活动。年初，市委下发了年度工作意见，落实双拥工作目标责任制，建立纵向到底、横向到边的双拥责任网络，形成了军地共抓双拥工作的整体合力。"八一"期间，市各大班子领导和驻泰部队首长在军分区民兵训练中心参加了军事日活动。开展了以爱国主义为核心的国防和双拥宣传教育活动，各级干部群众受教育面达90%以上，其中参加军训的大中专、中学学生达95%以上。一月、八月、十月先后进行了以创建双拥模范城、拥军优属和纪念抗美援朝五十周年为主题的宣传活动。

基层双拥工作扎实活跃。全年累计为驻地部队和优抚对象做好事1600多件，赠送款物110多万元；投资800多万元的市民兵训练中心"八一"前正式投入使用；全力支持部队"H2002"国防通信光缆施工工程，承担施工损失90余万元；投资120万元为驻偏远山区某部架设了电视线缆。大力推广了定点拥军和基层五种类型的军民共建典型经验，广泛开展了十佳国防新闻人物、争创双拥模范先进单位和先进个人等活动。7月30日，隆重召开了创建全国双拥模范城先进单位和先进个人表彰大会，203个单位和个人受到市委、市政府和军分区表彰。

科技拥军迈出新的步伐。各级以"送人才、送文化、送科技、送信息、送政策"为主要内容，组织实施了"拥军书橱子"工程和"微机、科技图书、电教设备"三到连工程。教育、科技等部门发挥自身优势，举办了各类微机操作和科技应用知识及学历教育培训班46班次，有2600余名驻泰部队官兵拿到了各类培训结业证书。累计为部队赠送图书6万余册，书橱200多个，微机、电教设备60余台（套）。

优抚安置政策进一步落实。推行转退军人保底安置、公平竞争、择优录用新机制，全市379名转业干部和2459名城镇退伍士兵均得到妥善安置，安排到党政机关、事业单位的转业干部和退伍士兵分别达到83%、18%以上。年度发放城镇退役士兵待安置期间生活保障金28万元。全市统筹义务兵家属优待金2500万元，发放2100万元，义务兵家属优待金标准比上年增长15%，并全部达到1000元以上。烈属、伤残军人、在乡老复员军人抚恤补助金有了大幅度提高，其中在乡老复员军人月定补金达到98元。建立了300多万元的拥军优属保障基金。"爱心献功臣行动"成效明显。各级累计投入210万元为940户"三老"优抚对象翻建和修缮房屋1600余间。各级财政投入50万元，用于解决"三老"优抚对象医疗难的问题。维护军人军属合法权益巡回法庭、法律咨询站协调解决军人军属涉法案件26起，保护了军人军属的合法权益。新泰等市、区连续多年无责任退兵，被济南军区评为征兵工作先进单位。2660多名泰安籍官兵在部队立功受奖。

驻泰部队官兵为地方两个文明建设作出新贡献。驻泰部队官兵把驻地当故乡，发挥生力军和突击队作用，积极参加扶贫帮困、维护社会稳定和创建文明城市活动。先后参加了泰山大街绿化工程、泰山学院建设、河道清淤、农田水利基本建设等城市重点工程和社会公益事业建设，累计出动兵力7000多人次，车辆270多台次，完成义务劳动日79600多个，抢险救灾260余次。

威海市

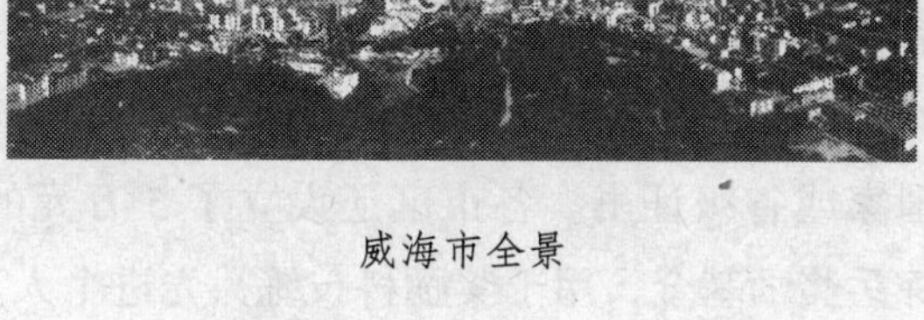

威海市全景

威海市辖1区3市，面积5436平方公里，人口537.3万人，有驻军单位34个。2000年，威海市双拥工作以江总书记提出的“三个代表”重要思想为指导，深入贯彻落实全国双拥模范城（县）命名大会精神，坚持为经济发展和社会稳定服务、为国防和军队建设服务的方针，本着巩固、发展、务实、创新的原则，推动双拥工作向深层次发展，进一步提高了全市双拥工作的整体水平。

一、组织领导坚强有力。全市各级党政军领导机关都把双拥工作作为一项政治任务，摆上重要位置，列入重要日程。市委、市政府和军分区召开了全市双拥工作会议，对90个双拥工作先进单位和168名先进个人进行了表彰。市委书记孙守璞、市长崔曰臣带领市五大班子18名领导参加了91329部队举行的“海上军事生活日”活动。一年来，市委、市政府和驻军领导机关召开专题研究双拥工作的市委常委会、市政府常务会和部队领导机关党委会共15次，全市有200多名处级以上领导干部深入基层，为部队解决实际困难百余件。

二、宣传教育蓬勃开展。全市各级狠抓了以爱国主义为核心的国防教育。先后投资300多万元，对50处国防教育基地进行了整修和扩建；筹资50多万元，帮助海军某部建起了军史馆；海军退伍战士胡杨自筹资金130多万元修建了“邓世昌纪念堂”。在全市所有大中小学校开设了国防教育课，强化青少年的国防观念。在宣传推广“全国爱国拥军模范”于肖兰和“拥军模范家庭”潘文海等典型的同时，还在基层广泛开展“三评先”活动。

三、科技拥军卓有成效。全市各级筹集资金80多万元，建立一处“拥军书社”，先后为16个连队增添了16套电教设备和14000多册科技图书。依托各级党校、大中专院校和高新技术企业，相继成立了14处高新技术军地两用人才培训基地，为部队培训科技人员1200多名，有338名官兵获得国家或省级证书。各市区还设立了5万元的科技练兵奖励基金，用于奖励科技练兵先进个人。

四、政策法规逐步完善。市委召开维护军人军属合法权益工作会议，成立了维护军人军属合法权益领导小组、涉军案件法庭和军人军属法律咨询站，为130多名军人军属提供了法律援助。出台《关于妥善解决好军转干部住房问题的意见》、《关于进一步做好清退军转干部多占部队住房工作的通知》，解决了军转干部占用部队住房210多套等问题。

五、优抚安置再上新水平。在优抚工作方面，深入开展了“爱心献功臣行动”，对3094名在乡三等伤残军人，在国家提高抚恤标准的基础上，又拨出专款近30万元，再次为其提高了抚恤标准。全市各级先后筹集资金900多万元，用于解决“三老”优抚对象的治病难问题。广泛开展纪念中国人民志愿军抗美援朝出国作战50周年活动，共走访慰问志愿军老战士、老烈属1000余户，发放慰问金50多万元，帮助他们解决实际困难2000余件。狠抓了优待款的兑现，全市5556万元优待款全部兑现到户。在安置工作方面，接收安置军转干部258名，为36名团级以上转业干部安排了相应职务；接收安置转业士官和城镇退役士兵779名，为680名待业期间的转业士官和城镇退役士务兵发放最低生活保障金66万多元；安排随军家属就业93名，办理部队子女入学入托393名；解决军休干部以及无工作直系亲属医疗费超支203万元。

六、军地互助提高“两力”。地方各级共向部队赠送各种慰问品价值200多万元；补助粮油水电费360多万元；投资近240万元，为部队建成了一幢“拥军楼”，修整了两条总长5300米的“拥军路”，打了一口“拥军井”，架设了13.5公里有线电视线路。驻威部队参加抢险救灾183次，为地方挽回经济损失1800多万元；义务为群众检查治病2200多人（次），做好事4万余件；投入劳动日2万多个，出动机械、车辆958台（次），支援了海滨南路改造、坤龙水库调水等多项市政工程建设和地方群众抗旱保收工作。

日 照 市

日照市新貌

日照市辖 1 区 2 县，面积 5310 平方公里，人口 273.8 万，有驻军单位 24 个，优抚对象 35.1 万人。2000 年，日照市党政军民坚持以邓小平理论和江泽民总书记“三个代表”重要思想为指导，以荣获全国双拥模范城称号为动力，开拓进取，扎实工作，进一步巩固和发展双拥创建成果，提高了双拥工作整体水平，为军地现代化建设做出了新的贡献。

一、双拥创建活动向纵深发展。日照市被国家命名表彰后，迅速召开了市委常委会、双拥工作领导小组会和军地联席会议，传达大会精神，学习中央领导同志重要讲话，研究深入开展双拥工作的意见和措施。在此基础上，市委、市政府、军分区隆重召开了“日照市庆祝荣获全国双拥模范城称号暨双拥工作表彰大会”，总结经验，部署任务，表彰了一批在双拥工作中做出突出成绩的个人。山东省委、省政府、省军区《关于进一步加强双拥工作，深入开展创建双拥模范城（县）活动的意见》下发后，日照又先后召开了市双拥工作领导小组第九次全体会议、全市双拥工作会议，就贯彻落实上级指示要求进行了认真研究和部署，并明确提出了争创全国双拥模范城“二连冠”的目标。

二、全力保障部队训练。市委、市政府对部队驻训高度重视，明确提出了“部队练打赢，地方练支前”，“用高标准的拥军支前，保障部队高质量完成作训任务；用支持重大军事行动的成效，检验和发展双拥创建成果”的要求，迅速成立了由市领导挂帅的拥军保障领导小组，周密制定了拥军支前方案。社会各界表现出高涨的拥军热情，纷纷把好房子让给部队住，把黄金海岸让给部队练，把优质粮油供应部队，优先保障部队生活用水。部队进驻和撤离时，沿途数万名群众自发夹道迎送，以各种方式表达对子弟兵的敬意。部队驻训期间，市、区分别组成拥军慰问团，由五大班子领导带队到各驻训点走访慰问。共投入拥军保障资金 30 多万元，保障了部队海训任务的圆满完成。

三、抓好各项拥军优抚安置政策的落实。投入资金 200 余万元，帮助驻城区部队和边防哨所完善基础设施。为促进各项优抚安置政策的落实，在全市民政系统广泛开展了“优抚安置政策落实年”和“优抚工作创十好”活动，并多次对基层落实优抚安置政策情况进行集中检查，保证了各项抚恤补助优待经费的按时足额发放和当年退役士兵的一次性就业。新年、春节、“八一”、“十一”等重大节日，市和区县政府都专门对节日期间拥军优属工作作出部署，各级领导带头走访慰问驻军、武警官兵和重点优抚对象。在纪念中国人民志愿军抗美援朝出国作战 50 周年之际，全市各级对赴朝参战人员普遍进行了走访慰问。继续深入开展了“爱心献功臣行动”。在 1999 年结对帮扶 2500 户重点优抚对象的基础上，重新确定 1000 户，仍由市、区县、乡镇三级党政机关和各级企事业单位开展结对帮扶，又筹集帮扶款 180 多万元。莒县在财力紧张的情况下，拿出 59 万元，用于解决三等伤残军人待遇偏低的问题，使这部分优抚对象的“三难”得到有效缓解。

四、深入开展双拥宣传教育活动。各级紧密联系实际，开展了以爱国主义为核心的国防教育和双拥光荣传统教育，使广大军民特别是各级领导干部进一步增强了做好新时期双拥工作的责任感。为充分发挥国防教育基地的作用，组织力量对日照暴动纪念馆和日照革命纪念馆进行了史料收集整理和布展工作。清明节隆重举行悼念革命烈士大会暨纪念馆开馆仪式，市区各界群众和学生共 5 万多人参加了瞻仰悼念活动。结合庆祝建军73周年，市电视台、市人民广播电台与市双拥办公室、市交警支队、东港区农村信用社等单位密切配合，开展了“走进军营”、“军民共建美好家园”系列活动，产生了良好的社会效果。部队驻训期间，市文化局、民政局、广播电视局与驻训部队隆重举行了庆“八一”军民联欢会。市国防教育委员会组织开展了日照市首届“关心国防建设十佳人物”评选活动，全市形成了更加浓厚的军爱民、民拥军的社会风气。

莱芜市

莱芜市广场夜景

莱芜市辖2区，面积2239平方公里，人口121.9万，有驻军单位10个，优抚对象7.3万人。2000年，莱芜市以新荣誉为起点，按照“巩固、发展、提高、创新”的工作思路开展工作，全市双拥工作有了新的发展。

加强领导，强化宣传。坚持经常化教育和集中教育相结合，双拥教育、国防教育同爱国主义教育相结合，充分利用各种新闻媒体和莱芜战役纪念馆等革命传统教育基地，结合纪念抗美援朝出国作战五十周年，宣传弘扬爱国拥军精神。召开了全市双拥工作总结表彰大会，总结经验，表彰了先进，在全社会营造了“珍惜荣誉，再创辉煌”的双拥氛围。全市各级党委政府高度重视双拥工作，进一步完善了以市区政府为主导、双拥办公室协调指导、各部门分工协作、全社会共同参与的支持部队建设的服务体系。

强化措施，抓好优抚安置和征兵工作。根据中央和省政府的要求，结合实际，先后调整了抚恤补助标准，落实抚恤补助金810万元，城镇义务兵家属优待金达到1080元，农村义务兵家属优待金达到1745元，烈属优待金户均达到884元，伤残军人、老复员军人户均达到232元。对转业退伍军人安置工作实行考试考核、择优安置的办法，使转业干部安置率、转业士官、城镇义务兵安置率、农村义务兵两用人才开发使用率都达到了100%。对随军家属安置，以行政指令分配为主，社会吸纳为辅，确保了随军家属“无待业、无下岗”。征兵和预备役工作逐步走上规范化，确保无一起责任退兵事件发生。

以科技拥军、法律拥军为重点，实施系列拥军工程。一是筹资近20万元为72353部队和72351部队硬化营区路面和安装了有线电视系统。二是出资5万元用于武警莱芜市支队增加训练设施，生活设施和庭院绿化美化。三是筹集资金20万元对市民兵武器装备仓库进行了全面改造。积极支持济南陆军学院和驻鲁某师的野营拉练，并在4次军用光缆辅设工程中，共出义务工6000余人次，承担青苗补偿费近20万元。选调40名骨干律师组成法律服务队，走进军营，提供法律授课咨询等服务。建立以“维护军人军属合法权益领导小组”为龙头、“涉军案件法庭”为主体、“军人军属法律咨询站”为纽带的“一组、一庭、一站”三位一体、上下联动的工作机制。积极利用地方的教育资源，充分发挥20个军地两用人才培训基地的作用，实施“育才工程”。做到“教室固定，教师专业，教学规范”，采取“定期培训，上门辅导”的教学方式，根据部队需要，设立相关专业，让驻莱部队战士“入伍即入学，退伍即毕业”。

深入开展“爱心献功臣行动”和双拥共建活动。市委、市政府和军分区下发了《关于做好双拥工作，深入开展创建双拥模范城活动的通知》，按照“组织健全、政策落实、活动经常、关系融洽”的要求，搞活基层，打牢基础，带动促进其他各项任务的完成。在巩固“爱心献功臣行动”

取得的成果基础上，继续帮助优抚对象解决生活难、住房难，防止困难反弹。在双拥共建方面，地方各共建单位和共建小组与结对部队签订了共建协议书，制定了详细的共建活动计划和措施，共建双方发挥各自优势，相互支持，相互奉献，办实事，解难题。莱城区雪野乡至钢城区城子坡形成“军民共建百里文明带”。驻莱部队广大官兵把驻地当故乡，视人民为父母，积极支援地方经济建设，共出动兵力5000人次，车辆300台次，支援莱芜重点工程8项。积极参与城市绿化美化、扶贫济困等社会公益事业，特别是在执行抢救莲花山火灾等急难险重任务中，发挥突击队作用，保护了群众的生命和财产安全。

临　沭　县

临沭县城掠影

临沭县共有12个乡镇，60万人口，有优抚对象2.5万人，其中烈属324人，伤残军人944人。2000年，临沭县进一步完善了四个优抚工作机制，促进了各项双拥工作的开展。

完善抚恤补助标准自然增长机制。为了保证抚恤补助标准随着全县经济发展和人民生活水平同步提高，县政府下发了《关于建立抚恤补助标准自然增长机制的通知》，规定：“伤残军人、‘三属’和老复员军人抚恤定补标准分别按上年度城镇职工平均工资、农民人均纯收入为参照基数，科学合理地确定抚恤定补比例，并随着城镇职工和农民收入的提高而提高，确保抚恤定补标准自然增长。”不仅较好地落实了优抚政策，又使优抚对象的生活水平达到了当地群众生活水平，有效地保障了优抚对象的合法权益。2000年，对“三老”优抚对象和军属优待面分别达到100%，义务兵家属的年优待标准提高到1600元，占农民人均纯收入的71%。烈属、伤残军人也分别达到了650元、350元，加上抚恤定补及家庭收入，均达到或超过当地群众生活水平。全县全年发放优待金441万元。

完善优抚医疗保障机制。针对优抚对象治病难的问题，在坚持对二等乙级以上伤残军人和军队离退休干部医疗费实行实报实销的同时，对其他优抚对象逐步建立了以定点医疗、持证就诊、分属别按比例补助为主要内容的优抚医疗保障机制。制定并实施了《优抚对象医疗减免补助办法》，除就诊医院给予优先、优惠、减免外，还对患重病或住院治疗的优抚对象给予医疗费补助，具体补助办法是：优抚对象到医院就诊后，凭医院开具优惠减免后的医疗费单据，对烈属补助医疗费的90－100%，三等伤残军人、老复员军人补助医疗费的40%，带病回乡退伍军人根据家庭经济状况，适当给予补助。

建立社会扶优机制。坚持“联户联责、扶贫扶本”的方针，在全县建立了以县乡党政机关、人民团体、企事业单位为帮扶主体，以“三老”优抚对象为帮扶重点，以扶持发展生产、脱贫致富为目标的社会扶优机制。通过继续开展“爱心献功臣行动”和结对帮扶的形式，切实解决了优抚对象的实际困难。同时，还扶持优抚对象发展生产，增加经济收入，使多数优抚对象有了稳定的家庭收入。

建立科技共建、法制拥军新机制。2000年1月临沭县被命名为全国双拥模范县后，县委、县政府适时提出了科技共建、法制拥军的新举措。在科技共建方面，县委、县政府要求各级、各部门继续把科技拥军放在双拥工作的突出位置，先后向县武装部、县武警中队赠送电教设备、科技图书和微机，并派专人对官兵进行了微机技术培训。在开展科技下乡活动中，优先向农村广大优抚对象送科技、送信息，提高了优抚对象的科技致富能力。临沭县维护军人军属合法权益巡回法庭及时公正地处理军人军属涉法案件，共受理军人军属投诉案件51起，立案36起，结案33起，提供法律咨询100余人（次），解除了部队官兵的后顾之忧，有力地维护了社会和部队的稳定，进一步密切了军政军民关系。同时县委、县政府研究出台了10多部政策法规，在拥军优属工作中做到有法可依，有章可循，有力地保障了广大优抚对象的合法权益。

平　原　县

平原县一角

平原县有驻军单位3个，优抚对象5.29万人。2000年，党政军民以邓小平理论和江总书记“三个代表”重要思想为指导，认真落实全国双拥模范城（县）命名大会精神，扎扎实实地开展各项双拥共建工作，全县双拥工作整体水平又有新的提高。

根据省双拥工作领导小组的安排，在军地之间广泛开展了“双四好”活动。地方为部队送人才，输送优质兵员；送文化，送技术，开办各类培训班、补习班；送信息，开发建立了信息网络。投资5000余元，购置了一批应用软件，增强了微机的实用性，同时建立科技练兵、科技进步奖励机制。为切实维护优抚对象的合法权益，狠抓了全县优抚政策落实。农村义务兵家属优待金为1260元，城镇义务兵家属为600元，“三属”为630元。伤残、复员、病退军人为450元，全县统筹优待金总额达210多万元。制定了优惠政策，调动适龄青年戍边保国和到边远艰苦地区建功立业的积极性，凡进藏新兵每人每年发放3000元优待金；凡服役期满，农业户口均转为非农户口并全部安置工作；要求各乡镇也要制订相应的优惠政策，对进藏新兵本人及家庭给予物质和精神上的鼓励。仅进藏义务兵家属优待金一项每年达12万元。同时根据上级文件精神，分三次为全县2000余名各类优抚对象调整抚恤定补标准，目前，“三属”月抚恤标准达147－157元，超过省定标准22元；在乡复员军人月补助标准为95－105元；伤残军人抚恤达到了部颁标准，全县各类优抚对象抚恤定补总金额为300多万元。同时，把转业干部、退伍义务兵安置当作稳军心、固长城的一项重要工作来抓。全年共安置军转干部12人，接收退伍军人270名，农村安置159名，城镇安置111名，安置率达到100%，保证了退伍义务兵一次安置一次上岗。

部队积极开展支援地方经济建设和社会公益事业。驻平广大官兵把扶贫工作做为拥政爱民工作的一项重要内容，为贫困户寻找致富门路，提供信息和资金，使他们的生活状况有了较大改善。有组织地参加全国妇联实施的“春蕾计划”救助失学儿童活动，全县共救助失学儿童100多名。积极承担急难险重任务，参加地方抢险救灾2次。

在日常的双拥工作中，立足实际，在各个不同的时期，抓住不同的工作重点，紧跟形势，使双拥工作有重点、有特色、有创新。7月27日，全县召开优抚工作会议，安排布置落实各项优抚政策。7月28日至29日，县委书记、县长分别带队走访了驻平部队和军队干部休养所，并送去了价值5000余元的洗衣机、食油、皮箱等生活用品，为军休所解决医疗费2万元，同时建设银行平原支行党总支及县“夕阳红”艺术团对驻军单位进行慰问演出，人民医院免费为驻军官兵检查身体，保证了部队官兵的身体健康。

继续在全县范围内开展“爱心献功臣行动”。在保证抚恤定补及优待金发放及时兑现的同时，认真贯彻落实各项优惠政策，按规定免除了“三老”优抚对象的乡镇统筹和村提留。10月份，重点对全县志愿军老战士和志愿军烈士遗孀进行了走访慰问，了解他们的疾苦，帮助他们解决了部分生活困难，处理了部分药费，维修了住房，使他们切实感受到党和政府的关怀与温暖。

青 岛 市

青岛市海滨一角

青岛市是国家确定的首批对外开放城市之一，又是全省驻军较多的市，被誉为“海军城”。2000年，青岛市军民在市委、市政府和驻青部队领导机关的正确领导下，根据军地建设和发展的要求，不断加大双拥工作力度，使双拥工作的整体水平得到进一步提高。

积极为部队排忧解难。一是把驻青部队“菜篮子”建设纳入全市“菜篮子”工程总体规划，累计投入900万元，帮助部队租赁土地500亩，建立高标准、高质量、高效益的农副业生产基地22个，使部队的自给率提高了30%，青岛警备区、武警机场边检站的生产基地分别被四总部和省武警总队树为部队后勤建设的样板。二是建立部队随军家属和退伍士兵待安置期间生活保障制度。在按政策进行安置的同时，对年内随军后尚未安置工作的随军家属，按当地失业标准给予生活补助；对有工作但尚未落实接收单位的随军家属的基本生活费和养老保险，由军地双方共同承担。复员退伍士兵在待分配期间按照当地最低生活标准予以补贴。三是研究制定了《青岛市支持部队搞好后勤保障社会化改革的意见》，帮助部队解决水、电、气、暖、交通以及生活保障等方面的困难和问题，每年减免建设配套费达2600多万元，同时积极筹措资金帮助部队完成锅炉改造任务。

大力开展科技拥军。广泛开展了“送科技文化进军营”活动，投入620万元向300个基层连队赠送微机及电教文化用品，帮助400个基层部队搞好图书文化室建设。拨专款21万元，为驻青部队基层连队订阅《青岛日报》。为支持部队科技大练兵活动，各级政府和职能部门投入560多万元，帮助部队搞好军事训练场地、设施和器材的改造与更新。投资100万元帮助部队建立了10所科技拥军学校，目前已培训学员2000余名。

结合社区建设开展双拥工作，拓宽了双拥工作新领域。发挥军地优势开展“三进三促”活动，即：双拥共建进学校，促进“四有”新人的培养；双拥共建进街道，促进精神文明和公益事业的发展；双拥共建进家庭，促进团结和睦社会新风尚的形成。建立了社区拥军优属服务中心、随军家属服务站、双拥婚介所、法律咨询服务站和军民共建流动血库，组织军地社区服务志愿队定期开展社区服务活动，积极开展军民联防联治、环境整治、楼院绿化以及社区文化活动。双拥工作与社区建设相结合，扩大了双拥工作的社会影响，为双拥工作在街道的开展创造了良好的社会氛围。同时，发挥驻军医疗技术优势，把包户服务延伸到中老年公寓、社会福利院、社区居民院，做到“四定”，即定单位、定人员、定地点、定期服务，目前，全市重点优抚对象和孤寡老人都能得到社区生活医疗服务，使他们感受到政府和社会各界的关心。

探索法制拥军新路子。建立起了以“维护军人军属合法权益领导小组”为龙头、“涉军案件法庭”为主体、“军人军属法律咨询站”为纽带的“一组一庭一站”新机制，并先后发出“致军人军属公开信”和“法律服务卡”6万余份，使各类涉军纠纷通过合理分流得到及时有效地处理。“一组一庭一站”建立和运行以来，先后为军人军属提供法律咨询4700多人次，处理涉军纠纷3552件，立案605件，审结602件，消除了30余起欲以不正当手段私下解决矛盾纠纷的隐患，为部队和军人军属挽回经济损失近3000万元。

拥政爱民做出新贡献。为支援青威高速公路建设，驻青部队先后派出车辆200余台（次），人员1500多人（次），搬运土石1000多立方米。在创建全国文明城市、全国环保模范城活动中，各部队积极参加了驻地扶贫帮困、植树造林、卫生整治、环境美化、治安联防以及啤酒节、青洽会期间的安全保障等社会公益活动。特别在四月发生的崂山山林大火中，驻青部队出动4000多名官兵奔赴火场，扑灭了600多亩山林大火，保住了25亩山林，谱写了一曲拥政爱民的壮丽凯歌。

河 南 省

郑 州 市

郑州市一角

2000年，郑州市党政军民以发展社会生产力和提高部队战斗力为目的，以争创全国双拥模范城“四连冠”为目标，着力解决部队关心的热点、难点问题，双拥工作走上了“制度化、社会化、经常化、规范化”的轨道。

加强组织领导，完善制度建设。根据领导人员变动情况和新形势下双拥工作的任务和要求，及时调整市双拥工作领导小组组长、副组长及成员单位；传达学习全国双拥模范城（县）命名大会精神，对下一阶段的双拥工作作了部署和安排。各级党委、政府一把手亲自担任双拥领导小组组长，将双拥工作列入各单位的责任目标进行考核，与干部的选拔、使用挂钩。坚持了双拥领导小组办公制度、市委领导过军事日制度、走访慰问制度等。全年召开军地联席会议4次、双拥领导小组办公会议2次，解决了20个热点和难点问题。

加大宣传力度，营造浓厚的双拥氛围。充分利用板报、广播、报刊、标语等多种形式对“双三好”活动进行宣传。举办了“情系国防”征文比赛和“新郑首届国防知识大奖赛”。《人民日报》、《黄河民兵》等分别刊登了市委领导支持国防建设的先进事迹。新密市电视台《周末视点》栏目，特设专栏以答记者问的形式解答有关双拥政策。制订了《关于进一步加强双拥工作的通知》等规范性文件，再次明确了革命伤残军人凭《革命伤残军人证》免费乘坐市内公共电车、汽车，建立优抚对象抚恤补助标准自然增长机制等规定。各县（市）区也制定出台了具有本地特色的双拥政策法规。

积极为驻军和优抚对象办实事。举办了第二期“菜篮子”工程技术培训班，邀请知名专家教授为战士学员讲授养殖、种植等技术，为驻军培养技术骨干。5月，举办了首期“未就业随军家属技能培训班”，180多名随军家属掌握了专业技能。投入100多万元为部队修复道路、改建训练基地、架设通信专线等。在集中解决重点优抚对象住房难的基础上，各级继续把帮助重点优抚对象排忧解难作为大事来抓。“八一”前夕，市政府出台了对军人子女入托、入学优惠政策，并为274名随家属落实了工作。普遍建立抚恤补助标准自然增长机制，集中组织机关干部下乡，帮助优抚对象抢收抢种。建立了优抚医疗体系和医疗保障金，解决重点优抚对象看病难的问题。10月24日，全市各级党政军领导慰问在乡抗美援朝老战士，赠送了慰问品和慰问金。

驻郑部队牢记宗旨，积极为地方建设做贡献。

广大官兵牢记宗旨，承担了急难险重任务，为地方排忧解难。在抗洪救灾中，驻豫武警抢运粮食550万斤，挽回经济损失350万元。积极参加社会公益活动，帮助地方清扫道路积雪、洗刷马路护栏、清运垃圾、植树造林，为美化绿化郑州做出了新的贡献。信息工程大学在高新技术方面积极与地方政府合作，利用技术的优势支持地方的高科技发展，开辟了新形势下共建工作的新路子。驻军还通过送科技、文化、医疗下乡，开展捐款助残助学、便民服务等活动，促进了郑州市的两个文明建设。

洛阳市

洛阳市鸟瞰

2000年，洛阳市党政军民以邓小平理论为指导，认真贯彻落实全国双拥模范城命名大会精神，进一步加大热点、难点问题的解决力度，不断加强双拥政策法规建设，全市双拥整体水平有新的提高。

加强领导，完善制度。市委、市政府下发《2000年双拥目标任务》，确定了新年度的双拥工作思路和任务目标，把双拥工作纳入了各级政府的目标责任管理和干部政绩考核内容。先后下发了《2000年双拥工作要点》、《关于开展“三好”活动的通知》、《关于下达随军家属安置计划指标的通知》、《关于贯彻全国双拥模范城（县）命名大会精神的通知》、《关于进一步做好随军家属安置和社会保障工作的意见》，指导各地、各部门深入扎实地抓好各项双拥工作的落实，推进双拥任务不断向更高层次发展。

适应新形势，拓宽教育渠道。在全市广泛深入开展了以“爱祖国、爱国防、爱军队”为中心内容的国防教育。市委党校在每期的干部培训中，把国防教育作为必修课目。各县（市）区在“八一”组织领导到军营过“军事日”，各中、小学校均开设国防教育课。确定市烈士陵园、洛阳八路军办事处和师、团史馆为国防教育阵地。全年共组织国防教育189场次，参加人员4万多人。组织上街宣传8场次，发放宣传品28万多份，受教育群众达20多万人次，出板报、墙报523期。

军地双方互办实事，双向奉献。市政府拨专款20万元，为驻军基层连队赠送洗衣机200台。各县（市）区为驻军赠送电脑、冰箱、电视机等慰问品价值210多万元，解决军粮补贴287万多元，为部队办实事1136件。全市32个旅游景点免费对现役军人和伤残军人开放。全市共投入资金166.8万元，为驻军部队营区修建和扩建了道路。全市各级积极保障驻洛某部军事演习，并派出慰问团赴演习地域慰问参演官兵，赠送了慰问品和慰问金。全市建立15个维护军人军属合法权益巡回法庭，206个维护军人军属合法权益咨询服务站，受理涉及军人军属案件159件，挽回经济损失100多万元。驻洛部队积极参加地方经济建设。全年参加重点工程建设28项，公益事业建设18项，清理垃圾5万多立方米，植树3.8万多株，参加扶贫帮困4200多次。投入59万元，援建希望学校2所。军训中小学生2.8万人次。

全面落实优抚安置政策。市政府投资89万多元为在乡139户“三老”解决住房351间。投资43万多元解决医疗难2773户，减免医疗费用34万多元。各县（市）区财政拿出349.8万元资金，提高老复员军人定期定量补助。义务兵家属优待金总计875万元。为各类优抚对象减免农业税46.38万元，减免各种提留、集资223.8万元，减免义务工103万多个。扶持7603户优抚对象发展生产，组织劳务输出32472人。开展了选送好入伍的、服务好在伍的、安置好退伍的“三好”活动。接收并妥善安置军队转业干部473名。对在部队任团职满4年的，经过组织部门考核都安排了实职。接收安置城镇退伍战士3342名，安置率达95.6%。安置随军家属42名。市财政拨出专款160万元，为待安置期间的退伍战士发放半年的生活保障费。

新乡市

新乡市远眺

2000年，新乡市再次荣获全国双拥模范城荣誉称号。全市军民认真学习贯彻全国双拥模范城（县）命名大会精神，把荣誉当作动力，认真抓好各项双拥政策法规的落实，双拥工作整体水平又有新的提高。

加强双拥宣传教育，双拥氛围更加浓厚。2000年1月，新乡市第二次被命名为全国双拥模范城，全市隆重召开大会，传达贯彻了江泽民总书记的贺信和胡锦涛副主席的讲话。市电视台、广播电台、新乡日报办好双拥专栏、专题节目，组织开展了国防知识大赛和“宝岛在我心中”宣传一条街活动。结合纪念志愿军抗美援朝出国作战50周年，走访慰问了抗美援朝的老同志，带去了慰问金和慰问品。出版双拥画刊和评选表彰“优秀转业干部和退伍军人”活动。一年来，市新闻媒体发表各类稿件300余篇。“长垣民兵管理模式”、“新乡双拥工作”、“军粮供应”、“优秀转业干部王树安”等经验和典型事迹，在中央和省电视台、报刊上进行了报道。

加大科技拥军力度，积极为部队办实事。全市各级党委、政府坚持把关心支持部队建设作为一项重大的政治任务来抓，尽全力为部队提供各种服务保障。市委、市政府专门下发《关于广泛开展科技拥军活动的通知》，动员社会各界力量开展科技拥军活动。为驻新部队培训专业技术人才千余人，赠送电脑10台、科技图书万余册。为部队提供器材、技术服务，帮助部队解决科技练兵中遇到的难题，为部队节省资金300多万元。全市开展选送好入伍的，服务好在伍的，安置好退伍的“三好”活动，被济南军区评为征兵工作先进单位。加大法律拥军力度，切实维护军人军属合法权益。8月，成立了新乡市维护军人合法权益法律援助中心，专门解决涉军案件，受到了部队官兵的好评。教育、劳动部门积极做好部队子女上学入托和随军家属安置工作，共解决部队子女入学入托200余名，安置随军家属78人。积极探索改革安置办法，多渠道安置好军转干部、退役士兵。全年共安置军队转业干部342名，分配到行政单位115名，事业单位207名；安置城镇退役士兵2028人，对退役士兵普遍开展了岗前培训，提高了他们的素质和能力，有150人安置到非国有企业，安置率达到96%。开发使用军地两用人才215人，开发使用率为85%。巩固发展“爱心献功臣行动”成果，进一步落实优抚政策和医疗减免办法，解决了重点优抚对象医疗难的问题。

强化奉献意识，驻新部队积极参加地方经济建设。驻军部队参加了地方的重点工程建设，为创建“蓝天绿地”卫生城、环保城作出贡献。积极参加抗洪抢险，为抢救人民群众的生命财产做出贡献。开展“星期六义务奉献日”活动，为老区人民送医送药。一年来，驻新部队共投入劳动日3万多个、出动兵力2万多人次、动用各种机械车辆500多台次，植树2万棵，支援地方工程建设3项，抢险救灾4次，抢救群众1000余人，运送各种物资500吨，为灾区捐款64万元，为新乡市特困户和下岗职工捐款13万余元。

商丘市

2000年，商丘市党政军民立足新起点，开拓新思路，紧紧围绕“一个中心”谋发展，突出“两

商丘市新貌

个重点”求突破，抓好“三个落实”促提高，确保“四个到位”上台阶，推动了全市双拥工作向更高更新层次发展。

围绕“一个中心”谋发展。全市军民把通过开展双拥工作焕发出来的政治热情引导到经济建设和部队建设上来，把发展社会生产力和提高部队战斗力摆在了各项工作的首位，市委、市政府把关心支持部队建设当成大事，做到凡部队需要解决的问题、凡部队面临的困难都不遗余力地予以解决。驻商部队积极支持驻地经济建设，在完成急难险重任务中冲锋在前，全年动用兵力2万人次，投入劳动日6万余个，支援商开高速公路、北海路等重点工程建设，促进了商丘的经济发展。

突出“两个重点”求突破。一是在科技拥军上求突破。市委、市政府在加大支持部队科技硬件投入的同时，充分调动和发挥商丘科技的优势，支持科技大练兵活动。拨专款为部队送微机33部。市教育部门和专业技术部门为部队开设了本科班和专业技术培训班，为部队培训本科生80名，两用人才50名，以实际行动支持部队科技强军。二是在抓基层、打基础上求突破。从基层抓起，从平时一点一滴抓起，突出了一个单位一个特色，一个时期一个重点。狠抓拥军优属一条街、拥政爱民一条街和拥军居委会、拥军商场、拥军医院等双拥示范典型，组织开展丰富多彩的双拥共建活动，双拥工作在基层得到了全面发展。

抓好“三个落实”促提高。一是落实拥军政策。积极落实部队所需的粮、油、水、电燃料等物资供应，采取有效措施做好军事设施保护工作，建立和完善维护军人军属合法权益巡回法庭，制定军人子女入学入托、随军家属安置、退伍军人自谋职业优先优惠措施，为部队战备训练、工作生活创造了良好条件。二是落实优抚政策。对优待、定补、抚恤、减免各项政策，坚持按标准抓好落实。全市义务兵家属按标准进行优待，最高的达2314元。在乡老复员军人定补每人每月最低98元，生活水平得到提高。为巩固发展“爱心献功臣行动”成果，投入62万元，社会捐赠30余万元，结对帮建投入资金9.2万元，为全市204户重点优抚对象建新房373间，维修房屋83间。三是落实安置政策。安置军队转业干部286人，其中17名正团职干部全部安排了实职，其他干部安置到党政机关、事业单位。安置退伍士兵3309人，安置随军家属72人，随迁家属88人，随迁子女126人。

确保“四个到位”上台阶。一是思想认识到位。深入开展国防教育活动，在广播、电视、报纸开辟专栏、专题。采取双拥知识竞赛、表彰先进等形式，营造双拥氛围。共表彰先进单位72个，先进个人118名。二是领导力量到位。各级将双拥工作列入党委、政府的重要议事日程，纳入当地经济和社会发展及部队建设总体规划，坚持党政一把手亲自抓，分管领导具体抓，各行各业协同抓，党政军一把手负总责，分管领导负专责的双拥工作领导体制，促进了双拥工作落实。三是组织机构到位。全市形成了由书记任政委，市（县、区）长任指挥长，主管副书记、副市（县、区）长等有关领导任副指挥长，直属单位为成员的双拥工作指挥部，下设办公室，配备了专职工作人员。驻军单位成立了相应机构，形成了“横向到边，纵向到底”的组织网络。四是工作措施到位。坚持党委议军制度，及时解决双拥工作出现的新情况、新问题。认真落实人大代表、政协委员视察双拥工作的制度，促进各项双拥工作的落实。实行成员单位分片、分线、分口负责制度，形成了抓双拥工作落实的合力。完善军（警）民共建制度，促进军地精神文明建设。贯彻双拥工作目标管理制度，提高双拥工作质量。坚持成员单位年终述职制度，注重双拥工作效果。

驻马店市

驻马店市一瞥

2000年，驻马店市第二次被命名为全国双拥模范城，全市党政军民把荣誉当作动力，全面落实优抚安置政策，在解决热点、难点问题上下功夫，双拥工作有新的发展。

强化措施，增强双拥意识。市委、政府提出了“党委重视，政府引导，部门操作，社会唱戏”十六字双拥工作方针，把双拥工作纳入党政重要议事日程，列入干部政绩考核内容，与评选先进挂钩。全市各级都制订了双拥工作规划，许多基层单位还结合社区服务为驻军和优抚对象提供服务。加大国防宣传力度，形成浓厚双拥氛围。投资10万元建立国防教育基地。国防教育列入全民教育必修课，举办“国防杯”演讲活动70余次，受教育面达85%以上。

全面落实各项优抚安置政策。落实农村义务兵家属优待制度，全市5个乡优待农村义务兵家属52户，户均优待1450元。对重点优抚对象实行普遍优待，户均220元，优待总金额31万元。在乡老复员军人月定补人均91元，对全市363名享受定期抚恤和定期补助的优抚对象进行了标准核查和换证。落实了优抚对象医疗减免等规定。投资1.8万元为8户住房较差的优抚对象新建和维修住房11间，全年共发放临时救济款2.5万元，重点优抚对象“三难”问题进一步得到解决。市领导经常深入部队，现场办公，解决困难。做好随军家属安置工作，安排268名军人子女到市内最好学校就读。军队转业干部安置率达100%，安置退伍军人497人，安置率达100%。

加大为部队办实事、解难题力度。市政府投资100万元，解决驻军某部的住房、用电、用水困难。继续坚持每年为驻军连队办一件好事，开通所有驻军公交专线，市电信局为某修理营各连队安装了IC卡电话。春节前夕，市委、市政府领导走访慰问了驻驿城的9个驻军单位，送去微机9台，受到驻军官兵的欢迎。市饮食服务协会和老街乡、市财政局、市第二中学等单位为驻军送去羊肉、水果、啤酒等慰问品。市政府对来驻城参加国防光缆施工部队的住房、用电、用水和后勤供应提供全方位的支持，并送去价值1万元的慰问品，受到部队官兵的好评。10月25日，市委、市政府举行部分志愿军老战士座谈会，全市新闻媒体进行了宣传报道。全市各级纷纷到志愿军老战士家进行走访慰问，并送去慰问品和慰问金。卫生和医药部门组织医疗队，深入基层为志愿军老战士看病送药。

拥政爱民动真情办实事。驻军部队出动兵力3000人次，参加上蔡、西平等县的抗洪抢险，救护转移群众1039人，向灾区捐款3万元，派出医疗队下乡巡诊8次，捐赠医疗器械和药品10万余元。帮助群众维修300多台运输车辆和大型机具。共培训地方专业技术人员110人次，为群众修理农机具300余件、家用电器200余件。159医院、武警支队、消防支队在做好驻地群众工作时，还注重社会主义精神文明的建设和传播。与共建单位和驻地群众举办联欢会15场，放电影50多场，赠送图书近万册。一年来，共出动官兵2万余人次，车辆机械1500余台，参加地方农田水利建设、救灾抢险等，有力地支援了地方经济建设。

三门峡市

三门峡市辖3县2市1区。2000年，全市党政军民坚持以党的基本路线为指针，紧紧围绕改革、发展和稳定大局，以发展社会生产力和提高部队战斗力为根本任务，进一步完善各项政策法规，狠抓工作落实，全市双拥工作不断发展。

三门峡市一角

组织领导坚强有力。市、县、乡三级领导小组健全，各级双拥办人员、经费、办公地点落实，市、县双拥办配备了电脑、打印机等现代化办公设施，实行“承办单”工作制度。军地双方制定了军地定期议军例会制度、定期汇报制度、定期检查评比制度，出台《拥军优属公约》、《拥政爱民公约》等双拥工作制度，明确双拥工作开展不力的单位，取消其参加精神文明建设先进单位评比的资格。

国防教育广泛深入。全市各类学校把国防教育和双拥宣传教育内容列入教学计划，对青少年学生、民兵和干部群众进行系统国防教育。成立了“双拥流动学校”。军地共同组织了“双拥杯”电视演讲赛、“双拥杯”篮球赛、“双拥杯”征文和开辟《军民共建双拥模范城》专栏等大型宣传活动16次，设置永久性巨幅标语牌62块，“军人优先”、“军车免费”等服务标语牌1万余块，拍摄8部双拥及“爱心献功臣行动”电视专题片，编辑出版《双拥工作简报》86期。

双拥活动坚持经常。全市各级成立了“拥军优属联席会”、“军人家庭服务中心”等基层群众性服务组织2600多个，直接参加服务活动的群众15余万人次，为烈军属及驻军办实事办好事6万多件。投资360余万元，支持部队基础设施建设。无偿划拨土地60余亩，训练场地130余亩，并为每个连（中）队赠送电冰柜、热水器、影碟机、洗衣机各一台，为部队赠送电脑16台。补贴军粮差价400余万元，赠送慰问品50余万元。地方为部队开办进修班，6000名军官取得了大中专学历，3200余名战士取得了技术等级证书。驻军参加急难险重任务10余起，投入劳动力6万个，军训学生、职工3.7万人，为地方培训技术人才1.2万人。

政策法规落到实处。制定了《贯彻<军人抚恤优待条例>实施细则》，优抚工作走上规范化轨道。妥善安置军队转业干部和退役士兵，安置率100%。落实了退役士兵待分配期间的生活补贴费。优先解决未随军家属住房97间。制订了《关于进一步做好现役军官家属就业安置的若干规定》和《关于进一步做好拥军优属工作的通知》等文件。设立“军人家属法律咨询服务站”和“维护军人家属合法权益巡回法庭”，形成了法律服务网络。落实了二等伤残军人医疗费实报实销制度。义务兵家属优待金户均1318元，在乡老复员军人年定补1080元，各类优抚对象抚恤优待，按国家规定及时兑现。

军民共建富有成效。驻军部队连以上单位与当地学校、有关部门结成共建对子，建立了113个军民共建点，既注重思想教育，又注重互办实事，95%以上的共建单位分别被国家、省、市评为双拥先进单位和文明单位。坚持互访互问，军地之间互相关心，互相支持，亲如一家。无任何历史遗留问题及军政军民纠纷，军地关系十分融洽。

平顶山市

平顶山市远景

2000年，平顶山市党政军民坚持标准，严格要求，发扬成绩，明确责任，深入开展群众性双拥活动，狠抓政策落实，双拥工作整体水平有了新的提高。

领导重视，制度完善。市委、市政府、军分区认真传达学习全国双拥模范城（县）命名大会精神。市委书记田承忠、市长邓永俭先后两次参加双拥工作领导小组会议，明确指示："下一步双拥工作力度只能进一步加大，不能有丝毫的减弱"。市政府推行了双拥工作主官负责制和一票否决制，强化了目标管理责任制。市直各部门、各行业进一步修订完善了行业拥军规定，健全了规章制度和监督约束措施。形成了政府有文件、部门有规定、基层有制度、窗口单位有标志、具体工作有落实的局面，使各项双拥政策得到了较好落实。

扎实开展国防教育和双拥宣传工作。2000年，军地双方共同举办各种形式的国防教育活动4300场次，受教育人数达150多万人。各新闻单位制订了具体的宣传计划。结合"八一"和纪念抗美援朝出国作战50周年活动，电视台、报纸、广播电台进行了集中宣传，共发稿件458篇，制作专题节目12个，刊播双拥口号1200条次。

认真落实优抚安置政策。市政府将各项优抚安置政策的落实情况列入政府工作目标管理和政府督查的重要内容，定期督查，狠抓落实。优先兑现优待定补款，全市共筹集发放优待款925万元，老复员军人定补标准月均达92元以上，最高达到120元，全部及时足额发放。义务兵家属优待金超过了人均收入75%的规定。市、县两级还拿出55万元，用于解决重点优抚对象住房难、治病难和生活难问题，共解决住房难80户，治病难460户，并对部分生活难的对象给予了重点救济。其他抚恤补助款也全部做到了及时足额发放。妥善安置转业干部234人，转业士官415人，义务兵2365人，随迁家属36户。

坚持定期走访，注重互办实事。"八一"、春节期间，地方领导率团到驻军进行走访慰问，征求意见，赠送了电脑60台，科技书籍300多套。为武警平顶山支队征地70亩，建起了一座新靶场。为23名失业、下岗军人家属重新安排工作。优先解决军人子女入学入托163人。法院系统设立了维护军人军属合法权益庭，乡镇设有法律咨询站，全年共受理案件65起，全部审结。开源路粮贸公司把辖区600多户军烈属和10户伤残军人分包到店、责任到人，长期坚持送货上门服务。基层上千个拥军优属服务小组和学雷锋小组，为优抚对象帮耕帮种8600人次，帮耕、帮种、帮收5600亩。全市共解决部队生产、生活补贴300万元。驻平部队官兵投入20000个劳动日，参与城郊绿化工程，绿化荒山5000亩。出动抢险突击队，抢救遇险群众5600人。组织义务医疗队，深入贫困灾区为群众诊治近千人次。积极与驻地开展军民共建活动，结成共建队子380多个，有力促进了军民关系的发展，形成了水乳交融、协调融洽的军政军民关系。

焦作市

焦作市焦南新区一瞥

焦作市有各类优抚对象3318户，驻军单位12个。2000年，全市军民认真贯彻全国双拥模范城（县）命名大会精神，以荣誉为动力，积极开展创建活动，推动了双拥工作向更高层次发展。

加大双拥宣传力度。2000年1月，全国双拥模范城命名大会以后，市双拥工作领导小组及时召开会议，认真学习贯彻大会精神，对全市双拥工作进行了全面分析和总结，对2000年双拥工作进行了部署。1月26日，召开了全市庆祝再获"全国双拥模范城"称号暨春节军民联欢大会，号召全市军民更加紧密地团结起来，再接再厉，使全市的双拥工作再上一个新台阶。在报纸、电视台、电台开办双拥专栏和专题节目，宣传各行各业开展双拥活动的情况和双拥先进典型事迹，编发双拥简报10

期。举办国防知识竞赛、双拥工作展览，受教育人数达3.6万人次。这些活动营造了创建双拥模范城的社会氛围，增强了广大军民的国防观念和双拥意识。

积极为部队办实事。市政府对随军家属的就业安置和社会保障工作作出了具体安排，70余名随军家属被安排到市直经济效益较好的企事业单位，解除了驻焦部队干部的后顾之忧。“八一”期间向驻焦部队赠送节日生活补助费20余万元。焦作工学院积极开展科技拥军活动，为驻焦部队举办3期计算机培训班，培训官兵170余名，减免学费6000余元，受到驻焦部队的好评。

全面落实优抚安置政策。做好各类优抚对象的抚恤金、补助金的调整和发放工作，使其达到省、市规定的标准。做好农村义务兵家属的优待金兑现工作。妥善安置1600余名复退军人。全市共筹集资金10多万元，为24户优抚对象解决了住房难的问题。市康复医院为优抚对象减免医疗费3万多元。组织医疗队开展义务巡诊活动，为150余名在乡老复员军人和三等伤残革命军人义务治病，无偿送药近2万元，受到优抚对象的称赞。

做好节日期间及重大活动中的双拥工作。春节、“八一”期间，全市各级党委、政府组织慰问团到军营和优抚对象家中走访慰问，并通过举办文体比赛、电影晚会和召开座谈会、联欢会等，掀起双拥活动热潮。据不完全统计，节日期间向驻焦部队和优抚对象赠送慰问品、慰问金达120余万元。在纪念抗美援朝出国作战50周年期间，市里专门下发通知，各地召开座谈会，举办电影晚会，对赴朝老战士和志愿军烈属进行走访慰问，表达了党和政府对他们的关心。

驻焦部队积极为地方经济建设做贡献。广大官兵视人民如父母，把驻地当故乡，主动承担急难险重任务，积极参加地方经济建设。出动1000多名官兵参加抗洪抢险。出动官兵3800余人次、车辆300余台次为群英河清淤，共清理淤泥1万余立方米。焦作军分区协调组织4200余名官兵参加植树造林活动，踊跃为灾区人民捐款73000余元，捐赠棉被、衣服1700余件。

安 阳 市

安阳市新貌

2000年安阳市再次荣获全国双拥模范城称号，全市军民紧紧围绕中心工作，努力在求实、创新、发展上下功夫，在解决热点难点问题上见成效，双拥工作实现了新的跨越。

双拥宣传教育常抓不懈。及时召开了安阳市创建“全国双拥模范城暨爱心献功臣行动”总结表彰大会。借安阳解放51周年之际举行声势浩大的纪念教育活动，约10万余人参加了陵园瞻仰活动。组织开展了纪念抗美援朝出国作战50周年庆祝活动，各级党政军领导到志愿军烈属代表家中进行了走访慰问。驻安各部队也开展了以“我为驻地添光彩”等为主题的大讨论。军地双方举行了大型双拥文艺演出、国防知识竞赛、双拥事迹报告会等活动，激发了全市军民的双拥热情，营造出浓厚的双拥氛围。

军地双方互办实事成效明显。一是元旦、春节和“八一”期间，各级党政军领导定期深入驻安部队和优抚对象家中走访慰问，帮助解决训练、生活上的实际困难，做好驻训部队的后勤保障工作。二是创办少年军校，2000名学生接受了军训。三是大力开展科技拥军活动，向部队赠送了电脑等学习用品。地方大中专院校，积极配合部队开展了科技练兵活动和干部学历升级教育工作，把帮助部队培养有知识、懂科技、会驾驭新装备的现代精兵作为新时期拥军工作的重要内容。四是加强和改善部队战备基础建设。在省里投入230万元的基础上，市里投入80万元，为部队修建了一条能承受百吨载重能力的进出道路和桥梁。市委、市政府积极协调地方有关单位投资390万元，铺设了2600多米通向营区的供热主管道。五是积极探索和完善“维护军人军属合法权益法庭”运行新机制。“维军法庭”设在县（市、区）人民法院的涉军案件办公室，确保了所有案件100%当天立案、100%公开审判、100%得到执行，为军人军属挽回经济损失200多万元。六是驻安部队积极参加了驻地的经济建设和社会公益事业。两次参加光缆施工，共完成400多公里的土工作业和放缆任务。先后出动1万名官兵及时参加抢险救灾。广泛开展扶危帮困工作，151医院出动医疗队347人次，为民送药12类480多个品种。驻安各部队还积极为下岗职工、受灾地区和希望工程捐款30余万元，参加3.15消费日、环境保护日、创文明城市等社会公益活动20余次，为建设第二故乡做出了巨大贡献。

解决热点难点问题实现新突破。市委、市政府多次召开随军家属就业协调会，免费为56名随军家属进行了岗前培训；举办了随军家属再就业洽谈会，共安排42名随军家属就业。制订完善了优抚政策法规，拟定了《义务兵家属优待金社会统筹管理办法》。改革退伍安置办法，举办了退伍军人安置工作双向选择大会，尝试和探索退伍安置工作新路子。2000年，全市共接收城镇退伍军人1189人，安置率达96%。继续深入开展“爱心献功臣行动”，对优抚对象和特困群众住院治疗实行费用减免，各帮扶单位定期到各自的帮扶对象家中回访，进一步帮助解决实际困难，不断提高他们的生活水平。

信阳市

信阳是革命老区，共有各类优抚对象28万多人，驻军单位44个。2000年，信阳市再次被命名为全国双拥模范城。全市党政军民以荣誉为动力，总结经验，团结协作，开拓进取，双拥工作又上新台阶。

信阳市一隅

抓认识，再绘创建蓝图。全市军民十分珍惜全国双拥模范城荣誉称号。市委、市政府、军分区召开联席会议，提出了“抓住契机，乘势而进，再铸辉煌”的双拥工作思路，召集双拥工作领导小组成员单位和驻军团以上部队负责人召开座谈会，把双拥工作纳入了信阳市经济社会发展总体规划和精神文明建设的重要内容，制定下发了《关于进一步做好拥军优属工作的意见》。按照市委、市政府和军分区加强双拥工作的基本思路，各级认真查找问题，明确发展方向，提出了加强双拥共建的7条措施。市双拥工作领导小组重新制定了信阳市双拥共建工作规划。

抓基层，再固创建基础。为了使双拥模范城有新的进步，使双拥共建工作进一步深化，市双拥工作领导小组把双拥工作的重点确定在基层。结合社区建设和基层政治建设，规范了拥军优属志愿者队伍建设，建立了“军人家属服务中心”328个，“送温暖”小组1371个，使双拥共建基本形成了制度化、网络化。结合强化国防教育，新开辟国防教育场所63个，对全市广大干部群众开展广泛深入的国防和双拥教育，提高了广大军民的国防意识和双拥意识，为双拥共建的开展打下了良好的基础。各级都把双拥共建列入议事日程，军地双方互办实事，双拥共建的凝聚力和创造力不断增强。

抓成效，再谱创建新曲。各级党委、政府和社会各界广泛开展了“一件实事”工程，即每年为当地驻军办一件实事。新县专项拨款7万元，改善了武警中队办公条件。“拥军模范”胡爱琴，为支援部队科技练兵，购进3台电脑赠送给某工兵团。拥军优属服务小组共出动劳力9600余人次，帮助优抚对象抢收抢种共12000亩。市委、市政府多次协调，并专门组织召开专项会议，劳动、人事、民政通力合作，把60名随军家属指令性分配到机关事业单位。鼓励退伍军人双向选择，加大指令分配和计划分配力度，全市退役士兵得到了妥善安置。市财政投入241万元资金，提高老复员军人定补标准。深入开展了“爱心献功臣行动”，使各项优抚政策得到落实。230户优抚对象搬进了新居。通过筹集经费建立优抚对象医疗基金，建立优抚门诊对优抚对象优先诊治并适当减免费用，建立义诊志愿者队伍定期定点为优抚对象义务治疗等方法，解决了重点优抚对象的医疗难问题。驻军部队把驻地当故乡，为地方的经济建设做贡献。全年共投入兵力2万多人次，动用车辆400多台次，参加狮河治理、扑灭山火、植树造林活动和建立“千亩爱民林”等地方公益事业。

湖　北　省

襄　阳　县

襄阳县城一角

襄阳县地处鄂西北部，人口139万，驻军单位11个，各类优抚对象8.96万人。2000年，全县军民继承和发扬双拥光荣传统，以提高部队战斗力和发展地方生产力为目的，以争创国家级双拥模范县“五连冠”为动力，大胆创新，狠抓落实，双拥工作又有新发展。

深入开展“爱心献功臣行动”，着力解决“三难”问题。把“爱心献功臣行动”作为推动拥军优属工作发展的突破口，县委、县政府提出了“功臣为国流血汗，我为功臣排忧难，千元万元献爱心，千家万户助功臣”的口号。县千人工作队与部分“三老”对象结成帮扶对子，每人包扶一户困难优抚对象。县政协组织医疗小分队为“三老”对象免费诊疗。教育部门组织学生开展为优抚对象做好事、办实事活动。结合纪念抗美援朝出国作战共组织25个走访慰问小组，对参加过抗美援朝的在乡老复员军人进行登门慰问，为困难户送去慰问金。广大人民群众还捐款84万元，帮助重点优抚对象解决困难。驻襄官兵到光荣院为老功臣理发、治病、义务平整场地，并捐赠衣被30多件。共为“三老”对象解决生活困难261人、住房困难105户、治病困难271人。

认真落实优抚安置政策。落实义务兵家属优待，农村义务兵家属的户均优待标准达到1800元，城镇义务兵家属优待标准户均达到310元。进一步落实优抚对象的提标款发放、伤残军人医疗费报销、优待减免等政策，在专款经费未到的情况下，先后两次从银行贷款130万元，落实提标政策。广泛开展了为优抚对象“十优先”送温暖活动。对军属的义务工实行一带一减免，对烈属和伤残军人免除了公粮和提留，对181名在乡二等以上伤残军人全部实行公费医疗，医药费实报实销，对89名立功军人进行奖励，发奖金近万元。14名军队转业干部和338名退役士兵都得到了妥善安置。同时，坚持立足城乡，全方位推进农村退伍士兵的安置工作，使农村退伍军人两用人才开发率达到95%。

军地双方互办实事成效明显。县委、县政府制定政策，规定在企业工作的随军一律不下岗，随军家属子女符合就业条件的一律不待业，安置后的转业干部、退伍军人一律不收风险金，军队粮油供应一律保证高质量，危害国防利益的人和事一律从重处理。全县共组成12个慰问小组，对11个驻军单位（含4个执勤点）的官兵进行了走访慰问，送去了价值10多万元的慰问品。地方政府共为部队解决子女入学困难41人，安置随军家属6人，粮油、水电等补贴41万元。卫生局组织2个医疗队，为2400多名抗洪抢险官兵免费进行体检、注射疫苗。驻军官兵积极参加地方经济建设，主动与驻地开展军民共建，共建点达80个，先后投入兵力3500人（次）参与重点工程项目建设，为群众打同心井8口，修连心路5条，造友谊林1片，加快了地方两个文明建设步伐。2000年6月，伙牌镇闫徐村235名村民饮水中毒，教导大队官兵闻讯后出动汽车3辆，担架5付，携带4000多元药品，与急救中心一起进行抢救，经过5个多小时的紧急救治，使全部中毒村民转危为安，被人民群众称为军中“110”。7月上旬，境内白河大堤出现坍塌重大险情，东排子河水位急速上涨，黄渠河、石桥两镇部分群众面临财产和生命危险，驻县6个团级单位紧急调兵，800多名官兵出生入死与洪水搏斗，战胜洪灾，保护了人民群众生命财产安全。

黄 石 市

黄石市城区一隅

2000年，黄石市再次被命名为全国双拥模范城后，全市党政军民以荣誉为动力，围绕“新”字做文章，立足“实”字下功夫，实现了双拥工作新突破。

加强领导，组织机构完善。坚持党政军一把手亲自抓，负总责。根据人事变动情况，市委、市政府及时调整了由市长挂帅的军地4名领导（其中3名常委）和有关部门主要领导组成的市双拥工作领导小组，成员单位由过去的48个增加到55个。市直各单位、各区（市县）及乡镇、街道办事处、厂矿企业、党校等单位都及时调整充实了由主要领导挂帅的双拥工作机构370个、拥军优属服务中心672个、拥政爱民服务组织145个、军民共建点126个，形成了市、区（市、县）、街道办事处（乡镇）、居（村）委四个层次，党委、政府、军队、社会四个方面，教育、管理、服务、保障四种形式的上下贯通、左右协调的双拥组织领导体系。

广泛宣传，国防意识增强。年初市委宣传部、市国防教育办联合下发了《2000年黄石市全民国防教育意见》，广泛深入开展了全民国防教育活动，全民国防教育面达到85%以上。结合抗美援朝出国作战50周年纪念活动，全市各条战线广泛宣传了志愿军老战士的英雄事迹，邀请10名抗美援朝老战士进行座谈，共同缅怀革命先辈的丰功伟绩。各新闻媒体刊播纪念抗美援朝文章、稿件200余篇，放映《上甘岭》、《英雄儿女》等影片60多场次，使50多万名群众和中学生受到了深刻的爱国主义和革命英雄主义教育。

完善法规，优抚政策落实。市政府颁发了《黄石市城镇义务兵家属优待金统筹办法》，各大中型企业双拥优抚法规逐步完善，保障了优抚对象的合法权益。全市农村义务兵家属优待金均达到上年度当地农民纯收入水平；义务城镇兵家属优待金实行社会统筹，其中黄石城区年优待标准每人500元，大冶市600元，阳新县1200元。全年各级政府共拨出60多万元为在乡老复员军人等重点优抚对象解决生活困难。先后组织3次大型医疗队深入大冶、阳新等边远贫困地区为优抚对象看病治疗，共减免治疗、医药费用30多万元。“三属”定补费每人每月达到120－140元，在乡老复员军人定补标准达到70－100元。全年接收的54名军队转业干部、1094名退伍战士都得到妥善安置。

狠抓基层，双拥工作实现社会化。市教育系统的各学校优先解决军烈属子女就近上学，并按规定减免部分学杂费；市卫生、贸易、粮食、邮政、电信等单位设立了优先窗口、优惠柜台；火车站、长途汽车站、港务局客运室不仅设立了优先窗口，还设立了军人候车（船）室（席）；市园林局对军人游览公园、景点一律实行凭证免收门票；市公汽公司对伤残军人乘坐市内公共汽车一律实行免票；军车在黄石地区的公路、桥梁、隧道通过和停车场所停车实行免费；市供电局、自来水公司优先保证部队水电供应。市总工会、团市委、供电局、交警支队、火车站等双拥成员单位与重点优抚对象开展包户服务活动，每逢重大节日，单位领导都要带领团员青年上门服务，帮助买煤、买米、打扫卫生，深受包户对象的一致好评。

科技拥军，提高了部队战斗力。市政府先后投资250万元帮助部队解决战备、训练、施工和生活、住房等方面的实际困难。积极开展科技拥军活动，为驻军部队送去了电脑、VCD、书籍、电视机等物品，市图书馆每月为75310部队免费送去科技书籍，还不定期为部队培训种植、电脑、卫生等科技人才。科技拥军活动的开展，激发了广大官兵的练兵热情，提高了部队战斗力。

孝感市

2000年，孝感市广大军民按照江泽民同志提出的“同呼吸、共命运、心连心”总要求，认真贯彻落实全国双拥模范城命名大会精神，以争创全国双拥模范城“四连冠”为新的起点，党政军民团结协作，奋力拼搏，开创了双拥工作新局面。

深化宣传教育，营造浓厚氛围。全市各类学校将国防教育和双拥宣传纳入了教学计划，定期开展国防教育活动，部分重点高中把封闭式军训作为新

孝感市一角

生入学教育的重要课程，受训新生近万人。创办少年军校，举办了第五届青少年军校夏令营活动。充分发挥爱国主义教育的阵地作用，接待瞻仰、缅怀革命先烈的社会各界人士达10多万人次。孝感日报、电视台、电台分别设立了“双拥城”、“双拥之花”、“双拥热土”等专栏和专题，大张旗鼓地宣传双拥活动的典型事迹，营造出浓厚的双拥氛围。

强化爱国拥军意识，支持部队建设。市政府在财政紧张的情况下，拨款400多万元支持军分区新建民兵武器弹药库和训练场地，全市各部门、各行业也积极开展部门拥军活动，大力支持驻军建设。市教委继续实行对驻军子女中小学入学不受学区限制、免费在市区选择学校的政策，全年共优先优惠安排驻军子女入学300多人；市电信局主动减免95829部队应急通信费用10万元；驻孝95829部队新建一座外训楼，需增容一台100千伏安的变压器，市供电局及时给予安装，并减免费用6万多元；驻孝空降兵某部计划修建国防战备公路，需征地165亩，其中占用耕地111亩，市土地局坚持特事特办、急事急办的原则，最大限度地给予政策优惠，减免勘测费，免收有偿使用费、土地评估费；市工行自发开展科技拥军活动，向驻军捐赠了10台电脑。

继续推进“爱心献功臣行动”，着力解决“三难”问题。进一步动员和组织社会力量，深入开展“爱心献功臣行动”。在解决住房难方面，市政府组织30个部门与54户革命功臣“联姻结对”，捐资7000元，为住房困难的功臣义务修建住房。在解决生活难方面，及时足额发放各项优抚经费，减免

烈属、革命伤残军人和困难老复员军人的“三提五统”，对重点优抚对象实行救济和优抚双重保障。在解决医疗难方面，组织了义务巡诊活动，市卫生局制定了《三难优抚对象医疗费减免办法》，对优抚对象门诊采取优惠措施，免收挂号费、诊疗费、手术费等13种费用。汉川市划拨专款解决了60户优抚对象的“三难”问题。

狠抓工作难点，全面落实优抚安置政策。孝感市召开优抚工作专题会议，明确提出把落实优抚经费的情况作为下届双拥模范城推荐评比的重要依据，实行一票否决制。筹集资金1589.25万元，对14941户农村义务兵家属实行了优待，城镇义务兵家属优待金实行了社会统筹。全市各地认真落实优抚对象医疗政策，使优抚对象的医疗得到了较为可靠的保障。各级安置部门采取行政、法律、经济等多种手段和措施，妥善安置了249名军队转业干部、86名随军随迁家属、3344名复退军人。

开展拥政爱民，促进地方经济发展。驻孝部队投入劳动日22.2万个，机械车辆5100台次，参加地方经济建设项目18个，绿化荒山20多亩，为群众做好事1800余件。5月，孝感干旱严重，为缓解灾情，95829部队出动官兵250人，车辆16台次，启封高炮2门，辗转8昼夜，实施人工降雨，为孝感4个县（市）挽回了经济损失。孝感军分区团以上干部积极开展“一帮一”助学活动，捐款5000多元帮助20名特困儿童重返校园。

武 汉 市

2000年，武汉市被命名为全国双拥模范城后，全市军民始终保持清醒的头脑，谦虚谨慎，认真查找薄弱环节，进一步加大工作力度，双拥创建工作又有了新的进步。

进一步加大宣传教育力度。年初，市委、市政府和武汉警备区召开了争创全国双拥模范城总结表彰大会，号召全市军民继续努力，扎实工作，再创双拥工作新业绩。市委、市政府和驻军领导机关及时提出争创全国双拥模范城“三连冠”的奋斗目

长江大桥和黄鹤楼景

标，召开领导小组全体会议，对年度工作进行部署。坚持党委议军、军地互访等制度。各市、区都把双拥工作列入党委、政府目标管理，及时调整充实了双拥工作领导小组成员。坚持把双拥宣传教育纳入国民教育体系。市、县（区）新闻媒体开辟专题、专栏宣扬双拥好人好事，开展生动活泼的教育。8月，在全国各大媒体报道了发生在武警某大队二中队与一位拥军老妈妈之间的深情故事，引起全社会共鸣。一年来，共有400多篇新闻稿件在中央、省、市电视台和报刊上播放和发表，市拥办自编简报17期，编发各类双拥、国防教育稿件120多篇。以纪念“八一”建军节为契机，举办了首届武汉地区军旅歌曲大赛。对抗美援朝的老战士进行慰问和走访，并送去慰问品。狠抓双拥宣传标牌的制作，共制作各类双拥标牌46个。

认真落实优抚安置政策。切实为部队和优抚对象办实事，重点做好城镇义务兵家属优待、复员转业干部安置、随军家属安置等工作，并加强了督促检查。两次组成专题调查组，深入部队和优抚对象家中，了解情况，注重解决实际问题。双拥领导小组各成员单位，认真履行职责，扎扎实实解决部队实际问题。市粮食局认真做好部队军粮供应工作，全市11家军粮供应站的20个网点，保质保量满足驻军需求。市自来水公司为部队减免供水设施补偿费120多万元。市供电局免去驻军部队、军队离退休干部休养所、院校用电增容费达40多万元。市交通局投资350万元用于武汉警备区靶场简易路面改造建设，保证驻军道路的畅通。市政府还制定并出台政策，落实随军家属劳动就业、子女入学、入

托、复退军人安置等问题，深受驻汉部队官兵的一致好评。

部队积极支持地方建设。驻汉部队投入兵力7万人次，参加了沌口开发区绿化、黄陂北部山区扶贫开发等10多项重点工程建设，还积极参加植树造林、义务献血、助民便民等社会公益活动，有力地支持了武汉市的两个文明建设。

十　堰　市

十堰市城区一角

2000年，十堰市第三次被命名为全国双拥模范城，实现了“三连冠”奋斗目标。全市广大军民以全国双拥模范城（县）命名大会精神为指导，以新的成绩为起点，再接再励，乘势而上，开拓进取，双拥工作有了新的发展。

加强国防教育，不断强化全民国防观念。市委、市政府把双拥工作列入社会发展总体规划和年度工作计划，结合实际制定和完善地方性双拥行政法规，组织各级领导过“军事日”活动、听国防课，亲身体验部队生活，自觉地从讲政治的高度去关心国防建设，支持拥军优属工作。建造双拥形象工程，营造良好的宣传氛围，在城区主要公共场所设立了28处永久性的大型宣传标语牌。把国防教育纳入大、中、小学的教育规划，定期组织学生进行军训和开展拥军优属活动，培养青少年的国防意识。通过广泛深入的宣传教育活动，全市军民的爱国拥军意识得到了加强，形成了军政军民“同呼吸、共命运、心连心”的大好局面。

健全双拥组织，动员全社会力量广泛参与。全市各级党委、政府积极支持部队建设，把为部队办实事、办好事作为双拥工作的重要内容，千方百计地为部队排忧解难。一是各级双拥领导小组成员单位认真履行双拥职责，从各自部门和行业工作实际出发，出台了相应优惠政策和服务承诺，保证了双拥工作健康发展。二是服务窗口单位实行了拥军优属挂牌服务。公交、商场、图书馆、旅游景点等服务单位为烈属、伤残军人和现役军人提供优先、优惠和免费服务，年减免费用210多万元。三是大中型企业发挥了拥军示范作用。东风汽车公司把双拥工作作为一项长期的战略任务纳入企业建设规划，生产和双拥一起抓，大力开展政治、科技和智力拥军，在企业内为优抚对象落实了应有待遇，影响和带动了社会化拥军优属工作的发展。

落实优抚安置政策，解除优抚对象的后顾之忧。认真落实优抚政策法规，切实保障优抚对象和现役军人的合法权益，组织工作组深入到乡村和优抚对象家中，对优抚政策落实情况、抚恤定补、群众优待、“三难”问题的解决以及提高抚恤定补标准地方财政配套经费到位情况进行全面检查，促进了优抚政策在基层的落实。妥善安置退役士兵、转业士官以及军队转业干部，全市接收退伍军人1767人，按政策安置974人，军队转业干部50人也得到较好的安置。落实了军队离退休干部两个待遇，市政府为市军休所老干部一次性解决医疗经费30万元，军休老干部医疗有了保障。

“爱心献功臣行动”广泛深入，解“三难”工作富有成效。开展了以关爱革命功臣、稳定国防、增强军政军民团结为目的的“爱心献功臣行动”，全市共组织捐款167万元，帮助580户住房困难的重点优抚对象修建房屋1740间，整体迁移扶贫71户；帮助1210名优抚对象解决了医疗难问题，组织29支医疗队，深入基层为优抚对象巡回医疗，看病治病4800余人次，无偿送药价值20多万元。此外，各县市区组织了24支医疗队下乡巡回医疗，共为优抚对象看病4000人次，无偿送医送药16万余元。

互办实事，军民同心建车城。十堰市子弟兵用真情和厚爱支援地方经济建设和社会发展。出动兵力5000多人次、车辆200多台（次）参加地方重点工程建设。武警十堰支队为使边远山区的群众能够看上电视，将自己营区使用的价值4万多元的电视转播器材无偿送给毛家坪村，使该村百姓过春节时看上了电视节目。地方政府积极支持部队建设，努力为驻军基层连队办实事、解难题，投入360多万元支持部队全面建设，先后赠送了电脑、健身器材等物品。为市消防支队解决设备购置款110万元，为张湾、茅箭两区人武部各解决迁建补助费30万元，为军分区沿街门面改建减免费用40多万元。军民共建活动进一步深入，全市164个军民共建单位，形式上有标志，活动有内容，工作有成效。

宜昌市

宜昌市新貌

宜昌市是举世瞩目的三峡工程所在地。2000年，宜昌市认真贯彻落实全国双拥模范城（县）命名大会精神，并以此为契机，深入扎实地开展双拥创建活动，巩固和发展了双拥创建成果，双拥工作有了长足的进步。

双拥宣传扎实深入。市委、市政府把双拥工作摆上重要位置，列入党政军工作的重要议事日程。进一步加大了双拥创建工作的组织领导力度。同时，坚持运用党校包干部、学校包学生、人武部包民兵、宣传部门包基层群众，各部门通力协作的“四包一协作”机制，广泛开展了多种形式的国防双拥宣传教育，开辟和创建了“宜昌市干部国防教育基地”、“宜昌军事新闻中心”、“国防之旅”国防教育旅游基地、“军民共建绿化示范基地”、“军（警）民共建三峡生态科技园”、“军民共建文明社区”等一大批有特色的永久性国防双拥活动项目，丰富了双拥创建活动的内容和形式，开辟了双拥工作新领域。

拥军优属成效显著。地方各级党委、政府和人民群众大力开展财力拥军、科技拥军、政策拥军、文化拥军、医疗拥军等主题鲜明的拥军优属活动，为驻地部队的全面建设提供了全力支持。全市共投入800多万元，用于部队的军事训练、后勤保障和营区建设。依托创建的8个科技拥军基地和“送科技书、讲科技课、传科技技能”的活动，为部队培养科技人才1300多名，帮助部队掀起了科技练兵热潮。落实各项拥军优属政策，为25704名优抚对象及时足额地发放抚恤补助优待金，150名军队转业干部、8名军队离退休人员、1131名复员退伍军人得到了妥善安置，解决了45名军人家属入户、就业和611名军人子女入托入学等问题。通过送科技书籍到军营、定期组织军民联欢、创办军民文化夜校等活动，为部队驻地官兵提供了丰富的精神食粮。全市医疗卫生部门不仅对现役军人和优抚对象实行就诊、取药、入院、治疗等全方位的医疗优待，而且对医疗费用给予最大限度的减免，使广大现役军人和优抚对象享受到了最实在的医疗保障。

拥政爱民工作有了新的进展。驻宜部队共出动各种车辆1560台次，投入兵力3100多人次，完成10多项大型的三峡工程施工、农田水利基本建设和三峡移民搬迁任务。投入资金近百万元和兵力2500多人次，在全市开展了多种形式的扶贫帮困活动，帮扶困难群众1万多人，使30%群众脱贫致富。出动车辆31408台次、兵力24591人次，参与以整治环境为内容的创建文明卫生城镇活动，与地方人民群众一道共同创建了一批国家级、省级文明卫生城。派出各类军事教员1500多人次，义务为大中小学校及企事业单位组织军事训练，训练人数达20万人。

红　安　县

红安县城区全貌图

红安县是红四方面军、红二十五军的诞生地，全国著名的将军县，是全国优抚大县之一，有着悠久的拥军优属、拥政爱民的光荣传统。2000年，再次被命名为全国双拥模范县。全县军民以此为契机，进一步巩固创建成果，双拥工作又有新的发展。

营造浓厚的双拥社会氛围。县委、县政府从讲政治的高度来定位双拥工作，及时提出双拥政策不变，争创力度不减，再创全国双拥模范城的目标，把双拥工作列入全县年度重要工作之一，纳入全市精神文明的总体规划，纳入县领导班子、机关各部门、各乡镇领导考核目标责任制。全县共建立各类双拥组织568个，形成了上下一条线、纵横成网络的双拥工作领导体系。为了保证双拥工作有法可依，进一步完善《红安县拥军优属暂行办法》、《退伍义务兵安置暂行办法》、《城镇义务兵家属优待金社会统筹的通知》和《建立拥军优属保障金的通知》等法规，建立双拥责任制，健全双拥工作规章制度，制定和完善议军、议政、走访慰问、行政例会、汇报工作等制度，使双拥工作更趋经常化、制度化。开展双拥宣传“活动月”和“国防教育片放映周”活动，受教育群众达4万余人。利用各种媒体开辟双拥有奖征文专栏，征文达560多篇。制作永久性宣传标语400多条。

全面落实各项优抚安置政策。全县乡镇实行全民统筹优待办法。共筹集优待金180万元，进藏农村义务兵家属年优待金2600元，达到农民人均收入80%以上。落实国家抚恤补助政策，优抚经费及时发放。全县共有各类优抚对象17.5万人，常年坚持送优待款上门服务，做到不错、不漏，足额发放。为解决重点优抚对象的“三难”问题，县政府先后三次发文，规定退伍老红军和在乡二等乙级以上革命伤残军人一律享受公费医疗待遇，实行实报实销，对超支部分由各级财政负担。全县在乡老复员军人定补率达100%，实行“四个一点”（即财政拨一点，乡镇筹一点，村帮一点，个人负担一点）的办法，解决了老复员军人困难问题。积极开展“爱心献功臣行动”，共筹集资金165.8万元，解决在乡老复员军人生活困难2024户，住房困难868户，治病困难1413户。妥善安置退役士兵140人，达到了用人单位和退伍军人双满意。

开展军民共建，军地互办实事。县委、县政府狠抓财力、政策、法律、科技、医疗、文化等六大拥军活动，共安排和减免费用300多万元，支持部队建设。部队干部随军家属工作安排继续采取指令性安置与用人单位和个人双向选择的方法，较好地完成安置任务。为部队送科技书籍1000多册，讲科技课100多场，还创办了军人电脑培训基地。全县所有医院对军人实行了全方位医疗优待。驻军部队与30多个单位结成共建对子，为红安人民做好事600余件，讲国防教育课300多场次，军训1万人次，出动兵力2000余人次，义务为地方单位送水400多辆次，抢救危难群众100余人，参与地方经济建设项目20多个，有力地支持了地方两个文明建设。

钟　祥　市

钟祥市地处湖北省中部，有驻军单位10个，优抚对象4.9万人。2000年，全市党政军民以再次被命名为全国双拥模范城为动力，以邓小平理论为指导，认真探索新形势下双拥工作的新路子，不断开拓进取，扎实工作，双拥工作再上新的台阶。

组织领导坚强有力。根据领导人事变动，调整充实了双拥工作领导小组及成员单位。市委、市政

钟祥市鸟瞰

府及驻军主要领导任组长、副组长，明确了各成员单位职责。把双拥工作纳入经济和社会发展规划，纳入精神文明建设的重要内容，纳入部队政治建设的内容。各乡镇、村也都进一步完善了双拥服务或协调组织。建立完善军地联席会议、互访慰问、督促检查等制度，明确了目标责任制，做到年初有布置，年中有检查，年末有考评。各级组织把双拥工作与领导干部任职政绩挂钩，提出不抓双拥工作的班子不是合格的班子，不抓双拥的领导不是称职的领导。全市上下形成了人人关心国防建设的局面。

双拥宣传教育扎实有效。召开全市双拥工作大会，认真学习贯彻全国双拥模范城（县）命名大会精神。把双拥宣传教育纳入国民教育体系。在党校及中、小学开辟了国防教育专题，对乡镇干部、县直单位负责人、中小学生开展了内容丰富的国防和双拥教育。全年共有300名领导干部和4万名中小学生接受了教育。新闻媒体开辟专题专栏，采取多种形式，开展宣传活动，做到县报每周有双拥版面，广播电台每周有双拥声音，电视每周有双拥图像。共投资15万元制作大型双拥标语牌5个，悬挂在城区的显著位置。

优抚安置政策得到落实。补充完善了《钟祥市军人抚恤优待施行办法》、《钟祥市关于支持驻军部队建设，做好拥军工作的若干规定》、《驻钟祥部队拥政爱民公约》、《钟祥市军人优待金社会统筹试行办法》和《钟祥市“爱心献功臣行动”实施办法》等6个地方性法规，并加大落实力度，提高了双拥工作法制化、社会化水平。将符合城市低保条件的优抚对象困难户全部纳入低保范围，解决了“三老”优抚对象的生活难。对全市68户老烈属、伤残军人、老复员军人实行“一帮一”结对帮扶活动，市领导和61个市直单位为“三老”优抚对象送钱、送粮、送衣，帮助困难家庭孩子入学，共解决各种费用5万多元。义务兵家属优待金实行社会统筹，建立了市乡两级拥军优属保障金，共筹措资金270万元，保障了优抚对象的基本生活。同时，建立军人家庭服务组织3000个，基层拥军优属工作深入到千家万户。在安置工作中，由市财政拨款，兴建了“转业干部服务中心”、“退伍军人培训中心”，部队转业干部和退役士兵都得到了妥善安置。

军地互办实事蔚然成风。市政府先后投资80万元，为驻军部队修路、征地、建房，解决“菜篮子”问题。为驻军提供多条特殊优待政策，支持驻军现代化建设。驻军部队以支持地方经济建设为己任，投入20多万元资金，出动5000余名官兵、车辆100多台次，支持地方重点工程建设社会公益事业。

湖 南 省

长 沙 市

长沙市辖5区3县1市，124个乡镇，35个街道办事处，有驻军单位50个，优抚对象22万人。2000年，长沙市军民不断开拓进取，双拥工作再创佳绩。

长沙市委、市政府把双拥工作作为党和政府的大事，坚持常抓不懈。省委副书记兼市委书记张云川上任的第一天，参加的第一个会就是“议军会”，去的第一个单位就是驻长某部队。市长谭仲池亲自

长沙市五一大道街景

任双拥工作领导小组组长。一年中，他到警备区、人武部和驻军现场办公不少于15次，解决了驻军部队正规化建设及民兵预备役工作中的一系列问题。8月，谭仲池市长被军队有关部门、《解放军报》、《中国国防报》、《中国民兵杂志社》授予"国防后备力量建设新闻人物奖"。建立健全了市委议军、党政军联席会议、市领导定点联系驻军等制度，重大问题领导亲自决策，重大活动领导亲自参加，部队的事情领导亲自督办，出现矛盾领导亲自出面协调解决。在处理新形势下的军政军民关系上，军地领导自觉做到"两不争"，即不争面子，不争名利。

市委、市政府把解决部队的实际困难作为双拥工作的重点，当好驻军的后勤和后盾，做优抚对象的贴心人。在转退军人和随军家属的安置工作上实行指令性安置。全年共安置军转干部400多名、转业志愿兵近500名、退伍义务兵1600多名、随军家属300名。"五一"前夕，市政府发出通告，全市公园、革命纪念场馆、公交车辆、公厕等对现役军人和革命伤残军人实行免费，受到部队官兵的一致称赞。在实施"爱心献功臣行动"中，市、县（区）两级政府拨款200万元，用于在乡老复员军人提高补助标准和建房，解决了他们的"三难"问题。增拨300万元，用于提高其他优抚对象的抚恤补助标准，在全省率先建立了优抚对象抚恤补助标准自然增长机制。各级财政用于拥军优属及国防后备力量建设经费达3000万元。

驻长部队视人民为父母，把驻地当故乡。有8000多名官兵参加抗洪抢险，出动车辆1100多台次，冲锋舟6000多艇次，抢救被洪水围困的群众12万余人。驻军还主动承担了扶贫帮困任务，组成扶贫帮困小组，到全市最贫困的10多个村开展联户扶贫，每个小组帮扶一个贫困村，科技兴农取得显著成绩。

为保持双拥工作的持续健康发展，全市在边探索边实践的基础上，制定了《国防教育暂行条例》、《预防和处理军警民纠纷细则》、《长沙市实施〈军人抚恤优待条例〉细则》、《随军家属安置工作暂行规定》等政策性文件20多项，使双拥工作有章可循。

株　洲　市

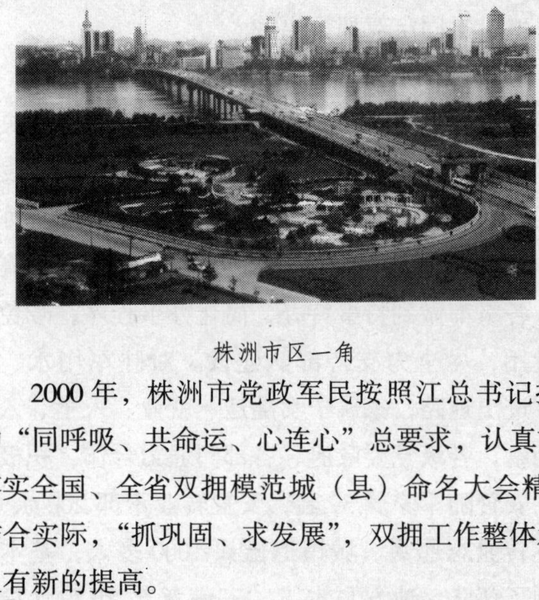

株洲市区一角

2000年，株洲市党政军民按照江总书记提出的"同呼吸、共命运、心连心"总要求，认真贯彻落实全国、全省双拥模范城（县）命名大会精神，结合实际，"抓巩固、求发展"，双拥工作整体水平又有新的提高。

加强了对基层双拥工作的领导。在充实市双拥工作领导小组成员的同时，各级双拥工作机构也相应进行了调整充实。驻株部队重新修改了《株洲市驻军拥政爱民规定》，进一步明确了责任。各乡（镇）、办事处、居委会确定一名领导具体抓双拥工作，形成了军地相联、上下贯通、责任明确的领导体系，使双拥工作层层有人抓、事事有人管。全年共召开双拥工作领导小组会议2次。各成员单位均按照自己的职责，指导和督促基层单位做好双拥工作。各基层双拥组织均制定了拥军优属规定等一系列文件，规范了基层双拥工作。年底，邀请人大代表、政协委员督查双拥，促进了各项政策的落实。

加大了国防教育和双拥宣传力度。全年召开双拥工作经验交流会、总结表彰会以及举办国防形势报告会10余次。按照《湖南省全民国防教育条例》，把双拥国防教育纳入全民教育体系，各县（市、区）街道和机关、厂矿、学校等基层单位，增设双拥国防教育领导机构8个，开辟了国防教育场所24个。各党校按照国防教育教学计划，把国防教育列入了教学内容。全年有15000多名学生参加了军训，大中小学校受教育面达到100%。市级各新闻单位全年刊播各类双拥稿件100多篇。军地各基层单位充分运用闭路电视、板（墙）报、宣传橱窗、厂报等，大力宣扬双拥工作中涌现出来的新人新事。市政府将现有的双拥宣传标牌进行了规范，增设了固定双拥标语牌。

动真情、办实事，军民关系更加融洽。市、县区两级财政投入600多万元，帮助驻株部队解决战备、训练、生活中的一些实际问题。市财政拨款30万元，专门用于改善官兵生活。全年还安排民兵预备役经费80多万元。一年来，凡是部队搞建设，各级都做到特事特办，简化办事程序，减免有关费用，尽全力支持部队建设。对驻军用水、用电、进出道路，家属子女随迁、就业、入学、入托等问题，各级党委政府、各部门通力合作，积极解决。安置随军家属39名，安置转业干部200余人，安置转业志愿兵、城镇退伍兵1000多人，基本上做到了部队、地方与本人“三满意”。市粮食局坚持定点优先优质保证部队粮油供应。株洲石化销售公司从改善部队训练和生活条件入手，投入大量资金，为省武警二支队二中队添置各类用品。株洲公共汽车公司坚持免费为军人服务，全年免费为军人提供服务3万余人次。

优抚政策落实到位。全市“三属”抚恤金逐步提高，在乡老复员军人定补标准达到55元以上，农村义务兵家属优待标准最高的达1200元。给200多个享受定补的优抚困难户实行了城市生活最低保障线双重待遇，使部分优抚对象的生活标准达到或略高于当地居民生活水平。全市各界踊跃参加献爱心活动，共募集解决“三难”资金60余万元，其中解决医疗费10万余元，生活费8万余元。确定“爱心献功臣”对象200人，党政领导与有关部门分别结成帮扶对子。全市400多个拥军优属服务小组，定点定人为优抚对象送煤（气）、送米、买菜。同时，大力扶持优抚对象发展生产，增强了优抚对象的自我保障能力。

拥政爱民作出新贡献。驻株部队先后参加重点工程和当地农村吨粮田改造、植树造林、清理垃圾、修整道路等建设30多次，义务投工2万多个，投入机械车辆1000多台次，完成各种急难险重任务30余次，平均每人义务投工13个以上。一年来，驻军捐款近20万元，支持炎陵县平乐乡有线电视、低压线改造和程控电话等建设。107名团以上干部每人出资400元，各扶助一名贫困儿童上学。驻军单位为驻地学校派出校外辅导员600余人次，为中小学校军训学生15000多人次，为地方无偿献血32000CC，学雷锋做好事200多人次。2000年，驻株部队参加抗洪抢险9次，扑灭火灾20余次。同时在重大节日和庆典活动以及“严打”期间，组织官兵巡逻执勤3000多人次，抓获各类违法犯罪分子170多人。

军民共建取得新进展。随着形势的发展，株洲市军民共建从内容到形式不断深化，从单纯的互做好人好事发展到共同培养社会“四有”新人。各企业、学校、街道、乡镇（办）、居委会等与驻军建立了军民共建对子20多对。57个共建点达标。各共建点做到了有公约、有牌子、有活动。80%以上的共建单位被评为各级先进单位。

绥宁县

2000年1月，绥宁县第4次被命名为全国双拥

绥宁县城全貌

模范县。一年来，全县党政军民不断巩固已取得的成果，着眼基层，狠抓落实，推动双拥工作再上新台阶。

提高认识，广泛宣传。2月，召开了有县直机关负责人、乡镇党政领导和各村支部书记参加的全县工作会议，县委、县政府领导就做好双拥工作作了安排，并把3月定为全县国防建设和双拥工作的宣传活动月。各乡镇和县直各机关利用会议、广播、有线电视、墙报、黑板报等各种形式和工具，就国防建设和双拥工作开展了轰轰烈烈的宣传。据统计，全县共召开双拥专题会议35场次，各级领导发表广播、电视讲话28篇，出专栏130多期，全县干群受教育面达80%以上。先后开办了6期少年军校，3000多名中小学生受到正规军事训练。县属的一中、三职中、民族中学等学校，每当新生入校时，都要请部队干部战士对其进行为期2周的国防教育和正规的军事训练，使学生们的国防观念和组织纪律性得到很大的提高。

充实完善规章制度。建立了“任务到岗、责任到人、上下联动、环环相扣、奖优罚劣”的管理机制。相继修订出台了《拥军优属公约》、《拥军优属若干规定》、《军地联席会议制度》、《拥政爱民“十要”、“十不要”》等一系列制度。为巩固双拥成果，使双拥工作向新的深度和广度发展，把广大军民高涨的双拥热情及时引导到做好实际工作中去，县委、县政府把双拥工作列入县直机关单位和各乡镇“双文明建设责任制”中，作为年终对单位和领导考核的内容，并根据年终考核情况，把单位双拥任务完成的好坏情况，与单位和一把手及分管双拥工作领导的评先评优、提拔重用、奖金分配直接挂钩。驻绥部队也把双拥工作列入单位评先评优和个人立功受奖的评选内容，促进了双拥工作向深层次高标准发展。

全面落实优抚安置政策。积极开展“爱心献功臣行动”，发动565名乡村干部和党团员与贫困优抚家庭建立了扶贫。一年中，共为优抚对象帮工0.91万个，提供信息245条，资金1.15万元。帮助优抚对象发展小果园275亩，养猪1842头，插秧、收割714亩，使231户优抚对象脱贫。按照“妥善安置，各得其所”的原则，接收安置退伍军人147人，转业干部13人，做到了一次性到位，所有单位无条件接收。对农村退伍军人，采取“四优先”的办法，即选拔村组干部优先、招聘乡镇及集体干部优先、办企业审批优先、专业扶助优先，在农村经济发展中予以重用，已有1800多名退伍士兵在县、乡、村工作，有650多名优秀退伍士兵走上了各级领导岗位，有2370多名退伍士兵开办厂、场、店，产值达8000多万元，有131名退伍兵成了种养专业户。

互办实事，促进军地共同发展。一年中，为部队举办了写作、摄影、烹调、法律等培训班各1期，参训官兵234人次，使每个战士掌握1至2门实用技术。征用水田4.14亩，作为菜地交给部队无偿使用。把驻绥部队4名干部家属安置到县内较好的单位。部队子女都安排在最好的学校就读，并减免了选校费、建校费等费用。夏秋季节，绥宁县肝炎等传染病流行，为保障驻绥部队官兵的身体健康，县财政拿出部分资金，为驻绥部队的每一个伙食单位购买了消毒柜。部队2次转运大型军用物资，由于车长车大，要求道路畅通无障碍，县委、县政府得知后，立即派出公安和交警，配合部队沿路清除路障，并在军用物资过境时，公安交警开道护送，保证军用物资安全顺利过境。“驻守一地，奉献一方”。驻绥部队全年出动600多人次，参加了8次山林、房屋火灾扑灭和抗洪抢险，共抢救出遇险群众34人，为国家、集体和群众挽回损失210万元。同时，驻军官兵利用回家探亲和书信来往，为当地产品找销路，为项目找资金，一年来，共发出书信500多封，为县属企业捎回信息300多条。

驻军以连为单位，每连与2至3户贫困优抚对象或特困村民建立扶贫联系户，从人力、物力、科技、信息上进行扶助，帮助发展种养业，被扶助的18户农户，年人均增收487元、增粮131公斤。

涟 源 市

涟源市区一角

2000年1月，涟源市第三次荣膺全国双拥模范城称号。一年来，全市党政军民以荣誉为动力，适应新形势，探索新路子，开创了双拥工作新局面。

深化宣传教育，营造了浓厚的双拥氛围。全市党政军各级各部门以争创全国双拥模范城“四连冠”和纪念抗美援朝出国作战50周年为契机，充分发挥报刊、电视、广播等新闻传媒的作用，广泛深入地开展国防教育和双拥宣传教育，在全社会形成了军爱民、民拥军、军民一家人的浓厚氛围，及时化解了军地之间在市场经济条件下出现的一些新矛盾和新问题，深化了军民感情。12月底，市委宣传部、民政局、双拥办、妇联、团委、教育局等单位联合倡导了救助好军嫂黄世均的活动，全市先后有2万名干部群众和学生捐款7万多元。《娄底日报》、《三湘都市报》、《南宁晚报》、《中国国防教育报》等先后作了详细的报道，引起了强烈反响。

真诚办实事，增强双拥工作的内在活力。军地双方紧紧围绕发展地方生产力和提高部队战斗力，真诚奉献，互办实事，市委、市政府和广大人民群众全力支持部队现代化建设。在财政非常困难的情况下，市政府为驻涟部队官兵赠送了价值10万多元的慰问款物。7月，为支持武警中队翻修、扩建营房，市财政一次性拨款5万元，市交委、建委和民政局、公安局、国土局、烟草局以及蓝田办事处等20多个单位捐款6万元。驻涟部队广大官兵把涟源当故乡，视人民如父母，竭尽全力支持地方的改革开放和现代化建设，在扶贫帮困、抢险救灾等方面发挥了显著的作用。7月下旬，城区蓝田大市场发生重大火灾，市消防大队、武警中队的官兵紧急出动，冲锋在前，奋力保护了人民的生命财产安全。一年来，驻涟部队官兵先后为地方重点工程和公益事业援助资金数十万元，义务投工近万人，帮助驻地修建高标准公路5公里，水渠4公里，并经常为驻地五保户、贫困户送温暖、献爱心，深受驻地群众的好评。

加强基础建设，开创优抚安置工作新局面。为落实优抚政策，市民政、财政部门和各乡镇、街道办事处克服重重困难，保证了优抚对象人头经费、提标经费和义务兵家属优待金及时足额到位，并组织干部、党团员对重点优抚对象进行结对帮扶，使其生活、住房、治病等方面得到了明显改善。全市各级继续采取倾斜政策和优惠措施，大力引导和扶持优抚对象发展种养业和经商办厂，又有1200多名优抚对象步入小康。为纪念抗美援朝出国作战50周年，市委、市政府组织有关部门的负责人，对1800多名抗美援朝老战士和180多名抗美援朝志愿军烈属进行了慰问。各乡镇也都进行走访慰问活动，召开座谈会，为志愿军老战士排忧解难，共计花费资金10多万元。市委、市政府组织民政、人事、编制、劳动等部门精心研究安置方案，将军队转业干部及随调配偶都安置在机关事业单位，把70%以上的城镇退伍兵优先安置在机关、事业单位，充分保证了转退军人的第一次就业。

衡 山 县

2000年，衡山县以再获全国双拥模范县荣誉称号为动力，以邓小平理论为指导，着眼基层，狠

衡山脚下的衡山县全貌

抓落实，双拥工作有了新发展。

及时调整了双拥领导班子。根据军地双方的人事变动，对双拥组织机构的组成人员进行了调整充实，两次召开双拥领导小组会议，安排部署了双拥工作任务。各乡（镇）、部门、厂矿、企事业单位和街道、村（居）委会都成立了相应的指导站和服务组织，计402个，成员2128人。

开展了形式多样的拥军慰问活动。春节期间，县里组成慰问团走访了驻衡部队全体官兵及部分优抚对象，赠送了价值3.7万余元的慰问品；“八一”期间，召开了纪念中国人民解放军建军七十三周年暨军政座谈会。为了纪念中国人民志愿军抗美援朝出国作战50周年，开展了一系列的纪念活动。县主要领导组织县人武部、民政局有关领导与光荣院中参加过抗美援朝的老战士、军退干部、职工及伤残军人进行了座谈。县主管领导发表了电视讲话，《衡山报》专门刊登了个人回忆录《打败美帝野心狼》和历史回忆录《千人赴朝参战，百余子弟血洒疆场》两篇文章。各乡镇对志愿军老战士进行了走访慰问。据统计，共走访慰问老战士603人，慰问现金12000余元，慰问物资折价1100余元。

妥善安置退伍军人。衡山城镇退伍兵一年比一年增多，安置任务较大。为了做好此项工作，县委、县政府在积极拓宽安置渠道的同时，引导县内企事业单位要从讲政治的高度重视退役士兵安置工作。全年共接收退伍兵235人，安置到位率达95%以上。积极开发使用农村退伍军人，将素质较高的选拔充实到乡镇企业和村、组班子，开发率达100%。接收军队离退休干部、职工50人。为把军退工作做好，进一步完善了各项规章制度。坚持组织军休老同志每月学习3次，开展有益身心健康的文体活动，落实他们的有关待遇。“八一”建军节，县领导组成慰问小组，到军休所登门走访慰问，共送慰问物资计4000元。

狠抓各项优抚政策的落实。年初，召开全县国防优待金统筹工作会议，共筹集国防优待金65.9万余元，其中城镇部分14.5万余元，农村部分51.4万余元，农村义务兵家属优待金按上级规定标准发放，城镇退伍义务兵优待金逐年提高，优待金兑现率达100%，拥军优属保障基金增加到54万多元。在乡老复员军人医疗点进一步得到完善和巩固，医疗经费及时落实到位，年人均标准80元。根据中央、省文件精神，提高了130名在乡伤残军人和143名在职伤残军人抚恤（保健）金标准，同时提高了146名“三属”人员定期抚恤金的标准。为把“爱心献功臣行动”继续引向深入，在1999年扶持的基础上，2000年继续完善帮扶制度，切实落实帮扶项目，使被帮扶对象家庭生活、生产又有新的起色。据不完全统计，共接收各种款项41.85万元，集体帮工2672个。

会同县

会同县城一角

2000年，会同军民珍惜荣誉，努力工作，不断奋进，双拥工作求真务实，锐意进取，迈上了一个新的台阶。

爱国主义教育、国防教育、革命传统教育是2000年会同双拥的头一课。全县中学都开设了国防教育课，教育覆盖面达100%。新春伊始，县双拥办和驻军部队组织新战士和青少年到粟裕纪念馆、粟裕故居、贺琼烈士亭、红军纪念厅等革命传统教育基地参观学习，接受革命传统教育。县广播电台开办“双拥之声”，县电视台开办“双拥之窗”，使双拥工作走进了千家万户。县双拥办和部队一道，抓住2月和8月这两个“双拥活动宣传月”，送书籍、送法律、送科技知识到连队、进学校、下村组。宣传月期间还开展了丰富多彩的军民联欢、互教互学、互助互爱、学生军训等活动。特别是通过开展“重走长征路”的活动，对青少年进行了一次生动的革命传统教育，反响很大。

为驻地部队办实事，为各类优抚对象解难题，是会同双拥的重头戏。全年在行政、全额拨款事业单位安排随军家属5名，累计安排随军家属128人次。全县驻军子女100%实现择校入园入学。“八一”前夕，县委、县政府主要领导分别带领县直有关部门负责人分成两个组，深入驻军基层连队，走访慰问，现场办公，为部队解难题8件。为把各项优抚政策落实到位，县财政在困难的情况下，千方百计保证了优抚对象双定补助按时足额到位。通过县、乡、村三级统筹，解决优抚对象住房难问题。继续推行在乡老复员军人的60元医疗包干，较好地缓解了优抚对象的治病困难。针对会同灾情多发的特点，通过优惠、补助、补贴等多种渠道，积极帮助优抚对象参加全县救灾互济保障会，提高优抚对象抗灾自救能力。城镇退伍兵安置继续推行一次性研究、一次性投档、一次性安置、一次性到位的做法，全年安置退伍兵32人。对立功受奖的会同籍官兵，县委、县政府按立功受奖等次奖励100－2000元不等。县委、县政府确定每月1月和7月为“爱心献功臣行动”宣传月，广大人民群众“人人奉献一份爱，个个奉献一片情”。全年共筹集资金8.7万元，为380户优抚对象解决了“三难”问题。并通过制定方案、结对扶助、联户服务等形式，层层发动，将目标、任务落到实处。全年共结扶贫对子756对，办实事2836件，帮助186户优抚对象脱贫致富。

军地双拥共建，共谋发展，是会同军民搭唱的双拥连台戏。一是围绕思想道德建设搞共建，用部队的好思想、好传统、好作风影响地方，用雷锋精神和共产主义风尚凝聚民心。设法扩大共建点，全县共创文明小区由8个增加到10个。二是围绕军地建设搞共建。重点抓了县城西区文明商贸城建设，将共建与发展民营经济、改善治安条件结合起来。三是将保护山地资源、自然环境与保护军营设施结合起来，共建10万亩鹰嘴界天然林保护区。发挥军地各自特长，搞好互教互学，实现优势互补，共育人才。通过互通信息、加强联谊，融洽了军政军民关系，加深了军民鱼水情谊。

吉首市

吉首市区夜景

吉首市地处武陵山脉腹地，是湖南省民族自治地方惟一的建制市。全市10个乡、4个镇、4个街道办事处，总人口29.43万人（土家族、苗族占总人口的74.5%），其中，优抚对象0.64万人，面积1059平方公里，有驻军单位6个。2000年，全市军民共同努力，双拥共建活动蓬勃开展，取得了较好成绩。

组织健全，制度完善。全市有双拥领导机构20个，双拥服务队156支，拥有队员2340人，常年坚持活动。为保证双拥工作的正常进行，年内市财政拿出21.67万元用于开展双拥共建活动，各乡镇、街道、单位也都落实了专项经费。同时，市委、市政府和当地驻军分别完善了《吉首市拥军优属若干规定》和《吉首市驻军拥政爱民若干规定》以及议军、走访慰问、军民共建、表彰奖励等9项制度，使双拥工作步入制度化轨道。

工作扎实，氛围浓厚。全市31所大中专、中学开展新生入学军训，参加军训人数近万名。在“三月三”、“清明歌会”等民族节日里，通过苗歌、三棒鼓的形式开展了生动活泼的双拥宣传。元旦、春节、“八一”期间，各级党委、政府领导带头，走访慰问驻军，并开展隆重的军民联欢、联谊活动。市委宣传部组织拍摄“大山一样的情怀”专题片，在市电视台播放，观众达15万人次。设永久性宣传标志、标牌达100余块，路桥收费站、停车场设置“军车免费”标志，医院、车站、邮电、银行等服务窗口设置“军人优先”标志，有关单位和部门制定、悬挂“拥军制度”、“爱民公约”。大力宣传了被总参谋部、农业部授予“武陵山区科技先进个人”称号的万溶江乡人武部部长罗兴宽拥政爱民的先进事迹。为驻军营房建设和更新装备投入170万元；拨款30多万元，帮助部队解决用电、道路及生活困难；峒河办事处辖区100多个单位共同出资万余元为市武警中队铺设饮用水管道586米；“八一”节和春节，市委、市政府给“吉首舰”汇去慰问金2万元；4个街道、14个乡镇慰问吉首驻军钱物价值15.9万元。驻军为遭受洪灾的河溪新建村捐款3.7万余元，粮食4.3吨，衣物、棉被折合人民币2.7万元，为遭受火灾的矮寨镇小兴村捐款3万元。组织民兵454人对227户特困优抚对象实行包户服务，共落实帮扶资金10万元，为优抚对象解决实际困难329个。参与扶贫攻坚、扶持特困村8个。在西部大开发中出动人力1200人次，发放宣传教育资料12套。投资10.82万元，新建希望小学2所。配合当地公安机关打击各种社会犯罪活动，出动官兵2327人次，车辆532台次。参与各种社会公益活动31次，清理街道出动官兵1700余人次，义务植树造林7012亩，修建军民共建路3条，全长15860米。

政策落实，措施得力。2000年，为56名随军家属及其子女解决了落户、入托、入学及就业问题，接受军转干部24名，共安置城镇退伍兵49名。市政府拨专项资金2万余元，用于冬季城镇退伍兵待分配期间的生活补助。同时，义务兵家属优待金实行全社会统筹。市财政、民政等部门对全市优抚政策落实情况进行了一次全面检查，对标准低、补助不到位的及时纠正解决，义务兵家属优待面达100%，农村义务兵家属优待金基本达到规定标准。对全市荣立三等功以上的吉首籍官兵给予特殊嘉奖，发放了奖金和奖品。市财政为优抚对象下拨医疗减免费和临时优抚补助24万元，市政府投入资金1万元，优先为农村312名现役军人开展危房保险。43名市级领导都有自己的联系户，市直局以上单位落实了帮扶计划，市民政、卫生、工商、税务等职能部门还制定了专门优惠政策，共青团、妇联等群团组织开展了各种活动为革命功臣献爱心。市工会和市个协采取“1+1”的办法帮助了167名革命功臣。吉首驻军和大中专院校学生也纷纷走出军营和校园为革命功臣传授一门技能，修一栋房子，支持一个脱贫致富项目。“爱心献功臣行动”的开展，为全市农村“三老户”建房624间。重点优抚对象列入了最低生活保障线范围，基本生活得到保障。

洞口县

洞口县位于湖南省西南部，雪峰山东麓，面积2200平方公里，人口76万人，其中优抚对象3.48万人。有驻军单位6个。2000年，洞口县军民紧密结合实际，以争先创优为动力，以多办实事为手段，围绕地方经济发展和部队战斗力的提高开展工作，使双拥工作得到了新发展。

加强领导，建章立制。县委、县政府及驻军共同成立了双拥工作领导小组，各乡镇、自然村、机关、学校等单位建立双拥工作组织645个，涌现出学雷锋、扶贫帮困、送温暖等优抚服务组织2000多个，参加人员近万人，各种服务活动遍及机关、厂矿、党校以及村民小组。为促进双拥工作的深入开展，还建立了一套行之有效的工作制度。一是建

洞口县军民共建双拥路

立军地联席会议制度。每季度召开一次军地主要领导联席会和一次双拥工作协调会，研究和部署双拥工作，解决军地双方在工作中遇到的一些实际问题。二是建立了目标管理制度。县委、县政府确定了力争在下一次双拥模范城（县）评选中再创佳绩的目标，并围绕这一目标把2000年的各项任务、指标分解到各单位、各乡镇。三是建立了走访和信访工作制度。部队和地方党政部门负责人按规定共同或分头走访全县的优抚对象。驻军官兵也经常到县光荣院、农村敬老院和优抚对象家里走访，送医送药上门。对部队官兵和优抚对象的来信来访，做到有问必答，有处理结果。

强化宣传，营造双拥氛围。编印烈士和戍边功臣事迹的资料500多份，举办烈士生平事迹图片展览2次，同时，在《洞口报》开辟国防教育专栏，并在县城和集镇建立国防教育展览馆，组织国防教育演讲团，深入村组巡回演讲。“八一”前夕举办了国防教育知识抢答赛和“爱我国防”征文活动。新建和维修了6处烈士墓、碑、塔等纪念建筑物，重修了西中红军烈士墓。在驻军的协助下，开辟了一条长1800米的标准水泥道路，被命名为“双拥路”。

脚踏实地，做好拥军优属工作。对“三属”和农村义务兵家属全部实行了优待，2186名老复员军人都得到了双定补助。共帮助城乡烈军属安排子女就业15名，解决子女入学入托8人，安排现役军人家属住房45套。县财政拨出解“三难”专款9万元，扶持老复员军人兴办“两户一体”15个，帮助盖新房125座，为2186名老复员军人办理了财产保险，解决入保金24万元，从优抚基金中为优抚对象解决医疗费8万元。对退伍军人和军队无军籍退休退职职工都进行了妥善安置，有相当一部分退伍军人安排到行政事业单位。加大了为部队办实事的力度。80751部队修建训练基地时，涉及2个乡镇3个村上百个农户。为解决征地问题，县委、县政府领导先后10多次现场办公，协助部队优价征地155亩。接收安排驻军随军家属5人，子女就读25人。从财政拿出10万元贴补军粮差价。县武警中队办公、住宿条件差，县里拨出专款48万元，为其修建了宿舍楼、综合楼，并送去了电视机、椅子等用品。县委、县政府还号召各级党政机关和干部群众向洞口籍现役军人和部队领导以书信的形式传递家乡信息，通报优抚工作，使洞口籍现役军人安心服役，全力保家卫国。共发书信500多封，收到回信100多封，利用书信为现役军人排忧解难80人次。

发挥优势，支援地方发展。80751部队派出技术人员，帮助群众兴办种养、加工、服务等厂（店）53个。同时规定每个官兵出差、探亲必须带回2至3条信息，共为地方政府和有关部门提供信息280条，口头和书面建议40多次，产生经济效益100多万元。在9个自然村办起了“温室大棚种菜”、“水稻科学种植”示范片。驻军部队还先后为洞口的经济开发区建设无偿投工5000个，出动机械150台次。为地方重点建设项目无偿提供资金5万元。营造象征军民友谊的“双拥林”40000亩。为洞口挽回洪灾损失80多万元，赈灾捐款3万元。驻军指战员经常为驻地五保老人、困难户和优抚对象帮工代耕，给附近群众义务修理电器、农机具。驻军卫生医疗部门对优抚对象优惠看病、垫支医疗费5000多元。驻地部队先后查处违禁物品1200多件，制止斗殴16起，还组织7个帮教小组，深入附近村组进行法制宣传教育等工作，并调处民事纠纷24起。对失足人员则采取结对子、帮重点的办法，使7名有劣迹的青年改过自新。

广东省

深圳市

深圳特区一角

2000年，深圳市坚持以江泽民同志“三个代表”重要思想为指导，把双拥工作作为促进经济发展、加强精神文明建设、维护社会稳定的一项战略任务，作为创建“文明市”、“文明区”的重点工程，狠抓工作落实，有力地促进了两个文明建设。

宣传教育广泛深入，国防观念不断增强。全市广泛深入开展了“致富思源、富而思进”的思想教育和双拥教育活动。修建了东江纵队纪念馆和葵涌革命烈士纪念馆。共有机关干部、中小学生4.7万多人次参加了军事日和夏令营活动。通过开展形式多样、内容丰富的宣传教育活动，进一步激发了广大青年报效祖国的热情。10833名适龄青年积极报名参军，报名率达到98%。深圳市连续19年被广东省评为征兵全优单位。

基层共建活动充满生机，军政军民关系融洽。广泛深入开展军警民共建社会主义精神文明“窗口”活动。开展军警民联防联治共建，实现了边防一、二线管理型向服务型的转变，扎实有效地开展了警民共建东门步行街区、双拥街、文明平安大道等一系列活动。有40多个单位新签订了军警民共建公约，共建内容富有特色，贴近社会。目前，全市军警民共建点发展到421个。

支持部队建设动真情办实事。全市各级拨款8500多万元支持部队建设和改善部队生活，其中市政府为解决驻深部队官兵生活补贴一项就达1600多万元。投入6900多万元，为驻军修建营区、道路、文化设施、岗楼、装备、通讯工具、改水工程。市政府无偿划地40多亩，投资4000多万元为新组建的广东预备役防化团新建营院，为6个区人武部建立独立营院。全年接收安置转业干部367人，退伍士兵589人，安置率均达到100%。安置随军家属175人，安排部队子女入学入托200多名，安置军休干部23户，为驻深部队官兵培训军地两用人才2600多名。向驻军赠送60余万元的文化器材和2.1万多册书籍，订送报纸达2500多份。

优抚保障水平不断提高。调整提高了优抚对象的抚恤补助标准，调整后全市优抚对象定恤定补每人月平均484元，城乡义务兵家属优待金每年每户从1500元提高到2000元，增幅达33.3%。市政府拨款100万元，用于重点优抚对象的医疗补助。目前，180名重点优抚对象的“三难”问题彻底得到解决，“爱心献功臣行动”的成果不断巩固提高。

驻深部队积极为第二故乡做贡献。驻深部队大力支援地方两个文明建设，广泛开展了拥政爱民活动。共出动官兵2万多人次参加助民劳动，植树4万多棵，为民理发1万多人次，治病2.5万多人次，军训中小学生3万多人次。出动车辆600多台次，清理垃圾6000多吨。驻深部队出动1万多人次参加抢险救灾。扑灭山火20多次1千多亩。派出兵力5000多人次、车辆120多台次，协助公安部门，参与维护社会治安，整治脏、乱、差，清理安全隐患等，抓获犯罪嫌疑人16人。特别是在庆祝特区建立20周年和举办第二届高交会期间，共出动兵力7500多人次，车辆800多台次，协助公安部门维持秩序，确保了各项重大活动顺利进行。“八一”前夕，白芒检查站官兵集体献血16000毫升，以特有的方式庆祝建军节。边防六支队一大队200多名官兵，到深圳红树林进行清理，铲除“植物杀手”薇甘菊。驻平湖75205部队和“特区好六连”组织官兵经常到敬老院做好事，献爱心，深受广大群众称赞。

佛山市

佛山市新貌

2000年，佛山市各级党委、政府和驻军把双拥工作作为促进佛山稳定和发展的一件大事，积极探索市场经济条件下的双拥新路子，巩固和发展了双拥模范城的创建成果。

加大双拥工作力度，确保双拥工作持续发展。佛山市获得全国双拥模范城“四连冠”后，继续加大双拥工作力度。一是坚持行之有效的双拥会议制度，召开双拥工作领导小组成员会议、双拥办主任会议、军地联席会议，及时总结、研究和部署双拥工作。二是坚持安排政府一名秘书长担任双拥办主任，坚持从驻军中派员到双拥办工作，还根据实际调整充实了双拥工作领导小组成员单位及成员，从组织上加强双拥工作的领导。三是各级党政军领导身体力行，一如既往地抓好双拥工作，亲自安排重大双拥活动，努力解决双拥工作的实际问题。

深化双拥宣传教育，不断增强全民双拥意识。各地除继续运用青少年军校和国防教育场馆进行教育外，还注重抓好节日期间的双拥宣传。一是各市、区新闻媒体集中时间和版面开设双拥专栏和专题节目；二是城乡基层和军民共建点积极开展军民联谊活动；三是组织大型文艺演出活动。“八一”前夕，市委、市政府、军分区举行庆祝建军73周年文艺晚会，特邀北京军区战友歌舞团为驻军官兵和优抚对象慰问演出。各地坚持每年召开一次立功军人家属座谈会，形成了军人立功、军属光荣的良好氛围。

军地互办好事实事，促进双方共同发展。各地利用走访慰问等形式，有针对性地为部队解决实际问题。一年来市财政拨出资金3796万元，用于武警支队、消防支队和边检站修建指挥中心、购买消防车和兴建住宅楼等。20团驻地在南海街边，不属佛山市区范围，按照特事特办的原则，妥善解决了该部队部分随军家属就近安置、子女就近入学入托的问题。根据市政府的有关规定，市教育部门在新学年为68名驻军子女办理了择校手续，减免择校费34万多元。佛山驻军在认真完成各项任务的同时，大力支持地方两个文明建设。一年来，部队出动官兵12360人次，支援地方建设136次。

广泛开展献爱心活动，不断提高优抚保障水平。建立优抚标准自然增长机制，及时调整提高优抚对象的定恤定补标准，烈属和在乡特等伤残军人提高到440元。目前，全市全年支出定恤定补总金额601万元，优待金1713万元，保障了优抚对象生活与群众生活水平同步提高。市政府多次组织检查小组，深入开展“爱心献功臣行动”检查。市委、市政府召开纪念中国人民志愿军抗美援朝出国作战50周年座谈会，为260多名志愿军老战士每人发放500元慰问金。会后，各级财政拨出专款，参照市里的标准，发给志愿军老战士每人一份慰问金。市区还分两批组织烈属前往华东5市游览，在社会上产生了良好反响。

积极拓宽安置渠道，妥善完成退役士兵安置任务。全市共接收退役士兵1012人，全部得到妥善安置和开发使用。南海、三水、高明市和石湾区推行发放一次性安置补助费的办法，走出了新的安置路子。在接收的退伍义务兵中，有751人领取了一次性安置补助费，占总人数的74%。

汕 头 市

汕头特区夜景

2000年，汕头市以贯彻全国双拥模范城（县）命名大会精神为动力，党政军民团结一致，围绕发展社会生产力和提高部队战斗力，大力开展双拥创建活动，双拥工作整体水平上了一个新台阶。

各级领导对双拥工作更加重视。汕头市再次荣获“全国双拥模范城”称号后，各级党政军领导进一步加大了双拥工作的领导力度，亲自参加双拥重大活动，主持召开双拥工作会议，研究双拥工作中的问题，带队深入优抚对象家中了解政策落实和生活情况，现场研究解决实际问题。春节、“八一”前夕，各地都组织拥军慰问团（组），由主要领导亲自带队，分别深入到驻军、干（军）休所进行走访慰问，召开军政座谈会、军民联欢会等，进一步增进了军政军民团结。

双拥宣传教育工作更加广泛深入。根据新时期国防建设和双拥工作的重点，不断加大国防教育和双拥教育的力度，开展了一系列生动活泼、丰富多彩的教育活动。年初，以再次荣获“全国双拥模范城”称号为契机，隆重举行汕头市蝉联全国双拥模范城挂牌仪式暨军民大联欢。“八一”前夕，举行授予陈惠凡“拥军模范”荣誉称号仪式，表彰她十六年如一日，坚持为驻南澳某观通站送菜送粮，主动协助连队做好战士思想工作的先进事迹，在社会上产生了强烈反响。市工人文化宫在“全国拥军优属模范个人”陈永钦主任带领下，不仅主动派出有经验的声乐老师到军营教唱《军人道德组歌》，还把600多本《组歌》和260盒录音带送到官兵手中。同时，编成节目，深入海岛、舰艇和部队营区进行慰问演出。各地电视、广播和报纸等新闻媒体，也纷纷开辟了双拥专题、专栏，大力开展双拥宣传活动。据不完全统计，全市刊播双拥稿件1060多篇，出黑板报、墙报1243版（次），受教育人数达90万人次。

双向奉献更加自觉。地方党委、政府把关心支持部队建设作为义不容辞的责任，千方百计帮助部队解决各种实际问题。一是积极为保障部队完成战备训练服务。两级军区在汕头市组织开展了地面防护作战研究性演习，市委、市政府在地方财政比较困难的情况下，先后拨出2000多万元，帮助部队解决演习中的困难。二是积极改善部队物质生活条件。全市共拨出4615.7万元专款，用于驻军粮油、水电、煤等生活物资的差价补贴和文化设施建设。拨出2200多万元为汕头预备役高炮团解决开办经费、通信交通工具，修建炮车库，并在黄金地段购买了40套干部家属住房；拨出40万元解决南澎连队改造水井、配套发电机和某师基层文化设施建设等问题。三是积极为解除官兵后顾之忧服务。市政府明确规定，驻汕军人子女入重点学校就读免收择校费。全市为271名军人子女解决了入学入托问题，免收择校费217万元。各服务行业也结合自身实际，坚持为军人优先优惠服务。驻汕部队大力支持汕头市的两个文明建设。一年来，驻汕部队支持地方公益事业建设出动官兵17360人次，投入劳动日30540多个，出动车辆、机械1033台次，植树27071棵，扑灭山火83次，抢救群众65人，抢运物资569吨。空军汕头场站为民航安全护航2万多架次，保障完好率达100%。

优抚安置政策全面落实。为鼓励士兵进藏，市政府规定：140名应征进藏服役的义务兵家属，除享受原有优待政策外，每年再给予不少于2万元的特殊优待。全年全市优待优抚对象5999户，优待金总额达2353.3万元，其中农村义务兵家属优待

3321户，优待金总额达1552.3万元，每户年平均4674元，占上年度农村人均收入的109%。抚恤补助经费总支出达1027.9万元。其中烈属每人月平均284.2元，孤老烈属每人月平均369元；老复员军人每月平均144.3元，孤老复员军人每月平均226元。接收安置转业干部237人，接收退役士兵1827人，按政策规定安置967人，安置率达100%。开发使用农村退伍义务兵866人，开发率达97.8%。

东莞市

东莞市全貌

东莞市是革命老区，全市人口154.5万，其中优抚对象3万多人；现有驻军单位22个，驻莞官兵近2万人。2000年，第四次荣获全省全国双拥模范城称号后，2000年，全市党政军民珍惜来之不易的荣誉，把成绩当动力，不断巩固双拥成果，积极推动双拥工作新发展。

支持部队建设力度加大。市财政拨款2600多万元，帮助驻军维修办公楼和干部家属住房，解决用水难、用电难和粮油煤电差价。各镇、区、单位筹集100多万元，为部队修建图书馆、幼儿园和道路桥梁，安装闭路电视、改装高压线路等。黄江镇财政拨出20多万元为驻军部队铺设水管、购买电脑。大朗镇拨出15.42万元为驻军部队开通了有线电视。同时，各级党委政府积极解决部队军转干部安置、随军家属就业、子女入学入托等实际问题，共接收安置军转干部98人，安置随军家属就业124人，小孩入学入托180人。

驻军为地方两个文明建设作出贡献。全年共出动官兵2万多人次，车辆（机械）1000台次，投入劳动日3000多个，完成土石方5万立方米，扑灭火灾100多起，抗洪抢险46次，抢救遇险群众608人，抢救物资30多吨，植树5万多棵，为群众防病治病6万多人次，协助公安部门抓获各类犯罪分子170多人。有700多名官兵参加地方无偿献血达10万毫升，为缓解东莞市医疗用血紧张做出了贡献。2月8日深夜，虎门新湾发生山林大火，周围200多户居民受到严重威胁，海军91676部队出动400多名官兵，仅用50分钟就将大火扑灭。4月，东莞市桥头东江围新开河上游因受连日暴雨袭击，造成堤段坍塌，驻莞75234、75235部队接到险情通报后，出动12台车辆，600多名官兵，迅速开赴遇险堤段，会同桥头镇1000多名干部群众抗洪抢险，连续奋战16个小时修复大堤，保护了当地及东江下游几十万人民群众的生命财产安全，谱写了拥政爱民新篇章。

优抚安置政策得到全面落实。全市优待、抚恤标准又有新的提高。全市优抚对象的抚恤补助经费比1999年增加了18.2万元，人均增加了203元，确保了优抚对象的生活水平不低于当地群众平均水平。全市共接收安置退役士兵629人，转业士官7人。573名农村退役士兵得到了开发利用，实现了安置率和开发使用率100%。市政府还拨出15万元扶持10名特困退伍军人勤劳致富，拨出20万元为39名住房有困难的退役士兵解决了住房困难。军休干部也得到了妥善安置。优抚安置政策的全面落实，极大地激发了广大干部群众的爱国拥军热情，出现了适龄青年踊跃报名参军的喜人景象。

江门市

2000年，江门市再次荣获全国双拥模范城称号。全市党政军民以此为契机，不断开拓奋进，扎扎实实地抓好各项工作，双拥工作整体水平又有新的提高。

加强组织领导，强化宣传教育。全市各级组织对双拥工作做到“三个纳入”：把双拥工作纳入党

江门市新貌

政工作议事日程，双拥经费纳入地方财政年度预算，军民共建活动纳入精神文明建设规划。党政军各级领导坚持做到“四到位”：重要双拥会议到位，研究重大双拥问题到位，组织大型双拥活动到位，处理双拥实际问题到位。狠抓了双拥宣传教育，定期举办双拥宣传月（周），领导干部坚持过“军事日”，组织学生军训。城市主要交通要道设立固定宣传标语，新闻媒介开辟双拥工作宣传专栏、专题，大力宣传被国务院、中央军委授予“舍己救人好干部”光荣称号邵荣雁的先进事迹。

围绕发展社会生产力和提高部队战斗力互办实事。各级政府坚持节日慰问优抚对象和部队制度，全市组织慰问团（组）2626个，拨出慰问经费818万元。结合纪念中国人民志愿军抗美援朝出国作战50周年，对健在的1495名老战士进行慰问，全市拨出慰问金59.8万元。动真情、办实事，投入资金130万元，为驻军解决实际问题167件。同时，还根据江门实际，适时为驻军部队发放生活补贴。驻军坚持不懈地做好拥政爱民工作，积极参与地方经济建设。全力投入“6·30”爆炸事件的抢救工作；在创建国家优秀旅游城市、国家卫生城、国家园林城市活动中，投入了大量人力、物力，支援台山沿海高速公路建设；积极参与“爱心献功臣行动”，定点挂钩帮扶优抚对象解三难；积极协助地方开展打击走私、“扫黑除恶”行动。

完善双拥系列规章，建立双拥工作保障机制。一是坚持按照优待抚恤补助经费自然增长机制要求，落实专项经费，全市共兑现优待金2070万元，户均5144元，支出抚恤补助经费1083万元。二是利用拥军优属保障金，积极为驻军和广大优抚对象排忧解难。到12月底止，三级拥军优属保障资金达到2196万元，全年拨出120.1万元，用于支持部队建设和解决优抚对象实际问题。三是按规定实施军功奖励，支持广大官兵在部队建功立业，一年来，共奖励官兵950人次，发放奖金51.2万元。

曲　江　县

曲江县城一角

2000年，曲江县广大军民紧紧围绕新时期双拥工作的目标任务，以第四次被命名为全国双拥模范县为动力，奋力开拓进取，推动了双拥工作的扎实开展。

认真做好军烈属优抚政策的兑现落实工作。按照优待标准及各镇统筹任务上缴情况，及时做好优待款的下拨计划，确保优待款在春节前发放到优待对象手中。为了解掌握各镇兑现军烈属优待款情况，由县有关部门组成检查组，对全县23个镇兑现优待款情况进行检查和督促，使优待政策得到较好落实。全县统筹军烈属优待款达108万多元，兑现优待对象574人（户），支出优抚款112.3万元，优待面达100%。在医疗制度改革情况下，对军队离退休干部、无军籍退休职工、在乡二等乙级以上伤残军人、孤老烈属、孤老复员军人等优抚对象的医药费仍实行实报实销，体现了政府的关怀和厚爱。同时，继续深入开展“爱心献功臣行动”，帮助10名“三老”优抚对象解决了住房难问题。

积极做好退役士兵的安置和推荐就业工作。县委、县政府高度重视，在做好调查摸底的基础上，多形式、多渠道扎实做好城镇退役士兵和转业士官的安置工作。通过各有关单位和部队配合，55名退伍军人得到妥善安置。认真抓好军地两用人才的开发使用工作，积极寻找门路，推荐90多名农村退伍士兵到发达地区从事经警和保安工作，占当年返乡退伍军人总数的91.8%。

搞好革命教育基地建设。全县筹集资金60多万元，重新拆建了烈士陵园大门，使革命传统教育和爱国主义教育基地的面貌焕然一新，成为曲江县城北大门一道亮丽的风景。为弘扬爱国主义和革命英雄主义精神，结合开展中国人民志愿军抗美援朝出国作战50周年纪念活动，召开了志愿军老战士和老烈属座谈会。充分发挥教育阵地作用，以烈士陵园为基地对广大青少年进行了革命传统教育。

军地互办实事，密切军政军民关系。曲江县供水公司协助75230部队安装自来水管5000多米，解决了该部队40多年来一直食用硬质水问题。“八一”前夕，75230部队调拨机械和出动近千名官兵参加共建马坝大道文明样板路活动。9月，为支援地方抗洪救灾，出动600多官兵赶赴枫湾镇抢修被洪水冲垮的公路，使交通道路得到及时修复。广大官兵还捐款3.2万元救灾扶贫。10月28日又出动3000多人，到长坝万亩沙田柚基地开挖树穴2万多个，为沙田柚基地的扩大发展做出了贡献。驻军和武警部队在军训学生、济困解难、扶贫助学等方面也做了大量工作，以实际行动谱写了拥政爱民新篇章。

惠州市

秀丽的惠州西湖之春

2000年，惠州市双拥工作坚持高起点、高标准，在获得全国双拥模范城荣誉称号的基础上，加大解决重点、难点问题的力度，进一步推动了双拥工作的深入发展。

建立了齐抓共管的领导机制。各级党委、政府都把双拥工作作为精神文明建设的重点，纳入当地经济和社会发展的总体规划。市双拥工作领导小组修订了双拥工作规划和成员单位职责，进一步明确了党政军各部门及全社会参与双拥工作的职责和义务。各双拥成员单位紧紧围绕中心工作，及时制定本单位双拥工作的发展规划。各县（市、区）党政一把手和驻军主要领导担任双拥工作领导，主持、研究、部署双拥工作，市、县、乡镇都有双拥工作组织机构，形成上下纵横的工作网络。

双拥宣传有声有色。4月，市双拥办、市委宣传部和惠州军分区、市公安局联合开展了评选“十佳军嫂”、“十佳警嫂”活动，大力宣传报道“军嫂、警嫂”们为国防建设、军队建设和社会稳定默默无闻、甘当后盾的无私奉献精神和爱国拥军情操。8月，开展了向全市“人民好儿子—黎桂城”学习活动，大力宣传了黎桂城忠于职守，为保卫人民群众的生命财产安全，无私无畏、不怕牺牲的崇高品德。市委、市政府还发出了《关于开展向黎桂城同志学习的决定》，进一步引导全市人民向人民解放军学习，营造尊重、关心、爱护人民子弟兵和支持部队建设的浓厚社会氛围。

拥军优属再创佳绩。7月，75200部队开进惠东县、惠阳市、大亚湾一带进行渡海登陆训练，市委、市政府迅速发文，要求各驻训地及时做好部队训练的物质供应和生活保障。市五套班子领导亲自带着现金和物品到驻地进行慰问，文化部门组织文艺演出队和文艺小分队到各驻训地演出，鼓舞了部队士气。针对随军家属就业难问题，市政府专门召开了安置工作会议，对全市随军家属就业安置进行调配，指令性地把需安置的200多名随军家属分到各个单位。全年全市共接收安置退役士兵268人，其中城镇士兵安置539人，转业士官106人，安置率达95%。开发使用农村退役义务兵623人，开发率达86%。军转干部安置率达到100%。

拥政爱民成绩突出。驻惠部队在完成教育、训练、战备任务的同时，广泛开展拥政爱民活动。主动承担急难险重任务。全年共出动劳动日30271个，车辆机械3284多台次，支援驻地植树造林、兴修水利、整治环境和修筑道路。帮助地方植树10万余株，挖树坑5.3万个，种植草皮62100平方米；帮助清理整治渠、河道29.3千米，清理淤泥92420立方米，开挖水沟7.8千米，清理车辆、广场、街道和村镇卫生死角3800多平方米。6月22日，为支持惠州市争创“中国优秀旅游城市、国家卫生城市、国家园林城市、国家环境保护模范城市”四块金牌，驻惠75200部队、军分区、平潭空军、市武警支队、市边防分局、市消防支队积极响应政府号召整治西湖，共出动2430人次，车辆、机械101台（次），完成4380多立方土石方。8月，75211部队出动官兵4500人次，车辆95台（次）在亚婆角（海训地）开展助民劳动，清理水渠8.5千米，垃圾40余吨，清扫公路18千米，帮助村民抢收稻谷约22亩，为群众治病75人次。各部队官兵还积极响应号召，为驻地血库义务献血46万毫升，参加抢险救灾82人次，为地方避免和减少经济损失600万元。

湛江市

湛江海滨风光

湛江市地处祖国南大门，是一座具有抵御外来侵略斗争光荣历史的英雄城市，广大军民有着拥军优属和拥政爱民的光荣传统。2000年1月，被命名为全国双拥模范城后，双拥工作再创佳绩，军民鱼水情意更浓。

党政军领导对双拥工作更加重视。“八一”建军节期间，市委、市政府、军分区领导带领有关部门，到广州军区和广东省军区走访慰问，了解部队情况，征求部队对双拥工作的意见。驻湛南海舰队领导坚持与地方主要领导一起，亲自抓双拥，亲自参加双拥重大活动，起到率先垂范作用。各级党委政府和驻湛部队把双拥工作纳入当地经济和社会发展总体规划，纳入部队建设的重要内容，摆上了重要议事日程。

国防教育和双拥宣传广泛深入。坚持在每年的“八一”、春节开展大规模的宣传活动，广播电台、电视台、报刊开辟了国防教育和双拥宣传专栏。全年共刊播专题稿件1100多篇次，录制《双拥之歌》、《爱心献功臣行动专辑》等电视专题片，出版《双拥风采》画册，举办大型国防教育巡展，有30多万中小学生和各界人士受到了教育。全市建有少年军校25所，爱国主义教育基地达55个。

军地互相支持，双拥活动更加扎实有效。地方全力支持部队建设。2000年，海军某部在湛江举行“渡海登岛”、“军事交通”演习，当地政府一路绿灯，保证交通通畅，保证水电粮油供应。群众自发拥军支前热情空前高涨。为支持部队现代代建设，全年共拨款1500多万元，支持建设项目24个，用于官兵生活补贴273万元，为改善驻湛海军部队机关的工作、生活环境，投入800万元为部队修筑道路。教育部门积极解决部队干部子女就近入学入托。为体现政府对优抚对象的关怀，还实行了伤残军人、烈属免费乘市内公共汽车，优抚对象看病免收挂号费，军人、烈属、伤残军人免费入园游览等优惠政策。驻湛部队把驻地当故乡，视人民如亲人。9月，湛江市开展了扶贫攻坚“两大会战”，驻湛部队主动参战，出动了官兵8000多人次，车辆7600多台次，完成土方6.5万多立方米，还捐款71万元为贫困村庄修公路15公里。南海舰队在沙地上建成了一条长9.5公里、宽6.5公里的公路，结束了东海岛12个偏僻渔村“行路难”的历史。在“爱心献功臣行动”中，驻湛部队捐款100多万元，为65户老功臣解决了“三难”问题。

优抚安置政策更加落实。湛江驻军多、优抚安置对象多，经济欠发达。为了全面落实优抚安置政策，一是财政增拨经费200多万元，在全市建立了优抚对象抚恤补助标准自然增长机制，保证优抚对象生活水平与当地群众同步提高。二是发动社会力量，开展“爱心献功臣行动”，社会各界人士和部队官兵捐款筹资560万元，解决了608户重点优抚对象的“三难”问题。三是广开渠道推行安置任务均衡负担、有偿转移，共安置转业干部229人，退役士兵1162人，随军家属88人，军休干部71人。四是建立健全现役军人立功奖励制度。

军民共建成果显著。全市建立了951个拥军优属、拥政爱民小组，共有军民共建点397个，其中299个共建点被县级以上政府和部门评为先进单位和精神文明建设先进单位。

双拥制度和法规建设更加完善。先后制定了《湛江市军民共创双拥模范城方案》、《湛江市拥军优属若干规定》、《湛江市驻军随军家属就业安置办法》、《湛江市现役军人立功受奖奖励办法》、《驻湛部队拥政爱民公约》等一系列法规，使双拥工作更加制度化、经常化、规范化。

珠海市

今日珠海

2000年，珠海市的双拥工作坚持“在高起点上创新”的思想，着力抓基层、打基础，积极探索市场经济条件下双拥工作的新路子，巩固和发展了军政军民团结的大好局面。

深入开展双拥宣传与国防教育，营造良好的社会氛围。春节、“八一”前后，市属新闻媒体制作专刊（栏），宣扬人民子弟兵在建设祖国、保卫和平事业中涌现出的的典型事迹和英雄人物。9月份，媒体连续报道了珠海警备区某海防营二连指导员周自明用知识带兵育人、边防分局马骝洲水检站战士赵红占为抢救战友光荣牺牲和市消防支队民警邓卫强在抗灾抢险中舍身救群众而英勇殉职的典型事迹，在社会上引起强烈反响。为纪念抗美援朝出国作战50周年，各新闻媒体制作专栏专刊，对志愿军战士的爱国主义、国际主义精神进行了广泛宣传。市委、市政府召开纪念抗美援朝出国作战50周年座谈会，100多名志愿军老战士代表参加。市政府为全市近400名志愿军老战士发放了500元慰问金和慰问品。全年新增“钢八连”、“驻澳门部队珠海基地”等7处爱国主义和国防教育基地，组织群众15.8万人进行参观教育，有效地提高了广大军民的国防和双拥意识。

认真做好拥军优属工作，为驻军和优抚对象排忧解难。全年共拨出经费2518万元用于慰问部队官兵并解决他们在工作、生活中的困难。市属各收费公园按照《双拥工作要点》的规定，对现役军人和革命伤残军人免收门票费；驻海岛部队官兵乘船往返给予八折优惠，并设立“军人优先”窗口。同时，结合部队后勤保障社会化改革，对驻澳部队的后勤供应首先实行了社会化保障。上半年，市双拥办召开了科技拥军军地联席会，研讨加强科技拥军问题，提出了科技拥军方案。5月，市教委与驻澳门部队协商决定，计划在服役期内帮助驻澳部队干部完成大专文化学习，帮助战士完成高中文化补习并实施考试发证制度。11月，市双拥办协调全市企事业单位、个体、私营企业为驻军基层连队送电脑56台，提高了驻军官兵科技练兵的热情。在企事业单位、社会团体的支持下，形成了政府、企事业单位和社会团体全方位拥军的良好氛围。

努力做好优抚安置工作。优待优抚对象762户，优待金年平均4327元；定恤定补对象736人，安排定恤定补经费404万元，年抚恤金人均5498元。为确保优抚对象的生活水平与当地人均生活水平同步提高，全市增加定恤定补经费6.6万元，比上年增长7%；安排医疗补助经费122.8万元，比上年增加9.2万元，增长8%。全市共接收安置退役士兵376人，其中城镇退役士兵192人，转业士官36人，复员干部1人，农村退役士兵112人，异地退役士兵35人，安置率100%，两用人才开发率97%。全年指令性安置91人，占安置总人数的47%，通过劳务市场双向选择就业57人，占安置总人数的29%。

发挥自身优势，为驻地两个文明建设作贡献。一年来，驻军和武警部队共出动兵力19471人次，车辆2270台次，参加抢险18次，抢救遇险群众216人，抢救物资545吨，挽回经济损失约1430万元；出动车船人力为地方抢救遇险液化气船，节约资金10万余元；平整土地20亩，种植果树17100余棵。8月，海军工程七处为保证中山大学珠海校区按时开学，主动请战，派出官兵5000多人次、机械900多台次，用18天时间完成了学校排洪渠工程建设。

基层双拥共建工作上新台阶。结合社区建设、村镇改革，加强了基层、学校、农村的双拥共建工作，充分发挥部队思想政治工作的优势，引导教育青少年健康成长。驻澳门部队珠海基地与市公共汽车公司、东方外语学校、南屏镇压东桥村结成共建对子，在探索深化共建内容、提高共建水平上下功夫，在提高军民综合素质、加强班子建设、树立良好风气上丰富了内容，拓宽了双拥共建的渠道。

广州市

广州市一角

2000年，广州市广大军民认真贯彻党的十五大精神和江泽民同志“三个代表”的重要思想，高举爱国拥军的旗帜，以荣获全国双拥模范城“四连冠”为动力，坚持服从大局、服务中心，从办实事入手，从基层单位抓起，全面推进双拥工作的发展。

进一步加大了双拥工作领导力度。各级党委和政府始终坚持双拥工作组织领导的高层次、高规格，市、区、县各级党委书记都亲自担任双拥工作领导小组组长。春节、“八一”期间，市五套班子主要领导分别到驻穗部队领导机关走访，主动征求意见，交换情况。在日常工作中，凡涉及到拥军优属工作的大事，市领导都亲自过问。驻穗各部队领导亲自参加双拥活动，亲自处理涉及军政军民关系的重大问题，自觉做维护军政军民团结的表率。

双拥宣传丰富多彩。元旦、春节期间，市委、市政府、警备区联合举办双拥文艺晚会；报纸、电台、电视台开设专题专栏，基层双拥组织组成文艺演出小分队深入基层连队慰问演出，广州军区空军部队开展了“赞辉煌成就、迎接新世纪”读书演讲比赛；越秀区组织军民共建单位开展了以“第一面五星红旗升起的地方”为主题的演讲比赛。“八一”建军节前，市双拥办、广州警备区联合举办“团结颂”军警民联欢晚会，表彰了一批好军嫂、好警嫂。武警广州支队战士黎桂城勇斗歹徒英勇牺牲后，市委及时发出了《关于在全市开展向黎桂城同志学习活动的决定》，各新闻媒介对黎桂城烈士的英勇事迹进行了深入报道。这些活动的开展，增强了广大军民的双拥意识和国防观念，群众性的双拥活动蓬勃开展。

积极支持部队现代代建设。地方各级政府进一步加大投入，积极为驻穗部队解决工作、训练和生活中存在的实际问题。全市共投入1.2亿元支持部队全面建设，其中用于补贴驻军的生活副食品供应等近5000多万元。拨出790万元，为武警指挥学校等7个单位解决了水、电、路及娱乐器材等困难。出资150万元购买了100台电脑和5万册科技书籍，赠送给驻穗部队100多个基层连队。市交委为广州警备区弹药仓库修建了道路；花都区交通局为某集团军装甲旅修建了通往营区的道路；海珠、天河、东山区也向驻军基层单位赠送了价值150万元的电脑。

全面落实各项优抚安置政策。在“爱心献功臣行动”中，坚持高标准、高质量，全面落实各项优抚安置政策。市和各区都制定了实施方案和重点解决优抚对象“三难”问题的具体措施。充分发动社会力量、服务网络为优抚对象提供优质服务；市卫生局、市工商局、市政园林管理局、市公用事业局、地铁总公司等单位，认真贯彻《广州市拥军优属实施办法》，为现役军人和革命伤残军人提供免费游览公园、博物馆，革命伤残军人免费乘坐公共汽车、轮渡和地铁，免收门诊挂号费的服务。全市各级财政共投入资金1310万元，重点解决优抚对象的“三难”问题。为557户优抚对象解决了住房问题，为610名优抚对象解决了医疗难问题。投资104万元改造了光荣院1所。建立了优抚对象抚恤补助标准自然增长机制。一年来共安置军队转业干部2297人、随军家属1710人，退役士兵2200多人。

驻穗部队支援地方经济建设成效显著。一是积极参加“爱心献功臣行动”，派出7支医疗队到从化、增城为老区优抚对象送医送药，驻穗部队还捐赠14万元帮助修建广州市光荣院。积极参与广州市开展的创建文明城市“一年一小变”、“三年一中变”活动，先后出动官兵20多万人次，出动车辆5000多台次，为羊城重现亮丽风采作出了贡献。为支持广州市区道路扩建、绿化，驻穗部队共提供地皮35000平方米，迁移重要管线18处，拆除房屋12000多平方米，有力地支持了广州市的建设。

广西壮族自治区

南 宁 市

2000年，南宁市军民坚持以邓小平理论和党的基本路线为指导，认真贯彻落实党中央、国务院和中央军委关于加强军政军民团结的指示精神，按照全国双拥模范城（县）命名大会的要求，广泛开展各项活动，双拥工作又取得了新的成绩。

切实加强了对双拥工作的领导。军地各级坚持把双拥工作纳入党委和政府的工作计划、纳入人大和政协视察监督的工作范围、纳入“双文明”建设的评比条件，纳入部队政治建设的内容。为了推动双拥活动的深入开展，市委、市政府下发了《关于深入开展创建自治区级双拥“达标、先进、模范城（县、区）”活动的通知》，制定了《南宁市双拥工作领导小组成员单位工作职责》。各级领导高度重视双拥工作，凡是双拥工作的重大活动都亲自参加。春节和“八一”期间，市和区、县主要领导都率队慰问部队和军烈属。7月中旬，市委、市政府领导带领有关部门深入部队征求意见，市长主持召开专门会议，将部队需要解决的6个方面22个问题逐一研究，并责令有关部门和有关单位限期解决。

坚持把双拥工作的重点放在基层。一是健全基层双拥服务组织。全市现有各类双拥服务组织7600多个，普遍做到了有组织名称、有工作职责、有活动计划。这些服务组织常年活跃在企业、街道、学校、商店、乡村和军营，为部队和优抚对象做了大量的好事、实事，成为双拥工作的生力军。二是深入开展军（警）民共建活动。为了提高共建的质量和水平，军地各级按照就地就近、活动经常的原则，对搭配不合理、活动不经常的共建对子进行了调整，着力纠正重共建数量轻共建质量、重单向受益轻共同建设的倾向。全市416个共建对子，根据自身特点，广泛开展思想共建、文化共建、道德共建、法制共建、环境共建，有力地促进了社会主义精神文明建设和部队建设。三是继续深入开展“爱心献功臣行动”。在解决“三老”优抚对象的住房难、生活难的基础上，2000年重点解决了治病难问题。通过认真落实各项医疗政策、建立医疗保障基金、纳入合作医疗范围、实行医疗优待等措施，全市536名“三老”优抚对象的“治病难”问题基本得到了解决。“爱心献功臣行动”的开展，推动了各项优抚安置政策的落实。义务兵家属优待金、老复员军人和“三属”的定补均达到上级规定的最高标准，优待面、优待额、兑现率均达100%。转业干部、退役士兵、军休干部、随军家属、军人子女得到妥善安置。

军民携手兴市强军。9月，驻邕空军某部奉命赴福建漳州进行训练，部队出发前，市委、市政府领导亲自参加部队的誓师大会，为每位参训的官兵赠送慰问品，并优先照顾安排参训军官的随军家属就业；春节期间，市领导亲率慰问团前往慰问。部队凯旋时，市领导又举行庆功大会。各级政府积极为部队输送优质兵员，全市连续19年无责任退兵。为支持部队建设，全市无偿划拨近2千亩土地支持部队搞好营院建设、训练场地建设和“菜篮子”建设。供应部队的粮、油、煤等都按政策给予补贴，仅粮、油两项市财政每年补贴就达1000万元。对部队的用水、用电实行一级供应。各基层单位通过多种形式帮助部队发展农副业生产。投入资金40多万元，为驻邕空军某部建造了一个40亩自动喷灌菜园，并派技术人员传授种植技术。驻邕各部队大力发扬爱民光荣传统，在完成教育训练、战备执勤任务的同时，积极支援地方经济建设，主动承担急难险重任务，带头传播文明新风，热情支持社会公益事业，为地方的两个文明建设作出贡献，展示了人民军队爱人民的良好形象。

桂　林　市

桂林市是一座具有拥军优属、拥政爱民传统的城市。2000年，全市军民同心协力，动真情，办实事，双拥工作不断向更实、更新、更高的方向发展。

深入进行国防教育和双拥宣传。全年有13.2人次参加军训和上国防教育课，全市投入国防教育

桂林市解放桥夜景

经费近50万元，全市交通要道新增设85块永久性双拥标语牌，城区张贴和书写8400多条宣传标语，出版国防知识、双拥教育专栏、黑板报1720期（块）。市电视台、电台、《桂林日报》专门开辟了“双拥之花”“征兵花絮”“走进军营”等专栏。全市22个国家级、省级国防教育和革命传统教育基地对军民教育达100万人次。

着眼于“打得赢”，加强科技拥军，为部队的现代化建设培养高层次人才。一年来，全市大专院校、科研机构派出专家教授400余人次，为驻军举办科技讲座，协助驻军进行科学研究，为部队培养计算机专门人才。一些中学派出最好的师资力量为部队开办高考补习班，一年内就有110多名战士通过补习考取了军事院校。一些单位还为驻军举办各种技能培训班，为部队培养了大批文体、书法、外语、修理、医疗、驾驶、烹饪、科学种养以及财务会计等大批人才。许多共建单位纷纷向部队捐赠图书，达1万多册，为部队新建图书室10多个。

加大法律拥军力度。成立了以市委书记为组长的维护国防利益和军人军属合法权益工作领导小组。市委专门召开了“两维”工作会议。为调解有关军人军属的矛盾纠纷，全市成立了17个调解中心，156个调解站，1874个调解组。市、县（区）、乡（镇）、村、居委会都建立了工作机构。全市各级审判机关自觉把维护国防利益、军人和军属合法权益当作审判工作一项重要任务来抓，市、县（区）法院均成立了“涉军案件合议庭”，凡涉军案件一律由庭长或副庭长担任审判长。对涉军纠纷案件实行优先立案、优先审结、优先执行，注重办案

的社会效果和政治效果。全市形成了思想上尊重军人军属，工作上支持军人军属，生活上关心军人军属的良好氛围。

全力支持部队建设。为驻军办实事，成为全市各级各单位的自觉行动。市财政在极其困难的情况下，为武警桂林市支队拨款318万元进行营房建设，拨款83万元为部队营房搞配套设施，拨款67万元作为武警官兵的生活补助，拨款70万元为预备役通讯团进行营房改造。市内五城区财政拨款300万元为武装部建独立营院，解决住房、交通、通讯等各方面的困难。一年来，各行业各单位为驻军修建营区大门、拥军大道，架设电线，铺设自来水管道，建李向群纪念馆，支持驻军后勤社会化改革，为基层连队购置电器和文化用品等，投入达430万元。

认真落实优抚安置政策，实现了优待金由社会统筹向纳入各级财政预算的过渡。发放优待金1172万多元，全市烈军属优待面保持100%，农村义务兵家属的优待金户均2004元，达到了上年人均收入的75%，城镇义务兵家属的优待金户均也达到1800元。对驻地部队和桂林籍的立功官兵由结对共建单位、区、市三级分别进行奖励。全市共奖励立功官兵993人，单市级奖励的金额就达10.12万元。“爱心献功臣行动”继续深入开展。全市划拨1107万元用于解决“三老”的“三难”问题。投入750万元，兑现了11733名在乡老复员军人和452名带病退伍还乡军人的定补费。安置方面，在城市就业压力进一步加大的情况下，克服困难，积极拓宽渠道，妥善安置转业干部273名（其中团职以上干部70名）、转业士官225名、退伍义务兵1981名、随军家属402名。接收安置了军队离退休老干部179名，解决了390名部队子女的入学入托问题。

驻军支援地方建设积极主动。一是承担急难险重任务。2000年国庆节前夕，驻桂林某部和警备区的40多名官兵冒着生命危险，为桂林市挖掘出埋在市区某仓库地下的677枚炸弹，并将这些埋藏了几十年但尚未失效的炸弹搬运到市郊销毁，为市民消除了隐患。12月2日，桂林兴安县境内发生森林火灾，驻兴安部队和桂林陆军学院等单位出动官兵1000多人，奋战一昼夜，将大火扑灭。二是积极参加助民劳动。为群众修路架桥、插秧收稻、植树造林、开沟挖渠、架设电线等，全年共投入劳动日24万多个。三是扶贫帮困。全年共捐款45万多元，资助特困学生1100多人，投入69万元，援建希望小学，捐款20万元和衣物11万件（套），资助“三老”人员。四是积极为地方开展国防教育和爱国主义教育创造条件。李向群纪念馆等爱国主义教育基地共接待参观学习的人员达60多万人次。部队派出官兵5000多人次，为地方军训、接待到部队过军事日和上国防教育课的地方人员10多万人次。

军民共建深入扎实。全市共有军民共建对子400多个，数百个“拥军服务队”、“爱民服务队”活跃于军地各基层单位。90%以上的军民共建对子坚持定期走访，注重交流，开展共建文明街道、文明小区、文明学校、文明村镇、文明单位、文明行业活动，共举办军民文艺汇演1100多场次。以军民共建形式派出人员1万余人次，组成学雷锋、学李向群活动小组，开展为民服务活动。共建对子中75%以上的单位被上级评为文明单位，军民共建活动结出了丰硕果实。

柳州市

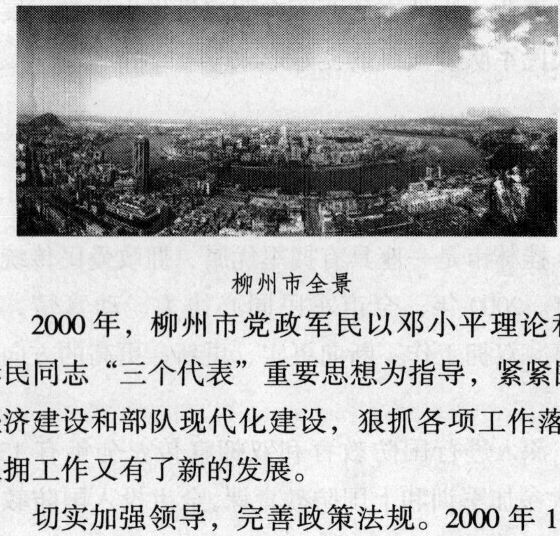

柳州市全景

2000年，柳州市党政军民以邓小平理论和江泽民同志“三个代表”重要思想为指导，紧紧围绕经济建设和部队现代化建设，狠抓各项工作落实，双拥工作又有了新的发展。

切实加强领导，完善政策法规。2000年1月，柳州市第四次荣获“全国双拥模范城”称号。对这一巨大的荣誉，柳州市军民做好双拥工作的决心更大，热情更高。全市军民认真贯彻全国双拥模范城（县）命名大会精神，按照《自治区双拥工作量化标准考评办法》的要求，切实加强双拥工作领导机构和组织机构的建设，加强基层双拥工作服务组织的建设，认真落实各项双拥工作制度，有力地促进了工作的落实。为保证双拥工作持续、稳定、健康发展，发动基层单位积极开展新时期双拥工作调研活动，探索社会主义市场经济条件下开展双拥工作的新途径，组织起草了《柳州市拥军优属若干规定》、《驻柳部队拥政爱民若干规定》、《柳州市关于支持部队后勤保障社会化改革的实施办法》三个征求意见稿，并将意见稿下发，广泛征求意见。2000年已出台《驻柳部队拥政爱民若干规定》，以政策法规形式规范和调节双拥工作行为。

深入开展宣传教育活动，营造良好的双拥氛围。为进一步深化以爱国主义为核心的国防教育和双拥宣传，举行了迎接全国双拥模范城牌匾仪式、纪念中国人民志愿军抗美援朝出国作战五十周年座谈会和“柳州市大中专、中学、职校军训汇报表演”；组织广大群众到国防教育基地和爱国主义教育基地参观；举办国防教育和双拥知识竞赛；组织辖区部队在公共场所露天放映《上甘岭》和《英雄儿女》等革命故事片；利用新闻媒体开辟双拥宣传专栏和专题。通过宣传，进一步增强了广大群众的国防观念和拥军意识。尤其是坚持开展“双拥活动月”系列活动，极大地提高了人民群众对子弟兵的热爱之情，营造了浓厚的双拥氛围。

以落实政策，互办实事为重点，深化创建活动。市委、市政府高度重视创建活动。新任市委书记沈北海一到任就带领新的市委领导班子走访慰问了驻柳部队，增进了军地之间的了解，密切了军政军民关系。在认真做好重大节日期间拥军慰问的同时，组织由市领导带队的拥军慰问团，赴粤、琼两省慰问了“柳州舰”和执行任务的驻柳95261部队官兵。为支持部队建设，全年共投入资金800多万元，支援武警十支队、预备役炮兵团、县（区）人武部等营院建设，改善了75140部队的办公环境；整修了通往75707部队的道路，为部队基层连队建了50多个图书室，完善了7个“菜篮子”基地。4至8月，分别召开军转干部、退役士兵、随军家属安置工作会议，对三项安置工作进行统一部署。尤其对退役士兵安置工作，实行指令计划、双向选择、包底安置等办法，安置了340多人。在对部队子女入学入托继续实行优惠政策的同时，对参加中考的部队子女，在划定的录取分数上又下降20分给予录取。在落实优抚政策方面，认真落实义务兵家属优待金，实现了优抚对象定补面100%。同时，发动社会各界深入开展“爱心献功臣行动”，继续为“三老”优抚对象排忧解难。柳南区为每位“三老”优抚对象的子女设立专门的奖励资金，规定“三老”的子女从小学到大学每人每年补助200－1000元，两县和郊区对生活在贫困线以下的180多名“三老”优抚对象，通过结对帮扶和给予粮食救助、生活救济补助等形式，较好地解决了他们的生活困难。通过市、县（区）各级医疗部门减免医药费用、发放优惠卡、义务上门巡诊、帮扶单位每年发放定额就诊金、专用资金报销等办法，缓解了“三老”优抚对象的医疗难问题。

驻柳部队扎扎实实做好拥政爱民工作。主动承担急、难、险、重任务，积极参加“一帮一”扶贫攻坚和助学活动。6月下旬，柳州市连续遭受3次洪水袭击，10月份发生两起较大山火，驻柳部队共派遣官兵5000多人次，出动车辆200台次，有力支援了柳州市抗洪抢险、灭火救灾工作。驻柳75100部队、柳州军分区、柳铁军代处、95275部队、武警水电学校等官兵向金秀、融水、忻城县捐款32.6万元，为帮助贫困山区农民脱贫致富作出了突出的贡献。驻柳武警部队与共建单位一道，为郊区柳东镇牛车坪村修筑了一条“军民团结友谊路”。武警十支队官兵捐款5500元资助柳南区贫困生吴志军圆了大学梦。驻柳部队积极参加公益活动，全年植树12万多株，清理垃圾1000多吨，军训人数5万多人，参加义务劳动10万多个劳动日，义务献血30多万毫升。

贵港市

贵港市一瞥

2000年，贵港市党政军民按照市委、市政府提出的“确保荣誉，再创佳绩”的要求，深入学习贯彻江泽民同志“三个代表”重要思想和全国双拥模范城（县）命名大会精神，以维护国家稳定、发展社会生产力、提高部队战斗力为目标，以双拥模范城“四连冠”的荣誉为新起点，开拓进取，奋发努力，双拥工作取得了新的发展，为地方两个文明和军队的全面建设作出了新的贡献。

抓组织建设，强化领导。一是及时调整充实市双拥工作领导小组。市委书记、市人大常委会主任覃远通同志为市双拥工作领导小组组长，其他成员也相应作了调整，确保双拥工作在领导上不断线，一任接着一任，一届传给一届。二是完善党政军领导抓双拥的工作机制。把党政主要领导亲自担任双拥工作机构的主要负责人等“六个亲自”作为双拥工作一项重要制度。三是强化工作力度。坚持把双拥工作纳入军地重要议事日程、纳入经济和社会发展总体规划。市财政在财力困难的情况下仍然把双拥经费24万元列入财政预算，并按时足额拨付到位。

抓制度法规建设，促进双拥工作规范化。一是坚持重大节日走访制度。在元旦、春节期间，积极开展走访慰问驻军和优抚对象活动，投入慰问经费280多万元。二是完善双拥工作总结表彰制度。7月13日，在城区召开全市双拥工作总结表彰暨再创全区、全国双拥模范城动员大会，表彰双拥工作成绩显著的先进单位105个和先进个人204名，树立双拥典型55个，有力地推动了创建活动的蓬勃发展。三是坚持党政军领导议军制度。3月24日，市委、市政府领导和有关部门在贵港军分区、75130部队召开议军会议，现场办公解决了20多个驻军战备训练、生活和随军家属安置等实际问题。全市还坚持和完善军地联席会议、党政领导过军事日、人大对双拥工作进行监督检查等“十大双拥制度”。

抓宣传教育，进一步营造双拥社会氛围。1月15日，组织1万多人隆重举行庆祝贵港市荣获全国双拥模范城“四连冠”大会，并大张旗鼓地进行了双拥宣传。6月13日，《贵港日报》以《双拥花开贵港》为题报道双拥工作综合成果。暑假，市双拥办会同有关部门组织城区和大中小学校与驻军共同举办军训、少年军校及夏令营等活动，对师生进行了国防教育和双拥教育。重点宣传了《国防法》、《兵役法》、《人民防空法》法律法规以及有关双拥和优抚安置的政策法规。联合举办了防空征文竞赛，积极筹备反空袭作战研讨会，收到论文近百篇。

抓优抚安置政策落实，维护优抚安置对象的合法权益。全市8千多名在乡老复员军人等重点优抚对象按时足额领取了定恤、定补金，兑现率和定补面均达100%。全市共接收安置退役士兵1757人，转业干部56名。全年义务兵家属优待金发放标准均达到上年度农民人均纯收入的75%，优待面达100%。建立和完善了现役军人立功受奖机制，对在部队荣立一、二、三等功的现役军人分档次实行500、100、50元的奖励。通过各种途径和办法，为优抚对象建立了多层次的医疗保障体系。一是狠抓医疗政策的落实，二等乙级以上伤残军人一律享受公费医疗待遇，医疗费实报实销。7月底，为1300多个“三老”优抚对象增发了医疗优待证。对三等伤残军人及在乡老复员军人、老烈属等重点优抚对象实行医疗费减免的优惠措施，解决了100多名革命功臣治病难问题，发放治病困难补助费9万元。

二是采取财政扶持、社会统筹和个人缴纳“三个一点”相结合的筹资办法，为优待对象办理了医疗保险。

深入开展拥政爱民活动，为驻地两个文明建设作贡献。驻贵各部队累计投入96万个劳动日，出动车辆2800台次，捐款4.5万元，参加抗旱救灾、农田水利建设、植树造林、市容市貌整治、农业开发等工程项目建设。9月，驻贵75130部队出动6500多名官兵，参加整治南梧二级贵港城区路段，使南梧公路一段时间以来乱、脏、差的环境卫生状况大为改观。191医院和75130部队医院定期派出医疗队到驻地附近敬老院、城区各中小学校、结对帮扶的老功臣家中义务诊病，治病达2000人次。海军航空兵广大官兵踊跃捐款6万多元，建立“新兵帮扶老兵行动”基金，出动1600多人次，帮助“三老”种植龙眼、荔枝等经济作物。75130部队专门成立爱民小组和科技兴农服务队，帮助“家门口”的烈军属、五保户、特困户春种、春插、夏种夏收等助农活动达5000多人次。官兵们情系“希望工程”，开展“一帮一”活动，每人每年资助400元，直到受助学生完成九年义务教育。市武警支队、消防支队、边防检查站官兵主动配合地方打击各种犯罪活动，先后出动兵力3600多人次，协助公安机关侦破案件250多宗，抓获犯罪嫌疑人560多人，协助建立无毒小区10个，有效地维护了社会稳定。为支持地方实施西部大开发战略，贵港军分区组织民兵、预备役人员支援自治区重点通信工程建设，铺设贵港至梧州光缆贵港段近百公里。协助各级党委、政府实施扶贫攻坚战，建立扶贫点21个，组织民兵近3000人帮助贫困山区义务修路修桥和安装水电，解决了3万多群众的用电用水问题，有力地支持地方经济发展。

桂平市

2000年1月，桂平市再次获得全国双拥模范城荣誉称号。为保持荣誉，再创佳绩，桂平市制定了创建全区双拥模范城“四连冠”和全国双拥模范城“三连冠”的目标。围绕这一奋斗目标，军地双方真诚合作，共同努力，开创了双拥工作的新局面。

进一步加强组织领导。根据工作实际，市对双拥工作领导小组进行调整，进一步明确了各成员单位的职责，各乡镇、市直属单位双拥工作领导机构也进行了调整充实，进一步强化了双拥工作的领导。同时对城乡拥军优属服务组织进行重新统计、定位，加强工作指导，有力地促进了群众性拥军优属活动的开展。全市8230个拥军优属服务组织全年开展活动13200多次，为驻军和优抚对象做好事办实事24000多件。

国防教育和双拥宣传不断深入。全年进行影前教育358次，广播教育290次，刊授教育16811次，出板报1681次，张贴标语8413条，出动宣传车128次。投资6万多元，制作了12套大型国防教育挂图，下发12个乡镇（单位）。市“二台一报”双拥专栏充分发挥作用，做到每周都有双拥新闻播出，有双拥文章发表。同时投资1万多元修缮西山烈士纪念碑。全年开展多项重大双拥活动，举行了全国双拥模范城“二连冠”迎匾挂匾仪式、召开了双拥工作总结表彰暨创建双拥模范城动员大会，普遍走访慰问了志愿军老战士，元旦举行了升国旗暨军民万人健身长跑活动，国庆节举办了军民歌咏比赛等。

双拥政策法规得到落实。全年共安置军转干部12人，退役士兵132人，随军家属8人，安置率均达100%。市委、市政府组织了大规模慰问活动3次，慰问对象7000多人，乡镇和市直单位及基层服务组织开展慰问活动500多次，慰问对象58000多人。在10月25日中国人民志愿军抗美援朝出国作战50周年纪念日，全市组织了128个慰问小组，走访慰问了志愿军老战士、老伤残军人和志愿军烈属12300多人。在部队国防光缆施工期间，各地积极组织慰问，解决施工中遇到的各种实际问题，确保工程的顺利进行，使部队满意、地方政府满意、当地群众满意。据统计，一年来，全市共投入慰问经费80多万元。各项优抚安置政策落实到位。“三老”对象所需的优抚经费全部列入市财政预算，并按照新标准发放；军休干部的各项待遇全部落实。“爱心献功臣行动”取得新的成就。对实行帮扶的67户“三老”对象进行了回访调查，为住房面积和住房标准尚未达到要求的23户优抚对象增加资金15290元，进一步改善住房条件。拨款10万元，成立拥军优属基金，重点帮助有特殊困难的“三老对象”。拨款59200多元解决了129名特困“三老”对象的生活困难。采取启动革命功臣医疗基金，市、乡镇和部队医疗单位定人定点定期上门诊病治病，市医院和乡镇卫生院开设优抚门诊和优抚病床等措施，解决治病难问题。全年通过帮扶途径接受治疗检查的“三老”1732人次，减免医药费5.2万元。

拥政爱民富有成效。桂平驻军全力支持地方开展两个文明建设。派出人员5262人次，出动车辆1735台次，搬运土石方13060立方米，平整土地2300亩，修建道路20.6公里，修筑防洪堤1.5公里，植树造林30亩，帮助农民修建电灌站1个，结对帮扶5户“三老”对象，为残疾人和孤寡老人捐款捐物达5.2万元。广泛开展了“学雷锋、树新风”为民服务活动，为群众做好事1272件，义务理发423人次，义务修理家机具131台，义务诊病397人，冲洗、打扫城区街道累计22公里，义务献血30多万毫升。

军民共建再上新台阶。军民协力完成了7项工程：秋冬菜开发工程，珠江防护林工程，城区官冲口防洪排涝工程，师部花圃工程，滨江大道工程，城区桂南北路工程，马皮乡大龙村扶贫路工程。军民共建点发展到65个，有54个共建单位、121人受到各级表彰，共建单位受表彰率达83%。

玉 林 市

2000年玉林市党政军民以邓小平理论为指导，认真贯彻落实全国双拥模范城命名大会精神，立足基层，狠抓落实，双拥工作取得了可喜的成绩。

健全了双拥工作体系。市主要领导担任双拥工作领导小组组长，进一步完善了市、县、乡三级双

玉林市一角

拥工作领导网络，共建立基层双拥工作领导小组360多个，做到有办公地点，有人员编制，有财政预算，有办公设施。市财政划拨双拥经费55.7万元，确保双拥工作的顺利开展。

深入开展双拥宣传工作。全市在县市以上报刊杂志发表双拥报道文章460多篇，电视新闻报道570多条，广播电台播送有关双拥工作信息390多次。主要路段竖立永久固定双拥宣传标牌250块，宣传专栏160多处。清明期间，动员和组织了全市大中小学的学生、部队官兵、各单位干部职工23万人分批次到各烈士陵园、纪念塔和革命教育基地进行爱国主义教育。为纪念抗美援朝出国作战50周年，采取座谈、放映电影、图片展览、专栏宣传、电视播放抗美援朝历史回顾专题片等方式，共进行350多场次宣传教育，全市军民27万人参与了“知我长城，爱我长城，建我长城，保我长城”的学习教育活动。创办了“少年军（警）校”168所。玉州石定小学少年军校应邀赴香港访问，取得圆满成功。

认真落实优抚安置政策。对义务兵家属、烈士家属，全市均按当地农民上年度人均纯收入的75%给予优待。共接收退役士兵2314人，符合安置工作的转业士官、城镇退役士兵574人，安置到位568人，安置率98.95%，对安置回农村的1740人进行推荐，军地两用人才开发率达到92%。安置随军家属就业76人。预备役二团从象州搬迁到玉林后，一次性安置了20名随军家属就业，对部队子女入托入学的照顾达到100%。继续深入开展

“爱心献功臣行动”。全市老复员军人9537人的定补面达100%，定补标准每人每月70元。玉州区、北流市、陆川县、容县每人每月提高到80元。对在乡老复员军人的医疗费实行减免制度。市复退军人医院及各县（市）乡镇医院组织下乡医疗小组120个，进行280多批次巡诊。各县（市）区还着手加强光荣院建设，集供养、康复、娱乐于一体，提高了老革命安度晚年的质量。

军地互办实事成绩显著。市财政拨款1200万元筹建市国防教育训练中心，达到广州战区的一流水平。7月30日，南海舰队565舰命名为“玉林舰”，市委领导带领有关单位，参加了命名仪式，捐赠36万元，购置电脑和办公设备。春节、“八一”期间，各级党委、政府和机关、企事业单位纷纷开展走访慰问驻军活动，为部队送去慰问金18万元，猪肉6000斤，米面500多袋，水果700多筐。组织军民开展联欢晚会、球赛、卡拉OK等文体活动110多场次。驻军部队积极支持地方文明建设。先后组织了130多人次到学校、机关、企事业单位进行形势报告、讲授邓小平理论、宣传《国防法》、《兵役法》。义务承担了全市大中小学和企事业单位的军训任务，受训的单位和学校有260多个，人员达3万人以上。驻军部队主动与地方联系，建立了30多个扶贫助学点，种植果树260多亩，筹资修路达30公里，资助贫困学生50多人上学。与地方共同创办养殖种植技术培训班25个，共培训人员6000多人次，捐赠农技书籍1万多册。陆川人武部为清湖镇塘寨村坑尾队修筑一条7公里长的出山“扶贫路”。2000年是玉林市的大旱之年，驻军部队成功地进行了三次人工降雨，缓解了灾情。各部队还先后派出官兵上万人次，车辆300多台次，共为地方扑灭山火21起，抢修和疏通水渠3万多米，为群众义务送水10万多立方，抗旱2万多亩，有力地支援了地方经济建设。

扶绥县

2000年1月，扶绥县荣获“全国双拥模范县”

扶绥街景

称号。全县党政军民在成绩面前不骄不躁，继续以积极的姿态和饱满的热情，做好双拥工作，进一步巩固和发展了双拥工作成果。

把双拥工作列入重要议事日程，实行制度化管理。县委、县政府和驻军部队党委始终从改革、发展、稳定大局出发，把双拥工作作为实践“三个代表”重要思想的内容来抓。县委、县政府把双拥工作列入年度工作计划，每季度召开一次双拥工作领导小组成员会议，研究和解决双拥工作新情况新问题。在双拥工作中，军地领导做到“三个亲自，一个经常”。（即重要事情亲自决策，重大问题亲自处理，重要活动亲自参加，走访慰问经常不断）。同时还坚持了“四项制度”：一是互访制度。元旦、春节、建军节、老兵退伍、新兵入伍、部队年度开训和执行重要施工任务，县领导都深入驻军部队慰问官兵。二是联席会议制度。军地双方主要领导就双拥工作中的重点、难点问题召开了联席会议，一起制定解决问题的方案，做到涉及双拥工作的难题不拖不压，及早妥善处理。三是检查制度。每半年组织人员对全县优待抚恤、拥军优属服务、转退安置、随军家属就业、子女入学和军民共建情况进行全面检查。四是表彰奖励制度。县委、县政府对双拥共建先进单位和个人进行了表彰，对扶绥籍优秀官兵进行奖励，鼓励官兵献身国防、建功立业。

加大宣传教育力度，营造双拥浓厚氛围。一是在《扶绥报》、无线广播和有线电视上开辟双拥专栏。《扶绥报》先后登载双拥稿件30多篇，广播和有线电视共播放双拥新闻70多条（次）。二是开办少年军校，国防教育注重从娃娃抓起。各中小学校都开设有国防教育课和军训课程，并配有教材和教师。三是开展缅怀革命先烈活动。每年清明节，全县干部职工及广大师生、群众都到革命烈士墓（塔）开展祭扫活动，缅怀革命先烈的光辉业绩，从而增强了全民国防观念，为双拥工作的开展奠定了坚实的基础。四是以获全国双拥模范县荣誉称号为契机，举行迎匾活动和召开隆重庆祝大会，进一步增强广大军民的双拥意识。

做好拥军优属工作，全力支持部队建设。县委、县政府始终把关心支持部队建设当作义不容辞的责任。一是在财政十分紧张的情况下，拨款20万元为75473部队维修营房，划拨10万元征兵经费，并配足人力、物力，确保征兵任务按时、保质保量完成。二是组织有关部门的文化科技人员，在计算机、电工及种养植等方面为驻军培养军地两用人才600多人次，为驻军部队阅览室更换新书刊1万多册。三是妥善解决驻军和县人武部随军家属就业、子女入学入托等问题。现有37名随军家属在岗就业，军队干部子女都安排到重点学校和幼儿园就读，为部队解除了后顾之忧。四是设立了维护国防利益和军人军属合法权益专门机构。县法院成立了涉军刑事庭、涉军民事庭、涉军行政庭和涉军案件庭，县司法局成立军人法律咨询服务中心。对涉军案件实行“四快”、“一优惠”，即快立案、快审理、快判决、快执行、诉讼费优惠。

部队主动积极支持地方两个文明建设。一是积极参加文明县城建设。2000年扶绥县承办南宁地区第五届民族文化艺术节。为了以优雅整洁的环境迎接四方宾客，驻军部队派出官兵6000人次，车辆100多台次参加县城整治活动，共平整街道3000多平方米，清理水沟2500多米，清除卫生死角60多处，拆除旧圩亭两栋16间。二是积极参加地方扶贫困活动。县人武部全体干部和驻军团以上单位分别到东门镇和新宁镇开展“一帮一”活动，扶持贫困学生20名；驻军部队投入资金和人力为新宁镇那密村开挖并埋设饮水管道1000多米，帮助该村的两个特困户种上100多棵优质龙眼果苗；出动官兵300多人次为该村新建小学挖土方、搬运沙石、平整校园，赠送体育器材。三是积极参与社会募捐活动。2000年，扶绥县先后开展救灾、希望工程、助残、“爱心献功臣行动”等社会募捐活动3次，每次活动都得到驻军部队的大力支持。驻军官兵积极捐款捐物，价值3万多元。

全面落实优抚安置政策，促进双拥工作的深入发展。全县以乡镇村屯、单位、学校为依托，以基层团员、青年、学生为骨干，建立具有行业特色的拥军优属服务组100多个，参加人员1000多人。各个服务组织热情为部队和优抚对象排忧解难。全县优抚工作做到五个百分之百：一是对义务兵家属优待面达100%，每年统筹优待金超过100万元，兑现标准达到本县农民上年人均纯收入的80%。二是对优抚对象符合定补条件的100%实行定补。三是为“三老”功臣解决治病难，发放医疗优惠卡达100%。四是对“三老”功臣落实帮扶对象100%。五是安置城镇退伍义务兵和转业士官就业率达100%。

海南省

海口市

海口市是海南省省会，人口80多万，有驻军单位12个，优抚对象1.2万人。2000年，全市军民坚持“双向奉献，共谋发展，多办实事，提高三力”的指导思想，双拥工作的整体水平又有新的提高。

坚持把国防教育作为大事来抓。一是利用宣传阵地抓好国防教育。在各类新闻媒体开设双拥专栏，刊播双拥稿件1200多篇（条），各单位出国防教育板报、墙报24期，各学校利用暑假开展了军

海口市西海岸风光

事夏令营活动。二是利用重大事件进行双拥传统教育。以庆祝海南解放50周年和纪念抗美援朝50周年为契机，结合“八一”、国庆以及征兵、老兵退伍等重要节日和工作，广泛开展爱国拥军教育活动。三是利用抢险救灾进行军民团结教育。大力宣扬军民团结奋斗，战胜百年不遇的洪涝灾害的事迹，进一步强化了广大干部群众的国防观念和爱国拥军意识。

各级党委、政府大力支持部队建设。一是继续大力支持部队菜篮子工程建设，拨款60万元重点扶持部队农场农副业生产，取得了较好的经济效益。二是广泛开展行业拥军活动。市属各部门、单位充分发挥职能作用，积极做好拥军优属工作，为全市群众性拥军优属工作的深入开展带好头，全年派出100多名教师参加文化智力拥军活动，为部队培训各种专业技术人才2000多名。三是积极帮助部队解决实际问题。市政府除拨款460多万元保证部队粮油水电以及发放优待金、军功奖励金、军队随军家属生活补助费外，还拨款250万元帮助部队解决实际困难。各单位支持部队建设经费全年累计达到420多万元。

驻海口部队积极参加地方两个文明建设，为地方的社会稳定和经济发展做出了积极贡献。一是积极支援重点工程建设和参与各项大型活动。共出动官兵4000多人次，参加美舍河整治工程、滨海西路绿化工程、西海岸工程等多项重点工程项目建设，为美化椰城，改善投资环境做出了贡献。二是积极协助地方搞好社会治安综合治理。帮助地方基层单位建立健全各项治安工作制度，培训保安员100多名，建立军（警）民治安联防队（小组）近30个。三是全力参加抢险救灾。10月，海口市遭受百年不遇的特大洪涝灾害，驻海口部队主动请缨参加抢险救灾战斗，保护了人民群众的生命财产安全。

全面落实优抚安置政策。出台《海口市优抚对象抚恤补助标准自然增长机制暂行办法》，保障优抚对象的生活水平与全市人民群众的生活水平同步提高。城镇孤老优抚对象月定补达到500元，农村孤老优抚对象月定补达到400元。重点优抚对象除享受国家抚恤补助外，符合条件的还享受城乡最低生活保障待遇。市政府主要领导和分管领导利用双休日带领有关部门负责人走访调查了6个革命老区村庄，拨款103万元解决了水、电、路问题。全年共接收转业干部126名，按政策安置到相应工作单位，接收安置退伍士兵270多名，为自谋职业的退伍士兵发放一次性经济补贴157万元，为有困难的农村退伍士兵发放补助6万余元。拨专项经费58万余元为未就业的随军家属进行生活补贴。

军民共建活动成效明显。一是抓好军民共建文明社区活动。把军民共建与社区服务紧密结合起来。振东区东湖里、君尧等居委会通过开展军民共建活动，加强了居委会规范化建设；二是抓好军民共建文明村庄活动。新化区滨濂村通过与海南军区某部开展共建“精神文明示范村庄”和“优美村庄”活动，建起了农村文化广场，丰富了村民文化活动，成为精神文明建设的一个新亮点。三是抓好军民共建文明学校活动。把军民共建工作渗透到学校德育工作，渗透到劳动教育中去，通过共建一个好环境、好思想、好校风，促进了学校各项工作的发展，市27小、一中、省商业学校等单位在巩固现有成果的基础上又有了新发展。四是做好检查评比工作。上半年，市双拥办对全市共建点进行了考核验收。市委、市政府隆重召开双拥工作总结表彰大会，表彰了双拥共建模范单位64个，先进个人56名。

通　什　市

2000年通什市首次荣获全国双拥模范城称号。

通什市远眺

一年来，全市军民在巩固双拥成果的基础上，结合实际，围绕中心，服务大局，不断拓宽双拥工作路子，取得了很大成绩。

深入开展全民国防教育。一是注重抓好各级领导干部的国防教育。通过在市委党校开设国防教育课、组织市领导到部队过“军事日”活动、组织军地领导班子开展篮球赛等活动，增强了领导干部的国防观念和双拥意识。二是联系实际，抓好针对性教育。年初，组织300名新兵参观了全市双拥成果展览；组织召开了全市双拥工作表彰大会；在青少年中进行一系列国防知识教育、革命传统教育等活动。三是注重实效，开展多形式的宣传活动。召开了双拥工作座谈会、研讨会；利用电台、电视台等新闻媒体，广泛宣传双拥工作。“八一”前夕，《海南日报》在头版头条位置刊登市委书记左会金的拥军事迹，为通什双拥工作的深入开展起到了巨大的促进作用。

加强组织领导，建立健全双拥工作制度。成立了由市委书记为组长的双拥工作领导小组，各乡镇和部门都成立了双拥领导机构，建立健全《通什市驻军子女入学入托规定》、《通什市优抚对象医疗优惠政策》、《义务兵家属优待金社会统筹办法》、《通什市拥军优属拥政爱民规定》、《驻军子女入学优惠政策》和《通什城镇退伍兵安置暂行规定》等规章制度。

军地双方互办实事蔚然成风。军地领导立足基层，提出“心连心、求发展”的口号，充分发挥各自优势互办实事。为解决驻军75550部队行路难，市委、市政府争取省有关部门的支持，修建了4.8公里长的双拥路；市政府筹资60多万元帮助武警中队改造营房；有关单位向驻军（警）部队赠送电脑7台、摩托车1部、免费安装34部磁卡电话，免征驻军工程营业税37.9万元，免费为驻军家属、子女检查身体。驻军部队充分利用自身优势，支持通什市经济建设。投入4万多个劳动日、动用机械车辆3200台次，帮助82户住茅草房的农户完成民房改造。为支持地方道路建设，驻军75553部队主动让出营房，全力支持，确保了工程的顺利进行。

抓好“五大工程”建设。一是联手扶贫工程。为帮助黎苗同胞早日脱贫，驻军75550部队、75553部队、武警二支队等单位先后派兵1.4万人次、车辆625台次，冬修水利6.6公里，修建村路2.5公里，开垦种植经济农作物8亩。二是随军家属就业工程。克服就业困难的压力，采取对口就业和挂靠的形式妥善安置10名随军家属就业。三是希望工程。在加强对6所希望小学管理的同时，部队捐款1.6万元，结对救助40多名贫困失学儿童。四是精神文明工程。军地共同创建“文明村镇、文明行业”效果明显。98%的共建对子达到文明单位标准，91%的共建对子被评为先进单位。五是军民共建生态旅游城市工程。驻军部队出动兵力参加植树造林，美化优化环境，地方投入近30万元资金购置椰树种苗绿化美化部队营区。

琼山市

琼山市掠影

2000年，琼山市党政军民高举邓小平理论伟大旗帜，认真贯彻党中央、国务院、中央军委关于加强军政军民团结的重要指示，扎实工作，双拥工作取得了新的成绩。

国防双拥教育力度加大。采取报告大会、专题讲座和过“军事日”等办法，抓好领导干部国防教育。利用广播、电视、宣传栏等进行国防知识和双拥宣传教育，利用烈士纪念建筑物等教育基地，对党政干部、民兵预备役人员、中小学生及社会群众进行爱国主义教育，结合海南解放50周年，组织开展一系列纪念活动，对广大军民进行革命传统教育。各中小学坚持把办“少年军校”作为对青少年学生进行国防教育的有效途径，全市19所少年军校在秋季开学后，对12000多名学员开展了为期一周的军事训练和国防知识教育。继续宣传“新时期英雄战士”李向群、“拥军模范家庭”李德清一家、“拥军模范村长”黄前铭等双拥先进人物的先进事迹。

军地互办实事注重成效。一年来，驻军部队共投入兵力2万多人次，机械车辆1500多台（次），参加府城、灵山、大致坡等墟镇的环境综合整治，支持琼山市创建国家优秀旅游城市、全国卫生城市活动。参与南渡江灵山总干渠、新坡坡前洋等水利设施建设，参与修建乡村道路、植树造林等活动。先后出动2000多名官兵、车辆25台、冲锋艇10多艘，参加抢险救灾，转移被洪水围困群众1万多人，帮助运送救灾物资150多车次。同时向灾区人民捐款2万元，捐送大批大米、食品、衣物、棉被等物品。地方部门尽力为部队排忧解难。市领导经常到部队走访，现场办公，帮助部队解决困难。预备役高炮团移防琼山，市财政拨出专款80万元予以支持，灵山镇和国土部门落实了训练用地，人事劳动部门解决了随军家属的调动问题。一年来，市人事、劳动、教育、粮食等部门，先后解决部队随军家属就业10人，推荐就业12人，安排部队干部子女入学86人，解除了官兵的后顾之忧。年初，市有关部门筹资50多万元新建旧州军供站，开设专门粮库、门市部，专人负责，保证了军粮供应。

基层军民共建活动扎实。全市有23所学校与部队开展共建。新成立少年军校19所，组织学员开展了“军营一日”活动。在贫困乡村，驻地部队协助地方抓好校园建设和开展“一帮一”助学活动。75554部队协助坡秀村建起了一座3层的“双拥楼”。团级干部每人资助一名贫困学生入学，确保失学儿童上学。驻地部队结合琼山市年初开展的农业结构调整工作，采取“一对一”帮扶形式，为群众提供市场供求信息、农业种养技术，帮助其发展高效农业，增加经济收入。军地双方还把共建“文明社区”、净化社会风气作为主要内容，相互协作，齐抓共管。武警海南三支队与灵山镇9个村委会挂钩共建，重点联手开展社会治安综合治理活动，严厉打击“黄、赌、毒”，使该镇的社会治安状况得到好转，被驻地群众称为人民的“保护神”。

全面落实优抚安置政策。根据政策，从2000年1月1日起提高革命伤残人员抚恤金、烈属定期抚恤金和在乡红军人员补助标准，全市用一个月时间认真做好摸底核实，积极筹集资金，并在11月底前一次性将提标款发到优抚对象手中，改善了他们的生活。全市统筹优待金170万元，义务兵家属优待面达100%，优待标准达到有关规定。全年接收安置转业干部9名，随调随迁家属9名，安置率达100%；接收安置城镇退伍兵231名，推荐军队两用人才就业18名。同时，还从拥军优属基金拿出3.5万元奖励300多名立功受奖的琼山籍义务兵。

琼海市

琼海市一角

2000年，琼海市党政军民认真贯彻党中央、国务院、中央军委关于加强军政军民团结的重要指示精神，认真学习江总书记“三个代表”的重要思想，着眼大局，抓好基层，注重落实，双拥工作取得新成绩。

抓好国防教育和双拥宣传活动。为纪念海南解放50周年，举行了大型文艺晚会，召开了各界人士出席的座谈会。组织市领导在“八一”期间过“军事日”活动。举行庆“八一”党政军座谈会，共叙军民鱼水情谊，共商双拥工作大计。表彰2000年度在精神文明建设中成绩突出的驻军75552部队83分队、海南汽车试验研究所等16对共建对子，推动了全市双拥共建工作的深入发展。举办首届“双拥杯”男子篮球赛，活跃广大军民的文化生活，密切了军民情谊。召开了庆祝建国51周年暨海南预备役步兵师第一团“红色娘子军连”成立大会。召开琼海市纪念中国人民志愿军抗美援朝出国作战50周年座谈会，市委领导为出席会议的9名志愿军老战士代表赠送了慰问品和慰问金。在演练部队经过琼海市时，组织机关干部、群众、青年学生为官兵送水送饭，广大人民群众受到了一次生动的拥军支前国防教育。

军民共建活动成效显著。在继续抓好农民文化宫、海南汽车试验研究所、加积二中等一批老典型的同时，新抓了会山苗族乡重点扶贫攻坚工程和加积中学军民共建示范点建设，以点带面，促进基层双拥工作的深入发展，80%的共建单位达到文明标准，70%共建对子被国家、省、市评为先进单位。加积粮所被国家粮食局、解放军总后勤部授予全国军粮供应管理先进单位的荣誉称号。

军地优势互补，互办实事。地方各有关部门，急部队所急，想部队所想，积极帮助驻军部队办实事解难题。筹集资金30多万元帮助75552部队新建团部大门，修复邮电新村至预备役团营区道路，开发建设爱华东路直通驻军部队，为75552部队营区干部住宿区安装闭路电视18户。筹集200多万元帮助预备役团新建办公大楼。开展科技拥军，办好周末文化育才学校，举办电脑培训班，共培训300人。为75552部队850名退伍兵、460名优秀士兵和26名立功官兵赠送价值3.5万多元的慰问品，以表达第二故乡人民对子弟兵的深情厚意。驻琼海部队共派出上万名官兵，出动车辆上百台次，帮助加积、温泉等乡镇兴修水利近20公里，挖运土方2万立方米，铺植草皮2.4万平方米，75552部队发动官兵捐款6000多元，派出官兵120人次，帮助温泉镇益群村残疾人王银月盖房80平方米。10月，琼海市遭受历史罕见的洪灾，驻军官兵发挥了中流砥柱的作用。共出动车辆20余台次，冲锋艇7艘，派出官兵2000多人次，安全转移群众2000余人，堵堤500多米，搬运土方350立方米，抢救了大批粮食和其他物资。

澄迈县

澄迈县全貌

2000年，澄迈县以被命名为全国双拥模范县为动力，深入开展双拥共建活动，双拥工作取得了显著成效。

领导高度重视，健全组织。根据领导工作变动情况，及时调整了双拥工作领导小组成员，成立了以县委书记为组长的双拥工作领导小组，以宣传部长为组长的国防教育领导小组，以主管县长为组长的军民共建领导小组，并坚持军地合署办公。各乡、镇双拥成员单位和驻军基层单位的双拥组织机构和18个各类服务组织相应调整了领导成员。先后召开了3次县长办公会议，2次军地联席会议，2次双拥工作领导小组成员会议，专题研究双拥工作，解决存在问题，使双拥工作落到实处。“八一”期间，县领导到部队走访慰问，参加“军事日”活动。据统计，全年投资65万元，解决了部队营建、军事训练经费不足的问题，改善官兵文化生活条件。县委办等33个县委、县政府直属单位的领导，带领本单位的干部职工，走访各自挂钩的驻军单位，了解双拥工作情况，大力开展科技拥军、行业拥军活动，真情实意为子弟兵办实事解难题。“八一”期间，各单位共投入3.5万元，为子弟兵办好事实事40多件。

国防双拥宣传教育更加扎实有效。县教育部门把爱国主义、革命英雄主义和国防知识等内容列入中小学教学大纲，对学生进行国防双拥教育。新生入学接受军训面达100%。县委党校在轮训干部时，专门开设国防教育课，县广播电视等新闻媒体开设了国防双拥教育专栏。邀请老同志举行巡回报告会和播放反映海南革命斗争历史的影片等，进行全民国防教育。举行专题报告会20场（次），受教育面达75%。同时组织宣传车深入街道、乡镇、工厂、企业对《兵役法》、《国防法》进行巡回宣传。对原有的冯平、符节、王文儒等四处国防教育基地，县政府拨款进行了修缮。组织中小学生、驻军官兵、干部职工开展了扫墓活动，组织新党团员在烈士墓前进行了入党入团宣誓活动。

全面落实优抚安置政策。2000年享受优待的义务兵家属423户，兑现优待金15万元，优待面达100%。坚持开展“爱心献功臣行动”，形成国家、各单位、各部门和社会共同解决优抚对象“三难”问题的合力。对生活困难的对象，所在乡镇、村委会、村民小组帮工，挂钩帮扶单位帮种子、帮资金、帮技术，扶持发展生产，增强优抚对象的自我发展能力。对治病困难的对象，凭医疗优惠卡在全县开设的13处优抚诊所继续实行医药费优惠20%规定。3名转业干部都安排了相应的实职，城镇退伍士兵也得到妥善安置。对1998年来已安置但未上岗的退伍战士，县政府召开县长办公会议，督促接收单位要无条件接收，并尽快安排上岗。

双拥共建工作卓有成效。根据实际，将原有的45个军民共建点，调整为15个，使共建点向连片共建方面发展。县技校充分发挥设备和师资优势，共为部队举办电脑培训班2期50人（次）。澄迈中学、二中无偿为驻军报考军校的士兵补习30人（次）。县委宣传部、县粮食局等6个单位赠送各类科技书籍310册。驻军13个副团以上干部扶助13名因家庭贫困而失学的儿童重返校园。广大军民采取打防并举、标本兼治的方法，深入开展以打击“黄、赌、毒”和各种经济刑事犯罪为内容的法制共建活动，确保了社会的安定。一年来，驻军共举办法律咨询15次，摧毁大小赌点21个，抓获涉赌人员395人，抓获贩毒分子2名，吸毒分子50人，缴获毒品23克，处置突发事件1起，协助地方侦破刑事案件12起，处理治安案件22起。

重　庆　市

渝　中　区

2000年，全区军民认真贯彻落实“三个代表”重要思想，按照全国和全市双拥模范城（县）命名大会的要求，努力开拓创新，双拥工作不断向广度和深度发展，有力地促进了地方改革发展和部队战斗力提高，进一步密切了军政军民关系。

一、广泛开展双拥传统教育，积极营造浓厚氛围。区党政军领导非常重视双拥工作，始终把抓好拥军优属、拥政爱民工作作为一项稳定社会，促进改革发展的战略任务来抓，始终把双拥宣传教育放在首位。2000年，为加大宣传力度，利用元旦、春节、“八一”和纪念中国人民志愿军抗美援朝出国作战50周年等时机，对全区军民进行广泛的国防教育和双拥宣传，并对全区双拥标语进行了更换，制作了双拥工作资料VCD光盘。全年共有15

渝中区夜景

篇宣传双拥工作的稿件，在市级以上报刊刊登，《实行供需见面、推动安置工作落实》被《双拥》杂志采用（2000年第五期），进一步扩大了双拥影响，营造了良好的双拥氛围。

二、认真做好军事斗争准备，加强军地之间支持与合作。从区到街道和社会单位，党政主要领导都坚持上门走访慰问部队制度，表达地方政府和人民对解放军和武警官兵的深情厚谊。区双拥办着重对团以上单位进行上门走访、实地调查，对部队提出的学习、训练、生活等方面的困难和随军家属子女就业、入学、入托问题进行了协调和处理，先后对后勤工程学院筹建校园服务区、大坪医院周边环境的绿化改造、总装重庆军代表局门前的乱摆摊点及军地拆迁安置等问题进行协调处理。区人武部对50名下岗随军家属进行了培训，区双拥办协调解决了19名部队干部子女入学入托难问题，并组织筹集10万余元资金支持某集团军红军团实施形象化工程建设。区政府为支持部队建设，在接收第四批军队离退休干部过程中，顾全大局，主动拿出7314元资金对37分部移交的27名老干部住房设施进行了维修。驻区部队继续发扬我军的优良传统，在保证完成训练、执勤任务的基础上，积极参加地方经济建设和公益事业。在全国人口普查中，各部队分别派出了人口普查员协助地方政府开人展口普查。特别是在支持库区移民建设和扶贫工作中，积极捐款、捐物，驻区部队先后派出车辆20余台次，为扶贫救灾物资的运输提供了保障。

三、积极适应时代发展需要，努力探索社区双拥工作新形式。军民共建工作，在1999年的基础上注重抓基层、求发展，重点抓了“军民共建文明小区”，把双拥共建工作深入到了社区。上半年，先后有抗建堂居委会、兴隆巷居委会等6个单位与驻区部队结成了新的军民共建对子。他们紧紧围绕“社区建设年”的工作，广泛开展互帮、互助共建活动，较好地促进了社区的稳定。小区的军民共建活动做到了组织健全、制度落实、活动经常、形式多样。为促进城市文明建设起到了积极的作用。

四、切实注重基础性工作，全面落实双拥政策法规。优抚政策全面落实。定抚定补金超过了国家规定的标准；对享受定抚定补的优抚对象医疗费用给予了合理的解决；优抚对象住房难得到缓解。基本达到了生活超人均，医疗有保障，住房无破危，“三难”问题已取得实质性进展。在退役士兵安置工作中，针对退役人员多、任务重，供大于求，安置难的特点，在全面落实国家、市安置政策的基础上，积极探索在市场经济条件下做好安置工作的新方法、新路子。首先是开好退役士兵安置培训会、部分退役士兵安置座谈会和退役士兵安置供需见面会，对安置政策、就业形势进行宣传。其次是主动走访、协调接收单位。通过全区上下的共同努力，安置率达96%，基本做到了本人、安置部门和用人单位“三满意”。

沙坪坝区

沙坪坝区杨公立交桥夜景

沙坪坝区2000年双拥工作坚持以邓小平理论和“三个代表”为指导，以实现军政军民“同呼吸、共命运、心连心”为目标，军地之间以智力、

六大形象工程，16个军民共建示范点的整体规划。

二、广泛宣传，强化双拥意识。为加大双拥工作力度，江津市充分利用聂帅纪念馆、聂帅旧居、77126部队师史馆、艾坪山烈士陵园、蔡家烈士陵园等永久性国防教育基地对广大人民群众、驻地官兵、师生进行爱国主义教育。共组织各种形式的参观学习活动1200场次，利用黑板报、标语、广播、电视、电台、报纸、宣传栏、简报、街头宣传咨询点、巡回文艺宣传队、知识竞赛活动等形式广泛宣传双拥活动。据不完全统计，全年共举办各种专栏4203期，出黑板报210期，进行广播、电视宣传850次，播放相关电视剧48部，开展文艺联欢会、上街咨询活动130场次，开茶话会、座谈会385次，直接受教育的群众累计达135人次，覆盖面达90%以上，形成了双拥工作“人人关心，人人参与”的大好局面。

三、多办实事，落实优抚政策。认真贯彻《军人抚恤优待条例》，狠抓安置政策的落实。在市财政比较困难的情况下，优先保证优抚对象享受的定期抚恤金、定期补助金按时足额发放。将全市1875名复员军人和2923名退伍军人纳入定期补助对象；将57名军队精简老职工转为复员军人待遇，将92名下岗“在职”伤残军人全部纳入城市最低生活保障，解决了他们的生活困难；对二等乙级以上伤残军人的医疗费全部实行公医标准实报实销，并将因企业倒闭、破产、下岗的二等乙级伤残军人的医药费全部纳入财政预算；解决城镇义务兵和志愿兵待安置期间生活补助费和自谋职业费53.5992万元；筹集87万元资金解决重点优抚对象“三难”问题，送各种慰问品折价10余万元；市广电局为几江城区11户战斗英雄、抗洪抢险烈士家属和特一等伤残军人免费安装了闭路电视宽带网；为特等伤残军人刘宗武解决医疗康复费用2.3万元，新配机动轮椅车、全自动洗衣机、电话折合人民币8500元；发动群众、共青团、学校等组织帮助“三属”春耕、夏收、拆衣洗被、打扫卫生计18000工日；对荣立一、二、三等功的现役士兵分别由所在镇、街道办事处负责实施300、200、100元的奖励。

四、军民共建，促进双向奉献。一是地方支持部队建设。注重办实事，切实为部队排忧解难是市委、市政府一贯倡导的工作作风。为帮助部队规范营区建设投资1100万元，解决了77126部队出口通道问题；市财政每年拿出15万元帮助部队解决“菜篮子”工程；市广电局对部队通信营家属院长期免费接送有线电视，高质量传送37套电视节目；江津城区推广清洁燃料，为食堂免去天然气初装费；为建设陆军预备役后勤保障旅油料营，市财政拨款10万元；投资370万元，征地15亩建设艾坪山烈士陵园；完成军地“土地互换”180亩；为建设一座现代化的征兵体检站，投资100多万元；市粮站投资52万元为部队修建了一座150平方米的现代化军供粮站；投资3千多万元，在艾坪山修建一座兵器演示城；市内各旅游景点和公厕对现役军人和伤残军人全部免费；市人民法院专门设立“涉军案件合议庭”，对涉及军人及军人家属的案件都予以及时立案，优先审理；全年共安置转业干部39人，解决随军家属入户6人，子女入学入托35人，安置军人家属子女就业3人，接收退伍士兵、志愿兵868人，安置城镇义务兵和志愿兵370人(其中自谋职业42人)，安置率达100%，开发使用两用人才220人；帮助部队办各类培训班17期，638人次。二是部队支援地方经济建设。驻津各部队在完成自身建设的同时，大力开展“视人民如父母，视驻地为故乡”活动，积极支援地方建设，在长江大桥、聂帅陈列馆、艾坪山生态农业园区、“保护母亲河”工程、太公山水果基地、先锋万亩花椒基地、抗洪抢险、扑灭森林大火等方面投入了大量的人力物力。据统计，驻津部队共参加义务劳动5000多次，修路3500米，平田整地300余亩，出动车辆190台次，植树造林2624万株，义务为孤寡老人体检、治病、送药、提供咨询服务9800人次，为贫困学生捐资7500元，赠书1000册，抢险救灾18起，抢救遇险群众2万多人次，扑灭火灾13起，为先锋茉莉花生产基地示范园植树造林350亩，为营救孪生兄弟捐食物和现金500多元；

为维护江津社会秩序擒获罪犯 2 名；为临峰镇 118 户特困户、五保户捐款捐物，帮助脱贫；驻军 78128 部队投资 100 多万元修建营区外专用公路 3 公里，长期为驻地 50 多户群众无偿抽水、供水，为企业提供闲置库房 200 多平米，长期承包 2 户五保户；参加和支援地方重点工程建设 30 多项，投入劳动力 70 多万工日，参加社会公益事业建设 20 多项，有力地支持了地方两个文明建设。

铜 梁 县

铜梁县城一角

铜梁县位于重庆西北部，面积 1334 平方公里，全县人口 81 万人，其中优抚对象 2.9 万人，是著名国际主义战士邱少云烈士的故乡。2000 年，全县军民以被命名为动力，通过开展双拥共建双向服务活动，有效地增进了军政军民团结，促进了军地共同发展。

县委、县政府始终把双拥工作作为促进经济发展，加强国防建设，确保社会稳定的一项重要工作来抓。全县各级各部门不但双拥机构健全，而且还把双拥工作纳入目标管理和经济社会发展的总体规划。充分利用邱少云英雄事迹和红军团光荣传统，进行国防、双拥和爱国主义教育，受教育人次逾 75 万。军地双方重真情办实事，军队主动支持地方改造 319 国道、铺设县城天然气管道、重庆西部供水铜梁应急工程、旧城改造、脏乱差整治、营建长江防护林工程、栽桑重点项目等为地方节省资金 100 多万元。地方投资 2500 元、征地 198 亩为部队新建营房 20500 平方米，投资 80 多万元搬迁部队射击场周围的垃圾。为方便后勤保障，县里专门在部队营区外修建 420 平方米农贸市场和 14 个门市部，解决了部队长期购物不便的困难。各部门尽力为部队培养两用人才，培训汽车修理工、三级厨师、畜牧兽医、通讯报道、卫生员，并为近千名部队战士补习文化。今年 4 月，在县财政十分紧张的情况下，征地、搬迁民房等挤出资金 100 万元为部队新营区外修水泥大道宽 8 米，长 632 米，为部队训练、机动、快速反应创造了良好条件。同时，加快了县人武部建设，划地 25 亩用作民兵预备役训练场地，投资 30 余万元，完善和加强了县民兵武器装备管理和各级武装部的基础建设。

全县各部门和人民群众对军人和优抚对象给予特殊关照。实行了义务兵家属优待金全县统筹，达到全市规定标准；各种定补定抚做到了按标准、按时间兑现；城镇退伍军人和转业干部安置率达 100%；两用人才开发率达 97.8%；重点优抚对象“三难”问题得到较好解决；超额完成征兵任务。军地双方坚持议军、国防日互访、慰问、联谊等制度，互拥互爱、水乳交融，全县军事设施保护良好，无历史遗留问题，无军民纠纷。

开 县

开县刘伯承同志纪念馆

开县是刘伯承元帅的故乡，具有拥军优属、拥政爱民的光荣革命传统。2000 年初，被国家命名为“双拥模范县”以后，全县军民继续高擎爱国拥军旗帜，不断适应新形势、探索新路子、拓宽新领域、丰富新内容，双拥工作又上了一个新台阶。

一、提高对新形势下双拥工作的认识，切实加强对双拥工作组织领导，营造浓厚的双拥氛围。做好双拥工作，搞好军民关系，增强军民团结是一项具有战略意义的大事，县里成立了由县委书记任组长的双拥工作领导小组，将双拥工作纳入议事日程，坚持每年召开一次军地联席会，做到主要领导亲自抓，分管领导具体抓，上下结合层层抓，形成党政军齐抓共管，全县军民积极参加双拥创建的大好局面。注重双拥组织机构建设。全县充实组织和完善了双拥机构1144个，建立村社帮扶组织2810个，巩固和壮大了双拥服务组织，形成上下贯通、纵横相连、左右协调，全方位覆盖的组织体系。为层层有人管、事事有人抓，有效开展双拥工作提供了坚实的组织保证。建立健全工作制度。县、乡（镇）建立完善了联席议军、走访慰问、帮扶解困、军民共建等八项工作制度，工作职责明确，双拥工作走上了制度化、规范化轨道。狠抓教育，强化创建。坚持主要领导过军事日活动制度，在新闻媒体常年开辟“双拥潮”、“军民情”等专题节目，在主要交通要道增设了12处永久性双拥标语牌。在服务业设置军人和烈军属优先优惠服务窗口，强化军民双拥意识。利用联欢会、座谈会、报告会、模范乡镇（单位）创建等活动形式，使双拥创建工作深入人心，形成浓烈的创建氛围。

二、加强双拥政策法规建设，突出双拥工作重点，力争双拥工作上新台阶。注重优抚政策完善配套。针对市场经济条件下广大军民普遍关注、影响社会与部队稳定、解决起来又有一定难度的问题，制定了《开县军人抚恤优待实施办法》、《开县义务兵家属优待金统筹暂行办法》、《开县全民国防教育暂行规定》、《开县拥军优属工作若干规定》等配套法规。双拥活动开展经常。全县城乡坚持把平时与重大节日双拥活动有机结合起来，广泛开展为驻军和优抚对象献爱心、注真情、送温暖、办实事活动，投入资金100多万元，为重点优抚对象解决特殊困难，做好事、办实事1500件。按军队正规化建设标准，为驻军完善了工作、生活、训练设施，提升了正规化建设水平。2000年，县民政局被重庆市双拥工作领导小组评为“爱心献功臣行动”先进单位，开县被全国双拥工作领导小组、民政部评为全国“爱心献功臣行动”先进县。全面落实优抚政策。全县优待金实行社会统筹，各项优抚、抚恤、补助均达到上级规定标准。重点优抚对象的“三难”基本得到解决。2000年全县共统筹优待金110多万元，义务兵家属优待金按标准100%落实兑现，全年县财政拿出70万元落实在乡伤残军人和“三属”、“三红”的地方性补贴。妥善安置复退军人。今年共安置义务兵595人，安置率达100%，开发使用农村退伍军人两用人才90%以上，并明确规定安置到企业的退伍军人三年内不得下岗，对下岗的烈军属、革命伤残军人，在同等条件下优先安排再就业。

三、军地相互支持，搞好军民共建，努力促进两个文明建设。坚持共建的正确发展方向，进一步搞好驻军与地方挂钩共建工作，不断拓宽共建面，提高共建活动的水平。驻开部队建立了以驻地为中心的军民共建点15个，涌现出各级共建先进单位6个。全县已形成了以提高人的素质、促进文明为目的的军民共建好形势，双拥成果也越来越明显。县人武部被重庆市多次评为军民共建先进单位，武警消防中队获武警消防总队授予的标杆队光荣称号。驻开部队积极支援和参加地方经济建设，主动承担急难险重任务，为全县的两个文明建设作出了重大贡献。

四 川 省

成 都 市

成都市一隅

2000年，成都市双拥工作在市委、市政府的领导下，广大军民以“争创一流、富民强市”的成都精神，开拓进取，扎实工作，取得显著成绩，整体水平再上新台阶。

双拥工作运行机制进一步优化。全市从提高各级领导干部的思想认识入手，坚持做到双拥工作“四个纳入”和“三个挂钩”。即：把双拥工作纳入重要议事日程，纳入干部实绩考核内容，纳入全市经济和社会发展总体规划，纳入精神文明建设重要内容；与领导干部实绩考核挂钩，与部门责任挂钩，与争先创优挂钩。全市各区（市）县都建立了由党委或政府一把手任组长，各有关部门和驻军主要领导参加的双拥工作领导小组，各乡、镇、街道办事处，机关、企事业单位，村（居）委会和部队普遍建立了双拥工作机构。全市建立双拥工作组织17300个，有专（兼）职人员3万余人，形成了上下贯通，军地互联，全方位、多层次的双拥组织机构网络体系。各级双拥办规范了双拥工作制度和措施，各基层单位进一步完善了拥军公约、爱民公约、军民共建、军民联防联治等制度，双拥工作走上了制度化、规范化轨道。

国防观念和双拥意识进一步增强。各级领导高度重视国防教育，带头学习国防知识，带头宣传国防教育重要意义，积极撰写国防理论文章。各区（市）县充分利用革命烈士陵园、革命老区、“国防乐园”等开展形式多样、内容丰富的爱国主义和国防教育活动。一年来，全市在报刊、杂志刊登国防知识理论文章276篇；电视、广播开办国防知识专题节目98次；举办双拥知识竞赛、读书演讲、事迹报告会、军民联欢会等102场；出板报、墙报2862期。

优抚安置政策进一步落实。为26475名优抚对象兑现优待金1200多万元，农村义务兵家属优待金标准达到上年人均生活水平，逐步建立起优抚对象抚恤补助标准自然增长机制，确保优抚经费足额到位，保证了优抚对象的生活水平与当地群众生活水平同步增长。各区（市）县全年共拿出688万元，调整在乡老复员军人定补标准，使每人每月达到71.6元。在“爱心献功臣行动”中，通过财政拨款、社会筹资、自筹资金等方法共投入资金845.7万元，为660多户优抚对象新修、维修、改造住房2661余间。全年共举办各种农技科技培训班150余期，培训优抚对象2.6万人次，组织外出务工人员2.1万人次，提供优良品种25种、化肥1500多吨，贷款1200多万元，使2000多户优抚对象脱贫，3000多户致富。为12389名优抚对象减免医疗费223.5万元。同时各级民政部门补助医疗费278.9万元，极大地缓解了优抚对象治病难。对享受抚恤补助和优待后生活仍很困难的优抚对象，各级政府十分重视，加大了财力投入，共为1.2万余名优抚对象解决生活补助近380余万元。克服困难妥善安置转业干部、转业士官、退役士兵5600余人，安置率达100%。安置军队离退休干部和军队职工2420人。

军地双方相互支持进一步加强。各级党委、政府始终把支持部队建设作为义不容辞的责任，积极开展对口拥军、政策拥军、法制拥军、智力拥军等活动。安置随军家属320人，解决子女入托上学

223人，安置下岗随军家属680余人，为驻军补贴生活费用400多万元，减免各种税费近千万元。举办蔬菜栽培、养殖、种植、实用电器、微机操作、财会电算化等各种培训班71期，培训官兵1800余人。为随军家属补助困难经费26.5万元，解决部队干部家属住房323户，16594平方米，投入资金371万元，支持部队训练设施建设用地5.9万平方米，支持部队技改17项。驻蓉部队积极支持地方经济建设。一年来，驻蓉部队参与地方经济建设投入劳动日45万余个，动用机械车辆2000多台次，参加了“五路一桥”、扶贫帮困、抢险救灾、创建国家卫生城、维护社会治安、农田水利建设等急难险重任务。彭州市隆丰镇在抗旱挖井时，56107部队出动1000余名官兵，奋战四夜三天，完成了任务。总参驻都江堰市某研究所基地管理处，长期坚持开展为当地敬老院“送温暖、献爱心”活动，为希望工程捐款19600余元，并设立了“希望工程”助学基金，奖励驻地学习成绩优异的贫困学生。崇州金马河段郑家埂河堤垮塌200多米，驻蓉部队出动官兵8000人次奔赴抗洪第一线，奋力抢险。驻蓉各部队还积极开展“扶贫帮困奔小康活动”，每个建制团以上单位都有一个扶贫点，长期坚持开展科技助农、帮工帮料、帮种帮收活动。全市80多个扶贫点有78%的扶贫点摆脱了贫穷，走上了脱贫致富奔小康道路。

泸 州 市

泸州市城区一角

泸州市位于四川省南部，辖3区5县，面积12243平方公里，人口460余万，有团以上驻军单位14个，优抚对象14万人。2000年1月第三次荣获全国双拥模范城称号。全市军民把获此殊荣作为双拥工作的新起点，按照全国双拥模范城（县）命名大会的要求，锐意创新，扎实工作，推动了双拥活动向纵深发展。

大力开展双拥宣传教育活动，不断强化全民的双拥国防意识。全国双拥模范城（县）命名大会后，全市举行了盛大的“迎牌”游行活动。“迎牌”仪式上，市委书记传达命名大会精神，总结了几年来双拥工作成果，部署了泸州市双拥工作跨世纪争创“双拥模范城”四连冠的发展目标。春节，在市体育场举办了群众性的“迎新春庆双拥‘三连冠’焰火文艺晚会”，广泛宣传泸州市双拥工作取得的丰硕成果，动员全市人民进一步学习、宣传、贯彻全国双拥模范城（县）命名大会精神，用命名大会精神统一全市军民的思想，进一步激发做好新形势下的双拥工作的政治责任感。

加强和完善双拥政策法规建设，促进双拥工作持续深入发展。组织了军地联合考察学习组，外出考察学习双拥工作，借鉴先进经验，理清了泸州市新世纪双拥工作的思路，制定了《泸州市双拥工作发展五年规划》，颁布了《泸州市现役军人立功受奖人员奖励实施办法》和《关于建立优抚对象抚恤标准自然增长机制的通知》，进一步加强了双拥政策建设。

加大拥军力度，为部队多办实事。一是把科技拥军、智力拥军支持部队科技大练兵活动作为双拥工作的主要内容，开展送电脑、送科技书籍进军营活动，为部队官兵举办科技知识培训班和文化补习班。二是认真解决随军家属生活难问题。根据《关于对驻泸部队应安置随军家属给予生活补助的通知》，按泸州市城镇居民最低生活保障标准，1月至6月，给每位随军家属每人每月发放了100元（共发42人）的补助。7月至12月，每人每月补助调高到130元（共发50人）。三是驻泸77105部队在赴西昌执行国防战备工程施工任务中，市里组织慰问团前往西昌施工现场慰问，极大地鼓舞了部队士气。

积极为地方经济建设作贡献。驻泸部队支持地方重点工程建设，支援地方的经济发展。一年来，共出动官兵1万余人次，车辆500多台次，投入经费149万余元支持地方重点工程建设，完成了对古蔺、叙永的抗洪抢险的急难险重任务，挽回经济损失200多万元。植树3万余株，清运垃圾1000多吨，为受灾群众捐款捐物5.2万元。

广　元　市

广元市一角

2000年，广元市党政军民认真贯彻全国双拥模范城命名大会精神，按照“同呼吸、共命运、心连心”的要求，围绕党的中心任务，狠抓各项工作落实，双拥工作整体水平有了进一步提高。

组织领导得到加强。市委、市政府先后5次召开常委会、办公会议，专题研究双拥工作。市领导多次召集有关方面负责人会议，听取双拥工作情况汇报，亲自为武警部队解决训练场地、干部家属就业和退伍军人安置中一些难以落实的“老大难”问题。市和各县（区）制定了双拥创建目标责任制。市双拥领导小组组长同城区35个市属以上单位和驻广军（警）部队签订了创建双拥模范城责任书，明确了检查、考核、奖惩办法。市、县（区）都落实了双拥办人员编制，解决了经费。市建委等95个单位设立了拥军优属机构，落实了专（兼）职工作人员。

宣传教育丰富多彩。市（县、区）召开拥军优属座谈会90余次，汇报会31次，驻军部队到地方单位作国防教育报告17次，地方各级各部门到驻军作经济形势、社情及法制报告23次；各单位办板报、专刊300多期；设置永久性和固定双拥标语牌（碑）和双拥标语1300多幅，电视台、广播电台播放双拥稿件170余条，播放双拥专题节目48期。市党政军领导先后10多次在《广元日报》、广元电视台发表署名文章和电视讲话，阐述做好双拥工作、保持双拥荣誉的重要意义。

优抚政策得到落实。为2500多名“三属”人员和2200多名革命伤残军人发放了定期抚恤金。全市在乡老复员军人10730人，目前享受定补的有8580人，地方投入700多万元使他们按规定的标准享受定补。群众优待金实行社会统筹，9000余名现役军人家属及烈属享受了优待金，优待标准达到当地平均生活水平。全市千余名退役士兵全部得到安置。两用人才开发使用率达到80%以上。退伍军人待安置期间每人每月100元生活补助费如期兑现。

拥军优属活动广泛深入。市财政投入专项经费860万元，支持部队各项建设，为驻广部队解决了124名随军家属就业、工作调动和69名部队干部子女入托入学问题。市天然气公司为驻广部队优惠安装天然气管道，提供全天候天然气输送，共为部队优惠各种费用81万元。电业部门除保证部队用电外，每年都要对驻广部队电路和电线设备进行义务检修，无偿为武警支队等单位更换新电路电线7800多米。工商、税务等行业主管部门，在为部队办理各种证照手续方面，制定了优先审批的政策，共办理300余件，深受部队的欢迎。市政府先后拨出20余万元，支持部队科技项目2个，4个科研单位和学校共40余人为部队科技强军献计献策，并为部队赠送电脑和电脑专用书籍千余册。

拥政爱民工作再谱新曲。驻广部队为广元县的旅游事业开展了募捐活动，共捐款8万余元，市政府树碑以示褒奖。帮助学生军训和为金融等部门培训保安人员，帮助学校开展学雷锋、正校风、育新人活动，受训人员共5000多人次。先后30多次派出车辆200多台次，派出官兵2400多人次，协助地方政法部门进行社会治安综合治理，共破获案件

39起，抓获罪犯30余名，抓获吸毒人员7名。捐款45万余元，帮助284名失学儿童重返校园。投入资金20余万元，改造贫困乡村的水、电、路等基础设施，改善扶贫点基本条件，解决了交通、照明、人畜饮水等困难。捐款30余万元，修建朝天区桃园村“八一”希望小学。驻军部队的130个扶贫点，已有125个迈上了奔小康的大道。

西 昌 市

西昌市一角

西昌市是凉彝自治州委、州府、军分区所在地，有驻军单位16个，优抚对象7703人。2000年，西昌市深入贯彻新时期党中央、中央军委关于军政军民团结的方针、政策，紧紧围绕“巩固、发展、创新”的方针，不断探索新路子，丰富新内容，强化新措施，双拥工作又有了新的发展。

积极开展双拥和国防教育。一是利用元旦、春节、“八一”等重大节日，在报刊、电视台等新闻媒体上开展双拥宣传活动，强化军民的双拥意识。二是办好双拥宣传专刊30期，在交通要道设立大型双拥宣传牌3个。三是领导率先垂范，在市委、市政府会议上，对双拥工作进行专题研究和部署。四是通过表彰先进来推动社会双拥热潮，有65个单位和个人受到市委、市政府、市人武部的表彰。爱国拥军、拥政爱民、振兴西昌成为广大军民的共识和自觉行动。

军地互办实事成绩显著。一年来，西昌市军地紧密团结，共谋发展。市政府无偿提供两台电脑给凉山军分区，投入3万元为驻军部队修建射击训练场，补偿部队粮油款337万元，解决了西郊乡海滨村村民与陆军45医院的用水纠纷遗留问题。驻地部队积极支持地方经济建设和重点工程建设，出动官兵500人次，车辆300台次，参加抗洪抢险，排除大小险情8次。驻军团以上单位均有一个扶贫联系点，积极帮助群众脱贫致富，给群众送药治病。全市共有军民共建点50多个。组织单位和驻地部队3000余人，植树400余亩。在全市开展了丁佑君烈士牺牲50周年活动，发动社会力量捐资28万余元，用于丁佑君烈士陵园的维修绿化。

加大优抚安置政策的落实力度。“三属”人员的定补全部按规定给予兑现。1119名在乡复员军人定补，月人均达到73.3元，定补面100%。义务兵家属优待金以市为单位统筹，531户得到优待，优待面100%。全市共兑现义务兵优待金34万多元，发放各类优抚对象抚恤补助共161万多元。在“爱心献功臣行动”中，市委、市政府与各乡镇和帮扶单位签订了《实施对口扶持重点优抚对象责任书》，投资88万元，社会捐资35万元，解决了58个重点优抚对象的住房难，减免医疗费3万元。军转干部、城镇退伍兵都得到妥善安置，农村退伍军人两用人才开发实用率达到95%。

平 昌 县

平昌县远眺

2000年，平昌县党政军民认真贯彻全国双拥模范城（县）命名大会精神，紧紧围绕县委、县政府的中心工作，军地注重互办实事，在巩固成果上下功夫，在发展创新上做文章，双拥工作整体水平有了进一步提高。

倾注真情，军地互办实事。一年来，平昌县坚持把双拥和国防教育纳入全民教育体系，投资6.1万元建成纪红坡、荣军路、拥军渠、光荣园等形象工程15处。在双拥工作中，军地双方紧紧围绕稳定和发展这个大局，互相支持、互办实事，建立了日益密切的军政军民关系。县委、县政府在改革开放和发展经济中不忘国防，关心支持部队建设。在财政十分困难的情况下，先后投资50万元为县武警中队改造营房1325平方米，拨款29.2万元为县消防中队添置了一辆消防车和一台高空压水泵；投资40万元为县人武部修建了800平方米的库房和民兵训练场。驻军部队武警、消防官兵在完成战备、训练、执勤等任务的同时，自觉服从和服务于地方经济建设大局，动真情办实事，在抢险救灾、扶贫帮困、创建文明城市等活动中作出了贡献。

全面落实优抚安置政策。全县各领导把双拥工作摆上议事日程，纳入军地领导干部政绩考核内容和任期目标管理，3次召开双拥工作会议，专题研究《军人抚恤优待实施细则》、《拥军优属若干规定》、《拥政爱民若干规定》、《国防教育暂行办法》等地方性法规，并加大了优抚安置政策的落实力度。一是优抚对象的抚恤、定补经费按国家规定的标准足额落实，在财政极为困难的情况下，挤出资金77.2万元，给在乡老复员军人提高定补标准达到74元。二是群众优待金兑现按照“全县统筹、全民负担、分级兑现、定额上交、重点补助”的原则落实。全年共筹集群众优待金140余万元，确保了农村义务兵家属优待金达到了上年度农民人均生活水平。三是加大行政调控力度，妥善安置退伍义务兵和转业士官125名，安置率达到100%，军地两用人才开发使用率达到了95%以上。四是对全县3000余名在乡老红军、烈军属以及志愿军老战士、志愿军烈属和伤残军人进行多种形式的走访慰问活动，解决具体问题17起，办实事102件，送慰问金10余万元。

认真实施“爱心献功臣行动”。各单位、各部门、基层乡镇扎扎实实地开展“爱心献功臣行动”。机关、企事业单位副科以上领导干部包户包村、包乡（镇），并采取“一帮一”、“富帮穷”等包扶办法，帮助规划项目，寻找致富门路。民政局拿出29.4万元解决了277户优抚对象的“三难”问题。采取“六个一”（县、区、乡、村、社、个人出一点）的办法，筹措资金6.186万元，帮助24户优抚对象新建、改建、维修了住房。卫生部门实行“四免一减”（免收挂号费、检查费、注射费、治疗费，减免一定的手术费），解决了78户优抚对象的治病难问题，解决治病难专项经费达15.449万元。投入7.8126万元为115户60岁以上的老复员军人评定了优待金，优待金标准不低于当地人均生活水平。全县结合实际，建立以养殖业、种植业为主的科技扶优示范户180户，科技扶优示范点10个。在抓科技扶优示范活动中，深入调查，摸底排队，采取编制规划、建卡立档，签订责任书等措施，通过县包区、区包乡（镇）、乡（镇）包村、村包社、党员干部包户，送信息，送技术、送资金等扶持办法，使被扶持的优抚对象60%摆脱贫困，走上了致富路。

峨眉山市

峨眉山市街心公园

2000年，峨眉山市再次荣获全国双拥模范城称号。在新的荣誉面前，全市广大军民深入贯彻新时期党中央、中央军委关于军政军民团结的方针政策，继续发扬“团结、开拓、实干、争先”的精神，积极探索双拥工作新路子，注重在巩固和深化双拥成果上下功夫，推动了全市双拥工作向纵深发展。

广泛开展双拥国防教育，营造良好的双拥氛围。全市开展了形式多样的军民共建活动和双拥国防教育活动。一是各级各部门、驻军单位利用元旦、春节、“八一”等有利时机，发挥广播电视、宣传橱窗等宣传工具开展拥军优属和拥政爱民教育，强化了军民的双拥意识。全市共编辑简报60余期，出版双拥宣传专刊50余期，在电视和各种报刊上播放刊登双拥新闻200余条。二是积极开展纪念中国人民志愿军抗美援朝出国作战50周年活动。各乡镇领导重点走访了抗美援朝老复员军人中的功臣人员、志愿军烈士家属，主动为他们排忧解难。三是开展双拥形象化宣传，推动双拥工作深入开展。市双拥办、乐山预备役旅政治部积极协调驻峨部队、市交通局、市城管办、市规划局制作大型永久性宣传标语牌，在全市重要场所和主要口岸没有双拥宣传标语牌40余个，营造了良好的双拥氛围。

抓落实，办实事，广泛开展共建活动。每逢重大节日，市领导带领慰问组走访慰问部队，全年送慰问品和慰问金共计8万余元。峨眉山管委会在每年对部队官兵减免进山费150余万元的基础上，从2000年4月1日起，对全军官兵和全国伤残军人实行减免进山费优惠服务。市公交公司继续设立“军人、伤残军人乘坐市内公共汽车凭证免费”服务。市广播电视局与78461部队结成共建对子，围绕争创文明街，开展共建活动。市国税局与市武警中队，市工商城市信用社与77156部队防化营，围绕争当“四有”新人和争创省级文明单位开展优势互补共建活动。驻军不忘人民的拥军情意，大力开展“热爱峨眉，建设第二故乡”的拥政爱民活动。驻峨部队出动官兵500余人次，车辆10台次，抢运救灾物资30余吨，组织捐款为驻地贫困学生缴纳学杂费6000余元，义务为群众防病治病300余人次。77156部队防化营出动官兵60名及时扑灭了驻地村民房屋火灾。乐山预备役旅组织300余名官兵义务打扫名山路卫生，使名山路面貌焕然一新。该旅还为九里镇吴庵村小捐学生桌椅50余套，为绥山镇城西村兴建水渠捐资捐物8000余元。

认真落实优抚安置政策。全市各级、各部门和驻军根据《四川省争创国家级双拥模范城（区、县）考核验收实施细则》的要求，抓好优抚安置政策的落实。一是市财政在财力十分紧张的情况下，优先满足优抚事业的需要，继续保持了老复员军人定补，定补面达100%，月人平均72.86元，“三属”定补每月每人平均110元。二是继续开展“爱心献功臣行动”，认真解决优抚对象“三难”问题。对137户重点优抚对象继续坚持市级领导、市级部门“一帮一”的帮扶责任制，着重解决82户优抚对象医疗难问题，全市18个镇乡都相应建立优抚对象医疗费减免的具体办法，全市为优抚对象减免医疗费3万余元。三是认真做好城镇退役士兵和转业士官的安置工作。圆满完成了172名城镇退役士兵和47名转业士官的接收安置任务。四是认真做好义务兵家属优待金社会统筹工作。市民政局积极协调市财政局、市农业局等有关部门，做好义务兵家属优待金统筹发放工作，义务兵家属年优待金户均达到900元，比1999年有较大的提高。

绵竹市

矗立在绵竹市回澜大道上的“川西明珠”

2000年，绵竹市党政军民坚持以邓小平理论为指导，紧紧围绕市委、市政府提出的“经济争强、文明争先”的奋斗目标，站在讲政治的高度，以促进改革开放、推动经济发展为切入点，努力在解“三难”、科技拥军上下功夫，双拥工作实现了新的突破。

强化国防和双拥教育，营造浓厚的双拥氛围。认真学习贯彻全国双拥模范城命名大会精神，以再次获得“全国双拥模范城”荣誉称号为契机，充分利用各种新闻媒体大力宣传人民军队的丰功伟绩。

在全市各中小学开设国防教育课，设置军训课目，开展军事夏令营活动。市电视台和绵竹报上专门开辟了“走进军营”和“双拥工作”栏目，积极宣传各级党委、政府情系国防，关心支持部队建设，为部队排忧解难的事迹，教育广大官兵牢固树立“把绵竹当故乡、视人民如父母”的思想，积极参与绵竹的两个文明建设。

深入开展“爱心献功臣行动”，努力解决优抚对象“三难”问题。一是全面落实优抚优待政策，定补定抚面始终保持100%。从2000年元旦起，在全市建立了优抚对象优待抚恤标准自然增长机制。二是继续抓好重点优抚对象“安居工程”建设。在1999年已完成170户、680间的基础上，2000年又完成了50户，基本解决优抚对象的住房难问题。三是进一步完善了医疗减免政策。在全市建立了优抚对象定点医疗减免制度，减免优抚对象挂号费、住院费、检验费等，全年共减免医疗补助费达10余万元，并在26个乡镇建立了医疗保障资金30万元。四是继续开展了扶贫帮困活动。机关干部联系优抚对象115户，举办各类培训班46期，发放各种资料1000多册，提供各类致富信息870条，使困难户的生产生活有了明显的提高。五是继续把9月作为全市“爱心献功臣行动月”，开展了以解决优抚对象的治病难为主要内容的捐款活动，全市共收到捐款13万元。同时，组织慰问小组对抗美援朝的老战士进行了逐个走访慰问。六是优待金继续实行市级统筹，已建立双拥资金30多万元。

搞好军（警）民共建，推动双拥工作再上新的台阶。市委、市政府把为部队办实事，关心支持部队革命化、现代化、正规化建设作为双拥工作的重要内容，列入各级党委的议事日程，纳入年度目标管理考核。坚持实行军地联席会议制度、议军会议制度、军地双方协调制度，及时了解部队情况，为部队排忧解难，并根据驻绵部队的实际，加快了科技拥军步伐，先后为部队送去电视、书籍、文化用具等生活用品，并为驻绵部队营以上单位购买了电脑，总价值30多万元。同时，在解决部队子女入学入托等方面，给予了优先优惠照顾。驻绵部队把绵竹当故乡，视人民为父母，积极参与地方经济建设，完成各项抢险任务，广泛开展便民服务、扶贫帮困、智力助民等活动。驻绵部队广大官兵与驻地建立帮扶联系点26个，联系优抚对象34户，无偿提供优质菜苗32万株，良种猪50头，有力地支援了绵竹的经济建设。

大竹县

今日新大竹

2000年1月，大竹县荣获全国双拥模范县称号。县委、县政府认真贯彻落实全国双拥城（县）命名大会精神，发扬拥军优属拥政爱民的光荣传统，围绕中心，服务大局，立足基层，狠抓落实，双拥工作又上新台阶。

领导重视，齐抓共管。全国双拥模范城（县）命名大会召开后，县委、县政府、县人武部召开了“大竹县2000年双拥工作动员大会”。全县各部门的党政一把手、各区（镇）的书记、区（镇）长、县属企业的负责人和驻竹部队领导参加了会议。会上，传达了党中央、国务院、中央军委在北京召开了全国双拥模范城（县）命名大会精神，提出了贯彻落实意见，就如何巩固双拥成果，确保双拥工作健康、深入、持久发展进行了全面动员，并对2000年的双拥工作进行了具体部署。各级、各部门迅速行动，提高了认识，统一了思想，明确了目标，制定了本地、本部门2000年双拥工作计划。领导在检查指导工作时，也把双拥工作列入重要内容，给予指导。年终由县双拥办和县目标考核办对各级、各部门的双拥工作进行了考核验收。

普查清理，落实政策。3月，县双拥办派出3个工作组，对全县63个乡（镇）的“三属”、伤残军人、在乡复员军人和享受定补的带病带伤退伍军人进行了严格清理核查。通过当面核对、登记造册，广大工作人员向他们宣传党和国家的优抚政策，既让广大优抚对象了解各类人员享受待遇的条件、标准、时限，增强了优抚工作的透明度，也了解掌握了优抚对象的实际困难和基本情况。为250名复员军人新增了定补，为6名“三属”人员给予了定抚。坚持了义务兵家属优待金社会统筹、全民负担、县民政局管理的办法。全年共统筹优待金191万元，年底发放优待金186万元，农村义务兵家属优待金由上年人均700元提高到800元。对立功军人进行了奖励。县民政局拨30万元优待金分配给各乡（镇），解决未定补复员军人、伤残军人等优抚对象的特殊困难。

精心组织，落实安置。在企业改制造成转业退伍军人安置难度增大的情况下，县政府千方百计拓宽安置渠道，保障了安置任务的圆满完成。到7月底，全县接收转业干部26人，转业士官11人，退役士兵501人。对转业干部基本做到平职安置，对符合城镇安置的退役士兵181人都安排在事业和效益较好的企业，对回农村的328名复员、退伍军人也作了妥善安置。农村军地两用人才开发使用319人，使用率达97.2%，整个安置工作进度快、质量高，安置率达到了100%。7名随军家属也得到较好的安置。

扶优致富，同奔小康。根据实际情况，采取了“阶梯式”扶优致富的办法。一是规划贫困户进行扶持，使他们尽快脱贫。二是对已脱贫的优抚对象进行扶持，使他们致富奔小康。县民政局直接扶持“脱贫户”、“致富户”各100户，通过他们对其他农村贫困户进行典型示范引路。三是全县各单位、各部门从技术、信息、政策、人力、物资等方面进行重点扶持，帮助优抚对象确立项目，创办种植业、养殖业、服务加工业、运输经商业等经济实体。通过一年的扶持，贫困优抚对象收入由年人均1200元增加到1800元，致富优抚对象收入年人均2150元增加到2800元。

军民同心、共谋发展。在拥军优属中不仅注重节日的走访慰问，更把主要精力用于军民共建、共谋发展上。发动各党政机关、企事业单位广泛开展与部队结对子的互帮互助活动，城区建有军民共建片区四个，结共建对子32对，地方集资25万元支持驻军的营房建设，投资近30万元购置军用设施及装备。如党政系统、经贸系统集资2.86万元为武警中队购置了床铺、课凳、空调、燃气洗澡锅炉等。驻军部队在积极完成战备训练的同时，全力支援地方建设。据不完全统计，全年驻军与地方开展联欢活动28次，军训学生1865人次，参加修建公路26公里，为民抢收抢种2674亩，扑灭火灾18次，抓获罪犯39人次，紧急供水5472吨，为大竹的经济发展、社会稳定做出了贡献。

马 尔 康 县

发展中的马尔康

2000年1月，马尔康县再次荣获全国双拥模范县称号。全县党政军民在成绩和荣誉面前不骄不躁，坚持以邓小平理论为指导，按照坚持方向、丰富内容、拓宽领域、注重实效的原则，努力在抓巩固、求发展、求创新上下功夫，双拥工作又取得了新的成绩。

加强国防教育。全县各大、中、小学校都开设了国防教育课。清明节期间以烈士陵园为阵地，对前来瞻仰革命先烈的学生、干部群众、武警官兵5000余人进行了革命传统教育，从而进一步增强了他们的国防意识和双拥意识。县双拥办加强双拥宣传，做到了广播有双拥的声音、电视有双拥的图像、报刊（杂志）有双拥的文章。由县广播电视局摄制的双拥专题片《雪域高原的双拥奇葩》荣获阿坝州第三届有线电视节目专题类一等奖。召开了军政座谈会，军地领导出席会议，共商双拥大计。

拥军优属成绩斐然。召开双拥专题会，研究解决了30多件拥军优属难题。全县14个乡镇在元旦、春节期间以不同形式开展了座谈会和慰问活动，帮助优抚对象解决实际困难，做好事、办实事达1000余件（次）。元月15日，州县双拥办受县委、县政府领导委托，带价值1万余元的慰问品，冒着雪域高原的寒风，前往驻军医院看望慰问了伤病员。元月17日，县委、县政府组成慰问团，带着3万余元的慰问金，前往驻马部队的阿坝军分区、武警阿坝州支队、武警阿坝州消防支队、县人武部、县武警中队、县公安消防大队营区走访，慰问了全体官兵。元月21日至25日，由县委领导牵头的，县人大、县政协及民政、财政等部门参加的春节慰问团，分别对全县14个乡镇的特困户及优抚对象进行了慰问，并送去价值1.4万元的慰问品。“八一”期间，县委、县政府改变以前送食物和慰问金的办法，给驻军送去了彩色电视机15台。县财政局给共建单位的县武警中队送去价值1万余元的微机一台。县财政解决武警县中队的官兵每人每天1元的菜篮子补贴，共计4.22万元。

驻军积极参加地方各项建设。驻军参与创造四优文明县城活动，出动兵力3000余人次，参加3次清扫街道卫生，清除垃圾30余吨，修整路面500米。义务植树2万余株，出动兵力3250人次，出动车辆50台次，参加重点工程建设。县人武部投资7万元，帮助马尔康镇莫拉村人畜饮水工程建设。阿坝军分区司令、政委捐助松岗乡松岗村路茂菊三姐妹读书。武警阿坝州消防支队队长捐助二中贫困学生才旦卓玛上学，在当地传为佳话。武警阿坝州支队出动兵力200多人次，赞助马尔康镇小学修学校，为地方节约经费几千元。

优抚安置政策落实到位。全年发放各类抚恤金22.75万元。其中：一次性抚恤金7.6万元，烈属定补2.4万元，革命伤残人员伤残金（保健金）2.65万元，在乡复员军人定期定量补助7万元，义务兵家属优待金3万元，现役军人（军官）立功奖1000元。1999年度7名城镇退伍兵已全部安置上岗。城镇退役士兵待安置期间的生活费每月给予兑现，兑现金额为7700元。

贵　州　省

贵　阳　市

贵阳甲秀楼风光

2000年，贵阳市党政军民认真贯彻落实全国双拥模范城（县）命名大会精神，广泛开展各项双拥共建活动，双拥工作有了新的发展。

进一步加强组织领导。市委、市政府十分重视双拥工作，继续把双拥工作列入各级党委的重要议事日程，作为各级各部门和各单位的重要考核内容。年初召开贵阳市双拥工作领导小组全体会议，深化对双拥工作重要性、必要性的认识，叫响了越是改革开放、越是发展经济，越要强化双拥观念和国防意识，越要加强军政军民团结的口号，提出为促进贵阳大发展、西部大开发，要进一步开展创建双拥模范城（县）活动，努力争创第四次全国双拥模范城的要求。强调各级党委、政府要切实重视、关心和支持双拥工作，把双拥工作与党的中心工作紧密结合起来。各区、县（市）和各级有关部门、驻贵部队按市委、市政府、军分区的要求和各自承担的任务，层层签订目标责任书，加强督促检查，确保目标任务的完成。

不断增强国防观念和双拥意识。军地各级按照市委、市政府、军分区的安排，结合《全市爱国主义教育安排计划》和省军区《爱国主义和国防教育实施细则》，广泛开展国防教育和双拥宣传。充分发挥爱国主义教育基地的宣传教育作用，结合重大节日，对广大军民和学生进行国防双拥宣传教育。利用各种新闻媒体，加大双拥宣传力度，共刊发双拥稿件160多篇，邀请老红军、老八路、老英模讲革命传统教育课400场（次），城市社区和乡村出黑板报、墙报数百期，使国防教育和双拥宣传不断深入人心。

以实际行动支持部队建设。市县两级政府拨款1220.8万余元，解决了驻军部队在战备、执勤、教育、训练及生活等方面的困难。结合春节、“八一”建军节和纪念抗美援朝出国作战50周年活动，各级财政拨款300多万元，对驻军（警）部队和优抚对象进行了慰问，为部队改造了自来水管道，赠送了文体器材。各大中学校为部队培训各类技术人才200多名，全市2500多个拥军优属服务组织为官兵和优抚对象做好事3200多件。全市把做好优抚安置工作当作支持部队建设的实际行动，共安置转业干部123名，转业士官222名，城镇退役士兵1460名，为城镇退役士兵发放了待安置期间的生活费，按标准发放了农村义务兵家属优待金。继续深入开展“爱心献功臣行动”，共建立农村帮扶组织300多个，结对帮扶746个（次），受帮扶对象1800多人，解决了他们的生活难问题；为496户优抚对象解决了“住房难”、为393名重点优抚对象解决了医疗难问题。对二等乙级以上在乡革命伤残军人每人发放了250元取暖费和每月30元菜篮子补贴。国家调整优抚对象抚恤补助标准的政策得到及时落实，各项经费足额发放到位。

围绕西部大开发，积极支持地方各项事业建设。驻军各部队召开了“支援西部大开发拥政爱民誓师大会”。积极参加驻地扶贫攻坚、抢险救灾、生态环境建设、社会公益事业、社会治安综合治理，军民共建等各项活动。一年来，共出动官兵3.5万人次，车辆机械1754台次，参加重点工程建设40项，公益事业活动1000余次。在生态环境工程建设中，义务植树5万余棵，植草坪2万平方米，绿化荒山2.1万亩。在扶贫攻坚中，投入扶贫资金34万元，修建乡村公路20余公里，水渠9公里，义务插秧320亩，抢收水稻600亩。在抢险救灾中，出动官兵2.9万人次，车辆1300台次，抢救群众1200人，挽回财产损失6000万元。在支持希望工程建设中，捐资助学16万元，550名贫困学生重返校园。共组织拥政爱民服务小组200多个，为群众修理家电3000多件，为群众义诊5000多人次，免收诊疗费1.3万元。

福泉市

福泉市远眺

2000年，福泉市党政军民认真贯彻全国双拥模范城（县）命名大会精神，积极开展各项双拥共建活动，不断巩固双拥工作成果，军政军民更加团结，双拥工作又有新的发展。

加强领导，落实责任，确保双拥工作不断深入发展。市委、市政府进一步加大对双拥工作的组织领导，由市委书记任双拥工作领导小组组长，把双拥工作纳入地方经济建设、社会发展和部队建设的总体规划，纳入各级党委、政府的重要议事日程，并作为考核领导干部政绩的重要内容。各级领导率先垂范，积极参与各项双拥活动，各职能部门密切配合，做到任务明确，责任到人，确保了各项双拥工作任务的落实。

军地互办实事，军政军民关系更加密切。坚持把双拥工作的重点放在基层，广泛开展科技拥军活动。市科技局、农业局将武警某部作为科技扶持重点单位，提供资金、物资、技术，为部队建起了日光温室蔬菜大棚、沼气炉灶和种猪、种鸡繁殖基地。市财政拨款 30 万元为驻军某部维修营房，解决粮油供应、水电燃料、通讯费用等困难。市农业银行为部队官兵购买价值 5 万余元的文体器材，丰富了官兵的文化生活。各大中学校为部队官兵文化补习 2400 多课时，提高了官兵的文化素质。

深入开展“爱心献功臣行动”。提高了在乡老复员军人的定补标准，每年人均达 792 元，对抗美援朝志愿军老战士，每人补助了 180 元，对 126 名生活困难的退伍军人实行定期定量补助，对烈属、革命伤残军人按时足额发放了抚恤金，为农村义务兵家属发放优待金每户年均 1500 元，达到上年度农民纯收入的 80% 以上。在“爱心献功臣行动”中。各级政府共拨款 30 多万元，为重点优抚对象建房 28 间。对重点优抚对象采取医疗扶持政策，发放医疗优惠卡 500 张，解决了 485 名优抚对象医疗难问题。采取结对帮扶办法，发动全市 627 个拥军优属组织包扶优抚对象 568 户，解决了优抚对象的生活难问题。

驻军积极支援地方经济建设。共派出 60 多个工作组，出动官兵 1500 多人次，车辆 120 余台次，提供资金、化肥、农膜、种子等，积极参加地方农田基本建设和退耕还草工作，平整农田 1200 亩，绿化荒山 6000 亩，支援重点工程建设 3 项；投资 8600 元，解决了驻地 75 户村民的照明用电的困难；投资 3.1 万元，架设引水管 2.3 公里，解决了驻地群众 8000 余人的饮水问题；选派 38 名优秀战士为地方军训干部、职工、学生 1.2 万人次。积极参加抢险救灾、维护社会治安等重大活动，受到人民群众的高度称赞。

从江县

从江县侗寨风光

2000 年，从江县首次被命名为全国双拥模范县。全县军民以此为动力，继续发扬拥军优属、拥政爱民的优良传统，认真贯彻命名大会精神，狠抓各项双拥工作的落实，不断密切军政军民关系，全县双拥工作有了新发展。

建立健全组织体系。县委、县政府根据领导班子人员变动情况，及时调整充实了双拥工作领导小组及成员单位，县委书记、县长担任工作领导小组组长，把双拥工作列入了党委的重要议事日程，列入全县各部门、各乡镇年度目标考核内容，统一安排部署，统一组织实施，统一督促检查，统一评比表彰。

积极支持部队建设。县财政拨款 18.7 万元，解决了武警、消防中队在生活、燃料、通讯、训练基地建设等方面的困难。拨专款 6 万元，对全县优抚对象和驻军部队官兵进行慰问。各乡镇采取召开军（警）民座谈会、双拥联谊会和军地走访慰问等多种形式，密切军民感情，开展双向服务。工、青、妇等组织发动 200 多个拥军优属服务小组为驻军做好事 1500 多件。在纪念抗美援朝胜利 50 周年期间，邀请 25 名志愿军代表参加座谈，并对志愿军老战士进行慰问，营造了拥军优属的良好氛围。全县认真落实各项优抚安置政策，县政府把各种抚恤补助经费列入财政预算，确保了优抚经费按时足额发放。提高了在乡老复员军人定补标准，达到人均每月 72 元；县政府拨款 15.6 万元，为 361 名带病回乡及生活困难的退伍军人发放了生活补助；按时足额为“三属”、革命伤残军人发放了抚恤补助金，对农村义务兵家属实行了普遍优待，户均840元；对二等乙级以上革命伤残军人和医疗费实行实报实销；对“三属”、在乡革命伤残军人、在乡老复员军人等不享受公费医疗的优抚对象，按30%的比例给予报销医疗费。发动社会力量对重点优抚对象进行“包户服务”，解决了他们的“三难”问题。县政府出台了《有偿安置城镇退役士兵暂行办法》，全县退役士兵得到了妥善安置。

努力为第二故乡做贡献。6月，从江县遭受历史上罕见的洪涝灾害，驻军部队出动1000多人次，连续奋战三昼夜，抢救遇险群众1200人，抢运木材300多立方米，化肥50多吨及粮食、白酒、农药、家电等大批物资。一年来各部队共投入兵力数千人次参加抢险救灾，挽回经济损失2000多万元，保护了国家和人民群众的生命财产安全。在支援地方重点工程建设、扶贫帮困、捐资助学、军民共建等方面也做出了巨大的贡献。

思南县

思南县城区

2000年，思南县第三次被命名为全国双拥模范县，全县军民以此为动力，认真落实各项双拥政策法规，密切军政军民关系，巩固和发展了双拥工作的大好局面。

进一步加强了领导。县委、县政府把双拥工作列入县直单位及乡镇的年度考核内容，并将其写入党代会和人代会的工作报告。逢重大节日，党政主要领导亲自带队对驻军及优抚对象进行慰问，全县有各级双拥工作机构92个，形成了主要领导亲自抓、分管领导主动抓、业务部门具体抓、各行各业配合抓的一体化服务网络。

进一步强化了宣传教育。共在中央及地方报刊发表宣传双拥工作文章24篇，制作永久性双拥标语牌80多块，在各窗口行业设置了“军人优先”标牌，组织3100余名领导干部过“军事日”活动，举办了首届“双拥杯”篮球赛，组织中小学师生开展了军训活动。

进一步落实了优抚安置政策。县财政拨款62万元，按时兑现了595户义务兵家属优待金，户均优待标准1112元，达到上年度农民人均纯收入的100%；拨款87万元，兑现了1202名在乡老复员军人的定期定量补助，年人均720元；拨款26万元，解决了1789名在乡退伍军人的生活问题；妥善安置城镇退役士兵和转业士官131人。

深入开展了“爱心献功臣行动”。在基本解决重点优抚对象住房难的基础上，狠抓了生活难和医疗难问题的解决。县政府划拨救济粮10万斤，对500户困难优抚对象给予了不同程度的补助；筹资5万元，解决了300名重点优抚对象的医疗费；拨款2.3万元，对128名荣立三等功以上的现役义务兵给予了奖励；筹资13万元，为32户住房困难的优抚对象新建、改建住房68间。

军地互办实事成效明显。全县积极为驻军办实事、解难题，拨款20万元帮助武警中队进行了营房改造，拨款7万元为消防中队更新了设备，同时解决了他们的生活和学习困难。驻地部队积极开展拥政爱民活动，县人武部组织驻军和民兵应急分队官兵1000多人次，参加抗洪救灾6次，抢救遇险群众230名，保护了上千万元财物免遭损失，县消防大队出动车辆30多次，扑灭大火20多次，部队官兵还捐资助学，帮助失学儿童重返校园，并积极开展便民服务，为群众办好事100多件。

遵义市

2000年，遵义市再次荣获全国双拥模范城称

遵义城区夜景

号，全市军民认真贯彻落实全国双拥模范城（县）命名大会精神，结合实际，深入扎实地开展双拥共建活动，进一步巩固和发展了军政军民团结的大好局面。

强化了组织领导。全市各级进一步加强了对双拥工作的组织领导，市委书记担任市双拥工作领导小组组长，9位市委常委均是市双拥工作领导小组成员，所辖13个市、县、区双拥工作领导小组组长、副组长的党政军领导和成员工作变动时，都能及时给予调整充实。各级党委、政府将双拥工作纳入国民经济和社会发展的总体规划及部队建设规划，纳入目标管理责任制，作为党政领导干部政绩考核内容，确保了全市双拥工作具有坚强的组织领导。

营造了浓厚氛围。各级政府和驻军各部队坚持利用各种宣传媒体，广泛开展了双拥宣传教育活动。全市共办双拥专栏760期、板（墙）报和厨窗250多期、宣传简报90期，张贴、悬挂宣传标语280条（幅），图片摄影展98期，在各级报刊电台刊发双拥稿件36篇，在市电视台播放了《遵义双拥红胜火》、《这是一片深情的土地》等双拥专题片，组织革命传统教育10余次，受教育群众达1万余人，全市各县、区（市）和驻遵部队广泛开展“唱一首爱国主义歌曲、讲一个爱国主义故事、看一部爱国主义军事题材电视片、读一本爱国主义书籍、上一堂爱国主义政治课、做一场爱国主义报告、举办一次爱国主义知识竞赛、演一个爱国主义文艺节目”的“八个一”活动，在全市营造了浓郁的双拥氛围。

加大了互办实事的力度。市委、市政府在财政十分困难的情况下，挤出资金815万元，为驻军某部解决了战备、训练、生产、生活等难题；拨款550万元，支持武警支队新建训练基地，维修了机关办公楼；拨款42.3万元，慰问了抗美援朝志愿军老战士及烈属6327人，赠送慰问物资27087件，为130名在乡抗美援朝老战士及烈属新建住房230间。全市为43名随军家属办理了落户手续，解决了39名军人子女入学、入托问题，安排了18名随军家属子女的工作，解决了39户军属的住房困难，帮助现役军人家属调解纠纷102件，处理部队来电来信280余件次，全面落实优抚安置政策。对义务兵家属优待金实行县级统筹，城区农村义务兵家属优待金户均2095元，占上年度当地人均纯收入的100%，对在乡老复员军人按规定给予定期补助。积极发动社会各界为重点优抚对象解“三难”，全市2039个拥军优属服务小组，参加服务人数51524人，为41585名优抚对象开展包户服务，共为重点优抚对象诊病、治疗1485人次，为各类优抚对象减免医疗费12950元。共接收退役士兵2539名，按政策安置1165名，培训农村退役士兵1374人，两用人才开发使用率达79%，为43名随军家属办理了落户手续，为18名随军家属安排了工作。驻军部队积极支持地方经济建设。共组织官兵21265人次，出动车辆机械226台次，参加重点工程项目建设28个，兴修水利工程6个。建立扶贫帮困组织52个，解决了1.8万名贫困群众的温饱问题。在抢险救灾中，共出动兵力13200人次，车辆200多台次，抢运物资420多吨，抢救遇险群众3200多人，为受灾群众捐款13400元，捐物900多件。驻遵官兵还捐款8万余元，维修和援建希望小学32所，帮助200名失学儿童重返校园。

云南省

建水县

建水县朝阳楼雄姿

2000年，建水县党政军民以荣获全国双拥模范县“四连冠”为动力，紧紧围绕中心工作，开展以发展社会生产力和提高部队战斗力为根本任务，以爱国拥军、“爱心献功臣行动”、落实优抚安置政策为主要内容的双拥活动，进一步巩固和发展了“同呼吸、共命运、心连心”的新型军政军民关系，双拥工作取得了新的成绩。

大力开展走访慰问活动。元旦、春节期间，县委、县政府召开2000年春节军地领导座谈会，全县党政领导和驻军首长参加了会议，部署了全年双拥工作任务；走访慰问了驻建部队基层连队和军休所、敬老院，向军烈属、伤残军人、特困户、五保户、低保对象，赠送了慰问品和慰问金。“八一”期间，县五套班子带领慰问团，深入部队，走访慰问人民子弟兵，为部队官兵送去了3万余元的慰问品，县花灯剧团同部队官兵举行了丰富多彩的军民联欢会。

进一步加强了国防双拥教育。驻建部队共抽调教官286人，对24所学校的11440名学生进行为期一周的军训。利用各种宣传媒体广泛宣传，在军地各级各类新闻媒体刊登双拥文章546篇，办双拥简报14期。主办了“世纪杯”双拥有奖征文，共收到双拥论文626篇，表彰了53位获奖作者。

军民共建深入发展。建水县现有军民共建点49个。一年来，丰富了共建内容，拓宽了活动领域。在培训军地两用人才、援助希望工程、开展扶贫帮困活动等方面取得了新的成绩。红河州商贸技术学校充分发挥专业特长，选派最优秀的教师先后为35206部队、武警8750部队、80402部队和担负建水监狱警卫的部队等单位培训炊事员90名，部队家属转岗培训10期605人次。由县总工会牵头，成立了军地有关部门组成的联系困难职工领导小组，建立了军地领导联系困难户制度，共结对帮扶103户困难职工，解决资金10万余元，目前已有56户摆脱了贫困。3月，全县军民开展了大规模的“学雷锋，树新风，为民办好事”活动。在第10个全国“助残日”，军地双方又组成“志愿者服务队”，为群众义务服务，受到全县人民的交口称赞。

全力以赴解“三难”。在全社会广泛参与“爱心献功臣行动”的基础上，制定了“献爱心，解三难”领导联系挂钩制度，要求乡镇党委、政府及各部门、各单位，与“三难”对象结对挂钩。县五套班子领导负责联系17个乡镇的“爱心献功臣行动”工作，17位县领导带领99个部门，包干帮扶17个乡镇重点优抚对象解“三难”。在“爱心献功臣行动”活动中，通过各种渠道筹集资金112万元，作为“爱心献功臣行动”专项资金。在解决住房难问题中，投入义务工55186个，捐献木料20立方，捐献水泥15吨，捐献沙石10吨，投工献料折合金额10.25万元，为住房困难户新建住房205间，共计3075平方米，重点优抚对象“三难”问题基本得到解决。

昆明市

昆明是一个多民族聚居、驻军集中、优抚对象多的边疆省会城市。2000年，昆明市努力适应社

昆明市区一瞥

会主义市场经济新形势的要求，积极探索双拥工作的新思路、新办法，双拥工作整体水平不断提高，进一步巩固和发展了“同呼吸、共命运、心连心”的新型军政军民关系，有力地促进了全市的改革、发展、稳定和部队全面建设。

组织领导健全。继续坚持由市委书记任双拥工作领导小组组长，副书记、副市长、军分区政委任副组长的双拥工作领导体制。全市共建立健全各级双拥工作领导小组270个，有277名党政军领导分别担任各级双拥工作领导小组组长或副组长。地方各级党委、政府换届，部队领导变动，都及时调整和补充新的领导小组成员，从组织上保证了双拥工作的衔接与稳定。各县（市、区）、乡（镇）、街道办事处及大中型企业等基层单位，普遍把双拥工作列入年度计划、纳入各级领导干部任期目标责任制和政绩考核内容，层层签订责任书，实行定期考核，保证了全市双拥工作的协调发展。

国防双拥宣传教育扎实有效。主要采取了五条措施：一是强化组织领导。全市14个县（市、区），155个乡镇和街道办事处，141个大中型企业单位都成立了国防教育机构，基本形成了以人武部为桥梁，中小学校为基地，乡镇及街道办事处、居委会为依托的全民国防教育网络。二是加强国防教育基地建设。全市已建立起各类国防教育基地和场馆114个，创办少年军校114个，军训在校师生近7万多人。三是利用每年春节、“八一”重大节日等时机，广泛开展生动活泼、丰富多彩的“国防教育日”活动。四是充分发挥报刊杂志、广播电视等媒介及固定宣传阵地的作用，大力宣传双拥先进群体、先进个人的典型事迹，激发全市军民参与双拥工作的积极性。五是军地领导率先垂范，亲自撰写文章，对广大军民进行国防教育。全市共举办国防知识竞赛、报告会、演讲会、军民联欢会达223场次，直接受教育人数达2万余人；昆明电视台《子弟兵·老百姓》栏目播出专题节目48期，各类报刊杂志刊登国防、双拥文章120篇；军地领导讲话授课276人次，到部队过“国防日”545人次。

拥军优属成绩显著。市委、市政府把关心支持部队建设作为义不容辞的责任，积极为部队和广大优抚对象办实事，满腔热情地帮助他们解决实际困难。一是拨专款1253万元，帮助驻昆部队解决粮油、水电、燃料补贴、煤气安装、房屋修缮、道路养护等设施建设问题。二是在政府机构改革、企业减员增效的情况下，克服重重困难，妥善安置军队转业干部475名、退役士兵2052名，调整军属工种班121人次，解决军属住房168户，为1715名部队干部子女解决了入学入托问题，累计接收安置军队离退休干部276名，无军籍退休职工139名，分别占全省安置任务的63%和60%。三是充分发挥文化教育优势，大力开展科技拥军活动。共为891名官兵补习了文化，为部队培训各类技术人才2727名，农村军地两用人才开发使用率达90%以上。为丰富官兵文化生活，先后给驻昆20多个师（旅）以上部队的基层连队赠送了29寸彩电、VCD机，价值51万元；赠送计算机80台，价值64万元；给100个连队赠送图书万余册，价值30余万元；免费为官兵拍照片5000余张，书写字画2000余幅。四是深化优抚工作改革。全市14个县（市）、区已有11个实行了优待金以县（市）、区为单位社会统筹，统筹金额逐年增加，年户均优待标准达到1400元，接近上年度农民纯收入水平。在“爱心献功臣行动”中，市委、市政府与14个县（市）、区签订责任书，市级68个部委办局组成14个组与14个县市、区挂钩结对；财政拨款及社会捐款534.5万元，为住房困难户新建和维修住房281间，计4492平方米，组织乡镇敬老院接收孤老优抚对象40名。

拥政爱民谱写新篇。驻昆部队牢记宗旨，把驻地当故乡，视人民如父母，在圆满完成教育、训练、战备、执勤等任务的前提下，为驻地办了大量实事。参加社会公益建设项目76个，出动官兵3万人次，动用机械车辆612台，投入经费129万元；在抢险救灾中，转移群众579人，抢救财产价值2000多万元，向灾区捐衣被3万余套，现金55万元；投入经费140多万元，援建希望小学9所；举办扫盲班44个，扫除文盲680人；建立扶贫挂钩点75个，帮助群众解决了缺水缺电和行路难问题；组织官兵5000多人，由10位将军率领，参加整治市容市貌活动，共清运垃圾3000多吨，使春城面貌焕然一新；义务为群众治病36万余人次，减免医药费30多万元；为民理发2万人次；修理机械、家用电器万余台（件）；配合公安机关维护社会治安打击各类刑事犯罪，多次出色地完成了任务，涌现出方红宵、欧阳石青、杨露等一批英雄模范人物，为全市经济发展和社会进步做出了不可磨灭的贡献。

开　远　市

开远市区街景

2000年，开远市认真贯彻全国双拥模范城（县）命名大会精神，把双拥工作当作涉及长远、事关全局的大事来抓，注重双拥宣传教育，狠抓各项工作落实，取得了新的成绩。

一、加强了双拥宣传教育。市有线电视台开辟了《国防广角》、《双拥新曲》栏目，各类中小学校增设了国防知识讲座，利用烈士纪念建筑物组织党团员、青年学生开展学英雄、忆先烈活动。结合创建文明卫生城市活动，开展了爱国拥军宣传；结合征兵工作，宣传人民军队的地位和作用；结合中国人民志愿军抗美援朝出国作战50周年纪念活动，开展了爱国奉献教育。全市共举行国防知识竞赛12场次，军地领导授课142人次，直接受教育人数达8万余人，各类报刊杂志刊登国防、双拥文章268篇，军地领导过“国防日”340人次。“富裕不忘拥军，居安更思卫国”已成为全市人民的共识。驻开各部队还广泛开展了以“尊重地方党委和政府、尊重各族人民群众、尊重公安干警”为内容的教育活动。

二、深入开展了群众性双拥创建活动。各单位各部队坚持“巩固、发展、提高”的方针，坚持把创建双拥模范城活动的重点放在基层，进一步加大了基层抓双拥工作的力度。全市由共青团、妇联、民兵、中小学生及部队官兵组成的246个服务组织遍布城乡，常年坚持为部队官兵、优抚对象和各族群众做好事、办实事，直接受益人数达10万余人。6月，驻开某部在市区进行“205”光缆施工，地方政府主动承担了沿途经过道路、民房、稻田、庄稼地等所造成的一切经济损失，同时，还带去慰问品慰问施工部队。春节、“八一”期间，全市各单位组织慰问团（组）到部队走访慰问，赠送慰问品价值60多万元。积极开展军民共建精神文明活动，举行各种形式的军民联欢会60多场次，参加人数达80万余人次。在全市86个军民共建对子中，有64个单位被评为县（团）级以上先进单位。驻军投入经费8万元，创建“希望小学”两所，办夜校、扫盲班18个，扫除文盲2480名，建立扶贫挂钩点36个，帮助71户贫困户脱贫。在开展军警民联防联治活动中，建立军民联防指挥部14个、联防小分队26个，有联防队员270名。

三、动真情办实事，军地共同发展。市委、市政府把关心支持军队建设作为义不容辞的政治责任，努力为部队和广大优抚对象排忧解难。市财政共拨款300多万元，企事业单位资助60多万元，帮助驻军解决粮油、水电、燃料补贴、房屋维修、教育训练等方面遇到的问题和困难。克服各种困难，妥善安置军队转业干部12名，退役士兵154名，军队离退休干部24名，无军籍职工52名，伤残士官2名，随迁随调家属20名，解决子女入学入托38名。全年共为部队培训各类技术人才408名，为610名驻军官兵补习了文化知识，使150多名战士考入部队院校。驻开部队积极支援地方经济建设，全年共参加地方重点工程建设6项，公益事业建设8项，出动官兵1.2万人次，动用机械车辆2600多台次，参加扑灭火灾、抗击风暴、抗洪涝等抢险救灾20次，抢救转移群众156人，抢救财产价值达500多万元。捐款捐物达20多万元，帮助“三老”解决“三难”问题。与此同时，驻开各部队还充分发挥技术力量雄厚、科技设备先进的优势，采取培训科技人员、转让技术成果、提供技术咨询、传授科学知识等多种形式，积极开展科技助民活动，有力地促进了地方的两个文明建设。

楚雄市

楚雄概貌

楚雄市地处滇中高原，为楚雄彝族自治州首府，是一个彝、回、苗、白、傣等22个少数民族聚居、驻军集中的边疆城市。2000年1月首次荣获全国双拥模范城称号。全市军民十分珍惜这一荣誉，把它作为一种鞭策、一种动力。广大军民认真探索新时期双拥工作的特点和规律，着眼基层，注重实效，奋发进取，真抓实干，推动双拥工作持续深入开展，使双拥工作整体水平又上了一个新台阶。

加强组织领导。楚雄市委、市政府坚持党政一把手负责制，将双拥工作纳入经济建设、社会发展总体规划，纳入各级领导干部任期目标责任制，列入重要议事日程，经费列入财政预算。调整充实了市双拥工作领导小组，乡镇和驻楚中央、省、州属单位以及学校均成立了双拥工作领导小组和办事机构，做到了“机构、人员、经费、责任”四落实。全市军地双方共建立双拥服务组织495个。驻楚各部队领导把不断强化官兵双拥意识列入加强部队思想政治建设的主要内容，作为基层建设达标的重要条件，规定对双拥工作开展不力的，不列入评选先进单位行列。

加强国防和双拥教育。为夯实军政军民团结的思想基础，市委、市政府成立国防教育委员会，各乡镇、单位把以爱国主义为核心的国防教育和拥军优属教育纳入全民教育计划，把《兵役法》、《军事设施保护法》、《民兵工作条例》等列入全民普法教育内容，广泛开展了双拥政策法规的宣传。建立了市国防教育基地，拨专款重修了三街镇、云龙镇、吕合镇烈士陵园和西山红军长征纪念碑。利用暑假开办青少年军（警）校和国防夏令营，军训学生3000多人次、职工2600余人次。利用节假日、民族传统节日、征兵和民兵训练等时机，广泛开展“双拥宣传月”和“国防教育周”活动。市电视台每周定期播出《子弟兵与老百姓》栏目，宣传双拥典型事迹。全市10支双拥电影队、10支双拥篮球队、5支双拥文艺宣传队常年活跃在双拥工作第一线，全年放映爱国主义影片100余场次，组织双拥文艺演出36场次，开展双拥篮球赛100余场。市委、市政府、楚雄军分区政治部在“八一”前夕表彰了39个双拥先进单位、100名双拥先进个人。全市领导干部和部队官兵受教育面达100%，青年民兵受教育面达90%，普通群众受教育面达83%。

大力开展拥军优属。一年来，妥善安置军队转业干部、转业士官和退役士兵231人，安置率达100%。为6名随军家属和5名军人子女安排了工作，为110名军人子女解决了入学入托问题。对义务兵家属优待金实行全市统筹，按户均1743元的标准如期兑现，达到全市上年度农民人均纯收入水平。从2000年1月1日起，提高了68名“三属”、231名革命伤残人员定期抚恤标准，使抚恤补助标准自然增长机制得以落实。办理发放楚雄籍现役军人立功奖金26人共计5200元；办理一次性死亡抚恤31人次，发放抚恤金24.8万元。继续深入开展“爱心献功臣”行动，解决了48户老复员军人住房和189户老复员军人生活、医疗困难问题。楚雄师专、州农校、《楚雄日报》社等单位积极主动为驻军培训军地两用人才和各类专业技术人员1026人次。州图书馆坚持定期为官兵上门送书服务，为1268名官兵办理借阅证，开办流动图书馆，丰富官兵文化生活。市粮食部门在提高一个等级的基础上，议价调入粮油，按质按量平价供给。

驻楚部队积极支援地方经济建设。为加强城区社会治安综合治理工作，协同地方组成城区夜间执法小组，纠正公民不文明行为1548人次，抓获违法人员8人，调解群众纠纷18起，帮助驻地群众找回走失儿童6人，抢救遇险群众17人。在扶贫攻坚任务中，与116户贫困户结成了对子，为扶贫对象捐款3.5万元，捐送化肥5000公斤，籽种、大米2800公斤，衣物540件；捐资助学使187名贫困生返回了校园，常年照顾五保老人130户。出动官兵4370人次，动用车辆176台次，支援地方重点工程建设4个，义务植树60余万株。1000余名党员向党组织交特别党费1.2万元，帮助驻地老复员军人解决生活、医疗困难。驻军部队文艺演出队、电影放映队，深入山区和桃源湖公演11场次，放映广场电影18场次。

大 理 市

2000年，大理市广大军民坚持以邓小平理论为指导，认真贯彻落实党中央、国务院、中央军委关于双拥工作的重要指示，开拓进取，进一步巩固和发展了“同呼吸、共命运、心连心”的新型军政军民关系，促进了双拥工作的发展。

2000年1月，大理市再次荣获“全国双拥模范城”称号。市委、市政府对双拥工作更为重视，

大理古城

把双拥工作纳入重要议事日程，不断加大双拥工作的力度。为了全面落实各项优抚安置，在辖区内大中型国有企业普遍不景气和党政机关、事业单位严格控制增编的情况下，结合实际，采取自谋职业、双向选择和指令性相结合的安置办法，先后妥善安置21名转业干部、250名转业士官和退役士兵以及8名随军家属，同时解决部队子女入学入托160人。市政府为自谋职业的退役士兵拨出专款补偿经费80万元。认真落实《大理市义务兵家属优待暂行规定》，对全市395户城镇义务兵家属按标准及时发放了优待金，对278名农村义务兵家属优待金按户均2500元及时兑现。

广大人民群众高举爱国拥军旗帜，满怀对人民子弟兵的厚意，自觉把部队当长城，视子弟兵为亲人，千方百计为部队建设排忧解难。全年市政府共拿出120万元用于驻军部队的粮、油、水、电、燃料等补贴。春节期间，市、乡两级政府拨专项资金40万余元对驻军部队官兵、重点优抚对象进行走访慰问。“八一”建军节期间，市委、市政府领导代表全市各族人民慰问看望部队伤病员并召开军地座谈会，共谋双拥工作的新发展。

在“爱心献功臣行动”中，市、乡（镇）各级政府高度重视，市辖区内帮扶责任单位以及广大人民群众积极响应，有钱出钱，有力出力，无偿捐资25.706万元，市政府拨款46.1万元，乡（镇）财政投入21.4万元，优抚对象自筹37.866万元，总计筹资131.372万元。动员广大群众投入4500个劳动日，新建修缮重点优抚对象的住房8150平方米。在解决重点优抚对象住房难问题后，又把生活难和

治病难提到重要议事日程，共同拨款12.5万元解决95户治病难和85户的生活、生产困难。

驻大理市部队全体官兵时刻牢记全心全意为人民服务的宗旨，积极支持地方经济建设，维护了社会稳定。一年来，出动车辆624台次，人员10570人次，支援当地重点工程建设3项，参与各项公益事业29项，清扫垃圾450吨，做好事75件，帮助地方大中小学校军训学生15000余人。参加抢险救灾16次，为灾区人民群众积极踊跃捐物488件，捐款33130元。义务植树23400株，为民治病1500余人次。

勐腊县

勐腊县城鸟瞰

勐腊县位于云南省最南端，与老挝、缅甸接壤，国境线长740.8公里，总面积7093平方公里，辖13个乡镇，有傣、哈尼、彝、瑶、汉等13个世居民族，总人口19万人。2000年，全县军民按照江总书记“民族团结，军民一家，巩固边防，建设边疆”的要求，不断巩固和发展“同呼吸、共命运、心连心”的新型军政军民关系，推动了双拥工作的深入发展。

突出“两个重点”。一是抓基层，打基础。本着“依靠群众，城乡联动，相互促进，整体提高”的原则，在乡村、学校、厂矿、农场、商店和连队（站、所），建立健全了各种群众性双拥服务组织，由原来的127个发展到165个，参加服务者3万余人。二是抓治理，保稳定。始终把维护社会稳定、边防稳定、部队稳定摆在双拥工作的突出位置，坚持以综合治理来保持稳定，以稳定来保证改革开放和现代化建设。各级党委、政府和人民群众视军队如长城，把军人当亲人，主动关心和爱护军队，从讲政治的高度维护军政军民团结，维护军人军属的合法权益。驻地各部队视团结如生命，始终做到尊重地方各级党委、政府，尊重人民群众，尊重公安等执法部门，积极主动地解决军民关系中出现的新问题。

开展“三个活动”。一是积极开展经常性宣传教育活动。采取划片分层实施国防教育，开办广播电视专题节目，组织双拥知识竞赛、举行演讲比赛，评选表彰先进典型，组织开展纪念革命先烈活动等办法，提高了全县军民的思想认识，增强了全县军民做好双拥工作的自觉性和责任感。二是广泛开展双拥共建活动。全县社会各界对口结对达80多对，投入结对帮扶资金10万余元。三是大力开展“爱心献功臣行动”。全县群众共捐款10万余元，县财政拨款5万元，用于解决重点优抚对象“三难”问题。

确保“五个到位”。一是双拥工作的各项政策法规落实到位。先后建立完善了《勐腊县拥军优属工作规定》、《勐腊县义务兵家属优待金统筹实施细则》、《勐腊县转退军人安置办法》、《维护军人军属合法权益实施办法》、《军人优先优惠措施》、《重点优抚对象“三免四优”规定》等10多个政策性文件。驻勐腊各部队均制定了《拥政爱民公约》、《三尊重实施细则》等规章制度。二是组织机构到位。根据党政军人事变动情况，适时调整充实双拥工作领导小组，充分发挥双拥办公室和专职人员的职能作用。各驻军基层单位、各乡镇、各有关部门均成立了相应机构，真正形成了军地主官亲自抓，分管领导具体抓，全县军民合力抓的良好局面。三是领导力量到位。县先后建立健全了党委议军、领导干部定点联系部队、五套班子和机关各部委办局过“国防日”等6项制度，严格实行各级领导责任制，形成了一级抓一级，层层抓落实的良好氛围。四是考核机制到位。做到“四个纳入”，即纳入经济建设和部队建设的总体规划，工作安排不忘双拥工作；纳入军地各级党委的议事日程，坚持常议常抓；纳入各级领导的目标管理责任制，实施跟踪考核；纳入军地各单位评比先进的重要内容，严格兑现奖惩。注重定期检查考核双拥工作情况，定期召开双拥工作专题形势分析会，定期研究部署双拥工作，采取层层签订责任书的办法，保证了双拥工作目标、任务的落实。五是办实事到位。军地双方按照顾全大局、互谅互让、平等协商、增进团结的要求，动真情，办实事。各级政府在财政紧张的情况下安排资金120万元，支持勐腊各部队建设，4名军队转业干部均安排在行政事业单位工作，优先安排随军家属8人，接收安置退役士兵56人，安置率达到100%。全县均实行了优待金社会统筹，全年统筹优待金21万元，农村义务兵家属优待金发放标准达到上年度农民人均收入的100%。县法院“涉军案件合议庭”自成立以来，积极发挥作用，有力维护了军人军属的合法权益。驻腊各部队在完成教育训练、边防战备执勤任务的同时，抽调6000余人次，出动车辆328台次，支援地方重点工程项目和参加公益事业37项，建立扶贫挂钩点26个，共投入10万元为贫困乡村修建校舍12000平方米，修整篮球场12个，整治街道、河道50多公里，修建扶贫路6条共5公里，修建“连心桥”1座，购置课桌500套，办扫盲夜校班20个，扫盲520人，学雷锋做好事1800余件，为勐腊的经济建设和社会稳定做出了贡献。

西藏自治区

拉　萨　市

2000年，拉萨市委、市政府认真学习贯彻全国双拥模范城（县）命名大会精神，从边疆民族地区特点出发，广泛开展多种形式的双拥共建活动，增进了军政军民和各民族之间的团结，为边疆地区的经济发展和社会稳定做出了贡献。

结合重大节日开展国防双拥宣传教育。在抓好日常国防教育的基础上，结合重大节日，集中开展国防教育，元旦、春节，藏历新年期间，在报刊上开设国防教育、双拥宣传专栏，刊登国防教育、双拥宣传稿件18篇；征兵期间，开展了国防教育宣传周活动；中小学新生入学后，为学生上国防教育课和军训50场（次)，参加人数8000余人。

围绕经济建设开展拥政爱民活动。驻军部队出动官兵2.1万人，车辆、机械4000余台次，植树10余万株，为群众抢收、抢种农作物1500余亩；参加抢险救灾10余次，出动官兵5000余人，车辆、机械100台次，抢运物资500多吨，解救遇难群众100多人，向灾区捐款50万元，捐衣物4000余件；为“爱心献功臣行动”捐款8万余元；投资130多万元，为达孜县春堆乡建起了一所希望小学，并捐赠图书1000余册、学习用具5000多件；为驻地群众修理各种电器和农机具3000多台（件)，免费诊疗病人30000多人次，免收医疗费50多万元。

满腔热情支持军队建设。市政府为驻军部队解决训练、生产、住房用地100余亩。为3个基层连队建起了图书室，拨款60余万元为驻军部队添置了文体器材，改善了官兵的文化、生活条件。为210名随军家属、子女解决了户口，为73名随军家属安置了工作、分配了住房，解决了197名军人子女的入学、入托问题。为西藏军区、武警西藏总队等20个驻军单位，赠送慰问品折合现金17万元，为军区总医院、武警医院住院的270名官兵赠送了价值22800元的慰问品。

认真落实优抚安置政策。以“爱心献功臣行动”为契机，切实落实优抚政策，努力为优抚对象排忧解难。全年共投入49.2万元，义务帮工1万余个，为312名重点优抚对象新建、维修住房7000余平方米。为100多户优抚对象减免税费4万余元，为300多名生活困难的优抚对象子女减免学杂

拉萨布达拉宫

费6万余元。建立优抚对象抚恤补助经费自然增长机制，对重点优抚对象实行了最低生活保障。结对帮扶优抚对象105户。为68户义务兵家属发放优待金46400元，为“三属”发放定期抚恤金79876元，为24户老复员军人、带病回乡军人发放定期定量补助16260元，为476名在乡困难复退军人发放临时补助57328元，为革命伤残人员发放抚恤金138256元。接收安置转业干部6人，安置退役士兵130名，接收无军籍退休职工129人。

亚 东 县

亚东县地处祖国西南边陲，东与不丹接壤，西与锡金相邻，战略位置十分重要。全县辖5乡2镇，有驻军单位12个。2000年，亚东县委、县政府以被命名为全国双拥模范县称号为新起点，把双拥工作的重点放在巩固边防、维护社会稳定上，开展了双拥共建活动，取得了成效。

加强国防教育和双拥宣传。利用有线广播、电视、墙报等形式进行国防教育和双拥宣传160多次，在报刊发表国防双拥稿件33篇，机关干部职工受教育面达100%，农牧民受教育面达87.5%；县委宣传部、县民族宗教事务局还为驻军官兵上民族宗教政策、民俗风情教育课13次，强化了全县军民的国防观念和民族团结意识。军地双方完善充实“双十”制度（即地方十不忘、部队十主动），有效地促进了双拥工作的经常化。

落实了优抚安置政策。为农村义务兵家属按时发放了优待金，为各类优抚对象足额按时发放了抚恤补助金。拨款2.6万元，解决了重点优抚对象的住房、生活、医疗难问题。妥善安置了转业退伍士兵10人，解决了退伍军人及部队家属、子女工作办理户口21人，为50名有困难的退伍军人落实了定期定量补助。

积极为驻军办实事解难题。县交通局组织300多人为边防某部运送物资18次20余吨；电力局为77649部队架设专线解决了用电问题；广电局为县人武部和边防大队安装了闭路电视，解决了官兵收看电视难的问题；文化局定期义务为部队官兵巡回放映革命题材故事片，丰富了官兵文化生活；人事、民政部门安置转业干部5名，解决了4名随军家属的就业问题；教育局在民族学校特设汉族班，解决了驻军干部子女上学问题。各行各业都开展了军人优先、优质、优惠服务活动。组织民兵、民工、协助部队完成了边境巡逻任务出动耗牛、马匹和劳力运送各类物资20多吨。

驻军部队积极开展拥政爱民活动。投资3万余元，为巴江村修建了“双拥路”；与驻地群众开展结对帮扶活动，帮助69户贫困户脱贫致富；开设扫盲夜校，使40多人达到初中以上文化程度；向各中小学派校外辅导员348人次，捐赠图书和文体器材价值5500元；向贫困地区和灾区捐款14万元，衣物7000多件（套）。56189部队卫生队为地方群众义诊640多人次，收治地方病员214人次，施行各类手术60多例，巡回治疗1100多人次，为驻地群众发放120个“免费医疗证”设置312个爱民床位。在重大节日和敏感时期，驻军部队与地方政府密切协作，稳边固防，没有发生一起内潜外逃事件，确保了边疆稳定。

米 林 县

2000年，米林县的双拥工作按照江泽民同志提出的“同呼吸、共命运、心连心”总要求，结合边境地区特点，针对西藏反分裂斗争的特殊性，努力创造“军爱民、民拥军、军民团结一家亲”的良好氛围，为推动全县两个文明建设做出了贡献。

加强领导，健全制度。县委、县政府始终把双

米林县城一角

拥工作列入军地领导的议事日程常抓不懈。根据县级领导班子的变动情况，及时调整县双拥工作领导小组，充实成员单位，落实工作任务。军地双方对双拥工作坚持实行“五不忘”制度，同时每季度召开一次双拥工作例会，不断赋予双拥工作新内容。在以往制定的双拥工作三年规划基础上，又结合实际，制定双拥工作“十五”规划和措施，提出在三年内，使全县的“双拥模范乡（村）、“双拥模范连（排、班）”、“双拥先进单位”等达到85%，并针对不同行业、不同乡村的具体情况，将双拥工作任务加以量化，制定出短期、中期目标。军地双方将双拥工作开展的情况作为评比工作实绩的一项重要指标，列入干部考核的一项重要内容，县双拥工作领导小组制定了《双拥工作先进个人考核标准》，按岗位目标责任制，结合公务员考核标准，对全县双拥工作进行适时考核，进一步建立健全双拥工作机制，

双向奉献，共促“两力”。驻军各部队积极投身地方经济和社会公益事业建设，加大扶贫工作力度，积极参加抢险救灾。共参加重点工程建设10多项，投入兵力2.4万人次，出动车辆567台次，搬运土石方1.2万立方米，为地方新修、维修公路29公里，架设土木、钢筋混凝土桥梁（涵洞）8座，义务植树2.3万株，帮助群众秋收小麦2250亩。参加抢险救灾10余次，出动兵力1.5万人次，挽回经济损失3000多万元；投入5.8万元，资助兴建了鱼水希望小学；投入2.5万元免费为驻地群众安装程控电话40部；投资7万元，出动兵力700余人，帮驻地群众建起了温室蔬菜和玉米试种基地。地方大力开展拥军优属，支持部队建设。在元旦、春节、“八一”建军节期间，县委、县政府组织慰问小组深入到连队、边防哨卡进行慰问。各部门同官兵开展了军民联欢会、军民座谈会、体育比赛等多种形式的联谊活动；广泛开展了为驻军部队服务活动。电信、邮政、银行等窗口行业为驻地偏僻的部队增设邮电所、储蓄所，为官兵提供便捷服务，县农牧局为部队农场提供化肥10吨，电力公司免费为部队输送了2万多度电，保障了部队训练生活用电，林业局无偿为部队提供营建用材110吨。全县认真落实《退役士兵安置工作条例》及《军人抚恤优待条例》，积极做好优抚工作，妥善安置退伍军人，开发使用两用人才。在落实政策基础上，还调动社会各界力量，定点帮扶，对口扶持，多层次、多渠道地为他们排忧解难。全县共接收安置退伍军人9名，发放农村义务兵家属优待金4400元，革命伤残军人抚恤金3580元。在“爱心献功臣行动”中，共募集资金2万多元，为重点优抚对象解决了“三难”问题。

堆龙德庆县

堆龙德庆县城一角

堆龙德庆县位于拉萨市西郊，面积2700余平方公里，人口5万，藏族占96.33%，有驻军12个单位，连续四次被评为全国双拥模范县。2000年，县委、县政府和驻军官兵按照江泽民同志“同呼吸、共命运、心连心”的总要求，大力开展富有成效的双拥共建活动，巩固了边防，促进了边疆经济

发展和社会稳定。

加强领导，强化国防教育。县委、县政府始终把双拥工作列入重要议事日程，做到年初有计划、年中有检查、年末有考评。通过举办双拥图片展、国防知识讲座、军民联欢、军训等活动，利用有线广播、墙报、标语等形式进行国防教育，在全县营造了浓厚的双拥氛围。

认真落实优抚安置政策。全县共筹集资金22040元，发放农村义务家属优待金15840元；筹资36280元，为在乡老复员军人、“三属”按时足额发放了抚恤定补金。对转业军官、城镇退役士兵做到当年接收，当年安置，安置率达100%。

拥军优属动真情。县委、县政府组织有关部门对部队营区、农场进行重新进行划界，颁发了土地使用证。投资近50万元，为武警中队和人武部改造维修了营房。在各部队开办邮政所、储蓄所，为官兵提供了便捷服务。全县广大干部和各族群众踊跃捐款、捐物，为革命功臣奉献爱心，共捐款9.9万余元，衣物5800余件，解决了重点优抚对象的生活困难。

拥政爱民办实事。驻军部队积极支持地方经济建设，先后投入700多个劳动日，出动车辆300多台次，兵力2100余人次，维修拓宽县级公路2条10公里，乡镇道路3条27公里，架设桥梁4座；平整土地、回填土石方3万余立方米，修建水渠11公里，植树造林20万株，成片造林1000亩。向贫困山区、灾区捐款8.4万元，捐物9000余件。

错那县

2000年，错那县委、县政府认真贯彻全国双拥模范城（县）命名大会精神，以边防稳定、军民团结为目标，大力开展双拥共建活动，为巩固边防、发展经济做出了贡献。

加强领导，建章立制。军地双方把双拥工作当作巩固国防、维护祖国统一、稳定社会局势、促进经济发展的战略任务来抓，根据人事变化和工作需要，调整充实了县双拥工作领导机构，从长期性、阶段性、有效性和指导性出发，结合错那县的实际情况，制定了双拥工作长期规划和短期工作目标。

开展国防教育，维护民族团结。驻军各单位同县直各机关紧密配合，在边民中广泛深入地进行国防教育和双拥意识教育，以多过尔草场反蚕食斗争为事例，进行爱国主义专题教育，参加人数达9650人次，增强了边民的爱国拥军意识。驻军各单位加强对官兵民族宗教政策的教育，定期邀请有关人员对官兵进行民族风俗和民族团结教育，形成了军民自觉维护民族团结的良好局面，为开展边境对敌斗争奠定了思想基础。

努力支持部队建设。县委、县政府千方百计为部队排忧解难，从人力、物力、财力上支持边防部队建设，县直各单位为部队官兵办实事36起；邮政、电信部门为部队安装电话30部，及时收寄信函包裹万余件；交通部门帮助部队运送物资30余吨。

积极支援地方经济建设，加快边民脱贫致富步伐。驻军部队立足实际，组织官兵参加地方工程建设26个，为地方节约经费26万元；出动官兵300人次，车辆50台次，清运垃圾150吨。在扶贫帮困中，各部队共联系30户贫困群众，捐款1.2万元，为贫困户传授养鸡、养猪、种菜技术；资助2名失学儿童重返校园，深入开展了“六联六共”活动。

察隅县

察隅县城一瞥

察隅县位于西藏的东南角，南与印度接壤，东南与缅甸毗邻，边境线长580公里，是一个多民族聚居区。2000年，察隅县全体军民认真学习贯彻全国双拥模范城（县）命名大会精神，按照江泽民同志“同呼吸、共命运、心连心”的总要求，积极开展具有当地特色和民族特色的双拥共建活动，巩固了边防，促进了边疆经济发展。

领导重视，国防教育扎实。县委、县政府及驻军领导把双拥工作当作政治生活中的一件大事，摆上了重要议事日程，县委、县政府主要领导亲自抓，定期召开议军会，加强了与驻军的沟通与协商，根据形势发展的要求，制定和完善了军地联席会议制度、定期互访慰问制度等文件，形成了党、政、军、警通力合作，齐抓共管的双拥工作的良好局面。县委、县政府始终把国防教育贯穿全年工作的全过程，定期举办国防教育讲座，开展国防知识竞赛，激发了广大群众的爱国主义热情，增强了履行国防义务的光荣感和责任感；同时，利用广播、电视、文艺演出等媒体和形式，宣传驻军部队、武警官兵的先进事迹，强化了广大农牧民的爱国拥军观念。

相互支持，建设边疆。县委、县政府筹措资金198万元，为某边防团修建了长1000米的水泥路，彻底解决了官兵出行难的问题；为解决武警边防大队官兵吃菜难的问题，无偿划出2亩地，供边防大队建塑料大棚种植蔬菜；妥善安置退役士兵5名；为全县10名义务兵家属发放优待金5000元，为优抚对象提供致富信息和技术服务，使80%以上生活困难优抚对象脱贫致富。驻军部队积极开展扶贫帮困活动，主动承担急、难、险、重任务。56187部队驻察隅各分队为解决驻地群众看病难的问题，特设民族医疗室，免费为少数民族群众治病。驻下察隅、上察隅某部官兵还与驻地小学结成共建对子，帮助学校翻新了教室，添置了教学设备，并资助12名失学儿童重返校园。在抢险救灾中，驻上察隅某部组织200名官兵，连续奋战5昼夜，提前修通了因泥石流冲毁的道路20公里，保证了春耕物资及时到位。县人武部针对群众生活贫困的状况，组成扶贫小组，创办民兵夜校，为群众讲授科普知识和实用技术，帮助群众发展生产，脱贫致富。

军民联防，共守边防。察隅地处边防一线，县委、县政府积极动员群众做好部队的后勤工作，协助部队完成边防巡逻任务；广大军民时刻铭记“对内反分裂，对外反蚕食”的两大任务，形成了乡乡有联防组织，村村有联防骨干的联防体系，保证了边防的巩固和社会的稳定。

陕 西 省

西 安 市

西安钟楼

西安市是陕西省政治、经济、文化中心。辖8区5县，面积9983平方公里，人口670万，有驻军单位37个，各类优抚对象25万人，连续4次被命名为全国双拥模范城。2000年，西安市各级党政军领导和广大军民认真贯彻党和国家关于加强双拥工作的指示精神，不断创新，扎实工作，全市的双拥氛围更加浓厚，政策法规得到进一步落实，军政军民关系更加巩固。

加大了国防教育和双拥宣传力度。各级党政军机关积极组织广大军民认真学习党的三代领导集体关于加强军政军民团结的重要论述，学习军民共建黑河引水工程、护城河综合治理工程的典型事迹，大力宣传军政军民团结在改革开放和现代化建设中的伟大作用，同时宣传了一批基层双拥工作模范单位和先进个人的事迹。这些内容丰富、形式多样的宣传活动，进一步增强了全市军民的国防观念和双拥意识，形成了军政军民团结的良好社会风尚。

围绕国家和军队的改革建设开展工作，军地之间相互支持更加有力。市委、市政府努力为驻军排忧解难，在全市开展了深入落实双30条规定、随军家属再就业培训和“送知识到军营、送科技到军营、送服务到军营”活动。全年共安置军队转业干部900余人、城镇退役士兵4000余人、随军家属近1000人，基本做到了部队、本人、接收单位三满意。采取有力措施支持部队完成教学训练、科研生产、战备执勤等任务，保护了军事设施安全，维护了军人军属的合法权益。驻军部队和武警官兵投入大量人力和物力，支援黑河引水、护城河综合治理、渭河和秦岭浅山区绿化、通信光缆、靖西天然气输送等重点工程和社会公益事业建设。开展科技助民、科技扶贫、医疗扶贫活动，帮助地方培训科技人员，向地方转让科研成果，与地方联合进行科技攻关，进一步树立了人民军队爱人民的良好形象。

努力解决广大军民普遍关心的实际问题，双拥工作成效更加明显。军地双方把研究新情况、解决新问题，作为推动双拥工作深入发展的突破口。各级党政军领导同志深入基层，对一些重点、难点问题进行实地调查，提出解决问题的措施和办法并加以落实。双拥政策法规建设进一步完善，市和区县相继出台了综合性双拥政策法规，各部门、行业、企事业单位根据各自实际制定了具体实施办法。广泛开展“爱心献功臣行动”，筹集资金近千万元，解决了在乡老红军、革命伤残军人、烈属、老复员军人的生活难、住房难、医疗难问题。

深入开展群众性双拥共建活动，基层双拥气氛更加活跃。各区县、单位和部队按照巩固、发展、提高的方针，认真总结创建双拥模范城（县）活动经验，不断丰富活动内容，强化竞争激励机制，进一步调动了广大军民参与双拥工作的积极性。全市有3万多个双拥服务组织常年活跃在城乡基层，为群众造福，为军人解难，为军属分忧。全市广大军民围绕创建文明城市、文明村镇、文明行业的目标，深入开展军民共建社会主义精神文明活动，军民共建双拥模范列车、洪庆民族福利小区、军民共建10条大街和10个示范点，都产生了广泛的社会影响。全市有70%以上的军民共建点被评为县级以上文明单位，有力地促进了基层双拥工作的开展。

宝鸡市

宝鸡市区鸟瞰

宝鸡市位于陕、甘、川三省结合部，是连接西南、西北的交通枢纽，战略位置十分重要。全市辖2区10县，面积1.8万平方公里，人口366万，驻军单位31个，优抚对象24万人。连续四次荣获全国双拥模范城称号，是全国首批命名的10个双拥模范城（县）之一。2000年，全市军民紧紧围绕实施西部大开发和科技强军战略，突出抓大事，重视办实事，着力解难题，全面抓落实，双拥工作整体水平有了新的提高。

国防教育广泛深入。市县两级都成立了国防教育机构，落实了国防教育制度，建立了国防教育基地。全民国防教育继续坚持开展“五个一”活动（一台双拥晚会、一次国防知识竞赛、领导干部过一次军事日、树立一批国防教育热心人、表彰一批基层党管武装好书记），每年一个主题，十年持续不断。已连续14年举办双拥国防知识竞赛，连续5年开展评选国防教育“双十佳”和党管武装好书记等活动，全市的国防教育和双拥宣传工作多次受到兰州军区和陕西省军区的表彰奖励。

双向服务成效显著。军地双方始终把双拥工作的重点放在互解难题、互办实事上。地方全年为部队培训随军家属130多名，解决了100多名军属的随调和就业问题，安排军人子女上学入托230名；针对住房制度改革，市有关部门重申军人家属享受优惠待遇的规定，使80多户军属的住房困难得到解决；广泛开展了文化拥军、科技拥军等丰富多彩的拥军慰问活动。驻军部队积极支持地方经济发展，先后出动机械车辆1000多台次，官兵近千人，参加援建了“小流域综合治理”、“城市道路拓宽改造”等10多项重点工程建设，完成了20多次抢险救灾任务，捐赠扶贫资金30多万元。全市270多个军民共建点，80%以上受到上级表彰。

“爱心献功臣行动”扎实有效。市县两级以实施“千户扶优奔小康工程”、“五百户三老帮困工程”和“百名孤老关怀工程”为基础，广泛开展了“爱心献功臣行动”。市级机关结对帮扶了1120户重点优抚对象，发放抚恤补助款860万元，筹集扶持款92万元，将优抚对象纳入低保范围，使他们享受双重社会保障，基本解决了优抚对象的“生活难”问题；投入80万元专款，集资40余万元，帮助876名重点优抚对象解决了无房或住房危房问题；在全市推行了《优抚对象医疗优惠卡》制度，并对在乡老红军和二等乙级以上革命伤残军人的医疗费实行实报实销，落实了三等伤残军人的医疗减免政策，缓解了优抚对象的“医疗难”问题。

优抚安置政策全面落实。以政策法规建设为突破口，推动优抚安置政策在基层的全面落实。出台《拥军优属若干规定》，下发《进一步加强优抚安置工作的通知》等10多份综合性文件，基本建立起了完善配套的法规政策体系，建立了抚恤补助标准自然增长机制，普遍实行优待金社会统筹，全市筹集优待金458万元，优待义务兵家属4032户，户均1135元，占上年度农民人均纯收入的80%以上。在乡老红军除享受国家补助标准外，每人每月增发100元。为立功受奖的现役士兵，发放了一定的物质奖励。采取指令性安置与考核考试相结合，双向选择相配套的“功绩制”办法，接收安置转业士官、退役士官近3000名，安置率达到100%。

组织领导坚强有力。全市各级党政军领导始终把创建双拥模范城作为一项政治任务抓紧抓好，坚持主官亲自抓，分管领导具体抓。市县两级都健全完善了双拥领导小组。充实调整了各级双拥工作领导小组成员单位，明确了各单位的双拥工作职责，让有“实权”的办实事。市委常委会、市政府常务会多次讨论研究有关双拥工作的重大问题。对双拥工作中出现的热点、难点问题，市级主要领导亲自出面协调，现场办公，及时解决。加强市县双拥办的自身建设，基本上做到了人员、编制、经费、办公地点四落实。

渭　南　市

渭南市一隅

渭南市位于关中平原东部，是陕西的东大门，辖2区8县，代管2市，面积1.3万平方公里，人口535万，市内驻军单位10个，有各类优抚对象27万人。2000年，全市双拥工作以国家命名为动力，以提高社会生产力和部队战斗力为目的，立足基层，着眼发展，狠抓落实，开拓创新，取得了显著成绩。

国防教育和双拥宣传深入扎实。开展“三个教育”、叫响“两个口号”。“三个教育”即双拥光荣传统教育，创建双拥模范城重大意义教育和爱国主义教育；“两个口号”即“爱人民、稳靠山，为建设第二故乡做贡献”；“忆军功、固长城，为部队建设立新功”。开展了“3510”爱国主义教育活动，即唱3首爱国主义歌曲，读5本爱国主义书籍，看10部爱国主义影片。国防教育突出“四性”，实现“四变”，即突出国防教育内容的针对性，实现由一般教育向重点教育的转变；突出国防教育对象的层次性，实现由部分教育向全面教育的转变；突出教育方式的灵活性，实现由单一说教向文、讲、演并重转变；突出国防教育组织的完整性，实现由部门抓向社会齐抓共管转变。全市共刷新双拥宣传标语牌67块，编写双拥宣传简报16期，举办国防知识竞赛3次。

军地互办实事成效显著。各级政府在保护军事设施安全、支持部队军事训练、营建施工等方面投入资金60余万元，无偿划拨土地0.6万亩，补贴粮油水电费14.7万元，减免农副业生产税68万元。解决部队官兵子女入学入托246人，解决随军家属调动和就业98人，农转非73人。驻渭部队在支援地方经济建设中，出动3000多名官兵，100多台大中型机械，车辆1000多台次，运送土石方300立方米，支持重点工程建设3项，为地方节约资金560余万元。在精神文明建设中，军民共建文明小区152个，其中市级文明小区42个，省级文明小区3个。

适应形势不断发展创新。开展了拥军优属“三好”活动，即选好入伍的社会青年，服务好现役军人家属，安置好退伍战士。全市当年共为部队选送优秀应征青年3520名，无一退兵；共为现役军人及家属解决各类问题42件；安置退伍军人2093名，安置率100%，上岗率92%。推行了“三项机制”，即推行抚恤补助标准自然增长机制，优抚事业经费单列机制，优抚对象双重社会保障机制。通过推行“三项机制”，大部分县（市、区）的优抚事业经费得到单列，优抚政策得到较好落实，600余名重点优抚对象得到双重社会保障。提高了在乡老复员军人的定补标准，达到每人月均70元。落实了优抚对象医疗政策。对在乡退伍红军老战士、二等乙级以上革命伤残军人的医疗费用，做到实报实销，共核销21万元。共筹资18万元，提高了在乡退伍红军老战士、革命伤残军人的抚恤补助标准。

“爱心献功臣行动”持续深入。召开纪念抗美援朝胜利50周年研讨会，并对入朝作战的志愿军战士及家属进行了慰问。开展了“新兵帮老兵、新兵学老兵”活动。由军分区组织驻渭部队官兵学习革命功臣的献身精神，为革命功臣献爱心，各部队共为革命功臣捐款捐物11.8万元。开展了“一部一村”扶贫攻坚活动。各人武部共联系了12个贫困村，选定扶贫项目，落实扶贫资金，扶持优抚对象发展生产，脱贫致富。开展了“一助一”、“多助一”自愿帮扶活动。全市2000多个拥军优属服务组织与优抚对象签订了服务协议，建立了长期帮扶关系，帮助他们解决生产生活实际困难2184件。开展了市县乡领导和党政机关联系优抚对象制度。由市委、市政府组织各级领导、部门联系优抚对象1193户，从资金、信息、技术等方面帮助他们脱贫。开展了医疗巡诊活动，全市11个巡回医疗队深入乡村和优抚对象家中巡诊治病860多人次。在对优抚对象进行普查和换证的基础上，市县共投入138万元，为273户优抚对象新建、修建住房863间，将36名孤老及子女赡养有困难的优抚对象请进了光荣院和敬老院。对578户贫困优抚对象提供了80万元的小额贷款，扶持他们发展种植、养殖业。基本上解决了全市重点优抚对象的“三难”问题。

咸阳市

2000年，咸阳市围绕实施西部大开发战略，进一步巩固全国双拥模范城“三连冠”创建成果，着眼于促进社会生产力的发展和部队战斗力的提高，深入开展双拥共建活动，全市双拥工作有了新发展。

深入开展军民共建活动。继续开展军民共建小康村活动。驻军各部队坚持“一部一村”、“一团一村”包建包扶制度，在巩固原已建成的64个军民共建小康村基础上，又有15个村达到小康标准。

咸阳市街景

继续抓了一批军民共建重点工程。在实施“山川秀美”工程和旱塬地区“甘露工程”中，预备役某师以北部塬区为重点，联村联户，产业化开发水果、用材林、牧草；空军某师利用黄河中上游地区的几次降雨，加大了飞播造林工作力度；空军某学院积极参加驻地三原县西郊水库和嵯峨山绿色林带工程建设，改善了当地经济建设环境。在持续旱灾面前，驻军部队坚持为人畜饮水十分困难的北部塬区运水，缓解了旱区人畜饮水难题；在抗洪救灾中，各部队组织了防洪抢险预备队，昼夜监控洪峰，当渭河兴平段出现毁堤险情时，驻军部队组织了抢险突击队，迅速修复了大堤，保护了人民群众生命财产安全。

为部队官兵办实事。为驻军建起了蔬菜基地和粮油菜、禽蛋奶供应点，保证了官兵副食品的质量和供应。结合房改试点，为370多名现役军人家属在集资建房、购房中落实了“双职工、双工龄”优惠待遇。努力解决随军家属的就业问题，在国家行政事业单位招聘公务员时，优先录用符合条件的随军家属，对随军家属兴办企业或其他经济实体时优先审批，并在税收上给予优惠，缓解了随军家属的就业安置压力。

继续开展“爱心献功臣行动”。利用财政投入的帮扶资金滚动扶持，帮助优抚对象发展生产，脱贫致富户数达2000余户，优抚对象收入不断增加，生活质量不断提高。市县两级利用“爱心献功臣行动”捐款和财政拨给的专项资金320万元，为重点优抚对象新建改建住房720间，解决了重点优抚对象的住房难问题。结合纪念抗美援朝出国作战50周年，卫生系统组建了6支巡回医疗队，为老复员军人和优抚对象免费上门诊病1640人次，减免医疗费用31.6万元，二等乙级以上优抚对象医疗费用做到了实报实销，缓解了优抚对象医疗难的问题。

全面落实各项优抚安置政策。对农村义务兵家属优待金实行了县级统筹，全面优待，全市年筹集优待金909万元，优待农村义务兵家属8355户，户均优待标准1088元，达到全市上年度农民人均纯收入的84.9%。在旬邑和泾阳两县进行了城镇义务兵家属优待工作试点，为城镇义务兵家属每户兑现优待金400元，积累了城镇义务兵优待工作经验。提高了老复员军人定补标准，达到每月人均70－75元。全年共安置军转干部384名，随军家属106名，城镇退役士兵1796名，团以上干部全部安置到党政群机关相应岗位，基本上做到了部队、接收单位、本人“三满意”。

延安市

今日延安

延安市是中国革命的摇蓝，双拥运动的发祥地。2000年，延安市的双拥工作紧紧围绕西部大开发这个重点，以促进地方生产力和提高部队战斗力为目的，扎实开展了各项双拥共建活动，为改善延安投资环境，加快经济发展做出了贡献。

开展国防教育，增强全民国防双拥意识。利用全市350多处革命旧址和12个革命烈士纪念场所，为43所中小学学生进行爱国主义和革命传统教育，组织“三老”革命传统报告会100多场次，举办双拥书画展、组织拥军文艺演出、召开军民春节联欢会共13场次，在各级报刊、电视、广播共刊登（播出）国防教育文章51篇（节目），广播剧《好军妹》荣获“五个一”工程奖。

落实优抚安置政策，保障合法权益。全市共统筹农村义务兵家属优待金300万元，户均优待标准635元；市县财政拨专款160万元，提高了优抚对象定补标准；共安置军转干部82名，退役士兵和转业士官779人，随军家属12名。在解“三难”中，全市共筹集医疗经费200万元，缓解了重点优抚对象的医疗难；筹措建房资金300万元，为重点优抚对象新建、修缮住房1642间，基本解决了重点优抚对象的住房难；市县乡各级领导及581个帮扶组织结对帮扶优抚对象1775户，使1000户优抚对象脱贫致富。将130户特困户纳入最低生活保障线范围，使他们享受到最低生活保障。

军地互办实事，促进共同发展。市双拥办对53个军民共建点进行了检查，巩固了12个老典型，对25个共建点进行了调整。群众性拥军工作有新发展，涌现出了好军嫂张娴和南泥湾精神传人张潮金等先进典型，“全国拥军模范”鲁玉莲自筹资金2万元，组建了老年拥军小分队，常年活跃在基层，为官兵做好事400多次。地方各级政府共投入120多万元，为部队解决了电信、道路、饮水、文化娱乐等实际困难。驻军部队在延安山川秀美建设中投入劳动力3.4万人次，综合治理小流域项目250个，封山育林5万亩，植树种草3.1万亩，种植特色经济林2300亩，完成公路绿化带140公里。“一部一村”结对帮扶活动取得重大进展，部队包扶的14个贫困村中，13个已脱贫。

法规建设日趋完善，双拥工作有章可循。市委、市政府、延安军分区分别充实完善了《拥军优属工作规定》和《拥政爱民工作规定》，市双拥工作领导小组颁发了《关于创建双拥模范城实施意见》等8个规范性文件，规范了军地双方的责任和义务，确保了优抚对象的合法权益。

武 功 县

武功县城一角

2000年，武功县以荣获全国双拥模范县为动力，紧紧围绕实施西部大开发战略，不断拓宽双拥工作领域，军民共建活动广泛深入，军政军民关系融洽，进一步提高了社会生产力和部队战斗力。

加强领导，充实双拥工作机构。县委、县政府始终坚持把做好双拥工作作为促进政治经济发展和社会稳定的大事来抓，确立了“紧贴时代脉膊广泛宣传，紧扣时代主题开展双拥，紧密结合县情建章立制”的总体思路，对各级双拥工作机构进行了充实调整，共调整机构68个，配备人员586人，建立起了高效务实的组织指挥中枢。

广泛宣传，国防教育形成制度。为提高全民的国防观念，打牢双拥工作的思想基础，全县成立国防教育领导机构19个，以县委党校为国防教育基地，培训副科级以上领导干部230多人，在各级新闻媒体刊登国防双拥教育稿件370多篇。在全县中学和重点初中，建立军训制度，对每年入学新生集中进行军训，军训学生5000多人。坚持县级主要领导过“军事日”制度，增强了领导干部的国防观念；坚持国防教育进课堂制度，增强了中小学生热爱祖国，献身国防的责任感；坚持专题教育制度，宣传人民军队的地位和作用，激发人民群众的爱国拥军热情；坚持领导干部联系驻军制度，认真研究新情况、解决新问题；坚持领导分级负责制度，形成了主要领导负总责，主管领导亲自抓，分管领导具体抓的新格局。

双向服务，互办实事促发展。地方政府以部队需要为己任，努力为驻军搞好服务保障。在军粮供应中，坚持优先、优质、优价的原则，义务送粮到军营，年供粮达100多万公斤。支持部队发展“菜篮子”工程，种植大棚蔬菜150亩，解决了驻军蔬菜供给问题。安置随军家属30名，安排军人子女入学入托20多名，解除了官兵的后顾之忧。开展智力拥军活动，派出教师、科技人员10多名，办培训班8期，培养军地两用人才300多人。加大保护军事设施力度，设立了军用机场治安派出所1个，成立治安巡逻队13个。驻军部队在县城基础设施、容貌工程、山川秀美工程建设中，援建重点工程5项，投入义务劳动日5000多个，出动车辆80多台，清理垃圾50吨，义务植树2000多棵，共建小康村12个。人武部筹措资金157万元，在游风镇康家坡实施小流域治理工程，绿化山坡2平方公里。

全民动员，奉献爱心解“三难”。全县把“爱心献功臣行动”作为一项“暖心工程”来抓，进行了广泛动员。共捐款15万元，县财政补贴5万元，为60户优抚对象种栽经济林560亩，养鸡10000多只，养奶牛、肉牛480多头，解决优抚对象住房难43户、生活难20户、就医难30户，基本上解决了重点优抚对象的“三难”问题。

合阳县

合阳县城一角

2000年，合阳县以荣获全国双拥模范县为新起点，认真贯彻全国双拥模范城（县）命名大会精神，紧紧围绕实施西部大开发和科技强军战略，务实创新，双拥工作取得了显著成绩。

深入开展国防双拥宣传教育。合阳县在被命名为“全国双拥模范县”后，县委、县政府专门召开庆功暨动员大会，总结了近年来的双拥工作，安排部署了全年双拥工作任务。深入开展双拥国防宣传教育。在坚持经常性宣传的同时，注重利用元旦、春节、清明、“八一”等重大节日集中搞好宣传，结合纪念建军73周年和纪念中国人民志愿军抗美援朝出国作战50周年，在合阳报、合阳电视台开辟双拥专栏，刊播稿件15篇，在有线电视台、电影院开展了影视放映月（周）活动，播放革命传统教育影片19部。举办了双拥书画展和“八一”杯篮球赛；举办了纪念中国人民志愿军抗美援朝出国作战50周年大型图片展，县直机关工委组织志愿军老战士为中小学生作报告120余场。各乡镇、部门、单位、厂矿企业，通过演讲会、报告会、座谈会等形式，对广大干部群众进行了爱国主义教育。

深入开展互办实事活动。在山川秀美工程建设中，驻军部队捐资1万元，植树8000余株，治理三荒土地50亩；配合县城文明建设，坚持每月打扫街道、整修花木；在扶贫工作中，开展了“一部一村”扶贫活动。预备役某团与路井镇东明村、人武部与马家庄乡保宁村先后结成对子，共修路筑堤3800余米，为村小学赠送图书2000余册，为群众发放科技资料1000余份，为贫困群众送面粉800斤、肉50公斤、扶贫款1000元；组织11名官兵在县城中学、城建局、县医院、复烤厂等单位帮助开展军训，受训学生和职工达3100余人。县政府也从部队需要入手，组织科技人员深入军营，为部队官兵传授新知识、新技术，帮助他们补习文化课，组织广大团员、青年、妇女、学生进军营做好事、送温暖、联谊联欢，拓宽了双拥共建领域，巩固了军民鱼水情谊。

以解“三难”为重点，深入开展“爱心献功臣行动”。县民政局成立了优抚对象普查领导小组，制定了详细的普查方案，组织人员深入村组入户核实，掌握了优抚对象的生产、生活现状，研究制定了解困措施。针对住房难问题，采取个人拿一点、亲属助一点、乡村出一点、财政补一点的办法，投资21.25万元，为40户优抚对象解决了住房问题。针对医疗难问题，县民政局与第二医院成立了优抚对象医疗“康复中心”，对无钱治病的在乡伤残军人、老红军等重点优抚对象免费就医，已入院就医的优抚对象有420多人次，减免医疗费3.8万元。针对生活难问题，县民政局拨款6万余元、面粉2.3万斤，保障了特困优抚对象的基本生活。同时，为扶持他们发展生产，开展了“家庭挂钩、定向服务”、“手拉手、奔小康”和“十百千致富竞赛”活动，从科技、资金、政策等方面为他们提供服务。开展了县乡领导干部联系优抚对象活动，共帮扶困难优抚对象471人，落实挂钩服务户983户，建立各类服务组织923个，发放扶贫资金50万元，使优抚对象基本摆脱了贫困。

推行“三项机制”，落实各项优抚政策。在建立优抚保障体系中，推行了“三项机制”，即优抚对象抚恤补助标准自然增长机制，优抚事业经费单列机制和优抚对象双重社会保障机制。在推行优抚对象抚恤补助标准自然增长机制中，县政府将在乡老复员军人的月定补标准提高10元，达到了80元；在实行优抚事业经费单列机制中，每季度由县财政局将资金直接拨付民政局优抚专帐，确保了各项抚恤补助款的及时发放；在推行优抚对象双重社会保障机制上，将生活困难的106名优抚对象纳入最低保障范围，共发放保障金1.4万余元。深化了三项改革。抓住税费改革时机，变农村义务兵家属优待金由过去民政局从乡镇征收，改由县财政征收，确保了优待金按时足额兑现；维护军人军属合法权益巡回法庭建立完善各项制度，共立案32起，审结26起，各法律咨询服务站接待咨询人数323人次，有效地维护了军人军属的合法权益；实行优抚对象医疗优惠卡制度，全县共发放医疗优惠卡1800张，各大医院、地段医院、卫生院初步形成了优抚医疗网络。

甘 肃 省

兰 州 市

兰州市中山铁桥

2000年，兰州市第四次被命名为全国双拥模范城。市委、市政府认真贯彻落实全国双拥模范城（县）命名大会精神，围绕实施西部大开发战略，及时调整双拥工作思路，认真安排部署，广泛宣传发动，狠抓检查落实，双拥工作迈上了新台阶。

深入贯彻落实全国双拥工作会议精神。市里先后四次召开市委常委会、双拥工作领导小组扩大会、双拥工作座谈会，学习贯彻会议精神，确定了结合西部大开发，推动双拥工作新发展的工作思路。把改善生态环境、科技拥军、智力助民、解决双拥工作中的热点难点问题作为全年双拥工作的主要任务。制定下发了《关于深入持久开展双拥创建活动的决定》和《2001－2003年兰州市巩固发展双拥模范城创建成果三年规划》。

加强国防教育和双拥宣传。充分利用党校、大中专院校、国防教育基地、少年军校举办培训班、轮训班，培训国防宣传教育骨干500余人；组织人员编发《爱国主义读本》、《国防教育教材》等

30000多册；完善国防双拥宣传教育设施，在兰州市烈士陵园内增设了烈士纪念馆，对兰州战役纪念馆重新布展，加快了市国防教育中心的施工进程，对全市19所少年军校、140处国防双拥教育基地完善了内容和更新了设备；加大了国防双拥宣传教育力度，在兰州“两报三台”开办了双拥国防教育专题、专栏，共刊发和播出稿件376篇。市里还通过组织预备役阅兵式、军事比武演练、领导干部过军事日、中小学生参观国防教育双拥宣传图片巡回展等活动，进一步增强广大军民的国防观念和双拥意识。

认真落实优抚安置政策。加大义务兵家属优待金社会统筹力度，使农村义务兵家属优待金户均达到2050元，全部达到上年度当地人均收入水平；在8个县区建立了抚恤补助经费自然增长机制；将待安置期间城镇退役士兵的生活补助纳入当地居民最低生活保障，人均发放500多元；民政、财政等6个部门联合出台了退役士兵自谋职业的优惠政策和非国有经济单位接收退役士兵的具体规定；部队转业干部和城镇义务兵安置率保持在100%和96%以上。深入开展“爱心献功臣行动”。市财政共投入解“三难”资金近百万元，对农村重点优抚对象“三难”户分别补助100、200、300元，帮助建房150多间，对1000名重点优抚对象补助减免医疗费28万多元，将部分生活困难的优抚对象纳入了城镇居民最低生活保障。

加大了军地相互支持力度。市县（区）两级财政共投资1862万元为武警、预备役、消防部队和军分区、军供站新建改建了部分基础设施，整修了营房、道路，补贴粮油水电差价，增添了文化设施，改善了官兵工作生活条件。开展科技拥军、智力助民活动。市双拥办、科委、教委组织各大中专院校、科研单位、大中型企业与驻军部队组成科技拥军、智力助民对子，为部队育人才、帮技术、送知识、添设备，共培养军地两用人才3525人，对875人进行学历教育，使87人获得大专、本科学历。驻兰部队积极投身西部大开发，在生态环境再造工程中，开展共建一片林、一条路、一条渠，改造一座荒山，共建一个公益项目活动，在南北两山绿化、共建“绿色屏障”工程中，共投入资金620多万元，出动兵力10万人次，机械车辆4.1万台次，承包荒山16700亩，平整荒地36200亩，飞播种草2万亩，植树造林6290亩。在扶贫帮困中，开展了就近包村、包户，定点帮扶和“一帮一、手拉手”活动，建立扶贫点102个，扶持贫困户639户，为希望工程捐款70多万元，援建希望小学3所，个人结对包扶贫困户学生336人。

嘉峪关市

嘉峪关一角

2000年，嘉峪关市委、市政府按照“巩固、发展、创新、提高”的双拥工作思路，加强组织领导，强化宣传教育，注重建章立制，狠抓责任落实，全市双拥工作整体水平不断提高。

加强领导，建章立制。市委、市政府和军分区进一步调整充实了双拥工作领导小组和成员单位，建立了市县（区）双拥机构网络，加强对双拥工作的组织领导，重新修订下发《嘉峪关市拥军优属暂行规定》、《嘉峪关市驻军拥政爱民公约》、《军地联席会议制度》、《定期走访慰问制度》等10多份制度性文件，使双拥工作走上了规范化、法制化的轨道。

认真落实优抚安置政策。针对部分重点优抚对象生活困难的现状，制定并颁发了嘉峪关市《优抚对象抚恤补助标准自然增长机制》。将在乡老复员军人月定补标准提高到100元；在乡二等乙级伤残军人抚恤补助达到每年每人1800元，医疗费实报实销；“三属”抚恤补助达到或高于国家规定标准。同时，继续开展“爱心献功臣行动”，通过结对帮扶、爱心献功臣承诺服务、建立在乡重点优抚对象医疗服务卡以及开展帮耕、帮种、帮收、帮建房、科技指导发展高效农业等措施，基本解决了重点优抚对象的“三难”问题。针对行政企事业单位机构改革、减员增效造成转业干部和退役士兵安置难等实际问题，采取指令性、按系统分配和供需见面、双向交流安置、鼓励自谋职业等措施，安置转业干部、退役士兵116人，为待安置期间的退役士兵发放生活补助费12.48万元。发放农村义务兵家属优待金15.2万元。

双向奉献促发展。在支援部队质量建军、科技强军战略中，全市共投入经费200余万元，支持部队训练器材的配套改革，为某新型武器研制了模拟发射装置系统。确保了军供粮油的供应。支持部队发展“菜篮子”工程，建蔬菜大棚6个。完善了部队后勤办公及生活设施，解决了基层连队的实际困难。为部队义务送树苗3600棵，绿化美化了营区，改善了官兵的生活娱乐条件。驻军部队在完成战备训练任务的同时，积极支援地方经济社会发展，全年共出动兵力5800余人次，支援嘉峪关市“三区一线”、迎宾湖和酒泉钢铁公司等重点工程建设，参与城市绿化、文明小区和旅游景区建设，树立了人民军队为人民的良好形象。

金　昌　市

金昌市概貌

2000年，金昌市认真贯彻落实全国双拥模范城（县）命名大会精神，紧密结合市情，推动双拥工作深入、持久、健康发展，促进了全市两个文明建设和部队建设，双拥工作提高到了新水平。

理清思路，确立双拥工作新目标。市委、市政府把双拥工作同当地经济社会发展结合起来，要求各级政府“摆上重要议事日程，统一抓；行动上带头干，勤指导；工作上高标准，严要求”，确立了通过深入的国防教育，引导双拥工作深入开展，在开展“爱心献功臣行动”，推动优待金全市统筹，改革退役士兵安置等方面有重大突破的工作思路和目标。

加大优待金社会统筹力度。针对义务兵家属优待金筹集难、兑现难、标准低的实际情况，经市政府办公会批准，在全市实行了义务兵家属优待金统筹，各级民政部门共征收优待金79万元，为409户城镇义务兵家属发放优待金20.45万元，人均500元；为215户农村义务兵家属发放优待金41万元，人均2000元，达到上年度人均纯收入的80%以上。

深入开展“爱心献功臣行动”。市委、市政府组织各级党政机关、企事业单位、社会团体和驻金昌部队与144户重点优抚对象结对帮扶，实行了“定人、定项目、定标准、定要求”的“四定”扶贫责任制。各帮扶单位向帮扶对象捐助资金10万元，化肥10吨，种籽1万多公斤，送医上门38次。市政府拨款23万元，将全市540名老复员军人的定补标准由每人每月30元提高到70元；拨款6万元对60名老红军、烈属、革命伤残军人每人补助1000元，市民政局出资4.8万元，为老红军何进元购买了一套单元房。市、县、区三级领导慰问“三老”、“三属”优抚对象149户，发放慰问金13万元。全年共接收安置城镇退役士兵260名。

支持部队建设，解除官兵后顾之忧。市委、市政府拨款9万元，为某坦克乘员训练基地维修了闭路电视线路、营院墙外路灯，铺设了坦克专用路面；为84808部队某分队修建门前水泥道路900米。市科委投资5万元，为某部建起蔬菜示范基地11.5亩，滴灌温室13座；市双拥办协调有关部门为24名随军家属安排了工作。

积极参加两个文明建设，支持驻地经济社会发展。驻军84808部队在市文化广场施工中，连续奋战3天，清除垃圾5000多立方米，平整绿化地2万平方米，栽树3100棵。武警某部在金川小康住宅建设中，出动官兵5000人次，拉石运砖垫地基，建成40余栋农民小康住宅楼。在抢险救灾中，驻军出动1000余名官兵，战胜6次特大沙尘暴袭击，保护农民大棚蔬菜基地40亩，挽回经济损失100多万元。

酒　泉　市

酒泉市南大街一角

酒泉市地处河西走廊西段，面积3349平方公里，人口34万，是古丝绸之路上的军事重镇。有驻军单位13个，优抚对象5143人。2000年，酒泉市委、市政府坚持从实施“西部大开发”和“再造酒泉”的战略全局出发，按照巩固、发展、提高的双拥工作思路，进一步加大工作力度，双拥工作迈上了新台阶。

加强组织领导，健全工作体系。市委、市政府把双拥工作看作事关大局的政治任务和长期战略性任务，常抓不懈，做到了“六纳入”、“四同步”、“三结合”、“五带头”。全市双拥工作领导小组成员单位由36个增加到40个，办公室专兼职主任、副主任由8个增加到10个，并增加了双拥办的编制，使双拥办的力量得到加强。在财政相对困难的情况下，优先保证双拥工作经费，并逐年有所增加，确保双拥工作正常运转和深入开展。各级党政领导和驻军首长带头维护双拥法规，带头抓好双拥教育，带头解决热点难点问题，带头参加双拥活动，带头协调军民关系，使全市双拥工作形成了“层层有人抓，事事有人管”、共建活动形式多样的良好局面。

强化宣传教育，增强双拥意识。军地双方坚持“双拥要深入，教育要先行”的指导思想，采取多种形式，开展宣传教育，全市军民受教育面达85.6%，市级各媒体共办国防双拥宣传教育专栏23期，刊播国防双拥宣传稿件68篇。各国防教育基地开展国防教育活动11次，参观群众1.8万多人(次)，组建少年军校5所，短期培训中小学生3000名，组织600多名机关干部参加军训、实弹射击18次。在市区设双拥彩门2座，更新双拥灯箱16个，在312国道上建造永久性双拥标语墙2座。

双向奉献，互办实事。元旦、春节、“八一”期间，市主要领导分别带领30个慰问团，对28个驻军部队的官兵进行了慰问。市直各部门组织机关干部300多人排练了32台双拥文艺节目，为边防官兵演出9场；派出技术人员46名，为部队搭建蔬菜温室17座，种植果园150亩，指导生产26次，培养部队种养殖能手108名。组织城郊三个乡镇为官兵定点供应新鲜牛奶、豆浆等副食品，改善官兵饮食结构，增强了官兵体质。全市各界捐款16万元，为武警某部购买席梦思床垫30个，为26个连队配备了洗衣机和太阳能热水器，架设电话线路一条，购置电视机5台，空调扇23台，建立了22个拥军门诊部，3个拥军公交车站及拥军照相馆、拥军餐馆、拥军服务部等拥军窗口。市财政拨款70多万元，解决了市人武部独立营院建设问题。市劳动、人事、教育等部门帮助部队异地调入5名随军家属，安置随军家属就业2名，解决47名军人子女入学入托问题，解除了官兵的后顾之忧。

驻军部队积极支援地方经济建设。在重点工程项目建设中，共出动兵力2000余人次，车辆600多台次，支援油料20多吨，挖电缆沟9.8公里，埋设光缆3公里。在山川秀美工程建设中，共出动官兵800多人次，挖树坑3900个，挖石沙15600立方米，清除垃圾300多吨，建成绿化带2.6公里，平整湖滩200亩。参加抢险救灾17次，为失学儿童捐款2.3万元，捐赠图书、文具1万册（件），救助失学儿童109名。

落实各项优抚政策。市委、市政府重新修订《酒泉市义务兵家属优待金社会统筹暂行办法》，发放了在乡老复员军人、“三属”、革命伤残军人抚恤定补金、义务兵家属优待金；成立医疗基金会2个，共为优抚对象减免医疗费4.3万元；筹资5万元，对194名困难优抚对象进行了重点帮扶，帮助53户优抚对象发展生产，解决了他们的“三难”问题。

平凉市

2000年，平凉市委、市政府进一步拓宽双拥工作思路，在军民共建，落实优抚安置政策，军地互办实事等方面取得了显著成效，全市双拥工作不断向纵深发展。

确立工作思路。在实现“全国双拥模范城”三连冠之后，为进一步拓宽双拥思路、扩大创建成果，从根本上延伸工作生命力，市委、市政府决定，双拥工作必须立足市情，实施接力赛，要把争创全国双拥模范城“四连冠”作为新的奋斗目标。为此，市双拥工作领导小组讨论出台了2000年全市双拥工作“1458”计划，即：签订一份双拥工作责任书，落实四个挂钩（书记、市长挂钩连队，部队首长挂钩学校，扶贫帮困挂钩村，军民共建挂钩清真寺）；实施五大工程（生态环境建设工程、基础设施建设工程、城市管理形象工程、救助失学儿童工程、军嫂下岗再就业工程），进一步落实八项减免政策。把双拥工作纳入全市两个文明建设目标管理之中，市里同市直各部门、乡（镇）、驻平各部队签订责任书，实行百分考核制，统一部署、统一检查、统一考评，使之由“软任务”变成了“硬指标”。

落实优抚安置政策。市财政局拨款6.5万元，市民政局筹资11万元，为145户老复员军人解决了“三难”问题，其中为23户解决了住房难，为22户解决了就医难，为95户解决了生活难。重新出台了《平凉市农村义务兵家属优待金实行全社会统筹的暂行规定》，将原来的乡统筹改为全社会统筹，按机关干部每人每年10元、企业职工3元、农民1元的标准收取，确保了资金来源和政策落实。将民政优抚款和事业费由1999年的82万元增加到2000年的120万元，对全市1.32万名优抚对象中的部分困难户实施重点救济和扶持。将706名在乡老复员军人的定补标准，由每月30元提高到60元，对烈属每人每月发放定期抚恤金125－130元，对各类革命伤残军人全部按国家规定标准兑现了抚恤金，超预算补助医疗费4.8万元。市直各部门与312名优抚对象结成对子，进行重点帮扶，为具备生产经营能力的优抚对象，提供技术培训、优惠政策和跟踪服务；对缺乏劳动能力的优抚对象，上门帮助耕种；对体弱多病和丧失劳动能力的优抚对象，组织医务人员定期上门诊治。坚持按指令性计划为主、按系统分配的安置原则，接收安置退役士兵311名，上岗率达到87%，解决了31名随军家属的就业问题。

军地相互支持、共同发展。为振兴平凉经济，驻地部队积极投身西部大开发，全面实施了“四大工程”。一是大力实施“爱民工程”。先后出动官兵2.3万人次，绿化荒山荒坡10多处，造林1000多亩，义务植树10多万株。参加了白马沟流域综合治理工程。二是全力投入“温饱工程”。广泛开展团帮乡、营帮村、连帮户的扶贫济困活动，从资金、信息、技术等方面帮建小康村4个，解决了300多户群众的温饱问题。为城市特困职工和受灾群众捐助衣物3700多件、面粉1400公斤、现金3.6万元。兰后某部投资4万多元，帮助崆峒乡办起砖瓦厂，使50多个贫困户脱贫致富。三是热心参与“希望工程”。各部队共同设立了“希望工程基金”，共捐款2.5万元，包扶和救助失学儿童342名，并筹措资金8万元，维修了8所乡村小学的危房24间。四是奋力构筑“平安工程”。参加抢险救灾10余次，抢救遇险群众300多人，挽回国家、集体及个人财产损失价值600多万元。地方政府全力支援部队建设。市财政拨专款5.6万元，解决了武警平凉支队围墙修建资金，开通了36条双拥公交线路。组织科技、教育、文化等单位送科技、文化图书到军营，定期选派优秀教师深入军营为战士补习文化课，使100多名战士考入了军队院校。市政府专门发文，对驻军官兵实行了“八免一优先”政策，即：免收医院挂号费、城区停车费、公园门票费、崆峒山旅游门票费、公厕费、城市增容费、工商管理费和就业基金，优先办理部队建设征地手续。在火车站、长途汽车站、各大商场设立了军人优先标志牌。在随军家属再就业方面，开辟新世纪商厦、中山商场、四中巷和虹光路市场，安排了25名随军家属就业，为60多名无业随军家属找到了满意的工作。

天水市

天水市中心广场一角

2000年，天水市委、市政府进一步加强对双拥工作的组织领导，加大国防教育和双拥宣传的力度，狠抓双拥政策法规的落实，注重办实事，着力解难题，全市双拥工作有了新发展。

加强组织领导，打牢双拥工作基础。针对军地领导变动情况，及时调整充实了双拥工作领导小组及成员单位。以市双拥工作领导小组为核心，形成了完整的组织领导体系，完善了双拥领导小组例会、军地领导联席会议等制度。重新制定下发了双拥政策法规性文件，为全市双拥工作再上台阶奠定了坚实基础。

国防双拥宣传教育深入。市委、市政府组织各部门、各单位领导及各界群众740多人，参加了市国防教育馆的开馆仪式，参观了84802部队师史馆。全市各新闻媒体坚持经常性的双拥宣传，做到广播电视有专题，报纸刊物有专栏，文艺演出有节目，板报画廊有园地。市国防教育馆共接待国防教育单位200多个3000多人次，市少年军校举办了4期军训班，军训中小学生530多人。

认真落实优抚安置政策。全市775个行政事业单位和驻军部队与1184户重点优抚对象结成帮扶对子，签定了帮扶责任书；市县财政核拨专项资金，对重点优抚对象实行定人、定户、定向补助；加大军地两用人才开发力度，军地两用人才开发使用率达到100%；安置退役士兵875人，上岗率达到82%。对城镇退役士兵在待安置期间，按最低生活保障标准发放生活费，保障其基本生活。

军地互办实事、双向奉献。市财政先后出资165万元，为驻军部队解决了实际问题。市委组织部、市劳动人事局安置军队转业干部80多名，为30多名随军家属安排了工作。驻军部队出动兵力7000多人次，车辆600多台次，植树500多亩，平整田地1200多亩，修整道路60多公里，清理垃圾700多吨，参加抢险救灾8次，抢救遇险遇难群众200多人，挽回经济损失360万元；向贫困地区、灾区群众捐款13300元，赠衣1700多件，建立扶贫点66个，结对扶贫984户，救助失学儿童340名。

武威市

武威市南城门楼

2000年，武威市按照“巩固、深化、发展、提高”的思路，在保持荣誉上做文章，在开拓创新上下功夫，在薄弱环节上求突破，狠抓各项双拥工作的落实，全市的双拥工作有了新的提高。

加大国防双拥宣传教育力度。利用各种媒体对双拥工作进行了广泛宣传，全年共在新闻媒体上刊发双拥报道66篇，编发《武威市双拥简报》14期。在市内重要路段刷新、设置大型固定宣传标语牌84块，在城区制做双拥灯箱宣传牌15块。投资10多万元，改善了8个国防教育基地的基础设施，开展群众性系列宣传教育活动17场次，受教育人数达7万多人次。

注重解决热点、难点问题。市双拥办协调有关部门，迁栽了94129部队飞机跑道两边的白杨树200棵，解决了因树木影响飞机起降的问题。市里主要领导召集6个部门4个乡镇的领导解决了附近村民在68003部队坦克训练场开荒种地、乱倒垃圾、乱挖石子及占用训练场地影响训练的问题。解决了驻武部队反映的14件涉及部队官兵住房、交通、训练、家属就业、子女入学入托等问题，进一步密切了军政军民关系。

深入开展“爱心献功臣行动”。市政府拨款10万元，为25户住房困难的“三老”每户补助了2000元，将413名生活难、就医难的“三老”列入最低生活保障范围，对7名红军遗孀按城市低保标准给予生活保障；对有特殊困难的70户优抚对象进行了重点补助和临时救济，共发放救济款2.5万元；组成“助功臣、献爱心”帮扶对子25个，建立帮扶组织84个，帮扶人数达1080名，基本上解决了全市重点优抚对象的“三难”问题。

军民共建有了新发展。全市新建军民共建点15个，对原有的一批军民共建点重新进行了检查登记，安排部署了共建任务，组织开展了共建“五个一”和以扶贫帮困为主的“手拉手”、“一助一”结对帮扶活动；开展军民共建文明小区活动，6个居民小区被评为市级文明小区；市直各部门选派代表组成慰问团，不远千里对参加光缆施工的共建对子68303部队官兵进行了慰问。

青　海　省

西　宁　市

节日的西宁城夜景

2000年，西宁市第三次被命名为全国双拥模范城。市委、市政府和驻军部队以此为动力，紧紧围绕实施西部大开发战略，进一步加大双拥工作力度，全市双拥工作迈上了新台阶。

确定了双拥工作新思路。全国命名后，市委、市政府和驻军领导及时召开会议研究工作，结合西宁市的实际，提出要坚决贯彻“解放思想，改革开放，加快发展，强市富民”的方针，把双拥工作同当地经济发展结合起来，以特有的地域位置、悠久的历史传统以及扎实的群众基础为优势，以全社会共同参与、平衡发展为基础，以科技、智力拥军为特色，走出一条经济欠发达地区双拥工作的新路子。

坚持走访慰问制度。元旦、春节期间，市委、市政府走访慰问了驻军部队和重点优抚对象，发放慰问款4万余元。在建军73周年期间，慰问了海军北海舰队“西宁舰”及驻宁部队和部分优抚对象，发放慰问款物总值28万元。结合纪念抗美援朝出国作战50周年，对全市的志愿军老战士和志愿军烈属进行了一次普查和慰问，发放了25万余元的现金和慰问品，各区县还采取各种形式，重点走访慰问了部分志愿军老战士，帮助他们解决实际困难。这些活动的开展，为子弟兵和优抚对象送去了党和政府的关怀和温暖。

帮助驻军解决实际困难。市双拥办在对驻军部队走访、征求意见的基础上，提请市政府召开专题协调会，为部队解决了生活用地、随军家属就业、子女入学等问题14件。在认真调查研究的基础上，制定了《西宁市随军家属就业安置、子女入学的暂行办法》，使全市随军家属就业安置工作走上了法制化、规范化轨道。积极探索市场经济条件下安置工作的新路子，举办了城镇退役士兵、转业士官人才交流大会，全市共接收城镇退役士兵449名，已安置422名，占应安置人数的94%。市财政拨款5.8万元，为待安置期间的城镇退役士兵每人发放了300元的生活费。对农村义务兵家属普遍进行了优待，优待标准高于当地人均生活水平。接收安置38名军队无军籍退休职工，结合全市医疗改革，将其纳入社会医疗保险统筹，解决了就医难的问题。继续深入开展“爱心献功臣行动”。针对全市32户重点优抚对象存在的住房难问题，采取省、市、区民政部门三级分担负责的办法，使32户重点优抚对象全部迁入新居；发动社会各界捐款16万元，为部分重点优抚对象发展生产提供资金，并下发面粉1.2万斤，保障了他们的基本生活。

支援地方经济建设和公益事业。驻军部队在山川秀美工程建设中，参加了西山林场、塔尔山林场、植物园、南山公园、沈家沟、二十里铺陶新村西山、劳动公园、解放渠等荒山荒地的部分绿化工程，共开垦荒地3100亩，平整土地1700亩，种草种树9000亩，完成了宁大公路两侧和解放渠总长30公里地段的绿化工程。在湟中、湟源两县结对帮扶5乡10村，举行了“万人义务扶贫助学捐赠”活动，设立了扶贫帮困基金，启动了“1+1”爱心工程，为帮扶村捐资42.8万元，运送柴油2吨，为村小学安装电话2部，捐赠学生课桌椅140套，图书2000余册，衣服428套。并派出军医为群众、学生免费送医送药，使帮扶村摆脱了贫困。

格尔木市

高原新城格尔木

2000年，格尔木市第四次被命名为全国双拥模范城，全市军民以此为新起点，把荣誉作为鞭策与激励，结合新时期的特点与要求，在改革中做文章，在落实上下功夫，实现了双拥工作的新突破。

一、结合市情特点，明确工作思路。针对格尔木市“资源丰富，驻军较多，地位特殊，社情复杂”的特点，市委、市政府和驻军领导从讲政治、讲大局的高度，在巩固已有成果的基础上，确立了“全面抓拥军、突出抓爱民、重点抓基层、集中抓规范、巩固成果、丰富内容、拓宽领域、务实创新、再上台阶”的新思路。

二、加强领导，健全机制。市委、市政府和驻军部队建立健全了双拥工作机制。市县乡三级都健全充实了双拥工作领导小组，调整了领导小组成员单位，明确了职责，把双拥工作任务分解到各基层单位，做到统一部署，精心安排。及时完善和修订了一批双拥政策法规，加大了检查督促力度，形成了双拥工作的“五化”机制，使领导工作责任化，规章制度法制化，组织机构网络化，开展活动经常化和日常工作规范化。双拥工作从随意型转变为依法型，从领导型转变为群众型，从静态型转变为动态型，从外延型转变为内涵型，跟上了时代的步伐，适应了形势的需要，成功地走出了一条青藏高原城市双拥工作的新路子。

三、认真落实优抚安置政策。农牧区义务兵家属优待政策得到落实，优待标准每户1400元；按时足额发放了优抚对象的抚恤补助金，对在乡二等乙级以上革命伤残军人的医疗费做到实报实销；将生活困难的优抚对象纳入了低保范围，享受双重社会保障；安置退伍军人61名，安置率100%；继续深入开展“爱心献功臣行动”，基本解决了优抚对象的“三难”问题；为抗美援朝老战士发放慰问金，落实了在乡老复员军人定期定量补助；军供站圆满完成过往官兵1.0538万人次的接待任务。

四、军地相互支持更加自觉。地方各级政府和广大人民群众广泛开展实事拥军、知识拥军，为提高部队战斗力尽心尽力。为驻训部队无偿提供演练场地1600亩，拨款8万元慰问了演练部队和伤病员。为驻军部队补贴训练经费和粮油、水、电生活费120万元，赠送科技书刊5000册（套），改善了驻军部队的训练设施和官兵生活。驻军部队主动参与地方经济建设和各项社会公益事业，先后出动官兵10万余人次，机械车辆2400余台次，支援地方重点项目建设6个；筹资60万元，帮助地方进行水库清淤、城市卫生保洁、城市绿化、机场复航等工程建设；在扶贫济困、捐资助学活动中，为特困户和下岗职工捐款20余万元，新建维修城乡学校8所，减免贫困市民医疗费18万元，为地方的两个文明建设做出了贡献。

湟　源　县

湟源县城远眺

湟源县位于青海省西端，面积1509平方公里，辖9乡2镇，有13个民族，人口13.2万人，有驻军单位6个，优抚对象3990人，两次被命名为全国双拥模范城。2000年，湟源县委、县政府按照“巩固、提高、辐射、延伸”的双拥工作思路，以军民共建为重点，在创新上做文章，在求实效上下功夫，双拥工作取得了新成果。

组织领导坚强有力。县委、县政府根据人事变动情况，对全县各级双拥工作领导小组及成员单位进行了调整充实，各驻军部队也调整充实了拥政爱民领导小组和群众工作组织，落实了领导任期目标责任制，全县双拥组织机构纵到底、横到边，形成了党政军主要领导亲自抓，主管领导具体抓，五大班子合力抓，部门领导主动抓，广大军民共同参与、齐抓共管的良好局面。

双拥宣传常抓不懈。军地双方充分利用各种宣传媒体，广泛开展了多种形式的双拥宣传活动。拍摄了一部双拥专题录像片，并多次在县电视台播放。在双拥宣传月和重大节日期间，刊播双拥稿件36篇，宣传了基层双拥工作的先进典型；在纪念抗美援朝出国作战五十周年期间，广泛宣传了赴朝志愿军的英雄事迹，通过多形式、全方位的宣传教育，增强了广大军民的国防观念和双拥意识。

双拥共建成绩显著。围绕地方经济发展和加强部队建设，开展了多种形式的互办实事活动。军地共集资4.5万元，在县城修建了1800平方米的“军民共建花坛”，美化了城市环境，人武部全体干部每人包扶了一名贫困生，团级干部帮扶一户贫困户，使60%的群众脱贫致富；驻军84952部队为尕庄、口子村捐款1万多元，作为两村的教育基金，并免费安装了电话；尕庄村村民为84952部队维修河道护坡2公里，既增加了群众收入，又为部队节省了资金；县政府拨款7千余元为县武警中队维修了围墙，保证了营区安全。

优抚安置政策落到实处。按时足额发放各类优抚对象的抚恤定补金24.4万元，对10名老复员军人给予定期定量补助；对参加抗美援朝的39名老战士和烈属进行慰问，发放慰问金6500元；农村义务兵家属优待金户均达到1012元，高于全县人均纯收入。共接收退伍军人67名，安置城镇退役士兵36名，安置率达100%，为31名农村籍退伍军人发放生活补助费2700元。

双拥政策法规完善。县双拥办在深入基层调查研究的基础上，对《湟源县双拥工作领导小组成员单位职责》、《关于做好新时期拥军优属工作的若干规定》等9个法规性文件进行了充实，全县9乡2镇全部制定了“拥军优属工作制度”，东峡乡还制定了《东峡乡双拥工作十项制度》，多数村（居）委会把拥军优属工作列入了村规民约，使全县双拥工作逐步走上了制度化、规范化轨道。

共和县

共和县恰恰镇

2000年，共和县党政军民深入贯彻党中央、国务院、中央军委关于加强军政军民团结的指示精神，紧紧围绕加快民族地区经济发展和军队建设，以适应新形势，迎接新挑战，创造新优势，实现新突破为目标，继续深化创建双拥模范城（县）活动，双拥工作有了新发展。

深入开展双向教育。县委、县政府采取多种形式，大力宣传人民军队在保卫国家安全和社会主义现代化建设事业中做出的巨大贡献；宣传做好新时期双拥工作的重要意义；宣传国防军事法规，激发了人民群众爱国拥军的政治热情。驻军部队从共和县多民族聚居的特点出发，开展民族政策和部队宗旨、性质、光荣传统的宣传教育，教育全体官兵模范执行党的路线、方针、政策，严守群众纪律和社会公德，增进军民团结。通过双向教育，全县形成了“民拥军、军爱民、军民团结一家亲”的良好社会风尚。

大力支持部队建设。各级政府从国防建设大局出发，千方百计为部队排忧解难。在部队农场青苗秋收季节，各乡主动提前或推迟牲畜转场并组织专人看护，保护部队农场庄稼免受损失。江西沟、倒淌河两乡为保护部队农场庄稼，将几万亩秋季草场改为冬季草场。廿地乡组织村民常年为某部守护营房、军用电缆等，使军事设施得到有效保护。县政府拨专款30万元，为县武装部新建了办公大楼，解决了机关办公和官兵住宿的问题。县文化局组织编排了文艺节目，定期到驻地各部队巡回演出，丰富了官兵的文化生活。县公安局、教育局、劳动人事局为军官家属解决农转非户口31户85人，并解决了17名随军子女入托上学和部分家属就业问题，解除了部队官兵的后顾之忧。

全面落实优抚政策。全县各类优抚对象的抚恤补助标准达到了国家和省定标准，农村义务兵家属优待金由原来的每人每年350元提高到2000年的1000元，达到了全县农牧民人均纯收入水平。在纪念抗美援朝出国作战50周年活动中，向全县88名抗美援朝老战士和在乡老复员军人赠送慰问物品及慰问金1.7万元，帮助解决实际困难60余件。在认真落实优抚政策的同时，各部门、各单位的干部职工和群众踊跃捐款捐物，共筹集资金48.3万元，解决了274名优抚对象的“三难”问题。

积极援助地方建设。环湖地区驻军出动车辆120台次，兵力1000人次，帮助群众抢收农作物7000余亩，建畜棚230座，拉运烤火煤100多吨。101农场组织官兵捐款1500元，为江西沟乡维修了学校；在植树造林、绿化荒山荒坡、创建文明城镇、抗旱救灾中，驻军部队共出动车辆430余台（次），植树5万多棵，清理河道4千米，兴修防洪渠道6.5千米，抽调30名优秀骨干担任辅导员，为50多个军民共建单位的干部群众传授科技知识。成立便民服务小组150多个，为驻地群众巡医就诊、维修家电等500余次。

祁连县

2000年，祁连县第三次被命名为全国双拥模

祁连县城鸟瞰

范县。县委、县政府按照“在巩固中求发展，在探索中求提高”的双拥工作思路，立足军地共同发展，卓有成效地开展双拥共建活动，促进了民族地区经济发展和部队战斗力的提高。

健全体制固根本。县委、县政府把双拥工作纳入到全县经济和社会发展总体规划，纳入党政议事日程，纳入单位目标管理责任制，作为干部任期内政绩考核和创建文明单位的主要内容之一。成立县、乡双拥工作领导机构和办公室，形成了层层有人管，事事有人抓的工作格局。每季度组织召开一次有军地领导参加的联席会议，互通情况，交换意见，研究解决问题，部署双拥工作。制定完善了《祁连县拥军优属拥政爱民工作若干规定》等规范性文件，保证了双拥工作有章可循。

拥军优属重实效。县政府拨款16万元，为县人武部、武警中队维修了营房；解决了20名随军家属的就业和子女上学问题；实行了义务兵家属优待金全县统筹，发放优待金7.6万余元，户均2000元；为在部队荣立三等功以上的官兵发放奖励现金7000元；发放优抚对象抚恤金12.6万元，困难补助费2.4万元；帮助贫困优抚对象发展养殖业、采掘业、运输业并在政策上给予扶持，使全县95名优抚对象脱贫致富。

拥政爱民促发展。驻军部队在祁连县石棉矿建设中，派出6名工程技术人员，攻克技术难题4项，改进更新生产设备12台（件），提高生产效率34%。在县水电厂抢修工程中，派出100名官兵，破冰200余米，抢修设备4件，保证了县城供电。在农忙季节，为群众维修农机（具）70余台（次）。在抢险救灾中，驻军部队共完成急难险重任务33次，出动车辆68台（次），捐款3540元，抢救财产价值90余万元；县武装部和80409部队出动官兵200余人，车辆24台（次），为阿柔乡修建公路28公里。在扶贫帮困中，驻军为群众举办科普讲座11次，培训技术骨干120名，捐款1340元，资助八宝学区18名特困生重返校园。

宁夏回族自治区

银　川　市

银川市新貌

2000年，银川市军民以荣获全国双拥模范城称号“四连冠”为新起点，开拓创新，扎实工作，不断研究新形势，探索新路子，总结新经验，全市双拥工作取得了新进展。

深入进行国防教育和双拥宣传。通过多种形式，以银川军民团结奋斗为主题，结合西夏古都、回族风情、塞上江南的银川特色，集中宣传了全市军民建设银川、开发银川的光辉事迹。在《银川晚报》、银川广播电台开设专栏，刊登播出双拥文章210篇，邀请国防大学专家为全市300余名副处级以上领导干部做了国防安全形势报告。市财政拨款10万元修建了兰州军区某部团史馆等国防教育基地。

军地相互支持更加自觉。市委、市政府全力支持部队和民兵预备役建设，拨款260万元，解决了部队训练、生活经费不足的问题。为某给水团拨款10万余元，帮助部队修建团史馆和文化娱乐设施，为124名随军家属建立了求职档案，免费为45名随军家属举办了微机培训班。妥善处理了一批随军家属、复员军人反映的问题，维护了部队稳定。驻军部队积极参与银川市的山川秀美工程建设。银川军分区协调10个驻军部队与十大绿化工程主管单位签订了援建协议，使驻军参与山川秀美工程建设经常化、规范化。在山川秀美工程建设中，驻军部队共出动官兵8600人次，参加了201省道绿化工程、红寺堡军民共建绿色长廊工程、玫瑰园工程、贺兰山国家自然保护区植树造林工程，共植树25万棵，种草3.5万亩，为银川的山川秀美工程建设做出了贡献。

开展“一部一寺”军民共建活动。军民共建清真寺是维护民族团结和社会稳定的重要举措。在总结武警银川支队与南关清真寺结对共建的基础上，又组织了15个清真寺与驻军部队结对共建。在穆斯林节日里，部队官兵义务到各清真寺打扫卫生、维护治安、修理桌凳，宣传党的民族政策；清真寺的阿訇也主动到部队宣讲穆斯林的风俗习惯，抬着羊羔，热情慰问官兵。南关清真寺、西关清真大寺、纳家户清真大寺与驻军结对共建的经验在全区得到推广。

青铜峡市

青铜峡市一角

2000年，青铜峡市军地双方坚持以发展社会生产力和提高部队战斗力为目的，大力开展双拥共建活动，全市双拥工作整体水平不断提高。

普遍加强了领导。市委、市政府、军分区把双拥工作纳入全市经济建设、社会发展和部队建设的总体规划，纳入精神文明建设的发展计划，纳入党政军重要议事日程，实行统一部署，统筹安排。建立健全了双拥工作组织领导体系，制订了双拥工作“十五”规划，确定了工作重点和任务，制定了市双拥工作领导小组成员单位职责，以目标责任书、共建协议书的形式分解任务、明确奖惩。

国防教育常抓常新。一是抓基础，加强了国防教育阵地建设。确定10个党校、农村文化中心、基层武装部为国防教育基地，投资195万元，改善了国防教育基础设施，增添了教学器材。二是抓主体，扩大教育面。分层次对全市干部、中学生、职工、居民、村民进行教育，对市直机关和政法系统的干部职工进行了10天军训和系列国防教育，对中学生进行了7－15天的军训，国防教育基地共接待学习参观人员5300多名，播放国防教育专题片103部，“黄河铁骑”少年军校培训学员468名。全市国防教育普及率达95%。三是抓重点，强化教育效果。以《国防法》、《兵役法》等为基本教材，以现代战争知识、国防科技知识为内容，开展了《兵役法》宣传月活动，征订国防教育资料500多份，翻印“两法”材料5000多册，使国防教育和双拥宣传进村入户。四是抓典型，进行示范教育。全市树立了双拥工作先进单位102个，军民共建先进单位54个，双拥工作先进个人89个，对这些先进典型进行大力宣传和表彰，起到了典型示范教育的作用。

军地相互支持更加有力。投资681万元，提供75万亩土地，支持国防建设及部队战备训练，设立外训接待保障基地15处，为来辖区军事演习的部队无偿提供训练用地、住宿、水电费用等服务保障，为部队节约经费392万元，并拨款60万元慰问了军事演练部队。投资130万元新建了消防中队办公楼。投资78万元，划拨土地40亩，为武装部、预备役某部建起训练基地，添置了训练设施。投资30万元，为武警支队和68636部队修建了通往营区的道路。投资65.28万元，为驻军每个连队配备了VCD机和洗衣机，为建制营配备了电冰箱，为团机关配备了电脑，为基层连队添置图书1万余册，活跃了官兵文化生活。制定了随军家属就业安置暂行办法和优惠政策，多渠道安置随军家属就业56名，安置率达到50%以上。驻军部队积极支持地方经济发展和社会公益事业建设，出动兵力5000余人次、车辆200余台次，参与了国策长廊工程、农业示范园区的农田基建和植树造林活动，为地方节约资金15万元，参加了“1236”扶贫工程建设，节约扶贫开发资金10万元，为驻地村镇群众开展便民利民服务活动300多次。

全面落实优抚政策。实行义务兵家属优待金全市统筹，建立了拥军优属保障基金，按标准共发放义务兵家属优待金20余万元。提高了在乡老复员军人定补标准，达到每人每月70元。在解“三难”中，为重点优抚对象每人补贴医疗费120元。全市各级筹资34万元，为老复员军人建房320间。市直各部门积极行动起来，对30户困难优抚对象进行重点帮扶。

固　原　县

固原县远眺

2000年，固原县的双拥工作紧紧围绕西部大开发和扶贫帮困、民族团结、社会稳定这一主线，以实施“爱心献功臣行动”为重点，以群众性创建活动为基础，以提高“两力”为目的，扎实开展各项双拥共建活动，为全县两个文明建设和西部大开发战略的实施创造了良好的社会环境。

强化国防双拥宣传教育。通过各种新闻媒体，播放双拥纪实片26次，举办双拥文艺演出3场，悬挂横幅20多条，张贴双拥宣传标语千余张，宣传了军民参与生态建设、退耕还林和种草种树的典型事迹。结合纪念抗美援朝作战胜利50周年，举办各种形式的座谈会、纪念会和报告会16场。各中小学普遍开设国防教育课，对7000余名新生进行了军训，六盘山少年军校培训学员8期2452人。

继续开展“爱心献功臣行动”。县多渠道筹资30余万元，采取县里补一点、个人出一点、亲友凑一点、村民帮工的办法，解决重点优抚对象住房难70户。落实了医疗政策，建立了医疗保障基金，设立了医疗定点医院，优抚对象凭证定点医疗，年终统一结算，解决了119人的医疗难问题。县直45个部门包扶贫困优抚对象285户，并将其纳入最低生活保障范围，解决了他们的生活难问题。

认真落实优抚安置政策。县政府拨款10万元对烈属、一等革命伤残军人、西路红军老战士和军休干部进行了走访慰问。筹资9万余元，慰问了抗美援朝老战士和志愿军烈士家属。县财政拨专款11万元提高了优抚对象的补助标准，西路红军老战士优待标准由330元提高到370元，老复员军人由每月30元提高到78元，为287名农村义务兵家属发放了优待金，户均900元。军转干部100%安排相应职务。城镇退伍军人大部分被安排到事业单位工作。

驻军部队积极参与西部大开发。在生态环境建设中，驻军部队出动兵力5000余人次、车辆近百台次、完成了清水河两岸10公里的国家生态项目建设和黄峁山、东岳山2000余亩荒山绿化任务。

军民共建常抓不懈。在巩固、发展、提高、创新的基础上，重点抓了创建文明城市、文明村镇、文明行业窗口活动和为西部大开发做贡献活动。坚持开展智力、科技拥军活动，促进了基层双拥共建活动的深入发展。目前，全县有军民共建点45个，县级以上先进单位23个，形成了点面结合，辐射农村，具有地方特色的军民共建网络，为提高全县双拥工作的整体水平发挥了重要作用。

平罗县

2000年，平罗县以被命名为全国双拥模范县为动力，紧紧围绕国家实施西部大开发战略，按照“巩固发展、务实创新、整体推进”的工作思路，努力开创双拥工作新局面，为全县经济发展和社会稳定做出了贡献。

继续开展“爱心献功臣行动”。县双拥工作领导小组制定了《2000年“爱心献功臣行动”实施意见》，县委、县政府分管领导深入各乡镇现场办公，重新核发了老复员军人的定期定量补助证；县卫生局为全县515名老复员军人办理了就医优待证，对他们看病就诊实行30－50%的优惠；各乡镇落实了义务兵家属优待金并按时足额发放到位；对享受国家抚恤补助后，生活仍达不到当地群众生活水平的优抚对象，列入农村最低生活保障范围；救济困难随军家属28户，发放救济款5000多元，使重点优抚对象生活水平同当地农民生活水平同步增长。县政府成立了特困户建房领导小组，制定下发了《平罗县关于特困户建房实施意见的通知》，确定建房对象100户，其中老复员军人68户，帮助建房178间，每户补助物资、现金合计1500元，乡村捐物、帮工折合现金6万元。

不断拓宽基层工作新领域。县双拥工作领导小组确立了“工作从基层抓起，措施在基层落实，活动在基层开展，效果在基层体现”的工作思路，县政府为人武部解决资金20万元，改造维修了办公楼及营房。太西镇10个单位捐资1.4万元，为武警三中队购置了文化娱乐设施。城关镇发动社会各界为某团捐赠了价值7000元的钱物，帮助部队改善生活设施，并与县中队、消防队开展共建东风路，街道的卫生、环境、社会治安得到了较大改善。县双拥办组织农业科技人员每周两次到武警三中队指导蔬菜种植，使中队官兵四季都能吃上新鲜菜。组织共建单位到全县9个驻军单位，为官兵免费维修电视机、电冰箱、压面机、水泵120台次。县医疗卫生单位坚持免费为县武警中队、消防官兵体检和提供药品。县团委组织医疗卫生单位的团员青年会同县医院、中医院定期到各乡镇敬老院为老复员军人免费体检，提供药品。县交通局在各汽车站设立了“军人窗口”优先优惠为过往军人服务。驻军部队积极支援驻地经济建设。县人武部协调驻军部队出动300多名官兵，为五香乡沿河植树2000亩。武警三中队帮助太西镇植树1200余株，在太西镇广场、车站、清真寺打扫卫生30多次。在抢险救灾中，驻军部队出动兵力500余人救火，参加抢险救灾10余次，挽回经济损失30余万元。

中卫县

中卫县城一角

2000年，中卫县被命名为全国双拥模范县。全县党政军民以此为动力，适应新形势，立足新起点，以更高的标准、更实的作风，积极探索双拥工作新思路，丰富新内容，拓宽新领域，谱写了双拥工作新篇章。

加强宣传教育。年初，县双拥工作领导小组召集县五套班子领导，召开专题会议研究双拥工作，制定了“突出一个中心，用好两个载体，推进三个转变，实现四个同步，办好七件实事”的双拥工作新思路。重新修订完善了《拥军优属若干规定》、《军人抚恤优待条例实施办法》、《义务兵家属优待金社会统筹暂行办法》等政策性文件。县委、县政府在春节、“八一”和“十一”期间，组织召开庆祝会、报告会、文艺联欢、影视展播、图片展览10余场次，在各类新闻媒体发表双拥稿件80余篇，制作展出双拥展板60余块，营造了浓郁的双拥氛围。

认真落实优抚安置政策。县政府拨款52.6万元，按时兑现了780多名优抚对象的抚恤补助金。筹集农村义务兵家属优待金50.30万元，优待农村义务兵家属236户。筹资3.16万元对志愿军老战士、烈属进行慰问，对困难的52户志愿军老战士进行了重点帮扶。投入11.2万元为28户优抚对象建房115间，筹集优抚对象医疗保障金6万元，为各类优抚对象减免医疗费6.06万元。全县共接收退伍军人134名，按政策安置102名，安置到区属单位32名，县属单位70名，安置率100%，同时，推荐25名农村籍退伍军人上岗就业。

全力支持部队建设。县政府筹资4万多元，在春节、“八一”建军节期间，对驻军各部队及重点优抚对象进行了走访慰问，为在野外施工的驻军部队运送优质粮油80吨，赠送了价值4万元的慰问品；县教育局、人事局、劳动局解决部队官兵子女入学入托120多名，随军家属就业22人。各机关、厂矿、学校以各种方式参与拥军活动，共投入拥军经费36万多元。全县各部门依据行业特点开展了各类科技拥军活动。文化部门为驻军赠送科技文化书籍1万余册，在68211部队驻地建立了流动图书室，定期更换书籍，被战士们称为“科技知识加油站”。各有关部门为驻军培训军医、电工、维修工等各类两用人才近百名，并派出农技师、畜牧师等技术人员深入军营，指导部队科学种植蔬菜，发展畜禽养殖业等。

深入开展军民共建。县双拥办与50多个双拥共建单位重新签订了共建协议，完成共建项目3个，共建生态温棚2座，共建畜禽基地和两用人才培训基地各1个，全县46个共建单位和13个文明共建窗口，投入资金10多万元，互办实事200余件。驻军在地方农田改造、道路建设、市政设施建设、维护社会治安及国家重点工程建设中共投入兵力3000人次，机械车辆629台次，为地方经济建设节约资金80多万元。植树1.6万株，开渠挖沟80多条。抢险救灾35次，抢救群众财产264万元。投资2万元帮助山区10户贫困户摆脱贫困，走上了富裕之路。

新疆维吾尔自治区

乌鲁木齐市

乌鲁木齐市夜景

2000年，乌鲁木齐市认真贯彻落实江泽民同志关于做好新疆稳定工作的重要指示和全国双拥模范城（县）命名大会精神，紧紧围绕把乌鲁木齐市建设成为现代化国际商贸城的战略决策，立足实际，狠抓基层，扎实工作，全市双拥工作取得了新的成绩。

加强领导，推动双拥工作健康发展。乌鲁木齐市第四次荣获全国双拥模范城后，市委、市政府和军分区召开双拥工作总结表彰暨动员大会，明确了新的目标和任务。召开了各区（县）双拥办主任会议，分析形势，制订全年工作计划和实施步骤。为保证各项任务的落实和目标的实现，坚持做到各级党政一把手亲自抓双拥工作的制度不变，把双拥工作纳入经济和社会发展的总体规划不变，对双拥工作实行目标管理的机制不变。同时，坚持整体推进不松劲，把具体任务划分到每个区（县），对重点工作实行指标量化，规定完成期限，保证在工作上产生整体联动效应。

重视宣传教育，增强各族军民的双拥意识。军地双方在广大军民中广泛开展了“视人民如父母，把驻地当故乡”、“实践‘三个代表’，投身西部大开发”、“维护祖国统一，反对民族分裂主义”的教育。全市组织了“发展与稳定”和“迎接西部大开发”为主题的国防知识电视大赛和马兰89800部队“看边城、话开发、图发展”等活动。天山区通过《双拥赞歌》电视专题片，讴歌了军政军民团结共建两个文明的巨大成就；沙依巴克区组织演出团，深入基层连队慰问演出；水磨沟区举行了“固我长城优秀士兵奖”颁奖活动；头屯河区在28个军地单位开展了“双拥共建杯”竞赛活动；南山矿区组织领导过“军事日”。同时，市双拥办在《乌鲁木齐晚报》、电台、电视台开办了《西部长城》、《西北屏障》、《西部军人》等专题专栏节目。通过多形式、多渠道的宣传教育活动，增强了各族军民的双拥意识，在全市形成了浓厚的双拥氛围。

落实政策法规，保障合法权益。实行国家、社会、群众三结合的优抚制度，对优抚对象的抚恤金定期足额发放，对生活困难的优抚对象实行了双重保障。完善了双拥优抚工作例会制度。组织双拥优抚干部参观双拥示范点和重点优抚对象卡片档案资料，交流工作经验，在安置难度不断加大的情况下，确保分配计划的落实。共接收退伍军人1247人，按政策规定安置了974人，占接收总数的78.1%。为使安置工作适应形势发展的要求，制订了《退役士兵安置任务有偿转移及其资金管理暂行办法》，落实了城镇义务兵待分配期间的生活补助费。加强理论研究，开展了以在新形势下如何深化双拥工作为主题的理论研讨活动，军地各单位撰写调研文章50多篇，召开了乌鲁木齐市双拥工作理论研讨会，收到了良好的社会效果。

军地互办实事，促进了地方生产力的发展和战斗力部队的提高。地方政府努力为驻军部队办实事。“八一”前夕，市委、市政府组成慰问团，前往马兰89800部队的9个哨卡和一个基层团队进行慰问，送去了价值6万余元的电视机、VCD机、台球桌和2000余套书籍；沙依巴克区开展了“边城军民心相连、喜看祖国好河山”的拥军活动，组织立功受奖官兵外出参观学习；新市区坚持为“八一”前后出生的战士过生日；乌鲁木齐县邀请驻军参观农业科技示范园。广泛开展了科技拥军活动。市委、市政府拨款8万元，为驻乌12个部队配备了电脑，举办了为期四个多月的电脑培训班，培训官兵100余人。驻军部队积极参与地方经济建设。出动官兵2万余人，动用机械车辆1000余台次，开垦荒山1500亩，植树10万株，建成了雪莲山花山儿沟、红光山绿化工程。驻乌某红军师、工兵团和通信团出动官兵1000多人，车辆60多台，施工机械10多台次，义务支援乌鲁木齐县板房沟万亩喷灌工程，完成长约8000米、近15000立方米的管沟回填任务。积极实施“爱民工程”，救助失学儿童。新疆军区为乌鲁木齐县板房沟乡灯草沟小学捐赠桌椅100套；空军某部在全疆实施了“蓝天春蕾计划”，组织10名蓝天春蕾优秀女童进京参加了为期一周的夏令营活动；武警总队政治部和驻乌36032部队，分别资助板房乡10名特困生和甘沟乡小学3名哈萨克族特困生完成学业；驻乌某坦克团官兵捐款4万元，资助芦草沟乡100名失学儿童完成学业。

阿克苏市

阿克苏市一角

阿克苏市位于天山南麓，塔里木盆地西北边缘，辖5乡2镇2场4个街道办事处，面积18369.9平方公里，有34个民族50万人口，驻军万余人。2000年，阿克苏市委、市政府和驻军部队紧紧围绕发展社会生产力和提高部队战斗力，深入扎实开展了双拥共建活动，为维护民族团结，实施西部大开发做出了突出贡献。

建立健全各级双拥组织。市委、市政府高度重视双拥工作，把双拥工作做为维护民族团结，促进经济发展的一个重要方面常抓不懈，调整充实了双拥工作领导小组和成员单位，形成了党政军三位一体的组织领导体系和工作体系。不断加强双拥政策法规建设，出台了支持部队建设、落实优抚安置政策、开展军民共建活动等一系列规范性文件，并将双拥工作列入各级领导干部的目标考核范围。

加强对各族群众的国防教育。市委、市政府不断加大国防教育力度，建立了国防教育基地，抓住主要群体，分层次实施教育；针对不同特点，体现教育内容的主体化；利用多种形式，体现教育方法的多样化。并根据市情，制定了《阿克苏市国防教育实施办法》，使全市国防教育走上了制度化、规范化轨道。

认真落实优抚安置政策。提高了在乡老复员军人的定补标准；按规定发放了农村义务兵家属优待金；对二等乙级以上革命伤残军人的医疗费实报实销；拨款11.3万元，为重点优抚对象新建、修建了住房；按政策发放“三属”、革命伤残军人抚恤金21万余元；为生活困难的优抚对象发放大米6050公斤，面粉1.2万公斤，清油2420公斤。安置城镇退伍士兵43名，转业士官12人。

积极为驻军办实事。市委、市政府组织有关部门对军分区、69221部队、武警某支队，边防支队等6个团级单位的1200余名干部战士分20期进行计算机和外语培训，投资200万元，为消防中队修建了执勤大楼，捐赠了328万元的消防器材；投资18万元为驻军官兵购置文化娱乐器材200余套（件）。

积极支援地方经济建设和社会发展。驻军部队在地方经济建设中发挥了主力军作用，共出动兵力1300多人次，机械100多台次，支援城市基础设施建设3项。在山川秀美工程建设中，出动官兵600多人次，植树万余棵，绿化荒山近万亩，协助地方治理水土流失项目2个。在扶贫帮困、希望工程中，共为驻地群众提供致富信息300多条，为群众提供优良籽种1000多公斤，结对帮扶360户，为驻地学校捐赠桌椅近百套，捐赠书籍和学习用品500多册（件），帮助130多名失学儿童重返校园。

库尔勒市

库尔勒市夜景

2000年，库尔勒市认真落实全国双拥模范城（县）命名大会精神，紧紧围绕实施西部大开发战略，狠抓各项双拥工作落实，加强组织领导，深化国防教育和双拥宣传，扎实落实优抚安置政策，健全双拥服务组织，双拥工作取得了显著成绩。

组织领导坚强有力。市委、市政府、军分区根据领导工作职务的变动，及时调整了双拥工作领导小组和成员单位，把双拥工作列入市委、市政府的“一把手”工程，列入各级党委、政府的重要的议事日程，作为衡量干部政绩的重要内容，实行目标管理。在荣获全国双拥模范城称号后，市委、市政府确定了围绕经济发展抓双拥、通过双拥共建促稳定的工作新思路。构建了全社会双拥、全方位双拥、多层次推进双拥工作的新格局。

国防教育双拥宣传深入扎实。在宣传教育中，突出了爱国主义教育、民族团结教育和军政军民团结教育，先后4次出动宣传车发放宣传材料10万份，在电视、广播、报纸等宣传媒体开设专栏，刊登、播出稿件193篇，出墙报24期，悬挂横幅标语68条，举办国防教育讲座13期，听众达1500

余人，增强了全市军民的国防双拥意识。

优抚安置政策落实到位。市政府在财政十分困难的情况下，将二等乙级以上革命伤残军人全部纳入公费医疗范围，为特困重点优抚对象解决医疗费3万余元；拨专款2万余元为在乡老复员军人维修了住房，为2名烈属购置了新房；将部分困难优抚对象纳入最低生活保障范围。发放农村义务兵家属优待金8万余元，奖励立功受奖战士70多名，发放奖金2万元。安置军队转业干部38名、退役士兵和转业士官155人，接收安置无军籍退休职工220名。为农村义务兵家属义务帮工101天，代耕土地321亩，为困难义务兵家庭购买化肥800公斤。发动基层党员干部与困难优抚对象“一助一”结对帮扶，使100多户优抚对象摘掉了贫困帽，走上了致富路。

军地相互支持成效大。驻军部队积极支援地方经济建设。共出动官兵3900多人次，投入6000多个劳动日，动用机械车辆30余台，集中援建了库鲁克山绿化一期工程，共拉运土石方20万立方米，造林250亩，植树4万余株，绿化山头6座。在巴州北部地区抗洪抢险中，部队出动官兵1800多人次，奋战一个多月，修复了被洪水冲毁的堤坝，保护了人民群众的生命财产安全；在孔雀河下游的抗洪抢险中，驻库部队与人民群众连续奋战4昼夜，加固堤坝疏散群众，把损失降低到了最低程度。在民族团结活动月中，驻库官兵积极响应科技、文化、卫生“三下乡”活动，开展便民利民服务活动13次。地方政府以促进驻库部队战斗力为目的，投资170万元为某预备役师和高炮团解决了训练用地，维修了军分区营房；投资78万元为武警某支队修建营区路面11公里。全市共安置随军家属30名，帮助子女入学入托27名。

昌吉市

2000年，昌吉市委、市政府认真贯彻落实全国双拥模范城（县）命名大会精神，军地双方进一步解放思想、拓宽思路、大胆创新，广泛开展群众性双拥活动，推动了社会经济发展和部队正规化建设。

强化领导，健全组织。市委、市政府把双拥工作做为一项长期的战略任务，纳入全市经济发展的总体规划。根据人员变动情况，及时调整了双拥领导小组成员，乡镇、办事处和企事业单位也进一步健全了双拥组织机构，保证双拥工作任务落到实处。

加强宣传教育，增强教育效果。市双拥办与人武部编印《国防法规汇编》500余册，下发到全市所有乡（镇）和行政企事业单位，在全社会开展了以国防理论、国防法制、国防常识、国防历史为内容的国防教育。撰写双拥理论文章25篇，出墙报18块，在城乡主要路段和街道制作了永久性双拥标语宣传牌13块，市有线台、广播电台开办《屯河两岸鱼水情》专题节目12期，组织全市中小学学生和职工参观双拥展览13次，在市直机关开展国防知识答题竞赛活动，进一步增强了教育效果。

互办实事，共促两力。驻军部队先后出动兵力8000多人次、车辆750台次、飞机6架，参加重点

昌吉市一角

工程建设6项，抢险救灾11次，义务植树160万株，飞播造林1.2万亩。地方政府千方百计为部队排忧解难。为乌拉斯台边防检查站解决生活用地100多亩；给昌吉空军某场站解决了17万元的通信光缆和设备；为阿萎滩机场小学解决校舍维修费5万元；市城建局对军人乘市内公交车实行免费制度；市人民公园对军人游园实行免费制度；水利部门为部队提供农副业生产用水1200多万吨；在医疗、卫生、邮政、婚姻登记、残联等窗口行业推行了“军人优先”和“军人优惠”政策。妥善安置了68名退伍士兵，将30名农村退伍军人组织起来，成立了退伍军人志愿者服务队。安置了6名部队随军家属就业。

军民共建成效显著。实施了军民共建五大工程：军民共建312国道绿色通道工程、中水西调工程、共同治理大沙河工程、共建万亩森林公园工程、扶贫希望工程；建设了五大基地，即军民共建万亩蔬菜基地、共建水产基地、共建养殖基地、共建园艺基地、军地两用人才基地。开展了慰问部队官兵和优抚对象活动，“春节”和“八一”建军节期间，市委、市政府带着55000元慰问金对10个驻军部队和武警官兵进行了慰问，全市9个乡镇、办事处、农场组织辖区内76个单位对14个部队农场进行慰问，发放慰问金22.5万元。慰问了老红军、烈军属1480多人次，发放慰问金15000元。结合纪念抗美援朝出国作战50周年，市妇联、文体局、广电局对全市63名志愿军老战士进行了慰问，召开了新兵入伍欢送大会，为86名农村籍现役军人按上年人均收入标准兑现了优待金。

富 蕴 县

富蕴县位于新疆东北部，北与蒙古国接壤，边境线长205公里，面积5.43万平方公里，辖6乡2镇72个行政村，人口8万余人，聚居着32个民族，有驻军单位4个。2000年，全县军民以荣获全国双拥模范县称号为新起点，再接再厉，奋发进取，双拥工作有了新发展。

富蕴县远眺

健全各级双拥工作组织。县委、县政府把双拥工作列为“一把手工程”，纳入全县经济和社会发展的总体规划，定期召开县委常委会、县政府办公会，专题研究双拥工作，并根据人员变化和工作需要，及时调整县双拥工作领导小组成员，充实了县双拥工作领导小组成员单位，完善了各级双拥组织机构，建立了基层双拥服务网络，为开展双拥工作提供了组织保障。相继建立和完善了军地联席会议等十几个双拥工作制度，《富蕴县军人抚恤优待暂行办法》等一批地方性文件，促进了双拥工作规范化。

深入开展国防教育。军地双方把国防教育同维护民族团结教育结合起来，采取办培训班、办专栏、开展民族知识竞赛、演讲会、在中小学开设国防教育课等形式，分层次有重点地进行了国防理论、国防战略、国防形势、国防法规、民族团结等教育，使国防教育普及城乡，深入人心。

双向奉献，互办实事。县政府在财政十分困难的情况下，拨款12万元为驻军部队购买了电冰箱、电视机50多台，改善了官兵的工作、生活条件；为69340部队、县人武部配备了电脑；为县武警、消防中队维修了办公楼和取暖设施。各级拥军优属组织共为驻军和优抚对象提供服务210次，为优抚对象赠送慰问品千余件，为烈军属解决实际困难76件次。各级党委、政府高度重视做好优抚安置工作。优抚对象的抚恤补助按时足额发放；转业干部、退伍军人、随军家属安置率均达到100%。驻军部队在抢险救灾、扶贫帮困中，出动官兵400余人次，扑救火灾6次，挽回经济损失30余万元；

在抗御百年不遇的雪灾中，出动官兵600多人次，出动车辆64台次，救出被风雪围困群众160余人，运送救灾物资200余吨；为特困学生和特困户捐赠学费、医疗费8万余元。派出20余名官兵军训学生1500多人。驻地官兵还努力做好经常性的拥政爱民工作，关心社会公益事业。积极参加植树造林、整治环境、扶贫帮困，为驻地经济发展和社会进步做出了重要贡献。

克拉玛依市

克拉玛依市新貌

2000年，克拉玛依市军民以荣获全国双拥模范城称号为动力，参加双拥活动更加自觉，互办实事力度更大，落实双拥政策更加扎实，有力地促进了地方经济发展和部队战斗力的提高。

努力为驻军办实事，促进了部队战斗力的提高。市委、市政府拨款2250万元，在新规划区为军分区新建了占地面积64800平方米、建筑面积7358平方米的办公大楼，并解决了400万元的办公设施、营区绿化和训练基地建设专项资金。为武警消防支队建设了占地面积62000平方米、建筑面积7649平方米的现代化营区，新购了630万元的消防车辆与消防器材。拨专款为武警支队购买三菱越野车1辆、2020型北京吉普车2辆、客车1辆，解决了支队日常巡逻和生活用车紧张问题。克拉玛依区政府投资27万余元，对驻军某通信连营区内长1900米的供热管线进行了全面改造，并接入公共供热网，解决了部队供热难的问题。为支持部队建设，市政府将一所占地25938平方米、建筑面积6023平方米的驾校无偿划拨给武警机动支队，并购置战备用车1辆、执勤摩托车10辆，拨专款300多万元，配备了学习、生活、训练设施；投资40多万元，将武警部队营区水暖设施和房屋进行了全面改造；市园林局、供热公司、街道、社区居委会等派专人无偿为部队营区建设绿地、参加整治环境等义务劳动，受到了部队官兵的欢迎。

认真落实优抚安置政策。全年为优抚对象发放抚恤金14.5万元，发放义务兵家属优待金7.9万元，发放生活补贴50余万元，奖励优秀士兵和立功受奖士兵8000余元。制定了《退伍士兵安置任务有偿转移实施细则》，安置退伍军人103人，安置率达到100%。各单位、社区在春节、古尔邦节期间慰问驻军部队生活物资20.6万元，赠送部队电脑、音响设施、学习生活用品等价值200多万元。

广泛开展拥政爱民活动。驻军官兵积极参加驻地经济建设，协助维护社区治安，义务为社区居民办好事。军分区开展了“让油城绿起来”的植树种草活动，组织官兵和民兵4200多人次，植树20000多株，绿化城市公共用地1500多平方米；组织预备役爆破团参加引水工程，高质量地完成了2000多米的工程爆破任务；兴建了20亩民兵预备役林纸基地。独山子区人武部在寸草不生的泥火山上，组织民兵预备役官兵2000多人兴建了“民兵林”。部队官兵经常到福利院、学校、社区帮助打扫环境卫生，慰问照顾孤寡老人，义务为社区居民修理家用电器。驻军全年共支援地方经济建设和重点工程建设6项，出动官兵6000余人次，机械车辆5000多台次，植树40000多株，营造绿地16500余平方米，参加地方各类社会公益活动70多场次。

石河子市

2000年，石河子市委、市政府认真贯彻落实全国双拥模范城（县）命名大会精神，紧紧围绕西部大开发，扎实开展双拥工作，取得了明显成效，为全市的经济发展和社会稳定做出了贡献。

开展国防教育和双拥宣传活动。在“领导干部过国防日”和“全民国防教育月”期间，组织处以

石河子市新貌

上干部到部队与干部战士共同训练，增强了领导干部的国防意识，增进了地方领导对部队官兵的理解与支持；各单位组织干部、职工开展了国防教育活动，进行国防知识竞赛和革命传统教育；组织干部职工、青少年学生和部队优秀士兵瞻仰周恩来总理纪念碑、王震将军铜像、参观军垦纪念馆，还广泛运用报刊、广播、电视等新闻媒体，宣传人民解放军在解放新疆、建设边疆、保卫边疆、维护边疆社会政治稳定做出的巨大贡献，宣传双拥工作对实施西部大开发战略的重大意义，增强了全市军民的国防观念和双拥意识。

促进“两力”发展，实现共同提高。军地双方充分发挥各自优势，坚持双向奉献，在提高“两力”上相互支持。针对69233部队交通不便、乘车难的现状，市领导现场办公，将公交3路车延伸到部队门前，解决了驻军官兵交通不便的问题。开发区管委会积极支持部队“菜篮子”工程建设，开辟出20亩良田供武警六支队用于农副业生产，派出农技人员为部队举办蔬菜种植技术讲座，使官兵一年四季都能吃上新鲜蔬菜，改善了官兵生活。在市财政十分困难的情况下，市里压缩财政开支，为市武警支队改建了办公楼，为农八师人武部新建了办公楼，帮助军分区新建了住宅楼，解决了部队办公住房困难。春节期间，市民政局筹资14万元，对100多户军属、革命伤残军人、烈属、在乡老复员军人进行了慰问。地方政府还充分利用科技教育资源优势，努力为部队科技练兵、两用人才开发提供支持。组织科技人员深入军营传授新知识、新技术，送科技信息、科技设备上门，为广大官兵学习科技知识提供帮助。在新疆军区开展的科技练兵活动中，有关科研单位和部门联合组成科研攻关小组帮助部队解决了许多技术难题。驻石河子部队利用兵员优势，积极参加城市的绿化工程和抗洪、抗旱、抗雪和防风、防沙、灭虫等急难险重任务，保护了国家和人民群众的生命财产安全；利用政治优势，配合地方进行国防教育和爱国主义教育，帮助地方企业、学校开展军训；积极开展医疗小分队巡回义诊活动，派专人传授种植、养殖等科学知识，帮助驻地的贫困群众脱贫致富。

开展慰问联谊活动。在重大节日期间，农八师党委、石河子市政府，走访慰问了69233部队、消防支队、兵团武警支队、军分区、市人武部等部队，赠送了彩电、电脑、VCD机、电冰箱、消毒柜等电器，向阳、红山、克什街等办事处，农牧150团、121团、143团等基层单位还举办了“军民联欢文艺晚会”，增进了军地之间的联系，密切了军政军民感情。

喀 什 市

喀什市辖4乡、4个街道办事处，人口30.8万。2000年，全市军民以荣获全国双拥模范城称号为动力，进一步加大国防教育力度，强化了双拥政策法规建设，加快了双拥工作社会化进程，为全市改革、发展、稳定和军队建设做出了贡献。

健全了双拥工作机构和组织体系。健全了双拥工作网络，市乡两级根据人员变动情况，调整充实了双拥工作领导小组和成员单位，加强了双拥办公室建设，完善了群众性双拥组织机构；强化目标责任制，把争创全国双拥模范城列为全市一级目标管理，列入各级领导和机关单位精神文明建设考核范围，健全双拥工作制度，制定和完善了10多项地方性双拥政策法规和工作制度。

加大国防教育力度。市委、市政府结合反对民族分裂、非法宗教活动斗争的实际，把国防教育纳入各级领导干部正规教育规划，组织领导干部上一次国防教育课，参加一次军事日活动，撰写一篇国防教育文章，讲一堂国防教育课；军地双方把国防教育纳入青少年政治教育范围，在各类学校开设了国防教育课，建立了少年军（警）学校；把国防教育作为全民教育重要内容，同普法教育和民族团结教育相结合，确保全年受教育人数达到85%以上；纳入部队官兵思想政治教育整体规划。全市建立120多个国防教育基地，有10多万人接受革命传统教育和国防观念教育，表彰了55个双拥先进单位、50名双拥先进个人，全市形成了浓厚的双拥氛围。

扎实抓好优抚安置政策的落实。加大投入，确保城镇、农村义务兵家属优待标准达到当地人均水平；提高了在乡老复员军人定补标准，达到每人月均70元；对二等乙级以上革命伤残军人医疗费做到实报实销；对抗美援朝老战士给予了定量补助；按政策规定按时足额发放了各类优抚对象的抚恤金。城镇退伍士兵安置率达到了100%，农村两用人才开发使用率达到了80%，接收安置军队离退休干部15名，转业干部49名，为296名随军家属办理了落户手续。

双拥共建，互办实事。市委、市政府为部队解决训练生活用地383.5亩，按照优惠50%的政策，减免各类费用300多万元。市直各部门努力为驻军办实事。教育局解决部队子女入学入托1080人，协助部队建立了12个军地两用人才学校，培养军地两用人才460多名；市财政局、文化局为驻军赠送了彩电、录像机、VCD等价值60万元的文体用品，丰富了官兵文化生活；市劳动局为随军家属解决劳动指标416个；市双拥办协调有关部门为部队干部解决和调换住房208套。驻喀各部队在支援城市基础设施建设中挖运土石13.6万立方米，清理垃圾淤泥1.5万立方米，埋设下水管道5000米。在重点工程项目建设中，共出动官兵1.5万人次，车辆800台次，支援重点工程项目建设5个，为地方节约建设资金800多万元，有力地支持了地方经济建设。在扶贫帮困活动中，驻喀各部队利用“农民夜校”、“民兵之家”，开展扫盲和科技培训，帮助7000多人摘掉文盲帽子，培训科技人员4000人，为贫困户捐赠扶贫资金9.6万元，提供致富信息280多条。在希望工程建设中，驻喀部队捐资4万多元，为7所学校购置桌椅和教学器材，添置图书900多册，派校外辅导员辅导学生军训1500人次。此外，还广泛开展了为民服务活动，义务为驻地群众修理自行车810余辆，修理家电180余台，理发1600多人次，义诊1860人次；为严厉打击民族分裂主义分子的嚣张气焰，保护各族人民群众生命和财产安全，驻喀各部队加强了军警民联防工作，配合公安部门进行社会大清查16次，抓获各类刑事犯罪和宗教反动骨干分子170人，破获反动组织联络点3个，调解民事纠纷37起。

和硕县

和硕县城街景

2000年，和硕县委、县政府认真贯彻全国双拥模范城（县）命名大会精神，以荣获全国双拥模范县称号为新起点，继承创新，开拓进取，扎实工作，狠抓落实，双拥工作的整体水平有了新的提高。

加大宣传力度，强化双拥意识。县委、县政府和各有关部门，运用各种形式，广泛开展国防双拥宣传教育活动，召开和硕县双拥工作表彰暨再创全国双拥模范县动员大会，进一步增强了全县各族人民做好双拥工作的信心和决心。组织编撰了《和硕双拥》画册、《国防教育》手册及《民族风俗习惯》教材，在广播、电视台开设了国防教育宣传专栏，刊登国防、双拥宣传稿件84篇，对军事禁区附近的群众开展了维护军事禁区安全和保护军事设施的教育，增强了各族群众的国防观念。

开展走访慰问，增强军民团结。县委、县政府在元旦、春节、肉孜节和“八一”建军节期间，组织近20个慰问团，对驻军63650部队、94095部队、县人武部、武警中队、空军某部进行慰问，发放慰问品折合现金16万元，增强了军民鱼水情和凝聚力。

认真落实优抚安置政策。县委、县政府始终把解决优抚对象“三难”问题作为落实优抚政策的一项重要内容，投入4.6万余元，为在乡老复员军人新建住房300多平方米，为15户现役军人家属维修了住房；民政、卫生部门采取定点医疗和减免医疗费等措施，为重点优抚对象减免医疗费1.5万元，按标准足额兑现了伤残军人、在乡老复员军人和烈属的抚恤金和补助金；加大了农村义务兵家属优待金的统筹力度，落实了减免义务、乡统筹和村提留等优惠政策；按城镇居民最低生活保障标准，为待安置期间的城镇退役士兵按月发放了生活补助金。为了体现党和政府对部队官兵和各类优抚对象的关怀，地方各单位、部门抓好各项优惠政策的落实。落实了各旅游景点对现役军人、伤残军人、烈军属免收门票费，军车免收停车费，公交车对军人免票的优惠政策；工商局对军烈属、革命伤残军人、复转军人兴办个体企业免收办照、登记等费用；卫生局出台了为重点优抚对象免挂号费、出诊费、治疗费及优先解决医疗费的具体优待办法；林业、土管、农业、供销等部门制定支持驻军发展农副业生产的具体优惠政策；民政局拟定了《和硕县城镇退役士兵和转业士官安置意见》等，使全县拥军优属工作步入了规范化轨道。

开展军民共建，促进共同发展。军地双方紧紧围绕实施西部大开发战略，开展了形式多样的双拥共建活动。驻地部队出动官兵1700余人次，投入机械100余台次，参加了和硕县金沙滩旅游公路工程建设、乌什塔拉乡和万方物资产业有限责任公司春季植树造林活动及“7·18”特大洪水灾害的抗灾救灾工作，有力地支援了地方各项建设。县委、县政府一次性拨款10万元，为县武警中队建起了新营房，并添置了相应设施；县广播电视局免费为94095部队改造了3.5公里长的有线电视网；电信局为该部队开通了第一部直拨电话；交通、农机等部门经常为马兰后勤农场维修农业机械；供销部门则在农忙季节主动为部队优质优价提供农业生产资料。

大　事　记

大　事　记

1　月

10日　海南省委、省政府、海南军区在海口市召开全省双拥模范城（县、区）模范单位和先进个人命名表彰大会。省委、省人大、省政府、省政协领导及驻琼部队领导、省双拥工作领导小组成员和受表彰单位的代表等出席了会议。省长、省双拥工作领导小组组长汪啸风同志作了大会主题讲话。大会表彰了13个双拥模范城（县、区）、41个模范单位和25名先进个人。

11日　贵州省政府下发《关于执行<中华人民共和国兵役法>做好优抚安置工作的通知》。

12日　经党中央、国务院、中央军委批准，全国双拥工作领导小组在北京召开全国双拥模范城（县）命名大会，授予北京市西城区等245个市（区）县为全国双拥模范城（县）。中共中央总书记、国家主席、中央军委主席江泽民同志为大会发来贺信；国家副主席、中央军委副主席胡锦涛同志作重要讲话；国务委员、全国双拥工作领导小组组长司马义·艾买提同志作大会报告；全国双拥工作领导小组副组长、民政部部长多吉才让宣读命名决定；中央军委委员、总政治部主任于永波主持会议；丁关根、曾庆红、何鲁丽、杨汝岱等中央领导出席了会议。参加会议的还有全国双拥工作领导小组成员，各省、区、市双拥工作领导小组组长或副组长，驻京部队各大单位有关领导，双拥模范城（县）军地代表和首都军民代表等。浙江省舟山市委书记王辉忠代表被命名单位在会上发言。

13日　河北省召开双拥工作领导小组全体会议，传达全国双拥模范城（县）大会命名精神，部署2000年全省双拥工作任务。

上海市委、市人大、市政府、市政协领导带领本市各民主党派、群众团体，有关委办局，区县负责人及各界代表分成六路前往驻沪陆、海、空军和武警部队基层部队走访慰问官兵。

14日　河南省副省长李志斌率省慰问团走访慰问了济南军区、济南军区空军机关，分别与济南军区司令员陈炳德中将，济南军区空军司令员郭玉祥中将、政委冯永生中将等军队领导同志进行座谈。

15日　黑龙江省作出关于开展向哈尔滨等八个全国双拥模范城（县）学习的决定。

湖北省双拥工作领导小组召开“爱心献功臣行动”先进单位和先进个人表彰大会，授予武汉钢铁（集团）公司等131个单位和喻友安等93名个人“爱心杯”奖，黄冈市双拥工作领导小组等12个单位“爱心献功臣行动组织奖”。

河北省委、省政府、省军区在石家庄市联合召开河北省双拥工作会议。省委书记、省双拥工作领导小组组长叶连松，省长、省双拥工作领导小组副组长钮茂生向大会发了贺信，北京军区政治部发了贺电。省委、省政府、省军区及驻冀部队领导，省双拥工作领导小组成员单位负责同志，各市政府、军分区领导及民政局长等100多人出席会议。会议总结了1999年双拥工作，部署了2000年工作任务，表彰了荣获新一届全国双拥模范城（县）的11个市县和实施“光荣工程”、开展“爱心献功臣行动”的122个先进集体和244个先进个人。

17日　内蒙古自治区党委、政府、内蒙古军区在呼和浩特市召开全区第五届双拥模范城、双拥模范单位和双拥模范个人命名表彰大会。全区共有44个双拥模范城（旗、县、区）、122个双拥模范单位和20名双拥模范“双十佳”受到命名表彰。

18日　江苏省委、省人大、省政府、省政协领导率团分成八路，分别走访慰问了驻宁部队机关、院校、基层连队；驻徐州某集团军，驻浙江湖州某集团军和驻连云港、南通海边防部队和武警各部队官兵。

19日　天津市召开双拥模范区（县）命名表彰大会，传达贯彻全国双拥模范城（县）命名大会精神，表彰了18个双拥模范区（县）、318个先进集体和模范个人，部署了下一步双拥创建活动。

20日　济南军区副司令员丁寿岳少将、副政委黄学禄中将率慰问团代表济南军区党委及全区指战员向河南省委、省政府及全省人民拜年。河南省委书记马忠臣、省长李克强等同志参加了座谈会。

四川省双拥工作领导小组作出了《关于表彰全省“爱心献功臣行动”先进单位和先进个人的决定》，对全省开展“爱心献功臣行动”先进单位和先进个人进行表彰。

21日　民政部、总政治部、北京市政府联合慰问移交地方安置的军队离退休干部。民政部副部长杨衍银，总政治部副主任唐天标，北京市委常委、市政法委书记强卫参加了慰问。

23日　河北省在石家庄市举行“党政军领导座谈会”。省委书记叶连松、省长钮茂生、省人大主任程维高、省政协主席吕传赞、省军区司令员陈玉田等领导参加了座谈。叶连松主持会议并作重要讲话。

陕西省举行党政军领导干部座谈会，省委、省人大、省政府。省政协的主要领导同志和驻陕各军级单位的军政主要领导同志，省委、省政府有关部门和西安市的主要负责同志参加了会议。座谈会由省长程安东主持，省委书记李建国、省军区政委雷星平分别讲话。

24日　山东省召开双拥工作领导小组第十六次全体会议，传达学习全国双拥模范城（县）命名大会精神，总结1999年双拥工作，部署2000年双拥工作任务。

济南军区副司令员兼军区空军司令员郭玉祥率领济南空军慰问团赴河南慰问，省党政军领导马忠臣、李克强、范钦臣、王英洲、王全书、李长铎、李志斌等同志与济南军区空军慰问团进行了座谈。

26日　民政部部长、全国双拥工作领导小组副组长多吉才让，民政部副部长、全国双拥工作领导小组副组长兼办公室主任杨衍银率慰问团走访慰问解放军四总部、武警总部机关。

浙江省双拥模范城（县）命名暨省和杭州市拥军慰问大会在省人民大会堂举行，省党政军领导为舟山等36个双拥模范城（县）颁发奖匾。

江西省委副书记、常务副省长黄智权，省委常委、省纪委书记马世昌，省委常委、省政法委书记彭宏松等领导分别率团走访慰问驻南昌的部队官兵。

海南省委、省政府在省委礼堂举行“军民迎新春文艺晚会”。

新疆维吾尔自治区党委书记王乐泉、自治区主席阿不来提·阿不都热西提、自治区党委副书记周声涛、自治区副主席阿不都卡德尔·乃斯尔丁等领导率团先后慰问了新疆军区、空九军、武警新疆总队机关、兰州军区乌鲁木齐总医院、空军五四一医院、武警新疆总队医院和乌鲁木齐市部分重点优抚对象，给被慰问单位和个人赠送了慰问品和慰问金，价值达10万多元。

28日　福建省委、省政府、省军区召开命名大会，命名了龙岩等32个市（县、区）为省级双拥模范城（县、区），表彰了57个“爱心献功臣行动”先进集体、80名先进个人。

湖北省委书记贾志杰、省委副书记、省长蒋祝平等领导分四路率省拥军优属慰问团，慰问驻鄂解放军指战员和武警部队官兵。

海南省委书记杜青林、省长汪啸风等省领导率领省委、省政府各有关部门分赴海口、琼山、三亚等地，慰问驻军部队和武警官兵。

29日　北京市委、市政府在人民大会堂召开首都春节军政座谈会。市委、市政府、市人大、市政协和解放军四总部、驻京部队各大单位、武警总部的领导参加座谈。中共中央政治局委员、北京市委书记贾庆林，中央军委委员、总政治部主任于永波，北京市市长刘淇，民政部副部长杨衍银等出席会议。

辽宁省委、省政府与沈阳军区和沈阳驻军各大单位召开军政座谈会，沈阳军区司令员姜福堂、政委李锡良、省委书记闻世震、省长张国光参加了会议。省委书记闻世震总结了1999年全省的双拥工作，并就2000年的双拥工作任务提出了意见。

宁夏回族自治区党委书记毛如柏、自治区政府主席马启智、自治区党委副书记韩茂华、任启兴率领四个慰问团，分别慰问宁夏军区、宁夏军区干休所、驻宁空军某部、驻宁某雷达部队、武警宁夏总队、宁夏消防总队、解放军五医院、固原军分区、武警8672部队的官兵和解放军伤病员。

30日　辽宁省委书记闻世震、副书记孙春兰率慰问团走访慰问辽宁驻军。

31日　福建省在福州举行迎新春军政座谈会，省委、省人大、省政府、省政协、省军区主要领导，驻闽部队有关部门负责同志参加了会议。

贵州省委书记、省人大主任刘方仁，省长钱运录，省政协主席王思齐，省委副书记王三运，省人大副主任刘思培及省政协副主席吴静波率领慰问团，慰问驻黔部队。

本月　天津市委、市人大、市政府、市政协领导带领有关委、办、局人员分五路走访慰问驻津部队官兵。市委、市政府为驻津部队750个连队赠送价值100万元的体育、文化用品。

河北省委印发《中共河北省委2000年工作要点》，把双拥工作作为八方面工作中的一项进行部署，要求"以'双三好'为主要内容，深入开展双拥共建活动，落实各项优抚安置政策，巩固发展军政军民团结的大好局面。"

河北省双拥办、省民政厅、省文明办、省军区政治部重点宣传了致富不忘报国，爱心奉献功臣的拥军优属模范常玉珍的先进事迹，在全国引起重大反响。

河北省委、省人大、省政府、省政协领导分别率慰问团到石家庄、保定、廊坊、承德、张家口等地慰问驻军。

吉林省召开省暨长春市春节军民联欢会和军政座谈会，省委、省政府领导对驻吉部队的基层单位进行了走访慰问。

福建省委、省人大、省政府、省政协、省军区领导走访慰问驻闽部队机关和部分基层连队，并赴南京军区进行慰问。

江西省委副书记、常务副省长黄智权，省委常委、省纪委书记马世昌，省委常委、省政法委书记彭宏松等省领导分别率团走访慰问驻南昌的部队官兵。

云南省下发《关于做好拥军优属拥政爱民工作的通知》。省委、省政府举行迎新春双拥茶话会，向驻滇部队官兵、烈军属、革命伤残军人、转业退伍军人和军队离退休干部发出慰问信并进行走访慰问。

2　月

1日　全国双拥工作领导小组、民政部、广播电影电视总局、总政治部在北京举行2001年军民迎新春文艺晚会《世纪的春天》。江泽民、李鹏、朱镕基、李瑞环、尉健行、李岚清等中央领导同志观看文艺演出。

15日　国务院办公厅、中央军委办公厅转发总后勤部《关于河北省积极支持驻军搞好后勤保障社会化改革情况报告》。

17日　辽宁省召开双拥工作领导小组会议，省委副书记、省双拥工作领导小组组长孙春兰主持会议，会议传达全国双拥模范城（县）命名大会精神，讨论1999年全省工作总结，提出2000年双拥工作要点和工作意见。

18日　甘肃省召开双拥工作领导小组第12次

全体会议。副省长、双拥工作领导小组副组长洛桑灵智多杰主持会议，省委副书记、省双拥工作领导小组组长仲兆隆作了重要讲话。会议研究了2000年的双拥工作和加强双拥组织机构建设问题。

27日 江苏省委办公厅、省政府办公厅下发《关于广泛开展科技拥军活动，大力支持部队科技练兵的通知》，把科技拥军工作列为省委、省政府2000年着重抓的20件实事之一。

29日 全国双拥工作领导小组印发司马义·艾买提和多吉才让同志在全国“爱心献功臣行动”总结表彰电视电话会议上的讲话，要求各地结合实际，认真贯彻讲话精神，巩固和发展“爱心献功臣行动”成果。

江苏省在南京召开全省双拥工作会议，传达贯彻全国双拥模范城（县）命名大会精神，总结交流了1999年全省双拥工作的情况和经验，研究部署了当前及今后一个时期的双拥工作任务。

本月 吉林省双拥工作领导小组、省民政厅、省卫生厅、省军区政治部联合下发了《吉林省开展“老兵医疗康复行动”活动方案》，对各地解决在乡老兵医疗难的资金匹配、管理办法等进行了部署。

西藏自治区召开全区双拥办主任会议。会议讨论和草拟了《西藏自治区双拥工作“十五”规划》。

3 月

1日 辽宁省在丹东市召开省双拥办主任会议，部署全年工作。

福建省人事厅、省劳动和社会保障厅、省财政厅、省民政厅、省国家税务局、省地方税务局、省工商行政管理局、省军区政治部联合出台《驻闽部队随军家属就业保障暂行规定》。

2日 四川省人民政府、四川省军区联合下发了《关于认真做好1999年冬季退役士兵接收安置工作的通知》，对全省退役士兵的安置工作进行部署。

3日 甘肃省双拥工作领导小组下发《关于继续开展“爱心献功臣行动”的通知》，要求各级政府和各部门、各单位把“爱心献功臣行动”作为一项政治任务，当作一项事关社会稳定的“民心工程”，继续抓紧抓好。

5日 陕西省双拥办在西安召开全省各地市双拥办主任会议，传达全国双拥模范城（县）命名大会精神，总结交流1999年开展“爱心献功臣行动”工作情况。

10日 四川省双拥工作领导小组下发《四川省2000年创建省级模范城（县、区）考核验收实施细则》。

宁夏回族自治区在银川召开全区双拥工作会议，传达学习全国双拥模范城（县）命名大会精神，总结了1999年的双拥工作，安排部署了2000年全区的双拥工作任务。

11日 河南省委党校军队领导干部在职研究生班开学典礼在驻开封某集团军举行，省委副书记、省委党校校长范钦臣、副省长张洪华、济南军区政治部副主任王文成，驻豫部队领导和开封市的党政领导以及近百名团以上领导干部学员参加了开学典礼。

17日 北京市召开2000年双拥工作会议，总结1999年双拥工作，部署2000年双拥工作任务。

20日 河北省双拥工作领导小组下发《关于加强动态管理，提高双拥工作整体水平的通知》。

22日 西藏自治区双拥工作领导小组颁发《西藏自治区双拥工作“十五”规划》。

24日 宁夏军区在固原召开“万连万人”参加西部大开发南部山区生态工程建设誓师动员大会。自治区党委常委、宁夏军区司令员卢普阳，自治区副主席刘仲及军区有关领导为“六盘山民兵第一团”授旗，拉开了宁夏驻军及民兵预备参加西部大开发的帷幕。自治区党委书记毛如柏、政府主席马启智向大会发了贺信。

27日　安徽省第九届人民代表大会常务委员会第十五次会议通过《安徽省拥军优属条件》，自8月1日起施行。

安徽省高级人民法院、安徽省军区下发《关于进一步加强维护军人军属合法权益的意见》。

4　月

7日　全国双拥工作领导小组根据成员单位的调整和成员单位职能的变化，重新修改印发《全国双拥工作领导小组成员单位双拥工作职责》。

14日，四川省双拥办下发《关于全省双拥模范城（县、区）和双拥先进市、州、县（市、区）命名表彰评选推荐工作的通知，在全省掀起了双拥创建热潮。

24日　郑州工业大学与驻豫某集团军联合举办的现役军官研究生班举行开学典礼。副省长、省双拥工作领导小组副组长李志斌出席开学典礼并讲话。

26日　河北省双拥办、省民政厅、省教育厅、省新闻出版局、省军区政治部联合下发《关于广泛开展科技拥军活动的通知》，部署全省科技拥军工作。

山东省双拥工作领导小组下发《关于广泛开展“双四好”活动的实施意见》。

28日　河北省政府办公厅印发《2000年河北省人民政府主要工作任务目标暨责任制一览表》，以责任制的形式把双拥工作列入省政府当年主要工作目标，强调要“加强双拥工作，支持人民解放军、武警部队的建设和改革，巩固军政军民团结，深入开展国防教育，加强民兵预备役建设，完善国防动员体制”。

30日　贵州省委召开常委会，专题听取省双拥工作领导小组关于全国双拥模范城（县）命名大会精神及全省贯彻意见的汇报，并进行了认真讨论，形成《中共贵州省委常委会议纪要》。

本月　天津市组织双拥政策法规落实情况大检查，对军事设施保护、随军家属安置、军车免费停放、现役军人入园免费等情况进行全面检查。

5　月

5日　中央办公厅、国务院办公厅、中央军委办公厅转发国务院军队转业干部安置工作小组等部门《关于认真做好2000年军队转业干部安置工作的意见》。

9日　经党中央、国务院、中央军委批准，全国军队转业干部安置会议在北京召开。中共中央政治局常委、国家副主席、中央军委副主席胡锦涛，中共中央政治局委员、国务院副总理吴邦国，中共中央政治局委员、中央军委副主席张万年和中央军委委员、总政治部主任于永波出席了会议。各省、自治区、直辖市、计划单列市及副省级城市分管军转安置工作的领导同志和组织部部长、人事厅（局）长；军队各大单位的领导同志；省军区的领导同志及干部部门的负责同志；中央国家机关有关部门的负责同志参加了会议。

山东省委、省政府、省军区下发《关于进一步加强双拥工作，深入开展创建双拥模范城（县）活动的意见》。

17日　广东省双拥工作领导小组下发《广东省双拥模范城（县）评比命名暂行办法》。

19日　山东省召开全省双拥办主任会议，传达学习全国双拥模范城（县）命名大会精神，研究部署双拥工作任务。

25日　贵州省委办公厅、省政府办公厅、省军区政治部联合发出《中共贵州省委办公厅、贵州省人民政府办公厅、贵州省军区政治部关于认真做好2000年军队转业干部安置工作的通知》。

29日　民政部、总政治部作出决定，追授广东省阳江市退伍军人霍健敏“模范退伍军人”荣誉称号。

黑龙江省委、省政府、省军区下发《关于支持驻黑龙江省部队推进后勤保障社会化改革的意见》。

30日　江西召开全省双拥办主任会议，传达学习全国双拥模范城（县）命名大会精神，总结1999年双拥工作，研究加强基层优抚组织建设，部署2000年双拥工作任务。

甘肃省双拥工作领导小组下发通知，要求各地、州、市双拥办，围绕社会主义市场经济条件下双拥工作发展问题，在全省范围内组织开展双拥调研活动。

31日　四川省劳动和社会保障厅、四川省人事厅、成都军区联勤部联合下发《关于驻川部队机关事业单位职工养老保险问题的通知》，为解决军队职工的后顾之忧，支持部队建设起到了积极的作用。

本月　天津市召开党委议军会，为民兵预备役部队建设拨款1000万元。

吉林省驻军部队参加省慈善总会组织的“千人微笑、万人站起来”活动，10天内为残疾人捐款37万元。

江西省高级人民法院、省军区政治部下发《关于进一步加强维护军人军属合法权益若干意见》。

贵州省双拥工作领导小组副组长、副省长莫时仁同志组织有关人员对贵阳、遵义市等15个县、市、区的拥军优属工作进行调查研究。

6　月

4日　贵州省委、省政府、省军区率领省民政厅、省人事厅、省妇联、团省委、省军区政治部等有关部门负责人和贵阳市、遵义市、黔南州、安顺地区领导，赴西藏慰问驻藏贵州籍官兵和援藏干部。

6日　民政部、财政部下发《关于提高部分优抚对象抚恤补助标准的通知》。

江西省民政厅、省军区政治部联合下发《关于加强基层优抚服务组织建设的意见》，进一步规范全省基层优抚服务组织。

12日　广西壮族自治区双拥工作领导小组下发《广西壮族自治区双拥“达标、先进、模范城（县、区）”评选命名工作暂行规定》。

四川省委办公厅、省政府办公厅、省军区政治部下发《关于组织发动民兵预备役部队参加西部大开发的通知》。

13日　陕西省委副书记、常务副省长、省双拥工作领导小组副组长贾治邦带领慰问团，慰问参加西安护城河清淤的部队官兵。

15日　吉林省下发《关于支持驻吉林省部队后勤保障社会化改革的通知》。

河南省委、省军区邀请军事科学院原院长刘精松上将作《当代军事发展趋势及战略思考》的报告，省委、省人大、省政府、省政协领导和省直机关处以上干部2000余人听取了报告。

22日 四川省委办公厅、省政府办公厅、省军区政治部下发《关于组织发动民兵预备役部队参加西部大开发的通知》。

26日 中央军委批转总参谋部、总政治部、总后勤部、总装备部《关于军队参加和支援西部大开发的意见》，要求全军和武警部队认真贯彻党中央、江主席的指示，积极做好参加和支援西部大开发工作。

30日 吉林省委办公厅、省政府办公厅、省军区政治部联合下发《关于在全省开展科技双拥活动的通知》，要求全省军民认真贯彻党中央提出的“科教兴国”、“科技强军”的战略方针，深入扎实地开展科技拥军、科技助民活动，推动双拥工作向高层次和高水平发展。

重庆市政府颁发《重庆市军人抚恤优待办法》。

7 月

5日 四川省委、省政府、省军区、成都军区联勤部下发《关于支持驻川部队推进后勤保障社会化改革的意见》。

10日 吉林省双拥办协调省卫生厅、省军区政治部组织军地10所医院组建10支“爱心献功臣医疗队”，赴省内的10个县市开展为优抚对象送医送药活动。

11日 民政部、总政治部联合发出通知，要求各地各部队认真做好“八一”期间的拥军优属、拥政爱民工作。

福建省双拥工作领导小组召开第十七次全体会议，听取省双拥办关于上半年双拥工作主要情况、下半年双拥工作安排和纪念“八一”建军节活动计划汇报。省委赵学敏副书记、省政府丘广钟副省长、省军区马以芝副政委出席会议。

12日 四川省委、省政府、省军区联合发出通知，要求各地在“八一”期间开展双拥周活动。

青海省政府颁布《青海省城镇退役士兵安置暂行办法》。

13日 国务院、中央军委批转劳动和社会保障部等部门《关于进一步做好军队干部家属劳动就业和社会保障工作的意见》。

山西省委、省政府、省军区在晋中市榆社县召开“开展送走一个优质兵，回来一个致富带头人”活动经验交流现场会，并作出关于推广榆社县“开展送走一个优质兵，回来一个致富带头人”活动经验的决定。

15日 贵州省政府、省军区下发《省人民政府、省军区关于认真做好2000年“八一”建军节期间拥军优属拥政爱民活动的通知》。

16日 江苏省召开双拥工作领导小组全体会议，总结上半年工作，研究部署下半年主要工作任务。

17日 河南省副省长李志斌、省军区副司令员于怀谋率慰问团代表省委、省政府、省军区赴漯河市慰问参加抗洪抢险的驻豫某部和武警部队官兵，为官兵送去价值10万元的慰问品和35万元慰问金。

18日 河南省委书记马忠臣主持召开第247次省委会议，专题研究解决民兵训练、预备役和驻豫部队建设中的四个重大问题。

20日 辽宁省民政厅、省军区政治部下发《关于八一期间开展拥军优属拥政爱民工作的通知》。

黑龙江省双拥工作领导小组作出决定，授予哈尔滨市政府等28个单位为科技拥军先进单位；授予中国人民解放军86001部队等28个单位为科技助民先进单位；授予尚晓军等26名同志为科技拥军先进个人；授予徐宝健等24名同志为科技助民先进个人。

21日　江西省召开随军家属就业安置工作领导小组会议。省政府办公厅、省军区政治部联合下发了《关于印发江西省随军家属就业安置工作领导小组会议纪要的通知》。

22日　上海市委、市政府、上海警备区召开双拥模范先进命名表彰大会，中共中央政治局员、上海市委书记黄菊同志为大会发来贺信，市长、市双拥工作领导小组组长徐匡迪出席会议并讲话，市委副书记、市双拥工作领导小组副组长刘云耕主持会议，副市长、市双拥工作领导小组副组长冯国勤作题为《继承光荣传统迎接新世纪，努力开创上海双拥工作新局面》的报告，会议命名表彰了15个区（县），584个街道（乡镇）单位，79个部队单位和130名军地个人。上海警备区政委张立志等军地领导出席大会。

新疆维吾尔自治区副主席阿不都卡德尔·乃斯尔丁率团慰问驻疆边防和武警部队。

24日　国务院、中央军委印发《国防工程维护管理规定》。

25日　北京市召开首都军（警）民共建精神文明表彰大会，表彰42个标兵单位、82个先进单位、125个先进个人。

江苏省召开全省双拥工作电视电话会议，总结上半年工作，部署了下半年任务。省委副书记、省双拥工作领导小组组长曹克明同志在会上作了重要讲话，省军区副政委、省双拥工作领导小组副组长陆殿义同志在会议结束时作了讲话，省政府副秘书长、省双拥办公室主任刘国中同志代表省双拥工作领导小组作了工作报告。会后，召开了驻宁部队双拥工作联络员座谈会。

26日　北京市委、市人大、市政府、市政协领导带领有关委办局，走访慰问军科院和国防大学。

河南省教育厅与驻豫某集团军举行“军民共建、系统联建”协议签字仪式，省委常委、省委秘书长王全书及有关部门、部分大专院校负责人、集团军领导出席了签字仪式。

驻豫某集团军军长黄汉标少将、政委祁正祥少将代表全体官兵向河南灾区捐赠50万元。河南省委书记马忠臣、省长李克强、省军区政委张建中等同志出席了捐赠仪式。

海南省委书记杜青林、省长汪啸风等领导，带领省有关部门负责人到通什、陵水、三亚等地慰问驻军官兵。

27日　河南省举行党政军领导座谈会，庆祝中国人民解放军建军73周年。党政军主要领导马忠臣、李克强、范钦臣、李成玉、郑增茂、任克礼、王全书、王有杰、张建中及驻豫部队领导参加了座谈会。

宁夏回族自治区党委、人大、政府、政协的领导分别率慰问团，走访慰问了驻宁部队。

28日　辽宁省委书记闻世震、省长张国光等省委、省政府领导到抚顺参加省军区一日兵活动。

29日　上海市民政局、上海市双拥办联合上海维赛特网络系统有限公司，向解放军总后勤部卫生部赠送200套数字卫星电视接收设备。上海警备区政委、市双拥工作领导小组副组长张立志，副市长、市双拥工作领导小组副组长冯国勤等领导出席赠送仪式并讲话。冯国勤要求通过这次活动，进一步调动上海各方面的科技拥军热情，更好地服务于“科技强军”战略思想。

江苏省委常委在舟桥旅召开了议军会，并参加“军事日”活动。省军区司令员蒋文郁作了汇报发言，常委们围绕有关议题进行了讨论，省委书记回良玉同志作了重要讲话。

驻豫某集团军军长袁家新少将、政委陶方桂少将代表全体官兵向河南灾区捐赠55万元。河南省省长李克强、省委副书记范钦臣、副省长李志斌、省军区副政委蒋九林等出席了捐赠仪式。

30日　受省委、省政府委托，贵州省省长助理禄智明率省拥军优属慰问团赴遭受严重洪涝灾害的榕江县，慰问在抗洪抢险斗争中做出突出贡献的驻榕部队官兵，并走访了部分优抚对象。

31日　上海市政府、上海警备区举办庆祝中国人民解放军建军73周年电影招待会。

福建省召开军政座谈会。省主要领导和驻闽部队领导参加了会议。

江西省举行军民庆“八一”联欢晚会。

湖北省委、省政府、省军区召开湖北省庆祝中国人民解放军建军73周年座谈会。

陕西省举行党政军领导座谈会。省委、省人大、省政府、省政协的主要领导同志和驻陕部队的领导同志参加了会议。座谈会由省长程安东主持，省委书记李建国、省军区政委雷星平分别讲话。

宁夏自治区党政领导毛如柏、马思忠、任启兴、陈希明、马文学在宁夏军区参加了庆祝“八一”建军节座谈会。

本月　天津市政府组成慰问团，赴福建慰问参加轮训的驻津部队官兵。

吉林省委省政府组成慰问团慰问驻吉部队。

福建省政府组成慰问团，慰问南京军区在石狮市举行科技练兵成果演示部队。

8　月

1日　江苏省双拥工作领导小组率团分赴连云港、扬州、无锡等地，慰问了驻守在连云港的海边防部队官兵和扬州精神病医院、无锡荣军医院的优抚对象。

四川省委书记周永康，省长张中伟，副省长欧泽高带领省计委、建委、民政、交通、国土、电力等9部门组成慰问团到成都军区机关参加“八一”拥军座谈会，军区廖锡龙司令员、杨德清政委等出席了座谈会。会后，按省委周书记、省政府张省长的指示，省双拥办积极协调有关部门对部队提出需要地方解决的县级人武部基础设施、四川预备役师营房建设经费、军区开辟一条供电专线等10个问题进行了认真研究解决。

贵州省举办“共同岁月——庆祝建军73周年贵州军民大联欢”文艺晚会。

西藏自治区人民政府慰问驻藏部队，拨款566万元为基层部队配备交通工具。

天津市委、市政府举办专场文艺晚会，慰问驻津部队。

辽宁省长张国光、省委副书记孙春兰率慰问团走访慰问驻辽部队。

3日　国务院、中央军委在广州举行命名大会，追授在抗洪抢险中为抢救落水战友英勇献身的武警警官邵荣雁同志“舍己救人好干部”荣誉称号。

4日　沈阳军区在沈阳市召开借助社会力量开展科技练兵暨科技助民座谈会，辽宁、吉林、黑龙江三省军地有关部门、单位和个人介绍了开展了科技双拥活动的经验。

10日　贵州省双拥工作领导小组在贵阳市召开全省地州市双拥办主任会议。

驻冀52831部队组织召开驻地地方领导和部队独立团以上单位的领导参加的军地座谈会，围绕增进军政军民团结、发展社会生产力和提高部队战斗力、开展科技双拥等进行了研讨。

14日　人事部、劳动和社会保障部、总后勤部联合发出《关于军队后勤保障社会化改革中人事和劳动保障工作有关问题的通知》，对军队职工分流安置和参加社会保险等问题作出明确规定。

云南省委、省政府、省军区下发《关于支持驻滇部队推进后勤保障社会化改革的意见》。

16日　贵州省委、省政府、省军区联合颁布《中共贵州省委、贵州省人民政府、贵州省军区关于加强预备役部队全面建设的决定》。

23日　最高人民法院院长肖扬，中央军委委员、总政治部主任于永波，中央军委委员、总政治部常务副主任徐才厚在北京参观了反映青岛市维护军人军属权益工作做法和成果的图片展览，对“青岛经验”予以肯定。全国双拥工作领导小组副组长、总政治部副主任周子玉、最高人民法院常务副院长祝铭山等一起参观了图片展览。

甘肃省政府办公厅下发《关于加强军政军民团结，切实维护永昌县与山丹县军马管理局相邻地区稳定的通知》，要求各地各部队积极维护军政军民团结，努力保持社会稳定。

24日　贵州省委书记、省人大主任刘方仁，省委书记、省长钱运录，省委副书记、常务副省长王寿亭率领慰问团，对参加抗美援朝出国作战的志愿军老战士、志愿军烈属及伤残军人进行慰问。

25日　河南省委、省政府召开“武警总队工作汇报会”，专题研究武警部队建设有关问题。会议总结了武警部队近年来的工作，要求各级党委政府高度重视武警部队建设，把对武警部队实行“双重领导、分级指挥”和经费“双重保障”的体制落到实处。会议决定，省财政一次性解决100万元，用于更新武警部队通讯设施。

9　月

5日　海南省委、省政府、海南军区确定的双拥工作项目——通什市南圣镇毛运村民房改造工程正式动工。

12日　福建省省委、省政府和有关地市组成慰问团，慰问南京军区入闽参加演习部队。

17日　内蒙古自治区双拥工作领导小组召开会议，安排部署支持配合北京军区驻训演习有关工作。

18日　安徽省委、省政府、省军区下发《关于支持驻皖部队后勤保障社会化改革的意见》。

20日　内蒙古自治区政府代主席乌云其木格率有关部门慰问驻训部队官兵。

福建省召开军民共建社会主义精神文明表彰暨经验交流会。

25日　浙江省委办公厅、省政府办公厅下发《关于广泛开展科技拥军活动的通知》，要求各地广泛深入开展科技拥军活动，切实帮助部队解决科技练兵中的实际问题，帮助部队培养适应现代化战争需要的高素质科技人才。

27日　江西省双拥工作领导小组下发《关于组织开展中国人民志愿军抗美援朝50周年纪念活动的通知》，要求各地广泛开展走访慰问、宣传典型纪念活动。

本月　沈阳军区在白城、松原、通化、白山等地进行军事演习和光缆施工。部队所到地区的政府成立拥军支前领导小组，建立了联动机制，全力保障部队行动。

福建省召开双拥办主任会议，总结上半年双拥工作情况，安排下半年双拥工作任务。

10　月

1日　上海副市长、市双拥工作领导小组副组长冯国勤率有关部门前往革命老区江西省兴国县，了解对口支持工作中开展“爱心献功臣行动”情况。

6日，中共中央政治局委员、上海市委书记黄菊率有关部门，看望空军驻崇明部队，了解部队的教育训练、战备执勤、学习生活等情况。

8日　国务院、中央军委发布2000年冬季征兵命令，要求地方各级人民政府和各级军事机关把征兵工作作为一项严肃的政治任务，切实加强领导，严密组织实施，确保新兵质量，圆满完成征兵任务。

9日　财政部、国家税务总局联合下发《关于军队事业单位对外有偿服务征收企业所得税若干问题的通知》和《关于军队保留家属工厂、干休所企业免征企业所得税问题的通知》。

10日　河南省政府与驻豫某集团军联合召开随军家属劳动就业保障工作座谈会。

辽宁省开展全省双拥工作年度互检。

18日　甘肃省双拥工作领导小组下发《全省双拥工作“十五”计划和2015年长远规划》，提出了“十五”期间全省双拥工作发展的目标、任务和措施。

内蒙古自治区党委副书记、双拥领导小组组长白志健同志率领有关部门走访慰问驻训部队。

19日　宁夏军区政治部协调驻宁部队对口援建红寺堡开发区27所希望小学举行签字仪式。

20日　“纪念中国人民志愿军抗美援朝出国作战50周年展览”在中国人民革命军事博物馆开幕。中共中央政治局委员、中央军委副主席，国务委员兼国防部长迟浩田，中央军委原副主席张震，中央军委委员傅全有、于永波、王克、郭伯雄、徐才厚及部分志愿军老同志、英模代表，中宣部、外交部、民政部、教育部、团中央和北京市的有关负责同志出席了开幕式并参观了展览。

21日　陕西省委副书记范肖梅、副省长张伟和省军区副政策李登武，代表省委、省政府、省军区慰问了志愿军老战士。

22日　河北省委、省政府、省军区召开河北省各界纪念中国人民志愿军抗美援朝出国作战50周年座谈会。省委书记王旭东及省人大、省政府、省政协的领导和驻冀部队领导、省直有关部门负责人、抗美援朝战斗英雄和著名烈士家属代表、军地专家学者参加了会议。

23日　民政部、总政治部、沈阳军区在沈阳市、丹东市举行抗美援朝出国作战50周年纪念大会，并向抗美援朝烈士陵墓献花。全国双拥工作领导小组副组长、民政部副部长杨衍银，总政治部副主任唐天标，辽宁省委书记闻世震，省长张国光，沈阳军区政委姜福堂等军地领导和志愿军老战士、烈属代表及各界群众千余人参加了纪念大会和献花仪式，走访、慰问了部分志愿军老战士代表和志愿军烈属代表。

24日　黑龙江省委、省政府召开纪念中国人民志愿军抗美援朝出国作战50周年座谈会。省委副书记杨光洪，省军区政委于景常，省政府副省长王东华、王佐书，省人大副主任赵吉成、沈根荣，省政协常委田在玮，有关部门及驻哈各部队领导和志愿军老功臣代表出席了座谈会。

河南省政府向演习地域政府发出专电，要求做好驻训部队的后勤保障工作。

贵州省委、省政府、省军区联合下发《中共贵州省委、贵州省人民政府、贵州省军区关于支持驻黔部队推进后勤保障社会化改革的意见》。

宁夏回族自治区隆重举行纪念中国人民志愿军抗美援朝出国作战50周年大会。自治区党政军领导任启兴、王正伟、王永正、刘兴中、马骏廷、金晓昀、杨光等及志愿军老战士代表、自治区各部门的负责同志、驻宁部队领导和社会各界500多人参加了大会。

25日　首都各界在人民大会堂隆重举行纪念中国人民志愿军抗美援朝出国作战50周年大会。中共中央总书记、国家主席、中央军委主席江泽民同志出席大会并发表重要讲话。中共中央政治局常委李鹏、朱镕基、李瑞环、李岚清出席大会。中共中央政治局常委、国家副主席、中央军委副主席胡锦涛主持大会。中央党政军群各部门主要负责同志，各民主党派中央、全国工商联负责人和无党派人士代表，北京市主要负责同志，在京的军队和地方参加过抗美援朝的老同志代表，已故的原志愿军领导同志的夫人、志愿军英模代表，以及首都各界群众代表等6000多人出席了纪念大会。

辽宁省在丹东举行辽宁省暨丹东市纪念中国人民志愿军抗美援朝出国作战50周年招待会，民政部副部长杨衍银、总政治部副主任唐天标、省委副书记张行湘、副省长赵新良、朝鲜驻沈阳总领事馆总领事及志愿军英模代表和志愿军烈士家属参加了招待会。

江苏省双拥工作领导小组率团分赴南京、镇江、常州等地慰问志愿军老战士。

贵州省军区组织部分志愿军老战士座谈，纪念中国人民志愿军抗美援朝出国作战50周年。

宁夏回族自治区党委、政府组织慰问团，慰问志愿军老战士及志愿军烈士家属代表。

26日　中共中央政治局委员、中央军委副主席、国务委员兼国防部长迟浩田同志在丹东参观了抗美援朝纪念馆，受党中央、国务院、中央军委委托，向抗美援朝烈士陵墓敬了花篮，看望和慰问了志愿军老战士代表。

天津市召开纪念中国人民志愿军抗美援朝出国作战50周年纪念大会，并慰问抗美援朝时期牺牲的革命烈士家属、赴朝作战的老战士。

山东省举行纪念中国人民志愿军抗美援朝出国作战50周年座谈会。24名志愿军老战士和烈属代表参加了会议。中共中央政治局委员、省委书记吴官正，济南军区政委张文台，省双拥工作领导小组组长、省委副书记吴爱英，省双拥工作领导小组副组长、副省长林廷生等出席会议。吴官正书记发表了重要讲话，要求全省广大军民以开展纪念抗美援朝出国作战50周年活动为契机，进一步推动双拥工作的深入发展。

河南省委常委、省军区政委张建中检查了三门峡门、济源市的民兵预备役和双拥工作，要求各级军事机关、人武部门按照十五大精神做好民兵预备役和拥政爱民工作。

湖北省委、省政府、省军区举行湖北省纪念中国人民志愿军抗美援朝出国作战50周年纪念大会，省委副书记、省长蒋祝平同志主持会议，省委书记贾志杰同志发表了重要讲话。在纪念大会上，省政府拿出800万元，命名表彰奖励了一批先进优抚事业单位。

27日　河北省委、省政府、省军区组成慰问团，慰问了参加演习的部队官兵。

湖北省委副书记、省长蒋祝平率团前往黄继光生前所在部队，慰问在抗美援朝战争中立下赫赫战功的驻鄂空降兵某部；省委副书记、省政协主席杨永良率团前往红安县，向黄麻起义和鄂豫皖苏区革命烈士纪念碑敬献了花圈，向秦基伟、韩先楚将军墓敬献了花篮，慰问了红安县光荣院健在的志愿军老战士。

30日，福建省政府召开省长办公会研究通过《福建省委、省政府、省军区关于支持驻军推进后勤保障社会化改革的意见》。

江西省双拥工作领导小组下发《关于广泛开展科技拥军活动的意见》。

新疆维吾尔自治区双拥工作领导小组组织力量对塔城市、福海县、巴里坤哈萨克自治县、温宿县、叶城县创建自治区双拥模范城（县）的工作进行检查验收。

本月　天津市举行双拥模范先进事迹演讲报告会。16个双拥模范个人和集体在会上进行演讲，取得了良好效果。

吉林省广泛开展纪念中国人民志愿军抗美援朝50周年活动，各市、州普遍召开了纪念大会、座谈会，对老战士、老烈属进行了走访慰问，对抗美援朝烈士陵园、烈士纪念建筑物进行了祭扫活动。

福建省所属市（县、区）人民法院全部成立维护军人、军属合法权益合议庭或巡回法庭。

甘肃省广泛开展中国人民志愿军抗美援朝出国作战50周年纪念活动，在全省范围内对志愿军老战士和参战志愿军遗属的生活情况作了调查，并普遍进行慰问。

海南省委、省政府发出通知，要求各级党委、政府全力做好海南军区举行“万人千军百连”军事演习的服务保障工作。

青海省委、省政府、省军区发出通知，要求在全省广泛开展中国人民志愿军抗美援朝出国作战50周年纪念活动，并组织有关部门对4407名志愿军老战士和烈属普遍进行走访慰问，开展了“寻访志愿军烈士”的宣传活动。

11 月

3 日　江西省委办公厅、省政府办公厅下发《关于广泛开展科技拥军活动的意见》，省双拥办在南昌、景德镇、新余三个市进行了科技拥军试点工作。

5 日　四川省组织召开了有省委、省人大、省政府、省政协及驻蓉部队各大单位、民主党派、群众团体、省双拥工作领导小组成员单位负责人和中国人民志愿军老战士、志愿军烈士遗属代表出席的四川省中国人民志愿军抗美援朝出国作战 50 周年纪念座谈会。

7 日　上海市委召开第 86 次党委会，听取并讨论市双拥工作领导小组关于拥军工作的情况汇报和上海警备区关于国防教育工作、民兵预备役部队建设工作的情况汇报。黄菊、徐匡迪同志作了重要讲话，要求采取有力措施，进一步做好双拥工作。

10 日　贵州省委召开党委常委会，专题听取省双拥工作领导小组关于贯彻落实全国双拥模范城（县）命名大会情况的汇报。

16 日　四川省委办公厅、省政府办公厅、省军区政治部联合下发《关于进一步做好维护军政军民团结工作的通知》。

20 日　内蒙古自治区党委办公厅、政府办公厅下发通知，对自治区双拥工作领导小组组成人员进行调整。自治区党委副书记白志健任组长，自治区政府副主席周维德、内蒙古军区副政委董吉顺、自治区民政厅厅长庞启任副组长。

山西省委办公厅、省政府办公厅下发《关于调整山西省拥军优属、拥政爱民工作领导小组成员的通知》。

浙江省国防动员委员会在杭州举行“战时行动演练”，省委、省政府、省军区领导及省级机关 39 个部门的领导参加了演练。

21 日　陕西省双拥书画展在省美术馆开幕。省委常委、省委秘书长、省双拥办主任白云腾、省人大常委会副主任徐山林、省政府副秘书长郑德义等出席开幕式，全省部分地市的民政局局长、双拥办主任、驻陕部队部分军级单位的秘群处长参观了画展。

23 日　根据人员变化和双拥工作的需要，全国双拥工作领导小组副组长和部分成员进行了调整，中央办公厅副主任姜异康接替胡光宝同志担任领导小组副组长。同时，对八个成员单位的成员进行了调整。

24 日　贵州省委、省政府、省军区下发《关于支持驻黔部队推进后勤保障社会化改革的意见》。

26 日　四川省委办公厅、省政府办公厅、省军区政治部下发《关于进一步做好维护军政军民团结的通知》。

27 日　河南省委、省政府、省军区联合下发《关于支持驻豫部队推进后勤保障社会化改革的意见》，并将此意见正式列入全省国民经济和社会发展第十个五年计划的议题。

贵州省委办公厅、省政府办公厅联合下发《中共贵州省委办公厅、贵州省人民政府办公厅关于进一步做好全省优抚工作的通知》。

29 日　内蒙古自治区召开全区双拥办主任会议，总结前一段的双拥工作，对做好机构改革后的双拥工作进行了研究部署。

本月　国务院、中央军委发出通知，对 2000 年冬季士兵退出现役的安置工作作出全面部署。强调加大政府调控力度，采取安置优先、扶持就业、自谋职业等安置办法。

甘肃省双拥工作领导小组组织有关部门，对全省双拥优抚安置工作情况进行了全面检查，并就深入开展双拥创建活动，认真落实优抚安置政策，预防军地纠纷问题进行调研，提出了改进意见和措施。

12 月

1日　云南省召开双拥业务工作会议，各地、市、州双拥办主任，驻滇部队秘书（群工）处（科）长参加了会议。会议通报了全省双拥工作情况，对今后一个时期的双拥工作进行了研究部署。

7日　内蒙古自治区双拥领导小组在呼市召开“921试验内蒙古落区军地协调会”，自治区党委副秘书长、双拥领导小组副组长周维德讲话，解放军总装备部有关部门、单位和自治区有关盟市、旗县的领导参加了会议。

宁夏回族自治区双拥工作领导小组组织有关部门对石嘴山市大武口区、平罗县、永宁县、银川城区、固原县、中宁县、中卫县的双拥工作进行抽查。重点考察了全国和全区双拥命名表彰大会精神的贯彻，各项优抚政策的落实，部队支援地方经济建设，基层双拥共建活动的开展，双拥政策法规建设情况以及双拥工作中出现的新情况、新问题等。

8日　福建省双拥工作领导小组召开基层双拥工作表彰大会，表彰了141个先进单位、200名先进个人和32个先进双拥办。

10日　上海市成立双拥艺术团，艺术团由上海警备区业余文艺演出队为基础，联合驻沪海、空军，武警部队文艺骨干，以及地方部分著名文艺工作者组成，以宣传双拥传统，讴歌军民团结为主要任务。

12日　上海市双拥工作领导小组召开第八次全体（扩大）会议，市长、市双拥工作领导小组组长徐匡迪发表重要讲话，指出要立足于为国防建设服务，为做好军事斗争准备服务，为广大指战员解决后顾之忧服务，把上海的双拥工作提高到一个新水平。会上市委副书记、市双拥工作领导小组副组长刘云耕传达了不久前市委党委会专题讨论双拥工作的情况，中共中央政治局委员、中共上海市委书记黄菊的讲话精神。上海警备区政委、市双拥工作领导小组副组长张立志主持了会议。

13日　民政部、总政治部联合发出通知，要求各地各部队做好新年、春节期间拥军优属拥政爱民工作。

上海市举行“上海双拥”号游轮揭牌仪式，为全市的双拥工作增添了一处流动宣传窗口，为军队官兵和广大优抚对象增设了一处服务基地。

15日　北京市成立支持驻京部队后勤保障社会化改革领导小组。总后王太岚副部长、北京市常务副市长孟学农任组长，副市长翟鸿祥任副组长，部队16个单位和地方18个委办局负责同志为成员。

18日　河南省政府、省军区批转下发《关于进一步做好军队干部随军家属劳动就业和社会保障工作的实施意见》。

贵州省政府、省军区下发《省人民政府、省军区关于支持军队住房制度改革清理有关人员军地两处住房的通知》。

19日　根据人事变动和双拥工作的需要，全国双拥工作领导小组对副组长进行了调整，由总政治部副主任唐天标接替周子玉同志担任领导小组副组长。

全国双拥工作领导小组在北京召开第十四次全体会议。国务委员、全国双拥工作领导小组组长司马义·艾买提同志作了重要讲话。民政部部长、全国双拥工作领导小组副组长多吉才让总结了2000年双拥工作情况，总政治部副主任、全国双拥工作领导小组副组长唐天标部署了2001年的双拥工作。

21日　北京市出台《中共北京市委、市政府关于支持驻京部队后勤保障社会化改革的意见》。

福建省双拥工作领导小组召开第十八次全体会议。会议总结了2000年双拥工作，部署了2001年全省双拥工作任务。

25日 最高人民法院、解放军总政治部联合下发《关于认真处理涉军纠纷和案件，切实维护国防利益和军人军属合法权益的意见》。

27日 国家921－02任务着陆区指挥部在呼和浩特市召开会议，内蒙古自治区双拥工作领导小组的领导同志参加会议，对进一步做好“神舟2号”的回收工作进行布置。

28日 甘肃省委副书记、省双拥工作领导小组组长仲兆隆主持会议，听取省双拥办关于全省双拥工作检查和调研情况的汇报，并就进一步做好双拥工作作了重要指示。

29日 浙江省召开双拥工作会议，驻浙各大部队政治部领导，秘书群联处（科）长，各市双拥办主任参加了会议。会议总结回顾了2000年全省双拥优抚工作情况，研究探讨了2001年双拥工作思路。

30日 上海市双拥工作领导小组召开新闻发布会，宣布自2001年1月1日起，本市首批103个公园、陵园、纪念馆、文博单位等观瞻场所，对现役军人、伤残军人、军队离退休干部免费开放，111个影剧放映、演出半价优惠。市委副书记、市双拥工作领导小组副组长刘云耕、副市长周禹鹏，上海警备区政委、市双拥工作领导小组副组长张立志等军地领导出席新闻发布会。

图书在版编目（CIP）数据

2000年全国双拥工作年鉴/全国双拥工作领导小组办公室编著—北京：中国社会出版社，2002.4

ISBN 7-80146-573-3

Ⅰ.2… Ⅱ.全… Ⅲ.①拥政爱民-工作-中国-2000-年鉴②拥军优属-工作-中国-2000-年鉴 Ⅳ.E225-54

中国版本图书馆CIP数据核字（2002）第021145号

2000年全国双拥工作年鉴

全国双拥工作领导小组办公室编著

※

中国社会出版社出版发行

（北京二龙路甲33号新龙大厦·邮编100032）

中国电影出版社印刷厂印刷

全国各地新华书店经销

*

开本 889×1194 1/16 字数 927 千字 印张 42.5

2002年8月第1版 第1次印刷

ISBN 7-80146-573-3/E·1

定价：168.00元